Matthias Winkler
Revolution und Exil

FRÜHNEUZEIT-FORSCHUNGEN

Herausgegeben von Peter Burschel, Renate Dürr,
André Holenstein und Achim Landwehr

Band 26

Matthias Winkler

Revolution und Exil

Französische Emigranten
in der Habsburgermonarchie
1789 – 1815

WALLSTEIN VERLAG

Gedruckt mit freundlicher Unterstützung der Geschwister Boehringer Ingelheim Stiftung für Geisteswissenschaften in Ingelheim am Rhein.

Gedruckt mit finanzieller Unterstützung der Oestreich-Stiftung.

Bibliografische Information der Deutschen Nationalbibliothek

Die Deutsche Nationalbibliothek verzeichnet diese Publikation in der Deutschen Nationalbibliografie; detaillierte bibliografische Daten sind im Internet über http://dnb.d-nb.de abrufbar.

Zugl.: Berlin, Humboldt-Universität zu Berlin, Philosophische Fakultät, Dissertation, 2022, u.d.T. »Vom ›Land der Anarchie‹ in die ›Sackgasse Europas‹? Handlungsfelder und Interaktionsräume französischer Revolutionsemigranten in der Habsburgermonarchie«. Datum der Disputation: 12.5.2022. Erstgutachterin: Prof. Dr. Xenia von Tippelskirch; Zweitgutachter: Prof. Dr. Peter Burschel; Drittgutachterin: Prof. Dr. Ulrike Krampl. Dekan der Philosophischen Fakultät: Prof. Dr. Thomas Sandkühler.

© Wallstein Verlag, Göttingen 2024
www.wallstein-verlag.de
Vom Verlag gesetzt aus der Stempel Garamond und der Thesis
Umschlaggestaltung: Susanne Gerhards, Düsseldorf
Umschlagbild: Les Premiers fuyards de la Révolution, Unbekannter Künstler (Paris), Radierung, 1789 © Bibliothèque nationale de France
Druck und Verarbeitung: Hubert & Co, Göttingen
ISBN 978-3-8353-5566-8

Inhalt

Einleitung 11

    Aufriss: Die Emigration aus dem revolutionären Frankreich 14
    Forschungsgeschichte 21
    Erkenntnisinteresse und Methode 41
    Spurensicherung: Zum Quellenkorpus 52
    Aufbau der Studie 56

Teil I – Die Emigranten und die Kontrolle 59

    1. Emigration und Sicherheit 59
        1.1 Versicherheitlichung und Sicherheitsdispositiv 60
        1.2 Die Augen des Argus?
              Die Polizei unter Johann Anton von Pergen 65

    2. Fremdenkontrolle im Dreischritt:
        Habsburgische Emigrantenpolitiken 1789 bis 1815 77
        2.1 »Le principe général d'hospitalité«: Die französische
              Emigration in den habsburgischen Westprovinzen 80
        2.2 Formalisierung und Einhegung:
              Normative Regulierung der Emigration nach 1792 99
        2.3 Administrativer Pragmatismus und
              die Infrastrukturen der Solidarität 116

    Resümee I: Nischen und Spielräume im Provisorium 141

Teil II – Interaktion und Transfer 149

    1. *À propos:* Die »royalistische Adelsemigration« als Stereotyp . . . 149
        1.1 *Société à la française?* Die Gesellschaften
              beim Prince de Ligne 152
        1.2 *Tristesse royale?* Marie-Thérèse de Bourbon in Wien 155
        1.3 Lobbyismus *avant la lettre?*
              Antirevolutionärer Bellizismus am Kaiserhof 159

2. Kontaktzonen 161
   2.1 Emigrantisches Selbstbild und Bewusstsein 162
   2.2 Interaktionsspektrum und Modi der Kommunikation 164
   2.3 Begegnungsorte und Handlungsräume 177

3. Lebenswandel und Lebenswelten 186
   3.1 Vertraute Anomalie: Emigranten im Gesellschaftsleben 186
   3.2 Archipel Emigration: Abgrenzung und Abgeschlossenheit . . . 194
   3.3 Tod und Gedächtnis: Die *Mesdames de France*
       in der emigrantischen Memoria 203

4. »Cul-de-sac de l'Europe«?
   Soziale Mobilität und Kulturtransfer 212
   4.1 Militärische und zivile Karrieren 214
   4.2 Wirtschaftliche Aktivitäten 231
   4.3 Kulturelle Vermittlung 248

5. Emigrantenpublizistik zwischen Revolutionsdeutung,
   Öffentlichkeit und politischem Lobbyismus 266
   5.1 Die Revolutionsemigration als Medien-
       und Kommunikationsereignis 266
   5.2 Josephinische Öffentlichkeit und
       postjosephinische Revolutionsrezeption 269
   5.3 Emigrantenpublizistik in der Habsburgermonarchie:
       Orte, Akteure, Deutungen 276
       5.3.1 Schreiben, drucken, veröffentlichen:
           Antirevolutionäre Mobilisierung in Zentrum und Peripherie . . . 287
       5.3.2 Revolutionskritiken im Widerstreit – die Wiener Debatte zwischen
           Antoine Sabatier de Castres und Joseph von Sonnenfels 293
       5.3.3 »Endoctriner le cabinet de Vienne« – der politische Lobbyismus
           Gabriel Sénac de Meilhans zwischen Einflussnahme,
           Eigeninteresse und Existenzsicherung 318

Resümee II: Interaktion und Mittlerschaft im Provisorium 333

Teil III – Geistliche Profile 339

1. Die Emigration der Geistlichen und die geistliche Dimension der Emigration 339
2. Die katholische Kirche in der Habsburgermonarchie am Ende des 18. Jahrhunderts 344
   - 2.1 Staatskirchentum und Spätjansenismus 344
   - 2.2 Die Wiener Kirche unter den Erzbischöfen Migazzi und Hohenwart 1757-1820 349
   - 2.3 Ordenswesen und Frömmigkeitspraxis 354
   - 2.4 Erneuerungsbewegungen: *Amicizia Cristiana*, Volksmission und katholische »Vorromantik« 360
3. Geistliche Emigranten in der Habsburgermonarchie 365
   - 3.1 Wege, Orte, Richtungen 367
     - 3.1.1 Migrationsrouten: Land- und Wasserwege 367
     - 3.1.2 Transit 373
     - 3.1.3 Konzentration und Dezentralisierung 375
   - 3.2 Ankünfte, Aufenthalte und Aktionsradien 378
     - 3.2.1 Alltagspraxis im Exil 379
     - 3.2.2 Seelsorge 392
   - 3.3 Emigrierte Bischöfe und Prälaten 414
   - 3.4 Kirchenpolitik I: Ein erster Versuch zur Restauration der Societas Jesu 1793 423
4. Geistliche Gemeinschaften der Emigranten 425
   - 4.1 Das Exil als Ort geistlicher Reorientierung 425
   - 4.2 Die geistlichen Gemeinschaften 427
     - 4.2.1 Die Trappisten 428
     - 4.2.2 Die Société de la Sainte Retraite 434
     - 4.2.3 Die Société du Sacré-Cœur de Jésus 438

5. Die Société du Sacré-Cœur de Jésus in Hagenbrunn 444
   5.1 Ankunft und Niederlassung. 444
   5.2 Hagenbrunn 1797-1801 445
       5.2.1 Zwischen Klausur und *vita activa* 446
       5.2.2 Kirchenpolitik II: Ein zweiter Versuch zur Restauration
              der Societas Jesu 1797 450
       5.2.3 Jesuiten unter anderem Namen? Die Vereinigung
              mit der Compagnia della Fede di Gesù Niccolò Paccanaris. . . . 453
       5.2.4 Äußere Konsolidierung und innere Divergenz 456

Resümee III: Wege aus dem Provisorium –
die Perspektive Integration 464

Schlussbetrachtung 477

Anhang 481

   Abbildungsverzeichnis 481
   Siglen- und Abkürzungsverzeichnis 482
   Archivalische Quellen 483
   Periodika 486
   Gedruckte Quellen 486
   Literatur 494

Register 525

   Personenregister 525
   Ortsregister 532
   Sachregister 537

Danksagung 543

»Alle Lande Europens sehen jetzt mehr oder weniger Französische Ausgewanderte in ihrer Mitte, welche, von den nothwendigsten Lebensbedürfnissen entblößt, Nahrung und einen sichern Zufluchtsort suchen. Die öffentliche Meinung hat sich beinahe überall gegen sie erklärt; und die Anzahl der Länder und Ortschaften, worin man sie duldet, verringert sich immer mehr und mehr. Freilich kann nicht geläugnet werden, daß das Betragen der Meisten so beschaffen war, daß man sie überall verabscheuen mußte; dessen ungeachtet giebt es aber auch unter ihnen Männer von ausgezeichneten Talenten und erprobter Rechtschaffenheit, welche alle Achtung verdienen, und Unglückliche, welche ihr Vaterland unter dem Schreckensregiment des Robespierre verließen, und desto gegründetere Ansprüche auf unser Mitleiden haben, je weniger Aussichten ihnen übrig blieben, in ihrem Vaterlande glücklich zu leben.«

»Die Emigranten«, in: Conversationslexikon mit vorzüglicher Rücksicht auf die gegenwärtigen Zeiten, Erster Theil, Leipzig 1796, S. 383.

Einleitung

Lacrimosa dies illa

Am 21. Januar 1815 jährte sich die Hinrichtung König Ludwigs XVI. von Frankreich zum 22. Mal. An diesem Tag spannte sich zwischen Wien und Paris ein symbol- und erinnerungspolitisches Band. In der französischen Hauptstadt wurde auf Anweisung König Ludwigs XVIII. die Überführung der exhumierten Gebeine seines Bruders und dessen Gemahlin Marie Antoinette – oder besser: das, was man dafür halten wollte – in die Grablege der französischen Könige in der Abteikirche von Saint-Denis vollzogen.[1] Für François-René de Chateaubriand, der die sterblichen Überreste Marie Antoinettes anhand eines geborgenen Unterkiefers erkannt zu haben meinte, dessen Formung ihn an das einstige Lächeln der Königin erinnerte,[2] war mit der Wiederinbesitznahme des Thrones und der Grabstätte durch die legitimen Könige Frankreichs die »révolution épouvantable« auch symbolisch überwunden.[3]

Zur gleichen Zeit feierten in der Donaumetropole die Souveräne Europas auf Initiative Charles-Maurice de Talleyrand-Périgords, des Vertreters Ludwigs XVIII. beim Wiener Kongress, im Stephansdom ein Seelenamt für Ludwig XVI.[4] Unter den Anwesenden im restlos besetzten Kirchenraum befand sich auch die 30-jährige französische Adlige Alexandrine Du Montet, die in ihren Memoiren retro-

---

1 Dazu Gudrun Gersmann: Ein König ohne Grab: Was geschah mit dem Leichnam Ludwigs XVI.? Versuch einer Rekonstruktion, in: Peter Hoeres, Armin Owzar, Christina Schröer (Hg.): Herrschaftsverlust und Machtverfall, München 2013, S. 181-192; dies.: Von toten Herrschern und Trauerzeremonien. Die Überführung der sterblichen Überreste Ludwigs XVI. nach Saint-Denis 1815, in: Dietrich Boschung, Karl-Joachim Hölkeskamp, Claudia Sode (Hg.): Raum und Performanz. Rituale in Residenzen von der Antike bis 1815, Stuttgart 2015, S. 333-354. Gersmann vertritt die These, dass es sich nicht um die authentischen Überreste des französischen Königspaares handeln konnte. Stattdessen überwog das politische Kalkül Ludwigs XVIII. die »Echtheitsfrage«, da dieser mit der Überführung der Gebeine in die Königskapelle die Legitimation seiner eigenen Herrschaft durch die symbolische Aneignung tradierter monarchischer Praktiken untermauern wollte.
2 François-René de Chateaubriand: Mémoires d'outre-tombe, Bd. 1, Paris 2007, S. 322.
3 Diese Deutung vertrat Chateaubriand in einem zwei Tage vor der Trauerzeremonie veröffentlichten Artikel im Journal des Débats politiques et littéraires, 19. Januar 1815, S. 1-2.
4 Zum Wiener Kongress und dem 21. Januar 1815 David King: Vienna, 1814. How the conquerors of Napoleon made love, war, and peace at the Congress of Vienna, New York 2008, S. 199-200.

spektiv ihre Wahrnehmung der Gedenkfeier schildert.[5] Den überwiegenden Teil ihrer Ausführungen widmete Alexandrine der Person des Priesters, der die als Leichenrede angelegte Predigt hielt und in dieser Rolle sowohl inhaltlich als auch sprachlich das Missfallen der Autorin erregte:

> Mais par une véritable fatalité, on avait choisi pour prononcer devant les rois de l'Europe l'oraison funèbre du roi martyr un ecclésiastique alsacien qui ne parle bien ni allemand ni le français, et dont l'accent, surtout dans cette dernière langue, est intolérable.[6]

Es steht zu vermuten, dass Alexandrine den gemeinten Abbé Zaiguelius bereits aus seiner Funktion als Pfarrer von Sankt Anna, der französischen Nationalkirche in Wien, kannte und daher um dessen defizitäre Redekunst wusste.[7] Schon im Vorfeld der Feier hatte Alexandrine zwei französischen Diplomaten ihre Bedenken mitgeteilt, woraufhin diese sich die vorbereitete Rede des Abbé vorlegen ließen und entschieden, sie gänzlich umzuarbeiten. Die endgültige Version kompilierte Talleyrand persönlich.[8] Hierin deutete er die Hinrichtung Ludwigs XVI. als Opfertod eines »Märtyrers«, dessen vergossenes Blut nach der Gottlosigkeit des revolutionären Chaos Himmel und Erde wieder versöhnt und die Prinzipien von Gottesgnade und dynastischer Legitimität neu besiegelt und für alle Zukunft geheiligt habe.[9]

Die politische Hagiografisierung Ludwigs XVI. als »roi martyr« entsprach durchaus den innen- bzw. außenpolitischen Wirkungsabsichten der Zeremonien in Paris und Wien. Alexandrine behagte dieser von Zaiguelius vorgetragene »discours politique« allerdings nicht.[10] Für sie war der Gedenkakt mit der symbolischen Bewältigung einer folgenschweren lebensgeschichtlichen Differenz zum kommemorierten Schicksal des französischen Königspaares verbunden. Denn während der Versuch Ludwigs XVI., mit seiner engeren Familie das revolutionäre Frankreich im Juli 1791 heimlich zu verlassen, durch die Entdeckung im loth-

---

5 Alexandrine Du Montet: Souvenirs de la baronne du Montet 1785-1866, Paris 1904, S. 133-134.
6 Ebd., S. 134.
7 Zur Biografie Du Montets siehe ebd., Préface.
8 Ebd., S. 134. Angeblich habe Zaiguelius in seinem Redeentwurf hauptsächlich die Talente Ludwigs als Schlosser hervorgehoben. Dazu auch der polizeiliche Tagesrapport zum 21. Januar 1815 bei August Fournier (Hg.): Die Geheimpolizei auf dem Wiener Kongress: eine Auswahl aus ihren Papieren, Wien; Leipzig 1913, S. 346.
9 Die Predigt erschien als Volltext in Le Moniteur Universel, Nr. 3, 30. Januar 1815, S. 117-118.
10 Abschätzig endet ihr Bericht mit der Feststellung, Ludwig XVIII. habe dem Abbé Zaiguelius »pour avoir débité ce discours, une pension et le cordon de Saint-Michel« gewährt, der König von Bayern ihm sogar den Freiherrentitel verliehen; Du Montet, Souvenirs, S. 134.

ringischen Varennes gescheitert war und letztlich tödliche Konsequenzen gezeitigt hatte,[11] war Alexandrine und ihrem Gegenüber Zaiguelius, aber auch Talleyrand, Chateaubriand, Ludwig XVIII. und vielen weiteren Trauergästen in Paris und Wien die Emigration aus Frankreich gelungen – eine einschneidende biografische Erfahrung, die sie mit Zehntausenden Franzosen ihrer Epoche verband.[12]

Als Teil einer im Sommer 1789 einsetzenden, mehrere Jahre anhaltenden Auswanderungsbewegung hatten sowohl Zaiguelius als auch die junge Adlige ihr Heimatland verlassen und waren Mitte der 1790er Jahre schließlich nach Wien gelangt: Zaiguelius als Vertrauter des Straßburger Kardinals Rohan, Alexandrine als junges Mädchen, dessen Mutter sie und ihre Schwester in die Obhut der Wiener Salesianerinnen gab.[13] Aus der Exilperspektive erlebten sie das Vordringen der französischen Revolutionsarmeen bis hinein in die Steiermark, das mit dem Friedensschluss in Campo Formio 1797 zunächst gestoppt zu sein schien, bevor keine zwei Jahre später der Krieg erneut ausbrach.

Wie für die allermeisten Revolutionsflüchtlinge endete auch für Alexandrine das Leben in der Emigration 1801 mit der Rückkehr ins napoleonische Frankreich, während der Priester Zaiguelius zusammen mit einer kleinen Minderheit von Emigranten im Exil verblieb. Sein »Auftritt« bei der Wiener Trauerfeier markierte nach einem langen Emigrationsparcours sicherlich den Zenit seiner *vita publica*, doch hatte er noch bis zu seinem Tod 1834 die Gemeindeleitung von Sankt Anna in der Wiener Innenstadt inne. Alexandrine wiederum kehrte 1810 an den Ort ihres Kindheitsexils zurück, wo sie den ebenfalls in der Habsburgermonarchie verbliebenen französischen Emigranten Joseph Du Montet heiratete, der inzwischen auf eine beachtliche Karriere im österreichischen Heer zurückblicken konnte und als kaiserlicher Kämmerer sogar ein Hofamt bekleidete, und lebte mit diesem zusammen in der Nähe von Wien, bevor sie gemeinsam 1824 endgültig nach Frankreich übersiedelten.

Inmitten der Bemühungen zur politischen Neuordnung des Kontinents im winterlichen Wien schlug die rituelle Vergegenwärtigung des *régicide* am 21. Januar den Bogen zur Revolution. Für anwesende Emigranten wie Alexandrine Du Montet und Zaiguelius, die mehr als zwei Jahrzehnte zuvor das revolutionäre Frankreich verlassen und in der Habsburgermonarchie eine Zuflucht gefunden hatten, war dieses Gedenken untrennbar mit ihrem eigenen Lebensschicksal verbunden.

---

11 Mona Ozouf: Varennes. La mort de la royauté: 21 juin 1791 (= Les journées qui ont fait la France), Paris 2007.
12 Der »klassische« Überblicksartikel zur Revolutionsemigration stammt von Massimo Boffa: Die Emigranten, in: François Furet, Mona Ozouf (Hg.): Kritisches Wörterbuch der Französischen Revolution, Frankfurt a. M. 1996, S. 546-564.
13 Zum Werdegang Zaiguelius' siehe Teil III dieses Buches, zu Du Montet u. a. Teil II.

Aufriss: Die Emigration aus dem revolutionären Frankreich

Gegenstand dieses Buches sind die Interaktionen und wechselseitigen Bezüge von französischen Revolutionsemigranten und Aufnahmegesellschaft in der Habsburgermonarchie vom Ausbruch der Revolution im Sommer 1789 bis ins zweite Jahrzehnt des 19. Jahrhunderts. Die Studie untersucht Kontaktformen, Verflechtungen und Wirkungszusammenhänge auf politisch-administrativer, gesellschaftlich-kultureller und religiös-kirchlicher Ebene, die aus der jahre- und teils jahrzehntelangen Emigrantenpräsenz erwuchsen, und analysiert die Handlungsspielräume von Emigranten in Verschränkung mit den wechselhaften Wahrnehmungsmustern der einheimischen Bevölkerung. Mit dieser Perspektivenverschiebung hin zu den unterschiedlichen Orten und vielgestaltigen Formen des Austauschs werden nicht nur die tradierten Geschichtsbilder der französischen Revolutionsemigration hinterfragt, vielmehr wird deren anhaltende Wirkmacht zugunsten einer zeitlich, räumlich und sozial differenzierteren Bewertung entkräftet. Ausgehend von den kommunikativen Schnittstellen in der Aufnahmegesellschaft steckt die Studie Aktionsradien und Handlungslogiken der Revolutionsemigranten ab und verortet die Emigration als polyvalenten Faktor im sozialen Gefüge, als Impulsgeber und lebensweltliches Wahrnehmungskonstitutiv für die Konsequenzen der Französischen Revolution in der nachjosephinischen Habsburgermonarchie.

Ausgehend von den Biografien zweier so unterschiedlicher Revolutionsemigranten wie Alexandrine Du Montet und Abbé Zaiguelius, deren Lebenswege sich am Ende der napoleonischen Ära in Wien kreuzten, lässt sich ein problemorientierter Aufriss des Migrationsphänomens skizzieren, dessen Typologisierung desto weniger eindeutig wird, je eingehender man sich dessen Komplexität vor Augen führt.[14] Bevor die Interaktionsräume französischer Revolutionsemigranten in der Habsburgermonarchie im Detail behandelt werden, werden daher einleitend einige Grundzüge der revolutionsbedingten Emigration aus Frankreich in Erinnerung gerufen, auf die im weiteren Verlauf dieses Buches wiederholt rekurriert wird.

Die Emigration, die mit Ausbruch der Französischen Revolution einsetzte, betraf den gesamten europäisch-atlantischen Raum. Diese räumliche Charakteristik teilt sie mit den Auswanderungsbewegungen der Hugenotten aus Frankreich und

---

14 Jüngere Überblicke zur Revolutionsemigration bei Friedemann Pestel: The Colors of Exile in the Age of Revolutions: New Perspectives for French Émigré Studies, in: Yearbook of Transnational History 4 (2021), S. 27-68; ders.: Französische Revolutionsmigration nach 1789. URL: http://www.ieg-ego.eu/pestelf-2017-de [11.11.2017]; Friedemann Pestel, Matthias Winkler: Provisorische Integration und Kulturtransfer. Französische Revolutionsemigranten im Heiligen Römischen Reich deutscher Nation, in: Francia 43 (2016), S. 137-160; Daniel Schönpflug: Französische Revolutionsflüchtlinge in Europa nach 1789 (Beispiel Deutschland), in: Klaus J. Bade, Pieter C. Emmer, Leo Lucassen, Jochen Oltmer (Hg.): Enzyklopädie Migration in Europa. Vom 17. Jahrhundert bis zur Gegenwart, Paderborn; München; Wien; Zürich 2007, S. 587-591.

der Jakobiten aus Irland und Großbritannien, die rund ein Jahrhundert früher datieren und zahlenmäßig eine ähnliche Größenordnung aufweisen.[15] Zeichneten sich diese früheren Migrationen durch einen ausschließlich bzw. vorrangig konfessionellen Faktor aus, hatte die französische Revolutionsemigration einen vornehmlich politischen Charakter und gilt als die »erste politische Emigrationsbewegung mit einer europäischen, wenn nicht sogar globalen Dimension«.[16] Diese im Vergleich erheblich geringere Bedeutung konfessioneller Motive hatte zur Folge, dass sich die Revolutionsemigranten anders als Hugenotten und Jakobiten nicht entlang konfessioneller Grenzen im Ausland verteilten. Maßgeblich für die Wahl der Aufenthaltsorte waren vielmehr die politischen und militärischen Entwicklungen, aber auch situative Gelegenheiten und individuelle wie gruppenspezifische Interessenlagen der Emigranten, die in wechselnder Kombination ein fortgesetzt dynamisches Migrationsgeschehen im gesamten Exilraum bewirkten.[17]

Der diachrone Vergleich mit den Hugenotten macht einen weiteren wesentlichen Unterschied deutlich. Anders als ihre protestantischen Landsleute zuvor ließ sich die große Mehrheit der französischen Revolutionsflüchtlinge nicht dauerhaft in den Aufnahmestaaten nieder, sondern kehrte schon nach wenigen Jahren im Exil nach Frankreich zurück – die meisten von ihnen nicht erst mit der politischen Restauration 1814/15, sondern bereits infolge der napoleonischen Amnestiegesetze sowie des Konkordats zu Beginn der 1800er Jahre. In der migrationshistorischen Typologisierung fand dieser Umstand insoweit Niederschlag, als die Revolutionsemigration üblicherweise als Beispiel einer »temporären Migration« gilt, für die die beiden oben skizzierten Biografien folglich eher die Ausnahme als die Regel darstellen.[18]

15 Zum Vergleich mit den Hugenotten siehe Thomas Höpel, Katharina Middell (Hg.): Réfugiés und Emigrés. Migration zwischen Frankreich und Deutschland im 18. Jahrhundert (= Comparativ, Bd. 7, H. 5/6), Leipzig 1997; Bertrand van Ruymbeke: Refugiés Or Émigrés? Early Modern French Migrations to British North America and the United States (c. 1680 – c. 1820), in: Itinerario 30 (2006) 2, S. 12-32; Susanne Lachenicht: Hugenotten in Europa und Nordamerika. Migration und Integration in der Frühen Neuzeit, Frankfurt a.M. 2010; zu den Jakobiten: Guy Chaussinand-Nogaret: Une élite insulaire au service de l'Europe: les Jacobites au XVIIIe siècle, in: Annales. Histoire, Sciences sociales 28 (1973) 5, S. 1097-1122; Patrick Clarke de Dromantin: Les réfugiés jacobites dans la France du XVIIIe siècle. L'exode de toute une noblesse »pour cause de religion«, Bordeaux 2005; Paul Kléber Monod, Murray Pittock, Daniel Szechi (Hg.): Loyalty and identity. Jacobites at home and abroad (= Studies in modern history), Basingstoke 2010.
16 Pestel, Französische Revolutionsmigration nach 1789. Die Emigration amerikanischer Loyalisten aus den Vereinigten Staaten war dagegen zwar tatsächlich politisch begründet, doch blieb ihr Migrationsraum auf das britische Kolonialreich beschränkt.
17 Friedemann Pestel: Kosmopoliten wider Willen. Die »monarchiens« als Revolutionsemigranten (= Pariser Historische Studien, Bd. 104), Berlin 2015, S. 16-17.
18 Thomas Klingebiel: Migrationen im frühneuzeitlichen Europa, Anmerkungen und Überlegungen zur Typologiediskussion, in: Thomas Höpel, Katharina Middell (Hg.): Réfugiés

Die Emigration bedeutete für die rund 150.000 Personen, die Frankreich verließen und sich im Laufe der Revolutionsdekade in alle Staaten Europas, in die jungen USA sowie in die französischen, spanischen und britischen Kolonien verteilten, vereinzelt sogar ins Osmanische Reich, nach Palästina, Indien und Australien gelangten, einen Gang ins Ungewisse, der sich für viele Emigranten rückblickend als biografische Zäsur entpuppte.[19] So sehr sich individuelle Motive, Anlässe, Bedingungen, Zeit- und Startpunkte der Emigration sowie die situative Verfasstheit, politische Affiliationen und persönliche Ambitionen unterschieden: Grundsätzlich vereinte die Emigranten eine ablehnende Haltung gegenüber den revolutionären Umwälzungen in Frankreich. Handelte es sich im Sommer 1789 noch um eine Emigration eines relativ überschaubaren Personenkreises, veranlasste die zunehmend exklusive und teils gewaltbehaftete Dynamik der Revolution schließlich Zehntausende Franzosen zum Verlassen ihres Heimatlandes.

Der Emigrantenanteil an der Gesamtbevölkerung Frankreichs erscheint mit rund 0,6 Prozent zwar gering und daher aus demografischer Sicht eigentlich vernachlässigbar.[20] Doch verdeutlicht allein der Umstand, dass mehr als ein Viertel des französischen Klerus und sogar drei Viertel des Offizierskorps der königlichen Armee den Weg ins Exil antraten, die einschneidenden Konsequenzen der Emigration für die binnenfranzösischen Verhältnisse.[21] Zudem offenbaren sich erhebliche geografische Disparitäten, da nicht alle Regionen Frankreichs gleich stark von Emigration betroffen waren.[22] Während vor allem aus östlichen, nördlichen und wenigen westlichen Départements überdurchschnittlich viele Emigranten stammten, war in den Zentralregionen, dem Südwesten, Süden und in großen Teilen des Westens nur wenig Abwanderung zu verzeichnen.[23] Trotz regionaler Schwerpunkte und zeitweiliger Akutphasen handelte es sich bei der Revolutionsemigration nicht um einen »Massenexodus«.[24] Über diesen grundsätzlich zutreffenden Befund darf jedoch die »andere Seite« des Emigrationsgeschehens nicht aus dem Blick geraten: Denn aus Sicht der Aufnahmegesellschaften konnte die Emigration sehr wohl eine demografische Herausforderung ungekannten Aus-

---

und Emigrés. Migration zwischen Frankreich und Deutschland im 18. Jahrhundert (= Comparativ, Bd. 7, H. 5/6), Leipzig 1997, S. 23-38.
19 Zu den statistischen Berechnungen der Emigrantenzahl grundlegend Donald Greer: The incidence of the emigration during the French Revolution (= Harvard Historical Monographs, Bd. 24), Cambridge 1951.
20 Ebd., S. 18-21.
21 Pestel, Winkler, Provisorische Integration und Kulturtransfer, S. 148, 154.
22 Greer, The incidence of the emigration, S. 38-62.
23 Ebd., S. 38-39 (Cartogram of Emigration from France 1789-1799).
24 Christian Henke: Coblentz: Symbol für die Gegenrevolution. Die französische Emigration nach Koblenz und Kurtrier 1789-1792 und die politische Diskussion des revolutionären Frankreichs 1791-1794 (= Beihefte der Francia, Bd. 47), Stuttgart 2000, S. 33.

maßes bedeuten, wenn sich binnen kurzer Zeit Tausende Emigranten an einzelnen Orten sammelten.

Mehr noch als die relativen und absoluten Zahlen und die Herkunftsregionen ist die sozialstrukturelle Zusammensetzung der Emigration von Interesse. Die beiden eingangs erwähnten Biografien stehen insofern beispielhaft für die soziale Heterogenität der Gesamtemigration, als sich diese keineswegs nur aus militanten Royalisten zusammensetzte, die aus prinzipieller Feindschaft gegen jede politische Veränderung ins Exil gingen, um von dort aus die Revolution zu bekämpfen, und deren unbeirrbarer Teil – die Ultras – bis zur bourbonischen Restauration 1814/15 im Ausland verblieb. Zweifellos hat dieser spezifische Emigrantentypus in der zeitgenössischen Öffentlichkeit und der Rezeptionsgeschichte anhaltende Wirkmacht entfaltet.[25] So emblematisch Einzelpersönlichkeiten wie die geflüchteten Brüder Ludwigs XVI., der Comte de Provence (der spätere Ludwig XVIII.) und der Comte d'Artois (der spätere Karl X.), auch erscheinen mochten: Ihr symbolisches Übergewicht verschattet die Emigration Abertausender Franzosen aller Stände, die seit Sommer 1789 Frankreich verließen und sich im europäisch-atlantischen Raum verstreuten.

Die sozialstrukturelle Analyse zeigt, dass Angehörige aller Bevölkerungsschichten und sozialen Gruppen emigrierten: Adlige und Geistliche; Angehörige des Dritten Standes; Handwerker, Bauern und Soldaten; Dorfpfarrer, Mönche und Nonnen; Knechte, Mägde und Dienstboten; Vermögende und Mittellose; Männer, Frauen und Kinder.[26] Diese Differenzierung kann freilich den statistischen Befund nicht überdecken, dass mit 25 Prozent bzw. 17 Prozent Erster und Zweiter Stand einen überproportional großen Anteil an der Gesamtemigration hatten.[27] Hinzu kommt, dass deren Angehörige auch tendenziell länger im Exil blieben als etwa ein Bauer vom Oberrhein, der lediglich während des Höhepunktes der Terrorherrschaft auf die rechtsrheinische Seite floh, nach deren Ende aber zügig zurückkehrte. Dies wiederum hatte zur Folge, dass sich über einen längeren Zeitraum betrachtet die Emigrantenpräsenz in vielen Exilräumen als sozial deutlich elitärer darstellte, als es die statistische Verteilung mit dem nominell großen Anteil des Dritten Standes an der Gesamtemigration nahelegt.[28]

Auch hinsichtlich der Haltung zur Revolution sind erhebliche Unterschiede zwischen den Emigranten auszumachen. Handelte es sich bei ihnen zwar fast ausschließlich um Anhänger der Monarchie, offenbart sich bei genauerem Hinsehen ein breites Spektrum mit teils erheblichen Positionsunterschieden. So gingen neben den genannten Ultras um Provence, Artois und den Prince de Condé

---

25 Dies betonte schon Greer, The incidence of the emigration, S. 63-64; auch Pestel, Winkler, Provisorische Integration und Kulturtransfer.
26 Dazu das Tabellenwerk bei Greer, The incidence of the emigration, S. 127-138.
27 Ebd., S. 127.
28 Pestel, Winkler, Provisorische Integration und Kulturtransfer, S. 158.

auch Gruppen ins Exil, die am Beginn der Revolution zu den politisch aktiven Formationen in der Nationalversammlung gehörten, von den radikalen Kräften aber schrittweise verdrängt wurden. Unter den vielen geistlichen und weltlichen Mitgliedern der Konstituante, die sukzessive emigrierten, zählte dazu etwa die Gruppe der *monarchiens*, die in der Verfassungsfrage für eine konstitutionelle Monarchie angelsächsischer Prägung eintraten.[29] Ihnen folgten später sogar dezidierte Republikaner aus dem Kreis der Girondisten, die unter dem Druck des »Berges« Frankreich verließen. Geistliche wiederum sahen mit der Zivilverfassung des Klerus ein kirchliches Schisma eintreten, dem sie sich nur durch Emigration entziehen zu können meinten.[30] Sie hielten die Eingriffe in die gallikanische Kirchenordnung, die sie mit der Eidesleistung persönlich zu sanktionieren hatten, für unvereinbar mit der ekklesiologischen Tradition. In der Emigrationsentscheidung des Klerus war somit auch ein konfessionelles Element enthalten.

Angesichts dieser geografischen, sozialen und politischen Disparitäten kann von einer übergreifenden Identität der Emigration nicht gesprochen werden, die über eine individuelle bzw. gruppenspezifische Ablehnung der Revolution in ihren unterschiedlichen Phasen hinausginge. Stattdessen bedeutete die Emigration grundsätzlich zweierlei: Die Flucht aus dem revolutionären Frankreich war für die Adlige aus der Vendée ebenso wie für den Geistlichen aus den Vogesen, den Schriftsteller aus Paris oder den Offizier aus Lothringen zunächst eine Form des Umgangs mit einer je spezifisch erlebten Krisensituation, die mit der Revolution eingetreten war. Die Emigration war also realisierte Möglichkeit, sich der teils lebensbedrohlichen »Exklusionslogik der Revolution« (Friedemann Pestel) zu entziehen. Dass hierbei auch gruppendynamische Momente wirkten, die Emigration in bestimmten sozialen Milieus zumindest phasenweise als »Modeerscheinung« (Christian Henke) galt und auch schichtenspezifische Sogwirkungen zu beobachten sind, sollte nicht darüber hinwegtäuschen, dass der Gang ins Exil eine Alternative zur Revolution in Frankreich darstellte, die es denjenigen, die emigrierten, erlaubte, Gestaltungsmacht über das eigene Leben und Wirken zu behaupten und Handlungsspielräume zurückzugewinnen, die sich zuvor in Frankreich teils erheblich verengt hatten.[31]

Entsprechend kommt die Heterogenität der Emigration auch in den jeweiligen Anlässen und Zeitpunkten der Auswanderung zum Ausdruck, die in der Historiografie üblicherweise als Wellenbewegung beschrieben und periodisiert wird.[32]

29 Pestel, Kosmopoliten wider Willen.
30 François Furet: Zivilverfassung des Klerus, in: ders., Mona Ozouf (Hg.): Kritisches Wörterbuch der Französischen Revolution, Frankfurt a.M. 1996, S. 944-956.
31 Pestel, Kosmopoliten wider Willen, S. 19.
32 Beispielsweise bei Henke; Coblentz, Thomas Höpel: Emigranten der Französischen Revolution in Preußen 1789-1806. Eine Studie in vergleichender Perspektive (= Transfer. Deutsch-Französische Kulturbibliothek, Bd. 17), Leipzig 2000, und Joachim Bahlcke: Zwischen offener Zurückweisung und praktischer Solidarität. Vom Umgang mit franzö-

Die Konjunkturen der Emigration werden hierbei mit bestimmten Ereignissen und Phasen der sich allmählich radikalisierenden Revolution korreliert: Schon kurz nach dem Bastillesturm 1789 setzte der als »émigration joyeuse« titulierte Exodus von Angehörigen der Königsfamilie und aus den höchsten Kreisen der Aristokratie ein. Es folgte der Weggang von Adligen und Geistlichen, die von der Abschaffung der Feudalrechte, der Säkularisierung des Kirchenbesitzes bzw. der Zivilverfassung für den Klerus betroffen waren. Nach dem im Juli 1791 gescheiterten Emigrationsversuch des Königs schlossen sich schließlich Tausende Soldaten der königlichen Armee den emigrierten Brüdern Ludwigs an und begannen, sich im Exil zu einer Emigrantenarmee zu formieren.

Die Annahme der Verfassung durch Ludwig XVI. im September 1791 wirkte sich dagegen zunächst hemmend auf die weitere Emigrationsbereitschaft aus. Es kam sogar zu ersten Rückkehrbewegungen. Doch lösten nach Kriegsbeginn 1792 die Durchsetzung der Sanktionsartikel zur Zivilverfassung des Klerus, die Abschaffung der Monarchie und die Septembermorde 1792 weitere Schübe aus. In der Terrorherrschaft des Wohlfahrtsausschusses erreichte die Emigration schließlich ihren Höhepunkt, um danach fast gänzlich abzuschwellen. Kleinere Wellen nach dem Vendémiaire-Aufstand 1795 und dem Fructidor-Staatsstreich 1797 kreuzten sich bereits mit kleineren Rückkehrbewegungen.[33]

Im Selbstverständnis der Emigranten stellte die Entscheidung zum Verlassen ihres Heimatlandes zwar einen Bruch mit der Revolution, aber keinen Bruch mit Frankreich dar, das paradoxerweise der eigentliche Zielpunkt der Emigration war und blieb, obwohl mit der Emigration dessen territoriale Grenzen überschritten wurden. Um diesen Widerspruch aufzulösen, bemühten Emigranten wie Montlosier und Chateaubriand die Fiktion eines inneren und illegitimen Frankreichs der Revolution, der *France du dedans* bzw. *intérieure*, und eines äußeren und legitimen Frankreichs der Emigration, der *France du dehors* bzw. *extérieure*.[34] Aus dieser frankozentrischen Perspektive der Emigranten betrachtet blieben Revolution und Emigration während der Exilzeit untrennbar aufeinander bezogen. Dies zeigte sich nach dem Übergang zur republikanischen Verfassung 1792 etwa darin, dass die bourbonische Monarchie in der Emigration aufrechterhalten wurde. In den Augen der königstreuen Emigranten repräsentierte der im Exil befindliche Comte de

    sischen Revolutionsemigranten in Deutschland während des ausgehenden 18. Jahrhunderts, in: ders., Rainer Leng, Peter Scholz (Hg.): Migration als soziale Herausforderung. Historische Formen solidarischen Handelns von der Antike bis zum 20. Jahrhundert (= Stuttgarter Beiträge zur historischen Migrationsforschung, Bd. 8), Stuttgart 2011, S. 255-272; hier S. 255.
33 Zur Periodisierung vgl. Henke, Coblentz, S. 28-31.
34 François-Dominique de Reynaud de Montlosier: Souvenirs d'un émigré (1791-1798), publié par le Comte de Larouzière-Montlosier et par Ernest d'Hauterive, Paris 1951, S. 146; Chateaubriand, Mémoires d'outre-tombe, 1, S. 638; dazu Pestel, Kosmopoliten wider Willen, S. 20.

Provence nach der Hinrichtung seines Bruders zunächst als Regent, ab 1795 als Ludwig XVIII. die dynastische Kontinuität.[35] Diese galt es aus ihrer Sicht prospektiv auch in der *France du dedans* zu restaurieren, wenngleich über die Wege, wie dies zu bewerkstelligen sein sollte, unter den Emigranten nie Konsens bestand.

Generell blieb seit dem Entschluss zur Emigration die Rückkehrerwartung zentrales und bestimmendes Leitmotiv im Erwartungshorizont der französischen Revolutionsflüchtlinge. Zu Beginn gingen die Emigranten von einem nahen Kollaps der Revolution aus und rechneten daher mit einem nur kurzzeitigen Verbleib im Ausland.[36] Doch zeigten die Erfahrungen der ersten Jahre der Emigration, dass angesichts der Entwicklungen im Heimatland die erwartete Rückkehr in unbestimmte Ferne rückte. Überdies offenbarte nach Ausbruch des Ersten Koalitionskrieges 1792 der ausbleibende Erfolg der österreichisch-preußischen Interventionsarmee, an deren Seite auch Emigranteneinheiten kämpften, dass die Schaffung günstiger Rückkehrbedingungen selbst mit militärischen Mitteln nicht zu erzwingen war. Im Gegenteil nahm die Emigration in dieser Phase sogar noch einmal zu.

War eine Rückkehr nach Frankreich in den ersten Revolutionsjahren sanktionsfrei möglich, leitete die französische Legislative unter dem Eindruck der Ansammlungen bewaffneter Emigranten an der Nord- und Ostgrenze Frankreichs gesetzliche Maßnahmen in die Wege, um den rechtlichen Status der Emigranten zu regeln.[37] Die neuen Gesetze erklärten nun diejenigen Franzosen zu Emigranten, die ab Juli 1789 Frankreich verlassen und bis Mai 1792 nicht wieder betreten hatten bzw. sich dort seit Mai 1792 nicht dauerhaft aufhielten. Wer im Sinne dieser gesetzlichen Definition »émigré« war, wurde in zentralen Listen erfasst und verlor seinen gesamten Besitz, der zu Nationalgut erklärt und zugunsten des Staatsärars verkauft wurde. Während der *Terreur* galten die Emigranten als zivilrechtlich tot und mussten bei unerlaubter Rückkehr nach Frankreich mit der Todesstrafe rechnen. Diese drohte ihnen auch, wenn sie an ihren Aufenthaltsorten im Exil den vorrückenden Revolutionsarmeen in die Hände fielen. Im Ver-

---

35 Philip Mansel: Louis XVIII, London 1999, S. 85-89. Zum Problemfeld »Der Monarch im Exil« im Besonderen ders.: From Exile to the Throne: The Europeanization of Louis XVIII, in: Philip Mansel, Torsten Riotte (Hg.): Monarchy and Exile: The Politics of Legitimacy from Marie de Médicis to Wilhelm II, London 2011, S. 188-213, und im Allgemeinen Torsten Riotte: Der Monarch im Exil. Eine andere Geschichte von Staatswerdung und Legitimismus im 19. Jahrhundert (= Veröffentlichungen der Historischen Kommission für Niedersachsen und Bremen, Bd. 295), Göttingen 2018.
36 Karine Rance: Die Emigration des französischen Adels in Deutschland: eine »vorübergehende« Emigration, in: Thomas Höpel, Katharina Middell (Hg.): Réfugiés und Emigrés. Migration zwischen Frankreich und Deutschland im 18. Jahrhundert (= Comparativ, Bd. 7, H. 5/6), Leipzig 1997, S. 158-178.
37 Marcel Ragon: La législation sur les émigrés 1789-1825, Paris 1904; Kirsty Carpenter: Emigration in Politics and Imaginations, in: David Andress (Hg.): The Oxford Handbook of the French Revolution, Oxford 2015, S. 330-345.

lauf der kriegerischen Auseinandersetzungen sorgte diese Gefährdung für teils chaotische Mobilitätsschübe im kontinentaleuropäischen Exilraum.

Im Effekt bedeuteten die lebensweltlichen Erfahrungen in den ersten Jahren der Emigration, dass sich die Revolutionsflüchtlinge, die sich zunächst vor allem in frankreichnahen Grenzregionen aufhielten und dort Koloniestrukturen ausbildeten, auf ein längerfristiges Exil einstellen mussten, auf dessen definitive Beendigung sie selbst keinen direkten Einfluss mehr nehmen konnten. Gleichzeitig blieb für sie trotz der unvorhersehbaren Entwicklungen im Heimatland und auf dem europäischen Kriegsschauplatz Frankreich als dauerhafter Referenz- und Zielpunkt erhalten. Zwar sahen sich die Emigranten in Bezug auf die Rückkehr nun in einer »Abwartehaltung« begriffen, doch sollte aus dieser spezifischen Situiertheit keineswegs die Vorstellung eines passiven »Überwinterns« abgeleitet werden. Denn zum einen verfolgten und kommentierten die Emigranten weiterhin den Fortgang der Revolution und warben an ihren Aufenthaltsorten offensiv für ihre Interessen.[38] Zum anderen brachte das Leben in der Fremde existenzielle Herausforderungen mit sich. Die Emigranten kamen in eine ihnen unbekannte Umwelt, in der sich das Exilleben nun als konkretes Alltagsleben und -erleben mit allen dazugehörigen praktischen Problemen darstellte.

Als sich infolge des Kriegsgeschehens und der vielerorts zunehmend restriktiven Aufenthaltspolitik der Aufnahmeländer die grenznahen Kolonien allmählich auflösten, begann die räumliche Zerstreuung der Emigranten über Europa und nach Übersee. Davon betroffen waren auch die Kernländer der Habsburgermonarchie im südöstlichen Zentraleuropa. Da der Rückweg nach Frankreich versperrt war, blieb den Emigranten nichts anderes übrig, als sich mit ihren Aufenthaltsorten im Exil zu arrangieren. Obwohl sie weder einen dauerhaften Verbleib noch eine Integration in die Aufnahmegesellschaft aktiv anstrebten, erforderten die individuell höchst unterschiedlichen Lebenslagen von ihnen Verhaltensweisen und Handlungsstrategien, mit denen sie in der Fremde ein Auskommen finden konnten. Mit der Emigration verschob sich mehr als nur der Blickwinkel auf die Revolution in Frankreich. Für die Emigranten begann ein Leben im Provisorium.

Forschungsgeschichte

Die ältere Geschichtsschreibung: Lagerbildung und Marginalisierung

Die ältere Historiografie thematisierte die Revolutionsemigration als Element einer auf Frankreich zentrierten Revolutionserzählung, die weder die eben skizzierte Komplexität des Emigrationsphänomens abbildet noch den emigrantischen Lebenswelten in den Exilländern Beachtung schenkt, sondern in der Emigration

---

38 Pestel, Winkler, Provisorische Integration und Kulturtransfer, S. 152-154.

in erster Linie den topischen Gegensatz zur Revolution erkennt.[39] Die Emigration wurde als integraler Teil von Gesamtdarstellungen zur Revolution abgehandelt, Einzelstudien blieben die Ausnahme und waren vorwiegend tagespolitisch motiviert, etwa aus Anlass der innenpolitischen Debatten um das Emigrantenentschädigungsgesetz Mitte der 1820er Jahre.[40]

Die bereits in der zeitgenössischen Auseinandersetzung um die Emigration wurzelnde Polarisierung ebnete den Weg für kontroverse Deutungen, die in der französischen Geschichtsschreibung des 19. Jahrhunderts zwei gegensätzliche historiografische Traditionen begründeten.[41] Kennzeichnend für diese Dichotomie war auf beiden Seiten die jeweilige Bewertung der Revolution selbst sowie der von ihr ausgehenden politisch-gesellschaftlichen Veränderungsprozesse. So bildeten sich innerhalb der Revolutionsforschung ein republikanisch-laizistisches und ein royalistisch-konservativ-katholisches Interpretationsmuster der Emigration heraus, deren einzige Gemeinsamkeit das tendenziöse Emigrantenbild war, das sie vermittelten.

Im republikanischen Lager galten die Emigranten als dekadente Anhänger einer obsolet gewordenen Ordnung, als Fortschrittsverweigerer und rachsüchtige Aristokraten, die mit ihrer Flucht Verrat am eigenen Land begingen, da sie nicht davor zurückschreckten, mit den Feinden Frankreichs zu kollaborieren. Als »Emigranten« rubriziert wurden hauptsächlich Angehörige der französischen Königsfamilie sowie diejenigen, die die Waffen gegen die Revolution erhoben hatten, also scheinbar eindeutig als »Konterrevolutionäre« identifiziert werden konnten. Aus dieser revolutionsaffirmativen Perspektive war nicht nur das politische und militärische Scheitern der Emigranten im Sinne des als dialektisch begriffenen Revolutionsprozesses zwangsläufig.[42] Vielmehr firmierten Gegenrevolution und Emigration geradezu als Synonyme.[43]

Das harte und mitleidswürdige Schicksal der Emigranten herauszustellen, lag dagegen im Interesse des royalistischen Lagers. Die Emigration erscheint hier in Form einer sentimentalen Leidenserzählung über die Elite des Landes, deren zugeschriebene Opferrolle die Unmenschlichkeit des Revolutionsregimes in Frank-

---

39 Eine Zusammenstellung der älteren französischen Literatur bei Höpel, Emigranten in Preußen, S. 13-42.
40 François Mongin de Montrol: Histoire de l'emigration (1789-1825), Paris 1825; Antoine de Saint-Gervais: Histoire des émigrés français, depuis 1789, jusqu'en 1828, 3 Bde., Paris 1828; zum Entschädigungsgesetz Almut Franke-Postberg: Le milliard des émigrés. Die Entschädigung der Emigranten im Frankreich der Restauration (1814-1830) (= Europa in der Geschichte 3), Bochum 1999.
41 Pestel, Kosmopoliten wider Willen, S. 25-26.
42 Ebd., S. 26.
43 Als erste Monografien des republikanischen Lagers zur Emigration gelten Jacques Godechot: La Contre-révolution, doctrine et action, Paris 1961, sowie Jean Vidalenc: Les Émigrés français, 1789-1825, Caen 1963.

reich hervortreten lassen sollte. Untermauert wurde diese Erzählung durch die im nachnapoleonischen Frankreich zahlreich publizierten Emigrantenmemoiren, die der Revolutionsflucht durch Personalisierung, Sentimentalisierung und Anekdotenreichtum ein individuelles »Gesicht« gaben.[44] Obwohl auch die royalistische Tradition streng frankozentrisch orientiert blieb und darauf angelegt war, durch das Prisma der Emigration die Revolution als Ganzes zu delegitimieren, kommt in den Darstellungen zumindest im Ansatz eine Binnendifferenzierung der Emigration zum Ausdruck.[45] So finden etwa die einzelnen Exilländer eine wenigstens holzschnittartige Berücksichtigung, wenngleich diese im Interesse einer konsistenten Passionsgeschichte als tendenziell »emigrantenfeindlich« porträtiert werden. Da sich die Erzählungen schwerpunktmäßig um die aristokratische Prominenz der Emigranten rankten, standen zudem die ausländischen Höfe und deren Frankreich- und Emigrantenpolitik im Fokus. Hinsichtlich des Umgangs mit den Emigranten galt etwa der Wiener Kaiserhof als ausnehmend ungastlich und latent frankophob.[46]

Grundsätzlich können die bis in die zweite Hälfte des 20. Jahrhunderts erschienenen Studien einem der beiden Lager zugeordnet werden. Die Kehrseite dieser jahrzehntelangen politisch-ideologischen Aufladung bestand in einer schrittweisen Marginalisierung des Forschungsfeldes »Emigration« innerhalb des Komplexes »Französische Revolution«, das wegen seiner notorischen Frankozentrik für nichtfranzösische Historiker zunächst wenig Anknüpfungspunkte bot.

Demografie, Exilräume, Kulturtransfer: Neuere historiografische Trends

Aus dieser epistemologischen Sackgasse führte der Paradigmenwechsel zu sozialgeschichtlichen Fragestellungen heraus.[47] Dem amerikanischen Historiker Donald Greer kommt das Verdienst zu, mit seinen sozialstatistischen Untersuchungen zur Emigration den konfrontativen und klischeebehafteten Diskurs von »Opfern« versus »Verräter« aufgebrochen zu haben.[48] Es gelang ihm zu zei-

44 Dazu grundlegend Anna Karla: Revolution als Zeitgeschichte. Memoiren der Französischen Revolution in der Restaurationszeit (= Bürgertum: Neue Folge, Bd. 11), Göttingen 2014. Auch Damien Zanone: Écrire son temps. Les mémoires en France de 1815, Lyon 2006.
45 Henri Forneron: Histoire générale des émigrés pendant la Révolution française, 3 Bde., Paris 1884-1890; Ernest Daudet: Histoire de l'émigration pendant la révolution française, 3 Bde., Paris 1904-1907; Ghislain de Diesbach: Histoire de l'émigration 1789-1814, Paris 1975; René de La Croix Castries: Les hommes de l'émigration 1789-1814 (les émigrés) (= Documents d'histoire), Paris 1979.
46 Etwa bei Diesbach, Histoire de l'émigration 1789-1814, S. 454.
47 Als frühes Beispiel Marc Bouloiseau, Georges Lefebvre: L'émigration et les milieux populaires. Émigrations, paniques, embauchage (1791-1794), in: Annales historiques de la Révolution française 156 (1959), S. 110-126.
48 Donald Greer: A Guide to Source Material on the Émigrés of the French Revolution, in: The Journal of Modern History 15 (1943) 1, S. 39-46; ders., The incidence of the emigration.

gen, dass es sich bei der Revolutionsemigration um eine soziodemografisch vielschichtige Migrationsbewegung handelte, die nicht nur die Spitzen von Adel und Kirche umfasste. Diese Erkenntnis schlug sich in nachfolgenden Studien allerdings kaum nieder. Trotz der empirischen Evidenz soziologischer Tiefe blieben auch weiterhin die sozialen Eliten im Fokus, während *roturiers*, Frauen, Kinder, einfache Soldaten und Domestiken, nicht zuletzt aus Quellengründen, kaum stärker berücksichtigt wurden als in den Darstellungen zuvor.[49] Auch wenn Greers Datengrundlage – die erwähnten Emigrantenlisten der französischen Départements – keineswegs über alle Zweifel erhaben ist,[50] gilt die von ihm näherungsweise bestimmte Gesamtzahl von rund 150.000 Emigranten in der Forschung inzwischen als konsensfähig.[51]

Einen nachhaltigen Impuls erlebte die Emigrantenforschung durch die »Entdeckung« der Räume des Exils. Unter migrationshistorischen Prämissen erschienen die französischen Revolutionsflüchtlinge zwar lange als eher undankbares Thema, da sich wegen ihrer meist nur temporären Präsenz im Unterschied etwa zu den Hugenotten keine Geschichte erfolgreicher Integration oder großzügiger Hilfsbereitschaft für politisch oder konfessionell Verfolgte erzählen ließ.[52] Doch lieferte die Untersuchung von Aufnahme, Lebenswelten und Interaktionen in den jeweiligen Exilländern ein deutlich facettenreicheres Bild der Emigration, als die ältere, französisch geprägte Geschichtsschreibung glauben gemacht hatte. Nach einigen frühen Studien aus der Zwischenkriegs- und der unmittelbaren Nachkriegszeit[53] erschienen seit den 1980er Jahren zahlreiche Arbeiten, die sich der Emigration mittels räumlicher Zugriffe annahmen. Diese decken inzwischen eine Vielzahl von Staaten, Regionen, Territorien und Städten ab, darunter die Schweizer Kantone und den Kirchenstaat, ansatzweise auch die Iberische

---

49 Zu berücksichtigen ist zwar, dass der hohe Anteil des Dritten Standes vor allem von Kurzzeitmigrationen in den Grenzregionen und dem mitemigrierenden Dienstpersonal herrührte; vgl. Pestel, Kosmopoliten wider Willen, S. 27, Anm. 41; gleichwohl bleibt die Emigrationserfahrung des Dritten Standes ein Forschungsdesiderat, vgl. Pestel, Winkler, Provisorische Integration und Kulturtransfer, S. 158-159.

50 Zur Kritik siehe Henke, Coblentz, S. 32, Anm. 26, und John Dunne: Quantifier l'émigration des nobles pendant la Révolution française: problèmes et perspectives, in: Jean-Clément Martin (Hg.): La contre-révolution en Europe, XVIIIe-XIXe siècles; réalités politiques et sociales résonances culturelles et idéologiques, Rennes 2001, S. 133-141; ferner Pestel, The Colors of Exile.

51 Boffa, Die Emigranten, S. 547; Schönpflug, Französische Revolutionsflüchtlinge in Europa, S. 587.

52 Pestel, Kosmopoliten wider Willen, S. 27.

53 Für den süddeutschen Raum insbesondere die Arbeiten Wilhelm Wührs, darunter sein Hauptwerk Wilhelm Wühr: Die Emigranten der Französischen Revolution im bayerischen und fränkischen Kreis mit einem Verzeichnis aller im Gebiet des rechtsrheinischen Bayerns festgestellten Emigranten (= Schriftenreihe zur bayerischen Landesgeschichte, Bd. 27), München 1938.

Halbinsel, Russland und das Osmanische Reich.⁵⁴ Ungleich mehr Studien liegen für Großbritannien mit der »Emigrantenmetropole« London, aber auch für die USA, Kanada und die karibischen Kolonien vor.⁵⁵ Mit der Perspektivenverschiebung hin zu den Exilländern wurde die Emigration von ihrer nahezu exklusiven Frankreichzentrierung graduell entkoppelt und avancierte auf diese Weise zu einem Forschungsfeld, das nicht mehr in erster Linie der französischen Revolutionsgeschichtsschreibung vorbehalten war.

54 Georges Andrey: Les émigrés français dans le canton de Fribourg (1789-1815): effectifs, activités, portraits, Neuchâtel 1972; Jean-Paul Cavin: L'emigration française dans le Pays de Vaud au début de la Révolution (1789-1793), d'après les Actes et les Manuaux du Conseil secret de Berne, in: Revue historique vaudoise 80 (1972), S. 49-101; Thomas Fässler: Aufbruch und Widerstand. Das Kloster Einsiedeln im Spannungsfeld von Barock, Aufklärung und Revolution (= ars historica), Egg 2019; Paul Chopelin: »Des loups déguisés en agneaux« ? L'accueil des prêtres constitutionnels émigrés dans l'État pontifical (1792-1799), in: Annales historiques de la Révolution française 341 (2005), S. 85-109; Manuel Gutiérrez García-Brazales: El exilio del clero francés en España durante la revolución (1791-1815), Saragossa 2005; David Higgs: Portugal and the Émigrés, in: Kirsty Carpenter, Philip Mansel (Hg.): The French Émigrés in Europe and the Struggle Against Revolution, 1789-1814, London 1999, S. 83-100; Jean-Pierre Poussou, Anne Mézin, Yves Perret-Gentil (Hg.): L'influence française en Russie au XVIIIᵉ siècle (= Collection du Centre Roland Mousnier 13), Paris 2004; Leonide Ignatieff: French Emigrés in Russia, 1789-1825: the interaction of cultures in time of stress, Ann Arbor 1963; Pascal Firges: French revolutionaries in the Ottoman Empire: diplomacy, political culture, and the limiting of universal revolution, 1792-1798, Oxford 2017, S. 178-183; Catherine Boppe-Vigne: Émigrés français de Constantinople en Russie pendant la Révolution, in: Jean-Pierre Poussou, Anne Mézin, Yves Perret-Gentil (Hg.): L'influence française en Russie au XVIIIᵉ siècle (= Collection du Centre Roland Mousnier, Bd. 13), Paris 2004, S. 411-427.
55 Juliette Reboul: French emigration to Great Britain in response to the French Revolution, Cham 2017; Tonya J. Moutray: Refugee Nuns, the French Revolution, and British Literature and Culture, New York 2016; Kirsty Carpenter: Refugees of the French Revolution: Emigres in London, 1789-1802, Basingstoke 1999; Dominic A. Bellenger: The French Exiled Clergy in the British Isles After 1789, Bath 1986; speziell zu den Kanalinseln Sydney Watts: The Jersey Émigrés: Community Coherence amidst Diaspora, in: Laure Philip, Juliette Reboul (Hg.): French Emigrants in Revolutionised Europe. Connected Histories and Memoires (= War, Culture and Society, 1750-1850), Cham 2019, S. 67-87; Thomas Sosnowski: Revolutionary Émigrés and Exiles in the United States: Problems of Economic Survival in a New Republican Society, in: French History and Civilization 1 (2005), S. 45-52; Allan Potofsky: The »Non-Aligned Status« of French Emigrés and Refugees in Philadelphia, 1793-1798, in: Transatlantica 2 (2006), S. 33-50; Doina Pasca Harsanyi: Lessons from America. Liberal French nobles in exile, 1793-1798, University Park, PA 2010; Marcel Fournier: Les Français émigrés au Canada pendant la Révolution Française et le Consulat, 1789-1804, Québec 2015; Carlos Esteban Deive: Los refugiados franceses en Santo Domingo (1789-1801), Santo Domingo 1984; R. Darell Meadows: The Planters of Saint-Domingue, 1750-1804. Migration and Exile in the French Revolutionary Atlantic, Diss. Carnegie Mellon University 2004.

Im Weitwinkel offenbarte sich zudem, dass die Revolutionsemigranten im europäisch-atlantischen Kontext keineswegs die einzigen politischen Flüchtlinge im »Age of Revolutions« (David Armitage/Sanjay Subrahmanyam) waren.[56] An ihren Aufenthaltsorten trafen sie auf aus den USA geflohene Loyalisten, auf Auswanderer aus dem geteilten Polen, auf Flüchtlinge aus dem wiederholt von Umstürzen heimgesuchten Genf und auch auf nichtfranzösische Revolutionsemigranten, die im Zuge der Koalitionskriege die besetzten Regionen verließen: »Belgier« aus den Österreichischen Niederlanden und dem Hochstift Lüttich, Schweizer, als »Cisalpiner« bezeichnete Bewohner der norditalienischen Staaten, »Neapolitaner« sowie Flüchtlinge aus den Rheingegenden.[57] Diese sich vielerorts überlappenden Emigrationen verschiedener Herkunft führten »Ende des 18. Jahrhunderts in Europa und im transatlantischen Raum zur Entstehung einer multinationalen politischen Diaspora, die mehrere Hunderttausend Personen umfasste«.[58] Vor diesem Hintergrund komplementiert Maya Jasanoff den etablierten Begriff des Revolutionszeitalters als einer Epoche fundamentalen politischen und sozialen Wandels durch ihre triftige Deutung als »Age of Refugees«.[59]

Als besonders produktiv haben sich die Forschungen zu den Zehntausenden Revolutionsemigranten im Heiligen Römischen Reich erwiesen.[60] Von allen mono-

---

56 David Armitage, Sanjay Subrahmanyam (Hg.): The Age of Revolutions in Global Context c. 1760-1840, Basingstoke 2010; Pestel, Französische Revolutionsmigration nach 1789.

57 Maya Jasanoff: Liberty's exiles. American loyalists in the revolutionary world, New York 2012; Livio Fornara (Hg.): Révolutions genevoises, 1782-1798, Genf 1989; William D. Godsey: Nobles and nation in Central Europe. Free imperial knights in the Age of Revolution, 1750-1850, Cambridge 2009.

58 Pestel, Kosmopoliten wider Willen, S. 17-18.

59 Maya Jasanoff: Revolutionary Exiles: The American Loyalist and French Émigré Diasporas, in: David Armitage, Sanjay Subrahmanyam (Hg.): The Age of Revolutions in Global Context c. 1760-1840, Basingstoke 2010, S. 37-58; hier S. 38.

60 Bezüglich der quantitativen Dimension siehe Pestel, Winkler, Provisorische Integration und Kulturtransfer; zu den einzelnen Territorien Peter Veddeler: Französische Emigranten in Westfalen 1792-1802 (= Veröffentlichungen der Staatlichen Archive des Landes Nordrhein-Westfalen, C, Bd. 28), Münster 1989; Elisabeth Kruse: Die Emigranten der Französischen Revolution in Kurhannover, Hannover 1990; Sabine Diezinger: Französische Emigranten und Flüchtlinge in der Markgrafschaft Baden 1789-1800 (= Europäische Hochschulschriften, Bd. 500), Frankfurt 1991; Höpel, Middell, Réfugiés und Emigrés; Henke, Coblentz; Höpel, Emigranten in Preußen; Günter Scheel: Die Emigranten der Französischen Revolution im Fürstentum Braunschweig-Wolfenbüttel, in: Braunschweigisches Jahrbuch für Landesgeschichte 83 (2002), S. 35-58; Daniel Schönpflug, Jürgen Voss (Hg.): Révolutionnaires et émigrés. Transfer und Migration zwischen Frankreich und Deutschland 1789-1806 (= Beihefte der Francia, Bd. 56), Stuttgart 2002; Bernward Kröger: Der französische Exilklerus im Fürstbistum Münster (1794-1802) (= Veröffentlichungen des Instituts für Europäische Geschichte Mainz, Abteilung für Abendländische Religionsgeschichte, Bd. 203), Mainz 2005; Thomas Biskup: German court and French Revolution: émigrés and the Brunswick court around 1800, in: Francia 34 (2007) 2, S. 61-89;

grafischen Beiträgen zur weltweiten Emigrantenpräsenz, die seit dem *bicentenaire* der Revolution publiziert wurden, machen die Regionalstudien zum Alten Reich summarisch rund die Hälfte aus.[61] Methodisch profitierten viele dieser Arbeiten von jüngeren kulturwissenschaftlichen Ansätzen, insbesondere von der Kulturtransferforschung, die den Emigranten eine wichtige Mittlerrolle zwischen Frankreich und dem Alten Reich in der Revolutionszeit zuschrieb.[62] Erste Versuche, die zahlreichen regionalen Einzelbefunde zu einer Gesamtschau der Revolutionsemigration im Alten Reich zu integrieren, zeigen, dass es sich bei der Emigration in den 1790er Jahren um ein reichsweit wahrnehmbares Migrationsphänomen handelte.[63] Als unmittelbar sichtbare Konsequenz der Französischen Revolution wirkten die Emigranten somit bis in die Alltagswelt der einheimischen Bevölkerung hinein.

> Maike Manske: Möglichkeiten und Grenzen des Kulturtransfers. Emigranten der Französischen Revolution in Hamburg, Bremen und Lübeck, Saarbrücken 2008; Friedemann Pestel: Weimar als Exil. Erfahrungsräume französischer Revolutionsemigranten 1792-1803 (= Transfer. Deutsch-Französische Kulturbibliothek, Bd. 28), Leipzig 2009; Matthias Winkler: Die Emigranten der Französischen Revolution in Hochstift und Diözese Bamberg (= Bamberger historische Studien, Bd. 5), Bamberg 2010; Friedemann Pestel: Revolution im Deutungsstreit. Deutsch-französische Perspektiven auf die Emigranten am Beispiel der kurmainzischen Gebiete Thüringens 1794/1795, in: Zeitschrift für Thüringische Geschichte 64 (2010), S. 215-244; Hartmut Müller: Emigrés bienvenues? Flüchtlinge zwischen Toleranz und Staatsraison 1795 in Bremen. Eine Fallstudie, in: Bremisches Jahrbuch 94 (2015), S. 70-106; Friedemann Pestel: »Das Exil hat, wie alle Lagen des menschlichen Lebens, sein Gutes«: Französische Revolutionsemigranten in Hamburg und Altona, in: Nele Maya Fahnenbruck, Johanna Meyer-Lenz (Hg.): Fluchtpunkt Hamburg. Zur Geschichte von Flucht und Migration in Hamburg von der Frühen Neuzeit bis zur Gegenwart, Bielefeld 2018, S. 157-176.

61 Pestel, Winkler, Provisorische Integration und Kulturtransfer, S. 139.
62 Zur Kulturtransferforschung im Kontext der Revolutionsära Michel Espagne: Minderheiten und Migration im Kulturtransfer, in: Thomas Höpel, Katharina Middell (Hg.): Réfugiés und Emigrés. Migration zwischen Frankreich und Deutschland im 18. Jahrhundert (= Comparativ, Bd. 7, H. 5/6), Leipzig 1997, S. 247-258; Hans-Jürgen Lüsebrink, Rolf Reichardt (Hg.): Kulturtransfer im Epochenumbruch. Frankreich–Deutschland 1770 bis 1815, 2 Bde. (= Transfer. Deutsch-Französische Kulturbibliothek, Bd. 9), Leipzig 1997; Rolf Reichardt: Das Blut der Freiheit. Französische Revolution und demokratische Kultur, Frankfurt a. M. 2002. Einen Prototyp dieses Ansatzes vertritt aus französischer Sicht Fernand Baldensperger: Le mouvement des idées dans l'émigration française (1789-1815), 2 Bde., Paris 1924. Hinzu kommen von deutscher Seite literaturwissenschaftliche Beiträge zur Emigration, v. a. Erich Schneider: Revolutionserlebnis und Frankreichbild zur Zeit des ersten Koalitionskriegs (1792-1795), in: Francia 8 (1980), S. 277-394, sowie die Forschungen von Harro Zimmermann: Die Emigranten der französischen Revolution in der deutschen Erzählliteratur und Publizistik um 1800, in: Francia 12 (1984), S. 305-354.
63 Zunächst Bahlcke, Zwischen offener Zurückweisung und praktischer Solidarität, dann systematischer und auf fortbestehende Forschungsdesiderate hin orientiert Pestel, Winkler, Provisorische Integration und Kulturtransfer.

Neben den räumlichen Zugriffen etablierte sich ein Zweig akteurszentrierter Untersuchungen, die, von der Konjunktur kulturwissenschaftlicher Fragestellungen angetrieben, auch methodisch neue Wege in der Emigrantenforschung beschritten. Unter Rückgriff auf die von Pierre-André Rosenthal eingeführte migrationstheoretische Typologie »migration de maintien«/»migration de rupture«[64] analysiert Karine Rance anhand der Memoiren nach Deutschland geflüchteter Adliger deren Identitätsentwicklung und Sozialisation unter den Bedingungen der Emigration.[65] Zwar gelingt es Rance mit ihren Arbeiten, Aspekte einer Mentalitätsgeschichte der (adligen) Emigration zu umreißen und ein bis dato vor allem anekdotisch genutztes Quellenkorpus für die Thematik zu erschließen, doch bleibt das methodische Problem einer ausschließlich auf Memoiren gestützten Analyse evident. Die mit teils erheblichem zeitlichen Abstand zum Emigrationsgeschehen verfassten biografischen Berichte der Exilzeit sind selbst Deutung eigener Erlebnisse, die im Wissen um die geglückte Rückkehr nach Frankreich in eine narrative Ordnung gebracht wurden. Der provisorische Charakter des Emigrantenlebens mit seinen Unvorhersehbarkeiten und situationsabhängigen Aushandlungsprozessen wird aufgrund dieser erzähltechnischen Teleologisierung tendenziell nivelliert.[66] Durch die apriorische Klassifizierung als »migration de

---

64 Paul-André Rosental: Maintien/rupture: un nouveau couple pour l'analyse des migrations, in: Annales. Économies, Sociétés, Civilisations 45 (1990) 6, S. 1403-1431.
65 Rance, Die Emigration des französischen Adels in Deutschland; dies.: L'identité collective des nobles français émigrés en Allemagne (1789-1815), in: Grenzgänge. Beiträge zu einer modernen Romanistik 9 (1998), S. 24-37; dies.: L'émigration nobiliaire française en Allemagne: une »migration de maintien« (1789-1815), in: Genèses 30 (1998), S. 5-29; dies.: Mémoires de nobles français émigrés en Allemagne pendant la Révolution Française: la vision rétrospective d'une expérience, in: Revue d'histoire moderne et contemporaine 46 (1999) 2, S. 245-262; dies.: Die Sozialisation junger französischer Adliger im deutschen Exil. Übertragung adliger Werte 1789-1815, in: Anja Victorine Hartmann (Hg.): Eliten um 1800. Erfahrungshorizonte, Verhaltensweisen, Handlungsmöglichkeiten (= Veröffentlichungen des Instituts für Europäische Geschichte Mainz, Bd. 183), Mainz 2000, S. 135-154; dies.: La »référence allemande« dans les mémoires des émigrés, in: Matthias Middell, Michel Espagne (Hg.): Archiv und Gedächtnis. Studien zur interkulturellen Überlieferung (= Transfer. Deutsch-Französische Kulturbibliothek, Bd. 13), Leipzig 2000, S. 196-222; dies.: Les mémoires de nobles émigrés partis en Allemagne: Coblence, ou prédire un échec advenu, in: Daniel Schönpflug, Jürgen Voss (Hg.): Révolutionnaires et émigrés. Transfer und Migration zwischen Frankreich und Deutschland 1789-1806 (= Beihefte der Francia, Bd. 56), Stuttgart 2002, S. 221-234; dies.: Les nobles émigrés dans les pays germaniques pendant la Révolution Française, in: Bulletin d'information de la Mission historique française en Allemagne (2002), S. 225-234; dies.: Voyages en terres d'exil: les émigrés en Europe, in: Nicolas Bourguinat, Sylvain Venayre (Hg.): Voyager en Europe, de Humboldt à Stendhal. Contraintes nationales et tentations cosmopolites, 1790-1840, Paris 2007, S. 415-427.
66 Zur Kritik Pestel, Kosmopoliten wider Willen, S. 29-30.

maintien« drohen Transfers in den Aufnahmeländern somit unterbewertet oder gar als »gescheitert« begriffen zu werden.[67]

In seiner Studie zu London als insularem Zentrum der Emigrantenpublizistik begibt sich Simon Burrows auf das Feld medialer Aneignung von Revolution und Emigration.[68] In der größten europäischen Emigrantenkolonie gaben emigrierte Journalisten eine Vielzahl von Periodika heraus, die europaweit zirkulierten und sowohl von den Emigranten als auch von der frankophonen Elite in den Exilländern rezipiert wurden. Burrows zeigt, dass die publizistisch aktiven Emigranten mit ihren Journalen revolutionsbezogene Themen und Deutungen aus Emigrantenperspektive popularisierten und so zur politischen Mobilisierung des Lesepublikums beitrugen. Obwohl mehr als ausreichend Material vorhanden ist, steht eine komplementäre Arbeit zur Emigrantenpublizistik auf dem Kontinent noch aus.[69]

Christian Henke rekonstruiert in seiner Studie zum zeitweiligen Zentrum der kontinentaleuropäischen Emigration in Koblenz nicht nur die Entwicklung der Kolonie in der kurtrierischen Residenzstadt, sondern untersucht auch die Genese und Bedeutung des Symbols »Koblenz/Coblence« für die links- und rechtsrheinische Wahrnehmung der Emigration.[70] Ersichtlich wird, dass viele Negativstereotype, die Zeitgenossen und Nachwelt mit der Emigration verbanden und die sogar bis in jüngste Studien hinein fortbestehen, auf die zeitgenössische Kritik an den dortigen »Ausschweifungen« der Emigranten zurückgehen. In der Rezeptionsgeschichte wuchs sich diese Reduktion auf die Negativaspekte einer letztlich lokalen Erfahrung zu einem regelrechten »Koblenz-Syndrom« aus.[71]

Am Beispiel der Gruppe der *monarchiens* untersucht Friedemann Pestel Exilerfahrungen und Kooperationen aus einer dezidiert transnationalen Perspektive und zeigt, dass publizistische Tätigkeiten, politische Programme und europäische

---

67 Bernhard Struck, Claire Gantet: Revolution, Krieg und Verflechtung 1789-1815 (= Deutsch-Französische Geschichte, Bd. 5), Darmstadt 2008, S. 217.
68 Simon Burrows: French Exile Journalism and European Politics, 1792-1814 (= The Royal Historical Society studies in history. N.S., Bd. 19), Woodbridge 2000.
69 Ansätze bei Paul Hazard: Le Spectateur du Nord, in: Revue d'histoire littéraire de la France 13 (1906), S. 26-50; Wilhelm Wühr: Französische Emigrantenpresse in Regensburg, in: Verhandlungen des Historischen Vereins von Oberpfalz und Regensburg 92 (1951), S. 195-204; Erich Pelzer: Die Wiederkehr des girondistischen Helden. Deutsche Intellektuelle als kulturelle Mittler zwischen Deutschland und Frankreich während der Französischen Revolution (= Pariser Historische Studien, Bd. 43), Bonn 1998; Jean-Daniel Candaux: Pour une géographie des imprimeurs de l'émigration et de la Contre-Révolution, in: Annales Benjamin Constant 30 (2006), S. 227-251; Friedemann Pestel: Emigration als Kommunikationsereignis. Die europäisch-amerikanische Rezeption der monarchiens während der Französischen Revolution, in: Archiv für Kulturgeschichte 96 (2014) 2, S. 299-340.
70 Henke, Coblentz, bes. S. 293-383.
71 Irmgard A. Hartig: Französische Emigranten in Deutschland zur Zeit der Revolution und Napoleons., in: Jacques Grandjonc (Hg.): Deutsche Emigranten in Frankreich – französische Emigranten in Deutschland, 1685-1945, München 1984, S. 46-60; hier S. 47.

Netzwerke in der Emigration Möglichkeiten zur Profilierung boten und schließlich sogar den Weg zurück nach Frankreich bahnten.[72] Mit der diachronen »Verlängerung« der Untersuchung in die »Restaurationsepoche« hinein kann Pestel das wirkmächtige Bild von den Emigranten als Revolutionsverlierern korrigieren und gleichzeitig verdeutlichen, dass politisches Exil integraler Bestandteil europäischer Revolutionserfahrung im »siècle des exilés« (Sylvie Aprile) war.[73]

Dieser kursorische Überblick über jüngere Forschungsbemühungen mag genügen, um der noch in den Jahren nach dem *bicentenaire* beklagten »Abwesenheit« einer Emigrantenhistoriografie keinen Aktualitätswert mehr beizumessen.[74] Doch trotz des in den vergangenen dreißig Jahren stark gewachsenen Kenntnisstandes lastet das von tradierten Stereotypen gezeichnete Geschichtsbild weiterhin auf der Thematik. Die rezente Konjunktur einer methodisch und räumlich breitgefächerten Emigrationsgeschichtsschreibung hat die Revolutionsflüchtlinge allenfalls in Fachkreisen von diesem Negativnimbus befreien können, obwohl die vielseitigen Wirkungsfelder im Exil und die Karrieren im nachrevolutionären Frankreich es schlechterdings kaum erlauben, das starre Bild von den Emigranten als Verlierern bzw. Opfern der Revolution in der überlieferten Pauschalform noch länger aufrechtzuerhalten.[75]

Dagegen zeichnet sich der europäisch-atlantische Charakter der Emigration infolge der historiografischen Erschließung der Exilräume zunehmend deutlicher ab. Gingen vergleichende und beziehungsgeschichtliche Ansätze anfangs kaum über eine bloße Aneinanderreihung regionaler Fallstudien hinaus,[76] sind die Potenziale einer transnationalen und stärker mobilitäts- und zirkulationsorientierten Emigrantenforschung im Gefolge des *global turn* mittlerweile erkannt worden.[77]

---

72 Pestel, Kosmopoliten wider Willen.
73 Sylvie Aprile: Le siècle des exilés. Bannis et proscrits de 1789 à la Commune, Paris 2010.
74 Bernard de Brye: La Révolution française et l'émigration de l'épiscopat gallican: historiographie d'une absence, in: Revue d'histoire moderne et contemporaine 40 (1993), S. 604-628.
75 Gleichwohl setzen sich Rezeptionsdefizite der Emigrantenthematik bis in jüngere Handbücher zur Französischen Revolution fort, etwa Alan Forrest, Matthias Middell (Hg.): The Routledge companion to the French Revolution in world history (= Routledge companions), London; New York 2016; Peter McPhee (Hg.): A companion to the French Revolution (= Blackwell Companions to European History), Chichester; Malden 2013; Suzanne Desan, Lynn Hunt, William Max Nelson (Hg.): The French Revolution in global perspective, Ithaca 2013. Eine Ausnahme hiervon ist David Andress (Hg.): The Oxford Handbook of the French Revolution, Oxford 2015.
76 So noch bei Kirsty Carpenter, Philip Mansel (Hg.): The French Émigrés in Europe and the Struggle Against Revolution, 1789-1814, London 1999.
77 Einen Zwischenstand vermittelt der Sammelband von Laure Philip, Juliette Reboul (Hg.): French Emigrants in Revolutionised Europe. Connected Histories and Memoires (= War, Culture and Society, 1750-1850), Cham 2019. Einen Aufgabenkatalog für die künftige Emigrantenforschung umreißt Pestel, The Colors of Exile.

So vielversprechend dieser jüngste Trend der Emigrantenforschung ist, kann er doch nicht darüber hinwegtäuschen, dass wichtige Exilregionen und Knotenpunkte der Emigration bislang unerforscht geblieben sind – mit der Folge, dass tradierte Asymmetrien auch weiterhin reproduziert werden, beispielsweise das Bild eines Nordwest-Südost-Gefälles der Emigrantenpräsenz im Alten Reich.[78] Neben Nord- und Ost(-mittel-)europa und urbanen »Drehkreuzen« der Emigration wie Amsterdam, Frankfurt, Turin und Venedig ist vor allem die Habsburgermonarchie als *terra incognita* identifiziert worden.[79] Sie steht im Zentrum der vorliegenden Untersuchung.

Die französische Revolutionsemigration europäisch-regional: Die Habsburgermonarchie

Binnenwanderungen und grenzüberschreitende Migrationsbewegungen als »Normalphänomene« vormoderner Gesellschaften anzusehen, kann als etablierte Erkenntnis historischer Forschung gelten.[80] Die seit den 1980er Jahren anhaltende Konjunktur migrationshistorischer Arbeiten mit Bezug zur Habsburgermonarchie zeugt von dieser Einsicht auch im regionalen Kontext.[81] Neben zahlreichen Einzelstudien und einigen Versuchen zur transepochalen Systematisierung historischer Migrationsbewegungen und -regime haben flankierend hierzu jüngere kultur- und rechtshistorische Studien die Entwicklung von Grenze und Staat, des Heimatrechts, der Binnenmobilisierung der Bevölkerung und der Staatsbürgerschaft herausgearbeitet.[82] Im Fokus standen hierbei die verschiedenen Ansätze, Formen und Instrumente der Migrationssteuerung, die im 18. Jahrhundert zu

---

78 Etwa bei Schönpflug, Französische Revolutionsflüchtlinge in Europa, und Sylvia Hahn: Historische Migrationsforschung (= Historische Einführungen, Bd. 11), Frankfurt a. M.; New York 2012.
79 Etwa Pestel, Französische Revolutionsmigration nach 1789.
80 Karl Härter: Grenzen, Streifen, Pässe und Gesetze. Die Steuerung von Migration im frühneuzeitlichen Territorialstaat des Alten Reiches (1648-1806), in: Jochen Oltmer (Hg.): Handbuch Staat und Migration in Deutschland seit dem 17. Jahrhundert, Berlin; Boston 2015, S. 45-86.
81 Ein Überblick bei Hahn, Historische Migrationsforschung, S. 68-69.
82 Zur Systematisierung Börries Kuzmany, Rita Garstenauer (Hg.): Aufnahmeland Österreich. Über den Umgang mit Massenflucht seit dem 18. Jahrhundert, Wien; Berlin 2017; Peter Becker: Governance of Migration in the Habsburg Monarchy and the Republic of Austria, in: Peri E. Arnold (Hg.): National approaches to the administration of international migration, Amsterdam 2010, S. 32-52; Sigrid Wadauer (Hg.): Historische Migrationsforschung (= Österreichische Zeitschrift für Geschichtswissenschaften 19, Heft 1), Innsbruck 2008; ferner Andrea Komlosy: Grenze und ungleiche regionale Entwicklung. Binnenmarkt und Migration in der Habsburgermonarchie, Wien 2003, und Waltraud Heindl-Langer, Edith Saurer (Hg.): Grenze und Staat. Paßwesen, Staatsbürgerschaft, Heimatrecht und Fremdengesetzgebung in der österreichischen Monarchie 1750-1867, Wien 2000.

einem zentralen Handlungsfeld des frühneuzeitlichen Verwaltungsstaates wurde.[83] Galt mit Blick auf interregionale Migrationsbewegungen in der Frühen Neuzeit beispielsweise die Impopulationspolitik der theresianisch-josephinischen Ära lange als klassisches Forschungsfeld, verschob sich in jüngerer Zeit der Fokus auf die von Straf- und Zwangsmaßnahmen begleiteten Mobilitätsformen ausgewählter Bevölkerungsgruppen, etwa im Bereich des Schubwesens und der Deportationen.[84] Von dieser Tradition aktiver Bevölkerungspolitik hebt sich die französische Revolutionsemigration deutlich ab.

Durch die Forschungsarbeit der vergangenen Jahrzehnte ist es zwar gelungen, die französische Revolutionsemigration als Beispiel für politisches Exil im weiten Themenfeld des »Europe on the road« zu platzieren.[85] Mit Blick auf Zentraleuropa erweckt der aktuelle Forschungsstand jedoch den Eindruck, die vergleichsweise wenig untersuchten Territorien im süd- und südöstlichen Zentraleuropa seien lediglich als nachrangige Exilräume für die Revolutionsemigranten zu betrachten.[86] Besonders die Gebiete, in denen Joseph II. (1780-1790), Leopold II. (1790-1792) und Franz II./I. (1792-1835) in ihrer Eigenschaft als Oberhäupter des Erzhauses Habsburg-Lothringen Herrschaftsrechte ausübten, sind in der Emigrantenforschung bis heute eklatant unterrepräsentiert.

Die österreichische Geschichtsschreibung des späten 19. Jahrhunderts wusste freilich um die historisch-politische Brisanz der Emigration in der Revolutionsepoche. In den großen Quelleneditionen Alfred von Vivenots zur Kaiserpolitik während der Revolutionskriege sind die Emigranten folgerichtig als politischer Faktor im Kontext der habsburgischen Frankreichpolitik überaus präsent.[87] Abseits der diplomatischen Sphäre machte sie erstmals Eugen Guglia individuell greifbar.[88] Anhand österreichischer Quellen ging er den Exilbiografien prominenter Emigranten nach, deren Weg nach Wien geführt hatte, beleuchtete ihre Lebens-

83 Härter, Grenzen, Streifen, Pässe, S. 85.
84 Márta Fata: Migration im kameralistischen Staat Josephs II. Theorie und Praxis der Ansiedlungspolitik in Ungarn, Siebenbürgen, Galizien und der Bukowina von 1768 bis 1790, Münster 2014; Harald Wendelin: Schub und Heimatrecht, in: Waltraud Heindl-Langer, Edith Saurer (Hg.): Grenze und Staat. Paßwesen, Staatsbürgerschaft, Heimatrecht und Fremdengesetzgebung in der österreichischen Monarchie 1750-1867, Wien 2000, S. 173-343; Stephan Steiner: Rückkehr unerwünscht. Deportationen in der Habsburgermonarchie der Frühen Neuzeit und ihr europäischer Kontext, Wien 2014.
85 Europe on the Road. URL: http://ieg-ego.eu/en/threads/europe-on-the-road [4.1.2019]; auch bei Philipp Ther: Die Außenseiter. Flucht, Flüchtlinge und Integration im modernen Europa, Berlin 2017, S. 179-183.
86 Pestel, Winkler, Provisorische Integration und Kulturtransfer, S. 158.
87 Alfred von Vivenot, Heinrich von Zeissberg (Hg.): Quellen zur Geschichte der Deutschen Kaiserpolitik Oesterreichs während der französischen Revolutionskriege 1790-1801, 5 Bde., Wien 1873-1890.
88 Eugen Guglia: Die ersten Emigranten in Wien 1789 bis 1795, in: Österreichisch-ungarische Revue N.F. 5 (1888), S. 177-192.

bedingungen vor Ort und meinte sogar Positiveffekte der Emigration für das Aufnahmeland ausmachen zu können, wenngleich für Guglia außer Frage stand, dass diese, gemessen an seinem Vergleichsmaßstab, der hugenottischen Migration nach Brandenburg-Preußen, kaum ins Gewicht fielen. Eine Forschungstradition begründeten diese frühen Arbeiten nicht, da französische Revolutionsflüchtlinge in der Habsburgermonarchie als letztlich ephemere Erscheinung angesehen wurden.[89]

Die so ertragreiche »Entdeckung« der Exilräume blieb für die Habsburgermonarchie als Ganze historiografisch nahezu folgenlos.[90] Als Ursache hierfür kann ein zentrales methodisches Problem gelten, das andernorts in deutlich geringerer Ausprägung bestand, wie ein Blick auf die Landkarte enthüllt. Anders als in kleineren, meist umfassend arrondierten Territorien, in denen Emigranten lokal konzentriert über mehrere Jahre lebten und in der archivalischen Überlieferung eine meist breite Spur hinterließen, ist die Emigrantenpräsenz in den habsburgischen Erbstaaten forschungspraktisch kaum zu erfassen. Ähnlich wie Preußen setzte sich die Habsburgermonarchie als »composite monarchy« (H. G. Koenigsberger/J. H. Elliott) aus einer Vielzahl teils weit verstreuter Gebiete zusammen.[91] Dem Wiener Hof und seinen Entscheidungsinstanzen standen äußerst disparate Regionen und Peripherien mit eigenen Verwaltungsinfrastrukturen gegenüber, die eine teils weitreichende Autonomie genossen. Die im äußersten Westen des Alten Reiches gelegenen Österreichischen Niederlande bildeten dabei nur das Extrem. Auch die territorial fragmentierten Österreichischen Vorlande, die sich über den Südwesten und Süden des Reiches erstreckten, sowie die im Verlauf der Revolutionsepoche durch militärische Okkupationen oder Friedensverträge bedingten Gebietsveränderungen stellen hohe Hürden für eine systematisch-territorial angelegte Studie dar. Dass dieses heterogene und veränderliche Länderkonglomerat an unterschiedlichen Stellen zu unterschiedlichen Zeitpunkten unterschiedlich stark von der Revolutionsemigration betroffen war, verkompliziert einen räumlichen Zugriff, der sich in vielen anderen Emigrationsstudien bewährt hat.

---

89 Eine weitere Miszelle zur Emigration stammt von Justus Schmidt: Voltaire und Maria Theresia. Französische Kultur des Barock in ihren Beziehungen zu Österreich, in: Mitteilungen des Vereines für Geschichte der Stadt Wien 11 (1931), S. 73-115, bes. S. 108-111.
90 Zu den wenigen Ausnahmen siehe unten. Wühr untersucht das Fürsterzbistum Salzburg, das allerdings erst 1805 an das Kaisertum Österreich gelangte; Wilhelm Wühr: Emigranten der französischen Revolution im Erzstift Salzburg, in: Mitteilungen der Gesellschaft für Salzburger Landeskunde 79 (1939), S. 33-64.
91 Zur territorialen Entwicklung vgl. Michael Hochedlinger, Petr Mat'a, Thomas Winkelbauer (Hg.): Verwaltungsgeschichte der Habsburgermonarchie in der Frühen Neuzeit, Bd. 1: Hof und Dynastie, Kaiser und Reich, Zentralverwaltungen, Kriegswesen und landesfürstliches Finanzwesen (= Mitteilungen des Instituts für Österreichische Geschichtsforschung, Ergänzungsband 62, Teil 1), Wien 2019, S. 29-62.

Räumliche Ansätze

Konkret zeigen sich diese räumlich-strukturalen Schwierigkeiten bei einer Studie, die bis heute als Hauptreferenz für die Geschichte der Revolutionsemigration in der Habsburgermonarchie gilt. Obwohl bereits Ende der 1960er Jahre erarbeitet, gehört Maria Pawliks Dissertation »Emigranten der französischen Revolution in Österreich (1789-1814)« methodisch zur älteren Emigrationshistoriografie.[92] Kennzeichnend für diese überblickshaft konzipierte Arbeit ist der Blick aus der Zentrale. Ausgehend von Korrespondenzen und behördlichen Akten im Wiener Haus-, Hof- und Staatsarchiv entwickelt Pawlik entlang der Revolutionschronologie eine Ereignisgeschichte der Revolutionsemigration, die – selbst für viele jüngere Studien zur Emigration ungewöhnlich – bis zum Ende der Herrschaft Napoleons und dem Wiener Kongress reicht. Schwerpunktmäßig konzentriert sich Pawlik auf die emigrantische Diplomatie im Vorfeld des Kriegsausbruches 1792 sowie die Emigrantenpolitik des Wiener Hofes im weiteren Zeitverlauf. Die Emigrantengesetzgebung zwischen 1789 und 1794 ist im Ganzen zutreffend wiedergegeben, doch kommt Pawlik für die Zeit nach 1795 nicht über eine summarische Zusammenschau hinaus. Die von ihr untersuchten Quellenbestände repräsentieren zudem nur einen äußerst schmalen Pfad der archivalischen Überlieferung zur Emigration. Eine emigrantische Perspektive fehlt abgesehen von anekdotischen Illustrationen aus Selbstzeugnissen fast völlig. Die Darstellung bleibt auf Wien und den Kaiserhof fokussiert, andere Länder und Provinzen werden entweder kursorisch behandelt (z.B. Ungarn), beiläufig erwähnt (z.B. Oberösterreich) oder gar nicht einbezogen, sodass der selbstgesteckte Anspruch einer Geschichte der Revolutionsemigration »in Österreich« weder im jüngeren (republikanischen) noch im älteren (dynastischen) Sinne des Begriffes eingelöst wird.

Andere Studien vermeiden das »habsburgische Territorialitätsproblem«, indem sie sich auf überschaubare Teilgebiete beschränken. Benedikt Presle untersucht in seiner Dissertation die Revolutionsflucht in die Österreichischen Niederlande, die als erste habsburgische Provinz von der Emigration betroffen waren.[93] Die Stu-

---

92 Maria Pawlik: Emigranten der französischen Revolution in Österreich (1789-1814), Diss. Wien 1967. Die Arbeit liegt nicht als Monografie, sondern lediglich als Extrakt in Aufsatzform vor, dies.: Emigranten der Französischen Revolution in Österreich (1789-1814), in: Mitteilungen des Instituts für Österreichische Geschichtsforschung 77 (1969), S. 78-127. Das einzige öffentlich zugängliche Exemplar der Dissertation befindet sich in den Beständen der Österreichischen Nationalbibliothek (Signatur 1016876-C).
93 Benedikt Presle: Die Einstellung der Regierung der österreichischen Niederlande zur französischen Emigration in den Jahren 1789-1794, Diss. Wien 1947; eine frühe Studie zur Emigration in den Österreichischen Niederlanden stammt von Félix Magnette: Les Émigrés français aux Pays-Bas (1789-1794), Brüssel 1907; neuere Befunde bei Jort Blazejewski: Grenzräume als Zufluchtsräume. Emigranten der Französischen Revolution in Luxemburg und Trier (1789-1795), in: Stephan Laux, Maike Schmidt (Hg.): Grenz-

die geht zwar nicht über eine Faktografie hinaus, ist aber durchaus instruktiv. Sie zeigt, dass die frühen Erfahrungen mit den Emigranten in den Österreichischen Niederlanden einerseits Vorbildcharakter für die Emigrantengesetzgebung der Wiener Zentrale hatten, andererseits viele Emigranten aus ihrem »belgischen« Zwischenasyl in die habsburgischen Kernländer weiterzogen, und zwar teils gleichzeitig mit einheimischen »Belgiern«, die 1793/94 vor der französischen Eroberung der Provinz flüchteten. Anknüpfend daran hat Renate Zedinger die Migration habsburgischer Beamter aus Brüssel nach Österreich und Böhmen im Hinblick auf rechtliche Statusfragen, Normsetzungen und Karrieren untersucht.[94] Die »nationalfranzösischen« Revolutionsemigranten werden von Zedinger zwar lediglich auf Basis der Studie Pawliks behandelt, doch macht das Beispiel anschaulich, dass »Wien« es im Rahmen der Kriegsereignisse mit mehreren synchronen Migrationsbewegungen zu tun hatte und die Normsetzung entsprechend ausdifferenzieren musste.[95]

Für die Österreichischen Vorlande, die insbesondere von der Emigration aus dem Elsass und Lothringen betroffen waren, liegen neben einigen lokalhistorischen Arbeiten größere Studien von Arnulf Moser und Martin Burkhardt zur zeitweilig mehrere Tausend Emigranten zählenden Kolonie in Konstanz vor.[96]

raum und Repräsentation. Perspektiven auf Raumvorstellungen und Grenzkonzepte in der Vormoderne (= Trierer historische Forschungen, Bd. 74), Trier 2019, S. 145-155, sowie ders.: Pays de refuge, pays de départ. Regards croisés sur les dynamiques migratoires aux Pays-Bas autrichiens pendant la Révolution française (1789-1795), in: Revue du Nord 436 (2020) 3, S. 511-550.

94 Renate Zedinger: Migration und Karriere. Habsburgische Beamte in Brüssel und Wien im 18. Jahrhundert (= Schriftenreihe der österreichischen Gesellschaft zur Erforschung des 18. Jahrhunderts, Bd. 9), Wien; Köln; Weimar 2004; dies.: Die »Niederländischen Pensionen«. Archivalien zur Geschichte der belgischen Emigration von 1794, in: Mitteilungen des österreichischen Staatsarchivs 46 (1998), S. 499-516; dies.: Belgische Emigranten in Wien. Zur Situation der habsburgischen Beamten aus den »Österreichischen Niederlanden« unter Kaiser Franz II./I. (1792-1836), in: Jahrbuch des Vereins für Geschichte der Stadt Wien 56 (2000), S. 251-266; dies.: Die Verwaltung der Österreichischen Niederlande in Wien (1714-1795), Wien; Köln; Weimar 2000.

95 Auf eine weitere synchrone Migration verweist Godsey, Nobles and nation.

96 Arnulf Moser: Die französische Emigrantenkolonie in Konstanz während der Revolution (1792-1799) (= Konstanzer Geschichts- und Rechtsquellen, Bd. 21), Sigmaringen 1975; Martin Burkhardt: Die französischen Réfugiés in Konstanz am Ende des 18. Jahrhunderts, in: Bernard Vogler (Hg.): Les migrations de l'antiquité à nos jours, Straßburg 1996, S. 59-71; ders.: Konstanz im 18. Jahrhundert. Materielle Lebensbedingungen einer landstädtischen Bevölkerung am Ende der vorindustriellen Gesellschaft (= Konstanzer Geschichts- und Rechtsquellen, Bd. 36), Sigmaringen 1997; ferner Donatus Düsterhaus: Auf der Flucht vor Revolution und Krieg. Katholische Geistliche aus dem Elsass im Exil (1789-1801), in: Matthias Asche (Hg.): Krieg, Militär und Migration in der Frühen Neuzeit (= Herrschaft und soziale Systeme in der Frühen Neuzeit, Bd. 9), Berlin 2008, S. 203-223; Erwin Dittler: Emigrantentruppen in der Herrschaft Ettenheim unter Louis René

Beide Autoren zeichnen ein facettenreiches Lebensweltpanorama der Emigranten, doch geht die Erklärungsreichweite kaum über die stadtgeschichtliche Relevanz der Revolutionsemigration hinaus.

Als jüngeres stadthistorisches Beispiel einer zwar quellennahen, aber analytisch wertlosen Emigrantengeschichte kann Friedrich Schembors »Franzosen in Wien im Zeitalter der Französischen Revolution« gelten.[97] Im Unterschied zu Pawlik stützt sich der Autor auf Akten der Wiener Polizeihofstelle, in denen sich individuelle Emigrationsschicksale erheblich konturierter spiegeln als in den normativen Quellen, die Pawlik genutzt hat. Die Chance einer substanziellen Neubewertung der Emigration in der Stadt Wien lässt Schembor durch den Verzicht auf basale Methoden der Quellenkritik und einen konzeptionellen Analyserahmen jedoch ungenutzt.

Für die anderen habsburgischen Länder liegen lediglich für Triest und das Österreichische Küstenland sowie für Ungarn und Mähren Arbeiten vor, die dem territorialen Ansatz folgend auf dem systematisch ausgewerteten Quellenniederschlag in den jeweiligen (Landes-)Archiven beruhen.[98] Sie zeigen, dass auch Regionen abseits urbaner Zentren von der Emigration betroffen waren. Das Fehlen größerer Untersuchungen zu Böhmen, den beiden Erzherzogtümern ob und unter der Enns, Tirol, Steiermark, Kärnten, Krain, dem Herzogtum Mailand, den polnischen Teilungsgebieten und der ehemaligen Republik Venedig verdeutlicht indes den lückenhaften Forschungsstand für weite Teile der Habsburgermonarchie.

Akteurszentrierte Studien

Die wenigen Kleinstudien, die auf der archivalischen Überlieferung einzelner Landes-, Gemeinde- oder Stadtarchive fußen, bestätigen diesen Eindruck auch auf der lokalhistorischen Ebene. Methodisch folgen diese Miszellen meistens einem akteurszentrierten Ansatz, in dessen Zentrum die lokalen Aktionsräume namhafter

---

Edouard, Prinz von Rohan-Guémenée, Fürst und Bischof von Straßburg, im Jahre 1791, in: Die Ortenau. Veröffentlichungen des Historischen Vereins für Mittelbaden 55 (1975), S. 122-149; viele Verweise zu Vorderösterreich auch bei Ute Planert: Der Mythos vom Befreiungskrieg. Frankreichs Kriege und der deutsche Süden: Alltag – Wahrnehmung – Deutung 1792-1841 (= Krieg in der Geschichte, Bd. 33), Paderborn 2007.

97 Friedrich Wilhelm Schembor: Franzosen in Wien: Einwanderer und Besatzer. Französische Revolution und napoleonische Besatzung in den österreichischen Polizeiakten, Bochum 2012.

98 Der achtteilige Fortsetzungsaufsatz von Oscar de Incontrera: Giuseppe Labrosse e gli emigrati francesi a Trieste, in: Archeografo triestino 18/19-25/26 (1952/53-1964/65); Ferenc Tóth: French Émigrés in Hungary, in: Kirsty Carpenter, Philip Mansel (Hg.): The French Émigrés in Europe and the Struggle Against Revolution, 1789-1814, London 1999, S. 68-82; Zdeňka Stoklásková: Fremdsein in Böhmen und Mähren, in: Waltraud Heindl-Langer, Edith Saurer (Hg.): Grenze und Staat. Paßwesen, Staatsbürgerschaft, Heimatrecht und Fremdengesetzgebung in der österreichischen Monarchie 1750-1867, Wien 2000, S. 621-721.

Persönlichkeiten aus dem französischen Adel und Klerus stehen.[99] Diese bruchstückhaften Arrangements ortsspezifischer Informationen offenbaren zwar, dass die Emigranten nicht nur ein Gegenstand staatlichen Verwaltungshandelns, sondern auch ein lebensweltlicher Faktor im Sozialgefüge des Aufnahmelandes waren. Doch weisen diese lokal gewonnenen Wissensbestände über die Emigranten kaum über sich hinaus, wenn sie nicht in einen größeren Analyserahmen eingespannt werden.

Biografien ordnen die Emigrationserfahrung prominenter Revolutionsflüchtlinge in einen größeren lebensgeschichtlichen Zusammenhang ein. Für einige Emigranten, die einen Teil ihres Exils in der Habsburgermonarchie verbrachten, liegen neuere biografischen Studien vor, etwa für die Tochter Ludwigs XVI., Madame Royale, die nach ihrer Freilassung aus dem Pariser Tempelgefängnis dreieinhalb Jahre in Wien verbrachte, sowie für den emigrierten Bischof von Nancy, Anne-Louis-Henri de La Fare, der viele Jahre lang als Geschäftsträger der emigrierten Prinzen am Kaiserhof fungierte.[100]

Über die Rekonstruktion der Exilwege und -erfahrungen hinaus bieten Biografien überdies Einblicke in individuelle Interaktionsräume in der Aufnahmegesellschaft. In manchen dieser Lebensgeschichten spiegelt sich auch die europäische Dimension der Emigration besonders eindrücklich.[101] Gleichzeitig bleiben diese Studien auf ein sehr schmales elitäres Segment der Emigration fixiert und folglich auf exklusive Sozialräume wie den Hof und die Salons beschränkt. Einen Begriff von der sozialen Heterogenität der Emigration vermitteln sie aus diesen Gründen ebenso wenig wie von den verschiedenen Kontaktzonen mit der Bevölkerung in der Stadt und auf dem Land.

Zwischen Anonymität und Einzelfall: Kurze Erklärungsreichweiten kulturhistorischer Studien

Wo Emigranten nicht selbst im Untersuchungsfokus stehen, erscheinen sie mitunter als anonyme Gruppe, der als exogenem Faktor im Kontext von Wandlungsprozessen in Politik und Verwaltung, Kultur und Öffentlichkeit Gewicht beigemessen wird. In der älteren Polizei-Forschung, die ausgehend von ihrem

---

99   Bspw. Gilbert Trathnigg: Französische Emigranten in Wels, in: Jahrbuch des Musealvereins Wels 1969/1970, S. 110-112; Benedikt Pitschmann: Bischof Mérinville von Dijon in Kremsmünster, in: Jahrbuch des Musealvereins Wels 16 (1969/70), S. 113-120.
100 Hélène Becquet: Marie-Thérèse de France. L'orpheline du temple, Paris 2012; Bernard de Brye: Consciences épiscopales en exil (1789-1814). À travers la correspondance de Mgr de La Fare, évêque de Nancy, Paris 2004.
101 Philip Mansel: The Prince of Europe: The Life of Charles Joseph De Ligne (1735-1814), London 2005; Emmanuel de Waresquiel: Le Duc de Richelieu, 1766-1822: un sentimental en politique, Paris 1990; Gita May: Elisabeth Vigée Le Brun: The Odyssey of an Artist in an Age of Revolution, New Haven 2005.

Schwerpunkt in der josephinischen Regentschaft die regressive Entwicklung zum illiberalen »Polizeistaat« der franziszeischen Epoche nachvollzieht, erfüllen die Emigranten beispielsweise eine Erklärungsfunktion für den forcierten Auf- und Ausbau des staatlichen Sicherheitsapparats während der Revolutionsepoche.[102]

Diese Funktion für binnenstaatliche Entwicklungen wird insbesondere in der österreichischen Forschungstradition zum »einheimischen Jakobinismus« fortgeschrieben, als dessen externes Komplement die Emigration unter dem Aspekt polizeilicher Überwachung gilt.[103] Innerhalb des interpretatorischen Paradigmas einer konsequenten Abschottung gegenüber »fortschrittlichen« Entwicklungen wird hier der Nachweis geführt, dass der nachjosephinische Staat auf eine Abwehr potenzieller Träger revolutionären Gedankenguts abzielte, das auch unter den Emigranten vermutet wurde. Als Belege für die verschärfte Kontrollpraxis dienen das Polizeisystem unter Minister Johann Anton von Pergen sowie die restriktive Fremdengesetzgebung der franziszeischen Ära.[104] In Verbindung mit den repressiven Maßnahmen im Zusammenhang mit den »Jakobinerverschwörungen« 1794/95 fügen sich diese Komponenten in das Bild eines autoritären und doktrinär antirevolutionären Staates ein, dessen »reaktionären« Charakter es zu entlarven galt.

Gehören die französisch-habsburgischen bzw. -österreichischen Beziehungen im vorrevolutionären 18. Jahrhundert schon lange zu einem intensiv bearbeiteten Feld kulturhistorischer Untersuchungen, ist die Rolle der Emigranten als kultureller Mittler in den 1790er Jahren hingegen kaum erforscht.[105] In Stu-

102 Etwa Viktor Bibl: Die Wiener Polizei. Eine kulturhistorische Studie, Wien 1927, S. 257-329; weniger explizit bei Anna Hedwig Benna: Organisierung und Personalstand der Polizeihofstelle (1793-1848), in: Mitteilungen des österreichischen Staatsarchivs 6 (1953), S. 197-239, bes. S. 213-219.
103 Ernst Wangermann: From Joseph II to the Jacobin trials. Government Policy and Public Opinion in the Habsburg Dominions in the Period of the French Revolution (= Oxford Historical Series, Second Series), London 1959; Denis Silagi: Jakobiner in der Habsburger-Monarchie. Ein Beitrag zur Geschichte des aufgeklärten Absolutismus in Österreich (= Wiener historische Studien, Bd. 6), Wien; München 1962; Helmut Reinalter: Aufgeklärter Absolutismus und Revolution. Zur Geschichte des Jakobinertums und der frühdemokratischen Bestrebungen in der Habsburgermonarchie (= Veröffentlichungen der Kommission für neuere Geschichte Österreichs, Bd. 68), Wien 1980.
104 Hannelore Burger: Passwesen und Staatsbürgerschaft, in: Waltraud Heindl-Langer, Edith Saurer (Hg.): Grenze und Staat. Paßwesen, Staatsbürgerschaft, Heimatrecht und Fremdengesetzgebung in der österreichischen Monarchie 1750-1867, Wien 2000, S. 3-172.
105 Meistens mit dem Fokus auf Wien, vgl. Hans Wagner: Charles-Joseph de Ligne und Österreich, in: Österreich in Geschichte und Literatur 6 (1962), S. 363-370; Marieluise Schubert: Wie reagierte Wien auf die französische Revolution?, in: Österreich in Geschichte und Literatur 14 (1970), S. 505-522; Wolfgang Häusler: Widerhall und Wirkung der Französischen Revolution in Wien, in: Karl Albrecht-Weinberger (Hg.): Freiheit, Gleichheit, Brüderlichkeit auch in Österreich? Auswirkungen der Französischen Revolution auf Wien und Tirol, Wien 1989, S. 196-209; deutlich seltener für andere Orte in der Habsburgermonarchie, etwa Triest, vgl. Incontrera, Giuseppe Labrosse e gli emigrati francesi a Trieste.

dien zur politischen Öffentlichkeit und Revolutionsrezeption steht die emigrantische Publizistik ganz im Schatten des Deutungsstreits einheimischer Schriftsteller und Journalisten um die Revolution, der historiografisch vor der Dichotomie von »konservativ« versus »aufklärerisch« verhandelt wird.[106] Ein einflussreicher Schriftsteller wie Gabriel Sénac de Meilhan, der im Wiener Exil verstarb, blieb daher der literaturwissenschaftlichen Forschung überlassen.[107] Die von Emigranten wie Sénac publizistisch betriebene Mobilisierung der Aufnahmegesellschaft gegen die Revolution, die für andere Exilländer umfangreich untersucht ist, findet im Habsburger Fall keine historiografische Entsprechung.[108]

Im Bereich der bildenden Künste, der Architektur- und Baugeschichte wird kulturelle Mittlerschaft um 1800 eher allgemein als französischer Einfluss qualifiziert.[109] Der Emigrationsaspekt bleibt oft unbeachtet.[110] Andere Formen kultureller Transfers, etwa auf dem Feld der Fremdsprachenvermittlung, der Wissenschaft und des Unterrichtswesens, im Rahmen sozialer Interaktionen, wirtschaftlicher

106 Wangermann, From Joseph II to the Jacobin trials; ders.: Die Waffen der Publizität. Zum Funktionswandel der politischen Literatur unter Joseph II. (= Schriftenreihe des Instituts für Österreichkunde), Wien 2004; Leslie Bodi: Tauwetter in Wien. Zur Prosa der österreichischen Aufklärung 1781-1795 (= Schriftenreihe der Österreichischen Gesellschaft zur Erforschung des 18. Jahrhunderts, Bd. 6), Wien 1995; Gerda Lettner: Das Rückzugsgefecht der Aufklärung in Wien 1790-1792 (= Campus-Forschung, Bd. 558), Frankfurt a.M.; New York 1988; dies.: Das Spannungsfeld zwischen Aufklärung und Absolutismus. Die Ära Kaunitz (1749-1794), Göttingen 2016. Eine nuanciertere Sichtweise auf die polarisierte Aufklärungs- und Revolutionsdebatte in der Habsburgermonarchie bietet Franz Leander Fillafer: Aufklärung habsburgisch. Staatsbildung, Wissenskultur und Geschichtspolitik in Zentraleuropa 1750-1850, Göttingen 2020, bes. S. 455-496. In der wenig rezipierten Arbeit von Maria Malitz-Novotny: Die französische Revolution und ihre Rückwirkung auf Österreich 1789-1795, Diss. Wien 1951, wird immerhin auf konkrete publizistische Beiträge von Emigranten zur Wiener Revolutionsdebatte hingewiesen.
107 André Vielwahr: La vie et l'œuvre de Sénac de Meilhan, Paris 1970; Pierre Escoube: Sénac de Meilhan 1736-1803; de la France de Louis XV à l'Europe des émigrés, Paris 1984; Regina Köthe: Vor der Revolution geflohen. Exil im literarischen Diskurs nach 1789, Wiesbaden 1997.
108 Fillafer, Aufklärung habsburgisch, S. 455, belässt es beim allgemeinen Verweis auf »emigrierte Augenzeugen«, die das Revolutionsbild in den Hauptstädten und an den Höfen geprägt hätten.
109 »Französischen Einflüssen« gehen nach: Herbert Tschulk (Hg.): Franzosen in Wien. Kleinausstellung des Wiener Stadt- und Landesarchivs, Wien 1984; Günther Berger: Franzosen in Wien, in: Peter Eppel (Hg.): Wir. Zur Geschichte und Gegenwart der Zuwanderung nach Wien. 217. Sonderausstellung des Historischen Museums der Stadt Wien, 19. September bis 29. Dezember 1996, Wien 1996, S. 28-38.
110 Die jüngeren Forschungen Gerrit Walczaks zur Malerin Élisabeth Vigée-Lebrun stellen eine Ausnahme dar; vgl. Gerrit Walczak: Élisabeth Vigée-Lebrun. Eine Künstlerin in der Emigration 1789-1802 (= Passerelles, Bd. 5), München 2004; ders.: Artistische Wanderer. Die Künstler(e)migranten der Französischen Revolution, Berlin 2019.

und sonstiger beruflicher Aktivitäten, sind ebenfalls stark unterbelichtet.¹¹¹ Unter kirchen- und religionshistorischen Gesichtspunkten hat die Präsenz geistlicher Emigranten in der Habsburgermonarchie zwar punktuell das Interesse der Forschung geweckt, doch sind auch hier die meisten Untersuchungen im Akzidentiellen oder Biografischen verhaftet geblieben.¹¹²

Für die Zeit nach 1800 geraten die Revolutionsemigranten dann fast gänzlich aus dem Blickfeld der Forschung, da man der traditionellen Periodisierung folgend von einem »Ende« der Emigration infolge der Amnestiegesetze ausging. Die mit dem längeren Verbleib im Exil verbundenen Integrationschancen gehören somit zu den am wenigsten untersuchten Aspekten der Emigration. Unter Verweis auf die Karrieremöglichkeiten am Hof sowie in Militär und Verwaltung bzw. auf den Erwerb von Grundbesitz, Titeln und Ämtern erinnert William D. Godsey daran, dass sich die habsburgische Aristokratie im Fall der Revolutionsemigranten als durchaus inklusiv erwies.¹¹³ Konkretisiert werden die Bedingungen der Integration wie überhaupt die transgenerationellen Konsequenzen des Revolutionsexils bislang jedoch nur an wenigen genealogischen Einzelbeispielen.¹¹⁴ Zahlreiche Spuren in prosopografischen Kompendien, aber auch neuere digital gestützte Forschungsvorhaben wie »VieCPro – The Viennese Court. A prosopographical portal« an der Österreichischen Akademie der Wissenschaften (ÖAW) bieten Anknüpfungspunkte für künftige kollektivbiografische Untersuchungen, mit denen die »habsburgische« Komponente im »siècle des exilés« stärker als bisher herausgearbeitet werden könnte.¹¹⁵

111 Wenige Hinweise bei Ivo Cerman: Habsburgischer Adel und Aufklärung. Bildungsverhalten des Wiener Hofadels im 18. Jahrhundert (= Contubernium, Bd. 72), Stuttgart 2010.
112 Johann Weißensteiner: Die katholische Kirche zwischen Josephinischen Reformen, Französischer Revolution und Franzosenkriegen, in: Karl Albrecht-Weinberger (Hg.): Freiheit, Gleichheit, Brüderlichkeit auch in Österreich? Auswirkungen der Französischen Revolution auf Wien und Tirol, Wien 1989, S. 225-232; Xavier Vicat: Johann Peter Silbert (1778-1844) und die katholische Romantik in Wien, in: Jahrbuch des Wiener Goethe-Vereins 99 (1995), S. 119-158. Einen Sonderfall stellt die Jesuitengeschichtsschreibung dar, siehe ausführlich Teil III dieses Buches.
113 William D. Godsey: ›La société était au fond légitimiste‹: Émigrés, Aristocracy, and the Court at Vienna, 1789-1848, in: European History Quarterly 35 (2005) 1, S. 63-95.
114 Ansätze bei Robert Baravalle: Die Freiherren von Mandell. Eine genealogische Studie, in: Zeitschrift des Historischen Vereines für Steiermark 58 (1967), S. 81-107; Radmila Slabáková: Le destin d'une famille noble émigrée d'origine française dans l'empire des Habsbourg et en Tchécoslovaquie de la fin du XVIIIᵉ aux années trente du XXᵉ siècle: les Mensdorff-Pouilly, Grenoble 1999; Matthias Winkler: Das Exil als Aktions- und Erfahrungsraum. Französische Revolutionsemigranten im östlichen Mitteleuropa nach 1789, in: Jahrbuch für Regionalgeschichte 33 (2015), S. 47-71.
115 Etwa Alain Petiot: Les Lorrains et l'empire. Dictionnaire biographique des Lorrains et de leurs descendants au service des Habsbourg de la maison d'Autriche, Versailles 2005; außerdem im BLKÖ. Das Projekt »VieCPro« wird vorgestellt von Marion Rom-

Diese Übersicht über die methodischen Ansätze und historiografischen Traditionen im europäischen und regionalen Rahmen vermittelt einen Eindruck von den Potenzialen und Desideraten, die sich unbeschadet der bisherigen Leistungen in der Emigrantenforschung weiterhin mit der Thematik verbinden.

Erkenntnisinteresse und Methode

Vor diesem historiografischen Hintergrund bietet die vorliegende Studie eine regional fokussierte, gleichzeitig für europäische Bezüge offene Untersuchung, die politik-, verwaltungs-, sozial- und kulturgeschichtliche Perspektiven integrierend die Handlungsräume der französischen Revolutionsemigranten in der Habsburgermonarchie auffächert. Sie betrachtet Mobilität und Erfahrungswelten der Emigranten unter den Bedingungen von Prozesshaftigkeit und Veränderlichkeit, transzendiert jedoch die rein emigrantische Perspektive, indem sie das Exil in seiner lebensweltlich-sozialen Dimension als wechselseitige Herausforderung für die Emigranten und die Angehörigen der Aufnahmegesellschaft begreift.[116] Aus dieser Reziprozität und Multilateralität ergibt sich konstitutiv die methodische Notwendigkeit einer Perspektivenpluralisierung für die Analyse und Interpretation. Im Brennpunkt der Untersuchung liegen die Interaktionen der Emigranten unter Einbeziehung der einbettenden sozialräumlichen Strukturen, der Normen, Diskurse und Interessenlagen von Emigranten und Einheimischen im Exilland.

Hieraus leiten sich die folgenden Leitfragen dieser Untersuchung ab: Wie gingen die Emigranten mit ihrer Exilsituation um, wie gestalteten sich ihre unterschiedlichen Lebenswelten im Aufnahmeland? Wie agierten die Emigranten im Exil, wie sicherten sie ihren Lebensunterhalt? Wie agierten andererseits Staat und Verwaltung, welche Maßnahmen zur Emigrationskontrolle wurden entworfen, wie wurden sie umgesetzt und angepasst? Wie gingen Angehörige der Aufnahmegesellschaft mit den Emigranten um, wie nahmen sie die Emigranten wahr? In welchen Räumen, auf welchen Ebenen und unter welchen Umständen entwickelten sich Austauschbeziehungen zwischen Emigranten und Einheimischen? Worin bestand deren Qualität, und welchen Veränderungen unterlagen sie im Zeitverlauf?

---

berg, Maximilian Kaiser: The Viennese Court. A Prosopographical Portal. Eine Projektvorschau auf ein Referenz- und Nachschlageportal zum Wiener Hof von Leopold I. bis Franz II. (I.), in: Mitteilungen der Residenzen-Kommission der Akademie der Wissenschaften zu Göttingen, N.F.: Stadt und Hof 9 (2020), S. 43-52. Mehr unter: https://viecpro.oeaw.ac.at/ [1.9.2020].

116 Ein erster Aufschlag hierzu bei Matthias Winkler: Exil als wechselseitige Herausforderung. Französische Revolutionsemigranten in der Habsburgermonarchie, in: Börries Kuzmany, Rita Garstenauer (Hg.): Aufnahmeland Österreich. Über den Umgang mit Massenflucht seit dem 18. Jahrhundert, Wien, Berlin 2017, S. 69-93.

Methodisch orientiert sich die Studie an Ansätzen kulturwissenschaftlich ausgerichteter Geschichtsschreibung, die sich seit Mitte der 1980er Jahre mit dem Aufkommen des Kulturtransferkonzepts zunächst auf dem Feld der französisch-deutschen Beziehungen um 1800, wenig später auch im »österreichisch-habsburgischen« Rahmen als produktiv erwiesen haben.[117] Da zur Genese des Konzepts und zur fortdauernden Methodendiskussion rund um historiografische Ansätze jenseits nationalstaatlicher Paradigmen Überblicke vorliegen,[118] geht es im Folgenden nicht darum, die Konzeptevolution zu rekonstruieren, sondern das methodische Instrumentarium der vorliegenden Studie zu umreißen. Maßgeblich ist hierbei ein Methodenverständnis, das sich in inklusiver Weise einer Reihe von Impulsen und Werkzeugen transnationaler und komparatistischer Konzepte der Geschichtswissenschaft bedient, ohne sich als »orthodoxe« Umsetzung des einen oder anderen Ansatzes zu verstehen.[119] Dass diese methodische Elastizität keineswegs nur pragmatische Motive, sondern vor allem heuristische Gründe hat, kann mit einem Blick in die Kulturtransferforschung verdeutlicht werden.

Obwohl wie oben erwähnt die Mittlerrolle französischer Revolutionsemigranten in Transferprozessen zwischen Frankreich und den Exilländern um 1800 grundsätzlich erkannt wurde,[120] gelten Transfers bis in resümierende Überblicksdarstellungen jüngerer Zeit hinein als gescheitert, »da es nur zu einem begrenzten Austauschprozess und Interaktion zwischen fremder Kultur und Empfängergesellschaft kam«.[121] Als Erklärung hierfür gilt hauptsächlich die relativ kurze

117 Michael Werner, Michel Espagne: Deutsch-französischer Kulturtransfer im 18. und 19. Jahrhundert: Zu einem neuen interdisziplinären Forschungsprogramm des C.N.R.S, in: Francia 13 (1985), S. 502-510; Silke Dürnberger: Entwicklung und Status quo französisch-österreichischer Kulturtransfers im literarhistorischen Kontext. Eine europäische Zweierbeziehung, Frankfurt a.M.; New York 2002; Wolfgang Schmale (Hg.): Kulturtransfer. Kulturelle Praxis im 16. Jahrhundert (= Wiener Schriften zur Geschichte der Neuzeit, Bd. 2), Innsbruck; München 2003; ders. (Hg.): Multiple kulturelle Referenzen in der Habsburgermonarchie des 18. Jahrhunderts/Références culturelles multiples dans la monarchie des Habsbourg au dix-huitième siècle (= Das Achtzehnte Jahrhundert und Österreich. Jahrbuch der Österreichischen Gesellschaft zur Erforschung des 18. Jahrhunderts, Bd. 24), Bochum 2010.
118 Margrit Pernau: Transnationale Geschichte, Göttingen 2011, v.a. S. 43-49.
119 Die tendenziell komplementäre Kombinierbarkeit der zunächst in teils schroffem Gegensatz zueinander stehenden Konzepte und Ansätze transnationaler Geschichtsschreibung betonen Agnes Arndt, Joachim C. Häberlen, Christiane Reinecke: Europäische Geschichtsschreibung zwischen Theorie und Praxis, in: dies. (Hg.): Vergleichen, verflechten, verwirren? Europäische Geschichtsschreibung zwischen Theorie und Praxis, Göttingen 2011, S. 11-30; hier S. 13-16.
120 Espagne, Minderheiten und Migration im Kulturtransfer; Lüsebrink, Reichardt, Kulturtransfer im Epochenumbruch; Schönpflug, Voss, Révolutionnaires et émigrés.
121 Struck, Gantet, Revolution, Krieg und Verflechtung, S. 217; ähnlich auch Michel Biard, Philippe Bourdin, Silvia Marzagalli (Hg.): Révolution, Consulat, Empire: 1789-1815, Paris 2009, S. 405-416.

Exildauer der großen Mehrheit der Emigranten, also der zeitliche Faktor. Diese Interpretation offenbart jedoch ein holzschnittartiges Verständnis von Transfers. Es unterstellt eine Intentionalität, Linearität und Direktionalität des Transfergeschehens, die dem Provisoriumscharakter der Emigration kaum gerecht werden. Darüber hinaus gehen ihm notwendigerweise eine apriorische Defizitfeststellung im Aufnahmekontext voraus, die durch Transfers kompensiert würde – vermittelt durch die »(Selbst-)Mobilisierung von Akteuren«[122] –, sowie ein im Grunde essenzialistisches Verständnis von Kulturen und deren Repräsentanten, im vorliegenden Fall also den Emigranten.

Ein solches essenzialisiertes Transferverständnis hat in jüngerer Zeit Kritik erfahren, da eine Klassifizierung von Transfers entlang einer Dichotomie von Erfolg und Scheitern den Blick auf die unterschiedlichen Transfermodalitäten und situativen Handlungsmöglichkeiten an den Exilorten, die Interessenlagen von Emigranten und Aufnahmegesellschaft und die damit verbundenen Aushandlungsprozesse verstelle.[123] Denn in der Tat verließen die Revolutionsemigranten Frankreich gerade nicht mit dem Ziel einer aktiv betriebenen Integration in die Aufnahmegesellschaft, sondern reagierten flexibel auf die veränderlichen Bedingungen an ihren jeweiligen und oft wechselnden Aufenthaltsorten und kehrten zudem mehrheitlich in ihr Heimatland zurück, sobald es für sie gefahrlos möglich war. Desgleichen rechnete man auch aufseiten der Aufnahmegesellschaft gar nicht erst mit einer auf Langfristigkeit angelegten Austauschbeziehung, da die fluktuierende Emigrantenpräsenz von Anfang an ein konstitutives Element der empirischen Wahrnehmung des Emigrationsphänomens war.[124] Vor diesem Hintergrund verbietet sich eine Teleologisierung bei der Untersuchung von Transfers.

Mangels Kulturtransferstudien zur Revolutionsemigration in der Habsburgermonarchie kann im Sinne einer methodologischen Kontrastierung an dieser Stelle beispielhaft auf die Studie von Veronika Hyden-Hanscho zu den kulturellen Mittlern zwischen Frankreich und dem Wiener Hof um 1700 verwiesen werden, die auf einer gewissermaßen »buchstabengetreuen« Auslegung des Kulturtransferkonzepts basiert und Transferprozessen vor allem auf kunsthandwerklichem und kulinarischem Gebiet nachgeht.[125] In ihr kommt das epistemologische Problem zum Ausdruck, dass eine Studie, die sich dem durch Mittler besorgten Transfer klar abgegrenzter Kultureme widmet, letztlich nur das »Zustandekommen« bzw. »Nichtzustandekommen« von Transfers im Aneignungskontext rekonstruieren zu brauchen glaubt. So wird unweigerlich der Frage nach

---

122 Matthias Middell: Kulturtransfer, Transferts culturels. URL: http://docupedia.de/zg/middell_kulturtransfer_v1_de_2016 [3.12.2020].
123 Pestel, Kosmopoliten wider Willen, S. 42; Pestel, Winkler, Provisorische Integration und Kulturtransfer, S. 140.
124 Pestel, Französische Revolutionsmigration nach 1789.
125 Veronika Hyden-Hanscho: Reisende, Migranten, Kulturmanager. Mittlerpersönlichkeiten zwischen Frankreich und dem Wiener Hof 1630-1730, Stuttgart 2013.

Erfolg und Scheitern grundlegende Bedeutung beigemessen oder, anders ausgedrückt, die Untersuchung am empirisch greifbaren »Resultat« von Transferprozessen ausgerichtet: Als Kriterium für den Erfolg wird hier die gelungene Integration französischer Mittlerpersönlichkeiten in die Aufnahmegesellschaft, die Remigration nach Frankreich dagegen als Kriterium für das Scheitern begriffen. Mit der Verwendung einer Terminologie, die von »push und pull«-Faktoren im Migrationsgeschehen ausgeht, statische Anfangs- und Endpunkte (Ausgangskultur – Empfängerkultur) postuliert und überdies den Mittlern eine »Beeinflussung« der sozialen Umwelt im Aneignungskontext zuschreibt, erhält das in diesem Fall zugrundeliegende Transferverständnis zumindest implizit eine mechanistische Schlagseite und erscheint daher für die Untersuchung der Transferdimension des Revolutionsexils ungeeignet.

Anstatt den Analyserahmen an den Ergebnissen von Transferaktivitäten auszurichten, geht die vorliegende Untersuchung von den Verflechtungen, d.h. den situativen Akteurskonstellationen, Kontaktzonen und Kommunikationsbeziehungen im Exilkontext aus, betrachtet Interaktionen also als kontingent und Transfers grundsätzlich als ergebnisoffen.[126] In dieser Sichtweise verlieren die Emigranten die ihnen zugeschriebene Funktionseigenschaft als bloße Mittler zwischen Ursprungs- und Aufnahmeland und werden zu handelnden Protagonisten in einer komplexen historischen Umwelt, die multiple kulturelle Referenzen einschließt. Für dieses induktive Erschließungsverfahren von – freilich asymmetrischen und heterogenen – Beziehungsgeflechten kann auf methodische Impulse des von Michael Werner und Bénédicte Zimmermann modellierten Konzepts einer *Histoire croisée* zurückgegriffen werden,[127] dessen »Werkzeugkasten« sich in Friedemann Pestels Studie zu den *monarchiens* bereits bewährt hat.[128]

126 Das Konzept der Kontaktzone (»contact zone«) geht zurück auf Mary Louise Pratt: Arts of the Contact Zone, in: Profession (1991), S. 33-40, und findet als Analyseinstrument für interkulturelle Austauschbeziehungen inzwischen in vielen kulturwissenschaftlich orientierten Disziplinen Anwendung, unter anderem in der Grenzregionenforschung; vgl. zuletzt Sarah Kleinmann, Arnika Peselmann, Ira Spieker (Hg.): Kontaktzonen und Grenzregionen (= Bausteine aus dem Institut für Sächsische Geschichte und Volkskunde, Bd. 38), Leipzig 2019. Weil sich das ursprünglich in einem kolonialen Untersuchungskontext entwickelte Konzept insbesondere auf die Analyse asymmetrischer Beziehungskonstellationen bezieht, besteht in dieser Hinsicht ein Berührungspunkt mit dem im Folgenden ausgeführten Ansatz der Histoire croisée.
127 Grundlegend Michael Werner, Bénédicte Zimmermann: Vergleich, Transfer, Verflechtung. Der Ansatz der Histoire croisée und die Herausforderung des Transnationalen., in: Geschichte und Gesellschaft 28 (2002) 4, S. 607-636. Ein ›frühes‹ Plädoyer für den Ansatz einer Histoire croisée im räumlichen Kontext Zentraleuropas stammt von Philipp Ther: Deutsche Geschichte als transnationale Geschichte: Überlegungen zu einer Histoire Croisée Deutschlands und Mitteleuropas, in: Michael Mann (Hg.): Menschenhandel und Zwangsarbeit (= Comparativ, Bd. 13, H. 4), Leipzig 2003, S. 155-180.
128 Pestel, Kosmopoliten wider Willen, S. 37-41.

Von den programmatischen Forderungen der *Histoire croisée* zählen die erwähnte Perspektivenpluralisierung und die kontinuierlichen Wechsel der Beobachterposition zu den zentralen Bestandteilen des Erkenntnisprozesses. Der Untersuchungsgegenstand selbst wird hierbei aus den Handlungszusammenhängen und Handlungslogiken der Akteure heraus entwickelt.[129] Die Einbeziehung der Handlungsebene habe, so Werner und Zimmermann, nicht nur den allfälligen Konflikten und Lösungsstrategien, sondern auch den »wechselnden Situationen Rechnung zu tragen, in deren Abfolge die Akteure ihre Strategien modifizierten bzw. neu justierten«.[130] Dies umfasse auch die Analyse ihrer Aktionen und Interaktionen, in die nicht nur die jeweiligen Argumentationen, sondern auch die Machtverhältnisse und die Entscheidungsspielräume eingegangen seien.[131] Dadurch sensibilisiere die *Histoire croisée* für die »reflexiven Leistungen« der Akteure, ihre Wahrnehmungsmuster, Aneignungen und Aushandlungsprozesse in ihrer diachronen Veränderlichkeit.[132]

Letzterer Aspekt verweist auf die Bedeutung des Maßstabs (échelle) im Ansatz der *Histoire croisée*.[133] Ebenso wie im Zuge des Untersuchungsprozesses von unterschiedlichen Akteurspositionen ausgegangen wird, wird auch zwischen verschiedenen zeitlichen Spannen (Konjunkturen) und räumlichen Ebenen hin- und hergewechselt. Weil diese Fokus- und Maßstabsvariationen dann wiederum miteinander in Beziehung gesetzt werden, um Bedeutungs- und Wirkungsunterschieden auf die Spur zu kommen, ergibt sich daraus ein in sich verflochtener Fragenzusammenhang.[134] Durch diese »jeux d'échelles« (Jacques Revel) zwischen Nähe und Distanz, Schärfentiefe und Brennweite entfällt der methodische Antagonismus

---

129 In Anlehnung an Joel F. Harrington bezeichnet Pestel die sich hieraus ergebende Vorgehensweise als Geschichte, die von den Interaktionspunkten aus gesehen »von innen nach außen« geschrieben werde, vgl. ebd., S. 38; dazu Joel F. Harrington: Historians without borders? »L'histoire croisée« and Early Modern Social History, in: Christopher Ocker (Hg.): Histories and Reformations (= Studies in medieval and Reformation traditions, Bd. 127), Leiden 2007, S. 79-90; hier S. 83 (»to write comparative social history from the points of interaction outward, rather than from artificial categories inward«).
130 Werner, Zimmermann, Vergleich, Transfer, Verflechtung, S. 617.
131 Ebd.
132 Pestel, Kosmopoliten wider Willen, S. 38.
133 Werner, Zimmermann, Vergleich, Transfer, Verflechtung, S. 626-627.
134 Werner und Zimmermann freilich geben zu bedenken, dass es nicht ausreiche, »Fragestellungen gewissermaßen spielerisch an verschiedenen Skalen durchzutesten und die Ergebnisse einfach einander gegenüber zu stellen, [da] [d]ie Variationen der Brennweite und des Beobachtungsstandpunkts allein […] noch keine zielgerichtete Erkenntnis zu erzeugen [vermögen]«. Vielmehr gehe es darum, die »Konnexionen« zwischen den einzelnen Ebenen aufzuspüren, und die beiden Autoren empfehlen, den »Akteuren dabei zu folgen, wie sie sich zwischen den Ebenen bewegen und sie miteinander verbinden«; ebd., S. 627.

zwischen Mikro- und Makrogeschichte zugunsten einer dynamischen Dezentralisierung von Perspektive und Beobachterposition im Untersuchungsvorgang.[135]

Der hermeneutische Prozess der *Histoire croisée* integriert Verflechtungen nicht nur auf Ebene der historischen Akteure und der Beobachtungsinstrumente, sondern nimmt auch die historiografische Selbstreflexion in ihr Programm auf. Da wie oben gesehen der Untersuchungsgegenstand ganz maßgeblich durch disparate und teils agonale Forschungstraditionen konstituiert und strukturiert ist, sind aus der Historiografiegeschichte stammende Begriffe, Kategorisierungen und Deutungen im Rahmen der Analyse zu problematisieren und auf diese Weise einer eigenen Historisierung zu unterziehen. Dieses reflexive Methodenelement erscheint im Fall der Revolutionsemigration wegen der starken ideologischen Befrachtung des Gegenstands und seiner Assoziierung mit wirkmächtigen Konzepten wie *Ancien Régime,* Legitimismus und vor allem Gegenrevolution geradezu zwingend.[136] Auch gruppenbezogene Rubrizierungen von Emigranten entlang politischer, sozialer oder ökonomischer Kriterien, die aus Systematisierungsgründen aufgestellt wurden, können durch die Analyse von wechselseitigen Zuschreibungen der historischen Akteure als anachronistische Projektionen und Vereindeutigungsoperationen der Geschichtsschreibung entlarvt werden. Schon die zeitgenössische Verwendung so unterschiedlicher Begriffe wie »émigré«, »Emigrierter«, »Auswanderer« und auch »réfugié« offenbart ein differenziertes semantisches Spektrum, das in historiografischen Sammelkategorien wie »Emigranten« oder »Revolutionsflüchtlinge« nur unzureichend reflektiert ist.[137] Zwar bieten hier jüngere Ansätze, die Emigrantengeschichte als Flüchtlingsgeschichte zu konzeptionalisieren und somit auch die »Emigration« in der Kategorie »Flucht« aufgehen zu lassen, geweitete Perspektiven.[138] Diese sind jedoch wiederum selbst nicht frei

---

135 Jacques Revel: Jeux d'échelles. La micro-analyse à l'expérience (= Hautes études), Paris 1996; zur Aufhebung des Antagonismus zwischen Mikro- und Makrogeschichte im Rahmen der Transfergeschichte vgl. Pernau, Transnationale Geschichte, S. 52.
136 Pestel, Kosmopoliten wider Willen, S. 38-46; zur Historisierung des Konzepts Gegenrevolution siehe Matthias Middell: Widerstände gegen neuzeitliche Revolutionen: Einige Überlegungen im Vergleich, in: ders. (Hg.): Widerstände gegen Revolutionen 1789-1989 (= Beiträge zur Universalgeschichte und vergleichenden Gesellschaftsforschung, Bd. 12), Leipzig 1994, S. 9-19, Jean-Clément Martin: Contre-révolution, révolution et nation en France, 1789-1799 (= Points Histoire, Bd. 250), Paris 1998, und Friedemann Pestel: On Counterrevolution: Semantic Investigations on a Counter-Concept during the French Revolution, in: Contributions to the History of Concepts 12 (2017) 2, S. 50-75.
137 Zum Begriff »émigré« Henke, Coblentz, S. 27-28.
138 Jan C. Jansen: Flucht und Exil im Zeitalter der Revolutionen, in: Geschichte und Gesellschaft 44 (2018) 4, S. 495-525; im regionalen Kontext auch Rita Garstenauer, Börries Kuzmany: Nichts Neues in Österreich. Wandel und Konstanten in der Bewältigung von Flüchtlingskrisen in den letzten dreihundert Jahren, in: dies. (Hg.): Aufnahmeland Österreich. Über den Umgang mit Massenflucht seit dem 18. Jahrhundert, Wien; Berlin 2017, S. 7-41, sowie Ther, Die Außenseiter, S. 179-183.

von normativen Annahmen, etwa mit Blick auf Typologisierungen wie »freiwillige« bzw. »unfreiwillige« Migration oder auf die jeweiligen Kriterien für Integrationserfolg bzw. -misserfolg. Kaum weniger Schwierigkeiten ergeben sich bei einer Kategorisierung der Revolutionsemigration als Gegenstand entweder der Exil- oder der Migrationsforschung.[139]

Auf der anderen Seite sind auch mit Blick auf die Habsburgermonarchie als Aufnahmeland tradierte Topoi und Stereotypen bildende Erklärungsmuster in die einzelnen Etappen des Untersuchungsprozesses einzuflechten und mittels multiperspektivischer Annäherungen zu hinterfragen, etwa die historiografische Korrelation von vermeintlicher Xenophobie in Form von Emigrantenfeindlichkeit und der unterstellten politisch-geistigen »Regression« in der nachjosephinischen Ära.[140] Nicht zuletzt erfordert auch der raumstrukturierende Oberbegriff »Habsburgermonarchie« selbst eine kritische Inventur.[141] Denn als – wohlgemerkt sinnvolles und praktikables – Produkt geschichtswissenschaftlicher Kategorienbildung suggeriert er, unreflektiert genutzt, eine politisch-räumliche Homogenität, die formal anachronistisch ist, zudem dem ambigen Charakter des Bezeichneten nicht gerecht wird und schließlich auch die historische Differenz zwischen zeitgenössischen Wahrnehmungen und Geschichtswissenschaft zu nivellieren droht.

Über die verflechtungsanalytische Dekonstruktion tradierter Interpretamente und wissenschaftlicher Begriffsbildung hinaus erstreckt sich die methodische Selbstreflexivität auch auf institutionelle Heterogenitäten, die sich im Fall der Habsburgermonarchie und ihrer »Nachfolgestaaten« multipolar ausbilden und unter anderem akademische Gewohnheiten, Sprachenvielfalt und divergente Ordnungssysteme in den »Gedächtnisinstitutionen« (Elmar Mittler), d.h. Archiven und Bibliotheken, umfassen. So haben im Unterschied zur wenigstens summarischen Rezeption der zahlreichen deutschen Abschlussarbeiten und Dissertationen zur Revolutionsemigration durch die englisch- und französischsprachige Forschung die sporadischen österreichischen Beiträge zur Thematik kaum Beachtung gefunden. Die fehlende Publikationspflicht für Dissertationen, von denen oft nur ein einzelnes Pflichtexemplar in der Österreichischen Nationalbibliothek (ÖNB) hinterlegt ist, perpetuierte blinde Flecken auf der *mental map* der Emigrantenforscher und begünstigte schrittweise Asymmetriebildungen auf der Makroebene des internationalen Forschungsdiskurses. Ein ähnliches Schicksal war aus anderen Gründen auch tschechisch- und ungarischsprachigen Beiträgen beschieden, die wegen hoher sprachlicher Zugangshürden nur im relativ seltenen

---

139 Zur Abgrenzung beider Ansätze siehe Riotte, Der Monarch im Exil, S. 32-38.
140 Zedinger, Migration und Karriere, S. 119; Reinalter, Aufgeklärter Absolutismus und Revolution, S. 164.
141 Zur anhaltenden Debatte um das »staatliche Konzept« hinter dem Begriff zuletzt Hochedlinger, Mat'a, Winkelbauer, Verwaltungsgeschichte der Habsburgermonarchie, 1, S. 29-62, und William D. Godsey: The Sinews of Habsburg power. Lower Austria in a fiscal-military state 1650-1820, Oxford 2018.

Fall von Übersetzungen rezipiert wurden.[142] Die Spezifika des jeweiligen (national-)historiografischen Forschungskontexts, dessen Begriffstraditionen und Referenzsysteme, blieben dabei meist ausgeblendet.

Ein weiterer Aspekt betrifft die archivalische Überlieferung. Nach Auflösung der Habsburgermonarchie im Nachgang des Ersten Weltkriegs wurden durch die Nationalisierung von Archivstrukturen nicht nur Überlieferungszusammenhänge zergliedert, sondern auch je eigenen Ordnungssystematiken unterworfen, beispielsweise auf dem Gebiet Nachkriegs-Italiens.[143] Solche materialen Entflechtungen und Neukonfigurationen hatten wiederum forschungspraktische Konsequenzen für Fragestellungen, Blickrichtungen und Kontextualisierungen.[144] Die Bewusstmachung und Operationalisierung solcher institutionellen Fragmentierungen und Divergenzen, die ihrerseits Pfadabhängigkeiten schufen, feien nicht nur gegen eine naive Rekonstituierung des Untersuchungsraums »Habsburgermonarchie« als *tabula rasa*, sondern begreifen die Bedingungen historiografischer Wissensproduktion als kontingent und damit selbst als historisierungsbedürftig.[145]

Wenngleich sie nicht Ausgangspunkt oder gar primärer Gegenstand der Untersuchung sind, müssen in einer regionalisierten Studie auch Partikularitäten wie die einbettenden Strukturen und Diskurse berücksichtigt werden, die freilich nicht als statische »Bühne« oder »Gehäuse« zu verstehen, sondern in ihrer dynamischen Verbindung mit der Handlungsebene der Akteure in den Analyserahmen zu integrieren sind. Verwaltungsaufbau und Gesetzgebung, das Polizeisystem und Grenzregime, die Orte und Formen des Gesellschaftslebens, die Revolutionsrezeption und die innere und äußere Verfasstheit von Kirche und Kirchlichkeit in der Habsburgermonarchie, die im Verlauf des Untersuchungsvorgangs schwerpunktmäßig behandelt werden, sind dabei allerdings nicht als isolierte Entitäten zu betrachten, deren Evolution und Differenzierung zu beleuchten wären (etwa im Sinne einer Sozialgeschichte des Wiener Salons o. ä.). Wenn auch an mancher Stelle nicht auf eine maßvolle historische Kontextualisierung verzichtet werden kann, so sind doch vielmehr ihre Rollen und Bezüge im Problemfeld der Revolutionsemigration zu thematisieren. Beispielsweise standen die 1793 neu eingeführte Passpflicht und verschärfte Formen der Grenzkontrolle mit der kriegsbedingt grenzüberschreitenden Migration in die Kerngebiete der Habsburgermonarchie

---

142 Exemplarisch Tóth, French Émigrés in Hungary.
143 Beispielsweise bei der Bestände-Rubrizierung im Archivio di Stato di Trieste, aber auch bei der lokalen Desintegration thematisch einschlägiger Bestände, die auf verschiedene Archive der Stadt verteilt wurden, darunter das kommunale Archivio diplomatico Trieste. Zur Problematik siehe Rudolf Neck: Zu den österreichisch-italienischen Archivverhandlungen nach dem Ersten Weltkrieg, in: Mitteilungen des österreichischen Staatsarchivs 31 (1978), S. 434-441.
144 Weitgehend losgelöst vom »habsburgischen« Kontext etwa Incontrera, Giuseppe Labrosse e gli emigrati francesi a Trieste.
145 Pernau, Transnationale Geschichte, S. 51.

in einem Wechselverhältnis, das nur auf den ersten Blick zwangsläufig erscheint, tatsächlich jedoch auf komplexen Voraussetzungen gründete, die weder für die historischen Akteure noch für den Betrachter selbsterklärend waren bzw. sind.[146]

Dass auch bei der hermeneutischen Erschließung kontextrelevanter Diskurse wieder zwischen langen und kurzen Zeittakten sowie verschiedenen Referenzräumen zu unterscheiden ist, ergibt sich aus dem genannten Maßstabseffekt. So zeigt sich beispielsweise im kirchlichen Bereich, dass sich in den 1790er Jahren Priestermangel, unterbesetzte Klosterkonvente und gottesdienstliche Unterversorgung als akute und ortsspezifische, gleichzeitig aber auch als chronische und multilokale Probleme manifestierten, die nicht nur von der historischen Forschung als erklärungsbedürftig angesehen, sondern bereits von Episkopat und Klerus, Kaiserhof und Verwaltung, zeitgenössischer Publizistik, einheimischer Bevölkerung und französischen Emigranten je nach Standpunkt wahrgenommen und bewertet wurden.[147]

Dem Ansatz der *Histoire croisée* folgend ist diese Kreuzung unterschiedlicher Blickwinkel im Handlungsfeld der Akteure der Produktionsort neuer Erkenntnis.[148] Operativ wird die Identifizierung solcher *croisements* damit zum Ausgangspunkt für die angestrebte Verflechtungsanalyse, die im konkreten Fragenzusammenhang Akteurskonstellationen aus verschiedenen Richtungen und durch verschiedene Rezeptionsebenen hindurch erschließt, Chancen und Modalitäten von Transfers auslotet und dadurch eine Basis für Vergleichsoperationen auf der Makroebene schafft, etwa im Vergleich der europäischen Aufnahmeländer untereinander.[149] In Komplementarität mit der Transfergeschichte kann auf diesem Weg eine Interaktions- und Beziehungsgeschichte von Revolutionsemigration und Aufnahmegesellschaft in ihrer räumlichen und zeitlichen Differenziertheit entwickelt werden, die der Heterogenität und Komplexität des Emigrationsphänomens Rechnung trägt.

Maßstabsoperationen: Verräumlichung – Verzeitlichung

Wenngleich sich der verflechtungsanalytische Ansatz dieses Buches von der älteren territoriumsorientierten Emigrantenforschung abhebt, so erfordert er doch einen produktiven Umgang mit dem »habsburgischen Territorialitätsproblem«, welches Pawlik ihrzeit nicht überzeugend zu lösen vermochte: die konzeptionelle und forschungspraktische Berücksichtigung des ebenso ausgedehnten wie fragmentierten Länderkonglomerats der Habsburgermonarchie. Dieses war auf-

---

146 Siehe dazu ausführlich Teil I dieses Buches.
147 Siehe dazu ausführlich Teil III dieses Buches.
148 Werner, Zimmermann, Vergleich, Transfer, Verflechtung, S. 609.
149 Zur komparatistischen Dimension des Verflechtungsansatzes Pestel, Kosmopoliten wider Willen, S. 39-41.

grund seiner geografischen Exposition in unterschiedlicher Weise und zu unterschiedlichen Zeitpunkten von der Revolutionsemigration betroffen und erlebte in der Kriegsepoche zwischen 1792 und 1814/15 durch militärische Eroberungen und vertragliche Gebietsabtretungen außerdem eine Reihe weitreichender territorialer Veränderungen.[150] Ausgehend von der These, dass eine systematische Untersuchung der Gesamtheit aller habsburgischen Erbstaaten weder logistisch zu leisten noch heuristisch sinnvoll ist, sind im Folgenden die räumlich-zeitlichen Maßstäbe im Untersuchungsvorgang auszubuchstabieren.

Von disziplingeschichtlicher Warte aus gesehen ging das wissenschaftliche Bemühen in den vergangenen Jahrzehnten dahin, nationalhistoriografisch bedingte Segmentierungen der »spätfrühneuzeitlichen« Habsburgermonarchie zu überwinden und transregionale Verwobenheiten in räumlich-synchroner Perspektive zu rekonstruieren. Manifestierte sich dieser Integrationstrend eine Zeit lang in Form von Sammelbänden, in denen Beiträger aus den jeweiligen »Nachfolgestaaten« die Zuständigkeit für die historischen Vorgängerräume reklamierten und Regionalstudien aneinanderreihten,[151] verfolgen jüngere Gesamtdarstellungen einen integralen Ansatz, der sich beispielsweise systematisch-institutionenorientiert ausprägt oder von konzeptionellen Fragestellungen der Imperiengeschichtsschreibung her argumentiert.[152]

Eine akteursgeleitete Untersuchung von emigrantischen Handlungsfeldern und Interaktionsräumen in der Habsburgermonarchie erfordert dagegen eine Herangehensweise, die einerseits das zeitdynamische Raumverhalten der Emigranten und die raumdynamischen Strukturen des Aufnahmelandes integriert, andererseits der methodischen Versuchung widersteht, eine bloß additive Anthologie regionaler Fallstudien zu erarbeiten. Auf die Potenziale eines solchen Akteur-Raum-Ansatzes, der der migratorischen Dynamik über einen mehrjährigen Zeitraum hinweg Rechnung trägt und nach der Relevanz von Distanz und Verteilung, nach Raumwahrnehmung und -erfahrung fragt, wurde in jüngerer Zeit hingewiesen.[153] Lange dominierten in diesem Zusammenhang deterministische Deutungen, die Richtungen, Verkehrsachsen und Konjunkturen der Mobilität als Konsequenz der »objektiven« politisch-militärischen Großwetterlage und der wechselhaften Aufnahmepolitik in den Exilländern begriffen.[154] So wenig Militäroperationen, regionale Emigrantenpolitiken und auch physisch-geografische Faktoren vernachlässigt werden dürfen, so wichtig ist es, das Raumverhalten der Emigranten nicht als bloß reaktiv, sondern vom Blickpunkt der Interaktionssysteme und

---

150 Léopold Neumann (Hg.): Recueil des traités et conventions conclus par l'Autriche-Hongrie avec les puissances étrangères, 2 Bde., Wien 1877.
151 Exemplarisch Heindl-Langer, Saurer, Grenze und Staat.
152 Hochedlinger, Mat'a, Winkelbauer, Verwaltungsgeschichte der Habsburgermonarchie, 1; Pieter M. Judson: The Habsburg Empire. A new history, Cambridge; London 2016.
153 Pestel, Winkler, Provisorische Integration und Kulturtransfer, S. 158.
154 Etwa Manske, Möglichkeiten und Grenzen des Kulturtransfers.

meist transregionalen Informationsnetzwerke her zu begreifen, aus denen heraus sich Emigranten raumrelevante Handlungsoptionen erschlossen.

Über die individuelle und gruppenspezifische Raumbewältigung hinaus verbinden sich aus Sicht der *mental-maps*-Forschung zudem Fragen nach der handlungsleitenden Kraft kollektiver Raumvorstellungen der historischen Akteure.[155] Die permanenten Synchronisierungsbemühungen im Emigrationsverlauf, kollektive Vorstellungen und die erlebte Wirklichkeit in den jeweiligen Aufnahmeländern in einen geordneten Zusammenhang zu bringen, resultierten zwar oftmals in Inkongruenzen und Ambivalenzen der Raumerfahrung. Doch ergab sich aus deren reflexivem Gehalt eine praktische Handlungsrelevanz, da die Revolutionsflüchtlinge nach dem für sie präzedenzlosen Krisenerlebnis von Revolution und Emigration hieraus Deutungswissen für ihre Exilsituation ableiten konnten.[156]

Diese Reflexivität ist auch hinsichtlich der zeitlichen Dimension der Emigration zu berücksichtigen. Apriorische Zuschreibungen wie die traditionelle Klassifizierung der Revolutionsemigration als »temporärer Migration« bedürfen daher einer methodischen Rekonfigurierung. Nicht nur wegen der historiografischen Ausklammerung von Langzeitfolgen der Emigration, auch epistemologisch erscheint das Etikett »temporär« aus mehreren Gründen problematisch: zum einen, weil damit die hochvarianten temporalen Erwartungshorizonte der Emigranten im Exilverlauf verallgemeinert und auf eine scheinbar sichere Rückkehr nach Frankreich hin teleologisiert werden. Dies wiederum führt dazu, dass vor dem Hintergrund der Unvorhersehbarkeit einer solchen Rückkehr die Dynamiken des Aushandelns und Improvisierens der Emigranten in den jeweiligen Exilsituationen unterschätzt werden, womit, drittens, das verflechtungsanalytische Potenzial der Kontaktzonen und Beziehungskonstellationen von Emigranten mit und in der Aufnahmegesellschaft unerkannt und ungenutzt bleibt.

Auf die Zuschreibung »temporär« im Analyseprozess zu verzichten, bedeutet, das »Provisorium Emigration« in den Mittelpunkt zu rücken und die Handlungsspielräume der Emigranten auszuloten.[157] Diese Handlungsspielräume unterlagen im Zeitverlauf nicht nur sich permanent verändernden äußeren Bedingungen, sondern wurden auch durch sich verändernde »innere« Dispositionen bestimmt.[158] Zunächst stellte der Erfahrungsbruch der Revolution bisherige Gewissheiten und

---

155 Frithjof Benjamin Schenk: Mental Maps: Die kognitive Kartierung des Kontinents als Forschungsgegenstand der europäischen Geschichte. URL: http://www.ieg-ego.eu/schenkf-2013-de [1.12.2020].
156 Pestel, Kosmopoliten wider Willen, S. 22-23.
157 In diesem Sinne schon Rance, Die Emigration des französischen Adels in Deutschland; Pestel, Winkler, Provisorische Integration und Kulturtransfer.
158 Dazu grundsätzlich Nina Rubinstein: Die Französische Emigration nach 1789. Ein Beitrag zur Soziologie der politischen Emigration (= Bibliothek sozialwissenschaftlicher Emigranten, Bd. 6), Graz 2000, sowie Teil II) dieses Buches.

handlungsleitendes Deutungswissen infrage.[159] Verschärft wurde dieser Bruch durch die existenzielle Krisenerfahrung des Emigrierens selbst, woran sich unmittelbar der chronisch instabile Erfahrungsraum des Exils anschloss. Angesichts der dort anhaltend changierenden Lebenswelten gerieten nicht nur etablierte Denkmuster und Handlungsweisen unter Anpassungsdruck, auch kollektive Zukunftserwartungen bedurften permanenter Aktualisierung – insbesondere nachdem sich der initiale Erwartungshorizont, der auf eine absehbare Rückkehr nach Frankreich orientiert war, als hintergehbar entlarvt hatte.[160]

In diesem verzeitlichten und prozessualisierten Verstehen rücken die Emigranten aus ihrer statischen Position des »Abwartens« in einem »Zufluchtsraum« heraus.[161] Das Exilleben mit seinen oszillierenden und sich zunehmend individualisierenden Erwartungshorizonten wird ohne die temporale Präkonfiguration *ex post*, die die Rückkehrerwartung explizit voraussetzt, zu einem offenen Feld, einem aktualen Provisorium, auf dem um die Erschließung und Behauptung neuer Handlungsspielräume gerungen wird und dessen »Ausgang« für die historischen Akteure ungewiss bleibt.

Spurensicherung: Zum Quellenkorpus

Grob gliedert sich das Quellenkorpus in einen archivalischen Teil, der aus Verwaltungsschriftgut der Hof- und Länderbehörden, privaten Korrespondenzen und politischen Memoranden besteht, sowie einen Teil mit edierten Quellen, der neben Hofdekreten und publizistischen Werken vor allem Selbstzeugnisse, hauptsächlich Memoiren und Tagebücher, umfasst. Hinzu kommen serielle Quellen wie Zeitungen und Zeitschriften. So dicht die Quellenlage zu den Emigranten grundsätzlich einzuschätzen ist, offenbaren sich gerade im archivalischen Bereich große Fehlstellen in den Überlieferungszusammenhängen, die entweder sammlungsgeschichtliche Ursachen haben oder auf archivspezifische Anomalien zurückzuführen sind.

Die französische Revolutionsemigration in der vielgliedrigen Länderstruktur der Habsburgermonarchie mit ihrer mehrstufigen Verwaltungshierarchie empirisch zu greifen, ist unter heuristischen Gesichtspunkten eine Herausforderung. Dennoch bildet der forschungspraktisch bewährte Ansatz, zunächst den weit verzweigten Spuren nachzugehen, die die Emigranten in der Überlieferung der staat-

159 Zum Erfahrungsbegriff im Emigrationszusammenhang vgl. Pestel, Kosmopoliten wider Willen, S. 22-23.
160 Zur inneren Beziehung von Erfahrungsraum und Erwartungshorizont Reinhart Koselleck: »Erfahrungsraum« und »Erwartungshorizont« – zwei historische Kategorien, in: Ulrich Engelhardt, Volker Sellin, Horst Stuke (Hg.): Soziale Bewegung und politische Verfassung. Beiträge zur Geschichte der modernen Welt, Stuttgart 1976, S. 13-33.
161 Rance, Die Emigration des französischen Adels in Deutschland, S. 159.

lichen Verwaltung hinterlassen haben, auch in diesem Buch den Ausgangspunkt. Wegen der Materialfülle empfiehlt sich im Fall der Habsburgermonarchie allerdings keine systematische Auswertung, sondern ein chronologisch, räumlich und prosopografisch gegliedertes Raster aus Stichproben auf zentral- und landesbehördlicher Ebene sowie im kirchlichen Bereich auf Diözesanebene. Zwar liefern die einzelnen Verwaltungsakte lediglich Momentaufnahmen, bilden also weder die dynamischen Emigrationsverläufe noch die lebensweltliche Eingebundenheit der Emigranten in ihrer konkreten Exilumwelt ab. Doch sind sie einerseits für die Schaffung eines prosopografischen Fundaments und für die räumliche Verortung der Emigranten, andererseits für die wechselhafte administrative Praxis des Umgangs mit Emigranten unentbehrlich. Unter günstigen Umständen erlaubt die Kombination verschiedener Überlieferungsstränge eine Rekonstruktion individueller Emigrationsitinerare über einen mehrjährigen Zeitraum.

Auf zentralbehördlicher Ebene bieten die Bestände im Haus-, Hof- und Staatsarchiv (HHStA) und im Allgemeinen Verwaltungsarchiv (AVA) des Österreichischen Staatsarchivs (ÖStA) eine Ausgangsbasis. Im HHStA liefern neben den Provinzakten der Staatskanzlei, den außenpolitischen Sammlungen sowie den Kabinettsakten vor allem die zwischenbehördlichen Notenwechsel, insbesondere der Austausch zwischen Polizeihofstelle und der Staatskanzlei, emigrationsbezogene Informationen. Im AVA ist der Bestand Polizeihofstelle (PHSt) besonders hervorzuheben. Diese 1793 eingerichtete Zentralbehörde beaufsichtigte das Polizeiwesen im böhmisch-österreichischen Teil der Habsburgermonarchie und war daher nicht nur am intensivsten, sondern auch kontinuierlich mit Emigrantenbelangen befasst.

Über das dokumentierte Verwaltungshandeln hinaus beinhalten die PHSt-Akten Reisepässe, Empfehlungsschreiben und sogar Autografen aus Emigrantenfeder, aus denen detaillierte prosopografische Informationen gewonnen werden können. In der Zusammenschau erlauben sie Rückschlüsse auf das soziale Profil der Emigranten, die in die Habsburgermonarchie gelangten, auf ihre Wohn- und Lebensumstände, Tätigkeiten und Interaktionen, räumlichen Bewegungsradien, die zeitliche Dauer des Exils sowie ihre Fremdwahrnehmung. Vereinzelt sind sogar Emigrantentabellen überliefert, die nach Herkunft, Stand, Aufenthaltsort, materieller Situation und »Aufführung« differenzieren.

Für die personenbezogene Emigrantenforschung ist der Bestand PHSt der ergiebigste Quellenfundus. Seine Nutzung unterliegt allerdings großen Einschränkungen. Wie die meisten Bestände des AVA wurden auch die PHSt-Akten infolge des Brandes des Wiener Justizpalastes am 15. Juli 1927 erheblich in Mitleidenschaft gezogen.[162] Akten, die sowohl das Feuer als auch den Löschwassereinsatz überstanden, wurden in den Folgejahren als »Brandakten« neu inventarisiert und sind über

---

162 Konservativen Schätzungen zufolge fielen weit mehr als die Hälfte der Akten der Feuersbrunst zum Opfer. Dazu Michael Göbl: Zur Geschichte des Allgemeinen Verwaltungs-

ein nach Personen, Orten und Sachen indiziertes Karteikartensystem zugänglich, das für die Jahre zwischen 1793 und 1815 40 Zettelkästen à ca. 500 Karteikarten umfasst und bislang nicht digitalisiert worden ist. Ein beträchtlicher Teil der Akten kann aus konservatorischen Gründen nicht eingesehen werden. Viele Folios sind an den Rändern verkohlt oder durch den Einsatz von Löschwasser beschädigt und mitunter kaum leserlich – und bis dato überwiegend unrestauriert.[163] Wegen des schlechten Erhaltungszustands und der erschwerten Recherchemöglichkeiten wurde der Bestand bisher vergleichsweise wenig zu Forschungszwecken genutzt.

In Teilen lassen sich die verlustbedingten Fehlstellen im AVA durch Material aus den Landesarchiven substituieren, wo neben der landesinternen Verwaltungsdokumentation auch Kopien des zwischenbehördlichen Schriftverkehrs mit den Wiener Hofstellen aufbewahrt werden – darunter auch die Korrespondenzen mit der Polizeihofstelle und der Staatskanzlei, die für die Emigrantenforschung einschlägig sind. Stichprobenartig wurden daher Akten der Landesregierungen bzw. Gubernien sowie der örtlichen Polizeidirektionen im Niederösterreichischen Landesarchiv St. Pölten (NÖLA), im Oberösterreichischen Landesarchiv Linz (OÖLA), im Tiroler Landesarchiv Innsbruck (TLA), im Steiermärkischen Landesarchiv Graz (StmkLA), im Generallandesarchiv Karlsruhe (GLA), im Wiener Stadt- und Landesarchiv (WStLA), im Mährischen Landesarchiv Brünn (MZA) und den Triestiner Archiven ausgewertet, darüber hinaus auch kommunale Bestände, Standesakten, Familienarchive, Verlassenschaften und Testamente – eine Auswahl, die sich aus den inhaltlichen Schwerpunktsetzungen dieses Buches ergibt.

Gleichwohl offenbaren sich auch auf Ebene der Landesarchive sammlungsgeschichtliche Lücken, die in einigen Bereichen einem Totalverlust nahekommen. So wurden insbesondere Akten der Landesregierungen und -behörden der Jahre vor 1800 im 19. Jahrhundert »skartiert«, also systematisch ausgesondert, etwa im NÖLA und im StmkLA. Dieser Verlust fällt umso schwerer ins Gewicht, als seitenlange Indizierungen in den erhaltenen Büchern belegen, dass »Emigrantengegenstände« im Handlungsfeld der regionalen Behörden in den 1790er Jahren ein dominanter Faktor waren.[164] Abgesehen von wenigen emigrantenspezifischen Pertinenzsammlungen, etwa im TLA, stellt sich die Überlieferungslage auf Ebene

---

archivs, in: Isabelle Ackerl (Hg.): »Schatzhäuser Österreichs«. Das österreichische Staatsarchiv, Wien 1996, S. 30-41.

163 Die nach dem Polizeiminister benannten »Pergen-Akten« sind, obwohl auch durch den Brand stark dezimiert, in einem besseren Erhaltungszustand, da sie bereits restauriert und durch neu angelegte Verzeichnisse erschlossen sind. Dieser Bestand deckt die Periode zwischen 1782 und 1793 ab und beinhaltet folglich nur wenig Material über die Revolutionsemigranten, gewährt dafür aber Einblicke in die Verwaltungsstruktur der Polizei und deren Reformen zu Beginn der 1790er Jahre.

164 Als Beispiel sind die Indices der niederösterreichischen Polizeiverwaltung ab 1793 zu erwähnen, die mit seitenlangen Verzeichnissen von französischen Emigranten aufwarten: NÖLA St. Pölten, NÖ. Reg., Department G – Polizei, Indices, 1793-1800.

der Landesarchive somit ähnlich zerfasert dar wie im Falle der Polizeihofstelle, wenn auch aus unterschiedlichen Gründen.

Aus den Schnittmengen beider administrativen Ebenen ergeben sich nicht nur Möglichkeiten zur Ergänzung verlorener Bestände, sondern auch ein methodischer Mehrwert. Durch die Einbeziehung emigrantenspezifischen Materials von der Landesebene gelingt es, den oft vorherrschenden Blick aus der (Wiener) »Zentrale« zu dezentralisieren und um einen regionalisierten Blickwinkel zu erweitern. Auf diese Weise können beispielsweise zentralstaatliche Emigrantennormen mit der lokalen Kontrollpraxis und den Handlungsspielräumen der Emigranten vor Ort abgeglichen und im Hinblick auf Rückkopplungseffekte hin untersucht werden. Auch lebensweltliche Aspekte wie Unterkunft, Erwerbstätigkeit, Krankheit und Tod sowie die kommunikativen Beziehungen von Emigranten und Aufnahmegesellschaft sind im regionalen Befund meist detaillierter bezeugt als im Material der Hofstellen. Eine Besonderheit der Landesebene sind die Standesakten, die Aufnahmegesuche adliger Emigranten in die Landstände dokumentieren. Ähnlich wie die kirchlichen Archive für die Angelegenheiten geistlicher Emigranten eröffnen diese standes- bzw. gruppenspezifischen Quellen Perspektiven auf Integrationsabsichten und -bedingungen im Exilland. Neben der diözesanen Verwaltungsdokumentation geben darüber hinaus vor allem Pfarrarchive und -matrikel Auskunft über individuelle Handlungsfelder der Geistlichen.[165]

Einen Zugang zur subjektiven Wahrnehmungsebene und den intersubjektiven Deutungsmustern der Erlebnisse und Erfahrungen in der Emigration erlauben die Privatkorrespondenzen und Tagebücher, unter Berücksichtigung der genannten gattungsspezifischen Besonderheiten auch die umfangreiche Memoirenliteratur. Anders als die oft standardisierten Verwaltungsakten vermitteln diese Selbstzeugnisse nicht nur einen Eindruck vom Grad der provisorischen Integration in die Aufnahmegesellschaft und von den Wahrnehmungsmustern der »sozialen Realität« im Exil. Sie ermöglichen auch Einblicke in die Mobilitätspraxis und den emigrantischen »Alltag«. Wenn sie sich, wie beim »Journal« des emigrierten französischen Diplomaten Marc-Marie de Bombelles, über die gesamte Emigrationszeit erstrecken, können sie sogar den Charakter eines »emigrantischen Entwicklungsromans« annehmen, aus dem weniger eine progressive Persönlichkeitsreifung herausgelesen als vielmehr die situative Anwendung und der strategische Einsatz des Erfahrungs- und Deutungswissens nachvollzogen werden können, das im Laufe des Exils akkumuliert wurde.[166]

Im Sinne der angestrebten Perspektivenpluralisierung werden diese Quellen mit komplementären Zeugnissen Einheimischer ergänzt: Denn für Angehörige

---

165 Bei den Pfarrmatrikeln hat sich insbesondere das Online-Portal https://data.matricula-online.eu/de/ bewährt.
166 Marc-Marie de Bombelles: Journal, 8 Bde. (= Histoire des idées et critique littéraire), Genf 1977-2013.

der Aufnahmegesellschaft waren die französischen Emigranten nicht Abstraktum, sondern konkretes Gegenüber und Teil ihrer unmittelbaren Lebenswelt. Die jahrelangen Erfahrungen in unterschiedlichen Kontaktzonen, die sich in diesen Texten niederschlugen, sind auf der Analyseebene ein Korrektiv zur stereotypenbasierten Emigrantenrezeption, wie sie etwa im »Koblenz-Syndrom« zum Ausdruck kommt.

Medial vermittelte Kontakte mit der Aufnahmegesellschaft resultierten auch aus den politischen Wirkungsfeldern der Emigranten. Gedruckte Streitschriften sowie informell kursierende Denkschriften über die Ursachen und Konsequenzen der Revolution wirkten in unterschiedliche gesellschaftliche Sphären hinein und riefen zuweilen ein starkes Echo hervor. Gehörten erstere zur antirevolutionären Mobilisierungsstrategie der Emigranten in der Öffentlichkeit, sollten die meist archivalisch überlieferten Memoranden an den Kaiser oder hofnahe Personen gezielt Entscheidungsträger im Sinne emigrantischer Sichtweisen beeinflussen. Beide Textgattungen waren durch eine vermeintlich fundierte »Innensicht« auf das Geschehen in Frankreich motiviert und verflochten sich rasch mit den kontroversen Revolutionsrezeptionen im Aufnahmeland. Mit ihren Beiträgen bewarben schreibende Emigranten indes nicht nur ihre politischen oder persönlichen Anliegen, boten sich als Ratgeber und exklusive Informationsquellen an, sondern verankerten durch implizite Selbstthematisierung auch die Emigration selbst als Referenzpunkt im zeitgenössischen Diskurs rund um die Revolution.

Waren diese Wirkungsbereiche und Kommunikationsfelder einer kleinen elitären Gruppe publizistisch und politisch ambitionierter Emigranten vorbehalten, sind »ephemere« Elemente des emigrantischen Alltagslebens in Zeitungen und anderen Periodika zu entdecken. Über die digitale Zeitungs- und Zeitschriftendatenbank der Österreichischen Nationalbibliothek (ANNO – Austrian Newspapers Online) sind Wochen- und Tageszeitungen aus fast allen Teilen der Habsburgermonarchie zugänglich. Besonders die Annoncen von und betreffs Emigranten, die Angebote für Unterricht, Bekanntmachungen von Nobilitierungen, Gütererwerb, Restaurant- und Fabrikeröffnungen, Reisetätigkeit, Veröffentlichungen und Rezensionen, Heirat, Nachkommenschaft, Tod, Verlassenschaften, Haushaltsauflösungen und Erbangelegenheiten umfassen, ermöglichen Einblicke in Wahrnehmungsfelder und praktische Lebensumstände jenseits administrativer Belange und propagandistischer Eigeninteressen.

Aufbau der Studie

Im Fokus dieses Buches steht die Exilzeit der französischen Emigranten in der Habsburgermonarchie von 1789 bis in die 1810er Jahre. Die Studie gliedert sich in drei Teile, in denen die Interaktionen und wechselseitigen Bezüge von Emigranten und Aufnahmegesellschaft in drei verschiedenen Bereichen untersucht werden.

Im ersten, der politisch-administrativen Sphäre gewidmeten Teil werden ausgehend von der jüngeren Debatte um eine neue Sicherheitsgeschichte die veränderlichen Motive, Bestimmungen und Formen der Mobilitätskontrolle und Emigrantenaufsicht in der Habsburgermonarchie analysiert. Sicherheitsbezogene Diskurse und die institutionelle Entwicklung des Polizeisystems, dessen Ursprünge in die josephinische Reformzeit datieren, werden mit der Emigrantenpräsenz im »habsburgischen Kontext« verwoben und über den genannten Zeitraum nachvollzogen. Darauf aufbauend liegt das Hauptaugenmerk auf den einzelnen Phasen und wechselnden Prämissen des staatlichen Umgangs mit den Emigranten. Aus der Analyse von zwischenbehördlicher Entscheidungsfindung, Operationalisierung und lokaler Implementierung der verschiedenen Regulierungsansätze wird als Herzstück dieses Teils ein dreiphasiges Schema der Emigrantenpolitik entwickelt, das traditionelle Deutungen einer von zunehmenden Restriktionen bestimmten »Polizeistaats«-Praxis in den 1790er Jahren zugunsten einer räumlich und chronologisch differenzierten Interpretation relativiert. Eng mit dieser Dezentralisierung des Untersuchungsfokus verbunden sind die in der »bottom-up«-Perspektive offenbar werdenden Aushandlungsprozesse und Rückkopplungseffekte, als deren Folge viele Emigranten im Aufnahmeland über erhebliche Handlungsspielräume verfügten.

Die sozial-räumliche Verortbarkeit dieser Handlungsspielräume ist eine Voraussetzung für die Untersuchung der Interaktionsformen und -erfahrungen von Emigranten und Einheimischen, entlang welcher im zweiten Teil die gesellschaftlich-kulturelle Sphäre im Aufnahmeland durchmessen wird. Ausgehend von klischeebehafteten Deutungen der »Adelsemigration« durch Zeitgenossen und Historiografie werden die wechselseitigen Wahrnehmungsmuster in ein breites soziales Interaktionsspektrum eingeordnet, das nach den Kontaktzonen, also den Orten, Formen und Anlässen der Begegnung, differenziert. Von den lebensweltlichen Präsenzräumen und heterogenen Soziabilitätsformen der Emigranten zieht sich eine Linie zu ihren Handlungsoptionen und Bewältigungsstrategien für die unerwartet lange Exilzeit. Die Dynamiken sozialer Mobilität und die Formen von Erwerbstätigkeit im Spannungsfeld von Notwendigkeit und Möglichkeit werden mit Blick auf Integrationschancen und Innovationspotenziale untersucht. Den vielgestaltigen Transferaktivitäten der Emigranten folgend, führt die Darstellung von den militärischen und zivilen Karrierewegen über die wirtschaftlichen Betätigungen und die im engeren Sinne kulturelle Mittlerschaft schließlich zu ihren politisch-publizistischen Aktivitäten. Produktionsorte, Themen und Akteure des »Medien- und Kommunikationsereignisses Emigration« werden als integraler Teil der Revolutionsrezeption im Aufnahmeland zunächst überblicksartig präsentiert, bevor anhand zweier großer Fallstudien die öffentlichen bzw. informellen Wirkungsfelder der Emigranten noch einmal im Detail exemplifiziert werden.

Emigrantische Aktionsradien anderer Art rücken im dritten und abschließenden Teil der Studie in den Fokus. Gegenstand sind hier die lebensweltlichen Existenzbedingungen und die Austauschbeziehungen der im Untersuchungsraum zahlenmäßig stark repräsentierten geistlichen Emigration mit ihrer religiösen und kirchlichen Exilumwelt, die in den Jahrzehnten um 1800 von den anhaltenden Auswirkungen der Reformzeit geprägt war. In Korrelation mit den Strukturentwicklungen, Reformdiskursen und -bewegungen der nachjosephinischen Kirche werden Exilleben und Handlungsfelder der geistlichen Emigranten als gruppenspezifische Herausforderung zwischen Angebot und Nachfrage ausgelotet. Einen Schwerpunkt bilden die liturgischen, pastoralen und katechetischen Tätigkeiten der Emigranten, die mit den Reaktions- und Rezeptionsmustern von staatlicher Verwaltung und einheimischer Bevölkerung verknüpft und mit Blick auf ihre Wechselwirkungen untersucht werden. Ein kontinuierlich präsenter Faktor in diesem Teil ist die europäische Dimension der Emigration, die zunächst anhand der Raumvorstellungen und Mobilitätshorizonte der Geistlichen, anschließend am Beispiel der transterritorial vernetzten Koordinierungstätigkeit französischer Bischöfe herausgearbeitet wird. Letztere umfasste nicht nur praktische Fragen, die mit der materiellen Versorgung des emigrierten Klerus zusammenhingen, sondern auch ambitiöse kirchenpolitische Vorhaben, wie sich am Beispiel der Pläne zur Restitution des Jesuitenordens veranschaulichen lässt. Die Suche nach geistlichen Antworten auf die revolutionsbedingte Krise von Kirche und Religiosität machte die Emigration zudem zu einem Experimentierfeld für die spirituelle Erneuerung, was sich unter anderem in der Formierung geistlicher Exilgemeinschaften manifestierte, und verlieh der geistlichen Emigration somit ein spezifisches Innovationspotenzial. Neben den divergenten Entwicklungspfaden dreier ausgewählter Gemeinschaften stehen schwerpunktmäßig die Resonanz, auf die diese Gruppen in der Habsburgermonarchie stießen, sowie die personellen Verflechtungen und ideellen Schnittmengen mit ihrer religiösen und kirchlichen Exilumwelt im Mittelpunkt.

Vom Blickpunkt der gewonnenen Erkenntnisse aus können schließlich die Sichtachsen in das »siècle des exilés« in der Habsburgermonarchie verlängert werden. Denn auch im weiteren Verlauf des 19. Jahrhunderts blieb das nachmalige Kaisertum Österreich – für den liberalen Publizisten Ludwig Börne das »europäische China, ein stillstehender [...] Staat«[167] – ein gesuchtes Exilland für »ci-devants« und »Ehemalige« unterschiedlichster politischer Couleur und Hintergründe: darunter auch erneut für ehemalige Emigranten der Französischen Revolution.[168]

---

167 Ludwig Börne: Schüchterne Betrachtungen über Oesterreich und Preußen, in: Ludwig Börne's Gesammelte Schriften, Bd. 1, Rybnik 1884, S. 58-65; hier S. 61.
168 Vor allem im Zuge der häufigen Revolutionen und Regimewechsel in Frankreich: Julien Sapori: L'exil et la mort de Joseph Fouché. Entre légende romanesque et vérité historique, Parçay-sur-Vienne 2007; zum zweiten Exil der Bourbonen nach der Julirevolution 1830 siehe Jean-Paul Bled: Les lys en exil, ou, La seconde mort de l'Ancien Régime, Paris 1992; Edmund Daniek: Die Bourbonen als Emigranten in Österreich, Wien 1965.

Teil I – Die Emigranten und die Kontrolle

Es ist also heilige Pflicht der Staatspolizey ununterbrochen zu wachen, ne quid detrimenti capiat respublica, daß nicht Misvergnügte, boshafte Inn- und Ausländer, verschobene Köpfe, Fanatiker, geheime Gesellschaften durch Reden, Schriften oder Handlungen dem Volke die Regierung verhaßt zu machen, das wechselseitige Vertrauen des Monarchen und der Unterthanen zu schwächen, und so nach und nach die bestehende Ordnung der Dinge, und die festesten Bande der bürgerlichen Gesellschaft aufzulösen suchen, und wie es leyder die neuere Geschichte lehrt, diese Auflösung wirklich zu Stande bringen.[1]

Polizeiminister Johann Anton von Pergen an Kaiser Franz II.

1. Emigration und Sicherheit

Die bereits von Zeitgenossen bemerkte Brisanz der französischen Revolutionsemigration rührte von ihrer unmittelbaren Verknüpfung mit den politischen Umwälzungen in Paris her.[2] Mit dem Grenzübertritt der ersten Emigranten um den jüngsten Bruder König Ludwigs XVI., den Comte d'Artois, in die Österreichischen Niederlande im Juli 1789 rückte die Revolutionsemigration schlagartig auf die politische Agenda im »Aufnahmeland Österreich«.[3]

Auf interpretatorischer Ebene dominierte der politische Konnex von Revolution und Emigration gegenüber Fragestellungen zu den sozial- und kulturhistorischen Implikationen und Konsequenzen der Revolutionsflucht.[4] Die Folge war, dass mit Blick auf die Aufnahmegesellschaft die Revolutionsemigration hauptsächlich als Gegenstand und Katalysator staatlicher Mobilitätskontrolle im Sinne der Gefahrenabwehr begriffen wurde.[5] Hieraus wiederum resultierte eine einseitige Deutung der Normierungsbestrebungen der staatlichen Verwaltung: Unter Verweis auf die zahlreichen Dekrete, Gesetze und polizeilichen Anweisungen zur Emigrantenkontrolle, die in der Dekade nach 1789 erlassen bzw. implementiert

---

1 ÖStA/HHStA, Kabinettsarchiv, Kaiser-Franz-Akten (KFA) 90, Nr. 12, Berichte Pergens, Bericht des Staatsministers Grafen von Pergen, 27. Dezember 1797.
2 Presle, Die Einstellung der Regierung, S. 18-19.
3 Kuzmany, Garstenauer, Aufnahmeland Österreich. Über den Umgang mit Massenflucht seit dem 18. Jahrhundert.
4 In dieser Tradition stehen vor allem Wangermann, From Joseph II to the Jacobin trials, und später Reinalter, Aufgeklärter Absolutismus und Revolution.
5 In der jüngeren Forschung etwa bei Heindl-Langer, Saurer, Grenze und Staat.

wurden und auf die noch im Detail einzugehen sein wird, firmierte die Revolutionsemigration in diesen Darstellungen vorrangig als Sicherheitsproblem. Als Beweggrund der restriktiven Emigrantenpolitik galt, dem Tenor der Forschung zufolge, die Furcht vor einem Übergreifen der Revolution auf die Habsburgermonarchie.[6] Angesichts dieses vermeintlich klaren Bedrohungsszenarios wurden die Migrationsregulative als Reaktion des Staates auf die Emigranten als potenzielle Bannerträger der Revolution interpretiert, also als konkrete Maßnahmen zur Abwehr einer scheinbar objektiven Gefahr.

Gegenüber diesem teleologischen Narrativ bieten die Konzepte der Versicherheitlichung und des Sicherheitsdispositivs eine Alternative. Mit ihnen können die Veränderungen im staatlichen Sicherheitswesen der 1790er Jahre nicht als lineare, sondern vielmehr akteurs- und diskursbezogene Entwicklungen untersucht werden. Dabei unterlagen die verschiedenen Einflussfaktoren und Referenzobjekte situationsabhängigen Deutungen, die ebenso wenig selbsterklärend, unangefochten und statisch wie ihre Konsequenzen vorgezeichnet, notwendig und eindeutig waren. Bevor auf die tatsächlich sehr viel differenzierteren und im Zeitverlauf wechselhaften Motive, Bestimmungen und Formen der Emigrantenaufsicht und Mobilitätskontrolle in der Habsburgermonarchie eingegangen wird, ist zunächst der oft unreflektiert vorausgesetzte, starre und im Kern ahistorische Sicherheitsbegriff von konzeptioneller Warte aus zu problematisieren. Anschließend richtet sich der Fokus auf die institutionellen Strukturen im Sicherheitswesen, vor allem der Polizei, der die praktische Durchführung der Migrationskontrolle zufiel.

1.1 Versicherheitlichung und Sicherheitsdispositiv

»Sicherheit beziehungsweise die Wahrnehmung von Sicherheit«, so Eckart Conze, »ist stets gesellschaftlich bestimmt und damit im historischen Prozess variabel. Unterschiedliche Gesellschaften, aber auch unterschiedliche Gruppen in einer Gesellschaft weisen – synchron und diachron – höchst unterschiedliche Vorstellungen von Sicherheit – respektive Unsicherheit – auf. Die Wahrnehmung von Sicherheit beziehungsweise Unsicherheit, und damit auch jede Veränderung des Sicherheitsbegriffs, ist das Ergebnis einer Deutung von Realität.«[7] Diese Deutung und damit der normative Gehalt von Sicherheit würden bestimmt von Ordnungsvorstellungen, soziokulturellen Wertsystemen und Praktiken von Akteuren, Gruppen und Institutionen in einer Gesellschaft.[8] In einem kommunikativen Prozess befänden diese darüber, was als Bedrohung angesehen wird und wie auf sie gegebenenfalls reagiert werden soll. Weil alle diese Faktoren ebenso wenig über-

---

6 So zuletzt Ther, Die Außenseiter, S. 181.
7 Eckart Conze: Securitization. Gegenwartsdiagnose oder historischer Analyseansatz?, in: Geschichte und Gesellschaft 38 (2012) 3, S. 453-467; hier S. 456.
8 Ebd.

zeitlich wie universell, einförmig oder unumstritten, also keineswegs »objektiv« seien, sondern selbst einem steten Wandel unterlägen, bewirkten sie im Effekt ein Sicherheitsverständnis, das grundsätzlich veränderlich sei.

Wenn dieser dynamisierte Sicherheitsbegriff historisiert und gleichzeitig als Analyseinstrument nutzbar gemacht werden soll, ist mit Conze also zu fragen, wie sich Prozesse politischer Konzeptionalisierung und Institutionalisierung von Sicherheit in einer Gesellschaft vollzogen.[9] Bezogen auf die französischen Revolutionsemigration ließe sich als Leitfrage formulieren: Wie wurde das historische »Normalphänomen« einer grenzüberschreitenden Migrationsbewegung im Aufnahmeland zu einem Sicherheitsbelang, dem in der Folge mit vielfältigen Kontrollmaßnahmen begegnet wurde – und welchen Veränderungen unterlag er im Zeitverlauf?

Einen Ansatz bieten die Überlegungen Eckart Conzes, Cornel Zwierleins und Beatrice de Graafs für eine neue Sicherheitsgeschichte.[10] Diese gehen von dem aus der (politikwissenschaftlichen) »Copenhagen School of International Relations« entlehnten Konzept der »Securitization« (Versicherheitlichung) aus.[11] Dessen Ausgangspunkt ist die scheinbar einfache Frage, wie eigentlich ein bestimmtes Phänomen zu einem Sicherheitsproblem wird. Die »Copenhagen School« argumentiert, dass durch die Wahrnehmung und vor allem die Bezeichnung eines Phänomens als Sicherheitsproblem relevante Akteure in einer Gesellschaft politische Handlungen und Ziele abzuleiten und zu legitimieren versuchen. Ist ein Phänomen erst als sicherheitsrelevant identifiziert, kann es eine Priorität im politischen Raum zugewiesen bekommen.

Entscheidende Bedeutung kommt im Prozess der Versicherheitlichung folglich den Sprechakten der Akteure zu. Sie »machen« das jeweilige Phänomen zu einem Gegenstand, der von der als »normal« angesehenen Ordnung abweicht, und definieren ihn dadurch als sicherheitsrelevant, »versicherheitlichen« ihn also.[12] Hieraus leitet sich im Sinne des Konzepts ein erster Fragenkatalog ab: Warum haben bestimmte Akteure ein Interesse an der Versicherheitlichung eines Gegenstandes? Auf welche Weise versicherheitlichen sie ihn? Stößt die Versicherheitlichung auf Akzeptanz in den staatlichen Institutionen und in der Bevölkerung, und, wenn ja, welche Konsequenzen erwachsen daraus?

9 Conze, Securitization. Gegenwartsdiagnose oder historischer Analyseansatz?, S. 457.
10 Cornel Zwierlein: Sicherheitsgeschichte. Ein neues Feld der Geschichtswissenschaften, in: Geschichte und Gesellschaft 38 (2012) 3, S. 365-386; ders., Beatrice de Graaf (Hg.): Security and Conspiracy in History, 16th to 21th century (= Historical Social Research, Bd. 38), Köln 2013.
11 Barry Buzan, Ole Waever, Jaap de Wilde: Security. A new framework for analysis, London 1998.
12 Cornel Zwierlein, Beatrice de Graaf: Historicizing Security – Entering the Conspiracy Dispositive, in: dies. (Hg.): Security and Conspiracy in History, 16th to 21th century (= Historical Social Research, Bd. 38), Köln 2013, S. 46-64; hier S. 49.

Im Verständnis der »Copenhagen School« fungiert als Hauptakteur der Versicherheitlichung der Staat. Dieser reklamiert nicht nur eine spezifische Zuständigkeit für den zu versicherheitlichenden Gegenstand, um hiervon eventuell »außerordentliche« Maßnahmen abzuleiten, mit deren Hilfe die »Sicherheit« gewährleistet werden soll. Der Staat versucht vielmehr im Interesse der Aufrechterhaltung seiner Legitimität möglichst viele Bereiche der sozialen Wirklichkeit zu versicherheitlichen.[13] Ob diese Bemühungen letztlich erfolgreich sind, entscheiden dabei die Adressaten des Sprechakts, das »Publikum«, oder, modern gesprochen, die politische Öffentlichkeit.

Um das stark gegenwartsbezogene Konzept der »Copenhagen School« als historischen Analyseansatz verwenden zu können, plädieren Conze, Zwierlein und de Graaf dafür, dieses von der strengen Fixierung auf den modernen Nationalstaat als Protagonisten im Sicherheitsbereich zu lösen. Vielmehr sei nach den unterschiedlichen historischen Akteuren zu fragen, die ein Interesse an Versicherheitlichung hatten, ihre sicherheitsbezogenen Argumente in den politischen Prozess einbrachten, damit die Entscheidungsfindung beeinflussten und im Effekt Dynamiken sozialer Integration in der Gesellschaft in Gang setzten.[14] Darüber hinaus können ebenso Veränderungen staatlicher und administrativer Strukturen infolge von Versicherheitlichungsprozessen thematisiert werden wie auch die Beschaffenheit der Sprechakte in ihrer jeweiligen historischen Situiertheit selbst.[15]

Aus der Perspektive des Historikers kann Versicherheitlichung folglich als diskurs-, handlungs- und akteursbezogener Prozess begriffen werden, der historisch kontingent ist. »Gefahr«, »Bedrohung« und »Gefährlichkeit« sind nicht als objektiv und absolut existierende Gegebenheiten anzusehen, sondern sind Produkte von Zuschreibung, Deutung und Aushandlung in einer spezifischen historischen Situation: »Only when enough people agree on what constitutes a ›security breach‹ does the process of securitization ›work‹.«[16] Komplementär zur Versicherheitlichung ist als gegenläufige Entwicklung die »De-Securitization« (Entsicherheitlichung) einzubeziehen, in der Conze die Rückkehr zu »normaler« politischer Kommunikation und Entscheidungsfindung erblickt, wenn ein vormals versicherheitlichtes Phänomen durch den umgekehrten Prozess nicht mehr als sicherheitsrelevant angesehen wird.[17] Zu ergänzen ist herbei allerdings, dass durch einen Entsicherheitlichungsprozess kein Status quo ante wiederhergestellt werden kann, weil die im Zuge der vorangegangenen Versicherheitlichung gewandelte Gesellschaft inzwischen als »Normalzustand« angesehen wird.

13 Conze, Securitization. Gegenwartsdiagnose oder historischer Analyseansatz?, S. 458.
14 Ebd.
15 Dieser Ansatz ist auch Gegenstand im transdisziplinären Sonderforschungsbereich 138 »Dynamics of Security« der Universitäten Marburg und Gießen sowie des Herder-Instituts für historische Ostmitteleuropaforschung Marburg.
16 Zwierlein, Graaf, Historicizing Security, S. 49.
17 Conze, Securitization. Gegenwartsdiagnose oder historischer Analyseansatz?, S. 459.

Mit Blick auf die historische Entwicklung in der *longue durée* ist mit Karl Härter daran zu erinnern, dass »Sicherheit« im Sinne einer umfassenden »guten Ordnung« in der Frühen Neuzeit zu einer Leitidee geworden war, die die vormaligen Prinzipien von »Friede« und »Einigkeit« ersetzte.[18] Im vormodernen Verwaltungsstaat wurde sie als »gute Policey« politisch und administrativ operationalisiert. Konzeptionell maßgeblich war hierfür die Verknüpfung von Sicherheit und staatlicher Legitimität, die seit dem 17. Jahrhundert den Angelpunkt politischer (Staats-)Theoriebildung darstellte.[19] Der multilaterale, kommunikative Prozess der Verrechtlichung und Verstaatlichung von Sicherheit (der wiederum als Versicherheitlichung von Herrschaft begriffen werden kann) führte schließlich zu einer Differenzierung von innerer und äußerer Sicherheit einerseits und von innerer Sicherheit und sozialer Sicherheit andererseits.[20] Wie zu zeigen sein wird, wurde diese graduelle Entkopplung gerade bei der Kontrolle grenzüberschreitender Migration in der Revolutionsära manifest.

Was aber nun *ist* Sicherheit im späten 18. Jahrhundert? Hier weist die Verknüpfung von Sicherheit und Staat eine Richtung, denn in ihr liegen Machtverhältnisse und Machtmechanismen in einer Gesellschaft begründet, die analysiert werden können. Zu diesem Zweck plädieren Zwierlein und de Graaf für eine Operationalisierung des Sicherheitsdispositivs, das Michel Foucault als Teil seiner Gouvernementalitätstheorie eingeführt hat, um die Kontroll- und Steuerungspraxis des Regierungsstaats im 18. Jahrhundert erfassen und beschreiben zu können.[21] Foucault argumentiert, dass im Unterschied zu einem staatlichen Sicherheitssystem, das auf einem juridischen und/oder disziplinarischen Mechanismus basiert, ein Sicherheitsdispositiv sich um Wahrscheinlichkeitskalkulationen herum formiert, die auf der Grundlage statistischen Wissens beruhen.[22] Sein Kern ist folglich ökonomischer Natur.

18 Karl Härter: Security and »Gute Policey« in Early Modern Europe: Concepts, Laws, and Instruments, in: Historical Social Research 35 (2010) 4, S. 41-65.
19 Conze, Securitization. Gegenwartsdiagnose oder historischer Analyseansatz?, S. 459-460.
20 Härter, Security and »Gute Policey« in Early Modern Europe: Concepts, Laws, and Instruments, S. 51-57; ders.: Security and Cross-Border Political Crime: The Formation of Transnational Security Regimes in 18th and 19th Century Europe, in: Historical Social Research 38 (2013) 1, S. 96-106.
21 Zwierlein, Graaf, Historicizing Security, S. 51-53; Gouvernementalität ist »die aus Institutionen, den Vorgängen, Analysen und Reflexionen, den Berechnungen und Taktiken gebildete Gesamtheit, welche es erlauben, diese recht spezifische, wenn auch sehr komplexe Form der Macht auszuüben, die als Hauptzielscheibe die Bevölkerung, als wichtigste Wissensform die politische Ökonomie und als wesentliches technisches Instrument die Sicherheitsdispositive hat«; vgl. Michel Foucault: Sicherheit, Territorium, Bevölkerung. Geschichte der Gouvernementalität / Vorlesung am Collège de France; 1977-1978, Frankfurt a.M. 2004, S. 162.
22 »Statistisch« meint hier buchstäblich die Gesamtheit und Nutzbarmachung der gesammelten Daten über einen Staat.

Als »Antwort« auf eine identifizierte Gefahr speist sich ein Sicherheitsdispositiv aus den zeitgenössischen Diskursen, Institutionen, Gesetzen, Begriffen, Wissensbeständen, sozialen Praktiken und Reflexionen. Machtanalytisch betrachtet bildet es ein Kraftfeld des gouvernementalen Staates im sozialen Raum, in dem Akteure interagieren. Entscheidend ist nun, dass ein Sicherheitsdispositiv im Unterschied zum juridischen System nicht mehr primär zwischen Erlaubtem und Unerlaubtem unterscheidet, sondern einen Bereich des Tolerierbaren absteckt und dessen Grenzen markiert. Erst wenn diese Grenzen berührt oder überschritten werden, greift ein Sanktionsmechanismus, denn in diesem Fall wird die »Sicherheit« als gefährdet angesehen.

Was dagegen den Bereich des Tolerierbaren umfasst, ist ein stets vorläufiges Ergebnis von Risikokalkulationen. In diese fließen etwa die veränderliche Qualität und Quantität eines versicherheitlichten Phänomens vor dem Hintergrund der jeweiligen historischen Situation mit ihren vielfältigen Einflussfaktoren ein. Gegenstand der Abwägung ist also die Frage, ob im Sinne der (naturrechtlich oder vertragstheoretisch begründeten) Verpflichtung des Staates zur Gewährleistung von Sicherheit eine Intervention nach bestem Wissen notwendig und der damit verbundene Aufwand eigener Ressourcen ökonomisch vertretbar sind. Dasselbe Phänomen, beispielsweise eine grenzüberschreitende Migrationsbewegung wie die französische Revolutionsemigration, kann im Wirkungsfeld verschieden justierter Sicherheitsdispositive somit unterschiedlich beurteilt werden und folglich auch unterschiedliche Konsequenzen nach sich ziehen. Diese Veränderlichkeit des Sicherheitsdispositivs schlägt schließlich wieder den Bogen zur »Copenhagen School«, die nach den diskursiven Mechanismen und Auswirkungen der Ver- bzw. Entsicherheitlichung eines Phänomens fragt.

Als verwaltungsstaatliche Praxis manifestiert sich das Sicherheitsdispositiv mithilfe bestimmter Wissensbestände, aus denen Steuerungs-, Überwachungs- und Kontrolltechniken abgeleitet werden. Mit diesen soll spezifischen Bedrohungen begegnet, ihnen sogar vorgebeugt werden können.[23] Statistische Ordnungsschemata, Klassifizierungssysteme, Definitionen, Kennzeichnungen und Begriffe, die eigens hierfür bestellte »Experten« entwickeln und anwenden, strukturieren das als sicherheitsrelevant angesehene Phänomen und richten es für etwaige staatliche Interventionen her. Denn obwohl das Prinzip »Sicherheit« in seiner zeitlichen Dimension auf die Zukunft hin orientiert ist, sicherheitsbezogene Abwägungen und Berechnungen also stets auf einen Erwartungshorizont projiziert werden, betreffen die im Sicherheitsdispositiv gebündelten Effekte die historische Gegenwart. Unter der Maßgabe eines historisierten Sicherheitsbegriffs lassen sich diese Effekte als Wechselwirkungen von administrativer Praxis, institutionellen Strukturen, gesetzlichen Bestimmungen, Ordnungsvorstellungen und Kategorisierungen für einen konkreten Raum in einem konkreten Zeitabschnitt untersuchen.

---

23 Zwierlein, Graaf, Historicizing Security, S. 51-52.

Für die Beantwortung der Leitfrage, wie die französische Revolutionsemigration in der Aufnahmegesellschaft zu einem Sicherheitsbelang wurde, stellen diese drei Elemente – die Konjunkturen der Ver- und Entsicherheitlichung, die Ausdifferenzierung der vormodernen »Policey« in unterscheidbare Kompetenzbereiche sowie die Veränderlichkeit des Sicherheitsdispositivs – einen konzeptionellen Werkzeugkasten dar, mit dessen Hilfe das historische Sicherheitsverständnis in der nachjosephinischen Habsburgermonarchie mit Blick auf die Revolutionsemigration erfasst werden kann. Unter beziehungsgeschichtlichen Gesichtspunkten ist zudem von Interesse, dass »Sicherheit« nicht nur innerhalb der Aufnahmegesellschaft verhandelt wurde, sondern dass hieran auch Emigranten aktiv Anteil hatten.

1.2 Die Augen des Argus?
Die Polizei unter Johann Anton von Pergen

Auf das Engste mit der Präsenz von Revolutionsemigranten in der Habsburgermonarchie verknüpft war die praktische Durchführung staatlicher Migrationskontrolle durch die Polizei, deren operative Reichweite viele Studien herausgearbeitet haben. Die intensivierte Kontrolle ausländischer Fremder im Allgemeinen und von Revolutionsemigranten im Besonderen wurde dabei wiederholt als Ausdruck eines in der Revolutionszeit invasiv wachsenden, teilweise sogar paranoid handelnden Polizeiapparats interpretiert.[24] Über diese plakativen Deutungen geriet zuweilen in den Hintergrund, dass sich die institutionellen Strukturen im operativen und diskursiven Feld von »Sicherheit« in der Habsburgermonarchie weder prompt noch gradlinig entwickelten. Geschöpft wurde vielmehr aus einem heterogenen Fundus von Erfahrungen, aus dem sich verschiedene Akteure in der staatlichen Verwaltung mit dem Ziel bedienten, ihre Position im Sicherheitsdiskurs zu unterfüttern, Zuständigkeiten zu begründen und Handlungsfelder abzustecken. Institutionelle Konkurrenzen und widerstreitende Meinungen darüber, was als sicherheitsrelevant anzusehen war, führten zu einer Gemengelage unterschiedlicher Interessen, die durch die Rezeption des Revolutionsgeschehens zusätzlich befeuert wurde.

Vonseiten der historischen Polizeiforschung wird betont, dass der Ausbau einer behördlichen Infrastruktur im Sicherheitswesen bereits unter Kaiser Joseph II. einen qualitativen Sprung erlebte.[25] Maßgeblich für diesen Institutionalisierungs-

---

24 Wiederum Wangermann, From Joseph II to the Jacobin trials; Reinalter, Aufgeklärter Absolutismus und Revolution; auch Lettner, Das Rückzugsgefecht.
25 Benna, Organisierung und Personalstand der Polizeihofstelle; Roland Axtmann: ›Police‹ and the Formation of the Modern State. Legal and Ideological Assumptions on State Capacity in the Austrian Lands of the Habsburg Empire, 1500-1800, in: German History 10 (1992) 1, S. 39-61. Für die regionalhistorischen Spezifika des Polizeiwesens in den einzelnen habsburgischen Erbstaaten sei exemplarisch auf zwei Studien verwiesen: Helmut Gebhardt: Die Grazer Polizei. 1786-1850. Ein Beitrag zur Geschichte des österreichischen

prozess war eine funktionelle und strukturelle Binnendifferenzierung der vormodernen »guten Policey«. Diese Differenzierung ging nicht nur mit einer organisatorischen Zentralisierung und Hierarchisierung einher, sondern führte auch zu einer Spezialisierung dessen, was im weiteren Verlauf als »Polizei« im modernen Sinne bezeichnet werden kann.[26] Ausgangspunkt dieser Entwicklung war die Hauptstadt Wien. Als Initiator gilt Johann Anton von Pergen, langjähriger »Spitzenbeamter« unter Maria Theresia und seit 1782 Präsident der niederösterreichischen Regierung.[27] Auf seinen Überlegungen zur Neuausrichtung des polizeilichen Kontrollwesens fußte das staatliche Sicherheitssystem auch in der Revolutionsdekade, als die Habsburgermonarchie zunehmend von politischer Migration betroffen war.[28]

Als Paradigmenwechsel gilt die von Pergen unternommene Unterscheidung zwischen einer Polizei im engeren Sinne von einer Polizei im weiteren Sinne.[29] Während aufgrund dieser Differenzierung die Zuständigkeiten für einen Großteil der sozialen bzw. öffentlichen Sicherheit an den Wiener Stadthauptmann und das Stadtgericht delegiert wurden, übernahm die neu aufgestellte Wiener Polizeioberdirektion einen Kompetenzbereich, der die »Sicherheit des Landesfürsten und seiner Diener und Untertanen insgesamt und einzeln genommen, sowohl für ihre Personen als auch ihre Habschaften«, also die »Sicherheit des Staates« selbst umfasste.[30] Der Polizei im weiteren Sinne oblag die Ordnung der öffentlichen Angelegenheiten gemäß der »cura promovendi salutem publicam«, der Polizei im engeren Sinne dagegen die Aufrechterhaltung der Sicherheit im Sinne der »cura avertendi mala futura«.[31] Auf konzeptioneller Ebene wurde diese »eigentliche Polizei« (Pergen) mit ihrem Präventionsauftrag nun von der inneren Verwaltung, die die öffentliche Wohlfahrt befördern sollte, geschieden.

    Sicherheitswesens im aufgeklärten Absolutismus und im Vormärz (= Grazer rechts- und staatswissenschaftliche Studien, Bd. 48), Graz 1992, sowie Ingeborg Mayer: Polizeiwesen in Wien und Niederösterreich im 18. Jahrhundert. Reform und Kompetenzverteilung, in: Unsere Heimat. Verein für Landeskunde von Niederösterreich 57 (1986), S. 75-91.
26 Axtmann, ›Police‹ and the Formation of the Modern State, S. 58-59.
27 Zur politischen Biografie Pergens Paul P. Bernard: From the Enlightenment to the Police State. The Public Life of Johann Anton Pergen, Urbana; Chicago 1991.
28 Peter Fuchs: »Pergen, Johann Anton Graf von«, in: Neue Deutsche Biographie 20 (2001), S. 185-186.
29 Benna, Organisierung und Personalstand der Polizeihofstelle, S. 203; Michal Chvojka: Josef Graf Sedlnitzky als Präsident der Polizei- und Zensurhofstelle in Wien (1817-1848). Ein Beitrag zur Geschichte der Staatspolizei in der Habsburgermonarchie, Frankfurt a.M. 2010, S. 35-36; Simon Karstens: Lehrer, Schriftsteller, Staatsreformer. Die Karriere des Joseph von Sonnenfels (1733-1817) (= Veröffentlichungen der Kommission für neuere Geschichte Österreichs, Bd. 106), Wien; Köln; Weimar 2011, S. 354-358.
30 Zit. n. Benna, Organisierung und Personalstand der Polizeihofstelle, S. 203, Anm. 34.
31 Axtmann, ›Police‹ and the Formation of the Modern State, S. 48.

Die Spezialisierung ging einher mit einer neuen Organisation der Polizei. Unterstellt wurde die Wiener Polizeioberdirektion formal der niederösterreichischen Regierung, faktisch also Landeschef Pergen persönlich. Gemäß dessen Zentralisierungsabsichten fand dieses Organisationsprinzip künftig in allen böhmisch-österreichischen Erbländern. So wurden in den Folgejahren gegen den ausdrücklichen Willen der böhmisch-österreichischen Hofkanzlei, die für die weitere Alleinzuständigkeit der Landesregierungen in allen Polizeiangelegenheiten eintrat, in elf Landeshauptstädten Polizeidirektionen eingerichtet. Diese wurden zwar formell der jeweiligen Landesregierung angegliedert, waren aber hinsichtlich ihrer Kompetenzen und Berichtspflichten janusköpfig. Während eine Polizeidirektion in allen Belangen der öffentlichen Polizei den Weisungen der Landesregierung Folge leistete, welche ihrerseits an die Hofkanzlei in Wien berichtete, etablierte sich ein zweiter Instanzenzug in allen Angelegenheiten der »geheimen Polizei«.[32] Dieser führte von den Polizeidirektionen direkt zum jeweiligen Landeschef und von dort über die Wiener Polizeioberdirektion zu Pergen, der unter Umgehung der Hofkanzlei dem Kaiser Bericht erstattete.

In den 1780er Jahren schälte sich auf diese Weise eine mehrstufige Verwaltungshierarchie der »geheimen Polizei« mit einer zentralen Leitung heraus, die zunächst bis Anfang 1791 in den Händen Pergens lag. Um dieser neuen Stellung im Wiener Institutionengefüge Rechnung zu tragen, entband ihn der Kaiser 1789 von den Aufgaben als niederösterreichischer Landeschef und wies ihm einen eigenen Ministerialbereich am Hof zu, der ausschließlich den »Polizey- und Sicherheitsanstalten« gewidmet war.[33] Mit diesem Schritt hatte die von Pergen konzipierte »geheime Polizei« einen präzedenzlosen Grad institutioneller Unabhängigkeit erreicht.[34] Das zugrunde liegende Organisationsprinzip ermöglichte ein bei Polizeichef Pergen zentralisiertes Informations- und Wissensmanagement über sicherheitsrelevante Gegenstände sowie die Aussicht, Weisungen aus der Zentrale unmittelbar zu den Polizeidirektionen in den einzelnen Provinzen gelangen zu lassen.

Was inhaltlich den Gegenstandsbereich der »eigentlichen« bzw. »geheimen Polizei« umfasste, hatte Pergen in mehreren Dienstinstruktionen skizziert, die allen Landeschefs zur Kenntnis gegeben wurden.[35] Sie wiesen unter anderem die Bespitzelung von Beamten, die Beobachtung und Beeinflussung der öffentlichen Meinung über die Regierung und den Monarchen sowie die Überwachung des

---

32 Benna, Organisierung und Personalstand der Polizeihofstelle, S. 206. Einzig in Wien blieb die Polizeioberdirektion auch für die öffentlichen Polizeianstalten zuständig.
33 Ebd., S. 207.
34 Karl Springer: Die österreichische Polizei. Eine theoretische Untersuchung, Hamburg 1961, S. 24.
35 Benna, Organisierung und Personalstand der Polizeihofstelle, S. 204-206.

Personenzuzugs nach Wien als Hauptaufgaben aus.[36] Als polizeiliche Instrumente galten die Handhabung des Melde- und Anzeigewesens, die Verwendung von Informanten, Hausdurchsuchungen, Verhaftungen und Verhöre sowie die Überwachung der Post.[37] Der im Strafwesen praktizierte Landesverweis bzw. die »Abschaffung« konnten nun auch als polizeiliche Maßnahme verhängt werden.[38] Dieser operative Werkzeugkasten stellte das Rüstzeug dar, mit dem die Polizei in den als sicherheitsrelevant erachteten Bereichen arbeitete.

Angesichts der teils heftigen Opposition gegen das josephinische Reformprogramm war insbesondere die öffentliche Meinung Gegenstand von Versicherheitlichung seitens der Polizei. Im Fadenkreuz stand in den 1780er Jahren die typologische Figur des »Aufrührers«.[39] Gemäß dieser Klassifizierung bestand die Aufgabe der Polizei fortan darin, mit ihren neuen Instrumenten »Aufrührer« zu enttarnen und deren Einflussfeld aufzuklären, um abschätzen zu können, ob eine Bedrohung für den Staat vorlag oder nicht. Hieran wird ein neuartiger Ansatz im polizeilichen Kontrollwesen deutlich: Pergens Polizei reagierte nicht mehr nur auf einen konkreten Verdacht, sondern setzte auf eine systematische und dauerhafte Überwachung, auf ein schematisiertes Sammeln von Informationen sowie auf präventive Eingriffe in laufende Ermittlungen mittels frühzeitiger Verhaftungen.[40] Die Kehrseite dieses Ansatzes war bereits für aufmerksame Zeitgenossen wie Joseph von Sonnenfels offenkundig: Verleumdungen und die Erfindung von Verdachtsmomenten aus Gründen der Selbstlegitimation waren und blieben Pergens Polizei- und Spitzelapparat immanent.[41]

Konkret waren nach Pergens Verständnis etwa die vielerorts dokumentierten Widerstände gegen die josephinische Steuerregulierung keine Erscheinung innerhalb des »normalen« politischen Rahmens. Vielmehr deutete er sie als Bedrohung der staatlichen Sicherheit und leitete daraus eine sachliche Zuständigkeit seiner Polizei ab. Die Nachrichten, die aus allen Provinzen in seinem Wiener Ministerialbüro zusammenliefen, bündelte er in regelmäßigen Übersichtsberichten an den Monarchen.[42] Der Anspruch des obersten Polizeichefs, alle geheimpolizeilichen Aktivitäten in der ganzen Monarchie als im Hofstellengefüge autonom agieren-

---

36 Hermann Leitner: Der geheime Dienst der Polizei in seinen Anfängen zur Zeit des österreichischen Absolutismus, Diss. Wien 1995, S. 197-201.
37 Springer, Die österreichische Polizei, S. 24.
38 Ilse Reiter: Ausgewiesen, abgeschoben. Eine Geschichte des Ausweisungsrechts in Österreich vom ausgehenden 18. bis ins 20. Jahrhundert (= Wiener Studien zu Geschichte, Recht und Gesellschaft / Viennese studies in history, law, and society, Bd. 2), Frankfurt a. M.; New York 2000, S. 90-96.
39 Wangermann, From Joseph II to the Jacobin trials, S. 38.
40 Karstens, Sonnenfels, S. 355.
41 Ebd.
42 Benna, Organisierung und Personalstand der Polizeihofstelle, S. 207-208.

der Koordinator zu dirigieren und allein dem Landesherrn gegenüber zu verantworten, wird in dieser Schnittstellenposition deutlich.

Die verwaltungspraktische Konsequenz der versicherheitlichten öffentlichen Meinung bestand darin, dass Pergen die Kompetenzen der Polizei zulasten anderer Verwaltungsorgane am Hof ausdehnte. Selbst bei originären Zuständigkeiten anderer Behörden leitete er aufgrund der von ihm behaupteten Sicherheitsrelevanz Befugnisse für seine Polizei ab. Da dies auch die mächtige Hofkanzlei betraf, beschwor er mit diesem Vorgehen den Widerstand einflussreicher Gegenspieler herauf, die an einer klaren Abgrenzung der Kompetenzbereiche festhielten und Pergens Machtanspruch offen infrage stellten.[43]

Weil es im Verlauf der Herrschaft Leopolds II. zu einer Wiederbelebung der theresianischen »Wohlfahrtspolizei« kam, wird in der Forschung die These vertreten, dass genau in diesem wuchernden Machtanspruch der Polizei der Grund zu sehen ist, warum das josephinische Polizeisystem zurückgebaut und schließlich abgewickelt werden sollte.[44] Dabei wird jedoch übersehen, dass Pergen immerhin länger als das gesamte erste Regierungsjahr Leopolds in der Position des obersten Polizeichefs verblieb und die Agenda seiner Polizei fortentwickelte.

Anlass für die Ausweitung der polizeilichen Handlungsfelder waren die politischen Umwälzungen in Frankreich. Wiederholt war der Wiener Hof seit Mitte 1790 über diplomatische Kanäle vor den Aktivitäten französischer »Emissäre« gewarnt worden, die angeblich in den Erbstaaten revolutionäre Propaganda zu verbreiten gedachten.[45] Diese Berichte fanden trotz der anhaltenden Unruhen in Ungarn und den Österreichischen Niederlanden keineswegs bei allen Hofstellen Gehör und Glauben.[46] Pergen jedoch ergriff die Chance, die Überwachung von Personen, die weniger als zehn Jahre in den Erbstaaten lebten und daher in die Kategorie der »ausländischen Fremden« gehörten, zu verstärken.[47] Indem er ihnen unter Verweis auf die bestehenden Warnungen ein Gefährdungspotenzial für die Sicherheit des Staa-

---

43 Wangermann, From Joseph II to the Jacobin trials, S. 44-45.
44 Benna, Organisierung und Personalstand der Polizeihofstelle, S. 210-213; Karstens, Sonnenfels, S. 359-364.
45 Beispielsweise Berichte Franz Georg von Metternichs aus Koblenz und des kaiserlichen Botschafters am Turiner Hof, Chiarardini, vgl. Wangermann, From Joseph II to the Jacobin trials, S. 62-63; ders.: Influences et activités françaises en Autriche 1789-1794, in: Austriaca. Cahiers universitaires d'information de l'Autriche 10 (1980), S. 129-135. Quellen solcher »Geheiminformationen« waren mitunter antirevolutionäre Propagandisten wie der Comte d'Antraigues, vgl. Jacques Godechot: Le comte d'Antraigues. Un espion dans l'Europe des émigrés (= Les inconnus de l'histoire), Paris 1986.
46 So etwa bei Staatskanzler Kaunitz vgl. Wangermann, From Joseph II to the Jacobin trials, S. 62.
47 Zu den Kategorien der Fremden siehe Wendelin, Schub und Heimatrecht.

tes zuschrieb, bemühte er seine Definitionskompetenz, um diese Gruppe als sicherheitsrelevant zu deklarieren.[48]

Aus der von ihm betriebenen Versicherheitlichung der ausländischen Fremden leitete Pergen neue Polizeimaßnahmen ab. Die bisher im Fokus stehende Figur des »Aufrührers« wurde komplementiert durch die Figur des »Agenten«, der mit oder ohne Auftrag einer fremden Macht politische Subversion betrieb. Damit avancierte der biografische Hintergrund zu einem entscheidenden Klassifizierungsparameter in den Wissensordnungen der Polizei, an dem sich künftige Beurteilungsmaßstäbe und damit polizeiliches Handeln ausrichteten. Der diffuse Charakter der behaupteten Bedrohung, die hauptsächlich auf Mutmaßungen beruhte, spielte Pergen dabei in die Hände. Dass weder der Auftrag noch die Mittel, geschweige denn die Identität der vermeintlichen »Agenten« mit den »normalen« polizeilichen Instrumenten bestimmt werden konnten, war aus der Sicht des Polizeichefs ein zwingendes Argument für den von ihm konzipierten Ansatz aus systematischer Überwachung und präventiver Intervention.

Das methodische Misstrauen der Polizei, das Pergens Ansatz als handlungsleitendes Apriori zugrunde lag, potenzierte sich durch die nun möglich erscheinende Kooperation einheimischer »Aufrührer« und ausländischer »Agenten«. War das Überwachungswesen in josephinischer Zeit in erster Linie auf eine einheimische Opposition hin orientiert gewesen, stellte sich das Sicherheitsrisiko in der Wahrnehmung der »Experten« nun als transnationale Bedrohung dar, die sich vor der Folie der Revolution abzeichnete.[49] Um diese potenzielle Verbindung von versicherheitlichten »inneren« (»Aufrührer«, Geheimgesellschaften, ansässige Fremde) und »äußeren« (»Agenten«, Revolution) Referenzobjekten herum formierte sich das Verschwörungsdispositiv der Revolutionszeit.[50] Innerhalb dessen konnten Akteure im Sicherheitswesen fortan außerordentliche Polizeimaßnahmen zur Aufrechterhaltung der gesellschaftlichen Ordnung begründen.

Mit diesem Ziel instruierte Pergen die Landesregierungen, dass insbesondere Franzosen und Italiener einer strengeren Polizeiaufsicht unterworfen und ihre Zusammenkünfte an öffentlichen Orten wie Kaffeehäusern oder Gastwirtschaften überwacht werden sollten.[51] Eindringlich warnte der Polizeiminister den Kaiser

---

48 Zu den bis weit ins 19. Jahrhundert hinein diffusen Begriffen »einheimisch« und »fremd« sowie der Bedeutung des Heimatrechts einleitend Harald Wendelin: Fast überall fremd. Die Praxis der Abschiebungen im 19. Jahrhundert, in: Manfred Nowak (Hg.): Vom Umgang mit den »Anderen«. Historische und menschenrechtliche Perspektiven der Abschiebung (= Studienreihe des Ludwig Boltzmann Instituts für Menschenrechte, Bd. 25), Wien 2013, S. 45-59; hier S. 45-50; aus rechtshistorischer Sicht Reiter, Ausgewiesen, abgeschoben, S. 15-31.
49 Härter, Security and Cross-Border Political Crime: The Formation of Transnational Security Regimes in 18th and 19th Century Europe, S. 99.
50 Zwierlein, Graaf, Historicizing Security, S. 53-58.
51 Wangermann, From Joseph II to the Jacobin trials, S. 63-64.

im Januar 1791 auch vor der Tätigkeit geheimer Gesellschaften, denen er retrospektiv eine Mitverursachung der politischen Umwälzungen zunächst auf dem nordamerikanischen Kontinent, dann auch in Frankreich zuschrieb.[52] Da diese arkanen Bünde auch geheime Assoziationen in der Habsburgermonarchie in ihrem Sinne anzustacheln versuchten, so Pergen, sei eine polizeiliche Überwachung etwa der Freimaurerlogen und ihrer Zusammenkünfte unerlässlich.

Um seinen Warnungen Nachdruck zu verleihen, konstruierte der Polizeichef einen kausalen Zusammenhang zwischen der anhaltenden Ständeopposition in Ungarn und der angeblichen Tätigkeit ausländischer »Agenten«.[53] Damit verband sich die Forderung nach verschärften Einreisekontrollen an den Grenzen. Schon im Juni 1790 waren die Landesregierungen in den habsburgischen Westprovinzen angewiesen worden, einreisende und ansässige Franzosen in Listen zu erfassen.[54] Zwar blieb der Plan einer Zentralisierung von Personendaten in den Händen der Polizei in dieser Phase nur eine Absichtserklärung. Doch deutete sich hierin die generelle Stoßrichtung an, die auf eine standardisierte Kontrolle grenzüberschreitender Mobilität abzielte.

Die Polizeireform Leopolds II.: Kompetenzenkonkurrenz und der Rückzug Pergens

Das Wachstum der polizeilichen Infrastruktur fand im März 1791 ein jähes Ende, als Leopold II. nach einer Prüfung bestehender Missstände zu einer Neuaufstellung der Polizei ansetzte und die Autonomie der josephinischen Polizei beendete.[55] Die Polizeidirektionen wurden wieder vollständig den Landesregierungen unterstellt, deren Oberaufsicht der Hofkanzlei in Wien oblag. Statt an den Kaiser hatte Pergen seine Berichte fortan an die Staatskanzlei zu senden.[56] Da diese Umstrukturierungen einer Entmachtung gleichkamen, zog der Polizeiminister daraus die Konsequenzen und bat im März 1791 um seine Entlassung.[57]

Die leopoldinische Polizeiverfassung unterschied sich deutlich von der Polizei Pergens. Sie basierte im Kern auf dem Konzept der theresianischen Polizei, das auf Joseph von Sonnenfels zurückging und von diesem um Elemente der toska-

---

52 Reinalter, Aufgeklärter Absolutismus und Revolution, S. 181-182.
53 Wangermann, From Joseph II to the Jacobin trials, S. 64.
54 Pawlik, Emigranten in Österreich, S. 99.
55 Karstens, Sonnenfels, S. 359-363.
56 Hermann Oberhummer: Die Wiener Polizei. Neue Beiträge zur Geschichte des Sicherheitswesens in den Ländern der ehemaligen österrichisch-ungarischen Monarchie, Bd. 1, Wien 1937, S. 59.
57 Benna, Organisierung und Personalstand der Polizeihofstelle, S. 212.

nischen Polizeiverfassung von 1777 ergänzt wurde.[58] Die von Pergen verfochtene Spezialisierung im Polizeiapparat trat wieder hinter einen integralen Sicherheitsbegriff zurück.[59] So delegierte Sonnenfels etwa das städtische Sanitätswesen in Wien in polizeiliche Zuständigkeit.[60] Die »nachrichtendienstliche« Aufklärung wiederum entzog Leopold auf Anraten Sonnenfels' der Polizei und übertrug sie einem separaten Netzwerk aus Informanten, das institutionell von der Polizei getrennt blieb und nicht zentral koordiniert wurde.[61]

Sonnenfels erscheint hier als Akteur der Entsicherheitlichung, der den Grundsatz des reaktiven Polizeihandelns gegenüber dem systematischen Überwachungsansatz rehabilitierte.[62] Dass dieses Bemühen überhaupt Aussicht auf Umsetzung hatte, lag auch an der Haltung der anderen Hofstellen, vor allem der Hofkanzlei unter Leopold von Kolowrat-Krakowsky. Diese hatte sich in einen dauerhaften Konkurrenzkampf mit der Polizei gedrängt gesehen und rechnete nun mit einer Restitution ihrer früheren Zuständigkeiten. Auch die Öffentlichkeit schien die Rückkehr zum theresianischen System wohlwollend zu betrachten.[63] Demgegenüber drangen in dieser Phase die sicherheitsbezogenen Argumente Pergens nicht mehr durch.

Bilanzierend deutet Simon Karstens die Polizeireform Leopolds II. als Versuch, die Vorteile der zwei unterschiedlichen Systeme zu kombinieren.[64] Das Ziel bestand zum einen darin, die konkreten Lebensumstände der (Stadt-)Bevölkerung zu verbessern, etwa durch den Ausbau des polizeilichen Gesundheitswesens. Gleichzeitig maß Leopold II. auch der Informationsbeschaffung und der Fremdenaufsicht große Bedeutung bei, die jedoch anders als unter Pergen ohne präventive Maßnahmen der Polizei geschehen sollten. Dass nunmehr eine Zentralstelle fehlte, die Informationen zusammenführen und für die polizeiliche Praxis nutzbar machen konnte, hatte Sonnenfels zwar beabsichtigt, weil nach seiner Überzeugung die Ausspähungstätigkeit einer Geheimpolizei »den Verleumdungen Tür und Tor öffnet« und damit die »Bande des gesellschaftlichen Lebens auflöst«.[65] Doch machte dieser Umstand es seinen zahlreichen Kritikern leicht, dem neuen

---

58 Ebd., S. 211; Karstens, Sonnenfels, S. 360-362; Adam Wandruszka: Leopold II. Erzherzog von Österreich, Großherzog von Toskana, König von Ungarn und Böhmen, Römischer Kaiser, Wien; München 1963, S. 340.
59 Karstens, Sonnenfels, S. 362-363.
60 Benna, Organisierung und Personalstand der Polizeihofstelle, S. 212.
61 Karstens, Sonnenfels, S. 359-360, 363.
62 Ebd., S. 362-363.
63 Benna, Organisierung und Personalstand der Polizeihofstelle, S. 212.
64 Karstens, Sonnenfels, S. 363.
65 Zit. n. Karl-Heinz Osterloh: Joseph von Sonnenfels und die österreichische Reformbewegung im Zeitalter des aufgeklärten Absolutismus: eine Studie zum Zusammenhang von Kameralwissenschaft und Verwaltungspraxis (= Historische Studien, Bd. 409), Lübeck; Hamburg 1970, S. 158-159.

System Ineffektivität zu unterstellen. Es war letztlich dem unerwarteten Tod Leopolds II. im März 1792 geschuldet, dass die neue Polizeiverfassung mit Ausnahme der Hauptstadt Wien nicht wesentlich über das Planungsstadium hinauskam und als Zankapfel zwischen zwei rivalisierenden Fraktionen bestehen blieb.

Pergens Rückzug vom Rückzug: Die Restitution der josephinischen Polizei

Die Wiedereinsetzung des Pergen-Systems wenige Monate nach der Thronbesteigung Franz' II. markiert aus Sicht der älteren Forschung die maßgebliche Weichenstellung für das sukzessive Abgleiten in einen repressiven »Polizeistaat«, der als Wesensmerkmal der Epoche bis zur Revolution von 1848 gilt.[66] Gegen die Linearität dieser etablierten Deutung lassen sich das Versicherheitlichungskonzept und das Sicherheitsdispositiv mit dem Ziel in Stellung bringen, die Veränderungen im Sicherheitswesen als akteurs- und diskursbezogene Entwicklungen zu untersuchen und nach unterschiedlichen Interessenlagen und Einflussfaktoren, situativen Bewertungen und Referenzen zu differenzieren.

Am Beginn der Debatten innerhalb der Wiener Hofbürokratie über die künftige Ausrichtung der Polizei stand nicht nur die Frage nach polizeilicher Überwachungstätigkeit. Wenngleich wiederholt auf Missstände bei der Fremdenaufsicht hingewiesen wurde, kritisierten die Verfechter des josephinischen Polizeisystems auch die erheblichen finanziellen Aufwendungen des Staates für die leopoldinische Polizei.[67] Unter Verweis auf die schlechte wirtschaftliche Lage, die Teuerungen und die steigenden Kosten für die militärische Intervention in Frankreich sprach dieses Argument für eine neuerliche Veränderung der Polizeiverfassung. Nach einer Reihe kontroverser Stellungnahmen gaben schließlich die Gutachten des einstweiligen »Ruheständlers« Pergen den Ausschlag, in denen sich dieser wenig überraschend dafür aussprach, »seine« Polizei zu restituieren.[68]

Am 3. Januar 1793 ernannte Kaiser Franz den bereits 67-jährigen Pergen zu seinem Polizeiminister und Leiter der neuen Polizeihofstelle, die die Polizeiangelegenheiten in der Habsburgermonarchie koordinieren sollte.[69] Für die neu

---

66 Wangermann, From Joseph II to the Jacobin trials. Abwägender bei Wolfram Siemann: Metternich. Stratege und Visionär, München 2016, S. 778-780.
67 Karstens, Sonnenfels, S. 364-365.
68 Zu den verschiedenen Stellungnahmen Sonnenfels' und Kaunitz' auf der einen, Sauers und Schillings auf der anderen Seite siehe Wangermann, From Joseph II to the Jacobin trials, S. 117-121. Bereits im September 1792 hatte Kaiser Franz bei Pergen vorgefühlt, wie dieser sich die Wiederherstellung seiner Polizei vorstellen würde; vgl. Friedrich Walter: Die österreichische Zentralverwaltung. Abt. 2: Von der Vereinigung der österreichischen und böhmischen Hofkanzlei bis zur Einrichtung der Ministerialverfassung Bd. 1, Halbbd. 2: Die Zeit Franz II. (= Veröffentlichungen der Kommission für neuere Geschichte Österreichs, Bd. 42), Wien 1956, S. 281-282.
69 Benna, Organisierung und Personalstand der Polizeihofstelle, S. 215.

geschaffene Position des Vize-Polizeiministers war Franz Josef von Saurau vorgesehen, der die Geschäfte Pergens in den Sommermonaten führte, wenn sich dieser zur Erholung aufs Land zurückzog.[70] Die Organisation der Polizei folgte im Grundsatz wieder dem josephinischen Muster. Über den genauen Umfang der polizeilichen Kompetenzen bestand allerdings weiter Unklarheit. Der Umstand, dass der Aufgabenkreis der Polizei mit dem Ziel, die Sicherheit des Monarchen und seiner Familie, des Staates und der Untertanen zu gewährleisten, vage umschrieben blieb, bot Pergen erhebliche Handlungsspielräume. Im April 1793 informierte der Polizeiminister in einem Amtsunterricht schließlich die Länderchefs über die Agenden der Polizeidirektionen sowie den Geschäftsgang, der ebenfalls den früheren Usancen folgte.[71]

Während die Angelegenheiten der öffentlichen Polizei bei den Landesregierungen verblieben, nahm Pergen insbesondere die polizeiliche Überwachungsagenda wieder auf.[72] Mit Blick auf die kritischen Hofstellen agierte er nun umsichtiger als noch zwei Jahre zuvor. Interventionen rechtfertigte der Polizeiminister mit möglichst konkreten Anhaltspunkten. So hatten Informanten ermittelt, dass sich in Wien ansässige Fremde im zeitlichen Umfeld französischer Kriegserfolge in kleinen Gruppen versammelt und ihre Sympathien für die Revolutionsarmee bekundet hätten. Zusammenkünfte in öffentlichem und privatem Rahmen wurden fortan ausgeforscht und von der Polizei ausgehoben. Es kam zu Verhaftungen und Ausweisungen.[73] Auch Geheimgesellschaften gerieten wieder verstärkt in das Visier der Polizei. Die noch existierenden Freimaurerlogen wurden angewiesen, der Polizeihofstelle Listen ihrer Mitglieder zu übergeben.[74] Ende 1793 stellten sie ihre Versammlungen dann gänzlich ein.

Beobachtet wurde auch die Stimmung im Volk. Die Polizeidirektoren aus Wien und den Ländern übersandten der Polizeihofstelle regelmäßig Berichte über die öffentliche Meinung. Das gebündelte demoskopische Wissen verschaffte dem Polizeiminister einen argumentativen Vorteil gegenüber jenen Hofstellen, die den wachsenden Aktionsradius der Polizei zu begrenzen versuchten. Aus den Belastungen des Krieges und den Niederlagen der Koalitionsarmee in Frankreich destillierte Pergen in seinen Gutachten ein düsteres Stimmungsbild.[75] In der Logik der Versicherheitlichung stellte diese beinahe exklusive Deutungshoheit der Polizei den Hebel dar, um weitere Bereiche als sicherheitsrelevant deklarieren und Kompetenzen zulasten anderer Hofstellen ausweiten zu können.

70 ÖStA/AVA, Inneres, Polizei, Pergen-Akten 21, Staatspolizei (Sign. XIX), Vortrag Pergens, 1. April 1793.
71 Benna, Organisierung und Personalstand der Polizeihofstelle, S. 215-217.
72 Walter, Die österreichische Zentralverwaltung: Die Zeit Franz II., S. 285.
73 Die Aushebung, Verhaftung und Verurteilung eines solchen Kreises französischer Revolutionssympathisanten in Wien rekonstruiert Schembor, Franzosen in Wien, S. 40-67.
74 Reinalter, Aufgeklärter Absolutismus und Revolution, S. 213.
75 Wangermann, From Joseph II to the Jacobin trials, S. 124-125, 130.

Auch das Konkurrenzverhältnis zwischen der Polizeihofstelle und dem Direktorium, das nach den ersten Reformmaßnahmen Franz' II. aus der Zusammenlegung von Hofkanzlei und Hofkammer hervorgegangen und Pergens Widersacher Kolowrat-Krakowsky übertragen worden war, blieb ein Knackpunkt.[76] Es bestand auch deswegen fort, weil der damals noch als böhmisch-österreichische Hofkanzlei firmierenden Hofstelle im Februar 1792 die Entscheidungshoheit über das Zensurwesen übertragen wurde.[77] Seither wurden Zensurangelegenheiten nicht mehr im Kollegium der Studien- und Bücherzensurhofkommission erörtert, stattdessen übergaben die Zensoren ihre Gutachten dem Direktorium, das dann gegebenenfalls Verbote verhängte.

Diese Geschäftsverteilung überzog Pergen mit scharfer Kritik, da er die Handhabung der Zensur als zu nachlässig befand.[78] So hatte sich etwa herausgestellt, dass der Druck des Revolutionskalenders nicht verhindert worden war. An diesem Beispiel machte Pergen deutlich, dass die Zensurstelle nicht in der Lage war, die Brisanz einer Veröffentlichung im Hinblick auf die situative Rezeptionsbereitschaft und Stimmung in der Öffentlichkeit richtig einzuschätzen.[79] Demgegenüber verwies er auf den polizeilichen Erkenntnisvorsprung, der auf den fortlaufend aktualisierten Stimmungs- und Spitzelberichten beruhte. Zweifellos ging die Absicht des Polizeiministers dahin, die Zensur in den Zuständigkeitsbereich der Polizei zu verlagern. Dennoch beließ es der Kaiser einstweilen dabei, eine verstärkte Kooperation zwischen beiden Behörden anzuordnen. Erst 1801 wurde die Zensur endgültig dem Geschäftsbereich der Polizeihofstelle zugeschlagen.[80]

Das Vorgehen der Polizei traf allerdings auch nach 1793 auf Widerstand. Vor allem der Präventivarrest, auf den kein ordentliches Verfahren folgte, sowie die Ausweisungsbeschlüsse der Polizei führten zu Protesten der Obersten Justizstelle, die an den Prinzipien des josephinischen Rechtsstaats festhielt.[81] Um die Polizei gegen derlei grundsätzliche Einsprüche abzuschirmen, rechtfertigte Pergen seine Vorgehensweise unverblümt tautologisch: Alles, womit sich die Polizei beschäftige, falle in die Sphäre staatlicher Sicherheit, und die staatliche Sicherheit sei Aufgabe der Polizei.[82] Gleichwohl musste auch er zur Kenntnis nehmen, dass in der Öffentlichkeit die Wiedererrichtung der josephinischen Polizei keineswegs positiv

---

76 Walter, Die österreichische Zentralverwaltung: Die Zeit Franz II., S. 280-294.
77 Norbert Bachleitner: Die literarische Zensur in Österreich von 1751 bis 1848 (= Literaturgeschichte in Studien und Quellen, Bd. 28), Wien 2017, S. 94.
78 Wangermann, From Joseph II to the Jacobin trials, S. 127-128.
79 Ebd., S. 127.
80 Bachleitner, Die literarische Zensur in Österreich, S. 96.
81 Wangermann, From Joseph II to the Jacobin trials, S. 130-131.
82 Ebd., S. 130.

aufgenommen wurde und der Kaiser nicht alle von ihm geforderten Kompetenzausweitungen genehmigte.[83]

Dieser Punkt verdient Aufmerksamkeit, denn er schützt vor der simplifizierenden Vorstellung eines gradlinigen Wachstums des »Polizeistaates«. Zwar konnten in vormodernen Gesellschaften Versicherheitlichungen und die damit verbundenen Veränderungen administrativer Strukturen auch im Konflikt und gegen Widerstände durchgesetzt werden. Dennoch blieb staatliches bzw. polizeiliches Handeln legitimationsbedürftig, besonders wenn etablierte Struktur- und Verfahrensordnungen infrage gestellt, verändert oder sogar ausgehebelt wurden. Akzeptanz war daher nur mittels Begründungen zu erreichen, die die Aussicht hatten, von relevanten Akteuren, nicht zuletzt in der politischen Öffentlichkeit, für plausibel befunden zu werden. Wie der Einspruch der Obersten Justizstelle gegen Pergens Vorgehen zeigt, bedurfte auch ein viele Male behauptetes Sicherheitsrisiko letztlich eines intersubjektiv nachvollziehbaren Beweisgrundes.

Diesen Begründungszusammenhang verortet ein Teil der Forschung in den sogenannten »Jakobinerverschwörungen« in Wien und Ungarn, die aus teleologischer Perspektive als Fanal, aus analytischer Perspektive als Katalysator für den Ausbau des Polizeistaates gedeutet werden.[84] Tatsächlich manifestierte sich in ihnen das Verschwörungsdispositiv der Revolutionszeit in aller Deutlichkeit und mit erheblichen Konsequenzen. Unabhängig von der Frage, ob die Bedrohung für den Staat von der Polizei als »real« eingeschätzt oder zwecks politischer Instrumentalisierung gezielt übertrieben wurde (oder beides), lieferten sie doch einen selbst für die Kritiker zumindest nachvollziehbaren (wenn auch nicht zwangsläufig überzeugenden) Nachweis für die Behauptung Pergens, dass zwischen innerer und äußerer Bedrohung eine wechselseitige Beziehung bestehe. Diese Beziehung rechtfertigte aus Sicht des Polizeichefs eine Bündelung von Sicherheitskompetenzen bei der Polizei.

Der grenzüberschreitend agierende »Jakobiner«, der längst nicht nur in Frankreich, sondern bereits in der »Mainzer Republik« und nun sogar in der Habsburgermonarchie in Erscheinung getreten war, wurde vonseiten der Polizei als personalisiertes Feindbild und plakative Antithese zur Sicherheit des Staates beschworen. Diese propagandistische Zuspitzung erwies sich vor dem Hintergrund der öffentlichen Rezeption der jakobinischen Terrorherrschaft in Frankreich als äußerst effektiv. Sie erlaubte es, die Versicherheitlichungskalküle der Polizei mit den Legitimationsnotwendigkeiten gegenüber dem »Publikum« zur Deckung zu bringen und damit etwaigen Widerständen den Wind aus den Segeln zu nehmen.

---

83   Ebd., S. 129, 131-132. Auch Sonnenfels bekämpfte Pergens Polizei auf publizistischem Weg weiter, vgl. Fillafer, Aufklärung habsburgisch, S. 463-464.
84   Zur Jakobinerforschung in der Habsburgermonarchie grundsätzlich Wangermann, From Joseph II to the Jacobin trials, S. 133-187; Reinalter, Aufgeklärter Absolutismus und Revolution.

Die aufsehenerregende »Enttarnung« der »Jakobinerverschwörungen« und die sich daran anschließenden Prozesse ließen sich intern und nach außen als nahezu apodiktisches Argument anführen, mit dem die behördenübergreifende Aufsichtsfunktion der Polizeihofstelle sowie die neuen Tätigkeitsbereiche und Werkzeuge der Polizei, teils nachträglich, gerechtfertigt wurden.

Obwohl es Pergen und Saurau nicht gelang, als Ausdruck der »außerordentlichen« Maßnahmen des Staates ein Sondertribunal für die »Verschwörer« gegen den Widerstand der Obersten Justizstelle durchzusetzen, bestand eine Konsequenz der »Jakobinerprozesse« in der merklich gestärkten Position der Polizeihofstelle im Wiener Institutionengefüge.[85] Ohne grundsätzlichen Anfechtungen mehr ausgesetzt zu sein, fungierte sie fortan als Koordinierungsstelle im Sicherheitswesen und hatte als solche auch eine Aufsichts- und Steuerungskompetenz in Sachen grenzüberschreitender Migration.

Im Vergleich zu der traditionell großen Bedeutung, die der »Jakobinerbewegung« für die Ausformung des Sicherheitswesens in den 1790er Jahren zugeschrieben wird, erscheinen die polizeiliche Fremdenüberwachung *in genere* und die Emigrantenpolitik *in specie* meist nur als Illustration für die These vom wachsenden »Polizeistaat«. Ein eigenes Erklärungspotenzial im Sicherheitsdiskurs der Zeit wird ihr über das »Abwehrmotiv« hinaus kaum zugeschrieben.[86] So dient die folgende Analyse der Emigrantenpolitiken auch dazu, diese teleologische Interpretation zu relativieren mit dem Ziel, die Ambiguitäten dieses nur vermeintlich linearen Prozesses herauszuarbeiten.

2. Fremdenkontrolle im Dreischritt: Habsburgische Emigrantenpolitiken 1789 bis 1815

Die herausgehobene Rolle der Polizei nach 1793 wurde in der Forschungsliteratur häufig mit Normierungsbemühungen in Zusammenhang gebracht, in deren Folge die staatliche Verwaltung ein Instrumentarium zur Migrationssteuerung und Kontrolle entwickelte. Die steigende Zahl französischer (und anderer) Revolutionsflüchtlinge, die in den habsburgischen Kernländern ankamen, erschien somit gleichzeitig als Auslöser und als Zielscheibe neuer Überwachungsmaßnahmen, die durch die unterstellte Furcht vor einem Ausgreifen der Revolution erklärt wurde. Diese Bemühungen schlugen sich in zahlreichen Vorschriften sowie neuen Unterscheidungskriterien und Kennzeichnungen nieder, von deren Implementierung sich die Hof- und Provinzialbürokratien eine Steuerungswirkung auf die Revolutionsemigration versprachen.

85 Wangermann, From Joseph II to the Jacobin trials, S. 168.
86 Reinalter, Aufgeklärter Absolutismus und Revolution, S. 172-173.

Vor diesem Hintergrund kann es kaum verwundern, dass die habsburgische Emigrantenpolitik im kontinentaleuropäischen Vergleich als besonders strikt gilt.[87] Diese Charakterisierung resultiert allerdings weniger aus einem detaillierten Abgleich mit den Emigrantenpolitiken in anderen europäischen Staaten als vornehmlich aus einer hermeneutischen Auslegung normativer Texte, insbesondere des Emigrantengesetzes vom 5. Januar 1793, das Einreise und Aufenthalt von Emigranten streng reglementierte. Zwar deutet die wachsende Normierungsdichte in der Tat darauf hin, dass die Motive und Zielvorstellungen des Wiener Hofes dahin gingen, die Migration zu regulieren, ihre räumliche Dynamik zu drosseln und auch die Mobilität der Emigranten innerhalb der Erbstaaten kontrollier- und steuerbar zu machen. Doch führte diese normenfixierte Untersuchungsperspektive zu der pauschalen Schlussfolgerung, wonach als Ausdruck einer »grenzenlose[n] Furcht vor dem Fremden«[88] das Ziel in einer Art Abschottung bestanden hätte.[89] Diese Interpretation korrespondierte mit der oft als »reaktionär«[90] beschriebenen Herrschaftszeit Kaiser Franz' II. und gipfelte schließlich in der Bewertung der habsburgischen Emigrantenpolitik als »erbarmungslos«[91] und geradewegs »fremdenfeindlich«[92] – unter implizitem Einschluss auch anachronistischer Semantiken dieses Begriffs.

Abgesehen von der reichlich überspannten Wortwahl ist diese Schlussfolgerung einseitig. Sie steht somit symptomatisch für den verengten Blickwinkel, unter dem das Revolutionsexil in den habsburgischen Erbstaaten bisher untersucht worden ist. Auf den gesamten Zeitraum der 1790er Jahre gesehen hält sie einer empirischen Überprüfung zudem nicht stand. Hierfür sind vor allem zwei Gründe ausschlaggebend:

1. Die Veränderlichkeit der Sicherheitsdispositive: Aus dem überlieferten Schriftgut der Verwaltungsbehörden der Hof- sowie der Landesbehörden ist zwar ersichtlich, dass die Emigration seitens der staatlichen Bürokratie tatsächlich nie ohne Sicherheitserwägungen wahrgenommen und behandelt wurde. Doch wurde in der Forschung die Variabilität der Sicherheitsdispositive im zeitlichen Verlauf stets unterschätzt und die aus dieser Veränderlichkeit resultierenden Konsequenzen für das Exilleben der Emigranten in der Habsburgermonarchie verkannt.

---

87 Stoklásková, Fremdsein in Böhmen und Mähren, S. 695-701; Bahlcke, Zwischen offener Zurückweisung und praktischer Solidarität, S. 259.
88 Burger, Passwesen und Staatsbürgerschaft, S. 78.
89 Stoklásková, Fremdsein in Böhmen und Mähren, S. 696-699.
90 Reinalter, Aufgeklärter Absolutismus und Revolution, S. 164.
91 Zedinger, Migration und Karriere, S. 119.
92 Burger, Passwesen und Staatsbürgerschaft, S. 76, 78.

2. Das Verhältnis von Norm und Praxis: Auch eine Erklärung für die empirisch nachweisbare Diskrepanz zwischen einer vermeintlichen Abschottung und der stetig steigenden Emigrantenzahl liefert die rein normenfixierte Interpretation nicht. Die »klassische« Frage nach dem Spannungsverhältnis von zentralstaatlicher Normsetzung einerseits und praktischer Anwendung dieser Normen wird ebenso wenig berücksichtigt wie die soziale Zusammensetzung und die räumlichen Schwerpunkte der Emigration in den Erbstaaten, ganz zu schweigen von den alles andere als einförmigen Haltungen der Einheimischen gegenüber den Emigranten sowie den individuellen Handlungsspielräumen der Revolutionsflüchtlinge selbst.

Wie Karl Härter betont, ist der Umgang des frühneuzeitlichen Staates mit Migrationsbewegungen durch einen experimentellen Ansatz gekennzeichnet, der sich durch ein hohes Maß an Flexibilität und Fähigkeit zur Selbstkorrektur auszeichnete und folglich auf die Reflexivität der handelnden Akteure im Verwaltungsapparat verweist.[93] Diese reaktive Herangehensweise entzieht der Vorstellung einer zentralstaatlich dirigierten Abschottungspolitik die Grundlage. Wenn also von den Emigranten und der staatlichen Aufnahmepolitik die Rede ist, müssen neben der institutionellen Struktur des staatlichen Sicherheitswesens die gerade genannten Aspekte bedacht werden.

Wenn im Folgenden dennoch der forschungspraktisch bewährte Ansatz, die Emigrantenpolitik auf Basis der staatlichen Normsetzungen zu rekonstruieren, Ausgangspunkt der Untersuchung ist, so ist das mit dem Ziel verbunden, die tradierten Pauschalisierungen durch chronologische und räumliche Differenzierung zu relativieren. Als Matrix dient hierfür ein Drei-Phasen-Modell, das aus einem Vergleich der Aufnahmepolitiken vieler Reichsstände abgeleitet wurde und sich auch in der Habsburgermonarchie empirisch nachweisen lässt.[94] Da allerdings ein solcher »obrigkeitlich-etatistisch-normativer Zugang«[95] die Perspektive der Migranten, also die »soziale Realität« der Migration, unberücksichtigt lässt, bedarf eine Untersuchung der Normen ergänzender Perspektiven auf die Mobilitätsbedingungen, die Normenimplementierung und die Erfahrungen von Emigranten und Einheimischen an den unterschiedlichen Orten des Aufeinandertreffens. Dies gelingt durch das Einbeziehen individueller Emigrationswege und der Infrastrukturen des Exils.

---

93 Härter, Grenzen, Streifen, Pässe, S. 63.
94 Pestel, Winkler, Provisorische Integration und Kulturtransfer, S. 141-146; Winkler, Exil als wechselseitige Herausforderung, S. 78-83.
95 Härter, Grenzen, Streifen, Pässe, S. 52.

2.1 »Le principe général d'hospitalité«: Die französische Emigration in den habsburgischen Westprovinzen

Zu Beginn betraf die Emigration hauptsächlich die beiden habsburgischen Westprovinzen, die direkt an Frankreich grenzten, ab Sommer 1789 vor allem die Österreichischen Niederlande, wenig später auch Vorderösterreich.[96] Der Grenzübertritt selbst stellte zu diesem Zeitpunkt kein Hindernis dar. Weder gab es ein standardisiertes Passregime noch Personenkontrollen an der Grenze. Wie Händler und Vaganten gelangten daher auch jene Franzosen, die sich den politischen Umwälzungen in ihrem Heimatland und der explosiven Stimmung etwa in Paris entziehen wollten, ohne Schwierigkeiten bis nach Mons, Namur und Brüssel. Als attraktiv erwies sich neben den kulturellen, sprachlichen und personellen Nahbeziehungen vor allem die strategisch günstige Lage der Österreichischen Niederlande, die, kaum mehr als zweihundert Kilometer von Paris entfernt, direkt an Frankreich grenzten.

Neben dem Comte d'Artois waren unter den ersten Emigranten vorwiegend Angehörige des Königshauses und Mitglieder des Hofadels.[97] Sie hatten ihre Abreise aus Paris den Brüsseler Behörden brieflich angekündigt und waren getrennt von ihrem Gefolge inkognito nach »Belgien« eingereist, um dort eine Beruhigung der Situation in Paris abzuwarten.[98] Nach einem rund zweiwöchigen Aufenthalt reisten viele von ihnen an den Hof König Viktor Amadeus' III., des Schwiegervaters des Comte d'Artois, nach Turin weiter.[99]

Die Unruhen in Frankreich veranlassten von Anfang an nicht nur Angehörige aristokratischer Kreise zu grenzüberschreitender Mobilität. In der Zeit der »Grande Peur« im Sommer 1789 suchten Tausende Franzosen auf »belgischem« Gebiet Schutz vor Gewalt, kehrten jedoch nach kurzem Aufenthalt wieder in ihre

---

96 Zur Emigration in die Österreichischen Niederlande Magnette, Les Émigrés français aux Pays-Bas; Vicomte de Terlinden: Bruxelles, première étape de l'émigration, 1789-1792, in: Revue générale 9 (1971), S. 33-42; Ferdinand Courtoy: Les émigrés français dans les Namurois, 1789-1792, in: Annales de la Société archéologique de Namur 35 (1922), S. 245-288; Zedinger, Migration und Karriere, S. 49-98.
97 Brief Trauttmansdorffs an Kaiser Josef II., 19. Juli 1789, in: Hanns Schlitter (Hg.): Geheime Correspondenz Josefs II. mit seinem Minister in den österreichischen Niederlanden, Ferdinand Grafen Trauttmansdorff 1787-1789, Wien 1902, S. 314, Nr. 161; weitere Quellen zur frühen Emigration bei Henke, Coblentz, S. 39-40.
98 Presle, Die Einstellung der Regierung, S. 6-9.
99 Pawlik, Emigranten in Österreich, S. 82-83. Über den Grund für die zügige Weiterreise nach Turin schweigen sich die Quellen aus. Es wird vermutet, dass Joseph II. einen längeren Aufenthalt der Prinzen in der seit 1787 von politischen Unruhen heimgesuchten Österreichischen Niederlande nicht dulden wollte und obendrein Proteste aus Paris fürchtete; vgl. Presle, Die Einstellung der Regierung, S. 12.

grenznahen Wohnorte zurück.[100] Einen längerfristigen Aufenthalt in den Orten jenseits der Grenze suchten dagegen diejenigen, die von der Aufhebung der Feudalrechte betroffen waren, die im August 1789 von der Nationalversammlung beschlossen wurde. Diese adligen Emigranten ließen sich in den Folgemonaten in Tournai, Löwen, Limburg und Antwerpen nieder, ihr Hauptziel war allerdings die Hauptstadt Brüssel. Während der ersten zwei Revolutionsjahre kamen hier ganze Familienverbände mit Kindern und Bediensteten, Gruppen von Welt- und Ordensgeistlichen und zunehmend auch Soldaten der französischen Armee an.[101]

Materiell war die Ausstattung der Emigranten zu diesem Zeitpunkt meist solide, weil der Kapitalexport aus Frankreich keinen Beschränkungen unterlag. Wer über freies Vermögen verfügte, bot der Brüsseler Regierung sogar an, in staatliche Anleihen zu investieren.[102] Christian Henke betont mit Blick auf die vielen bemittelten Emigranten, die allmählich auch in die Rheinlande gelangten, die freundliche Aufnahme durch die einheimische Bevölkerung.[103] Insbesondere in wirtschaftlicher Hinsicht seien sie als wahre »Wohltat«[104] angesehen worden. Im Bewusstsein, nur eine kurze Zeit im Ausland zu verweilen, führten die Emigranten in den Kurorten ein mondänes Leben und sorgten im Spätsommer 1789 auch in den »belgischen« Kurorten Spa und Chaudfontaine für eine unverhoffte Verlängerung der Badesaison.[105]

Unterdessen erreichten auch immer mehr nichtadlige Franzosen die Österreichischen Niederlande. Sie suchten bei den Behörden um Handels- und Gewerbefreiheit nach, um selbst für ihren Lebensunterhalt sorgen zu können.[106] Diese Anfragen wurden mittels individueller Verfügungen meist positiv beschieden.[107] Auch die Brüsseler Regierung ging zu diesem Zeitpunkt nicht davon aus, dass der Aufenthalt dieser Emigranten von langer Dauer sein würde. Allgemeine Normen zu Aufnahme- und Niederlassungsbedingungen wurden in dieser Frühphase der Emigration jedenfalls nicht erlassen.

Dass der numerische Umfang der ersten Emigrantenschübe nicht einmal näherungsweise bestimmt werden kann, gibt indirekt Auskunft über die »Aufnahmepolitik« der ersten Jahre. Zwar artikulierten die kaiserlichen Minister in den Österreichischen Niederlanden, Ferdinand von Trauttmansdorff und Florimond de Mercy-Argenteau, die von 1789 bis 1791 nacheinander amtierten, immer wieder Bedenken ob der rasch wachsenden Zahl der Emigranten. Doch blieb trotz

---

100 Presle, Die Einstellung der Regierung, S. 12-13. Diese »Kurzzeit-Flüchtlinge« werden in der Historiografie üblicherweise nicht als Revolutionsemigranten gezählt.
101 Dazu Magnette, Les Émigrés français aux Pays-Bas, S. 9-27.
102 Presle, Die Einstellung der Regierung, S. 26-27.
103 Henke, Coblentz, S. 54.
104 Ebd.
105 Rubinstein, Die Französische Emigration, S. 130.
106 Presle, Die Einstellung der Regierung, S. 27-28.
107 Pestel, Winkler, Provisorische Integration und Kulturtransfer, S. 142.

lokal begrenzter Teuerungen bei Lebensmitteln und Mieten das fremdenpolizeiliche Regime bis ins erste Kriegsjahr 1792 hinein im Grundsatz unverändert.[108] Anders als in Wien und den habsburgischen Kernländern, wo der Polizeiapparat inzwischen von der übrigen Verwaltung entkoppelt war und die Fremdenaufsicht forciert wurde, ermöglichte die administrative Autonomie in den Österreichischen Niederlanden eine Beibehaltung der bisherigen Regeln für Niederlassung und Naturalisation von Fremden. Dies bedeutete konkret: Die französischen Emigranten wurden landesweit geduldet, staatliche Interventionen gab es in dieser Anfangsphase der Emigration nicht. Überwachungsmaßnahmen, die Mercy-Argenteau zumindest für die Hauptstadt Brüssel erwog, waren in erster Linie dazu gedacht, mögliche diplomatische Verstimmungen mit Paris vorzubeugen.[109] Restriktive Maßnahmen zur Fremdenkontrolle schwebten ihm dagegen nicht vor. So ließ er Staatskanzler Kaunitz im Januar 1791 wissen:

> Es kommen hier [in Brüssel, M.W.] alle Tage Franzosen in solchem Zustrom an, daß es sein könnte, daß man darüber in Paris Mißtrauen gefaßt hat; die Regierung [der Österreichischen Niederlande, M.W.] wird nichts machen, was sie kompromittieren könnte, aber es scheint wohl schwierig, Leute nicht aufzunehmen, die hieher kommen um ihr Geld zu verzehren und im Übrigen keine Absichten zeigen.[110]

In dieser ersten Phase der Emigration von 1789 bis Anfang 1792 ist eine gezielte Migrationssteuerung seitens der staatlichen Verwaltung nur in wenigen Punkten erkennbar. Von Abweisungen oder Abschottungstendenzen kann dagegen keine Rede sein. Vielmehr avancierten die habsburgischen Westprovinzen aufgrund des liberalen Migrationsregimes zu regelrechten *hot spots* der Revolutionsemigration. Ausschlaggebend hierfür war jedoch nicht nur die geringe Reglementierungstätigkeit der Verwaltung. Auch der seit 1787 anhaltende Ständekonflikt in den Österreichischen Niederlanden, der sich an den Reformen Josephs II. entzündet hatte und vor allem in Brabant zu einer Phase politischer Instabilität führte, begünstigte die Freizügigkeit der Emigranten.[111] So blieb aufgrund der ab Herbst 1789

---

108 Presle, Die Einstellung der Regierung, S. 27; Courtoy, Les émigrés français dans les Namurois, 1789-1792, S. 258, verweist zwar auf neue Regularien, die die Behörden im März 1791 mit Blick auf die Emigranten in Namur erließen. Ein umfassender Ansatz staatlicher Migrationskontrolle lässt sich aus dieser punktuellen Maßnahme aber nicht ableiten.
109 Presle, Die Einstellung der Regierung, S. 23-24.
110 Zit. n. ebd., S. 23.
111 Zu den politischen Entwicklungen in den Österreichischen Niederlanden Derek Beales: Joseph II. Against the world: 1780-1790, Cambridge 2009, S. 133-164, 512-525, und Michael Hochedlinger: Krise und Wiederherstellung. Österreichische Großmachtpolitik zwischen Türkenkrieg und »Zweiter Diplomatischer Revolution« 1787-1791 (= Historische Forschungen, Bd. 65), Berlin 2000, S. 281-286, 331-338.

aufflammenden Gewalt zwischen den lokalen Konfliktparteien, der Gründung der kurzlebigen »Vereinigten Belgischen Staaten« und der zeitweiligen Flucht des Statthalterpaares nach Bonn die Einführung von Emigrantenlisten im Juli 1790 die einzige neue fremdenpolizeiliche Maßnahme, die die französischen Emigranten in den Österreichischen Niederlanden betraf.[112]

Emigration und Aufnahmepolitik nach der »Flucht nach Varennes« 1791

Der gescheiterte Emigrationsversuch Ludwigs XVI. und seiner Familie im Juni 1791 markiert in dieser Anfangsphase der Revolutionsemigration einen ersten Einschnitt.[113] Wurden in der Forschung meist die diplomatischen Konsequenzen dieses Ereignisses für die späteren Bündnispartner Österreich und Preußen hervorgehoben, hatte es doch auch für die Qualität und Quantität der Emigration erhebliche Auswirkungen.

Kurz nachdem der französische Monarch mit seinen Begleitern im lothringischen Dorf Varennes entdeckt und nach Paris zurückexpediert worden war, glückte die Emigration seines letzten in Paris verbliebenen Bruders, des Comte de Provence, in die Österreichischen Niederlande.[114] In Brüssel traf dieser mit seinem jüngeren Bruder Artois zusammen, der ihm, aus Italien kommend, entgegengereist war. Unmittelbar zuvor war es im norditalienischen Mantua zur ersten direkten Unterredung zwischen Artois und Leopold II. gekommen, bei der der emigrierte Prinz den Kaiser von der Notwendigkeit einer Intervention in Frankreich zu überzeugen versucht hatte.[115] Vor dem Hintergrund der zeitweiligen Suspendierung des französischen Königs nach dessen Emigrationsversuch erweiterten die emigrierten Prinzen ihre diplomatischen Bemühungen fortan um das Ziel, die Anerkennung des Comte de Provence als rechtmäßigen Regenten Frankreichs bei den europäischen Souveränen zu erreichen, so etwa beim Treffen zwischen Kaiser Leopold II. und König Friedrich Wilhelm II. von Preußen Ende August 1791 im sächsischen Pillnitz.[116]

Eine andere weitreichende Konsequenz des Versuchs Ludwigs XVI., Frankreich zu verlassen, bestand in der sprunghaft zunehmenden Emigration französischer Soldaten. Wiederholt hatten Artois und der Prince de Condé öffentlich vor allem an die Offiziere der königlichen Armee appelliert, sich ihnen im Exil anzuschließen, um die Revolution von außen zu bekämpfen. Um den

---

112 Dazu einleitend Janet L. Polasky: Revolution in Brussels, 1787-1793, Brüssel 1985; zu den Maßnahmen für die Emigranten Pawlik, Emigranten in Österreich, S. 99.
113 Den Zäsurcharakter beschreibt etwa der emigrierte Militär François-Claude-Amour de Bouillé: Mémoires sur la Révolution Française, London 1797, S. 101; Ozouf, Varennes.
114 Henke, Coblentz, S. 49.
115 Zu den Versuchen der Emigranten, einen Kommunikationskanal zu Leopold II. aufzubauen, ausführlich Pawlik, Emigranten in Österreich, S. 86-98.
116 Ebd., S. 94.

Militärangehörigen die Entscheidung zu erleichtern, stellte Artois den meist adligen Offizieren die Beibehaltung ihres militärischen Ranges und ihrer Einkünfte im Falle der Emigration in Aussicht.[117] Auch standes- und gruppenspezifische Handlungslogiken spielten den Prinzen in die Hände. So steigerte etwa die Entscheidung der Konstituante, den Bürgereid für Offiziere einzuführen, die Emigrationsbereitschaft unter den Soldaten.[118] Chateaubriand – selbst Offizier – berichtete rückblickend, dass aus Sicht emigrationswilliger oder bereits im Exil lebender Militärs geradewegs als Feigling galt, wer nicht bereit war, sich der Prinzenarmee anzuschließen: »[…] il ne fut plus permis aux royalistes de rester à leurs foyers sans être réputés poltrons.«[119] Der Comte de Ségur-Cabanac wiederum begründete seine Entscheidung, dem Heerbann der Prinzen Folge zu leisten, mit dem besonderen Treueverhältnis zum König und dem Kampf für die Wiederherstellung der Ordnung:

> Ce fut le premier août 1791 que je vous fis mes adieux, et que je partis pour aller rejoindre les princes français qui rassemblaient autour d'eux la noblesse du royaume ainsi que tous ceux qui fidèles à leur roi et ennemis de cette troupe de factieux qui sappaient les fondements de la monarchie, désiraient contribuer au rétablissement de l'ordre.[120]

Bis Ende 1791 folgten rund 6.000 Offiziere den Aufrufen, Frankreich zu verlassen – fast drei Viertel des Offizierskorps der königlichen Armee.[121]

Die Annahme der Verfassung durch Ludwig XVI. im September 1791 bannte die Kriegsgefahr nur vorläufig. Sah sich Kaiser Leopold II. durch diesen Schritt in seiner zurückhaltenden Frankreich- und Emigrantenpolitik bestätigt, forcierten die französischen Prinzen die militärische Aufrüstung. Ihre logistischen Bemühungen konzentrierten sich in der zweiten Jahreshälfte 1791 darauf, an der Nord- und Ostgrenze Frankreichs eine schlagkräftige Emigrantenarmee aufzubauen, die nach ihren Plänen mit einer Sollstärke von 24.000 Mann als Teil einer europäischen Koalition gegen das revolutionäre Frankreich vorgehen sollte.[122]

---

117 Henke, Coblentz, S. 51.
118 Ebd., S. 50-53.
119 Chateaubriand, Mémoires d'outre-tombe, 1, S. 521.
120 Auguste François Marcel Ségur-Cabanac: Journal du Comte Auguste François Marcel de Ségur-Cabanac, Préfet de la chambre de S.M. l'Empereur Ferdinand I., Chambellan, Conseiller intime, Général-major 1771-1847, publié par son arrière-petit-fils le Comte Victor de Ségur-Cabanac, Wien; Leipzig 1910, S. 4.
121 Henke, Coblentz, S. 52.
122 Pestel, Winkler, Provisorische Integration und Kulturtransfer, S. 148.

Als neue Operationsbasis der Prinzen fungierte das Erzstift Trier.[123] Auf Einladung ihres Onkels, des Trierer Kurfürsten Clemens Wenzeslaus von Sachsen, hatten Artois und Provence in der kurfürstlichen Residenzstadt Koblenz einen Exilhof mit Regierung und kostspieliger Hofhaltung eingerichtet. 1791/92 galt die Stadt an der Moselmündung als »Hauptstadt« der Emigration auf dem Kontinent und war daher Zielpunkt vieler Franzosen, die ihr Heimatland verließen. Ende Oktober 1791 hielten sich allein in Koblenz rund 3.000, im gesamten Erzstift Trier rund 6.000 Emigranten auf, Tendenz steigend.[124]

In der Wahrnehmung vieler Zeitgenossen bekam infolge der Soldatenemigration und der propagandistischen Aufwertung militärischer Handlungsoptionen die Revolutionsemigration einen zunehmend bellizistischen Charakter.[125] In den Österreichischen Niederlanden und entlang des Rheins, in Mainz, Worms, Speyer, Mannheim, in der Markgrafschaft Baden und in den Österreichischen Vorlanden hielten bewaffnete Formationen der Emigranten Manöver ab, Depots wurden angelegt, Werbungsversuche unter den Einheimischen griffen um sich. Im Frühjahr 1792 schließlich gingen ganze Regimenter der französischen Armee zur *Armée des Princes* über.[126] In den Grenzregionen zu Frankreich kam es derweil zu Engpässen bei Unterbringung und Versorgung. Allein in der kleinen, zwischen Tournai und Mons gelegenen Ortschaft Ath hielten sich im Spätherbst 1791 fast eintausend französische Offiziere auf, die teils bewaffnet und uniformiert auftraten.[127] Es kam zu wilden Requisitionen und lokalen Unruhen.

Auf diese Zuspitzungen hin entschlossen sich die Regierungen in Brüssel und Freiburg erstmals zu einem steuernden Eingreifen.[128] Der neue Minister in den Österreichischen Niederlanden Franz Georg von Metternich, Vater des späteren Außenministers, verfolgte einen zweigleisigen Ansatz. Anlass und Gegenstand der neuen Richtlinien waren die lokalen Ansammlungen sowie das präpotente Auftreten französischer Militärangehöriger in der Grenzregion. Der grundsätzlich nachsichtige Umgang mit französischen Emigranten im Allgemeinen stand für Metternich hingegen nicht zur Disposition. Er selbst empfing viele Emigranten in seiner Brüsseler Residenz, war ihnen gegenüber also keineswegs ablehnend

---

123 Zur Koblenzer Kolonie und deren Wahrnehmung in der zeitgenössischen Öffentlichkeit grundsätzlich Henke, Coblentz; ders.: Das Zentrum der »Gegenrevolutions-Parthei« liegt am Rhein. Französische Emigranten im Kurfürstentum Trier 1789 bis 1794, in: Dittmar Dahlmann (Hg.): Unfreiwilliger Aufbruch. Migration und Revolution von der Französischen Revolution bis zum Prager Frühling (= Migration in Geschichte und Gegenwart, Bd. 2), Essen 2007, S. 9-29.
124 Zu den Zahlen für das Kurfürstentum Trier und Koblenz vgl. Henke, Coblentz, S. 71-79, bes. S. 78.
125 Pawlik, Emigranten in Österreich, S. 100.
126 Henke, Coblentz, S. 52.
127 Presle, Die Einstellung der Regierung, S. 55-56.
128 Ebd., S. 59-62.

eingestellt. Maßstab der Aufnahmepolitik blieb seinen Worten zufolge »le principe général d'hospitalité«.[129] Die Österreichischen Niederlande standen also auch weiterhin emigrationswilligen Franzosen jedweder Couleur offen.

Im Fokus der Reglementierung stand die militärische Emigration. Metternich ordnete die Auflösung der Depots an und untersagte bewaffnete Ansammlungen in Grenznähe sowie das Exerzieren. Im Gegenzug wurde den Soldaten die ungehinderte Durchreise in das benachbarte Erzstift Trier gestattet, sofern sie nicht in Gruppen größer als 15 Mann marschierten.[130] Gerade auf die emigrierten Armeeangehörigen übte Trier im Herbst 1791 eine besondere Anziehungskraft aus. Inzwischen hatte ihnen der Kurfürst nicht nur einen Teil der landesherrlichen Polizeigewalt übergeben, sondern den Emigranten auch militärische Übungen gestattet.[131]

Die Brüsseler Regierung erkannte, dass Truppenmassierungen in Grenznähe auch außenpolitisch eine Hypothek darstellten. Die neue Pariser Legislative hatte ihrerseits jene Reichsfürsten, die Emigrantentruppen in ihren Territorien duldeten, wissen lassen, dass sich Frankreich offensive Maßnahmen vorbehalte, falls die militärischen Aktivitäten dort ungehindert fortgesetzt werden sollten.[132] Die Ziele der jüngst von Metternich erlassenen Vorschriften waren somit von inneren und von äußeren Faktoren bestimmt. Zum einen galt es, die grenznahen Ortschaften zu entlasten, ohne das Leben aller Emigranten in den Österreichischen Niederlanden allgemeingültigen Regularien zu unterwerfen. Zum anderen musste dem provozierenden Eindruck vorgebeugt werden, den die militärischen Verbände offenkundig auf die Pariser Revolutionäre machten.

Die abwägende Herangehensweise Metternichs hatte Modellcharakter für die habsburgische Emigrantenpolitik in der ersten Phase der Emigration. Die Kernidee, für eine stabilisierende Wirkung nach innen und eine deeskalierende Wirkung nach außen zu sorgen, fand auch in Wien Zustimmung. Hier fiel sie zeitlich mit der leopoldinischen Polizeireform zusammen, die eine Abkehr von dem von Pergen vertretenen Ansatz einer proaktiven Fremdenaufsicht durch eine autonom agierende Geheimpolizei darstellte und stattdessen die Polizeikompetenzen an die Landesregierungen zurückdelegierte. Es war daher nur konsequent, dass die Landeschefs in Vorderösterreich und im habsburgischen Herzogtum Mailand, Sumerau und Wilczek, angewiesen wurden, die französischen Emigranten in ihren Gebieten künftig nach dem Muster zu behandeln, das Metternich für die Österreichischen Niederlande etabliert hatte.[133]

---

129 Zit. n. Magnette, Les Émigrés français aux Pays-Bas, S. 45.
130 Presle, Die Einstellung der Regierung, S. 60.
131 Henke, Coblentz, S. 203-211.
132 Presle, Die Einstellung der Regierung, S. 75.
133 Pawlik, Emigranten in Österreich, S. 100.

Auch die südliche Oberrheinregion war inzwischen stark von der militärischen Emigration betroffen. Infolge der Flucht des Straßburger Kardinals Rohan in seine rechtsrheinische Dependance Ettenheim sammelten sich hier bewaffnete Verbände unter der Führung des Vicomte de Mirabeau.[134] In Fortsetzung ihrer Deeskalationspolitik schärfte die Wiener Diplomatie den betroffenen Reichsständen im Südwesten des Alten Reiches ein, keinen Vorwand für eine Intervention Frankreichs zu liefern, indem sie militärische Emigrantenformationen in ihren Territorien duldeten.[135] Diese Mahnung wurde im Falle Kardinal Rohans sogar mit der Drohung verbunden, dass dieser im Falle eines französischen Angriffs von kaiserlichem Beistand absehen müsse.[136]

Von den Auswirkungen dieser Emigrantenansammlung blieb das angrenzende Vorderösterreich nicht verschont.[137] Dem Augenzeugenbericht des württembergischen Offiziers von Miller zufolge, der im Mai 1791 die Oberrheinregion durchreiste, hielten sich allein am Sitz der vorderösterreichischen Regierung in Freiburg rund 200 französische Emigranten auf.[138] Neben Einquartierungen und lokalen Teuerungen bargen vor allem die organisierten Anwerbungskampagnen unter habsburgischen Untertanen Konfliktstoff.[139] Landeschef Sumerau reagierte im Sommer 1791 auf diese überhandnehmende Praxis mit einem strikten Verbot, welches erstmals seit Beginn der Revolutionsemigration Sanktionen im Übertretungsfall bestimmte.[140] Künftig musste jeder Franzose, der sich eines Anwerbungsversuches verdächtig machte, damit rechnen, des Landes verwiesen zu werden. Über die Frage der Werbung hinaus wurden zudem die »französischen Flüchtlinge« angehalten, sich aller »Ausschweifungen« und »gefährlichen Unterneh-

---

134 Zur Legion Mirabeau siehe Dittler, Emigrantentruppen in Ettenheim.
135 Ebd., S. 135-137.
136 Ebd., S. 135.
137 Gerade die militärische Emigrantenpräsenz in dieser Region blieb in den folgenden Jahren ein bestimmender Faktor. Zu Einquartierungen und Kriegsgeschehen in den Vorlanden Planert, Der Mythos vom Befreiungskrieg, S. 116-126.
138 Kurt Hochstuhl: Am Oberrhein im Frühsommer 1791. Die Berichte des Rittmeisters von Miller an den württembergischen Herzog, in: Zeitschrift für die Geschichte des Oberrheins 135 (1987), S. 153-182; hier S. 160.
139 Zu den Haltungen der Einheimischen im Südwesten des Alten Reiches vgl. Jürgen Voss: Oberrheinische Impressionen aus Memoiren und Tagebüchern französischer Emigranten der Revolutionszeit, in: ders. (Hg.): Deutsch-französische Beziehungen im Spannungsfeld von Absolutismus, Aufklärung und Revolution. Ausgewählte Beiträge (= Pariser Historische Studien, Bd. 36), Bonn 1992, S. 330-345. Zu den Anwerbungen der Legion Mirabeau siehe Henke, Coblentz, S. 260.
140 Regierungsverordnung in Vorderösterreich, 26. August 1791, in: Joseph Kropatschek (Hg.): Sammlung der Gesetze, welche unter der glorreichsten Regierung des Kaisers Leopold des II. in den sämmtlichen k.k. Erblanden erschienen sind, Bd. 4 (1791), Wien 1791-1792, S. 312-313, Nr. 802.

mungen« in den Vorlanden zu enthalten.[141] Gleichzeitig nahm Sumerau auch die vorderösterreichischen Landesbehörden und alle Untertanen in die Pflicht. Sie wurden aufgerufen, darauf zu achten, dass »diesseits durch mäßiges, kluges und bescheidenes Benehmen gegen das benachbarte Elsas« kein Anlass zur Eskalation geliefert würde.[142] Dass ausdrücklich der Verkauf militärischer Ausrüstung an Emigranten untersagt wurde, lässt darauf schließen, dass vorderösterreichische Untertanen bisher aus der Nachfrage nach Waffen, Pferden und anderen kriegsrelevanten Gütern Kapital geschlagen hatten.[143] Ähnlich wie Metternich sah also auch Sumerau einen Grund zum Eingreifen lediglich dort gegeben, wo die innere Ordnung und die äußere Sicherheit unmittelbar gefährdet schienen.

Da die staatlichen Interventionen auf die emigrierten Militärs zugeschnitten waren, ist in dieser Phase von einer selektiven Versicherheitlichung der Revolutionsemigration zu sprechen, die in den Bereichen ansetzte, in denen die Grenzen des Tolerierbaren überdehnt wurden. Die beiden Landesregierungen unterzogen also nur einen klar umgrenzten Teil der Gesamtemigration einer Neubewertung und klassifizierten diesen als sicherheitsrelevant. Begründet wurden die Maßnahmen mit der inzwischen als real angesehenen Gefahr eines militärischen Konfliktes. Auslöser für die Reglementierung war also nicht der Umstand, dass französische Militärs etwa in den Österreichischen Niederlanden Manöver abhielten, was zwar als Übertretung des Leitprinzips der Gastfreundschaft angesehen und auch benannt, zunächst jedoch toleriert wurde. Entscheidend war vielmehr, dass nach Metternichs Auffassung Paris die dortigen »Umtriebe« der Emigranten inzwischen derart missbilligte, dass das Risiko einer Konfrontation hoch war. Da dies nach den Maßgaben der Deeskalationspolitik unbedingt zu verhindern war, sah Metternich erstmals konkreten Handlungsbedarf gegeben. Zwischen 1791 und dem Beginn des Krieges im April 1792 blieb die Versicherheitlichung folglich in erster Linie außenpolitisch motiviert.

Bei den ersten Normsetzungen stand die Signalwirkung gegenüber einer effektiven Implementierung klar im Vordergrund. Ein engmaschiges Kontrollregime war gerade in den Österreichischen Niederlanden kaum möglich, Übertretungen der geltenden Bestimmungen waren daher an der Tagesordnung.[144] Die Wirksamkeit der Vorschriften stand somit deutlich hinter der Sogwirkung zurück, die das Erzstift Trier auf die emigrierten Soldaten ausübte.[145] Auch deswegen beließ man es in den habsburgischen Westprovinzen bei der Androhung

---

141 Ebd.
142 Ebd.
143 Dies legt auch der Reisebericht Millers nahe, vgl. Hochstuhl, Am Oberrhein im Frühsommer 1791, S. 159-160.
144 Presle, Die Einstellung der Regierung, S. 103.
145 Chateaubriand etwa berichtet, nach nur kurzem Aufenthalt in Brüssel geradezu selbstverständlich nach Trier weitergezogen zu sein; Chateaubriand, Mémoires d'outre-tombe, 1, S. 556.

von Strafen und verzichtete auf einen ressourcenaufwändigen Sanktionsmechanismus. Gleichwohl demonstrierten die Landesregierungen mit ihren Erlassen, dass sie aktiv darauf hinwirkten, die Aufmärsche bewaffneter Emigrantenverbände in den habsburgischen Westprovinzen einzudämmen. Adressaten dieses Signals waren vor allem Paris bzw. die französische Diplomatie, die insbesondere Metternich von der »Unparteilichkeit« seiner Regierung in der Emigrantenfrage zu überzeugen versuchte.[146]

Kaiser Leopold II. gab dieser Handhabung im Januar 1792 seinen Segen. Noch in den Wochen zuvor hatten ihn Vertreter der französischen Prinzen unter Verweis auf die Versorgungsengpässe um die Erlaubnis gebeten, sich bei akuter Not im Elsass schadlos halten zu dürfen.[147] Der Kaiser hielt an seiner Deeskalationspolitik fest, erkannte aber mit Blick auf die Emigranten immerhin das »harte Schicksal dieser Unglücklichen« ausdrücklich an.[148] Er bestätigte damit den grundsätzlich duldsamen Umgang, den die Landesregierungen als Maßstab etabliert hatten. Solange die Emigranten »sich […] ruhig, stille und in den engsten Schranken eines Asyls halten und nicht das Geringste unternehmen, was Vorbereitungen zu Feindseligkeiten verrathen könnte«, so auch Staatskanzler Kaunitz, sollten sie in den kaiserlichen Erbstaaten eine »Freistätte« erhalten.[149]

Trotz der geradezu zählbaren Erleichterung, die der »Emigrantenmagnet« Koblenz den zuvor stark frequentierten Grenzregionen der Österreichischen Niederlande im Winter 1791/92 verschaffte, trugen die jüngeren Entwicklungen im Erzstift Trier gerade nicht zu einer Entspannung an der Westgrenze des Reiches bei.[150] Wiederholt mahnte Metternich den Trierer Kurhof, dass die Freiheit, die dieser den Emigranten gewährt habe, die Kriegsgefahr erhöhe.[151] Bis Paris schlugen die Wellen der Empörung, als im Januar 1792 bekannt wurde, dass die Emigranten mit Schusswaffen aus kurtrierischen Arsenalen versorgt worden waren.[152] Angesichts dieses öffentlichen Aufsehens drängte nun auch Erzherzogin Christine, Statthalterin in den Österreichischen Niederlanden, ihren Schwager, Kurfürst Clemens Wenzeslaus, zu Konzessionen an die französische Seite.[153] Die-

---

146 Presle, Die Einstellung der Regierung, S. 78.
147 Dittler, Emigrantentruppen in Ettenheim, S. 136.
148 Circular-Erlass des Fürsten Kaunitz, 21. Januar 1792, in: Alfred von Vivenot, Heinrich von Zeissberg (Hg.): Quellen zur Geschichte der Deutschen Kaiserpolitik Oesterreichs während der französischen Revolutionskriege 1790-1801, Bd. 1: Die Politik des oesterreichischen Staatskanzlers Fürsten Kaunitz-Rietberg unter Kaiser Leopold II. bis zur französischen Kriegserklärung: Jänner 1790 – April 1792, Wien 1873, S. 341-342.
149 Ebd.
150 Presle, Die Einstellung der Regierung, S. 77. Hierzu auch Alfons Sprunck: Die französischen Emigranten im Kurfürstentum Trier, in: Kurtrierisches Jahrbuch 6 (1966), S. 133-142.
151 Presle, Die Einstellung der Regierung, S. 78-80.
152 Henke, Coblentz, S. 188-193.
153 Presle, Die Einstellung der Regierung, S. 79.

ser lenkte jedoch erst ein, nachdem ihn eine Adresse Leopolds II. erreicht hatte, die ausdrücklich die Übernahme der Brüsseler Vorschriften zur Bedingung für kaiserlichen Beistand im Konfliktfall machte, und auch der Trierer Landtag sowie der neue französische Gesandte den Druck erhöhten.[154]

In einem Edikt vom 3. Januar 1792 bekannte sich Kurfürst Clemens Wenzeslaus schließlich zur Neutralität und beschnitt mit einer leicht modifizierten Version der in den habsburgischen Westprovinzen geltenden Normen die vormals gewährten Freiheiten für französische Emigranten in seinem Territorium.[155] Auch andere Reichsstände nutzten die in Brüssel und Freiburg erlassenen Vorschriften als Schablone für ihre Richtlinien. In den Exklaven Kleve und Ansbach-Bayreuth wurden im Februar 1792 die ersten allgemeinen Emigrantenverordnungen in Preußen in Kraft gesetzt, die sich ausdrücklich am »habsburgischen« Vorbild orientierten.[156] Der Berliner Hof instruierte seine beiden Provinzregierungen sogar, bei allfälligen Unklarheiten in der Emigrantenbehandlung den kaiserlichen Minister in Brüssel vertrauensvoll um Rat anzusuchen.[157]

Das Ende der liberalen Emigrantenpolitik am Anfang des Krieges: das Jahr 1792

Die vielerorts erlassenen Emigrantenordnungen des ersten Halbjahres 1792 stellten den Auftakt zu einer neuen Phase der Aufnahmepolitik dar.[158] Diese stand im Zeichen einer gesteigerten Normierungsintensität, von der sich die Landesherrschaften eine Kanalisierung und Kontrolle der Emigration versprachen. Infolge des Kriegsausbruchs im April 1792 und des Beginns der Kampfhandlungen in den folgenden Sommermonaten war das monatelang handlungsleitende Motiv einer gezielten Deeskalation entfallen. Mit diesem graduellen Bedeutungsverlust außenpolitischer Erwägungen verschob sich der Fokus der Emigrantenpolitik ganz auf innenpolitische Steuerungsmaßnahmen. Die Konsequenz daraus war eine rasch zunehmende Zahl von Vorschriften, mit denen die Aufenthaltsbedingungen und Unterstützungsformen für die Emigranten mit zunehmender Detailliertheit geregelt wurden.

Parallel zur wachsenden Normierungsdichte in den Aufnahmeländern erfuhr die Emigration auch von anderer Seite eine verschärfte Reglementierung. Zwar war bereits seit Beginn der Revolution in der politischen Öffentlichkeit Frankreichs heftig über die Emigration gestritten worden, doch war sie bis dato nur punktuell Gegenstand der französischen Gesetzgebung gewesen. Die Verfassung von

---

154 Henke, Coblentz, S. 87-88.
155 Ebd., S. 91-92.
156 Höpel, Emigranten in Preußen, S. 57-58.
157 Ebd., S. 58.
158 Pestel, Winkler, Provisorische Integration und Kulturtransfer, S. 143.

1791 garantierte sogar ausdrücklich das Recht auf Freizügigkeit. Erst aus Anlass der militärischen Aktivitäten in den Grenzregionen unterwarfen die Konstituante und später die *Législative* Personen, die Frankreich seit dem 1. Juli 1789 verlassen hatten und nicht wieder zurückgekehrt waren, direkten Sanktionen.[159]

Die nach und nach erlassenen Emigrantengesetze setzten sich aus einer Reihe teils widersprüchlicher Detailregelungen zusammen, normierten den Emigrantenstatus also keineswegs einheitlich.[160] Wurde ein erstes, mit strengen Zwangsmaßnahmen bewehrtes Gesetz im November 1791 noch durch ein königliches Veto verhindert, erlaubte das Gesetz vom 8. April 1792, Grund und Boden emigrierter Franzosen zu konfiszieren, die nicht innerhalb eines Monats nach Frankreich zurückkehrten.[161] Im August 1792 begann schließlich der Verkauf dieses zu Nationalgut erklärten Grundeigentums. Um die Kapitalflucht zu erschweren, war bereits im Juni 1791 eine Weisung an die Bankhäuser des Landes ergangen, Pensionszahlungen an alle nicht in Frankreich befindlichen Empfänger einzustellen.[162]

Mit der Wiedereinführung des Passzwangs im Frühjahr 1792 wurde auch die grenzüberschreitende Mobilität einer verstärkten Kontrolle unterworfen.[163] Ausreiseberechtigt sollten fortan nur noch diejenigen sein, die nachweislich aus zwingenden Gründen, etwa beruflicher Natur, im Ausland zu tun hatten. Wo die Ausreisekontrollen streng gehandhabt wurden, mussten Emigrationswillige, die ohne offizielle Ausreisedokumente die Grenze passieren wollten, kreative Wege finden, um einer Festnahme zu entgehen. Die Comtesse de La Boutetière de Saint-Mars, Mutter der eingangs erwähnten Baronin Du Montet, berichtet, dass sie im Januar 1792 bei einer Kontrolle im nordfranzösischen Condé nur dank einer List, eines mutigen Fürsprechers und der Zahlung von Bestechungsgeld ihre Fahrt nach Brüssel fortsetzen konnte.[164] Sechs Monate später, im Juli 1792, bedurfte es mancherorts ortskundiger Schleuser, damit der Grenzübertritt überhaupt Aussicht auf Erfolg hatte.[165] Man floh im Schutze der Dunkelheit oder aufwändig verkleidet.[166] Mit Beginn des offenen militärischen Schlagabtauschs im Herbst 1792 ergaben sich demgegenüber wieder weniger kontrollierte Wege zum Grenzübertritt.

---

159 Carpenter, Emigration in Politics and Imaginations, S. 332-337.
160 Die Sammlung der Gesetze bei Ragon, La législation.
161 Boffa, Die Emigranten, S. 550.
162 Höpel, Emigranten in Preußen, S. 59.
163 John Torpey: Revolutions and Freedom of Movement: An Analysis of Passport Controls in the French, Russian, and Chinese Revolutions, in: Theory and Society 26 (1997), S. 837-868; hier S. 845-847; Andreas Fahrmeir: Paßwesen und Staatsbildung im Deutschland des 19. Jahrhunderts, in: Historische Zeitschrift 271 (2000), S. 57-91; hier S. 62.
164 Adélaïde-Paule-Françoise de La Boutetière de Saint-Mars: Mémoires de madame la comtesse de La Boutetière de Saint-Mars, rapportant les principaux événements de son émigration en 1791, Angers 1884, S. 14-18.
165 Chateaubriand, Mémoires d'outre-tombe, 1, S. 549-552.
166 Düsterhaus, Auf der Flucht vor Revolution und Krieg, S. 212.

Abb. 1: Les voyageurs de nuit. Französische Satire gegen die Emigranten, ca. Mitte 1791 (© Bibliothèque nationale de France). Text: Allons, l'abbé, donnes-moi la main, car je crois voir la fatale lanterne de la place de Greve; ainsi il ne nous reste plus que la honte et la fuite.

Die Emigrantengesetze samt dem zeitweilig rigoros gehandhabten Migrationsregime auf französischer Seite zielten nicht nur auf eine Einschränkung des Ein- und Ausreiseverkehrs von und nach Frankreich. Sie waren vielmehr Ausdruck des von den radikalen Pariser Kräften betriebenen Bruches mit jenem Teil des Volkes, der aus ihrer Sicht mit der Emigration und dem fortgesetzten Verbleib im Ausland seine Zugehörigkeit zur politischen Nation verwirkt hatte. Diese forcierte und schrittweise auch formalisierte Exklusion erschütterte den Erwartungshorizont der im Exil befindlichen Emigranten nachhaltig. Trotz unterschiedlicher Vorstellungen, unter welchen Bedingungen die Rückkehr nach Frankreich bewerkstelligt werden könnte, waren die Zukunftserwartungen in den ersten Jahren der Emigration auf ein absehbares Ende des Exils hin orientiert gewesen.[167] Weil der erwartete Kollaps der Revolution ausblieb, mussten die Emigranten einsehen, dass spätestens nach dem Verstreichen der gesetzlichen Fristen der Rückweg verstellt war. Die politische Dynamik in Frankreich verengte ihre Spielräume zunehmend, sodass im Verständnis vieler Emigranten im Frühjahr 1792 einzig die militärische Option einen Ausweg versprach.

---

167 Rubinstein, Die Französische Emigration, S. 153-154.

Im ersten Kriegsjahr lagen Zuversicht und Verzweiflung nah beieinander. Bei Kriegsbeginn dürfte bei den meisten Emigranten die hoffnungsvolle Aussicht überwogen haben, durch einen erfolgreichen Feldzug die Rückkehr gewaltsam erzwingen zu können. Der unerwartete Tod Leopolds II. im März 1792 hatte diese Erwartungen beflügelt. Da viele Emigranten die kaiserliche Deeskalationspolitik als Haupthindernis für eine konzertierte Offensive gegen Frankreich ansahen, war der Applaus, mit dem französische Offiziere im Brüsseler Theater auf die dort verkündete Todesnachricht reagierten, ein makabres Signal für eine sich Bahn brechende »Aufbruchsstimmung«.[168] Auch Chateaubriand, der im Sommer 1792 auf seinem Weg zur Prinzenarmee in Koblenz eine Zwischenstation in Brüssel einlegte, beschreibt rückblickend die Szenerie in der Stadt, wo unter den Emigranten Zuversicht keimte:

> Bruxelles était le quartier-général de la haute émigration: les femmes les plus élégantes de Paris et les hommes les plus à la mode, ceux qui ne pouvaient marcher que comme aides-de-camp, attendaient dans les plaisirs le moment de la victoire. Ils avaient de beaux uniformes tout neufs: ils paradaient de toute la rigueur de leur légèreté. Des sommes considérables qui les auraient pu faire vivre pendant quelques années, ils les mangèrent en quelques jours: ce n'était pas la peine d'économiser, puisqu'on serait incessamment à Paris.[169]

Mit Kriegsausbruch änderte sich die Emigrantenpolitik in den habsburgischen Westprovinzen. Als Frontregion waren die Österreichischen Niederlande zum Aufmarschgebiet der preußisch-österreichischen Interventionstruppen geworden, in deren Windschatten sich auch Verbände der Prinzenarmee für einen Einmarsch in Frankreich formierten. Eine besondere Herausforderung stellte die nach der Kriegserklärung sprunghaft steigende Zahl französischer Deserteure dar, die rasch ins Hinterland gelangten.[170] Hatte die Brüsseler Regierung bisher vorausgesetzt, dass Franzosen, die über die Grenze kamen, als Revolutionsgegner einzuschätzen waren, machten die Kriegsbedingungen nach Metternichs Auffassung ein Identifikationsverfahren erforderlich, mit dem diese Annahme verifiziert werden konnte.

Das neue Prozedere stellte im Prozess der Versicherheitlichung der Emigration einen Meilenstein dar, weil nunmehr alle ausgewanderten Franzosen einbezogen wurden, die sich in den Österreichischen Niederlanden aufhielten. Auf Ebene der Instrumente zeigte sich dabei die Diskrepanz zwischen Polizeiminister Pergen und Metternich noch einmal in aller Deutlichkeit. Denn Metternich setzte auf ein Kooperationsmodell, das Elemente emigrantischer »Selbstverwal-

---

168 Presle, Die Einstellung der Regierung, S. 109-110.
169 Chateaubriand, Mémoires d'outre-tombe, 1, S. 554.
170 Presle, Die Einstellung der Regierung, S. 121-124.

tung« einschloss. Mit ihm sollte künftig ermittelt werden, wer als Revolutionsflüchtling anzusehen und damit im Sinne der leopoldinischen Aufnahmeregel aufenthaltsberechtigt war und wer nicht.

Alle Franzosen, die seit Beginn der Revolution in die Österreichischen Niederlande gekommen waren, hatten sich nun bei den eigens zu diesem Zweck in Brüssel akkreditierten Kommissaren der französischen Prinzen zu registrieren.[171] Die Benennung eines Bürgen war in den meisten Fällen obligatorisch. Wer von den Kommissaren nicht als Emigrant beglaubigt wurde, musste binnen einer achttägigen Frist das Land verlassen, um nicht als Kriegsgefangener behandelt zu werden. Zusammen mit den Fremdenlisten der Herbergen und Ortschaften, die periodisch an die Brüsseler Regierung zu senden waren, sollte diese komplementäre Identifikationsinstanz helfen sicherzustellen, dass trotz des Kriegszustandes auch weiterhin französischen Revolutionsflüchtlingen der Aufenthalt gestattet werden konnte.[172]

Dass Metternich die Aufgabe der Personenüberprüfung den Kommissaren der Prinzen übertrug, war weniger Ausdruck eines besonderen Vertrauensverhältnisses als vielmehr der Einsicht geschuldet, dass er die Landesverwaltung schlichtweg außerstande sah, die Angaben der ankommenden Franzosen auf ihren Wahrheitsgehalt zu überprüfen. In seinem Kalkül hatten die emigrierten Prinzen ein mindestens ebenso großes Interesse wie die Brüsseler Regierung daran, nur »eigentlichen« Revolutionsflüchtlingen eine Aufenthaltsberechtigung zu verschaffen. Deren ungleich bessere Informationsressourcen konnten somit in den Anerkennungsprozess eingebunden werden.[173]

Das neue Interesse an der Personenkontrolle unterstreicht den Bedeutungsgewinn einer systematischen Kategorisierung und Statuszuweisung gegenüber den Versuchen zur normativen Einhegung fest umgrenzter Gruppen, wie etwa zuvor den emigrierten Soldaten. Die Frage, wer als »eigentlicher« Revolutionsflüchtling gelten konnte und wer nicht, beschäftigte die landesherrlichen Verwaltungen in allen habsburgischen Erbländern fortan ebenso wie die Suche nach tragfähigen Unterscheidungskriterien. Dass es sich hierbei keineswegs um ein bloß theoretisches Problem handelte, zeigte sich in dieser Phase bei einem prominenten Fall. Der in Paris in Ungnade gefallene Marquis de La Fayette war als kommandierender General der französischen Nordarmee im August 1792 desertiert und bei dem

---

171 Magnette, Les Émigrés français aux Pays-Bas, S. 78-79; auch Presle, Die Einstellung der Regierung, S. 115-116.

172 »S[eine] M[ajestät] kann, angesichts des Kriegszustandes in dem sie sich mit Frankreich befindet, in diesem Lande den Aufenthalt anderer Untertanen dieses Königreiches nicht zubilligen, als jenen, die vor den Verfolgungen der Partei, die dort alle Gewalt usurpiert hat, flohen ...«; zit. n. Presle, Die Einstellung der Regierung, S. 115-116.

173 Aufgabe und Tätigkeit der Kommissare beschreibt anlässlich seines Aufenthaltes in Brüssel auch Marc-Marie de Bombelles: Journal, Bd. 3: 1789-1792 (= Histoire des idées et critique littéraire, Bd. 317), Genf 1993, S. 381.

Versuch, in die Vereinigten Niederlande zu fliehen, im habsburgischen Flandern festgenommen worden.[174] Gegenüber den örtlichen Autoritäten distanzierte er sich zwar ausdrücklich von den jüngsten politischen Entscheidungen der *Législative* nach dem Tuileriensturm am 10. August 1792. Eine Anerkennung als Emigrant und damit die relative Freizügigkeit blieben ihm dennoch verwehrt. Stattdessen wurde La Fayette mit der Begründung in Haft genommen, er habe Krieg gegen die Koalitionsarmeen geführt und hätte diesen auch fortgesetzt, wenn er nicht aus Gründen der eigenen Sicherheit gezwungen gewesen wäre zu fliehen.[175]

Mit den militärischen Niederlagen der Koalition bei Valmy und Thionville sowie den Eroberungen der Franzosen unter Custine am nördlichen Oberrhein verkehrte sich nicht nur der Optimismus der Emigranten, den Chateaubriand noch im Sommer bemerkt hatte, ins Gegenteil.[176] Auch die Emigrantenpolitik der Brüsseler Regierung geriet unter erheblichen Anpassungsdruck. Alarmiert von der schlechten Versorgungslage der Prinzenarmee, die nach dem fehlgeschlagenen Feldzug frustriert und ziellos in die Österreichischen Niederlande zurückkehrte, berichtete Mercy-Argenteau nach Wien:

Ich habe alle Landstraßen mit französischen Emigranten bedeckt gefunden, die das Korps bilden, das der Herzog von Bourbon kommandiert [...]. Der Schrecken erhob sich überall, wo diese Truppe hinkam, weil das entsetzliche Elend, in dem sie sich befindet, zu größeren Ausschreitungen ihrerseits Anlaß geben könnte; [...] das Volk murrt, es droht mit einer Erhebung [...]. Es muss sofort ein entscheidender Entschluß bezüglich dieser Armee der französischen Prinzen gefaßt werden, die sich im Augenblick von Gefahren zu Verzweiflungsakten und zur Unordnung hinreißen lassen könnte, was kein Mittel mehr lassen würde, 20000 Menschen, die bereit sind, mangels an Brot zu sterben, zurückzuhalten.[177]

Angesichts dieser Bedrängnisse vollzog die Brüsseler Regierung in der Emigrantenfrage einen drastischen Politikwechsel. Dass nun selbst jene Regionen in Schlagdistanz der vorrückenden Revolutionsarmee lagen, in denen sich die Emigranten seit ihrer Auswanderung aufgehalten hatten, verschärfte die Situation ebenso wie die Radikalisierung der Revolution in Frankreich, die nach den September-

---

174 Zu La Fayette siehe Paul Spalding: Lafayette. Prisoner of state, Columbia 2010.
175 Pawlik, [Diss.] Emigranten der französischen Revolution in Österreich, S. 89; diese Entscheidung trafen allerdings nicht die Gesandten der Prinzen oder Metternich, sondern der Statthalter in den Österreichischen Niederlanden, Herzog Albrecht von Sachsen-Teschen.
176 Zum Verlauf des Feldzugs unter besonderer Berücksichtigung der Emigrantenverbände siehe Henke, Coblentz, S. 272-289.
177 Mercy-Argenteau an Staats-Vizekanzler Cobenzl am 16. November 1792, zit. n. Presle, Die Einstellung der Regierung, S. 187.

morden und der Abschaffung der Monarchie neue Emigrationsschübe auslöste. Da sich zudem die fortlaufenden Präzisierungen und wiederholten Aufforderungen zur Beachtung der geltenden Regeln als unzureichend und auch das kooperative Identifikationsverfahren kriegsbedingt als nicht praktikabel erwiesen hatten, gab die Brüsseler Regierung ihre bisher zurückhaltende Kontrolle zugunsten einer aktiven Lenkung der Emigration auf.

Im Oktober 1792 berieten hierzu eine österreichische, eine preußische und eine Delegation der emigrierten Prinzen in Luxemburg über das weitere Vorgehen nach den militärischen Niederlagen.[178] Drängendster Gegenstand war die Zukunft der *Armée des Princes* einschließlich der desertierten Regimenter der französischen Armee. Während Artois auf eine dauerhafte Alimentierung der darbenden Truppe durch die Alliierten spekulierte, sprach sich Mercy-Argenteau lediglich für eng befristete materielle Hilfen aus, vornehmlich mit dem Ziel, die akute Not zu mildern und damit Übergriffen auf die ansässige Bevölkerung vorzubeugen.[179] Für eine operativ-militärische Rolle kamen seiner Überzeugung nur die weitgehend intakten Regimenter *Royal-Allemand*, *Saxe* und *Berchény* in Betracht, deren Übernahme in kaiserliche Dienste er befürwortete, nicht zuletzt weil in diesen Einheiten viele aus Deutschland stammende Soldaten dienten. Diese wurden zunächst provisorisch, nach dem zustimmenden Votum des Hofkriegsrats dann zum 1. Februar 1793 endgültig in die österreichische Armee eingegliedert.[180] Unter Verweis auf die nach Mercy-Argenteaus Überzeugung besseren Militärschulen in Frankreich sollten zudem einzelne französische Ingenieur- und Artillerieoffiziere in das kaiserliche Militär übernommen werden.[181]

Dagegen stieß die Forderung Artois', auch die in Trier gebildeten Korps französischer Adliger dauerhaft in kaiserlichen Sold zu nehmen, auf Ablehnung.[182] Nach den ernüchternden Erfahrungen aus dem gescheiterten Feldzug maßen die österreichischen und preußischen Oberkommandos weder den hauptsächlich aus emigrierten Offizieren bestehenden Verbänden noch den Freiwilligeneinheiten einen hohen militärischen Wert bei. Aus dieser fehlenden Unterstützungsbereitschaft zogen die Prinzen die Konsequenzen und lösten die Armee im November 1792 auf.[183] Einzelne schlossen sich in der Folge dem *Corps* des Prinzen Condé an, das im Südwesten des Alten Reichs unter österreichischem Oberbefehl kämpfte.[184] Die meisten Angehörigen der Prinzenarmee legten jedoch die Uniform ab und lebten fortan als zivile Revolutionsflüchtlinge im Exil.

178 Ebd., S. 171-175.
179 Ebd., S. 173-174.
180 Ebd., S. 188. Zur Integration militärischer Emigranteneinheiten siehe Teil II dieses Buches.
181 Ebd., S. 190-191.
182 Ebd., S. 173.
183 Henke, Coblentz, S. 288-289.
184 Zur Armee Condé Frédéric d'Agay: A European Destiny: the Armée de Condé, 1792-1801, in: Kirsty Carpenter, Philip Mansel (Hg.): The French Émigrés in Europe and the

FREMDENKONTROLLE IM DREISCHRITT

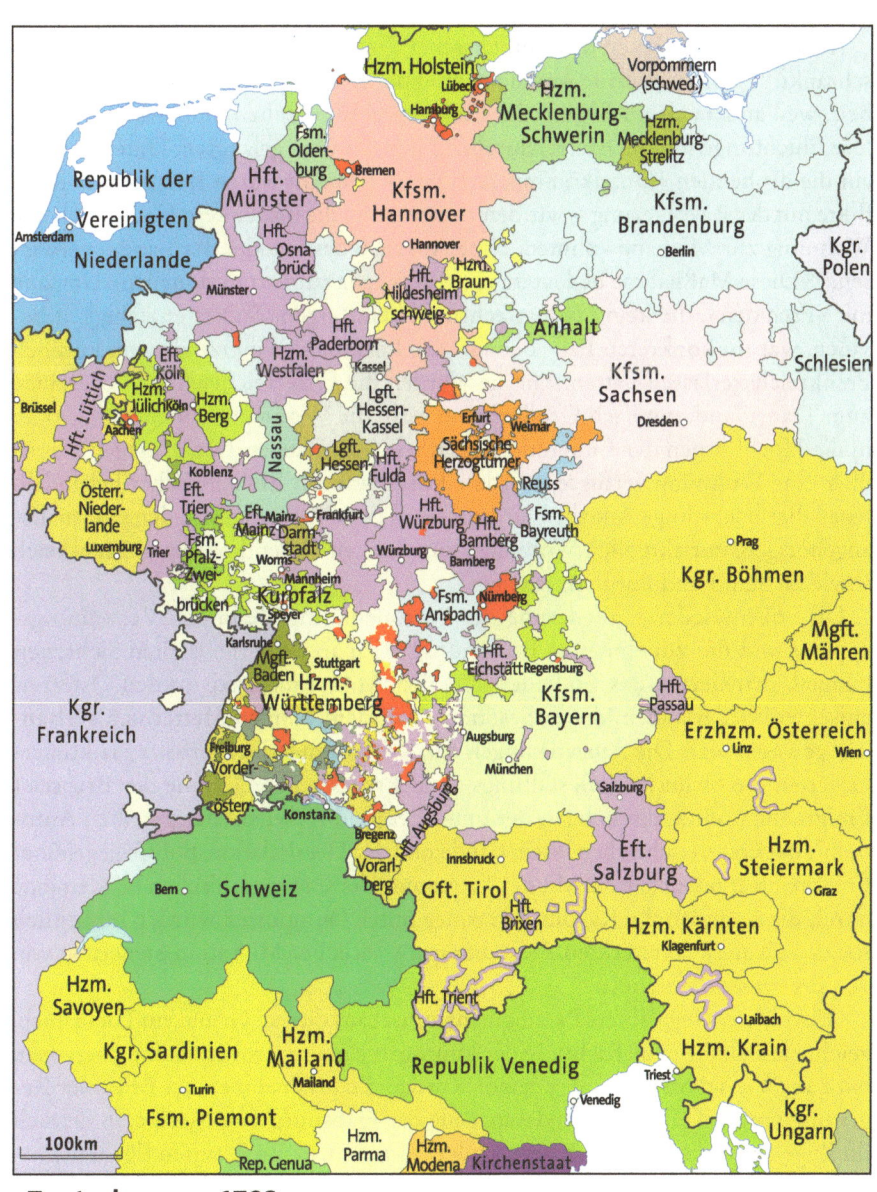

Zentraleuropa 1792

Habsburgische Lande:
- Österreich

Hohenzollernsche Lande:
- Preußen
- Hohenzollern-Hechingen
- Hohenzollern-Sigmaringen

- Geistliche Gebiete
- Teilsouveräne geistliche Gebiete
- Reichsstädtisches Gebiet
- Kleine oder stark fragmentierte Gebiete
- Reichsgrenze

Auch die Freizügigkeit nichtmilitärischer Emigranten wurde nun erheblich beschränkt.[185] Anlass hierfür waren wachsende Sorgen um die öffentliche Sicherheit, weil anders als zu Beginn der Emigration inzwischen immer mehr mittellose Flüchtlinge in die Österreichischen Niederlanden gelangten. Unter Verweis auf die drohenden »Unzukömmlichkeiten« – gemeint waren Bettelei und Konflikte mit der Bevölkerung – wurden Emigranten, die bisher kein Haus und keine Wohnung zur Miete bewohnten, ohne Ansehen des Standes des Landes verwiesen.[186] Diese Maßnahme bedeutete eine Rückkehr zum »traditionellen« Umgang mit »Fremden«, die kein Heimatrecht und keine eigene Subsistenzfähigkeit besaßen, war im konkreten Fall aber auf jene Personen gemünzt, die erst kürzlich Frankreich verlassen hatten. Für sie wurden die Österreichischen Niederlande zum Transitland, um nach Großbritannien, in die Vereinigten Niederlanden oder in die Hochburgen der Emigration am Rhein zu gelangen. Wer dagegen bereits über eine Wohnung verfügte, wurde faktisch wie ein Einheimischer behandelt, hatte aber neuerdings Angaben zu Tauf- und Familiennamen, zu den Haushaltsangehörigen, zur aktuellen Wohnung, zum letzten Aufenthaltsort in Frankreich sowie zu Stand und Beruf zu machen.

Die volle Wiedereingliederung der Personenkontrolle in den Verwaltungsapparat und die zunehmende Bedeutung, die man der öffentlichen Sicherheit beimaß, markierten das Ende der liberalen Aufnahmepraxis in den Österreichischen Niederlanden, die insbesondere mit dem Namen Metternich verbunden gewesen war. Die Auswirkungen der Kriegswende im Herbst 1792 konterkarierten die bisherigen Gestaltungs- und Ermessensspielräume der Brüsseler Emigrantenpolitik, die sich aus der unter Leopold II. wiederhergestellten Autonomie der Österreichischen Niederlande und der Deeskalationspolitik gegenüber Frankreich ergeben hatten. Mit der Eroberung der Österreichischen Niederlande durch die französische Revolutionsarmee unter Dumouriez wurden schließlich sogar die zuletzt verstärkten Bestrebungen staatlicher Migrationssteuerung von den Ereignissen überholt.[187]

Obwohl der eingeläutete Paradigmenwechsel aus diesem Grund ein Torso blieb, zeichnete sich die neue Richtung der künftigen Emigrantenbehandlung bereits *in nuce* ab. Wie schon zwei Jahre zuvor wurden die Maßnahmen der Brüsseler Regierung vorbildhaft für die anderen Teile der Habsburgermonarchie, in die sich im Zuge der französischen Kriegserfolge immer mehr Emigranten flüchteten.

Struggle Against Revolution, 1789-1814, London 1999, S. 28-42; zur Armée de Condé in Vorderösterreich Planert, Der Mythos vom Befreiungskrieg, S. 120-124.
185 Presle, Die Einstellung der Regierung, S. 178-180.
186 Ebd.
187 Infolge der kurzzeitigen habsburgischen Restauration in den Österreichischen Niederlanden nach der Schlacht von Neerwinden im März 1793 setzte Metternich ein neues Komitee ein, dem wiederum emigrierte Franzosen angehörten, um über Aufenthaltsgesuche zu befinden; dazu ebd., S. 210-216.

2.2 Formalisierung und Einhegung: Normative Regulierung der Emigration nach 1792

In den habsburgischen Kernländern hielt man die revolutionsbedingte Fluchtbewegung gegen Ende des ersten Kriegsjahres 1792 nicht mehr nur für eine Angelegenheit, die allein die an Frankreich grenzenden Westprovinzen betraf. Kurz nach der österreichischen Niederlage bei Jemappes im November 1792 bat der Prager Oberstburggraf den Wiener Hof um Instruktionen, »wie er sich in Ansehung der in Böhmen etwa ankommenden französischen Emigranten zu verhalten habe«.[188] Das Reskript Kaiser Franz' II. umriss ein Programm zur Änderung der bisherigen Aufnahmepolitik für Emigranten der Revolution, die den Tod seines Vorgängers Leopold II. in ihren Grundzügen überdauert hatte und nun einer Reform unterzogen werden sollte:

> Da Ich [Kaiser Franz II., M.W.] keinem Emigranten, der nicht einen von Meiner geheimen Hof- und Staatskanzlei ausgefertigten Paß aufzuweisen vermag, den Eintritt in Meine Staaten gestatten will, und ich […] den Auftrag erlassen habe, daß diese Pässe nur denjenigen ertheilet werden sollen, von welchen man versichert ist, daß sie dem Staat weder gefährlich noch lästig seyn werden; so wird bei sämtlichen Länderbehörden […] hier noch das nöthige einzuleiten und in Besehung der bereits im Lande befindlichen Emigrirten auch die weitere Vorsehung zu treffen seyn, damit alle jene, gegen welche ein gegründeter Anlaß zu Mißtrauen vorhanden ist, […] das consilium abeundi gegeben werde.[189]

Diese Erklärung war richtungsweisend für die zweite Phase der Emigrantenpolitik. Sie formulierte Ansätze für eine »gesamtstaatliche« Formalisierung und Einhegung der Revolutionsemigration, deren räumliche Dynamik auch in Wien als so hoch eingeschätzt wurde, dass man in absehbarer Zeit mit steigenden Emigrantenzahlen auch in den frankreichferneren Erbstaaten rechnete.[190] Deutliche Hinweise darauf gaben die Entwicklungen im vorderösterreichischen Konstanz, wo die Zahl der Flüchtlinge im November 1792 innerhalb weniger Tage auf mehrere hundert Personen emporgeschnellt war.[191]

Die Absicht, eine standesunabhängige Passpflicht für alle Einreisewilligen einzuführen, bedeutete einen grundlegenden Wandel in der Mobilitätskontrolle.[192]

---

188 Zit. n. Pawlik, [Diss.] Emigranten der französischen Revolution in Österreich, S. 90.
189 Zit. n. ebd., S. 91.
190 Eine allgemeine Verstärkungen der Fremdenaufsicht waren bereits im Frühsommer 1792 seitens des Wiener Hofes angeordnet worden, vgl. Stoklásková, Fremdsein in Böhmen und Mähren, S. 695-698.
191 Moser, Die französische Emigrantenkolonie in Konstanz, S. 20.
192 Verordnungen gegen grenzüberschreitende Vagabondage und Bettelei hatte es freilich schon früher gegeben, vgl. Stoklásková, Fremdsein in Böhmen und Mähren, S. 648-652.

In der Frühen Neuzeit waren Pässe meist formlose Empfehlungsschreiben, in denen um ungehinderte Passage gebeten wurde, wobei es häufig von Status und Einfluss des Empfehlenden abhing, ob dieser Bitte tatsächlich entsprochen wurde.[193] Zwar hatte es seit theresianischer Zeit wiederholte Versuche zur Vereinheitlichung und Kompetenzabgrenzung gegeben, doch war es beim »herrschende[n] Wirrwarr behördlicher Paßerteilung«[194] geblieben. Das neue Verfahren orientierte sich dagegen am jüngst in Frankreich etablierten Passregime.[195] Es schuf einerseits die Voraussetzung für standardisierte Einreisekontrollen an den Grenzen. Andererseits übertrug es die Entscheidungshoheit über die Ausstellung der Einreiseerlaubnis einer Wiener Hofstelle und ermöglichte dadurch eine zentralisierte Sammlung von Personeninformationen.

Neben der Passpflicht setzte das Reskript auch bei der Kategorisierung von Emigranten einen neuen Akzent. Es rekurrierte auf zwei personalisierte Ausschlusskriterien für die Erteilung einer Einreise- bzw. Aufenthaltsgenehmigung, die bereits in den Migrationsreglements der theresianischen Zeit Anwendung gefunden hatten, nun aber eine inhaltliche Aktualisierung erfuhren.[196] Dies galt weniger für den Typus des als »lästig« deklarierten, also mittellosen und bedürftigen Emigranten, dem ähnlich wie Bettlern, Vagabunden oder anderen »Müßiggängern« aus einem utilitaristischen Kalkül heraus Einreise und Aufenthalt versagt werden sollten.[197] Vielmehr wurde der Bedeutungsgehalt der Zuschreibung »gefährlich« durch die Kopplung von Revolution und Emigration erweitert. Zählten bisher vor allem soziale Randgruppen wie Räuberbanden oder »herumirrende Ziegeuner«[198] zu den *dangerous classes*, deren Mobilität staatlicher Kontrolle unterworfen wurde, wurde nun die politische »Denkungsart«, wie es zeitgenössisch hieß, zum Maßstab von »Gefährlichkeit« erhoben.[199] Wer die Definitionshoheit über diesen Maßstab innehaben und im individuellen Fall darüber urteilen sollte, spezifizierte das Reskript jedoch nicht.

Den neuen Ansatz komplettierten zwei methodische Aspekte. Zum ersten wurden die Revolutionsflüchtlinge einem generalisierten Misstrauensvorbehalt unterworfen, der mit dem »principe général d'hospitalité« der ersten Phase der

---

193 Fahrmeir, Paßwesen und Staatsbildung im Deutschland des 19. Jahrhunderts, S. 60-61.
194 Burger, Passwesen und Staatsbürgerschaft, S. 11.
195 Torpey, Revolutions and Freedom of Movement, S. 845-847.
196 Stokláskova, Fremdsein in Böhmen und Mähren, S. 648-652.
197 Diese Regelung stand in der Tradition des theresianischen Grenzregimes von 1750, vgl. Joseph Kropatschek (Hg.): Kaiserl. Königl. Theresianisches Gesetzbuch, enthaltend die Gesetze von den Jahren 1740 bis 1780, welche unter der Regierung des Kaisers Joseph des II. theils noch ganz bestehen, theils zum Theile abgeändert sind; in einer chronologischen Ordnung, Bd. 1: 1740 bis 1753, Wien 1786, S. 161-166, Nr. 96.
198 Gubernialverordnung in Innerösterreich, 22. März 1788, in: ders. (Hg.): Handbuch aller unter der Regierung des Kaisers Joseph II für die k.k. Erbländer ergangenen Verordnungen und Gesetze, Bd. 15: 1788, Wien 1789, S. 763-764.
199 Karl Härter: »Polizei«, in: Friedrich Jaeger (Hg.): Enzyklopädie der Neuzeit, Bd. 10, Stuttgart 2009, S. 170-180; hier S. 176.

Aufnahmepolitik brach. Historiografisch mitunter als Ausdruck von Fremdenfeindlichkeit missinterpretiert, war dieser Vorbehalt vielmehr ein Indikator eines veränderten Sicherheitsdispositivs, mit dem neue Formen und Instrumente staatlicher Kontrolle einhergingen. Künftig sollten auch jene Emigranten, die seit 1790 ohne formale Legitimation und Kontrolle eingereist waren und sich in den Erbstaaten niedergelassen hatten, einer Überprüfung unterzogen werden. Wer von ihnen im Sinne der beiden aufgestellten Kategorien rubriziert wurde, musste mit einer zwangsweisen Entfernung aus den Erbstaaten rechnen.

Um überhaupt Aussicht auf eine Einreise- bzw. Aufenthaltserlaubnis zu haben, bedurfte es zum zweiten glaubhafter Nachweise über die fehlende »Gefährlichkeit« bzw. »Lästigkeit« einer Person. Diese Konditionierung machte Empfehlungsschreiben, mittelfristig sogar Bürgschaften dritter Parteien unerlässlich, die unter Aufbietung ihres ökonomischen und sozialen Kapitals Zeugnis über den »Charakter« eines einreisewilligen Emigranten ablegten und sich für diesen verbindlich machten.

Für diesen neuen Akzent in der Aufnahmepolitik sorgten mehrere Faktoren, die sich wechselseitig verstärkten. Ausschlaggebend waren die zeitliche Koinzidenz von neuen Emigrationsschüben aus Frankreich nach dem Übergang zur Republik, die kriegsbedingte Fluchtbewegung aus den an Frankreich grenzenden Regionen sowie die jüngsten Erfahrungen mit den wirkungslosen Lenkungsversuchen der Emigration in den Österreichischen Niederlanden. Die Rezeption der radikalisierten Revolution seit September 1792 erzeugte zusätzlichen Handlungsdruck.[200] So gewannen aus Wiener Sicht die Abschaffung der Monarchie und die Inhaftierung der französischen Königsfamilie im Licht der offenen Beistandszusage des Pariser Nationalkonvents an alle Völker, »die ihre Freiheit wiedererringen wollten«, den Charakter einer regelrechten Drohung.[201] Vor dem Hintergrund des militärischen Erfolgs der Revolutionsarmeen waren daher die neuen Maßnahmen mit der Absicht verbunden, Personen mit »gefährlicher« politischer Gesinnung die Einreise zu verweigern,

> [u]m also zu verhindern, daß nicht unter der Gestalt von französischen Auswanderern, welche ein gerechter Abscheu vor den Gräueln, die gegenwärtig in Frankreich wüten, dasselbe zu verlassen gezwungen hat, sich andere in die k.k. Staaten einschleichen mögen, die auch über diese glückliche Länder der Eintracht und der Ordnung, den Geist der Verführung auszubreiten versuchen möchten […].[202]

200 Reinalter, Aufgeklärter Absolutismus und Revolution, S. 172.
201 Déclaration pour accorder fraternité et secours à tous les peuples qui voudront recouvrer leur liberté, 19. November 1792, in: Collection générale des Décrets rendus par l'Assemblée Nationale, Mois de Septembre, Octobre et Novembre 1792, Paris 1792, S. 204.
202 Verordnung der Landesregierung in Oesterreich unter der Enns, 22. Februar 1793, in: Kropatschek, Sammlung der Gesetze Franz des Zweyten, Bd. 2 (1793), S. 180-181, Nr. 626.

Dass infolge des für die alliierte Seite katastrophalen Kriegsverlaufs Revolutionspropaganda auch in der Habsburgermonarchie auf fruchtbaren Boden zu fallen drohte, war spätestens nach der polizeilichen Aushebung revolutionsaffiner Sympathisantenkreise in Wien und andernorts zwischen den Hofstellen unstrittig.[203] Auch Kaunitz, der der Restitution des josephinischen Polizeisystems kritisch bis ablehnend gegenüberstand, unterstützte den neuen Kurs im Grundsatz:

> Die Aufnahme französischer Auswanderer in die hiesigen Lande ist in zweyfacher Rücksicht bedenklich: 1. weil unter dem Namen von Emigranten sich mehrere verkappte würkliche Jakobiner einzuschleichen und ihre gefährliche Lehre zu verbreiten suchen werden, dann auch selbst unter den aus Frankreich Vertriebenen viele von so verdorbener Denkungsart sind, daß, ungeachtet sie durch die Revolution ihr Hab und Gut verloren, sie dennoch den Grundsätzen, welche solche verursacht haben, wenigstens zum Theil anhängen und dieselben überall ungescheuet vertheidigen. 2. Weil die Emigrirten größtentheils ganz mittellos sind und folglich, wo sie hinkommen, entweder auf blossen Kredit oder vom Allmosen leben werden, wodurch sie aller Orten lästig seyn müssen.[204]

Der avisierte Paradigmenwechsel der Einwanderungs- bzw. Emigrantenpolitik schlug sich zunächst in neuen gesetzlichen Bestimmungen nieder. Ende 1792 wurde vom Direktorium ein Gesetz ausgearbeitet, in das die Maßgaben des kaiserlichen Reskripts Eingang fanden und das am 5. Januar 1793 vom Kaiser erlassen wurde. Ergänzt um ein Verteilungsprinzip für die kaiserlichen Erbstaaten sollte demnach

> keinem französischen Auswanderer der Eintritt in die Erbländer gestattet werden, wenn er nicht von der geheimen Hof- und Staatskanzlei einen Paß aufzuweisen hat. Daher ist jeder, der ohne einen solchen Paß an die Gränze kommt, zurück zu weisen, und welcher sich [...] ohne einen solchen Paß eingeschlichen hätte, sogleich wieder über die Gränze zu bringen, mit der Bedrohung, daß, falls man ihn wieder auf österreichischen Boden betreten sollte, man ihn in Verwahrung bringen würde. Auch denjenigen, welche wirklich [...] Pässe aufzuweisen haben, ist der Aufenthalt auf dem Lande oder in Landstädten nicht zu gestatten, sondern sie sind zu verhalten, in der Hauptstadt der Provinz oder in Wien zu bleiben. [...] Sollte ein mit Paß versehener Emigrirter durch sein Betragen Ver-

---

203 Pawlik, Emigranten in Österreich, S. 110-111; Reinalter, Aufgeklärter Absolutismus und Revolution, S. 173-174.
204 Zit. n. Michael Hochedlinger: » ... Dass Aufklärung das sicherste Mittel ist, die Ruhe und Anhänglichkeit der Unterthanen zu befestigen«. Staatskanzler Kaunitz und die ›franziszeische Reaktion‹ 1792-1794, in: Helmut Reinalter (Hg.): Aufklärung – Vormärz – Revolution (= Jahrbuch der Internationalen Forschungsstelle Demokratische Bewegungen in Mitteleuropa von 1770-1850 an der Universität Innsbruck, Bd. 16/17 [1996/97]), Frankfurt a. M. 1999, S. 62-79; hier S. 65.

dacht erwecken, daß er dem Lande gefährlich oder lästig werden könnte, und somit die Pflichten der Gastfreiheit verletzte, so ist demselben inzwischen der Paß abzunehmen, und die Anzeige an das Directorium zu machen, damit wegen der weiteren Verfügung die nöthigen Befehle ertheilet werden können.[205]

Als Scheitelpunkt der Welle normativer Maßnahmen in der zweiten Phase der Aufnahmepolitik bildete das franziszeische Emigrantengesetz über Jahre hinweg den Ausgangs- und Bezugspunkt sämtlicher Entscheidungen, die die Behörden in Emigrantensachen fällten. Auch spätere Detailregelungen gingen stets von diesem ersten allgemeingültigen Regelwerk aus.

Ordnet man die an der Jahreswende 1792/93 angeschobenen Umgestaltungen in einen größeren migrationshistorischen Zusammenhang ein, fällt die veränderte Haltung zur grenzüberschreitenden Migration noch deutlicher ins Auge. Nachdem der Staat Immigration jahrzehntelang aktiv gefördert hatte, kam mit Kriegsbeginn die Impopulationspolitik fast vollständig zum Erliegen.[206] Die neuen Aufnahmeregularien können somit als normative Seite, die zeitlich parallele Restitution der josephinischen Polizei als institutionelle Seite des franziszeischen Ansatzes zur Migrationssteuerung und Fremdenkontrolle gedeutet werden, der in der folgenden Dekade zur migrationspolitischen Richtschnur wurde.

In synchron-vergleichender Perspektive tritt zudem die zeitliche und inhaltliche Kongruenz mit Emigrantenordnungen in anderen europäischen Staaten hervor, insbesondere mit dem »Aliens Act«, den das britische Parlament am 7. Januar 1793 als zweites »Sicherheitsgesetz« nach dem »Westminster Police Act« erließ.[207] Auch in Großbritannien waren seit September 1792 die Emigrantenzahlen sprunghaft gestiegen. Mit dem »Alien Office« wurde eine neue Behörde mit der Registrierung und Kontrolle der Emigranten betraut.[208] Der kaiserliche Botschafter in London, Johann Philipp von Stadion, hielt den Wiener Hof über diese legislativen und organisatorischen Prozesse ebenso auf dem Laufenden wie über die Situation der Emigranten nach ihrer Ankunft auf den britischen Inseln.[209] Obwohl London nicht als Vorbild für die Emigrantenpolitik Wiens angesehen werden kann, ist davon auszugehen, dass die Berichte Stadions einen Eindruck von dem inzwischen auch andernorts veränderten Umgang mit der Emigration

---

205 Hofdekret, 5. Januar 1793, in: Sr. k. k. Majestät Franz des Zweyten politische Gesetze und Verordnungen für die Österreichischen, Böhmischen und Galizischen Erbländer, Bd. 2, Wien 1817, S. 1-3, Nr. 2.
206 Stoklásková, Fremdsein in Böhmen und Mähren, S. 695-696.
207 Elizabeth Sparrow: Secret Service under Pitt's Administrations, 1792-1806, in: History and Theory 83 (1998), S. 280-294.
208 Elizabeth Sparrow: The Alien Office 1792-1806, in: The Historical Journal 33 (1990), S. 361-384; Reboul, French emigration to Great Britain, S. 64-65.
209 ÖStA/HHStA, StAbt Großbritannien, Diplomatische Korrespondenz 131, Berichte Stadions 1790-1792.

und der möglichen Verbreitung von revolutionären Ideen vermittelten. Gerade im Hinblick auf die Formen und Möglichkeiten antirevolutionärer Gegenpropaganda war Großbritannien am Wiener Hof in diesen Monaten ein wichtiger Referenzpunkt.[210]

Emigrantenbehandlung zwischen Normsetzung und Verwaltungshandeln

In der Praxis stellte das franziszeische Emigrantengesetz zunächst weniger die Emigranten als vielmehr die staatliche Verwaltung vor Probleme, denn für den konkreten Entscheidungsablauf bei Passerteilung und Ausstellung von Aufenthaltserlaubnissen gaben dessen Bestimmungen keine Anleitung. Missverständliche Instruktionen des Kaisers verkomplizierten die Abstimmung zwischen den drei involvierten Hofstellen – dem Direktorium, der Staatskanzlei und der neu eingerichteten Polizeihofstelle – zusätzlich.[211] Die Bitte des emigrierten Geistlichen Pierre Marie Bajolet aus Nancy um Erteilung einer Aufenthaltserlaubnis für Wien zum Beispiel zog im Januar 1793 ein umständliches Umlaufverfahren zwischen den drei Behörden nach sich, das allen Beteiligten die mangelnde Praxistauglichkeit des neuen Gesetzes offenbarte.[212]

Auf eilig anberaumten Konferenzen rangen Vertreter der Hofstellen um einen präzisierten Verfahrensweg. Philipp von Cobenzl, der inzwischen auf Kaunitz als Leiter der Staatskanzlei gefolgt war, hielt es für unzumutbar, einreisewillige Emigranten an der Grenze so lange warten zu lassen, bis ein Pass der Staatkanzlei bei ihnen eintraf oder ihr Anliegen abschlägig beschieden wurde.[213] Da der Polizei zudem die alleinige Entscheidung über die Aufenthaltserlaubnis zufiel, bedurfte es aus Gründen der Praktikabilität bereits bei der Frage der Passerteilung einer Absprache zwischen Staatskanzlei und Polizeihofstelle, ob ein Emigrant nach einer bewilligten Einreise überhaupt ein Bleiberecht hatte. Diese konnte in vielen Fällen jedoch nur schwerlich auf Basis von Schriftstücken getroffen werden, die ein Emigrant nach Wien sandte. Aus diesem Grund wurden fortan auch die österreichische Generalität im Kriegsgebiet sowie die diplomatischen Gesandtschaften ermächtigt, Einreisepässe auszustellen, wenn ein Emigrant einen Nach-

---

210 Wangermann, From Joseph II to the Jacobin trials, 125. Zu den Überlegungen am Hof, wie eine antirevolutionäre Öffentlichkeitsstrategie aussehen könnte, siehe das Unterkapitel 5.3.3 in Teil II dieses Buches.
211 Die Koordinierung zwischen den Hofstellen in der Emigrantenfrage im Januar und Februar 1793 rekonstruiert Schembor, Franzosen in Wien, S. 88-95.
212 ÖStA/HHStA, StK, Notenwechsel Polizeihofstelle 21, Polizeiminister Pergen an die Staatskanzlei, 15. Januar 1793.
213 ÖStA/AVA, PHSt 1793/62, Übertritt von französischen Emigranten über die Grenze.

weis über ausreichende Subsistenzmittel und über seinen »untadelhaften moralischen Karakter« vorlegte.[214]

Für die Emigranten vereinfachte sich durch diese Regelung die Beschaffung der notwendigen Papiere. Wem es nicht gelang, auf postalischem Weg von der Staatskanzlei einen Pass zu erwirken, wandte sich in Städten wie Turin, Rom, Venedig, London, Bern, Köln oder München an die diplomatischen Vertreter des Kaiserhofs.[215] An diesen Orten holten Emigranten Auskünfte über die aktuellen Einreisekonditionen ein, knüpften Kontakte, bildeten Weggemeinschaften und legten eine vorläufige Reiseroute fest. In den Folgejahren entwickelte sich insbesondere die Reichstagsstadt Regensburg zu einem wichtigen Etappenziel, da sich die dortige Gesandtschaft vergleichsweise großzügig bei der Ausstellung von Pässen zeigte – was sich wiederum schnell unter den Emigranten herumsprach.[216] Der Kriegsverlauf, die veränderlichen Emigrantenreglements in den Transitstaaten, aber auch persönliche Ressourcen und subjektive Bewertungen der jeweiligen Situation sorgten für eine nur geringe Halbwertszeit von Reiseplanungen. Improvisationen, die von einfachen logistischen Umorganisationen bis hin zur gänzlichen Änderung der Reiserichtung reichen konnten, waren oft unausweichlich.

Wer aller Unbilden zum Trotz an die Grenzen Tirols, Oberösterreichs oder Böhmens gelangte, wurde künftig nach den »Direktivregeln« behandelt, die im Februar 1793 aus den Konsultationen der Hofstellen hervorgegangen waren und das künftige Legitimationsverfahren festlegten:[217] An den »Grenzeinbruchstellen« angekommen, legte ein französischer Emigrant den Grenzzollbeamten zunächst seinen Pass vor. Nach einer Prüfung des Dokuments vermerkten diese darauf die »Marschroute« bis in die nächstgelegene Provinzhauptstadt. Dort angelangt, suchte der Emigrant binnen 48 Stunden über die örtliche Polizeidirektion beim Landeschef formal um eine Aufenthaltserlaubnis nach, die gegen Abgabe des Passes und unter Würdigung etwaiger Empfehlungsschreiben sowie des Vermögensstandes mit einem »Lizenz-Zettel« dokumentiert wurde.[218] Hielten die Nachweise einer Überprüfung nicht stand, drohte die »Abschaffung« bzw. »Instradierung«. Üblicherweise wurde für diesen Fall eine vierwöchige Frist bis zur Ausreise eingeräumt.[219] Begehrte ein Emigrant die Weiterreise in eine andere Provinzhauptstadt, wurde der Pass gegen Abgabe des Lizenzzettels wieder ausgehändigt und die Marschroute bis zum Zielpunkt eingetragen, wo erneut über das Bleiberecht

---

214 ÖStA/AVA, PHSt 1793/266, Polizeiminister Pergen an die kommandierenden Generale der Armee, 6. April 1793.
215 Winkler, Exil als wechselseitige Herausforderung, S. 80.
216 Zedinger, Migration und Karriere, S. 56, 90-91.
217 Hofdekret, 17. Februar 1793, in: Sr. k. k. Majestät Franz des Zweyten politische Gesetze und Verordnungen für die Österreichischen, Böhmischen und Galizischen Erbländer, Bd. 2, Wien 1817, S. 34-37, Nr. 25.
218 Pawlik, Emigranten in Österreich, S. 111-112.
219 Schembor, Franzosen in Wien, S. 95.

befunden wurde. Medizinische Gründe für einen Ortswechsel, etwa in die klimatisch vorteilhaftere Lombardei oder das Küstenland, wurden meist akzeptiert.[220]

Auch die Sammlung von Personeninformationen war nun zentralisiert. Mit Namensverzeichnissen setzte die jeweilige Landesstelle regelmäßig die Polizeihofstelle in Wien über die Neuankömmlinge in Kenntnis. War Wien selbst das Reiseziel, bedurfte es einer gesonderten Erlaubnis der Polizeihofstelle, die auf diese Weise den Zuzug in die Haupt- und Residenzstadt steuern konnte.[221] Jene Emigranten, die bereits seit 1790 in den Erbstaaten ansässig waren, wurden neuerlich von den Polizeidirektionen vorgeladen, um eine Aufenthaltsgenehmigung unter den neuen Konditionen zu beantragen. Wer Frankreich bereits im zweiten Halbjahr 1789 verlassen hatte und damit zu den Emigranten der ersten Stunde zählte, bedurfte keiner neuen Legitimation. Auf der untersten Verwaltungsebene schließlich wachten die Kreisämter darüber, dass sich kein französischer Emigrant außerhalb der Landeshauptstädte aufhielt. Wurden Regelübertretungen bekannt, hatten sie umgehend die jeweilige Landesregierung bzw. direkt die Polizeihofstelle zu informieren.

Die Emigrantenkontrolle als Gegenstand der Polizei

Die Ausgestaltung der Direktivregeln zeigt, dass die Polizeihofstelle gestärkt aus dem zwischenbehördlichen Abstimmungsprozess hervorgegangen war. Hatte ursprünglich die Staatskanzlei mit der entscheidenden Filterfunktion betraut werden sollen, war es Pergen unter Verweis auf Praktikabilitätserwägungen und die räumliche Fluktuation der Emigranten gelungen, das polizeiliche Element der Fremdenkontrolle zulasten der anderen Behörden auszuweiten. Die Polizei urteilte als letzte Instanz über die »Gefährlichkeit« von Einzelpersonen und veranlasste die entsprechenden Sanktionen.[222] Als Aufgabe blieb der Staatskanzlei wenig mehr als die Ausfertigung der Pässe. Die ungarischen Länder blieben zwar weiterhin vom Polizeisystem ausgenommen, doch empfahl Vize-Polizeiminister Saurau dem ungarischen Hofkanzler dringend die Beachtung der Direktivregeln.[223]

Die Polizeihofstelle fungierte somit als höchste Aufsichts- und Steuerungsinstanz für die Emigranten innerhalb der Erbstaaten. Als Scharnierstelle am Hof verfügte sie hinsichtlich der Fremdenaufsicht über Weisungskompetenzen gegenüber den Landesregierungen und überwachte zudem die Einhaltung der Direk-

---

220 Pawlik, Emigranten in Österreich, S. 114.
221 Ebd., S. 112.
222 Siehe dazu die große Anzahl von Anfragen der Staatskanzlei an die Polizeihofstelle bezüglich einreisewilliger Emigranten: ÖStA/HHStA, StK, Notenwechsel Polizeihofstelle 1. Dazu die Antworten der Polizeihofstelle in ÖStA/HHStA, StK, Notenwechsel Polizeihofstelle 21.
223 ÖStA/HHStA, StK, Notenwechsel Polizeihofstelle, Vize-Polizeiminister Saurau an Außenminister Thugut, 26. Mai 1794.

tivregeln in den Ländern.²²⁴ Auf der anderen Seite unterhielt sie einen direkten Kommunikationskanal zum Monarchen, der regelmäßig über Emigrantenzahlen und besondere Einzelfälle in Kenntnis gesetzt wurde.

Diese neue Zentralstellung nur kurz nach der Restitution des Polizeisystems ist nicht allein mit den institutionellen Konkurrenzkämpfen zu erklären. Ein weiterer Faktor ist im ereignisgeschichtlichen Kontext zu sehen, insbesondere in der Rezeption der Hinrichtung des französischen Königs im Januar 1793, die genau in die Phase der zwischenbehördlichen Koordinierungsbemühungen fiel.²²⁵ Die Nachricht vom gewaltsamen Tod Ludwigs XVI. führte sowohl am Hof als auch in Teilen der Öffentlichkeit zu einer Eruption antifranzösischer Stimmung, die sich auch gegen ansässige Franzosen entlud.²²⁶ Der neue Oberstburggraf Lažansky etwa berichtete, dass in Prag eine Bürgerpetition zirkulierte, die eine Ausweisung aller in der Stadt befindlichen Franzosen forderte.²²⁷ In Wien kündigte man ihnen Zimmer und Wohnungen, aus Frankreich stammende Sprach- und Hofmeister wurden entlassen; in Gasthäusern wurden Franzosen Kost und Logis verweigert.²²⁸

Diese Situation nutzte Pergen zur Vergrößerung des polizeilichen Handlungsradius. Hatte sich der Polizeiminister vor seinem Rücktritt 1791 noch auf Gerüchte über »Umtriebe« französischer »Emissäre« in den Erbstaaten berufen, um neue Maßnahmen zu begründen, war im Frühjahr 1793 das Umfeld für die Legitimierung dieser Maßnahmen bedeutend günstiger. Neben der persönlichen Rückendeckung, die er vom Kaiser erhielt, bildeten der Umstand, dass immer mehr Emigranten in die habsburgischen Kernländer gelangten, sowie die aufgeheizte Stimmung in der Öffentlichkeit, die sich gegen greifbar »Französisches« richtete, einen Resonanzraum für seine Vorstöße. So informierte Pergen den Kaiser über seine Absicht, durch Polizeispitzel die öffentliche Empörung weiter zu schüren.²²⁹ Den Duc de Polignac, der seit 1791 als Geschäftsträger der emigrierten Prinzen am Wiener Hof fungierte, warnte der Polizeiminister gleichzeitig, in Wien ansässige Franzosen sollten angesichts der aktuellen Stimmungslage die Öffentlichkeit im eigenen Interesse meiden.²³⁰ Diese Verknüpfung von versicherheitlichter öffentlicher Meinung und der federführenden Rolle bei der Fremdenkontrolle bildete somit den neuen Machtkern der Polizei.

224 StmkLA Graz, Gubernium 26 26-803/1793, Zusammenstellung der Direktivregeln, 17. Februar 1793.
225 Auf die Rezeption der Hinrichtung verweist schon Reinalter, Aufgeklärter Absolutismus und Revolution, S. 183.
226 Schembor, Franzosen in Wien, S. 95-99.
227 Ebd., S. 96.
228 Häusler, Widerhall und Wirkung, S. 200-201.
229 ÖStA/AVA, Inneres, Polizei, Pergen Akten 10/1, H 31, Pergen an Kaiser Franz, 31. Januar 1793.
230 ÖStA/AVA, PHSt 1793/77, Polizeiminister Pergen an den Duc de Polignac, o. D.

In dieser aufgeladenen Atmosphäre im Winter 1793 wurden französischen Emigranten pädagogische Tätigkeiten untersagt.[231] Der Hintergrund für das Verbot bestand weniger in der Furcht vor der Verbreitung explizit prorevolutionärer Propaganda als vielmehr des politischen »Partheygeistes« überhaupt. Die Konfrontation der »erbländischen Jugend« mit potenziell kontroversen Bewertungen der Revolution und ihrer Konsequenzen, die die französischen Emigranten durch ihr persönliches Schicksal in besonderem Maße authentifizieren konnten und deren Vermittlung im Rahmen des Unterrichts sich polizeilicher Kontrolle entzog, sollte auf diese Weise verhindert werden. Über den generalisierten Misstrauensvorbehalt hinaus lässt Kaunitz' Warnung vor den problematischen »Grundsätze[n]« eines Teils der Emigranten erkennen, dass aus Wiener Sicht der jüngere politisch-philosophische Diskurs in Frankreich ursächlich mit der Revolution verknüpft war und aus diesem Grund nun auch das Erziehungswesen Sicherheitskalkülen unterworfen wurde.[232]

Als Wasserscheide wurde wiederum das Jahr 1790 festgesetzt. Wer vor dem Fristjahr aus Frankreich in die Erbstaaten gekommen und in Dienste getreten war, dürfte weiter als Erzieher wirken. Allen später angekommenen Franzosen war diese Form der Erwerbsarbeit fortan untersagt. Im Falle bereits bestehender Erziehungsverträge sollten immerhin Abfindungen erwogen werden.[233] Auch in diesem Bereich war es die Polizei, die über die Einhaltung der Regeln wachte und gegebenenfalls einschritt.

Dass für die strikten Normsetzungen in dieser Phase auch persönliche Motive des jungen Monarchen eine Rolle spielten, legen dessen Äußerungen zwar durchaus nahe.[234] Franz II. jedoch pauschal eine »Abneigung gegen alles Französische«[235] zuzuschreiben und dies zur maßgeblichen Ursache für die jüngsten Verschärfungen zu erklären, unterschätzt die Reziprozität zwischen der Versicherheitlichungsdynamik, den in diesen Prozess involvierten Akteuren sowie der Rezeption des Geschehens in Frankreich und anderen europäischen Ländern. Die im Schatten der radikalisierten Revolution getroffenen Maßnahmen dokumentieren, dass staatliche Interventionen inzwischen über die Frage von Einreise und Aufenthalt hinaus in das Alltagsleben der französischen Revolutionsflüchtlinge eingriffen und ihre Handlungsfelder vor Ort reglementierten.

---

231 ÖStA/AVA, PHSt 1793/223, Kaiser Franz II. an Polizeiminister Pergen, o.D.
232 Auch die Einfuhr französischer Zeitungen wurde untersagt: ÖStA/AVA, PHSt 1793/778; für die Einfuhr französischer Bücher wurden wenig später Regeln erlassen, vgl. Hofdekret, 9. Februar 1793, in: Sr. k.k. Majestät Franz des Zweyten politische Gesetze und Verordnungen für die Österreichischen, Böhmischen und Galizischen Erbländer, Bd. 2, Wien 1817, S. 24-25, Nr. 16.
233 Schembor, Franzosen in Wien, S. 107.
234 Stoklásková, Fremdsein in Böhmen und Mähren, S. 697.
235 Ebd.

Implementierung der Direktivregeln

Die Bewährungsprobe für die Direktivregeln und die neuen Funktionen der Polizeihofstelle bestand darin, ob der »ordentliche systematische Gang«, wie Pergen die Vereinheitlichung der Aufnahmeregeln bezeichnete, in allen Erbstaaten umgesetzt wurde.[236] Tatsächlich wiederholten der Polizeiminister und sein Stellvertreter dort, wo es in den folgenden Jahren zu Übertretungen der Regeln kam, fast gebetsmühlenartig ihre Mahnung an die Landesregierungen, »[a]uf alle emigrirte[n] Franzosen und ihren Briefwechsel ein obachtsames Auge zu tragen«.[237] Urteilten einzelne Landeschefs bei der Ausstellung von Aufenthaltserlaubnissen nach dem Eindruck der Polizeihofstelle zu nachsichtig oder legten sie die Direktivregeln falsch aus, griffen Pergen und Saurau erst erklärend, dann korrigierend ein. Im Fall des Emigrantenpriesters Monnot etwa, der sich im März 1793 mit Bürgschaft des Grafen Schaffgotsch ins schlesische Troppau begeben wollte, hatte der mährische Landeschef Ugarte bereits eine Aufenthaltserlaubnis in Aussicht gestellt, die Vize-Polizeiminister Saurau unter Verweis auf das Verbot für Emigranten, sich außerhalb der Landeshauptstädte aufzuhalten, kurzerhand kassierte.[238]

Widerspruch blieb jedoch nicht aus. Gerade die Landeschefs pochten auf ihre Entscheidungskompetenzen und wichen dabei immer wieder von den Vorgaben ab, zumal die starren Regeln keineswegs immer auf die individuellen Fälle anwendbar waren. Bei strittigen Fragen erstreckten sich die Schriftwechsel zwischen den Landesregierungen und der Polizeihofstelle mitunter über mehrere Jahre, bis endlich eine Entscheidung erreicht werden konnte – für den betroffenen Emigranten eine Hängepartie mit ungewissem Ausgang.[239]

Selbst in Wien ging die Implementierung der Direktivregeln eher schleppend voran. Französische Emigranten meldeten sich nur zögerlich bei der Polizei. Pergens vollmundige Ankündigung, wonach infolge der neuen Regeln »die hiesige Residenzstadt von einer beträchtlichen Zahl der sich seit dem Jahre 1790 hier aufhaltenden Franzosen gereinigt [...] werde«, drohte in einem Fiasko zu enden.[240] Die erste »Abschaffungsliste« aus Wien umfasste lediglich neun Personen.[241] Auch die

---

236 ÖStA/AVA, PHSt 1793/176, Polizeiminister Pergen an Kaiser Franz, 8. März 1793.
237 Hofdekret, 9. Februar 1793, in: Sr. k. k. Majestät Franz des Zweyten politische Gesetze und Verordnungen für die Österreichischen, Böhmischen und Galizischen Erbländer, Bd. 2, Wien 1817, S. 23, Nr. 15.
238 ÖStA/AVA, PHSt 1793/1200, Briefwechsel zwischen dem mährischen Landeschef Ugarte und der Polizeihofstelle in Angelegenheit des emigrierten Priesters Monnot, März bis Mai 1793.
239 Der Fall des Emigrantenpriesters Thomas zog einen von 1793 bis 1795 dauernden Schriftwechsel zwischen Landeschef Ugarte und Polizeiminister Pergen nach sich, siehe ÖStA/AVA, PHSt 1795/1500.
240 ÖStA/AVA, PHSt 1793/176, Polizeiminister Pergen an Kaiser Franz II., 8. März 1793.
241 ÖStA/AVA, PHSt 1793/188, Liste der abgeschafften Franzosen, 12. Februar 1793.

Listen, die aus den Landeshauptstädten bei der Polizeihofstelle eingingen, führten nur wenige Personen auf, denen der weitere Aufenthalt verweigert wurde.[242]

Vor allem an den Grenzen erwies sich die Umsetzung des »systematischen Gangs« als defizient. Emigranten wichen nach dem Grenzübertritt oft von der vorgegebenen Marschroute zur nächstgelegenen Provinzstadt ab, gelangten ungehindert bis nach Ungarn oder hielten sich dauerhaft auf dem Land auf. Als Problem identifizierte Pergen die mangelnde Strenge der Grenzbeamten, die wiederholt »mit Nachdruck zur Beobachtung ihrer Pflichten in Ansehung der [...] Polizei- und Sicherheits-Anstalten, und der zur Erfüllung der hierwegen bestehenden Vorschriften« angewiesen wurden.[243]

Dagegen funktionierten die Informationssammlung und -verarbeitung innerhalb des Polizeiapparats vergleichsweise reibungslos. Gerüchte und Spitzelberichte lösten schnell die volle Alarmkaskade aus. Als im Mai 1793 die Polizeihofstelle über die Aussage eines Emigranten informiert wurde, diesem sei bei der Einreise über Passau nach Linz kein Geringerer als Marie-Jean Hérault de Séchelles, ein Mitglied des Wohlfahrtsausschusses, begegnet, wurde umgehend ein polizeilicher Ermittler nach Passau geschickt.[244] Auch die Linzer Regierung wurde von der Polizeihofstelle angewiesen, nach Hérault zu fahnden.[245] Innerhalb weniger Tage ergaben die Erkundungen, dass es sich um eine schlichte Verwechslung gehandelt hatte, doch offenbarten sich bei dieser Gelegenheit erneut die lückenhaften Personenüberprüfungen an der Grenze zum Hochstift Passau, das für viele Emigranten inzwischen zum Eintrittstor in die österreichischen Erzherzogtümer geworden war.

Der Höhepunkt der Fluchtbewegung 1794

Der wechselhafte Kriegsverlauf stellte die Ansätze zur Formalisierung und Kontrolle der Emigrantenmobilität zusätzlich auf die Probe. Mit dem Sieg der Alliierten bei Neerwinden kam es im März 1793 zur Rückeroberung der Österreichischen Niederlande und zur Restauration der habsburgischen Herrschaft in Brüssel.[246] Zahlreiche Emigranten, die sich in der Zwischenzeit unter anderem nach Österreich geflüchtet hatten, kehrten in die an Frankreich grenzende habsburgische Provinz zurück.[247] Dort trafen sie auf Scharen eidverweigernder Geistlicher, die

---

242 ÖStA/AVA, PHSt 1793/1200, Verzeichnisse aus Lemberg und Prag, 30. Juni 1793.
243 Hofdekret, 23. August 1793, in: Sr. k.k. Majestät Franz des Zweyten politische Gesetze und Verordnungen für die Österreichischen, Böhmischen und Galizischen Erbländer, Bd. 3, Wien 1817, S. 19-20, Nr. 14.
244 ÖStA / HHSt, StK, Notenwechsel mit der Polizeihofstelle 21, Vize-Polizeiminister Saurau an Außenminister Thugut, 23. Mai 1793.
245 OÖLA Linz, Landesregierung – Präsidium, Polizeiakten, Ktn. 190, 1793, Polizeiminister Pergen an Landeschef Auersperg, 14. Mai 1793.
246 Zedinger, Migration und Karriere, S. 44.
247 Presle, Die Einstellung der Regierung, 207; Zedinger, Migration und Karriere, S. 52.

vor den Konsequenzen des Deportationserlasses des Nationalkonvents aus Frankreich flohen, sowie auf Soldaten der Revolutionsarmee, die zusammen mit General Dumouriez desertiert waren. Anders als vor Beginn des Krieges wurde die Freizügigkeit der vielen Tausend Franzosen zahlreichen Beschränkungen unterworfen, da die Emigranten auch in den Österreichischen Niederlanden gemäß den Direktivregeln behandelt werden sollten.[248]

Ob der Wiener Hof den kurzfristigen Rückkehrtrend nutzte, um Ende 1793 die zuvor aufgestellten Einreiseregeln noch einmal zu verschärfen, ja sogar ein »striktes Eintrittsverbot«[249] für die habsburgischen Kernländer zu verhängen, wie Maria Pawlik und Renate Zedinger behaupten, ist nicht eindeutig zu belegen.[250] Mit der Fluchtbewegung, die im Frühsommer 1794 infolge erneuter militärischer Rückschläge der Koalition und der faktischen Annexion der Österreichischen Niederlande durch Frankreich einsetzte, erreichte der Migrationsdruck einen neuen Höhepunkt.[251] Einen Eindruck von den praktischen Konsequenzen der neuerlichen Kriegswende vermittelte der kaiserliche Resident in Köln dem Wiener Hof.[252] Seinem Bericht zufolge hatten sich im Sommer 1794 Tausende Flüchtlinge aus Frankreich, den Österreichischen Niederlanden und dem Fürstbistum Lüttich in die rheinische Domstadt begeben. Alle Quartiere waren restlos überfüllt. Bis zum Herbst 1794 besetzten französische Truppen nach Trier und Aachen schließlich auch Köln, sodass sich viele Flüchtlinge gezwungen sa-

248 Pawlik, Emigranten in Österreich, S. 112. Über die verschiedenen Ansätze der Brüsseler Regierung, die Emigrantenaufsicht zu gewährleisten, vgl. Magnette, Les Émigrés français aux Pays-Bas, S. 111-138.
249 Zedinger, Migration und Karriere, S. 48. Zedinger bezieht sich wahrscheinlich auf eine Anweisung der vorderösterreichischen Regierung vom August 1792, wonach keinem Emigranten die Weiterreise nach »Innerösterreich« gestattet werden dürfte; vgl. Burkhardt, Die französischen Réfugiés in Konstanz, S. 63.
250 Pawlik, Emigranten in Österreich, S. 115; auch Reinalter, Aufgeklärter Absolutismus und Revolution, S. 184. Zwar ist von Kaiser Franz II. eine schriftliche Note überliefert, wonach Emigranten, die in die Erbländer einzureisen begehrten, künftig abzuweisen seien; vgl. ÖStA/HHStA, StK, Notenwechsel Polizeihofstelle 21, Kaiser Franz an Polizeiminister Pergen und Außenminister Thugut, 11. Dezember 1793. Doch gibt es weder in den Sammlungen der Hofdekrete noch in der Korrespondenz der Polizeihofstelle eine Bezugnahme auf diese Note. Auch ist eine Vielzahl französischer Emigranten aktenkundig, die im ersten Halbjahr 1794 – also zeitlich nach dem angeblich erlassenen Einreiseverbot – gemäß den Direktivregeln in die habsburgischen Kernländer kamen und sich dort niederließen.
251 Die französische Regierung erließ nun auch Dekrete gegen »belgische« Emigranten, die bei einer Rückkehr mit drakonischen Strafen zu rechnen hatten. Mit der offiziellen Annexion wurde auch das Hab und Gut der Flüchtlinge enteignet, vgl. Zedinger, Migration und Karriere, S. 53-54.
252 Astrid Küntzel: Fremde in Köln. Integration und Ausgrenzung zwischen 1750 und 1814, Köln 2008, S. 90-91; zur Situation in Köln auch Zedinger, Migration und Karriere, S. 80.

hen, weiterzuziehen. Auch die anderen Emigrantenkolonien entlang des Rheins lösten sich endgültig auf.

Sollte zuvor tatsächlich ein generelles »Eintrittsverbot« für die Erbstaaten erlassen worden sein, wurde dieses angesichts des neuerlichen Zustroms zugunsten eines flexibleren Ansatzes aufgegeben.[253] Der Umstand, dass dort, wo die Emigrantenzahlen besonders schnell anstiegen, in begrenztem Rahmen Abweichungen von den Direktivregeln zugelassen wurden, unterstreicht die Anpassungsfähigkeit der Aufnahmepolitik auch an kurzfristige Konjunkturen. In Vorderösterreich durften sich Emigranten neben Freiburg und Konstanz auch in drei weiteren Orten niederlassen.[254] In Oberösterreich stand ihnen frei, sich nicht nur in der Landeshauptstadt Linz, sondern auch in den Städten Wels und Steyr aufzuhalten. Diese Lenkungsmaßnahmen koordinierten die Landesregierungen mit der Polizeihofstelle, die auf diese Weise über die Verteilung und polizeiliche Beobachtung der Emigranten auf dem Laufenden gehalten wurde.[255]

Diese flexible Handhabung aufseiten der staatlichen Verwaltung ist nicht mit einer Infragestellung des mühsam etablierten Einreise- und Aufenthaltsreglements zu verwechseln. Vielmehr gingen Anpassungsmaßnahmen und eine Ertüchtigung der Kontrolle Hand in Hand. Nachdem im Falle der Grenzbeamten bloße Ermahnungen nicht zu einer Verbesserung der Grenzaufsicht beigetragen hatten, wurde bestimmt, dass diese künftig den Einreisepass mit einem persönlichen Kürzel zu versehen hatten, damit im Fall von Regelübertretungen mittels Rückverfolgung der verantwortliche Grenzbeamte zur Rechenschaft gezogen werden konnte.[256] Praktiken und Institutionen des Kontrollwesens waren also immer auch selbst Gegenstand sicherheitsbezogener Abwägungen.

Um die Mobilitätskontrolle innerhalb der Erbstaaten zu verbessern, nahm die Polizei den Emigranten ihre Pässe nun bereits an den Stadttoren ab, um die Registrierung vor Ort sicherzustellen. Auf Druck Sauraus wurde schließlich im Sommer 1794 ein Einreiseverbot für Emigranten nach Ungarn und in die Militärgrenze verfügt, von dem nur die ungarische oder die siebenbürgische Hofkanzlei bzw. der Hofkriegsrat dispensieren konnten.[257] Zudem sollten fortan nicht mehr nur französische Erzieher, sondern französische Dienstleute insgesamt der kaiserlichen Erbstaaten verwiesen werden.[258]

---

253 So auch Pawlik, Emigranten in Österreich, S. 115.
254 Moser, Die französische Emigrantenkolonie in Konstanz, S. 18-19.
255 OÖLA Linz, Landesregierung – Präsidium, Polizeiakten, Ktn. 191, 1795, Polizeiminister Pergen an Landeschef Auersperg, 30. Dezember 1794.
256 Hofdekret, 8. August 1794, in: Sr. k. k. Majestät Franz des Zweyten politische Gesetze und Verordnungen für die Österreichischen, Böhmischen und Galizischen Erbländer, Bd. 5, Wien 1817, S. 91-92, Nr. 15.
257 Pawlik, Emigranten in Österreich, S. 116.
258 Ebd., S. 117.

Dass die beiden letztgenannten Maßnahmen mit der »Krise des Sommers 1794«,[259] also den »Jakobinerverschwörungen« sowie der militärischen Mobilisierung gegen den polnischen Aufstand unter Tadeusz Kościuszko, in Zusammenhang stehen, wie in der älteren Forschung behauptet wird, ist aufgrund der zeitlichen Koinzidenz durchaus plausibel.[260] Ausweisungsbefehle gegen französische Domestiken, die bei Emigranten in Diensten standen und durch »verdächtiges« Benehmen auffielen, wurden in dieser Phase konsequent vollstreckt. Betroffen war beispielsweise der Koch des ehemaligen französischen Marineministers César Henri de La Luzerne, dessen Familie Anfang 1794 in Linz Zuflucht gefunden hatte. Die Abschaffung des Kochs wurde lapidar begründet, dieser sei durch »anstössige Reden« aufgefallen.[261] Die schriftlichen Proteste seines Dienstherrn beim oberösterreichischen Landeschef Auersberg verhallten ungehört, vermitteln aber einen Eindruck von der regen Ermittlungstätigkeit vor Ort.[262] Die Linzer Polizei vernahm mehrfach Personen im persönlichen Umkreis des Verdächtigen und wertete dessen Briefkorrespondenz aus. Dieses Vorgehen zeigt, wie engmaschig die Emigrantenüberwachung seitens der Polizei inzwischen gehandhabt wurde. Diese intervenierte zumeist auf Spitzelberichte hin, die mitunter regelrechten Denunziationen glichen. Um Emigrantenkreise noch besser ausforschen lassen zu können, setzte die Polizei auch französische Emigranten als bezahlte Informanten ein, so etwa in den böhmischen Kurorten und in Triest, wo die polizeiliche Fremdenkontrolle aufgrund des Freihafenstatuts nicht mit gleicher Konsequenz gehandhabt wurde wie in den Landeshauptstädten der böhmisch-österreichischen Erbländer.[263]

Da die Hauptstadt Wien vielen Emigranten als vorläufiger Zielpunkt galt, wurde auf Vorschlag Pergens im November 1794 unterschiedslos allen ausländischen Fremden der Zuzug untersagt.[264] Ausnahmen gestattete die Polizeihofstelle nur, wenn ein Emigrant nachwies, in Wien Geschäfte – zumeist Geldtransaktionen – erledigen zu müssen. Hierfür, aber auch für Reisen innerhalb der Monarchie generell war nun ein Geleitbrief der Landesstelle, in deren Zuständigkeitsbereich der

---

259 Wangermann, From Joseph II to the Jacobin trials, S. 141.
260 Pawlik, Emigranten in Österreich, S. 116-117; auch Reinalter, Aufgeklärter Absolutismus und Revolution, S. 184-185.
261 OÖLA Linz, Polizei-Praesidial-Protocoll 1790-1802, Geschäftsprotokoll 1790-1799, 22. Januar 1794.
262 OÖLA Linz, Landesregierung – Präsidium, Polizeiakten, Ktn. 190, 1794, Luzerne an Landeschef Auersperg, 30. Januar 1794.
263 Zedinger, Migration und Karriere, S. 74; Der Fall des jahrelang von der Polizei in Triest und Graz als Informant eingesetzten Emigranten Pomier d'Hüpschbach ist dokumentiert im ÖStA/AVA, PHSt 1809/4017b.
264 ÖStA/AVA, PHSt 1794/1026, Polizeiminister Pergen an Kaiser Franz II., 24. November 1794.

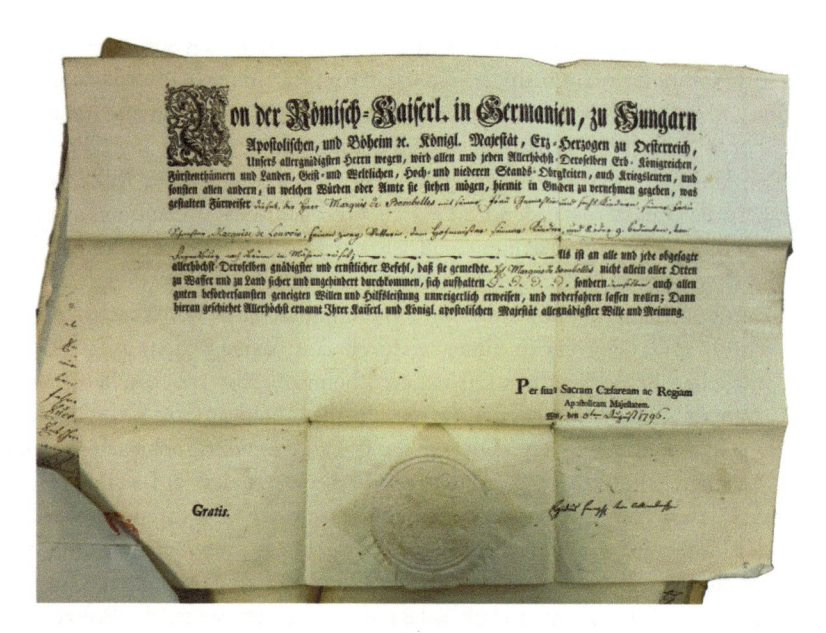

Abb. 2: Staatskanzleipass für die Suite des Marquis de Bombelles von Regensburg nach Brünn, 3. August 1796; Mährisches Landesarchiv Brünn.

jeweilige Emigrant lebte, unabdingbare Voraussetzung.²⁶⁵ Auch hierüber musste die Polizeihofstelle informiert werden.

Neben den innenpolitischen Beweggründen, die mit den »Jakobinerprozessen« in Zusammenhang standen, lässt sich aus der neuen Welle von Einzelnormen vor allem aber eine Reaktion auf den bisher mäßigen Erfolg der Mobilitätskontrolle in der Praxis ablesen, über den die scharfe Rhetorik der Gesetze und Vorschriften lange hinweggetäuscht hat. Aus den Polizeiakten aus Linz und Prag geht hervor, dass dieses Nachsteuern der Wiener Behörden durchaus Effekte zeitigte. Mitte der 1790er Jahre wurden Emigranten, die den Vorschriften nicht genügten, in wachsender Zahl abgewiesen.²⁶⁶ Auch aus Emigrantensicht war die neue Rigorosität deutlich spürbar. Der Erlebnisbericht aus dem »Journal« des Marquis de Bombelles, der im August 1796 mit Familie und Bediensteten über Passau und Linz

---

265 Stoklásková, Fremdsein in Böhmen und Mähren, S. 645-646.
266 OÖLA Linz, Polizei-Praesidial-Protocoll 1790-1802, Geschäftsprotokoll 1790-1799 dokumentiert eine Reihe von Fällen in den Jahren 1795 und 1796; ferner die Prager Emigrantenliste in ÖStA/HHStA, StK, Notenwechsel Polizeihofstelle 21, Konvolut 1795-1800, fol. 134-159: Verzeichnis Sämtlicher hier Landes und Ortes eingewanderten eingebohrenen Franzosen, Schweitzer und Niederländer (mit dem 1ten Jänner 1794 bis lezten Aug 1798), 16. September 1798.

nach Brünn reiste, veranschaulicht, wie pedantisch die Grenzkontrolle und die Registrierung der Emigranten an den Zwischenstationen gehandhabt wurden.²⁶⁷

Bombelles missmutige Beschreibung des Linzer Polizeidirektors als »üblen« und »unverschämten« Mannes ist daher nicht nur als Ventil für die Reisestrapazen zu verstehen, mit denen der weitgereiste französische Diplomat natürlich vertraut war.²⁶⁸ Sie war vielmehr Ausdruck des Missfallens über das unnachgiebige Vorgehen der Polizei. Überhaupt standen die Kontrollmaßnahmen aus Emigrantenperspektive inzwischen im Ruf, heikelstes Element bei dem Unterfangen zu sein, ein provisorisches Exil in den habsburgischen Erbstaaten zu finden. Als Reaktion auf die zunehmende Überwachungsaktivität versuchten Emigranten vermehrt, die Kontrollen mittels Tricks und Täuschungen zu umgehen. Diese Praxis blieb wiederum den Polizeistellen nicht verborgen. So warnte Pergen mit Blick auf Oberösterreich, dass

> die einwandernden Fremden um der Aufmerksamkeit der Polizei zu entwischen, geflissentlich nicht geradezu Lintz betreten, sondern öfters in den umliegenden Gegenden einkehren und sohin erst bei Tag ohne Gepäck auch mit Veränderung ihres Reiseanzuges, theils zu Fuß, theils in Wägen oder zu Pferd durch Linz passieren, wo sie dann solchergestalt leicht mit Einheimischen verwechselt und um keinen Ausweis befragt werden […].²⁶⁹

Normendifferenzierung und (Selbst-)Wahrnehmung der Emigranten

Die Zusammensetzung des Emigrantenstromes des Jahres 1794 war aufgrund der französischen Eroberungen im Westen des Alten Reiches deutlich heterogener als in den Jahren zuvor. Neben vielen französischen Emigranten begehrten nun auch Bewohner (links-)rheinischer Territorien Eintritt in die Erbstaaten.²⁷⁰ Die Vorgaben für die administrative Behandlung dieser Flüchtlinge wurden aus diesem Grund weiter ausdifferenziert. In einem Gutachten stellte Pergen klar, dass »Niederländer und Lütticher, die um der Verfolgung der Feinde zu entgehen, sich hieher verfügt haben […] als Unterthanen Seiner Majestät einiges Recht auf den hiesigen Schutz zu haben scheinen«.²⁷¹ So kristallisierte sich allmählich eine Gruppenklassifizierung nach »Belgiern« und »Reichsbewohnern« einer-

---

267 Marc-Marie de Bombelles: Journal, Bd. 5: 1795-1800 (= Histoire des idées et critique littéraire, Bd. 398), Genf 2002, S. 130-131.
268 Ebd., S. 131.
269 Polizeiminister Pergen an Landeschef Auersperg, 24. April 1795, zit. n. Zedinger, Migration und Karriere, S. 111-112.
270 Zedinger, Die »Niederländischen Pensionen«; dies., Belgische Emigranten in Wien.
271 ÖStA/AVA, PHSt 1794/1026, Polizeiminister Pergen an Kaiser Franz II., 19. November 1794.

seits, »Nationalfranzosen« andererseits heraus – mit jeweils spezifischen Vorschriften. Erstere hatten demnach bei Grenzübertritt lediglich den Zweck der Reise, ihren geplanten Aufenthaltsort und die Dauer anzugeben, bevor sie ihren Weg fortsetzen konnten. Anders als den Franzosen war ihnen grundsätzlich der Aufenthalt auf dem Lande gestattet. Als *conditio sine qua non* für einen längeren Verbleib wurden dagegen von den Franzosen nun ein Nachweis über die eigene Subsistenzfähigkeit sowie eine Bürgschaft über ihre »Denkungsart und gute[n] Grundsätze« verlangt.[272] Diese war von einer den Behörden bekannten Person zu leisten, die in den Erbstaaten lebte. Mitgeführte Empfehlungsschreiben allein reichten fortan nicht mehr aus.

2.3 Administrativer Pragmatismus und die Infrastrukturen der Solidarität

Die immer komplexer werdenden Lebenswelten und Handlungsräume der Emigranten im Fortgang ihres Exils machten zwar wiederholt Aktualisierungen und Präzisierungen des bestehenden Regelwerks nötig.[273] Grundlegende Veränderungen auf normativer Ebene oder gar ein völlig neuer Ansatz bei der Emigrantenbehandlung sind in der zweiten Hälfte der 1790er Jahre jedoch nicht festzustellen.

Im Vergleich zur zweiten Phase der Aufnahmepolitik nahm die Normierungstätigkeit deutlich ab. Wo noch neue allgemeingültige Vorschriften erlassen wurden, geschah dies meist in Reaktion auf konkrete Anlässe oder individuelle Fälle, die ein eindeutiges Regelungsdefizit offenbarten. Als beispielsweise nach dem Tod eines französischen Emigranten in Konstanz Unklarheit darüber bestand, ob im Rahmen der Erbangelegenheit eine Erbschaftssteuer anfiel, wurden alle Landesregierungen angewiesen, bei Emigranten, die sich nicht »beständig« in den Erblanden niedergelassen, also kein »domicilium fixum«, sondern lediglich ein »domicilium temporaneum« genommen hatten, keine Steuer zu erheben, weil das hinterlassene Vermögen nicht als »würkliches Landesvermögen, sondern nur als ein durchziehendes Vermögen zu betrachten [...] sey«.[274] Dagegen wurde eine Anweisung Pergens, wonach alle französischen Emigranten künftig nur noch

---

272 Gubernialverordnung für Böhmen, 25. November 1794, in: Joseph Kropatschek (Hg.): Sammlung der Gesetze Franz des Zweyten, Bd. 4 (1794), Wien o. J., S. 607-608, Nr. 1523.
273 Bis zu seiner endgültigen Pensionierung 1804 fasste Polizeiminister Pergen die geltenden Bestimmungen inklusive der Detailergänzungen immer wieder neu zusammen: ÖStA/AVA, PHSt 1795/375, 1798/311, 1799/291, 1801/701/a.
274 GLA Karlsruhe, 209, Konstanz, Stadt, Verlassenschaften, Verlassenschaft des zu Konstanz verstorbenen französischen Emigranten Marquis de Lezeau (Nr. 281); darin das Gutachten des vorderösterreichischen Fiskalamts, 13. Oktober 1797. Die Erbschaftssteuerfrage war geregelt durch das Hofdekret vom 16. März 1797, in: Sr. k.k. Majestät Franz des Zweyten politische Gesetze und Verordnungen für die Österreichischen, Böhmischen und Galizischen Erbländer, Bd. 12, Wien 1816, S. 41-42, Nr. 19.

mit Pässen in die Erbstaaten einreisen dürften, deren Ausstellung nicht länger als zwei Monate zurücklag, im Rundschreiben des Ministers an die Länderchefs bereits so stark relativiert, dass sie kaum Geltung erlangte.[275]

Im Vordergrund standen vielmehr die Anwendung und Auslegung des bestehenden Regelwerks auf die verschiedenartigen Anliegen, die vonseiten Einheimischer sowie staatlicher und kirchlicher Stellen in Bezug auf die Emigranten, aber auch von den Emigranten selbst vorgebracht wurden. Deren Wünsche und Vorhaben betrafen zumeist praktische Fragen, unter anderem die Erlaubnis für Spendensammlungen zugunsten mittelloser Emigranten, das Drucken von Büchern, die Genehmigung emigrantischer Wirtschaftsunternehmungen, den Erwerb von Grundstücken, Reiseerlaubnisse oder die Seelsorge für die französischen Kriegsgefangenen. Inzwischen hatte sich die Entscheidungsfindung für solche Angelegenheiten vollständig nach Wien verlagert und bezog zunehmend auch den Kaiser persönlich ein. Franz II. wurde von der Behördenspitze über die einzelnen Fälle unterrichtet und entschied diese mittels eigenhändiger Noten, im abschlägigen Fall oft mit Verweis auf die Direktivregeln, bei Zustimmung meist begründungslos mit einem einfachen »Placet, Franz«.

Ungefähr seit Mitte der 1790er Jahre erwiesen sich für die Emigrantenaufnahme und -behandlung drei Faktoren bzw. Entwicklungstendenzen als bestimmend:

1. In Reaktion auf die gewachsene Normierungsdichte bildeten sich vielfältige Unterstützungsformen für die Emigranten heraus. Neben Einheimischen wandten sich zunächst vor allem französische Emigranten, die sich bereits in der Habsburgermonarchie befanden, an die Landesregierungen oder direkt an den Wiener Hof, intervenierten zugunsten ihrer Landsleute und versuchten auf diese Weise, Entscheidungsfindungen zu beeinflussen. Dies galt etwa für die Übernahme der formalen Bürgschaften. Als Bürgen dokumentiert sind vor allem Emigranten mit hohem sozialen Status und offiziellen Funktionen, darunter der Duc de Polignac, Bischof La Fare von Nancy und Madame de Brionne, die alle zu den ersten Revolutionsflüchtlingen gehörten, die sich dauerhaft in Wien niedergelassen hatten und sich teils schriftlich, teils durch persönliche Vorstellung am Hof für die Belange von Emigranten einsetzten.[276]

Während insbesondere La Fare über viele Jahre hinweg unzählige Eingaben an Kaiser und Hofstellen richtete, begannen sich auch außerhalb emigrantischer Netzwerke Unterstützungsstrukturen auszubilden. Diplomaten, Angehörige der

---

275 OÖLA Linz, Landesregierung – Präsidium, Polizeiakten, Ktn. 191, 1796, Polizeiminister Pergen an Landeschef Auersperg, 24. März 1796.
276 ÖStA/HHStA, StK, Notenwechsel Polizeihofstelle 1, Suppliken des Duc de Polignac 1793-1794; auch ÖStA/AVA, PHSt 1793/150, Staats-Vizekanzler Cobenzl an Polizeiminister Pergen, 27. Februar 1793.

habsburgischen Aristokratie, kirchliche Würdenträger, hohe Beamte aus der Verwaltung, aber auch Adlige aus anderen Reichsständen, Klosterkonvente, einzelne Gemeindepfarrer und ganze Gemeinden nahmen sich französischer Emigranten an.[277] In ihren Gesuchen verpflichteten sie sich zur dauerhaften Übernahme der Lebenshaltungskosten des betroffenen Emigranten, wenn dieser nicht in der Lage war, seine eigene Subsistenz zu bestreiten. Unter den diplomatischen Vertretern in Wien rangierten der russische Botschafter Rasumowski und der päpstliche Nuntius Ruffo-Scilla unter den eifrigsten Fürsprechern.[278] In der Hafenstadt Triest waren es französische Händler, in den Teilungsgebieten Polens, die der Habsburgermonarchie zufielen, Angehörige der polnisch-galizischen Aristokratie, die für Emigranten Partei ergriffen.[279] Von Fürsprache dieser Art profitierten *notabene* keineswegs nur Franzosen mit hohem sozialen Status. Nutznießer waren auch emigrierte Bauern, Knechte und Handwerker, die in der Zwischenzeit in die Erbstaaten gelangt und in Dienste getreten waren.[280]

Unter den Einheimischen taten sich vor allem jene Adligen als Bürgen und Förderer hervor, die aufgrund ihrer biografischen Hintergründe oder familiären Netzwerke enge Bande zu Frankreich hatten. Viele Franzosen, die nun als Emigranten in die Habsburgermonarchie gelangten, waren ihnen persönlich bekannt. Adlige aus den Österreichischen Niederlanden, die – wie der Prince de Ligne – nach der französischen Besetzung 1794 in die Erbstaaten übergesiedelt waren,[281] gehörten ebenso zu den Fürsprechern wie Adlige mit lothringischen oder elsässischen Wurzeln.[282] So schritt der langjährige Vizepräsident des Hofkriegsrats, Feldmarschall Ferraris, selbst lothringischer Herkunft, häufig zugunsten von Emigranten ein und erreichte in allen dokumentierten Fällen die notwendigen Ge-

277 Für Gemeinden in Ungarn siehe Tóth, French Émigrés in Hungary, S. 74; ÖStA/AVA, PHSt 1794/890, Schreiben Polizeiminister Pergen wegen des Aufenthalts von fünf französischen Prämonstratensern im Kloster Strahov Prag, 15. November 1794.
278 Einige Ansuchen des russischen Botschafters zugunsten französischer Emigranten sind überliefert in ÖStA/HHStA, StK, Notenwechsel Polizeihofstelle 1; zur Rolle des päpstlichen Nuntius bei Fragen der Emigrantenunterstützung siehe Teil III dieses Buches.
279 ÖStA/AVA, PHSt 1795/77, Der Triester Gouverneur Brigido an Polizeiminister Pergen, 6. Februar 1795; ÖStA/AVA, PHSt 1801/519, Gouverneur Margelik an Polizeiminister Pergen, 2. August 1801; auch Godsey, La société était au fond légitimiste, S. 77.
280 Der Prager Stadthauptmann Wratislaw etwa berichtete von einem französischen Emigranten, der im böhmischen Dorf Weißensulz als Knecht bei einem örtlichen Gastwirt als Knecht angestellt war; ÖStA/AVA, PHSt 1798/987, Bericht des Prager Stadthauptmanns Wratislaw, o.D.
281 Christian Hlavac: Prince Charles-Joseph de Ligne. Ein Kosmopolit des 18. Jahrhunderts und seine Wohnsitze in Wien und Umgebung, in: Franz M. Eybl (Hg.): Nebenschauplätze. Ränder und Übergänge in Geschichte und Kultur des Aufklärungsjahrhunderts (= Das Achtzehnte Jahrhundert und Österreich. Jahrbuch der Österreichischen Gesellschaft zur Erforschung des Achtzehnten Jahrhunderts, Bd. 28), Bochum 2014, S. 27-53.
282 Biogramme bei Petiot, Les Lorrains et l'empire.

nehmigungen der Polizeihofstelle.²⁸³ Auch der langjährige vorderösterreichische Regierungspräsident Sumerau verfügte seit seiner eigenen Ausbildung in Lothringen über viele »linksrheinische« Verbindungen und hatte seit Beginn der Emigration regelmäßigen Umgang mit Revolutionsflüchtlingen, die in den Breisgau gelangt waren. Als diese sich nach anfänglichem Aufenthalt in den Vorlanden nach »Innerösterreich« begeben wollten, nahm er sich mehrerer Emigranten persönlich an und trug für die notwendige Logistik Sorge.²⁸⁴

Um eine günstige Entscheidung der Behörden zu erwirken, hoben die Supplikanten auf das individuelle Fluchtschicksal mit seinen teils dramatischen Wendungen ab und appellierten offensiv an die Güte (»bonté«), Menschlichkeit (»humanité«) und Wohltätigkeit (»bienfaisance«) des kaiserlichen Regiments.²⁸⁵ Die Reaktionen der Hofstellen zeigen, dass den Eingaben ein hoher Stellenwert beigemessen wurde, die Normen also trotz der kompromisslos erscheinenden Wortwahl, welche etwa das franziszeische Emigrantengesetz auszeichnete, weder aufseiten der Petenten noch aufseiten der staatlichen Akteure als unabänderlich angesehen wurden.²⁸⁶ Vielmehr wuchs die Erkenntnis, dass sich mit Hartnäckigkeit und konzertierten Bittgesuchen Druck erzeugen ließ, der oft nicht ohne Effekt auf die Entscheidungen blieb.

Die Bezugnahme auf »Güte, Milde und Menschenfreundlichkeit« wurde in den Hofstellen und den unteren Verwaltungsbehörden keineswegs nur als zweckgebundene Schmeichelei oder rhetorische Schnörkel aufgefasst.²⁸⁷ Vielmehr kongruierten diese Attribute mit dem Selbstbild der kaiserlichen Regierung, das auch Polizeiminister Pergen immer wieder als Distinktionsmerkmal gegenüber den als grausam bezeichneten französischen Revolutionsregierungen herausstellte und als positive Identitätsressource beschwor.²⁸⁸ Diese Charakterisierung wurde dabei nicht nur als eine in den bürokratischen Apparat hinein gerichtete propagandistische Selbstzuschreibung begriffen, sondern war mit einem normativen Anspruch verbunden, den es in der Praxis immer wieder einzulösen galt. Dies konnte sich

---

283 Beispielsweise ÖStA/AVA, PHSt 1794/1005, Feldmarschall Ferraris an Polizeiminister Pergen, 23. Dezember 1794; ÖStA/AVA, PHSt 1796/225, Feldmarschall Ferraris an Polizeiminister Pergen, 27. April 1796.
284 Bspw. ÖStA/HHStA, StK, Notenwechsel Polizeihofstelle 23, Polizeiminister Sumerau an Außenminister Cobenzl, 16. April 1805; ferner Sumeraus Rolle im Fall des Geistlichen Zaiguelius, siehe dazu Teil III dieses Buches.
285 Bspw. ÖStA/AVA, PHSt 1798/811, Gesuch der französischen Bischöfe in Konstanz an Polizeiminister Pergen, 4. August 1798.
286 ÖStA/AVA, PHSt 1793/150, Polizeiminister Pergen an Kaiser Franz II., 1. März 1793.
287 Diese Form der Selbstcharakterisierung findet sich nicht nur am Wiener Hof, sondern auch auf den unteren Verwaltungsebenen: TLA Innsbruck, Jüngeres Gubernium, Präsidiale 36b, Emigranten 1798, An das Landespräsidium wegen des französischen Emigrantenpriesters Jacques Villejoubert, 4. November 1798.
288 ÖStA/HHStA, Kabinettsarchiv, Kaiser-Franz-Akten (KFA) 90, Nr. 12, Berichte Pergens, Bericht des Staatsministers Grafen von Pergen, 27. Dezember 1797.

unter anderem in einer nachsichtigen Behandlung von Emigranten niederschlagen, deren »unglückliche« Lage trotz aller Kritik am Verhalten einzelner Emigrantengruppen in den Anfangsjahren der Emigration von den staatlichen Stellen nie grundsätzlich in Frage gestellt wurde.

2. Obwohl das geschaffene Regelwerk formal unangetastet blieb und auch weiterhin zahlreiche Emigranten außer Landes gewiesen wurden, zeichnete sich die Tendenz zu einer nach pragmatischen Gesichtspunkten orientierten Emigrantenpolitik immer deutlicher ab. Nachsicht, Entgegenkommen und Ausnahmen blieben dabei stets auf Individuen oder klar umschriebene Gruppen begrenzt, denen es meist mithilfe lokaler Fürsprecher gelang, gegenüber den Behörden ihre prekären Lebensumstände und Notlagen so überzeugend darzustellen, dass diese ihre Ermessensspielräume großzügig auslegten. So wurden in der zweiten Hälfte der 1790er Jahre französischen Emigranten dauerhafter Aufenthalt auf dem Land oder Tätigkeiten als Erzieher und Seelsorger erlaubt. In Einzelfällen machte man sogar bereits erteilte Ausweisungsbeschlüsse rückgängig. Auch Kaiser Franz erließ nun wiederholt personengebundene Dispense.[289] Gleichwohl galt das Emigrationsschicksal allein auch weiterhin nicht als hinreichender Grund für die Gewährung solcher Ausnahmen. Systematische Unterstützungen seitens des Staates blieben damit ebenso ausgeschlossen wie materielle Zuwendungen. Letztere waren gänzlich von der Freigebigkeit lokaler Unterstützer abhängig.

Wo hingegen ein finanzieller Mehrwert oder wirtschaftliche Impulse durch Emigranten zu erwarten waren, zeigte sich die staatliche Verwaltung deutlich aufgeschlossener als zuvor. Kameralistische Erwägungen, die in den Vorjahren gegenüber sicherheitspolitischen Restriktionen in den Hintergrund getreten waren, gewannen allmählich wieder an Boden. So unterstützte der Wiener Hof zum Beispiel den Grunderwerb durch Emigranten zumindest organisatorisch, indem die Hofkammer 1797 angewiesen wurde, eine Liste mit verkäuflichen Landgütern zu erstellen.[290] Im Banat und in Galizien wurden in bescheidenem Maße sogar Peuplierungsmaßnahmen wiederbelebt.[291] Diese fielen zwar quantitativ kaum ins Gewicht (und erwiesen sich im Banat auch nicht als nachhaltig), zeigten jedoch, dass sich das Emigrantenbild in der Hofbürokratie erneut gewandelt hatte.

Wie zuletzt in den unmittelbaren Anfangsjahren der Revolutionsflucht trat punktuell wieder das ökonomische Potenzial der Emigranten in den Vordergrund.

---

289 So im Fall des Abbé Luzines, des früheren Lehrers des Duc de Bourbon, bei dessen Aufenthaltsgesuch für Galizien, ÖStA/AVA, PHSt 1796/202, Polizeiminister Pergen an Kaiser Franz, 13. April 1796; zu Luzines auch Rosalie Rzewuska: Mémoires de la Comtesse Rosalie Rzewuska (1788-1865), Bd. 1, publiés par Giovannella Caetani Grenier, Rom 1939, S. 35.
290 Pawlik, Emigranten in Österreich, S. 119.
291 Ebd., S. 117-118.

Anteil daran hatten auch die Emigranten selbst. Sie begannen sich einerseits aufgrund wirtschaftlicher Notwendigkeit, andererseits infolge eines veränderten Erwartungshorizonts, der Mitte der 1790er Jahre kaum mehr auf eine Rückkehr nach Frankreich hin orientiert war, zunehmend in Handel, Handwerk, Landwirtschaft und Industrie zu betätigen.[292] Ihre wirtschaftlichen Unternehmungen in der Habsburgermonarchie wurden staatlicherseits zwar nur selten tatkräftig gefördert, doch immerhin vielerorts wohlwollend geduldet.[293]

Die zunehmend pragmatische Emigrantenbehandlung, die sich auf allen Verwaltungsebenen empirisch nachweisen lässt, ist mit den vielstimmigen Unterstützungsbekundungen, dem Selbstverständnis der Obrigkeit sowie segmentären Wirtschaftsinteressen allein jedoch nicht zu erklären. Auch Neujustierungen im Sicherheitsdispositiv trugen zur wachsenden Handlungs- und Bewegungsfreiheit bei. Nachdem die Maßnahmen zur Formalisierung und Einhegung der Migration implementiert worden waren, konnten in der sich nun anschließenden dritten Phase der Aufnahme- und Emigrantenpolitik dort, wo Kontrolle und Überwachung gewährleistet waren, keine räumlichen Ungleichverteilungen von Emigranten bestanden und ein konfliktloses Miteinander mit der einheimischen Bevölkerung bezeugt war, Risiken neu bewertet, Ermessensspielräume genutzt und Regeln großzügiger ausgelegt werden. Dies geschah allerdings nicht voraussetzungslos. Vorbedingungen waren die überprüfbare Funktionstüchtigkeit des zuvor geschaffenen Systems der Fremdenkontrolle und die daraus resultierende Verfügbarkeit von statistischen Informationen über die Emigranten, die sich in den Erbstaaten aufhielten. Pergens Selbsteinschätzung, wonach er von der »Befugnis, in besonderen Fällen [...] von der allgemeinen Regel [sc. den Direktivregeln, M. W.] zu dispensiren, äußerst selten Gebrauch« machte, erscheint mit Blick auf die Summe der vielen »Dispense«, die er gewährte, reichlich untertrieben.[294] Doch lässt die Aussage zumindest erkennen, dass der Polizeiminister es *expressis verbis* zu seinen Kompetenzen zählte, autonom über Ausnahmen zu verfügen.

Mit den Emigrantentabellen, die nach Wien eingeschickt wurden und Namen, Aufenthaltsorte und Subsistenzgrundlagen der Emigranten aufschlüsselten, verfügte die polizeiliche Zentralstelle über die notwendige Datengrundlage, um abschätzen zu können, ob und inwieweit von den vorgegebenen Regeln abgewichen wurde, dies als Gefährdung der öffentlichen Sicherheit zu bewerten war und ein Eingreifen notwendig machte. Die aus den Jahren 1797 und 1798 stammenden Listen aus den Landeshauptstädten Linz, Klagenfurt, Brünn, Krakau, Prag und dem Freihafen Triest dokumentieren eine ganze Reihe formaler Regelübertretungen,

---

292 Pestel, Winkler, Provisorische Integration und Kulturtransfer, S. 149-152. Zu den wirtschaftlichen Tätigkeiten der Emigranten siehe Teil II dieses Buches.
293 Ein Fallbeispiel bei Winkler, Das Exil als Aktions- und Erfahrungsraum, S. 61-70.
294 ÖStA/AVA, PHSt 1796/741, Polizeiminister Pergen an den mährischen Landeschef Ugarte, 21. November 1796.

die bezeichnenderweise keine Sanktionen nach sich zogen: Allein im oberösterreichischen Mühlviertel wirkten vier französische Priester in kleinen Dorfgemeinden, in Prag erhielt eine Reihe französischer Nonnen Aufenthaltsgenehmigungen in Klöstern, auf Landsitzen einheimischer Adliger wirkten Emigranten als Bedienstete, Erzieher und Gesellschafter.[295] In Kenntnis des aktuellen Lagebildes qualifizierten Pergen und Saurau diese Fälle als unerheblich für die Sicherheit des Staates und sahen daher von polizeilichen Interventionen ab. Offenbar bewegten sich diese Emigranten mit ihren Aktivitäten innerhalb eines Toleranzbereiches, der inzwischen deutlich größer war als noch wenige Jahre zuvor.

Bedingungen dieses pragmatischen Umgangs waren folglich seine Begrenzung und Kontrollierbarkeit. Umso unwirscher reagierte die Spitze des staatlichen Sicherheitsapparats dann, wenn das sorgsam austarierte System der Emigrantenkontrolle Schlagseite zu erhalten und der Toleranzbereich überdehnt zu werden drohte. Als im Sommer 1796 aus Linz gemeldet wurde, dass sich infolge des Vormarsches der Revolutionsarmeen in Süddeutschland Emigranten vermehrt nach Osten und Südosten wandten, sich von der kaiserlichen Gesandtschaft in Regensburg Pässe ausstellen ließen und damit ungehindert nach Oberösterreich gelangten, ließ Pergen über Außenminister Thugut die Gesandtschaft in der Reichstagsstadt anweisen, die Passvergabe künftig restriktiver zu handhaben.[296] Allein in Linz und Umgebung hatten sich in der Zwischenzeit mehrere hundert Flüchtlinge aus den Österreichischen Niederlanden sowie Dutzende französische Emigranten niedergelassen.[297] Ähnliche Ansammlungen waren aus dem unmittelbaren Umland der Residenzstadt Wien bekannt, die für neue Zuzügler aus Frankreich und »Belgien« immer noch formal gesperrt war.[298]

Eingriffsnotwendigkeit sah die Polizeileitung auch dann gegeben, wenn sich Nachlässigkeiten bei der Fremdenkontrolle einschlichen, welche die ureigentliche Aufgabe der Polizeihofstelle in diesem Bereich konterkarierten. So verlieh der Polizeiminister gegenüber dem ostgalizischen Gouverneur Gaisruck seinem »nicht geringe[n] Befremden« darüber Ausdruck, dass dieser einem ehemaligen Offizier der *Armée de Condé*, der sich in der Nähe von Lemberg als Pferdezüchter zu etablieren versuchte, den Aufenthalt außerhalb der Hauptstadt »ohne An-

---

295 Die Fallbeispiele sind den Emigrantenlisten zu entnehmen: OÖLA Linz, Landesregierung – Präsidium, Polizeiakten, Ktn. 192, Verzeichnis Derer im Landes Österreich ob der Enns befindlichen französischen Emigranten und anderer aus den von Franckreich besetzten Staatten immigrirten Persohnen, 19. Juli 1798; ÖStA/HHStA, StK, Notenwechsel Polizeihofstelle 21, Verzeichnis der eingewanderten Franzosen in Prag, 16. September 1798; für Beispiele emigrierter Geistlicher, die auf Landsitzen als Gesellschafter wirkten, siehe Teil III dieses Buches.
296 Auch die Emigrantenkolonie in Konstanz wurde im Jahr 1796 geräumt, vgl. Moser, Die französische Emigrantenkolonie in Konstanz, S. 53-54.
297 Zedinger, Migration und Karriere, S. 114.
298 Ebd., S. 103.

stand« gestattet und dies begründungslos im regulären Protokoll vermerkt hatte.[299] Auch in diesem Fall waren die Grenzen des Tolerierbaren überschritten worden, da zum einen die gesetzlichen Vorgaben vor Ort unzureichend berücksichtigt, zum anderen die Ermessensspielräume der Landesstelle allzu lax ausgelegt worden waren.

Als dagegen die Bürgerschaft Prags im Frühjahr 1799 die Entfernung aller Emigranten forderte und auch der Prager Polizeidirektor unter Verweis auf die »hier in übermässiger Zahl befindlichen Emigranten« vor einem »Ausbruch des Missvergnügens« warnte, kanzelte Pergen das Gesuch aus der böhmischen Hauptstadt als »unstatthaft« und »vermessen« ab.[300] Stattdessen verwies er erneut darauf, dass man mit großer Sorgfalt auf eine ausgewogene Verteilung der Emigranten auf alle Erbstaaten hingewirkt habe, folglich auch Prag nicht umhin komme, den zugewiesenen Anteil zu schultern.

3. Aus der Vorgeschichte dieses Prager Beispiels ist beispielhaft zu ersehen, dass auch in der pragmatischen Phase der Emigrantenpolitik die zentralstaatlichen Bemühungen um eine planhafte Lenkung von den abrupten Wendungen des Kriegsgeschehens unterlaufen werden konnten. Die Folge waren Improvisationen und Hauruckmaßnahmen mit dem Ziel, trotz aller Bedrängnisse eine ausgewogene Verteilung unter kontrollierten Bedingungen sicherzustellen. Dies wiederum machte eine fortlaufende Neubewertung der Lage und der damit verbundenen Risiken nötig. Dass hierbei den Interessenlagen der Einheimischen in zunehmender Weise Rechnung getragen wurde, verdeutlicht, dass etwaige Widerstands- und Konfliktpotenziale wegen der Emigranten vor Ort in den Sicherheitskalkülen der Polizei inzwischen eine kaum weniger maßgebliche Rolle spielten als »Karakter« und »Denkungsart« der Revolutionsflüchtlinge.

Als infolge des Italienfeldzugs französische Truppen im Frühjahr 1797 erst das österreichische Küstenland und die Hafenstadt Triest besetzten, dann sogar bis in die Steiermark vorstießen und damit nur noch rund 120 Kilometer von der kaiserlichen Residenzstadt entfernt waren, initiierte die Polizeihofstelle eine Evakuierung der Emigranten aus Wien und Niederösterreich nach Böhmen, Mähren und Galizien. In seiner Begründung für diese bisher präzedenzlose Maßnahme stützte sich Polizeiminister Pergen zunächst wiederum auf das »klassische« utilitaristische Argument, wonach durch eine Evakuierung die Stadt Wien »von einer beträchtlichen Zahl unnützer und in mancher Rücksicht lästiger Konsummenten befreyet,

---

299 ÖStA/AVA, PHSt 1799/403, Polizeiminister Pergen an den ostgalizischen Gouverneur Gaisruck, o. D.
300 ÖStA/AVA, PHSt 1799/30, Der Prager Stadthauptmann Wratislaw an Polizeiminister Pergen, 2. Januar 1799; sowie PHSt 1799/507, Polizeiminister Pergen an Oberstburggraf Lažansky, 18. Juli 1799.

und unvermeidlichen Unordnungen bey wirklicher Annäherung des Feindes vorgebogen« werden würde.[301] Tatsächlich hatte sich Pergen zuletzt wiederholt über die vielen mittellosen Fremden beklagt, die sich trotz des Zuzugsverbots in Wien aufhielten.[302] Gleichzeitig aber, so Pergen weiter, würden die Emigranten »diese noch zur rechten Zeit getroffene Verfügung mit Dank erkennen, da man ihnen solchergleich dermal bekannt macht, und es nicht auf den lezten Augenblick ankommen läßt, wo sie ohnehin sich von hier entfernen müssen«.[303]

Dieser letzte Passus lässt erkennen, dass der Polizeiminister die lebensgefährlichen Konsequenzen sehr wohl berücksichtigt hatte, die jenen emigrierten Franzosen drohten, die in die Hände der Revolutionsarmee fielen. Oft genug hatten Emigranten und ihre Unterstützer in den Bittschreiben ihr Aufenthaltsgesuch mit ebendieser Bedrohung von Leib und Leben begründet. Unter diesem Gesichtspunkt ist die »Menschlichkeit« seines Evakuierungsplanes, auf die Pergen in seinem Memorandum wieder explizit verwies, hier als Gegenposition zur Willkürlichkeit und »Anarchie« zu verstehen, die aus Sicht des Polizeiministers konstitutiver Teil der Revolution, dem kaiserlichen Regiment dagegen fremd waren.[304] Da es sich bei den zu Evakuierenden um Emigranten handelte, die sich nach allen Regeln »gehörig legitimirt« hatten und damit aufenthaltsberechtigt waren, bestand nach Pergens Auffassung die staatliche Verpflichtung, ihnen auch in der aktuellen Krisensituation den weiteren sicheren Aufenthalt in den Erbstaaten zu ermöglichen. So gesehen erscheint der Evakuierungsplan als praktische Ableitung des erwähnten normativen Anspruches der »Milde« und »Menschenfreundlichkeit«, der eine Auslieferung der Emigranten an den Feind oder den Landesverweis ausschloss.

Auf der anderen Seite galt es auch lokale Interessen – in diesem Fall in Böhmen – zu beachten. In den vorangegangenen Jahren war insbesondere Prag so stark vom Zuzug von Emigranten betroffen gewesen, dass diesen phasenweise die Niederlassung untersagt werden musste.[305] Obwohl dieses Verbot inzwischen für nichtig erklärt worden war, artikulierte der Oberstburggraf gegen neue Emigrantenzuweisungen heftigen Widerspruch.[306] Im Bemühen, unter Zeitdruck einen Interessenausgleich zu Wege zu bringen, ging Pergen schließlich sogar so weit, in Widerspruch zu den maßgeblich vom ihm selbst aufgestellten Direktivre-

---

301 ÖStA/AVA, PHSt 1797/187, Polizeiminister Pergen an Kaiser Franz II., 6. April 1797. Dazu auch Friedrich Wilhelm Schembor: März 1797: Flüchtlingsstrom wälzt sich nach Wien. Die »Bedrohung« der Stadt und ihre Abwendung, in: SIAK – Zeitschrift für Polizeiwissenschaft und polizeiliche Praxis (2017) 1, S. 76–83.
302 Stoklásková, Fremdsein in Böhmen und Mähren, S. 647, Anm. 1607.
303 ÖStA/AVA, PHSt 1797/187, Polizeiminister Pergen an Kaiser Franz II., 6. April 1797.
304 Die Bezeichnung Frankreichs als »Land der Anarchie« seitens der Polizeihofstelle findet sich bereits in ÖStA/AVA, PHSt 1793/1200, Vize-Polizeiminister Saurau an den oberösterreichischen Landeschef Auersberg, 5. August 1793.
305 Zedinger, Migration und Karriere, S. 121.
306 Ebd., S. 122.

geln die Franzosen in den Kreisstädten, die übrigen Fremden auch auf dem Land unterzubringen, damit »die Hauptstadt Böhmens nicht übermässig mit Fremden angefüllet« werde.[307] Diese Konzession zulasten polizeilicher Überwachungsmöglichkeiten zeigt, dass auch der Polizeiminister sein »Sicherheitskonzept« flexibler handhaben und um lokalspezifische Faktoren erweitern musste, um in der Krisensituation die polizeiliche Handlungshoheit in Emigrantenangelegenheiten aufrechterhalten zu können.

Mit Aushängen in drei Sprachen und eigens gedruckten Meldeformularen lief die Evakuierungslogistik Anfang April 1797 an.[308] Binnen dreier Tage, so der Plan Pergens, sollten die Emigranten die Hauptstadt und das Wiener Umland verlassen haben. Unterdessen bereitete man sich in der rund einhundert Kilometer nördlich von Wien gelegenen mährischen Landeshauptstadt Brünn auf deren Ankunft vor. Obwohl das Erschrecken aufseiten der Revolutionsflüchtlinge über das ungebremste Vorrücken der französischen Armee kaum zu überschätzen ist, brachte die Evakuierung beispielsweise für den Marquis de Bombelles, selbst bereits seit 1796 in der mährischen Landeshauptstadt ansässig, immerhin ein Wiedersehen mit Jean-Baptiste Cléry, dem Kammerdiener König Ludwigs XVI., und vielen anderen Bekannten aus Frankreich mit sich, die in Brünn Station machten.[309] Auch in anderen Kreisstädten Mährens wurden Evakuierte aus Wien und den anderen bedrohten Regionen beherbergt.[310]

Die Unsicherheit aufseiten der evakuierten Emigranten überdauerte den zwischen den Kriegsparteien am 7. April 1797 im steirischen Judenburg vereinbarten Waffenstillstand. Gerüchte über die militärische Lage schossen ins Kraut und vermehrten die Unklarheit darüber, ob die unmittelbare Gefahr für Leib und Leben tatsächlich gebannt war.[311] Prag selbst blieb in dieser Zeit dank der Weisungen Pergens zwar von einem zahlenmäßig bedeutsamen Emigrantenzuzug verschont. Umso mehr strebten Emigranten nach dem Friedensschluss von Campo Formio im Oktober 1797 in die Stadt an der Moldau, um dort längerfristig Zuflucht zu finden.[312]

Als im August 1798 das *Corps Condé* auf seinem Weg aus Wolhynien nach Süddeutschland durch die böhmische Hauptstadt zog, schienen die im Jahr zuvor

---

307 ÖStA/AVA, PHSt 1797/187, Polizeiminister Pergen an Kaiser Franz II., 6. April 1797.
308 ÖStA/AVA, PHSt 1797/187, Dreisprachiges Druckblatt der Wiener Oberpolizeidirektion zur Evakuierung der Emigranten sowie Meldeformulare der Oberpolizeidirektion, 7. April 1797.
309 Bombelles, Journal, 5: 1795-1800, S. 175.
310 Der Neffe des emigrierten Bischofs von Luçon, Graf Mercy, etwa wurde zusammen mit der Comtesse de Brionne in Znaim untergebracht, vgl. Brief Bischof Mercys an Bischof La Fare, 22. April 1797, in: Marie-Charles-Isidore de Mercy: Lettres d'émigration, 1790-1802, La Roche-sur-Yon 1993, S. 445, Nr. 120.
311 Bombelles, Journal, 5: 1795-1800, S. 175-176.
312 Zedinger, Migration und Karriere, S. 123.

Habsburgermonarchie nach dem Frieden von Campo Formio 1797

bestehenden Verstimmungen zunächst vergessen. Tausende Menschen säumten die Straßenzüge der Innenstadt und bereiteten den paradierenden Soldaten einen begeisterten Empfang.[313] Der Oberstburggraf lud den Prince de Condé und die übrigen Kommandeure in die Prager Burg ein, und der emigrierte Bischof von Laon, Sabran, zelebrierte zum Ludwigstag eine feierliche Messe.[314]

Als sich mit Beginn des Zweiten Koalitionskrieges 1799 das Krisenszenario in nochmals verschärfter Form zu wiederholen drohte und Hunderte – Pergen berichtete gar von »tausenden« – Emigranten, die sich bislang in den Vorlanden aufgehalten hatten, den Eintritt nach »Innerösterreich« begehrten, war erneut die Improvisationskunst des Polizeiministers gefragt.[315] Wurden die Revolutionsflüchtlinge im ersten Kriegsjahr zunächst aus Konstanz ausgewiesen, weil sich nach Auffassung des Oberkommandierenden der kaiserlichen Armee, Erzherzog Karl, keine französische Emigrantenkolonie im militärischen Aufmarschgebiet befinden sollte, zeitigte im zweiten Kriegsjahr 1800 der Feldzug Moreaus durch Süddeutschland und Oberösterreich eine hastige Flucht vieler Revolutionsemigranten vor den französischen Truppen.[316] Der Ruf nach neuerlichen Zuzugsbeschränkungen, dem die Prager Bürgerschaft mit ihrer Petition Ausdruck verliehen hatte und der von Pergen so brüsk zurückgewiesen worden war, spiegelte die befürchteten Auswirkungen abermals wachsender Emigrantenzahlen wider.

Erneut war es allen voran die Polizeihofstelle, die einen Weg zur Verteilung der neuerlichen Emigrantenwelle wies. Da aus Pergens Sicht eine wiederholte Lenkung nach Böhmen und Mähren aufgrund der lokalen Widerstände ausschied, entwickelte er in Abstimmung mit den Ungarischen Hofkanzlei den Plan, Revolutionsflüchtlinge in großem Stil im Königreich Ungarn unterzubringen.[317] Dieser Vorschlag kam in zweierlei Hinsicht überraschend: Zum einen war die Einreise französischer Emigranten nach Ungarn seit 1794 sehr restriktiv gehandhabt worden – nur wenige Einzelfälle sind aktenkundig –, zum anderen besaß die Polizeihofstelle formal keine Zuständigkeit für die Länder der ungarischen Krone.[318]

Auf Vorschlag des ungarischen Hofkanzlers Pálffy sollten Emigranten zunächst nach Preßburg gelotst werden, der einzigen ungarischen Stadt, in der es bereits eine kleine Emigrantenkolonie gab.[319] Hier angekommen, oblag dem Stadtrichter die genaue Zuteilung auf 13 ausgewählte ungarische Städte, in denen eine Reihe von Behausungen zur Emigrantenunterbringung designiert wurde.[320] Ungeach-

---

313 Auguste de La Ferronnays: En Émigration. Souvenirs tirés des papiers du Comte A. de La Ferronnays (1777-1814), Paris 1900, S. 91.
314 Bombelles, Journal, 5: 1795-1800, S. 322.
315 ÖStA/AVA, PHSt 1799/256, Polizeiminister Pergen an Kaiser Franz II., 13. März 1799.
316 Moser, Die französische Emigrantenkolonie in Konstanz, S. 67.
317 ÖStA/AVA, PHSt 1799/256, Polizeiminister Pergen an Kaiser Franz II., 13. März 1799.
318 Pawlik, [Diss.] Emigranten der französischen Revolution in Österreich, S. 109-110.
319 Tóth, French Émigrés in Hungary, S. 74.
320 ÖStA/AVA, PHSt 1799/256, Hofkanzler Pálffy an Kaiser Franz II., 19. März 1799.

tet fehlender Zuständigkeit waren Pergens Erfahrung und Expertise gefragt, diesen Plan aus »Polizeyrücksichten« zu begutachten. Der Polizeiminister empfahl, Emigranten nur in ungarischen Ortschaften zu beherbergen, die abseits der Poststraßen lagen, um auf diese Weise den Kontakt mit Durchreisenden so weit wie möglich zu minimieren.[321] In diesem Ratschlag schimmert die ehedem so virulente Furcht vor unkontrollierten Handlungs- und Kommunikationsräumen der Emigranten im Aufnahmeland, die die Polizeihofstelle vor Jahren noch zu besonderen Vorsichtsmaßnahmen veranlasst hatte, nur noch schwach durch. An allen anderen formalen Auflagen, die sich aus den Direktivregeln ergaben, hielt man gleichwohl ausdrücklich fest.

Der archivalische Verlust der Emigrantentabellen erschwert Rückschlüsse darauf, in welchem Umfang der »Ungarn-Plan« tatsächlich umgesetzt wurde.[322] Aus der Wiener Überlieferung ist lediglich bekannt, dass mehrere französische Familien ins ungarische Modern (sk. Modra) gewiesen wurden. Bereits im Mai 1799, zwei Monate nach Genehmigung des Vorhabens durch Kaiser Franz II., setzte Pergen die Ansiedlung in Ungarn wieder aus, da die militärischen Erfolge der Österreicher bei Zürich und der Russen in Norditalien eine zurückgehende Fluchtbewegung erwarten ließen.[323] Ob diese Aussetzung infolge des für die Koalition widrigen Kriegsverlaufs im zweiten Halbjahr 1799 rückgängig gemacht wurde, ist nicht eindeutig belegt, jedoch sehr wahrscheinlich. In einer schriftlichen Zusammenschau der geltenden Aufenthaltsbestimmungen für Emigranten, die Pergen kurz nach dem Friedensschluss von Lunéville im Februar 1801 erstellte, ist nochmals explizit von Unterbringungen in Ungarn die Rede.[324]

Zwischen Rückkehr und Verbleib im Exil

Nach rund einem Jahrzehnt im Exil eröffneten die politischen Entwicklungen in Frankreich nach dem Brumaire-Staatsstreich 1799 den Emigranten neue Handlungsoptionen. Mit Ausnahme des rund eintausend Personen umfassenden Umfelds der Exilmonarchie um Ludwig XVIII. ebnete die vom Ersten Konsul Napoleon forcierte nationale Versöhnungsstrategie einer großen Mehrheit der Revolutionsflüchtlinge einen Weg zurück ins Heimatland, und zwar in einem doppelten Sinn: einerseits durch die Schaffung einer legalen Rückkehrmöglichkeit, andererseits durch das Angebot einer positiven (Wieder-)Identifikation mit der postrevolutionären Staatsverfassung Frankreichs, mit der sich selbst eingefleischte Revo-

---

321 ÖStA/AVA, PHSt 1799/256, Polizeiminister Pergen an Kaiser Franz II., 24. März 1799.
322 ÖStA/AVA, PHSt 1799/329, Hofkanzler Pálffy an Polizeiminister Pergen, 5. Mai 1799. Die Begleitschreiben der Verzeichnisse sind überliefert, die Tabellen selbst nicht.
323 ÖStA/AVA, PHSt 1799/329, Polizeiminister Pergen an Hofkanzler Pálffy, 14. Mai 1799.
324 ÖStA/AVA, PHSt 1801/701/a, Polizeiminister Pergen an Kaiser Franz II., 11. Februar 1801.

lutionsgegner bis weit in das royalistische Lager hinein arrangieren konnten.[325] Die Promulgation der »Articles organiques« und die Verkündung des Amnestiegesetzes 1802 ermöglichten ihnen eine gefahrlose Rückkehr.[326] Die Aussicht auf eine Rückgabe der konfiszierten Güter (sofern sie nicht verkauft worden waren) und auf Anstellungen in Verwaltung und Armee erhöhte zusätzlich die Bereitschaft, die teils prekären Lebensbedingungen in den Exilländern gegen eine Zukunftsperspektive im Heimatland einzutauschen.

In den habsburgischen Erbstaaten suchten nach Beendigung des Zweiten Koalitionskrieges zahlreiche Rückkehrwillige die Landesstellen formal um eine Ausreisegenehmigung an, die mit dem seit 1801 vereinheitlichten Passformular dokumentiert wurde.[327] Ein eigenes Abfahrtsgeld fiel nicht an. Die polizeilichen Kontrollmaßnahmen beschränkten sich in den Folgejahren somit auf jene zahlenmäßig nur schwer zu fassende Gruppe von Revolutionsflüchtlingen, die die Rückkehroption ausschlugen und an ihren Exilorten verblieben. Abgesehen von den Angehörigen der Königsfamilie und den Ultras waren dies vor allem emigrierte Militärs einschließlich ihrer Familien und Hausstände, ferner Geistliche, die das Konkordat von 1801 ablehnten, sowie Personen, für die die Klauseln der Amnestie – Treueeid auf die Verfassung, eingeschränkte Freizügigkeit und jahrelange polizeiliche Überwachung – unannehmbar waren oder für die es schlicht eine Frage der Ehre war, »en dehors de la France« zu verbleiben, wie für den Marquis de Bombelles: »Comme il fut de mode d'émigrer, il l'est aujourd'hui de rentrer, avec la différence qu'en sortant, on suivait le mouvement de l'honneur, et qu'en rentrant, on n'a plus que l'intérêt pour véhicule.«[328] Eher praktische Gründe bewogen zudem jene Emigranten, im Exilland zu bleiben, die inzwischen ein sicheres Auskommen gefunden hatten. Zu diesen gesellte sich schließlich noch eine kleine Zahl von »doppelten« Emigranten, die infolge der Amnestieregelung zunächst nach Frankreich zurückkehrten, nach nur kurzer Verweildauer aber wieder ihr ehemaliges Exilland aufsuchten, um sich dort erneut niederzulassen.

325 Boffa, Die Emigranten, S. 556. Zwar hatte es bereits nach dem Ende der Terrorherrschaft 1794 sowie nach dem Frieden von Campo Formio 1797 Emigranten gegeben, die mithilfe persönlicher Kontakte eine Streichung aus Emigrantenlisten als Voraussetzung für eine Rückkehr nach Frankreich erreicht hatten und tatsächlich in ihr Heimatland zurückgekehrt waren, doch handelte es sich hierbei um einen vergleichsweise überschaubaren Personenkreis. Nicht wenige von ihnen kehrten nach dem Fructidor-Staatsstreich 1797 Frankreich erneut den Rücken und setzten ihr kurzzeitig unterbrochenes Exil fort.
326 Das Zustandekommen der Amnestieregelung war bis in jüngste Zeit nur in groben Zügen bekannt. Diesem Mangel abgeholfen hat Kelly Summers: Healing the Republic's »Great Wound«: Emigration Reform and the Path to a General Amnesty, 1799-1802, in: Laure Philip, Juliette Reboul (Hg.): French Emigrants in Revolutionised Europe. Connected Histories and Memoires (= War, Culture and Society, 1750-1850), Cham 2019, S. 235-255.
327 Burger, Passwesen und Staatsbürgerschaft, S. 25-27.
328 Marc-Marie de Bombelles: Journal, Bd. 6: 1801-1807 (= Histoire des idées et critique littéraire, Bd. 417), Genf 2005, S. 34, 102.

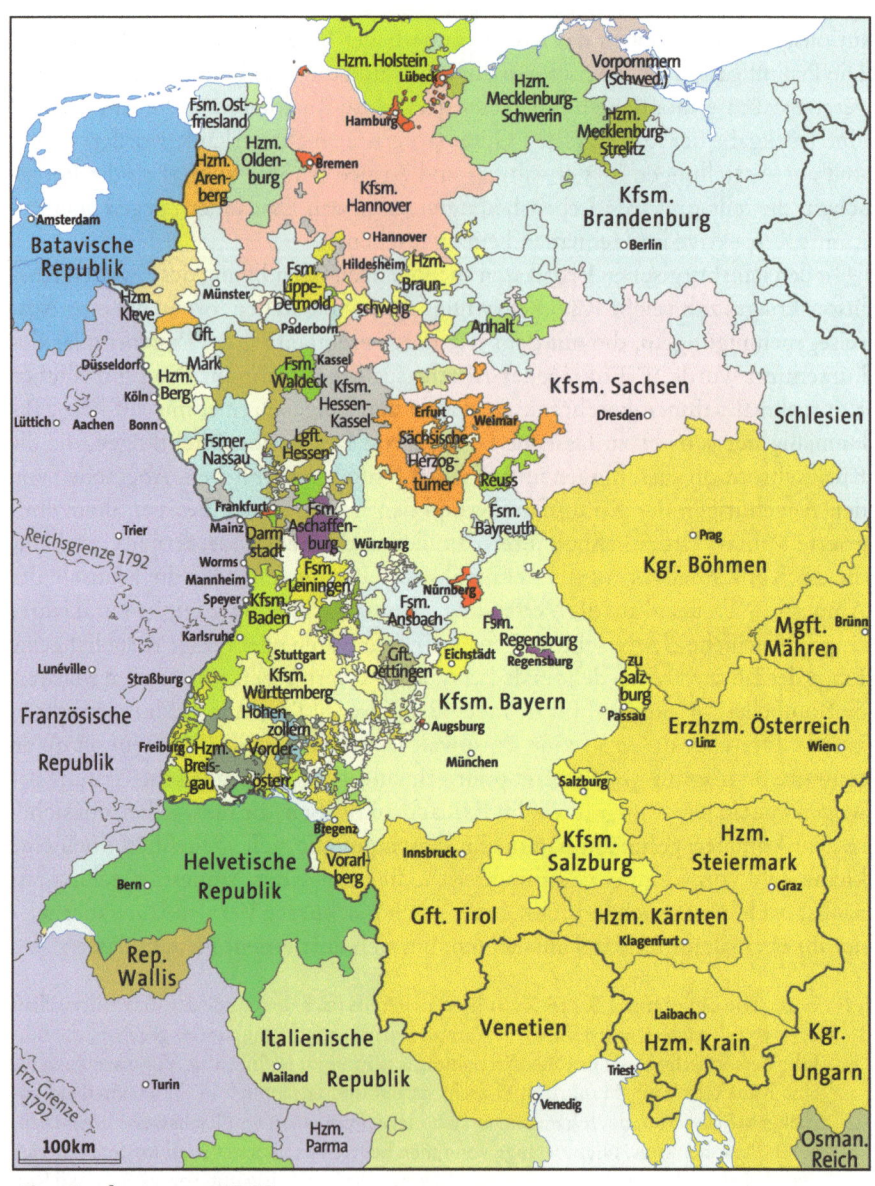

Zentraleuropa 1803

Habsburgische Lande:
- Österreich
- Kfsm. Salzburg
- Hzm. Breisgau

- Gebiete des Kurerzkanzlers
- Reichsstädtisches Gebiet
- Kleine oder stark fragmentierte Gebiete
- Reichsgrenze

Nach der nunmehr endgültigen Pensionierung Polizeiminister Pergens 1804 übernahm mit dem vormaligen vorderösterreichischen Regierungspräsidenten Sumerau ein Beamter die Leitung der Polizeihofstelle, der nicht nur mit der Emigrantenproblematik seit Beginn der Revolution vertraut war, sondern der es mit einer pragmatischen Handhabung emigrantischer Anliegen ähnlich hielt wie der »späte« Pergen. Die wenigen überlieferten Emigrantenlisten aus den Landeshauptstädten, die im zeitlichen Kontext dieser »Wachablösung« an der Spitze des Sicherheitsapparats angefertigt wurden, dokumentieren das Ausmaß des seit 1801/02 einsetzenden Rückkehrtrends eindrücklich. In ganz Oberösterreich waren im April 1804 gerade noch 19 französische Emigranten registriert.[329] Auf dem Territorium des ehemaligen Erzstifts Salzburg, das 1805 in habsburgischen Besitz übergegangen und in den Jahren zuvor für zeitweilig Hunderte emigrierte Geistliche zur provisorischen Zuflucht geworden war, waren es gar nur noch zwölf.[330]

In der Steiermark hingegen waren aufgrund eines Sondereffekts die Zahlen nicht rückläufig. In Graz und Umgebung hatten sich nach dem Frieden von Lunéville ehemalige Offiziere des *Corps Condé* niedergelassen, die ihre Subsistenz von einem bescheidenen britischen Sold bestritten.[331] Pläne, diese demobilisierten und wohl auch demoralisierten *Condé*-Truppen unter britischem Kommando nach Ägypten zu entsenden, verliefen im Sande. So hielten sich noch 1806 in der steirischen Landeshauptstadt fast siebzig Franzosen auf, die die Polizei mithilfe geheimer Informanten systematisch überwachte.[332] Gerade die »Excondeer« fielen dabei immer wieder durch Trunksucht und »unsittliche[s]« Verhalten auf, über das die Stadtbewohner bei der Landesstelle bittere Klage führten.[333] Andere Angehörige dieser Emigrantentruppe, vermerkt das Polizeiprotokoll, waren inzwischen »irrsinnig« geworden oder »dem Wahnsinn verfallen« – allein acht von ihnen wurden auf Kosten der britischen Regierung dauerhaft im örtlichen Krankenhaus versorgt.[334]

Auch in den vorderösterreichischen Gebieten, d.h. im kurzlebigen Herzogtum Modena-Breisgau, in den schwäbischen Exklaven sowie in der Konstanzer Region, hielten sich am Vorabend des Dritten Koalitionskriegs noch Emigranten auf. Unter ihnen befand sich ebenfalls eine Reihe ehemaliger *Condé*-Offiziere, die entweder 1797 nicht mit nach Wolhynien gezogen oder nach der Auflösung des Korps zu ihren in Südwestdeutschland zurückgelassenen Angehörigen zurück-

---

329 OÖLA Linz, Landesregierung – Präsidium, Polizeiakten, Ktn. 197, 1804, Verzeichnis über die im Land ob der Enns befindlichen französischen schweitzerischen und italienischen Emigranten, 14. April 1804.
330 Pawlik, Emigranten in Österreich, S. 121.
331 Hiervon berichtet La Ferronnays, En Émigration, S. 105-112.
332 ÖStA/AVA, PHSt 1806/577, Liste der Emigranten in Graz, August 1806.
333 Ebd.
334 Ebd.

gekehrt waren.[335] Als die Kriegsgefahr Mitte 1805 imminent wurde, begehrten sie von den Wiener Behörden eine Erlaubnis, sich in eine sichere innerösterreichische Provinz begeben zu dürfen, was ihnen gemäß dem inzwischen üblichen Prozedere schließlich erlaubt wurde.[336] Sie reisten zumeist über die Donauroute und Linz in Richtung Mähren, Galizien und vor allem Ungarn.[337] Unter ihnen war auch ein vormaliger Abgeordneter des Dritten Standes in der Konstituante, Pierre Antoine Durget, einer der wenigen konsequent promonarchischen Deputierten seines Standes, der nach Auflösung der Nationalversammlung im September 1791 emigriert und sich dem *Corps Condé* angeschlossen hatte.[338] Der kriegsbedingte »Umzug« von Freiburg nach Brünn kam ihm im Frühjahr 1805 durchaus gelegen, da seine in Frankreich lebenden Gläubiger nichts unversucht ließen, seine seit 1789 bestehenden Schulden auf dem Gerichtsweg einzutreiben, und zu diesem Zweck sogar den französischen Geschäftsträger am Karlsruher Hof auf ihn angesetzt hatten.[339] Zwar entging Durget durch den Ortswechsel weiteren juristischen und diplomatischen Scherereien in der Schuldensache, doch blieb er auch an seinem neuen Domizil unter polizeilicher Beobachtung.[340]

Eine Bestandsaufnahme der Polizeihofstelle aus dem Folgejahr 1806 offenbarte, dass aufgrund dieser letzten größeren Umsiedlungsbewegung viele Emigranten über Preßburg nach Ungarn gelangt waren. Polizeiminister Sumerau empfahl der Staatskanzlei daraufhin mit der Erinnerung, dass die Länder der ungarischen Krone auch weiterhin seiner Polizeiaufsicht entzogen seien, eine restriktivere Vergabe von Einreisepässen nach Ungarn und schlug zudem vor, die dortigen Komitatsbehörden mit der Überprüfung der Pässe zu beauftragen.[341] Auf diesem Weg sollte ein funktional vergleichbares Kontrollnetz für Emigranten etabliert werden, wie es mit den Polizeidirektionen in den anderen Erbländern bereits

335 Moser, Die französische Emigrantenkolonie in Konstanz, S. 75-78.
336 Für die Angehörigen des Corps Condé finden sich die Einzelnachweise in dem Sammelakt ÖStA/AVA, PHSt 1805/660, Flucht französischer Emigranten wegen Feindesgefahr aus den Vorlanden.
337 Diese Gebiete wurden von Außenminister Cobenzl ausdrücklich als Aufenthaltsorte empfohlen, ÖStA/HHStA, StK, Notenwechsel Polizeihofstelle 1, Außenminister Cobenzl an Polizeiminister Sumerau, 29. September 1805.
338 Zu Durget siehe https://www2.assemblee-nationale.fr/sycomore/fiche/(num_dept)/11701 [19.7.2019].
339 ÖStA / HHSt, StK, Notenwechsel Polizeihofstelle 23 1805-1806 VIII, Polizeiminister Sumerau an Außenminister Cobenzl, 16. April 1805. Zur gerichtlichen Auseinandersetzung um die Schulden Durgets siehe GLA Karlsruhe 200, Freiburg, Stadt, 1525, Schuldforderung der Handelsleute Pochet in Besançon an den französischen Emigranten Durget.
340 Unter anderen machte sich der Comte d'Ecquevilly, selbst ehemaliger Condé-Offizier und seit 1801 im ungarischen Tyrnau ansässig, für Durget stark: ÖStA/AVA, PHSt 1805/174.
341 ÖStA / HHSt, StK, Notenwechsel Polizeihofstelle 23 1805-1806 VIII, Polizeiminister Sumerau an Außenminister Cobenzl, 9. Juli 1806.

bestand – freilich ohne in die ungarische Autonomie einzugreifen. Im Nachgang der französischen Besetzung Wiens im November 1805, der abermaligen Evakuierung der Hauptstadt und der Niederlage in Austerlitz gelangten solche strukturellen Anpassungen im Sicherheitssystem jedoch nicht über das Konzeptstadium hinaus. Vielmehr zeigt sich im Quellenbefund, dass nach dem Frieden von Preßburg 1805 Ungarn als Ziel für eine längerfristige Niederlassung bei französischen Emigranten hoch im Kurs stand.[342]

Das oft strapaziöse Leben im Exil forderte von den Emigranten gleichwohl seinen Tribut. In Graz endete 16 Jahre nach ihrer Flucht aus Frankreich das Leben einer der Emigrantinnen der ersten Stunde, Marie-Thérèse von Savoyen, der Gemahlin des Comte d'Artois. Nach mehrjährigem Aufenthalt am Turiner Hof ihres Vaters, König Viktor Amadeus III. von Sardinien-Piemont, war sie mit ihrem Gefolge 1796 vor der heranrückenden Revolutionsarmee zunächst nach Klagenfurt geflohen, um anschließend nach Graz zu gelangen. Hier starb sie, 49-jährig, »an Endkräftung«, am 2. Juni 1805. Ihre letzte Ruhestätte fand sie im kaiserlichen Mausoleum neben dem Grazer Dom.[343]

Defensive Emigrantenpolitik während der napoleonischen Hegemonie

Unbeschadet des fortgesetzten polizeilichen Pragmatismus gewann in der Dekade nach dem Frieden von Lunéville die Emigration auf diplomatischer Ebene neue Brisanz. Die Ursache hierfür lag in dem aus der nationalen Versöhnungs- und Integrationspolitik Napoleons abgeleiteten Impuls begründet, die trotz der Amnestieregelung weiterhin im Ausland befindlichen Franzosen durch neuen Druck dazu zu bewegen, bestehenden Dienstverhältnissen – vor allem im österreichischen Militär – zu entsagen und sich zurück in ihr Geburtsland zu begeben. Gemäß dem Territorialprinzip der napoleonischen Gesetzgebung betraf dies neben gebürtigen Franzosen, die bereits vor 1789 in die Habsburgermonarchie gekommen waren, auch die Emigranten der Revolution, »Nationalfranzosen« ebenso wie Personen, die aus den inzwischen von Frankreich annektierten Territorien stammten.[344] Wer weder auf das »Zuckerbrot« der Straffreiheit noch

---

342 Wie der Fall der Familie des Marquis Saint Poncy, die sich 1806 in Preßburg niederlassen wollte, zeigt: ÖStA/HHStA, StK, Notenwechsel Polizeihofstelle 24, Polizeiminister Sumerau an Außenminister Stadion, 7. Februar 1806.
343 Sterbebuch der Gemeinde Grazer Dom, I, 1786-1822, fol. 138, vgl. Matricula-Online: https://data.matricula-online.eu/de/oesterreich/graz-seckau/graz-dom/1102/?pg=127 [1.3.2020].
344 Zum Problem der Staatsbürgerschaft in annektierten Territorien siehe Mary Ashburn Miller: The Impossible Émigré: Moving People and Moving Borders in the Annexed Territories of Revolutionary France, in: Laure Philip, Juliette Reboul (Hg.): French Emigrants in Revolutionised Europe. Connected Histories and Memoires (= War, Culture and Society, 1750-1850), Cham 2019, S. 29-44.

die »Peitsche« neuer Sanktionen ansprach, sollte aus Pariser Sicht der Rückkehrmöglichkeit und aller Besitzansprüche in Frankreich endgültig verlustig gehen.

Auf österreichischer Seite zogen die französischen Forderungen zwar wiederholt Eingriffe der Polizei nach sich, entlarvten aber vor allem den unsicheren Rechtsstatus der Emigranten, die dauerhaft in den Erbstaaten lebten. Da für diese »Auslandsfranzosen« in den napoleonischen Straf- und Zivilrechtskodizes eigene Bestimmungen eingeführt wurden, ihre Position im Aufnahmeland aufgrund der Vielzahl korporativ-landesrechtlicher Vorgaben aber weit weniger klar umrissen war, herrschte bei den Betroffenen lange Zeit Unsicherheit, ob sie französischer oder österreichischer Jurisdiktion unterlagen. Zwar gelang es der österreichischen Diplomatie immer wieder, nachteiligen Effekten der verschiedenen französischen Maßnahmen auf die im Lande befindlichen Emigranten entgegenzuwirken. Rechtssicherheit gewannen diese jedoch erst mit dem 1812 in Kraft tretenden Allgemeinen Bürgerlichen Gesetzbuch (ABGB), das ihren Status durch ein »modernes« Staatsbürgerschaftsrecht befestigte. Unter Versicherheitlichungsaspekten ist das bilaterale »Gezerre« um die Emigranten in hochnapoleonischer Zeit gleichwohl bemerkenswert, als zum bisherigen Kontrollmotiv der Wiener Hofstellen »nach innen« nun ein verstärkt defensiver Ansatz »nach außen« hinzutritt, man sich auf staatlicher Ebene also nun als Sicherheitsgarant der betroffenen Personengruppe verstand.

Die ersten französischen Forderungen dienten vordergründig einer politischen Arrondierung der Emigrantenfrage im Nachgang der Friedensschlüsse von Lunéville 1801 und von Amiens 1802, mit denen der zehnjährigen Kriegsepoche in Europa ein definitives Ende gesetzt zu sein schien. Die Pariser Regierung verlangte Mitte 1802 von den im Ausland verbliebenen Emigranten eine Garantie, sich künftig jeder Kooperation mit einer frankreichfeindlichen Macht zu enthalten. Diese Zusicherung war nach Pariser Vorstellung durch einen Eid zu beschwören.[345] Mit dieser Maßnahme sollte ausgeschlossen werden, dass jemals wieder Franzosen gegen Frankreich die Waffen erheben würden. Aus Wiener Sicht sprach nach dem Friedensschluss mit Frankreich grundsätzlich nichts gegen eine solche eidlich bekundete Zusicherung.[346] Auf die Angehörigen des aufgelösten *Corps Condé*, vor allem aber auf die inzwischen in der kaiserlichen Armee und Marine dienenden Emigranten erhöhte sich mit dieser Bestimmung jedoch der Druck, sich endgültig für eine der beiden Seiten zu entscheiden. Das Zeitfenster für diese Entscheidung verengte sich zusehends, da eine Rückkehr nach den Bedingungen des Amnestiegesetzes nur bis zum 23. September 1802 (Beginn des Jahres XI) möglich war.[347] Gleichzeitig wurde die Vorstellung einer fortgesetzten militärischen Bekämpfung der französischen Republik nach den jüngsten

---

345 Pawlik, Emigranten in Österreich, S. 122.
346 ÖStA/HHStA, StK, Notenwechsel Polizeihofstelle 1, Außenminister Cobenzl an Polizeiminister Sumerau, 8. Juli 1802.
347 Summers, Healing the Republic's »Great Wound«, S. 246.

Friedensschlüssen immer unrealistischer. Selbst für hartgesottene Revolutionsfeinde verminderte dieser Zwiespalt die Attraktivität eines weiteren Verbleibs im Exil beträchtlich, weshalb das Kalkül der französischen Seite aufzugehen schien. Allerdings ist aus den Quellen nicht ersichtlich, ob die französische Forderung nach einer Eidesleistung tatsächlich in die Praxis umgesetzt wurde.[348]

Ohne Widerspruch leistete der Wiener Hof der zwei Jahre später, 1804, durch den französischen Botschafter in Wien übermittelten Forderung, Emigranten sollten sich 50 *Lieues*, also rund 200 Kilometer, von der französischen und schweizerischen Grenze entfernen, Folge.[349] Es war der Auftakt zu einem staatlich organisierten »Umsiedlungsprogramm«, das auf kaiserliche Anordnung hin »mit aller thunlichen Schonung« abgewickelt werden sollte.[350] Der Konstanzer Stadthauptmann Blanc etwa expedierte im Rahmen dieser Maßnahme von den wenigen Emigranten, die noch in seiner Stadt verblieben waren, sieben Personen donauabwärts in die österreichische Exklave Günzburg, trug dem »allerhöchsten« Auftrag zu nachsichtiger Behandlung aber immerhin insoweit Rechnung, als er kranken und gebrechlichen Emigranten den weiteren Verbleib in Konstanz einräumte.[351] Emigranten, die nach 1804 aus anderen Territorien Einreise in die Habsburgermonarchie begehrten, wurde der Aufenthalt dagegen nur außerhalb dieses auf französischen Wunsch eingerichteten »cordon sanitaire« genehmigt.[352]

In den Forderungen, die Paris betreffs der Emigranten stellte, spiegelte sich das wachsende politische Gewicht des napoleonischen Frankreichs, das seinen kontinentaleuropäischen Hegemonialanspruch offensiv vertrat. Dagegen verengte sich auf Wiener Seite der Spielraum infolge der militärischen Niederlagen von 1805 und vor allem von 1809 zunehmend. Unter der außenpolitischen Ägide Metternichs verlegte sich der Kaiserhof daher auf ein taktisches Lavieren, erhob aber auch Widerspruch, wenn staats- und landesrechtliche Belange substanziell beeinträchtigt zu werden drohten.

Mit dem Dekret vom 6. April 1809 nahm Napoleon den Faden genau an der Stelle auf, wo die »große Wunde«[353] auch nach 1802 noch klaffte.[354] Der Kaiser der Franzosen setzte *expressis verbis* »in Betreff der Franzosen, welche die Waffen gegen Frankreich getragen, und in Betreff der Franzosen, die, aus dem Auslande zurückberufen, dasselbe nicht verlassen würden«, neue Bestimmungen fest, mittels welchen der Druck auf die verbliebenen Emigranten noch einmal erhöht

---

348 Auch Pawlik, Emigranten in Österreich, S. 122, lässt diesen Punkt offen.
349 ÖStA/HHStA, StK, Notenwechsel Polizeihofstelle 1, Außenminister Cobenzl an Polizeiminister Pergen, 4. April 1804.
350 Pawlik, Emigranten in Österreich, S. 122-123.
351 Moser, Die französische Emigrantenkolonie in Konstanz, S. 77.
352 Mehrere Fälle aus dem zweiten Halbjahr 1804 sind dokumentiert im Akt ÖStA/HHStA, StK, Notenwechsel Polizeihofstelle 22.
353 Summers, Healing the Republic's »Great Wound«.
354 Godsey, La société était au fond légitimiste, S. 67.

wurde, auch und gerade unter dem Vorzeichen des unmittelbar drohenden Krieges zwischen Österreich und Frankreich.³⁵⁵ Unter Rückgriff auf den »Code pénal de 1791« sollten fortan Franzosen, die nach dem 1. September 1804 gegen Frankreich gekämpft hatten oder bei künftigen Kampfhandlungen *in flagranti* erwischt würden, vor Spezial- bzw. Militärgerichte gestellt und – ungeachtet, ob sie im Ausland naturalisiert waren oder nicht – mit dem Tode bestraft werden.³⁵⁶ Wer dagegen in Militärdiensten einer fremden Macht stand, nach dem 1. September 1804 jedoch an keinem Waffengang gegen Frankreich teilgenommen hatte, hatte nach dem Ausbruch neuer Feindseligkeiten den Dienst zu quittieren und innerhalb von drei Monaten nach Frankreich zurückzukehren. Wer diese Frist versäumte, ging sämtlicher Güter in Frankreich verlustig und verfiel ebenfalls der Todesstrafe.³⁵⁷ Diese Drei-Monats-Regelung galt auch für Franzosen, die im Ausland ein politisches, administratives oder gerichtliches Amt innehatten.³⁵⁸ Für französische Bedienstete in Staaten, mit denen sich Frankreich nicht im Kriegszustand befand, bestimmte das Dekret dagegen eine Verpflichtung zur Rückkehr für den Fall, wenn diese durch eine formelle Anordnung verfügt wurde.³⁵⁹ Wer weder in militärischen noch in öffentlichen Diensten stand, konnte bis zu zwei Jahre nach einem Friedensschluss zurückkehren und nach einer gerichtlichen Prüfung seine staatsbürgerlichen Rechte wahrnehmen.³⁶⁰

Hatte der Wiener Hof den französischen Forderungen in Emigrantensachen bisher weitgehend Folge geleistet, regte sich nun erstmals Widerspruch. Den Passus,

355   Bereits der Code d'Instruction Criminelle (1808) hatte in seinen Präliminarien bestimmt, dass im Ausland befindliche Franzosen, die sich eines »crime attentatoire à la sûreté de l'État« oder eines »crime contre un Français« schuldig gemacht hatten, von französischen Gerichten und nach französischen Gesetzen angeklagt, verurteilt und bestraft werden konnten, vgl. http://ledroitcriminel.fr/la_legislation_criminelle/anciens_textes/code_instruction_criminelle_1808/code_instruction_criminelle_1.htm [25.7.2019]. Diese Regelung korrespondierte mit §21 des Ersten Buches des Code civil, wonach Franzosen, die ohne Genehmigung der Regierung militärische Dienste im Ausland leisteten, ihre Bürgerrechte verloren und nicht ohne Erlaubnis nach Frankreich zurückkehren durften.
356   Die deutsche Übersetzung des Dekrets bei Franz von Lassaulx (Hg.): Annalen der Gesetzgebung Napoleons: eine Zeitschrift in zwanglosen Heften, Bd. 2, Koblenz 1809, S. 202-213; hier S. 202-204. Die Stoßrichtung des Dekrets, das im Vorfeld des neuerlichen Krieges in erster Linie auf Österreich gemünzt war, hatte in einem sachgleichen Dekret Napoleons einen Vorgänger, das dieser kurz vor dem französischen Preußenfeldzug von 1806 in Bamberg erließ; dazu Bombelles, Journal, 6: 1801-1807, S. 344. Franzose im Sinne des Dekrets waren wiederum alle, die auf dem Territorium des napoleonischen Frankreichs von 1809 geboren waren, was auch ehemalige »Belgier«, »Venezianer« und »Piemontesen« einschloss.
357   Lassaulx, Annalen der Gesetzgebung Napoleons, 2, S. 205-209.
358   Ebd., S. 209-210.
359   Ebd., S. 210-211.
360   Ebd., S. 211. Pawlik, Emigranten in Österreich, S. 123, gibt die Frist irrigerweise mit fünf Jahren an.

wonach Franzosen ungeachtet einer Naturalisierung in den kaiserlichen Erbstaaten von französischen Gerichten verurteilt werden konnten, bezeichnete der in aufreibenden Friedensverhandlungen verstrickte Metternich in einem Schreiben an den österreichischen Noch-Außenminister Stadion säuerlich als »acte de prépotence du gouvernement français«.³⁶¹ Für Metternich ging es um eine Grundsatzfrage. In einer Adresse an sein Gegenüber am Verhandlungstisch, den französischen Außenminister Champagny, argumentierte er, Franzosen, die vor vielen Jahren in die Erbstaaten gekommen seien, dort formell das Incolat erworben hätten und überdies in kaiserlichen Diensten stünden, könnten nicht der französischen Gerichtsbarkeit unterstehen.³⁶² Emigranten aus den von Frankreich annektierten Österreichischen Niederlanden und den ehemaligen Besitzungen in Italien wurden vonseiten Österreichs ohnehin als kaiserliche Untertanen angesehen.

Zwar kannte das österreichische Staatsrecht zu diesem Zeitpunkt keine eindeutige Definition des Staatsbürgers oder der Staatsbürgerschaft (oder wie diese zu erwerben war), gleichwohl musste nach der gängigen Rechtsauffassung, wie sie in der Habsburgermonarchie zuletzt im Westgalizischen Gesetzbuch (WGB) von 1797 kodifiziert worden war, ein »Ausländer« wie ein »Eingeborener des Landes« – also als österreichischer Untertan – angesehen werden, wenn er ein Amt übernommen, ein Gewerbe angetreten, eine Immobilie in Besitz genommen, zehn Jahre ununterbrochen im Lande sich aufgehalten oder »auf was immer für eine andere Art den unverkennbaren Willen in diesem Lande zu bleiben, erklärt hat« (§ 56, Teil I, WGB).³⁶³ Die durch ein französisches Gericht erfolgte Verurteilung Louis Victor de Rohans, der inzwischen nicht nur das Incolat des böhmischen Herrenstands erworben hatte, sondern zudem seit 1794 in der kaiserlichen Armee zuletzt im Range eines Feldmarschallleutnants diente, stellte vor diesem Hintergrund einen unrechtmäßigen Eingriff dar, so Metternich.³⁶⁴

361 Zit. n. Pawlik, Emigranten in Österreich, S. 123. Zur politischen und diplomatischen Rolle Metternichs im Sommer 1809 siehe Siemann, Metternich, S. 299-313.
362 Pawlik, Emigranten in Österreich, S. 124.
363 Zum Staatsbürgerschaftsrecht in der Habsburgermonarchie grundlegend Burger, Passwesen und Staatsbürgerschaft, S. 96-108. Die Zehn-Jahres-Regelung war bereits im Josephinischen Auswanderungspatent von 1784 formuliert worden, wo es hieß, dass »Ausländer, welche 10 Jahre hier sind, für Inländer zu halten« seien. Der Begriff »Staatsbürger« taucht erstmals im WGB auf.
364 Pawlik, Emigranten in Österreich, S. 124. Die Brüder Charles und Louis de Rohan dienten nach ihrer Emigration beide in der kaiserlichen Armee und waren inzwischen im Königreich Böhmen ansässig, in dessen Landstände sie 1808 aufgenommen zu werden wünschten, ÖStA/HHStA, StK, Vorträge 79, Vortrag von Außenminister Stadion, 4. Juni 1808. Das Incolat/Indigenat erlaubte es einem ausländischen Adligen, in die Landstände eines Erbstaates aufgenommen zu werden und damit im privatrechtlichen Sinne die gleichen Rechte wie ein kaiserlicher Untertan zu besitzen, ohne seinen Charakter als Fremder zu verlieren. Der Untertanen-Status Rohans leitete sich also nicht von der Landstandschaft, sondern von dem Dienstverhältnis und der Dauer des Aufenthaltes her. Erst die Rechts-

Unmittelbar nach der Niederlage Österreichs im Vierten Koalitionskrieg 1809 blieb Metternich mit dieser Kritik eine Einzelstimme. In den geheimen Zusatzartikeln zum Friedensvertrag von Schönbrunn vom 14. Oktober 1809, an dessen Paraphierung der nachmalige Außenminister selbst nicht beteiligt war, verpflichtete sich der österreichische Kaiser sogar dazu, seine in Frankreich geborenen Offiziere und zivilen Amtsträger aus ihren Dienstverhältnissen zu entlassen.[365] Es ist wohl Metternichs persönlichem Einsatz beim *Empereur* in Paris zuzuschreiben, dass dieser im Nachgang seiner Hochzeit mit Erzherzogin Maria Louise im April 1810 und eingedenk der neubegründeten Familienallianz mit dem Erzhaus Habsburg die aus Frankreich stammenden Soldaten und Beamten in österreichischen Diensten von den Bestimmungen des 1809er-Dekrets sowie des Vertrags von Schönbrunn bis auf Weiteres ausnahm.[366]

Gleichwohl forcierte Napoleon die Reintegrationsbemühungen fortan in abgewandelter Form. Kraft eines am 11. April 1810 erlassenen Ergänzungsdekrets bot er den im Ausland befindlichen Franzosen, denen laut Vorgängerdekret die Todesstrafe drohte, eine Amnestie bis zum 1. Januar 1811 an.[367] Wer in den Genuss dieser Straffreiheit kommen wollte, hatte nach seiner Rückkehr nach Frankreich gegenüber dem zuständigen Tribunal die schriftliche Zusicherung zu geben, dass er ohne Genehmigung des Kaisers der Franzosen keine Militärdienste im Ausland mehr annehmen würde.[368] Nach den jüngsten Kriegen eröffnete Napoleon mit diesem Angebot jenen Franzosen, die auf der gegnerischen Seite gekämpft hatten, eine unverhoffte Chance: Wer seine militärischen Dienste freiwillig quittierte, konnte nicht nur gefahrlos nach Frankreich zurückkehren und dort mit allen staatsbürgerlichen Rechten leben, sondern sogar seine Laufbahn in der französischen Armee fortsetzen.

Auf diese Volte hin intervenierte Metternich abermals bei der französischen Regierung. Vehement beharrte der österreichische Außenminister auf dem Standpunkt, französische Emigranten, die sich dauerhaft in der Habsburgermonarchie niedergelassen hätten, seien *ipso facto* kaiserliche Untertanen geworden.[369] Dass

---

praxis nach der Zivilrechtskodifikation 1811/12 zeigte, dass der Militärdienst von Ausländern in der kaiserlichen Armee nicht unmittelbar mit dem Erwerb staatsbürgerlicher Rechte einherging; vgl. Gotthard von Buschmann: Ueber die österreichische Staatsbürgerschaft, Wien 1833, S. 21.

365 Articles séparés et secrets ajouté au traité de paix du 14 Octobre 1809, conclu à Vienne entre l'Autriche et la France, in: Neumann, Recueil des traités et conventions, Bd. 2: 1801-1815, S. 346.
366 Zu Metternichs Mission in Paris im Frühjahr und Sommer 1810 vgl. Siemann, Metternich, S. 341-358, bes. S. 351.
367 Franz von Lassaulx (Hg.): Annalen der Gesetzgebung Napoleons: eine Zeitschrift in zwanglosen Heften, Bd. 4, Koblenz 1811, S. 117.
368 Ebd.
369 Pawlik, Emigranten in Österreich, S. 124.

diese eigenen Untertanen unter die Bestimmungen französischer Gesetze fallen sollten, sorge auf österreichischer Seite für Unverständnis.³⁷⁰ Keinesfalls könne und werde man sie dazu zwingen, nach Frankreich zurückzukehren. Falls sie selbst diesen Wunsch hegten, werde man sich ihrem Anliegen zwar nicht entgegenstellen, bedinge sich aber aus, dass gebürtige Franzosen, die in österreichischen Diensten ständen, auch weiterhin von Strafmaßnahmen ausgenommen blieben.³⁷¹

Unbeeindruckt von diesen Einsprüchen verlängerte Paris die Amnestieregelung zunächst bis zum 1. Juli 1811, dann noch einmal bis zum 1. Januar 1812.³⁷² Die finale Klimax der napoleonischen Reintegrationspolitik bestand schließlich darin, die bislang gewährte Ausnahmeregelung für gebürtige Franzosen in österreichischen Diensten im Herbst 1810 gänzlich zu widerrufen. Der Zusatzartikel des jüngsten französisch-österreichischen Friedensvertrags trat damit formell in Kraft.³⁷³ Wer von den Emigranten bisher »Zuckerbrot« und »Peitsche« widerstanden und keine Neigung zu einer Rückkehr nach Frankreich verspürt hatte, stand nun vor dem existenziellen Nichts.

Folgerichtig gingen unter den Adressaten dieses jüngsten Schachzugs Napoleons die Reaktionen weit auseinander. Einige Offiziere, die teils jahrzehntelang in österreichischen Diensten gestanden hatten, nutzten die »späte« Gelegenheit, doch noch unter Amnestiebedingungen zurückkehren zu können: Neben den beiden Generalmajoren Roussel d'Hurbal und Segond de Sederon entschied sich auch der junge Leutnant d'André, die österreichische Armee zu verlassen, obschon er als Kleinkind mit seiner Familie aus Frankreich emigriert war, in den Erbstaaten seine gesamte militärische Ausbildung genossen und sein Geburtsland nie besucht hatte.³⁷⁴ Während Segond, ein früherer Gefolgsmann Dumouriez', die Vorzüge eines unbehelligten Ruhestands im heimatlichen Le Beausset genoss, setzten die beiden anderen ihre militärischen Karrieren in der *Grande Armée* fort.

Trotz aller Anreize blieben die Rückkehrwilligen eine kleine Minderheit. Auffällig ist, dass gerade die Offiziere, die in der Akutphase der militärischen Emigration Frankreich verlassen hatten und in die kaiserliche Armee eingetreten waren, ebenso wenig Bereitschaft zur Rückkehr zeigten wie die meisten Nachkommen der eingefleischten Royalisten. So berichtet Bombelles, seine beiden Söhne, ebenfalls

---

370 Ebd.
371 Ebd.
372 Lassaulx, Annalen der Gesetzgebung Napoleons, 4, S. 117.
373 Dies wurde durch eine Note des französischen Botschafters in Wien vom 26. Oktober 1810 bekannt gemacht, ÖStA/HHStA, StK, Vorträge 1811, Ktn. 188, Vortrag des Feldmarschall Bellegarde, 9. Januar 1811.
374 Antonio Schmidt-Brentano: Kaiserliche und k.k. Generale (1618-1815). URL: http://www.historie.hranet.cz/heraldika/pdf/schmidt-brentano2006.pdf [1.4.2020], S. 84, 92; Roussel d'Hurbal war in Frankreich geboren – daher betraf ihn das napoleonische Dekret –, jedoch bereits 1782 in österreichische Dienste getreten; siehe Petiot, Les Lorrains et l'empire, S. 444-445.

österreichische Offiziere, »ne semblent nullement enclins à rentrer en France«.[375] Selbst Übergangszahlungen, die der Wiener Hof in Aussicht stellte, um den materiellen Bedarf der aus dem Dienst Ausscheidenden zu decken, änderten an dieser Einstellung nichts.[376] Weil seine beide Söhne zu einem frühen Zeitpunkt des Exils in der Schweiz naturalisiert worden waren, hoffte Bombelles zunächst, dass sie nicht unter die Regelung des Schönbrunner Friedens fielen, doch blieb ihr weiteres Schicksal über viele Monate in der Schwebe: »Cette incertitude est cruelle pour eux et pour moi«, bilanzierte Bombelles zwischenzeitlich die Situation bitter.[377] Auch ein persönliches Gespräch mit Metternich im Oktober 1811 brachte in der Sache keine Klärung.[378]

Unterdessen war man im Hofkriegsrat allerdings zu der Überzeugung gelangt, dass nicht nur das Ausscheiden aktiver frankreichstämmiger Offiziere einen »unersezlichen Verlust« bedeuten würde, sondern es auch für die mittlerweile pensionierten Offiziere – »meist mit Wunden bedekt, ehrenvoll ergraute verdienstvolle Krieger, dem Ende des Lebens nahend« – unzumutbar wäre, sich »ein neues Vaterland« zu suchen.[379] Hofkriegsratspräsident Bellegarde erstellte daraufhin Verzeichnisse mit 112 aktiven und pensionierten Generälen und Stabsoffizieren, für deren Verbleib im Armeedienst bzw. in der Habsburgermonarchie er sich aufgrund ihrer Fähigkeiten und Verdienste aussprach.[380] Weitere diplomatische Interventionen über die österreichische Botschaft in Paris verschleppten die Entscheidung über die Zukunft dieser Militärs über das ganze Jahr 1811 bis schließlich, im Nachgang der österreichisch-französischen Allianz vom März 1812 und der Dresdner Konferenz im Mai 1812, Kaiser Franz entschied, keine Entlassungen vorzunehmen und die Offiziere im Armeedienst zu belassen.[381]

Zu diesem Zeitpunkt war das Allgemeine Bürgerliche Gesetzbuch (ABGB) bereits seit rund einem halben Jahr in Kraft.[382] Es bestimmte erstmals klare Wege und Bedingungen für den Erwerb der österreichischen Staatsbürgerschaft. Die im Grundsatz aus der Reformzeit stammenden Regelungen, wonach die – da-

---

375 Marc-Marie de Bombelles: Journal, Bd. 7: 1808-1815 (= Histoire des idées et critique littéraire, Bd. 440), Genf 2008, S. 101.
376 Ebd.
377 Ebd., S. 103.
378 Ebd., S. 130.
379 ÖStA/HHStA, StK, Vorträge 1811, Ktn. 188, Vortrag des Feldmarschall Bellegarde, 12. April 1811.
380 ÖStA/HHStA, StK, Vorträge 1811, Ktn. 188, Verzeichnis der aus Altfrankreich, Piemont und den ehemaligen Venezianischen Gebieten gebürtigen pensionirten k.k. Herren Generals und Staabs Officiers sowie Verzeichnis der in der Dienstleistung stehenden, aus Altfrankreich, Piemont und den ehemaligen Venezianischen Gebieten gebürtigen Herren Generäle und Staabs Officiers.
381 ÖStA/HHStA, StK, Vorträge 1812 (VI–XII), Ktn. 192, Kaiser Franz an Außenminister Metternich, 4. Juni 1812.
382 Der Geltungsbereich des ABGB umfasste die böhmisch-österreichischen Erbländer.

mals noch nicht so genannte – Staatsbürgerschaft durch zehnjährigen Aufenthalt *ipso facto* oder durch bestimmte Handlungen erlangt werden konnte (§ 29 ABGB), wurden um die Möglichkeit einer ausdrücklichen Verleihung mittels des sogenannten Administrativverfahrens erweitert (§ 30 ABGB).[383] Auf ein persönliches Ansuchen fertigten entweder die Landesstellen oder, bei strittigen Fällen, die Hofkanzlei die Naturalisierungsurkunde aus. Hiervon machten neben den emigrierten »Nationalfranzosen« auch zahlreiche Personen aus ehemaligen habsburgischen Territorien Gebrauch, die im Zuge der Friedensverträge seit 1797 an Frankreich oder dessen Satellitenstaaten gefallen waren. Der schriftliche Nachweis der Staatsbürgerschaft diente zur Vorlage bei den ausländischen Behörden, etwa um Eigentumsansprüche in Frankreich durchzusetzen oder drohender Konfiszierung des Besitzes bei grenzüberschreitender Mobilität vorzubeugen.[384] Erst seit August 1811 war es im Ausland naturalisierten Franzosen erlaubt, in Frankreich Güter zu besitzen oder zu erwerben.[385] Wie Hannelore Burger daher zu Recht festhält, diente die formelle Naturalisation nach dem ABGB also zuvörderst dem rechtlichen Schutz der Person und deren Eigentum vor dem Zugriff einer anderen Staatsmacht.[386]

Mit Inkrafttreten des neuen Staatsbürgerschaftsrechts endete der konfrontative Antagonismus zwischen den Rechtssystemen Frankreichs und Österreichs, der insbesondere nach 1809 in der Emigrantenfrage virulent geworden war.[387] Wer die Rückkehroption von 1802 ausgeschlagen und sich infolge der napoleonischen Forderungen jahrelang in einem rechtlichen Schwebezustand befunden hatte, konnte sich nun auf ein gesetzliches Rahmenwerk berufen und seine Stellung im Aufnahmeland Österreich auch rechtlich absichern. Als einschneidender für die im Exil verbliebenen Emigranten erwies sich letztlich das militärischpolitische Scheitern Napoleons. Nach dessen Niederlagen auf dem Schlachtfeld und den Friedensschlüssen von Paris stellte sich für sie die Frage nach einer Rückkehr nach Frankreich unter gänzlich veränderten Vorzeichen.

Resümee I: Nischen und Spielräume im Provisorium

Die chronologisch und räumlich differenzierende Untersuchung der habsburgischen Emigrantenpolitik ergibt das Bild einer veränderlichen Regelungspraxis, die sich ausgehend von den zuerst von der Emigration betroffenen Westprovinzen zunehmend ausdifferenzierte und einen normativen Rahmen für die Aufnah-

---

383 Burger, Passwesen und Staatsbürgerschaft, S. 108-117.
384 Ebd., S. 111.
385 Pawlik, Emigranten in Österreich, S. 125.
386 Burger, Passwesen und Staatsbürgerschaft, S. 111.
387 Godsey, La société était au fond légitimiste, S. 67.

mepolitik aufspannte, bevor schließlich Detailfragen in den Vordergrund rückten. Löst man sich von einer reinen Normenfixierung und dezentralisiert den Untersuchungsfokus, zeigt sich schnell, dass die habsburgischen Behörden, anstatt pedantisch an Normen und Maßstäben festzuhalten, flexibel auf situative Erfordernisse reagierten und in der Lage waren, eigene Handlungsprämissen einer Neubewertung zu unterziehen. Ermessensspielräume auf allen Verwaltungsebenen, vielfältige Ausnahmeregelungen, ein funktionstüchtiges Kontrollinstrumentarium und eine Machtvertikale im Sicherheitsapparat als Voraussetzung für eine zentral dirigierte und polizeilich beaufsichtigte Emigrantenverteilung trugen dazu bei, dass viele Revolutionsflüchtlinge ein provisorisches Exil in der Habsburgermonarchie fanden. Trotz vieler »blinder Flecken« in der archivalischen Überlieferung ist davon auszugehen, dass sich in allen Erbstaaten französische Revolutionsemigranten aufgehalten haben.[388]

Handeln und Aushandeln

Mit einem resümierenden Blick auf die individuellen Spielräume der Emigranten lässt sich die Erklärungsreichweite der normen- und institutionenzentrierten Untersuchungsperspektive nochmals vergrößern. Jenseits einer einfachen Erfolg-Defizit-Dichotomie der emigrantenspezifischen Gesetze, Weisungen und Kontrollmechanismen gibt eine Einbeziehung der Mobilitätsbedingungen und Aushandlungsprozesse Aufschluss über den aktiven Anteil der Emigranten an der Gestaltung ihres Exils und fügt damit eine Facette zur »sozialen Realität« der Emigration hinzu, die naturgemäß komplexer war, als die umgrenzten Gegenstandsbereiche offizieller Emigrantenpolitik erkennen lassen.

Dabei spiegelt sich im wechselvollen Umgang mit den Revolutionsflüchtlingen deren hohe räumliche Mobilität, die keineswegs einem einfachen Wellenmuster entsprach, sondern von einem Nebeneinander von ständigen Fluktuationen und längeren Aufenthaltszeiten geprägt war.[389] Bedingt durch das Kriegsgeschehen verbrachten französische Emigranten nur in seltenen Fällen ihre gesamte Exilzeit an einem Ort. Vergleichsweise stabile Kolonien, wie zeitweilig in Konstanz und Triest, blieben daher die Ausnahme. Auch in der kurzen Ruhephase zwischen dem Frieden von Campo Formio 1797 und dem Ausbruch des Zweiten Koalitionskriegs 1799 wechselten viele Emigranten ihre Aufenthaltsorte innerhalb der Habsburgermonarchie und darüber hinaus. Reaktivierte oder neugeknüpfte Kontakte und Beziehungen beförderten die räumliche Dynamik zusätzlich, sodass sich über die Dauer des Exils Emigrationsitinerare ergaben, die viele europäische und teils sogar außereuropäische Länder und Regionen durchmaßen.

---

388 Überlegungen dazu bei Winkler, Das Exil als Aktions- und Erfahrungsraum, S. 47-51.
389 Pestel, Winkler, Provisorische Integration und Kulturtransfer, S. 144-145.

Die Kehrseite dieser Mobilität bestand für die Emigranten in der Herausforderung, im Wirkungsfeld der Aufnahmepolitiken Handlungssouveränität zu erhalten und die eigenen Interessen zu wahren – seien sie nun lebensweltlicher, politischer oder ökonomischer Natur. Trotz ausgebauter Grenzregime und forcierter Personenüberwachung galt es, die Bewegungsfreiheit möglichst uneingeschränkt zu behaupten, weil sich durch räumliche Flexibilität die Chancen auf stabile Unterkunfts-, Schutz- und Subsistenzmöglichkeiten unabhängig vom aktuellen Aufenthaltsort erhöhten. Ein naheliegendes und probates Mittel hierfür bestand in der Nutzung mehrerer Identitäten, gefälschter Pässe und Empfehlungsschreiben sowie in der Angabe unrichtiger Personendaten im Falle polizeilicher Kontrolle.[390]

Dokumentiert sind zum Beispiel Emigranten wie der Vicomte de Beaufort, die zwar eindeutig aus Frankreich stammten, sich aber gegenüber den Behörden als Österreichische Niederländer und damit als kaiserliche Untertanen ausgaben.[391] Selbst ohne eingehende Kenntnis der Emigrantennormen und der bürokratischen Verfahren im Aufnahmeland war ein solches Manöver ganz offenkundig mit der Hoffnung auf eine nachsichtigere Behandlung verknüpft, als sie für »Nationalfranzosen« zu erwarten war. Andere versuchten mittels genealogischer oder onomastischer Argumente – man stamme väterlicherseits aus Barcelona; der angegebene Name lege klar eine italienische Herkunft nahe – eine Kategorisierung als französischer Emigrant zu verhindern.[392]

Urkundenfälschung und Identitätsmultiplikation waren vor der Einführung des einheitlichen Passformulars 1801 leicht. Ein Emigrant beispielsweise, angeblich bretonischer Seeoffizier aus Guingamp, durchreiste unter vier verschiedenen Namen halb Zentraleuropa. Als ihn die Polizei schließlich in der westgalizischen Landeshauptstadt Krakau aufgriff und filzte, wurden »sehr häufige Pässe, die nirgends vidirt waren, und wovon er mehrere an einem Orte, zu gleicher Zeit, in verschiedenen Ländern erhalten hat, gefunden«.[393] Flogen Trickereien oder Falschangaben auf, folgten polizeiliche Ermittlungen, die für den Betroffenen jedoch mitunter glimpflich enden konnten. Auch der Schwindel des Vicomte de Beauf-

390 Davon zu unterscheiden ist das Reisen mit einem Inkognito, wovon insbesondere die Angehörigen der königlichen Familie im Exil Gebrauch machten, etwa die Gemahlin des Comte de Provence (Louis XVIII.), Marie-Joséphine, die für die Dauer ihrer Reise von Passau nach Prag den Namen einer Gräfin von Olierguen annahm. Dieses Alias wurde den Polizeibehörden vorab mitgeteilt, vgl. OÖLA Linz, Landesregierung – Präsidium, Polizeiakten, Ktn. 191, 1796, Polizeiminister Pergen an Landeschef Auersperg, 23. August 1796.
391 ÖStA/AVA, PHSt 1797/262, Polizeiminister Pergen an den Prager Stadthauptmann Wratislaw, 30. März 1797
392 Diese Fallbeispiele entstammen der Krakauer Emigrantenliste, ÖStA/HHStA, StK, Notenwechsel Polizeihofstelle 21, Konvolut 1795-1800, fol. 184-234: Verzeichnis der mit höchster Bewilligung sich in Krakau aufhaltenden französischen Emigranten und Italiener, 20. Juli 1799, Nr. 11 und 44.
393 Ebd., Nr. 53.

fort, sich als Niederländer auszugeben, um eine Reiseerlaubnis von Prag nach Wien zu erhalten, zeitigte keine Sanktionen. Die Polizei fand offenbar Grund zur Annahme, dass der aus der Grafschaft Artois stammende Franzose so dringlich in geschäftlichen Angelegenheiten nach Wien musste, dass er mit der unrichtigen Herkunftsangabe lediglich das geltende Reiseverbot in die Hauptstadt zu umgehen versucht hatte. Beauffort erhielt schließlich den gewünschten Passierschein.[394] In vielen Fällen war Bestechung der Grenz- und Polizeibeamten das Mittel der Wahl, um eine ungehinderte Mobilität innerhalb der Erbstaaten sicherzustellen.[395] Selbst das zeitweilig formal für »fremde« Zuzügler gesperrte Wien blieb allein aus diesem Grund keineswegs so hermetisch abgeschlossen, wie es Polizeiminister Pergen ursprünglich angestrebt hatte.

Emigranten mit ambigen Profilen waren gegenüber vielen ihrer Landsleute im Vorteil, Aufenthaltsbedingungen günstig zu gestalten. Den emigrierten Militärangehörigen, die sich dem *Corps Condé* angeschlossen hatten, wurde anders als der Masse der französischen Emigranten eine uneingeschränkte Freizügigkeit in den Erbstaaten eingeräumt – zumindest solange sie in kaiserlichem Sold standen.[396] Emigranten, die über Deutschkenntnisse verfügten – entweder weil sie aus den gemischtsprachigen Regionen im Osten Frankreichs stammten oder die Sprache im Exil erlernt hatten –, konnten nicht nur sehr viel direkter auf Vertreter von Polizei und Verwaltung einwirken, um ihre Anliegen zu begründen. Ihnen stand aufgrund der Sprachkenntnis zugleich ein breiteres Spektrum an finanziell oder materiell vergüteten Tätigkeiten im Exil offen, was gemäß den Direktivregeln wiederum eine entscheidende Voraussetzung für eine Aufenthaltserlaubnis war.

Spielräume boten auch eine Reihe von Sonderkonditionen, auf die sich Franzosen beriefen, um nicht als Emigranten rubriziert zu werden. Oft handelte es sich hierbei um Personen, die sich bereits vor der Revolution im Ausland aufgehalten hatten, nach Beginn der Revolution aber nicht nach Frankreich zurückkehrten, sondern in die Habsburgermonarchie gelangten, darunter Kaufleute, Künstler und Missionare. Abbé Vignier etwa war 1783 als Missionar nach Konstantinopel gegangen und 1796 über Venedig und Triest nach Wien gelangt, wo er zusammen mit drei emigrierten Franzosen eine Musselin-Druckerei gründete.[397] Als Extrembeispiel für solches »identity bargaining« kann der Fall des franzö-

---

394 ÖStA/HHStA, StK, Notenwechsel mit der Polizeihofstelle 21, Konvolut 1795-1800, fol. 134-159: Verzeichnis Sämtlicher hier Landes und Ortes eingewanderten eingebohrnen Franzosen, Schweitzer und Niederländer (mit dem 1ten Jänner 1794 bis lezten Aug 1798), 16. September 1798; ÖStA/AVA, PHSt 1797/262, Polizeiminister Pergen an den Prager Stadthauptmann Wratislaw, 30. März 1797.
395 Burger, Passwesen und Staatsbürgerschaft, S. 84.
396 ÖStA/AVA, PHSt 1796/815, Polizeiminister Pergen an Landeschef Auersperg, 15. Dezember 1796.
397 ÖStA/AVA, PHSt 1799/21, Vize-Polizeiminister Saurau an Polizeiminister Pergen, 15. Dezember 1798. Zur Unternehmensgründung selbst siehe Teil II dieses Buches.

sischen Sulpizianer-Geistlichen Nantet gelten. Dieser war 1794 von Lyon aus auf Kanada-Mission gegangen und hatte dort britische Aufenthaltspapiere erhalten, mit denen er sich bei seiner Rückkehr nach Frankreich 1795 und seiner anschließenden Emigration beständig auswies. Er gelangte 1796 über Turin und Padua nach Klagenfurt und bestand unter Verweis auf seine britischen Dokumente darauf, von den Behörden nicht als französischer Emigrant behandelt zu werden. Tatsächlich erhielt er eine Erlaubnis, sich bei den Klagenfurter Kapuzinern aufzuhalten.[398] Auch die französischen Angehörigen des Malteserordens, die nach der napoleonischen Belagerung von Malta 1798 nach Triest geflohen waren, konnten meist mit einer nachsichtigen Behandlung rechnen.[399] Gleichwohl fehlte es den Behörden nicht an dem Bewusstsein, dass Bittsteller oft mit unrichtigen biografischen Angaben operierten, um eine Aufenthaltsgenehmigung zu erlangen. Was formalisierte Kontrolle nicht gewährleisten konnte, verschob sich daher in die Sphäre geheimpolizeilicher Ausforschung.

Bedeutend prekärer war die Verhandlungsposition derjenigen, die nach dem Fristjahr 1790 Frankreich verlassen hatten: Geistliche wie Louis Damas, die lückenlos nachweisen konnten, bereits als Theologiestudenten emigriert zu sein, das Studium im Ausland beendet und dort auch die Priesterweihe erhalten zu haben, bevor sie in die Habsburgermonarchie gekommen waren, wurden zwar nicht als Emigranten kategorisiert und schließlich sogar ohne Bedenken in der Seelsorge angestellt.[400] Doch blieben dies Einzelfälle. Im Allgemeinen wurden Franzosen, die ungeachtet ihrer individuellen Motive nach 1790 ihrem Heimatland den Rücken gekehrt hatten, als Emigranten identifiziert und entsprechend behandelt. Der Graveur und Medailleur Romain-Vincent Jeuffroy verwies zwar in der Auseinandersetzung mit der Polizei darauf, 1790 vom polnischen König Stanisław II. Poniatowski ausdrücklich für künstlerische Arbeiten nach Warschau eingeladen worden zu sein, folglich seine Auswanderung mit den politischen Ereignissen in Paris nichts zu tun hatte.[401] Jeuffroy war nach Beginn des Krieges nicht nach Frankreich zurückgekehrt, sondern lebte zusammen mit seiner Familie jahrelang in der Obhut der polnischen Magnatenfamilie Lubomirski, deren Landgüter im Zuge der polnischen Teilungen unter habsburgische Hoheit gelangten. Doch trotz besten Leumunds und der Zusage, dem Staat ein Kriegsdarlehen zur Verfügung stellen zu wollen, wurde Jeuffroy von der Polizei als fran-

---

398 ÖStA/AVA, PHSt 1799/57, Vize-Polizeiminister Saurau an Landeschef Wurmbrand, 17. Januar 1799. Zu Nantet und der Kanada-Mission siehe Henri Gauthier: La compagnie de Saint-Sulpice au Canada, Montréal 1912.
399 Zur Flucht der Malteser nach Triest Desmond Gregory: Malta, Britain, and the European powers, 1793-1815, Madison 1996, S. 44.
400 ÖStA/AVA, PHSt 1798/1037, Landeschef Hohenwart an Polizeiminister Pergen, 22. November 1798.
401 ÖStA/AVA, PHSt, 1797/171 und 1797/524, Briefwechsel zwischen Landeschef Margelik und Polizeiminister Pergen, 29. März und 29. September 1797.

zösischer Emigrant klassifiziert und aufgefordert, sich in die Landeshauptstadt Krakau zu verfügen. Erst nach langwierigen Verhandlungen erhielt er eine befristete Aufenthaltserlaubnis, die allerdings auf ein Landgut der Lubomirskis beschränkt blieb.[402] Erkennbar empört entzog sich Jeuffroy schließlich dem Zugriff der Polizei durch Übersiedlung nach Warschau.

Territoriale Veränderungen wie im Fall Westgaliziens, das nach der Dritten Teilung Polens 1795 an die Habsburgermonarchie fiel, mussten für die Emigranten jedoch keineswegs nur mit Nachteilen verbunden sein. So ergab die fremdenpolizeiliche »Inventur« der neuen Provinz, dass sich in den Jahren zuvor zahlreiche Revolutionsflüchtlinge in der Region zwischen Krakau und Bug niedergelassen hatten und ihre Verteilung daher den Regularien widersprach, die für die anderen Erbstaaten inzwischen etabliert worden waren. Die beiden emigrierten französischen Bauern Dessason und Delal etwa hatten im Dorf Niedrzewica Duża, wenige Kilometer von Lublin entfernt, Grundstücke gekauft und betrieben dort Landwirtschaft. Nach Interpretation der neueingerichteten westgalizischen Landesstelle in Krakau sollten diese beiden Franzosen nicht »in die Klasse der gewöhnlichen französischen Emigranten« gezählt werden, weil sie bereits vor der habsburgischen Inbesitznahme hier ansässig gewesen seien und zudem die Zeugnisse der Grundherrschaft und der Gemeinde positiv ausfielen.[403] Sie seien daher von den Direktivregeln auszunehmen. Selbst Pergen stimmte dieser Einschätzung sofort zu.[404] Den beiden Franzosen wurde kein Bedrohungspotenzial zugeschrieben, vielmehr war ihre wirtschaftliche Tätigkeit unter kameralistischen Gesichtspunkten willkommen.

Spielräume für Emigranten hingen aber nicht nur mit dem eigenen Status zusammen. Auch im Rechtsgefüge der Aufnahmegesellschaft taten sich immer wieder Nischen auf, die die Revolutionsflüchtlinge zu ihren Gunsten zu nutzen verstanden. So war etwa das Verbot, französische Emigranten als Hauslehrer zu beschäftigen, nicht nur durch Nichtbeachtung zu unterlaufen oder durch individuelle Ausnahmen (»Dispense«) zu umgehen. Auch rechtliche Sonderregelungen konnten bis zur Neige ausgeschöpft werden: Auf den ersten Blick überraschend erhielt beispielsweise der Geistliche Jean-Joseph Descharrières hochoffiziell die Erlaubnis der Polizeihofstelle, die Kinder des Reichshofrats von Werner zu unterrichten – was eklatant gegen Geist und Buchstaben des 1793 ausgesprochenen Verbots zu verstoßen schien, gleichzeitig aber nicht als Ausnahme von den

---

402 ÖStA/HHStA, StK, Notenwechsel Polizeihofstelle 21, Verzeichnis der französischen Emigranten in Krakau, Nr. 60 (28. April 1797).
403 ÖStA/AVA, PHSt 1797/194, Landeschef Margelik an Polizeiminister Pergen, 6. April 1797.
404 ÖStA/AVA, PHSt 1797/194, Polizeiminister Pergen an Landeschef Margelik, 15. April 1797.

Regeln deklariert wurde.[405] Die Begründung erscheint denkbar spitzfindig, war aber der polizeilichen Logik unmittelbar zugänglich: Das 1793 erlassene Unterrichtsverbot beschränkte sich lediglich auf Haushalte kaiserlicher Untertanen, Reichshofräte galten aber – genau wie die Beamten anderer Reichsinstitutionen sowie die diplomatischen Vertreter in Wien – ihrem Status nach als »inländische Fremde« – und fielen daher nicht unter das Verbot.[406]

Im Zusammenspiel mit dem pragmatischen Umgang, der sich in der staatlichen Verwaltung ab Mitte der 1790er Jahre allmählich herauskristallisierte, ergaben sich durch die geschickte Nutzung von Grauzonen, Verhandlungsspielräumen und Nischen für die Emigranten viele Möglichkeiten, sich im habsburgischen Exil zumindest provisorisch einzurichten, was den Absichten der meisten Emigranten durchaus entsprach. Gegenüber der tradierten Vorstellung einer spätestens seit 1793 auf Abschottung angelegten Normsetzung sind die Emigrantenverordnungen also vielmehr als Kanalisierungs- und Steuerungsversuche zu betrachten, die den Bedürfnissen der Emigranten *de facto* auch gerecht werden konnten. Trotz aller Unwägbarkeiten und Flexibilitätserfordernisse erschlossen sich Emigranten Handlungsfelder und traten mit den Angehörigen der Aufnahmegesellschaft in Kontakt. In dieser periodischen Lebens- und Kommunikationsgemeinschaft von Emigranten und Einheimischen bildeten sich schnell Transferkanäle heraus, die Austauschprozesse zur Folge hatten und die gegenseitige Wahrnehmung auf individueller sowie diskursiver Ebene beeinflussten.[407]

---

405 ÖStA/AVA, PHSt 1799/534, Polizeiminister Pergen an die Polizeioberdirektion, 7. August 1799.
406 Burger, Passwesen und Staatsbürgerschaft, S. 81.
407 Pestel, Winkler, Provisorische Integration und Kulturtransfer, S. 146.

Teil II – Interaktion und Transfer

> *Donau in O***
> *Mich umwohnet mit glänzendem Aug das Volk der Fajaken,*
> *Immer ists Sonntag, es dreht immer am Heerd sich der Spieß.*

Goethe/Schiller, Xenien, Nr. 100, in: Musen-Almanach für das Jahr 1797, Tübingen 1797, S. 223.

1. *À propos:* Die »royalistische Adelsemigration« als Stereotyp

Kaum ein Pauschalurteil über die französische Revolutionsemigration erweist sich als so hartnäckig wie das der »royalistischen Adelsemigration«. Innerhalb der beiden klassischen historiografischen Traditionen galten die auf der einen Seite als rachsüchtige Konterrevolutionäre, auf der anderen Seite als beklagenswerte Revolutionsopfer charakterisierten Angehörigen des Zweiten Standes als »Gesicht« der Emigration insgesamt. Obwohl ausgehend von den statistischen Erhebungen Donald Greers eine graduelle Revision dieses Bildes zugunsten einer breiteren, die soziale Heterogenität der Emigration berücksichtigenden Perspektive einsetzte, blieb selbst in migrationshistorischen Überblickswerken die Identifikation der Gesamtemigration mit der Gruppe der Adligen bis in jüngste Zeit hinein konserviert und mitsamt ihren konträr-konfrontativen Semantiken wirkmächtig.[1] Auch wenn die soziale Stratigrafie der Emigranten, die in die habsburgischen Kernländer kamen, erheblich elitärer war, als es die von Donald Greer ermittelten Zahlen nahelegen, und viele emigrierte *roturiers* lediglich im Gefolge ausgewanderter Adliger in die Habsburgermonarchie gelangten, ist die Exilerfahrung nichtadliger Emigranten von der Forschung doch oft stillschweigend übergangen worden.[2] Im Fokus standen vor allem jene Emigranten, deren Name und

---

1 Hahn, Historische Migrationsforschung, S. 103; Schönpflug, Französische Revolutionsflüchtlinge in Europa. Die regionalen Einzelstudien zur Emigration dagegen zeichnen ein facettenreicheres Bild, das sich allerdings in Überblicksstudien kaum niederschlägt. Etwas differenzierter bei Ther, Die Außenseiter, S. 179-183.
2 Eine frühe Differenzierung zwischen »Ultraroyalisten« und »Emigrantenproletariat« macht Guglia, Die ersten Emigranten in Wien, S. 180-182. In jüngeren Studien bestehen vor allem mit Blick auf die geistliche Emigration Ausnahmen; dazu ausführlich Teil III dieses Buches.

biografischer Hintergrund auf eine prominente Stellung oder Funktion im vorrevolutionären Frankreich hindeuteten.

Eng verbunden mit der soziologischen Kategorisierung ist die Zuschreibung politischer Prädikate, mit deren Hilfe Zeitgenossen wie Nachgeborene den adligen Emigranten einen festen Platz im sich ausbildenden politischen Spektrum der 1790er Jahre zuwiesen. Nicht nur in der republikanisch orientierten Geschichtsschreibung firmierten sie als »Royalisten« und »Reaktionäre«, deren Sinnen und Trachten im Exil angeblich ganz auf die Wiederherstellung des Status quo ante 1789 in Frankreich ausgerichtet war. Wenngleich die jüngere Emigrantenforschung ein bedeutend differenzierteres politisches Profil der Revolutionsemigration herausgearbeitet hat, ist der in Studien zur Habsburgermonarchie tradierte Konnex von »Adelsemigranten« und »royalistischer« Haltung ohne Problematisierung vordergründig geblieben.[3] Ein nuancierterer Blick, der auch die Revolutionsrezeptionen im Aufnahmeland einbezieht, macht dagegen eine ausgewogenere Beurteilung möglich, die den teils erheblichen Positionsunterschieden unter den Emigranten eher gerecht zu werden verspricht.

Auch mit Blick auf die kommunikativen Beziehungen und die wechselseitigen Wahrnehmungen im Exil spielten die adligen Emigranten stets eine Hauptrolle. Von Beginn der Emigration an schrieb man ihnen eine Fülle von Merkmalen und Verhaltensweisen zu, die allmählich zu Pauschalurteilen geronnen. Sie figurierten als »Unbehülfliche« im Walpurgisnachtstraum in Goethes »Faust«, galten als maßgeblich für die Negativrezeption der Koblenzer Emigrantenkolonie und standen im polemischen Kreuzfeuer von Revolutionssympathisanten in den Aufnahmeländern.[4]

Die Auseinandersetzung mit den adligen Emigranten hatte meist eine pejorative Schlagseite. Auch aus der Habsburgermonarchie sind schmähende Ausfälle von Zeitgenossen überliefert.[5] Joseph von Sartori, Bibliothekar am Theresianum und 1799 kurzzeitig leitender Redakteur der »Wiener Zeitung«, rechnete mit dem »schändlichen Betragen« der »Adelichen« ab, die »ganz allein durch ihre Conduite die Revolution in die heftigste Bewegung gesetzt, und selbst ihre Dauer befördert«

---

3 Für die Nachkriegshistoriografie seien stellvertretend erwähnt: Wangermann, From Joseph II to the Jacobin trials; Pawlik, Emigranten in Österreich; zuletzt Ther, Die Außenseiter, S. 179-183.
4 Albrecht Schöne (Hg.): Johann Wolfgang Goethe. Sämtliche Werke, Briefe, Tagebücher und Gespräche. Abt. 1: Sämtliche Werke, Bd. 7/2: Kommentare (= Bibliothek deutscher Klassiker, Bd. 114,1), Frankfurt a.M. 1994, S. 368; zur Koblenz-Rezeption grundlegend Henke, Coblentz.
5 Ein literarischer Topos ist die Beschimpfung der Emigranten als »Gesindel«, so auch der 1795 in Freiburg i. Br. befindliche Schriftsteller Friedrich Christian Laukhard: F.C. Laukhards Leben und Schicksale, Bd. 4, 2, Leipzig 1797, S. 187.

hätten.⁶ Auch wenn sich manche Emigranten nur »aus Noth und Selbsterhaltung« und durch »den Betrug und die Bosheit ihrer Chefs« zu »Niederträchtigkeiten« hätten hinreißen lassen, so Sartori weiter, trügen doch »die Emigrirten überhaupt« die Schuld daran, dass das Reich »Gegenstand der Verwüstung« geworden sei.⁷

Von solchen geringschätzigen Kommentaren verstand sich vor allem die ältere Historiografie häufig nicht freizumachen. In seiner Biografie des österreichischen Diplomaten Johann von Wessenberg kanzelte der Historiker Alfred von Arneth das Auftreten adliger Emigranten in Vorderösterreich als »französische Anmaßlichkeit« ab und attestierte ihnen ein Verhalten »wie feindliche Horden«.⁸ Diese Verfilzung von Quellenzeugnis und historiografischer Rezeption schrieb Eugen Guglia fort, indem er die adligen Emigranten pauschal als »kriegslustig«, »nichtsthuerisch« und »verschwenderisch« brandmarkte.⁹

Im Weitwinkel betrachtet entpuppen sich die teils empirisch gesättigten, teils propagandistisch kalkulierten Zuschreibungen der Zeitgenossen freilich nur als Ausschnitt aus einem sehr viel breiteren Wahrnehmungsspektrum der Emigration. In der Forschungsgeschichte gerieten abwägende oder gar positive Stimmen über die adligen Emigranten jedoch oft ins Hintertreffen, mitunter sogar in Vergessenheit.¹⁰

Aus diesem Grund beeinflussen Schlagworte und Topoi, die mit dem Stereotyp der »royalistischen Adelsemigration« verknüpft sind, bis heute die historiografische Auseinandersetzung mit der Revolutionsemigration in der Habsburgermonarchie. Die politische Bedeutung des Kaiserhofes in der antirevolutionären Koalition, die relativ große Anzahl adliger Emigranten aus den höchsten Kreisen der französischen Aristokratie, die einen Teil ihres Exils in den Erbländern verbrachten, und der notorische Fokus auf die Residenzstadt Wien, die für viele von ihnen zum bevorzugten Aufenthaltsraum wurde, leisteten einer klischeebeladenen Geschichtsschreibung Vorschub.¹¹ Genealogische Forschungen zu Familien, deren »Migrationshintergrund« aus Zeiten des Revolutionsexils datierte und deren Angehörige und Nachkommen zu personellen Stützen des nachmaligen Kai-

---

6 ÖNB / HAN, Cod. Ser. n. 1656, Joseph von Sartori, Gallia, Bd. 5, Betrachtungen über das Verhältnis der französischen Emigrirten in Bezug auf die französische Revolution, o.D., fol. 122r–129r.
7 ÖNB / HAN, Cod. Ser. n. 1658, Joseph von Sartori, Germania, Bd. 2, Beweise, daß größtentheils die Emigrirten das Unglück des französischen Revolutionskriegs dem deutschen Reich verursacht haben, o.D., fol. 79r–85r.
8 Zit. n. Alfred von Arneth: Johann Freiherr von Wessenberg: ein österreichischer Staatsmann des 19. Jahrhunderts, Bd. 1, Wien 1898, S. 11.
9 Guglia, Die ersten Emigranten in Wien, S. 180.
10 Zu diesem Aspekt Pestel, Winkler, Provisorische Integration und Kulturtransfer, S. 138. Speziell zur Habsburgermonarchie zuletzt Winkler, Exil als wechselseitige Herausforderung.
11 Daudet, Histoire de l'émigration pendant la révolution française; Diesbach, Histoire de l'émigration 1789-1814; österreichischerseits Guglia, Die ersten Emigranten in Wien; Schmidt, Voltaire und Maria Theresia; Schembor, Franzosen in Wien.

sertums Österreich avancierten – darunter die Familien Mandell-Ficquelmont, Bombelles, Folliot de Crenneville, Mensdorff-Pouilly und Ségur-Cabanac –, verstärkten diesen Effekt.[12]

Gleichwohl gilt es, diese historiografische Tradition nicht einfach beiseite zu schieben. Vielmehr besteht die Herausforderung gerade darin, sie analytisch fruchtbar zu machen. Ausgehend von drei wiederkehrenden Sujets und Motiven zur Revolutionsemigration in der Habsburgermonarchie wird im Folgenden gezeigt, wie sich mittels Historisierung und Kontextualisierung tradierter Topoi neue Perspektiven auf die Kommunikationsbeziehungen, Handlungsräume und Lebenswelten der Revolutionsemigranten im habsburgischen Exil gewinnen lassen.

1.1 Société à la française? Die Gesellschaften beim Prince de Ligne

Zu den wiederkehrenden Topoi gehört die emigrantische Soziabilität im Exil. Bildeten in der Auseinandersetzung mit der Revolutionsemigration im Alten Reich die Aktivitäten der Emigranten in Koblenz einen vielfach beachteten Gegenstand, der die »rechts-« wie »linksrheinische« Wahrnehmung der Emigration dauerhaft prägte, waren in der Habsburgermonarchie die Beziehungen der Emigranten mit dem Kaiserhof und der Wiener Aristokratie die maßgebliche Referenz.[13] In der gesellschaftlichen Sphäre Wiens boten beispielsweise die Salons Foren sozialer Interaktion. In den Emigrantenmemoiren und auch in der Forschungsliteratur wird diesen episodischen Begegnungen von Emigranten und Einheimischen ein herausragender Platz eingeräumt.[14] Sie sind Ausgangspunkt einer Fülle von Anekdoten und dienen der Forschung meist als Rahmen für die Problematisierung kultureller Differenzerfahrungen.[15] Das analytische Potenzial dieser Begeg-

---

12 Stellvertretend seien erwähnt Baravalle, Die Freiherren von Mandell; Radmila Slabáková: La question de l'enracinement dans un nouvel espace: le cas des Mensdorff-Pouilly, in: Revue des études slaves 78 (2007) 4, S. 407-415.

13 Pawlik, Emigranten in Österreich; Ingrid Ganster: Die Beurteilung Frankreichs und der Franzosen durch die Wiener Stadtbevölkerung zur Zeit des Wiener Kongresses, Diss. Wien 1983, S. 197-201; Godsey, La société était au fond légitimiste.

14 Üblicherweise werden von den Emigrantenmemoiren zitiert: Du Montet, Souvenirs; Louise-Élisabeth Vigée Lebrun: Souvenirs de Mme Louise-Élisabeth Vigée-Lebrun, Paris 1835-1837; Jean-François Des Cars: Mémoires du duc Jean-François Des Cars, publiés par son neveu le duc Des Cars avec une introduction et des notes par le comte Henri de l'Épinois, Bd. 2, Paris 1890; Roger de Damas: Mémoires, Bd. 1 (1787-1806), Paris 1912. Dazu Pawlik, [Diss.] Emigranten der französischen Revolution in Österreich; Walter Wagner: Emigrantinnen der Französischen Revolution im Exil in Wien, in: Frank Estelmann (Hg.): Exildiskurse der Romantik in der europäischen und lateinamerikanischen Literatur (= Edition lendemains, Bd. 13), Tübingen 2011, S. 17-28.

15 Walter Wagner: Wien um 1800 in der französischen Literatur, in: Norbert Bachleitner, Christine Ivanovic (Hg.): Nach Wien! (= Wechselwirkungen, Bd. 17), Frankfurt a.M. 2015, S. 31-54.

nungen ist gleichwohl nur wenig genutzt worden. Wo individuelle Erfahrungen und wechselseitige Wahrnehmungen thematisiert werden, sind eine Tendenz zu Pauschalisierungen und ein Rekurs auf Nationalstereotype unübersehbar.[16] Gewährsfrau ist in vielen Studien ebenso naheliegend wie unvermeidlich Madame de Staël, die in ihrem Werk »De l'Allemagne« diesen nationalstereotypischen Differenzierungen Ausdruck verlieh und so ein wirkmächtiges Analyseraster prägte.[17] Da sie allerdings erst Ende 1807 zum ersten Mal nach Wien gelangte, taugt Madame de Staël für die Akutphase emigrantischer Präsenz während der 1790er und frühen 1800er Jahre aber kaum als Referenz.

Zu den Asymmetrien in der Analyse trägt auch die Fokussierung auf die Memoirenliteratur emigrantischer Provenienz bei. Häufig werden dabei Aussagen aus diesen Selbstzeugnissen entkontextualisiert und als generalisierende Fremdzuschreibungen und Charakterisierungen der Aufnahmegesellschaft in der eigenen Argumentation verarbeitet. So wurde aus einer spitzen Bemerkung der eingangs erwähnten Baronin Du Montet, wonach in den aristokratischen Kreisen Wiens ein regelrechter Hass auf die Emigranten herrsche, eine geradezu epidemische Emigrantenfeindschaft der einheimischen Bevölkerung destilliert.[18] Fehlende Konfrontation mit komplementären Zeugnissen aus der Aufnahmegesellschaft, aber auch eine ungenügende Beachtung der Entstehungszusammenhänge dieser Memoiren, die häufig erst mit großem zeitlichen Abstand zu den beschriebenen Ereignissen entstanden, lassen diese Untersuchungsperspektive daher oft unausgewogen erscheinen.[19] Als symptomatisch hierfür können einseitig beleuchtete Alteritätserfahrungen auf kulinarischem Gebiet oder der Konversationstechnik gelten, die unter Ausblendung anders lautender Zeugnisse das Klischee eines west-östlichen bzw. französisch-»habsburgischen« Kulturgefälles passgenau bedienen.[20]

Verknüpft ist diese schematisierte Anordnung oft mit einer ereignisräumlichen Engführung. Das Hauptaugenmerk der Forschung liegt nämlich meist auf den Zirkeln und Gesellschaften in Wien, die von Emigranten besucht wurden und denen man aufgrund der Prominenz von Gastgebern und Gästen Bedeutung zuschrieb. In diesem Zusammenhang genießt das »rosa getünchte Haus« des Prince de Ligne auf der Wiener Mölkerbastei einen besonderen Stellenwert.[21]

Dieser frankophone, in kaiserlichen Diensten stehende Militär hatte im Ersten Koalitionskrieg seine Besitzungen in den Österreichischen Niederlanden verlo-

---

16 Pawlik, [Diss.] Emigranten der französischen Revolution in Österreich, S. 133-146.
17 Wagner, Emigrantinnen in Wien, S. 21-23; ebenso ders., Wien um 1800.
18 Du Montet, Souvenirs, S. 35; so Diesbach, Histoire de l'émigration 1789-1814, S. 454-456.
19 So bei Schubert, Wie reagierte Wien?, S. 509; sowie bei Wagner, Emigrantinnen in Wien.
20 Wagner, Wien um 1800, S. 45.
21 Schmidt, Voltaire und Maria Theresia, S. 108; Pawlik, [Diss.] Emigranten der französischen Revolution in Österreich, S. 137-140; Schubert, Wie reagierte Wien?, S. 510; Waresquiel, Le Duc de Richelieu, S. 77.

ren und sich 1794 dauerhaft in Wien niedergelassen.²² Von dort aus unterhielt er ein dichtes Korrespondenznetzwerk und enge Beziehungen zu vielen aristokratischen Häusern. Über viele Jahre hinweg lud De Ligne zu geselligen Zusammenkünften in sein ärmliches Domizil in der westlichen Innenstadt ein. Sein Ruf als charmant-scharfzüngiger Gesellschafter veranlasste nicht nur einheimische Künstler, Gelehrte, Literaten und die »größten Männer des Staates«,²³ sondern auch viele Emigranten, dort zu verkehren, zumal die Verkehrssprache im *Hôtel de Ligne* ausschließlich Französisch war. Manche Bekanntschaft datierte noch in die Zeit der Pariser Salons nach dem Siebenjährigen Krieg, wo der Fürst häufig anzutreffen gewesen war.²⁴ Im Exil bot sich für französische Emigranten nun ungewollt Gelegenheit, unter radikal veränderten Bedingungen an diese Beziehungen wieder anzuknüpfen.

> Der Salon de Ligne bildete das Heiligtum des »bon goût«, er war der Areopag für den Verdienst der Gesellschaft, jeder, der durch seinen Verstand glänzen wollte, bewarb sich um die Freundschaft des »Mannes seines Jahrhunderts«, der selbst der Geistreichste unter allen war. Sein Haus war der Herd der guten Gesellschaft, die Schule für geistreiche Konversation [...].²⁵

Retrospektive Charakterisierungen wie diese sind für das Haus De Lignes Legion. In seiner Biografie des Fürsten betrachtet Philip Mansel das *Hôtel de Ligne* als Kulminationspunkt des Gesellschaftslebens vieler Emigranten,²⁶ die dort ein- und ausgingen, um »mit diesem geistreichen ›Kosmopoliten‹ zu plaudern«.²⁷

Prosopografisch authentifiziert wird die herausragende Rolle der Mölkerbastei im Gesellschaftsleben gemeinhin mit Verweis auf die Namen der Gäste, die *Crème* der Emigranten in Wien: Die Princes de Lorraine-Lambesc und Lorraine-Vaudémont, Madame de Brionne, der Marquis de Bonnay, die Malerin Vigée-Lebrun und der Schriftsteller Sénac de Meilhan. Sie alle beehrten De Ligne in unterschiedlicher Frequenz mit ihrer Anwesenheit. Garniert mit Beschreibungen des unterhaltsam-kauzigen Verhaltens des Gastgebers reproduzieren diese Darstellungen Stereotype der »Adelsemigration« als einer Gruppe von Revolutionsopfern bzw. -gegnern, die im Hause De Lignes »ein Stück Heimat wiederfanden«,²⁸ in Wien

22 Zu den Besitzungen de Lignes in Wien und Umgebung vgl. Hlavac, Prince Charles-Joseph de Ligne.
23 Joseph von Hammer-Purgstall: Erinnerungen aus meinem Leben: 1774-1852 (= Fontes rerum Austriacarum, Abt. 2, Bd. 70), Wien 1940, S. 180.
24 Mansel, Prince of Europe, S. 45-60.
25 Ludovika von Thürheim: Mein Leben. Erinnerungen aus Österreichs großer Welt, Bd. 2, München 1913, S. 146.
26 Mansel, Prince of Europe, S. 167-169.
27 Pawlik, [Diss.] Emigranten der französischen Revolution in Österreich, S. 138.
28 Mansel, Prince of Europe, S. 167.

ein »buntes Leben«[29] lebten und denen nur daran gelegen war, »die Salonkultur des *Ancien Régime* zu perpetuieren«.[30] Das tradierte Bild des adligen Emigranten, der sein Exilleben zwischen melancholischer Nostalgie und antirevolutionärer Rhetorik fristete, wird in dieser Weise eindrücklich bestärkt.

Demgegenüber wird im Folgenden die Soziabilität der Emigranten mit größerer Schärfentiefe betrachtet, um der Verschiedenartigkeit der Interaktionsorte und -formen sowie der Vielstimmigkeit der Quellenzeugnisse Rechnung zu tragen. Dazu gehören zum einen die unterschiedlichen Begegnungsorte zwischen Emigranten und Einheimischen – auch abseits Wiens: Denn trotz der überragenden Bedeutung der Kaiserstadt ist zu berücksichtigen, dass viele Revolutionsemigranten zumindest zeitweise in den Provinzhauptstädten und auf dem Land Unterschlupf fanden, dort miteinander und mit anderen dort Ansässigen interagierten und so zu einem Faktor in der alltäglichen Lebens- und Erfahrungswelt wurden. Gerade in diesen (semi-)peripheren Regionen war die Präsenz französischer Emigranten die unmittelbar augenscheinliche Konsequenz der Französischen Revolution schlechthin.

Ein weiterer Aspekt sind die teils widersprüchlichen wechselseitigen Wahrnehmungen im zeitlichen Verlauf des Exils: So ist zwar aufseiten der Einheimischen mitunter Reserviertheit gegenüber den Ankommenden sowie aufseiten der Franzosen wiederum Kritik an dieser unfreundlichen Haltung der Einheimischen dokumentiert, was den besagten einseitigen Deutungen Vorschub geleistet hat. Auch lassen sich verschiedene segregative Lebensformen der Emigranten nachweisen, deren Zweck gerade in einer Minimierung exogener Einflüsse bestand. Doch zeigt sich bei genauerem Hinsehen ein sehr viel breiteres Interaktions- und Wahrnehmungsspektrum, als manche zeitgenössischen Stimmen und ein Teil der Forschungsliteratur vermuten lassen. Über die verschiedenen Orte und Sphären der Begegnung hinaus erlauben die Quellen zudem vertiefte Einblicke in die unterschiedlichen Geselligkeitsformen, Unterhaltungspraktiken und sogar Gesprächsthemen.

1.2 *Tristesse royale?* Marie-Thérèse de Bourbon in Wien

Ein weiterer Aspekt tradierter Geschichtsbilder betrifft die Fokussierung auf einzelne namhafte Revolutionsemigranten aus den Reihen der französischen Aristokratie. Neben den diplomatischen Avancen und strategischen Kalkülen der emigrierten Prinzen, den Wiener Kaiserhof für eine militärische Intervention in Frankreich zu gewinnen, beflügelte vor allem die Präsenz von Angehörigen der

---

29 Guglia, Die ersten Emigranten in Wien, S. 186.
30 Wagner, Emigrantinnen in Wien, S. 19. Grundsätzlich in diesem Sinne auch Steven D. Kale: French Salons. High Society and Political Sociability from the Old Regime to the Revolution of 1848, Baltimore 2004, S. 61-68.

französischen Königsfamilie in den habsburgischen Erbstaaten die historiografische Produktivität. Methodisch schlug sich dies in einer akteurszentrierten Geschichtsschreibung nieder, die das Einzelschicksal in den Mittelpunkt stellte und den Ereignis- und Erfahrungsraum des Exils in Form von Emigrantenbiografien monoperspektivisch erschloss.

Wie keine zweite Persönlichkeit der Emigration übte die Tochter Ludwigs XVI. und Marie Antoinettes, Marie-Thérèse de Bourbon, genannt Madame Royale, bis in jüngste Zeit anhaltende Faszination aus.[31] Der Weg der »orpheline du temple« ins habsburgische Exil war durch einen Gefangenenaustausch ermöglicht worden und führte nach ihrer Freilassung 1795 zunächst nach Wien. Nach rund drei Jahren in relativer Zurückgezogenheit zog sie von dort nach Russland weiter, um am Exilhof Ludwigs XVIII. im kurländischen Mitau ihren Cousin, den Duc d'Angoulême, zu heiraten.

Die Exilzeit Madame Royales in Wien hat die biografische Forschung stark beschäftigt. Eine Tendenz zum Sentimentalen ist dabei unverkennbar.[32] Insbesondere die vermeintlich wenig freundliche Aufnahme der Königstochter am Hof ihres Onkels Franz II. sowie das nur in ersten Überlegungen bestehende, von ihr selbst gleichwohl strikt abgelehnte Heiratsprojekt mit Erzherzog Karl gaben Anlass zu retrospektiven Solidarisierungen, die in der Charakterisierung ihres Wienaufenthalts als »nouvelle captivité« gipfeln.[33] Hélène Becquet entkräftet dieses allzu empathische Bild vom fortgesetzten Leidensweg in ihrer Biografie Madame Royales zumindest partiell. Sie zeigt, dass die »Fille de France« nach ihrer offiziellen Präsentation am Wiener Hof den Status einer ausländischen Prinzessin erhielt, ansonsten aber bei Hof wie eine Erzherzogin behandelt wurde und sich eine eigene Entourage zusammenstellen durfte.[34] Nachdem sie zu Beginn ihres Aufenthalts gemäß dem üblichen Trauerreglement des Hofes drei Monate in Klausur verbracht hatte, stand sie mit den Erzherzoginnen Maria Christine und Maria Anna in engem Kontakt, reiste nach Prag und in den obersteirischen Wallfahrtsort Mariazell und empfing auch regelmäßig französische Emigranten, die in Wien

---

31 Unter den zahlreichen Biografien Madame Royales sind die Forschungen Hélène Becquets besonders hervorzuheben: Hélène Becquet: Politiques dynastiques au temps de la Révolution: autour du séjour de Madame Royale à Vienne (1796-1799), in: Wolfgang Schmale (Hg.): Multiple kulturelle Referenzen in der Habsburgermonarchie des 18. Jahrhunderts/Références culturelles multiples dans la monarchie des Habsbourg au dix-huitième siècle (= Das Achtzehnte Jahrhundert und Österreich. Jahrbuch der Österreichischen Gesellschaft zur Erforschung des 18. Jahrhunderts, Bd. 24), Bochum 2010, S. 159-182; dies., Marie-Thérèse de France. Die literarische Faszination mit Madame Royale ließ auch historiografische Sumpfblüten gedeihen, etwa Carolin Philipps: Die Dunkelgräfin. Das Geheimnis um die Tochter Marie Antoinettes, München 2012.
32 G. Lenotre: La fille de Louis XVI, Marie-Thérèse-Charlotte de France, Paris 1946.
33 Brye, Consciences épiscopales en exil, S. 320. Lenotre überschreibt das dritte Kapitel seiner Biografie Madame Royales mit dem Titel »La Prison de Vienne«.
34 Becquet, Marie-Thérèse de France, S. 127.

lebten oder Station machten.³⁵ Darunter war die Familie des Marquis de Bombelles, der die persönliche Begegnung mit Madame Royale im August 1796 in seinem Tagebuch als bewegendes Ereignis schildert: »Les jambes me tremblaient; ma femme [...] n'a pu cesser de pleurer pendant tout le temps où la fille de nos rois, où le portrait vivant de Louis XVI nous causait des sensations si opposées de plaisir et de peine.«³⁶

Über die bloße biografische Rekonstruktion hinaus lassen sich an der Person der Prinzessin Wahrnehmungsmuster innerhalb und außerhalb der Emigration illustrieren. Als ihre Ankunft in Wien bekannt wurde, wandten sich Emigranten in großer Zahl mit schriftlichen Gesuchen an Madame Royale. Sie versprachen sich von ihr nicht nur materielle Unterstützung, sondern vor allem Fürsprache und Empfehlung beim Wiener Hof.³⁷ Als personifizierte Tradition des französischen Königtums erlangte Madame Royale vor allem unter den royalistisch gesinnten Emigranten in ganz Europa eine ungeheure Popularität, die ihre beiden Onkel Artois und Provence für die eigenen politischen Interessen propagandistisch zu nutzen versuchten.³⁸

Abb. 3: Mar(ie) Thér(èse) Charl(otte), Princesse Royale de France. Nach dem Leben gezeich(net) von Hiero(nymus) Löschenkohl in Wien (1796) (© Wien Museum, Inv.-Nr. 62161).

Unter den Emigranten avancierte die Person der Prinzessin zur Projektionsfläche enthusiastischer und idealisierter Zukunftserwartungen. Die Duchesse de Saulx-Tavanes sah in ihrer Befreiung aus dem Temple »un gage du retour de la protection divine sur la France« und damit ein günstiges Vorzeichen für die Überwindung der Revolution.³⁹ Die Lage auf dem europäischen Kriegsschauplatz und die desolate Situation vieler inzwischen weit verstreuter Emigranten entlarvten diese Hoffnungen freilich bald als gegenstandslos. Im Spannungsfeld zwischen

35 Brye, Consciences épiscopales en exil, S. 318-329.
36 Bombelles, Journal, 5: 1795-1800, S. 135.
37 Die Sammlung der schriftlichen Ansuchen in ÖStA/HHStA, StAbt, Frankreich Varia 55.
38 Anna Karla, Friedemann Pestel: Revolution on Trial: Writing Memoirs in Times of Revolution, Emigration, and Restoration (1789-1824), in: French Historical Studies 43 (2020) 3, S. 391-420; hier S. 403.
39 Aglaé-Marie-Louise de Saulx-Tavanes: Sur les routes de l'emigration. Mémoires de la Duchesse de Saulx-Tavanes (1791-1806), publiés avec une introduction et des notes par le Mis de Valous, Paris 1934, S. 110.

ihrer eigenen Abhängigkeit vom Wiener Hof und den politischen Plänen ihrer beiden Onkel bestand für Madame Royale während ihres Wiener Exils nur ein enger Handlungsspielraum.

Während die Prinzessin in den Augen vieler Emigranten also geradezu als »protectrice naturelle« erschien, hatte Madame Royale selbst eine mindestens ambivalente Haltung ihnen gegenüber.[40] Sie schrieb vor allem denjenigen, die Frankreich vor 1792 verlassen hatten und aus Sicht der Pariser Revolutionäre Teil einer »konterrevolutionären« Drohkulisse geworden waren, eine Mitschuld am gewaltsamen Tod ihrer Eltern zu.[41] Den regelmäßigen Austausch begrenzte sie daher auf einen kleinen Kreis Vertrauter, darunter den ehemaligen Kammerdiener ihres Vaters, Jean-Baptiste Cléry, und Bischof La Fare von Nancy, dem sie die Bearbeitung aller an sie gerichteten Bitten der Emigranten übertrug.

Über diese Binnenbeziehungen innerhalb der Emigration hinaus war die Anwesenheit der Tochter Marie Antoinettes in Wien auch ein öffentliches und mediales Ereignis. Nachdem Madame Royale am 13. Januar 1796 »unter freudigem Zurufe des häufig versammelten Volkes« in die Hofburg gelangt war, annoncierten schon am folgenden Tag Kunsthändler die Verfügbarkeit eilig gefertigter Porträts, Miniaturen und Stiche der Prinzessin.[42] Als Primus des lokalen »Bildjournalismus« erhielt Hieronymus Löschenkohl nach eigener Aussage sogar die Erlaubnis, Marie-Thérèse persönlich »abmalen« zu dürfen, und kündigte die Veröffentlichung kolorierter Porträtstiche verschiedener Größen in der »Wiener Zeitung« an.[43] Wer es verpasst hatte, die Prinzessin bei ihrer Ankunft *in natura* zu sehen, konnte in den Verkaufsräumen Löschenkohls am Kohlmarkt zumindest ihr druckfrisches Bildnis erstehen.

Öffentliche Anteilnahme anderer Art bezeugt die Marie-Thérèse gewidmete und pünktlich zu ihrer Ankunft kompilierte Ode »Strophes sentimentales à l'arrivée de la princesse royale de France, fille de Louis XVI. à Vienne«, deren Text ausdrücklich auf die Abstammung der Prinzessin mütterlicherseits Bezug nahm und fortan in den städtischen Musikalienhandlungen zu erwerben war.[44]

Das Beispiel Madame Royales zeigt, wie mittels eines am Einzelschicksal orientierten Ansatzes Einblicke in die Interaktions- und Wahrnehmungsmuster in einem größeren Kontext gewonnen werden können. Ein akteurszentrierter Fokus erlaubt nicht nur, die soziale Heterogenität der Emigration zu beleuchten und individuelle Aktionsradien von Emigranten im habsburgischen Exil auszuloten. Gerade die Emigrationswege namhafter Revolutionsflüchtlinge wie Madame Royale

40 Becquet, Marie-Thérèse de France, S. 134.
41 Brye, Consciences épiscopales en exil, S. 332.
42 Wiener Zeitung, 13. Januar 1796 (Nr. 4), S. 89.
43 Ebd., S. 103. Zu Löschenkohl siehe Monika Sommer: Hieronymus Löschenkohl. Sensationen aus dem alten Wien (= Sonderausstellung des Wien-Museums, Bd. 357), Wien 2009.
44 [Anon.]: Strophes sentimentales à l'arrivée de la princesse royale de France, fille de Louis XVI. à Vienne, Wien 1795; Wiener Zeitung, 27. Januar 1796 (Nr. 8), S. 229.

eröffnen einen Zugang zu Orten und Formen von Emigrantenleben »im Windschatten« des aristokratischen »Who-is-Who«, die in der biografischen Forschung meist ausgeblendet wurden.

1.3 Lobbyismus *avant la lettre?* Antirevolutionärer Bellizismus am Kaiserhof

Nicht nur die ältere Historiografie schreibt den emigrierten Brüdern Ludwigs XVI. eine Schlüsselrolle für die politische und militärische Organisation der Emigranten zu. Der logistische Einsatz, insoweit es um den Aufbau der *Armée des Émigrés* ging, sowie die diplomatischen Bemühungen um die Anerkennung und Beförderung ihrer politischen Ziele durch die europäischen Höfe schienen den eigentlichen Sinn und Zweck ihrer Emigration in aller Deutlichkeit offenzulegen.[45] Historiografisch ließen sich beide Aktionsfelder leicht mit dem Komplex »Gegenrevolution« koppeln und auf diese Weise in das tradierte dichotomische Interpretationsraster der Revolutionsemigration überführen.[46]

Mit Blick auf die Habsburgermonarchie stießen die diplomatischen Initiativen der Prinzen sowohl bei den Zeitgenossen als auch in der historischen Forschung auf erhebliche Resonanz. Das Ziel ihrer Vorstöße bestand darin, den Kaiser und seine Berater zu überzeugen, die politischen Interessen der Emigranten als eine den Wiener Hof unmittelbar betreffende Angelegenheit anzuerkennen und sich zu eigen zu machen.[47] Die geduldete Anwesenheit Artois' bei der Pillnitzer Konferenz 1791 und dessen im Vorfeld unter Beweis gestellte Hartnäckigkeit, bei Leopold II. persönlich vorstellig zu werden, stehen dabei stellvertretend für das emigrantische »Intrigantentum«, das revolutionsfreundliche Zeitgenossen in ihre verschwörungstheoretischen Interpretationen der Emigration einspannten.[48] Unter Ausblendung der häufig konfligierenden Interessen und unterschiedlichen Standpunkte unter den Emigranten, wie am besten auf die Revolution zu reagieren sei, hängt dieses aus der historischen Zeit stammende Epitheton der »Adelsemigration« bis heute an.

In Kombination mit dem »Koblenz-Syndrom« hat der Topos des adligen Emigranten als hinterlistigem Ränkeschmied, der in den europäischen Residenzstädten für die militärische Konterrevolution agitierte, wohl am nachhaltigsten das stereotype Geschichtsbild geprägt, von dem bisher die Rede war. Die zahlreichen Memoranden, die informellen Entrevues mit Funktionsträgern am Wiener Hof und die Audienzen bei den Kaisern Joseph II., Leopold II. und Franz II. wur-

---

45 Zur Emigrantenarmee siehe Henke, Coblentz.
46 Godechot, La Contre-révolution, doctrine et action. Dagegen neuere Überlegungen zur semantischen Tiefendimension des Konzepts »Gegenrevolution/Contre-révolution« bei Pestel, On Counterrevolution.
47 Dazu Pawlik, [Diss.] Emigranten der französischen Revolution in Österreich, S. 43-51.
48 Ebd., S. 52-59.

den als Bestandteile einer antirevolutionär-bellizistischen »Lobbypolitik« *avant la lettre* interpretiert.[49] Anstatt das tradierte Konspirationsmotiv konsequent zu historisieren, wurde es implizit vorausgesetzt und auf diese Weise fortgeschrieben. Als empirischer Beleg der »verschwörerischen« Aktivitäten der Emigranten gilt beispielhaft das Werben der Prinzen um ein militärisches Eingreifen auswärtiger Mächte in Frankreich, das in der zäh verhandelten Einbeziehung der Emigrantenarmee in das preußisch-österreichische Interventionsheer gipfelte.[50]

Bereits Maria Pawlik hat sich um eine Nuancierung dieser einseitigen Motivik bemüht und darauf hingewiesen, dass die Avancen der Prinzen keineswegs einem einheitlichen Plan entsprangen, sondern vielmehr von situativen Improvisationen geprägt waren.[51] Dieser gewichtige Einwand betrifft freilich nicht nur die Politik der Prinzen und ihrer Geschäftsträger gegenüber dem Wiener Hof. In der präzedenzlosen Lage, in der sich die Revolutionsflüchtlinge im Exil wiederfanden, gedieh ein durch die räumliche Polyzentrik der Emigration sowie durch persönliche Animositäten verstärktes, gleichermaßen breites wie kontroverses Meinungsspektrum unter den Emigranten über die »richtigen« Wege und Ziele ihrer Bemühungen, die europäischen Höfe zum Parteiergreifen zu ihren Gunsten zu bewegen. Die einzelnen Fraktionen und Interessgruppen der Emigranten standen je nach politischer Agenda, Lageanalyse und Zielvorstellung in Wettbewerb mit-, nicht selten sogar in Konfrontation zueinander. Die volatile Lage in Frankreich erforderte ebenso wie die divergierenden Interessen der Entscheidungsträger in den Aufnahmegesellschaften nicht nur ein permanentes Lavieren, sondern machte vor allem ein nachdrückliches Werben um Beachtung und Berücksichtigung ihrer Anliegen am Hof und in der politischen Öffentlichkeit notwendig. Dies galt im Fall des Wiener Hofes umso mehr, als nach der Annahme der Verfassung durch Ludwig XVI. am 14. September 1791 zumindest aus Sicht des Kaisers ein unmittelbarer Anlass für eine militärische Intervention entfallen zu sein schien.

Dieser Befund entzieht der Vorstellung eines geradezu organischen Einvernehmens von Emigranten und Kaiserhof die Grundlage. Beide Seiten waren keineswegs natürliche Verbündete. »Weder die politischen Entscheidungsträger noch die gesellschaftlichen Kreise, mit denen Emigranten verkehrten, interessierten sich [für die Revolutionsbekämpfung und die Neuordnung Frankreichs, M.W.] a priori«, konstatiert Friedemann Pestel und verdeutlicht damit die anhaltende Herausfor-

---

49 In diesem Sinne Wangermann, From Joseph II to the Jacobin trials, S. 65-67.
50 Zur Debatte zwischen Preußen und Österreich um die Integration der Emigrantenarmee Vivenot, Zeissberg, Quellen zur Geschichte der Deutschen Kaiserpolitik Oesterreichs, 1. Über die politischen Pläne der emigrierten Prinzen und ihrer Vertreter, in den Jahren 1789 und 1790 mit dem Kaiserhof in Kontakt zu treten, berichtet Des Cars, Mémoires, 2, S. 170-223.
51 Pawlik, [Diss.] Emigranten der französischen Revolution in Österreich, S. 61.

derung, der sich die politisch aktiven Zirkel der Emigranten gegenübersahen.[52] »[D]ie Relevanz der revolutionären Herausforderung über ihre eigenen Interessen hinaus für die jeweilige Aufnahmegesellschaft zu begründen«,[53] erschien daher nicht als Formsache, sondern blieb eine dauerhafte Aufgabe, bei der ein Mindestmaß an Verständnis für die Entscheidungsfindung und strategischen Kalküle am Wiener Hof und der hofnahen Elite sowie für Stimmungen und Mobilisierungspotenziale in der Aufnahmegesellschaft notwendig war. Der stete Wandel der politischen und militärischen Lage machte permanente Aktualisierungen der eigenen Positionen und Herangehensweisen erforderlich, denn er offenbarte, dass politische Projekte und Zielvorstellungen – so detailliert sie auch ausformuliert sein mochten – oftmals nur eine geringe Halbwertszeit besaßen.

In der folgenden Untersuchung sind daher nicht nur Formen und Orte der politischen Willensbildung innerhalb der Emigration zu berücksichtigen. Vielmehr lassen sich gerade im Interaktionsraum des Exils unterschiedliche Herangehensweisen zur Beeinflussung politischer Bewertungen von Revolution und Emigration in der Aufnahmegesellschaft identifizieren, die wiederum selbst von wechselseitigen Zuschreibungen und Wahrnehmungen von Emigranten und Einheimischen abhängig waren. Berührungspunkte ergaben sich vor allem dort, wo ein informationeller Mehrwert angeboten, an gemeinsame Interessen appelliert oder Kongruenzen bei der politischen Lagebeurteilung herausgestellt werden konnten.

2. Kontaktzonen

Die kommunikativen Beziehungen der Emigranten im Aufnahmeland wurden lange Zeit unter klischeebehafteten Vorzeichen behandelt oder auf formalisierte Kontakte mit der jeweiligen Landesherrschaft reduziert. Dagegen haben einige jüngere Studien einen Schwerpunkt auf die sozialen Binnenstrukturen der Emigration gelegt.[54] Ausgehend von der umfangreichen Memoirenliteratur konnten nicht nur Einblicke in Alltag, Lebensweisen und Sozialverhalten, sondern auch in die Selbstbilder der Emigranten gewonnen werden, was wiederum Rückschlüsse auf ihre Identitätsentwicklung in den Exiljahren zuließ. Beim Ausleuchten dieses Entwicklungsgangs erschien in diesen Untersuchungen die Interaktion mit der Gesellschaft des Aufnahmelandes als vergleichsweise nachrangig, leitete man Haltungen und Verhalten der Emigranten im Exil doch hauptsächlich aus diesem inneremigrantischen Diskurs ab. Für die weitere Argumentation sind die Über-

---

52 Pestel, Kosmopoliten wider Willen, S. 24.
53 Ebd.
54 In diesem Sinne etwa Rance, L'identité des nobles français émigrés. Ein weiterer Anstoß war die postum veröffentlichte Dissertation von Rubinstein, Die Französische Emigration. Daran anknüpfend Manske, Möglichkeiten und Grenzen des Kulturtransfers, S. 91-128.

legungen zum kollektiven Emigrantenbewusstsein gleichwohl nutzbar, weswegen sie im Folgenden kurz rekapituliert werden. Anschließend rücken die Interaktionsformen von Emigranten und Einheimischen sowie deren sozialräumliche Verortung in den Fokus.

2.1 Emigrantisches Selbstbild und Bewusstsein

Für das Kontakt- und Kommunikationsverhalten der Emigranten wird der Selbstwahrnehmung zu Recht eine wichtige Rolle zugeschrieben. Konstitutiv für das Selbstbild der Emigranten waren die Wechselwirkungen zwischen der individuellen wie kollektiven Deutung der Lebenssituation nach dem Weggang aus Frankreich und der Rezeption politischer Entwicklungen innerhalb und außerhalb ihres Heimatlandes. Beides, Lebenssituation und politische Rahmenbedingungen, veränderten sich in den 1790er Jahren fortlaufend, weswegen kein statisches »Emigrantenbewusstsein« zu unterstellen, sondern vielmehr auf eine wechselhafte Selbstwahrnehmung zu schließen ist.

In ihrer Studie zum politischen Bewusstsein der Emigranten unterscheidet Nina Rubinstein grundsätzlich zwei Phasen in der Identitätsbildung: In der Vorkriegszeit bis Herbst 1792 lebten die bisher in grenznahe Sammelpunkte emigrierten Franzosen in der Überzeugung – Rubinstein nennt es »Illusion« –, ihr dortiger Aufenthalt sei lediglich vorübergehender Natur, ein Ende absehbar.[55] Aus Sicht dieser »frühen« Revolutionsflüchtlinge war die Emigration *événement*, waren die Geschehnisse in Paris bloße Episode. »L'émigration était à la mode. On se promenait, on se rencontrait gaiement sur tous les chemins de l'Europe«, summiert der Comte de La Ferronnays rückblickend auf das Jahr 1791.[56] Das Selbstverständnis der Emigranten blieb nach dem kaum wahrnehmbaren Grenzübertritt, etwa von Frankreich in die Österreichischen Niederlande, ebenso unberührt wie ihre gewohnte Lebensweise. Ohne an einer baldigen Wiederherstellung der ihnen vertrauten Ordnung im Heimatland zu zweifeln, war das Interesse an der neuen Lebenswelt im Kern »touristisch«. Man wähnte sich als »voyageurs« auf einer längeren Reise und gönnte sich, etwa in den belgischen Badeorten, dieselben Annehmlichkeiten wie schon bei Kuraufenthalten in den Jahren zuvor.[57] Der Comte d'Espinchal traf in Spa »une infinité de gens de ma connaissance et d'habitants de Paris«, die sich nach seiner Beobachtung nichts als amüsierten.[58] Auch in den stärker militärisch geprägten Sammelpunkten führten die emigrierten Offiziere

---

55 Rubinstein, Die Französische Emigration, S. 147.
56 La Ferronnays, En Émigration, S. 15.
57 Des Cars, Mémoires, 2, S. 161.
58 Joseph-Thomas d‹ Espinchal: Journal d'émigration du Comte d'Espinchal, publié d'après les manuscrits originaux par Ernest d'Hauterive, Paris 1912, S. 262.

ihre standesgemäße Lebensweise in der Gewissheit fort, ein Sieg über die Revolution sei eine Frage von wenigen Monaten.

Rubinstein argumentiert, dass die Emigranten aufgrund dieser routinierten und gruppendynamisch verstärkten Nonchalance mental in eine zunehmende Asynchronität zu den politischen Entwicklungen um sie herum gerieten.[59] Für das emigrantische Bewusstsein bedeutete diese Divergenz eine allmähliche »Einkapselung« in der »Illusion«, die das Selbstbild gleichwohl über Monate und sogar Jahre hinweg stabilisierte. Mit anderen Worten: Es bestanden für die Emigranten in dieser Phase weder Anlass noch Notwendigkeit, ihre Erwartungen zu hinterfragen oder mit ihrem bisherigen Lebenswandel zu brechen. Wurden Inkongruenzen doch einmal manifest, griffen entweder Verdrängungsmechanismen Platz oder man übte sich wie der Comte de La Ferronnays in Beschönigungsversuchen: »[...] chacun plaisantait les petits embarras du voyage, ainsi que son amusante pauvreté. Les femmes vivaient sur deux ou trois robes. Leurs fourrures, pour ne pas faire de trop gros paquets, étaient restées à Paris.«[60]

Als Peripetie in der Identitätsentwicklung erwies sich nach Rubinstein der gescheiterte Feldzug der Koalition im Herbst 1792 in Kombination mit den schrittweise verschärften Emigrantengesetzen in Frankreich und den immer detaillierteren Regularien in den Aufnahmeländern.[61] Erst in diesem zeitlichen Umfeld begriffen sich die im Ausland befindlichen Franzosen selbst als Emigranten, weil ihnen nun deutlich vor Augen getreten war, was angesichts der erlebten Realität nicht mehr geleugnet werden konnte: dass sich ihre Gewissheit als Schimäre erwiesen hatte und sie nun, vom Heimatland abgeschnitten, ihre bisherige Existenz durch die Unbilden des Emigrantenlebens radikal infrage gestellt sahen. Aus der Emigration als *événement* wurde die Emigration als *époque*, war man nun auch in der Eigenwahrnehmung nicht mehr nur auf Reisen, sondern im Exil.[62]

Diese potenziell erschütternde Selbsterkenntnis wurde durch die kollektiv aufrechterhaltene Fiktion der *France du dehors* und die Orientierung am bourbonischen Legitimismus als politischem Leitprinzip zwar abgemildert, doch blieb nach Rubinstein dieser Wendepunkt nicht ohne Konsequenzen für das Kommunikationsverhalten der Emigranten.[63] Denn der Paradigmenwechsel bedeutete nicht nur, sich auf eine nunmehr unbestimmbare Dauer des Exils und auf die Notwendigkeit der Subsistenzsicherung einzurichten, was schon kompliziert genug war. Er schloss auch die kollektive (Selbst-)Erfahrung als Fremdkörper in einer neuen Umwelt ein. Fokussierung auf das gemeinsame Herkommen und das geteilte Schicksal, enger Zusammenhalt und Solidarität untereinander, dagegen Ab-

---

59 Rubinstein, Die Französische Emigration, S. 148.
60 La Ferronnays, En Émigration, S. 15.
61 Rubinstein, Die Französische Emigration, S. 153-156, 176-178.
62 Ebd., S. 147.
63 Ebd., S. 182-184.

geschlossenheit und Distanzierung gegenüber der sie umgebenden Lebenswelt: Entlang dieser Linien entwickelte sich emigrantische Identität seit Ausbruch des Krieges, so Rubinstein. Im Effekt bewirkte das »Zurückgeworfensein auf den Kreis der Gleichgesinnten« eine zunehmende soziale Isolation.[64]

Ausgehend von dieser kollektivpsychologischen Deutung erweiterte Maike Manske in ihrer Studie zu den Emigranten in deutschen Hansestädten den Fokus um die Einwirkung von Fremdbildern aus der Exilumwelt auf die Identitätsentwicklung der Emigranten. Nach dem Wendepunkt diagnostiziert sie ein aus dem Schwebezustand und der Orientierungslosigkeit des Exils resultierendes Bedürfnis der Emigranten nach Verankerung.[65] Demnach zog die Erfahrung von Entfremdung und Entwurzelung, die sich aus der Sehnsucht nach der verlorenen Heimat und der gleichzeitigen Verachtung für das Herkunftsland in seiner revolutionären Aktualität ergab, eine Auffächerung und Intensivierung der kommunikativen Beziehungen in den Aufnahmekontexten nach sich.[66] In Einzelfällen konnte dies sogar in eine Integrationsperspektive münden. Doch bestand ein über lebenspraktische Notwendigkeiten hinausgehendes Interesse an Gesellschaft und Kultur des Gastlandes mehrheitlich nicht. Die durch die Fixierung auf die Vergangenheit bedingte mentale Abkapselung ließ die Emigranten auch nach Manskes Beobachtung zu »Fremdkörpern in der Gegenwart« werden, die sich bezüglich ihrer sozialen Kontakte in einer »Gegenwelt« einrichteten.[67]

2.2 Interaktionsspektrum und Modi der Kommunikation

So bedeutsam dieser emigrantische Binnendiskurs für die Identitätsentwicklung und das Sozialverhalten im Exil zweifellos ist, aus Sicht einer multiperspektivischen Beziehungsgeschichte, die die vielfältigen Berührungspunkte von Emigranten und Einheimischen, die Verflechtungen und Wirkungen der Kommunikation in den Mittelpunkt stellt, bleiben ein solcher Blickwinkel zu eng, das zweiphasige Entwicklungsschema zu statisch und auch die vermeintliche Tendenz zur sozialen Isolation irreführend. Vielmehr ist das Interaktionsspektrum in seiner ganzen Breite und lokal- und situationsspezifischen Verschiedenheit zu berücksichtigen und um die sich im Zeitverlauf ausdifferenzierenden Kontexte und Modi der Kommunikation, vor allem aber auch um die sich verändernden Wahrnehmungen und Haltungen auf beiden Seiten zu erweitern. Erst in der Reziprozität offenbaren sich die Beziehungsgeflechte zwischen Emigranten und Auf-

---

64 Ebd., S. 184.
65 Manske, Möglichkeiten und Grenzen des Kulturtransfers, S. 96-97.
66 Manske geht diesen Bemühungen der Emigranten auf den Feldern Berufstätigkeit sowie Auseinandersetzung mit deutscher Sprache und Kultur nach, vgl. ebd., S. 104-123.
67 Ebd., S. 100, 123-125.

nahmegesellschaft und die durch sie ermöglichten Transferaktivitäten, denen in diesem Teil der Studie nachgegangen wird.

Schon in den ersten Jahren der Emigration entwickelten sich auf verschiedenen Ebenen Kontakte zwischen emigrierten Franzosen und einheimischer Bevölkerung, die sich ihrerseits zu den unerwarteten Neuankömmlingen verhalten musste. Dies betraf gleichermaßen die grenznahen wie die im Hinterland liegenden Sammlungsorte, in denen die Emigranten von Anfang an keineswegs in hermetischen Kolonien zusammenlebten, die jeglichen Austausch mit der Außenwelt erschwert oder gar verhindert hätten. Die Berichte aus dem Brüssel der Vorkriegszeit zeugen vielmehr von einem regen Gesellschaftsleben von Emigranten und Einheimischen am Hof des Statthalterpaares, in der Residenz des kaiserlichen Ministers Metternich oder in den lokalen Salons.[68] Auch abseits sozial elitärer Zirkel vervielfältigten sich die Kontaktzonen rasch. Emigranten, die sich ihren Lebensunterhalt selbst verdienen mussten, gingen Kooperationen mit lokalen Geschäftspartnern ein. Ihre Produkte fanden unter den Brüsseler Stadtbewohnern reißenden Absatz.[69] Auch erhöhte sich die Sichtbarkeit der Emigranten im urbanen Raum: War 1791 die Feier des Ludwigstages von den Behörden noch untersagt worden, wurde der Namenstag des französischen Königs im Jahr darauf mit festlichen Gottesdiensten begangen, denen emigrierte Bischöfe vorstanden und die neben Emigranten auch interessierte Einheimische anlockten.[70]

Auch in ländlichen Gebieten der habsburgischen Westprovinzen kamen Ortsansässige schnell mit Emigranten in Berührung. Von der Landesherrschaft beargwöhnt, aber zunächst geduldet, spielten in den militärisch geprägten Sammelpunkten geschäftliche Kontakte eine Hauptrolle. Einheimische stillten die anhaltende Nachfrage der emigrierten Soldaten nach Zelten, Pferden, Uniformen und Proviant.[71] Aufmerksamen Zeitgenossen blieben die positiven Effekte dieser nachfragegestützten Sonderkonjunktur auf das örtliche Wohlstandsniveau nicht verborgen. So notierte der Pfarrer des vorderösterreichischen Fleckens Schwandorf, dass aufgrund der militärischen Emigrantenpräsenz »viel Geld unter die Leute kam«.[72] Im provisorischen Quartier des rund 4.000 Mann starken *Corps Condé* im vorderösterreichischen Villingen beglichen die französischen Offiziere dank

---

68 Ein konziser Überblick bei Rubinstein, Die Französische Emigration, S. 144-146; Pawlik, Emigranten in Österreich, S. 99; Kale, French Salons, S. 62-63; Siemann, Metternich, S. 556. Ein Augenzeugenbericht von Bombelles, Journal, 3: 1789-1792, S. 380.

69 Gilbert Jacques Martinant de Préneuf: Huit années d'émigration: Souvenirs de l'abbé G.-J. Martinant de Préneuf, Curé de Vaugirard, de Sceaux et de Saint-Leu, 1792-1801, publiés avec une introduction et des notes par G. Vanel, Paris 1908, S. 151.

70 Bombelles, Journal, 3: 1789-1792, S. 378; dazu auch Presle, Die Einstellung der Regierung, S. 51-52.

71 Gut dokumentiert ist der Handel am Oberrhein, siehe Fritz Fischer: Französische Emigranten im Markgräflerland, in: Markgräflerland 39 (1977) 1/2, S. 47-79.

72 Zit. n. Planert, Der Mythos vom Befreiungskrieg, S. 123.

einer umfangreichen Geldzuwendung, mit der Zarin Katharina II. die Truppe bedacht hatte, alle Rechnungen für Warenlieferungen und Dienstleistungen direkt, weswegen sie trotz ihres erheblichen Versorgungsbedarfs unter den Stadtbewohnern durchaus wohlgelitten waren.[73] Zur Kehrseite militärischer Präsenz gehörten neben den erwähnten Anwerbungskampagnen unter den Einheimischen vor allem umherstreunende Deserteure, die dort, wo sie auftauchten, für allerlei Händel und Misshelligkeiten, zuweilen sogar für blutige Streitigkeiten sorgten.[74] Jagdfrevel und sexuelle Gewalt taten ein Übriges, um das Misstrauen gegenüber den Emigrantentruppen zu fördern.

Dieser von Ute Planert mit Blick auf den süddeutschen Raum beschriebene Zwiespalt aus wirtschaftlichen Interessen einerseits, Gewalt- und Ausbeutungserfahrungen andererseits prägte das Verhältnis der Einheimischen zu den emigrierten Soldaten auch nach Kriegsbeginn.[75] Abhängig von der aktuellen militärischen Lage, der Stationierungsdauer von Emigranteneinheiten und ihren verfügbaren Finanzmitteln schlug das Pendel in den sozialen Mikroumwelten in sehr unterschiedliche Richtungen aus. Planert verweist darauf, dass sich engere Beziehungen und sogar emotionale Bindungen dort entwickelten, wo Emigranten und Einheimische über einen längeren Zeitraum zusammenlebten.[76] Dies konnte mitunter so weit gehen, dass nach Auskunft des Schwandorfer Pfarrers selbst lokale »Bauersleute« den Abzug dort stationierter Offiziere des *Corps Condé* bedauerten.[77]

Unter Kriegsbedingungen waren solche Sympathiebekundungen freilich selten. In den Österreichischen Niederlanden markierten wilde Requisitionen und Übergriffe während des chaotischen Rückzugs der Prinzenarmee im Herbst 1792 einen vorläufigen Tiefpunkt der Beziehungen im Gastland. Glück hatte, wer wie der Comte de Ségur-Cabanac in dieser existenziellen Krise an einen Wohltäter wie den Wiener Gesandten im Haag, Franz von Reischach, geriet, dessen Protektion dem jungen kampferprobten Franzosen neue Karrierechancen in der kaiser-

---

73 Ebd., S. 120-121.
74 Helmut Mathy: Franz Georg von Metternich, der Vater des Staatskanzlers, Meisenheim a. Glan 1969, S. 150; Jörg Sieger: Kardinal im Schatten der Revolution. Der letzte Fürstbischof von Straßburg in den Wirren der Französischen Revolution am Oberrhein, Kehl 1986, S. 134. In seiner Studie wartet Sieger mit vielen Beispielen von Konfliktsituationen in der oberrheinischen Grenzregion auf.
75 Planert, Der Mythos vom Befreiungskrieg, S. 123-124.
76 Ebd., S. 124.
77 Ebd. Planert begründet diese empathische Haltung mit der besonders obrigkeitstreuen Haltung der kaiserlichen Untertanen im Gegensatz zu den emigrantenkritischen Tönen aus der benachbarten Markgrafschaft Baden, wo aufgrund aufklärerischer Reformen und enger Beziehungen ins Elsass ein Hang zum Republikanismus geherrscht habe und Emigranten als »Vaterlandsverräter« galten. Überzeugen kann diese Interpretation nicht. Vielmehr ist das Spektrum von Ablehnung bis Anteilnahme aufseiten der Einheimischen mit den lokalspezifischen Erfahrungen mit Emigranten in Zusammenhang zu bringen und abzugleichen, wie es Planert in ihrer Studie ja selber in schlüssiger Weise vorführt.

lichen Armee eröffnete und ihn auf diese Weise der ausweglosen Lage, in der sich die Emigrantentruppen befanden, entzog.[78] Nur zwei Jahre später kostete Ségur-Cabanac am neuen Standort seines Regiments in Olmütz die Annehmlichkeiten des munteren Gesellschaftslebens in der mährischen Kreisstadt in vollen Zügen aus.[79]

Auch dem »ungezogene[n] Condérische[n] Corps«,[80] das unter österreichischem Oberbefehl bis zum Frieden von Campo Formio im äußersten Südwesten des Alten Reiches operierte, schlug zunehmend die Ablehnung der Landesbewohner entgegen, wodurch merkantile Interessen in den Hintergrund traten.[81] Aufgestaute Aggressionen ob der zahlreichen Übergriffe auf Personen und Eigentum drohten bisweilen an zivilen Emigranten ausgelassen zu werden, die sich ebenfalls in der Region aufhielten.[82] Nach dem Zeugnis des Altdorfer Oberamtsrats Johann Baptist Martin von Arand »hatten die Emigranten einen harten Stand, denn das aufgebrachte Volk kam in eine Gattung Wut gegen sie. [...] Von Oberamts wegen mußt' ich sie in Schutz und Verwahrung nehmen, in der nächstfolgenden Nacht sofort wegschaffen, um sie der Gefahr zu entziehen und nicht vielleicht totgeschlagen zu werden.«[83] Im vorderösterreichischen Waldsee schlossen sich bewaffnete Einwohner unter der Führung des Grafen Fugger von Babenhausen zu einer Art »Bürgerwehr« zusammen, um sich gegen einen gerüchteweise umherstreunenden »Condéer«-Trupp zu wappnen, und töteten dabei einige Soldaten, derer sie habhaft wurden.[84] Vielen Bewohnern südwestdeutscher Territorien fiel es während der französischen Offensive 1796 schwer, noch einen Unterschied zwischen dem Emigrantenkorps und der vorrückenden Revolutionsarmee zu erkennen, da beide Seiten plünderten, brandschatzten und vergewaltigten.[85] Längst vergessen schien zu diesem Zeitpunkt die Einträchtigkeit vom Januar 1793, als »Condéer« und Villinger Bürger gemeinsam des hingerichteten Ludwigs XVI. gedacht und den Trauergottesdient mit lautstarken »Vive le Roi!«-Rufen und dem »Domine salvum fac regem« beschlossen hatten.[86]

78 Ségur-Cabanac, Journal, S. 25.
79 Ebd., S. 51.
80 Ursmar Engelmann (Hg.): Das Tagebuch von Ignaz Speckle, Abt von St. Peter im Schwarzwald, Bd. 1: 1795-1802 (= Veröffentlichungen der Kommission für Geschichtliche Landeskunde in Baden-Württemberg, Reihe A: Quellen, Bd. 12), Stuttgart 1965, S. 25.
81 Planert, Der Mythos vom Befreiungskrieg, S. 121-124.
82 Dies betraf nicht nur Vorderösterreich, sondern vor allem die Markgrafschaft Baden; vgl. Diezinger, Französische Emigranten und Flüchtlinge in der Markgrafschaft Baden 1789-1800, S. 130-137.
83 Hellmut Waller (Hg.): In Vorderösterreichs Amt und Würden. Die Selbstbiographie des Johann Baptist Martin von Arand (1743-1821) (= Lebendige Vergangenheit, Bd. 19), Stuttgart 1996, S. 172.
84 Planert, Der Mythos vom Befreiungskrieg, S. 166.
85 Ebd., S. 165-168.
86 Armand François Hennequin d'Ecquevilly: Campagnes du corps sous les ordres de son altesse sérénissime Mgr le Prince de Condé, Bd. 1, Paris 1818, S. 48.

Weniger konfrontativ verliefen die Begegnungen in den vom Krieg zunächst verschonten Regionen. Im Breisgau und den vorderösterreichischen Exklaven in Schwaben, später vor allem in der Bodenseeregion und besonders in Konstanz profitierten Vermieter und Wirtsleute vom Zustrom der Emigranten, die sich ihrerseits an den vergleichsweise geringen Lebenshaltungskosten erfreuten.[87] Jenseits formeller Vertrags- und Geschäftsbeziehungen vermehrten sich in der kleinstädtischen Sphäre zwischen Kirche, Markt und Gasthaus die alltäglichen Kontaktzonen: Man feierte gemeinsam Fastnacht, richtete Benefizkonzerte zugunsten unbemittelter Emigranten aus, traf sich in der Leihbibliothek und betete Seite an Seite in der Konstanzer Franziskanerkirche für den militärischen Erfolg der Koalitionsarmee.[88]

Einen privilegierten Zugang zu sozial elitären Zirkeln hatten jene emigrierten Franzosen, die mit diplomatischen Missionen betraut waren. Als persönlicher Gesandter Artois' gelangte auf diesem Wege der Duc Des Cars im Herbst 1789 als einer der ersten französischen Revolutionsemigranten nach Wien. Aus dem Bericht über seinen fast zweijährigen Aufenthalt bis Sommer 1791 spricht ein ausgeprägtes Interesse am Gastland, an dessen Sitten und Institutionen.[89] Des Cars durchmisst das städtische Gesellschaftsleben der Vorkriegszeit und garniert seine Beobachtungen mit pointierten Charakterstudien seiner Gastgeber. Obwohl die durch ihn vermittelten Positionen und Planungen seines Auftraggebers Artois weder bei Hof noch im diplomatischen Corps auf Gegenliebe stießen, zeigt sich, dass Des Cars persönlich alles andere als Kritik oder Ablehnung, vielmehr Sympathie und Neugier entgegenschlugen. Wenig überraschend war die Revolution häufiges Gesprächsthema, doch erschöpften sich die Unterhaltungen nicht in politischen Analysen und Bewertungen, sondern umfassten beispielsweise im Salon des frankophilen Staatskanzlers Kaunitz auch Schöngeistiges.[90] Dass er sich trotz seiner erlebnis- und genussorientierten Lebensweise nicht als »simple voyageur« im Ausland aufhielt, war Des Cars dabei nur allzu bewusst.[91] Die subsistenzbedrohenden Konsequenzen des Emigrantendaseins blieben ihm ebenso wenig erspart wie vielen seiner Schicksalsgenossen, die mehrheitlich noch in der Nähe der französischen Grenze ausharrten. Freimütig bekennt Des Cars, dass die regelmäßigen Einladungen zu geselligen Mittagsessen und Soupers in Wien eine willkommene Schonung seines Geldbeutels bedeuteten.[92]

Diese Schlaglichter zeigen, dass Einheimische die Emigranten zunächst als lokalspezifische und episodische Erscheinung erlebten, zumeist in den westlichen Grenzregionen, in Ausnahmefällen in Wien. Die kommunikative Rele-

---

87 Moser, Die französische Emigrantenkolonie in Konstanz, S. 40-41.
88 Ebd., S. 48-52.
89 Des Cars, Mémoires, 2, S. 130-161.
90 Ebd., S. 157.
91 Ebd., S. 112.
92 Ebd., S. 145-146.

vanz ergab sich für sie also allein aus der vorübergehenden Präsenz von Emigranten in ihrer unmittelbaren Lebenswelt. Abhängig von den lokalen Gegebenheiten sowie von Art und Umständen des Aufeinandertreffens konnten sich die Kontakte unter ausnehmend positiven Vorzeichen entwickeln, wohingegen in militärischen Kontexten und an Orten mit massierter Emigrantenpräsenz konfrontative Begegnungen überwogen, die dann Abgrenzungsbestrebungen aufseiten der Einheimischen begünstigen.

Diese punktuelle Interaktion wurde allmählich durch eine weniger lebensweltlich-empirische Wahrnehmungsebene komplementiert, die in der medialen Revolutionsrezeption wurzelte. Die Berichterstattung über die Emigranten in der Tagespresse und der politischen Pamphletistik vermittelte nicht nur tendenziöse Bilder der Emigration, die aufseiten der Rezipienten Bewertungsmuster und Erwartungshaltungen vorprägten, noch bevor Emigranten in größerer Zahl in die habsburgischen Kernländer gelangten und man ihnen persönlich begegnen konnte. Vor allem trugen die Berichte dazu bei, »die Emigranten« bzw. »die Emigration« als politisch konnotierten Sammelbegriff und anonyme Personenrubrik im öffentlichen Diskurs zu verankern. Dieser Effekt wurde durch die vom Misstrauensvorbehalt der Behörden geprägten und sukzessiv implementierten Regularien noch verstärkt. So sind im zeitlichen Zusammenhang von Kriegsausbruch, radikalisierter Revolution und der zunehmenden räumlichen Mobilität sehr disparate Einstellungen und Reaktionen in der Aufnahmegesellschaft gegenüber französischen Emigranten festzustellen, die stark von der subjektiven und der situativen Beurteilung des Revolutionsgeschehens in Frankreich abhingen.

Im ersten Teil dieses Buches wurde bereits auf die in den Jahren 1792 und 1793 um sich greifende antifranzösische Stimmung in Wien und Prag verwiesen. Polizeiminister Pergen meldete, Einheimische hätten Mietverträge mit Franzosen gekündigt, ihnen seien Unterkünfte versagt, vereinzelt sei sogar ihre Ausweisung aus den Erbstaaten gefordert worden.[93] Der Wiener Schriftsteller Adolf Bäuerle berichtet rückblickend, Franzosen hätten in dieser Zeit ihre Anstellungen als Sprachmeister verloren, auch Bäuerles Vater habe den im Hause befindlichen Lehrer, einen Franzosen, entlassen.[94] Bäuerle bringt diese demonstrativen Reaktionen in Zusammenhang mit der »Jakobinerverschwörung«, doch dürfte, wie Wolfgang Häusler betont, eher die öffentliche Empörung ob der Hinrichtung des französischen Königspaares ein ausschlaggebender Faktor gewesen sein.[95] Die Tagespresse fungierte in dieser Phase gleichzeitig als Spiegel und als Verstärker dieser Entrüstung, wie ein Bericht aus der »Preßburger Zeitung« offenbart:

---

93 Häusler, Widerhall und Wirkung, S. 200-201.
94 Adolf Bäuerle: Bäuerle's Memoiren, Wien 1858, S. 8.
95 Häusler, Widerhall und Wirkung, S. 200-201.

Die barbarische Ermordung der unglücklichen Königin in Frankreich, hat unter dem Wiener Publikum solche Erbitterung gegen die französischen Bluthunde hervorgebracht, daß man die sonderbarsten Auftritte mit den hiesigen Franzosen befürchtet. [...] Gestern war auch bey St. Stephan ein Zettel angeschlagen, wodurch die Wiener Bürger aufgefodert werden, das Blut der unglücklichen Königin zu rächen, und alle hiesige Jakobiner und Franzosen ohne Gnade und Barmherzigkeit zu ermorden.[96]

So martialisch sich die publizistische »Begleitmusik« auch ausnimmt, so schießt Häusler doch vor allem begrifflich über das Ziel hinaus, wenn er von diesen situativen und lokal begrenzten Ersatzhandlungen in Teilen von Presse und Bevölkerung auf eine sich formierende allgemeine antifranzösische »Pogromstimmung« schließt, die in der Folgezeit gezielt mobilisiert werden konnte, etwa beim berühmten »Fahnentumult« vor dem französischen Botschaftsgebäude in der Wiener Wallnerstraße im April 1798.[97] Dieser Zwischenfall – ob inszeniert oder nicht mag dahingestellt bleiben – hatte jedoch weniger einen fremdenfeindlichen, sondern einen im engeren Sinne politischen, *in specie* antirepublikanischen Hintergrund, da sich die gewaltsame Eskalation am Zeigen der französischen Trikolore entzündete.[98] Nach dem Zeugnis des französischen Botschafters Bernadotte waren unter den Tumultuanten vor dem Gebäude auch Emigranten.[99]

Gleichwohl ist vor dem Hintergrund von Krieg und radikalisierter Revolution plausibel anzunehmen, dass französischen Emigranten, die allmählich in die habsburgischen Kernländer gelangten, stellenweise durchaus Reserviertheit oder sogar Ablehnung entgegenschlugen. Der Nachweis hierfür ist jedoch nicht leicht zu führen. Dass infolge der genannten Entlassungswelle nicht nur bereits länger in den Erbstaaten lebende Franzosen, sondern auch französische Revolutionsflüchtlinge betroffen waren, die erst kurzzeitig in den Erbstaaten lebten, ist belegt.[100] Die gängigen Deutungsangebote für diese distanzierte Haltung zu den Emigranten können allerdings nicht überzeugen: Unter Verweis auf das verbreitete Erschrecken ob der gewaltsamen Auswüchse in Frankreich und auf die Furcht vor »etwaigen »Salonrevolutionäre[n]« stellt Marieluise Schubert in ihrer Studie zur Revolutionsrezeption in Wien fest, dass sich einheimische Adlige gegen französische Emigranten »abschirmten«, führt jedoch als Beleg für diesen vermeintlichen

---

96 Preßburger Zeitung, 12. November 1793 (Nr. 91), S. 1142.
97 Häusler, Widerhall und Wirkung, S. 201. Ähnlich argumentiert auch Bodi, Tauwetter in Wien, S. 418.
98 Zum Fahnentumult Gilda Pasetzky: Die Trikolore in Wien. General Bernadotte und der Wiener Fahnentumult vom April 1798, in: Francia 25 (1998) 2, S. 163-175.
99 Ebd., S. 167.
100 ÖStA/AVA, PHSt 1793/1200, Verzeichnis der in der Hauptstadt Prag befindlichen französischen Gouverneurs und Gouvernanten, fol. 78-80, sowie PHSt 1793/118, Liste der aus den Erblanden abgeschafften Franzosen vom 12. Februar 1793.

Trend lediglich die »Kronzeugin« Du Montet ins Feld, die allerdings erst 1795 – als Zehnjährige – nach Wien kam.[101] Hält man diesem Befund das Zeugnis Vigée-Lebruns über ihre Aufnahme und Begegnungen in Wien entgegen (sie gelangte anders als Du Montet tatsächlich 1792 nach Österreich), deutet nichts auf eine derartige »Abschirmung« hin, schon gar nicht bei dem angeblich so »emigrantenkritischen« Kaunitz.[102] Ebenso dürfte es sich bei der zitierten Meldung, dass man »in Wiener Adels- und Bürgerhäusern jedes französische Wort mit einer Geldstrafe belegte«, um Wunschdenken eines besonders empörten zeitgenössischen Pamphletisten gehandelt haben.[103] Auch »Schikanen« durch Bedienstete, denen französische Emigranten angeblich ausgesetzt gewesen seien, relativieren sich mit einem genaueren Blick in den Quellentext schnell.[104] Schließlich qualifiziert auch der von Schubert erwähnte Degout, mit dem der zunächst revolutionsbegeisterte Graf Zinzendorf die aus seiner Sicht oberflächlichen Kommentare De Lignes über die Revolution beschreibt, sicherlich nicht als Beweis einer emigrantenkritischen Einstellung.[105] Im Gegenteil kam Zinzendorf als regelmäßiger Gast bei De Ligne auf der Mölkerbastei und bei anderen geselligen Zirkeln immer wieder mit französischen Emigranten in Kontakt.[106] Walter Wagner schließlich beschreibt die Haltung der Einheimischen zwar nuancierter und konzediert, dass sich nach »anfängliche[r] Distanz zu den Fremden« ein »von Verständnis geprägtes Zusammenleben« entwickelt hätte, rekurriert aber wiederum hauptsächlich auf Du Montet, in deren umfangreichen Memoiren sich Belegstellen für alle denkbaren Formen des Mit-, Neben- und Gegeneinanders von Emigranten und Einheimischen finden.[107] Letztlich geht auch Wagners Behauptung einer angeblich »offene[n] Ablehnung« der »Neuankömmlinge« durch »die Bevölkerung«, zumindest in dieser zeit- und ortsungebundenen Pauschalität, fehl.[108]

101 Schubert, Wie reagierte Wien?, S. 509; in diesem Sinne auch Wagner, Emigrantinnen in Wien, S. 18. Rossi behauptet fälschlich, Du Montet sei bereits 1792 nach Wien gekommen; vgl. Henri Rossi: Mémoires aristocratiques féminins 1789-1848 (= Les dix-huitièmes siècles: DHS), Paris 1998, S. 538. Du Montet lebte jedoch bis 1795 mit ihren Eltern und ihrer Schwester im kurmainzischen Seligenstadt, bevor sie auf Vermittlung ihres Onkels, La Fare, nach Wien gelangte; dazu ÖStA/AVA, PHSt 1795/100, Brief La Fares an Polizeiminister Pergen, 17. Februar 1795.
102 Élisabeth Vigée Le Brun: Souvenirs: 1755-1842 (= Bibliothèque des correspondances, mémoires et journaux, Bd. 42), Paris 2008, S. 465-489.
103 Emil Karl Blümml, Gustav Gugitz: Altwienerisches, Wien; Prag; Leipzig 1920, S. 332. Bei dem Pamphletisten handelte es sich um Karl Fritz von Rustenfeld, der seit 1791 in Wien eine handschriftliche Zeitung unter dem Titel »Der heimliche Botschafter« herausgab.
104 Wagner, Emigrantinnen in Wien, S. 19; Du Montet, Souvenirs, S. 29.
105 Schubert, Wie reagierte Wien?, S. 509.
106 Pawlik, Emigranten in Österreich, S. 101. Pawlik verweist hier auf die bisher unveröffentlichten Tagebücher Zinzendorfs aus der Revolutionsepoche.
107 Wagner, Emigrantinnen in Wien, S. 19-20.
108 Ebd.

Unstrittig ist, dass man in prorevolutionären Kreisen keine Sympathien für französische Emigranten jeglicher Couleur hegte. Doch selbst hier zeigt sich bei genauerem Hinsehen, dass fehlende Sympathie keineswegs mit Kontaktlosigkeit zu verwechseln ist. In ihrer Untersuchung eines Korrespondenznetzwerks zweier revolutionsaffiner Gelehrter in Böhmen macht Daniela Tinková diesen Umstand indirekt sichtbar: Wann immer in den Briefen der beiden Böhmen die Rede auf die französischen Emigranten *in genere* kommt, werden diese des »Verrats« und anderer in diesen Kreisen geläufiger Vorwürfe geziehen.[109] Gleichzeitig beherbergte aber einer der beiden böhmischen »Jakobiner« kurzzeitig vier Emigranten in seiner Pfarre, drei adlige Militärs und einen Geistlichen. Durch den persönlichen Kontakt veränderten sich weder seine politischen Überzeugungen noch seine Einstellung zu Revolution und Emigration. Konfrontiert mit den emotional-expressiven Aufwallungen des Selbstmitleids und den aus seiner Sicht naiven Rückkehrfantasien, die die Emigranten ihm gegenüber nicht verbargen, kam er gleichwohl nicht umhin, seinem Brieffreund zu gestehen: »Je les plains comme je les hais.«[110] Ein ähnliches Gefühl distanzierten Bedauerns meinte auch der Schriftsteller Franz Alexander von Kleist nicht verleugnen zu können, als er 1792 den emigrierten General Bouillé – den »Organisator« der »Flucht nach Varennes« – inmitten prekärer Lebensumstände in Prag antraf.[111] Auch Kleist ließ gegenüber seinen Lesern keinen Zweifel daran, dass Bouillé trotz seiner beklagenswerten Lage ebenso wie die anderen französischen Flüchtlinge ein aus seiner Sicht verdientes Schicksal ereilt habe.[112]

Für revolutionsfeindliche Zeitgenossen hingegen waren die Nachrichten über die Septembermorde, die Hinrichtung des Königspaares und die Terrorherrschaft Beweggründe für eine persönliche Hinwendung zu den Revolutionsemigranten. Sympathiebezeugungen und diskrete Hilfsbereitschaft konnten dabei sehr unterschiedliche Formen annehmen: Für die Fürstin Liechtenstein war es ein gesteigertes Interesse an den Publikationen der Emigranten, die sie »mit Begierde« las.[113] Auch stieß die Emigration als Sujet in der Erzählliteratur und politischen Publizistik in den Folgejahren auf eine erhebliche Resonanz und machte auf diese Weise die schwierigen Lebenslagen, in denen sich Emigranten befanden, dem Lesepublikum

---

109 Daniela Tinková: »La grande révolution de l'Europe n'est pas encore achevée«. La Correspondance littéraire de deux »jacobins« francophones de province en Bohême, in: Olivier Chaline, Jarowslaw Dumanowski, Michel Figeac (Hg.): Le rayonnement français en Europe centrale du XVIIe siècle à nos jours, Pessac 2009, S. 387-406; hier S. 395-398.
110 Ebd., S. 396.
111 Franz Alexander von Kleist: Fantasien auf einer Reise nach Prag, Dresden; Leipzig 1792, S. 87-90.
112 Ebd.
113 Adam Wolf: Fürstin Eleonore Liechtenstein, 1745-1812. Nach Briefen und Memoiren ihrer Zeit, Wien 1875, S. 234.

bekannt.¹¹⁴ Eher praktischer Natur waren die Hilfeleistungen Josef Wenzel von Thürheims, der selbst von seinen Besitzungen in den Österreichischen Niederlanden auf sein Schloss Schwertberg in Oberösterreich geflohen war und französischen Flüchtlingen nicht nur mit Geldzahlungen und Bewirtung, sondern auch mit temporärer Aufnahme in seinen Haushalt unter die Arme griff. Seine Tochter Ludovika, genannt Lulu, vermerkte in ihren Memoiren:

> Eine große Zahl Emigrierter konnte nicht genug des Lobes über die Gastfreundschaft und die Wohltaten finden, welche ihnen mein Vater gewährte. Mehrere Geistliche, verschiedene Edelleute aus Frankreich verließen das Schloß mit Geschenken und Geldspenden reichlich bedacht. Einiger Namen erinnere ich mich noch, so eines Grafen Des Essarts, eines M. d'Aldegonde; der erstere kam zu Fuß und ohne einen Sou in der Tasche zu uns. Wie viele solcher Emigrierter liefen zu dieser Zeit in Deutschland, England und Österreich herum und empfingen auf diskrete Weise Unterstützungen […].¹¹⁵

Auch die Emigrantin Élisabeth de Mandell-Ficquelmont berichtet in ihrem Tagebuch, mit ihren Kindern 1796 und 1797 mehrfach bei den Thürheims in Schwertberg Aufnahme gefunden zu haben.¹¹⁶ Befristete Gastfreundschaft öffnete den Emigranten in den folgenden Jahren viele aristokratische Häuser also nicht nur in Wien, sondern auch in den ländlichen Regionen der kaiserlichen Erbstaaten. Eigene Migrationserfahrungen aufseiten der Gastgeber steigerten die Identifikations- und Solidarisierungsbereitschaft mit den Emigranten, ihren Nöten und Bedürfnissen.¹¹⁷ Polnisch-galizische Adlige etwa, die nach der ersten Teilung Polens in Frankreich zeitweiligen Unterschlupf gefunden hatten und inzwischen in ihre alte (nunmehr teils habsburgische) Heimat zurückgekehrt waren, revanchierten sich für die erfahrene Aufnahme und beherbergten nun ihrerseits französische Emigranten auf ihren Gütern.¹¹⁸

Sollten die Emigranten anfangs tatsächlich auf Zurückhaltung und gar Ablehnung gestoßen sein, hatte sich der Blick auf sie inzwischen gewandelt. Anders als noch vor Kriegsbeginn erkannte man in ihnen Opfer illegitimer Gewalt, denen man einerseits mit konkreter Unterstützung, andererseits mit Taktgefühl

---

114 Zimmermann, Die Emigranten in der deutschen Erzählliteratur und Publizistik. Siehe dazu das Kapitel 5.3 in diesem Teil.
115 Ludovika von Thürheim: Mein Leben. Erinnerungen aus Österreichs großer Welt, Bd. 1, München 1913, S. 43-44.
116 StmkLA Graz, Archiv Berg-Mandell, Schuber 2, H 8, Journal de mon émigration 1793-1799.
117 Godsey, La société était au fond légitimiste, S. 76-77.
118 Anna Potocka: Mémoires de la Comtesse Potocka (1794-1820), publiés par Casimir Stryienski, Paris 1897, S. 15; Rzewuska, Mémoires, 1, S. 21.

und Anteilnahme am persönlichen Schicksal begegnete.[119] Vigée-Lebrun berichtet, man habe in ihrer Gesellschaft die neuesten Zeitungen vor ihr versteckt, um sie auf diese Weise vorsorglich vor erschütternden Neuigkeiten aus Paris zu bewahren.[120] Bei Schicksalsschlägen – ob nun durch revolutionären Terror, Krieg, Krankheit oder die Unbilden des Emigrantenlebens – erfuhren die Revolutionsflüchtlinge Zuwendung von vielen Seiten. Auch ihre oft dokumentierte Melancholie, Verbitterung und Einsamkeit blieben ihren Gastgebern nicht verborgen. Nach der Beobachtung der aufmerksamen Gräfin Rzewuska begriffen Emigrantinnen aus ihrem Wiener Bekanntenkreis das stumme Erdulden ihres Loses jedoch als persönlichen Beitrag im Kampf gegen die Revolution:

> Jamais une plainte, jamais une allusion à la perte de leur fortune, à leur exil, aux humiliations que leur pauvreté pouvait leur attirer. C'était à leurs yeux combattre pour leur roi, que de souffrir pour lui rester fidèles.[121]

In manchen Fällen wirkten Einladungen zu Abendgesellschaften, Konzerten und Landpartien drohender Selbstisolation entgegen. Aus dem »Journal« des französischen Ex-Diplomaten Bombelles spricht Dankbarkeit für die jahrelange freundschaftliche Zuwendung seines Brünner Bekanntenkreises und des Olmützer Fürstbischofs Colloredo, dessen Gastfreundschaft dem Franzosen über manche psychische und materielle Klemme hinweghalf.[122] Freilich konnten soziale Kontakte nicht über jede innere Zwangslage hinweghelfen, die sich in den Exiljahren aufgebaut hatte. So rief der Selbstmord der Comtesse de Besson im Garten des Wiener Belvedere nicht nur wegen der grauenhaften Umstände Bestürzung hervor. Besson hatte versucht, sich mit Schwarzpulver in die Luft zu sprengen, sich mit der zu gering bemessenen Menge des Explosivstoffes jedoch nur tödliche Verbrennungen zugefügt. Rzewuska nahm das Ereignis zum Anlass, sich in die unglücklichen Lebensumstände Bessons einzufühlen, die während ihrer Exilzeit viele Familienmitglieder verloren und nach ihrer Beobachtung einen »dégoût de la vie« entwickelt hatte.[123] Dieses von Empathie und Standessolidarität geprägte Rezeptions- und Reaktionsspektrum ist in der Aufnahmegesellschaft bis in die ersten Jahrzehnte des 19. Jahrhunderts hinein dokumentiert.

119 Saulx-Tavanes, Sur les routes de l'emigration, S. 114.
120 Vigée Le Brun, Souvenirs, S. 484. Gleiches berichtet die Comtesse de Sabran, vgl. Geneviève Haroche-Bouzinac: Louise Élisabeth Vigée Le Brun: histoire d'un regard, Paris 2011, S. 273.
121 Rzewuska, Mémoires, 1, S. 101.
122 Zierotin und Dietrichstein luden Bombelles regelmäßig zu Gesellschaften auf ihre Landgüter ein, während Colloredo den Emigranten wiederholt zu sich in sein fürstbischöfliches Schloss nach Kremsier bat, wo Opern und Konzerte gegeben, Bälle und Feste gefeiert wurden, Bombelles; Journal, 5: 1795-1800, S. 200-203, 264.
123 Rzewuska, Mémoires, 1, S. 232-233.

Trotz des scheinbar harmonischen Grundtenors gilt es, der Vorstellung eines transnationalen »Kameradschaftsgeistes« im vermeintlich revolutionsfeindlichen Adel zu widerstehen. Schon mancher Emigrant zeigte sich ob der emotionalen Gleichgültigkeit vorgeblicher Standesgenossen irritiert, insbesondere wenn es um die Bewertung der politischen Zeitumstände ging. Bei ihrem Kurzbesuch auf Schloss Schwertberg meinte etwa die Mutter Du Montets, Adélaïde de La Boutetière de Saint-Mars, in den Aussagen des ansonsten stets hilfsbereiten Grafen Thürheim eine empörende Sympathie für die »déstruction de la noblesse française« zu erkennen, die sie mit der Revolution identifizierte.[124] Nach ihrer Erfahrung gründete diese verkehrte Beurteilung der Revolution seitens der »noblesse allemande en général« vor allem auf der Lektüre schlechter französischer Zeitungen.[125] Derweil geriet Bombelles bei geselligen Zusammenkünften der Brünner »high society« regelmäßig mit Graf Künigl aneinander. Dessen Reden nahmen sich nach dem Eindruck des Franzosen so einseitig prorevolutionär und emigrantenfeindlich aus, dass Bombelles ihn als »apôtre« des lokalen »parti anti-émigré« rubrizierte und seinerseits den Kontakt so weit wie möglich vermied.[126] Als brüchig erwiesen sich manche von anfänglicher Sympathie getragenen Beziehungen dann, wenn prononcierte Meinungen zu Streitthemen mit hohem Aktualitätswert aufeinanderprallten. In der Auseinandersetzung um das napoleonische Konkordat etwa war es ausgerechnet der für seine Mildtätigkeit gegenüber Emigranten bekannte Brünner Bischof Schrattenbach, mit dem Bombelles in einen Disput geriet.[127] Immerhin führte dieser Schlagabtausch nicht zu einem dauerhaften Zerwürfnis.[128]

Unbeschadet dieser wechselhaften Vorzeichen, unter denen sich die kommunikativen Beziehungen zwischen Emigranten und Einheimischen entwickelten, illustriert dieses letzte Beispiel, dass infolge der kriegsbedingten Auflösung der grenznahen Emigrantenzentren nach 1792 auch abseits Wiens und der habsburgischen Westprovinzen die Wahrscheinlichkeit gestiegen war, mit französischen Emigranten in Kontakt zu kommen.[129] Engmaschiger Kontroll- und Steuerungsmaßnahmen der Behörden zum Trotz führte diese erhöhte Sichtbarkeit dazu, dass man die Revolutionsflüchtlinge nun durch konkretes Erleben vor Ort in ihrer Individualität und sozialen Heterogenität erfassen und sich durch direkten Austausch mit ihnen ein eigenes Urteil bilden konnte. Infolgedessen unterlagen wechselseitige Wahrnehmungen und Formen des Austausches fortwährenden Aktualisierungen und Veränderungen. In dieser Interaktionsgemeinschaft dominierten

124 La Boutetière de Saint-Mars, Mémoires, S. 86-87.
125 Ebd., S. 81.
126 Bombelles, Journal, 5: 1795-1800, S. 228.
127 Ders., Journal, 6: 1801-1807, S. 77.
128 Es war Bischof Schrattenbach, der Bombelles 1803 in seiner Brünner Privatkapelle nach einem langwierigen Verfahren zum Priester weihte; ebd., S. 181-182.
129 Winkler, Das Exil als Aktions- und Erfahrungsraum, S. 47-51.

Alltagserfahrungen, die das Repertoire von Meinungen und Einstellungen nuancierten – natürlich nicht notwendigerweise zum Besseren, wie die Scharmützel zwischen Bombelles und Künigl zeigen. Doch häufig gerieten politische Differenzen, ja sogar der Umstand des Emigriertseins selbst, gegenüber dem Interesse an französischer Kultur und der »Entdeckung« soziokultureller Gemeinsamkeiten wie Sprache, ständische Herkunft, Bildung und Orientierung an standesgemäßen Geselligkeitsformen in den Hintergrund.[130]

Wenngleich die Quellen rar sind und eine belastbare Grundlage für eine gesellschaftliche Gesamtschau der Interaktionen von Emigranten und Einheimischen fehlt, scheinen auch in sozial weniger elitären Kreisen persönliche Begegnungen von interessierter Offenheit geprägt gewesen zu sein. Wo ein Austausch sprachlich möglich war, war dieser durch Neugier auf eine vermeintlich authentische »Innensicht« der Revolution motiviert, die die Emigranten in den Augen der Einheimischen zu vermitteln imstande waren. Gleichzeitig lernte man französische Umgangsformen kennen und bemühte sich nach Kräften um den Spracherwerb. Der emigrierte Abbé Lambert berichtet von den geduldigen Bemühungen seiner Konstanzer Vermieterin, einer »vieille veuve«, mit ihm ein deutsch-französisches Sprachtandem zu bilden, für das diese ihn sogar mit einer gedruckten Grammatik ausstattete.[131] Da sich trotz dieses beherzten Einsatzes kurzerhand kein Lernerfolg einstellen wollte, verlegte sie sich auf eine eher spielerische Didaktik, indem sie den Abbé in vor Ort beliebte Kartenspiele einweihte.[132] Trotz vieler Beispiele solcher Unmittelbarkeit blieben die Kontakte der Emigranten mit Angehörigen unterer sozialer Schichten in den meisten Fällen oberflächlich und vornehmlich an praktischen Bedürfnissen der Franzosen orientiert, insbesondere im Rahmen der Reiselogistik.

So überraschend und zuweilen kurios es vor allem in kleinstädtischen und stadtfernen Regionen der habsburgischen Erbländer erscheinen musste, unvermittelt mit französischen Bischöfen, Offizieren oder Bediensteten konfrontiert zu sein, gründete das Interesse an den Emigranten nicht allein im Akzidentiellen. In bestimmten Bereichen wie dem Erziehungswesen konnte an ältere Traditionen angeknüpft werden. So war es im Verlauf des 18. Jahrhunderts in adligen Häusern üblich geworden, Franzosen (sowie französischsprachige Schweizer und »Belgier«) als Hofmeister, Erzieher und Sprachlehrer zu beschäftigen.[133] War abgesehen von den Aufwendungen für einen französischen Hofmeister allein die Anwerbung qualifizierten Personals aus Frankreich schon zuvor mit großem lo-

130 Planert, Der Mythos vom Befreiungskrieg, S. 307.
131 Pierre Thomas Lambert: Mémoires de famille de l'abbé Lambert dernier confesseur du duc de Penthièvre, aumônier de la duchesse douairière d'Orléans sur la révolution et l'émigration 1791-1799, publiés par Gaston Beauséjour, Paris 1894, S. 185-186.
132 Ebd.
133 Grundsätzlich zum adligen Bildungswesen in der Habsburgermonarchie im 18. Jahrhundert Cerman, Habsburgischer Adel und Aufklärung.

gistischen Aufwand verbunden gewesen, war diese mit Beginn der Revolution in Frankreich nahezu unmöglich geworden.[134] Nachdem die reguläre Personenzirkulation infolge des Krieges starken Einschränkungen unterworfen war, konnten aus Sicht der Einheimischen die Emigranten auf diesem Feld eine »Versorgungslücke« schließen, die sich überdies mit deren ökonomischen Interessen in Einklang bringen ließ.[135] Das 1793 erlassene und trotz zahlreicher Ausnahmen formal fortbestehende Verbot französischer Erzieher in den Erbstaaten ist vor diesem Hintergrund auch als Reaktion des Staates auf eine vielerorts unveränderte Anstellungspraxis zu sehen. Genau dieser Fokus auf das interessengeleitete Handeln von Einheimischen und Emigranten öffnet den Blick auf die Wirkungsfelder im Exil, die in ihrer sozialen Dimension mit zunehmender Vernetzung vor Ort einhergingen. Dazu zählen unter anderem die wirtschaftlichen und publizistischen Aktivitäten, welche im weiteren Verlauf ausführlich diskutiert werden.

Vom Standpunkt der beziehungsgeschichtlichen Untersuchungsperspektive sind die unterschiedlichen und im Zeitverlauf veränderlichen Kontaktzonen, Wahrnehmungsmuster und Modi der Kommunikation, deren Grundzüge hier schlaglichtartig dargestellt sind, als Voraussetzung für die Ausbildung von Transferfeldern und -kanälen im Exilkontext anzusehen. Bevor die Lebenswelten und Transferaktivitäten in den Mittelpunkt rücken, bedarf es zuvor eines ergänzenden Blicks auf die sozialräumlichen Strukturen und Bedingungen, mithin also die konkreten Begegnungsorte, wo Emigranten auf Angehörige der Aufnahmegesellschaft trafen.

2.3 Begegnungsorte und Handlungsräume

Mobilität und Begegnung

Infolge der hohen migratorischen Dynamik durchquerten die Revolutionsemigranten in relativ kurzer Zeit eine Vielzahl von Regionen und Ländern. Mit Blick auf den Untersuchungsraum Habsburgermonarchie lassen sich aufgrund der geografischen Exposition der habsburgischen Kernländer im südöstlichen Zentraleuropa zwei Hauptachsen der Migration identifizieren, von denen eine nördlich, eine andere südlich der Alpen in west-östlicher Richtung verlief. Nördlich der Alpen zeichnen sich vier Routen ab, auf denen Emigranten nach Osten gelangten. Auf dem Wasserweg erreichten sie vor allem über die Donau (1) oder auf dem Landweg (2) über München, Passau bzw. Salzburg die österreichischen Erzherzogtümer, ferner über den Main und die fränkischen Reichsstände das

---

[134] Zur Anwerbung französischer Lehrer im Königreich Böhmen Ivo Cerman: La noblesse de Bohême dans l'Europe française. L'Enigme du français nobiliaire, in: Olivier Chaline, Jarowslaw Dumanowski, Michel Figeac (Hg.): Le rayonnement français en Europe centrale du XVIIe siècle à nos jours, Pessac 2009, S. 365-385; hier S. 374-375.
[135] Cerman, Habsburgischer Adel und Aufklärung, S. 208.

Königreich Böhmen (3) sowie über Sachsen und Schlesien auch West- und Ostgalizien (4). Südlich der Alpen zogen die Emigranten nach zeitweiligen Aufenthalten in Norditalien oder dem Kirchenstaat durch die Po-Ebene in Richtung Venedig, österreichisches Küstenland, Kärnten und Steiermark. Eine gewisse Sonderstellung nimmt die Adria-Seeroute ein, auf der vor allem gegen Ende der 1790er Jahre französische Emigranten, die sich zuvor nach Mittel- und Süditalien geflüchtet hatten, in die habsburgischen Hafenstädte Triest und Fiume und von dort aus weiter ins Hinterland gelangten. Diese Schematisierung beruht auf einer Auswertung Hunderter rekonstruierter Emigrationsitinerare, bedeutet aber natürlich nicht, dass Emigranten nicht auch auf anderen Wegen die habsburgischen Erbstaaten erreichen konnten.

Die jahrelangen Mobilitätserfahrungen nehmen in den Korrespondenzen, Tagebüchern und Memoiren der Emigranten viel Raum ein.[136] Auf der beschreibenden Ebene vermitteln diese Zeugnisse einen Eindruck von den strapaziösen Reisebedingungen, den genutzten Verkehrsmitteln und den organisatorischen Herausforderungen, die mit dieser anhaltenden Mobilität verbunden waren, angefangen von Proviantierung, Transport und Unterkunft bis hin zu den formellen Einreise- und Niederlassungserlaubnissen.[137] Deutlich wird, dass neben den kriegsbedingten Mobilitätsschüben auch die naturräumlichen Gegebenheiten – Flussläufe, Gebirgszüge, Passstraßen – in Kombination mit den uneinheitlichen und wechselhaften Einreisebedingungen der verschiedenen (Durchgangs-)Staaten und Territorien für lokale Kanalisierungs- und Stauungseffekte auf den Migrationsachsen sorgten, beispielsweise beim Alpenübergang via Brenner und Inntal.

Als reiselogistischer »Flaschenhals« par excellence erscheint in zahlreichen Berichten die Grenzregion zwischen dem Hochstift Passau und Oberösterreich.[138] Hier sammelten sich infolge des nach 1793 verschärften Grenzregimes zeitweilig Hunderte donauabwärts reisende Emigranten in provisorischen Unterkünften, wo sie die Pass- und Zollinspektion abwarteten, bevor sie anschließend, meist per Schiff, nach Linz weiterreisen durften (oder eben zurückgewiesen wurden). Hatte sich der Duc Des Cars im Herbst 1789 noch begeistert über die Lebensbedingungen in der Dreiflüssestadt Passau und ihrer Umgebung gezeigt und dieser Euphorie mit den Worten »Vive la vie de Passaw!« Ausdruck verliehen,[139] war im August 1796 diese Etappe der Reise aus Emigrantensicht nur noch »effrayante«.[140]

---

136 Pestel, Winkler, Provisorische Integration und Kulturtransfer, S. 144.
137 Im räumlichen Kontext der Habsburgermonarchie sind diese Aspekte in den Tagebuchaufzeichnungen des Marquis de Bombelles über einen mehr als zwei Jahrzehnte dauernden Zeitraum exemplarisch nachzuvollziehen.
138 Wühr, Die Emigranten der Französischen Revolution im bayerischen und fränkischen Kreis, S. 73-96.
139 Des Cars, Mémoires, 2, S. 123.
140 Bombelles, Journal, 5: 1795-1800, S. 130.

Indem sie ihre Angebote für Transport und Unterkunft auf die Mobilitätsbedürfnisse der Revolutionsflüchtlinge ausrichteten, boten sich für Einheimische lukrative Geschäftsmöglichkeiten. Quartiere und Gastwirtschaften entlang der Transitrouten und an Verkehrsknotenpunkten stießen allerdings schnell an Kapazitätsgrenzen, wenn sich durch abrupte Veränderungen der militärischen Lage Hunderte oder, wie bei der Räumung der Österreichischen Niederlande und Vorderösterreichs, gar Tausende Personen auf einmal in Bewegung setzten.[141] Auch Steuerungsmaßnahmen im Rahmen polizeilicher Bemühungen zur regional ausgewogenen Emigrantenverteilung und kurzzeitige »Emigrationen in der Emigration« wie bei den Evakuierungen aus Wien und Linz 1797 resultierten in lokalen Engpässen.[142] Mieten und Lebensmittelpreise schnellten dann infolge steigender Nachfrage in die Höhe.[143] Die Kaiserstadt Wien war ohnehin ein teures Pflaster. Der Wiener Chronist Johann Pezzl veranschlagte 1804 allein die Miete für eine bescheidene Wohnung auf 128 Gulden jährlich – gegenüber dem Jahr 1786 mehr als eine Verdopplung.[144] Angesichts solcher Kosten mieden viele Emigranten die Innenstadt und ließen sich stattdessen in den Vorstädten nieder.[145] Wer knapp bei Kasse war, mietete lediglich ein möbliertes Zimmer, akzeptierte zur Not eine Doppelbelegung und machte »gemeinsame Menage, um zu sparen«.[146]

Freilich nutzten Quartiergeber die Zwangslage und fehlende Vertrautheit der Emigranten mit den lokalen Gegebenheiten zur Profitmaximierung. In Triest sah sich der Gouverneur 1796 gezwungen, den Wohnungsmarkt per Erlass neu zu regulieren, »[u]m der ausgearteten Gewinnsucht, welche bei Vermiethung der Wohnungen in der Stadt Triest seit einiger Zeit überhand genommen hat, Schranken zu setzen«.[147] Die teils exorbitanten Preise für Herbergen oder Schifffahrtstaxen stießen den Emigranten zwar sauer auf, doch waren Wahl- und Ausweichmöglichkeiten begrenzt. Immerhin fanden sich vielerorts bereitwillige Unterstützer, die entweder materielle Hilfe leisteten oder tatkräftig anpackten, wenn Emigranten ihre provisorischen Unterkünfte fluchtartig verlassen und weiterziehen mussten, zum Beispiel im Zuge der Räumung von Regensburg im Sommer 1796,

141 Eindrücklich beschrieben ebd., S. 126-128; auch bei Thürheim, Mein Leben, 1, S. 24, sowie bei der Mutter der Baronin Du Montet, La Boutetière de Saint-Mars, Mémoires, S. 78-82.
142 Bombelles fand für seine Familie in Brünn zunächst keine Unterkunft, Bombelles, Journal, 5: 1795-1800, S. 139. Zur Evakuierung der französischen Emigranten aus Linz nach Freistadt etwa La Boutetière de Saint-Mars, Mémoires, S. 84-85.
143 Burkhardt, Konstanz im 18. Jahrhundert, S. 82.
144 Johann Pezzl: Neue Skizze von Wien, Heft 1, Wien 1805, S. 161.
145 Etwa François-Emmanuel Guignard de Saint-Priest: Mémoires, Paris 2006, S. 330; Vigée Le Brun, Souvenirs, S. 465; ebenso die Familien Bombelles, vgl. Bombelles, Journal, 5: 1795-1800, S. 133, sowie Polignac, vgl. Guglia, Die ersten Emigranten in Wien, S. 184.
146 Thürheim, Mein Leben, 1, S. 255.
147 Archivio di Stato di Trieste [künftig AST], C.R.Governo, Polizeigegenstände F.24, Nr. 549 (1796-1798), Zirkularverordnung des Guberniums, 8. Oktober 1796.

infolge der eine ganze Emigranten-»Welle« donauabwärts rollte.[148] Neben diskreten Finanzspritzen bei akuten Liquiditätsengpässen ist immer wieder das Eingreifen bemittelter Wohltäter belegt, die im unbedingten Bedarfsfall Quartiere bereitstellten.[149] Das ganze Ausmaß kurzfristiger Beherbergung und Freigebigkeit im Reiseverlauf ist im Quellenbefund kaum generalisierend abzuschätzen, doch vermitteln kurze Notizen und beiläufige Bemerkungen in den emigrantischen Selbstzeugnissen das Bild einer zumeist aufnahmebereiten und durchaus gastfreundlichen Gesellschaft in der Habsburgermonarchie.

Die räumliche Mobilität der Emigranten hatte nicht nur eine reisepraktische Seite, sondern ging auch einher mit einer Vielzahl flüchtig-zufälliger Begegnungen. Waren die Durchzüge der *Condé*-Truppen von Südwestdeutschland durch die kaiserlichen Erbstaaten nach Wolhynien (1798) und wieder zurück an die Front (1799) ein zwar markanter und einprägsamer, aber eben auch außergewöhnlich seltener Anblick für einheimische Beobachter, bot demgegenüber die gastgewerbliche Infrastruktur entlang der Verkehrsrouten eine alltäglichere Kontaktzone. Als öffentlich zugängliche Orte waren Schenken und Wirtshäuser Treffpunkte und Kommunikationszentren für fast alle sozialen Schichten.[150] Hier konnten Einheimische verschiedenen Standes französische Revolutionsflüchtlinge erstmals persönlich in Augenschein nehmen.

In Postkutschen und auf Donauschiffen kam man miteinander ins Gespräch. Im berüchtigten passauisch-oberösterreichischen Grenzgebiet traf der Schriftsteller Ernst Moritz Arndt 1798 auf mehrere emigrierte Franzosen, die mit ihm donauabwärts reisten, darunter einen handeltreibenden Priester, der zu diesem Zeitpunkt bereits seit sieben Jahren im Exil lebte, sowie einen jungen Bretonen. Letzterer war nach Arndts Worten »ein wüthender Feind der neuen Ordnung der Dinge; doch gab er Gründe an, die dieses menschlich erklären. Mir, sagte er,

---

148 Bombelles, Journal, 5: 1795-1800, S. 126-127.
149 Die Beispiele hierfür sind Legion. Als *pars pro toto* mag der Hinweis auf die Hilfestellung des Pfarrers von St. Jacob in Brünn genügen, der die Familie Bombelles nach ihrer Ankunft 1796 in der mährischen Hauptstadt beherbergte, weil in der Stadt alle Quartiere belegt waren, ebd., S. 139, sowie die Unterstützungsgelder, die Mademoiselle Peterwaldsky und Graf Zierotin Bombelles zur Verfügung stellten, ebd., S. 294, 380. Ein Beispiel schneller Hilfe bei der Herbergssuche in Linz auch bei La Boutetière de Saint-Mars, Mémoires, S. 78-82; die Kostenübernahme für eine achtköpfige Emigranten-Wohnung in einer Wiener Vorstadt durch Franz von Dietrichstein bei Saint-Priest, Mémoires, S. 330.
150 Zu Gasthäusern als öffentlichen Orten ohne Zugangsbeschränkung Gerhard Tanzer: Spectacle müssen seyn. Die Freizeit der Wiener im 18. Jahrhundert (= Kulturstudien, Bd. 21), Wien 1992, S. 184; Martin Scheutz: »Hab ichs auch im würthshaus da und dort gehört [...]«. Gaststätten als multifunktionale Orte im 18. Jahrhundert, in: Martin Scheutz, Wolfgang Schmale, Dana Štefanová (Hg.): Orte des Wissens (= Das Achtzehnte Jahrhundert und Österreich. Jahrbuch der Österreichischen Gesellschaft zur Erforschung des Achtzehnten Jahrhunderts, Bd. 18/19), Bochum 2004, S. 167-201.

kostete die neue französische Freyheit zwey Brüder und neun andre Personen meiner Verwandtschaft, die die Guillotine gefressen hat, ohne das Geld zu rechnen, was ich durch sie verloren habe.«[151] Trotz solch bitterer Schilderungen erschienen Arndt seine Mitreisenden als »allerliebste Leute, fröhlich und freundlich und sich mittheilend«.[152] Auch der »junge Breton« sei »ein muntrer und lieber Mann«, man habe »doch manchen Spaß mit einander gehabt.«[153]

Auf das Gegenbild zu dieser offenbar unterhaltsamen Reisegesellschaft, mit der auch reichlich »politisirt« wurde, stieß Arndt nach seiner Ankunft in Wien.[154] Im Narrenturm, dem »Tollhaus« des Allgemeinen Krankenhauses, das der Schriftsteller als eine touristische Hauptsehenswürdigkeit der Kaiserstadt in Begleitung eines Arztes besichtigte, traf er eine »sehr interessante Gestalt, ein[en] schön gebildete[n] Mann, dessen Züge aber alle eine tiefe Schwermuth und ein düsteres Gefühl sprachen. Seine Hände waren zusammengeschlossen, weil er vorher mal versucht hatte, sich zu erhängen.«[155] Dieser wandte sich an die beiden Besucher: »O Ihr Gnaden, nehmen Sie mir doch die Ketten ab! ich schäme mich fast todt vor den andern, sie lachen immer so über mich, und das kann ich nicht ertragen. Lassen Sie mich doch ein wenig in den Garten gehen, ich werde mit Gottes Hülfe schon wieder besser werden, und will es mir nicht so zu Gemüthe ziehen.«[156] Der in Arndts Zeugnis namenlos bleibende französische Emigrant hatte sich nach seiner Auswanderung mehrere Jahre als Gärtner in Wien verdingt und war nach einem Selbstmordversuch in den Narrenturm verbracht worden. Sein weiteres Schicksal ist unbekannt.

So außergewöhnlich und im Sinne der traditionellen Emigranten-Historiografie geradezu kontraintuitiv sich diese letztgenannte Begegnung auch ausnehmen mag, illustriert diese Episode einmal mehr die hochgradige Verschiedenartigkeit von Orten im sozialräumlichen Gefüge des Aufnahmelandes, an denen man – mitunter beiderseits gänzlich unbeabsichtigt – mit französischen Revolutionsemigranten konfrontiert sein konnte. Zum Spektrum dieser »flüchtigen« Begegnungsorte im weiteren Sinne gehörten auch Kirchen, Klöster und Wallfahrtsorte, Landsitze und Stadtresidenzen einheimischer Adliger und natürlich auch Kaiserhof, Augarten und Park Schönbrunn wie überhaupt die Wiener Geselligkeitsinfrastruktur zwischen Salons, Kaffeehäusern und Praterfahrten. War die visuelle Präsenz von Revolutionsflüchtlingen »im Straßenbild« gerade in den Akutphasen der Mobilität ein erstes Wahrnehmungskonstitutiv der Einheimischen, wurden die Emigran-

---

151 Ernst Moritz Arndt: Reisen durch einen Theil Teutschlands, Italiens und Frankreichs in den Jahren 1798 und 1799, Erster Theil: Bruchstücke aus einer Reise von Baireuth bis Wien im Sommer 1798, Leipzig 1801, S. 136.
152 Ebd., S. 136.
153 Ebd., S. 141.
154 Ebd., S. 142.
155 Ebd., S. 240.
156 Ebd.

ten mit zunehmender Exildauer vor allem in den Interaktionsräumen sozial elitärer Schichten Teil der täglichen Erfahrungswelt und, wie zahlreiche Quellen emigrantischer wie einheimischer Provenienz dokumentieren, zu gesuchten Gästen und Gesprächspartnern.[157]

Zugangswege in die Aufnahmegesellschaft

Jenseits zufälliger Begegnungen auf den Migrationsrouten und im »Alltagsverkehr« waren die französischen Revolutionsflüchtlinge im habsburgischen Exil mit der hochdifferenzierten und segmentierten sozialen Infrastruktur einer ständischen Gesellschaft konfrontiert, die den Zugang zu Orten und Foren der Geselligkeit in Abhängigkeit vom sozialen Status der betreffenden Person beschränkte.[158] Diese »sozialen Schleusen« regulierten und differenzierten auch die Handlungsräume der Emigranten an ihren jeweiligen Aufenthaltsorten.

Mit Blick auf die höhere gesellschaftliche Sphäre Wiens unterscheidet die sozialhistorische Forschung traditionell zwischen »Erster« und »Zweiter Gesellschaft«.[159] Setzte sich die »Erste Gesellschaft« aus den alt- bzw. hochadligen Familien zusammen, die eng mit dem Kaiserhof verflochten waren, wurde die »Zweite Gesellschaft« von Angehörigen des niederen Adels und des nobilitierten Bürgertums gebildet, die durch wirtschaftliche Tätigkeit oder Beamtenkarrieren zu Wohlstand und Ansehen gekommen waren und den Lebensstil der altadligen Familien nachahmten.

Die »Zweite Gesellschaft« übernahm im Laufe des 18. Jahrhunderts die Geselligkeitsformen des Hochadels, lud regelmäßig zu Konzerten, Casinos und Salons und diversifizierte auf diese Weise das Gesellschaftsleben in der Wiener Oberschicht. In ihren Räumlichkeiten kam ein heterogener Teilnehmerkreis zusammen, der neben Beamten, Bankiers und Unternehmern auch Künstler, Wissenschaftler und Offiziere umfasste. Waren die Salons der »Ersten Gesellschaft« traditionell von hohen genealogischen Zugangshürden und oft auch von einem strikten Zeremoniell geprägt, herrschten bei diesen Zusammenkünften nicht nur eine weniger ausgeprägte Etikette und ein ungezwungenerer Umgang vor.[160] Auch die

---

157 Pestel, Winkler, Provisorische Integration und Kulturtransfer, S. 138.
158 Dazu grundsätzlich Ingrid Mittenzwei: Zwischen Gestern und Morgen. Wiens frühe Bourgeoisie an der Wende vom 18. zum 19. Jahrhundert (= Bürgertum in der Habsburgermonarchie, Bd. 7), Wien 1998; Tanzer, Spectacle müssen seyn.
159 Hannes Stekl: Zwischen Machtverlust und Selbstbehauptung. Österreichs Hocharistokratie vom 18. bis ins 20. Jahrhudert, in: Hans-Ulrich Wehler (Hg.): Europäischer Adel 1750-1950 (= Geschichte und Gesellschaft. Sonderheft, Bd. 13), Göttingen 1990, S. 144-165; hier S. 156; Waltraud Heindl: Gehorsame Rebellen. Bürokratie und Beamte in Österreich 1780 bis 1848 (= Studien zu Politik und Verwaltung, Bd. 36), Wien 1991, S. 244-249; Mittenzwei, Zwischen Gestern und Morgen, S. 248-250.
160 Tanzer, Spectacle müssen seyn, S. 206-207.

Unterhaltungsformen unterschieden sich von den hochadligen Zirkeln: So galten beispielsweise die Gesellschaften bei den Familien Arnstein und Greiner als »literarische Salons«, wo neben Spiel und Musik vor allem die gebildete Konversation und Lesungen der neuesten Literatur im Mittelpunkt standen.[161] Künstlerischer Dilettantismus dagegen gehörte als zentrales Element zu nahezu allen Salons. Neben dem gemeinsamen Musizieren war insbesondere das Theater- und Komödienspiel verbreitet.[162] Als multifunktionale Orte dienten die Salons neben der standesgemäßen Unterhaltung auch der Zurschaustellung von Reichtum, als Heiratsmarkt, als Forum für politische Diskussionen und für die Anbahnung von Geschäften, kurz als idealer Ort, um ein Beziehungsnetz zu knüpfen.[163]

Einmal eingeführt standen adligen Revolutionsemigranten an jedem Wochentag mehrere »gute Häuser« in Wien offen.[164] Der Prinzen-Emissär Des Cars etwa systematisierte die vielen Einladungen, die er während seines Aufenthaltes in Wien erhielt, zu einem Wochenplan und war unter anderem jeden Dienstag beim Fürsten Rosenberg, jeden Montag und Mittwoch beim Wiener Nuntius Caprara und mindestens einmal pro Woche beim Fürsten Kaunitz zu Gast.[165] Marschall Ferraris empfing französische Emigranten jeden Freitag.[166] Wer bereits in gesellige Zirkel eingeführt war, bemühte sich, auch Neuankömmlingen Zutritt zu verschaffen.[167] Für den Salon im Hause Arnstein benötigte man nicht einmal eine gesonderte Einladung.[168]

Grundsätzlich achtete der erbländische Hochadel penibel auf die Einhaltung der Standesschranken zwischen »Erster« und »Zweiter Gesellschaft«, wofür jene berühmte Episode um Beethoven symptomatisch ist, dem als Bürgerlichem bei einer »kleinen musikalischen Abendgesellschaft« anlässlich eines Besuchs des preußischen Prinzen Louis Ferdinand auf Geheiß der altadligen Veranstalterin, wohl der Gräfin Maria Christine Kinska, der Platz am Tisch der hohen Gesellschaft ostentativ verwehrt wurde.[169] Für die französischen Emigranten waren diese rigoros

161 Zum Salon Arnstein der klassische Beitrag von Hilde Spiel: Fanny von Arnstein oder die Emanzipation: ein Frauenleben an der Zeitenwende, 1758-1818, Frankfurt a. M. 1992. Zu Teilnehmern und Aktivitäten Mittenzwei, Zwischen Gestern und Morgen, S. 287-293.
162 Heinz Gerstinger: Altwiener literarische Salons. Wiener Salonkultur vom Rokoko bis zur Neoromantik (1777-1907), Salzburg 2002.
163 Tanzer, Spectacle müssen seyn, S. 211.
164 Ebd., S. 200; Schubert, Wie reagierte Wien?, S. 514-515.
165 Des Cars, Mémoires, 2, S. 153, 155-157, 160.
166 Du Montet, Souvenirs, S. 24.
167 Saulx-Tavanes, Sur les routes de l'emigration, S. 111.
168 Mittenzwei, Zwischen Gestern und Morgen, S. 286.
169 Die Episode ist überliefert bei Franz Gerhard Wegeler, Ferdinand Ries: Biographische Notizen über Ludwig von Beethoven, Koblenz 1838, S. 111. Lange war unklar, in wessen Salon sich diese Begebenheit zutrug. Jüngere Untersuchungen des Briefwechsels zwischen Kabinettsminister Colloredo und Außenminister Cobenzl brachten Licht ins Dunkel, zuerst Matthias Pape: Sie bat um Gehör für eine Sondervorführung. Wer war die »alte

verteidigten Standesschranken dagegen permeabel. Vigée-Lebrun, die selbst dem Dritten Stand angehörte, aber auch Rivière und der Comte de Langeron frequentierten die Wiener Salonlandschaft in ihrer ganzen Breite, wobei die beiden Letzteren in verschiedenen Salons der »Zweiten Gesellschaft« als Laienschauspieler und -sänger reüssierten.[170] Dennoch blieben Emigranten aus höherem Adel meist auf die Zusammenkünfte des alten Adels sowie auf Bälle und Gesellschaften der in Wien akkreditierten Diplomaten orientiert, nicht nur weil dort Französisch die vorherrschende Konversationssprache war, sondern weil man dem eigenen Standesempfinden gemäß dort soziale Gleichrangigkeit fand. Zu den Konventionen gehörte eine ähnliche Tagesgestaltung, die Aktivitäten wie Ausflüge in den Prater, Theaterbesuche, Privatkonzerte und -opern oder einfach Kartenspiel und Konversation einschloss.

Auch in den Provinzhaupt- und Kreisstädten konnten adlige Emigranten auf die Gastfreundschaft der lokalen Elite zählen. Anders als in Wien, wo in den bekannten Salons viele Emigranten oft gleichzeitig präsent und angesichts ihres geteilten Exilschicksals als Gruppe identifizierbar waren, waren in ihren meist intimeren Zirkeln individuelle Einladungen die Regel, sodass unter den Teilnehmern häufig nur ein einzelner Emigrant war. Nachdem er seine Startschwierigkeiten in Brünn überwunden hatte, erlangte beispielsweise Bombelles einen solchen »Stammplatz« bei den Runden in den Häusern Zierotin, Salm-Reifferscheid und Dietrichstein-Nikolsburg und wurde bald wie selbstverständlich zu allen Festveranstaltungen der örtlichen Honoratiorenschicht eingeladen.[171] Die geselligen Freizeitaktivitäten wurden mitunter im Freien fortgesetzt: Was in Wien die Promenaden auf dem Glacis und die Ausfahrten in den Prater waren, waren in den Provinzen die gemeinsamen Landpartien mit abendlichen Opern- und Konzertbesuchen.[172]

Um 1800 traf man französische Emigranten freilich nicht nur als Teilnehmer gesellschaftlicher Anlässe oder als Kurzzeitgäste auf Landsitzen einheimischer Adliger an. Wie erwähnt waren viele von ihnen dauerhaft als Hofmeister, Erzieher und Privatgeistliche angestellt oder wurden von Gastgebern wie dem Grafen Thürheim in Schwertberg und der Fürstin Lubomirska in Łańcut teils jahrelang untergebracht und ausgehalten.[173] Demgegenüber boten Kurorte wie Baden und

    Gräfin«, die im September 1804 in Wien Beethoven und den preußischen Prinzen Louis Ferdinand einlud?, in: Frankfurter Allgemeine Zeitung, Beilage Natur und Wissenschaft 2020 (29. Juli 2020) Nr. 174, S. N 3.
170 Vigée Le Brun, Souvenirs, S. 467-476; Haroche-Bouzinac, Vigée Le Brun, S. 284-285.
171 Bombelles, Journal, 5: 1795-1800, passim.
172 Vigée Le Brun, Souvenirs, S. 479; Du Montet, Souvenirs, S. 30; Bombelles, Journal, 5: 1795-1800, S. 200.
173 Zu den geistlichen Emigranten als Hofmeister auf adligen Landsitzen ausführlich Teil III dieses Buches; zum Schloss in Schwertberg ausführlich Thürheim, Mein Leben, 1, passim, und La Boutetière de Saint-Mars, Mémoires, S. 86-87; zum Schloss in Łańcut als Emigrantentreffpunkt Potocka, Mémoires, S. 15-19, und Rzewuska, Mémoires, 1, S. 27.

Teplitz eine mondäne soziale Infrastruktur im Kleinformat.[174] In Teplitz tummelten sich wie einst in den Anfangstagen der Emigration in Spa vermögende Franzosen wie der Comte de Vaudreuil, der nach vielen Jahren im Exil hier den Anschluss an die europäische Hautevolee wiederfand.[175] Auch Glücksritter und Abenteurer aus den Reihen der aufgelösten Emigrantenarmee hofften in der vornehmen Sphäre des böhmischen Kurortes ihr halblegales Auskommen zu finden, indem sie sich als professionelle Kartenspieler versuchten.[176] Von weitaus verfänglicheren Berührungspunkten zwischen Emigranten und Einheimischen wusste der reisende »Jakobiner« Johann Nikolaus Becker während seines Aufenthaltes in Wien im September 1796 zu berichten:

> Ich kenne hier einen französischen Emigranten, der auf diese Art sein Glück gemacht hat. Er kam im vorigen Sommer hieher ohne Geld und Bekannte und der Zufall führte ihn unter dem Fenster einer großen Dame vorbey, die ihn lieb gewann und zu sich bestellte. Seitdem ist er ein gemachter Mann. Er bewohnt zwey geschmackvoll meublirte Zimmer auf einer der besten Straßen, hat eine schöne Garderobe und wöchentlich 4 Dukaten zu verzehren. Dafür muß er die Frau Gräfinn pünktlich zur bestimmten Stunde besuchen und darf kein Auge auf ein anderes Frauenzimmer werfen.[177]

Unbeschadet der offensiven Polemik gegen den hier namenlosen Emigranten, die sich aus der politischen Haltung Beckers ergab, ist in der Gesamtschau zu konstatieren, dass es für französische Emigranten im Exil eine anhaltende Herausforderung blieb, sich in den vorgefundenen sozialräumlichen Strukturen ihrer wechselnden Aufenthaltsorte zu orientieren und Handlungsräume in der Aufnahmegesellschaft zu erschließen. Dass dieses Bemühen kein Selbstläufer, sondern immer wieder mit Alteritäts- und Konflikterfahrungen verbunden war, ist vor allem den Tagebüchern und Korrespondenzen zu entnehmen, die bestehende Hürden, Rückschläge und Enttäuschungen deutlich unvermittelter widerspiegeln als die meist mit großem zeitlichen Abstand verfassten Memoiren. Allen Schwierigkeiten der provisorischen Integration zum Trotz wurden französische Emigranten an vielen Orten der Habsburgermonarchie fester Bestandteil des gesellschaftlichen Lebens vor allem sozial elitärer Schichten.

---

174 Zu Baden etwa Thürheim, Mein Leben, 1, S. 333-337.
175 Mansel, Prince of Europe, S. 178.
176 ÖStA/AVA, PHSt 1797/494, Polizeibericht des Prager Stadthauptmanns Wratislaw, August 1797.
177 Johann Nikolaus Becker: Fragmente aus dem Tagebuch eines reisenden Neu-Franken, Frankfurt a.M.; Leipzig 1798, S. 99.

3. Lebenswandel und Lebenswelten

3.1 Vertraute Anomalie: Emigranten im Gesellschaftsleben

Im Zuge der für Emigranten und Einheimische unerwartet langen Exildauer vervielfältigten sich die Kontaktbereiche auch in höheren gesellschaftlichen Kreisen. Insbesondere im städtischen Gesellschaftsleben war ein Aufeinandertreffen mit Revolutionsflüchtlingen auf längere Sicht unausweichlich und selbst in vergleichsweise entfernten Landeshauptstädten wie Krakau und Lemberg oft nur eine Frage der Zeit.

Erregte Emigrantenpräsenz bis Mitte der 1790er Jahre aufgrund der Revolutionsaktualität noch erhebliches Aufsehen, war die Anwesenheit von Emigranten im gehobenen Gesellschaftsleben um 1800 längst geläufig, ohne jedoch ihren »ungewöhnlichen« Charakter ganz zu verlieren. So gab es zwar in Wien, Prag und Triest anders als in den kleineren Residenzstädten im Alten Reich, wo vor 1789 relativ wenige Franzosen gelebt hatten und die Emigranten nun umso deutlicher auffielen, schon vor der Revolution eine wahrnehmbare Präsenz ansässiger Franzosen, mehrheitlich spezialisierte Handwerker und Gewerbetreibende.[178] Doch hatten diese im Normalfall keinen Zugang zu den exklusiven Zirkeln der adligen und bürgerlichen Oberschichten, sodass dort französische Emigranten selbst nach vielen Exiljahren als »vertraute Anomalie« wahrgenommen wurden. Auf begrifflicher Ebene deutet der fortdauernde Gebrauch von eindeutig politisch konnotierten Kategorien wie »émigré« und »ci-devant« in den Memoiren Einheimischer darauf hin, dass die Emigranten in ihren Augen auch nach vielen Jahren unverändert in den semantischen Rahmen der Revolution in Frankreich gehörten, deren historische »Außerordentlichkeit« sie mit ihrem fortwährenden Exil *nolens volens* bezeugten.[179] Gleichwohl sah man sie zunehmend auch als »greifbare« Exponenten und Mittler französischer Kultur an, eine Rolle, die viele Emigranten nur allzu gern annahmen.[180]

Die im 18. Jahrhundert dokumentierte Offenheit des erbländischen Adels für französische Einflüsse drückte sich im sozialen Umgang mit den Emigranten durch eine Wertschätzung ihrer Weltläufigkeit und Umgangsformen, ihrer Rhetorik und ihres »esprit« aus, die aus vielen Zeugnissen Einheimischer spricht.[181] Begegnung und Gespräch mit emigrierten Franzosen, vor allem mit bekannten Persönlichkeiten aus den Reihen der Hofaristokratie und des hohen Klerus, galten in den Oberschichten als willkommene Abwechslung und boten Gelegenheit,

---

178 Tschulk, Franzosen in Wien.
179 Beispielsweise bei Rzewuska, Mémoires, 1, passim, und Thürheim, Mein Leben, 1, passim.
180 Zum Wahrnehmungsproblem der ambigen Rolle der Emigranten als »politische Flüchtlinge« und »Franzosen« siehe Pestel, Weimar als Exil, S. 140, Anm. 404.
181 Rzewuska, Mémoires, 1, S. 171; Schmidt, Voltaire und Maria Theresia, S. 89-111.

frankophile Neigungen, darunter die Vertrautheit mit französischen Kulturgütern und die eigenen Sprach- und Konversationsfertigkeiten im Französischen, unter Beweis zu stellen.[182] Die plakativen und oft zitierten Kommentare Madame de Staëls über die klimatheoretisch gedeutete »lourdeur« der Wiener, die mangelhafte Qualität ihrer Gesprächskultur und ihren schlechten Geschmack können nicht darüber hinwegtäuschen, dass sich viele französische Emigranten von der sprachlichen wie stilistischen Konversationsqualität überaus angetan zeigten.[183] Auch die Umgangsformen in den gehobenen Kreisen, der herrschende »bon goût« und »esprit«, fanden lobende Erwähnung.[184]

Zusammen mit dem Interesse, das man den persönlichen Revolutions- und Emigrationserfahrungen und ihren Bewertungen der Zeitumstände entgegenbrachte, schuf diese Grunddisposition nicht nur eine solide Kommunikationsbasis, sondern bot auch genug Anlass, adlige Emigranten in die gesellschaftlichen Aktivitäten einzubeziehen.[185] Kannte man sich bereits von früheren Begegnungen im vorrevolutionären Paris, fiel die neuerliche Kontaktaufnahme umso leichter.[186] Da man zudem ähnlichen Zerstreuungs- und Vergnügungsformen zuneigte, stand gemeinsamem Zeitvertreib nichts im Wege. Neben den regelmäßigen Mittags- und Abendgesellschaften in den Wiener Salons mit ihren unterschiedlichen Unterhaltungsformaten von Lesungen über Kartenspiel bis zu Hauskomödien gehörten auch Festveranstaltungen größeren Ausmaßes wie Bälle und Konzerte zum Spektrum gesellschaftlicher Aktivitäten in Wien, bei denen ein hoher Partizipationsgrad der Emigranten belegt ist.[187] Gerade Vigée-Lebrun hebt immer wieder auf die vielseitige gesellige und kulturelle Infrastruktur und die »bonne compagnie« in Wien ab, die der Pariser in nichts nachstand.[188]

Konkret wurde der Anschluss an die lokale Hautevolee in vielen Fällen durch »gatekeeper« vermittelt, die aufgrund biografischer, genealogischer oder professioneller Hintergründe und Eigenschaften als »Schleusenwärter« für die Erschließung neuer sozialer Interaktionsräume in der Aufnahmegesellschaft fungierten. Als Abkömmling jakobitischer Emigranten zeichnete sich beispielsweise Graf Johann O'Donnell nicht nur durch eine multinationale und ebenfalls von

---

182 Pestel, Winkler, Provisorische Integration und Kulturtransfer, S. 147.
183 Bei der Untersuchung französischer Perspektiven rekurriert Wagner immer wieder auf Madame de Staël, um mittels ihrer superlativischen Negativurteile ein eher »durchwachsenes« Bild des Wiener Gesellschaftslebens abzuleiten; vgl. Wagner, Emigrantinnen in Wien, S. 22; ders., Wien um 1800, S. 44; dagegen Du Montet, Souvenirs, S. 30, 237, 250.
184 Roger de Damas: Mémoires, Bd. 2 (1806-1814), Paris 1914, S. 25; Vigée Le Brun, Souvenirs, S. 470; Saulx-Tavanes, Sur les routes de l'emigration, S. 114.
185 Wagner, Emigrantinnen in Wien, S. 19.
186 Des Cars, Mémoires, 2, S. 144; Saint-Priest, Mémoires, S. 328-330.
187 Vigée Le Brun, Souvenirs, S. 480-481; Du Montet, Souvenirs, S. 32, 78; Damas, Mémoires, 2, S. 8-9.
188 Vigée Le Brun, Souvenirs, S. 478.

politischer Migrationserfahrung geprägte Genealogie aus. Er war zudem polyglott, »un homme le plus conversationnable«[189] und im gesellschaftlichen Establishment der Wiener Aristokratie bestens vernetzt. Vielen in Wien lebenden Fremden, darunter nicht wenigen französischen Emigranten, bahnte O'Donnell Wege in die höhere Gesellschaft:

> Les étrangers trouvaient en lui un introducteur obligeant qui leur rendait agréable le séjour à Vienne [...]. Son père était irlandais, sa mère [...] grècque. Il avait des cousins espagnols, des neveux polonais. Lui même, né en Autriche, n'en avait pas moins reçu une éducation française, et contracté des amitiés françaises. Ce mélange de sentiments rendait Mr o'Donnell très vif à l'endroit du pays, où il avait des affections et des relations. Il s'enflammait ou s'attristait aux récits des exploits et des malheurs grecs, irlandais, allemands, espagnols, français.[190]

Eine vergleichbare Scharnierfunktion hatten gebürtige Lothringer wie Marschall Ferraris und dessen Tochter Marie Zichy-Ferraris, die über die freitäglichen Empfänge im Hause Ferraris hinaus vor allem lothringischstämmigen Emigranten Zutritt zu den Zusammenkünften der »Ersten Gesellschaft« verschafften.[191] Als langjähriger Vizepräsident des Hofkriegsrats war Ferraris zudem die Kontaktperson der Wahl für emigrierte und mitunter bereits in kaiserliche Dienste getretene französische Offiziere.[192]

War die anfängliche Bahnung von Zugängen durch solche »intermediaries« häufig die notwendige Voraussetzung für den Eintritt in das Wiener Gesellschaftsleben, erforderte die situative Integration der Emigranten vor Ort dann mitunter Fingerspitzengefühl der Gastgeber. Die von Zeitgenossen für ihre Freigebigkeit und Unterstützungsbereitschaft für Emigranten gerühmte Gräfin Rombeck, Schwester des späteren Außenministers Cobenzl, traf für ihren Salon eine wohlüberlegte Auswahl potenziell kompatibler Gesprächspartner und agierte im Notfall als kommunikativer »Eisbrecher«.[193] Die Duchesse de Saulx-Tavanes berichtet:

> J'avais dû à madame de Romberg [recte: Rombeck] l'agrément de mon séjour à Vienne, elle m'avait mise en relation avec des personnes que je trouvai du plaisir à connaître. Sa gaieté, le soin qu'elle apportait à faire valoir les autres ainsi qu'à écarter toute gêne et toute méfiance répandait un grand charme dans sa société. L'activité de son esprit secondait la bonté de son cœur à l'égard des émigrés français qui étaient dans le malheur.[194]

189 Du Montet, Souvenirs, S. 237.
190 Rzewuska, Mémoires, 1, S. 93.
191 Du Montet, Souvenirs, S. 22-24; Rzewuska, Mémoires, 1, S. 101.
192 Godsey, La société était au fond légitimiste, S. 82.
193 Vigée Le Brun, Souvenirs, S. 483.
194 Saulx-Tavanes, Sur les routes de l'emigration, S. 113-114.

Im traditionell frankophilen Teil der Wiener Aristokratie waren regelmäßige Einladungen dagegen geradezu selbstverständlich, wie der Prinzen-Emissär Des Cars bezüglich des Salons Kaunitz feststellte: »Comme tous les étrangers, j'étais invité au moins une fois la semaine à dîner [...].«[195] Dort machte man wenig Aufhebens um eine aktive Einbeziehung der Emigranten, sondern führte die üblichen Routinen einfach fort. Des Cars nahm im Salon Kaunitz daher ein eher steifes Zeremoniell wahr, das bis hin zu Sitzordnung und Konversationsverlauf festen Traditionen folgte, er aber aufgrund der faszinierenden Persönlichkeit des Hausherrn wohlwollend kommentierte.[196] Auch in den Wiener Salons polnisch-galizischer Adliger wie jenem der Fürstin Lubomirska auf der Mölkerbastei, jenem der Fürstin Czartoryska und jenem der Madame Rzewuska in der Favoritengasse gehörten französische Emigranten zum festen Teilnehmerkreis.[197]

Seitens der Emigranten fallen die Urteile über das lokale Gesellschaftsleben bis weit in die 1800er Jahre hinein ausnehmend positiv aus.[198] Klagen über »ennuy«, Zeitüberfluss und mangelnde Unterhaltung sind eine seltene Ausnahme.[199] Sind in den ersten Jahren emigrantischer Präsenz die verschiedenen Interaktionsräume vor allem durch Des Cars' und Vigée-Lebruns Schilderungen relativ gut dokumentiert, liegen für die Jahre ab 1795 bis 1800 abgesehen von Du Montet nur kurze Passagen aus Emigrantenmemoiren vor, in denen auf gesellschaftliche Aktivitäten Bezug genommen wird.[200] Für die Phase zwischen der ersten und der zweiten französischen Besetzung Wiens 1805 bzw. 1809 gibt es mit den Memoiren Roger de Damas' dann wieder detailliertere Berichte, in denen der emigrierte Militär ein schmeichelhaftes Bild der multinationalen »société« und ihrer Aktivitäten zeichnet. Insbesondere die Soirées bei Maria Elisabeth von Thun, der Gattin des russischen Botschafters Rasumowski, hatten es Damas angetan: »Elle devient [...] le centre de la société la plus agréable à Vienne.«[201] Die Salonière führte die Tradition ihrer Mutter Maria Wilhelmine fort, die regelmäßig »les plus grandes dames de Vienne« zu abendlichen Zusammenkünften um sich scharte.[202] Schon Vigée-Lebrun, die im Thun'schen Salon auf »beaucoup d'émigrés de notre pauvre France« traf, meinte,

---

195 Des Cars, Mémoires, 2, S. 156.
196 Ebd., S. 156-157; Vigée Le Brun, Souvenirs, S. 469-470.
197 Vigée Le Brun, Souvenirs, S. 482; Rzewuska, Mémoires, 1, S. 35.
198 Des Cars, Mémoires, 2, S. 124-161; Vigée Le Brun, Souvenirs, S. 465-484; zudem Waresquiel, Le Duc de Richelieu, S. 76-80.
199 Kurz nach seiner Ankunft in Wien vertraute Cléry seiner Frau brieflich an, dass er sich zwar drei Viertel des Tages langweile, schwärmte aber gleichzeitig von den vielen Einladungen, die er erhielt; ÖStA/HHStA, StAbt Frankreich, Varia 55, Clery à sa femme, 8. April 1796.
200 Darunter Saint-Priest, Mémoires, S. 328-332; Saulx-Tavanes, Sur les routes de l'emigration, S. 113.
201 Damas, Mémoires, 2, S. 6.
202 Vigée Le Brun, Souvenirs, S. 466.

allein diese Zusammenkünfte reichten aus, um »toute la haute société« der Stadt kennenzulernen.²⁰³ Rund ein Jahrzehnt später veranschlagte Damas die Lebens- und Konversationsqualität in der Kaiserstadt ähnlich hoch:

> Vienne se présentait à moi comme le séjour le plus satisfaisant à habiter; j'y retrouverai la tranquilité la plus variée, la plus meubleé de distractions atta- chantes; [...] les soirées y étaient tous les jours plus agréables, et ce charme in- térieur, joint à tout ce que les événements et les nouvelles semaient d'intérêt à la conversation, composait la vie la plus douce et la plus occupé.²⁰⁴

Die Zäsur, die schließlich eine Eintrübung des bis dato positiven Urteils Damas' zur Folge hatte, war die nach seiner Wahrnehmung fehlende Unterstützung des Hofes und der Aufnahmegesellschaft für militärische Emigranten, die in kaiser- lichen Diensten standen und sich im Nachgang des Friedens von Schönbrunn 1809 den napoleonischen Entlassungsforderungen gegenübersahen.²⁰⁵ Seine da- raus gefolgerte Kritik – »Vienne, si agréable, si convenable à habiter pour tous ceux qui protestaient par leur situation contre la Révolution française, n'offre plus que gêne et embarras« – relativierte der Militär jedoch sogleich: »L'on doit néanmoins convenir que Vienne est une bonne ville, où il ne se trouve aucun in- convénient marquant.«²⁰⁶

Demgegenüber waren die Möglichkeiten der Emigranten, eigene gesellige Ver- anstaltungen auszurichten, beschränkt.²⁰⁷ Der Geschäftsträger der emigrierten Prinzen am Kaiserhof, Bischof La Fare, der ansonsten vor allem bei seinem loth- ringischen Landsmann Ferraris verkehrte, empfing gelegentlich in seinen beschei- denen Räumlichkeiten im Wiener Franziskanerkloster:

> La chambre qu'il occupait était la dernière d'un long, sombre et humide cor- ridor; elle était voûtée et fort triste: les murs étaient peints en gris foncé, et les meubles plus que simples; mais lorsque quelque incommodité forçait [La Fare] à rester chez lui, cette cellule se remplissait d'une société brillante, tant en émi- grés de marque que d'hommes de distinction de tous les pays [...].²⁰⁸

---

203 Ebd.
204 Damas, Mémoires, 2, S. 8-9.
205 Ebd., S. 201-205. Auf diese kritischen Äußerungen bezieht sich wiederum Wagner, Wien um 1800, S. 45, 48, um einen angeblich generell wahrgenommenen Mangel an Esprit in der Wiener Gesellschaft abzuleiten. Zu den Dekreten Napoleons siehe Teil I dieses Buches.
206 Damas, Mémoires, 2, S. 181.
207 Diese Beobachtung relativiert die allzu pauschale Kontinuitätsthese französischer Salonkultur in der Emigration, die Kale vertritt; vgl. Kale, French Salons, S. 64-68. Eine sozialräumliche Differenzierung nach den Aufenthaltsorten ist auch bezüglich der soziokulturellen Praktiken in der Emigration unumgänglich.
208 Du Montet, Souvenirs, S. 16.

Die außergewöhnlich großzügigen Zuwendungen des Kaisers ermöglichten es Madame de Brionne, zu Zusammenkünften in ihr Domizil im Salesianerinnenkloster am Rennweg zu laden, wo der Platz ebenfalls kaum ausreichte.[209] Daher blieb es meistens bei intimeren Zirkeln im kleinen Emigrantenkreis.[210] Für Touristen und Reisende aus dem nichtfranzösischen Ausland bot dagegen die emigrationsbedingte Anwesenheit der aristokratischen Prominenz Frankreichs eine Möglichkeit, die durch Revolution und Krieg verunmöglichten Begegnungen in Paris durch gezielte Verabredungen mit Emigranten in Wien wettzumachen. Die irische Reisende Melesina Trench beispielsweise schätzte ihre Soupers mit Madame de Brionne erheblich mehr als die legendären Zusammenkünfte beim Prince de Ligne an der Mölkerbastei.[211]

Vor allem außerhalb des Wiener Kosmos war regelmäßiger Umgang mit Emigranten ein Mittel, das eigene Sozialprestige in der lokalen Gesellschaft zu akzentuieren. Diese Form der »Exotisierung« französischer Emigranten, die bereits aus Studien zu ländlich und kleinstädtisch geprägten Aufenthaltsräumen bekannt ist, verdient auch deswegen besonders hervorgehoben zu werden, weil jenseits des Diskurses um Sicherheit und Subsistenzfähigkeit, der auch in der Historiografie stets im Vordergrund stand, Emigrantenpräsenz und -kontakt hier plötzlich als positive Distinktionsmerkmale erscheinen, die maßgeblich von den Interessen der Einheimischen bestimmt waren.[212] Zusammen mit dem standessolidarischen Verhalten von Teilen des einheimischen Adels dürfte dieser Impetus mit entscheidend dafür gewesen sein, dass Emigranten wie Bombelles, der als ehemaliger französischer Gesandter am Reichstag, in Lissabon und Venedig über erhebliches kulturelles Kapital verfügte, relativ schnell in die gesellschaftlichen Aktivitäten der lokalen Oberschicht integriert wurden. So stellten unbeschadet mancher Dispute, die der Ex-Diplomat in der überschaubaren Brünner Adelsgesellschaft ausfechten musste, selbst ärgste Kritiker seine Teilnahme an den geselligen Zusammenkünften keineswegs in Frage. Vielmehr nutzten sie die leibhaftige Präsenz eines prominenten und meinungsstarken französischen Revolutionsemigranten für rhetorische Schaukämpfe, die wiederum der eigenen Profilierung *coram publico* dienten.

Prestigegewinn durch Emigrantenkontakt dürfte auch im Kalkül des frankophilen Fürstbischofs von Klagenfurt-Gurk, Franz II. Xaver von Salm-Reifferscheidt, gelegen haben, als er mit der Comtesse d'Artois 1798 eine hochrangige Angehörige der französischen Königsfamilie mit ihrer Entourage bei sich empfing. Der Comte de Coëtlogon, Sohn einer Ehrendame im Tross der Comtesse, berichtet von festlichen

---

209 Ebd., S. 35-36.
210 Jean-François Georgel: Voyage à Saint-Pétersbourg, en 1799-1800, Paris 1818, S. 79; Haroche-Bouzinac, Vigée Le Brun, S. 272-273.
211 Melesina Trench: The remains of the late Mrs. Richard Trench, being Selections from her Journals, Letters & other Papers, London 1862, S. 69, 78-79.
212 Scheel, Die Emigranten in Braunschweig-Wolfenbüttel, S. 56-57; Pestel, Weimar als Exil, S. 130-131; Winkler, Das Exil als Aktions- und Erfahrungsraum, S. 50.

Bällen, die Salm-Reifferscheidt zu Ehren der Emigranten gab und auf denen der Bischof selbst das Tanzbein schwang.[213] Als wenige Jahre später der Duc de Berry, Sohn der Comtesse d'Artois und Neffe des »Emigrantenkönigs« Ludwig XVIII., zusammen mit einigen Condé-Offizieren die Klagenfurter Emigrantengemeinde verstärkte, nutzte Salm-Reifferscheidt die Gelegenheit und stellte ein aufwändiges Unterhaltungsprogramm auf die Beine. Er überließ den Spitzen der arg dezimierten und ziellos durch Innerösterreich streifenden Emigrantentruppe mit Schloss Pöckstein seine ehemalige Residenz, ging mit Berry auf die Jagd, richtete eine Reihe festlicher Bälle aus und veranstaltete als Höhepunkt eine Illumination:[214]

> Le prince de Salm, évêque de Klagenfurth, toujours aimable et toujours prévenant pour tout ce qui était français, et surtout très empressé de plaire aux princes de la famille de Bourbon dont il était chaud partisan, se fit un devoir d'offrir une fête brillante au duc de Berry. Tout ce que la ville avait de jolies femmes et de personnes distinguées de l'un et l'autre sexe y fut invité et y parut avec l'élégance la plus recherchée et un luxe incroyable. Les illuminations, le bal, les concerts, un souper splendide, une représantation vraiment royale distinguèrent cette fête.[215]

Diese exklusiven Vergnügungen von hochadligen Emigranten und lokaler Elite in Kärnten dürfen freilich nicht außer Acht geraten lassen, dass die vor allem in Wien vom alten Adel ehrgeizig verteidigten Standesschranken im ländlichen Bereich häufig eine erheblich geringere Rolle im Gesellschaftsleben spielten. Bei Emigranten, die an verschiedenen Orten Zeugen »ständeübergreifender« Geselligkeitsformate wurden, rief diese »egalitäre« Tendenz ein geteiltes Echo hervor. Dem Condé-Offizier Puymaigre fiel während des Winterquartiers im oberösterreichischen Steyr auf, dass an den örtlichen Festveranstaltungen zum Jahreswechsel auch bürgerliche Einheimische teilnahmen.[216] Während Puymaigre an dieser integrativen Praxis durchaus Gefallen fand, nahm Bombelles einen Ball in Brünn, auf dem zu seinem Entsetzen Mönche und Handwerker gemeinsam tanzten, zum Anlass, das fehlende Standesempfinden der lokalen Gesellschaft zu beanstanden.[217] Auch Coëtlogon kam bei den Abendunterhaltungen des Klagenfurter Bischofs trotz seiner Vorliebe für das Theaterspiel nicht umhin, eine merkwürdige Diskrepanz zwischen dem hergebrachten ständischen Verhaltenscomment und der situativen »Rolleninterpretation« der »österreichischen« Teilnehmer festzustellen, die dem Begriff des französischen Emigranten zuwiderlief:

213 E. La Bonnardière: Souvenirs d'un émigré (Le Comte de Coëtlogon) (I), in: La Revue Hebdomadaire 31 (1922) 31, S. 57-72; hier S. 69.
214 La Ferronnays, En Émigration, S. 121-124.
215 La Bonnardière, Souvenirs d'un émigré, S. 70.
216 Alexandre de Puymaigre: Souvenirs sur l'émigration, l'empire et la restauration, Paris 1884, S. 57-61.
217 Bombelles, Journal, 6: 1801-1807, S. 211.

Je me rapelle qu'on y avait formé une partie de danse qui figurait Apollon et les neuf Muses. Le prince d'Hohenlohe-Bartenstein [...] faisait Apollon et conduisait la danse. Le prince de Schwartzenberg, [...] qui était chanoine de Strasbourg, représentait [...] le dieu Mars. Tout cela était très beau et très bien entendu. Seulement, dans nos idées françaises, nous étions un peu surpris de voir un chanoine danser en dieu Mars dans un bal exécuté chez un évêque.[218]

Zu solcher »antiegalitärer« Gesellschaftskritik sahen sich Emigranten freilich auch durch die eigene Revolutionserfahrung motiviert, die als Deutungsrahmen und Negativfolie für die im Exil beobachteten sozialen Phänomene präsent blieb. Unter umgekehrtem Vorzeichen schwärmte dagegen der in Olmütz stationierte Comte de Ségur-Cabanac von der »heureuse ignorance« der dortigen Bevölkerung, lobte das weitgehende Fehlen von »libertinage« bei Festen und Maskenbällen, die er besuchte, und evozierte im impliziten Vergleich mit seinem revolutionären Heimatland das Bild einer sozial wohlgeordneten und kulturell traditionsverhafteten lokalen Gesellschaft.[219] Seine literarische Selbststilisierung als Odysseus verdeutlicht, dass die Exotisierung natürlich auch andersherum, mit Blick auf die Aufnahmegesellschaft, funktionierte, wenngleich Ségur-Cabanac anders als der antike Held seine persönliche »Scheria-Option« nutzte und sich dauerhaft bei den »Phäaken« niederließ, anstatt nach Hause zurückzukehren.[220] In Olmütz lernte er seine spätere Gattin Franziska von Jungwirth kennen und blieb bis zu seinem Tode in kaiserlichen Militärdiensten.

Bis zum Wiener Kongress blieben die Emigranten, die die Rückkehroption nach der napoleonischen Amnestie 1801/02 ausschlugen, eine feste Größe im Gesellschaftsleben.[221] Aus den Memoiren Einheimischer geht hervor, dass die Wahrnehmungsmuster bezüglich der Emigranten in dieser fortgeschrittenen Exilphase allerdings generationenspezifisch divergierten. Autoren der »älteren« Generation wie Caroline Pichler, die seit der Akutzeit der Emigration in den 1790er Jahren mit französischen Revolutionsflüchtlingen im Gesellschaftsleben konfrontiert waren, schenkten der fortdauernden Emigrantenpräsenz in den 1800er und 1810er Jahren kaum noch Aufmerksamkeit, während Ereignisse wie der Besuch Madame

---

218 La Bonnardière, Souvenirs d'un émigré, S. 70-71.
219 Ségur-Cabanac, Journal, S. 51.
220 Ebd., S. 56-57.
221 Pawlik, Emigranten in Österreich, S. 126-127. Als Beispiel seien die Kontakte Zinzendorfs mit Sénac de Meilhan genannt; Gaston von Pettenegg (Hg.): Ludwig und Karl Grafen und Herren von Zinzendorf, Minister unter Maria Theresia, Josef II., Leopold II. und Franz I., Wien 1879, S. 265. In den bis dato unedierten Tagebüchern des Grafen Zinzendorfs aus den 1800er Jahren dürften sich viele weitere Begegnungen mit Emigranten finden lassen.

de Staëls auf sie geradezu elektrisierend wirkten.[222] Ganz anders die Autoren der »jungen« Generation wie die beiden 1788 geborenen Gräfinnen Rzewuska und Thürheim, die erst nach der Jahrhundertwende in das Gesellschaftsleben eingeführt wurden: In ihren Darstellungen figurieren die französischen Emigranten wieder als dauerpräsente Erscheinung im Gesellschaftsleben, als Objekte von Neugier und Faszination, gleichzeitig als »lebende Fossilien« aus einer Welt, die die Autoren nicht mehr aus eigener Anschauung kannten.[223]

3.2 Archipel Emigration: Abgrenzung und Abgeschlossenheit

Die integrativen Formen emigrantischer Soziabilität, die auch immer als Kompensation für soziale Marginalisierungserfahrungen im Exilverlauf begriffen werden müssen, stehen im Kontrast zu Lebensformen, die sich durch eine graduelle Abgrenzung von den sozialen Strukturen der Aufnahmegesellschaft auszeichneten. Interaktionen mit Einheimischen sollten in diesem Fall nach Möglichkeit vermieden, zumindest aber auf ein Minimum beschränkt werden. Diese segregative Tendenz ist in der Emigrationshistoriografie zwar durchaus präsent, wurde jedoch hauptsächlich, wie im Fall des Wien-Aufenthalts Madame Royales, entweder biografisch-erzählend oder im Sinne Rubinsteins mentalitätsgeschichtlich ausgedeutet, um die These von der Asynchronität des »Emigrantenbewusstseins« und der zunehmenden Selbstisolation zu untermauern.[224] Demgegenüber ist eine typologische Analyse emigrantischer Segregation nebst einer differenzierenden Verortung in den konkreten Exilumwelten zu kurz gekommen.[225] Dabei sind im Quellenbefund nicht nur in der Anfangszeit, sondern auch im fortgeschrittenen Stadium der Emigration verschiedenartige Abgrenzungsbestrebungen aufseiten der Revolutionsflüchtlinge dokumentiert, also in einer Phase, als eine Rückkehr nach Frankreich praktisch ausgeschlossen war, eine provisorische Integration in die Aufnahmegesellschaft aber offenbar ebenso wenig angestrebt wurde. Im europäischen Exilraum entstand so ein Archipel emigrantischer Binnen- oder Mikrowelten, die teils locker in Beziehung miteinander standen und in relativer Abgeschiedenheit französischen Revolutionsflüchtlingen Schutz und Zugehörigkeit boten.

Wer über ausreichende finanzielle Mittel verfügte und mit einem vergleichsweise stabilen Sozialverband, etwa der eigenen Familie oder einem größeren »Haus« inklusive Gesinde und Hausfreunden, emigriert und in die Habsburgermonarchie

---

222 Caroline Pichler: Denkwürdigkeiten aus meinem Leben 1769-1843, Bd. 1, München 1914. Eine Ausnahme in Pichlers Darstellung ist der ehemalige Emigrant Alexandre de Laborde, der bereits 1797 nach Frankreich zurückkehrte.
223 Rzewuska, Mémoires, 1, bes. S. 231-232; Thürheim, Mein Leben, 1, bspw. S. 333-335.
224 Becquet, Marie-Thérèse de France; Rubinstein, Die Französische Emigration.
225 Ansätze hierfür finden sich immerhin bei Untersuchungen geistlicher Emigrantengruppen, die im Exil einen kontemplativen Lebensstil aufrechterhielten oder kultivierten; dazu ausführlich Teil III dieses Buches.

gelangt war, konnte seine Beziehungen zur Außenwelt auf das Nötigste reduzieren und so eine relativ geschlossene Lebenswelt konstituieren, die es erlaubte, die gewohnten alltagspraktischen und kulturellen Gepflogenheiten fortzuführen. Voraussetzung waren neben materieller Unabhängigkeit mindestens eine formelle Niederlassungserlaubnis oder gar eine Ausnahmeregelung, wenn es um Aufenthaltsorte abseits der Provinzhauptstädte ging oder der Wunsch nach Grunderwerb bestand. Letzterer ließ sich seit Mitte der 1790er Jahre leichter bewerkstelligen als zu Beginn der Emigration und wurde, wie schon erwähnt, ab 1797 sogar seitens der Hofkammer aktiv gefördert.[226]

Grundsätzlich lassen sich zwei Typen lebensweltlicher Segregation identifizieren: Zahlenmäßig klein war die Gruppe der Emigranten, die nach ihrer Ankunft in den Erbstaaten Grundbesitz erwarben und sich dort niederließen. Diese Orte waren dann nicht nur feste Anlaufstelle für andere Emigranten, sondern entwickelten sich mitunter sogar zu Knotenpunkten eines überregionalen Emigrantennetzwerks. Weitgehend unbehelligt von äußeren Störfaktoren lebte man dort von eigenen Mitteln, empfing und beherbergte »Seinesgleichen«, tauschte Informationen aus und verfolgte die Entwicklungen in Frankreich aus vermeintlich sicherer Entfernung. Manche dieser »Privatiers« nutzten bereits die napoleonische Amnestie, um nach Frankreich zurückzukehren. Zuvor veräußerten sie ihre im Exil erworbenen Güter, um nach den entschädigungslosen Sequestrierungen ihres Grundbesitzes zu Beginn der Revolution über ein finanzielles Startguthaben zu verfügen.

Quantitativ stärker ins Gewicht fielen die mobilen Weggemeinschaften von Emigranten – auch in den deutschsprachigen Quellen meist als *Suites* bezeichnet –, die sich um Persönlichkeiten aus der französischen Aristokratie herum formierten, um die Exilzeit in Gemeinschaft zu überdauern. Die Kerngruppe setzte sich aus der engeren Familie und Bediensteten zusammen. In den ersten Jahren schlossen sich häufig weitere Emigranten an, darunter Geistliche, entfernte Verwandte, freundschaftlich verbundene oder aus anderen Gründen protegierte Personen, denen man in Brüssel, Koblenz, Turin oder anderen *hot spots* der Emigration begegnete. Nach der Auflösung dieser Sammlungsorte setzte sich mit diesen Personenverbänden ein vielköpfiger Tross in Bewegung. So umfasste beispielsweise die *Suite* der Comtesse d'Artois bei ihrer Ankunft in Klagenfurt 34 Personen, die *Suite* der beiden *Mesdames de France* bei ihrer Ankunft in Triest sogar 80 Personen.[227]

---

226 Pawlik, Emigranten in Österreich, S. 119.
227 Zur Suite der Comtesse d'Artois: ÖStA/HHStA, StK, Notenwechsel Polizeihofstelle 21, Aufstellung aller in der Suite der Gräfin von Artois befindlichen Individuen, fol. 162-165; zur Suite der Mesdames de France: ÖStA/AVA, PHSt 1799/472, Liste des personnes qui composent La Maison des Mesdames de France et de celles qui sont venue à leur Suite.

Als personell relativ stabile Reisegesellschaften zogen die *Suites* über viele Jahre von einer provisorischen Niederlassung zur nächsten und ermöglichten auf diese Weise zahlreichen Revolutionsflüchtlingen eine gemeinschaftliche Bewältigung der Herausforderungen in der Fremde. Tatsächlich war ein Großteil der nichtadligen und -geistlichen Emigranten, die im Laufe der 1790er Jahre in die habsburgischen Kernländer gelangten, zumindest zeitweise Mitglieder solcher *Suites* und folglich nicht auf eigene Faust aus Frankreich ausgewandert.

Gemeinsamkeiten beider Segregationstypen waren neben der sozialen und räumlichen Abgrenzung nach außen ein selektiver und reglementierter Zugang zu ihnen. Gegenüber anderen Emigranten zeigten sich beide Typen zwar relativ offen, jedoch nicht unbedingt integrativ. So wurden hinzugekommene Emigranten oft nur im weiteren Umfeld der Kerngruppe geduldet, ein Zugang zum »inner circle« blieb ihnen verwehrt. Der Zusammenhalt der *Suites* war zudem an die dauerhafte Verfügbarkeit von Subsistenzmitteln gebunden. Mit zunehmender Exildauer oder in akuten Notsituationen kam man nicht umhin, Mitglieder aus der Weggemeinschaft zu verabschieden.

Binnenstrukturell waren die formell (Familie, Bedienstete) wie informell (Freunde) zugehörigen Personen auf das »Oberhaupt« hin geordnet, das die letzte Entscheidungskompetenz besaß. Im Falle zahlenmäßig großer *Suites* ermöglichten der Personalstand und dessen funktionelle Differenzierung die Weiterführung gewohnter Lebensweisen eines aristokratischen Haushalts nach innen (Hierarchie) und außen (Repräsentation) und damit trotz aller situativen Anpassungserfordernisse grundsätzlich die Aufrechterhaltung des Selbstbildes der adligen Emigranten im Exil. Ehrendamen, Beichtväter, Leibärzte und Mundschenke waren freilich nur in den *Suites* ehemaliger Hofangehöriger, Inhaber hoher Ämter und finanziell potenter Emigranten anzutreffen; Hauslehrer, Köche und Garderobenbedienstete fanden sich auch in kleineren Gefolgen.[228]

In diesen abgegrenzten Personenkreisen blieben die Verarbeitung der eigenen Revolutions- und Exilerlebnisse sowie die Rezeption der aktuellen »Nachrichtenlage« als Binnendiskurs dauerhaft virulent und bestimmend. Wie die graduelle Abschirmung nach außen trug auch dieser Faktor zur Gruppenkohäsion bei, doch wurde die anhaltende Selbstthematisierung und Introversion, die durch ein selektives, meist auf wenige andere Emigranten beschränktes Interaktions- und Kommunikationsverhalten noch verstärkt wurde, schnell zu einem selbstreferenziellen Muster. In diesem Sinne sind Eigenschaften, die Nina Rubinstein pauschal der Gesamtemigration zuschreibt, darunter eine mit der sozialen Selbstisolation einhergehende mentale Asynchronität, vornehmlich in diesen spezifischen Mikroumwelten zu verorten, für die die Quellenbasis zumindest für den Exilraum Habs-

---

228 In seltenen Fällen sind ganze Personallisten aktenkundig. Ein Beispiel für eine große Suite in ÖStA/HHStA, StK, Notenwechsel Polizeihofstelle 21, Aufstellung aller in der Suite der Gräfin von Artois befindlichen Individuen, 28. Oktober 1798.

burgermonarchie jedoch recht schmal ist.²²⁹ Denn empirisch belegen lässt sich emigrantische Segregation dort häufig nur mittels Zeugnissen Außenstehender, die im günstigsten Fall Gelegenheit hatten, einen persönlichen Einblick zu nehmen. Meist kann lediglich mittels impliziter Hinweise, etwa aus den Polizeiakten, auf segregatives Verhalten geschlossen werden. Dass nichtsdestotrotz der »Archipel Emigration« erhebliche Bedeutung für emigrantische Selbsthilfe und die Koordinierung gemeinsamer Interessen hatte, lässt sich anhand zweier Beispiele, dem »Emigrantenschloss« Pernau im oberösterreichischen Wels und der *Suite* des Duc de Polignac, die von Ende 1791 bis zu ihrer Weiterreise nach Russland 1795 an verschiedenen Orten in der Habsburgermonarchie Station machte, illustrieren.

Pernau als kommunikativer Knotenpunkt der Emigration

Nach dem Erwerb des Schlosses Pernau und den dazugehörigen »Realitäten« Ende 1794 entwickelte sich das neue Domizil des ehemaligen *Gouverneur général des Isles sous le vent* und französischen Marineministers César Henri de La Luzerne zu einem Dreh- und Angelpunkt für Emigranten in Oberösterreich.²³⁰ Das in einem kleinen Park am Rande der Stadt Wels gelegene zweistöckige Schloss bewohnte die engste Familie, also der ehemalige Minister, dessen Gattin, die drei Kinder und ein einzelner Domestik.²³¹ Eigenmittel sowie die Einkünfte aus der Grundherrschaft verhalfen der Emigrantenfamilie zu einem Leben in bescheidenem Wohlstand. Auseinandersetzungen mit der Polizei sind nach der amtlich verfügten »Abschaffung« des vorlauten Kochs nicht mehr aktenkundig.²³² Dass sich an diesem nur wenige Kilometer von Linz entfernten Refugium ab Mitte der 1790er Jahre ein munteres Emigrantenleben entwickelte, blieb aufmerksamen Beobachtern wie dem Welser Stadtdechanten Froschauer und Pfarrer Mathias Atzelsberger zwar nicht verborgen, doch blieben die Zusammenkünfte im Schloss Außenstehenden unzugänglich.²³³

Dass das Schloss in der regionalen Topografie der Emigration einen wichtigen Platz einnahm, lag hauptsächlich an der Prominenz seines neuen Eigentü-

---

229 Rubinstein, Die Französische Emigration, S. 183-184.
230 Zum Erwerb des Schlosses siehe Trathnigg, Französische Emigranten in Wels. Der Verkaufskontrakt selbst ist erhalten in OÖLA Linz, Neuerwerbungen – Urkunden (P 13a), Nr. 156, Adam von Hack verkauft an Caesar Heinrich Graf von Lüzern und dessen Frau Maria Adelheid das Landgut Pernau, 13. Dezember 1794.
231 OÖLA Linz, Landesregierungsarchiv 1787-1849 Präsidium, Polizei-Praesidial-Protokoll, Ktn. 192 (1798), Nr. 162, Verzeichnis Derer im Landes Österreich ob der Enns befindlichen französischen Emigranten und anderer aus den von Franckreich besezten Staatten immigrirten Persohnen.
232 Dazu Teil I dieses Buches.
233 Die Pfarrer Felix von Froschauer und Mathias Atzelsberger hinterließen Chroniken, vgl. Trathnigg, Französische Emigranten in Wels, S. 111.

mers. Infolge seiner langjährigen militärischen und politischen Laufbahn war La Luzerne mit vielen Personen, die dem revolutionären Frankreich den Rücken gekehrt hatten, noch aus früheren Tagen persönlich bekannt. Zudem blieb aufgrund regelmäßiger Korrespondenzen mit dem Exilhof Ludwigs XVIII., dem Prince de Condé und weiteren Emigranten seine Exilresidenz in Wels kein Geheimnis. In der unmittelbaren Umgebung dürfte das Luzerne'sche Domizil schließlich auch über Mundpropaganda bekannt gemacht worden sein, mit der Folge, dass nicht wenige Emigranten, die auf der Donauroute Linz erreichten und dort ihrer Registrierungspflicht nachkamen, vor ihrer Weiterreise dem Pernauer Schlossherrn ihre Aufwartung machten. Auch Madame Royale machte im Januar 1796 auf ihrem Weg nach Wien in Wels Station.[234] Regelmäßig zu Gast waren Kardinal Rohan von Straßburg und Erzbischof Rohan von Cambrai, der mit seinem Kammerdiener zeitweise im nahen Linz wohnte.[235] Den Bischöfen von Saint-Malo und Comminges wurde sogar polizeilich gestattet, einige Monate bei ihrem »alten Freunde« La Luzerne in Wels zu verbringen.[236] Auch der Bruder des Ex-Ministers, César-Guillaume de La Luzerne, Bischof von Langres und kurzzeitiger Präsident der Konstituante, erhielt nach mehrjährigem Aufenthalt in Venedig und Triest die Erlaubnis, mit einer siebenköpfigen Entourage zu seinem Bruder nach Wels übersiedeln zu dürfen. Er suchte das Gut seines Bruders oft auf, wohnte aber in der Stadt zur Miete und widmete sich vor allem der theologischen Schriftstellerei.[237] In Kontakt mit der »nicht-emigrantischen« Umwelt kam der Bischof dann, wenn er in der Welser Vorstadtpfarre St. Joseph die Messe las. Der dortige Pfarrer Mathias Atzelsberger bezeichnete ihn in seiner Chronik ehrfurchtsvoll als »Stern erster Größe«.[238]

Der regionale Einzugskreis Pernaus reichte aber noch weiter. Um mit La Luzerne zu konferieren, kam beispielsweise der Bischof von Dijon, Mérinville, mehrmals nach Wels. Der Ex-Minister hatte dem zunächst im englischen Exil lebenden Bischof Ende 1794 einen Unterschlupf im Stift Kremsmünster vermittelt und diesen persönlich an den neuen Wohnort begleitet.[239] Die enge Verbindung blieb bis zur Rückkehr Mérinvilles nach Frankreich 1801 bestehen, die dieser freilich erst antrat, nachdem er Pernau einen Abschiedsbesuch abgestattet hatte.

---

234 Bombelles berichtet hiervon nach einer Unterredung mit Jean-Baptiste Cléry, vgl. Bombelles, Journal, 5: 1795-1800, S. 48-49.
235 OÖLA Linz, Landesregierungsarchiv 1787-1849 Präsidium, Polizei-Praesidial-Protocoll, Ktn. 192 (1798), Nr. 162, Verzeichnis.
236 OÖLA Linz, Landesregierungsarchiv 1787-1849 Präsidium, Polizei-Praesidial-Protocoll, Ktn. 193 (1799), Nr. 69, Polizeiminister Pergen an Landeschef Auersberg, 9. April 1799.
237 OÖLA Linz, Landesregierungsarchiv 1787-1849 Präsidium, Polizei-Praesidial-Protocoll, Ktn. 192 (1797), Nr. 115, Polizeiminister Pergen an Landeschef Auersberg, 1. Oktober 1797.
238 Trathnigg, Französische Emigranten in Wels, S. 112.
239 Pitschmann, Bischof Mérinville von Dijon in Kremsmünster.

Auch weniger prominente Emigranten profitierten von konkreten Hilfeleistungen der emigrierten Ministerfamilie. Die Comtesse de Breves etwa lebte in Wels allein »von der Güte des Grafen Luzern«.[240] Emigrierte Geistliche konnten auf Empfehlungsschreiben hoffen und erhielten in Einzelfällen sogar die Zusage für eine Bürgschaft gemäß den Direktivregeln.[241] Zu Kontakten mit Einheimischen in Wels und Linz finden sich in den Quellen hingegen keine Belege. Gleiches gilt auch für die untertänige bäuerliche Bevölkerung Pernaus – im Jahr 1794 immerhin dreißig Personen –, über die La Luzerne mit der Grundherrschaft verbundene Herrschaftsrechte ausübte.

Funktion und Rolle von Schloss Pernau als »erster Emigrantenadresse« vor Ort überdauerte auch den Tod des Hausherrn im März 1799.[242] Das Requiem für La Luzerne in der Kapuzinerkirche zelebrierten drei französische Bischöfe, neben seinem Bruder César-Guillaume auch die Bischöfe von Saint-Malo und Dijon, die mit ihrer Anwesenheit den regionalen Ausnahmecharakter des personalen Netzwerkes um den ehemaligen Staatsminister unterstrichen. Die Inschrift auf dessen Grabstein erinnerte nicht nur an seine illustre Karriere in Staatsverwaltung und Militär, sondern ausdrücklich auch an seine Emigration:

Hic jacet Caesar Henricus de la Luzerne comes de Beacqueville in neustria, exercituum Regis Christianissimi Legatus generalis, tum insulae san Dominicanae gubernator, demum rei maritimae gallicanae Praeses regnique minister, in bello strenue, in administrationibus juste, in omnibus probe semper se gessit, ob suam erga Deum, regemque suum fidelitatem Patriae extorris hac in urbe obiit. Anno rep(aratae) Sal(utis) 1799 aetatis vero 63. Uxor desolata, maerentes Liberi, PP.[243]

Nach dem Tod des Gatten übernahm die Witwe Marie Adélaïde Angran d'Alleray Schloss und Grundherrschaft, doch konterkarierten militärische Entwicklungen die bisherige Ungestörtheit.[244] Zunächst gingen auf Schloss Pernau Angehörige

240 OÖLA Linz, Landesregierungsarchiv 1787-1849 Präsidium, Polizei-Praesidial-Protocoll, Ktn. 192 (1798), Nr. 162, Verzeichnis.
241 So der Generalvikar von Langres Baudot de Chaumandel, OÖLA Linz, Landesregierungsarchiv 1787-1849 Präsidium, Polizei-Praesidial-Protocoll, Ktn. 193 (1799), Vize-Polizeiminister Sumerau an Landeschef Auersberg, 27. Mai 1799.
242 OÖLA Linz, Pfarrmatrikeln, Pfarre Wels – St. Josef, Totenbuch I (1725-1829), fol. 42: »1799, d. 24ten Merz, Haus-Nummer 1, der Hoch- und Wohlgebohrene H. Heinrich Graf von Luzern auf seinem Landgut Pernau, katholisch, männlich, Alter 61, Krankheit und Todesart: Wassersucht«.
243 Trathnigg, Französische Emigranten in Wels, S. 111. Hier »extornis« statt »extorris«.
244 Marie Adélaïde wurde erst 1801 in die Landtafel geschrieben. Sie nahm nach dem Tod ihres Gatten die Familie ihrer Schwester um den Marquis de Vibraye dauerhaft in Pernau auf; ÖStA/AVA, PHSt 1799/440, Polizeiminister Pergen an Landeschef Auersberg, 27. Juni 1799.

des in der Umgebung kantonierten *Corps Condé* ein und aus.[245] Dieses Rudiment der früheren Emigrantenarmee stand inzwischen in englischem Sold und zog infolge des abermaligen Kriegsausbruchs 1799 viele Emigranten an, die die kurze Friedenszeit seit Campo Formio demobilisiert überdauert hatten und nun wieder zu den Waffen greifen wollten. Schon im Dezember 1800 bereiteten der Vorstoß der französischen Armee unter Moreau nach Oberösterreich, die Einnahme von Linz und Moreaus Sieg bei Hohenlinden dieser »Militarisierung« Pernaus ein jähes Ende. Während sich Erzbischof César-Guillaume für den Verbleib im Exil entschied und wieder zurück nach Triest ging, kehrten die verbliebenen Mitglieder der Familie La Luzerne nach dem Verkauf des Schlosses Pernau 1808 nach Frankreich zurück.[246]

Die Suite des Duc de Polignac in Wien und Kittsee

Während die diplomatische Funktion Polignacs als Vertreter der emigrierten Prinzen am Kaiserhof und dessen Einschreiten zugunsten von Emigranten, die immer zahlreicher in die kaiserlichen Erbstaaten gelangten, mehrfach Gegenstand von historiografischen Untersuchungen gewesen sind, ist über die lebensweltlichen Umstände seines Exils in Wien und Umgebung nur wenig bekannt.[247] Polignac hatte mit seiner *Suite* im Juli 1789 Frankreich verlassen und war von Paris über Turin und Rom nach Venedig emigriert, wo er von Artois zu dessen Vertreter am Wiener Hof bestellt wurde.[248] Die *Suite* Polignacs umfasste zu diesem Zeitpunkt schon mehrere Dutzend Personen. Neben der engeren Familie, seiner Gattin Gabrielle de Polastron, genannt Madame de Polignac, seinem Vater, seiner Schwester Diane und den vier Kindern mit Ehegatten, Schwiegereltern und Enkeln komplettierten Bedienstete, darunter Lehrer, Köche und Knechte, das Gefolge.[249]

Wie die meisten Emigranten ließ sich die Familie Polignac nach der Ankunft in Wien in einer der Vorstädte nieder. »Auf der Alten Wien« bewohnten sie ein dreistöckiges Haus mit mehreren voneinander abgetrennten Wohneinheiten, in dem alle Angehörigen der *Suite* Unterkunft fanden.[250] Für die Besorgung die-

---

245 Trathnigg, Französische Emigranten in Wels, S. 112.
246 Ebd., S. 111.
247 Guglia, Die ersten Emigranten in Wien, S. 182-184; Pawlik, Emigranten in Österreich, S. 82-98. In den älteren Biografien finden sich vereinzelt Hinweise auf das Wiener Exil der Polignacs, wenngleich die Quellengrundlage dieser apologetischen Literatur oft unklar bleibt, etwa bei Pierre Robin-Harmel: Le Prince Jules de Polignac, ministre de Charles X, Paris 1941.
248 In Venedig kam Polignac mehrfach mit dem französischen Botschafter Bombelles zusammen; Bombelles, Journal, 3: 1789-1792, S. 96, 100, 129-131.
249 ÖStA/AVA, PHSt 1794/1016, Verzeichnis, 6. April 1794.
250 Adresse und Wohnumstände sind einer Zeitungsannonce zu entnehmen: Wiener Zeitung, 31. Mai 1794 (Nr. 44), S. 1641.

ses großen Haushaltes, die Versorgung der vielen Personen, der Pferde, Ställe und Wagen, wurden mehrere Einheimische als Hausknechte in Dienste genommen, ansonsten blieb die Familie mit ihrem Gefolge unter sich. Trotz der nominell herausgehobenen Stellung Polignacs als diplomatischer Geschäftsträger sind weder der einschlägigen Memoirenliteratur noch den Polizeiakten Hinweise auf gesellige Runden oder Zusammenkünfte in dessen Wiener Domizil zu entnehmen.

Dass dennoch Eugen Guglias Feststellung, wonach die Polignacs »den gesellschaftlichen Mittelpunkt der Emigration in Wien« bildeten, zumindest für einen gewissen Zeitraum nicht ganz von der Hand zu weisen ist, rührt daher, dass ansässige Emigranten insbesondere Madame de Polignac ihre Aufwartung zu machen begehrten.[251] Vigée-Lebrun etwa war mit den Polignacs schon während ihres Aufenthalts in Rom zusammengetroffen und fertigte nach ihrer Ankunft in Wien mehrere Porträts der jungen Generation der Familie an.[252] Auch der Comte de Vaudreuil war ständiger Gast »Auf der Alten Wien«. In den Briefen an seinen Cousin Artois kam Vaudreuil wiederholt auf das Haus der Polignacs zu sprechen, wusste jedoch vor allem von der drückenden Melancholie zu berichten, die trotz verschiedentlicher Aufheiterungsversuche das alltägliche Leben beherrschte.[253] Die schwierige materielle Lage und die anhaltend schlechten Nachrichten aus Frankreich trugen neben der schweren Krankheit der Hausherrin wesentlich zu dieser Atmosphäre bei. Kurz nachdem die Nachricht von der Hinrichtung Marie Antoinettes Wien erreichte, starb Madame de Polignac im Dezember 1793. Aus den Berichten Vigée-Lebruns und des spanischen Botschafters in Venedig, Simon de Las Casas, geht hervor, wie Schmerz, Trauer und Verzweiflung die letzten Wochen Polignacs bestimmten.[254]

Obwohl Emigranten wie Vaudreuil das Haus Polignac mit monatlichen Zuwendungen unterstützten, verschlimmerte sich die finanzielle Situation nach dem Tod Madame de Polignacs zusehends.[255] Kurzfristige Erleichterung versprach eine Einladung des erst kürzlich zum Majoratsherrn der Familie aufgestiegenen Nikolaus II. Esterházys an die ganze *Suite* Polignacs nach Ungarn, wo er ihr sein Schloss Kittsee, wenige Kilometer von Preßburg entfernt, zur Verfügung stellte.[256] Das voll möblierte Haus in Wien sollte in der Zwischenzeit untervermietet

---

251 Guglia, Die ersten Emigranten in Wien, S. 184.
252 Vigée Le Brun, Souvenirs, S. 565-566. Zu den Porträts auch Joseph Baillio, Xavier Salmon (Hg.): Élisabeth Louise Vigée Le Brun, Paris 2015.
253 Joseph de Vaudreuil: Correspondance intime du Comte de Vaudreuil et du Comte d'Artois pendant l'émigration (1789-1815), Bd. 2, publiée avec introduction, notes et appendices par M. Léonce Pingaud, Paris 1889.
254 Vigée Le Brun, Souvenirs, S. 484; Guglia zitiert aus einem Brief des Botschafters, vgl. Guglia, Die ersten Emigranten in Wien, S. 187.
255 Vaudreuil, Correspondance, 2, S. 199.
256 ÖStA/AVA, PHSt 1794/1016, Der ungarische Hofkanzler Pállfy an Polizeiminister Pergen, 27. November 1794.

werden, wurde aber schließlich ganz aufgegeben.²⁵⁷ Vaudreuil schloss sich mit vier eigenen Bediensteten der *Suite* an und verlebte das Jahr 1794 zusammen mit den Polignacs in Kittsee:

> Nous voilà tous renfermés en Hongrie, à une lieue de Presbourg, dans un château que le prince Esterhazy, sur lequel le duc de Polignac a placé tout ce qui lui reste, a bien voulu lui prêter jusqu'à nouvel ordre de choses. Le château est beau, en bon air, et nous y serions encore heureux, sans les souvenirs déchirants qui nous poursuivent, si nous avions enfin un être de plus à soigner et à aimer.²⁵⁸

Die auf über fünfzig Köpfe angewachsene *Suite* Polignac verbrachte rund anderthalb Jahre in der Zurückgezogenheit von Schloss Kittsee. Zeugnisse vom Leben dieser offenbar hermetischen Kolonie sind abgesehen von wenigen Bemerkungen in der Korrespondenz Vaudreuils rar. Er selbst entkam der Abgeschiedenheit durch gelegentliche Besuche bei Esterházy im nahen Eisenstadt, widmete aber ansonsten viel Zeit seinen körperlichen Gebrechen, über deren Pflege er in seinen Briefen ausgiebig berichtete.²⁵⁹ Neue erschütternde Nachrichten erreichten die Polignacs allerdings auch in der ländlichen Idylle. So reagierte insbesondere Diane auf die Botschaft von der Hinrichtung Madame Élisabeths, der Schwester Ludwigs XVI., in der finalen Phase der Terrorherrschaft im Juni 1794 mit großer Betroffenheit, war sie doch bis zur Emigration aus Frankreich Ehrendame Élisabeths gewesen.²⁶⁰

Die geringe Entfernung nach Wien und Preßburg erlaubte es Polignac als Oberhaupt der *Suite*, seine diplomatischen Dienstpflichten fortzuführen, aus denen er erst infolge des Todes Ludwigs (XVII.) und der Veroneser Proklamation Ludwigs XVIII. zum König im Juli 1795 bat, entlassen zu werden. An seiner Stelle wurde der seit 1792 in Wien ansässige Bischof von Nancy, La Fare, zum neuen Geschäftsträger am Kaiserhof ernannt.²⁶¹

Nachdem sich mit der fehlgeschlagenen Landung bei Quiberon im Juli 1795 auch die optimistischsten Hoffnungen auf eine Rückkehr nach Frankreich zerschlagen hatten, bedurfte es neuer Planungen, um aus der prekären Abhängig-

---

257 Die Untermiete sollte von April bis Ende September 1794 (»Michaeli«) gehen, Wiener Zeitung, 2. April 1794 (Nr. 27), S. 987; die Verkaufsannonce dann in Wiener Zeitung, 31. Mai 1794 (Nr. 44), S. 1641.
258 Vaudreuil, Correspondance, 2, S. 200.
259 Ebd., S. 210-211.
260 Diane de Polignac: Mémoires sur la vie et le caractere de Mme. la duchesse de Polignac. Avec des anecdotes intéressantes sur la Révolution Françoise, et sur la personne de Marie-Antoinette, Reine de France, London 1796, S. 60-61.
261 Brye, Consciences épiscopales en exil, S. 304-306.

keit von der Gastfreundschaft Esterházys zu entkommen.²⁶² Im Oktober 1795 schließlich setzte sich die *Suite* erneut in Bewegung. Nachdem Polignac die Veräußerung seiner verbliebenen Effekten in Wien veranlasst hatte, reiste er mit seiner *Suite* und mit großen Ambitionen in Richtung Russland ab:

> Die Kaiserin von Rußland [Katharina II., M.W.] hat den Französischen Emigrirten eine große Portion des Landes unweit der Krim, wo das Schloss Kreisow den Mittelplatz hält, angewiesen, und der Herzog von Polignac wird als Haupt dieser neuen Einsiedelung angestellt. Dieser neue Penn hat einen Plan entworfen, nach welchem diese Kolonie eingerichtet werden soll. Man sieht aus diesem, daß die Kaiserin von Rußland und der Herzog von Polignac an der Rückkehr der Emigranten nach Frankreich zweifeln.²⁶³

3.3 Tod und Gedächtnis: Die *Mesdames de France* in der emigrantischen Memoria

Auf seiner Reise von Paris nach Jerusalem gelangte Chateaubriand 1806 auch in die Stadt, in der nach biblischer Überlieferung Jesus von Nazareth geboren wurde. In seinem 1811 erstmals veröffentlichten Reisebericht schildert der ehemalige Revolutionsemigrant seinen Aufenthalt in der »Stadt Davids«, wo er in einem an die Geburtskirche angrenzenden Kloster Unterkunft gefunden hatte. Dort kam es zu einer unerwarteten Begegnung.

> En déjeunant avec les religieux qui formaient un cercle autour de moi, ils m'apprirent qu'il y avait au couvent un Père Français de nation. On l'envoya chercher: il vint les yeux baissés, les deux mains dans ses manches, marchant d'un air sérieux; il me donna un salut froid et court. Je n'ai jamais entendu chez l'étranger le son d'une voix française sans être ému: [...] Je fis quelques questions à ce religieux. Il me dit qu'il s'appelait le Père Clément; qu'il était des environs de Mayenne; que, se trouvant dans un monastère en Bretagne, il avait été déporté en Espagne avec une centaine de prêtres comme lui; qu'ayant reçu l'hospitalité dans un couvent de son ordre, ses supérieurs l'avaient ensuite envoyé missionnaire en Terre Sainte. Je lui demandai s'il n'avait point envie de revoir sa patrie, et s'il voulait écrire à sa famille. Voici sa réponse mot pour mot: ›Qui est-ce qui se souvient encore de moi en France? Sais-je si j'ai encore des frères

---

262 Zur Quiberon-Expedition die klassische Studie von Maurice Hutt: Chouannerie and Counter-revolution: Puisaye, the Princes and the British Government in the 1790s, 2 Bde., Cambridge 1983.
263 Aus dem Reiche der Todten, Politische Gespräche über die Begebenheiten des 1795sten Jahres, Nr. 76 (= Beilage zur Preßburger Zeitung, Nr. 80, 6. Oktober 1795), o.S.

et des sœurs? J'espère obtenir par le mérite de la crèche du Sauveur la force de mourir ici sans importuner personne et sans songer à un pays où je suis oublié.‹

Le Père Clément fut obligé de se retirer: ma présence avait réveillé dans son cœur des sentiments qu'il cherchait à éteindre. Telles sont les destinées humaines: un Français gémit aujourd'hui sur la perte de son pays aux mêmes bords dont les souvenirs inspirèrent autrefois le plus beau des cantiques sur l'amour de la patrie:

>   Super flumina Babylonis!

Mais ces fils d'Aaron qui suspendirent leurs harpes aux saules de Babylone ne rentrèrent pas tous dans la cité de David; ces filles de Judée qui s'écriaient sur le bord de l'Euphrate:

>   O rives du Jourdain! ô champs aimés des cieux!

ces compagnes d'Esther ne revirent pas toutes Emmaüs et Bethel: plusieurs laissèrent leurs dépouilles aux champs de la captivité.[264]

Was in diesem Textabschnitt zum Ausdruck kommt, ist nur auf den ersten Blick die Überraschung über das Zusammentreffen mit einem von der revolutionären Exklusionsdynamik betroffenen Landsmann, das an diesem entlegenen Ort zwar erstaunlich, für einen Europareisenden in der napoleonischen Ära aber keineswegs selten war.[265]

Größere Aufmerksamkeit verdient deshalb eher die literarische Parallelisierung der Revolutionsemigration mit dem babylonischen Exil der Israeliten, die Chateaubriand unter Zuhilfenahme von Versfragmenten aus der Racine-Tragödie »Esther« an dieser Stelle evoziert:[266] So wie aus dem babylonischen Exil nicht alle Angehörigen des Volkes Israel zurück in das verheißene Land gelangt waren, erging es auch einigen seiner Zeitgenossen, die anders als die Mehrheit der Emigranten nicht nach Frankreich heimgekehrt waren: *entweder*, wie im Falle des Mönchs aus Mayenne, weil das langjährige Exil einen solch irreversiblen biografi-

---

264 François-René de Chateaubriand: Œuvres complètes / Itinéraire de Paris à Jérusalem et de Jérusalem à Paris (= Textes de littérature moderne et contemporaine, Bd. 130), Paris 2011, S. 458-459. Bei dem Geistlichen handelte es sich um Clément de la Noye, vgl. ebd., Anm. 165.

265 Thürheims Erzieher, den erwähnten Abbé Maas, verschlug es beispielsweise an den Hof des Gospodars der Moldau und Walachei nach Jassy, wo er auch starb; Thürheim, Mein Leben, 1, S. 201.

266 Jean Racine: Œuvres complètes, Bd. 1: Théâtre – Poésie (= Bibliothèque de la Pléiade), Paris 1999, S. 943-1005.

schen Bruch markierte, dass aus ihrer Sicht keine Anknüpfungspunkte im präsumtiv völlig veränderten Heimatland mehr zu bestehen schienen, die es erlaubt hätten, den vorrevolutionären Lebensrhythmus wiederaufzunehmen, das Exil also zu einer elementaren Entfremdung geführt hatte; *oder* sie kehrten nicht heim, weil ihr »Gebein im Lande der Knechtschaft« ruhte, sie also im Exil gestorben waren.

Verfolgt man Chateaubriands Reiseroute in den Orient Etappe für Etappe, wird klar, dass die Wendung »dépouilles aux champs de la captivité« in diesem Zusammenhang mehr ist als nur eine Metapher für die im Exil Verstorbenen im Allgemeinen. Es handelt sich vielmehr um eine bewusste Anspielung auf den Sterbeort zweier namhafter Emigrantinnen, der Töchter Ludwigs XV., Victoire und Adélaïde de Bourbon: die Hafenstadt Triest im Litorale Austriaco. Tatsächlich hatte Chateaubriand, unmittelbar bevor er an Bord des Schiffes ging, das ihn zunächst nach Griechenland bringen sollte, die Grablege der *Mesdames de France* in der spätromanischen Kathedrale San Giusto in Triest besucht.[267]

Ein intertextueller Vergleich zeigt, dass Chateaubriand genau diese persönliche Hommage in seinem Reisebericht literarisch verarbeitete.[268] Während es in der oben zitierten Passage bei einer chiffrierten Anspielung auf das Grab der Prinzessinnen blieb, hatte der Schriftsteller direkt nach seiner Rückkehr aus Palästina im Juli 1807 die Triestiner Episode in einem Rezensionsartikel im »Mercure de France« als Degression eingefügt und mit deutlich expliziteren Hinweisen auf die Ruhestätte der Prinzessinnen versehen.[269] In seiner Konzeption des babylonischen Exils firmierten dort Victoire und Adélaïde als Angehörige jener Gruppe des Volkes, denen die Rückkehr in die Heimat nicht vergönnt gewesen war. Sie, die »deux nouvelles israélites«, ruhten in »fremder Erde«, kein Franzose habe, so Chateaubriand, die Grabesruhe dieser zwei »Heiligen« bisher gestört: »Les respects d'un pauvre gentilhomme à Versailles, n'eussent été rien pour des princesses; la prière d'un chrétien, en terre étrangère, aura peut-être été agréable à des Saintes.«[270]

267 Jean-Claude Berchet: Chateaubriand, Paris 2012, S. 455; zu Chateaubriand und Triest siehe François Moureau: Le théâtre des voyages: une scénographie de l'Âge classique (= Imago mundi), Paris 2005, S. 224-229.
268 Oscar de Incontrera: Chateaubriand a Trieste, 24-31 luglio 1806. Con un appendice di documenti inediti sul console francese Séguier, in: Archeografo triestino 4 (1949-50) 16/17, S. 73-152.
269 François-René de Chateaubriand: Compte Rendu: Alexandre de Laborde, Voyage Pittoresque et Historique en Espagne, in: Mercure de France, Journal Historique, Littéraire et Politique, Bd. 29, Paris 1807, S. 7-21; hier S. 16.
270 Ebd. Dass diese Eloge auf die Mesdames de France ausschlaggebend für die Exilierung Chateaubriands aus Paris gewesen sein soll, die Napoleon und Kardinal Fesch bald nach Erscheinen des Mercure-Artikels im Juli 1807 verfügten, wie Madame de Chateaubriand in ihren »Cahiers« nahelegt, entspricht wohl kaum den Tatsachen; vgl. Jacques Ladreit de Lacharrière: Les Cahiers de Madame de Chateaubriand, Paris 1909, S. 38-39. Stattdessen waren die Ausfälle gegen das napoleonische Imperium und dessen Parallelisie-

Zugunsten der hagiografischen Stilisierung blendet Chateaubriand freilich aus, dass es mit der Grabesruhe wohl schon deswegen nicht weit her gewesen sein konnte, weil die Begräbnisstätte der *Mesdames de France* zum Zeitpunkt seines Besuches längst ein herausragender Erinnerungsort für die im Exil verbliebenen Emigranten geworden war.[271] Das Grabmal in San Giusto erwies sich nämlich nicht nur als Kristallisationspunkt des kollektiven Gedächtnisses der Emigration, das sich um die Opfer von Revolution, Flucht und Exil rankte. Aus Sicht der Royalisten war es auch ein Ort symbolischer Kommunikation, durch dessen Besuch man ein Treuebekenntnis zur bourbonischen (Exil-)Monarchie ablegen konnte. In der Praxis war für »königstreue« Emigranten, die nach der Jahrhundertwende nach Triest kamen, das Grab der Prinzessinnen ein regelrechter »Wallfahrtsort«, galt ihr Tod im Exil doch als Martyrium und damit als Zeichen ihrer Heiligkeit.[272] Während nichtfranzösische Triest-Reisende jener Jahre, darunter Karl Friedrich Schinkel und Johann Gottfried Seume, San Giusto entweder als lästigen Teil eines »touristischen« Pflichtprogramms ansahen (Schinkel) oder gleich links liegenließen (Seume), in jedem Fall aber nicht um die semantische Tiefendimension wussten, die dieser Ort in der Vorstellungswelt emigrierter Franzosen einnahm, waren für Chateaubriand der steile Weg hoch auf den Kathedralhügel und die Grablege selbst Angelpunkt seiner literarischen »Meditation«[273] über die Formen der Endgültigkeit des Exils.[274]

Rückblende: Für die Stadtbewohner Triests war die Ankunft der *Mesdames de France* im Mai 1799 ein deutlich wahrnehmbares Ereignis, zunächst akustisch. Der sächsische Reiseschriftsteller Karl Gottlob Küttner, der sich zu diesem Zeitpunkt in der Hafenstadt aufhielt und jeder Sympathie für die französische Königsfamilie unverdächtig ist, beklagte sich in seinem Bericht über die Salutschüsse der Stadtmiliz, von denen er meinte, geweckt worden zu sein, und notierte in seinem Bericht reichlich zynisch: »Warum, o warum können gewisse Menschen nicht sterben, während daß der Tod täglich junge, brauchbare, betrau-

---

rung mit der Herrschaft Neros, die der Mesdames-Passage vorausgingen, wohl eher geeignet, den Zorn des zu diesem Zeitpunkt in Tilsit weilenden Kaisers auf sich zu ziehen. Im 1811 erschienenen »Itinéraire« wurde auf die explizite Erwähnung des Grabes der Prinzessinnen verzichtet, womit die Annahme begründet erscheint, dass eine Aktualisierung der Erinnerung an die sich im Ausland befindlichen Angehörigen der Königsfamilie in Frankreich unerwünscht war. Dazu auch René Dollot: Chateaubriand à Venise et Trieste, in: Le Correspondant (1929), S. 399-424; hier S. 421-423.

271 Zum Memorialkonzept der Erinnerungsorte Pierre Nora (Hg.): Les lieux de mémoire, Paris 1984-1992.
272 Dollot, Chateaubriand à Venise et Trieste, S. 421.
273 Ebd.
274 Georg Friedrich Koch (Hg.): Karl Friedrich Schinkel – Lebenswerk, Bd. 19: Die Reisen nach Italien 1803-1805 und 1824, München; Berlin 2006, S. 50; Johann Gottfried Seume: Spaziergang nach Syrakus im Jahre 1802, Braunschweig; Leipzig 1803, S. 81-84.

erte Menschen hinwegrafft!«²⁷⁵ Dass Triest tatsächlich der Sterbeort der beiden 67- bzw. 68-jährigen Töchter Ludwigs XV. werden würde, konnte Küttner zu diesem Zeitpunkt nicht ahnen.

Das Eintreffen der multinationalen Flottille, die die *Mesdames de France* aus dem revolutionsgeschüttelten Süditalien via Korfu nach Triest brachte, hatte fraglos Neuigkeitswert ob der Prominenz der Passagiere und weckte das Interesse der alteingesessenen Bürger ebenso wie das der dort lebenden Franzosen. Bevor die beiden Prinzessinnen und ihre rund 80-köpfige Entourage aus emigrierten Bischöfen, Ehrendamen, Ärzten, Beichtvätern, Offizieren, Köchen und Bediensteten von Bord der unter portugiesischer Flagge fahrenden Fregatte, die von zwei russischen Begleitschiffen eskortiert wurde, gehen konnten, wurden sie unter die üblichen Quarantänemaßnahmen gestellt, die das »Sanitäts-Reglement für Ankömmlinge aus der Levante« vorsah.²⁷⁶ Das Einschreiten des spanischen Konsuls bei der Stadtregierung verkürzte den zweiwöchigen Aufenthalt auf den vor Anker liegenden Schiffen, sodass die *Suite* der Prinzessinnen in Triest an Land gehen konnte.

Die neuerliche Präsenz von Angehörigen der französischen Königsfamilie in den Erbstaaten war für den Wiener Hof eine diplomatisch delikate Angelegenheit. Erst kurz zuvor hatte Madame Royale ihr Exil am Wiener Hof verlassen und sich an den Hof ihres Onkels im kurländischen Mitau begeben. Im jüngst ausgebrochenen Zweiten Koalitionskrieg tendierte die Bereitschaft des Kaiserhofs, abermals Personen aufzunehmen, die durch ihre Zugehörigkeit zur französischen Bourbonendynastie politisch kompromittiert waren, gegen Null. Durch Verhandlungen erreichten der neapolitanische Botschafter in Wien, Marzio Mastrilli, und Bischof La Fare immerhin die Zustimmung des Kaisers, den Prinzessinnen eine dauerhafte Aufenthaltserlaubnis zu gewähren, allerdings fernab des politischen und militärischen Geschehens in Agram (hr. Zagreb).²⁷⁷ Der Schatzmeister der Prinzessinnen, Abbé Ruallem, wurde als Vorhut zum dortigen Bischof entsandt, um von diesem ein Quartier in der Stadt zu erbitten.

In der Zwischenzeit bezogen die *Mesdames de France* eine Etage im spanischen Konsulat in Triest.²⁷⁸ Victoires gesundheitlicher Zustand hatte sich inzwischen derart verschlechtert, dass der Zutritt auf einen kleinen Zirkel Vertrauter beschränkt blieb, obwohl viele Franzosen, die sich in der Stadt aufhielten, ihre Aufwartung zu machen beabsichtigten. Der Comte d'Espinchal notiert in sei-

---

275 Carl Gottlob Küttner: Reise durch Deutschland, Dänemark, Schweden, Norwegen und einen Theil von Italien in den Jahren 1797, 1798, 1799, Vierter Theil, Leipzig 1804, S. 86.
276 ÖStA/AVA, PHSt 1799/472, Briefwechsel zwischen Polizeiminister Pergen und Gouverneur Brigido im August 1799.
277 Ebd.
278 Oscar de Incontrera: Giuseppe Labrosse e gli emigrati francesi a Trieste (parte II), in: Archeografo triestino 18/19 (1952/53), S. 361-423; hier S. 385-400; René Dollot: Trieste et la France (1702-1958): histoire d'un consulat, Paris 1961, S. 36-37.

nen »Souvenirs«, ihm sei als einem der wenigen Externen der Zugang gewährt worden, als er auf dem Weg von München nach Neapel in Triest Station machte.[279] Angeblich führte der ehemalige Condé-Offizier ein persönliches Empfehlungsschreiben der Comtesse d'Artois mit sich, welches er kurz zuvor auf seiner Durchreise in Klagenfurt von der Gattin des Neffen der *Mesdames de France* erbeten hatte. Die Schilderungen seines Empfangs vermitteln den Eindruck einer fast feierlichen Aura, die die Prinzessinnen umgab: »Il était impossible d'avoir plus de grâce, de bonté, d'indulgence et une résignation religieuse plus douce que ces deux respectables filles de Louis XV.«[280]

Krankheitsbedingt musste der Plan einer Niederlassung in Agram schließlich fallengelassen werden. Victoire erlag noch im Juni 1799 ihrem Krebsleiden, neun Monate später verstarb auch ihre Schwester Adélaïde. Im Kontrast zum zuletzt abenteuerlichen Fluchtweg waren die Begräbnisfeierlichkeiten dem Stand der Verstorbenen angemessen und übten auf die in der Stadt lebenden Emigranten eine starke, geradezu magnetische Wirkung aus. Nachdem die meisten von ihnen keine Gelegenheit zur Audienz bekommen hatten, konnten sie sich nun als treue Anhänger des französischen Königtums öffentlich zu erkennen geben. Auf subjektiver Ebene ließen sich in der persönlichen Reverenz zudem der Kausalzusammenhang zwischen der eigenen Exilbiografie und jener der königlichen Familie herstellen und auf diese Weise die individuelle Entscheidung zur Emigration neuerlich rechtfertigen. Dieser symbolische Bedeutungsüberschuss machte die beiden Beisetzungen zu einer Re-Konstituierung der französischen Monarchie »im Kleinen«, die allerdings nicht nur in einer emigrantischen »Parallelwelt« erstand, sondern auch die Einwohnerschaft Triests integrierte.

Am Abend des Todestages Victoires brachte ein Gespann den Leichenwagen von der Unterstadt hinauf vor die Kathedrale auf dem Festungshügel, begleitet von einer Ehrengarde der Stadtmiliz.[281] Vor der Kathedrale wurde die Prozession vom Ortsbischof und dem Domkapitel erwartet, der Sarg in der Kathedrale auf einen von brennenden Fackeln umgebenen Katafalk gestellt. In der Kirche fanden sich viele französische Geistliche ein, die die Nacht hindurch Psalmen beteten und am nächsten Morgen die Exequien unter Anteilnahme vieler in Triest lebender Emigranten feierten. Vier Franzosen, zwei ehemalige Offiziere der königlichen Armee und zwei Kaufleute, trugen den Sarg zur Grablege eines städtischen Patriziers im hinteren Bereich der Kathedrale, die aufgrund des josephinischen Verbots von Bestattungen im Kirchenraum bisher ungenutzt geblieben war.[282] Die Begräbniszeremonie für Adélaïde folgte im März 1800 dem gleichen Muster.

---

279 Hippolyte d'Espinchal: Souvenirs Militaires 1792-1814, Bd. 1, Paris 1901, S. 39.
280 Ebd.
281 Den Ablauf der Feierlichkeiten rekonstruiert Dollot, Trieste et la France, S. 37-39.
282 Incontrera, Chateaubriand a Trieste, S. 87.

Mit ihrer Bestattung in Triest endete ein mehr als neunjähriger Emigrationsweg der »tantes du roi«, der von Paris über Turin, Parma, Rom, Neapel, Caserta und Korfu geführt hatte. Chateaubriand war keineswegs der erste, der für die publizistische Popularisierung des Prinzessinnengrabes verantwortlich zeichnete. Die Emigrationsgeschichte der *Mesdames de France* avancierte schon unmittelbar nach ihrem Tod zu einem europäischen Medienereignis. Victoires *Chevalier d'Honneur*, der Comte de Chastellux, legte über die Flucht aus Caserta nach Triest einen Erlebnisbericht vor, der zunächst informell kursierte und nach der Restauration in Frankreich publiziert wurde.[283] Diese aufreibende Geschichte wollte auch Johann Wilhelm von Archenholz dem deutschen Lesepublikum nicht vorenthalten. Bereits 1800 veröffentlichte er eine detaillierte Paraphrase des bisher nur als Manuskript zirkulierenden »Chastellux-Reports« in seiner Hamburger Zeitschrift »Minerva«.[284] Auch im Frankreich der Konsulatszeit war das Schicksal der *Mesdames de France* ein Gegenstand des öffentlichen Interesses.[285]

Die symbolische Bedeutung der beiden im Exil verstorbenen Prinzessinnen war für die Bourbonenmonarchie so groß, dass nach der Ersten Restauration 1814 der Bischof von Moulins, der die Prinzessinnen auf ihrer Flucht nach Triest begleitet hatte und inzwischen nach Frankreich zurückgekehrt war, von Ludwig XVIII. in die Adriastadt entsandt wurde, um dafür Sorge zu tragen, dass ihre sterblichen Überreste nach Paris überführt wurden.[286] Die Translation der »dépouilles« ist somit nicht nur als Teil jener eingangs erwähnten Bemühungen Ludwigs zu deuten, die Legitimation seiner Herrschaft durch die symbolische Aneignung monarchischer Praktiken und Orte wie die königliche Grablege in Saint-Denis abzusichern. Mit der Heimholung der Gebeine sollte auch das revolutionsbedingt exilierte Königtum in der *France du dehors* mit dem restituierten Königtum in der ehemaligen *France du dedans* wiedervereinigt werden, mit anderen Worten: Der symbolpolitische Zweck der Überführung bestand darin, die während der Emigrationszeit getrennten Elemente von Territorium und Dynastie als Grundlage der französischen Monarchie wieder in volle Deckung zu bringen.

Am 7. November 1814 begann die mehrtägige Umbettungszeremonie.[287] Nach der Exhumierung und einer neuerlichen Aufbahrung wurden die beiden Särge in

---

283 Henri-Georges-César de Chastellux: Relation du voyage de Mesdames, tantes du roi: depuis leur départ de Caserte, le 23 décembre 1798, jusqu'à leur arrivée à Trieste, le 20 mai 1799: et de la mort de Madame Victoire, le 7 juin suivant, Paris 1816.
284 [Anon.]: Tagebuch der Reise der Tanten Ludwigs XVIII., von ihrer Abreise aus Caserta am 23sten December 1798 an, bis zu ihrer Ankunft in Triest, am 20sten May 1799, in: Minerva 2 (1800), S. 8-44.
285 Charles Claude de Montigny: Mémoires historiques de Mesdames Adélaïde et Victoire de France filles de Louis XV, 3 Bde., Paris 1802.
286 Oscar de Incontrera: Giuseppe Labrosse e gli emigrati francesi a Trieste (parte VII), in: Archeografo triestino 24 (1962), S. 83-156; hier S. 104-106.
287 Diese rekonstruiert Dollot, Trieste et la France, S. 109-111.

einer Prozession von der Kathedrale hinab in den Hafen getragen, dort auf die französische Fregatte »La Fleur de Lys« geladen und nach Toulon gebracht. Aufgrund der Wirren der »Cent Jours« gelang es erst im Januar 1817, die Gebeine nach Paris zu überführen und in Saint-Denis beizusetzen. Damit hatte Ludwig XVIII. seine anlässlich des Todes Victoires erklärte Absicht eingelöst, die sterblichen Überreste seiner Familienangehörigen eines Tages nach Frankreich zurückzubringen.[288]

Im Windschatten dieser offiziösen Memorialpolitik boten sich auch Chancen für Rechtfertigungsargumentationen ehemaliger Emigranten, deren jüngere Vergangenheit – zumindest in Teilen – nicht über alle Zweifel an ihrer Treue zur Bourbonendynastie erhaben war.[289] Dieses Motiv dürfte auch den erwähnten Condé-Offizier d'Espinchal zu der – wie sich herausstellt – kontrafaktischen Darstellung seiner Begegnung mit den *Mesdames de France* in Triest veranlasst haben. Könnte man auf den ersten Blick versucht sein, die oben zitierte Passage aus den »Souvenirs« in jene hagiografisierende Tradition einzuordnen, in der auch Chateaubriand steht, drängen sich bei genauerem Hinsehen Zweifel an der Authentizität der geschilderten Erlebnisse auf. Obwohl d'Espinchal seine Ankunft nicht exakt datiert, kann als *terminus post quem* sein Aufenthalt in München am 23. März 1800 gelten, von wo aus er in Richtung Klagenfurt und Küstenland aufbrach.[290] Er gelangte folglich zu einem Zeitpunkt nach Triest, als Victoire und Adélaïde bereits gestorben und beigesetzt waren. Die Beschreibungen seines herzlichen Empfangs und das Detailinteresse der dort Versammelten an den jüngsten Kampagnen der *Armée de Conde*, vor allem aber seine Bemerkung, die Tanten Ludwigs XVI. hätten sich von ihm so gut unterhalten gefühlt, dass sie gegen ihre Gewohnheit an mehreren Tagen ihre geselligen Soirées ausgedehnt hätten, stehen in einem auffälligen Kontrast zu den prekären Lebensumständen der bereits bei ihrer Ankunft in Triest schwerkranken Prinzessinnen und lassen die Begegnung auch ungeachtet der Datierungsproblematik unglaubwürdig erscheinen.[291]

Es steht zu vermuten, dass es d'Espinchal vor dem Hintergrund seiner postexilischen Karriere darum ging, in den »Souvenirs« eine besondere Nähe zu den Angehörigen der königlichen Familie im Exil zu konstruieren und von ihrer erinnerungspolitischen Aktualität in der restaurierten Bourbonenmonarchie einen Mehrwert *pro domo* abzuleiten. Dazu gab es allen Anlass. Anders als die bourbonentreuen Ultras war d'Espinchal bereits 1802 aus dem Exil nach Frankreich zu-

---

288 Ebd., S. 40. Diese Zusage galt offenbar nur für die Blutsverwandten des Monarchen. Eine Translation der sterblichen Überreste der 1805 in Graz verstorbenen und im Kaiser-Mausoleum der Stadt beigesetzten Comtesse d'Artois, Schwägerin Ludwigs XVIII., wurde nicht erwogen.
289 Zu den Beweggründen und Wirkungsabsichten der Memoirenschreiber Karla, Revolution als Zeitgeschichte, S. 199-210.
290 Espinchal, Souvenirs Militaires, 1, S. 37.
291 Ebd., S. 39-40.

rückgekehrt und als Offizier in die napoleonische Armee eingetreten.[292] Nach dem Ende des Empire demobilisiert, optierte er zwar nach der Landung Napoleons in Antibes für die Royalisten um Artois, wurde von diesem sogar als Ordonanzoffizier bestellt und führte in der Gegend von Lyon schließlich Guerilla-Aktionen gegen napoleonische Truppen an.[293] Doch blieb ihm trotz dieses Einsatzes die Anerkennung seiner Treue und Leistung durch den König versagt. Enttäuscht zog sich d'Espinchal auf seine Güter in der Auvergne zurück.

Mit seinen »Souvenirs« verfolgte d'Espinchal eine Rechtfertigungsnarration, in welcher er zwar seine Vergangenheit als napoleonischer Offizier nicht aussparte (anderen Ex-Emigranten wurde diese weit weniger großzügig nachgesehen[294]). Jedoch wollte er dieses Engagement offenkundig als in sich geschlossenes Kapitel verstanden wissen, das seine Loyalität zur bourbonischen Dynastie nicht schmälerte:

> Je l'avais servi [i.e. Napoleon, M.W.] avec entraînement, zèle et devouément jusqu'au dernier moment; [...] mais son abdication avait fixé ma destinée: l'abandonner avant cette époque eût été une lâcheté, et revenir à lui, après avoir prêté serment de fidelité au roi, était, dans ma conviction, manquer à tous les devoirs prescrits par l'honneur [...].[295]

Um Vorwürfe eines karrieredienlichen Opportunismus zu entkräften, waren in der Erzählung neben adligen Vorstellungen von Ehre auch der Rekurs auf seine Emigrationsgeschichte und vor allem die Affirmation seiner königstreuen Gesinnung in dieser Phase wesentliche Argumentationsressourcen, die er mittels »prodynastischer Optimierung« wie in der *Mesdames*-Passage fantasiereich ausschmückte. Dass er nach der Zweiten Restauration seine Hoffnung auf eine herausgehobene Stellung in der königlichen Armee dennoch begraben musste, interpretierte d'Espinchal als Zeichen besonderer Undankbarkeit der Bourbonen. Ohne Aussicht auf persönliche Rehabilitierung verzichtete er schließlich zeitlebens auf die Publikation seiner »Souvenirs«.[296]

Großzügiger zeigte sich der französische König indes gegenüber dem letzten Exilort seiner beiden verstorbenen Tanten. Als Zeichen des Dankes für die mehrjährige »sepulkrale Gastfreundschaft« stiftete Ludwig XVIII. der Kathedrale San

292 Léon de Lanzac Laborie: De l'Armée de Condé aux hussars de Napoléon. Un cavalier des temps épique, in: Le Correspondant (1901) 1, S. 142-156; hier S. 145-154.
293 Hippolyte d' Espinchal: Souvenirs Militaires 1792-1814, Bd. 2, Paris 1901, S. 338, 343-360. Zuvor hatte d'Espinchal in Spanien gedient und war seither mit der Guerilla als Kampftaktik vertraut.
294 Rance, Die Sozialisation junger französischer Adliger, S. 153.
295 Espinchal, Souvenirs Militaires, 2, S. 337-338.
296 Zur späteren Publikation der »Souvenirs« die Rezension von Lanzac Laborie, De l'Armée de Condé aux hussards de Napoléon, S. 142-143.

Giusto eine vergoldete Monstranz und übersandte dem Spender der Grablege eine kostbare Porzellanvase. Nachahmung fand die Bestattung exilierter Angehöriger der französischen Königsfamilie in der Triestiner Kathedrale trotz dieser speziellen Verbundenheit nicht. So wurde der durch die Julirevolution 1830 entthronte und später nach Österreich emigrierte König Karl X. 1836 im rund 50 Kilometer von Triest entfernten Kloster Kostanjevica (it. Castagnavizza) in Görz bestattet.[297] In der dortigen Bourbonengruft fand neben dessen Sohn, dem Duc d'Angoulême, schließlich auch Madame Royale 1851 ihre letzte Ruhestätte.

4. »Cul-de-sac de l'Europe«? Soziale Mobilität und Kulturtransfer

Als in der fortgeschrittenen Phase der Emigration die praktischen Herausforderungen des Exillebens die kollektive Rückkehrerwartung immer mehr überlagerten, beginnen in den emigrantischen Selbstzeugnissen Beschreibungen sozialer Mobilitätsdynamiken breiteren Raum einzunehmen. Die Schilderungen lassen erkennen, dass das Exilleben ständeübergreifend als zunehmende Bedrohung des bisherigen sozioökonomischen Status wahrgenommen wurde. Denn die Frage des künftigen Lebensunterhaltes stellte sich für die rasch mittellos gewordenen Emigranten aus dem einfachen Klerus und dem niederen Dritten Stand zwar zuerst und in besonders einschneidender Weise, doch konnten ihr langfristig auch Angehörige des Adels und des begüterten Dritten Standes nicht entgehen, denen es zunächst gelungen war, Teile ihres Vermögens ins Ausland zu transferieren und auch in der Emigration ihre gewohnten sozialen Routinen fortzusetzen.[298]

Drastische Beispiele für eine allmähliche Prekarisierung sind seit spätestens Mitte der 1790er Jahre in allen Aufenthaltsgebieten der Emigranten dokumentiert. Vormals begüterte Adlige, die sich im Exil als Handwerksgehilfen verdingten, hohe Geistliche, die nun als Bettler umherzogen, Karrierediplomaten wie Bombelles, der über einen mehrjährigen Zeitraum stückweise alle mobilen Vermögenswerte bis hin zur Garderobe veräußerte, um über die Runden zu kommen, gehörten dabei auch zum Wahrnehmungs- und Erfahrungsfeld aufmerksamer Beobachter in den Aufnahmegesellschaften. Kollektive Notlagen und individuelle »Abstiegsbiografien« verdichteten sich in der zeitgenössischen Publizistik ebenso wie in der sentimentalen Emigrationshistoriografie des promonarchi-

---

297 Daniek, Die Bourbonen als Emigranten in Österreich; Bled, Les lys en exil, S. 98-102; Jean-Paul Clément: Charles X. Le dernier Bourbon, Paris 2015, S. 447-452.
298 Pestel, Französische Revolutionsmigration nach 1789.

schen Lagers zu Verelendungsnarrativen, die für verschiedenste Ziele propagandistisch eingespannt wurden.[299]

Tatsächlich markiert die vielerorts dokumentierte Misere der Emigranten ein lebensweltliches Extrem der Exilerfahrung, das vor allem bei den Adligen das hergebrachte Standesbewusstsein fundamental herausforderte. Denn in ihrem Verständnis ging die Aufnahme einer Erwerbsarbeit mit dem symbolischen Verlust der Standesprivilegien, der *dérogeance*, einher.[300] Den Schritt, diesen traditionellen Standesbegriff aufgrund der besonderen Umstände der Emigration hintanzustellen, vollzogen auch in der Habsburgermonarchie viele emigrierte Adlige, die mangels eigener Ressourcen keinen anderen Ausweg sahen, als den temporären Statusverlust zu akzeptieren und sich als Aushilfen in Betrieben zu verdingen.[301]

Einen anderen Ausweg aus diesem Dilemma wies der bereits unter Mobilitäts- und Kontrollaspekten erwähnte Ansatz, sich in der Emigration eine oder gleich mehrere neue Identitäten zuzulegen. Unter Pseudonym konnten französische Adlige im Exil wirtschaftlichen Tätigkeiten nachgehen, die sonst als unehrenhaft angesehen worden wären und die *dérogeance* bedeutet hätten.[302] Nachdem er seine militärischen Ambitionen in der Emigrantenarmee aufgegeben hatte, benannte sich beispielsweise der auvergnatische Comte de Pongibaud in Joseph Labrosse um und versuchte sich zunächst als reisender Händler in der Schweiz und in Deutschland, bevor er in die habsburgische Hafenstadt Triest übersiedelte und dort das Handelshaus Labrosse nebst Bank gründete.[303]

Im Unterschied zu den vielen meist kleineren Territorien des Alten Reiches bot sich für eine erhebliche Zahl von Revolutionsflüchtlingen in den Ländern der Habsburgermonarchie jedoch ein breites Möglichkeitsspektrum, standesgemäße Tätigkeiten aufzunehmen und auf diese Weise einen emigrationsbedingten sozialen Abstieg zu vermeiden. So nahmen beispielsweise militärische und zivile Karrieren in Armee bzw. am Kaiserhof in dieser fortgeschrittenen Phase des Exils erst richtig Fahrt auf. Auch verhalfen wirtschaftliche und besonders unternehmerische Initiativen, die sich unter günstigen Bedingungen an verschiedenen Orten im Gastland realisieren ließen, Emigranten nicht nur zu einem bescheidenen Auskommen, sondern sogar zu Wohlstand und sozialem Aufstieg. Und schließlich bestand seitens der Aufnahmegesellschaft eine differenzierte und anhaltende Re-

---

299 Zimmermann, Die Emigranten in der deutschen Erzählliteratur und Publizistik; Daudet, Histoire de l'émigration pendant la révolution française.
300 Pestel, Weimar als Exil, S. 90; Rance argumentiert, dass sich mit dem Ende der Monarchie die Frage der *dérogeance* für die emigrierten Adligen nicht mehr stellte; Rance, Die Emigration des französischen Adels in Deutschland, S. 163-164.
301 Pestel, Winkler, Provisorische Integration und Kulturtransfer, S. 150.
302 Véronique Church-Duplessis: Aristocrats into Modernity: French Émigrés and the Refashioning of Noble Identities, Diss. Toronto 2016. URL: http://hdl.handle.net/1807/72956 [1.9.2020], S. 120.
303 Ebd., S. 106-108. Zu Labrosse in Triest siehe im weiteren Verlauf das Unterkapitel 4.2.

zeptionsbereitschaft für die Fertigkeiten qualifizierter Fachleute aus Kunsthandwerk, Malerei und Architektur.

Gebündelt in diesen drei Transferfeldern – militärische und zivile Karrieren, ökonomische Aktivitäten sowie kulturelle Produktion und Vermittlung – stehen im Folgenden die Beziehungen der Emigranten zur Aufnahmegesellschaft im Fokus. Das in vielen Emigrationsstudien bewährte Kulturtransferkonzept dient als methodischer Rahmen.[304] Dabei ist im Auge zu behalten, dass eine solche Transferperspektive weder die vielen prekären Existenzen der Emigranten noch ihre charakteristische Mobilität ausblendet und zudem – wie eingangs ausgeführt – keine apriorische Unterscheidung von gelungenen und gescheiterten Transfers vornimmt.[305] Unter Berücksichtigung der konkreten Interessenlagen von Emigranten und Aufnahmegesellschaft geht es vielmehr darum, die situativen Bedingungen und Möglichkeiten sozialer Mobilität und kultureller Transfers auszuloten und durch die Perspektivenschärfung auf Ebene der Akteure die Emigrationshistoriografie um die Transferdimension zu erweitern. Diese wiederum beschränkt sich nicht auf einen bilateralen Austausch zwischen Emigranten und Einheimischen, sondern schließt ausdrücklich auch Interaktionen und Transfers in einem weiter gefassten Exil- und Migrationskontext ein, wie am Beispiel der Genfer Emigranten und der polnisch-galizischen Adligen gezeigt wird.

4.1 Militärische und zivile Karrieren

Bella gerant (non solum) alii: Karriere und Transfer im k. k. Militär

Die militärische Emigration hat in der »habsburgorientierten« Historiografie zur Revolutionskriegsepoche zwar fortwährend Erwähnung gefunden, stand jedoch nie im Zentrum einer eigenen Untersuchung, sondern wurde meist im Rahmen einschlägiger Studien »mitverhandelt«.[306] Die Aufnahme zunächst einiger emigrierter Soldaten, dann ganzer Regimenter in das k. k. Militär, vor allem aber die Rolle der Emigrantentruppen in den Operationen der Koalitionsarmee ab 1792 und schließlich auch die militärischen Werdegänge einzelner Emigranten wurden in unterschiedlichen Beiträgen punktuell aufgegriffen – angefangen von offiziösen »Generalstabswerken« und militärhistorischen Spezialuntersuchungen über einzelne Regimentsgeschichten, (Auto-)Biografien und prosopografische Kompendia bis hin zu sozial- und alltagshistorischen Untersuchungen, die die lebensweltlichen Erfahrungen mit massierter militärischer Präsenz in den Kriegsgebieten

---

304 Espagne, Minderheiten und Migration im Kulturtransfer.
305 Pestel, Winkler, Provisorische Integration und Kulturtransfer, S. 140.
306 Presle, Die Einstellung der Regierung, passim; Pawlik, Emigranten in Österreich, bes. S. 103-105, 107-109, 119; auch Henke, Coblentz, S. 212-279.

beleuchten.[307] Eine gewisse Sonderstellung in der (militär-)historischen Literatur kommt dem *Corps Condé* zu, das sich bis zu seiner Auflösung 1801 in verschiedenen habsburgischen Erbstaaten aufhielt, formal jedoch nie Teil der k. k. Armee war. Bezeichnenderweise liegen für diese emblematische Emigrantentruppe fast ausschließlich Beiträge französischer Historiker vor, die die Geschichte des *Corps Condé* auf Basis nachgelassener Memoiren aus der Binnenperspektive erschließen, das umfangreiche Material in »habsburgischen« Archiven dagegen meist außen vor lassen.[308]

Trotz erster Ansätze ist eine kollektivbiografische Integrationsgeschichte emigrierter Soldaten in das k. k. bzw. österreichische Militär bis dato Desiderat geblieben, das angesichts des überreichen Primärquellenmaterials auch in der vorliegenden Studie nicht in der notwendigen Detailliertheit und Systematik eingelöst werden kann und daher künftigen Forschungen überlassen werden muss.[309] Es können jedoch unter dem Blickwinkel von Interaktions- und Austauschbeziehungen zwischen Emigranten und Aufnahmegesellschaft Motive und Handlungsoptionen emigrierter Soldaten beleuchtet werden, die im Laufe der 1790er Jahre darum baten, in kaiserliche Dienste aufgenommen zu werden. Diese Ambitionen lassen sich wiederum an der praktischen Integrationsbereitschaft der k. k. Armee spiegeln, die mit zunehmender Dauer der militärischen Konfrontation mit Frankreich nicht nur in die operative Defensive, sondern auch personell, struk-

307 Krieg gegen die Französische Revolution 1792-1797. Nach den Feldakten und anderen authentischen Quellen bearbeitet in der kriegsgeschichtlichen Abteilung des k. u. k. Kriegsarchivs, 2 Bde., Wien 1905; Alfons von Wrede: Geschichte der K. u. K. Wehrmacht. Die Regimenter, Corps, Branchen und Anstalten von 1618 bis Ende des XIX. Jahrhunderts, Bd. 3, Teilbd. 2, Wien 1901; Ferdinand Strobl von Ravelsberg: Geschichte des K. und K. 12. Dragoner-Regiments seit seiner Errichtung, bis zur Gegenwart 1798-1890, Wien 1890; Andreas von Thürheim: Von den Sevennen bis zur Newa (1740-1805). Ein Beitrag zur Geschichte des 18. Jahrhunderts, Wien 1879, S. 432-437; Moriz von Angeli: Erzherzog Carl als Feldherr und Heeresorganisator, Bd. 5, Wien 1897, S. 46-48; Antonio Schmidt-Brentano: Die österreichischen Admirale, Bd. 1: 1808-1895, Osnabrück 1997, S. 1-6; zur Generalität ders., Generale; Petiot, Les Lorrains et l'empire; Schneider, Revolutionserlebnis und Frankreichbild; Planert, Der Mythos vom Befreiungskrieg, S. 109-124; in jüngeren Arbeiten fehlt der habsburgische Fokus ganz, etwa bei Alan I. Forrest, Jane Rendall, Karen Hagemann: Soldiers, citizens and civilians. Experiences and perceptions of the Revolutionary and Napoleonic Wars, 1790-1820 (= War, Culture and Society, 1750-1850), Basingstoke; New York 2009.
308 Ausnahmen von der Regel sind Pawlik, Emigranten in Österreich, S. 108-109, und Planert, Der Mythos vom Befreiungskrieg, S. 120-124, 165-168; Jean Pinasseau: L'émigration militaire: Campagne de 1792, 2 Bde., Paris 1957-1971; Robert Grouvel: Les corps de troupe de l'émigration française, 1789-1815, Bd. 2: L'Armée de Condé, Paris 1961, ders.: Les corps de troupe de l'émigration française, 1789-1815, Bd. 3: Armée des Princes, Armée de Bourbon, Services de l'Autriche, de la Sardaigne, de l'Espagne et de la Suède, Paris 1964; Agay, A European Destiny: the Armée de Condé.
309 Godsey, La société était au fond légitimiste, S. 79, 82-83; ders., Nobles and nation.

turell und strategisch unter erheblichen Anpassungs- und Innovationsdruck geriet. Die Konstellation potenziell komplementärer Interessenlagen eröffnete emigrierten Offizieren Karrierewege, die unmittelbar nach dem desaströsen Feldzug vom Herbst 1792 für die meisten von ihnen außerhalb der Grenzen des Vorstellbaren gelegen haben dürften. Umgekehrt gab die Aufnahme französischer Emigranten in die k. k. Armee strategische und militärfachliche Impulse, die über die gezielte Anwerbung militärischer Experten aus den Reihen der emigrierten Soldaten, die beispielsweise in Falle Preußens belegt ist, deutlich hinausgingen.[310]

Dass emigrierte Soldaten überhaupt in die kaiserliche Armee aufgenommen werden würden, war zu Beginn der militärischen Emigration keineswegs ausgemachte Sache. So zeigte die habsburgische Seite zunächst keinerlei Interesse an einer militärischen Eskalation, was unter den aktionswilligen Emigranten, die ab 1790 in größerer Zahl in die Österreichischen Niederlande und Vorderösterreich kamen, auf Unverständnis stieß.[311] Folgerichtig zog es die Mehrzahl von ihnen entweder in die im Aufbau befindliche Emigrantenarmee der königlichen Prinzen nach Kurtrier oder an die Sammlungsorte des Prince de Condé nach Worms und des Kardinals Rohan an den Oberrhein.[312]

Kaiser Joseph II. schloss seinerseits die Übernahme desertierter französischer Soldaten in das k.k. Militär im August 1789 kategorisch aus.[313] Demgegenüber gestattete sein Nachfolger Leopold II. zwar einige Ausnahmen und knüpfte damit an die ältere Praxis an, vor allem aus Grenzregionen wie Lothringen stammende Soldaten in die Armee aufzunehmen, doch blieb diese Vorgehensweise auf Personen beschränkt, für die sich namentlich seine Schwester Marie Antoinette eigens einsetzte: Auf ihre Fürsprache wurden Mitte 1791 die Brüder Charles-Eugène de Lorraine-Lambesc und Joseph-Marie de Lorraine-Vaudémont nach persönlicher Vorstellung beim Kaiser als Generalmajor bzw. Oberst in Dienst genommen.[314] Vereinzelt traten nun auch weitere französische Emigranten in das k.k. Militär ein.[315] Da zu diesem Zeitpunkt nicht mit einer militärischen Intervention in Frankreich zu rechnen war, gab bei ihnen offenkundig das Karrierekalkül den Ausschlag. Anders in der Emigrantenarmee: Hier überwogen eindeutig das Rachemotiv und der militärische Aktionismus, wodurch die Einbeziehung militärischer Formationen der Emigranten in die Operationsplanung der Koalitionsmächte nach der französischen Kriegserklärung 1792 erheblich erschwert wurde.[316]

310 Höpel, Emigranten in Preußen, S. 325-330.
311 Presle, Die Einstellung der Regierung, S. 108-109.
312 Henke, Coblentz, S. 266-269; Agay, A European Destiny: the Armée de Condé, S. 31-33.
313 Pawlik, Emigranten in Österreich, S. 84-85, 103-104.
314 Alfred von Arneth: Marie Antoinette, Joseph II und Leopold II: Ihr Briefwechsel, Wien 1866, S. 127.
315 Pawlik, Emigranten in Österreich, S. 104-105.
316 Vgl. u.a. Staatskanzler Kaunitz an den österreichischen Gesandten in Preußen Fürst Reuß, 22./23. Mai 1792, in: Alfred von Vivenot, Heinrich von Zeissberg (Hg.): Quellen

Das für die Koalition fatale erste Kriegsjahr führte sowohl bei den emigrierten Soldaten als auch beim österreichischen Oberkommando zu einer Neubewertung der militärischen Integrationsoptionen. Akute Versorgungsengpässe und Perspektivlosigkeit auf der einen, Sorge vor emigrantischen Freischärlern, die unkontrolliert im Hinterland agierten, aber auch anhaltender Bedarf an kampferprobten Truppen auf der anderen Seite schufen die nötige Interessenkongruenz. Mit der formellen Aufnahme der emigrierten Regimenter *Royal-Allemand*, *Saxe* und *Berchény* zum 1. Februar 1793 sowie der Kavallerieabteilung der *Légion Bourbon*, die aus Truppen des desertierten französischen Generals Dumouriez bestand, im Herbst 1793 hatten Emigranten nun erstmals die Aussicht, das revolutionäre Frankreich weiter aktiv bekämpfen und gleichzeitig ihre soldatischen Karrieren innerhalb regulärer militärischer Strukturen fortsetzen zu können.[317] Letzteres war in der in Auflösung begriffenen Prinzenarmee seit Winter 1792/93 praktisch ausgeschlossen.

Außerhalb des kaiserlichen Militärs blieb neben dem berittenen Emigranten-Freikorps *Carneville*, das erst 1798 in die k.k. Armee inkorporiert wurde, nur das *Corps Condé* als formal autonome emigrantische Einheit bestehen. Operationell wurde das *Corps* allerdings unter österreichischen Oberbefehl gestellt und mit einer festen Obergrenze von 6.000 Mann versehen.[318] Der dauerhaft unsicheren Finanzierung und politischen Unterstützung war es geschuldet, dass die Verluste, die es in der Folge durch Austritte, Krankheiten und jahrelange Kriegseinsätze erlitt, durch Neurekrutierungen unter den Emigranten kaum ausgeglichen werden konnten. Einer der letzten Zugänge vor der Auflösung der Einheit war der Marquis de Bombelles, der erst im Sommer 1800 inmitten des Zweiten Koalitionskriegs zum *Corps* stieß, nachdem er den Prince de Condé über mehrere Monate hinweg brieflich um eine Aufnahme bekniet hatte.[319] Zu diesem Zeitpunkt war das *Corps* bereits auf einen Bruchteil seiner früheren Größe geschrumpft.[320] Ausschlaggebend für Bombelles' im doppelten Sinn spätes Engagement – er war schon 56 Jahre alt – war sein intransigenter Ehrbegriff als Emigrant, der nach rast-

zur Geschichte der Deutschen Kaiserpolitik Oesterreichs während der französischen Revolutionskriege 1790-1801, Bd. 2: Die Politik des oesterreichischen Vice-Staatskanzlers Grafen Philipp von Cobenzl unter Kaiser Franz II. von der französischen Kriegserklärung und dem Rücktritt des Fürsten Kaunitz bis zur zweiten Theilung Polens, April 1792 – März 1793, Wien 1874, S. 52-55. Auf einer Konferenz in Mainz im Juli 1792 einigten sich die Koalitionäre schließlich auf einen Verteilungsschlüssel für die Emigranteneinheiten, siehe Pawlik, Emigranten in Österreich, S. 108.

317 Strobl von Ravelsberg, Die Emigration des französischen Regiments Royal-Allemand, S. 59-60; zu den einzelnen Regimentern Wrede, Geschichte der K.u.K. Wehrmacht, Bd. 3, Teilbd. 2.
318 Agay, A European Destiny: the Armée de Condé, S. 34-35. Unklar ist allerdings, ob es je diese Obergrenze erreichte.
319 Bombelles, Journal, 5: 1795-1800, S. 305-306, 316-317, 356, 363.
320 Agay, A European Destiny: the Armée de Condé, S. 41.

losen Jahren im Exil noch eine Gelegenheit suchte, sich auch auf dem Schlachtfeld als treuer Anhänger des französischen Königtums zu beweisen und an der Seite Condés und Berrys tatkräftig »les ennemis de Dieu« zu bekämpfen.³²¹ Die wenigen Monate bis zur formellen Auflösung im Frühjahr 1801 verbrachten die Rudimente des *Corps Condé* schließlich entfernt von allen Frontlinien in der Steiermark und in Kärnten. Trotz des zunächst durchaus abwechslungsreichen Gesellschaftslebens der Condé-Offiziere an den jeweiligen Kantonierungsorten, von dem bereits die Rede war, brach sich allmählich eine fatalistisch-depressive Stimmung ob des Schwebezustands und der eigenen Handlungsohnmacht Bahn.³²² Mit der Einstellung der britischen Subsidienzahlungen war dann das wenig heroische Ende dieser letzten Emigranteneinheit besiegelt.

Im Vergleich zur prekären Semi-Autonomie des *Corps Condé* erwies sich die militärische Integration der 1793 in die k.k. Armee übernommenen Einheiten *Royal-Allemand*, *Saxe* und *Berchény* für alle Seiten als gelungen. Die Regimenter wurden reorganisiert, leisteten das *jurement* und kämpften bis 1797 in den Niederlanden und am Rhein.³²³ Nach dem Frieden von Campo Formio wurden sie auf zwei neuformierte Regimenter verteilt.³²⁴ Die Kavallerieabteilungen der Emigrantenkorps *Rohan*, *Carneville* und *Bourbon* wurden infolge der Reorganisation des Heeres dem 1797 in k.k. Dienste übernommenen Jägerkorps einverleibt, das der Fürstbischof von Paderborn und Hildesheim 1795 als Teil des Reichskontingents aufgestellt hatte.³²⁵ Als Inhaber dieses Jägerskorps fungierte seither der emigrierte Oberst Antoine Mignot de Bussy, der 1799 zum Generalmajor befördert wurde.³²⁶

Für die emigrierten Soldaten in nunmehr kaiserlichen Diensten bot sich im Rahmen ihres mehrjährigen Kriegseinsatzes ausreichend Gelegenheit, sich militärisch auszuzeichnen. Tapferkeitsmedaillen und Aufnahmen in den militärischen Maria-Theresia-Orden sind vielfach belegt.³²⁷ Für die höheren Offiziere hatte zudem die Frage ihrer »Eingruppierung« in das bestehende militärische Ranggefüge große Bedeutung: Die drei Kommandeure von *Royal-Allemand*, *Saxe* und *Berchény*,

---

321 Bombelles, Journal, 5: 1795-1800, S. 356.
322 La Ferronnays, En Émigration, S. 128, berichtet in dieser Phase von suizidalen Tendenzen des Duc de Berry. Zur Kantonierung des Corps in Österreich ders., En Émigration, bes. Kapitel 6-8, und Bombelles, Journal, 6: 1801-1807, S. 21-33; in der Forschung unberücksichtigt geblieben ist La Bonnardière, Souvenirs d'un émigré.
323 Strobl von Ravelsberg, Die Emigration des französischen Regiments Royal-Allemand, S. 61, 63-81.
324 Royal-Allemand auf das 6. Kürassier-Regiment, Saxe und Berchény auf 2. leichte Dragoner-Regiment, vgl. Wrede, Geschichte der K.u.K. Wehrmacht, Bd. 3, Teilbd. 2, S. 808-807.
325 Ebd., S. 741-742.
326 Ebd.
327 Thürheim, Von den Sevennen bis zur Newa, S. 432-437; Wrede, Geschichte der K.u.K. Wehrmacht, Bd. 3, Teilbd. 2, S. 742, 809, 922.

Mandell, Gottesheim und Görger, traten unter Beibehaltung ihrer Charge in die k. k. Armee ein und stiegen bis zum Generalmajor bzw. Feldmarschallleutnant auf.[328] Zum Verdruss royalistisch gesinnter Emigranten, die noch vor Kriegsausbruch Frankreich verlassen hatten, stachen bei Beförderungsentscheidungen militärische Fähigkeiten missliebige politische Affiliationen aus. So gestattete man den übergelaufenen Gefolgsleuten des girondistischen Generals Dumouriez, die immerhin noch bis 1793 aktiv gegen die Koalitionsarmee gekämpft hatten, ihre militärischen Karrieren im kaiserlichen Militär bruchlos fortzusetzen:[329] Die ehemaligen *Maréchaux de camp* Boissy de Banne, Labbé de Vouillers und Segond de Sederon wurden als Generalmajore übernommen, Dumas de Saint-Marcel kommandierte bis 1800 als Oberst die *Légion Bourbon*.[330]

Nach der ersten großen »Übernahmewelle« 1793 wurden auch noch zu späteren Zeitpunkten Emigranten in kaiserliche Dienste genommen. Der nachmalige Marinekommandant L'Espine stieß 1795 von der Reichsarmee, Crossard von den holländischen, Bigot de Saint-Quentin von den päpstlichen Streitkräften, Picot de Peccaduc und Béthisy de Mézières direkt vom *Corps Condé* zum k. k. Militär – Letztere sogar erst nach dem Frieden von Campo Formio 1797. Das Interesse an französischen Offizieren, die sich im Krieg bewährt hatten, blieb ungeachtet ihrer jeweiligen »Zwischenverwendungen« auch in Friedenszeiten groß.[331]

Auch für Emigranten jüngeren Jahrgangs, deren militärische Karrieren nach dem Gang ins Exil in der Luft hingen, bot die k. k. Armee Entwicklungschancen. Der spätere Gatte Du Montets, Joseph Fisson du Montet, trat 1791 als Kadett »ex-propriis« (auf eigene Kosten) in das Regiment *Murray* ein.[332] Der oben erwähnte Auguste Ségur-Cabanac fand 1792 im Regiment des Prince de Ligne Aufnahme und wurde 1802 dessen persönlicher Adjutant.[333] Nach dem Tod Lignes wurde er Dienstkämmerer und enger Vertrauter des Kronprinzen Ferdinand. In weiser Vorausschau hatte auch Bombelles für zwei seiner militärisch ambitionierten Söhne die Aufnahme in verschiedene Regimenter der k. k. Armee eingefädelt, in denen sie sich ungleich bessere Karrierechancen ausrechneten als beim

---

328 Siehe dazu die Liste bei Schmidt-Brentano, Generale.
329 Mancherorts kam es deswegen zu tätlichen Auseinandersetzungen zwischen Dumouriez-Offizieren und früher emigrierten Offizieren, vgl. Moser, Die französische Emigrantenkolonie in Konstanz, S. 38.
330 Schmidt-Brentano, Generale.
331 Die gegenläufige Tendenz, also militärische Emigranten, die nach einigen Dienstjahren bereits im zeitlichen Umfeld des Friedens von Campo Formio aus den kaiserlichen Streitkräften ausschieden, ist quantitativ überschaubar. Ein berühmtes Beispiel ist Alexandre de Laborde, der 1797 nach Frankreich zurückkehrte und in den diplomatischen Dienst eintrat; siehe Pichler, Denkwürdigkeiten, 1, S. 356-357.
332 Alexandrine Du Montet: Die Erinnerungen der Baronin du Montet, Leipzig 1926, S. 9.
333 Godsey, La société était au fond légitimiste, S. 79.

angeschlagenen *Corps Condé*.³³⁴ Der französische Marineoffizier Louis Folliot de Crenneville begann seine steile österreichische Karriere 1793 als Kadett im Cheveauxleger-Regiment *Kaiser*. Nach anschließenden Verwendungen im Stab Ferdinands von Württemberg stieg Crenneville 1800 zum General-Adjutanten Erzherzog Karls und Chef des Marine-Departements im Hofkriegsrat auf.³³⁵

Überhaupt die Marine: In keinem anderen militärischen Bereich wirkten französische Emigranten direkter an der strategischen und organisatorischen Neuausrichtung mit als bei den Seestreitkräften.³³⁶ Deren Bedeutung hatte sich infolge der Eingliederung Venedigs samt seinen Besitzungen in Istrien und Dalmatien in den habsburgischen Herrschaftsbereich nach Campo Formio schlagartig erhöht. Die praktische Integration der venezianischen Flotte, ihrer Behörden und des Personals in die neue »Österreichisch-Venezianische Kriegs-Marine« gestaltete sich gleichwohl schwierig. Defizite bei Organisation und Material, zudem eine kaum ausgeprägte maritime Tradition der sich als kontinentale Landmacht verstehenden Habsburgermonarchie, die wenig Bereitschaft zum kostspieligen Auf- und Ausbau einer einsatzfähigen Flotte erkennen ließ, lähmten erste Bemühungen zur Restrukturierung.³³⁷ Strategische Weitsicht stellte in dieser Phase der emigrierte französische Marineoffizier Joseph L'Espine unter Beweis, der seit 1797 als Major bei der kleinen Triestiner Marine diente.³³⁸ Sein »Essai sur la Marine« (1798) war der Versuch, einen langfristigen Entwicklungspfad für eine schlagkräftige Seestreitmacht abzustecken und die dafür notwendigen strukturellen Verbesserungen zu benennen.³³⁹ Angesichts des nach seiner Ansicht un-

---

334 Sein Sohn Bitche wurde 1799 in das Regiment Starrey, sein Sohn Charles in das Regiment Mittrowsky aufgenommen; Bombelles, Journal, 5: 1795-1800, S. 254, 382-383.

335 »Folliot von Crenneville, Ludwig Karl Graf«, in: BLKÖ 4 (1858), S. 277-279. Angeblich übernahm Crenneville im Jahr 1797 mit der Einschiffung kaiserlicher Truppen, die zur Einnahme der ehemaligen venezianischen Besitzungen in Istrien und Dalmatien bestimmt waren, erstmals das Kommando über eine maritime Mission.

336 Die ältere marinehistorische Literatur betont zwar insbesondere die venezianische Tradition für das nautische, militärische und kulturelle Profil der k.k. Marine, lässt den Beitrag französischer Marineoffiziere jedoch nicht unerwähnt, wenngleich der »Emigrationshintergrund« wie so oft unhinterfragt bleibt; vgl. Joseph von Lehnert: Geschichte der k. und k. Kriegs-Marine, 2. Theil: Die k.k. Österreichische Kriegs-Marine in dem Zeitraume von 1797 bis 1848, 1. Band: Die Geschichte der Österreichisch-Venezianischen Kriegs-Marine während der Jahre 1797 bis 1802, Wien 1891; Artur von Khuepach: Geschichte der K.K. Kriegsmarine, Teil 2: Die k.k. Österreichische Kriegsmarine in dem Zeitraume von 1797-1848, Bd. 2: Geschichte der K.K. Kriegsmarine während der Jahre 1802 bis 1814, Wien 1942. Pawlik, Emigranten in Österreich, S. 120, erwähnt lediglich die Aufnahme von französischen Seeoffizieren in die Marine.

337 Dazu Lehnert, Geschichte der Kriegs-Marine 1797 bis 1802, S. 65-150.

338 Zu L'Espine siehe Schmidt-Brentano, Die österreichischen Admirale, Bd. 1: 1808-1895, S. 1-6.

339 Zum »Essai« Lehnert, Geschichte der Kriegs-Marine 1797 bis 1802, S. 148-150.

zureichenden Ausbildungsstandes der Seeoffiziere empfahl er unter anderem die Anwerbung französischer Marineoffiziere und die Gründung einer Marine-Akademie für bis zu 120 Kadetten. Ferner stellte L'Espine grundsätzliche Überlegungen an, welche maritimen Kapazitäten zur Sicherung der Adria und der Handelswege notwendig wären. Zwar gelangte der »Essai« bis auf den Schreibtisch von Außenminister Thugut, blieb zunächst jedoch folgenlos.

Dass L'Espine sein Organisationstalent zugunsten der Marine wenige Jahre später doch noch zur Geltung bringen konnte, war Erzherzog Karl geschuldet, der ab September 1801 als Kriegs- und Marineminister amtierte.[340] Bei der institutionellen Neuaufstellung der Marine, die dieser trotz aller budgetären Beschränkungen nun forcierte, setzte Karl neben L'Espine, den er gegen Widerstände als Marinekommandanten durchsetzte, auch auf Louis Folliot de Crenneville, der als Leiter des Marine-Departements im Hofkriegsrat die Reformbemühungen begleitete. Letzterem folgte in dieser Position mit Joseph de Clapiers ein weiterer französischer Emigrant, dem wiederum L'Espine selbst nachfolgte.

In den Friedensjahren bis zum Ausbruch des Dritten Koalitionskrieges 1805 lag die Entwicklung der Marine also zu maßgeblichen Teilen bei emigrierten »Fachleuten« aus Frankreich, die ihre seemännischen Kenntnisse und langjährigen Erfahrungen in diesen Prozess einbrachten. Vor seiner Emigration hatte L'Espine fast 16 Jahre als Offizier in der französischen Marine gedient und an überseeischen Operationen während des Amerikanischen Unabhängigkeitskrieges teilgenommen.[341] Für die k.k. Marine entwarf er mit der »Ordinanza della Cesarea Regia Marina« und der »Ordinanza di mare per la Cesarea Regia Marina« erste Verwaltungs- und Dienstreglements, denen weitere Instruktionen folgten, darunter Detailregelungen für Strafnormen, eine eigene Polizeiordnung und eine Standesregulierung für die Marine.[342] Einige dieser Regelwerke blieben fast ein halbes Jahrhundert in Kraft.[343] Die Aufstellung einer Marine-Infanterie und -Artillerie 1802 bedeuteten weitere Neuerungen, die L'Espine mit initiierte.[344] Der konsequente Ausbau der Flotte scheiterte schließlich am fiskalischen Veto des Kaisers.[345] Infolge des Verlustes von Venedig durch den Frieden von Preßburg 1805 geriet die Strukturentwicklung der Marine weiter ins Hintertreffen, nach dem Frieden von Schönbrunn 1809 wurde die Marine sogar vollständig aufgelöst.[346]

Gegenüber der riesigen Landarmee, die sich für viele Emigranten als »Integrationsmaschine« erwies, war die Marine rein quantitativ kaum mehr als eine Mar-

340 Zu den Marinereformen Erzherzog Karls grundsätzlich Khuepach, Geschichte der K.K. Kriegsmarine 1802 bis 1814.
341 Schmidt-Brentano, Die österreichischen Admirale, Bd. 1: 1808-1895, S. 2.
342 Ebd., S. 3.
343 Khuepach, Geschichte der K.K. Kriegsmarine 1802 bis 1814, S. 70.
344 Schmidt-Brentano, Die österreichischen Admirale, Bd. 1: 1808-1895, S. 3.
345 Ebd.
346 Dazu Khuepach, Geschichte der K.K. Kriegsmarine 1802 bis 1814.

ginalie. Die Nominallisten des Marine-Offizierskorps zeigen gleichwohl, dass sich für erfahrene französische Seeoffiziere hier Möglichkeiten eines raschen Aufstiegs auftaten.[347] So erhielten beispielsweise die beiden Linienschiffsleutnante Mogniat de Pouilly und Taulignan, die aus Lyon bzw. Avignon stammten und wie L'Espine nach ihrer Emigration in der Triestiner Marine dienten, schon nach wenigen Jahren Schiffs- und sogar Flottillenkommanden. Die dekretierte Auflösung der Marine 1809 zwang beide, neuerlich umzusatteln und sich um Verwendungen bei der k.k. Armee zu bewerben.[348]

Zivile Karrieren in Hof- und Staatsdiensten

Haben militärische Emigrantenkarrieren zwar unsystematische, aber immerhin kontinuierliche Beachtung in der Historiografie gefunden, sind emigrantische Werdegänge am Hof und im zivilen Staatsdienst bislang nur in wenigen Miszellen behandelt worden.[349] Die Fokussierung auf das Gesellschaftsleben sowie die (sicherheits-)politischen Vorzeichen, unter denen die französische Revolutionsemigration oft abgehandelt wurde, ließen prosopografische Tiefenbohrungen im Hof- und Staatsapparat augenscheinlich als wenig lohnenswertes Feld erscheinen – obwohl die große Zahl frankreichstämmiger Amtsträger, Politiker und Diplomaten im vormärzlichen Kaisertum Österreich Anlass genug geboten hätte, nach den Ursprüngen dieses auffälligen Befundes zu fahnden und damit rasch bei den Emigranten der Revolution zu landen.

Mit Ausnahme der kurzzeitigen Betrauung französischer Revolutionsflüchtlinge als staatlich anerkannte Kommissare für die emigrantische »Selbstverwaltung« in den Österreichischen Niederlanden, die freilich eher als experimenteller Ansatz fremdenpolizeilicher Ordnungspolitik Franz Georg von Metternichs denn als formeller Eintritt in staatliche Verwaltungsstrukturen zu verstehen ist, finden sich in der Frühphase der Emigration tatsächlich keine Hinweise auf französische Revolutionsemigranten in zivilen Staatsdiensten.[350] Dies überrascht angesichts der anfänglichen Dominanz militärischer Handlungsoptionen und des zunächst stabilen Selbstverständnisses der Emigration als zeitlich begrenztes Provisorium keineswegs. Doch während für die späteren Jahre die individuelle Suche der Emigranten nach ökonomischer Absicherung der eigenen Existenz in allen Exilländern umfangreich untersucht ist, sind höfische und staatliche Verwaltun-

---

347 Ebd., S. 293-316, 397-423.
348 Ebd., S. 408-409.
349 Wenige Anmerkungen bei Jean-Paul Bled: Les fondements du conservatisme autrichien: 1859-1879, Paris 1988, S. 142; erstmals ausführlicher bei Godsey, La société était au fond légitimiste, der seiner Studie gleichwohl einen umfassenderen Emigrantenbegriff zugrunde legt; in diesem Sinne auch ders., Nobles and nation; ein enzyklopädischer Ansatz bei Petiot, Les Lorrains et l'empire.
350 Presle, Die Einstellung der Regierung, S. 115-116. Siehe dazu Teil I dieses Buches.

gen, im vorliegenden Fall also der Wiener Kaiserhof samt seiner Bürokratie, als potenzielle Beschäftigungsnische für Emigranten beiderlei Geschlechts in den Untersuchungen meist ausgeklammert geblieben.

Die Gründe für diese Nichtberücksichtigung scheinen auf der Hand zu liegen, reduzierte eine lange Reihe von Voraussetzungen den Kreis möglicher Aspiranten doch von vornherein auf ein Minimum. So war für einen Diensteintritt nicht nur die aktive Protektion seitens einheimischer Amtsträger mit hohem sozialen Status unabdingbar, die den generalisierten Misstrauensvorbehalt gegenüber französischen Emigranten im Einzelfall zu zerstreuen imstande war. Auch die Voraussetzung von formaler und genealogischer Qualifikation, von Sprachkenntnissen, der Verfügbarkeit adäquater Posten und einer konkreten Nachfrage und Aufnahmebereitschaft in der jeweiligen »Dienststelle« schmälerte die Chancen erheblich.

Doch lohnt trotz der zahlenmäßig wenigen Fälle ein genauerer Blick. So sind bemerkenswerte Karrieren einzelner Emigranten dokumentiert, denen es teils noch vor der Jahrhundertwende gelang, in Dienste am Hof und in den Hofbehörden einzutreten.[351] Als frühestes Beispiel kann der Werdegang des aus Lothringen stammenden Emigranten Andreas Florimund de Mercy-Argenteau gelten.[352] Mercy war nach einem militärischen Engagement in der Prinzenarmee mit seinem Vater über die Schweiz und Regensburg völlig verarmt nach Österreich gelangt. Während sich sein Vater dauerhaft in St. Pölten niederließ, nahm Madame de Brionne als informelle *doyenne* der Emigranten in Wien den Mittzwanziger unter ihre Fittiche.[353] Sie ließ den jungen Mercy bei sich wohnen und führte ihn in die Wiener Gesellschaft ein, wo er bald enge Bande zu den Familien Stadion, Metternich und Ferraris knüpfte. Als kurze Zeit später sein Onkel, der emigrierte Bischof von Luçon, nach Wien gelangte, stellte dieser erstaunt fest, dass sich sein Neffe bereits der Anerkennung des Hofes erfreute und Deutsch sprach »comme un naturel du pays«.[354] Auch Thürheim berichtet, Mercy habe sich »mit unermüdlichem Eifer« die Landessprache innerhalb eines Jahres so gut angeeignet, dass er sich für eine Anstellung bei der Hofkammer empfahl.[355] Seine dortige Laufbahn begann auf der untersten Dienststufe, das Gehalt reichte jedoch aus, um sich und den alten Vater zu unterhalten. Wegen seiner Einsatzbereitschaft und seiner vielseits gerühmten Klugheit galt Mercy bereits nach wenigen Dienstjahren als »seconde personne du département«.[356] Den wenig schmeichelhaften Beschreibungen seines Ehrgeizes und seines ungelenken Konversationsstils zum Trotz nahm

---

351 Für die Karrieren von Emigranten im Vormärz siehe Godsey, La société était au fond légitimiste, S. 79-84.
352 Ebd., S. 82.
353 Rzewuska, Mémoires, 1, S. 99.
354 Mercy, Lettres d'émigration, S. 432.
355 Thürheim, Mein Leben, 1, S. 334.
356 Damas, Mémoires, 2, S. 81.

die Karriere Mercys weiter Fahrt auf.³⁵⁷ 1814 berief ihn Metternich ins Außenministerium, wo der frühere Revolutionsflüchtling als Hofrat einer für die italienischen und süddeutschen Höfe zuständigen Abteilung vorstand.³⁵⁸ Als Mitglied der österreichischen Delegation beim Fürstenkongress von Troppau 1820 begleitete Mercy an der Seite Metternichs und Gentz' die Beratungen der europäischen Mächte über die Bekämpfung der revolutionären Bewegungen in Süd- und Südwesteuropa, insbesondere im Königreich beider Sizilien.³⁵⁹ Sein französisches Gegenüber in Troppau war ein alter Kampfgefährte aus den militärischen Tagen der Emigration, Auguste de La Ferronnays, der inzwischen als Gesandter Frankreichs in Petersburg wirkte. Fast dreißig Jahre nach Beginn der militärischen Intervention gegen das revolutionäre Frankreich wussten sich die beiden Veteranen ihrem gemeinsamen Ziel, der Revolutionsbekämpfung, weiterhin verpflichtet, wenngleich sie infolge ihrer individuellen Emigrationsbiografien inzwischen die Interessen verschiedener Höfe vertraten.

Nicht minder antirevolutionär eingestellt und ebenfalls mit der Praxis robuster Revolutionsbekämpfung vertraut, trat auch Louis de Bombelles, der älteste Sohn des Marquis de Bombelles, in den diplomatischen Dienst des Wiener Hofes ein.³⁶⁰ Seine vorherige militärische Karriere hatte Louis als 18-Jähriger auf Vermittlung seines Vaters 1798 in der neapolitanischen Armee begonnen, wo er sich im Kampf gegen die Revolution in Süditalien soldatische Meriten erwarb. Die napoleonische Intervention in Neapel, mehr aber noch die fehlenden Karriereperspektiven vor Ort veranlassten ihn, 1804 aus dem Dienst auszuscheiden und mittellos an den Exilort seiner Familie nach Brünn zurückzukehren. Wieder war es der Vater, der seine Kontakte in Wien spielen ließ, um seinem ältesten Sohn eine neue Anstellung zu verschaffen. Ein Audienz-Marathon im Juni 1805 führte Vater und Sohn Bombelles unter anderem zu Johann Ludwig von Cobenzl und Karl von Colloredo-Waldsee, dem unharmonischen Duo der kaiserlichen Außenpolitik nach dem Frieden von Lunéville. Während Cobenzl lavierte, gelang es, Colloredo-Waldsee für Louis' professionelle Ambitionen einzunehmen.³⁶¹ Eine entscheidende Rolle spielte hierbei Colloredo-Waldsees Gattin, die französische Emigrantin Victorine Folliot de Crenneville, die bei der Unterredung zugegen war und für die Bombelles' Partei ergriff. Man kam schließlich

---

357 Rzewuska, Mémoires, 1, S. 99-100; Thürheim, Mein Leben, 1, S. 334-335.
358 Godsey, La société était au fond légitimiste, S. 82.
359 Zum Troppauer Kongress siehe Mark Jarrett: The Congress of Vienna and its Legacy. War and Great Power Diplomacy after Napoleon (= International Library of Historical Studies), London 2013, S. 248-270; die Protokolle des Kongresses liegen in digitalisierter Form vor: https://maechtekongresse.acdh.oeaw.ac.at [24.2.2020].
360 Hellmuth Rößler: Bombelles, Ludwig Philipp Graf von, in: Neue Deutsche Biografie 2 (1955), S. 440-441. Die Aufnahme Bombelles' in den diplomatischen Dienst erfolgte allerdings nicht im Jahr 1804, sondern erst 1805.
361 Für das Folgende Bombelles, Journal, 6: 1801-1807, S. 298-300, 304.

überein, dass sich Bombelles mit einer Supplik direkt an den Kaiser wenden und für Louis einen Posten an einer österreichischen Gesandtschaft erbitten sollte. Nach bangen Tagen des Wartens teilte Cobenzl dem Marquis schließlich mit, dass der Sohn bei bescheidenen 600 Gulden Jahresgehalt als Gesandtschaftssekretär an die österreichische Mission nach Berlin gehen könne, der zu diesem Zeitpunkt Metternich vorstand, Louis jedoch bald auf eine einträglichere Stellung hoffen dürfe. Tatsächlich stieg der junge Bombelles in Berlin erst zum Gesandtschaftsrat und schließlich zum Geschäftsträger am preußischen Hof auf, bevor er nach dem Wiener Kongress als Gesandter an einer Reihe europäischer Höfe die Interessen Österreichs vertrat.

Vor ihrer Ehe mit Colloredo-Waldsee hatte Louis' Fürsprecherin Victorine Folliot de Crenneville selbst von der Unterstützung hofnaher Personen profitiert, nachdem sie als junge Witwe mit einer kleinen Tochter nach ihrer Emigration aus Frankreich in Wien angekommen war.[362] 1796 wurde sie als Erzieherin (Aja) der Erzherzogin Marie Louise (der späteren Gemahlin Napoleons) bestellt, mit der sie eine lebenslange Freundschaft verband.[363] In der Gunst der Kaiserin stehend heiratete Victorine Ende der 1790er Jahre den Minister Colloredo-Waldsee, mit dem sie zwei weitere Kinder hatte. Als dieser zusätzlich das Amt des Oberhofkämmerers übernahm und in dieser Funktion über den formellen Hofzutritt entschied, war Victorine in einer glänzenden Position, um bei ihrem Gatten zugunsten anderer Emigranten einzuschreiten.[364] Infolge eines Zerwürfnisses mit der Kaiserin und der Entlassung Colloredo-Waldsees nach dem Frieden von Preßburg 1805, die dieser um kaum ein Jahr überlebte, verlor Victorine allerdings ihre informell-einflussreiche Stellung in unmittelbarer Hofnähe.[365] Diesen Rückschlag überwand sie erst 1816 durch ihre (dritte) Ehe mit dem bereits genannten Militär Charles-Eugène de Lorraine-Lambesc, der inzwischen die *Erste Ancieren-Leibgarde* kommandierte. Durch diese Verbindung erlangte Victorine nicht nur den Titel einer *Princesse de Lorraine*, sondern stieg später sogar zur »ersten Assistentin« des prestigeträchtigen Sternkreuzordens auf.[366]

Ständische Integration: Landstandschaft und Hofzutritt

Generell stellte sich für adlige Emigranten, die Karrierewege am Hof, in Verwaltung, Militär und Kirche beschritten und den Verbleib im Exilland einer Rückkehr nach Frankreich vorzogen, über kurz oder lang die Frage nach der Anerkennung

362 Du Montet, Souvenirs, S. 169.
363 ÖStA/HHStA, HausA, OKäA, Serie B, Ktn. 19, Kaiser Franz an Oberstkämmerer Orsini-Rosenberg, 3. Januar 1796; Rzewuska, Mémoires, 1, S. 68.
364 Godsey, La société était au fond légitimiste, S. 70.
365 Du Montet, Souvenirs, S. 170, Rzewuska, Mémoires, 1, S. 68.
366 Rzewuska, Mémoires, 1, S. 68-69; Godsey, La société était au fond légitimiste, S. 81.

bzw. Bestätigung ihres Adelsstandes. In der ständisch-korporativ gegliederten Gesellschaft des Aufnahmelands bedeuteten die formelle Verleihung des Incolats bzw. die Aufnahme in die Landstände mehr als »nur« einen Statusgewinn. Sie war mitunter Voraussetzung für den Erwerb landtäflicher Güter, häufig auch für die Verleihung von Orden und die Übertragung von Ämtern und Titeln, die ordentlich »immatrikulierten« Adligen vorbehalten waren.[367] Wer dagegen seinen französischen Adelstitel in den Erbstaaten weiterzuführen gedachte, bedurfte einer gesonderten Genehmigung des Kaisers. Doch handelte es sich auch nach einer solchen »allerhöchsten« Bewilligung weiterhin um einen ausländischen Titel, der nicht zum Zugang zu bestimmten Ämtern berechtigte.[368]

Grundsätzlich war die Ahnenprobe als förmliches Anerkennungs- und Aufnahmeprozedere auch für adlige Revolutionsflüchtlinge aus Frankreich obligatorisch. In Fortschreibung ihrer traditionell inklusiven Aufnahmepraxis für Adlige aus vielen Teilen Europas stellten die Landstände in den einzelnen habsburgischen Erbstaaten seit Ende der 1790er Jahre auch im Falle der französischen Emigranten ihre Integrationsbereitschaft unter Beweis, wie die stichprobenartig ausgewerteten Aufnahmeakten der niederösterreichischen und steirischen Stände zeigen.[369]

Als einer der ersten französischen Emigranten wurde der seit 1792 in kaiserlichen Diensten stehende Oberst Antoine Mignot de Bussy in den niederösterreichischen Herrenstand aufgenommen. In seiner Vorstellung begründete Mignot de Bussy sein Aufnahmebegehren damit, dass er aus einer altadligen Familie Frankreichs stamme und

> seine Treue gegen das lezte königl: Haus mit Leib- und Lebensgefahr beobachtet habe, er in den lezten unruhigen Zeiten nicht nur mit seinen beträchtlichen Vermögensresten in die k:k: Staaten eingewandert sei, sondern seine Treu und

---

367 Für eine erste Übersicht über die Standeserhebungen und Adelsanerkennungen im hier betrachteten Zeitraum empfehlen sich die Nachschlagewerke Peter Frank-Döfering: Adelslexikon des österreichischen Kaisertums. 1804-1918, Wien; Freiburg i. Br. 1989, sowie Petiot, Les Lorrains et l'empire.

368 Ein spätes Beispiel ist die Erlaubnis des Kaisers, dass der in Fiume lebende Emigrant August de Ladeveze seinen französischen Titel (Comte) sowie das Kreuz des französischen Ludwigsritterordens tragen dürfe; ÖStA/HHStA, StK, Vorträge 1822, Ktn. 230, Allerhöchste Resolution, 24. Januar 1824.

369 Zur Aufnahmebereitschaft der habsburgischen Aristokratie in der *longue durée* kursorisch Godsey, La société était au fond légitimiste, S. 63-67; die Stichproben stammen aus NÖLA St. Pölten, Herrenstandsarchiv [künftig HerrenA], Aufnahmeakten [künftig AufnahmeA], sowie NÖLA St. Pölten, Ständische Registratur/Landesausschuss 1793-1904, F 33, Annehmung der Landleute; zudem StmkLA Graz, Landschaftliches Archiv, Gruppe III, Ktn. 12, H 47, Nr. 447, Aufnahme von Carl Freiherr von Mandell in den steiermärkischen Landstand, 4. April 1811, und Nr. 448, Aufnahme von Ludwig Freiherr von Mandell in den steiermärkischen Landstand, 4. April 1811.

Anhänglichkeit an das allerhöchste kaiserl: königl: Erzhaus durch Errichtung eines eigenen berittenen Jäger Regiments und durch persönliche Tapferkeit gegen die Feinde dieses Staates erprobt habe.³⁷⁰

Ferner habe er mit dem Kauf dreier Herrschaften in Niederösterreich »das glückliche Loos eines kaiserl: königl: Unterthan erworben, in welcher Eigenschaft er lebenslang an Fürstentreu und Vaterlandsliebe mit jedem biederen Staatsbürger wettzueifern sich bestreben« werde.³⁷¹ Ein von Provence und Artois unterzeichnetes Zeugnis aus dem Jahr 1791 hob insbesondere die militärischen Fähigkeiten Bussys hervor.³⁷² Unter Würdigung seiner Verdienste und des ausführlichen »Abstammungsbeweises« wurde im abschließenden Gutachten seiner Bitte um »eine großmüthige Nachsicht der betreffenden Taxen« zwar nicht entsprochen, deren Höhe aber immerhin nur mit der »Hälfte der sonst gewöhnlichen Casse-Taxe« in Höhe von 1.000 Gulden veranschlagt.³⁷³ Nach einer fünfmonatigen Verfahrensdauer wurde Bussy schließlich am 4. Juli 1798 in den Herrenstand aufgenommen.

Ungleich schwerer war es für die verwitwete Marquise de Cavanac, den prozeduralen Formalien zu entsprechen, als sie mit ihrem Sohn Aimé Jacques um die Aufnahme in den niederösterreichischen Herrenstand ersuchte. Diese Schwierigkeiten hingen ganz unmittelbar mit ihren eigenen Revolutions- und Emigrationserfahrungen zusammen. Denn nicht nur waren laut ihres Gesuchs »während der französischen Revolution alle ihre Familien-Urkunden durch Feuersbrunst zu Grunde« gegangen, sie konnte auch, »da sie ihr Vaterland verließ, von Seite des französischen Hofes und der dortigen Autoritäten, keine legalen Zeugnisse über das Alterthum ihres Geschlechtes beybringen«.³⁷⁴ Im Aufnahmegutachten behalf man sich daher mit Beglaubigungen Dritter sowie indirekten Hinweisen, die die Altadligkeit der Cavanacs beweisen sollten, darunter der verbürgte frühere Besitz von Lehen im Languedoc – »[e]in Vorzug, den bloß Familien von altem Herkommen in Frankreich genossen« – sowie der »Zutritt bey hiesigem höchstem Hofe«.³⁷⁵ Was ausweislich des Gutachtens zudem für die Bittstellerin

370 NÖLA St. Pölten, HerrenA, AufnahmeA, B 23, Bussy-Mignot, Aufnahmegesuch, 10. März 1798. Zum Jäger-Regiment »Bussy« siehe Wrede, Geschichte der K. u. K. Wehrmacht, Bd. 3, Teilbd. 2, S. 741-742.
371 Ebd. Ob diese Immobilien auf der 1797 für kaufwillige Emigranten erstellten Liste standen, ist ungewiss.
372 NÖLA St. Pölten, HerrenA, AufnahmeA, B 23, Bussy-Mignot, Empfehlungsschreiben der Prinzen, 15. November 1791.
373 NÖLA St. Pölten, HerrenA, AufnahmeA, B 23, Bussy-Mignot, Aufnahmegutachten, 18. Mai 1798.
374 NÖLA St. Pölten, HerrenA, AufnahmeA, C 18, Louise Beatrix Marquise von Cavanac und Aimé Jacques de Poulhariez Marquis de Cavanac [künftig Cavanac], Aufnahmegesuch, 28. Oktober 1806.
375 Ebd.; NÖLA St. Pölten, HerrenA, AufnahmeA, C 18, Cavanac, Aufnahmegutachten, 18. November 1806.

sprach, war der Umstand, dass Cavanac inzwischen eine Herrschaft und ein Dominikalgut in Niederösterreich erworben hatte. Wo die Genealogie nicht über alle Zweifel erhaben war, konnten also durchaus wirtschaftliche Argumente den Ausschlag geben:

> [...] den Einsichten des löbl: Herrenstands [konnte] nicht entgehen, daß den n. ö. Herren Ständen, als Repräsentanten dieses Erzherzogthums, in mancherley Rücksichten erwünscht seyn müßte, wenn ansehnliche Familien, die aus fremden Staaten einwanderten, ihr vormahls nur vorübergehendes Daseyn durch Anwendung ihrer nicht unbeträchtlichen, in N.Ö. gebrachten Habe auf den Ankauf daselbst gelegener Güter, consolidiren und bleibend machen, und eben damit ihr Vermögen in jenes eines Staatsbürgers umwandeln. Denn durch die Concurrenz solcher ansehnlicher Fremder bey den Käufen der Realitäten, muß nothwendig der Werth der hierländigen Güter gewinnen, und jedermann, der geläuterte Begriffe von diesem Gegenstande hat, kann nicht in Abrede stellen, daß dieser höhere Preis der Realitäten einen günstigen Einfluß auf den Wohlstand der Güterbesitzer, und mittelbar auf die Betriebsamkeit der Oekonomie haben müßte, [...] und eben dadurch [...] zur Emporhebung der Landwirthschaft, mit beyzutragen vermag, welcher letzteren Schnellkraft zu geben, die unverkennbare Tendenz der Staatsverwaltung ist [...].[376]

Wie bei Bussy wurde die Aufnahme der Cavanacs in den niederösterreichischen Herrenstand schließlich mit der Einschränkung positiv beschieden, dass man ihrer »Beyzählung [...] unter die alten Geschlechter [...] zu willfahren nicht vermöge«, weil hierfür »unumgänglich die legale Darthuung von Seite des Impetranten erforderlich ist, daß sein Geschlecht sich durch einen Zeitraum von vollen hundert Jahren in Besitze eines gräflichen oder freyherrlichen Diploms befinde, welches jedoch durch die gegenwärtig beygebrachte Urkunde [...] nicht dargethan ist«.[377] Das Fehlen der notwendigen Nachweise erwies sich für die neuen »Landleute« zumindest in diesem Punkt als Hypothek.

Am Wiener Hof zeigte man sich in diesen Fragen konzilianter und ermöglichte adligen Emigranten auch ohne exakt dokumentierte Abstammungsnachweise den Zutritt zum Hof (Hoffähigkeit) und zu Hofämtern. William D. Godsey deutet diese integrative Tendenz als Ausdruck eines schleichenden Paradigmenwechsels von einem abstammungsorientierten hin zu einem zunehmend verdienstorientierten Zugangs- bzw. Kooptationssystem, das die schnelle Assimilation adliger Emigranten in die habsburgische Aristokratie, insbesondere in den Hofadel, be-

---

376 NÖLA St. Pölten, HerrenA, AufnahmeA, C 18, Cavanac, Aufnahmegutachten, 18. November 1806 (Anlage, o.D.).
377 NÖLA St. Pölten, HerrenA, AufnahmeA, C 18, Cavanac, Aufnahme Aufnahmegutachten, 18. November 1806.

günstigte.³⁷⁸ Beispielsweise wurden Louis Folliot de Crenneville und Emanuel de Pouilly zu Kämmerern am Wiener Hof bestellt, obwohl sie keinen adäquaten Abstammungsnachweis vorlegen konnten.³⁷⁹ Im Falle Crennevilles hob Obersthofkämmerer Colloredo-Waldsee in seiner Begründung denn auch explizit auf dessen Treue zum Herrscherhaus ab.³⁸⁰ Als unterstützender Faktor wirkte für Crenneville, der als erster französischer Emigrant 1798 die Kämmererwürde erlangte, zudem die Ehe seiner Schwester Victorine mit Colloredo-Waldsee, die, wie oben gesehen, in »personalpolitischen« Fragen keinen unwesentlichen Einfluss auf ihren Gatten ausübte. Eine gewisse Nachsicht ließ man auch dann walten, wenn die beurkundete Abstammung nicht den stiftungsgemäßen Anforderungen entsprach, etwa bei der Aufnahme Élisabeth de Mandell-Ficquelmonts in den Sternkreuzorden.³⁸¹ Von einer vermeintlich unterentwickelten Großzügigkeit des Wiener Hofes gegenüber Emigranten kann angesichts einer solchen Kulanz kaum gesprochen werden.³⁸²

Die Integrationsbereitschaft des Hofes blieb anderen Emigranten, die über die napoleonische Amnestie hinaus in den Erbstaaten lebten, nicht verborgen. Von Brünn aus kommentierte Bombelles, der selbst ein mustergültiger Vertreter des früheren Versailler Hofadels war, unter Verweis auf die jüngsten Ernennungen an Hof und im Militär unverhohlen kritisch, dass sich die betreffenden Emigranten sicherlich durch »zèle, intelligence et bravoure« hervorgetan, sie es im vorrevolutionären Frankreich angesichts ihrer Abstammung aber keineswegs so weit gebracht hätten.³⁸³ Zu seiner Erleichterung erreichten aber schließlich auch seine Söhne Louis (1808), Charles und Henri (jeweils 1815) die Kämmererwürde am Wiener Hof – im Falle Louis' bezeichnenderweise aber mithilfe Mercys, der seit 1803 selbst Kämmerer war und Louis beriet, wie dieser den erforderlichen Abstammungsnachweis umgehen konnte.³⁸⁴

Unbeschadet seines hartnäckigen Einsatzes für die Ausbildungs- und Karrierechancen seiner Kinder strebte der Marquis de Bombelles selbst keine Aufnahme in den erbländischen Adel an. Der offensichtlichste Grund dafür waren seine no-

378 Zur Integration adliger Emigranten am Wiener Hof vgl. Godsey, La société était au fond légitimiste, S. 67-71, 76.
379 Ebd., S. 71.
380 Ebd., S. 70, Anm. 37.
381 Ebd., S. 71.
382 Nach Rossi zeigte sich der Wiener Hof »beaucoup moins généreuse« als London und Petersburg; Henri Rossi: La Cour de Vienne dans les Souvenirs de Madame Vigée-Lebrun, in: François Jacob (Hg.): Mémorialistes de l'exil: émigrer, écrire, survivre, Paris 2003, S. 153-172; hier S. 154; so auch Haroche-Bouzinac, Vigée Le Brun, S. 271-272.
383 Bombelles, Journal, 6: 1801-1807, S. 133-134.
384 Godsey, La société était au fond légitimiste, S. 71, sowie Anm. 45. Auch die jüngeren Söhne des Marquis de Bombelles, Charles und Henri, erlangten 1815 die Kämmererwürde; vgl. Wilhelm Pickl von Witkenberg: Kämmerer-Almanach: Historischer Rückblick auf die Entwicklung der Kämmerer-Würde, Wien 1903, S. 221.

torisch knappen Finanzen. Die fällige Aufnahmetaxe allein wäre für Bombelles unerschwinglich gewesen, wo schon die bloße Lebenshaltung seiner Familie in Brünn ohne »Drittmittel« kaum gesichert war. Vor allem aber schloss sein Selbstverständnis als Emigrant, der sein ganzes Exildasein als performative Negation der Revolution begriff, eine derartige Integrationsabsicht aus.[385] Es war schließlich seine priesterliche Berufung, die Bombelles nach dem Tod seiner Gattin aus dem provisorischen Lebensmittelpunkt Brünn herausführte, dem er in leidenschaftlicher Hassliebe verbunden war. Bei seiner Ankunft hatte er die mährische Landeshauptstadt noch gallig als »cul-de-sac de l'Europe« geschmäht.[386]

Als Sackgasse erwies sich die Habsburgermonarchie für niederlassungswillige Emigranten in der *longue durée* keineswegs. Viele heirateten in einheimische Adelsfamilien ein und erwarben wie die Mandells in der Steiermark und in Krain oder die Rohans in Böhmen ausgedehnte Ländereien.[387] 1808 erhob der Kaiser Henri de Rohan samt seiner »eheleiblichen Descendenz« in den Fürstenstand und verlieh ihnen das Incolat für das Königreich Böhmen.[388] Die Rohan'sche Residenz in Prag entwickelte sich in den folgenden Jahrzehnten zu einer regelrechten Agora für die emigrantische Hautevolee, die sich in der Zwischenzeit in Böhmen niedergelassen hatte.[389]

Neben Hof und Landständen existierte eine kaum überschaubare Zahl von Orden, Stiftungen und anderen institutionellen Körperschaften, die Personen adliger Abstammung vorbehalten waren. Emigrierte Geistliche bewarben sich erfolgreich um Kanonikate in den Metropolitankapiteln von Wien und Olmütz.[390] Andere fanden im Malteserorden Aufnahme, dessen böhmisches Großpriorat die Erschütterungen der Revolutionsära überlebt hatte.[391] Die fünf adligen Damenstifte in den Erbstaaten nahmen hingegen hauptsächlich »belgische« Emigrantinnen auf. Die einzige dokumentierte Ausnahme von dieser Regel machte das Brünner Damenstift, das mit Aurore de Marassé, der mittellosen Tochter eines im ungarischen Exil verstorbenen Divisionsgenerals Dumouriez', eine französische Emigrantin als Stiftsdame annahm.[392]

385 Bombelles, Journal, 5: 1795-1800, S. 149-150.
386 Ebd., S. 157.
387 Baravalle, Die Freiherren von Mandell; Godsey, La société était au fond légitimiste, S. 74.
388 ÖStA/HHStA, StK, Vorträge, Ktn. 179, Allerhöchstes Handschreiben an den mährischen Landeschef Ugarte, 17. Juni 1808.
389 Davon zeugen unter anderem die Tagebücher von Sophie Mensdorff-Pouilly, dazu Godsey, La société était au fond légitimiste, S. 77-78, Anm. 89.
390 Ebd., S. 76. Siehe dazu auch Teil III dieses Buches.
391 Ebd.
392 Du Montet, Souvenirs, S. 188-191. Unter Nutzung seiner im Exil gewachsenen Beziehungen zum Wiener Hof gelang es dem nach der Restauration nach Frankreich zurückgekehrten La Fare aber immerhin, die Aufnahme seiner Nichte Honorine in das Brünner Damenstift zu befördern; ÖStA/HHStA, StK, Vorträge 1827, Ktn. 249, Vortrag von Metternich, 26. Februar 1827.

Die Frage der Standeserhebung bzw. -bestätigung lässt auch Rückschlüsse auf die Identitätsentwicklung der Emigranten in einem Stadium des Exils zu, das chronologisch außerhalb von Rubinsteins Untersuchung liegt. So nahm mancher Emigrant die Standeserhebung, um die in der Mehrzahl der Fälle erst nach der Jahrhundertwende ersucht wurde, zum Anlass für einen demonstrativen Bruch mit dem französischen Teil seiner Biografie. Nach mehrmaliger französischer Kriegsgefangenschaft zog beispielsweise der im kaiserlichen Militär dienende Pierre-Auguste Picot de Peccaduc aus den napoleonischen Dekreten 1809/10 die Konsequenzen und erbat im Rahmen seiner Aufnahme in den Freiherrenstand vom Kaiser eine Namensänderung. Er firmierte fortan als August von Herzogenberg.[393]

Einen ähnlichen Schritt hatte Emanuel de Pouilly bereits unmittelbar nach seiner Emigration vollzogen. Bei seinem Übertritt in die kaiserliche Armee 1793 nahm er den Namen Mensdorff – nach den luxemburgischen Besitzungen seiner Familie – an, womöglich aber mehr aus Gründen der Camouflage angesichts drakonischer Strafen im Falle einer Gefangennahme durch die französische Armee.[394] Als er 1818 schließlich in den österreichischen Grafenstand erhoben wurde, entschied er sich für eine salomonische Lösung seines Namenproblems und firmierte fortan als Graf von Mensdorff-Pouilly.[395] Trotz vereinzelter Namensänderungen sind mit Blick auf das »lange« 19. Jahrhundert die vielen französischen Namen in Aristokratie und Funktionselite des Kaisertums Österreich ein sprechendes Zeugnis für die transgenerationellen Konsequenzen der Revolutionsflucht in das »Aufnahmeland Österreich«.

4.2 Wirtschaftliche Aktivitäten

Wirtschaftliche Aktivitäten in Handel, Handwerk und Industrie gehören indes zu den regelmäßig und umfangreich thematisierten Aspekten des Exillebens französischer Revolutionsflüchtlinge.[396] Wie unter einem Brennglas zeichnen sich in diesem Handlungsfeld die Bemühungen der Emigranten um die Sicherung ihres Lebensunterhaltes, aber auch die soziale Vernetzung in und mit der Aufnahmegesellschaft ab. Das Spektrum ihrer Tätigkeiten war denkbar breit und in den meisten Fällen von materiellen Notwendigkeiten bestimmt, die mit Fortschreiten des Exils zunahmen. Mancherorts ergaben sich Nischen und Gelegenheiten für die Gründung eigener Unternehmen, deren Zielrichtung über die bloße Absicherung der eigenen Subsistenz hinausging, die vielmehr Beschäftigungsmög-

---

393 »Herzogenberg, August Freiherr«, in: BLKÖ 8 (1862), S. 413-414.
394 Slabáková, La question de l'enracinement dans un nouvel espace, S. 408.
395 Frank-Döfering, Adelslexikon des österreichischen Kaisertums, Nr. 3480.
396 Ein einleitender Überblick bei Pestel, Winkler, Provisorische Integration und Kulturtransfer, S. 149-152.

lichkeiten für Emigranten und Einheimische schufen, ja sogar zu Orten technologischer Innovation wurden.[397]

Trotz der vielgestaltigen und bislang kaum systematisch untersuchten Betätigungen ist der wirtschaftliche »impact« der Emigranten in der deutschsprachigen Forschung oft am Maßstab der »hugenottischen Erfahrung« gemessen und gegenüber dieser als unerheblich bilanziert worden, meist mit Verweis auf die sozial elitäre Zusammensetzung der Emigration, den relativ kurzen Zeitraum des Aufenthalts (dessen Ende die Akteure freilich nicht absehen konnten) und die angeblich reservierte Haltung der Landesverwaltungen und Aufnahmegesellschaften gegenüber ihren Aktivitäten.[398] Diese pauschale Vorannahme hatte eine langfristige historiografische Marginalisierung der ökonomischen Dimension des Revolutionsexils zur Folge, die durch plakative Aussagen im Quellenbefund gedeckt und damit gerechtfertigt schien. Denn schon manche Zeitgenossen wie die ansonsten stets emigrantenfreundliche Gräfin Rzewuska verorteten die Stärken der Emigranten weniger auf ökonomischem als vielmehr auf ideellem Gebiet:

> Moins utiles à l'Europe que les réfugiés de l'édit de Nantes, ils [les émigrés, M.W.] n'ont pas comme ceux là, introduit ou établi des manufactures et les ateliers, mais en revanche, ils ont rectifié des idées erronées, ils ont enseigné le catéchisme, électrisé des sentiments d'honneur dans les jeunes âmes [...].[399]

Allerdings kommen beim Vergleich mit den Hugenotten mindestens zwei wesentliche Aspekte des ökonomischen Wirkens der Emigranten zu kurz, die für eine sachgerechte Beurteilung gleichwohl wichtig sind. Zum einen bemerkten viele Zeitgenossen, die einen weniger verklärenden (Rück-)Blick auf die Emigranten hatten als Rzewuska, deutliche Positiveffekte der Emigrantenpräsenz für die lokale Wirtschaftsentwicklung, wenngleich diese Stimmen in der Rezeptionsgeschichte fast immer hinter den polemischen Wortmeldungen emigrantenkritischer Publizisten zurückstanden.[400] In vielen Fällen lassen sich diese vorteilhaften Bewertungen zwar in der Hauptsache auf die Rolle der Emigranten als Konsumenten, Mieter und Passagiere, also auf die mit ihrer Anwesenheit verbundene Nachfragestimulation zurückführen, die etwa in den habsburgischen Westprovinzen oder entlang der am meisten frequentierten Fluss- und Straßenrouten für

---

397 Diezinger, Französische Emigranten und Flüchtlinge in der Markgrafschaft Baden 1789-1800, S. 152-157; Höpel, Emigranten in Preußen, S. 343-353; viele Beispiele für unternehmerische Aktivität außerhalb des Alten Reiches finden sich in Carpenter, Mansel, The French Émigrés in Europe and the Struggle Against Revolution, 1789-1814.

398 Diese »borussifizierende« Vergleichsperspektive ist auch in Forschungsbeiträgen zur Habsburgermonarchie anzutreffen, vgl. Guglia, Die ersten Emigranten in Wien, S. 192.

399 Rzewuska, Mémoires, 1, S. 36.

400 Etwa Lambert, Mémoires de famille de l'abbé Lambert, S. 191-192; dazu Planert, Der Mythos vom Befreiungskrieg, S. 123.

eine regelrechte Sonderkonjunktur sorgte.[401] Man bedenke: Allein im vorderösterreichischen Konstanz war Mitte 1798 jeder dritte Einwohner ein Flüchtling, und selbst der emigrierte Erzbischof von Paris ging auf dem örtlichen Markt Lebensmittel einkaufen.[402]

Doch war, zweitens, wirtschaftliche Aktivität immer auch ein wechselseitiger Prozess. Jenseits einer Quantifizierung ökonomischen Erfolgs im historischen Vergleich kann mit einer Untersuchung des wirtschaftlichen und speziell des unternehmerischen Engagements die Einbettung der Emigranten in die ökonomischen Strukturen der Aufnahmegesellschaft beleuchtet werden.[403] Ausgehend vom Schnittpunkt von Nachfrage und Bedürfnisbefriedigung lassen sich nicht nur individuelle Subsistenzstrategien und ökonomische Spielräume aufseiten der Emigranten entdecken, sondern überhaupt ihre Rolle und Funktion in den protoindustriellen Wirtschaftssystemen der Exilländer bestimmen.[404]

Gewerbe und Handwerk

In der Habsburgermonarchie ist selbständiges Gewerbe von Emigranten in nahezu allen Provinzen belegt. Wer weder vom eigenen Vermögen leben konnte noch von wohltätigen Gönnern alimentiert wurde, versuchte sich als Hausierer, handelte mit Kurz- und Modewaren oder bot Haushaltswaren, Schmuck, Parfüm und andere kosmetische Artikel feil, die teils in Eigenregie produziert wurden.[405] Formal waren in den habsburgischen Erbstaaten »Ausländer« vom Hausierhandel bei empfindlicher Strafandrohung ausgeschlossen, doch ist wegen der hohen Mobilität der Emigranten mit einem erheblichen Dunkelfeld zu rechnen.[406] Begünstigend wirkte sich zudem das beständige Kaufinteresse aufseiten der Einheimischen aus: Weil der Güteraustausch mit Frankreich kriegsbedingten Einschränkungen unterlag, verlagerte sich mancherorts ein Teil der Nachfrage nach französischen Luxuswaren auf die Emigranten.[407]

Wer vor der staatlichen Sanktionsdrohung zurückschreckte oder keine marktfähigen Produkte anbieten konnte, nutzte die Ressourcen und Fähigkeiten, die gerade zur Verfügung standen. Im oberösterreichischen Neukirchen behalf sich

---

401 Burkhardt, Die französischen Réfugiés in Konstanz, S. 63.
402 Ebd., S. 62; Lambert, Mémoires de famille de l'abbé Lambert, S. 197.
403 Pestel, Winkler, Provisorische Integration und Kulturtransfer, S. 151.
404 Ebd., S. 159.
405 GLA Karlsruhe, Bestand 200, Freiburg, Stadt, 762, Bericht des Polizeidirektors Schmidlin, 9. Mai 1798; ÖStA/AVA, PHSt 1798/683, Liste abzuschaffender Franzosen und Fremder, 12. Mai 1798.
406 Zdeňka Stoklásková: Cizincem na Moravě. Zákonodárství a praxe pro cizince na Moravě 1750-1867 [Fremd in Mähren: Ausländergesetzgebung und Ausländerbehandlung in Österreich 1750-1867] (= Knižnice Matice Moravské, Bd. 22), Brno 2007, S. 319-320.
407 Pestel, Winkler, Provisorische Integration und Kulturtransfer, S. 150.

der Emigrant Delaunnay damit, seine beiden Pferde an örtliche Fuhrleute gegen Bezahlung zu verleihen.[408] Der greise Physikprofessor Jean Renaudin zog von Stadt zu Stadt und unterrichtete Interessierte in der Schmelzkunst.[409]

Handwerkliche Tätigkeiten und Dienstleistungen im engeren Sinne waren meist die Domäne von emigrierten Angehörigen des Dritten Standes. In Konstanz behaupteten sich Emigranten mit entsprechender Qualifikation in spezialisierten Nischen oder führten ihr bereits in Frankreich praktiziertes Handwerk als Schreiner, Goldschmied, Schneider oder Friseur fort.[410] Besonders großer Nachfrage erfreuten sich Ärzte.[411] Das zusätzliche Leistungsangebot im kleinteilig-segmentierten Wirtschaftsraum der Bodensee-»Metropole« rief naturgemäß den Widerspruch der örtlichen Zünfte auf den Plan. Nach längeren Auseinandersetzungen kam man zwar überein, dass emigrantische Dienstleistungen nur von ansässigen Flüchtlingen in Anspruch genommen werden dürften, doch taten derlei Beschränkungen den wirtschaftlichen Austauschbeziehungen kaum Abbruch.[412] Verfügte etwa ein Emigrant über spezielle Fähigkeiten, die für Produktionsprozesse in lokalen Betrieben benötigt wurden, bestanden für ihn gute Einstellungschancen, etwa in der schwäbischen Tapetenfabrikation.[413]

Südlich der Alpen, in der Hafenstadt Triest, dominierte unter den Emigranten kaufmännisches Gewerbe, das keineswegs nur auf den lokalen Markt ausgerichtet war, sondern dank des florierenden Levante-Handels auch überseeische Absatzchancen versprach.[414] Viele der emigrierten Handelsleute stammten aus südfranzösischen Küstenstädten, vor allem aus Toulon und Marseille, und waren mit der kommerziellen Praxis des Warenumschlags bestens vertraut.[415] Andere betrieben Kommissions- und Speditionshandel mit levantinischen Produkten oder nutzten ihre Kontakte, um Handelsverbindungen in die französischen Tochterrepubliken

---

408 OÖLA Linz, Landesregierung – Präsidium, Polizeiakten, Schachtel 192, fol. 162: Emigrantenverzeichnis vom 19. Juli 1798.
409 Guglia, Die ersten Emigranten in Wien, S. 189.
410 Ein quellengesättigter Überblick bei Moser, Die französische Emigrantenkolonie in Konstanz, S. 40-47.
411 Ebd., S. 46-47.
412 Ebd., S. 46.
413 Ebd., S. 41.
414 Ich rekurriere hier wiederum auf die Forschungen des Triestiner Historikers Oscar de Incontrera, der ab den 1950er Jahren die französischen Emigranten im Küstenland intensiv erforscht hat. Sein Nachlass mit Originaldokumenten, Abschriften und prosopografischen Miniaturen umfasst mehrere Faszikel und wird im Archivio diplomatico in Triest verwahrt [im Folgenden: AD Trieste / Fondo Incontrera].
415 Beispielhaft der Fall des Emigranten Caire aus Toulon, der sich in Triest niederlassen wollte, ÖStA / Finanz- und Hofkammerarchiv [FHKA] NHK Kommerz Lit, 812, Fasz. 52 (1790-1806), Staats-Vizekanzler Cobenzl an Hofkammer, 2. Mai 1794.

Nord- und Mittelitaliens zu knüpfen.[416] Ihrerseits verschafften diese Geschäftsleute Kutschern, Sattlern, Perückenmachern, Seifenherstellern und (Zahn-)Ärzten aus emigrantischem »Milieu« ein regelmäßiges Einkommen.[417] Ein Emigrant versuchte sich in der Stadt sogar als Regenschirmhersteller, gab seinen Vertrieb aber bereits 1799 wieder auf.[418]

Als kleines Familienunternehmen gestartet, avancierte das Handelshaus Labrosse zu einer der wirtschaftlich erfolgreichsten Emigrantenunternehmungen in Triest.[419] Vor seiner Niederlassung im Litorale hatte der Comte de Pontgibaud alias Joseph Labrosse Art und Umfang des Warenumschlags im dortigen Seehafen auskundschaften lassen.[420] Das Ergebnis dieser Sondierung überzeugte den Emigranten offenbar, seine kommerziellen Aktivitäten nicht vom benachbarten Venedig, sondern von Triest aus zu koordinieren. Dort spezialisierte sich Labrosse auf den Handel mit Tee, Kaffee und Maraschino, profitierte später aber vor allem von der Verlagerung von Handelsrouten während der Kontinentalsperre. So gelangten beispielsweise Textilwaren aus Smyrna, Salonika und Konstantinopel zunehmend via Triest auf den europäischen Markt. Anstellung bei Labrosse fanden nicht nur Familienmitglieder, die mit ihm emigriert waren, sondern auch ehemalige Kampfgefährten aus der Emigrantenarmee und vor Ort ansässige Franzosen.[421]

Die Labrosse'sche Niederlassung in der Dogana Vecchia wurde rasch ein Dreh- und Angelpunkt emigrantischen Lebens im Küstenland. An den umtriebigen und bestens vernetzten Labrosse wandte man sich, wenn Unterstützung beim Verkauf von Schmuck und Edelsteinen benötigt wurde, man einen Fürsprecher bei der örtlichen Verwaltung suchte, Luxuswaren, kurzfristige Darlehen oder Güter für den eigenen Kommissionshandel brauchte oder einfach nur Informationen einholen wollte. Auch bot das Handelshaus Labrosse, dessen Bankensparte mit den großen Wiener Bankhäusern geschäftlich verbunden war, bemittelten Emigranten lukrative Möglichkeiten zur Kapitalanlage. Mit einer Investition von 80.000 Livres wurden etwa die Gebrüder Spinette zu den größten Anteilseignern der Labrosse'schen Unternehmung. Als nach 1800 viele emigrantische Geldgeber ihr Kapital abzogen, um nach der Rückkehr nach Frankreich ihre zuvor enteigneten Immobilien zurückkaufen zu können, geriet das Handelshaus in einen akuten Liquiditätsengpass. Von solchen Rückschlägen erholte sich Labrosse jedoch schnell. Als angesehenes Mitglied der Triestiner Geschäftswelt fungierte er während der französischen Besetzungen 1805/06 sowie 1809 bis 1813 als Ver-

---

416 Incontrera, Giuseppe Labrosse (parte II), S. 371; ÖStA/AVA, PHSt 1799/712, Chronistische Anzeige der Polizei-Direkzion Triest, o. D.
417 AD Trieste / Fondo Incontrera, Tabellarische Aufstellung: Émigrés français à Trieste, S. 1-9.
418 Ebd., S. 3.
419 Dollot, Trieste et la France, S. 41-42.
420 Church-Duplessis, Aristocrats into Modernity, S. 108.
421 Für das Folgende siehe ebd., S. 110-116.

mittler zwischen Einwohnerschaft und Besatzungstruppen. Zudem unterhielt er ein gastfreundliches Haus, in dem er unter anderem den abgesetzten König Gustav IV. von Schweden beherbergte, und machte als pragmatischer Handelsmann Geschäfte mit allen Seiten, mit dem bourbonischen Exilhof ebenso wie mit den französischen Truppen.

Die Rolle und Lebensweise seines in der Emigration »erfundenen« Alter Ego, des Geschäftsmanns Labrosse, waren für den auvergnatischen Adligen längst selbstverständlich geworden. Lediglich auf seinem 1804 erworbenen Landgut in Ronchi nahe Triest legte der Emigrant den »Joseph Labrosse« ab und ließ während dieser Landpartien den »Comte de Pontgibaud« samt dem traditionellen Lebensstil eines begüterten Adligen wiederaufleben.[422] Folgerichtig prangte über dem Tor seiner Villa in Ronchi das alte Familienwappen der Pontgibauds.[423]

Cuisine royaliste à Trieste

Eine sehr spezialisierte Form des Erwerbslebens lag auf dem Gebiet der Gastronomie.[424] In der Habsburgermonarchie sind institutionalisierte Formen emigrantischer Gastwirtschaft relativ selten belegt, was hauptsächlich auf die korporativen Beschränkungen und die häufig fehlenden Investitionsbudgets zurückzuführen sein dürfte. Zudem lebte nur an wenigen Orten der Erbstaaten eine ausreichend große Zahl bemittelter Emigranten, die sich Produkte der französischen *Cuisine* hätten leisten und für eine anhaltende Nachfrage sorgen können. Auf die kulinarische Experimentierfreude der alteingesessenen Bevölkerung allein wollten sich Emigranten auf diesem Gebiet in den meisten Fällen offenkundig nicht verlassen.

Abgesehen von zwei Restaurants in Konstanz entstanden in den habsburgischen Kernländern in der Seehandelsmetropole Triest mehrere Gasthäuser unter emigrantischer Ägide, darunter die »Locanda all'Aquila Imperiale« des Emigranten Victor Constans sowie die »Trattoria e Locanda all'Aquila Nera«, die beide nach 1792 zu gefragten Herbergen im Zentrum der Stadt avancierten.[425]

Nach dem Tod der *Mesdames de France* 1799 bzw. 1800 übernahm der beschäftigungslos gewordene »Contrôleur de la Bouche de Mesdames«, Basinet, zusammen mit mehreren ehemaligen Küchengehilfen und dank einer Finanzspritze von Labrosse die »Locanda all'Aquila Imperiale« in der Dogana Vecchia

---

422 Dollot, Trieste et la France, S. 61-62.
423 Incontrera, Giuseppe Labrosse (parte II), S. 395-396; Church-Duplessis, Aristocrats into Modernity, S. 117-118.
424 Zu Emigrantenrestaurants als Orten des Kulturtransfers für den Fall Hamburg/Altona siehe Pestel, »Das Exil hat sein Gutes«, S. 171-173.
425 Zu Konstanz siehe Burkhardt, Die französischen Réfugiés in Konstanz, S. 65. Zu den Gasthäusern in Triest Oscar de Incontrera: Giuseppe Labrosse e gli emigrati francesi a Trieste (parte I), in: Archeografo triestino 18/19 (1952/53), S. 81-132; hier S. 124-125.

und führte sie fortan unter dem Namen »Locanda al Lauro Imperiale« weiter.[426] Am 25. Januar 1801 wurde im Beisein vieler ansässiger Emigranten Eröffnung gefeiert. Als Marketing-Clou erwies sich die im Lokalblatt »L'Osservatore Triestino« platzierte Ankündigung, in der »Locanda« würden kulinarische Delikatessen zubereitet, wie sie am königlichen Hof in Versailles gereicht worden waren.[427] Die Köche der *Mesdames de France* verstanden es also, ihre Kenntnisse der höfischen Kulinarik zielgruppengenau einzuspannen. Sie bewirtschafteten damit aber nicht nur die Geschmacksnerven der anvisierten Klientel im buchstäblichen Sinne, sondern appellierten mit diesem Angebot auch an die nostalgischen Gefühle, gewissermaßen den politischen »Geschmack« der Emigranten vor Ort. Dass es sich bei der »Locanda« tatsächlich um einen »temple de la fidélité monarchique« handelte, wie Oscar de Incontrera formuliert, zeigte sich nicht nur auf den Tellern, sondern auch am Interieur des Gasthauses.[428] Die Wände des Speisesaales waren behängt mit Bildnissen Ludwigs XVI. und Marie Antoinettes sowie einer sechsteiligen grafischen Darstellung des »Martyriums« Ludwigs aus der Werkstatt des venezianischen Künstlers Zatta.[429] Dieses Ambiente dürfte den Vorlieben der allermeisten Revolutionsflüchtlinge entsprochen, gleichzeitig aber auch interessierte »Gourmets« aus der Stadtbevölkerung angezogen haben, die für eine »royalistische« gastronomische Erfahrung offen waren. Für sie alle war die »Locanda« eine willkommene Bereicherung der bestehenden emigrantischen Infrastruktur in Triest.[430]

Emigranten als Arbeitskräfte

Nicht überall waren die Spielräume für gewerbetreibende Emigranten so groß wie in Triest. Ähnlich wie in Konstanz beschränkten die meist korporativ organisierten Produzenten auch in den habsburgischen Kernländern den Marktzugang für emigrantische Aktivitäten. Aus Mangel an Alternativen bot abhängige Beschäftigung oft den einzigen Ausweg für mittellose Revolutionsflüchtlinge. Selbst Ad-

426 Incontrera, Giuseppe Labrosse (parte II), S. 392-393.
427 Ebd.
428 Dollot, Trieste et la France, S. 43.
429 Incontrera, Giuseppe Labrosse (parte II), S. 393. Zu Zatta und dessen Darstellungen Christian-Marc Bosséno: La guerre des estampes – Circulation des images et des thèmes iconographiques dans l'Italie des années 1789-1799, in: Mélanges de l'Ecole française de Rome, Italie et Méditerrannée 102 (1990) 2, S. 367-400.
430 Der vormalige »Chirurgien de Mesdames«, Bousquet, praktizierte bis zu seinem Tod 1803 als Arzt in der Stadt. Ebenfalls mit den *Mesdames de France* verbundene Personen zogen einen Verbleib in Triest der Rückkehr vor: Der Beichtvater Madame Victoires, Abbé Madier, starb bereits kurz nach dem Tod der Prinzessin und wurde ebenfalls in San Giusto begraben, der Schatzmeister, Abbé Ruallem, verstarb dort am 30. Januar 1805; für weitere Beispiele siehe AD Trieste / Fondo Incontrera, Tabellarische Aufstellung: Émigrés français à Trieste, S. 1-9.

lige und Kleriker, die in wirtschaftliche Not geraten waren, kamen nicht umhin, selbst anzupacken, um sich ihren Lebensunterhalt zu verdienen.[431] Da die meisten über keine handwerklichen Qualifikationen verfügten, übernahmen sie Hilfskrafttätigkeiten in Schmieden, Bleichen und Mühlen, arbeiteten in Kerzenfabriken, schnitten Tabak oder stopften Kleidungsstücke.[432]

In Konstanz ergaben sich Verdienstmöglichkeiten bei anderen ökonomisch aktiven Flüchtlingsgruppen. Politisch gab es zwar mit den eher republikanisch gesinnten Genfer Emigranten kaum Überschneidungen, doch als erfolgreiche Textilfabrikanten konnten die Genfer denjenigen Emigranten einen bescheidenen Lohn verschaffen, die bereit waren, im Rahmen von Verlagsarbeit zu stricken und zu weben.[433] Mancher in Not geratene Adlige stellte eigene Bedienstete für solche Heimarbeit ab, um das Haushaltseinkommen aufzubessern.[434] Schlimmstenfalls übernahmen Adlige diese Handarbeiten sogar selbst.[435] Auch Geistliche ließen sich in Strick- und Sticktechniken einweisen, um nicht vollends auf die Freigebigkeit von Wohltätern angewiesen zu sein: »[…] ils [die Geistlichen, M.W.] avaient pris leurs premières leçons des dames émigrées et avaient continué à s'instruire les uns les autres: quelquesuns, par leur assiduité et leur adresse, atteignirent la perfection de l'art; en général pourtant, leurs ouvrages étaient médiocres […].«[436] Angeblich setzte sich sogar ein emigrierter Bischof an die Garnspindel, um anwesenden Klerikern seiner Diözese ein gutes Beispiel zu geben.[437]

Die Emigrantenunternehmer aus Lyon griffen hingegen kaum auf das vor Ort bestehende Arbeitskräftereservoir unter den Revolutionsflüchtlingen zurück, nachdem sie ihre Textilfabrikation 1794 in die Bodenseestadt verlagert hatten. Sie hatten den Großteil ihrer Belegschaften aus Lyon mitgebracht und lediglich um einige qualifizierte einheimische Arbeitskräfte ergänzt.[438] Auch in Mähren setzte Baron von Puthon für seine 1795 gegründete Tuchfabrik in Namiest nicht auf französische Emigranten, sondern auf niederländische Facharbeiter, die er gezielt anwarb.[439] Auf diese Weise ersparte er sich womöglich jahrelange Auseinandersetzungen mit der Polizei. Ganz erpicht auf emigrantische Arbeitskräfte war dagegen der Wiener Flor-Fabrikant Mayerhofer, der in seiner Seiden-Produk-

---

431 Pestel, Winkler, Provisorische Integration und Kulturtransfer, S. 150.
432 Burkhardt, Die französischen Réfugiés in Konstanz, S. 66; ein Panorama der Tätigkeiten von Geistlichen in Konstanz liefert Lambert, Mémoires de famille de l'abbé Lambert, S. 196-198.
433 Burkhardt, Konstanz im 18. Jahrhundert, S. 361-365.
434 Moser, Die französische Emigrantenkolonie in Konstanz, S. 46.
435 Ebd.
436 Lambert, Mémoires de famille de l'abbé Lambert, S. 196.
437 Ebd., S. 197.
438 Moser, Die französische Emigrantenkolonie in Konstanz, S. 45.
439 MZA Brünn, Mährisch-schlesisches Gubernium, B 95, Sign. 55, 244, Puthon an Polizeihofstelle, 16. Juni 1798.

tionsstätte in der Leopoldstadt offensiv um Emigranten warb und hierfür auch bei den Hofstellen einschritt.[440] Deren positive Reaktion (natürlich nur bei garantierter Polizeiaufsicht) bestätigt einmal mehr den Eindruck, dass gegen Ende der 1790er Jahre kameralistische Kalküle die sicherheitspolitische Reserviertheit überlagern konnten, wenn ein wirtschaftlicher Mehrwert zu erwarten war und Proteste einheimischer Produzenten ausblieben.[441]

Unternehmerische Initiativen

Anders als gewerbliche Selbständigkeit oder Lohnarbeit erforderte die Gründung von Manufakturen neben erheblichen Investitionsmitteln und einschlägigem Know-how vor allem organisatorisches Geschick und strategische Planung, da derartige »Großprojekte« der Genehmigung staatlicher Stellen sowie der Duldung ständischer Körperschaften bedurften. Die Voraussetzungen dafür waren vor allem an Orten gegeben, wo sich die Interessen von staatlicher und lokaler Verwaltung, Korporationen und Emigranten überschnitten und zudem die Aussicht bestand, auch längerfristig Nachfragepotenziale abschöpfen zu können.[442]

In der Gesamtschau erwiesen sich die meisten unternehmerischen Initiativen im Bereich der Warenproduktion als wenig dauerhaft. Die Gründe hierfür waren in den einzelnen Erbländern unterschiedlich: In den westlichen Provinzen erschwerten Kriegshandlungen den Aufbau von Produktionsstätten bzw. deren Konsolidierung. Bezeichnenderweise kam es in Vorderösterreich vor allem in der Friedenszeit zwischen 1797 und 1799 zu kurzlebigen Manufakturgründungen in der Umgebung von Freiburg, die aufgrund des wiederaufflammenden Krieges allerdings keine Aussicht auf Verstetigung hatten.[443] Emigranten reagierten auf die dauerpräsente Bedrohung sehr pragmatisch, indem sie ihre gewerblichen Aktivitäten auf die vergleichsweise »ambulanten« Bereiche Handel und Handwerk zu konzentrieren begannen. Das selten dokumentierte Angebot der Wiener Bürokratie, für erfolgreiche Fabrikanten günstige Ansiedlungsbedingungen im böhmischen oder mährischen Hinterland zu schaffen, schlugen beispielsweise die aus Lyon stammenden Fabrikanten-Brüder Courajod dankend aus. Sie zog es Ende 1798 von Konstanz nach Triest, um dort in das lukrative und vor allem weniger

---

440 Ildefons Fux: Emigrierende Trappisten in Österreich, in: Studien und Mitteilungen zur Geschichte des Benediktinerordens und seiner Zweige 98 (1987), S. 295-358; hier S. 342-343.
441 Pestel, Winkler, Provisorische Integration und Kulturtransfer, S. 150.
442 Ebd., S. 150-151.
443 So die Lichter- und Seifenfabrik beider Brüder Biechy in St. Georgen bei Freiburg, ÖStA/AVA, PHSt 1798/442, Polizeiminister Pergen an die Hofkanzlei, [1798].

ortsgebundene Wechselgeschäft einzusteigen.⁴⁴⁴ In der Hafenstadt an der Adria betätigten sich inzwischen zahlreiche Emigranten in dieser Branche.⁴⁴⁵

Trotz Kriegsbedrohung, französischer Besetzungen und einzelner Bankrotte war Konstanz der bedeutendste emigrantische Manufakturstandort in der Habsburgermonarchie.⁴⁴⁶ Den Löwenanteil in Sachen Fertigung und Arbeitskräfte machten dabei drei »Lyoner« Betriebe aus, die hauptsächlich in der Hutfabrikation tätig waren.⁴⁴⁷ Dass diese Unternehmen Mitte der 1790er Jahre gedeihen konnten, lag vor allem an den Absatzmöglichkeiten im unmittelbaren Konstanzer Umland, wo die Qualität und der Preis der Lyoner Hüte geschätzt wurden.⁴⁴⁸

In den Kerngebieten der Habsburgermonarchie standen weniger militärische Auseinandersetzungen als vielmehr organisatorische Schwierigkeiten und bürokratische Hemmnisse der Etablierung von Manufakturen im Weg. Eine probate Taktik, um bestehende Hürden zu überwinden, waren »joint-ventures«, zu denen sich Inhaber, Produzenten und Kreditgeber einer Unternehmung zusammenschlossen, um gemeinsam an die verschiedenen Verwaltungsinstanzen zu appellieren und für ihr Vorhaben zu werben. Waren unter den Gesellschaftern auch gut beleumundete Einheimische vertreten, standen die Chancen auf Umsetzung nicht schlecht. Die Gründung der Musselin-Manufaktur in Perchtoldsdorf bei Wien Ende 1798 wurde schließlich vor allem deswegen genehmigt, weil sich mit Vater und Sohn Chazel bekannte und erfahrene Fabrikanten, mit dem emigrierten Kaufmann Jean Louis Hermitte ein finanzstarker Investor und mit dem französischen Priester Pierre-François Vignier, der eine während seiner Missionstätigkeit in Konstantinopel erlernte Technik für die Musselin-Druckerei zur Anwendung bringen wollte, drei Koalitionäre um die Betriebserlaubnis bemühten, die sowohl die Hofkammer als auch die Wiener Polizeioberdirektion von ihrem Vorhaben zu überzeugen vermochten.⁴⁴⁹

---

444 GLA Karlsruhe, 209, Konstanz, Stadt, 1152, Überwachung der Emigranten 1793-1804, Schriftwechsel zwischen Stadthauptmann Blanc und Außenminister Thugut, 26. November 1798 und 2. Januar 1799.
445 Neben Labrosse betätigte sich unter anderem der Emigrant Jacques-Barthélémy-Dieudonné Fidédy de Lavergne aus Saint-Flour unter dem Pseudonym Meyer als Wechselagent in Triest; vgl. Oscar de Incontrera: Giuseppe Labrosse e gli emigrati francesi a Trieste (parte IV), in: Archeografo triestino 21 (1957/58), S. 71-141; hier S. 82-83 (dort auch sein Porträt). Dieser fungierte später als »Stadtführer« Chateaubriands bei dessen Besuch in Triest, dazu ders.: Chi fu l'accompagnatore di Chateaubriand a Trieste?, in: Archeografo triestino 20 (1955/56), S. 353-368.
446 Die Geschichte der Konstanzer Emigrantenunternehmen ist in den zitierten Arbeiten Arnulf Mosers und Martin Burkhardts detailliert rekonstruiert.
447 Moser, Die französische Emigrantenkolonie in Konstanz, S. 44.
448 Ebd., S. 45.
449 In den Gutachten der Hofkammer und der Polizei werden ausdrücklich die »Talente« und die »Gelder« der Gesellschafter gerühmt, die dem Staat »nützlich« seien; ÖStA/AVA,

In jüngerer Zeit ist vermehrt auf die Rolle bemittelter Emigranten als transnational agierende Großhändler, Investoren und Kreditunternehmer aufmerksam gemacht worden.[450] Bislang liegen für die Habsburgermonarchie über den »Fall Labrosse« in Triest hinaus kaum Forschungsergebnisse vor.[451] Aktenkundig ist zumindest, dass besagter Hermitte neben seinen Investitionen in Manufakturen auch seine mit dem Emigranten Benjamin Baboin in Augsburg gegründete Handlungssozietät 1799 nach Wien verlegte.[452] Während Hermitte das Geschäft bis zur zweiten französischen Besetzung der Stadt 1809 weiterführte, sogar die Anerkennung seines Adelstitels erlangte und erst 1811 nach Frankreich zurückkehrte, ging sein Sozius Baboin 1805 eigene Wege.[453] Er gründete in Wien ein Wechselhaus, das insbesondere Zahlungen des englischen Hofes abwickelte, jedoch schon ein Jahr später wegen des Verdachts der »Geldausschwärzung« geschlossen wurde.[454]

Die wenigen bekannten Beispiele emigrantischen Unternehmertums machen deutlich, dass ökonomische Aktivität im günstigsten Fall mit sozialem Aufstieg einherging. Dass dies keineswegs auf die Hauptstadt Wien, die Handelsmetropole Triest oder die Emigrantenhochburg Konstanz beschränkt sein musste, zeigt der folgende Fall aus der habsburgischen Provinz.

Sozioökonomischer Aufstieg in der Peripherie – Eine galizische Perspektive[455]

In den »Bemerkungen auf einer Reise von der türkischen Gränze über die Bukowina durch Ost- und Westgalizien, Schlesien und Mähren nach Wien« berichtet Joseph Rohrer, Verwaltungsbeamter in Lemberg, von den Eindrücken, die er auf seiner Reise zwischen November 1802 und April 1803 auf dem Weg von

---

PHSt 1799/21, Hofkammerpräsident Saurau an Polizeiminister Pergen, 15. Dezember 1798, sowie Polizeioberdirektion an Polizeihofstelle, 30. Dezember 1798.
450 Pestel, Winkler, Provisorische Integration und Kulturtransfer, S. 151.
451 Jüngere Beiträge zu Labrosse: Amandine Fauchon: Réseaux familiaux et construction identitaire d'une noblesse d'épée: l'exemple de l'émigré Albert-François de Moré, in: Philippe Bourdin (Hg.): Les noblesses françaises dans l'Europe de la Révolution, Rennes 2010, S. 397-412, sowie Church-Duplessis, Aristocrats into Modernity, S. 106-121.
452 Königlich-Baierische Staatszeitung von München, 23. Mai 1806 (Nr. 122), S. 497. Möglicherweise war genannter Baboin mit der Familie Pontgibaud/Labrosse verwandtschaftlich verbunden und auch mit deren Triestiner Unternehmung assoziiert; vgl. Church-Duplessis, Aristocrats into Modernity, S. 110.
453 ÖStA/HHStA, LA Belgien, Selekt Beydaels, 32, Nr. 34, Adelsprobe Hermitte, 1809; ÖStA/AVA, PHSt 1811/1803.
454 ÖStA/AVA, PHSt 1806/581; dazu Königlich-Baierische Staatszeitung von München, 23. Mai 1806 (Nr. 122), S. 497.
455 Der folgende Abschnitt ist eine gekürzte und leicht veränderte Version eines Kapitels in meinem Aufsatz: Winkler, Das Exil als Aktions- und Erfahrungsraum, S. 61-70.

Suczawa (rum. Suceava) bis in die Residenzstadt des Kaisers gesammelt hatte.[456] Rohrer war infolge der Dritten Polnischen Teilung in die Hauptstadt Ostgaliziens übergesiedelt, frönte neben der beruflichen Tätigkeit seiner Reiselust und betätigte sich als landeskundlicher Schriftsteller.

Auf seiner Route durchquerte Rohrer auch Ostgalizien. Er erging sich in Betrachtungen über Industrie und Gewerbe in dieser ansonsten landwirtschaftlich geprägten Region, bedauerte die geringe Anzahl von Manufakturen, identifizierte aber auch Entwicklungspotenziale, beispielsweise einen verstärkten Export lokal erzeugter Waren in das Osmanische und das Russische Reich. Für besonders erwähnenswert hielt er eine neue Tuchfabrik in Zalosce (ukr. Salisz¢i), einer kleinen Siedlung rund 90 Kilometer östlich von Lemberg, die nach seinen Worten von einem gewissen Direktor Schmidt geleitet wurde und Tuchweber aus Schlesien beschäftigte. Sollte es gelingen, weitere qualifizierte Arbeiter anzuwerben, so Rohrer, könne diese Fabrik in der Grenzregion durchaus »unfehlbare Aufnahme« finden.[457]

Hinter den vielen landeskundlichen Detailinformationen verbirgt sich in Rohrers Bericht eine unverhoffte Perspektive auf die unternehmerischen Aktivitäten französischer Emigration in dieser peripheren Region. Die erwähnte Fabrik ging nämlich nicht auf die Initiative des nicht weiter bekannten Direktors Schmidt, sondern auf zwei französische Emigranten zurück, die 1799 in diesem östlichsten Winkel der Habsburgermonarchie eine Manufaktur zu gründen gewagt hatten.

Pierre Mongin und Joseph Doschot[458] hatten zum Zeitpunkt dieses unternehmerischen Engagements bereits eine siebenjährige »Emigrationskarriere« hinter sich, die sie aus der Franche-Comté über die Schweiz, Prag, Krakau und Lemberg schließlich nach Zalosce geführt hatte. Zum ersten Mal in der Habsburgermonarchie nachweisbar ist Doschot im Jahr 1797 in einer Krakauer Fremdenliste.[459] Aktenkundig ist dort ein »Joseph Magnin Deschot«, von Beruf Feldmesser, gebürtig zu Besançon, 1792 aus Frankreich ausgewandert und nach einigen Jahren in Neuchâtel inzwischen auf dem Landgut des Grafen Feliks Łubieński zu Zagość in Westgalizien als Hofmeister und Lehrer der gräflichen Kinder beschäftigt. Da er sich in Krakau nicht auszuweisen vermochte, wurde von der örtlichen Polizeidirektion eine Untersuchung angestrengt, die ergab, dass Łubieński sogar noch drei weiteren französischen Emigranten auf seinem entlegenen Gut Unterschlupf gewährt hatte.

Der westgalizische Gouverneur Margelik setzte daraufhin über den üblichen Geschäftsgang die Polizeihofstelle in Wien über den Fall in Kenntnis. Doschot war

---

456 Joseph Rohrer: Bemerkungen auf einer Reise von der türkischen Gränze über die Bukowina durch Ost- und Westgalizien, Schlesien und Mähren nach Wien, Wien 1804.
457 Ebd., S. 203-204.
458 In der französischen Urform Magnin Tochot.
459 ÖStA/HHStA, StK, Notenwechsel Polizeihofstelle 21, Verzeichnis der französischen Emigranten in Krakau Nr. 33 (19. Februar 1797).

laut Margeliks Bericht mit einem Pferdegespann vom Gut Łubieńskis nach Krakau gekommen, »um hier verschiedene Sachen einzukaufen« und eine »phisikalische Maschine verfertigen zu lassen«.[460] Nachdem aufgefallen war, dass Doschot gegen nahezu alle geltenden Direktivregeln verstoßen hatte – er besaß keine formelle Aufenthaltsgenehmigung, hielt sich auf dem Land auf und betätigte sich obendrein als Erzieher –, ließ man ihn zwar nach Zagość zurückkehren, doch wurde das Kreisamt Kielce, in dessen Distrikt das gräfliche Landgut lag, beauftragt sicherzustellen, dass Doschot binnen 14 Tagen das Land verließe.[461]

Die Emigrationsgeschichte Doschots hätte an diesem Punkt zumindest für die Habsburgermonarchie beendet sein können, wäre er tatsächlich über die nächstliegende Grenze ins Ausland »instradirt« worden. Dass dies nicht geschah, zeigt eine Anfrage der Wiener Hofkammer bei Polizeiminister Pergen anderthalb Jahre nach dem Aufgreifen Doschots in Krakau, in welcher nun auch der zweite Gründer der von Rohrer erwähnten Tuchfabrik, Pierre Mongin, ins Spiel kommt.

Mongin, ebenfalls aus der Franche-Comté, hatte sich bei einem Aufenthalt in Wien an den Hofkammerpräsidenten Saurau mit der Bitte gewandt, in der Nähe von Lemberg eine Tuchfabrik eröffnen zu dürfen.[462] Mongin war wie Doschot im Jahr 1792 aus Frankreich ausgewandert und über die Schweiz und Schwaben zunächst nach Warschau und später nach Wien gelangt. Als Berufsbezeichnung gab Mongin »Tuchfabrikant« an; unter seinen Mitreisenden befanden sich unter anderem ein Leinenweber und ein Tuchmacher. Da sich im Sommer 1798 nach Briefwechseln mit der Wiener Polizei und dem ostgalizischen Landespräsidium keine Genehmigung für das Unternehmen abzeichnete, reiste Mongin nach Lemberg, um dort die Entscheidung der zuständigen Stellen abzuwarten.

Ob sich Mongin und Doschot bereits aus ihrer Heimat kannten oder erst im Laufe ihrer Emigration Bekanntschaft machten, ist unbekannt. Sicher ist aber, dass Mongin seinen Landsmann in die Fabrikpläne einweihte und beide fortan gemeinsame Sache machten, wie ein Schreiben des inzwischen auch in Lemberg befindlichen Doschot an die Hofkammer vom September 1798 bezeugt. Diese informierte die Polizeihofstelle über den Vorschlag des Franzosen, eine Tuchfabrik im Schloss von Tarnowitz (pl. Tarnowiec) in Ostgalizien einrichten und dafür »30 bis 40 ausländische Gehilfen« einstellen zu wollen.[463] Für die Hofkammer war dieses unternehmerische Engagement offenkundig so willkommen, dass man das Gubernium in Lemberg anzuweisen bereit war, Doschot das leerstehende Schloss unentgeltlich als Produktionsstandort zu überlassen. Der Polizeiminister

460 ÖStA/AVA, PHSt 1797/246, Gouverneur Margelik an Polizeiminister Pergen, 9. Mai 1797.
461 ÖStA/AVA, PHSt 1797/246, Polizeiminister Pergen an Gouverneur Margelik, 16. Mai 1797.
462 ÖStA/HHStA, StK, Notenwechsel Polizeihofstelle 21, Verzeichnis der französischen Emigranten in Krakau, Nr. 71 (12. Juli 1798).
463 ÖStA/AVA, PHSt 1798/989, Hofkammer an Polizeiminister Pergen, 3. September 1798.

wurde lediglich befragt, ob er die Anstellung so vieler Arbeiter aus dem Ausland unter Aufsichtsaspekten als problematisch ansehen würde.

Die geplante Fabrik in Tarnowiec nahm den Betrieb wohl niemals auf, weil sich inzwischen eine neue Tür für die Unternehmung geöffnet hatte. In Lemberg hatten Doschot und Mongin Bekanntschaft mit dem polnisch-galizischen Adligen Ignacy Miączyński gemacht, der in Ostgalizien ausgedehnte Güter besaß und die beiden Emigranten schließlich überzeugte, ihre Fabrik im weiter östlich gelegenen Zalosce aufzubauen, wo ihm ein herrschaftliches Anwesen gehörte. Er knüpfte damit an die schon unter Joseph II. geübte Praxis an, im Sinne kameralistischer Bevölkerungspolitik Kolonisten auf den großflächigen Herrengütern in Galizien anzusiedeln (Privatkolonisation), in diesem Fall pikanterweise französische Revolutionsemigranten.

Miączyński und die beiden Emigranten wandten sich nun gemeinsam an die Wiener Stellen:

> Die Handelsleute und Fabrikanten Mongin und Doschot, unterstüzt vom Hr Grafen Mioczynsky, sind [...] des Vorhabens im herrschaftl. Gebäude zu Zalosce Tuch-, Leinwand- und Lederfabriken zu errichten, haben zu dem Ende Kapitalisten, und Arbeiter im Auslande, zur Theilnahme eingeladen, [...] wie es das den Briefen beiliegende Nahmenverzeichnis beweisen soll; und bitten um, daß die Staatsverwaltung, nach vorläufiger Prüfung dieser fremden Fabriktheilnehmer – selben die Anherkunft und den Aufenthalt in Ostgalizien [...] gestatten möchte. Die reichhaltige Liste von den sich hiezu gemeldeten fremden Arbeiter enthält mehrere Priester; Und fast durchweg Franzosen [...].[464]

Zwei französischsprachige Begleitschreiben Miączyńskis und Doschots flankierten die Eingabe. Miączyński hob hervor, dass die Fabrik einen wichtigen Beitrag zur »prosperité de la Monarchie autrichienne« leisten und seinem Land in Zalosce – »ce pauvre pays éloigné de la capitale« – »un avenir plus heureux et encouragé« verheißen würde.[465] Er selbst hatte bereits mit französischen Emigranten zu tun gehabt, hatte er doch im Jahr zuvor für einen emigrierten Geistlichen aus Nancy, der über profunde landwirtschaftliche Kenntnisse verfügte und die gräflichen Güter in Zalosce verwalten sollte, eine Aufenthaltsbewilligung erbeten.[466] Doschot verwies seinerseits auf das lautere Interesse des Grafen, die ländliche Wirtschaft zu fördern, was als Beweis für dessen untadeligen Patriotismus gelten dürfe.[467] Letzteres sollte dem Polizeiminister wohl als Hinweis dienen, dass man es bei

---

464 ÖStA/AVA, PHSt 1799/566, Polizeiminister Pergen an Gouverneur Gaisruck, 9. Mai 1799.
465 Ebd., Begleitschreiben des Grafen Ignacy Miączyński, o.D.
466 ÖStA/AVA, PHSt 1798/1014, La Fare an Polizeiminister Pergen, 15. November 1798.
467 ÖStA/AVA, PHSt 1799/566, Begleitschreiben Joseph Doschots, o.D.

Miączyński mit einem Vertreter jenes Teils des polnisch-galizischen Adels zu tun hatte, der jeder Art Rebellion gegen die Landesherrschaft unverdächtig war.

Das Namenverzeichnis, das die Petenten einschickten, umfasste 102 Personen und weckte zunächst Misstrauen, da einige Priester unter den Genannten waren. Der ostgalizische Gouverneur Gaisruck vermutete gar, dass den beiden französischen Unternehmern womöglich nur daran gelegen sei, möglichst vielen ihrer Landsleute einen Unterschlupf zu verschaffen. Dieses Unbehagen hatte den Gouverneur schon zuvor veranlasst, Wien zu warnen, dass französische Emigranten insbesondere in Ostgalizien, wo sie auf die polnische Bevölkerung träfen, »staatsgefährdend« seien, da sich aus beiden Gruppen ein explosives Amalgam ergäbe:

> Schon der leidenschaftliche Hang der pohlnischen Nazion für alles was französisch ist, die mit ihrem Schicksale in einem gleichen Verhältnis stehende Theilnahme an dem Unglücke dieser Unglücklichen, die Sprachkenntnisse und der beyden dieser Nazionen angebohrene Leichtsinn verkettet die Gemüther auf das engste. Diese Emigranten, sie mögen aristokratisch oder demokratisch denken, wenige ausgenommen, suchen anfangs Mitleyden zu erwerben, sodann durch ihre Geschwäzigkeit und Prahlerei die Gemüther ihrer Wohlthäter zu gewinnen, diese mit der Zeit ganz zu beherschen, alles was nicht französisch ist zu verächten, [und] gegen die Deutschen und deutschen Sitten los zu ziehen [...].[468]

Trotz solcher Einwände gestattete Pergen so vielen Arbeitern die Ansiedlung in Zalosce, wie für den Produktionsablauf benötigt wurden.[469] Als ehemaliger Gouverneur Galiziens kannte er die Probleme dieser Provinz aus eigener Anschauung, weswegen er das Gesuch wohl ohne größeren Auflagen genehmigte. Es steht zu vermuten, dass zwei Faktoren die positive Entscheidung begünstigten: die Befürwortung durch die Hofkammer und die Region der beabsichtigten Niederlassung, Ostgalizien, wo unter peuplierungspolitischen Prämissen durchaus Ausnahmeregelungen eines derartigen Umfangs denkbar waren.

Die genauen Umstände der Fabrikgründung liegen im Dunkeln. Lediglich eine Zeitungsannonce aus dem Jahr 1802 kann die Geschehnisse zwischen 1799 und 1802 zumindest partiell aufhellen. In der »Staats- und Gelehrte[n] Zeitung des Hamburgischen unpartheyischen Correspondenten« veröffentlichte der eingangs von Rohrer genannte Direktor Schmidt folgenden Text:

---

468 ÖStA/AVA, PHSt 1798/696, Gouverneur Gaisruck an Polizeiminister Pergen, 14. März 1798.
469 ÖStA/AVA, PHSt 1799/566, Polizeiminister Pergen an Gouverneur Gaisruck, 20. Mai 1799.

Ich Endesunterschriebener habe die Ehre, ein hochgeehrtes Publicum zu benachrichtigen, daß, da die bisherigen Inhaber der seit 1799 errichteten, von Sr. K. K. Majestät privilegirten Tuchfabrique in Zalosce, Herr Mongue [recte: Mongin], mit Tode abgegangen, Herr Doschot aber mit andern Handlungs-Speculationen sich beschäfftiget, der Erbherr und Eigenthümer der Herrschaft Zalosce, Herr Graf von Mionczynski [recte: Miączyński], kraft einer dem 13ten August a. c. auf dessen Schlosse Pinaki [recte: Pieniaki, ca. 10 km nordwestlich von Zalosce] geschlossenen Complanation und vollkommener Befriedigung der bisherigen Herren Inhaber, besagte Fabrik gänzlich übernommen und mir die Direction derselben anvertraut hat; so ersuche ich ein geehrtes Publicum, mit Bestellungen von nun an sich an mich zu wenden. Ich werde mich bestreben, jedermann mit allen Sorten Tüchern von der besten Gattung um die billigsten Preise zu befriedigen.

Zalosce, den 14ten August 1802. Daniel Gottfried Schmidt, der K. K. privilegirten Tuchfabrique in der Gräfl. Mionczynskischen Herrschaft Zalosce in Ostgallizien, Zloczower Kreises, bevollmächtigter Director[470]

Mongin und Doschot hatten ihre Fabrik, die von Beginn an mit einem kaiserlichen Privileg versehen war, tatsächlich 1799 in Betrieb genommen. Die beiden Emigranten führten die Fabrik eigenverantwortlich, waren also Inhaber und nicht etwa nur von Miączyński eingesetzte Verwalter. Die Herstellung von Tuchwaren selbst – in welchem Umfang bleibt unklar – scheint zumindest so erfolgreich gewesen zu sein, dass die Fabrik bis 1802, immerhin knapp drei Jahre lang, in Betrieb war. Erst das Ableben Mongins und das Engagement Doschots auf anderen Gebieten machten eine Änderung in der Geschäftsführung möglich. Miączyński erwarb die Fabrik von den verbliebenen Inhabern und setzte Schmidt als Verwalter ein. Dieser vermochte sie mithilfe neuer englischer Webstühle innerhalb eines Jahrzehnts zur größten Tuchfabrik in Ostgalizien zu machen.[471] Für das Kaisertum Österreich hatte sie bald eine so große Bedeutung, dass man nach der Niederlage im 5. Koalitionskrieg 1809 im Rahmen der Friedensverhandlungen von Schönbrunn nachdrücklich und letztlich erfolgreich darauf bestand, die Gegend um Zalosce von den umfangreichen Gebietsabtretungen an Russland auszunehmen.[472]

Den letzten Schritt in dieser Unternehmergeschichte in der Peripherie tat Doschot nach dem Tod seines Sozius Mongin allein. Der Hinweis Schmidts auf die Beschäf-

---

470 Staats- und Gelehrte Zeitung des Hamburgischen unpartheyischen Correspondenten, 2. April 1803 (Nr. 53), o. S.
471 Hesperus. Ein Nationalblatt für gebildete Leser, Juni 1813 (Nr. 41), S. 323; Vaterländische Blätter für den österreichischen Kaiserstaat, 3. Jg., 29. Mai 1810 (Nr. 7), S. 72.
472 Paulus Adelsgruber, Laurie Cohen, Börries Kuzmany: Getrennt und doch verbunden. Grenzstädte zwischen Österreich und Russland 1772-1918, Wien; Köln; Weimar 2011, S. 91.

tigung Doschots mit »andern Handlungs-Speculationen« liefert den Anknüpfungspunkt. Die Berufsangabe »Feldmesser« aus der Krakauer Fremdenliste, der Bericht Gouverneur Margeliks, Doschot habe in der Stadt eine »phisikalische Maschine« anfertigen lassen wollen, und der Aufbau der Tuchfabrik in Zalosce legen nahe, dass Doschot ein technisch versierter Tüftler, Ingenieur und Erfinder gewesen sein muss. Diese Fertigkeiten beförderten seine weitere Karriere.

Nachdem Doschot sich aus dem Tuchfabrikationsgeschäft zurückgezogen hatte, heiratete er wohl 1803 die Tochter des aus Aix-en-Provence stammenden und nach Österreich emigrierten ehemaligen Deputierten Balthazar d'André, Joséphine, und lebte mir ihr zunächst in Wien. Dort hatte sich sein Schwiegervater, der angesichts der anhaltenden Erfolge Napoleons seine politischen Ambitionen an den Nagel gehängt hatte, der Verbesserung der Landwirtschaft verschrieben, ein Gut südlich von Wien gekauft, dieses zu einem agrarischen Modellbetrieb ausbauen lassen und schließlich die »k. k. Landwirthschafts-Gesellschaft« mitgegründet.[473]

Sollte Doschot nach der Amnestie 1802 Aussicht auf Streichung von der Emigrantenliste als Voraussetzung für eine risikolose Rückkehr nach Frankreich gehabt haben, war diese mit der Verbindung zur streng royalistischen Familie d'André in weite Ferne gerückt. Anstelle einer Rückkehr ergab sich die Möglichkeit einer dauerhaften Etablierung im Exilland. Möglicherweise mit Mitteln aus dem Verkauf der Fabrik erwarb Doschot Güter in der Nähe von Stanislau (ukr. Stanislaviv) in Galizien und ließ sich dort nieder.[474] 1811 wurde er von Kaiser Franz I. in den Ritterstand des Königreiches Galizien und Lodomerien aufgenommen und firmierte seitdem unter dem Titel »Ritter v. Doschot«.[475] Diese Art der Nobilitierung ohne Kooptation durch die Standesversammlung mit entsprechendem Aufnahmeverfahren war in den polnischen Teilungsgebieten, die an Österreich gefallen waren, eine häufig praktizierte Form der Erhebung in den Adelsstand für Personen, »deren Elitenstatus bzw. symbolisches Kapital in erster Linie auf Leistung basierte«[476] und die als Angehörige einer aus Wiener Sicht loyalen Regionalelite etabliert werden sollten.

473 Josef Häusler: Die Entwicklung der K.K. Landwirtschaftsgesellschaft in Wien während ihres hundertjährigen Bestandes. Aus Anlaß der hundertjährigen Jubelfeier der K.K. Landwirtschafts-Gesellschaft in Wien, Wien 1907.
474 Vaterländische Blätter für den österreichischen Kaiserstaat, 3. Jg., 29. Mai 1810 (Nr. 7), S. 73.
475 Otto-Titan von Hefner: Neues Wappenbuch des blühenden Adels im Königreiche Galizien, München 1863, S. 9, Tafel 9 (Doschots Wappen).
476 Miloš Řezník: Der galizische Adel, in: Ulrike Harmat, Helmut Rumpler, Peter Urbanitsch (Hg.): Die Habsburgermonarchie 1848-1918, Bd. 9: Soziale Strukturen, 1. Teilbd.: Von der feudal-agrarischen zur bürgerlich-industriellen Gesellschaft, Teilbd. 1/2: Von der Stände- zur Klassengesellschaft, Wien 2010, S. 1015-1042; hier S. 1020. Mit der Aufnahme in die galizische Landtafel erreichte Doschot sieben Jahre später (1818) auch die ständische Legitimation seines Titels, vgl. Frank-Döfering, Adelslexikon des österreichischen Kaisertums, S. 69, Nr. 1324, 1325.

In den Jahren nach seiner Nobilitierung widmete sich Doschot dem Ingenieurwesen und beschäftigte sich intensiv mit technischen Verbesserungen von Heizungen, Öfen und mechanischen Instrumenten. Zuvor hatte er auf seinem Gut bei Stanislau eine holländische und schlesische Bleiche eingerichtet.[477] Der Durchbruch gelang ihm 1818 – die »Wiener Zeitung« berichtete von der Gewährung eines kaiserlichen Privilegs auf eine Reihe von Erfindungen:

> Se. k. k. Majestät haben dem Ritter v. Doschot, in Gallizien, auf seine Erfindungen eines neuen Heitz- und Koch-Apparats und einer neuen Bretsäge-Maschine, ein ausschließliches Privilegium auf sechs nach einander folgende Jahre gnädigst zu verleihen geruhet [...].[478]

Bei Nichtbeachtung dieses Privilegs drohten empfindliche Strafen. Obwohl Doschot nach 1815 mindestens einmal nach Paris reiste, wo sein Schwiegervater inzwischen als Intendant der *Maison du Roi* fungierte, er seine Beziehungen zum Heimatland also nicht gänzlich abbrach, hatte sich im Zuge des langjährigen Exils sein Lebensmittelpunkt unstrittig in die Habsburgermonarchie verschoben. Dort starb Doschot 1834.[479] Die Nachkommen des Revolutionsemigranten aus der Franche-Comté, der in seinem Exil zu Titel und Wohlstand gekommen war, sind bis in die Zwischenkriegszeit des 20. Jahrhunderts in Galizien nachweisbar.[480]

4.3 Kulturelle Vermittlung

Ökonomische Interessen der Emigranten waren oftmals auch eine der Triebfedern für Transferaktivitäten auf dem Gebiet der »Schönen Künste«. Das hohe Prestige, das französische Kunst und Kultur auch in Revolutionszeiten in den Aufnahmeländern genossen, und die Wertschätzung, mit der viele Einheimische ihren Exponenten begegneten, ermöglichten einschlägig befähigten Emigranten

---

477 Vaterländische Blätter für den österreichischen Kaiserstaat, 3. Jg., 29. Mai 1810 (Nr. 7), S. 73.
478 Wiener Zeitung, 22. August 1818 (Nr. 191), S. 761. Das Innovative der Heizung bestand einer Werbeannonce zufolge darin, dass »mit der Hälfte des sonst nöthigen Brennmaterials allen Zimmern eines Gebäudes von 3 Stockwerken die erforderliche Wärme gegeben werden kann, ohne hierzu mehr als einen Heitzer nothwendig zu haben. Wegen der reinen Wärme, wegen Beseitigung des Rauchs und aller Feuersgefahr, wegen der großen Ersparnis an Brennmaterial, wegen so vielen wesentlichen Vortheilen, welche dieser Apparat gewährt, eignet er sich ganz vorzüglich für große Gebäude, z.B. Casernen, Fabriken, Spitäler, Theater u.s.w. Er kostet 200 bis 1000 fl. W.W., je nachdem er größer oder kleiner verlangt wird«; Allgemeines Intelligenzblatt zur Oesterreichisch-Kaiserlichen privilegirte Wiener Zeitung, 29. August 1820 (Nr. 197), S. 389.
479 Gazeta Lwowska, 25. Oktober 1834 (Nr. 127), S. 2192.
480 Aleksandra Ziółkowska-Boehm: The Polish Experience through World War II: A Better Day Has Not Come, Plymouth 2013, S. 23, 87, Anm. 4.

schöpferische Tätigkeiten und Leistungen während ihres Exils, deren Vielgestaltigkeit und (Nach-)Wirkung in jüngerer Zeit erkannt und verstärkt ins Zentrum kulturtransferorientierter Forschung gerückt wurden.[481]

Im Folgenden wird die Mittlerrolle der Emigranten exemplarisch in zwei Transferfeldern untersucht, die ähnlich wie in Pestels Weimar-Studie durch spezifische Kulturtechniken mit künstlerischem Bezug strukturiert sind: *Zeichnen und Malen* sowie *Planen und Bauen*.[482] Über die Würdigung der künstlerischen Leistungen einzelner Emigranten hinaus ermöglicht dieser Ansatz, der Prozesshaftigkeit des Transfergeschehens angemessen Rechnung zu tragen und neben der Mittlerrolle der Emigranten auch den Anteil der Einheimischen an den Transferprozessen herauszuarbeiten.

Zeichnen und Malen

Von allen »Künstler(e)migranten« (Gerrit Walczak) der Revolutionsära, deren Parcours in den 1790er Jahren die Länder der Habsburgermonarchie tangierte, ist in jüngerer Zeit der Malerin Élisabeth Vigée-Lebrun wohl die größte Aufmerksamkeit der (kunst-)historischen Forschung zuteil geworden.[483] Ihre rund dreijährige Präsenz in Wien zwischen 1792 und 1795, die die Künstlerin in ihren »Souvenirs« ausführlich dokumentierte, stieß dabei nicht nur wegen der »dichten Beschreibung« des Wiener Gesellschaftslebens auf Interesse.[484] Vielmehr stellte sich heraus, dass ihr Aufenthalt in der Kaiserstadt von einem äußerst produktiven Schaffen in ihrer Paradedisziplin, der Porträtmalerei, geprägt war. Ihr Wiener Œuvre allein umfasst 31 Gemälde und 24 Pastelle.[485]

Der seit Ende 1789 zunächst in verschiedenen Städten Italiens tätigen Malerin gelang es, sich nach dem Scheitern ihrer ursprünglich beabsichtigten Rückkehr nach Frankreich rasch als Porträtistin in Wien zu etablieren.[486] Sie profitierte hierbei besonders vom protegierten Zugang in die gesellschaftlichen Kreise potenzieller Kunden der Wiener Aristokratie, der erst vom kaiserlichen Minister in Mailand, Wilczek, dann vor allem von Kaunitz in Wien ermöglicht wur-

---

481 Höpel, Emigranten in Preußen; Manske, Möglichkeiten und Grenzen des Kulturtransfers; Pestel, Weimar als Exil; Pestel, Winkler, Provisorische Integration und Kulturtransfer.
482 Pestel, Weimar als Exil, S. 145.
483 Haroche-Bouzinac, Vigée Le Brun; Walczak, Artistische Wanderer; zuletzt auch die große Ausstellung im Pariser Grand Palais, vgl. Baillio, Salmon, Élisabeth Louise Vigée Le Brun.
484 Angelica Goodden: The Sweetness of Life. A biography of Elisabeth Louise Vigée Le Brun, London 1997; Walczak, Vigée-Lebrun.
485 Vigée Le Brun, Souvenirs, S. 564-566.
486 Zur Wiener Zeit der Malerin siehe Walczak, Vigée-Lebrun, S. 28-37.

de.[487] Letzterer sorgte mit dem Angebot, ihr zuvor schon in Venedig gezeigtes Porträtbild »Lady Hamilton als Sibylle« (1792) über mehrere Wochen in seinem Salon auszustellen, für eine einmalige Werbebühne in einem der ersten Häuser der Stadt.[488]

In seinen Studien zu Vigée-Lebrun arbeitet Walczak heraus, dass das im Palais Kaunitz präsentierte Gemälde künstlerische Impulse widerspiegelte, die die Malerin während ihres Aufenthalts in Italien aufgenommen hatte, darunter die Vorliebe für Charaktermodelle aus der antiken Mythologie sowie Haltungsmotive, die sie den Porträts ihrer Konkurrentin Angelika Kauffmann entlehnte.[489] Eine weitere Nachwirkung ihrer »Italien-Erfahrung«, die Vigée-Lebrun seitdem in ihren Porträtarrangements operationalisierte, betraf die Landschaftsdarstellung im Bildhintergrund, der die Malerin verstärkte Aufmerksamkeit schenkte und hierfür auch in der Wiener Umgebung Zeichenstudien betrieb.[490] In Kombination trugen diese Elemente zum Stil ihrer Wiener Arbeiten bei, der, wie die Künstlerin rückblickend selbst bemerkte, zu diesem Zeitpunkt durchaus einen Nerv des lokalen Publikums traf und die Nachfrage rasant anwachsen ließ.[491] Gerade die Vorliebe der Wiener Aristokratie für Rollenspiele und Theateraufführungen, die integraler Bestandteil vieler geselliger Zusammenkünfte waren, korrespondierte unmittelbar mit den antikisierenden Rollenporträts, die Vigée-Lebrun anfertigte.[492] Maria Josepha von Esterházy stellte sie als Ariadne in einer Grotte, die Tochter des Bankiers Fries als Sappho singend mit einer Lyra in der Hand und Fürst Henryk Lubomirski als Amphion umgeben von drei Najaden, den ebenfalls nach Wien emigrierten Töchtern der Duchesses de Guiche und de Polignac sowie ihrer eigenen Tochter Julie, dar.[493]

Bei der Auftragsakquise profitierte Vigée-Lebrun von ihrem privilegierten Zugang zu Salons und Gesellschaften, wo sie auf potenzielle Besteller traf. Auch in ihrem Atelier, das sie in der Wiener Innenstadt anmietete, tummelten sich bald Interessenten.[494] Aufgrund dieses von Anfang an »direkten Drahts« zu ihren Auftraggebern war die Malerin nicht auf intermediäre Instanzen, d.h. den lokalen Kunstmarkt, Kunsthändler oder die Akademie der bildenden Künste, angewie-

---

487 Vigée Le Brun, Souvenirs, S. 465.
488 Ebd., S. 470; Haroche-Bouzinac, Vigée Le Brun, S. 277. Zur »Sibylle« als Mittel der Kundenwerbung an allen Emigrationsstationen Vigée-Lebruns wiederum Walczak, Artistische Wanderer, S. 31-34.
489 Zu Vigée-Lebruns künstlerischer Entwicklung in Italien Walczak, Artistische Wanderer, S. 100-114.
490 Vigée Le Brun, Souvenirs, S. 485-486, 566.
491 Ebd., S. 478.
492 Ebd., S. 475-476; dazu Walczak, Vigée-Lebrun, S. 33.
493 Vigée Le Brun, Souvenirs, S. 564-565.
494 Ebd., S. 477-478.

sen.⁴⁹⁵ Der persönliche Kontakt zu ihrem wachsenden Kundenkreis, dem neben Diplomaten, Bankiers und einheimischen Adligen auch weitere Angehörige der Familie Polignac angehörten, verschaffte Vigée-Lebrun in ihrer Wiener Zeit nicht nur stete Einnahmen, sondern auch eine Position, die tendenziell ihrer gesellschaftlichen Stellung im vorrevolutionären Paris entsprach.⁴⁹⁶ Dass ihr gleichwohl eine feste Anstellung an der Wiener Akademie oder am Hof versagt blieb, ja die kaiserliche Familie zeit ihres Aufenthalts ihr gänzlich die kalte Schulter zeigte, musste für die Malerin, die vor der Revolution immerhin persönliche Porträtistin Marie Antoinettes und Mitglied der *Académie Royale* gewesen war und vor ihrer Ankunft in Wien sowohl die *Mesdames de France* in Rom als auch die königliche Familie in Neapel hatte porträtieren dürfen, mehr als enttäuschend sein.⁴⁹⁷ Ob diese Nichtbeachtung jedoch als Ausdruck einer nachträglichen Missbilligung ihres »frühen« Weggangs aus Paris gedeutet werden kann, der am Wiener Hof angeblich als eine »Form persönlicher Illoyalität der Malerin gegen Marie-Antoinette«⁴⁹⁸ aufgefasst wurde, bleibt angesichts fehlender Zeugnisse spekulativ.⁴⁹⁹ Die Aussicht auf eine feste Anstellung am Petersburger Hof dürfte für sie jedenfalls ausschlaggebend gewesen sein, Anfang 1795 Wien in Richtung Russland zu verlassen.⁵⁰⁰

Konnten Porträtisten wie Vigée-Lebrun an ihren wechselnden Tätigkeitsorten auf eine relativ verlässliche Nachfrage privater Auftraggeber zählen, entbehrten Landschafts- und Historienmaler, die in der Emigration ihrem Genre treu blieben, einer auskömmlichen Finanzierung, die gewöhnlich durch Höfe oder Kunstakademien gewährleistet wurde.⁵⁰¹ Wie Walczak betont, kam erschwerend hinzu, dass für französische Künstler die Wahrscheinlichkeit, im Ausland als Hofmaler oder Akademielehrer (ausgenommen Ehrenmitgliedschaften) in Dienste genommen zu werden, bereits seit der Jahrhundertmitte erheblich gesunken war, nachdem gerade Historienmaler aus Frankreich in den Jahrzehnten zuvor noch bevorzugt mit großen Auftragswerken betraut worden waren.⁵⁰²

Vor diesem Hintergrund gilt die Ernennung Gabriel François Doyens zum Direktor der Petersburger Akademie und zum »Premier Paintre de Sa Majesté

---

495 Walczak, Vigée-Lebrun, S. 29.
496 Ebd., S. 37.
497 Ders., Artistische Wanderer, S. 108-109, 331-332.
498 Ebd., S. 332.
499 Haroche-Bouzinac, Vigée Le Brun, S. 271-272, bringt das Desinteresse des Kaiserpaares wiederum mit der generellen Reserviertheit gegenüber französischen Emigranten in Verbindung.
500 Ebd., S. 293.
501 Walczak, Artistische Wanderer, S. 34.
502 Ebd.

Impériale de Russie« 1792 als nahezu singuläre Ausnahme.[503] Doch wurde auch in Wien zumindest ein Künstleremigrant an eine prestigereiche Institution berufen. Im Unterschied zu Doyen verließ der Maler Ignace Du Vivier (auch Duvivier) sein Heimatland zwar nicht mit der sicheren Aussicht auf eine hochdotierte Stellung. Nach rund einem Jahrzehnt in der Emigration wurde der Schüler Francesco Casanovas aber schließlich Ende 1801 als Mitglied in die Wiener Akademie der bildenden Künste aufgenommen, wo er sich fortan als Zeichenlehrer betätigte.[504] Somit gelang sein künstlerischer Durchbruch in Wien erst zu einem Zeitpunkt, als für Vigée-Lebrun das Emigrationskapitel mit ihrer Rückkehr aus Petersburg nach Paris bereits abgeschlossen war.

Nach seinem Weggang aus Frankreich und einem kurzen Zwischenspiel in Dresden war der 1758 im südfranzösischen Rians geborene Du Vivier 1794 nach Wien gelangt, wo er seinen früheren Lehrer Casanova wiedertraf, der selbst 1783 von Paris nach Österreich übergesiedelt war.[505] Über Du Viviers Exilleben ist bis 1801 fast nichts bekannt. Seine künstlerische Produktion umfasste in dieser Zeit vor allem Druckgrafiken, darunter die düstere Radierung »À la Mémoire de Madame la Duchesse de Polignac« (1794?), die zu Du Viviers ersten Wiener Werken gehörte und wahrscheinlich aus Anlass des ersten Todestages Madame de Polignacs angefertigt wurde.[506]

Geläufigstes Motiv im Wiener Œuvre Du Viviers waren zeitlose pastorale Darstellungen, mit deren außerordentlicher Qualität schließlich auch seine Aufnahme in die Akademie begründet wurde – sein (drei Jahre verspätet eingereichtes) Aufnahmebild »Die Tränke« (1804) fand bei der Übergabe an der Akademie »allgemeinen Beyfall«.[507] Zwar scheiterte Du Vivier in den Folgejahren mit seinen Bemühungen um eine ordentliche Professur, doch unterrichtete er fast zwei Jahr-

503 Haroche-Bouzinac, Vigée Le Brun, S. 288; Walczak, Artistische Wanderer, S. 34-35, 324-328.
504 Archiv der Akademie der bildenden Künste Wien [künftig AABK], Jahr 1801: Protokoll der allgemeinen akademischen Versammlung, 1. Dezember 1801, Aufnahme Du Viviers.
505 Obwohl seit 1783 in Wien ansässig, konnte Francesco Casanova auch eine kurze »Emigrantenkarriere« vorweisen: 1799 wurde er von den Pariser Behörden rückwirkend als Emigrant eingestuft, nachdem diese den Fall seiner getrennt von ihm lebenden Gattin untersuchten, die zwischen 1794 und 1796 in den Niederlanden und Deutschland lebte; vgl. Walczak, Artistische Wanderer, S. 16, Anm. 41. Die Streichung von der Liste der Emigranten geschah im darauffolgenden Jahr. Zu Casanova in Wien Brigitte Kuhn: Der Landschafts- und Schlachtenmaler Francesco Casanova, in: Wiener Jahrbuch für Kunstgeschichte 37 (1984) 1, S. 89-118.
506 Eine Sammlung von Du Viviers Radierungen beherbergt das Philadelphia Museum of Art, darunter auch das genannte Werk: https://www.philamuseum.org/collections/permanent/18594.html?mulR=1025621841|1 [10.5.2020]. Im Jahr 1800 erschien bei Stöckl in Wien eine Sammlung von neun Landschaftsdarstellungen Du Viviers.
507 AABK, Jahr 1801: Protokoll der allgemeinen akademischen Versammlung, 1. Dezember 1801, Aufnahme Du Viviers; ferner der Artikel »Duvivier«, in: Ulrich Thieme, Hans

Abb. 4: Ignace Duvivier, À la memoire de Madame la Duchesse de Polignac (1794?); © Philadelphia Museum of Art, Accession Number 1985-52-42133. Text in Bildmitte: Je respecte son Souvenir.

zehnte an der »Landschafts-Zeichnungsschule«, deren Stellung in der Akademie unter dem Direktorat Heinrich Friedrich Fügers erheblich aufgewertet wurde. Neben dem Schlachten- und Historienmaler Johann Nepomuk Hoechle und dem Architekturmaler und Lithografen Alois von Saar zählten dort auch Franz Xaver Lampi und Anna Potocka, née Tyszkiewicz, zu Du Viviers Schülerkreis.[508] Gerade der Einfluss des Franzosen auf Hoechle findet hinsichtlich Motivwahl und technischer Ausführung in dessen frühen Zeichnungen sichtbaren Niederschlag.[509]

Auch mit seinen eigenen Werken stieß Du Vivier auf dem Wiener Kunstmarkt zunehmend auf Anklang. Der 1806 zum Direktor der kaiserlichen Gemäldega-

Vollmer, Felix Becker (Hg.): Allgemeines Lexikon der bildenden Künstler von der Antike bis zur Gegenwart, Zehnter Band: Dubolon-Erlwein, Leipzig 1914, S. 253.
508 Bspw. AABK, Zeugnisse Du Viviers für Alois von Saar vom 29. Juni 1802 und vom 31. Mai 1805.
509 Etwa Hoechles Zeichnung »Reiter vor Waldschenke« erinnert stark an die Landschaftsszenen Du Viviers, vgl. Albertina Sammlungen Online. URL: https://sammlungenonline.albertina.at/?query=search=/record/objectnumbersearch=[32640]&showtype=record [10.5.2020].

lerie aufgestiegene Hofmaler Füger – schon als Akademiedirektor ein Förderer Du Viviers – erwarb dessen prämierte »Landschaft mit Wasserfall« (unbekanntes Jahr) für die neukonzipierte Schausammlung im Belvedere.[510] Künstlerisch verlegte sich Du Vivier in der Tradition seines 1803 verstorbenen Lehrers Casanova ab Mitte der 1800er Jahre vermehrt auf Schlachtengemälde, ein Genre, dem in der napoleonischen Ära der »Stoff« nicht ausging, das den Maler jedoch schnell selbst zwischen die Fronten geraten lassen konnte. So hatte das schon in seinen Ausmaßen gewaltige Bild »Niederlage der französischen Armee bei Aspern« (1810), das Du Vivier pünktlich zum ersten Jahrestag der Schlacht anfertigte, durchaus politische Brisanz, da es nicht nur an die erste Niederlage Napoleons auf dem Schlachtfeld erinnerte, sondern den Kaiser der Franzosen zudem noch in wenig schmeichelhafter Pose, in einem Kahn die Donau überquerend, darstellte – folglich das Geschehen aus einem »österreichischen« Blickwinkel künstlerisch kommentierte.[511]

Zum Entstehungskontext des Gemäldes selbst ist nichts Genaues bekannt. Aktenkundig ist jedoch, dass die Frage nach dessen öffentlicher Zurschaustellung im Belvedere im Juli 1810 auf höchster Ebene die Alarmglocken läuten ließ.[512] Der um das neue österreichisch-französische Bündnis besorgte Metternich mahnte eindringlich, »bey den neuerlich eingetrettenen Verhältnissen« – der Hochzeit Erzherzogin Marie-Louises mit Napoleon – »die gehörige Rücksicht darauf zu nehmen, daß der französische Kaiser [...] nicht etwa in einem Lichte erscheine, welches zu Beschwerden oder mißfälligen oder gehässigen Auslegungen Anlaß geben könnte«.[513] Nach eingehender Prüfung konnte Polizeiminister Hager den Staatskanzler, der sich als neuer »Curator« der Akademie womöglich persönlich in der Verantwortung sah, schließlich beruhigen: Das Gemälde Du Viviers zeige den Kaiser der Franzosen »in der vollen Haltung der Geistesgegenwart«; auch den von Metternich erwogenen Zensurmaßnahmen nahm Hager mit dem Hinweis, dass eine »Unterdrückung eines solchen Kunstwerkes bey allen Gebildeten einen nicht günstigen Eindruck machen und selbst als indirekter Angriff auf den Ruhm jenes Tages betrachtet werden könnte«, den Wind aus den Segeln.[514]

---

510 Sabine Grabner: Vom »malenden« zum »wissenschaftlichen« Galeriedirektor. Die Leitung der kaiserlichen Gemäldegalerie und die Installation der »Modernen Schule« durch die Direktoren Friedrich Heinrich Füger, Josef Rebell und Johann Peter Krafft, in: Gudrun Swoboda (Hg.): Die kaiserliche Gemäldegalerie in Wien und die Anfänge des öffentlichen Kunstmuseums, Bd. 2: Europäische Museumskulturen um 1800, Wien; Köln; Weimar 2014, S. 358-383; hier S. 361.
511 Theodor von Frimmel (Hg.): Studien und Skizzen zur Gemäldekunde, Bd. 1, Wien 1913, S. 214.
512 ÖStA/AVA, PHSt 1810/884, Note an Kaiser Franz, 2. Juli 1810.
513 ÖStA/AVA, PHSt 1810/844, Staatskanzler Metternich an Polizeiminister Hager, 10. Juli 1810.
514 ÖStA/AVA, PHSt 1810/844, Polizeiminister Hager an Staatskanzler Metternich, 21. Juli 1810.

Nach dem (vorläufigen) Sieg über Napoleon 1814 schenkte Kaiser Franz auf Empfehlung Fügers das Gemälde schließlich der Theresianischen Ritterakademie.[515]

Der mit der Akademiemitgliedschaft einhergehende Status und die Anerkennung als Künstler verhalfen Du Vivier zu einer herausgehobenen gesellschaftlichen Stellung.[516] In seinem Domizil in der Wiener Innenstadt veranstaltete er regelmäßig abendliche Salons, wo unter dem Dirigat Salieris musiziert wurde. In Wien verbliebene Emigranten wie die Gebrüder de Croÿ gehörten hier ebenso zu den Besuchern wie die Gräfin Rzewuska.[517] In das napoleonische Frankreich zurückzukehren, war für Du Vivier angesichts seiner erfolgreichen Etablierung in Wien ebenso ausgeschlossen wie eine Rückkehr im Gefolge der Ultras nach 1814/15. Die Gründe und Umstände seines Entschlusses, dennoch Anfang der 1820er Jahre seinen Wiener Wohnsitz aufzugeben und wieder nach Paris umzusiedeln, liegen jedoch im Dunkeln. Sein Sterbejahr 1832 – inmitten der großen Pariser Cholera-Epidemie – ist dagegen verbürgt.

Im Unterschied zu Du Vivier und Vigée-Lebrun erlebte der letzte hier zu behandelnde Maler, François-Guillaume Ménageot, die ersten Jahre der Revolution an herausgehobener Position der französischen Kunst- und Kulturpolitik – allerdings nicht innerhalb der geografischen Grenzen Frankreichs, sondern als Direktor der *Académie de France* in Rom, einer Außenstelle der königlichen Kunstadministration und »kulturelles Aushängeschild der französischen Monarchie«[518] in Italien.[519] In dieser Exklave Frankreichs waren seit dem Aufgalopp der Revolution die politischen Spannungen zwischen der promonarchischen *Académie*-Leitung und den vielen revolutionsaffinen Stipendiaten stetig gewachsen. Bald nach dem Sturz der konstitutionellen Monarchie sah sich Ménageot gezwungen, sein Amt aufzugeben, nachdem die zunehmend handfesten Konflikte zwischen Revolutionssympathisanten und -gegnern innerhalb und außerhalb der *Académie* seine Stellung heillos unterminiert hatten.[520] Mit der Entscheidung des Nationalkonvents, die Aufsicht über die *Académie* dem neuen französischen Geschäftsträger in Rom zu übertragen, wurde die bisherige künstlerische Leitungsebene vollends

---

515 Frimmel, Studien und Skizzen zur Gemäldekunde, 1, S. 214. Heute existieren von dem Bild nur noch ein in Tusche ausgeführter Entwurf des Malers in der Albertina sowie eine kleine Kopie von Rudolf von Alt. Bedeutend weniger kontrovers war das andere großformatige Gemälde Du Viviers aus dessen Wiener Zeit, das »Mohrenstechen in der spanischen Hofreitschule« (heute im Kunsthistorischen Museum Wien).
516 Viele Werke Du Viviers befinden sich heute in der Sammlung der Albertina.
517 Rzewuska, Mémoires, 1, S. 224-225. Du Vivier unterhielt auch einen Zweitwohnsitz in Baden bei Wien.
518 Walczak, Artistische Wanderer, S. 85.
519 Zur Biografie Ménageots Nicole Willk-Brocard: François-Guillaume Ménageot (1744-1816), peintre d'histoire, directeur de l'Academie de France á Rome, Paris 1978; zur Académie Henry Lapauze: Histoire de l'Académie de France à Rome, 2 Bde., Paris 1924.
520 Walczak, Artistische Wanderer, S. 117.

demontiert. Infolge der anschließenden Tumulte, die in der Erstürmung und Plünderung der *Académie* und der Ermordung ihres neuen Leiters gipfelten, verfügte die Regierung des Kirchenstaates im Februar 1793 die Ausweisung aller französischen Staatsbürger aus Rom, was einen Exodus der noch in der Stadt befindlichen Akademiker einschließlich des ehemaligen Direktors Ménageot nach sich zog.[521]

Während der größere und prorevolutionär gesinnte Teil der Künstler nach Frankreich ging, verblieb ein kleinerer Teil in verschiedenen norditalienischen Staaten, vor allem im Großherzogtum Toskana.[522] Ménageot selbst ließ sich dagegen in Vicenza nieder, das zu diesem Zeitpunkt zur Republik Venedig gehörte, nach Campo Formio mit der ganzen *Serenissima* an Österreich fiel.[523] Seine dortige Exilzeit bis zur Rückkehr nach Frankreich 1801 ist bisher kaum erforscht. Pawlik erwähnt lediglich einen kurzen Wien-Aufenthalt Ménageots, Walczak einen Abstecher nach Florenz 1797, wo Ménageot als Ehrenmitglied in die *Accademia delle Belle Arti* aufgenommen wurde.[524] Ein Angebot, nach Petersburg zu gehen, schlug er aus.[525] Die Gastfreundschaft der adligen Familie Valle verschaffte ihm in Vicenza nicht nur eine Unterkunft nahe dem Marienheiligtum am Monte Berico, sondern auch eine Einführung in exklusive Zirkel der Stadtgesellschaft.[526] Ähnlich wie Vigée-Lebrun und andere emigrierte Maler unterhielt sich Ménageot in dieser Phase hauptsächlich durch Porträtmalerei, bot aber auch Zeichenunterricht an und stellte seine Expertise zudem für kunsthistorische Untersuchungen zur Verfügung, etwa dem Mönch Filippo Antonio Disconzi, der inmitten der chaotischen

---

521 Ebd., S. 124.
522 Zu den französischen Künstleremigranten in Florenz ebd., S. 133-192. Walczak verweist auf die in Florenz bestehende Nachfrage meist englischer Italientouristen nach Porträts und Historienbildern, die Malern wie François-Xavier Fabre zu einem sicheren Einkommen verhalf. Doch erwog Fabre noch im April 1793 eine Umsiedlung nach Wien, wo sein Bruder Henri als Leibarzt in der Suite des emigrierten Duc de Croÿ wirkte. Über diesen bemühte sich Henri bei den Ministern Thugut und Pergen um Einreisedokumente für seinen Bruder François-Xavier und den Vater Joseph; vgl. ÖStA/HHStA, StK, Notenwechsel Polizeihofstelle 1, Außenminister Thugut an Polizeiminister Pergen, 9. April 1793. Der zu diesem Zeitpunkt noch sehr umständliche Geschäftsgang der Wiener Hofstellen verzögerte die Umsiedlungspläne schließlich so lange, bis Fabre sich angesichts lukrativer Aufträge, die er inzwischen erhalten hatte, für den Verbleib in Florenz entschied.
523 Willk-Brocard, Ménageot, S. 42.
524 Pawlik, Emigranten in Österreich, S. 116; Walczak, Artistische Wanderer, S. 135-136, 154.
525 Boppe-Vigne, Émigrés français de Constantinople en Russie pendant la Révolution, S. 415.
526 Agata Keran: François-Guillaume Ménageot a Monte Berico. Storia di un'amicizia ai tempi di guerra, in: Arte Documento. Rivista e Collezione di Storia e tutela dei Beni Culturali 33 (2017), S. 206-211.

Kriegsumstände 1796/97 die Kunstwerke im Marienheiligtum am Monte Berico erforschte und inventarisierte.⁵²⁷

Angehörige der Vicentiner Oberschicht ließen sich die Chance, von einem der bekanntesten französischen Maler der Zeit porträtiert zu werden, nicht entgehen. Das heute in Ferrara ausgestellte Bild der Seidenfabrikantenfamilie Tiepolo (1801) ist wahrscheinlich das letzte Werk Ménageots, das im Exil entstand.⁵²⁸ Wenn auch hier eine Anlehnung an die Kompositionen Kauffmanns zu erkennen ist, zeigen sich doch ebenso Anleihen an die koloristische Tradition seiner venezianisch geprägten Umgebung, von der sich der Maler offenkundig inspirieren ließ. Am deutlichsten ist diese originelle Verknüpfung seines eingeübten »römisch-klassizistischen« Stils mit der venezianischen Farbenpracht in dem opulentesten Werk seiner Vicentiner Phase zu erkennen: dem Altarbild »Sacra Famiglia con gli angeli« (1796/97), das Ménageot für das Marienheiligtum am Monte Berico anfertigte und das eine Episode aus der Fluchtgeschichte der Heiligen Familie in Ägypten darstellte.⁵²⁹

Dass Ménageot für dieses öffentlichkeitswirksame Bild eine archetypische Exilszene wählte und diese zudem in einen landschaftlichen Rahmen einfügte, der an die Umgebung Vicenzas erinnert, war sicherlich kein Zufall, sondern lag in seiner jüngeren biografischen Erfahrung und lebensweltlichen Situation begründet.⁵³⁰ Eine solche direkte, wenngleich sehr zurückhaltende, ikonografische Referenz des eigenen Exilschicksals ist für Werke, die die genannten Künstlerpersönlichkeiten in der Emigration schufen, ungewöhnlich. Die Abhängigkeit von Nachfrage und Absatz gab den ökonomischen Interessen klar den Vorrang vor jeder noch so dezenten Selbstthematisierung oder Darstellung der eigenen Revolutions- und Exilerfahrung. Auch waren Aufträge aus emigrantischem »Milieu« eher rar und blieben meist auf Porträts beschränkt, die kompositorisch *à la mode* waren, jedoch nicht den Umstand der Emigration oder des Exillebens zum künstlerischen Gegenstand erhoben. Eine explizite »politische« Exilmalerei, weder reflexiv noch propagandistisch, entstand in den Ländern der Habsburgermonarchie im Unterschied etwa zu den Arbeiten Pierre-Henri Danloux' in England nicht.⁵³¹

Planen und Bauen

Ungleich stärker als in der Malerei waren emigrantische Aktivitäten in Architektur und Bauwesen von einer langfristig angelegten Investitionsbereitschaft bemittelter Auftraggeber vor Ort abhängig. Verglichen mit dem »Bauboom« des

527 Ebd., S. 209; Filippo Antonio Disconzi: Notizie intorno al celebre santuario di Maria Vergine posto sul Monte Berico, Vicenza 1800.
528 Das Bild gehört heute zur Fondazione Cariplo, URL: http://www.artgate-cariplo.it/it/opere-in-mostra/tiepolo-carra/ritratto-della-famiglia-tiepolo.html [18.5.2020].
529 Keran, Ménageot a Monte Berico, S. 207.
530 Zu den ikonografischen Details siehe ebd.
531 Walczak, Artistische Wanderer, S. 39-41.

Hochbarock nahmen sich die Projekte einheimischer Adliger in den 1790er Jahren allerdings bescheidener aus und beschränkten sich vornehmlich auf Aus- und Umbauten der Stadtpalais in Wien und einzelner Landsitze. Der Schwerpunkt lag insbesondere auf garten- und innenarchitektonischen Verschönerungen, Erweiterungen und Neugestaltungen.[532]

Vorherrschend in der frühfranziszeischen Zeit war ein repräsentativer Stil, der spätbarocke und klassizistische Elemente zu einer eigentümlichen Synthese zusammenführte und der deswegen in der kunst- und architekturhistorischen Literatur als »Barockklassizismus« firmiert.[533] Demgegenüber verloren die nüchternen Formen klassizistischer Architektur französischer Prägung, die unter Joseph II. insbesondere am Hof hoch im Kurs gestanden hatten, nach dem Tod ihres Hauptvertreters in Wien, des Franzosen Isidore Canevale, deutlich an Akzeptanz.[534]

Gleichwohl durften Architekten aus Frankreich, die im Geiste der dort seit Mitte des 18. Jahrhunderts von Ange-Jacques Gabriel und Marie-Joseph Peyre vertretenen reduktionistischen, von Étienne-Louis Boullée und Claude-Nicolas Ledoux dann ins »Protofunktionalistische« und Antibarocke gesteigerten Architektur(-theorie) ausgebildet worden waren und um 1800 in die Habsburgermonarchie gelangten, dann auf Aufträge hoffen, wenn sie ihre rationalistische Formenstrenge durch barocke Komponenten zu einem dekorativen »Prunkstil« (Renate Wagner-Rieger) erweiterten.[535] Bekanntester frankreichstämmiger Architekt, dem dieses Kunststück gelang, war Charles de Moreau, der jedoch nicht als Revolutionsemigrant nach Österreich gelangte, sondern, von Nikolaus II. Esterházy persönlich in Paris angeworben, erst Ende 1803 nach Wien kam und daher im Folgenden nicht berücksichtigt wird.[536]

Nota bene war es derselbe 1794 (unerwartet plötzlich) zum Majoratsherrn aufgestiegene Nikolaus II. Esterházy, der schon fast ein Jahrzehnt zuvor in einem französischen Emigranten den geeigneten Architekten für die weitreichenden Umgestaltungen seiner Residenzen in Wien gefunden zu haben meinte: Jean-François

---

532 Renate Goebl: Architektur, in: Klassizismus in Wien: Architektur und Plastik. Sonderausstellung des Historischen Museums der Stadt Wien, 15. Juni bis 1. Oktober 1978, Wien 1978, S. 32-42; hier S. 34.
533 Ebd., S. 38.
534 Ebd.
535 Ebd., S. 39.
536 Stefan Kalamár: Daten zu Leben und Werk des Pariser Architekten Charles Moreau zwischen 1803 und 1813, in: Acta historiae artium 45 (2004), S. 109-169; ders.: Die baulichen Aktivitäten von Nikolaus II. Fürst Esterházy im ersten Jahrzehnt seiner Regierung, in: Wolfgang Gürtler, Martin Krenn (Hg.): Die Familie Esterházy im 17. und 18. Jahrhundert. Tagungsband der 28. Schlaininger Gespräche, 29. September – 2. Oktober 2008 (= Wissenschaftliche Arbeiten aus dem Burgenland, Bd. 128), Eisenstadt 2009, S. 289-316; hier S. 312-316; Richard H. Kastner: Der Architekt Karl (Charles) Moreau, in: Wiener Geschichtsblätter 69 (2014) 4, S. 277-304; Architektenlexikon Wien 1770-1945: Charles (Karl) Moreau. URL: http://www.architektenlexikon.at/de/1186.htm [4.6.2020].

Thomas de Thomon, dessen Schaffen während seiner fast siebenjährigen Exilzeit in Wien zwischen 1791 und 1798 lange als ephemer angesehen, im Zuge zunehmender Forschungsbemühungen gerade im Hinblick auf seine Mittlerrolle beim Transfer »revolutionsklassizistischen« Planens und Bauens inzwischen aber deutlich differenzierter betrachtet wird.[537]

Thomas de Thomon hatte seine Ausbildung an der Pariser *École des Ponts et Chaussées* und der *Académie Royale d'Architecture* mit einem dreijährigen Studienaufenthalt an der *Académie de France* in Rom abgeschlossen und war am Vorabend der Revolution nach Paris zurückgekehrt.[538] Die Umstände seiner Emigration Ende 1790 liegen ebenso im Dunkeln wie sein Weg nach Wien und die Jahre bis zur Indienstnahme durch Esterházy. Gesichert ist lediglich, dass Thomas de Thomon in Wien mit dem Duc de Polignac in engem Kontakt stand, der seinerseits – wie bereits gezeigt – mit Nikolaus II. Esterházy freundschaftlich verbunden war. Eine der ersten Berührungen mit der Familie Esterházy könnte daher eine von Polignac vermittelte Anstellung des Franzosen als Zeichenlehrer für die Tochter des Magnaten, Leopoldine, gewesen sein.[539] Ob sich Thomas de Thomon schon vor 1794 an der Umgestaltung der Innenräume des Majoratshauses Esterházys in der Wiener Wallnerstraße beteiligte, ist dagegen nicht belegt. Sicherlich beruht aber eine von Stefan Kalamár behauptete Protektion Thomas de Thomons durch Polizeiminister Pergen auf einem Missverständnis.[540] Pergen hatte sich vielmehr routinemäßig bei Polignac erkundigt, ob es sich bei dessen (!) »protegé« Thomas de Thomon tatsächlich – wie angegeben – um einen gebürtigen Schweizer handelte, der folglich nicht nach den Direktivregeln zu behandeln wäre, was Polignac mittels eines notariellen Attests beglaubigen ließ.[541]

Als Esterházy im April 1794 der *Suite* Polignacs sein Schloss Kittsee als Refugium anbot, zeichnete sich die Beauftragung Thomas de Thomons mit eigenständigen Projekten in Wien wohl schon ab. Wie Stefan Körner in seiner Esterházy-Studie herausgearbeitet hat, suchte der experimentierfreudige und neuen

537 So zuletzt Stefan Körner: Nikolaus II. Esterházy (1765-1833) und die Kunst: Biografie eines manischen Sammlers, Wien; Köln; Weimar 2013, bes. S. 88-93. Der etablierte kunsthistorische Terminus »Revolutionsklassizismus« erscheint bei einem Emigranten der Revolution unpassend, bezeichnet hier aber im strengen Sinne die architektonische Formensprache, die in ihren Grundzügen bereits Jahrzehnte vor der Revolution in Frankreich gelehrt wurde.

538 Zur Ausbildung Boris Lossky: Un architecte français en Russie à l'aube du XIXe siècle: J.P. Thomas, dit de Thomon, in: Revue des études slaves 57 (1985) 4, S. 591-604, bes. S. 593-595.

539 Kalamár, Leben und Werk des Architekten Charles Moreau, S. 113.

540 Ebd., S. 112-113; ders., Die baulichen Aktivitäten von Nikolaus II. Fürst Esterházy, S. 300.

541 ÖStA/AVA, PHSt 1794/274, Polizeiminister Pergen an den Duc de Polignac, 16. April 1794, darin das notarielle Attest vom 5. April 1794 und das Schreiben von Polignac an Pergen vom 6. April 1794.

architektonischen Formen gegenüber stets aufgeschlossene Majoratsherr für die Erweiterung und Neugestaltung seines Wiener Gartenpalais in der Landstraße einen visionären Architekten, von dem er sich vor allem in gartenbaulicher Hinsicht originelle Akzente versprach.[542] Nachdem mithilfe Polignacs die polizeiliche Aufenthalts- und Betätigungserlaubnis für Thomas de Thomon erreicht war, vergrößerte Esterházy durch schrittweise Zukäufe anliegender Grundstücke sein Gartenpalais und erwirkte vom Wiener Magistrat die Genehmigungen für die Anlage eines Landschaftsgartens. Kurz vor Beginn seiner Italienreise nahm er den Franzosen im November 1794 schließlich formell als fürstlichen Hofarchitekten unter Vertrag.[543]

Für Thomas de Thomon eröffnete sich auf den Besitzungen Esterházys ein weitläufiges Experimentierfeld. Die damit verbundenen Gestaltungsmöglichkeiten lösten bei ihm sofort einen fast fieberhaften Produktivitätsschub aus. Seine in kurzer Folge erstellten Entwürfe für eine Schule, ein Badhaus und einen Musentempel im Landstraßer Garten, der als Ausstellungsort für Esterházys in Italien erworbene Kunstgegenstände dienen sollte, zeigen, dass sich Thomas de Thomon als Schüler Julien-David Le Roys vor allem an dessen aus dem Studium der klassischen Architektur Griechenlands gewonnenen Formensprache, an den baulichen Leitideen Ledoux' sowie dem Neopalladianismus englischer Prägung orientierte.[544]

Das geplante Badhaus etwa nahm äußerlich die streng geometrischen Formen des antiken Tempelbaus auf, wartete aber mit einer prächtigen Innenraumgestaltung auf, die jener in Ledoux' Pariser *Hôtel Thélusson* ähnelte.[545] Alle diese um 1795 entwickelten Projekte gelangten jedoch nicht über das Entwurfsstadium hinaus. Lediglich die Räume des Neubadgebäudes im Majoratshaus in der Wallnerstraße wurden nach den Plänen Thomas de Thomons umgestaltet.[546]

Dagegen machten im ersten Halbjahr 1795 die Arbeiten am Gartenpalais in der Landstraße rasche Fortschritte, was in der Wiener Stadtgesellschaft nicht unbemerkt blieb. In seinem Tagebuch berichtet Zinzendorf am 7. August 1795 von einem Gespräch bei der Fürstin Auersperg, welches um den dort »nach Anleitungen des Monsieur Thomas« errichteten neuen, »der Wollust geweihten Tempel mit obszönen Statuen« kreiste.[547] Neugierig geworden, verschaffte sich Zinzendorf am Folgetag einen eigenen Eindruck von der Anlage. Auch er empörte sich über den »Tempel, angefüllt mit ägyptischen Statuen, von denen zwei sich gegenüberstehende geschnitzte Platten tragen. Wenn man diese entfernt, kommt auf der einen

---

542 Körner, Nikolaus Esterházy, S. 84.
543 Kalamár, Leben und Werk des Architekten Charles Moreau, S. 112.
544 Körner, Nikolaus Esterházy, S. 83-84.
545 Ebd., S. 88, Anm. 108. Zum Musentempel, der den musealen Prinzipien von Esterházys Rom-Führer Aloys Hirt folgen sollte, ders., Nikolaus Esterházy, S. 83-84.
546 Körner, Nikolaus Esterházy, S. 84.
547 Hans Wagner: Wien von Maria Theresia bis zur Franzosenzeit. Aus den Tagebüchern des Grafen Karl von Zinzendorf, Wien 1972, S. 139.

Abb. 5: Jean-François Thomas de Thomon, Ansicht und Schnitt der Eremitage für den Esterházy-Garten auf der Wiener Landstraße, Planzeichnung (1795); The State Hermitage Museum, St. Petersburg, Photograph © The State Hermitage Museum / Photo by Pavel Demidov, Inv.-Nr. OP-23463.

Seite ein großer Priap, auf der anderen die Geschlechtsteile der Frau zutage.«[548] Bei dem »Tempel« handelte es sich um die nach Plänen Thomas de Thomons erbaute Eremitage, bestehend aus einem ionischen Rundtempel als Eingangsbereich mit einem sich daran anschließenden winkelförmigen Haupttrakt.

Wie bei anderen Entwürfen des Architekten aus dieser Zeit lehnte sich die Außenform des Komplexes an französische Vorbilder an, doch waren die Innenräume inklusive der von Zinzendorf monierten Anspielungen auf sexuelle Lustbarkeiten entsprechend der neuesten Orientmode gestaltet, die in Wien nach dem Friedensschluss mit dem Osmanischen Reich besonders verbreitet war. Abgesehen von den »obszönen« Figuren gab es ein »Türkisches Kabinett« mit einer Vielzahl von Liegemöbeln, Ottomanen und einem gesonderten Alkoven mit Bett.[549]

Aus den detaillierten Ausführungen Zinzendorfs zu den einzelnen Elementen der Gartenanlage mit Wasserlauf, Kaskaden, Brücken und weiteren exotischen Gebäuden erkennen Kalamár und Körner Parallelen zum zwischen 1778 und 1780 gestalteten *Parc de Bagatelle* im Bois de Boulogne, dessen Entstehung Thomas de Thomon als Akademist in Paris wahrscheinlich mitverfolgt hatte.[550] Mit Blick auf die inspirierende Wirkung des neugestalteten Gartenpalais in Wien weist Körner darauf hin, dass in der Anlage regelmäßig ein illustrer Freundeskreis Esterházys zusammenkam, von dessen Mitgliedern nach 1800 viele künstlerische Impulse in Wien ausgingen.[551] Möglicherweise diente der Landstraßer Garten den ebenfalls um 1795 in Wien entstandenen Gartenanlagen Andrei Rasumowskis als Vorbild.

Die Tätigkeit für Esterházy verschaffte dem Emigranten Thomas de Thomon nicht nur regelmäßige Einkünfte. Wie die Schilderungen Zinzendorfs nahelegen, erhöhten seine als provokativ wahrgenommenen Bauten vor allem seine Bekanntheit in der Stadt – in dieser Zeit entstand auch das Porträt des Architekten von Vigée-Lebrun –, aber auch darüber hinaus.[552] Einen ersten externen Auftrag erhielt der Franzose von der Fürstin Lubomirska, die wie Esterházy eine begeisterte Kunstsammlerin war. Sein antikisierend-ornamentaler Entwurf für eine Skulp-

---

548 Ebd.
549 Körner, Nikolaus Esterházy, S. 90-91.
550 Kalamár, Leben und Werk des Architekten Charles Moreau, S. 113; Körner, Nikolaus Esterházy, S. 92, Anm. 124.
551 Körner, Nikolaus Esterházy, S. 91.
552 Vigée Le Brun, Souvenirs, S. 566. Das Pastell gilt als verschollen, vgl. u. a. Kalamár, Leben und Werk des Architekten Charles Moreau, S. 113. Allerdings sprechen gute Gründe dafür, dass das im Louvre befindliche »Portrait du comte Moriz de Fries« Vigée-Lebruns nicht den Bankierssohn und späteren Mäzen zeigt, sondern Thomas de Thomon; dazu Christian Steeb: Die Grafen von Fries. Eine Schweizer Familie und ihre wirtschaftspolitische und kulturhistorische Bedeutung für Österreich zwischen 1750 und 1830, Bad Vöslau 1999, S. 343.

turengalerie für Schloss Lubomirski im westgalizischen Łańcut wurde Ende der 1790er Jahre ausgeführt.553

Ungeachtet dieser Erfolge beurteilte Thomas de Thomon seine Gestaltungsmöglichkeiten in den habsburgischen Erbstaaten bald als rückläufig. Die von ihm federführend betreuten Umbauarbeiten an der Landstraße zogen sich zwar noch bis 1798 hin, doch blieben die meisten anderen Entwürfe, darunter eine monumentale Schwefelbadanlage, die er für die Besitzungen Esterházys in Großhöflein anfertigte, ohne Aussicht auf Umsetzung.554 Offenbar begann auch Esterházy selbst an den Bauideen Thomas de Thomons zu zweifeln, dessen reduktionistischer Stil ihm wohl »langfristig architektonisch zu streng« vorkam.555 So sah er auch davon ab, den Franzosen auf seine größte »Baustelle«, die Schloss- und Gartenanlage in Eisenstadt, anzusetzen, obwohl nach der Kündigung Benedikt Hainrizis, der als leitender Architekt vor Ort erste Umbaupläne entwickelt, sich dann aber mit dem ausführenden Baumeister Joseph Ringer überworfen und im April 1796 entnervt aufgegeben hatte, ein Planungsnotstand für die Umgestaltung der Gesamtanlage ergeben hatte.556 Auch von einer Übertragung ingenieurstechnischer Aufgaben bei konkreten Bauvorhaben sah der Fürst ab. Vor diesem Hintergrund begründete Thomas de Thomon in seinem Kündigungsschreiben vom 17. Februar 1798 schließlich seinen Entschluss, in Russland einen Neuanfang zu machen:557

> Dans l'espace de six ans je me suis défait avec peine de tres peu de mes ouvrages, et contre mon attente J'ai ete rarement employée comme Architecte Ingenieur, ce qui est ma veritable profession. [...] La Russie m'offre, mon Prince, un Espoir beaucoup mieux fondé de reussir, et je me propose de m'y rendre apres le mois de mars [...].558

Während Thomas de Thomon in Russland seinem – inzwischen gut erforschten – Karrierehöhepunkt entgegenstrebte, gelang es um 1800 anderen Revolutionsemigranten, sich langfristig in der Habsburgermonarchie als Architekten zu etablieren.559 Zu diesem Kreis zählt auch Louis Gabriel Remy, ein gebürtiger Elsässer, der sich seit 1793 in Wien aufhielt, jedoch nicht für private Auftraggeber arbei-

---

553 Lossky, Un architecte français en Russie, S. 597-598, datiert die Umsetzung der Baumaßnahme fälschlich auf 1792/93.
554 Körner, Nikolaus Esterházy, S. 109.
555 Ebd., S. 93. So auch schon Goebl, Architektur, S. 38.
556 Kalamár, Die baulichen Aktivitäten von Nikolaus II. Fürst Esterházy, S. 294.
557 Zu seinen durchschlagenden Erfolgen in Petersburg u.a. Lossky, Un architecte français en Russie.
558 Zit. n. Kalamár, Leben und Werk des Architekten Charles Moreau, S. 161, Anm. 22.
559 In weiterem Sinne Revolutionsemigrant war freilich auch Louis Montoyer, der aus den Österreichischen Niederlanden nach Wien gelangte und als Hauptvertreter des »repräsentativen« Klassizismus um 1800 gilt; Goebl, Architektur, S. 38.

tete, sondern eine Laufbahn im Staatsbaudienst einschlug und es schließlich bis zum »Generalhofbaudirectionskanzleydirector« brachte.[560] Im Unterschied zu Thomas de Thomon hatte Remy seine Ausbildung nicht in französischen »Architektenschmieden«, sondern an der k.k. Ingenieurs-Akademie abgeschlossen, war also mit Geschmack und Stilpräferenzen vor Ort durchaus vertraut. Doch lag Remys Schwerpunkt weniger auf klassisch architektonischem als vielmehr auf bau- und materialtechnischem Gebiet, wofür das von ihm projektierte und von 1823 bis 1826 errichtete (und 1901 abgebrochene) Glashaus im Kaisergarten als Beispiel gelten kann.[561]

Verglichen mit Wien, wo entweder der Hof oder finanzkräftige Investoren aus aristokratischen Kreisen als Auftraggeber in Erscheinung traten und Architekten französischer Herkunft trotz aller Dissonanzen in Geschmack und Vorlieben Betätigungsmöglichkeiten boten, bestanden in kleineren Städten oder auf dem Land deutlich weniger Chancen, an Aufträge zu gelangen – von der Anlage in Łańcut einmal abgesehen. Es muss daher überraschen, dass sich auch »in der Provinz« Spuren architektonisch versierter Emigranten entdecken lassen, die im Stile des französischen Klassizismus bauten. Dabei zeigt der nur in wenigen Bruchstücken überlieferte Fall Jean Gabriel Le Terrier de Manetots im Österreichischen Küstenland, wie eng »Künstler(e)migration« und »militärische Emigration« miteinander verbunden sein konnten.

Als Offizier im *Corps Condé* bekämpfte der 1765 im Calvados geborene Le Terrier de Manetot die französischen Revolutionstruppen nach seiner Emigration aktiv, zog sich aber nach einer Verwundung 1793 ins venezianische Belluno, 1796 nach Capodistria zurück.[562] Dort machte er sich als Architekt einen Namen. Ein großes Projekt war die Umgestaltung des barocken Palazzo Caiselli im Herzen des 1797 habsburgisch gewordenen Udine. Für die Schaufassade zur anliegenden Piazza San Cristoforo entschied sich Le Terrier de Manetot für eine symmetrische und dekorlose Gestaltung, die sich in ihrer geometrischen Strenge von den Fassaden der umliegenden Gebäude deutlich abhob. Diese nach den Prinzipien des französischen Klassizismus gewählte Formensprache war in der Region etwas völlig Neues, traf aber durchaus einen Nerv, wie weitere Bauaufträge belegen. Unter anderen entwarf Le Terrier de Manetot im Auftrag der Familie Grisoni 1798 eine sehr ähnliche Fassade für das Herrenhaus der Familie in

---

560 Ebd., S. 39; zu Remy siehe Architektenlexikon Wien 1770-1945: Louis Remy. URL: http://www.architektenlexikon.at/de/1223.htm [4.6.2020].

561 Jochen Martz: Ein »Wunder der Horticultur«: Das 1818-1820 errichtete, ehemalige Remy'sche Glashaus an der Wiener Hofburg, in: Claudia Gröschel (Hg.): Goldorangen, Lorbeer und Palmen – Orangeriekultur vom 16. bis 19. Jahrhundert (= Schriftenreihe des Arbeitskreises Orangerien in Deutschland e.V., Bd. 6), Petersberg 2010, S. 196-213.

562 Oscar de Incontrera: Giuseppe Labrosse e gli emigrati francesi a Trieste (parte V), in: Archeografo triestino 22 (1959), S. 169-231; hier S. 175-176.

Dajla an der istrischen Westküste, ein singuläres Zeugnis klassizistischen Bauens in der Region.⁵⁶³

Einer bruchlosen und ungestörten Architektenkarriere des zumindest zeitweise invaliden Revolutionsemigranten im Küstenland standen die wiederholten französischen Besetzungen der Region im Weg. 1808 entsann sich Le Terrier de Manetot seines einstigen militärischen Engagements und wechselte zurück in seine militärische Rolle. Er verließ seinen Wohnort Triest und zog sich ins istrische Hinterland zurück, wo er sich den Kampfnamen »Conte di Montechiaro« zulegte und unter der einheimischen Bevölkerung einen Volksaufstand gegen die französischen Besatzungstruppen organisierte, die entlang der istrischen Küste stationiert waren.⁵⁶⁴ Als in der Region berühmt-berüchtigter »Fra Diavolo« führte Le Terrier de Manetot im Auftrag des kaiserlichen Oberkommandierenden Erzherzog Johann einen monatelangen Guerilla-Krieg gegen die napoleonischen Truppen. Dieser endete erst mit der militärischen Niederlage der Aufständischen bei Umago im Oktober 1809, der Gefangennahme Le Terrier de Manetots und dessen standrechtlicher Erschießung im Zentrum Triests, deren Zeuge viele in der Stadt verbliebene Revolutionsemigranten wurden.⁵⁶⁵

In summa zeigen alle diese Fallstudien, dass in der Habsburgermonarchie die Rezeptionsbereitschaft für das kreative Wirken französischer Revolutionsemigranten nicht geringer ausgeprägt war als in anderen Exilkontexten, für die bereits ausführliche Studien vorliegen.⁵⁶⁶ In Malerei, Kunsthandwerk und Architektur waren Emigranten als Dienstleister und Spezialisten gefragt.⁵⁶⁷ Manchen eilte ihr Ruf als Künstler bereits voraus, die meisten schufen sich ihre Marktnische erst vor Ort. In Wien und einigen Landeshauptstädten, vereinzelt sogar in der stadtfernen Provinz konnten sie mit einer gleichermaßen kunstbeflissenen wie distinktionsbedürftigen, vor allem aber materiell bemittelten Klientel rechnen, die ihre Fertigkeiten zu schätzen wusste und ihre Dienste zu honorieren imstande war.

---

563 Die Kunsthistorikerin Marina Paoletić bestreitet die Urheberschaft Le Terrier de Manetots für den Umbau des Herrenhauses in Dajla, die sie stattdessen dem lokalen Architekten Francesco Bracciadoro zuschreibt. In ihrer unveröffentlichten Abschlussarbeit (Univ. di Udine, 2010/11) bestätigt Paoletić jedoch einen Ursprungsentwurf Le Terrier de Manetots von 1798, an dem sich Bracciadoro womöglich orientierte.

564 Incontrera, Giuseppe Labrosse (parte V), S. 175-176. Der istrische Aufstand 1808/09 reiht sich zeitlich in die großen Aufstandsbewegungen in Spanien und Tirol ein, ist heute allerdings fast vergessen.

565 Khuepach, Geschichte der K.K. Kriegsmarine 1802 bis 1814, S. 224, Anm. 2.

566 Etwa Pestel, Weimar als Exil; grundsätzlich nochmals Michel Espagne: Die Rolle der Mittler im Kulturtransfer, in: Hans-Jürgen Lüsebrink, Rolf Reichardt (Hg.): Kulturtransfer im Epochenumbruch. Frankreich–Deutschland 1770 bis 1815 (= Transfer. Deutsch-Französische Kulturbibliothek, Bd. 9), Leipzig 1997, S. 309-329.

567 Schmidt, Voltaire und Maria Theresia; Tschulk, Franzosen in Wien, S. 10-12; Berger, Franzosen in Wien.

Diese im weiten Sinne künstlerischen Aktivitäten unterlagen wie alle subsistenzbezogenen Tätigkeiten der Emigranten den notorisch unsicheren Lebensbedingungen im Exil und erforderten von ihnen vielerlei Anpassungsleistungen. Ökonomische Zwänge und die Abhängigkeit von auskömmlicher Nachfrage in den Aufnahmeländern bildeten jedoch nur eine Seite der von ihnen erlebten Exilrealität. Denn gleichzeitig bot künstlerische Produktion außerhalb der institutionellen Einflusssphäre des französischen »Kulturbetriebs« ungekannte Freiräume für Rollen- und Genrewechsel, für Experiment und Innovation sowie die Möglichkeit, durch die unmittelbare Konfrontation mit Geschmack, Techniken und »Material« in der Fremde neue Impulse aufzunehmen und in die eigene Arbeit zu integrieren.[568] Auf diese Weise konnte die Emigration zum »Ort« eines fruchtbaren künstlerischen Schaffens und Austausches werden.

In ähnlicher Weise verschränkten sich auch die Interessenlagen von Emigranten und Einheimischen auf dem hochumkämpften Feld der politischen Publizistik, das sich in den 1790er Jahren ebenfalls zu einem produktiven »Ort« des Transfergeschehens rund um die Emigration entwickelte und im Folgenden in das Zentrum der Untersuchung rückt.

5. Emigrantenpublizistik zwischen Revolutionsdeutung, Öffentlichkeit und politischem Lobbyismus

5.1 Die Revolutionsemigration als Medien- und Kommunikationsereignis

Die kulturgeschichtliche Forschung hat auf die Wechselbeziehung der »Medien der Revolution« und der »Revolution der Medien« für die Massenmobilisierung und den politischen Diskurs im Kontext der Französischen Revolution hingewiesen.[569] Das »größte Medienereignis seit den Tagen der Reformation« (Rolf Reichardt) schlug nach Milderung der Zensur in Frankreich mit einer schier explodierenden Zahl von Pamphleten, Bildern, Zeitungen und Zeitschriften zu Buche und veränderte sowohl die Medienlandschaft als auch den Medienkonsum in einer beispiellosen Weise. Diese Medialisierung machte auch die Revolution selbst erst zum »Ereignis«, das nun als permanenter Referenzpunkt einer alle sozialen Schichten umfassenden öffentlichen Debatte nahezu tagesaktuell verhandelt wurde.[570]

568 Walczak, Artistische Wanderer, S. 42.
569 Rolf Reichardt: Die Französische Revolution als europäisches Medienereignis. URL: http://www.ieg-ego.eu/reichardtr-2010-de [11.11.2017].
570 Hans Maier, Eberhard Schmitt (Hg.): Wie eine Revolution entsteht. Die Französische Revolution als Kommunikationsereignis (= Politik- und Kommunikationswissenschaftliche Veröffentlichungen der Görres-Gesellschaft, Bd. 6), Paderborn; München 1988.

Die Rezeptionsformen der Revolutionspublizistik stellten nicht nur mit Blick auf die gesellschaftlichen und politischen Entwicklungen innerhalb Frankreichs einen lohnenden Untersuchungsgegenstand dar, sondern waren auch aus der Perspektive kulturtransferorientierter Forschung von besonderem Interesse. So wurde im französisch-deutschen Rahmen die mediale Aneignung der Revolution aus einer Vielzahl von Perspektiven erschlossen: Man fragte nach Trägern und Institutionen der Vermittlung, differenzierte Rezeptionsmuster und ergründete Wissens-, Begriffs- und Symboltransfers in der Revolutionsdekade.[571] Vor dem Hintergrund der kleinteiligen Landschaft von Verlagen und Periodika im Alten Reich gelang es, Bibliografien ganzer »Revolutions-« oder »Übersetzungsbibliotheken« mit Hunderten Titeln zu erstellen.[572] Auch die Bedeutung der Berichterstattung in Zeitungen und Zeitschriften für die Revolutionsrezeption beim deutschen Lesepublikum konnte mittels binational orientierter Transferstudien herausgearbeitet werden.[573]

Analog zum massenmedialen Mobilisierungsschub der Revolution konzeptualisiert die jüngere Forschung auch die Revolutionsemigration als Medien- bzw. Kommunikationsereignis, das »weniger als Gegensphäre denn als Komplement zur Revolution« zu verstehen sei.[574] Im Bemühen, die Stellung und den Beitrag der Emigranten im Ringen um die Revolutionsdeutung und -vermittlung zu bestimmen, zeigte sich schnell, dass die zwischen Frankreich und den europäisch-atlantischen Aufnahmeländern stehenden Revolutionsemigranten gleichermaßen als Aktivposten und als Schnittstellen der Kommunikation gelten können.[575]

Emigranten, so lässt sich zugespitzt argumentieren, schrieben schnell, viel und nahezu überall. Gerade jene Franzosen, die bereits vor und zu Beginn der Revolution politisch und/oder publizistisch aktiv gewesen waren, setzten ihre Tätigkeiten in der Emigration fort. Sie unterhielten nicht nur ein dichtes Korrespondenznetz, das sich zuweilen über den ganzen Kontinent erstreckte, sondern produzierten auch zahllose Streitschriften, Memoranden und Bücher, die sich um die

---

571 Dazu die beiden Bände Lüsebrink, Reichardt, Kulturtransfer im Epochenumbruch.
572 Hans-Jürgen Lüsebrink, Rolf Reichardt, René Nohr: Kulturtransfer im Epochenumbruch – Entwicklung und Inhalte der französisch-deutschen Übersetzungsbibliothek 1770-1815 im Überblick, in: dies. (Hg.): Kulturtransfer im Epochenumbruch. Frankreich–Deutschland 1770 bis 1815 (= Transfer. Deutsch-Französische Kulturbibliothek, Bd. 9), Leipzig 1997, S. 29-86; Pelzer, Die Wiederkehr des girondistischen Helden.
573 Rolf Reichardt: Probleme des kulturellen Transfers der Französischen Revolution in der deutschen Publizistik 1789-1799, in: Holger Böning (Hg.): Französische Revolution und deutsche Öffentlichkeit. Wandlungen in Presse und Alltagskultur am Ende des achtzehnten Jahrhunderts (= Deutsche Presseforschung, Bd. 28), München 1992, S. 91-146.
574 Pestel, Kosmopoliten wider Willen, S. 365-397. Zum Medien- und Kommunikationsereignis der Revolutionsemigration ders., Emigration als Kommunikationsereignis, dort weitere Literaturverweise; ferner Pestel, Winkler, Provisorische Integration und Kulturtransfer, S. 152-154.
575 Pestel, Emigration als Kommunikationsereignis, S. 304.

Revolution drehten und ihren Verlauf kommentierten. Diese Werke wurden in den Exilländern gedruckt, oftmals in die jeweilige Landessprache übersetzt und in annotierten Versionen und Anthologien herausgegeben. Ihr Stellenwert in der medialen Aufmerksamkeitsökonomie erhöhte sich zudem dadurch, dass Autoren und Werke in den etablierten Periodika der Aufnahmeländer nicht nur beworben, sondern auch ausführlich besprochen und auf diese Weise mit den aktuellen Diskursen verflochten wurden.

Im zeitlichen Fortgang des Exils redigierten Emigranten auch eigene Periodika, die rasch europaweit zirkulierten.[576] Ihre spezifischen Sichtweisen auf das politische Geschehen konnten damit zeitlich noch engmaschiger verbreitet werden, als dies mit Broschüren und Büchern möglich war. Ein fester Abonnentenstamm war für die materielle Situation der Redakteure zudem berechenbarer als Einnahmen aus Einzelpublikationen. Dies galt umso mehr, als angesichts teils prekärer Lebensverhältnisse ökonomische Motive einen wichtigen Impuls für das Schreiben und Publizieren im Exil darstellten.

Während die ältere Transferforschung die mediale Rezeption der Revolution oft national isoliert betrachtet hat, ist mit Blick auf das Kommunikationsereignis »Emigration« die charakteristische Transnationalität des Revolutionsexils stärker zu berücksichtigen.[577] Die Publizistik der Emigranten stellt demnach nicht bloß einen extraterritorialen Bestandteil des französischen Revolutionsdiskurses dar, der aufgrund der Brückenfunktion der Emigranten in die Exilländer hineindiffundierte. Vielmehr ist sie aus einem produktiven Wechselverhältnis mit den Bedingungen und Möglichkeiten des länderübergreifenden Exils heraus zu verstehen, zu dem neben den Emigranten auch die Angehörigen der Aufnahmegesellschaften mit ihren jeweiligen Interessen und Ressourcen beitrugen.[578]

Aus Sicht der Emigranten war Schreiben und Veröffentlichen im Exil »ein wesentliches Instrument gegen politische Marginalisierung sowohl gegen Kontrahenten innerhalb der Emigration als auch gegenüber den Aufnahmegesellschaften, auf deren materielle und politische Ressourcen sie in hohem Maße angewiesen waren«.[579] Gleichzeitig konnten die Emigranten in ihren Exilländern auf eine starke Nachfrage zählen. Man versprach sich von ihnen Erklärungen der Revolution, die sich einerseits durch intime Kenntnis der innerfranzösischen Verhältnisse und der revolutionären Dynamik, andererseits, bedingt durch Auswanderung und Exil,

---

576 Zum Journalismus der Emigranten grundlegend Burrows, French Exile Journalism; ders.: The cosmopolitan press, 1760-1815, in: Hannah Barker, Simon Burrows (Hg.): Press, politics and the public sphere in Europe and North America, 1760-1820, Cambridge 2002, S. 23-47; für Kontinentaleuropa liegen keine neueren Studien zur Emigrantenpresse vor, daher lediglich Hazard, Le Spectateur du Nord; Wühr, Emigrantenpresse in Regensburg.
577 Pestel, Emigration als Kommunikationsereignis, passim.
578 Ebd., S. 307-308.
579 Ebd., S. 304.

durch einen inneren Abstand zu den zunehmend argwöhnisch beäugten Umwälzungsprozessen in Frankreich auszeichneten. Diese Erwartungshaltung des Publikums verstanden die Emigranten in ihrer Rolle als Revolutionsanalytiker publizistisch zu bewirtschaften.

Zusätzlich konnte auf Rezipientenseite das Interesse an den Wortmeldungen der Emigranten auch lebensweltlich begründet sein.[580] Wer Revolutionsflüchtlingen an ihren Aufenthaltsorten begegnete oder mit ihnen regelmäßigen Umgang pflegte, den konnten Neugier und Anteilnahme an ihrem Schicksal dazu bringen, sich mit ihren Anliegen näher zu beschäftigen und ihre Schriften zu lesen. Erleichtert wurde die Zugänglichkeit der zumeist französischen Texte durch die unter gebildeten Lesern verbreiteten Sprachkenntnisse oder durch Übersetzungen.

Bevor im Folgenden der Rolle französischer Emigranten in der politischen Öffentlichkeit der Habsburgermonarchie, ihrer medialen Kommunikationsstrategie und ihren Interessenlagen nachgegangen wird, ist zunächst der Blick auf die Strukturen der Öffentlichkeit im Aufnahmeland zu richten, die in der zweiten Hälfte des 18. Jahrhunderts einem dynamischen Wandel unterworfen waren. Eine Konsequenz dieser Veränderungsprozesse war die Herausbildung politisch-publizistischer Lager, zwischen denen in den Jahren nach 1789 ein erbitterter Kampf um die Deutungshoheit der Revolution tobte.

5.2 Josephinische Öffentlichkeit und postjosephinische Revolutionsrezeption

In der theresianisch-josephinischen Reformzeit bildeten sich Strukturen einer politischen Öffentlichkeit in der Habsburgermonarchie heraus, deren Aufkommen die Forschung zum Proprium des »aufgeklärten Absolutismus« zählt.[581] Ob diese Öffentlichkeit als »bürgerlich« zu charakterisieren ist und in ihrer gesellschaftlichen Wirkung eine Entwicklung »vom Untertan zum Staatsbürger« beförderte, ist eine Debatte, die seit dem von Jürgen Habermas am englischen Modellfall untersuchten »Strukturwandel der politischen Öffentlichkeit« anhält.[582] Im Ver-

---

580 Pestel, Kosmopoliten wider Willen, S. 384.
581 Helmut Reinalter (Hg.): Josephinismus als aufgeklärter Absolutismus, Wien 2008; Bodi, Tauwetter in Wien.
582 Jürgen Habermas: Strukturwandel der Öffentlichkeit: Untersuchungen zu einer Kategorie der bürgerlichen Gesellschaft (= Politica: Abhandlungen und Texte zur politischen Wissenschaft, Bd. 4), Neuwied 1962. Zur Entstehung von »politischer Öffentlichkeit« in der Aufklärungszeit auch James Horn van Melton: The rise of the public in Enlightenment Europe (= New approaches to European history, Bd. 23), Cambridge 2001. Eine Gegenposition vertritt Stéphane van Damme: Farewell Habermas? Deux décennies d'études sur l'espace public, in: Les Dossiers du Grihl, Les dossiers de Stéphane Van Damme, Historiographie et méthodologie, 28.6.2007. URL: http://journals.openedition.org/dossiersgrihl/682 [18.11.2020].

such einer Bilanzierung des Josephinismus hat Ernst Wangermann für die Konstituierung und sukzessive Ausdehnung einer politischen Öffentlichkeit Habermas'scher Charakterisierung plädiert.[583] Insbesondere in den ersten Jahren der Alleinherrschaft Josephs II. sei es in qualitativer und quantitativer Hinsicht zu einer politischen Mobilisierung immer breiterer Bevölkerungsschichten gekommen, die teils »von oben«, teils »von unten« forciert und durch die Liberalisierung der Zensur seit 1781 katalysiert wurde.

Diese neuartige politische Öffentlichkeit konstituierte sich als ein Kommunikationsraum, der sich von den ursprünglichen Orten ihrer Entstehung gelöst hatte. Die direkte verbale Auseinandersetzung zwischen debattierenden Personen an konkreten Orten wurde schrittweise durch eine medial vermittelte Kommunikation komplementiert und schließlich überwölbt. Beamte, Schriftsteller und Kirchenvertreter nutzten die neuen Freiheiten zur publizistischen Artikulation. In Wien und vielen anderen Orten in der Habsburgermonarchie schnellte die Zahl gedruckter Broschüren sprunghaft in die Höhe.[584] Durch beständige Zirkulation dieser Druckwerke verbreiteten sich Informationen, Argumentationen und Standpunkte in Windeseile und wurden von einem wachsenden Lesepublikum rezipiert.

In dieser sich herausbildenden öffentlichen Sphäre übernahm die Presse aus Sicht des Monarchen eine »Mitarbeiterrolle«.[585] Für Joseph II. war mediale Publizität ein Instrument, aufklärerisches Gedankengut unter das Volk zu bringen, um somit breite Akzeptanz für seine Reformideen zu schaffen und diese gegen Widerstände vonseiten der Stände und der Kirche durchzusetzen.[586] Das Für und Wider der einzelnen Vorhaben wurde von den Rezipienten diskutiert und in einem gleichermaßen vielstimmigen wie kontroversen Diskurs reflektiert. Zeitungen und Broschüren fungierten als Foren des Austauschs und als Speerspitzen regelrechter Kampagnen. Wie die heftigen Auseinandersetzungen um die Reform des Strafrechts und die Steuer- und Urbarialregulierung zeigen, wurde das politische Programm Josephs nicht nur von notorisch reformkritischen Kreisen, sondern auch

---

583 Ernst Wangermann: Joseph II. und seine Reformen in der Arena der politischen Öffentlichkeit, in: ders. (Hg.): Aufklärung und Josephinismus. Studien zu Ursprung und Nachwirkungen der Reformen Josephs II. (= Das achtzehnte Jahrhundert und Österreich: Internationale Beihefte, Bd. 7), Bochum 2016, S. 262-271; zuvor schon ders., Die Waffen der Publizität.

584 Helmut Reinalter: Französische Revolution und Öffentlichkeit in Österreich, in: Holger Böning (Hg.): Französische Revolution und deutsche Öffentlichkeit. Wandlungen in Presse und Alltagskultur am Ende des achtzehnten Jahrhunderts (= Deutsche Presseforschung, Bd. 28), München 1992, S. 17-25; hier S. 17.

585 Ebd., S. 18.

586 Wangermann, Die Waffen der Publizität, S. 11-12.

von den »Aufklärern« in Presse und Bürokratie unter Beschuss genommen.[587] Wangermann erblickt in dieser Wandlung der aufklärerischen Publizistik einen »politischen Reifeprozess«, eine graduelle Emanzipation des politischen Journalismus von den argumentativen Direktiven der pro- oder kontrajosephinischen Seite – und damit einen Schritt zur Entwicklung eines politischen Bewusstseins, das nun die *res publicae* grundsätzlich als Gegenstand öffentlicher Kritik begriff.[588]

Mit der Einschränkung der Pressefreiheit nach nur wenigen Jahren wurden die öffentlichen Meinungsäußerungen zwar wieder einer strengeren Kautel unterworfen. Gleichwohl markiert die politische Literatur der josephinischen Reformzeit den Beginn eines politisch-ideologischen Differenzierungsprozesses in der habsburgischen Öffentlichkeit, der sich mit Beginn der Revolution in Frankreich weiter verstärkte.

Konfrontative Revolutionsrezeptionen: Zur doppelten Polarität der politisch-publizistischen Öffentlichkeit nach 1789

Der öffentliche Diskurs erlebte mit dem Ausbruch der Revolution auch deswegen eine zunehmende Politisierung, weil beim Herrschaftsantritt Leopolds II. 1790 die Habsburgermonarchie selbst mannigfaltigen Krisen gegenüberstand: dem fortdauernden Krieg gegen das Osmanische Reich, ständischen Oppositionsbewegungen vor allem in Ungarn und den Österreichischen Niederlanden, steigender Steuerlast und Teuerungen.[589] In einigen Erbstaaten war es wegen der Reformpolitik und wachsender finanzieller Belastungen bereits zu Bauernunruhen gekommen.[590]

---

587 Ebd., S. 16-17. Zur ständischen Opposition gegen die Steuer- und Urbarialregulierung Philip Steiner: Die Landstände in Steiermark, Kärnten und Krain und die josephinischen Reformen. Bedrohungskommunikation angesichts konkurrierender Ordnungsvorstellungen (1789-1792), Münster 2017, S. 155-228.

588 Wangermann, Die Waffen der Publizität, S. 17-18. Das Urteil Wangermanns, wonach infolge dieses Reifungsprozesses die politischen Publizisten zu »Sachwalter[n] der Staatsbürger« und zu »Sprecher[n] der Nation« geworden wären, erscheint dennoch anachronistisch.

589 Eine kursorische Beschreibung mit weiterführender Literatur bei Julian Lahner: Von der symbolischen Herrschaftsübernahme zur Emanzipation regionaler Eliten. Die Reise der Familie Leopolds II. durch Tirol anlässlich des Herrschaftswechsels im Jahr 1790, in: Stefan Seitschek, Elisabeth Lobenwein, Josef Löffler (Hg.): Herrschaftspraktiken und Lebensweisen im Wandel. Die Habsburgermonarchie im 18. Jahrhundert (= Das Achtzehnte Jahrhundert und Österreich. Jahrbuch der Österreichischen Gesellschaft zur Erforschung des Achtzehnten Jahrhunderts, Bd. 35), Wien 2020, S. 91-108; hier S. 91-93.

590 Helmut Reinalter: Soziale Unruhen in Österreich im Einflußfeld der Französischen Revolution, in: Helmut Berding (Hg.): Soziale Unruhen in Deutschland während der Französischen Revolution (= Geschichte und Gesellschaft. Sonderheft, Bd. 12), Göttingen 1988, S. 189-201.

Angesichts dieser Krisenkonstellation zeichneten sich aus Sicht des neuen Monarchen die Umwälzungen in Frankreich als unheilvolles Vorzeichen ab; dringender Handlungsbedarf war gegeben. Leopold teilte die Einsicht in die Notwendigkeit von Reformen des Feudalsystems mit einem nicht unerheblichen Teil seiner Beamtenschaft, die sich dem Geiste der Reformzeit verpflichtet fühlte. Um diesen Konsens auch politisch operationalisieren zu können, war in Anlehnung an die frühjosephinischen Erfahrungen erneut Publizität das Mittel der Wahl, um den Boden für die angestrebten Neuerungen zu bereiten.

Ein erster Schritt bestand darin, dass bald nach dem Herrschaftsantritt 1790 ein informeller »Mitarbeiterkreis« aus politisch aktiven »Josephinern« in Einvernehmen mit dem Kaiser (aber an den Verwaltungsinstanzen in den Erbstaaten vorbei) mit Schriften an die Öffentlichkeit trat, die die Ansprüche und Privilegien des Adels unter drohendem Verweis auf die jüngsten revolutionären Veränderungen in Frankreich anprangerten.[591] Gezielt wurde hierbei das antiständische Empörungspotenzial unterer und mittlerer Bevölkerungsschichten angesprochen. Vielerorts wurden Unterschriftensammlungen gegen die drückenden Abgabenlasten organisiert.[592]

Diese neuen Spielräume auf politisch-publizistischem Gebiet ließen eine Reihe ehemaliger josephinischer Funktionsträger und Intellektuelle an eine gesetzliche Einhegung des absolutistischen Regiments auf der einen und eine langfristige Schwächung der Adelsprärogativen auf der anderen Seite glauben – und zwar durch fortgesetzte Reformtätigkeiten und nicht mittels einer Revolution wie in Frankreich.[593] Viele von ihnen organisierten sich in mehr oder weniger geheimen Zirkeln und Assoziationen, darunter auch in Freimaurerlogen, wo politische Projekte und Ziele zu weitergehenden Reformen debattiert, vereinzelt sogar politische Stellungnahmen verfasst und an den Kaiser geschickt wurden.[594]

---

591 Ernst Wangermann: Josephiner, Leopoldiner und Jakobiner, in: ders. (Hg.): Aufklärung und Josephinismus. Studien zu Ursprung und Nachwirkungen der Reformen Josephs II. (= Das achtzehnte Jahrhundert und Österreich: Internationale Beihefte, Bd. 7), Bochum 2016, S. 61-76; hier S. 64-65.
592 Ebd., S. 65-66.
593 Ein kurzlebiges, aber von Leopold II. persönlich privilegiertes Publikationsorgan war »Das Politische Sieb«, das von Franz Xaver Huber um die Jahreswende 1791/92 redigiert wurde und sich insbesondere der Adelskritik aus josephinischem Reformgeist verschrieb; vgl. Philip Steiner: »... das müßen Sie sieben!« Adelskritik auf Geheiß des Kaisers. Die Zeitschrift Das Politische Sieb (1791-1792) im Kontext bedrohter josephinischer Ordnung, in: Mona Garloff, Doris Gruber, Manuela Mayer, Marion Romberg (Hg.): Querschnitt. Aktuelle Forschungen zur Habsburgermonarchie (= Das Achtzehnte Jahrhundert und Österreich. Jahrbuch der Österreichischen Gesellschaft zur Erforschung des Achtzehnten Jahrhunderts, Bd. 38), Wien 2023, S. 165-194.
594 Helmut Reinalter: Die Französische Revolution und Österreich. Ein Überblick, in: Karl Albrecht-Weinberger (Hg.): Freiheit, Gleichheit, Brüderlichkeit auch in Österreich?

Traditionell verortet die österreichische Forschung eine beschleunigte Ausdifferenzierung des politisch-publizistischen Spektrums in jener Phase, als die leopoldinische Mobilisierungskampagne zunehmend von der Rezeption der politischen Entwicklungen in Frankreich überlagert wurde.⁵⁹⁵ Die Revolution betrachtete man aus habsburgischer Perspektive nicht als isoliertes »französisches Ereignis«, sondern vor dem Hintergrund der politischen Situation im eigenen Land. So flossen in die unterschiedlichen Bewertungen der Revolution auch die kontroversen Interpretationen der josephinischen Reformen und ihres normativen Erbes ein. Genau an dieser Verknüpfung von Revolution und Reformerbe kristallisierten sich fundamentale Positionsunterschiede, durch die der Deutungsstreit in der habsburgischen Öffentlichkeit bald die Züge eines erbitterten Meinungskampfes erlangte.

Dieser politisch-ideologische Differenzierungsprozess wies eine doppelte Polarität auf. Sie manifestierte sich zum einen in einer Divergenz zwischen einer Fraktion »konservativ-gegenrevolutionärer« Publizisten auf der einen und einer »aufklärerisch-reformorientierten« Fraktion auf der anderen Seite. Als Protagonist der Konservativen galt der ehemalige Josephiner und Freimaurer Leopold Alois Hoffmann, der unter dem Eindruck der fortschreitenden Revolution seine publizistischen Aktivitäten inhaltlich neu ausrichtete und in seiner ab 1792 herausgegebenen »Wiener Zeitschrift« gegen die »Tollwuth der herrschenden Aufklärungsbarbarei« und das Erbe der Reformzeit zu Felde zog.⁵⁹⁶ Sekundiert wurde

Auswirkungen der Französischen Revolution auf Wien und Tirol, Wien 1989, S. 180-195; hier S. 181-182.

595 So Wangermann, Josephiner, Leopoldiner und Jakobiner, Häusler, Widerhall und Wirkung, sowie Lettner, Das Rückzugsgefecht. Anders bei Fritz Valjavec: Die Entstehung der politischen Strömungen in Deutschland 1770-1815, München 1951, sowie Panajotis Kondylis: Konservativismus. Geschichtlicher Gehalt und Untergang, Stuttgart 1986, die beide die Ausdifferenzierung der politischen Strömungen schon in die 1770er Jahre datieren. Auch Reinalter orientiert sich an der Argumentation von Valjavec, vgl. Helmut Reinalter: Gegen die »Tollwuth der Aufklärungsbarbarei«. Leopold Alois Hoffmann und der frühe Konservativismus in Österreich, in: Christoph Weiss (Hg.): Von »Obscuranten« und »Eudämonisten«. Gegenaufklärerische, konservative und antirevolutionäre Publizisten im späten 18. Jahrhundert (= Literatur im historischen Kontext, Bd. 1), St. Ingbert 1997, S. 221-244. Gegen diese Sicht und für die These von der Wasserscheide der Revolution in diesem Prozess argumentiert wiederum Philipp Hölzing: Ein Laboratorium der Moderne. Politisches Denken in Deutschland 1789-1820, Wiesbaden 2015, S. 14-15.

596 In Studien zur »Gegenaufklärung« im deutschsprachigen Raum firmieren L. A. Hoffmann und dessen Zeitschrift stets als Aushängeschilder der »konservativen« Publizistik »Österreichs«; vgl. Karstens, Sonnenfels, S. 130-145; Catherine Julliard: La ›Wiener Zeitschrift‹ de Leopold Alois Hoffmann: Une revue réactionaire à l'époque de la Révolution francaise, in: Pierre-André Bois, Raymond Heitz, Roland Krebs (Hg.): Voix conservatrices et réactionnaires dans les périodiques allemands de la Révolution française à la restauration. Études (= Convergences, Bd. 13), Bern; New York 1999, S. 299-325; Reinalter, Gegen die »Tollwuth der Aufklärungsbarbarei«; Ingrid Fuchs: Leopold Alois Hoffmann 1760-1806: Seine Ideen und seine Bedeutung als Konfident Leopolds. II.,

Hoffmanns Offensive von einer Vielzahl antirevolutionärer Schriften, die in kurzer Folge erschienen und für eine Verstärkung von Polizei und Zensur plädierten.[597] Dichter wie Leopold Lorenz Haschka verliehen der antifranzösischen Stimmung nach der Hinrichtung des französischen Königspaares 1793 mit teils martialischer Kriegslyrik Ausdruck.[598] Haschka war es auch, der zusammen mit Felix Franz Hofstätter das »Magazin der Kunst und Litteratur« herausgab, das nach der Einstellung der »Wiener Zeitschrift« 1793 zum publizistischen Sprachrohr der »Konservativen« in Wien avancierte.[599]

Konträr zu den »Konservativen« standen Persönlichkeiten wie Joseph von Sonnenfels, Gottfried van Swieten und Karl von Zinzendorf, die die Revolution mit wachsender Skepsis verfolgten und dennoch unbeirrt an einem evolutionären Reformprogramm festhielten – für sie die bessere Alternative zur Revolution. Die Journalisten Johann Baptist Alxinger und Josef Schreyvogel boten mit einer eigenen Zeitschrift Hoffmanns Polemiken gegen die Aufklärung und dessen verschwörungstheoretischen Deutungen der Revolution Paroli.[600] Mit scharfen Attacken gegen ihn und seine Verbündeten setzten sie mit der »Österreichische[n] Monatsschrift« ab 1793 einen aufklärungsaffirmativen Akzent.

Die Dichotomie dieser zwei sich unversöhnlich gegenüberstehenden Lager wird komplementiert durch eine weitere Polarisierung, die insbesondere nach 1792 manifest wurde. Unter dem Eindruck der sich radikalisierenden Revolution und der »reaktionären Wende« in Wien nach dem Herrschaftsantritt Franz' II. vertieften sich im Lager der reformorientierten »Josephiner« die Friktionen. Während die »Aufklärer« um Sonnenfels vor allem die Errungenschaften der Reformzeit gegen die Verleumdungen Hoffmanns verteidigten, auf ihren Nutzen für die Staatsentwicklung auch unter den nun veränderten innen- und außenpolitischen Vorzeichen hinwiesen und weitere Reformen einforderten, radikalisierte ein anderer Teil der »Josephiner« die politischen Zielvorstellungen deutlich. War spätestens mit Beginn des Interventionskrieges gegen Frankreich die Hoffnung auf soziale Veränderungen in Österreich geschwunden, formierten sich in fast allen

---

Wien 1963; Friedrich Sommer: Die Wiener Zeitschrift 1792-1793. Die Geschichte eines antirevolutionären Journals, Zeulenroda; Leipzig 1932; Max Braubach: Die Eudämonia (1795-1798). Ein Beitrag zur deutschen Publizistik im Zeitalter der Aufklärung und der Revolution, in: Historisches Jahrbuch der Görres-Gesellschaft 47 (1927), S. 309-339.

597 Etwa Franz Schilling: Animadversiones in Revolutionem, novumque sic dictum systema democraticum in Gallia, Wien 1791; dazu Ernst Wangermann: The Austrian Enlightenment and the French Revolution, in: Kinley J. Brauer, William E. Wright (Hg.): Austria in the Age of the French Revolution, Minneapolis 1990, S. 1-10; hier S. 5-6.
598 Häusler, Widerhall und Wirkung, S. 199-200.
599 Felix Franz Hofstätter (Hg.): Magazin der Kunst und Litteratur, Wien 1792-1797.
600 Johann Baptist Alxinger (Hg.): Österreichische Monatsschrift, Prag, Wien 1792-1793; zudem auch die Kampfschrift ders.: Anti-Hoffmann, Wien 1792. Auffällig ist, dass das »aufklärerische Lager« weit schlechter erforscht ist als das der »Gegenaufklärer«.

Erbstaaten Zirkel politisch aktiver Köpfe, die mit den Prinzipien der Revolution sympathisierten.[601] Obwohl ihre Bandbreite von gemäßigten Konstitutionalisten bis hin zu Gruppen revolutionär gesinnter Demokraten reichte, werden sie in der Forschung meist unter dem Schlagwort »Jakobiner« zusammengefasst.

In der Historiografie ist der habsburgischen »Jakobiner-Bewegung« bis zu den vielzitierten »Jakobinerprozessen« eine paradigmatische Bedeutung für die Revolutionsrezeption der 1790er Jahre zugewiesen worden,[602] die sich mitunter bis zu einer pseudohagiografischen Verklärung ihrer Anhänger als Vorkämpfer der bürgerlichen Demokratie in Österreich gesteigert hat.[603] Diesem Habsburg-Zentrismus der österreichischen Jakobinerforschung stehen jüngere, ebenfalls meist akteurszentrierte Studien zum Komplex »Gegenaufklärung/Konterrevolution« und »antirevolutionäre Publizistik« gegenüber.[604] Jenseits der europäischen Burke- und Maistre-Rezeption gelangten diese allerdings erst punktuell über eine bloße Aneinanderreihung einzelner Autoren hinaus.[605] Somit besteht gerade bezüglich der transnationalen Verflechtungen dieser heterogenen ideengeschichtlichen Tradition und ihrer Träger Forschungsbedarf.[606]

Dass den Protagonisten der transnationalen Revolutionsvermittlung – den französischen Revolutionsemigranten – in der habsburgischen Rezeptionsgeschichte der Revolution kaum Beachtung geschenkt wurde, ist insofern nicht verwunderlich, als sich die Emigranten nicht umstandslos in den traditionellen national- bzw. Habsburg-historiografischen Bezugsrahmen einbinden ließen. Aus den Beiträgen der jüngsten Emigrantenforschung ist gleichwohl zu ersehen, dass gerade sie an vielen Orten im europäisch-atlantischen Exilraum eine Schlüssel-

---

601 Reinalter, Französische Revolution und Österreich, S. 183.
602 Grundlegend zur Jakobinerforschung in der Habsburgermonarchie Silagi, Jakobiner in der Habsburger-Monarchie; Ernst Wangermann: Von Joseph II. zu den Jakobinerprozessen, Wien; Frankfurt a.M.; Zürich 1966; Alfred Körner: Die Wiener Jakobiner (= Deutsche revolutionäre Demokraten, Bd. 3), Stuttgart 1972; Reinalter, Aufgeklärter Absolutismus und Revolution.
603 Helmut Reinalter: Die Jakobiner von Wien. URL: http://www.zeit.de/2005/50/A_Jakobiner_i__Wien [12.9.2017].
604 So der Sammelband von Christoph Weiss (Hg.): Von »Obscuranten« und »Eudämonisten« (= Literatur im historischen Kontext, Bd. 1), St. Ingbert 1997; auch Harro Zimmermann (Hg.): Aufklärung und Erfahrungswandel, Göttingen 1999.
605 Eine überzeugende Synthese der spezifisch habsburgischen Aufklärungstraditionen zwischen 1750 und 1850 liefert Fillafer, Aufklärung habsburgisch, zur Revolutionsrezeption bes. S. 455-489.
606 Darrin M. McMahon: Enemies of the Enlightenment: The French Counter-Enlightenment and the Making of Modernity, Oxford 2001; Jonathan I. Israel: Democratic Enlightenment: Philosophy, Revolution, and Human Rights 1750-1790, Oxford 2011. Weitere Überlegungen und Literaturverweise bei Pestel, Kosmopoliten wider Willen, S. 41-46.

stellung im zeitgenössischen Meinungskampf um die Revolution erlangten.[607] Inwieweit dieser Befund auch für den Exilraum Habsburgermonarchie zutrifft, gilt es im Folgenden auszuloten.

5.3 Emigrantenpublizistik in der Habsburgermonarchie: Orte, Akteure, Deutungen

Während die in der Exilzeit gedruckten Schriften der Emigranten in eine transnationale politische Öffentlichkeit hineinwirkten und dort ihren Teil zur multimedialen Revolutionsrezeption beitrugen, einzelne Werke selbst sogar zu einem umkämpften Diskussionsgegenstand europäisch-atlantischer Dimension wurden,[608] lassen sich publizistische Aktivitäten der Emigranten auch unter einem regionalisierten Blickwinkel betrachten.[609] Dies gilt sowohl für die Produktions- und Verlagsorte als auch für die diskursive Reichweite ihrer Schriften sowie ihre Stellung in der öffentlichen Debatte. Die Forschung hat mit Blick auf die Orte des Schreibens und Veröffentlichens vor allem die Bedeutung des insularen Publikationszentrums London betont,[610] mit Amsterdam, Hamburg, Leipzig, Braunschweig und dem preußischen Neuchâtel aber auch kontinentale Knotenpunkte identifiziert, wo Emigranten in den 1790er Jahren schrieben, redigierten und drucken ließen und wo Übersetzer wie der britische Dichter Robert Charles Dallas oder der Braunschweiger Hofbibliothekar Johann Joachim Eschenburg deren Werke in die jeweilige Landessprache übertrugen.[611]

Gegenüber diesen bekannten Schreib- und Druckorten der europäischen Emigrantenpublizistik erscheint die Habsburgermonarchie bestenfalls als nachrangig. Selbst einer der emblematischen Romane der Emigration, Gabriel Sénac de Meilhans »L'Émigré«, wurde nicht am Exilort seines Verfassers in Wien, sondern in der Braunschweiger Dependance des Hamburger Emigrantenverlegers Pierre-François Fauche gedruckt.[612] Auch über die Rezeption emigrantischen Schrifttums in den urbanen Zentren habsburgischer Öffentlichkeit bestehen kaum Kenntnisse, ganz zu schweigen von ihrem Einfluss auf die öffentlichen Kontroversen rund um

---

607 Verschiedene Perspektiven darauf sind versammelt im Sammelband Philip, Reboul, French Emigrants in Revolutionised Europe.
608 Trophime Gérard de Lally-Tollendal: Défense des émigrés français, adressée au peuple français, Hamburg 1797.
609 Pestel, Winkler, Provisorische Integration und Kulturtransfer, S. 152-154.
610 Simon Burrows: The cultural politics of exile: French emigre literary journalism in London, 1793-1814, in: Journal of European Studies 29 (1999) 2, S. 157-177; ders., The cosmopolitan press; ders., French Exile Journalism.
611 Dallas übersetzte Clérys »Journal« ins Englische (1798), Eschenburg Sénac de Meilhans »Œuvres Philosophiques« ins Deutsche (1795). Zum Übersetzungswesen auch Pestel, Winkler, Provisorische Integration und Kulturtransfer, S. 153.
612 Gabriel Sénac de Meilhan: L'Émigré, 4 Bde., Braunschweig 1797.

die Revolution.⁶¹³ Wie oben gesehen kaprizierte sich die österreichische Forschung in nationalhistoriografischer Tradition vornehmlich auf die Transformation der Öffentlichkeit im Nachgang der josephinischen Zensurmilderung, auf die agonale Debattenstruktur »aufklärerischer« versus »konservativer« Schriftsteller in den 1790er Jahren sowie die Publizistik im Umfeld des einheimischen Jakobinismus. Hierüber wurde schreibenden Revolutionsemigranten kaum Bedeutung beigemessen.⁶¹⁴ Ein ähnliches Bild zeigt sich auch mit Blick auf die vielen an den Kaiser und hofnahe Personen gerichteten Denkschriften und Gutachten, wodurch einzelne Emigranten Einfluss auf politische Entscheidungsfindungen auszuüben versuchten.⁶¹⁵

Zwar steht im direkten Vergleich die Anzahl emigrantischer Veröffentlichungen in der Habsburgermonarchie deutlich hinter den »Medienzentren« London und Hamburg zurück. Doch hat die jüngere Forschung mit Blick auf die europäischen Schreib- und Druckorte die Polyzentrik ihrer publizistischen Aktivitäten betont.⁶¹⁶ Neben den bekannten Verlagsorten auf dem Kontinent veröffentlichten Emigranten auch in Brüssel, Regensburg, Venedig und Petersburg Bücher und Pamphlete, gründeten eigene Verlage und initiierten Zeitungsprojekte, um auf diesem Weg ihre Sichtweisen regional wie überregional zu verbreiten.⁶¹⁷ Dieses polyzentrische Netz überspannte auch die Habsburgermonarchie, wo französische Emigranten im Verlauf ihres Exils an vielen Orten publizistisch tätig wurden.

Dass in den Studien zur Emigrantenpublizistik die Habsburgermonarchie eklatant unterrepräsentiert ist, hat jedoch nicht nur mit bestehenden Forschungslücken zu tun. Es liegt auch auf der Handlungsebene der Akteure begründet. Denn obwohl Emigranten tatsächlich in Wien und anderen Orten in den Erbstaaten schrieben und bisweilen auch lokale Verlage für ihre Werke fanden, ist es doch auffällig, dass viele dieser Schriften nicht am Entstehungsort, sondern in London, in der Schweiz oder andernorts im Alten Reich veröffentlicht wurden. Stellvertretend sei im Folgenden auf zwei Bücher französischer Revolutionsflüchtlinge hingewiesen, die im habsburgischen Exil entstanden und auf dem europäisch-atlantischen Büchermarkt Aufsehen erregten.

613 Lediglich für die Österreichischen Niederlande und Vorderösterreich sind emigrantische Beiträge zur Revolutionsrezeption untersucht, vgl. Maria A. Milella: Il gusto del Sabatier de Castres, Mailand 1983, sowie Moser, Die französische Emigrantenkolonie in Konstanz, S. 69-74.
614 Erwähnung finden sie bei Malitz-Novotny, Die französische Revolution und ihre Rückwirkung auf Österreich, S. 136-142, sowie Mansel, Prince of Europe.
615 Jacques Du Mallet Pan: Correspondance inédite de Mallet du Pan avec la cour de Vienne (1794 à 1798), publiée d'après les manuscrits conservés aux archives de Vienne par André Michel avec une préface de Hippolyte Taine, Paris 1884; zu den Denkschriften Sénac de Meilhans Escoube, Sénac de Meilhan, S. 251-256.
616 Candaux, Pour une géographie des imprimeurs; Pestel, Winkler, Provisorische Integration und Kulturtransfer, S. 152-154.
617 Zum emigrantischen Medienort Regensburg die ältere Studie von Wühr, Emigrantenpresse in Regensburg; auch Burrows, The cosmopolitan press.

Die »Memoiren« Diane de Polignacs

Die sogenannten »Memoiren« Diane de Polignacs erschienen inmitten einer innenpolitischen Konsolidierungsphase in Frankreich und erfolgreicher Kampagnen der Revolutionsarmeen auf dem zentraleuropäischen Kriegsschauplatz, also zu einem Zeitpunkt, als in Emigrantenkreisen nach vielen Exiljahren kaum mehr Hoffnung auf Rückkehr bestand.[618] Auf den knapp siebzig Druckseiten zeichnet Diane, eine ehemalige Hofdame Madame Élisabeths, der Schwester Ludwigs XVI., ein Lebens- und Charakterbild ihrer berühmten Schwägerin, Gabrielle de Polastron, genannt Madame de Polignac, mit der sie 1789 Frankreich verlassen hatte, und berichtet zudem von deren inniger Freundschaft mit Marie Antoinette.

Die unter dem Eindruck des leidvollen Todes Madame de Polignacs im Dezember 1793 geschriebene Abhandlung war eine in empfindsamem Ton gehaltene, gleichwohl sehr entschiedene Verteidigungsschrift, die Diane teils in Wien, teils auf Schloss Kittsee verfasste. Der Beweggrund für die Öffentlichkeitsoffensive zugunsten ihrer Schwägerin war in erster Linie ein persönlicher. Mit der emotionalen Abhandlung zielte Diane darauf, den durch jahrelange »Verleumdungen« ramponierten Ruf Madame de Polignacs in der europäischen Öffentlichkeit zu rehabilitieren. Als enge Vertraute Marie Antoinettes war diese insbesondere zu Beginn der Revolution eine Zielscheibe antiaristokratischer Kritik gewesen und galt auch im Ausland als Emblem jener adligen Extravaganz, der eine Mitverursachung der Umwälzungen beigemessen wurde.[619]

Die sentimentale Weichzeichnung der ehemaligen Favoritin Marie Antoinettes, mit der Diane diesem Verdikt begegnete, ergänzte die Autorin mit Beschreibungen der in der Person Madame de Polignacs gebündelten Trost- und Hoffnungslosigkeit des Emigrantenlebens. In diesen Schilderungen konnten sich viele Emigranten Mitte der 1790er Jahre unschwer wiederfinden. So musste ihnen gerade der Tod Madame de Polignacs im Wiener Exil deutlich ins Bewusstsein rufen, dass die Emigration keineswegs als bloße Übergangsphase bis zur Rückkehr nach Frankreich zu begreifen war. Stattdessen zeigte ihnen das triste Schicksal Polignacs unmissverständlich, dass dieser kollektive Erwartungshorizont individualbiografisch nicht mit Sicherheit eingeholt werden konnte. In der Darstellung spiegelt sich somit auch atmosphärisch die an vielen Stellen belegte Schwermut der Emigranten wider, deren Zeitvorstellungen und Zukunftserwartungen im Exil einem ständigen Anpassungsdruck unterlagen.[620]

Gleichwohl richteten sich die »Memoiren« nicht nur an eine emigrantische Leserschaft. Vielmehr ließ die europaweite Berühmtheit Madame de Polignacs in

---

618 Polignac, Mémoires.
619 Etwa die Veröffentlichung [Anon.]: Adieux de Madame la duchesse de Polignac aux françois: suivis des adieux des françois à la même, o.O. 1789.
620 Zum Emigrantenbewusstsein nochmals Rubinstein, Die Französische Emigration.

vielen Ländern ein beträchtliches Interesse an der Darstellung erwarten, zumal sich um ihre Beziehung zu Marie Antoinette vielerlei Legenden rankten. Diane de Polignac bediente mit der Erzählung des Lebensschicksals ihrer Schwägerin also mehrere Interessenlagen gleichzeitig. Während die Gruppe der französischen Emigranten und der sensationslüsterne Boulevard das Büchlein vor allem aus Neugier an biografischen Details begierig aufnahmen, konnte Diane auf einer subtextuellen Ebene auf die Härten des Exillebens insgesamt aufmerksam machen. Sie warb um Sympathie und Anteilnahme für Revolutionsflüchtlinge in einer europäischen Öffentlichkeit, die unter dem Eindruck der radikalisierten Revolution, der Terrorzeit und der dramatischen Einzelschicksale besonders empfänglich für einen sentimentalen Bericht war. So vermischten sich aufseiten der Autorin das persönliche Motiv und die Erwartung eines erfolgreichen Absatzes mit einer propagandistischen Stoßrichtung für die Sache der Emigranten.

Obwohl im habsburgischen Exil verfasst, erschien das Werk Dianes nicht in Wiener oder Preßburger Verlagen. Ob die 1791 erlassenen Zensurregeln der Studien- und Bücherzensurhofkommission hierfür ausschlaggebend waren, ist nicht mit Bestimmtheit zu eruieren. Die Regeln bezogen sich explizit auf Publikationen, die die »französische Staatsveränderung« zum Gegenstand hatten, wodurch das virulenteste Thema politischer Publizistik künftig erheblichen Beschränkungen unterlag.[621] Zwar blieben chronologische Narrationen der Revolution »im Zeitungsstil« grundsätzlich erlaubt, doch waren polemische, politisch pointierte bzw. »so genannte räsonierende« Schriften ausdrücklich untersagt.[622] Dies führte zwar umgehend dazu, dass Flugschriften und Broschüren in erheblichem Umfang im Geheimen gedruckt wurden und unter der Hand zirkulierten. Doch etablierte sich diese informelle Vertriebsform hauptsächlich für revolutionsaffirmative Schriften, die von einheimischen Sympathisanten in großer Zahl in Umlauf gebracht wurden. Dagegen hatten Werke, in denen die Revolution »wissenschaftlich im ernsten Tone behandelt« wurde, immerhin dann Aussicht auf eine Genehmigung durch die Zensur, wenn sie mehrere Bände umfassten und nicht in der Landessprache abgefasst worden waren.[623] Unter dem Eindruck der innen- und außenpolitischen Entwicklungen wurde das Zensurreglement unter Franz II. weiter verschärft und schließlich auch auf bildliche Darstellungen erweitert, die »die Geschichte des verstorbenen unglücklichen Königs von Frankreich, Lud-

---

621 Dekret, 16. September 1791, in: Friedrich Wilhelm Schembor: Meinungsbeeinflussung durch Zensur und Druckförderung in der Napoleonischen Zeit: Eine Dokumentation auf Grund der Akten der Obersten Polizei- und Zensurhofstelle. URL: https://fedora.phaidra.univie.ac.at/fedora/objects/o:62678/methods/bdef:Book/view [21.6.2017], S. 20.
622 Ebd.
623 Ebd.

wigs XVI., oder auf die gegenwärtigen Umstände und Ereignisse dieses Königreichs Beziehung haben«.[624]

Aus Sicht der Wiener Hofstellen sollte mit diesen Regelungen einer breiten öffentlichen Rezeption tendenziöser Stellungnahmen zur Revolution begegnet werden. Im Effekt drohten sie aber, die wichtigsten Genres publizistisch tätiger Emigranten empfindlich zu beschneiden, darunter das politische Pamphlet, den sentimentalen Erfahrungsbericht sowie die philosophisch und ideengeschichtlich grundierte Revolutionsanalyse, die die Autoren folgerichtig fast nur noch im Ausland verlegen ließen.

Das Buch Diane de Polignacs wurde schließlich in französischer Originalversion sowohl bei Fauche in Hamburg als auch bei Debrett in London verlegt. Nach Auskunft der englischsprachigen Herausgebernotiz hatte Diane das Manuskript direkt nach London geschickt, um es dort von einer nicht genannten Vertrauensperson in Druck geben zu lassen.[625] Gerade die Entscheidung für London folgte einem Kalkül, das sich gleichzeitig aus ökonomischen und propagandistischen Beweggründen speiste. Dass England als Absatzmarkt von größter Bedeutung war, lag nicht nur an den sich in London zu Zehntausenden aufhaltenden Emigranten und ihren dort verlegten Periodika. Vielmehr genoss Madame de Polignac aufgrund ihres mehrjährigen Britannien-Aufenthaltes im Vorfeld der Revolution dort eine besondere Bekanntheit. So nimmt es nicht wunder, dass das Buch in den englischen Zeitungen ausführlich besprochen wurde und die angestrebte Wirkung offenkundig nicht verfehlte. Im »Gentlemen's Magazine« urteilte der Rezensent: »We have perused this amiable narrative with real sympathy; and, while we agree with the editor that much of its tenderness would be lost in a translation, we cannot but wish it had universal circulation.«[626]

Das Interesse der deutschsprachigen Leserschaft wurde mit einer noch im selben Jahr erstellten Übersetzung abgeschöpft, die bei Unger in Berlin erschien.[627] Über die Verbreitung und Rezeption dieser Apologie Madame de Polignacs lässt sich allerdings nur spekulieren. Während nord- und süddeutsche Rezensionsorgane die

---

624 Hofdekret, 9. Februar 1793, in: Kropatschek, Sammlung der Gesetze Franz des Zweyten, Bd. 2 (1793), S. 142-146 (Nr. 591). Das Zitat bei Thomas Huber-Frischeis, Nina Knieling, Rainer Valenta: Die Privatbibliothek Kaiser Franz‹ I. von Österreich 1784-1835. Bibliotheks- und Kulturgeschichte einer fürstlichen Sammlung zwischen Aufklärung und Vormärz (= Veröffentlichungen der Kommission für neuere Geschichte Österreichs Bd. 111,1), Wien; Köln; Weimar 2015, S. 402; ferner Bachleitner, Die literarische Zensur in Österreich, S. 94-96.
625 Polignac, Mémoires, S. i-xi.
626 The Monthly Review, Or Literary Journal, Bd. XIX (1796), S. 552; The Gentlemen's Magazine, Juni 1796, S. 493-494.
627 Diane de Polignac: Über das Leben und den Charakter der Herzogin von Polignac: Nebst einigen interessanten Anekdoten betreffend die Französische Revolution und die Person der Königin Marie Antoinette, Berlin 1796.

kleine Schrift positiv aufnahmen, schwiegen sich habsburgische Leitmedien wie die »Wiener Zeitung« über sie aus.[628] Weitere Auflagen erlebten die »Memoiren« nach 1796 weder in der französisch- noch in der deutschsprachigen Version.

Das »Journal« Jean-Baptiste Clérys

Im Vergleich zu dem relativ bescheidenen literarischen Erfolg Diane de Polignacs hatte das Buch eines anderen französischen Emigranten den Charakter eines Medienereignisses von erheblich größerer Dimension. Das »Journal« Jean-Baptiste Clérys, des letzten Kammerdieners Ludwigs XVI., über die Ereignisse während der Gefangenschaft der französischen Königsfamilie im Pariser Tempelgefängnis galt schon kurz nach dem Erscheinen als »Bibel des Royalismus« (Hélène Becquet), die nicht nur in Emigrantenkreisen, sondern in der ganzen europäisch-atlantischen Welt zu einem Bestseller wurde.[629]

Von Madame Royale und Ludwig XVIII. persönlich autorisiert und 1798 erstmals in London veröffentlicht, wurde Clérys Zeugenbericht lagerübergreifend als »offizielle« Wahrheit über die letzten Monate der französischen Königsfamilie bis zur Hinrichtung Ludwigs XVI. angesehen. Da Madame Royale trotz wiederholter Ermunterungen ihrer beiden emigrierten Onkel nicht bereit war, eigene Erinnerungen über ihre Gefangenschaft zu veröffentlichen, garantierte Clérys Augenzeugenschaft aus der Sicht der meisten Emigranten das Höchstmaß an Authentizität – mit der Folge, dass Clérys Version der royalen Leidensgeschichte über mehrere Jahre als kanonisch galt. Auch über die Emigrantenwelt hinaus war das »Journal« ein Politikum ersten Ranges.[630] In den Aufnahmeländern dies- und jenseits des Atlantiks wurde es als literarische Sensation gefeiert, derer man sich etwa in Wien sogar noch fünf Jahrzehnte später erinnerte.[631]

Anders als seine öffentliche Wirkung ist die Entstehungsgeschichte des »Journals« mit vielen Unklarheiten behaftet. Schon zu Lebzeiten Clérys wurden immer wieder Zweifel an seiner Urheberschaft geäußert, da man ihm selbst keine ausreichenden schriftstellerischen Fähigkeiten für einen derartigen Verkaufsschlager attestierte.[632] Aus seiner Biografie geht lediglich hervor, dass Cléry nach der Hinrichtung des Königs einige Zeit bei seinem Bruder in Straßburg verbrachte und diesen erst verließ, als er von dem bevorstehenden französisch-österreichischen Gefangenenaustausch hörte und sich entschloss, der Tochter Ludwigs und Marie Antoinettes ins Wiener Exil zu folgen. Ausweislich der Memoiren seines Bruders habe Cléry den Straßburg-Aufenthalt genutzt, um das Manuskript des

---

628 Neue Allgemeine Deutsche Bibliothek 40 (1798) 1, S. 58; Oberdeutsche Allgemeine Litteraturzeitung 84 (1796), Sp. 110-112.
629 Becquet, Marie-Thérèse de France, S. 141.
630 Karla, Pestel, Revolution on Trial, S. 403.
631 »Cléry und sein Journal«, in: Sonntagsblätter, 6. September 1846 (Nr. 36), S. 858-859.
632 Karl Janacek: Cléry in Wien, in: Wiener Geschichtsblätter 10 (1955) 1, S. 1-8; hier S. 4.

»Journals« niederschreiben zu lassen.⁶³³ Folglich könne seine Entstehung in den Herbst 1795 datiert werden. Hierbei ist jedoch zu berücksichtigen, dass die Erinnerungen des Bruders in erheblichem Abstand zu den Ereignissen und damit schon im Wissen um den literarischen Erfolg des »Journals« verfasst wurden, sodass dessen Interessenlage darin bestanden haben könnte, die Entstehung des berühmten Werkes in das eigene Heim in Straßburg zu verlegen.

Eine andere Datierung vertritt Hélène Becquet in ihrer Biografie Madame Royales. Sie argumentiert, das »Journal« sei erst nach Clérys Ankunft in Wien entstanden, wo dieser es eigenständig abgefasst habe.⁶³⁴ Die Endredaktion erfuhr es Becquet zufolge im Herbst 1797 am Exilort Ludwigs XVIII. im braunschweigischen Blankenburg, wo dieser die letzte Version persönlich autorisierte. Auch Madame Royale ließ über Bischof La Fare ihre Zustimmung übermitteln. Zu diesem Zeitpunkt sei bereits klar gewesen, dass trotz mehrmonatiger Versuche, vom Kaiserhof eine Druckgenehmigung zu erlangen, das »Journal« nicht in Wien habe verlegt werden können. Adam Oliva, Konzipist bei der k. k. Bücherzensur, hatte im November 1797 dieses Ansinnen definitiv abschlägig beschieden:

> L'impression de ce manuscrit ne peut être permise ni à Vienne, ni même dans les endroits dépendants de ces Etats où il se trouverait des imprimeries. Cependant l'auteur est libre de le faire imprimer hors des Etats autrichiens.⁶³⁵

Wenngleich die Zensurstelle mit dem ausdrücklichen Verweis auf die Möglichkeit des Drucks außerhalb der Habsburgermonarchie zu erkennen gab, dass sie dem Manuskript als solchem nicht rundheraus feindlich gesonnen war, dürfte die zeitliche Nähe zu den Friedensverhandlungen in Campo Formio und Rastatt für das Druckverbot innerhalb der kaiserlichen Staaten ausschlaggebend gewesen sein. Die Veröffentlichung eines »martyrologue« der französischen Königsfamilie in der Residenzstadt des Kaisers kurz nach der Invasion der habsburgischen Erbstaaten durch die Truppen Bonapartes wäre schlichtweg zur Unzeit gekommen und hätte womöglich die französische Verhandlungsseite provoziert. Ob von Seiten des Wiener Hofes auch inhaltlich Anstoß an Clérys »Journal« genommen wurde, wie Becquet mit Blick auf das erzählte Schicksal Ludwigs XVI. als inspirierendem Vorbild für die kaiserlichen Untertanen insinuiert, scheint hingegen zweifelhaft.⁶³⁶

---

633 Jean-Pierre-Louis Hanet Cléry: Memoires, 1776-1823, Bd. 1, Paris 1825, S. 281-282.
634 Becquet, Marie-Thérèse de France, S. 140-141.
635 Stellungnahme Adam Olivas vom 30. November 1797, zit. n. Journal de ce qui s'est passé à la tour du temple pendant la captivité de Louis XVI, roi de France par Cléry, valet de chambre du Roi, Paris 1861, S. 13.
636 Becquet, Marie-Thérèse de France, S. 141.

Gänzlich aufhellen lässt sich die Frage nach dem Entstehungsort und -kontext des »Journals« nicht.[637] Es ist denkbar, dass Cléry bereits in Straßburg ein erstes Manuskript anfertigen ließ, dieses dann aber in Wien kontinuierlich überarbeitete oder überarbeiten ließ. Spekulationen über eine intervenierende Rolle im Prozess der Abfassung durch Bischof La Fare, durch Madame Royale, von deren Apanage Cléry in Wien eine monatliche Rente bezog, oder durch andere vor Ort präsente Emigranten setzten schon bald nach der Veröffentlichung ein.[638]

Dass Cléry im Oktober 1796, also rund zehn Monate nach seiner Ankunft in Wien, auf ein bereits existierendes Manuskript seines Augenzeugenberichtes verweisen konnte, geht aus einem Briefwechsel mit der inzwischen in Petersburg weilenden Malerin Vigée-Lebrun hervor. Diese wandte sich an den ehemaligen Kammerdiener, um von ihm detaillierte Beschreibungen der Lebenssituation der königlichen Familie im *Temple* zu erbitten, da sie im Begriff war, eine Gemäldesequenz über das tragische Ende der Familie zu konzipieren.[639] Cléry gab der Künstlerin bereitwillig Auskunft, beschrieb mit Akkuratesse nicht nur die räumlichen Gegebenheiten im Gefängnis, sondern illustrierte mit plastischen Worten auch die Abschiedsszene unmittelbar vor der Hinrichtung Ludwigs bis hin zur Bekleidung und den Gesichtsausdrücken aller Anwesenden. Mit Blick auf diese exklusiven Informationen bat er Vigée-Lebrun jedoch ausdrücklich um Diskretion: »Il me reste une grâce à vous demander, c'est que tous ces détails restent entre nous. Comme j'ai des notes où tous ces faits sont écrits, je ne voudrais point qu'ils soient connus avant leur impression.«[640]

Nachdem Wien für eine Veröffentlichung nicht mehr in Betracht kam, reiste Cléry über Blankenburg nach London, um dort, wie schon zuvor Diane de Polignac, sein Buch veröffentlichen zu lassen.[641] Es erschien schließlich im Sommer 1798 in einer französischen Originalversion sowie zeitgleich in englischer, deutscher und italienischer Übersetzung und zielte damit von Anbeginn auf einen gesamteuropäischen Absatzmarkt.[642] Im Folgejahr wurde das Buch sogar noch in

637 Karla geht von einer Entstehung des Journals erst während des englischen Exils aus, vgl. Karla, Revolution als Zeitgeschichte, S. 41. Diese Spätdatierung ist definitiv auszuschließen.
638 Maurice Tourneux (Hg.): Bibliographie de l'histoire de Paris pendant la Révolution française, Bd. 1: Préliminaires, Événements, Paris 1890, S. 300-305. Mansel nimmt eine Mitwirkung Sauveur Legros', des Sekretärs De Lignes, an; vgl. Mansel, Prince of Europe, S. 175.
639 Walczak, Vigée-Lebrun, S. 44.
640 Brief Clérys an Vigée-Lebrun vom 27. Oktober 1796, zit. n. Vigée Lebrun, Souvenirs, S. 342-350; hier S. 349.
641 Karla, Pestel, Revolution on Trial, S. 403.
642 Mansel datiert das Erscheinungsjahr fälschlicherweise auf 1797, vgl. Philip Mansel: Louis XVIII, Paris 2004, S. 107-108; Clérys Erinnerungen erschienen in London gleichzeitig auf Französisch, Deutsch, Italienisch (gedr. v. Francesco Andreola, London) und Englisch (übers. v. Robert Charles Dallas).

Übersee – in Quebec und Boston – verlegt, bevor eine Reihe weiterer Auflagen in London folgte.[643] Erst nach der Restauration erschien das »Journal« schließlich auch in Paris.[644]

Der literarische Erfolg brachte nicht nur die materielle Absicherung seines Urhebers mit sich. Das »Journal« war auch ein wirkmächtiges Vehikel der antirevolutionären Propaganda. Fünf Jahre nach den Ereignissen im Pariser Tempel wurde der sensationelle Bericht Clérys in eine breite Öffentlichkeitsoffensive der Royalisten um Ludwig XVIII. und Artois eingespannt, die die Mitleid und Sympathie erregende Darstellung für ihre politischen Zwecke zu instrumentalisieren verstanden. Für sie stand neben dem öffentlichen Solidarisierungseffekt mit dem entrechteten Monarchen – nach Cléry ein Muster vollendeter Tugendhaftigkeit – und der Institution des französischen Königtums insbesondere die Person Madame Royales im Fokus, weil diese für die Kontinuität der Monarchie von entscheidender Bedeutung war. Da die politische Stellung des »Exilkönigs« Ludwig XVIII. notorisch unsicher und dieser obendrein kinderlos war, alarmierte der Umstand, dass am Wiener Hof die Möglichkeit einer Verheiratung der »fille de France« mit einem österreichischen Erzherzog erwogen wurde, die Exilbourbonen in höchstem Maße. Es galt daher Wege zu finden, die öffentliche Meinung in möglichst vielen Ländern für ihre dynastischen Interessen zu sensibilisieren.[645] Angesichts der gespannten Erwartungshaltung des Lesepublikums war Clérys sentimentale Schilderung hierfür ein effektives Mittel. Dank des gleichzeitigen Erscheinens in mehreren Sprachen erregte sie in vielen Ländern beträchtliche öffentliche Aufmerksamkeit und Anteilnahme und fügte sich somit passgenau in die von den Royalisten lancierte Kampagne ein, die die Herrschaftslegitimität der französischen Bourbonen über alle Anfechtungen erheben und für die nachfolgende Generation sichern sollte. Mit der Vermählung Madame Royales mit dem ältesten Sohn Artois', dem Duc d'Angoulême, im Jahr 1799 schien dieses Streben einen vorerst erfolgreichen Abschluss zu finden.

Zugleich wirkte das »Journal« in die kommunikativen Binnenräume der Revolutionsemigration hinein. Dort gab es rund ein Jahrzehnt nach der ersten Auswanderungswelle aus Frankreich zwar eine Vielzahl von Fraktionen und Interessen, aber, von den Ultras abgesehen, kaum mehr einen gemeinsamen ideellen Nenner, der über die Abscheu gegenüber dem *régicide* und den Rückkehrwunsch hinausgegangen wäre. In der Person des Autors kamen nun aber die Tugenden der Treue und Anhänglichkeit gegenüber dem König und dem monarchischen Prinzip schlechthin zum Ausdruck: Cléry hatte dem zum Tode verurteilten Ludwig nicht nur bis zum Ende zuverlässig zur Seite gestanden, sondern war dessen Ver-

---

643 1799 erschien das Buch in Quebec (bei Roger Lelievre et Pierre Edouard Desbarats) und in Boston (bei Manning and Loring).

644 Karla, Revolution als Zeitgeschichte, S. 114, gibt an, das »Journal« sei bereits 1800 zum ersten Mal in Paris erschienen.

645 Zum »Heiratsprojekt« mit Erzherzog Karl siehe Becquet, Marie-Thérèse de France, S. 127-131.

mächtnis auch über die Hinrichtung hinaus ergeben geblieben. Hierfür waren nicht nur die öffentliche Zeugenschaft des »Journals«, sondern auch sein Leben im Exil schlagende Beweise. Mit seinem persönlichen Zeugnis figurierte Cléry im Kalkül der Royalisten als Personifikation der unverbrüchlichen Loyalität zur Bourbonenherrschaft über Frankreich, die den emigrierten Franzosen aller politischen Lager in der *France du dehors* als Vorbild dienen konnte. Mit der Aufnahme des ehemaligen Kammerdieners in den ursprünglich rein militärischen Ludwigsritterorden durch den »Exilkönig« wurde dieses Ideal noch einmal symbolisch verstärkt: Der »treue« Cléry, so sein bald obligatorisches Attribut, hatte im Tempelgefängnis eine Tapferkeit unter Beweis gestellt, die jener der kämpfenden Emigranten auf den Schlachtfeldern des Koalitionskriegs mindestens gleichwertig war.[646] Gerade diese Form monarchischer Treue, für die Cléry fortan als Muster galt, sollte nach dem vorläufigen Ende der aktiven Kampfhandlungen auf dem kontinentalen Kriegsschauplatz 1797 eine neue Bedeutung im kollektiven Bewusstsein der Emigranten zukommen und somit einer weiteren politischen Desintegration zulasten der Dynastie vorbeugen.

Angesichts der immensen öffentlichen Wirkung des »Journals« verwundert es nicht, dass sich der inzwischen im schottischen Exil lebende Artois die Hände rieb. Um die neue Dynamik zu verstetigen, stachelte er den persönlichen Kammerdiener Madame Royales, François Hüe, der die Prinzessin nach Wien begleitet hatte, mit Verweis auf das druckfrische Buch Clérys an, mit einem eigenen Werk an die Öffentlichkeit zu treten und die aktuell günstige Situation zu nutzen:

> Je n'essaierai pas d'exprimer ce que l'ouvrage de Cléry m'a fait éprouver. Vous le devineriez facilement. Je sais que vous devez travailler sur ce sujet si pénible et si touchant à la fois. J'attends avec impatience le résultat de votre travail.[647]

Die Propaganda der Bourbonen wurde durch die Resonanz des »Journals« in den Londoner Emigrantenjournalen weiter angeheizt. Jean-Gabriel Peltier, eine zentrale Figur der französischsprachigen Publizistik in England, erhob in seinem »Paris pendant l'année 1798« die von Cléry geschilderte Tugendhaftigkeit, die in

---

646 Der Ernennungsbrief ist überliefert bei Bombelles, Journal, 5: 1795-1800, S. 275.
647 Artois an Hüe, 4. August 1798, zit. n. François Hüe: Souvenirs du Baron Hüe, officier de la chambre du roi Louis XVI et du roi Louis XVIII (1787-1815), publiés par le Baron de Maricourt, Paris 1903, S. 228-229. Die Memoiren Hües erschienen erst 1806 in London, nachdem dort zwei Jahre zuvor auch der erste Band der Memoiren Joseph Webers, des österreichstämmigen Milchbruders Marie Antoinettes, erschienen war. Webers Memoiren konnten mit einer Passage aus den nicht veröffentlichten Aufzeichnungen Madame Royales aufwarten, die diese ihm während ihres Aufenthaltes in Wien überlassen hatte – pikanterweise die »Flucht nach Varennes«; Joseph Weber: Mémoires concernant Marie-Antoinette, archiduchesse d'Autriche, reine de France, 2 Bde., London 1804, 1806; dazu Karla, Pestel, Revolution on Trial, S. 398-400, 406.

den Handlungen und Worten des Königs zum Ausdruck kam, zum »catéchisme central des Français« und bewarb die Darstellung selbst als vom »genie de la Monarchie« inspiriert.[648]

Auch in der Habsburgermonarchie wurde das »Journal« begierig aufgenommen. Ab Mitte August 1798 konnte es in Originalversion oder in deutscher Übersetzung bei den Buchhändlern in Wien bezogen werden. Große Annoncen in der Tagespresse für das »Tagebuch über die Vorkommnisse im Tempel-Thurme«, so der deutsche Titel, sorgten für eine riesige Nachfrage.[649] Im Herbst 1798 enthielten die regelmäßigen Bücherlieferungen aus London stets Dutzende Kopien von Clérys »Journal«, sodass zügig Tausende Exemplare allein in der kaiserlichen Residenzstadt abgesetzt wurden; in dieser Zeit sei Wien mit diesem Buch geradezu »überschwemmt« worden, heißt es im Rückblick auf das große öffentliche Interesse.[650] Und auch die im habsburgischen Exil lebenden Emigranten nahmen den Bericht über die Gefangenschaft des Königs mit Neugier auf.[651]

Dass Cléry und die Royalisten ihren propagandistischen Erfolg allerdings nicht ungestört verbuchen konnten, zeigt eine unter dem Namen Jean-Baptiste Clérys 1800 von London aus in Umlauf gebrachte Falschversion des »Journals«, die eine vom Originaltext abweichende Fassung der Geschehnisse lieferte.[652] Ob es sich hierbei, wie in der Forschung mehrheitlich angenommen,[653] um eine gezielte Gegenkampagne des französischen Direktoriums handelte, die darauf abzielte, den Bericht Clérys mittels einer »zweiten Wahrheit« zu relativieren und auf diesem Weg Zweifel an der Authentizität des »Journals« zu säen, oder ob ein kommerzielles Interesse dahinter stand, das die Gelegenheit und den inzwischen berühmten Namen des Autors nutzte, um daraus Kapital zu schlagen, lässt sich nicht mit Sicherheit feststellen. Cléry sah sich gezwungen, im »Spectateur du Nord« mit einer Protestnote die Öffentlichkeit auf die Falschversion hinzuweisen. Er selbst ging davon aus, dass die französische Regierung für das Werk verantwortlich zeichnete, und resümierte bitter:

> Il n'existe aucun nom à donner à cette production de la plus raffinée scélératesse. Il a fallu 12 années de dépravation universelle et d'un oubli absolu de tous les principes, pour laisser croire à l'homme de bien, qu'il peut exister un

---

648 Zit. n. Hélène Maspero-Clerc: Un journaliste contre-révolutionnaire, Jean-Gabriel Peltier (1760-1825) (= Bibliothèque d'histoire révolutionnaire), Paris 1973, S. 81.
649 Etwa Wiener Zeitung, 10. November 1798 (Nr. 90), S. 3385.
650 »Cléry und sein Journal«, in: Sonntagsblätter, 6. September 1846 (Nr. 36), S. 858-859.
651 Bombelles, Journal, 5: 1795-1800, S. 276.
652 Jean-Baptiste Cléry: Mémoires de M. Cléry, valet-de-chambre de Louis XVI, ou journal de ce qui s'est passé dans la tour du Temple, pendant la détention de Louis XVI; avec des détails sur sa mort, qui ont été ignorés jusqu'à ce jour, London 1800.
653 Janacek, Cléry in Wien, S. 5; Becquet, Marie-Thérèse de France, S. 141, datiert die Falschversion irrigerweise auf 1801.

être, assez lâche et assez infâme, pour s'emparer (par seule haine pour la vertu) du nom d'un serviteur fidèle, à l'effet de flétrir à la fois tout ce qu'il y avoit de plus auguste et de plus vertueux sur la terre.[654]

Ungeachtet dieser Unannehmlichkeiten hatte die Veröffentlichung des »Journals« den Autor zu einem reichen Mann gemacht. Außer in englische Staatspapiere investierte Cléry nach seiner Rückkehr nach Österreich den finanziellen Ertrag seines Buches unter anderem in mehrere Immobilien in der Wiener Innenstadt und in dem bei begüterten Emigranten beliebten Vorort Hietzing nahe Schloss Schönbrunn.[655] In seinem Haus in Hietzing verstarb er kurz nach der Schlacht bei Aspern 1809.[656] Es war Madame Royale, die dem letzten Kammerdiener ihres Vaters ein schlichtes Grabmonument setzen ließ, dessen Inschrift die traditionsbildende Eigenschaft der öffentlichen Figur des Autors der Nachwelt überliefern sollte: »Le fidèle Cléry, dernier serviteur de Louis XVI«.

5.3.1 Schreiben, drucken, veröffentlichen: Antirevolutionäre Mobilisierung in Zentrum und Peripherie

Trotz der Beispiele Diane de Polignacs und Jean-Baptiste Clérys, die beide ihre Werke zensurbedingt im Ausland verlegen ließen, hält der historiografisch tradierte Befund einer eher nachrangigen Rolle der Habsburgermonarchie für die kontinentaleuropäische Emigrantenpublizistik einer genaueren Betrachtung nicht stand. Weder war es gänzlich unmöglich noch gar unattraktiv, im habsburgischen Exil Schriften, die direkt oder indirekt mit der Revolution zu tun hatten, zu veröffentlichen oder in bestimmten Kreisen zirkulieren zu lassen. Daher sollten weder die Normsetzung und strikte Zensurpraxis des Staates überschätzt, noch die Veränderlichkeit und Aushandelbarkeit der Exilbedingungen unterschätzt werden. Aus dem Zusammenwirken beider Aspekte ergaben sich Spielräume für schreibende Emigranten. Gerade in den Jahren vor der »Jakobinerverschwörung« mischten sie sich wahrnehmbar in die teils hitzigen öffentlichen Auseinandersetzungen um die Revolution ein.[657]

---

654 »Réclamation de Mr. Cléry, auteur du Journal du Temple«, in: Spectateur du Nord: Journal politique, littéraire et moral, 1/1801, S. 273-276; hier S. 273.
655 Janacek, Cléry in Wien, S. 5-6.
656 Cléry war 1803 nach Paris gereist, um dort seine Familie wiederzusehen, hatte sich dort jedoch mit dem um die Sympathien des alten Adels werbenden Napoleon überworfen und war daraufhin zum zweiten Mal ins Exil gegangen.
657 Zur Revolutionsdebatte in der Habsburgermonarchie Helmut Reinalter: Österreich und die Französische Revolution, Wien 1988.

Ein Zentrum in der Peripherie: Emigrantenpublizistik in Konstanz

Bevor eigens auf Wien als überregionalen Kulminationspunkt politischer Öffentlichkeit und Publizistik eingegangen wird, ist der Blick einmal mehr in die habsburgische Peripherie zu lenken. Hier ist insbesondere an die Rolle der Konstanzer Emigrantenkolonie zu erinnern, die als Schreib- und Verlagsort für Literatur der Emigranten europäische Relevanz erlangte.[658] Angesichts der dort zeitweise rund zweitausend ansässigen Emigranten, die mehrheitlich dem geistlichen Stand angehörten, bestand in der Stadt selbst eine hohe Nachfrage nach französischsprachigen Schriften, die sowohl von einheimischen Buchhändlern wie auch von Emigranten bedient wurde. Ziel der Emigranten war dabei nicht nur die Verbreitung revolutionskritischen Schrifttums. Vielmehr sollten mit dem Verkauf von Druckerzeugnissen materiell bedürftige Emigranten vor Ort unterstützt werden. Zu diesem Aspekt der Emigrantenselbsthilfe gehören auch Werke vornehmlich religiösen Inhalts, die in der von den beiden geistlichen Emigranten Lardet und Moutel 1794 gegründeten Druckerei verlegt wurden und deren Ertrag in eine lokale Hilfskasse floss.[659] Auch die örtlichen Lesekabinette und Leihbibliotheken passten sich der veränderten Leserschaft an, abonnierten französischsprachige Zeitungen aus der Schweiz und Deutschland und zeigten französische Neuerscheinungen in lokalen Intelligenzblättern an.[660]

Über die örtliche Nachfrage hinaus wirkten die in Konstanz erschienenen Schriften auch in die europäische Öffentlichkeit hinein. Die Emigranten-Druckerei Lardet und Moutel avancierte im süddeutsch-alpinen Raum zu einem rege nachgefragten Verlag für Publikationen, die bald in ganz Zentraleuropa zirkulierten.[661] Umgekehrt entwickelte sich die Konstanzer Kolonie auch zum Umschlagplatz für nichtfranzösische Werke, die von Emigranten rezipiert, übersetzt und somit für ein französischsprachiges Lesepublikum erschlossen wurden. Unter dem

---

[658] Arnulf Moser: Konstanz am Ende des Alten Reiches. Modernisierungsversuche durch Genfer und französische Emigrantenkolonien (1785-1799), in: Dieter Schott, Werner Trapp (Hg.): Seegründe. Beiträge zur Geschichte des Bodenseeraumes (= Leben in der Region, Bd. 1), Weingarten 1984, S. 53-72; Arnulf Moser: Die französische Revolution von 1789 und die Emigranten im Bodenseegebiet, in: Badische Heimat 3 (1989), S. 151-161; ders., Konstanz am Ende des Alten Reiches; ders., Die französische Emigrantenkolonie in Konstanz.

[659] C. F. Camus: Lettres de M. l'Abbé Camus, vicaire général de Mgr. l'evêque de Nancy, a MM. les curés & autres ecclésiastiques déportés du même diocèse, Konstanz 1795.

[660] Moser, Die französische Emigrantenkolonie in Konstanz, S. 71.

[661] Während seines Aufenthaltes in Regensburg berichtet Bombelles von gemeinsamen Lesungen einer 1795 bei Lardet und Moutel erschienenen Grabrede auf die hingerichtete Madame Elisabeth; vgl. Bombelles, Journal, 5: 1795-1800, S. 295.

Aspekt des Kulturtransfers ist diese funktionelle Scharnierfunktion der Konstanzer Kolonie im überregionalen Rahmen bisher nicht erkannt worden.[662]

In Konstanz dominierten Druckwerke politischen und theologischen Inhalts. Buchstäblich großes Gewicht hatte etwa die französische Übersetzung eines religionsdidaktischen Werkes des Augsburger Franziskaners Edilbert Menne, das der Geistliche Claude-Étienne Rivière unter dem Titel »Entretiens familiers, en forme de catéchisme« in vier Bänden bei Lardet und Moutel publizierte.[663] Der Ansatzpunkt Rivières war dabei klar antirevolutionärer Natur und beruhte auf der Überlegung, dass die unter seinen Landsleuten grassierende Unwissenheit in religiösen Belangen die geistigen und institutionellen Fundamente Frankreichs unterspült und in letzter Konsequenz den Ausbruch der Revolution begünstigt habe. Das Ziel des von ihm herausgegebenen Werkes bestand folglich darin, dieser Unwissenheit eine gleichermaßen eingängige wie ausführliche Übersicht der katholischen Glaubenslehre entgegenzusetzen.[664] Diese dezidiert pädagogische Intention verdeutlichte, dass Rivière keineswegs nur auf den lokalen Absatzmarkt zielte, der ohnehin mehrheitlich aus Geistlichen bestand, sondern ein mehrere tausend Seiten umfassendes Referenzwerk schuf, das über den räumlichen und zeitlichen Horizont der Emigration hinaus Geltung beanspruchte und auf dem Feld des religiösen Wissens eine langfristige Immunisierung gegen revolutionären Enthusiasmus entfalten sollte. Seiner Überzeugung nach wies Rivière den Franzosen mit diesem Buch einen systematisch angelegten Ausweg aus dem von ihm gegeißelten Atheismus, der Idolatrie und der religiösen Indifferenz der Aufklärungsepoche.[665] Tatsächlich erlebte das Werk nach dem Konkordat mehrere Neuauflagen in Frankreich, die erste 1803 – noch anonym – in Lyon.[666]

Auch auf dem Feld politischer Publizistik hatte der Verlagsort Konstanz eine herausragende Stellung im süddeutschen Raum. Hiervon zeugt eine Vielzahl kleinerer Schriften, die vor der ersten französischen Besetzung der Stadt durch französische Revolutionstruppen 1796 erschien.[667] Als bekanntestes Werk gilt jedoch die

---

662 Zwar verweist Moser auf die vielen dort verlegten Werke, belässt es aber bei einer bloßen Aufzählung.

663 Claude-Étienne Rivière: Entretiens familiers, en forme de catéchisme, d'un curé de campagne, avec la jeunesse, traduits de l'allemand, 4 Bde., Konstanz 1795. Das populäre Werk Mennes war unter dem Titel »Leichtfaßliche katechetische Reden eines Dorfpfarrers an die Landjugend« erstmals 1791 in Augsburg erschienen.

664 Ebd., Preface.

665 Ebd.

666 [Anon.]: Entretiens familiers en forme de catechisme, d'un curé de campagne, avec la jeunesse, traduits de l'allemand, Lyon 1803.

667 Darunter Boisdeffre, Jean-François Le Mouton de: Des erreurs du temps. Première partie contenant les articles de la souveraineté du peuple, de l'égalité des droits, de la démocratie, Konstanz 1795; vgl. auch Moser, Die französische Emigrantenkolonie in Konstanz, S. 69-74. Die Herausgabe eines französisch-deutsches Periodikums, das unter dem Titel »Le Peuple cité au tribunal de l'expérience – Das Volk vor dem Richterstuhl

politische Theorie Louis de Bonalds, die in drei Bänden unter dem Titel »Théorie du pouvoir politique et religieux« in Konstanz erschien.⁶⁶⁸ Bonald entwickelte darin eine Gesellschaftslehre, die sich durch eine kompromisslose Ablehnung von Individualismus und Protestantismus, die naturrechtlich-religiöse Überhöhung des Königtums und des Legitimitätsprinzips sowie einen streng anti-rousseauistischen Souveränitätsbegriff auszeichnete. Er verwarf die Idee der subjektiven Individualität aufklärerischer Tradition als egoistisch und zerstörerisch und begriff Gesellschaft stattdessen als ein organisches Gewebe.⁶⁶⁹ In der Revolution sah Bonald eine destruktive Kraft, die mit der Vernichtung der christlichen Monarchie auch die menschliche Gesellschaft selbst zu zerstören drohte.⁶⁷⁰ Die »Théorie« begründete nicht nur seinen Ruf als Autor, der heute neben Burke, Maistre und Chateaubriand zu den Klassikern des antirevolutionären Denkens gerechnet wird und von Robert Spaemann zu einem der geistigen Väter der Soziologie erhoben wurde, sondern nahm bereits vieles vorweg, was Bonald nach seiner Rückkehr nach Frankreich in systematischerer Form niederlegen sollte.⁶⁷¹

Wie Chateaubriand, Montlosier und andere Schriftsteller der Emigration hatte Bonald nach seiner Auswanderung zunächst als Soldat in der Emigrantenarmee gedient. Nach der Auflösung seiner Einheit 1793 lebte er zurückgezogen in Heidelberg und verlegte sich auf die Bekämpfung der Revolution mit den Mitteln der Schriftstellerei. Das Manuskript seiner »Théorie« komplettierte er binnen zweier Jahre in weitgehender Abgeschiedenheit und mit einem schmalen Literaturkorpus, das nicht viel mehr als Bossuet, Montesquieu und Rousseau umfasste.⁶⁷² Für die Drucklegung reiste er nach Konstanz, wo sein Opus bei Lardet und Moutel erschien – angesichts der kriegerischen Auseinandersetzungen im südwestdeutschen Raum und der Vorstöße der Revolutionsarmee in den Bodenseeraum jedoch ohne Namensnennung von Autor und Verlag.

Im Gegensatz zu den wenig später erschienenen »Considérations sur la France« Joseph de Maistres erwies sich die Publikation der »Théorie« zunächst als Fehlschlag. Bonald hatte einen Großteil der ersten Charge an Buchhändler in Paris geschickt, wo das Werk unverzüglich von der Polizei konfisziert wurde.⁶⁷³ Kei-

---

der Erfahrung« firmieren sollte und in einem Konstanzer Wochenblatt bereits annonciert wurde, ließ sich wegen der herrschenden Zensur allerdings nicht realisieren.
668 Bonald, Louis Gabriel Ambroise de: Théorie du pouvoir politique et religieux dans la societé civile, 3 Bde., Konstanz 1796.
669 Prägnant zusammengefasst bei Jean-Jacques Langendorf: Pamphletisten und Theoretiker der Gegenrevolution 1789-1799 (= Batterien, Bd. 36), München 1989, S. 52-55.
670 Ebd.
671 Robert Spaemann: Der Ursprung der Soziologie aus dem Geist der Restauration. Studien über L.G.A. de Bonald, Stuttgart 1998.
672 David Klinck: The French counterrevolutionary theorist Louis de Bonald (1754-1840) (= Studies in modern European history, Bd. 18), New York 1996, S. 47-50.
673 Ebd., S. 51-52.

nen Anklang fand das Buch auch bei den Emigrantenjournalen im europäischen Exil, deren Herausgeber sich zur Enttäuschung Bonalds sogar weigerten, das Werk überhaupt zu annoncieren. Diese dürftige Resonanz lag in erster Linie im schieren Umfang der »Théorie« begründet, der eine Lektüre wenig attraktiv machte. Selbst wohlgesonnene Zeitgenossen empfahlen dem Autor, das Werk für eine kürzere zweite Edition zu überarbeiten. Obwohl ihn nach seiner Rückkehr 1797 sogar Napoleon persönlich dazu aufforderte, kam es trotz vorbereitender Arbeiten nicht mehr dazu.[674]

Mobilisierung im politischen Zentrum: Emigrantenpublizistik in Wien

Die überregionale Bedeutung des emigrantischen Schreib- und Verlagsortes Konstanz wird mit Blick auf die gesamte Habsburgermonarchie lediglich von Wien übertroffen. Dies gilt weniger in numerischer Hinsicht der dort gedruckten Werke. Anders als in Konstanz gab es in Wien keine Druckereien, die von Emigranten betrieben wurden.[675] Vielmehr speiste sich die Relevanz der in Wien gedruckten Schriften aus ihrer unmittelbaren Wirkung im politischen, journalistischen und akademischen Zentrum der Erbstaaten. Die revolutionären Ereignisse in Frankreich hatten dort zwar von Anfang an die Berichterstattung in den Tageszeitungen und Journalen bestimmt, doch nahm infolge der sich radikalisierenden Revolution die Intensität der öffentlichen Auseinandersetzungen noch einmal rapide zu. Diese spezifische Rezeptionsbereitschaft eröffnete Emigranten Kanäle in die urbane Öffentlichkeit trotz der engen Grenzen, die die Zensurbestimmungen und die engmaschigen Überwachungsmaßnahmen der Polizei hierfür setzten.

Für öffentliche Äußerungen bis hin zu politischer Agitation boten sich dennoch Spielräume. Selbst von der Polizei misstrauisch beäugte Emigranten wie Geoffroy de Limon, einem der Autoren des berüchtigten Manifests des Herzogs von Braunschweig, gelang es, nur wenige Wochen nach der Hinrichtung Ludwigs XVI. eine Reihe von Versammlungen in Wien abzuhalten, auf denen er Interessierten seine Deutung des »Martyriums« des französischen Königs darlegte.[676] Obwohl Polizeiminister Pergen Limon zuvor als »einen der gefährlichsten

---

674 Zur Bonald-Rezeption bei den »Wiener Romantikern« Adam Müller und Friedrich Schlegel siehe Benedikt Koehler: Ästhetik der Politik. Adam Müller und die politische Romantik, Stuttgart 1980, S. 175, und Ulrich Scheuner: Der Beitrag der deutschen Romantik zur politischen Theorie (= Vorträge / Rheinisch-Westfälische Akademie der Wissenschaften Geisteswissenschaften, Bd. 248), Opladen 1980, S. 11.

675 Das Druckereiwesen in Wien war ein durch kaiserliche Privilegien streng reglementiertes Gewerbe. Dazu Peter R. Frank, Johannes Frimmel: Buchwesen in Wien 1750-1850. Kommentiertes Verzeichnis der Buchdrucker, Buchhändler und Verleger, Wiesbaden 2008.

676 Dazu der Akt ÖStA/AVA, Inneres, Pergen-Akten, Ktn. 8, Nr. 10, Abschiebung des Barons de Limon. Regelmäßige Kontakte unterhielt Limon mit Außenminister Cobenzl,

Menschen« bezeichnet, mehrere Spitzel auf ihn angesetzt und nachdrücklich auf seine Ausweisung hingewirkt hatte, erfreuten sich royalistische Gewährsmänner seines Kalibers, darunter auch der ehemalige Sekretär Mirabeaus, Jean-Joachim Pellenc, der Protektion einflussreicher Personen am Hof und in den diplomatischen Kreisen Wiens.[677] Auch wenn Limon in Wien keine Publikationserlaubnis für seine Eloge auf Ludwig XVI. erhielt, die schließlich in Regensburg erschien, zeigt der Zuspruch, den er in Wien von vielen Seiten erfuhr, dass Erklärungsangebote von Emigranten gerade im zeitlichen Kontext der Abschaffung der Monarchie in Frankreich stark nachgefragt waren.[678]

Dieser Neugier trugen die Wiener Verlage Rechnung. Vor dem Hintergrund der österreichischen Herkunft Marie Antoinettes setzten sie vor allem auf biografische Werke über das französische Königspaar, welche aufgrund der verbreiteten Empörung über den Prozess und die Hinrichtung einen hohen Absatz versprachen.[679] Mit der Veröffentlichung Mallet du Pans »Über die französische Revolution und ihre Dauer« nahmen sie auch einen wortgewaltigen Emigranten in ihr Programm auf, der sich deutlich gegen eine Rückkehr zum Status quo ante 1789 als Ziel der militärischen und politischen Bemühungen der Koalition aussprach und damit unverdrossene Royalisten vor den Kopf stieß.[680]

Emigranten, die nicht im Ausland publizieren konnten oder wollten, waren auf die ansässigen Verlage in der Stadt angewiesen. Unter den Buchdruckern, die ihre Schriften verlegten, ragt der erst 1789 gegründete Verlag Alberti heraus, der durch den Erstdruck von Schikaneders Libretto der »Zauberflöte« bekannt ist, darüber hinaus aber ein breites Programm von Originalschriften und Übersetzungen aus dem romanischen Sprachraum anbot.[681] Für den Emigrantenautor Antoine Sabatier de Castres wurde Alberti zum Verlag der Wahl, nachdem er Ende 1791 in die kaiserliche Residenzstadt übergesiedelt war.

    mit dessen Nachfolger Thugut, mit Staatskanzler Kaunitz und dem niederländischen Hofkanzler Trauttmansdorf sowie dem spanischen Botschafter.

677 ÖStA/AVA, Inneres, Pergen-Akten, Ktn. 8, Nr. 10, Kaiser Franz an Polizeiminister Pergen, 10. Februar 1793.

678 Geoffroy de Limon: La vie et le martyre de Louis Seize, Roi de France et de Navarre, immolé le 21 Janv. 1793: avec un examen du decret regicide, Regensburg 1793.

679 Pelzer, Die Wiederkehr des girondistischen Helden, S. 366. Weitere Werke bei Olga Droszt: Les premiers imprimés en français de Vienne (1521-1538); avec un supplément à la bibliographie française de Vienne (= Études françaises publiées par l'Institut Français de l'Université de Szeged, Bd. 13), Szeged 1934, S. 106-117.

680 Die Übersetzung Mallet du Pans »Considérations« erschien bei Wallishauser, vgl. Pelzer, Die Wiederkehr des girondistischen Helden, S. 366; zur Wirkung der »Considérations« vgl. Pestel, Emigration als Kommunikationsereignis, S. 299-300.

681 Johanna Senigl: Ignaz Alberti, privil. Buchdrucker, Buchhändler und akad. Kupferstecher, samt Bibliographie seines Lebenswerkes, in: Mitteilungen der Internationalen Stiftung Mozarteum 49 (2001) 3-4, S. 102-125; Frank, Frimmel, Buchwesen in Wien 1750-1850, S. 2.

Der Gründer und Inhaber des Verlags Ignaz Alberti hatte seinerseits ein kommerzielles Interesse daran, mithilfe der Schriften des in Wien rasant populär gewordenen französischen Autors die Stellung seines Verlages im umkämpften Wiener Druckerei- und Buchhändlergewerbe zu stärken. Nach dem Scheitern seiner Bewerbung um die vakante Position des Hofbuchdruckers Ende 1792 setzte der Verleger auf ein Buchprogramm, das sich zu großen Teilen thematisch an den aktuellen politischen Ereignissen ausrichtete und neben den Werken Sabatiers unter anderem Sebastiano Ayalas Bestseller »De la liberté et de l'égalité des hommes« umfasste.[682] Auf diese Weise gelang es Alberti, seinen Verlag in nur wenigen Jahren zu einer der größten privaten Druckereien in Wien auszubauen.[683] Sein plötzlicher Tod im August 1794 unterbrach diese wirtschaftliche Erfolgsgeschichte jäh. Die Druckerei ging an Albertis Witwe über, die den Verlag mit einem deutlich reduzierten Programm weiterbetrieb und dieses unter den strengen Zensurbedingungen auf wenige politische und philosophische Werke beschränkte.[684]

5.3.2 Revolutionskritiken im Widerstreit – die Wiener Debatte zwischen Antoine Sabatier de Castres und Joseph von Sonnenfels

»Il faut le dire et le répéter, jusqu'à ce qu'on en soit persuadé, plus les peuples s'éclairent, et plus ils sont malheureux.«[685] Antoine Sabatier de Castres (1742-1817) gilt als einer der streitbarsten politischen Schriftsteller der Emigration.[686] Die Radikalität seiner Äußerungen und die Maßlosigkeit seiner Aufklärungsfeindschaft machten ihn selbst unter revolutionskritischen Zeitgenossen zu einem beargwöhnten Autor. Fast unisono überzog ihn die Nachwelt mit Schimpf und Schande, zieh ihn des dreisten Plagiats und der geistlosen Plattitüde.[687] Anders als bei Bonald und Chateaubriand, die sich der Revolution mit feingliedriger Analytik und stilistischer Eleganz widmeten, dominierte in Sabatiers Schriften ein Hang zum negativen Superlativ, zum totalen Verriss.

Im Bemühen, die Ursachen und Entstehungsbedingungen der Revolution freizulegen, knüpfte Sabatier Jahrhunderte überspannende Kausalitätsketten, die er im *annus horribilis*, dem Revolutionsjahr 1789, zusammenlaufen ließ. Wenngleich nach seinem Verständnis die Revolution ausschließlich auf einer geistig-philosophischen Grundlage erklärt werden konnte, waren ihm dennoch nicht – anders

---

682 Sebastiano Ayala: De la liberté et de l'égalité des hommes et des citoyens avec des considérations sur quelques nouveaux dogmes politiques, Wien 1792.
683 Senigl, Ignaz Alberti, S. 107-112, zur Bibliographie Albertis; S. 118-125.
684 Ebd., S. 110.
685 Antoine Sabatier de Castres: Pensées et observations morales et politiques, pour servir à la connaissance des vrais principes du gouvernement, Wien 1794, S. 460.
686 Langendorf, Pamphletisten und Theoretiker, S. 274-280.
687 Darunter Fernand Baldensperger: Le mouvement des idées dans l'émigration française (1789-1815), Bd. 1: Les expériences du présent, Paris 1924, S. 38-40.

als vielfach behauptet – die Wissenschaften, die Künste oder der technische Fortschritt an sich ein Gräuel.[688] Weder war er ein Nostalgiker noch ein Prophet des Vergangenen. Im Zentrum seiner Kritik stand vielmehr der Geist des Menschen, dem er eine inhärente Missbrauchbarkeit und Anfälligkeit für destruktive Ideen unterstellte. Aus diesem kulturanthropologischen Pessimismus folgte eine tiefe Skepsis gegenüber allen Produkten menschlicher Schaffenskraft, denen nach seiner Überzeugung wiederum selbst das Potenzial zu zerstörerischer Wirkung innewohnte. So stand für Sabatier die Erfindung des Buchdrucks als Menetekel am Anfang jener Entwicklung, die über dreihundert Jahre später in der Revolution kulminierte. Herausragende Zielscheibe seiner Attacken war stets die französische Philosophie des 18. Jahrhunderts – insbesondere die Werke Voltaires –, die er als geistige Wegbereiterin der politischen Umwälzungen begriff und an der er sich zeit seines literarischen Schaffens abarbeitete. Aufklärung und Revolution waren für Sabatier dabei zwei Seiten einer Medaille, Ursache und Wirkung, und folglich untrennbar miteinander verbunden. Wer von der Revolution sprach, konnte von der Aufklärung nicht schweigen.

Dieser Argumentationsfigur blieb Sabatier während seines ganzen Exils treu.[689] Im politischen Spektrum der emigrantischen Schriftsteller stand er damit zwar den Verschwörungstheoretikern um Augustin Barruel näher als den Analytikern vom Schlage Mallet du Pans und Mouniers, doch machte er sich weder den Klerikalismus Barruels zu eigen noch entwickelte er eine politische Theologie im Stile Maistres. Trotz vieler religiöser Referenzen in seinen Texten war Sabatier ein dezidiert politischer Pamphletist, ein publizistischer Nahkämpfer, der die Konfrontation gezielt suchte, zugespitzt und generalisierend formulierte und die Revolution mitsamt des Toleranz- und Vernunftpathos der Aufklärung verwarf.

Ungeachtet der vielstimmigen Anfeindungen, denen sich Sabatier wegen dieser Pauschalisierungen ausgesetzt sah, erzeugte seine grobschlächtige Kritik an den *philosophes* zusammen mit seiner charakterlichen Hitzköpfigkeit vielerorts Aufmerksamkeit, was dem Absatz seiner Schriften nicht abträglich war. Vielmehr eröffnete sie Sabatier gerade im Exil Möglichkeiten zur Selbstprofilierung inmitten der anhaltenden Positionskämpfe um die Deutung der Revolution und ihrer Auswirkungen auf die europäischen Staaten. Im zeitlichen Umfeld der verbreiteten Empörung ob des *régicide* sowie der beginnenden Jakobinerherrschaft stießen seine Tiraden auf öffentliche Resonanz. Je länger die Emigration dauerte, desto mehr manövrierte er sich mit seinen Rundumschlägen jedoch ins Abseits und büßte auf diese Weise stark an Handlungs- und Wirkungsspielraum ein.

Wo immer Antoine Sabatier de Castres sich aufhielt und publizierte: Der Eklat blieb nicht aus. Dieser Befund gilt auch für sein öffentliches Wirken im habsburgischen Exil zwischen 1789 und 1796, in dessen Verlauf der französische Emi-

688 Langendorf, Pamphletisten und Theoretiker, S. 275.
689 Zum Exil Sabatiers bis 1792 siehe Milella, Sabatier de Castres.

grant abrupt ins Zentrum der Wiener Revolutionsdebatte katapultiert wurde.[690] Die anfängliche Anerkennung, die er in den revolutionsfeindlichen Kreisen genoss, bereitete den Boden für eine Kontroverse mit einem der Protagonisten der josephinischen Aufklärung in Wien, Joseph von Sonnenfels, der, obschon selbst ein entschiedener Gegner der Revolution, den Franzosen zur Zielscheibe einer öffentlichen Abrechnung machte.

Dem wachsenden Druck der öffentlichen Meinung hielt Sabatier nicht stand. Ein Strudel von Anschuldigungen und Verdächtigungen führte zunächst zu einem Aufsehen erregenden Nervenzusammenbruch, der seiner schriftstellerischen Produktivität jedoch keinen Abbruch tat, sondern dieser eine geradezu manische Komponente verlieh. Doch es kam noch schlimmer. Nach längerer Rekonvaleszenz im örtlichen »Tollhaus« geriet Sabatier in den Fokus des Wiener Kriminalgerichts. Der Mittäterschaft an einem Mordversuch bezichtigt, landete er im Gefängnis. Nach 15 Monaten Haft und der Pfändung seines gesamten Besitzes wurde Sabatier mittellos und gegen seinen Willen aus der Habsburgermonarchie hinausexpediert. Nach Stationen in Leipzig und Erfurt lebte er bis zur Restauration im dänischen Altona.[691] Von dort aus kommentierte Sabatier weiter gallig die politische Entwicklung in Frankreich.[692] Seine Obsession blieb dabei die philosophische Aufklärung, deren Interpretation durch die Revolutionäre er als irrig zu entlarven trachtete und um die sich viele seiner Schriften bis zu seinem Tod 1817 in Paris rankten.[693]

---

690 Hierzu lediglich Malitz-Novotny, Die französische Revolution und ihre Rückwirkung auf Österreich, S. 136-142.

691 Für einen biografischen Überblick siehe »Sabatier (Antoine)«, in: Biographie Castraise, ou Tableau historique, analytique et critique des personnages qui se sont rendus célèbres a Castres ou dans ses environs, Bd. 3, Castres 1835, S. 367-419.

692 Antoine Sabatier de Castres: Lettres critiques, morales et politiques sur l'esprit, les erreurs et les travers de notre tems, Erfurt 1802; ders.: Vie polemique de Voltaire, Paris 1802; ders.: Le véritable Esprit de J.J. Rousseau ou: choix d'observations, de maximes et de principes sur la morale, la religion, la politique et la litterature, Metz 1804; ders.: Apologie de Spinosa et du spinosisme, Altona 1805; ders.: De la souveraineté, ou connoissance des vrais principes du gouvernement des peuples, Altona 1806.

693 Im Buch über Rousseau (1804) deutet Sabatier diesen zu einem Fürsprecher von Religion, Moral und Monarchie um. Spinoza gilt Sabatier in seinem Buch über dessen Philosophie (1806) als Advokat gegen den Atheismus. Sabatier blieb hier seinem Ansatz treu, die geistigen Ursprünge der Revolution bzw. die Berufung auf eine bestimmte philosophische Tradition zu bekämpfen. Indem er die Philosophie maßgeblicher Gewährsmänner der Revolutionäre grundlegend uminterpretierte, versuchte er, die Revolution selbst zu delegitimieren, und zwar nicht nur wegen ihres gewalttätigen Vollzuges, sondern indem er ihren Protagonisten ein Missverstehen Rousseaus und Spinozas attestierte. Die irrtümliche Berufung auf ihre Philosophie entzog in dieser Interpretation sowohl ihren Handlungen als auch ihren Motiven jede Rechtfertigung.

Dieser intellektuelle Antagonismus hatte sich durch das Erleben von Revolution und Emigration zwar verstärkt, wurzelte aber bereits im vorrevolutionären Frankreich.[694] Geboren 1742 im südfranzösischen Castres und zunächst für eine geistliche Laufbahn bestimmt, war Antoine Sabatier spätestens seit den 1770er Jahren Teil des literarischen »Establishments«. Seine nominelle Zugehörigkeit zum Klerikerstand dokumentierte er mit dem zeitlebens geführten Titel eines Abbé, obwohl er nie die niederen Weihen und die Tonsur empfangen hatte. Als Protegé des Philosophen Helvétius war Abbé Sabatier von der Provinz nach Paris übergesiedelt, wo er Kontakte in die später von ihm bekämpften Kreise der Philosophen unterhielt. Im politischen Zentrum des Landes wirkte er als Erzieher im Hause des französischen Außenministers Vergennes, wurde dann als »conseiller« am Pariser »parlement« bestellt und erhielt bis zur Revolution nicht weniger als vier hochdotierte Pensionen.[695]

Die Nähe zum Königshof und sein Gespür für die politische Dynamik im Nachgang der Amerikanischen Revolution ließen Sabatier schrittweise zu einem Verteidiger der Monarchie werden. Mit zunehmender Schärfe wandte er sich gegen den Legitimationsdruck, unter den die überkommenen politischen Institutionen Frankreichs vonseiten der *philosophes* gesetzt wurden. Leitendes Motiv war für ihn die Bewahrung der tradierten Ordnung, die er durch den »abus de l'esprit« der Philosophen und die nahezu ungebremste Zirkulation ihres Gedankenguts in Form von Flugschriften, Zusammenfassungen und Exzerpten ihrer Werke bedroht sah.[696] Der Nachwelt in Erinnerung geblieben ist Sabatier daher kaum wegen seiner wenig originellen Schmähschriften gegen Voltaire als vielmehr deswegen, weil er bereits 1766 in einem Brief an Helvétius die Konsequenzen des von ihm gefürchteten »Missbrauch[s] des Geistes« prophezeite: das Ende von Monarchie und Kirche noch vor der Jahrhundertwende.[697]

Seine ostentative Opposition zu Voltaire, der ihn abschätzig als »Abbé Sabotier« (Holzschuhmacher) titulierte, war jedoch nicht nur die Überzeugungstat eines notorischen *anti-philosophe*.[698] Sie diente vor allem der eigenen Profilierung und

---

694 Zu den Anti-Philosophen als Gegenlager zu den Aufklärern siehe Israel, Democratic Enlightenment: Philosophy, Revolution, and Human Rights 1750-1790, S. 140-171.

695 Trotz mancher Parallelen kann Sabatier de Castres vor diesem Hintergrund nicht zum »literarischen Proletariat« à la »Grub Street« gezählt werden, vgl. dazu Robert Darnton: The High Enlightenment and the Low-Life of Literature in Pre-Revolutionary France, in: Past and Present 51 (1971) 1, S. 81-115.

696 Israel, Democratic Enlightenment: Philosophy, Revolution, and Human Rights 1750-1790, S. 780-781. Mit der Begrifflichkeit des »l'abus de l'esprit« markiert Sabatier auch eine Gegenposition zum Hauptwerk seines vormaligen Mentors Helvétius, »De l'esprit« (1758).

697 Ebd., S. 781.

698 Hervé Guenot: Antoine Sabatier de Castres (1742-1817). URL: http://dictionnaire-journalistes.gazettes18e.fr/journaliste/723-antoine-sabatier-de-castres [10.5.2018].

unterlag damit einem Kalkül, das auch später in der Emigration immer wieder handlungsleitend war. Die Kritik an der philosophischen Aufklärung war und blieb sein Geschäftsmodell, die Pose des intellektuell Devianten sein Habitus. Sabatiers literarischer Ruf gründete auf dem Werk »Les Trois siècles de la littérature françoise«, einer essayistischen Enzyklopädie französischer Autoren, die erstmals 1772 erschienen war und bis zur Revolution mehrere Auflagen erlebte.[699] Mit dieser Arbeit zog sich Sabatier den Zorn vieler Zeitgenossen zu, die von ihm in den »Trois siècles« heftig abgekanzelt worden waren und die ihn zudem mit Plagiatsvorwürfen konfrontierten. So galt Sabatier bereits im *Ancien Régime* in den Worten Voltaires als »le plus vil des scélérats« und als »[l]'écrivain le plus misérable et le plus bas«.[700] War es Sabatier nicht durch sein schriftstellerisches Schaffen gelungen, öffentliche Anerkennung zu finden, so steigerten diese abschätzigen Bemerkungen doch zumindest seine Bekanntheit.[701]

Mit Beginn der Revolution begann Sabatier, seine Verteidigungsanstrengungen zugunsten der alten politischen Ordnung zu systematisieren. Zusammen mit Antoine de Rivarol gründete er mit dem »Journal Politique-National« ein Presseorgan, mit dem er den politischen Prozess kommentierte und das er als »le vrai champ de bataille de la cause publique« bewarb.[702] Unsicher, ob seine exponierte öffentliche Stellung ihn in den Sommerwochen 1789 nicht in Lebensgefahr bringen würde, flüchtete er mit einer der ersten Emigrantengruppen bereits im August 1789 in die Österreichischen Niederlande, um sich in Brüssel niederzulassen.

In ihrer intellektuellen Biografie Sabatier de Castres' hat Marie Adelaide Millela die ersten zwei Jahre seiner Emigration in den Österreichischen Niederlanden detailliert aufgearbeitet.[703] Aus der Studie geht hervor, dass für Sabatier wie für viele andere politische Schriftsteller, die Paris in dieser Frühphase der Revolution verließen, der Gang ins Exil zwar eine lebensweltliche Zäsur markierte, er diese jedoch durch die bruchlose Fortführung journalistischer Aktivitäten in der weiterhin frankophonen Umwelt kompensieren konnte.[704] Diese Kontinuität erforderte lediglich minimale Modifizierungen seiner *raison d'être*: War Sabatiers

---

699 Antoine Sabatier de Castres: Les trois siècles de notre littérature ou tableau de l'esprit de nos écrivains, 3 Bde., Amsterdam 1772. Spätere Auflagen erschienen unter dem leicht veränderten Titel »Les Trois siècles de la littérature françoise«.

700 Guenot, Antoine Sabatier de Castres; Voltaire: Les Lois de Minos. Tragédie en cinq actes (1773), in: Œuvres complètes de Voltaire, Bd. 7: Théatre VI, Paris 1877, S. 163-236; hier S. 172-173 (Épitre dédicatoire).

701 Zur jüngeren Debatte um Entstehung und Wechselwirkungen von Öffentlichkeit und Bekanntheit im 18. Jahrhundert in Abgrenzung zum Habermas'schen Öffentlichkeitsbegriff siehe Antoine Lilti: Figures publiques: l'invention de la célébrité 1750-1850, Paris 2014.

702 Antoine Sabatier de Castres: Prospectus, in: Journal Politique-National 1789, S. 4.

703 Milella, Sabatier de Castres, S. 153-177.

704 Dies ähnelt der Beobachtung, die Pestel für den »Arbeitsalltag« der Monarchiens im Brüsseler Exil macht; vgl. Pestel, Kosmopoliten wider Willen, S. 143.

Denk- und Handlungsraum bisher auf Paris und die öffentliche Wirkung der Philosophen beschränkt gewesen, erfuhr der nunmehrige Emigrant mit seiner Ankunft in Brüssel den ersten Schritt einer mentalen Horizonterweiterung, die er als räumliche Ausweitung seiner Kampfzone begriff und annahm.[705] Aus seiner Exilperspektive war mit dem Ausbruch der Revolution in Frankreich auch ganz Europa durch eine »Neuordnung der Dinge« in Gefahr geraten und er schickte sich nun an, die Ursachen dieser Bedrohung – die philosophische Aufklärung – mit den Mitteln der Publizität zu enttarnen. Die Zielscheibe seiner Attacken und das Repertoire seiner Argumente blieben im Vergleich mit seiner Pariser Zeit nahezu identisch.

Ein unmittelbarer Anknüpfungspunkt bot sich Sabatier mit dem seit 1787 schwelenden Ständekonflikt in den »belgischen« Provinzen der Habsburgermonarchie, der sich an den josephinischen Reformen entzündet hatte.[706] Obgleich dieser Konflikt strukturell gänzlich anderer Natur war als die revolutionären Veränderungen in Frankreich, sah er vor dem Hintergrund seiner noch frischen Erfahrungen aus Paris dort, wie auch wenig später bei der Revolution im angrenzenden Fürstbistum Lüttich, die gleichen Kräfte am Werk, die nach seinem festen Glauben über Jahrzehnte hinweg die Fundamente der französischen Monarchie hatten erodieren lassen. Kaum in Brüssel angekommen, ergriff er Partei für die habsburgische Regierung und stellte dieser unter Verweis auf seine jahrelange journalistische »Nahkampferfahrung« seinen Rat zur Verfügung. Im bewährten Modus seines Freund-Feind-Denkens suchte er zudem die Konfrontation mit jenen *hommes de lettres*, die er als Stichwortgeber der »Gegenpartei«, in diesem Fall also der ständischen Opposition gegen die habsburgische Zentralgewalt, identifiziert zu haben meinte.[707]

Öffentliche und informelle Kommunikation gingen bei Sabatier Hand in Hand. Gezielt suchte er die Nähe zur Brüsseler Regierung, die er von der Notwendigkeit einer publizistischen Gegenoffensive gegen die aufbegehrenden Stände zu überzeugen versuchte. Vom Präsidenten des niederländischen Guberniums Trauttmansdorff erhielt er zwar die Erlaubnis, sein »Journal Politique-National« weiter herausgeben zu dürfen, blieb jedoch mit seinen Versuchen, von diesem Unterstützung für die Exilpublizistik zu erhalten, erfolglos.[708]

---

705 Milella, Sabatier de Castres, S. 153-156.
706 Zu den Hintergründen des Konflikts in den Österreichischen Niederlanden Polasky, Revolution in Brussels, 1787-1793, und Johannes Koll: »Die belgische Nation«. Patriotismus und Nationalbewußtsein in den Südlichen Niederlanden im späten 18. Jahrhundert (= Niederlande-Studien, Bd. 33), Münster 2003.
707 Zu den Schriften Sabatiers, die er im niederländischen Exil veröffentlichte, Milella, Sabatier de Castres, S. 154-175.
708 Der mehrjährige Briefwechsel zwischen Sabatier de Castres und Trauttmansdorff ist überliefert im ÖStA/AVA, FA Trauttmansdorff 1790-92, Ktn. 279, Nr. 21, sowie Kt. 291, Nr. 18, Sammlung von Briefen Sabatiers an Hofkanzler Trauttmansdorff.

Nach mehreren Stationen und kleineren Veröffentlichungen in Brüssel, Lüttich und Aachen publizierte Sabatier unter dem Eindruck der anhaltend brenzligen Situation in der habsburgischen Westprovinz kurz nach der Kaiserkrönung Leopolds II. 1790 den Traktat »Le Tocsin des Politiques«, der ihm zum Durchbruch im Exil verhalf.[709] Sabatier, der selbst bei der Krönung in Frankfurt anwesend war und dort nach eigenem Bekunden auch mit habsburgischen Offiziellen zusammentraf, verschmolz darin eine politische Analyse der aktuellen Unruhen in den Österreichischen Niederlanden mit seiner Grundsatzkritik an der von den Philosophen ausgelösten »fermentation dans l'esprit de tous les Peuples«, die die überkommene politische Ordnung in allen Staaten Europas bedrohte.[710] Auch scheute er nicht davor zurück, dem neuen Kaiser und der habsburgischen Regierung, auf die die Abhandlung eigentlich zugeschnitten war, Handlungsempfehlungen für ein Vorgehen gegen die ständische Opposition zu geben. Stets klang zwischen den Zeilen die Gefahr des »französischen Szenarios« an, wodurch die Schrift in der Wahrnehmung der habsburgischen Leserschaft eine alarmierende Dringlichkeit erhalten musste.

Der Traktat wurde für Sabatier zur Eintrittskarte in die politische Sphäre habsburgischer Öffentlichkeit und verschaffte ihm zugleich einen Ausweg aus seinen materiell prekären Exilumständen. Franz Georg von Metternich, Minister in den Österreichischen Niederlanden, ließ dem inzwischen fast mittellosen Emigranten nicht nur eine Gratifikation für seine Expertise zukommen, sondern sorgte dafür, dass er an der Krönung Leopolds zum böhmischen König im September 1791 in Prag teilnehmen durfte.[711]

Auch unter den dort versammelten Granden stieß sein »Sturmläuten« *(tocsin)* nicht auf taube Ohren. Aus Sicht Leopolds II. fügte sich Sabatiers entschiedene Parteinahme für den Kaiser passgenau in die von ihm und seinem informellen »Mitarbeiterkreis« lancierte Öffentlichkeitskampagne gegen die ständische Opposition ein. Auch aus diesem Grund lud er den französischen Emigranten nach Wien ein. Von hier aus erlangte Sabatier auch über die Landesgrenzen hinaus Bekanntheit. Der Gospodar der Moldau, Alexandru Moruzi, etwa nahm über einen in Wien lebenden Verwandten Kontakt zu Sabatier auf.[712] Gegen ein stattliches Honorar sollte ihm der Franzose fortan täglich einen Brief mit seinen Deutungen der »affaires du tems« zukommen lassen, womit in erster Linie die Revolution in Frankreich gemeint war. In diesem Engagement kommt beispielhaft die für die jeweiligen nationalen Revolutionsrezeptionen maßgebliche Schnittstellenposition zum Ausdruck, die Emigranten zu nutzen verstanden, um aus dem Exil

---

709 Antoine Sabatier de Castres: Le tocsin des politiques, Neuwied 1791.
710 Ebd., S. 5.
711 Milella, Sabatier de Castres, S. 174-175.
712 Brief Sabatiers an Bonaparte, Leipzig 19. Mai 1797, in: Sabatier de Castres, Lettres critiques, morales et politiques, S. 230-265; hier bes. S. 259-260.

heraus die Revolution in verschiedene politisch-kulturelle Kontexte zu übersetzen und somit Deutungshoheit über sie zu beanspruchen.

Angesichts dieser positiven Resonanz überrascht es nicht, dass sich Sabatier in Wien am richtigen Ort für seinen publizistischen Feldzug gegen Aufklärung und Revolution angekommen wähnte. Er unterhielt eine internationale Korrespondenz, verfasste unablässig Memoranden an hofnahe Personen und bereitete auch eine erste größere Schrift vor. Dass er in eine ihm unbekannte öffentliche Sphäre mit anderen kommunikativen Usancen und kulturellen Codes eingetreten war, reflektierte er hingegen nicht. Anders als noch in den Österreichischen Niederlanden waren ihm die diskursiven Geländestrukturen und Frontverläufe des nachjosephinischen Wiens gänzlich unvertraut. Die Landessprache war Sabatier dabei ebenso unzugänglich, wie ihm die deutschsprachige Aufklärungstradition mit ihrem pragmatisch-reformerischen Ansatz – gerade in ihrer »josephinischen« Gestalt – fremd war.[713]

Auf Rezipientenseite erregte seine rabiate Aufklärungskritik zu diesem Zeitpunkt erhebliches Aufsehen, da sie sich als exotische Stimme »von außen« argumentativ erkennbar von der »gegenaufklärerischen« Diskursfront abhob, die sich zu diesem Zeitpunkt in Wien formierte.[714] Denn anders als Leopold Alois Hoffmann in seiner »Wiener Zeitschrift« deutete Sabatier den »Revolutionskomplex« nicht verschwörungstheoretisch oder mithilfe der im deutschsprachigen Raum bald populären Drahtziehertheorie (Aufklärer = Illuminaten = Revolutionäre), sondern blieb bei der Ursachenbestimmung der Revolution dem frankozentrischen Modell seiner Aufklärungskritik treu.

Aus Akteursperspektive lässt sich am Fall Sabatier beispielhaft untersuchen, wie die Verschiedenheit länderspezifischer Aufklärungsdiskurse die Entstehung widerstreitender Revolutionskritiken emigrantischer und einheimischer Provenienz begünstigen konnte. Im Folgenden soll daher in Abhängigkeit der unterschiedlichen Interessenlagen und Standpunkte problematisiert werden, wie diese Kritiken im Exilkontext in Beziehung gesetzt und verhandelt wurden. Die durch die persönliche Revolutions- und Exilerfahrung gebrochene frankozentrische Perspektive des Emigranten auf den »Revolutionskomplex« traf in der Sphäre der Wiener Öffentlichkeit unmittelbar und ungefiltert auf die Perspektive der Einheimischen, die trotz mancher Überschneidungen fundamentale Unterschiede aufwies. Differente Begriffssemantiken, Erfahrungsräume, Deutungsschemata und Öffentlichkeitskulturen bargen bei diesem Aufeinandertreffen das Potenzial

---

713 Nochmals grundlegend Fillafer, Aufklärung habsburgisch.

714 In Österreich ist die publizistische Aufklärungs- und Revolutionsfeindschaft in leopoldinischer und frühfranziszeischer Zeit insbesondere mit L. A. Hoffmann verbunden. Für die Habsburgermonarchie sind jedoch auch frühere Traktate überliefert, die Aufklärung und Revolution verschwörungstheoretisch deuteten; dazu Wolfgang Albrecht: Aufklärung, Reform, Revolution oder »Bewirkt Aufklärung Revolutionen?«. Über ein Zentralproblem der Aufklärungsdebatte in Deutschland, in: Lessing Yearbook 22 (1990), S. 1–75; hier S. 14–15.

wechselseitiger Unübersetzbarkeit, von Missverständnis, Eskalation und Konflikt. Arglos und ungestüm stieß Sabatier in dieses unbekannte Gebiet vor. Wie so oft ließ der Eklat nicht lange auf sich warten.

Die Wiener Kontroverse 1792-1794

Ende 1792 erschien Sabatiers erste Schrift im Wiener Exil bei Alberti. Für seinen publizistischen Einstand hatte er sich gegen ein monografisches Pamphlet im Stil des »Tocsin« und stattdessen für die damals populäre Form des veröffentlichten Briefes entschieden. Anlass bot das Wiedersehen mit einem alten Bekannten, dem ehemaligen Verwaltungsbeamten und Schriftsteller Gabriel Sénac de Meilhan, der bald nach seiner Emigration einer Einladung an den Hof Katharinas II. nach Petersburg gefolgt war. Nach einem Zerwürfnis mit der Zarin hatte Sénac Russland wieder verlassen und war nach Wien gelangt.[715]

Sabatier hatte Sénac eine Frage politischer Natur vorgelegt, derer sich dieser in Form eines ausführlichen Antwortbriefes annahm. Sabatier selbst firmierte als Herausgeber des Antwortschreibens, begnügte sich als Initiator aber nicht mit einer stummen Adressatenrolle.[716] Vielmehr stellte er den Ausführungen Sénacs eine eigene Einführung voran und versah den Text zudem mit seitenlangen Annotationen, sodass er als Kommentator des Geschriebenen fungierte und zugleich Exkurse einflechten konnte. Ausweislich des Vorwortes wollte Sabatier die »Lettre« als öffentliche Dankesbezeugung an die habsburgische Regierung verstanden wissen, die ihm »un heureux asile contre les persécutions et la tirannie des destructeurs«[717] seines Heimatlandes gewährt habe.

Thematisch orientierte sich Sabatier am aktuellen Geschehen in Frankreich. Der Verfassungswechsel von der Monarchie zur Republik hatte auch in Wien für beträchtliches Aufsehen gesorgt, an welches der Autor nun anzuknüpfen gedachte. Die Frage Sabatiers nach den Auswirkungen des Republikanismus in Frankreich unterteilte Sénac in seiner Antwort in zwei Sachverhalte: erstens, ob der Republikanismus von Frankreich aus auf die anderen europäischen Länder übergreifen würde – eine naheliegende Frage, die unzweifelhaft Aktualitätswert besaß –, und zweitens, ob dieser sich in Frankreich auf Dauer halten könne.

Ausgangspunkt Sénacs war wie schon in Sabatiers Frühschriften der »l'abus de l'esprit«. Der menschliche Geist sei für alle noch so wahnhaften Ideen anfällig und habe die Kraft, mit einer wahnhaften Idee eine ganze Gemeinschaft zu verderben.[718] Der historische Vergleich mit den Reformatoren im 16. Jahrhundert ma-

---

715 Zu Sénac de Meilhan siehe auch das folgende Unterkapitel.
716 Antoine Sabatier de Castres: Lettre de Monsieur de M**, à M. l'Abbé Sabatier de Castres sur la République Françoise, Wien 1792.
717 Ebd., S. 8.
718 Ebd., S. 11.

che nun eine Beschleunigung dieses Prozesses deutlich. Hätten jene damals noch dreißig Jahre gebraucht, um ihre Lehren zu verbreiten, seien in Frankreich die Ideen der Freiheit und Gleichheit von ihren Propagandisten jetzt in kürzester Zeit unter das Volk gebracht worden. Zehn Jahrhunderte des gewachsenen Respekts für die Monarchie seien so in lediglich sechs Monaten zunichte gemacht worden.[719]

Sénac war von der Gefahr überzeugt, dass der »Funke der Meuterei« vermittels des Buchdrucks nun auch auf ganz Europa übergreifen könne.[720] Als Gegenmittel empfahl er zwei Maßnahmen: Nötig sei zum einen eine aktive Überwachung der Freigeister. Diese müsse von umsichtigen Vertretern der Regierung geleistet werden, denn nur sie wüssten um die »Wallungen der Geister« und die »Unmittelbarkeit der Gefahr«.[721] Während im vorrevolutionären Frankreich die Ausgangskonstellation von »Unfähigkeit« und »Erstarrung« aufseiten der Regierung geprägt gewesen sei, die zusammen mit den zerrütteten Staatsfinanzen, den Schulden, dem individuellen Geldstreben, ja der »corruption de l'homme«, die Revolution begünstigt habe, sei die Ausgangslage in der Habsburgermonarchie dagegen eine andere.[722] Alles, was in Frankreich übertrieben gewesen sei, habe hier eine moderate Ausformung. Da jedoch grundsätzlich kein Staat gegen die Gefahr gefeit und Europa insgesamt vom Parteigeist befallen und von aufwiegelnden Schriften überflutet sei, bedürfe es zur Abwehr dieser Gefahr der öffentlichen Stimme der Schriftsteller, derer sich die Monarchen zur Widerlegung der grassierenden philosophischen Irrtümer bedienen sollten.[723]

Den zweiten Sachverhalt über die Dauerhaftigkeit des Republikanismus in Frankreich selbst entwickelte Sénac ausgehend von der Frage, ob eine Demokratie in einem großen Land überhaupt funktionieren könne. Auch hier bediente sich der Autor eines historischen Analogieschlusses. So sei selbst das vergleichsweise überschaubare antike Athen keine Demokratie, sondern eine demokratische Aristokratie gewesen, mit Führern, die sich der Verehrung des ganzen Volkes erfreut hätten.[724] Mit der Emigration sei das gegenwärtige Frankreich genau dieser »grands noms« verlustig gegangen.[725] Eine egalitäre Demokratie könne in einem großen Land wie Frankreich deswegen nicht existieren, weil die exekutive Gewalt nicht auf Dauer durch das Volk als Ganzes ausgeübt werden könne, sondern einer Personengruppe überantwortet werden müsse. Dadurch werde das Land jedoch faktisch zu einer despotischen Aristokratie. Denn in Ermangelung der alten, nun exilierten Führer legitimierten sich die neuen Führer nur durch ihren Ehrgeiz und

---

719 Sénac bezieht sich hier auf den Zeitraum zwischen Tuileriensturm und der Ausrufung der Republik.
720 Sabatier de Castres, Lettre de Monsieur de M**, S. 14.
721 Ebd., S. 22.
722 Ebd., S. 26-27.
723 Ebd., S. 31-32.
724 Ebd., S. 33.
725 Ebd., S. 33-34.

Reichtum, was wiederum im Gegensatz zur propagierten Gleichheit und Freiheit stände.[726] Durch eine beständige Korruption werde der Republikanismus letztlich unterminiert. Unvermeidliche Folge hiervon sei die Zerrüttung von Moral und Ehre, von Tugend, Religion und Patriotismus. Einzig Geld und Gewalt blieben, um die Menschen zu regieren. Auf diese Weise denaturiere die Republik Schritt für Schritt und verwandle sich wieder in eine Monarchie.[727]

Die Argumentation Sénacs vereinigte gängige Topoi der zeitgenössischen Republikanismuskritik und ähnelte in vielen Punkten dem Credo Sabatiers. Der Aufruf zu einer promonarchischen Gegenöffentlichkeit gegen die »Sirenenklänge« der Revolution war in Beiträgen der Emigranten häufig vorhanden, unbeschadet unterschiedlicher Auffassungen, wie diese konkret herzustellen sei. So dürfte daher die Aufforderung Sénacs an die Monarchen als nicht uneigennützig zu verstehen sein, sie sollten sich zur Beeinflussung der öffentlichen Meinung der ihnen wohlgesinnten Schriftsteller bedienen. Dies entsprach genau jener Rolle, in der sich viele politisch ambitionierte Emigranten selbst gerne sahen. Hinzu kam, dass es mit den zeitweise engen Beziehungen zwischen Leopold II. und Leopold Alois Hoffmann sogar ein lokales Vorbild für diese informelle Koalition aus Thron und Federkiel gab. Die kaiserliche Privilegierung kulminierte in der Förderung der anti-josephinischen »Wiener Zeitschrift«, von der Sabatier nach seiner Übersiedlung nach Wien zweifellos Notiz genommen hatte.[728]

Auf der verfassungstheoretischen Ebene dominierten in Sénacs Ausführungen dagegen unscharfe Begriffe und Scheinargumente, die vordergründig an antike Verfassungskreisläufe anknüpften und darauf abzielten, Staaten mit demokratischen bzw. republikanischen Elementen als grundsätzlich korrumpiert darzustellen. Mit dem Verweis auf den Aderlass der Emigration stellte Sénac zudem das Befreiungsargument der Revolutionäre geradewegs auf den Kopf. Er prognostizierte der republikanischen Ordnung ein notwendiges Abgleiten in eine Despotie neuen Typs, deren Konturen man spätestens seit den Septembermorden 1792 meinte erahnen zu können. Einer deutlichen Aufklärungskritik enthielt sich Sénac dagegen und wies lediglich allgemein auf die Gefahr politischer Schriften hin, die in ganz Europa zirkulierten.

Wäre das Antwortschreiben Sénacs in dieser Form in Wien erschienen, wäre es womöglich in der Masse themengleicher Veröffentlichungen untergegangen und hätte kaum für Aufsehen gesorgt. Es war Sabatier, der mittels seiner Kommentierungen die Wirkung schlagartig erhöhte. Neben seinem Lieblingsargument, der verhängnisvollen Erfindung des Buchdrucks als Vehikel für die Verbreitung von »Irrlehren«, verschärfte Sabatier insbesondere seine Kritik an deren vermeintlichem Ursprung, den er mit der Aufklärung identifizierte:

726 Ebd., S. 34-35.
727 Ebd., S. 35, 40-42.
728 Karstens, Sonnenfels, S. 130-145.

Et véritablement, les lumieres sont un luxe de l'esprit, et tout luxe corrompt les moeurs. [...] Les lumieres dégradent les ames, énervent le courage, multiplient les besoins, concentrent les hommes en eux-mêmes, les isolent de la chose publique; elle rétrécissent les coeurs et élargissent les consciences, pervertissent les moeurs, fanent la nature, et rendent plus pénibles les efforts qu'exige la vertu. En un mot, les peuples dégénèrent en proportion qu'ils s'éclairent, qu'ils se polissent; et s'il y a plus d'innocence et plus de moeurs, dans les Campagnes et dans les villages, que dans les villes et dans les Capitales, c'est parce que les lumieres y sont moins répandues; Si les troupes Russes et Autrichiennes sont les meilleures de l'Europe, les plus robustes et les mieux disciplinées, c'est parce que, parmi les Soldats, il y en a très-peu qui sachent lire. Rien ne nuit plus aux hommes, considérés en masse, que les livres. Un seul mauvais, et il en est tant de ceux-là! fait plus de mal, que vingt bons ne font de bien.[729]

Zum Ende seines Exkurses steigerte Sabatier seine Kritik zu einer Abrechnung mit den gegenwärtigen Zeitumständen, die entscheidend vom eigenen Miterleben der radikalen Revolution geprägt waren. Diese Entwicklung sprach aus Sabatiers Sicht den normativen Postulaten der Philosophen Hohn und entlarvte gleichzeitig den fatalen Wesenskern der Aufklärung, die die Menschen schlecht und unglücklich mache. Alle vorangegangenen Anstrengungen des menschlichen Geistes sah er folglich als in grundsätzlicher Weise delegitimiert an:

Depuis que l'imprimerie nous a inondés d'Ecrits et de Journaux, les Hommes sont-ils meilleurs, les Peuples plus heureux, ceux qui les gouvernent plus sages? La mauvaise foi, la perfidie, les haines, les trahisons, les mensonges, les calomnies, les meurtres, les crimes ont-ils disparu parmi nous? Y a-t-on vu renaître la franchise, la droiture, la générosité, le bonheur et la paix? Ou plutôt, malgré les cris hypocrites d'humanité, de tolérance, de fraternité, se montra-t-on jamais plus féroce, plus cruel, plus barbare? Dans quel siècle d'ignorance a-t-on vu commettre, par le peuple François, plus d'atrocités, que dans celui-ci? Les Antropophages, les Cannibales auroient-ils égorgé, de sang froid, en un jour, et au pied même des autels, deux cent de leurs prêtres, pour n'avoir pas voulu abjurer la religion de leurs peres? Les Domitiens ont-ils publié des Rescrits tiranniques, plus horribles contre les Chrétiens, que les Décrets de la Convention Nationale contre les émigrés, leurs compatriotes? Tout ce que nous avons gagné, en devenant plus instruits, c'est d'avoir appris à être méchans avec art, avec un raffinement qui rend le mal plus épidémique et plus dangereux.[730]

---

729 Sabatier de Castres, Lettre de Monsieur de M**, S. 43-44.
730 Ebd., S. 45-46.

So sehr die gezielte Provokation bei Sabatier Mittel und Methode war, stehen diese Passagen doch inhaltlich in Kohärenz mit seinen früheren Werken. Ob er angesichts des Zuspruchs, den er bis dato vonseiten habsburgischer Offizieller erfahren hatte, damit rechnete, dass seine neuerliche Aufklärungskritik auch in Wien goutiert werden würde, ist wohl nicht anzunehmen. Doch verkannte er im Hinblick auf seine Rolle und Position als politischer Exilschriftsteller in einer ihm fremden Öffentlichkeit die Art und Heftigkeit des Widerspruchs völlig. Sabatier unterlief eine Fehleinschätzung, in deren Folge die bisherige Kontinuität seines Selbstverständnisses, seines Argumentierens und Handelns erstmals angefochten wurde, zugleich auch mit negativen Auswirkungen auf seinen lebensweltlichen Status in Wien.

Der Kern dieses Irrtums lag in den diskrepanten Diskursen über die Aufklärung in Frankreich und der Habsburgermonarchie sowie in der mangelnden Reflexivität der involvierten Akteure begründet. Auch im Exil blieb Sabatier gedanklich und argumentativ in der agonalen binnenfranzösischen Debattenstruktur verhaftet, die durch die Revolutionserfahrung eine zusätzliche Polarisierung erfahren hatte. Mit seiner Schmähschrift hatte er sich und seine Aufklärungsfeindschaft nun in einer Weise exponiert, die in Wien in dieser Form bisher nicht einmal in der als »obskurantisch« verschrieenen »Wiener Zeitschrift« zu finden gewesen war. Selbst Hoffmann hatte trotz der Revolution eine Ablehnung der Aufklärung *in toto* vermieden und bis dato zwischen einer »wahren« und einer »falschen« Aufklärung unterschieden.[731] Im Gegensatz dazu wandte sich Sabatier gegen den Gebrauch des menschlichen Geistes überhaupt und ging mit der Idealisierung von Unwissenheit und Vernunftverweigerung einen entscheidenden Schritt weiter als die aufklärungskritischen Autoren in Wien.[732]

Es entsprach dabei durchaus Sabatiers Stil, seine Thesen mithilfe von Beispielen zu untermauern, deren Gehalt sich eher aus Gerüchten, Halbwahrheiten und schlichtweg Unkenntnis als aus eigener Anschauung und gesicherten Wissensbeständen speiste. So geriet in seinem Text etwa der Verweis auf die aus seiner Sicht besonders disziplinierten, weil leseunkundigen österreichischen Soldaten nicht allein zu einer vermeintlichen Tatsache, sondern sogar zum ernstgemeinten Kompliment. Er ahnte nicht, dass er damit an einen neuralgischen Punkt rührte, der die Reformer zum Widerspruch reizte, da diese der Überzeugung waren, mit der Verbesserung des Bildungswesens seit Maria Theresia genau diesem Mangel Abhilfe verschafft zu haben.[733] Unbeirrt vertrat Sabatier seine habituell konfronta-

---

731 Reinalter, Gegen die »Tollwuth der Aufklärungsbarbarei«, S. 230.
732 Hierin kommt ein unauflöslicher performativer Grundwiderspruch bei Sabatier zum Vorschein. So sehr er Buchdruck, Bücher, Wissbegierde, Gelehrsamkeit und Philosophie auch verteufelte und die Unwissenheit rühmte – er blieb mit seiner publizistischen Tätigkeit genau diesem methodischen Instrumentarium auf das Engste verbunden und verpflichtet.
733 Zu den Bildungsreformen grundsätzlich Helmut Engelbrecht: Geschichte des österreichischen Bildungswesens. Erziehung und Unterricht auf dem Boden Österreichs, Bd. 3: Von der frühen Aufklärung bis zum Vormärz, Wien 1984.

tive Aufklärungskritik, die mit dem Revolutionsexil eine Europäisierung erlebte: Während das aufgeklärte Frankreich schwer an den Konsequenzen seiner selbstverschuldeten Aufgeklärtheit in Form der Revolution leide, genössen demgegenüber Österreich und Russland nun die Früchte ihrer »seligen Unwissenheit«.

Obwohl Sabatier diese Position in einem mehrseitigen Subtext »versteckt« hatte, machte sie den Neuling auf dem publizistischen Parkett Wiens schlagartig angreifbar. Dass ausgerechnet Joseph von Sonnenfels auf Sabatiers Ausführungen aufmerksam gemacht wurde und die »Lettre« zum Anlass für eine scharfe Erwiderung nahm, sorgte dafür, dass die Kontroverse hohe Wellen schlug und Sabatier umgehend in die Defensive gedrängt wurde, aus der er sich zeit seines Wiener Exils nicht wieder befreien konnte.

Sonnenfels war bereits Anfang 1792 unter Einsatz seines verzweigten Netzwerkes in Universität und Verwaltung gegen seine offen anti-josephinischen Lehrstuhlnachfolger Hoffmann und Watteroth vorgegangen. Mit einer publizistischen Kampagne hatte er Hoffmann und die von diesem begründete »Wiener Zeitschrift« unter Druck gesetzt.[734] Auf diese Weise war es ihm gelungen, die Deutungshoheit über das Erbe der josephinischen Aufklärung – das er auch als sein eigenes ideelles Erbe begriff und dem er sich verpflichtet fühlte – gegen eine Opposition in den Wiener Gelehrtenkreisen zu behaupten.

Die »Lettre« stand für eine neue Qualität der Aufklärungskritik in dieser habsburgischen Binnendebatte. Vor dem Hintergrund radikal veränderter Rahmenbedingungen gewann die Auseinandersetzung selbst immer mehr an Schärfe: Inzwischen war Österreich als Teil einer europäischen Koalition in den Krieg gegen Frankreich gezogen; in Frankreich hatten die Septembermassaker Hunderten das Leben gekostet; der Nationalkonvent war zusammengetreten und dem abgesetzten König wurde öffentlich der Prozess gemacht; derweil zeichnete sich in Österreich ein repressiver Ansatz zur Revolutionsvorbeugung ab, der verschärfte Zensur- und polizeiliche Überwachungsmaßnahmen beinhaltete. Dass angesichts dieser Eskalation Schriftsteller wie Sabatier nun mitten in Wien die Revolution als notwendige Konsequenz der Aufklärung deuten, provozierte von den »Josephinern« eine Antwort, die den veränderten Umständen angemessen war.

Die »Lettre« bot Sonnenfels die Möglichkeit, in diesem Sinne Stellung zu beziehen. Er tat dies, genau wie Sabatier, in Form eines veröffentlichten Briefes, den er an einen Freund richtete, der ihn auf die jüngste Veröffentlichung des Emigranten aufmerksam gemacht hatte. Seine Replik erschien im Frühjahr 1793, war also größtenteils nach der Hinrichtung Ludwigs XVI. entstanden, die in der Wahrnehmung vieler Zeitgenossen den Kulminationspunkt des revolutionären Fanatismus darstellte und, mit Ausnahme der republikanisch-demokratisch ge-

---

734 Lettner, Das Rückzugsgefecht, S. 134-144; auch Karstens, Sonnenfels, S. 123-145.

sinnten Jakobiner, die meisten Aufklärer zur gänzlichen Abkehr von der Revolution veranlasste.⁷³⁵

Sonnenfels verfolgte mit seiner Entgegnung drei Ziele: Zum ersten sollte die Aufklärung, die gerade in der Habsburgermonarchie viele politisch-praktische Konsequenzen gezeigt hatte, gegen eine pauschale Verleumdung, wie sie Sabatier betrieb, in Schutz genommen werden. Zum zweiten musste eine andere plausible Ursache für die radikalisierte Revolution gefunden und benannt werden. Zum dritten – und dies stand durchaus in einer Kontinuität von Sonnenfels' Handeln gegen persönliche Gegner – galt es, die Motive seines Kontrahenten in Zweifel zu ziehen und diesen als Autor zu diskreditieren. Dass Sonnenfels im Wissen um die fremdsprachlichen Defizite Sabatiers seine Gegenrede auf Deutsch veröffentlichte, unterstreicht, dass ihm in der Hauptsache daran gelegen war, Sabatier und dessen Haltung zur Aufklärung speziell vor dem einheimischen Publikum verächtlich zu machen. Um diesen zudem als Person ins Zwielicht zu rücken, instrumentalisierte Sonnenfels ganz bewusst die grassierende Furcht vor »verkappten Jakobinern«, d.h. französischen Agenten, die sich angeblich als Revolutionsflüchtlinge getarnt in die Habsburgermonarchie einschlichen, um dort ihre »Revolutionsgrundsätze« zu verbreiten.

Konsequenterweise widmete Sonnenfels nur den kleinsten Teil seiner Schrift den Ausführungen Sénacs. Während er dessen Aufruf an die Schriftsteller zustimmte, diese sollten ihren Einfluss »zum Schutze der Staaten« gegen »die Apostel der Revolution« geltend machen, schränkte er mit Blick auf Sabatier ein, dass es sich hierbei jedoch nur um jene Schriftsteller handeln könne, die »die Sache der Ordnung aus innerer Ueberzeugung« und »die Ehre der Vernunft und ihres Jahrhunderts« verträten.⁷³⁶ Im Zentrum seiner Kritik stand daher dessen »heftige Philipick«⁷³⁷ gegen die Aufklärung, die Sonnenfels in deutscher Übersetzung in seinen Text einfügte und an der er sich in der Folge abarbeitete.⁷³⁸ Sabatier warf er vor, für Ursache und Wirkung zu halten, »was bloß durch Zeitverwandtschaft nebeneinander« stehe:⁷³⁹

---

735 Joseph von Sonnenfels: Betrachtungen eines Österreichischen Staatsbürgers an seinen Freund. Veranlaßt durch des Hrn. v. M** an Hrn. Abbe Sabatier über die französische Republik, Wien 1793. In der Sonnenfels-Rezeption ist der konkrete Anlass für die »Betrachtungen« nicht erkannt worden, etwa Hildegard Kremers (Hg.): Joseph von Sonnenfels. Aufklärung als Sozialpolitik (= Klassische Studien zur sozialwissenschaftlichen Theorie, Weltanschauungslehre und Wissenschaftsforschung, Bd. 10), Wien; Köln; Weimar 1994, sowie jüngst Fillafer, Aufklärung habsburgisch, S. 455-457. Dass Sonnenfels sich genötigt sah, eine lange Replik auf Sabatier zu verfassen und zu veröffentlichen, zeugt davon, dass er die politische Virulenz von dessen grundsätzlicher Aufklärungskritik in dieser brisanten Phase erkannt hatte.
736 Sonnenfels, Betrachtungen eines Österreichischen Staatsbürgers an seinen Freund, S. 7-8.
737 Ebd., S. 35.
738 Ebd., S. 36-42.
739 Ebd., S. 44.

Nicht, weil Seneka seine Bücher über Zorn und Sanftmuth bekannt machte, ist Nero ein Blutschänder, ein Muttermörder, der Mordbrenner Roms, ein Abgrund aller Schandthaten gewesen. Nicht, weil Cicero so vortrefflich von der Vaterlandsliebe und den Pflichten der Menschheit gesprochen, haben Pompejus und Cäsar in den pharsalischen Feldern entschieden, welchem von beiden das Vaterland dienen sollte. [...] So wie [...] Voltärs schönstes Ehrenmal, seine Abhandlung über die Religionsduldung, nicht die Schuld trägt, daß zweyhundert Priester zu den Füssen der Altäre [...] zum Opfer gefallen sind.[740]

Ebenso verhielt es sich mit Aufklärung und Revolution, so Sonnenfels. Sabatiers Attacke setzte er daher eine lange Lobrede auf die Aufklärung entgegen. Dabei schöpfte er vornehmlich aus der josephinischen Erfahrung und konterte den Frankozentrismus seines Kontrahenten mit einer austrozentrischen Argumentation, aus der heraus er in ähnlicher Weise, aber mit umgekehrtem Vorzeichen generalisierte: »Die Geschichte« zeige, dass durch Aufklärung »die Menschen besser, gesitteter, ihre Beherrscher weiser, gerechter« geworden seien.[741]

Sabatiers Hauptthese, die Aufklärung habe geradewegs zur Revolution geführt, begegnete Sonnenfels mit einem Argument, das den frankozentrischen Erklärungsansatz für die Revolution vollends durchkreuzte: Gerade weil die Franzosen nicht das einzige Volk in Europa seien, unter dem sich die Aufklärung verbreitet habe, in gegenwärtigen Zeiten jedoch das einzige sind, in dem »die sittlichen und politischen Unordnungen auf das höchste gestiegen« seien, könne als Ursache hierfür nicht die Aufklärung herhalten.[742]

In Umkehrung von Sabatiers Argument sah Sonnenfels folglich nicht in der Aufklärung, sondern gerade im Mangel an Aufklärung den eigentlichen Grund für die Revolution. Die »Radikalaufklärung« (Jonathan Israel) der französischen *philosophes*, die für Sabatier der unausgesprochene Ausgangspunkt seiner später pauschalisierten Aufklärungskritik war, begriff Sonnenfels gar nicht als Teil der Aufklärung, sondern geradewegs als ihr Gegenteil: »Lehren, welche die Grundfesten der menschlichen Glückseligkeit untergraben, alle Bande der bürgerlichen Gesellschaft auflösen«, »die der Natur ihren Urheber, der Menschheit die tröstenden Aussichten [...] rauben«, seien ebenso wenig Aufklärung, wie Aberglaube Religion sei.[743] Vielmehr sei die Vernunft das größte Geschenk der Natur und die Vernunft von der Aufklärung untrennbar. Sie sei daher genauso wenig Luxus des Verstandes wie das Sehvermögen der Luxus des Auges sei, sondern sie sei dessen Bestimmung und Zweck.[744]

---

740 Ebd., S. 46-47.
741 Ebd., S. 61.
742 Ebd., S. 67-68.
743 Ebd., S. 82.
744 Ebd., S. 91.

Sonnenfels hielt somit an der Differenzierung von »wahrer« Aufklärung gegenüber einer »falschen« Aufklärung fest, die er anders als sein Wiener Antipode Hoffmann aber nicht so bezeichnete, weil dieser Wendung ein aus seiner Sicht elementarer Widerspruch innewohnte. Aufklärung richtete sich nach Sonnenfels auf das Innere der Menschen, bestehe in der Einsicht eines jeden Menschen in seine Pflicht für das allgemeine Beste und in der Vervollkommnung der Urteilskraft.[745] Die jüngsten Ereignisse der Revolution trügen im Gegensatz dazu die »Züge von erniedrigter, entweihter Menschheit, als kaum in allen Jahrbüchern von der ungebildetsten Barbarey aufzulesen seyn würden«, ließen also das eklatante Aufklärungsdefizit deutlich hervortreten.[746] Unwissenheit sei folglich die Ursache der Revolution, die sich nun in ihrer ganzen Schrecklichkeit offenbare, nicht ihr Gegengift, wie Sabatier behauptete.

Dass es Sonnenfels mit seiner Replik nicht ausschließlich um eine beherzte Parteinahme für die Sache der Aufklärung ging, zeigen seine über den Text verteilten Spitzen gegen Sabatier. Dieser erreiche, so Sonnenfels, mit seiner unausgewogenen Kritik das Gegenteil dessen, was er zu beabsichtigen vorgebe:

> Die gerechteste Sache verliert, die beste wird übel durch üble Vertretung: und zwischen zwey Meinungen, die sich bekämpfen, hat derjenige, welcher mich von der seinigen nicht überzeuget, mich für die Meinung des Gegners gewonnen. Darum sollten so grosse Angelegenheiten viel eher gar nicht, als nur obenhin behandelt, und wie in wirklichen Kriegen, in diesem Kriege der Meinungen die Vertheidigung durchaus nicht schlaffen Händen anvertraut werden.[747]

Und Sonnenfels ging noch weiter. Mittels einer verheerenden Anschuldigung gegen den Emigranten setzte er zu dessen öffentlicher Demontage an. Die Argumentation entwickelte Sonnenfels dialektisch: Wenn die Revolution tatsächlich Ausdruck des Mangels von Aufklärung, also der Unwissenheit der Menschen war, die sich aufgrund dieses Mangels leicht zu revolutionärer Gewalt und Unordnung verführen ließen, musste dann nicht ein Gegner der Aufklärung und Apologet der Unwissenheit wie Sabatier eine Person sein, die die Sache der Revolution vertrat? War Sabatiers »Manifest gegen den menschlichen Verstand«[748] nicht genau die verabscheuungswürdige Haltung, die der Nationalkonvent allen Monarchien zuschrieb, die ihre Völker angeblich unterdrückten und denen der Konvent per Dekret vom 19. November 1792 den Beistand der Franzosen in ihrem Freiheitskampf versichert hatte? War somit der von Sabatier erweckte Eindruck, nämlich im Namen genau dieser Monarchien seine Polemik gegen die Vernunft zu

---

745 Ebd., S. 85, 92.
746 Ebd., S. 67.
747 Ebd., S. 21.
748 Ebd., S. 41.

verbreiten, nicht eine direkte Provokation für alle vernunftbegabten Menschen? Musste dies dann nicht bedeuten, dass Sabatier selbst ein *agent provocateur* des Konvents war, der in dessen Auftrag die kaiserlichen Untertanen zur Auflehnung gegen die Monarchie verleiten sollte?[749]

Persönliche Angriffe waren für Sabatier im vorrevolutionären Frankreich keine Seltenheit gewesen. Doch hatten sich diese stets gegen seine Meinungen und Urteile, gegen seinen Stil und seine Person als Schriftsteller gerichtet und ihm im Effekt sogar zu größerer Bekanntheit verholfen. Nie zuvor war ihm unterstellt worden, durch Täuschung und Irreführung das Gegenteil dessen zu propagieren, was er geschrieben hatte: in diesem Fall sogar die Revolution selbst. Mit dieser Umdeutung hatte Sonnenfels Sabatiers Position auf den Kopf gestellt und ihn in einem nervösen politischen Klima obendrein als Agenten der Revolution stigmatisiert.

Auf welchem Weg der Emigrant von diesem Affront erfuhr, ist nicht zu rekonstruieren. Die Anschuldigung wirkte jedoch wie ein Tiefschlag, der sich in seine angespannte lebensweltliche Situation im Wiener Exil einfügte. Bereits 1792 war mit Leopold II. Sabatiers wichtigster Protektor im Exil verstorben. Bemühungen um eine engere Beziehung zu Außenminister Thugut und dem ehemaligen Chef des Brüsseler Guberniums Trauttmansdorff hatten sich seither als vergeblich erwiesen. Auch die seit Anfang 1793 geltenden Maßnahmen zur Migrationskontrolle setzten den Franzosen unter Druck. Im engeren Umfeld Sabatiers hatten etwa die Brüder Limon aus der andauernden polizeilichen Überwachung die Konsequenzen gezogen und Wien verlassen.[750] Auch Sabatiers persönlicher Sekretär sah sich inzwischen mit einer polizeilichen Aufforderung zur Ausreise konfrontiert.[751]

Zusammen mit der Attacke von Sonnenfels, die bald in den Wiener Rezensionsorganen aufgegriffen wurde, hatten diese Entwicklungen eine heftige Wirkung auf die psychische Konstitution Sabatiers. Aus einem Bericht Polizeiminister Pergens geht hervor, dass der Emigrant am 11. März 1793 einen Nervenzusammenbruch erlitt:

> Euer Majestät soll ich pflichtschuldigst anzeigen, daß der bekannte Abbé Sabatier in eine gänzliche Sinnen-Verrückung und zwar in einem solchen Grade verfallen sey, daß er gestern Nachmittag die Fenster seiner Wohnung zerschlagen, und hiedurch einen Auflauf des Volks verursacht habe. [...] Noch muß ich Euer Majestät alleruntertänigst bemerken, daß dieser Abbé, um den sich der sächsische Gesandte Graf Schönfeld besonders annimmt, in seiner Rase-

---

749 Ebd., S. 41-44.
750 ÖStA/AVA, Inneres, Pergen-Akten, Ktn. 8, Nr. 10, Kaiser Franz an Polizeiminister Pergen, 10. Februar 1793.
751 ÖStA/AVA, PHSt 1793/222, Polizeiminister Pergen an Kaiser Franz, 11. März 1793.

rey nur immer von der Polizey spricht, und vermuthlich die Furcht vor derselben beobachtet zu werden, und die Abschaffung der beeden Limons, mit denen er bekannt war, an der erfolgten Sinnenverwirrung Theil haben.[752]

Die Episode veranschaulicht, dass die jüngsten Maßnahmen zur Fremdenkontrolle nicht nur ein neues standardisiertes Verfahren mit sich gebracht, sondern die existenzielle Unsicherheit zu einem ständigen Begleiter französischer Emigranten gemacht hatten. Aufgrund des zunehmenden Einsatzes von Informanten mussten sich vor allem jene Franzosen unter Druck gesetzt fühlen, die wie Limon und Sabatier auch im Exil politisch agitierten. Regelmäßige »Abschaffungen« aus Wien führten ihnen unmittelbar vor Augen, wie instabil ihre gegenwärtige Lage wirklich war, wie abrupt ein Ausweisungsbeschluss durch Denunziation und Administrativentscheidung erfolgen konnte und wie unvorhersehbar aus diesem Grund die eigene Zukunft war.[753] Auch daher waren die von Sonnenfels vorgebrachten Anschuldigungen für Sabatier so gefährlich.

Um das öffentliche Aufsehen zu zerstreuen, wurde Sabatier noch am selben Tag in das Spital der Barmherzigen Brüder in der Leopoldstadt gebracht.[754] Nur der persönlichen Intervention des Duc de Polignac bei Pergen war es zu verdanken, dass der Abbé trotz dieses Vorfalls nicht außer Landes geschafft wurde.[755] Aus dem Spital heraus bemühte sich Sabatier in den folgenden Monaten brieflich darum, neue Beziehungen zu hofnahen Persönlichkeiten zu knüpfen und sich als unverzichtbarer Aktivposten zu inszenieren, dessen Abschiebung in jedem Fall den kaiserlichen Interessen zuwiderliefe.[756] Dass Sabatier nach nur kurzer Präsenz in Wien über ein weitläufiges Kontaktnetz verfügte, belegen die vielen Krankenbesuche von Emigranten und Einheimischen.[757] Durch einen Rückfall verschlechterte sich seine Konstitution zwischenzeitlich derart, dass Sabatier Ende

752 ÖStA/AVA, PHSt 1793/190, Polizeiminister Pergen an Kaiser Franz, 12. März 1793.
753 Aufgrund der Zerstörungen im Allgemeinen Verwaltungsarchiv sind nur wenige Listen von Sammelabschiebungen französischer Emigranten überliefert. Ein spätes Beispiel findet sich bei ÖStA/AVA, PHSt 1798/683, Liste abzuschaffender Franzosen und Fremder, Polizeiminister Pergen an Kaiser Franz, 12. Mai 1798.
754 ÖStA/AVA, PHSt 1793/190, Polizeiminister Pergen an Kaiser Franz, 12. März 1793.
755 ÖStA/AVA, Inneres, Pergen-Akten, Ktn. 23, Nr. 11, Personalangelegenheiten der Polizei: Abbé Sabathier [sic!] de Castres, Schreiben des Duc de Polignac an Polizeiminister Pergen, 21. März 1793.
756 ÖStA/AVA, Inneres, Pergen-Akten, Ktn. 23, Nr. 11, Personalangelegenheiten der Polizei: Abbé Sabathier [sic!] de Castres, Observations rapides sur le danger de la circulations des papiers françois.
757 ÖStA/AVA, Inneres, Pergen-Akten, Ktn. 23, Nr. 11, Personalangelegenheiten der Polizei: Abbé Sabathier [sic!] de Castres, Polizeibericht, 14. Februar 1794. Unter den Besuchern waren Graf Joseph O'Donnell, Nachkomme eines jakobitischen Auswanderers und gegenwärtig Landeschef von Kärnten, sowie Baron Bortolotti und Graf Belderbusch. Auch ein Brief von Kaunitz an Sabatier ist überliefert, allerdings ohne Datum.

1793 in den Narrenturm, das »Tollhaus« des Allgemeinen Krankenhauses, verlegt wurde, wo lediglich ein Zuträger der Polizei und zwei Bekannte Zutritt erhielten. Der ungenannte Informant hielt den Polizeiminister regelmäßig über den Zustand Sabatiers auf dem Laufenden:

> Ich habe mich von seiner Besserung selbst überzeugen wollen, und machte ihm einen Besuch, ich fand ihn ziemlich ruhig, nur wenn er sich im häufigen Reden sehr erhitzet, so verfällt er in seine Schwärmerey vom Magnetisme woraus er schwer zu bringen ist, doch ist sein Gemüth nicht mehr so heftig, und ist mit guter Art leicht wieder in eine ruhige Lage zu bringen.[758]

Angesichts der vielen Widrigkeiten stellte Sabatier im weiteren Fortgang eine beachtliche Resilienz unter Beweis. Nach seiner Entlassung aus dem Krankenhaus Ende Februar 1794 eröffnete er umgehend die nächste Runde der Auseinandersetzung mit Sonnenfels. Mit den »Pensées et Observations morales et politiques« publizierte Sabatier die Summa seiner Aufklärungs- und Revolutionskritik, an der er während seiner Rekonvaleszenz intensiv gearbeitet hatte und die noch im selben Jahr bei Alberti erschien.[759] Durch das Crescendo der Terrorherrschaft in seiner Deutung der Revolution scheinbar unbeirrbar bestätigt, trieb er darin seine Tiraden bis zum Äußersten: Er geißelte die aufklärerische Idee der Toleranz als permanente Duldung des Irrtums, agitierte gegen das Gleichheitsprinzip, das es weder in der Natur noch unter den Menschen gebe, und diffamierte die Errungenschaften der Wissenschaften und Künste als dunkelste Kapitel der menschlichen Geschichte.[760]

Auch die Fehde mit Sonnenfels führte Sabatier weiter. Scheinbar unbeeindruckt von dessen Attacke führte er die inkriminierte antiaufklärerische Passage aus der »Lettre« abermals, dieses Mal jedoch prominent im Fließtext an.[761] Es folgte ein polemisches Kapitel, das sich als Gegenrede explizit an seinen Wiener Kontrahenten richtete. Dieses diente einerseits der Verteidigung seiner Person, andererseits sollte es die Kritik seines Antagonisten als infam bloßstellen.

Wegen der nichtfranzösischsprachigen Replik auf die »Lettre« warf Sabatier Sonnenfels zunächst Unfairness vor und verbat sich vehement die Unterstellung, ein Agent des Konvents zu sein.[762] Sabatier hatte sehr wohl begriffen, dass die Insinuationen seines Gegners darauf abgezielt hatten, ihn von den in Wien anwesenden französischen Emigranten und seiner unmittelbaren Exilumwelt zu isolie-

---

758 ÖStA/AVA, Inneres, Pergen-Akten, Ktn. 23, Nr. 11, Personalangelegenheiten der Polizei: Abbé Sabathier [sic!] de Castres, Polizeibericht, 14. Februar 1794.
759 Sabatier de Castres, Pensées et Observations Morales et Politiques.
760 Hierzu Langendorf, Pamphletisten und Theoretiker, S. 275.
761 Sabatier de Castres, Pensées et Observations Morales et Politiques, S. 184-187.
762 Ebd., S. 190-192.

ren, möglicherweise auch seine Ausweisung zu provozieren.[763] Auch aus diesem Grund erinnerte er nun daran, von Leopold II. persönlich nach Wien eingeladen und auch von seinem Nachfolger mit Wohlwollen behandelt worden zu sein, also einen über alle Zweifel erhabenen Leumund zu verfügen.[764]

Ein inverses Szenario sollte das Manöver von Sonnenfels zudem als niederträchtig entlarven: Die eigene Exilbiografie spiegelbildlich umkehrend, beschrieb Sabatier die Auswanderung eines fiktiven »partisan de la Philosophie et de la Démocratie« aus Österreich in das Paris der Revolution.[765] Dort ließ sich dieser öffentlich über die »inconvéniens de l'ignorance et les vices de la Royauté« aus und pries den Buchdruck, die Aufklärung und die republikanische Regierung. Daraufhin beschuldigte ihn ein ebenso fiktiver Pariser Professor – »sous prétexte de défendre l'ignorance« –, ein Agent des Wiener Hofes zu sein, da dessen Emissäre genau mit diesem Auftreten ihre subversive Tätigkeit gegen die Republik verschleiern würden.[766]

Mittels der impliziten Personifizierung von Sonnenfels mit dem Pariser Professor legte es Sabatier darauf an, die argumentative Willkür seines Kontrahenten bloßzustellen. Er unterstellte Sonnenfels zum einen Unehrlichkeit, weil dieser dem wohlbeleumundeten Monarchie-Anhänger Sabatier wider besseres Wissen Revolutionssympathien unterstellt hatte. Zum anderen kritisierte Sabatier, dass dessen Verdächtigung nur auf seine Person abgezielt habe, seine Argumente dagegen unberücksichtigt geblieben seien. Dabei hätte aus seiner Sicht die innere Konsistenz seines Erklärungsschemas Monarchie/»Unwissenheit« sowie Revolution/Aufklärung auch für Sonnenfels unmittelbar einleuchtend sein müssen.[767]

In dieser Konfrontation prallten zwei Aufklärungsbegriffe und Revolutionsinterpretationen aufeinander, die sich aus den unterschiedlichen Erfahrungsräumen der beiden Gegenspieler ergaben und letztlich unvereinbar blieben. Während Sonnenfels als Akteur der josephinischen Reform die Aufklärung essenzialistisch rechtfertigte, dominierte bei dem *anti-philosophe* Sabatier das teleologische Argument. Für Letzteren war die Revolution bloß der phasenverschobene politisch-soziale Ausdruck der philosophischen Aufklärung und damit die für jedermann sichtbare Beglaubigung seiner Ursachentheorie. Zwischen einem »guten« und einem »falschen« Kern der Aufklärung zu unterscheiden, konnte aus dieser Perspektive keinen Sinn ergeben, weil das Kriterium für diese Differenzierung nur aus der Hermeneutik der Aufklärung selbst zu gewinnen gewesen wäre. Diese barg nach Sabatiers Auffassung aber *a priori* die Zwangsläufigkeit der (Selbst-)Zerstörung, also der Revolution, in sich, weil diese in der postulierten Schwäche

---

763 Ebd., S. 191.
764 Ebd., S. 190-191.
765 Ebd., S. 193.
766 Ebd., S. 193-194.
767 Ebd., S. 194.

und Missbrauchbarkeit des Geistes und der Schaffenskraft des Menschen bereits ursächlich angelegt sei.

Dass Sonnenfels sehr wohl auf Sabatiers Argumente eingegangen war und ihm Punkt für Punkt widersprochen hatte, konnte der Emigrant nur als Ausdruck von dessen unaufrichtiger und willkürlicher »méthode« und damit als persönliche Anfeindung interpretieren.[768] Denn in der Binnenlogik seines statischen Deutungsmodells, das die Revolution als vollendete Aufklärung begriff, war es eine Aporie, die Aufklärung von der Revolution zu trennen oder gar, wie Sonnenfels es tat, die Revolution aus aufklärerischem Geist zu kritisieren, ja ganz und gar abzulehnen. Aufgrund dieses Paradoxons unterstellte Sabatier sowohl dem fiktiven »Pariser« als auch dem realen »Wiener« Sonnenfels, unter einem unlauteren Vorwand gegen ihn als Person gehandelt zu haben, mit dem einzigen Ziel, ihn öffentlich zu diffamieren. Die von seinem Gegenspieler im fiktiven Szenario beschworene »ignorance« im republikanischen System Frankreichs war daher ebenso wie die reale Aufklärungsargumentation im monarchischen System Österreichs für Sabatier ein Widerspruch, der nicht anders aufgelöst werden konnte.

Wie unter einem Brennglas zeichnet sich in dieser Episode der selbstreferenzielle und hermetische Dogmatismus Sabatiers ab. War dieser in seinen doktrinären Grundzügen zwar schon vor 1789 erkennbar, erwies er sich nun im Angesicht der fortschreitenden Revolution als gegen jede Infragestellung imprägniert. Eine Reflexion der eigenen Position sowie eine Positionsveränderung als Denkmöglichkeit waren damit von vornherein ausgeschlossen. Zum Ausdruck kommt darin ferner Sabatiers Unvermögen zu einer Folgenabschätzung des eigenen Handelns auf unsicherem Terrain. Aufgrund der aufklärungsaffirmativen Anfechtung seines Erklärungsansatzes der Revolution schaltete Sabatier gleichsam automatisch in den eingeübten Modus des Grabenkämpfers, der die Streitfrage personalisierte und gegen seinen Widersacher zurückkeilte. Denn obwohl Sabatier die argumentativen Einwände vonseiten Sonnenfels letztlich unverständlich blieben, hatte er die zweite semantische Ebene von dessen Replik klar erfasst: die kalkulierte öffentliche Abstoßung gegen ihn als Autor und Person.

Doch war Sabatiers Stellung, anders als noch im vorrevolutionären Frankreich oder zu Beginn der Emigration, im Wien des Jahres 1794 alles andere als immun gegen eine solche Anfechtung. Der versuchte Befreiungsschlag wurde bildhaft zum Rohrkrepierer. Dies ging auch auf das Konto der jüngst verschärften Zensur. Sein »Sonnenfels-Kapitel« wurde um viele Seiten und insbesondere um jene Passagen gekürzt, in denen Sabatier diesen direkt angriff.[769] Ob Sonnenfels diese Maßnahme selbst angeregt hatte, mag zwar Spekulation sein, ist aber angesichts seines Einflusses und seiner persönlichen Beziehungen zur Zensurkommission

---

768 Ebd.
769 Ebd., S. 17, 188-197.

nicht auszuschließen.⁷⁷⁰ Die Zensurierung seines Werkes beschnitt den Spielraum für Sabatiers Bemühungen zur Behauptung seiner Position jedenfalls massiv und läutete das Ende seines öffentlichen Wirkens in Wien ein, zumal eine Solidarisierung mit ihm als Autor oder mit seinen Positionen unterblieb.

Die Kontroverse hatte inzwischen längst öffentliches Aufsehen erregt und Sabatier ins Zentrum der Wiener Revolutionsdebatte gerückt.⁷⁷¹ Davon zeugt die Resonanz, die die Schriften der beiden Protagonisten fanden. Bereits 1793 hatte der »Österreichische Merkur« die »Lettre« und die erste Replik von Sonnenfels ausführlich besprochen und Kenntnisnahme empfohlen, wobei auch hier Sabatiers »ungerechte[r] Tadel der Aufklärung« bemängelt wurde.⁷⁷² Sabatiers Lieblingsargument, die vermeintlich negativen Folgen der Erfindung des Buchdrucks, ging man in Hofstätters »Magazin der Kunst und Litteratur«, das Hoffmanns »Wiener Zeitschrift« als aufklärungskritisches Zentralorgan abgelöst hatte, in einem langen Essay nach.⁷⁷³ Die Schlussfolgerung bestand allerdings auch hier in einer sachlich-abwägenden Haltung, die einerseits die Vorteile des Buchdrucks betonte, andererseits vor dem Missbrauch desselben warnte. Auch in einem anderen Aufsatz aus dem Frühjahr 1793 enthielt sich Hofstätter denunziatorischer Pauschalverurteilungen à la Sabatier und blieb der Unterscheidung einer »schädlichen« von einer »guten« Aufklärung treu.⁷⁷⁴

Kein Journalist oder Schriftsteller fand sich dazu bereit, dem Emigranten Sabatier öffentlich beizuspringen. Hierin ist zum einen die Kehrseite von Sabatiers kompromisslosem Auftreten und Kritikstil zu sehen. Zum anderen war seine Stellung auch durch Sonnenfels' Isolationsbemühungen und die Zensur prekär geworden. Diese zunehmende Exklusionstendenz betraf auch Sabatiers jüngste Veröffentlichung. Die »Pensées« wurden, anders als die »Lettre«, nach ihrem Erscheinen in den Wiener Rezensionsjournalen weder angezeigt, geschweige denn besprochen. Sonnenfels selbst äußerte sich anlässlich seiner Inauguration als Rektor der Wiener Universität 1794 noch einmal grundsätzlich zu den inzwischen aus vielen Richtungen kommenden Invektiven gegen die Aufklärung, ließ jedoch einzelne

---

770 Sonnenfels war mit dem Referenten der Bücherzensur, Johann Melchior von Birkenstock, verschwägert.
771 Die Reichweite dieses Schlagabtausches ist bislang nicht erkannt worden. Hierzu lediglich Malitz-Novotny, Die französische Revolution und ihre Rückwirkung auf Österreich, S. 136-142.
772 Oesterreichischer Merkur od. wöchentliches Verzeichniß der neuesten Bücher, welche in Oesterreich unter und ob der Ens, Inner- und Vorderösterreich, Böhmen, Mähren, Gallicien, Ungarn und Siebenbürgen erscheinen. Mit den Preisen und einer kurzen Anzeige des Inhaltes; nebst den neuesten literarischen Nachrichten 1793, S. 205-215.
773 »Sind die Menschen seit Entstehung der Buchdruckerey besser und gesitteter?«, in: Magazin der Kunst und Litteratur, hg. v. Felix Franz Hofstätter, Bd. 2 (1793), S. 93-124.
774 »Aufklärung«, in: Magazin der Kunst und Litteratur, hg. v. Felix Franz Hofstätter, Bd. 1 (1793), S. 257-290.

Autoren unerwähnt.⁷⁷⁵ Wie virulent der Konnex von Aufklärung und Revolution in der öffentlichen Debatte um die Ursachenbestimmung der Französischen Revolution gerade während der jakobinischen Terrorherrschaft war, lässt sich an einer Vielzahl von Veröffentlichungen ablesen, in denen auch andere Wiener Josephiner im Sinne Sonnenfels' Stellung bezogen und die Aufklärung gegen die grassierenden Vorwürfe in Schutz nahmen.⁷⁷⁶

Die Zusammenfassung dieser Reaktionen dokumentiert den schweren Stand, den Sabatier seit Erscheinen der »Lettre« in Wien hatte. Auch unter den in Wien befindlichen Emigranten zeigte sich keine Bereitschaft, für ihn Partei zu ergreifen. Im Gegenteil veröffentlichte 1795 der savoyische Emigrant und ehemalige Mathematik-Professor am Kolleg in Annecy Jean Claude Fontaine in Wien eine lange Abhandlung mit kritischen Anmerkungen zu den »Pensées«.⁷⁷⁷ Obwohl er das Motiv Sabatiers anerkannte, die Prinzipien der Revolution und die destruktiven Dogmen der »nouvelle philosophie« öffentlich zu entlarven, verwarf er den Erklärungsansatz Sabatiers und arbeitete sich systematisch an dessen Prämissen und Argumenten ab. Er schloss seine Widerlegung in naturwissenschaftlicher Manier mit dem »C.Q.F.D.« (Ce qu'il fallait démontrer) ab, in dem man sinnbildlich die ausbleibende Solidarisierung mit der Position Sabatiers erblicken mag.⁷⁷⁸

Angesichts der Unbeirrbarkeit Sabatiers überrascht es kaum, dass ihn selbst der akute Mangel an Verbündeten nicht von seinem Ziel abbringen konnte, Wien zu einer Bastion kritischer Revolutionspublizistik auszubauen. Inmitten der Auseinandersetzung mit Sonnenfels verfolgte er den Plan, eine französischsprachige Zeitung in Wien anzusiedeln, die für das monarchische Prinzip einstehen und sich an ein kontinentaleuropäisches Lesepublikum wenden sollte. Eine Gelegenheit hierfür bot sich, weil der Herausgeber des renommierten »Courier du Bas-Rhin«, Jean Manzon, sein Kontor und seine Druckerei aus dem preußischen Kleve vor der vorrückenden Revolutionsarmee in Sicherheit zu bringen beabsichtigte

---

775 Joseph von Sonnenfels: Rede bey dem feyerlichen Antritte des Rektorats an der Universität in Wien im Jahre 1794, Wien 1794, S. 67-70; zu den antiaufklärerischen Schriften des deutschsprachigen Raumes siehe den Sammelband Weiss, Von »Obscuranten« und »Eudämonisten«.
776 Etwa Anton J. Pföter: Betrachtungen über die Quellen und Folgen der merkwürdigsten Revolutionen unseres Jahrhunderts, über die Entstehung der Staaten, und die verschiedenen Verfassungen derselben. Nebst einer gelegentlichen Untersuchung, welchen Einfluß die Aufklärung auf das Wohl der bürgerlichen Gesellschaft habe, Wien 1794. Zum Konnex »Aufklärung und Revolution« in der deutschsprachigen Aufklärungsdebatte ein Überblick bei Albrecht, Aufklärung, Reform, Revolution, zu Pföter speziell S. 33. Der Diskurs, ob Aufklärung Revolutionen auslöse oder beeinflusse, beschleunigte sich in der deutschsprachigen Publizistik seit 1794; ders., Aufklärung, Reform, Revolution, S. 35-46.
777 Jean Claude Fontaine: Notes importantes sur l'ouvrage intitulé Pensées et Observations morales et politiques, par M. l'Abbé Sabatier De Castres, Wien 1795.
778 Ebd., S. 195.

und sich in dieser Angelegenheit hilfesuchend an Sabatier gewandt hatte.[779] Dieses Ansinnen fügte sich in die Vorstellung des französischen Emigranten ein, von Wien aus antirevolutionäre Publizistik in ganz Kontinentaleuropa zu verbreiten. In diesem Sinne sollte abermals Trauttmansdorff überzeugt werden, die notwendigen Genehmigungen zu erteilen:

> Il n'y a qu'une voix en Europe sur le mérite de ce périodiste: dans un tems où toutes les bonnes plumes ou gardent le silence ou sont dirigées contre les princes, la noblesse et la Religion, il est, je pense, d'une sage politique d'attirer celle-là à Vienne. Au defaut de mieux, le J. Manzon, pourroit y continuer le Courrier du bas-Rhin, sous le titre du Courrier du Danube. Deux mille ou quinze cent florins suffiroient pour le mettre en état de transporter ici son imprimerie et son Bureau.[780]

Auch an dieser Stelle kommt die im Kern unflexible Taktik Sabatiers zum Ausdruck, im Exil um Unterstützung für seine Initiativen zu ersuchen. Trauttmansdorff hatte Sabatier bereits zu Beginn seiner Emigration in Brüssel konkrete Unterstützung versagt. Dennoch wandte sich Sabatier, wohl auch mangels Alternativen, brieflich immer wieder an den niederländischen Hofkanzler. Dass Sabatier auch in der Zeitungsfrage auf taube Ohren stieß und Manzon mit seinem Blatt am Niederrhein verblieb, kann als symptomatisch für die Position des inzwischen weitgehend im Abseits stehenden Emigranten angesehen werden.

Die kritische Entgegnung Fontaines auf die »Pensées« erlebte Sabatier schon nicht mehr als freier Mann. Die Gründe für seine Inhaftierung im Oktober 1794 sind nicht zu rekonstruieren, weil die betreffenden Akten des Wiener Kriminalgerichts nicht erhalten sind. Dem überlieferten Geschäftsprotokoll ist lediglich zu entnehmen, dass Sabatier die »Mitschuld und Theilnahme an einem versuchten Meichelmord« zur Last gelegt wurde.[781] Alle weiteren Details über das Tatmotiv, die mutmaßlichen Mittäter und das Kriminalverfahren überhaupt liegen im Dunkeln. Nachdem infolge seiner rund anderthalbjährigen Haft sein ganzer Besitz gepfändet worden war, wurde Sabatier Ende Februar 1796 der Habsbur-

---

779 Thomas Maier: Jean Manzon (1740-1798). Der Redakteur des Courier du Bas-Rhin, in: Wilhelm Diedenhofen, Thomas Maier, Bert Thissen, Helga Ullrich-Scheyda (Hg.): Klevische Lebensbilder, Kleve 2013, S. 87-94; Matthias Beermann: Zeitung zwischen Profit und Politik: der Courier du Bas-Rhin (1767-1810). Eine Fallstudie zur politischen Tagespublizistik im Europa des späten 18. Jahrhunderts (= Transfer. Deutsch-Französische Kulturbibliothek, Bd. 4), Leipzig 1996.

780 ÖStA/AVA, FA Trauttmansdorff, 1790-92, Ktn. 291, Nr. 18, Sabatier an Trauttmansdorff, 14. August 1794.

781 WStLA, Kriminalgericht 1783-1850, Serie 1.2.3.3.B1 – Geschäftsprotokolle über Untersuchungen 1793-1850, Bd. 2, Nr. 308 Sabatier de Castres, fol. 43.

germonarchie verwiesen.⁷⁸² Zwar wandte er sich vier Jahre später aus dem Erfurter Exil noch einmal an Vertraute in Wien, um die Chance einer Rückkehr auszuloten, doch blieb ihm der Weg zurück versperrt.⁷⁸³

Mit der verschärften Presseaufsicht im Nachgang der Jakobinerprozesse waren pointierte Stellungnahmen zur Revolution in der zweiten Hälfte der 1790er Jahre kaum mehr möglich, ein offener Schlagabtausch wie zwischen Sabatier und Sonnenfels war undenkbar geworden. Wie bereits geschildert, mussten sich emigrantische Autoren, die im habsburgischen Exil schrieben, nunmehr Verlagsorte außerhalb der Monarchie suchen. Umso deutlicher stechen die Veröffentlichungen Sabatiers zwischen 1789 und 1794 sowie die sich daraus entwickelnde Kontroverse mit Sonnenfels als Beitrag französischer Emigranten zur multimedialen Revolutionsrezeption in Wien und der Habsburgermonarchie hervor. Vor allem durch die Präsenz Sabatiers vor Ort und den kritischen Zeitpunkt seiner Publikationen inmitten der radikalisierten Revolution gewannen seine Schriften schlagartig eine Aktualität und Brisanz, die der Wiener Verleger Ignaz Alberti zu einem kommerziellen Erfolg umzumünzen versuchte.

Obwohl Sabatiers Argumente aus den gezeigten Gründen nicht verfingen und letztlich an der von Sonnenfels dirigierten postjosephinischen Abwehrfront zerschellten, kommt im Agieren des Emigranten dessen mehrgliedrige Strategie zum Ausdruck. Er verbreitete im Exil auf verschiedenen Wegen seine schneidende Aufklärungs- und Revolutionskritik und entwarf argumentative Grundzüge einer revolutionsfeindlichen Gegenöffentlichkeit, um auf diese Weise Einfluss auf die Meinungsbildung zu nehmen. Dass seine doktrinäre Deutung das Haupthindernis war, um im Wiener Kontext seine Kritik wirkungsvoll anbringen und popularisieren zu können, blieb Sabatier bis zu seinem Ende unverständlich. Sein öffentliches Engagement zeugt dennoch von einer differenzierten und vielstimmigen Revolutionsdebatte in Wien, die keineswegs nur von textuellen Anleihen und Referenzen auf französische Autoren stimuliert, sondern von schreibenden Revolutionsemigranten vor Ort belebt, bereichert und forciert wurde.

5.3.3 »Endoctriner le cabinet de Vienne« – der politische Lobbyismus Gabriel Sénac de Meilhans zwischen Einflussnahme, Eigeninteresse und Existenzsicherung

Im Unterschied zum politischen Journalisten Sabatier de Castres umgibt Gabriel Sénac de Meilhan (1738-1803) der Nimbus des Schriftstellers, der mit dem teils im Wiener Exil verfassten und in Braunschweig erschienenen Briefroman »L'Émigré«

---

782 ÖStA/AVA, PHSt 1795/677, Notiz über die Effekten Sabatiers, 21. April 1795.
783 ÖStA/AVA, PHSt 1800/642, Aufenthaltsgesuch Sabatier de Castres, 1. November 1800.

(1797) der Revolutionsemigration ein literarisches Denkmal setzte.[784] Seine philosophischen Werke und politischen Schriften zur Revolution, darunter die »Lettre« an Sabatier, stehen dahinter ebenso zurück wie seine Emigrationsbiografie selbst.[785] Dabei spiegelt sein über zwölfjähriger Exilparcours individualbiografisch die europäische Dimension der Emigration besonders eindrücklich wider: Nach Stationen in London, Aachen, Rom, Venedig, Petersburg, Jassy, Prag, Rheinsberg, Braunschweig und Hamburg verbrachte Sénac den längsten Abschnitt seines Exils in Wien, wo er sich Anfang 1795 niederließ und 1803 verstarb.

In weit größerem Maße als Sabatier profitierte Sénac zeit seines Exils vom sozialen und symbolischen Kapital seiner vorrevolutionären Vita.[786] Der Sohn des Leibarztes Ludwigs XV. verfügte als Angehöriger der *noblesse de robe* nicht nur über exzellente Kontakte in die höchsten Kreise der französischen Aristokratie, sondern hatte infolge einer jahrzehntelangen Karriere im Staatsdienst als »intendant« verschiedene Provinzen Frankreichs verwaltet. Diese Vertrautheit mit den gesellschaftlichen und ökonomischen Verhältnissen im *Ancien Régime* immunisierte ihn gegen eine bloß geistig-kulturelle oder gar verschwörungstheoretische Erklärung der Revolution. Vielmehr schrieb er der Finanzpolitik Jacques Neckers einen entscheidenden Anteil an der sich zuspitzenden Krise zu, die schon in der Notabelnversammlung 1787 einen ersten kritischen Punkt erreicht hatte und schließlich in die Einberufung der Generalstände mündete.[787] Kurzzeitig galt sogar Sénac selbst als aussichtsreicher Kandidat für den Posten des Generalfinanz-

784 Die französische und deutsche Literaturwissenschaft haben sich an Autor und Werk abgearbeitet. Unter den zahlreichen französischen Forschungsbeiträgen ragen heraus: Vielwahr, La vie et l'œuvre de Sénac de Meilhan; Escoube, Sénac de Meilhan; François Raviez: Sénac de Meilhan: L'Émigré ou l'art de survivre, in: François Jacob (Hg.): Mémorialistes de l'exil: émigrer, écrire, survivre, Paris 2003, S. 137-152, sowie zuletzt der Sammelband Claire Jaquier, Florence Lotterie, Catriona Seth (Hg.): Destins romanesques de l'émigration (= L'esprit des lettres), Paris 2007. In der deutschen Literaturwissenschaft wurde Sénac in jüngerer Zeit verstärkt rezipiert, etwa Köthe, Vor der Revolution geflohen, sowie Swantje Schulze: Spiegel einer Gesellschaft im Umbruch. Zur französischen Erzählkunst im Jahrzehnt der Revolution (1789-1799). URL: http://d-nb.info/972733418 [10.8.2017].
785 Gabriel Sénac de Meilhan: Des principes et des causes de la Révolution en France, London 1790; ders.: Du Gouvernement, des moeurs, et des conditions en France avant la révolution, Hamburg 1795; ders.: Frankreich vor der Revolution, in Beziehung auf Regierung, Sitten und Stände. Nebst einem Gemälde der vornehmsten Männer unter Ludwig XVI. Regierung, Braunschweig 1795; ders.: Œuvres philosophiques et littéraires de Mr. de Meilhan, ci-devant intendant du Pays d'Aunis, de Provence, Avignon, et du Haynault, Hamburg 1795; ders.: Des Herrn von Meilhan vormals Intendanten von Aunis, der Provence, Avignon und dem Hennegau, und der General-Kriegs-Intendanten des Königs von Frankreich vermischte Werke, 2 Bde., Hamburg 1795.
786 Zur Biografie Sénac de Meilhans Escoube, Sénac de Meilhan.
787 Der Fokus auf die aus Sicht Sénacs desaströse Finanzpolitik Neckers durchzieht die meisten Werke, beginnend von »Des Principes« (1790) bis zu »Du Gouvernement« (1795).

direktors.[788] Der Umstand, dass er bei der Stellenbesetzung übergangen wurde, gab seiner scharfen Kritik an Neckers Entscheidungen eine persönliche Note. Im Juni 1790 emigrierte Sénac nach London und arbeitete sich fortan aus dem Exil an den politischen Umwälzungen in seinem Heimatland ab.

Bereits vor der Revolution war Sénac auch als Schriftsteller über die Grenzen Frankreichs hinaus bekannt geworden.[789] Diesen Ruf machte er sich in der Emigration gezielt zunutze. Mit einer Kollektion seiner jüngeren Texte überzeugte er Anfang 1791 Katharina II., ihn mit dem Auftrag an den Petersburger Hof zu laden, eine Geschichte des Russischen Reiches zu schreiben.[790] Obwohl sein dortiges Engagement wegen Differenzen mit der Zarin schon nach wenigen Monaten endete, erhielt Sénac von ihr eine Pension, die ihm bis zu ihrem Tod 1796 ein materiell sorgloses Leben zwischen Karlsbad, Rheinsberg und der Emigrantenhochburg Hamburg sicherte und Spielräume für eigene Vorlieben ermöglichte.[791] Denn anders als bei Sabatier kreiste Sénacs Denken und Schreiben im Exil nicht ausnahmslos um die Revolution. Vielmehr lässt seine intellektuelle Tätigkeit auf einen breiten Interessenhorizont schließen. So warteten viele seiner Werke mit Schöngeistigem auf, das durch die Reize, Erlebnisse und Begegnungen während der Emigrationszeit stimuliert wurde. Während seines Aufenthalts in Hamburg 1794 vertiefte sich Sénac, ähnlich wie sein Mit-Emigrant Rivarol, in sprach- und literaturwissenschaftliche Studien. Angeregt durch ein Zusammentreffen mit Klopstock betrieb er Forschungen zur französischen und deutschen Sprache und übersetzte sogar deutsche Lyrik ins Französische.[792]

Gleichwohl galt auch Sénacs Hauptaugenmerk den Geschehnissen in seiner Heimat. Unmittelbar nach der Emigration begann er mit der Veröffentlichung revolutionsanalytischer Schriften, die zwischen 1790 und 1795 mit Ausnahme der »Lettre« an Sabatier zunächst in London, später in Hamburg erschienen. Diese richteten sich weniger an eine binnenemigrantische Öffentlichkeit als vielmehr an ein europäisches Lesepublikum, dem Sénac seine Sicht auf die Entstehungsbedingungen der Revolution offenlegte. So kam im Nachgang seines Aufenthaltes in Braunschweig 1793/94 in der dortigen Dependance des Emigrantenverlages Fauche auch eine deutsche Übersetzung seines neuesten Werkes heraus, die

---

Auch in »L'Émigré« verurteilt Sénac die Politik Neckers scharf, vgl. Köthe, Vor der Revolution geflohen, S. 204-207.

788 Dies berichtet auch der damalige französische Botschafter in Venedig, Bombelles, Journal, 3: 1789-1792, S. 146.
789 Vor allem Gabriel Sénac de Meilhan: Mémoires d'Anne de Gonzague, princesse palatine, Paris 1786.
790 Zum Exil Sénacs in Russland Alexandre Stroev: Un »Voyage Sentimental en Russie« de Gabriel Sénac de Meilhan, in: Claire Jaquier, Florence Lotterie, Catriona Seth (Hg.): Destins romanesques de l'émigration (= L'esprit des lettres), Paris 2007, S. 107-126.
791 Dazu ebd., S. 114-115.
792 Escoube, Sénac de Meilhan, S. 263-268.

der Herzog von Braunschweig-Wolfenbüttel subventionierte.[793] Dessen umtriebiger Hofbibliothekar Eschenburg brachte Exzerpte verschiedener Texte Sénacs in deutschen Periodika unter und bahnte dem Emigranten somit Wege in die deutschsprachige Öffentlichkeit.[794] Das Motiv von Sénacs schriftstellerischem Engagement war in dieser ersten Phase des Exils sicherlich nicht der finanzielle Ertrag. Vielmehr diente es dazu, inmitten der herrschenden publizistischen Kakophonie den eigenen Wert auf dem europäischen Markt der Revolutionsdeutungen zu steigern und sich als Einzelstimme Gehör zu verschaffen.

Dabei war Publizität für Sénac vor allem Mittel zum Zweck. Schon bald nach seiner Emigration suchte er gezielt Kontakte zu hochrangigen Personen an verschiedenen europäischen Höfen und profitierte bei diesem Bemühen von dem Ruf, der ihm als ehemaligem »intendant«, als Schriftsteller und bald auch als einschlägig bekanntem Revolutionskommentator vorauseilte. An allen Exilstationen zwischen London und Petersburg, Braunschweig und Wien genoss er einen privilegierten Zugang in höchste gesellschaftliche Kreise. Er konferierte während seines Russland-Aufenthaltes mit Potemkin, ging am Hof des Braunschweiger Herzogs ein und aus und suchte auch in der Habsburgermonarchie das *tête-à-tête* mit Personen im nahen Umkreis des Hofes und in der sozialen Elite Wiens.[795]

Bei diesen Gelegenheiten waren tiefschürfende Erklärungen der Revolution oder die Vermittlung des eigenen Standpunkts nur noch nachrangige Anliegen. Beides war Sénacs gedruckten Schriften zu entnehmen, auf die er in seinen Korrespondenzen immer wieder selbstbewusst verwies. Im Vordergrund stand vielmehr das Bestreben, sich als Berater in Szene zu setzen, der die mittel- und langfristigen Konsequenzen der Revolution evaluierte, Wissen vermittelte, Ausblicke wagte und auf diesem Weg Bewertungen, die in den europäischen Residenzen vorgenommen wurden, zu beeinflussen suchte. Die erste Hälfte von Sénacs Exil kann daher unter dem Aspekt des Bemühens betrachtet werden, im Wechselspiel mit den jeweiligen Interaktionspartnern seine Rolle als politischer Ratgeber auszuhandeln.

Von Anfang an begriff Sénac die Emigration als Chance zur Beförderung der eigenen Karriere, die durch die Revolution in Frankreich jäh abgebrochen war und nun unter veränderten Bedingungen im Exil fortgesetzt werden sollte.

---

793 Sénac de Meilhan, Frankreich vor der Revolution, in Beziehung auf Regierung, Sitten und Stände. Zu den Emigrantenpublikationen in Braunschweig-Wolfenbüttel siehe Scheel, Die Emigranten in Braunschweig-Wolfenbüttel, S. 49-52.
794 Weitere Übersetzungen Eschenburgs folgten in Hamburg. Eine von diesem konzipierte zweibändige Sénac-Anthologie führte längere philosophische Essays mit anekdotischen Aperçus und Kurzporträts berühmter Zeitgenossen zusammen; Sénac de Meilhan, Des Herrn von Meilhan vermischte Werke.
795 Zu den Begegnungen mit Potemkim siehe Escoube, Sénac de Meilhan, S. 247-251; zu Sénac in Braunschweig Scheel, Die Emigranten in Braunschweig-Wolfenbüttel, S. 50; zu Sénac in Wien Mansel, Prince of Europe, S. 167-169.

Diplomatische und militärische Handlungsempfehlungen für einen bestimmen Adressatenkreis zu formulieren, war aus diesem Grund nicht ein Ziel an sich, sondern bei Sénac stets verknüpft mit persönlichen Motiven. Schon während seines Engagements in Russland hatte er – letztlich erfolglos – darauf gedrängt, von Katharina II. einen offiziellen Posten als Botschafter in Konstantinopel oder gar als Finanzminister zugewiesen zu bekommen.[796]

Unbescheidene Forderungen wie diese begründete Sénac offensiv mit seiner politischen Expertise, die er bei jeder Gelegenheit demonstrierte. Das Mittel der Wahl waren neben persönlichen Unterredungen vor allem Gutachten und Denkschriften unterschiedlichen Umfangs und thematischen Zuschnitts, die Sénac in schneller Folge produzierte und in Abhängigkeit vom situativen Kontext personalisiert an den Adressaten richtete. Auffällig ist, mit welcher Umsicht Sénac sicherzustellen versuchte, dass die Texte tatsächlich an den gemeinten Empfänger gelangten. Da keineswegs davon auszugehen war, dass unter allen Eingaben seitens französischer Emigranten ausgerechnet seine Ausarbeitungen nachgefragt waren, geschweige denn gelesen würden, bedurfte es eines mit intermediären Instanzen abgestimmten Vorgehens, um das notwendige Rezeptionsinteresse zu wecken. Eigene Ressourcen mussten im Vorfeld taktisch klug eingesetzt werden, um einen Weg zum Adressaten zu bahnen. Unter den latent instabilen Bedingungen des Exillebens setzte dies neben den kommunikativen Fertigkeiten ein hohes Maß an situationsspezifischem Reflexions-, Urteils- und Einfühlungsvermögen voraus, das eine Fähigkeit zur Differenzierung erforderte, die beispielsweise Sabatier de Castres weitgehend abging. Freilich war auch dadurch noch nicht gewährleistet, dass Sénacs Ausführungen rezipiert, in die Situationsbewertung auf Empfängerseite einbezogen und auf diesem Weg direkte Kontakte etabliert wurden. Doch gelang es mithilfe dieses umsichtigen Vorgehens und seines sozialen Kapitals immerhin, eine gewichtige Stellung im blühenden politischen Beratungswesen der Revolutionszeit für sich zu reklamieren.

Sénac kann als Beispiel eines propagandistisch aktiven Emigranten gelten, der virtuos und auch über Genregrenzen hinweg den beschriebenen Medienverbund von Publizität und Informalität in seiner ganzen Breite bespielte, um die Revolutionswahrnehmung in den Aufnahmegesellschaften zu beeinflussen. Kaum beachtet wurde in diesem Zusammenhang seine informelle Kommunikation mit hochrangigen Personen an den europäischen Höfen. Diese lässt sich exemplarisch anhand Sénacs Bemühungen am Wiener Hof nachvollziehen. Ein Beispiel aus dem Jahr 1792 illustriert, auf welchen Wegen er seine politischen Projekte lancierte und diese mit den eigenen Karriereplänen verknüpfte, welchen Themen er besonderes Gewicht beimaß und wie diese von seinen Gesprächspartnern in eigene Bewertungen und Folgenabschätzungen der Revolution eingebunden wurden – wenngleich sich Sénacs »Einfluss« auf sein jeweiliges Gegenüber natürlich

---

796 Stroev, Un »Voyage Sentimental en Russie«, S. 109-110.

nicht quantifizieren lässt. Auf der Handlungsebene gibt sein Agieren Aufschluss über die von der Außenperspektive geprägte Einschätzung der Entscheidungsfindung am Wiener Hof, wo die komplexen macht- und personalpolitischen Umwälzungen und Verschiebungen in der ersten Hälfte der 1790er Jahre es einem externen Berater wie Sénac schwer machten, sein Angebot auf die maßgeblichen Personen zuzuschneiden. Gleichzeitig ist von Interesse, ob und inwieweit sich Sénac selber als »organisateur et idéologue de la contre-révolution«[797] verstand und wie seine politische Beratungstätigkeit von seinen Interaktionspartnern im Exil bewertet wurde.

»Monsieur de Meilhan est occupé aujourd'hui, Madame, à endoctriner le cabinet de Vienne«[798]

Da sich seine Karrierepläne in Russland nicht umsetzen ließen, weitete Sénac das Werben für seine politischen Ziele und persönlichen Ambitionen auf den zweiten europäischen Kaiserhof aus.[799] Auf dem Rückweg von Jassy über Prag nach Karlsbad nahm er Tuchfühlung mit dem Wiener Hof auf, dem das revolutionäre Frankreich nur wenige Wochen zuvor den Krieg erklärt hatte. Im Juni 1792 stattete er Trauttmansdorff auf dessen Sommersitz Teinitz in Westböhmen einen Besuch ab. Die Bekanntschaft der beiden ging auf eine kurze Begegnung in den Österreichischen Niederlanden zu Beginn der Emigration zurück, wo Sénac als ehemaliger »intendant« des benachbarten Cambrésis von Trauttmansdorff als damaligem Chef des Brüsseler Guberniums empfangen worden war.

In Trauttmansdorffs Schilderung der neuerlichen Begegnung geht hervor, dass der Franzose nur vordergründig mit dem Vorhaben nach Teinitz gekommen war, die politische Lage nach der Kriegserklärung zu erörtern. Vielmehr gewann Trauttmansdorff den Eindruck, Sénac wolle auf diesem Weg herausfinden, ob am Wiener Hof Interesse an seinem Rat bestand.[800] In Sénacs Kalkül sollte Trauttmansdorff wohl tatsächlich als Türöffner fungieren. Denn im Verlauf des Gespräches wurde zunehmend deutlich, dass dem Emigranten besonders an einer Unterredung mit Staatskanzler Kaunitz in Wien gelegen war. Der greise Architekt des einstigen österreichisch-französischen Bündnisses galt Sénac noch immer als maßgeblicher Gestalter der habsburgischen Außenpolitik und damit als geeigneter Adres-

---

797 Ebd., S. 108.
798 Nikolai Petrowitsch Rumjanzew, russischer Gesandter in Frankfurt a. M., an Katharina II. am 26. Juli 1792, zit. n. ebd., S. 111.
799 Die Anwesenheit Sénac de Meilhans in der Habsburgermonarchie ist erst für die Jahre nach 1795 untersucht, vgl. Escoube, Sénac de Meilhan, S. 292-309. Sein Aufenthalt in den Jahren 1792/93 dagegen ist kaum beleuchtet worden.
800 Die Kontaktaufnahme und das Treffen in Teinitz ist durch einen Briefwechsel zwischen Trauttmansdorff und Kaunitz gut dokumentiert: ÖStA/AVA, FA Trauttmansdorff, Ktn. 279, Nr. 31, Korrespondenz mit de Meilhan, Brief an Kaunitz, 8. Juni 1792.

sat für seine strategischen Überlegungen.[801] Durch Vermittlung des Intermediärs Trauttmansdorff hoffte er, dem Kanzler seine aktuelle Denkschrift mit der Bitte übersenden zu können, ihn in Wien persönlich zu empfangen.

Um der Seriosität seines Anliegens Nachdruck zu verleihen, holte Sénac im Gespräch mit Trauttmansdorff zu einem politischen Rundumschlag aus und trug Passagen aus seinem Werk »Des principes et des causes de la Révolution en France« vor. Er stellte sich als abwägender und weitsichtiger Berater dar, der eindringlich vor den Plänen Katharinas II. warnte, den französischen König mit einer 200.000 Mann starken Streitmacht zu entsetzen, da die Konsequenzen eines solchen Eingreifens für Frankreich unabsehbar seien.[802] Dass sich der Emigrant dadurch deutlich von den Werbekampagnen der emigrierten Prinzen und ihrer Geschäftsträger am Wiener Kaiserhof absetzte, war hierbei ein kluger Schachzug. Sénac wollte bei Trauttmansdorff auf diese Weise den Eindruck erwecken, dass es sich bei ihm nicht um einen weiteren interventionistisch gesinnten Emigranten handelte. Vielmehr bot er eine taktische Alternative an, die der komplexen politischen Gemengelage in Europa Rechnung trug, zudem die interdependenten Interessen der verschiedenen Höfe berücksichtigte und sogar Folgenabschätzungen für verschiedene Szenarien anstellte.

Dass Sénacs Charmeoffensive verfing, lag weniger an Trauttmansdorff, der im Brüsseler Gubernium schon seit Beginn der Revolution mit den Anliegen zahlloser Emigranten konfrontiert gewesen war und daher um deren häufig eigennutzorientierte Motive wusste. Es war vielmehr Kaunitz selbst, der ohne Umschweife in ein Treffen mit Sénac einwilligte. Der Staatskanzler äußerte sich unter Verweis auf dessen Werke lobend über den Franzosen und drängte Trauttmansdorff mehrfach, eine Begegnung mit ihm zu arrangieren.[803] Besondere Wertschätzung durch Kaunitz fand die übersandte Denkschrift, in welcher Sénac Maßnahmen gegen die Ausbreitung der Revolution skizzierte – und damit inhaltlich bereits Teile der »Lettre« an Sabatier vorwegnahm.

Sénac stellte in dem Memoire die Revolution als etwas historisch Präzedenzloses dar, das die Züge einer »maladie de l'esprit humain« trug und aufgrund der Vorbildfunktion Frankreichs, seiner Schriftsteller, seiner Kultur und universel-

---

801 Zum »späten« Kaunitz siehe Michael Hochedlinger: Das Ende der Ära Kaunitz in der Staatskanzlei, in: Grete Klingenstein, Franz A. J. Szabo (Hg.): Staatskanzler Wenzel Anton von Kaunitz-Rietberg 1711-1794. Neue Perspektiven zu Politik und Kultur der europäischen Aufklärung, Graz; Esztergom; Paris; New York 1996, S. 117-130.

802 Im russischen Kalkül war das Werben um eine gemeinsame Intervention der europäischen Mächte in Frankreich auch mit der polnischen Frage verknüpft, ließ sich hiermit doch der Fokus Preußens und Österreichs nach Westeuropa ablenken; vgl. Michael Wagner: England und die französische Gegenrevolution 1789-1802 (= Ancien Régime, Aufklärung und Revolution, Bd. 27), München 1994, S. 77.

803 ÖStA/AVA, FA Trauttmansdorff, Ktn. 279, Nr. 31, Briefe von Kaunitz an Trauttmansdorff vom 15. Juni sowie vom 16. Juli 1792.

len Sprache, in anderen Ländern nachgeahmt zu werden drohte.[804] Aus dieser kritischen Ausgangsposition heraus folgerte Sénac zweierlei. Zum einen warnte er vor Plänen, die Monarchie in Frankreich mit militärischer Gewalt wiederherzustellen, wie sie insbesondere am Petersburger Hof sowie unter den Emigranten in Koblenz gehegt wurden:

> L'édifice [de la monarchie française, M. W.] est destruit, et la réconstruction exige les plus savantes combinaisons de la politique jointes à la connoissance approfondie de l'homme: l'histoire est insuffisante aujourd'hui, on y chercheroit en vain l'avenir dans le passé.[805]

Aus dieser Einschätzung spricht, dass Sénac im Unterschied zu den französischen Prinzen den Zäsurcharakter der Revolution längst anerkannt hatte und daher die Wiederherstellung des Status quo ante 1789 weder als Ziel noch als Möglichkeit begriff. Die Vorbildlosigkeit der Revolution erforderte aus seiner Sicht von allen Zeitgenossen vielmehr ein vorsichtiges Vorantasten, das auf einem umfassenderen Ansatz gründen musste als auf bloßer militärischer Intervention. Sénac hatte sich in dieser Phase schrittweise der Position konstitutioneller Monarchisten angenähert, die aus dem Exil die Wiederaufrichtung der Monarchie in modifizierter Form propagierten.[806] Eine gewaltsame Konterrevolution schien ihm zu diesem Zeitpunkt jedenfalls weder ratsam noch durchführbar.

Stattdessen riet Sénac mit Blick auf die anderen europäischen Staaten eindringlich zu einem defensiven Ansatz. Überall seien Vorkehrungen gegen die Ausbreitung der Revolution zu treffen. Sie solle auf Frankreich begrenzt und dort gleichsam in Quarantäne gesetzt werden. Sénac unterschied hierbei zwischen generellen und landesspezifischen Maßnahmen, deren Hauptziel es war, die unterschiedlichen sozialen Schichten und Gruppen so eng an die Person des Landesherrn zu binden, dass das Potenzial eines breiten antimonarchischen Aufruhrs gebändigt würde. Den größten Abschnitt seiner Denkschrift widmete er den »classes inferieures«, dem »einfachen Volk«, von dessen politischer Mobilisierung durch die Massenmedien er im vor- und frührevolutionären Frankreich Zeuge geworden war. Unter Berücksichtigung dieser Erfahrungen empfahl Sénac daher die mediale Manipulation der öffentlichen Meinung als prophylaktische Maßnahme gegen revolutionäre Ideen in den europäischen Staaten:

---

804 ÖStA/AVA, FA Trauttmansdorff, Ktn. 279, Nr. 31, Observations sur l'influence de la revolution en France et les moiens préservans.
805 Ebd.
806 Pestel, Kosmopoliten wider Willen, S. 32.

[...] il seroit peut-être d'une sage politique de faire composer quelque ouvrage, écrit simplement et à la partie du peuple, et qui soit propager à lui faire aimer son gouvernment. *Un tel ouvrage demande beaucoup d'adresse dans sa composition, une grande simplicité de style, et un genre en quelque sorte proverbial*; il circuleroit parmi le peuple, et se graveroit dans la memoire des enfans.[807]

Sowohl die Warnung vor einer militärischen Intervention als auch das defensive Konzept der Revolutionsvorbeugung stießen im Juni 1792, also noch vor Beginn der ersten größeren Kampfhandlungen in Nordfrankreich, bei Kaunitz auf lebhaftes Interesse. Nach Annahme der Verfassung von 1791 hatte der Staatskanzler nachdrücklich auf eine Politik der Deeskalation und einen Ausgleich mit Frankreich gedrängt. Er wurde jedoch durch eine Phalanx aus Konferenzminister Colloredo, Staats-Vizekanzler Cobenzl und Staatskanzleireferendar Spielmann am Hofe immer stärker isoliert.[808] Die Fortführung des Bündnisses mit Preußen auch nach dem Herrschaftsantritt Franz' II., der Kriegsbeginn und die Ernennung des Herzogs von Braunschweig zum Oberbefehlshaber der gemeinsamen Interventionsarmee waren untrügliche Zeichen, dass Kaunitz' Stand im außenpolitischen Beraterkreis des Kaisers prekär geworden war. Seine Demission schien im Frühsommer 1792, als ihn die Kontaktaufnahme Sénacs erreichte, schon überfällig.[809] Im August 1792 erklärte er schließlich seinen Rücktritt.

Je stärker Kaunitz auf dem Feld der Außenpolitik marginalisiert wurde, desto größere Ambitionen entwickelte er allerdings im Staatsrat, da die innenpolitische Komponente der Auseinandersetzung mit der Revolution zunehmend an Bedeutung gewann.[810] Nach Kaunitz' Überzeugung kam hierbei einer effektiven Gegenpropaganda die entscheidende Rolle zu.[811] Inspiration bot das britische Vorbild. Dort waren bald nach der »Royal Proclamation against Seditious Writings and Publications« vom Mai 1792 landesweit mehrere Tausend lokale »societies« aus dem Boden geschossen, die öffentlichkeitswirksam antirevolutionäre Stimmung verbreiteten und so zur politischen Mobilisierung breiter Bevölkerungsschichten gegen die Revolution beitrugen.[812] Dass Kaunitz als einer der wenigen potenten

---

807 ÖStA/AVA, FA Trauttmansdorff, Ktn. 279, Nr. 31, Observations sur l'influence de la revolution en France et les moiens préservans.
808 Hochedlinger, Das Ende der Ära Kaunitz, S. 124-128.
809 So Ernst Wangermann: Kaunitz und der Krieg gegen das revolutionäre Frankreich, in: Grete Klingenstein, Franz A.J. Szabo (Hg.): Staatskanzler Wenzel Anton von Kaunitz-Rietberg 1711-1794. Neue Perspektiven zu Politik und Kultur der europäischen Aufklärung, Graz; Esztergom; Paris; New York 1996, S. 131-141.
810 Der »späte« Kaunitz als innenpolitischer Akteur bei Hochedlinger, » ... Dass Aufklärung das sicherste Mittel ist«.
811 Ebd., S. 66-72.
812 Chris Evans: Debating the revolution: Britain in the 1790s (= International library of historical studies), London 2006, S. 56-61.

Stimmen am Hof die Notwendigkeit und Bedeutung politischer Gegenmobilisierung erkannte, hob ihn deutlich von den Advokaten eines vornehmlich auf Überwachung zielenden Ansatzes ab, wie er vom dirigierenden Staatsminister Karl Friedrich Anton von Hatzfeldt vertreten und später insbesondere bei der Ausweitung polizeilicher Befugnisse unter der Ägide Pergens ins Werk gesetzt wurde.[813] Michael Hochedlinger stilisiert Kaunitz vor diesem Hintergrund sogar zum Vertreter der »guten Aufklärungstradition«, der sich mit »ostentative[r] Selbstsicherheit« gegen die »reaktionäre Wende« der habsburgischen Politik gestemmt habe,[814] getreu dessen Mottos, »dass Aufklärung das sicherste Mittel [sei], die Ruhe und Anhänglichkeit der Unterthanen zu befestigen«.[815]

Kaunitz schwebte freilich keine Kopie des englischen Vorbilds vor, das sich aus vielen Gründen ohnehin nicht auf die Habsburgermonarchie übertragen ließ. Auf praktischer Ebene skizzierte er seine Vorstellungen daher wie folgt:

> Es ist nicht zu läugnen, daß die widrige Stimmung der Schriftsteller [...] zur Vermehrung des schädlichen Eindrucks der französischen Grundsätze und Beyspiele vieles beyträgt. Es ist aber auch gewiß, daß diesem Übel durch sehr gehäufte Verbothe der Schrifften nicht hinlänglich abgeholfen wird, da durch ein solches Mittel auf der einen Seite die Neugierde mehr gereizt als es auf der anderen Seite möglich wird, deßen strenge Befolgung ohne sehr unbeliebte Vorkehrungen sicherzustellen. Es dürfte demnach allerdings nüzlich seyn, diesem Mittel ein anderes, und zwar ein aus der Quelle des Übels selbst hergeholltes Gegenmittel an die Seite sezen, nämlich daß man die Stimmung der geschicktesten Schriftsteller in den Erblanden und in dem übrigen Deutschland durch Aufmunterung und Belohnung zu verbeßern und ihre Verwendung vielmehr für die gute Sache zu gewinnen suche [...].[816]

Öffentliche Revolutionsimmunisierung sollte nach Kaunitz also auf einer indirekten Beeinflussung der Bevölkerung durch staatlicherseits symbolisch sowie finanziell subventionierte Schriftsteller gründen. Dass ihm hierbei weniger die

---

813 Ein weiterer Vertreter der Kaunitz'schen Linie war Obersthofmeister Georg Adam Starhemberg. Nach Wangermann war vor allem er es, der die Gegenpropaganda-Strategie im Staatsrat vertrat; vgl. Ernst Wangermann: Josef von Sonnenfels und die Vaterlandsliebe der Aufklärung, in: ders. (Hg.): Aufklärung und Josephinismus. Studien zu Ursprung und Nachwirkungen der Reformen Josephs II. (= Das achtzehnte Jahrhundert und Österreich: Internationale Beihefte, Bd. 7), Bochum 2016, S. 129-141; hier S. 134-135.
814 Hochedlinger, » ... Dass Aufklärung das sicherste Mittel ist«, S. 66, 72, 75.
815 Zit. n. ebd., S. 71. Es handelt sich bei den von Hochedlinger ausgewerteten Quellen um Staatsratsvoten von Kaunitz aus dem Bestand ÖStA/HHStA, Kabinettsarchiv, StR, Kaunitz-Voten, Ktn. 6, Konv. 1791-92.
816 Zit. n. ebd., S. 69.

aggressiven Tiraden des »ungeschlachte[n] Hau-Ruck-Journalist[en]«[817] Leopold Alois Hoffmann aus der »Wiener Zeitschrift« vorschwebten, hielt er in einer Präzisierung fest: Den »bedenklichen Eindrücken übelgesinnter Schriftsteller« sollten demnach

> häufig wiederhollte und meisterhaft dargestellte Überzeugungsmittel entgegengestellt werden, welches am besten erzielet werden kann, wenn die geschicktesten Federn für die gute Sache nicht in dem anstößigen Sinn von Miethlingen, sondern, wie meine Worte ausdrücklich lauten, durch Aufmunterung und Belohnung [...] gewonnen werden.[818]

Die Überlegungen Sénacs zur proaktiven Meinungsbeeinflussung, die er im Sommer 1792 in seiner Adresse an Kaunitz beschrieben und im Dezember 1792 in der »Lettre« an Sabatier auch öffentlich ausgeführt hatte, hallen in diesem Plädoyer wider. Dass der Staatskanzler Monate vor der ersten persönlichen Begegnung mit dem Franzosen in einem Brief an Trauttmansdorff mit geradezu emphatischer Wertschätzung von Sénac als einem »homme de ma façon de penser«[819] sprach, lässt zumindest vermuten, dass dessen Darlegungen aus dem Memoire bei Kaunitz nicht auf taube Ohren gestoßen waren. Hierfür spricht auch, dass Kaunitz Anfang 1793 in einer ebenso leidenschaftlichen wie ausführlichen Stellungnahme im Staatsrat die herausragende Bedeutung positiver Gegenpropaganda herausstellte.[820]

Hinzu kommt, dass es nach langem Vorlauf im Dezember 1792 tatsächlich zu einer ersten Unterredung zwischen Kaunitz und Sénac in Wien gekommen war. Die Organisation und Logistik dieses Zusammentreffens lagen in den Händen Trauttmansdorffs, den Sénac ausdrücklich um eine private Unterkunft in der Kaiserstadt gebeten hatte: »[...] on m'a dit que les auberges y sont detestables.«[821] Ob es wirklich zu einer Folge von persönlichen Gesprächen mit Kaunitz über »les affaires de France« kam, wie Sénacs späterer Gönner und Financier, der Schotte Quintin Craufurd, rückblickend berichtet, ist nicht mit Sicherheit zu bestimmen.[822] Dass jedoch Sénac um die Jahreswende 1792/93 mehr als einmal mit dem Staatskanzler zusammentraf, kann als gesichert gelten. Angesichts

---

817 So Klaus Epstein: Die Ursprünge des Konservativismus in Deutschland, Frankfurt a.M.; Berlin; Wien 1973, S. 600.
818 Zit. n. Hochedlinger, » ... Dass Aufklärung das sicherste Mittel ist«, S. 71.
819 ÖStA/AVA, FA Trauttmansdorff, Ktn. 279, Nr. 31, Korrespondenz mit de Meilhan, Kaunitz an Trauttmansdorff, 15. Juni 1792.
820 Hochedlinger, » ... Dass Aufklärung das sicherste Mittel ist«, S. 66-67.
821 ÖStA/AVA, FA Trauttmansdorff, Ktn. 279, Nr. 31, Korrespondenz mit de Meilhan, Meilhan an Trauttmansdorff, o.D.
822 Quintin Craufurd: Essais sur la littérature française, à l'usage d'une dame étrangère, compatriote de l'auteur, Bd. 3, Paris 1815, S. 314.

der dramatischen Zuspitzungen nach dem Tuileriensturm, der Abschaffung der Monarchie und dem negativen Verlauf der militärischen Intervention seit Herbst 1792 hatten in dieser Phase Überlegungen zur wirkungsvollen Revolutionsprophylaxe in der Habsburgermonarchie besondere Aktualität, wie nicht zuletzt die in diesem zeitlichen Kontext entstandene Emigrantengesetzgebung verdeutlicht.

Dass Kaunitz mit seinem monatelangen Werben für einen defensiven Ansatz bei der Revolutionsvorbeugung nach innen zumindest einen Teilerfolg erzielen konnte, illustriert das Hofdekret vom 9. Februar 1793, das den Maßnahmen gegen die »Verbreitung der in Frankreich herrschenden zügellosen und verderblichen Gesinnungen« gewidmet war und unter anderem heimliche Zusammenkünfte, Hausdruckereien und die Einfuhr revolutionsaffirmativer Schriften untersagte.[823] Das Dekret bestimmte nämlich auch, dass

> [...] in den inländischen Zeitungen [...] nichts eingeschaltet werde, was eine vortheilhafte Beziehung auf die französische Revolution hat. *Vielmehr würde gut geschehen, wenn solche Zeitungsschreiber als Gelehrte aufgemuntert würden, bey schicksamer Gelegenheit die üblen Folgen der französischen Revolution lebhaft darzustellen, und sich dabey besonders einer popularen jedermann faßlichen Schreibart zu bedienen.*[824]

In dieser Formulierung wird deutlich, dass es nunmehr als staatliche Aufgabe angesehen wurde, »Schreiber« zur publizistischen Revolutionsbekämpfung anzuhalten, wenngleich unklar blieb, wie diese »Aufmunterung« konkret geschehen sollte. Der Effekt ließ allerdings nicht lange auf sich warten: In schneller Folge erschienen an vielen Orten der Monarchie revolutionskritische Schriften unterschiedlichsten Zuschnitts und Genres, von denen beispielsweise die breit annoncierten achtbändigen »Französische[n] Mord- und Unglücksgeschichten, wie sich solche seit den Unruhen in Frankreich wirklich zugetragen haben« auf erhebliche Resonanz stießen.[825] Unter den Käufern dieses mosaikhaften Pandämoniums der Revolutionsschrecken war auch ein gewisser Joseph Haydn.[826]

Zwar ist Michael Hochedlinger im Grundsatz zuzustimmen, dass bei dem im Hofdekret zutage tretenden Kompromiss zwischen Repression und Überwachung einerseits und positiver Gegenpropaganda andererseits Letztere auf mitt-

---

823 Hofdekret, 9. Februar 1793, in: Kropatschek, Sammlung der Gesetze Franz des Zweyten, Bd. 2 (1793), S. 142-143 (Nr. 591).
824 Zit. n. ebd., S. 143.
825 [Anon.]: Französische Mord- und Unglücksgeschichten, wie sich solche seit den Unruhen in Frankreich wirklich zugetragen haben, 8 Bde., Wien; Prag 1793-1794; dazu Häusler, Widerhall und Wirkung, S. 199.
826 Maria Hörwarthner: Joseph Haydns Bibliothek – Versuch einer literarhistorischen Rekonstruktion, in: Jahrbuch für österreichische Kulturgeschichte 6 (1976), S. 157-207; hier S. 163-164.

lere Sicht nur ein »ungeliebtes und wenig gepflegtes Stiefkind des franziszeischen Systems« blieb.[827] Doch sollte mit Blick auf die Strategieentwicklung am Wiener Hof 1792/93 über den Umgang mit der Revolution nicht verkannt werden, dass in der Phase, als sich in Frankreich die antimonarchische Stoßrichtung vollends Bahn brach, dem Element systematischer Meinungsbeeinflussung vonseiten einflussreicher Personen – zuallererst Kaunitz selbst – große Bedeutung beigemessen wurde. Und so dürfte auch Sénac in den Bestimmungen des Dekrets seinen wichtigsten Ratschlag zur innerstaatlichen Revolutionsbekämpfung wiedergefunden haben, für den er so vehement zunächst bei Kaunitz persönlich, später dann auch öffentlich in der »Lettre« an Sabatier geworben hatte.

Obwohl man vor diesem Hintergrund mit einiger Berechtigung Sénac eine persönliche wie geistige Nähe zu Kaunitz und damit einen zumindest mittelbaren Einfluss auf Meinungsbildungsprozesse in der hofnahen Elite attestieren kann, zahlten sich seine Bemühungen gemessen an den hochgesteckten Ambitionen nicht aus. Besonders schwer wog für Sénac, dass man ihn vonseiten Russlands nicht wie erhofft mit dem Botschafterposten in Wien betraute oder ihn als Intermediär zu den französischen Prinzen schickte. Er selbst hatte nach erfolgreicher Kontaktaufnahme mit Trauttmansdorff und Kaunitz den Petersburger Hof regelmäßig über seine Fortschritte unterrichtet.[828] Dass Sénacs Aktivitäten tatsächlich von der russischen Diplomatie wahrgenommen und kritisch kommentiert wurden, verbesserte seine Karrierechancen keineswegs. So berichtete der russische Gesandte bei den Prinzen, Nikolai Petrowitsch Rumjanzew, mit ironisch-süffisantem Unterton an Katharina II., beobachtet zu haben, wie Sénac im böhmischen Kurort Karlsbad vielen Personen von Rang und Namen sein »évangile politique« eröffnete und nun auch am Wiener Hof mit seinen Denkschriften hausieren ging:

> Le Comte de Trautmansdorf en [Sénacs Ausarbeitungen, M. W.] a rendu compte à Monsieur le prince de Kaunitz, et celui-ci l'a fait chercher lui-même par courrier; par conséquent, Monsieur de Meilhan est occupé aujourd'hui, Madame, à endoctriner le cabinet de Vienne, et à lui apprendre comment dans un pays où tout est culbuté jusqu'aux idées, il est aisé de contenter tout le monde.[829]

Auch Rumjanzews Charakterisierung, Sénac sei zwar »un bel ésprit, mais non pas un bon ésprit«,[830] zeugt von einer durchaus ambivalenten Einschätzung von dessen politischer Tätigkeit. Aussagen wie diese reflektieren letztlich das Unvermögen Sénacs, die Außenwahrnehmung seiner Person und Aktivitäten im Sinne der eigenen Ambitionen zu kontrollieren und zu steuern. Da auch sein historio-

---

827 Hochedlinger, » ... Dass Aufklärung das sicherste Mittel ist«, S. 72.
828 Stroev, Un »Voyage Sentimental en Russie«, S. 110-115.
829 Zit. n. ebd., S. 111.
830 Ebd.

grafisches Auftragswerk zum Missfallen der Zarin kaum Fortschritte machte, konnte sich Sénac vom Petersburger Hof in dieser Phase kaum mehr eine Förderung seiner Karriere erwarten.[831]

Derweil verpuffte auch in Wien das mühsam geschaffene Momentum. Trotz des Austauschs mit Kaunitz engten sich Sénacs Handlungsoptionen im Frühjahr 1793 zusehends ein. Anders als Polignac und La Fare hatte Sénac weder einen offiziellen Status inne, noch wurde er mit diplomatischen Missionen betraut. Mit Kaunitz hatte er zwar einen Fürsprecher gewonnen, dessen Einfluss bei Hof jedoch kontinuierlich sank. Der am Hofe zu diesem Zeitpunkt tonangebende Führungszirkel – Colloredo, Cobenzl, Thugut, Pergen –, der mit Blick auf die Revolution außenpolitisch offensiv und innenpolitisch repressiv orientiert blieb, hegte für das politische Beratungsangebot eines Revolutionsemigranten offenbar kein Interesse. Zudem war der Kriegsverlauf über den »containment«-Ansatz Sénacs längst hinweggegangen.[832] Die grundlegende Schwierigkeit der Kommunikationsstrategie der Emigranten – die relativ kurze politische Halbwertszeit ihrer Ausarbeitungen – manifestierte sich hier in aller Deutlichkeit. Dass auch ein neues Mémoire über die Schuldfähigkeit Ludwigs XVI. im laufenden Prozess gegen den französischen König, das Sénac Kaiser Franz direkt zuleitete, lediglich archiviert wurde, aber keine sonstigen Effekte zeitigte, kann diese Einschätzung nur bestätigen.[833]

Erschwerend kam hinzu, dass die »Lettre« an Sabatier in der Wiener Öffentlichkeit ein katastrophales Echo hervorgerufen hatte, was freilich weniger an den Ausführungen Sénacs als vielmehr an den aufklärungsfeindlichen Passagen Sabatiers lag. Weil diese unmittelbare Assoziation mit Sabatier Sénac in seinem Bemühen um einen diplomatischen Posten sicherlich mehr geschadet als genützt haben dürfte, kann spekuliert werden, ob Sénac die »Lettre« überhaupt in Erwartung einer Veröffentlichung verfasste. Der eindeutig appellative Charakter des Textes und die Kohärenz der Argumentation mit seinen vorhergehenden und späteren Schriften lassen jedoch genau diese Absicht vermuten. Die aufsehenerregenden Kommentierungen Sabatiers allerdings geschahen erst unmittelbar vor der Drucklegung und damit im Unwissen des Briefautors.[834]

---

831 Ebd., S. 111-112.
832 Angesichts des über weite Strecken desaströsen Kriegsverlaufs kippte die Stimmung in der Hofbürokratie jedoch wieder. Im Sommer 1794 votierten mehrere Minister für Friedensverhandlungen mit Frankreich, vgl. Ernst Wangermann: Österreichische Aufklärung und Französische Revolution, in: ders., Birgit Wagner (Hg.): Die schwierige Geburt der Freiheit. Das Wiener Symposion zur Französischen Revolution, Wien 1991, S. 183-192; hier S. 189; hierzu auch Karl A. Roider: Baron Thugut and Austria's Response to the French Revolution, Princeton 1987.
833 ÖStA/HHStA, StAbt Frankreich, Varia 46, 1791-92, Mémoire Sénac de Meilhans: Défense de Louis XVI. Dazu Escoube, Sénac de Meilhan, S. 253-256.
834 In diesem Sinne argumentiert Vielwahr, La vie et l'œuvre de Sénac de Meilhan, S. 172-173.

Aus Sonnenfels' vernichtender Replik, Sabatiers mentaler Dekompensation sowie dem freundlichen Desinteresse des Hofes an seinen Gutachten und Ratschlägen zog Sénac im April 1793 die Konsequenzen und bat um einen Reisepass nach Rheinsberg, wo Prinz Heinrich von Preußen eine Schar prominenter französischer Emigranten um sich versammelte.[835] Eine längerfristige Etablierung in Wien – allerdings unter weniger günstigen Bedingungen – glückte erst im zweiten Anlauf, als Sénac auf Empfehlung des Prince de Ligne Anfang 1795 nach einem einjährigen Aufenthalt in Hamburg an die Donau zurückkehrte, wo sich sein Gesundheitszustand allerdings alsbald verschlechterte.[836]

Als mit dem Tod Katharinas II. 1796 seine russischen Bezüge wegbrachen, bekam für Sénac die Frage seiner künftigen materiellen Absicherung erstmals höchste Priorität.[837] Neben seinen literarischen Arbeiten verfasste er in dieser Phase hauptsächlich politische Denkschriften und pflegte regen Umgang mit den französischen Emigranten in Wien. Es gelang ihm aber nicht mehr, direkte Kontakte in die inneren Zirkel politischer Entscheidungsfindung am Hof zu knüpfen. Verarmt, zunehmend krank und schließlich sogar bettlägerig, begann er aus Gründen materieller Not seine Schriften an Interessenten zu verkaufen, darunter an den seit 1799 in Wien ansässigen Schotten Craufurd, den Sénac noch aus Pariser Tagen kannte.[838] Am 16. August 1803 verstarb Gabriel Sénac de Meilhan in seiner Wiener Wohnung in der Himmelpfortgasse.[839]

Seit Beginn seiner Emigration hatte Sénac eine Vielzahl von Projekten parallel verfolgt, mit denen er materielle, soziale und politische Handlungsspielräume im Exil gewann. Als Historiograf der russischen Zarin, revolutionsanalytischer Publizist und Berater an mehreren europäischen Höfen gelang es dem ehemaligen französischen Staatsdiener, unterschiedliche Wirkungsfelder zu erschließen, von denen seine literarische Produktion heute wegen seiner Autorschaft des »L'Émigré« als ertrag- und erfolgreichstes Kapitel gilt – und in der Rezeption alle anderen Felder überlagert. Diese vornehmlich literarhistorisch geprägte Perspektive stellt jedoch eine verengte Sicht auf den Aktionsradius Sénacs im Exil

---

835 ÖStA/AVA, PHSt 1793/262, Außenminister Thugut an Polizeiminister Pergen, 12. April 1793. Zu Sénacs Aufenthalt in Rheinsberg Escoube, Sénac de Meilhan, S. 257-261.

836 Der zweite Aufenthalt Sénacs in Wien bis zu dessen Tod 1803 ist deutlich besser erforscht als der erste Aufenthalt 1792/93; vgl. ebd., S. 292-321, Vielwahr, La vie et l'œuvre de Sénac de Meilhan, S. 217-234. Über Sénacs Beziehungen zum Prince de Ligne Mansel, Prince of Europe, S. 167-169.

837 Zu den Bemühungen um eine weitere russische Pension Stroev, Un »Voyage Sentimental en Russie«, S. 114-115.

838 Escoube, Sénac de Meilhan, S. 299-304.

839 Sterbebuch von St. Stephan in Wien, 1797-1803, fol. 408, vgl. Matricula-Online: https://data.matricula-online.eu/de/oesterreich/wien/01-st-stephan/03-37/?pg=411 [1.3.2020]. Das Testament befindet sich im Bestand ÖStA/AVA, NÖLR I/5a Testamente, Ktn. 4, Nr. 191, Testament Gabriel Sénac de Meilhan, 17. August 1803.

dar. In seinen verschiedenen Versuchen zur Valorisierung der emigrantentypischen Schnittstellenposition zur Beförderung politischer und persönlicher Ziele wird ein sehr viel breiteres Wirkungsspektrum deutlich.

Man mag zwar einwerfen, dass ihn seine französische Außenperspektive auf den Wiener Hof, die stark von der politischen Sozialisation im Frankreich nach dem *renversement des alliances* geprägt war, zu Fehleinschätzungen der tatsächlichen Machtstrukturen verleitete. So überschätzte Sénac etwa die politischen Einfluss- und Gestaltungsmöglichkeiten des Staatskanzlers Kaunitz, des Urhebers des inzwischen obsolet gewordenen französisch-österreichischen Bündnisses. Auf der anderen Seite versetzte die wohlbekannte Frankophilie des Staatskanzlers Sénac überhaupt erst in die Lage, sein defensives Konzept der Revolutionsvorbeugung gegenüber einer hochrangigen Person am Hofe darstellen zu können. Das umsichtige Herantasten Sénacs an hofnahe Kontaktpersonen und das Interesse auf Rezipientenseite machten es überhaupt erst möglich, zu einem kritischen Zeitpunkt einen exklusiven Kommunikationskanal in die Hofbürokratie hinein zu bahnen, als nämlich der interne Streit um die effektivsten Mittel der Revolutionsvorbeugung gerade seinem Höhepunkt zustrebte.

Insofern erweist sich auch bei der politischen Beratungstätigkeit Sénacs eine Bewertung entlang einer reinen Erfolg-Scheitern-Dichotomie als unzureichend. Vielmehr ist herauszustellen, dass der Emigrant in den 13 Exiljahren eine beachtliche Flexibilität und Pluralität der Mittel unter Beweis stellte, um über sein wachsendes transnationales Netzwerk Haltungen zu Revolution, Emigration und Krieg zu beeinflussen. Nichts illustriert diese wandlungsfähige Kommunikationsstrategie besser als ausgerechnet sein Roman »L'Émigré«, mit dem Sénac die öffentliche Meinung im frankophonen Europa für die Belange der Revolutionsemigration und die Konsequenzen der Revolution zu einem Zeitpunkt zu sensibilisieren versuchte, als er für seine politische Beratertätigkeit am Wiener Hof keine Anknüpfungspunkte mehr fand.[840]

Resümee II: Interaktion und Mittlerschaft im Provisorium

Die im ersten Abschnitt dieses Teils untersuchten Formen persönlicher Interaktion von französischen Emigranten und Einheimischen zeugen von wechselseitigem Interesse, gemeinsamen Erfahrungsräumen und komplexen Beziehungsgeflechten, die sich über den unerwartet langen Exilzeitraum hinweg entwickelten. Gastfreundschaft, Sympathiebezeugungen und diskrete Hilfsbereitschaft der Ein-

---

840 Zur zeitgenössischen Rezeption von »L'Émigré« vgl. Köthe, Vor der Revolution geflohen, S. 194-195. August Lafontaines Bestseller »Klara du Plessis und Klairant. Eine Familiengeschichte Französischer Emigrierten« (1795) scheint allerdings für einen Vergleich nicht der richtige Maßstab zu sein.

heimischen milderten konkrete Notlagen der Emigranten, wirkten drohender Prekarisierung entgegen und halfen den Franzosen, sich in der neuen Lebenswelt zu orientieren und zu etablieren. Die insbesondere in aristokratischen Kreisen verbreitete Frankophonie erleichterte die Kommunikation und das oft inklusive Gesellschaftsleben eröffnete vielen Emigranten günstige Startbedingungen, um an ihren Exilorten soziale Handlungsräume zu erschließen.

Erste Anknüpfungspunkte boten sich für die Emigranten dort, wo aufgrund der genealogischen Transnationalität des Adels bereits Nahbeziehungen bestanden: Revolutionsflüchtlinge aus Lothringen und dem Elsass trafen in der Habsburgermonarchie auf Familien, deren eigene Wurzeln als Teil des Erbes Kaiser Franz I. Stephans ebenfalls in diese ostfranzösischen Regionen zurückreichten. Andere hatten die ersten Emigrationsjahre in den Österreichischen Niederlanden, in Vorderösterreich oder dem habsburgischen Herzogtum Mailand verbracht. Infolge des anhaltenden Kriegsgeschehens in diesen Provinzen trafen sich französische Emigranten sowie »belgische«, »oberrheinische« und »italienische« Flüchtlinge in den Kernländern der Habsburgermonarchie wieder.[841]

Intensive Beziehungen entwickelten sich auch zu anderen frankophonen Flüchtlingen, die am Ende des 18. Jahrhunderts in die kaiserlichen Erbstaaten gelangten, darunter die Genfer Emigranten in Konstanz, die Schweizer Emigranten, die aus der 1798 gegründeten Helvetischen Republik flohen, sowie die mehrheitlich frankreichstämmigen Angehörigen des Malteserordens, die sich nach der napoleonischen Besetzung Maltas 1798 zunächst nach Triest retteten.[842] Auf geradezu herzliche Offenheit stießen die französischen Revolutionsflüchtlinge bei Migranten aus einer ganz anderen Himmelsrichtung: In den Wiener Häusern polnisch-galizischer Adliger waren sie ebenso gern und oft gesehene Gäste wie auf deren herrschaftlichen Landsitzen in West- und Ostgalizien.[843] Eingedenk der eigenen Familiengeschichte hegten auch Personen jakobitischer Abstammung eine besondere Affinität für emigrierte Franzosen.[844] Alle diese Beispiele zeigen, dass sich im »Age of Refugees« (Maya Jasanoff) Auswandererschicksale unterschiedlicher Art und Hintergründe an vielen Orten in der Habsburgermonarchie überlagerten und verflochten.[845]

---

841 Zedinger, Migration und Karriere; Godsey, Nobles and nation, S. 141-168.
842 Friedemann Pestel: The Age of Emigrations: French Émigrés and Global Entanglements of Political Exile, in: Laure Philip, Juliette Reboul (Hg.): French Emigrants in Revolutionised Europe. Connected Histories and Memoires (= War, Culture and Society, 1750-1850), Cham 2019, S. 205-231, bes. S. 213-217.
843 Baldensperger, Le mouvement des idées, 1, S. 95-98.
844 Zu den jakobitischen Verflechtungen der Revolutionsemigration siehe Pestel, Age of Emigrations, S. 210-213; unter habsburgischem Blickwinkel Godsey, La société était au fond légitimiste, S. 67.
845 Im angelsächsischen Raum etwa die Überlagerung der französischen Revolutionsemigration mit den loyalistischen Auswanderern nach dem Amerikanischen Unabhängigkeits-

RESÜMEE II: INTERAKTION UND MITTLERSCHAFT IM PROVISORIUM   335

Vor allem in den fortgeschrittenen Jahren des Exils ergaben sich für Emigranten vielfältige Handlungsoptionen und Austauschbeziehungen, die als Ausdruck und Konsequenz einer inzwischen erreichten »provisorischen Integration« in die Aufnahmegesellschaft gewertet werden können: Karrieren im Militär und am Kaiserhof dokumentieren ebenso wie die wirtschaftlichen Aktivitäten der Emigranten die Chancen für soziale Mobilität, Innovation und sogar für eine langfristige Integrationsperspektive.[846] Die Rezeptionsbereitschaft der Aufnahmegesellschaft für Impulse und Produkte kulturellen Schaffens der Emigranten wiederum zeigt nicht nur, dass französische Kunst und Kultur trotz Revolution und Krieg weiterhin in hohem Ansehen standen, sondern dass französische Emigranten spätestens seit dem Kriegsausbruch 1792 und dem weitgehenden Zusammenbruch der bis dato üblichen Personenzirkulation zu einer maßgeblichen Mittlergruppe für den Kulturtransfer zwischen Frankreich und der Habsburgermonarchie wurden.

Genau dieser Aspekt von Mittlerschaft und Transfer kommt auch in der medialen Dimension des Revolutionsexils zum Tragen, die im zweiten Abschnitt dieses Teils im Zentrum stand. Französische Revolutionsemigranten verfolgten im Exil eine mehrgliedrige Kommunikationsstrategie. Mittels politischer Pamphletistik klärten die Emigranten ihr Lesepublikum über die Revolution auf und trugen zu seiner antirevolutionären Mobilisierung bei. Publizistische Kontroversen verflochten sich in der Folge mit der Revolutionsrezeption in den Aufnahmeländern und prägten auf diese Weise die öffentliche Meinung zu Emigration, Revolution und Krieg mit. Emigration und Emigranten waren somit nicht nur Diskurs*objekte*, zu denen im Verlauf des Exils unterschiedliche Meinungen seitens der Aufnahmegesellschaft entwickelt wurden. Als Diskurs*subjekte* fungierten sie vielmehr als aktive Schnittstellen der Kommunikation über die Revolution, die auch im habsburgischen Exil ihre politischen Agenden mit laut- und meinungsstarkem Aplomb vertraten.

Mit ihren Publikationen deckten schreibende Emigranten eine breite Themenpalette mit vielfältigen Schwerpunkten und Perspektiven ab. So waren und blieben sie hinsichtlich ihrer politischen Selbstverortung promonarchisch eingestellt, bildeten aber dennoch ein Meinungsspektrum mit unterschiedlichsten Schattierungen aus.[847] Die darin strukturell angelegten sowie intentional forcierten Kontroversen trugen zu einer merklichen Profilschärfung ihrer publizistischen Aktivität bei. Intertextuelle Bezüge, die Wiedererkennbarkeit von Motiven, Themen und Argumentationen einzelner Autoren sowie diskursive Formationen aus Rede und Gegenrede ließen eine wahrnehmbare Emigrantenpublizistik entstehen. Dies erlaubte den Lesern nicht nur, aus einem reichen Angebot unterschiedlicher

    krieg, vgl. Jasanoff, Revolutionary Exiles: The American Loyalist and French Émigré Diasporas; zuletzt Jansen, Flucht und Exil im Zeitalter der Revolutionen.
846 Pestel, Winkler, Provisorische Integration und Kulturtransfer, S. 140.
847 Für das Folgende Pestel, Emigration als Kommunikationsereignis, S. 304-310.

Standpunkte nach eigenen Vorlieben auszuwählen. Sie konnten auch offensiv die Auseinandersetzung suchen und ihrerseits Repliken veröffentlichen. Diese differenzierte Rezeptionsbereitschaft nutzten wiederum die Emigranten, um über die öffentliche Meinung und Debatte in den Aufnahmeländern die Revolutionswahrnehmung in ihrem Sinne zu beeinflussen. Das geschah mal auf dem Weg einer mehrbändigen, systematischen Analytik sozialer, intellektueller und politischer Entwicklungen in Frankreich, mal mittels konziser Kampfschriften, mal abwägend-bedacht, mal assoziativ-erzählerisch, mal konfrontativ-propagandistisch.

In ihren Veröffentlichungen wurde der »Revolutionskomplex« keineswegs immer nur als Ganzes oder auf abstrakter Ebene behandelt. Nicht zuletzt aus ökonomischem Kalkül passten sich die Emigranten auch kurzfristigen Konjunkturen des öffentlichen Interesses an, das häufig von spektakulären Ereignissen animiert war. Gelang es etwa, das Empörungspotenzial aufseiten der Leserschaft gezielt anzusprechen, ließen sich diese einzelnen Begebenheiten leicht in revolutionsfeindliche Argumentationsmuster einspannen und auf diesem Weg eine größere Breitenwirkung erzielen. Als prominente Beispiele hierfür können die Septembermorde 1792 sowie der Prozess und die Hinrichtung des französischen Königs 1792/93 gelten, denen Emigranten zahlreiche Schriften widmeten, die zügig in viele Sprachen übersetzt wurden.[848]

Trotz einzelner Bucherfolge, aufsehenerregender Kontroversen und des überregional bedeutsamen emigrantischen »Medienzentrums« Konstanz gelangten über das ganze Revolutionsjahrzehnt gesehen nur vergleichsweise wenige Bücher emigrantischer Autoren in die Druckerpressen habsburgischer Verlage – mitunter sogar nur als von der Zensur verstümmelte Texte.[849] Hinzu kamen diplomatische Rücksichten, die der Wiener Hof insbesondere im Kontext der Friedensverhandlungen mit Frankreich ab 1797 nehmen zu müssen glaubte. Mit der Unterbindung mutmaßlich kontroverser Publikationen sollten Provokationen der französischen Seite von vornherein ausgeschlossen werden. Schließlich gingen die Zensurüberlegungen sogar so weit, revolutionsfeindliche Schriften schon allein deswegen zu verbieten, weil durch sie indirekt auch die Ideen der Freiheit, Gleichheit und politischen Teilhabe bekannt gemacht würden.[850] Angesichts dieser kaum zu unterlaufenden Beschränkungen hatte es sowohl unter ökonomischen

---

848 Vgl. die im habsburgischen Kontext entstandenen Werke von Limon, La vie et le martyre de Louis Seize, Roi de France et de Navarre, immolé le 21 Janv. 1793: avec un examen du decret regicide, sowie Louise de Ryamperre: Différentes anecdotes sur le martyre de Marie Antoinette d'Autriche, infortunée Reine de France et de Navarre, Wien 1794; hierzu die Übersetzung dies.: Verschiedene Anekdoten von Marie Antonie von Österreich, der unglücklichen Königinn von Frankreich und Navarra, während ihrer Leiden; Aus dem Französischen übersetzt von Carl Leberecht Bille, Wien 1794.

849 Stark zensuriert wurde etwa Sabatier de Castres, Pensées et Observations Morales et Politiques.

850 Valjavec, Die Entstehung der politischen Strömungen, S. 317-321.

Gesichtspunkten als auch unter dem Aspekt der diskursiven Reichweite für Emigranten oftmals keinen Sinn, sich um die Veröffentlichung der eigenen Schriften im habsburgischen Exil zu bemühen. Wie die Beispiele Diane de Polignacs und Jean-Baptiste Clérys zeigen, wandten sie sich stattdessen mit ihren Manuskripten an auswärtige Verleger, die nicht nur den Druck und den Vertrieb besorgen, sondern auch Übersetzer vermitteln konnten. Lukrative Buchprojekte erschienen im günstigsten Fall zeitgleich in mehreren Sprachen, wodurch sich die öffentliche Aufmerksamkeit und damit die Absatz- und Rezeptionschancen erhöhten.

Ein wichtiger Effekt emigrantischer Publizität bestand darin, durch implizite und explizite Selbstthematisierung auch die Emigration selbst zu einem »Ereignis« zu machen und somit im Horizont der europäisch-atlantischen Revolutionsrezeption zu verankern – man denke hier etwa an Gabriel Sénac de Meilhans »L'Émigré«. Eine dauerhafte Konsolidierung ihrer Position in der öffentlichen Debatte um die Revolution und ihrer Konsequenzen ging damit jedoch nicht automatisch einher. Sie blieb stets vorläufig und erforderte anhaltende Anstrengungen zur publizistischen Selbstbehauptung, die nicht zuletzt von der wechselhaften Nachfrage, den Reaktionen der Rezipienten und den unabsehbaren Exilbedingungen abhängig war.

Die Kommunikationsstrategie der Emigranten hatte noch eine zweite Seite, die von ihren publizistischen Aktivitäten zu unterscheiden, nicht jedoch zu trennen ist. Bereits zu Beginn des Exils nutzten Emigranten ihre Schnittstellenposition zwischen Frankreich und den Aufnahmeländern, um Informationen und Interpretationen auch über nichtöffentliche Kanäle zu verbreiten. Adressaten waren Höfe, Regierungen sowie Persönlichkeiten, die aus Sicht der Emigranten politische Entscheidungsfindungsprozesse zu lenken imstande waren. Nicht selten erfolgte dies ohne Kenntnis der tatsächlichen Machtstrukturen vor Ort, was dazu führen konnte, dass die erhofften Effekte langjähriger Anstrengungen ausblieben, weil man sich stets um die »falschen« Personen bemüht hatte.

Die Kontaktaufnahme geschah, wie am Beispiel Sénac de Meilhans gezeigt, in der Regel über Briefkorrespondenzen oder persönliche Gespräche und war Resultat eines mehrstufigen Aushandlungsprozesses, an dem oftmals ein größerer Personenkreis beteiligt war. Umgekehrt war die Etablierung von Kommunikationskanälen keineswegs ein Selbstläufer. Umständliche Bemühungen um Kontaktherstellung zu tatsächlich oder vermeintlich einflussreichen Personen verliefen nicht selten im Sande, Gesprächsfäden rissen ab, Meinungsverschiedenheiten endeten in regelrechten Zerwürfnissen. Das tradierte Bild einer einseitigen Beeinflussung politischer Entscheidungsträger durch »intrigante« Emigranten erweist sich vor diesem Hintergrund schlicht als unterkomplex.

Abhängig von der eigenen Position bestand das Ziel dieser Eingaben darin, Haltungen zu Revolution, Emigration und Krieg mittels Ratschlägen und Einschätzungen zu beeinflussen und Handlungsempfehlungen zu geben. Dabei profitierten die Emigranten von den akuten Informationsdefiziten auf Empfängerseite, etwa nachdem die Gesandten der Koalitionsmächte infolge der Kriegserklärung 1792 aus Paris abgezogen worden waren.[851] So unterhielt Jacques Mallet du Pan von seinem neutralen schweizerischen Exil aus ein Korrespondenznetzwerk mit mehreren europäischen Höfen. Die Briefe, die er dem Wiener Hof zukommen ließ, enthielten nicht nur Informationen aus und über Frankreich, sondern warteten auch mit eingehenden Beurteilungen der politischen Lage dortselbst und auf dem europäischen Kriegsschauplatz auf.[852] In Wien flossen diese Gutachten in die Situationsbewertungen am Hofe ein.[853] Angesichts der Vielzahl offizieller und informeller Kanäle, die am Kaiserhof zusammenliefen, bestand gleichwohl eine dauerhafte Konkurrenzsituation, die keine Monopolisierung von Informationen und Deutungen emigrantischer Provenienz zuließ. Dieser Umstand gab den Autoren zwar durchaus Anlass zu Enttäuschung über ihre scheinbare Ohnmacht und fehlende Überzeugungskraft. Trotzdem ist ihre Stellung als grenzüberschreitend vernetzte informationelle Drehscheiben auf dem europäischen Nachrichtenmarkt nicht zu unterschätzen.

Die Flut von Korrespondenzen und Denkschriften, die häufig nicht geheim blieben, sondern weiterverbreitet wurden, fügte sich zusammen mit den Veröffentlichungen in einen »Medienverbund« ein, der die Kommunikationsstrategie der Emigranten im Exil charakterisierte und in die laufende Auseinandersetzung mit der Revolution hineinwirkte.[854] Das europäische Exil wurde somit zum Produktionsort, Markt und Meinungsforum einer länderübergreifend rezipierten und debattierten Emigrationspublizistik, die ökonomische Motive der Schreibenden mit ihren politischen Artikulationsbedürfnissen verband.

---

851 Pestel, Kosmopoliten wider Willen, S. 375-379.
852 Du Mallet Pan, Correspondance.
853 Roider, Baron Thugut and Austria's Response to the French Revolution, S. 178-179; Pestel, Emigration als Kommunikationsereignis, S. 323-324.
854 Pestel, Emigration als Kommunikationsereignis, S. 306. Pestel entlehnt diesen Begriff aus Thomas Weissbrich, Horst Carl: Präsenz und Information: Frühneuzeitliche Konzeptionen von Medienereignissen, in: Joachim Eibach, Horst Carl (Hg.): Europäische Wahrnehmungen 1650-1850: Interkulturelle Kommunikation und Medienereignisse (= The formation of Europe – Historische Formationen Europas, Bd. 3), Hannover 2008, S. 75-98; hier S. 93.

Teil III – Geistliche Profile

L'horrible et cruelle révolution qui nous a tout enlevé, laisse-t-elle en nos mains d'autres moyens que la prière pour témoigner notre reconnaissance aux gouvernements humains qui nous protègent et aux particuliers sensibles qui nous accueillent?[1]

Antoine Grandchamp, emigrierter Kanonikus aus Nancy im Wiener Exil

1. Die Emigration der Geistlichen und die geistliche Dimension der Emigration

Die Auseinandersetzung um die Zivilkonstitution des Klerus von 1790 beförderte, ebenso wie die Nationalisierung des Kirchenbesitzes, die Aufhebung der karitativen Orden sowie die Verschärfung der Sanktionsmechanismen gegen eidverweigernde Geistliche im ersten Halbjahr 1792, die Emigration eines großen Teils der französischen Geistlichkeit.[2] Zwischen den Septembermorden 1792 und dem Ende der Terrorherrschaft erreichte diese Fluchtbewegung ihre Akutphase. Schätzungen zufolge emigrierte bis 1794 nicht weniger als ein Viertel des gesamten französischen Klerus, rund 30.000 Personen, zunächst in benachbarte Staaten, dann vor allem in den Kirchenstaat und nach Großbritannien, später auch in die USA und in frankreichfernere Regionen Zentral- und Osteuropas.[3] Wie oben erwähnt, begegnete Chateaubriand auf seiner Reise ins Heilige Land 1807 sogar in Bethlehem einem betagten Mönch aus Mayenne, dessen Emigrationsweg erst in unmittelbarer Nachbarschaft zur Geburtskirche endete.[4]

Soziologisch weist die Gruppe der geistlichen Emigranten abgesehen von ihrer Zugehörigkeit zum katholischen Klerus kaum Gemeinsamkeiten auf. Die Spannweite reichte von Mitgliedern der herausragenden Familien der französischen Aristokratie – Rohan, Condé, Broglie, Clermont-Tonnerre, Rochefoucault –, die als (Erz-)Bischöfe, Äbte und Äbtissinnen zur »Funktionselite« der französischen Kirche gehörten, über den meist bürgerlichen Pfarrklerus bis hin zu tonsurierten Minoristen der aufgehobenen kontemplativen Orden, die in vielen Fäl-

---

1 ÖStA/AVA, PHSt 1799/389, Grandchamp an Vize-Polizeiminister Saurau, 26. Mai 1799.
2 Furet, Zivilverfassung des Klerus.
3 Greer, The incidence of the emigration, S. 83.
4 Chateaubriand, Itinéraire de Paris à Jérusalem, S. 458-459.

len bereits mittellos ihren Weg ins Exil antraten. So spiegelt sich in der Gruppe der Geistlichen die soziale Heterogenität der Revolutionsemigration insgesamt, wenngleich der Anteil weiblicher Emigranten im geistlichen Stand geringer war als in der Gesamtemigration.

Dieser Befund bedeutet freilich nicht, dass es unter den geistlichen Emigranten keine innerständischen Bindungen, wechselseitigen Verpflichtungen – formell wie informell –, Kooperationen und Koalitionen während der Exilzeit gegeben hätte, im Gegenteil: Die auch außerhalb Frankreichs fortbestehenden Bande zwischen einem Bischof und seinem Diözesanklerus, den Angehörigen der geistlichen Orden sowie die Standessolidarität des emigrierten Klerus im Allgemeinen ist in vielen Studien herausgearbeitet worden.[5] (Trans-)Kontinentale Korrespondenznetzwerke von Bischöfen und anderen Klerikern mit Standesgenossen, zeitweilige Exilkolonien von mitunter Hunderten Geistlichen, Gründungen von Klöstern und geistlichen Gemeinschaften in den Exilländern, die Organisation von Hilfsfonds und Kollekten, ferner die zahllosen Empfehlungsschreiben, Gutachten und Bürgschaften für bedürftige und schutzsuchende Geistliche dokumentieren die kohäsiven Kräfte ständischer und praktischer Solidarität innerhalb des emigrierten französischen Klerus.

Mit der Emigration begann auch für die Geistlichen ein Weg ins Ungewisse. Die Volatilität der Exilbedingungen und der bei vielen Geistlichen rapide steigende ökonomische Druck erforderten Anpassungsbereitschaft und Improvisation. Um nicht wie Treibgut im Fluss der politischen und militärischen Entwicklung in Kontinentaleuropa hin- und hergeworfen zu werden, mussten sie sich *nolens volens* deren arrhythmischen Konjunkturen anpassen.

In den Kommentaren revolutionsfreundlicher Zeitgenossen aus dem Alten Reich firmierten insbesondere die Geistlichen als Projektionsfläche superlativischer Invektiven, deren Stereotypisierungen der geistlichen Emigration eine ähnlich negative Konnotation verliehen wie der »Adelsemigration«, mit der sie sich personell teilweise überschnitt.[6] Neben dem Emigrationsumstand selbst, der die Geistlichen in den Augen philojakobinischer Autoren als Feinde der Revolution entlarvte, qualifizierten sie sich vor allem aus zwei Gründen für beißende Kritik: Da viele Kleriker ihre Emigration als Glaubensentscheidung begriffen und später auch ihren Verbleib im Exil mit religiösen Motiven begründeten, warfen ihnen die Kritiker zum einen Bigotterie und Aufklärungsfeindschaft vor.[7] Zum ande-

---

5 Ein Überblick bei Bahlcke, Zwischen offener Zurückweisung und praktischer Solidarität, S. 264-272.
6 Etwa Andreas Georg Friedrich Rebmann: Die französischen Emigranten in Deutschland und die deportierten Priester bei ihrer Wiederaufnahme in Frankreich, in: Hedwig Voegt, Werner Greiling, Wolfgang Ritschel (Hg.): Andreas Georg Friedrich Rebmann. Werke und Briefe, Bd. 3, Berlin 1990, S. 94-107; ähnlich auch Laukhard, F.C. Laukhards Leben und Schicksale, Bd. 4, 2, der die »Emigrantenszene« am Oberrhein beschreibt.
7 Rebmann, Die französischen Emigranten in Deutschland, S. 98.

ren zeichnete sich das Gros der emigrierten Geistlichen durch eine zunehmende materielle Bedürftigkeit aus, die sie oftmals vom solidarischen Handeln der Einheimischen abhängig machte. Der bettelnde, nomadisierende und »faule« Emigrantenpriester, der aufgrund seiner Profession keinem »nützlichen« Gewerbe nachging und von der Freigebigkeit seiner Exilumwelt geradezu wie ein Parasit lebte, avancierte in der prorevolutionären Publizistik zu einem etablierten Topos.[8]

Freilich gilt es hierbei, nicht in eine heuristische Falle zu tappen. Denn wie auch im Fall des synchron wie diachron wirkenden »Koblenz-Syndroms« ist dieses zeitgenössische Negativbild in zweierlei Hinsicht zu relativieren.[9] Zum einen ist in Rechnung zu stellen, dass gerade in der journalistischen Öffentlichkeit der Habsburgermonarchie auch abwägende und sogar dezidiert positive Aussagen über die emigrierten Geistlichen nachweisbar sind, in denen ihre Tugendhaftigkeit, Opferbereitschaft, Aufrichtigkeit und Rechtgläubigkeit hervorgehoben werden.[10] Der sonst durchaus emigrantenkritische Joseph von Sartori etwa urteilte:

> Es gibt sehr viele der französischen Emigrirten, vorzüglich der Geistlichen, welche sich durch ihre vortrefflichen Eigenschaften, ruhiges Benehmen, und Standhaftigkeit im Unglück, nicht blos des Mitleidens, sondern auch der allgemeinen Achtung würdig gemacht haben.[11]

Zum anderen bestand das maßgebliche Erfahrungskonstitutiv der Aufnahmegesellschaft nicht nur in der Rezeption tendenziöser publizistischer Äußerungen und Debatten rund um die Emigration, sondern vielmehr in den unmittelbaren Kontakten mit Emigranten vor Ort. So übte beispielsweise der Abt des Benediktinerklosters St. Peter im Schwarzwald, Ignaz Speckle, bei einem seiner häufigen Besuche im nahegelegenen Freiburg zwar Kritik an den dort anwesenden geistlichen Emigranten: »Die Geistlichen sind Müßiggänger und meist leichtsinnige Windmacher [...].«[12] Gleichwohl beherbergte Speckle im Laufe der 1790er Jahre immer wieder französische Geistliche in seiner Abtei und versorgte Durchrei-

8 Ebd., S. 99. Hinzu kam ein konfessioneller Faktor, da Philojakobiner vom Schlage Rebmanns häufig Protestanten waren und daher ohnehin wenig mit »unnützen« Ordensgeistlichen anfangen konnten. Zu den gängigen, auf emigrierte Geistliche gemünzten Heterostereotypen und Fremdzuschreibungen siehe Zimmermann, Die Emigranten in der deutschen Erzählliteratur und Publizistik.
9 Henke, Coblentz. Zur Relativierung des »Koblenz-Syndroms« Pestel, Winkler, Provisorische Integration und Kulturtransfer, S. 137-139.
10 »Die französischen Emigrirten«, in: Magazin der Kunst und Litteratur, hg. v. Felix Franz Hofstätter, Bd. 3 (1795), S. 255-259. Bei »katholischen Stimmen« wie Hofstätter kam der konfessionelle Faktor den geistlichen Emigranten hier einmal zugute.
11 ÖNB / HAN, Cod. Ser. n. 1656, Joseph von Sartori, Gallia, Bd. 5, Betrachtungen über das Verhältnis der französischen Emigrirten in Bezug auf die französische Revolution, fol. 122r-129r.
12 Engelmann, Das Tagebuch von Ignaz Speckle, Bd. 1: 1795-1802, S. 233.

sende mit dem Nötigsten.¹³ Aus dem konkreten Umgang mit Emigranten konnten sich komplexe Beziehungsgeflechte entwickeln, die die gegenseitige Wahrnehmung prägten und medial vermittelte Bilder der Emigration zugunsten einer subjektiven und erfahrungsgesättigten Beurteilung überformten.

Gegenüber den traditionellen Interpretationen, die etwa innerhalb des »Opferdiskurses« die Emigration als kollektive Leidensgeschichte herauszustellen beabsichtigten, sind erst in der jüngeren Forschung die Potenziale einer beziehungsgeschichtlichen Betrachtungsweise erkannt worden, die die aktive Rolle der Geistlichen, ihre Mittlerfunktion im Kulturtransfer, die Interaktionen mit ihrer Exilumwelt und ihre Handlungsoptionen vor Ort in den Fokus rückt.¹⁴ Bernward Kröger zeichnet für das Hochstift Münster, ein wichtiges Exilterritorium für geistliche Emigranten in Norddeutschland, ein lebensweltliches Panorama, das neben der üblichen Normenanalyse zur Kontrolle und Steuerung der Migration auch Formen der Erwerbstätigkeit untersucht, nach der Standesdisziplin der Geistlichen unter den Bedingungen der Emigration fragt und auch Krankheit und Sterben im Exil thematisiert.¹⁵ An anderer Stelle ist noch eindringlicher auf die Kooperationspotenziale zwischen Aufnahmegesellschaft und Emigranten hingewiesen worden, die aufgrund wechselseitig bestehender Interessen Kommunikationskanäle öffneten und bald ein breites Interaktionsspektrum umfassten.¹⁶

Dieser Ansatz, der den aktiven Part der Emigranten an der Gestaltung ihres Exils im Wechselspiel mit der sozialen Umwelt in der Aufnahmegesellschaft herausstellt und ihren Handlungsspielräumen nachgeht, wird in diesem Teil der Studie am Beispiel der Gruppe der geistlichen Emigranten fortentwickelt und vertieft. Berücksichtigung finden hierbei neben den lebensweltlichen Strukturen und Tätigkeitsprofilen sowie der Innen- und Außenvernetzung der im habsburgischen Exil befindlichen Geistlichen vor allem die strukturelle und institutionelle Situiertheit der nachjosephinischen Kirche und Kirchlichkeit in der Habsburgermonarchie, mit der die geistlichen Emigranten in Kontakt kamen und unter der Bedingung der Veränderlichkeit von Normen, Haltungen und Praktiken in Austausch traten.

Innerhalb dieses praxeologischen Rahmens ist zu bedenken, dass das Erleben von Revolution, Emigration und anhaltendem Exil nicht nur lebensweltlich-praktische Konsequenzen hatte, die einen situativen Handlungspragmatismus notwendig machten, sondern auch einen Bruch mit überkommenen Gewissheiten, Überzeugungen und Zukunftserwartungen bedeuten konnte. So stellten die politischen Entwicklungen in Frankreich und die Emigrationssituation speziell

13 Ebd., S. 47, 221, 319.
14 Ein frühes Beispiel bei Moser, Die französische Emigrantenkolonie in Konstanz. Später Pestel, Weimar als Exil, bes. die Kapitel VI und VII; ders., Revolution im Deutungsstreit; Winkler, Emigranten in Bamberg, bes. S: 133-154. Im englischen Kontext auch Bellenger, The French Exiled Clergy, bes. S. 67-79.
15 Kröger, Der französische Exilklerus in Münster, S. 173-252.
16 Pestel, Winkler, Provisorische Integration und Kulturtransfer, S. 154-157.

für die Geistlichen eine intellektuelle und geistliche Anfechtung ihrer etablierten Weltdeutung und ihres Selbstverständnisses dar. Zu deren aktiver Bewältigung konnten neue bzw. aktualisierte spirituelle Impulse beitragen, die zum Teil unter den Bedingungen des Exils und im Konfrontiertsein mit der Exilumwelt entstanden oder entwickelt wurden.[17]

In diesem Zusammenhang ist auch die diachrone Dimension der Emigration stärker in den Blick zu nehmen, stellten doch nicht nur die kirchenpolitischen Maßnahmen der frühen Revolutionszeit und die Dechristianisierungspolitik in der Terrorphase maßgebliche Referenzpunkte für die Geistlichen dar. Am Ende der 1790er Jahre verbreitete sich eine regelrechte »Endzeitstimmung«, die nach der Ausrufung der Römischen Republik und der mehrmaligen Verschleppung Papst Pius' VI. (»des Letzten«) in dessen Tod in französischer Gefangenschaft 1799 und einer monatelangen Sedisvakanz kulminierte. Viele Geistliche, emigriert oder nicht, begriffen diese Entwicklung als Kontinuitätsbruch, der sogar einen gänzlichen Traditionsabbruch möglich erscheinen ließ. Diese Deutung begünstigte in kirchlichen Kreisen die Entwicklung eines eschatologisch überformten Erwartungshorizontes, galt der Fortbestand der Römischen Kirche in ihrer überkommenen Form zumindest zeitweise als bedroht. Gerade im Umfeld dieser tiefen Krise entstanden auch in der Habsburgermonarchie geistliche Gemeinschaften aus Emigranten, die sich der fundamentalen Erneuerung des Glaubenslebens verschrieben.

In einem Dreischritt werden in diesem Teil der Studie die Verflechtungen der geistlichen Emigration mit ihrer religiösen und kirchlichen Exilumwelt untersucht. Der Argumentationsweg führt von der inneren und äußeren Verfasstheit der katholischen Kirche in der Habsburgermonarchie am Ende des 18. Jahrhunderts, mit der die Kleriker nach ihrer Flucht aus Frankreich konfrontiert waren, über die Alltagspraxis, Lebenswelten und Betätigungen der geistlichen Emigranten bis hin zu den geistlichen Gemeinschaften, von denen eine, die Société du Sacré-Cœur de Jésus, eingehender untersucht wird.

---

17 Zur Bedeutung der Emigration für die Entwicklung neuer religiöser Bewegungen einführend Brigitte Waché: Projets de vie religieuse mûris dans l'émigration, in: Yves Krumenacker (Hg.): Religieux et religieuses pendant la Révolution (1770-1820). Actes du colloque de la Faculté de théologie de l'Université catholique de Lyon (15-17 sept. 1992), Bd. 2, Lyon 1995, S. 175-205.

2. Die katholische Kirche in der Habsburgermonarchie am Ende des 18. Jahrhunderts

2.1 Staatskirchentum und Spätjansenismus

Vor dem Eintreffen der ersten geistlichen Emigranten in den habsburgischen Kernländern Anfang der 1790er Jahre hatte die katholische Kirche eine jahrzehntelange Phase innerer und äußerer Umgestaltung erfahren, die in der Forschung unter dem Rubrum des theresianisch-josephinischen Reformzeitalters subsumiert werden.[18]

Die zunehmende Präsenz der geistlichen Emigranten koinzidiert zeitlich mit der schwindenden Prägekraft der Reformen, deren intellektueller Ursprung in etatistisch-utilitaristischen Überzeugungen der Monarchen und Funktionseliten sowie innerkirchlich in einer spezifisch österreichischen Variante des Spätjansenismus begründet lag.[19] Die kirchlichen Strukturen, die die Emigranten im habsburgischen Exil vorfanden, waren von den anhaltenden Konsequenzen dieser Reformpolitik gekennzeichnet: Mangel an qualifizierten Priestern eröffnete ihnen standesgemäße Betätigungsfelder als Liturgen und Seelsorger, unterbesetzte Klöster boten Unterkunftsmöglichkeiten, vermehrte Nachfrage nach sinnenfälligen Formen barocker Katholizität infolge rigoristischer Ritenreduktion ermöglichte Rekurse auf identitätsstiftende und -sichernde Formen spirituellen Lebens. Letzteres bot auch den Emigranten insbesondere nach den Berichten und Erfahrungen der Dechristianisierungspolitik in der radikalen Phase der Revolution eine Kompensation für die selbst erlebten oder auch nur kommunikativ vermittelten Repressalien bei der Ausübung überkommener religiöser Praktiken im Heimatland.[20]

Neben diesen Handlungsoptionen, die sich für die ankommenden geistlichen Emigranten boten, hatte die Reformzeit jedoch auch strukturelle Einschränkungen mit sich gebracht. Aufgrund des ersatzlosen Wegfalls zahlloser Pfründen, Benefizien und Messstipendien konnte der oft prekären materiellen Lage vieler geistlicher Emigranten kaum Abhilfe verschafft werden. Hinzu kam die Bürokratisierung der Approbationsverfahren für auswärtige Kleriker durch die geistlichen Aufsichtsbehörden, die bis zur Erlaubnis für die Ausübung liturgischer Dienste mitunter viel Zeit in Anspruch nahmen.

In dieser Ausgangskonstellation eröffneten sich für die geistlichen Emigranten im Exil gleichwohl Nischen und Aktionsfelder im Rahmen ihrer aus Ausbil-

---

18 Ein Überblick bei Rudolf Pranzl: Das Verhältnis von Staat und Kirche – Religion im theresianisch-josephinischen Zeitalter, in: Helmut Reinalter (Hg.): Josephinismus als aufgeklärter Absolutismus, Wien 2008, S. 17-52.

19 Hierzu das Standardwerk von Peter Hersche: Der Spätjansenismus in Österreich (= Veröffentlichungen der Kommission für Geschichte Österreichs, Österreichische Akademie der Wissenschaften, Bd. 7), Wien 1977, bes. S. 353-355.

20 Zur Dechristianisierung die Überblicksstudie von Michel Vovelle: La Révolution contre l'Église. De la Raison à l'Être Suprême, Brüssel 1988.

dung und Stand herrührenden Kernqualifikationen. Diese Spielräume wiederum waren zu einem Teil unintendierte Konsequenz der Reformära, deren Hauptlinien im Folgenden kursorisch rekapituliert werden. Anders als in der gängigen Forschungsliteratur zum Josephinismus, die den anhaltenden Folgen der Reformpolitik häufig nur wenig Beachtung schenkt, ist es für unsere Thematik wichtig, die 1780er und 1790er Jahre als Kontinuum zu denken, um die Rahmenbedingungen der emigrantischen Exilumwelten abstecken zu können.

Wie Rudolf Pranzl in seiner Bilanz der kirchenpolitischen Reformmaßnahmen in der zweiten Hälfte des 18. Jahrhunderts konstatiert, bestand das primäre Ziel des josephinischen Ansatzes in der Modernisierung und Zentralisierung der kirchlichen Strukturen in der Habsburgermonarchie. Die katholische Kirche war insofern davon betroffen, so Pranzl, weil sie bis dato einen weitgehend autonomen und nicht rationalistischen Effizienzprinzipien unterworfenen Bereich im Staatsgefüge darstellte. Die Verstaatlichung, man könnte besser sagen: die »Einstaatlichung« der Kirche sollte sie zu einer »kontrollierbaren Staatsanstalt« bzw. einer »dem Staat untergebenen Nationalkirche« machen.[21] Die *Temporalia* der Kirche, von ihrer Organisation bis hin zu den Einkünften, sollten fortan staatlicher Aufsicht unterworfen sein. Lediglich in ihrem doktrinären Proprium ließ der Reformstaat ihre Autonomie unangetastet.[22]

Geistige Grundlagen für die Reformansätze im Kirchenwesen waren einander beeinflussende Denktraditionen des älteren Naturrechts samt seines staatlichen Souveränitätsanspruches, dann der katholischen Aufklärung und schließlich kirchlich-theologischer Strömungen wie des Jansenismus und Febronianismus sowie der Reformbewegung Ludovico Antonio Muratoris (1672-1750), die in Österreich breit rezipiert wurde.[23] Zwar waren Maßnahmen zur Reduzierung der Feiertage und barocker Frömmigkeitsformen sowie zur steuerlichen Gleichbehandlung des kirchlichen Grundbesitzes angesichts der eingeschränkten wirtschaftlichen Leistungsfähigkeit des Staates in erster Linie ökonomisch motiviert, doch wurden sie, wie Harm Klueting betont, argumentativ »aufklärerisch« bzw. »reformkatholisch« unterfüttert.[24]

---

21 Pranzl, Das Verhältnis von Staat und Kirche, S. 50.
22 Diese scheinbar klare Dichotomie ist freilich nur auf den ersten Blick stichhaltig. Maßnahmen gegen die Barockfrömmigkeit wurden zwar stets als Reduktion von »Äußerlichkeit« begriffen, im Einzelnen lag es aber im Auge des Betrachters, ob hiervon auch die »Glaubenssubstanz« betroffen sein konnte, etwa im Falle der Maßnahmen gegen die Herz-Jesu-Frömmigkeit.
23 Eleonore Zlabinger: Lodovico Antonio Muratori und Österreich (= Studien zur Rechts-, Wirtschafts- und Kulturgeschichte, Bd. 6), Innsbruck 1970.
24 Harm Klueting: Staatskirchentum, in: Helmut Reinalter (Hg.): Lexikon zum Aufgeklärten Absolutismus in Europa: Herrscher – Denker – Sachbegriffe, Wien; Köln; Weimar 2005, S. 578-585. Die Besteuerung des kirchlichen Grundbesitzes wurde mit der »Giunta Economale« zunächst im habsburgischen Mailand erprobt.

Die äußerlichen Formen der barockkatholischen *Pietas Austriaca* wurden bereits unter der Regentschaft Maria Theresias schrittweise zugunsten einer auf Nüchternheit ausgerichteten Gottesdienstpraxis reduziert.[25] Verinnerlichung und Rationalisierung des Religiösen aufseiten der Eliten, Festhalten an den Formen barockkatholischen Brauchtums aufseiten des Volkes gerieten so in ein zunehmendes Spannungsverhältnis.

Auch innerkirchlich manifestierten sich Antagonismen in zunehmender Deutlichkeit. »Philojansenistische« Kreise im einheimischen Klerus traten in zunehmende Opposition zu den Jesuiten und deren Wirkungsfeldern im Bildungswesen und übten nach der Aufhebung der Societas Jesu 1773 im Lehrbetrieb der Universitäten, bei der Ausbildung von Geistlichen und in der kirchlichen Publizistik großen Einfluss aus. Zahlreiche Bischöfe veröffentlichten als Träger der Reformideen programmatische Hirtenbriefe, die jansenistische Anliegen wie die Stärkung der Katechese und das Toleranzgebot theologisch begründeten und zu Leitmotiven der Reform erhoben.[26]

Die Berührungspunkte zwischen dem reformkatholischen Jansenismus und dem theresianisch-josephinischen Staat waren ideeller und personeller Natur: Antikurialismus, Propagierung konfessioneller Toleranz und das Leitbild einer an vernunftgemäßen Formen orientierten Religionsausübung ohne rituelle Überhöhung schufen eine gemeinsame Argumentationsbasis für die Kirchenreform.[27] Leitende Hofbeamte, darunter die Hofbeichtväter, auch Universitätsprofessoren, Zensoren, Publizisten und eine relative Mehrheit der katholischen Bischöfe bekannten sich in unterschiedlicher Intensität zu reformkatholischen Überzeugungen und bildeten somit eine tragende Säule des staatskirchlichen Reformprogramms der Regenten.[28] Innerkirchlich spitzte sich der Konflikt zwischen einer reformorientierten und einer »ultramontanen« Fraktion weiter zu und erreichte in den ersten Jahren der Herrschaft Josephs einen Höhepunkt.

Die staatskirchliche Dimension des Reformwerks wird durch dessen antirömischen Affekt unterstrichen. Der Alleingang Josephs bei der Einteilung und Neugründung der Diözesen (Budweis, Linz, St. Pölten, Leoben und Tarnów), die einseitige Nichtigerklärung der antijansenistischen Bulle »Unigenitus« 1781, die Einführung der Zivilehe und die Klosteraufhebungen dokumentieren die Bemü-

---

25 Dazu einleitend Anna Coreth: Pietas Austriaca: Österreichische Frömmigkeit im Barock (= Schriftenreihe des Instituts für Österreichkunde), Wien 1982. Auch Elisabeth Kovács: Beziehungen von Staat und Kirche im 18. Jahrhundert, in: Erich Zöllner (Hg.): Österreich im Zeitalter des aufgeklärten Absolutismus (= Schriften des Instituts für Österreichkunde, Bd. 42), Wien 1983, S. 29-53; hier S. 46.
26 Peter Hersche: Der Aufgeklärte Reformkatholizismus in Österreich (= Quellen zur neueren Geschichte, Bd. 33), Bern; Frankfurt a.M. 1976.
27 Hersche, Der Spätjansenismus in Österreich, S. 357-376.
28 Zu den Fraktionen im österreichischen Episkopat Kovács, Beziehungen von Staat und Kirche, S. 48.

hungen um eine strukturelle Entkopplung der zu schaffenden katholischen Landes- von der römisch-päpstlichen Universalkirche.[29]

Mit ihrer josephinischen Forcierung ab 1780 rückten strukturell-praktische Aspekte der Staatskirchenpolitik in den Vordergrund: die Neueinteilung der Diözesen gemäß territorial-administrativen Erwägungen, insbesondere die Anpassung der Bistums- an die Staatsgrenzen, die Zentralisierung der Priesterausbildung in staatlichen Generalseminaren und die Aufhebung von vielen Hundert Klöstern insbesondere kontemplativer Orden. Nach der Aufhebung der Gesellschaft Jesu war dies die zweite weitreichende Maßnahme gegen den Regularklerus, der zugunsten eines dem Anspruch nach gut ausgebildeten Säkularklerus zurückgedrängt werden sollte. Dessen Angehörige sollten künftig als Pfarrer nicht nur seelsorglich und »volkserzieherisch« tätig sein, sondern im josephinischen Staat eine intermediäre Funktion zwischen Obrigkeit und Volk übernehmen.

Als neue zentralstaatliche Steuerungselemente im Kirchenwesen wurden der aus der Aufhebungsmasse der Klöster, Kirchen, Kapellen, Benefizien und Bruderschaften gespeiste Religionsfonds zur Alimentierung der Ex-Konventualen und zur Finanzierung der neuen Pfarreien und Generalseminare sowie die Geistliche Hofkommission als Aufsichtsorgan in Kirchenfragen etabliert.[30]

Mit der dem Geiste der Zentralisierung folgenden Pfarrregulierung wurde zudem das Ziel verfolgt, die seelsorgliche Versorgung der Bevölkerung zu verbessern. Hierzu wurden mehrere Hundert neue Gemeinden gegründet, für deren Leitung Regularkleriker aus den aufgelassenen Konventen angeworben und aus dem Religionsfonds alimentiert werden sollten.[31] Insbesondere die Städte und stadtnahen Gebiete profitierten von dieser Maßnahme.[32] Gleichwohl führte die Konzentration auf die Zentralpfarrei dazu, dass trotz der Einrichtung von zusätzlichen Kaplaneien kleinere Gottesdienststellen und Filialkirchen in den Folgejahren geschlossen werden mussten. Die mittelfristige Konsequenz war somit das Gegenteil des initialen Impulses der Reform: die gottesdienstliche Unterversorgung peripherer Räume. Grund hierfür waren insbesondere die Reformeffekte auf die personelle Struktur des Klerus.

Wie tiefgreifend sich die Veränderungen auf die Personaldecke auswirkten, belegen die Zahlen, die Peter Dickson statistisch aufbereitet hat.[33] So war der Regularklerus – wie von Kaiser Joseph und den Reformern intendiert – durch die Maßnahmen zahlenmäßig am stärksten betroffen. Machte dieser 1781 beispielsweise in Niederösterreich noch knapp 70 Prozent des Gesamtklerus aus, waren

29 Pranzl, Das Verhältnis von Staat und Kirche, S. 41-50.
30 Ebd., S. 42-43.
31 Beales, Joseph II. Against the world, S. 284-289.
32 Ebd., S. 293-294. Beales verweist vor allem auf die Wiener Vororte, wo eine Reihe neuer Kirchen errichtet wurden.
33 Peter Dickson: Joseph II's Re-Shaping of the Austrian Church, in: The Historical Journal 36 (1993) 1, S. 89-114.

es 1790 gerade noch 46 Prozent.³⁴ In der ganzen Monarchie ging er im gleichen Zeitraum von 53 auf 30 Prozent zurück. Dagegen nahm der im josephinischen Sinne bevorzugte Säkularklerus um beinahe 5.000 Geistliche zu, auf den ersten Blick ein gewaltiger Zuwachs. Doch beinhaltet diese Zahl sowohl die über 2.000 Studenten in den neun staatlichen Generalseminaren als auch weitere 2.000 Geistliche, die als Kapläne und Kooperatoren keine leitenden Funktionen in den Pfarreien ausübten. Letztlich wurden also nur knapp 600 zusätzliche Gemeindepfarrer für die restrukturierten und neu geschaffenen Pfarreien ernannt.³⁵ Aufgrund des massiven Rückgangs des Regularklerus sank die Gesamtzahl der Geistlichen um 25 Prozent von rund 47.000 im Jahr 1781 auf rund 38.000 am Ende der Regierungszeit Josephs 1790.³⁶

Während sich die rezente Forschung um eine abwägende Bewertung der Kirchenreform bemüht, sich ihrer ideellen Quellen und diskursiven »embeddedness« sowie der Kommunikations- und Implementierungspraktiken annimmt und damit die polarisierte Antithetik der älteren Forschung à la Eduard Winter und Ferdinand Maaß überwindet,³⁷ sind pikanterweise das »Ende« der Reformzeit und der allmähliche Übergang in das »restaurative« franziszeische Regime, in dessen Kontext der Schwerpunkt der Emigrationsthematik fällt, kaum berücksichtigt worden.³⁸

Nachdem mit der Auflösung der Generalseminare 1790 ein Kernbestandteil der Reform aufgrund nicht enden wollender Beschwerden über personelle und organisatorische Unzulänglichkeiten zurückgenommen und die Ausbildung des priesterlichen Nachwuchses wieder in diözesane Alleinzuständigkeit gegeben wurde, offenbarten sich die anhaltenden Auswirkungen der Umstrukturierungen. Schon in der Intensivphase ihrer Implementierung Mitte der 1780er Jahr hatten sich in einzelnen Diözesen Engpässe bei der Erfüllung des staatlich festgesetzten »numerus fixus« angedeutet, der die Ausbildungsquote für den Säkular- und Regularklerus pro Bistum festsetzte.³⁹ *In nuce* waren hierin zwei für die katho-

---

34 Ebd., Tabelle 1 und 3, S. 95, 100.
35 Ebd., Tabelle 5, S. 105, 106.
36 Ebd., Tabelle 3, S. 100. Zur Kritik an den Zahlen zum Regular- und Säkularklerus siehe Beales, Joseph II. Against the world, S. 292-294.
37 Dazu Pranzl, Das Verhältnis von Staat und Kirche, S. 17-19; Eduard Winter: Der Josefinismus: Die Geschichte des österreichischen Reformkatholizismus 1740-1848 (= Beiträge zur Geschichte des religiösen und wissenschaftlichen Denkens, Bd. 1), Berlin 1962 und Ferdinand Maaß: Der Josephinismus. Quellen zu seiner Geschichte in Österreich 1760-1790, Bd. 4: Der Spätjosephinismus 1790-1820 (= Fontes rerum Austriacarum, Abt. 2, Bd. 74), Wien 1957.
38 Viele Studien enden mit dem Tod Josephs. Dazu auch Kurt A. Huber: Der Josephinismus als staatskirchliches Reformprogramm und die böhmischen Länder, in: Zeitschrift für Ostforschung. Länder und Völker im östlichen Mitteleuropa 31 (1982) 2, S. 223-230.
39 Cölestin Wolfsgruber: Christoph Anton Kardinal Migazzi, Fürstbischof von Wien, Salgau 1890, S. 569-572.

lische Kirche in der Habsburgermonarchie bestimmende Probleme der 1790er Jahre angelegt: erstens, der Mangel an Priestern insbesondere in semi-peripheren und ruralen Gebieten, über den die Zahlen Dicksons zum zunehmenden Säkularklerus hinwegtäuschen; und zweitens, die seitens der kirchlichen Ordinarien wortreich beklagte Schwierigkeit, überhaupt noch geeignete Kandidaten für die Priesterausbildung zu finden.[40] Auch die Rekrutierungsmechanismen im gestutzten Regularklerus funktionierten nicht mehr. Waren etwa allein in den vorderösterreichischen Kapuzinerklöstern 1786 noch 256 Ordenspriester inkorporiert, waren es 1799 nur noch 86, »[d]ie meisten sehr alt«.[41] Für die zunehmend prekäre liturgische Versorgung außerhalb der Städte war dies insofern problematisch, als es vor allem in den innerösterreichischen Ländern seit der Gegenreformation üblich war, Regularkleriker aus den Konventen als Gemeindepriester einzusetzen.[42] Folglich zeitigten die Reformen zuungunsten des Regularklerus auch negative Folgen für die pastorale Versorgung der Peripherien.

Diese strukturelle Hypothek der Reform, die den geistlichen Revolutionsemigranten einen Anknüpfungspunkt und eine Nische für eine standesgemäße Betätigung im Exil bot, kann am Wiener Erzbistum exemplifiziert werden. Zudem lassen sich am konkreten Beispiel auch Nachfrage- und Unterstützungsmuster für die geistlichen Emigranten seitens der diözesanen Kirchenleitung sowie der lokalen Gemeinden erschließen.

2.2 Die Wiener Kirche unter den Erzbischöfen Migazzi und Hohenwart 1757-1820

Trotz der Aufhebung der Generalseminare kam es nach dem Herrschaftsantritt Leopolds II. zu keinem »Roll-back« der Reformen. Vereinzelte »Flurbereinigungen« wie die Restitution einiger Klöster, darunter der niederösterreichischen Zisterzienserabtei Lilienfeld, die in der Folge auch prominente geistliche Emigranten aufnahm, waren die Konsequenz schonungsloser Klageschriften des Wiener Erzbischofes Christoph Anton von Migazzi, mit denen er dem neuen Landesherrn die akuten Mängel im Kirchenwesen aufzeigte.[43] Die staatskirch-

---

40 Beales weist darauf hin, dass sich Bischöfe und der Staatsrat dieser Problematik bewusst waren. Er erklärt es mit dem »lower esteem in which the government and society now appeared to hold the clergy«; vgl. Beales, Joseph II. Against the world, S. 293. Die personelle Mangellage war so offensichtlich, dass auch Angehörige der französischen Armee diese bemerkten, etwa Karol Fryderyk Wojda: Briefe eines französischen Offiziers geschrieben im Jahre 1800 aus Steiermark, Kärnthen, Italien, der Schweiz, Baiern und Salzburg, Leipzig 1803, S. 30-32.
41 ÖStA/AVA, Kultus AK Katholisch 561, Klöster, Nonnen, An Hofkanzler Lažansky über die Situation der Kapuzinerklöster in Vorderösterreich, 14. Februar 1799.
42 Beales, Joseph II. Against the world, S. 273.
43 Wolfsgruber, Kardinal Migazzi, S. 743-750.

liche Verfasstheit der katholischen Kirche blieb indes sowohl in leopoldinischer als auch in franziszeischer Zeit grundsätzlich unangetastet.[44]

Auf Akteursebene war die oppositionelle Haltung Migazzis gegenüber der Reformpolitik Ausdruck eines Entfremdungsprozesses von kirchenreformerischen Paradigmen. Als bedeutende personelle Stütze des kirchenpolitischen Programms Maria Theresias hatte Migazzi nach seiner Ernennung zum Wiener Erzbischof zunächst jansenistische Ideen vertreten.[45] Mit der Gründung des Wiener Priesterseminars 1758 und der zusammen mit Gottfried van Swieten durchgesetzten Neujustierung des Theologie- und Philosophiestudiums an der Wiener Universität zulasten der Jesuiten waren ihm in der Folge zwei bedeutende Weichenstellungen im Studienwesen gelungen.[46] Paradigmatisch steht Migazzi in dieser Anfangsphase für den Typus eines reformkatholischen »Hardliners«, der im Verbund mit staatlichen Stellen die angestrebten Veränderungen durchzusetzen beabsichtigte. Peter Hersche nennt Migazzi in seiner Studie zum österreichischen Spätjansenismus daher einen der wichtigsten Wegbereiter der josephinischen Kirchenreform.[47]

Nach Migazzis Wende zum »Ultramontanismus« avancierte er zusammen mit dem päpstlichen Nuntius in Wien, Giuseppe Garampi, zu einem der aktivsten Reformgegner und Verfechter überkommener Formen religiösen Lebens.[48] Sein konfrontativer Kurs gegen die Jansenisten und Reformbefürworter in Kirche und Bürokratie machte ihn im josephinischen Jahrzehnt zu einem unbequemen Widersacher der Staatskirchenpolitik, dessen Proteste trotz römischer »Deckung« und Allianzen mit Teilen des habsburgischen Episkopats bis zum Tode Josephs jedoch kaum Wirkung zeigten.[49]

Angesichts des Mangels an geeigneten Kandidaten für den Priesterstand hatte Migazzi sich veranlasst gesehen, gegen das »Prunkstück« seiner eigenen Reformbemühungen aus den späten 1750er Jahren, der Neukonzeption des Theologiestudiums an der Universität, zu argumentieren. Nachdem die Hausstudien in Klöstern und Stiften zugunsten eines zentralen, genormten Universitätsstudiums aufgegeben worden waren, setzte er sich mit Blick auf die bisherigen Erfahrungswerte nun energisch für die Wiederherstellung der dezentralen Ausbildungsstätten für den geistlichen Nachwuchs ein:

---

44 Eduard Winter: Frühliberalismus in der Donaumonarchie. Religiöse, nationale und wissenschaftliche Strömungen von 1790-1868 (= Beiträge zur Geschichte des religiösen und wissenschaftlichen Denkens, Bd. 7), Berlin 1968, S. 18-23.
45 Zu Migazzis Rolle in der Reformzeit Hersche, Der Spätjansenismus in Österreich, S. 64-70.
46 Ebd., S. 67-69.
47 Ebd., S. 69.
48 Kovács, Beziehungen von Staat und Kirche, S. 46-48.
49 Peter Hersche: »Migazzi, Christoph Graf«, in: Neue Deutsche Biographie 17 (1994), S. 486-488.

Die Studien auf Universitäten und in grossen Städten lassen den Klerus wenig Nachwuchs erwarten. Die Landjugend und ihre meistens mittellosen Ältern können den für die Studierenden erforderlichen Aufwand nicht bestreiten, auf Stipendien können sie ebenfalls nicht mit Gewißheit rechnen, sie bleiben also vom Studieren hinweg, oder die wenigen, die sich vom Lande auf Universitäten einfinden, werden mit dem Strome fortgerissen, sich den sinnlichen Vergnügungen und Ergötzungen zu überlassen, und verabscheuen einen Stand, der sie daran nicht theil nehmen läßt sondern Enthaltsamkeit und manche Aufopferung erfordert. Und die Erfahrung lehrt, daß die Landjugend, besonders jene, die das Vergnügen der Städte nie geschmeckt hat, für den geistlichen Stand je und allzeit die beste Pflanzschule gewesen.[50]

Nachdem das Einschreiten Migazzis während der Regentschaft Leopolds lediglich kleinere Korrekturen gezeitigt hatte, wies er nach dessen Tod 1792 den neuen Landesherrn Franz schriftlich auf den »grauenvollen Anblick der Kirche in den Staaten Eurer Majestät«[51] hin und mahnte Handlungsbedarf an. Der von ihm ausgemachte pastorale Notstand veranlasste ihn, sich 1794 an den jungen Kaiser zu wenden:

Der Mangel an Seelsorgern ist bereits dahin gediehen, daß Tausende meiner Schäflein der Gefahr ausgesetzt sind, der nothwendigsten Heilsmittel beraubt zu leben und zu sterben. Ich bin überzeugt, daß dieses für Eure Majestät nicht weniger rührend und beängstigend als für mich den geistlichen Oberhirten sey.[52]

Es liegt nahe, dass angesichts des Priestermangels andere Ressourcen zur Deckung des Personalbedarfs erschlossen werden mussten. Folgerichtig erging 1794 die erste Anfrage an die Regierung, ob nicht trotz der neuen, relativ restriktiven Gesetzgebung emigrierte Geistliche aus Frankreich und den Österreichischen Niederlanden in den diözesanen Seelsorgestrukturen eingesetzt werden dürften.[53] Als die Zahl dieser Kleriker aus den von der Revolution und dem Krieg betroffenen Regionen im Zuge der 1790er Jahre anstieg, mehrten sich auch seitens der Pfarrgeistlichkeit der Diözese Ansuchen um die Zuweisung geeigneter Emigrantenpriester.[54] Nicht nur in Wien selbst, wo sich eine anhaltend große Menge frem-

50 Zit. n. Wolfsgruber, Kardinal Migazzi, S. 807-808.
51 Ebd., S. 783.
52 Zit. n. ebd., S. 807.
53 DAW, Bischofsakten Migazzi 4, 1794-1803, Nr. 787, Wiener Konsistorium an den Kaiser, ob aus Frankreich stammende Priester mit deutschen Sprachkenntnissen in der Seelsorge auf dem Land verwendet werden können, 29. Oktober 1794.
54 Beispielsweise ÖStA/AVA, PHSt 1800/182, Joseph Krazer, Pfarrer in der Leopoldstadt, an die Wiener Polizeioberdirektion um die Zuweisung von zwei französischen Priestern als Messeleser, 1. April 1800; DAW, Landpfarre Hollabrunn, 1730-1839, Wiener Konsis-

der Geistlicher aufhielt, sondern auch in vielen ländlichen Gemeinden ergaben sich daraus unterschiedlichste Kontaktzonen zwischen Emigranten und einheimischen Klerikern, aus denen sich zuweilen langjährige Kooperationen in Form von liturgischer Aushilfe, katechetischer Unterweisung und pastoraler Unterstützung entwickelten.

An dieser Stelle wird der Wahrnehmungs- und Bewertungsunterschied zwischen geistlichen Aufsichtsbehörden und Polizei bei der Ankunft geistlicher Emigranten deutlich: Während die staatlichen Verwaltungsstellen, allen voran die Polizeihofstelle und ihre Substrukturen in den Erbstaaten, die Fremdenkontrolle mit einem apriorischen Misstrauensvorbehalt exerzierten, sahen Migazzi und das Konsistorium in den Emigranten keineswegs nur »Objekte« fakultativer bzw. gebotener Standessolidarität, sondern erkannten in ihnen eine wertvolle personelle Ressource zur Linderung des aus kirchlicher Sicht bestehenden Mangels.

Die ausgewerteten Jurisdiktionsprotokolle des Wiener Konsistoriums belegen, dass seit den frühen 1790er Jahre emigrierte französische Geistliche an zahlreichen Orten im Bistum, vornehmlich in der Stadt Wien selbst, regelmäßig Messen lasen.[55] Kirchenrechtliche Voraussetzung hierfür war die Erteilung eines Celebrets, dessen Ausstellung Migazzi allerdings an die erfolgreiche Ablegung einer theologischen Prüfung knüpfte. Die Bewerber wurden hierzu vor eine geistliche Kommission geladen, die ihnen nach eingehender Examinierung, etwa zu Fragen der kirchlichen Sakramentenlehre, ein Zeugnis ausstellte, das sie kirchlicherseits zu gottesdienstlichen Verrichtungen in der Diözese berechtigte.[56] Mit dieser obligatorischen Prüfung verfügten die kirchlichen Stellen Wiens über einen von der Polizei unabhängigen Kontrollmechanismus, der zwei Aspekte umfasste: Einerseits konnte sichergestellt werden, dass die auswärtigen Priester, die in der Diözese tätig wurden, über eine hinlängliche theologische Ausbildung verfügten. Andererseits waren sie aufgrund ihrer persönlichen Vorstellung bei der Kommission künftig nicht nur aktenkundig, sondern den Examinatoren auch persönlich bekannt. Mit diesem Wissen konnten beispielsweise im Fall von Aufenthaltsverweigerungen seitens der Polizeibehörde begründete Einsprüche erhoben oder anderweitige Unterstützungsmaßnahmen organisiert werden.

Bis zu seinem Tod 1803 war Migazzi in enger Abstimmung mit dem Konsistorium, seinem Weihbischof Artz sowie mit dem emigrierten Bischof von Nancy, La Fare, der sich seit Ende 1792 in Wien aufhielt und seinerseits über detaillierte Kenntnisse über den in die Habsburgermonarchie emigrierten Klerus, vor allem

---

torium an die niederösterreichische Landesregierung um Zuweisung eines französischen Emigrantenpriesters als Kooperator, 22. Dezember 1800.
55 DAW, Jurisdiktionsprotokolle 1784-1801 sowie ab 1796.
56 Siehe beispielhaft die Zeugnisse für die Emigrantenpriester Jean-Baptiste Gury und Xavier de Tournely, DAW, Priesterpersonalakten, 1784-1801.

aus seiner Heimatdiözese Nancy, verfügte, ein kontinuierlicher Unterstützer des Emigrantenklerus in Wien.

Auch Migazzis Nachfolger im Amt des Wiener Erzbischofs, Sigismund Anton Hohenwart, hatte im Verlauf seiner kirchlichen Karriere, die ihn von den Bischofsstühlen in Triest (1791-1794) und St. Pölten (1794-1803) nach Wien führte, die langfristigen Auswirkungen der josephinischen Reformpolitik auf die pastorale Versorgung in denkbar unterschiedlichen Regionen kennengelernt. Aus St. Pölten wandte er sich 1799 mit einem Stimmungsbericht an die Regierung:

> Minder eifrige Seelsorger begnügen sich mit einer oberflächlichen Erfüllung ihrer Pflichten, wobei die Sittlichkeit, der christliche Unterricht und die Erbauung des Volkes leidet. Besonders eifrige Seelsorger richten ihre Gesundheit zugrunde und fallen so dem Religionsfonds zur Last. Alle werden mißmutig, wenn sie für die Zeit einer Krankheit oder des hohen Alters sich nicht einmal mit der Hoffnung eines Hilfspriesters trösten können. Noch mißvergnügter sind die Gemeinden, weil sie sich nicht nur der ihnen bei der Pfarreinrichtung 1784 zugedachten, sondern auch der hie und da schon lange vorher genossenen Vorteile und Erleichterungen in der Religionspflege wider alles Vermuten beraubt sehen. Es ist hohe Zeit, dawider Rat zu schaffen, wenigstens damit die Lücke nicht noch größer werde.[57]

Gegenüber französischen Geistlichen, die in seine Diözese in Niederösterreich kamen, zeigte sich Hohenwart gastfreundlich und integrativ, verlieh ihnen Tischtitel und beherbergte sie in seiner bischöflichen Residenz.[58]

Als Hohenwart 1803 den Wiener Bischofsstuhl in Besitz nahm, war das Gros der geistlichen Emigranten, die sich längere Zeit in der Wiener Diözese aufgehalten hatten, bereits nach Frankreich zurückgekehrt. Seine noch im selben Jahr in Auftrag gegebene Zählung der in seiner neuen Diözese verbliebenen fremden Priester erbrachte die Zahl von 81 Personen, deren Mehrheit zumeist in privater Anstellung ihren Lebensunterhalt verdiente oder über eigenes Vermögen verfügte.[59] Lediglich eine Minderheit wirkte in dieser Zeit in den diözesanen Pfarreien als Subsidiare. Dass Hohenwart seinem emigrantenfreundlichen Kurs auch in dieser Phase treu blieb, stellte er mit seiner langjährigen Gastfreundschaft für französische Bischöfe unter Beweis, die er in seiner Wiener Residenz beherbergte. Auch machte er den ehemaligen Pfarrer von Charmes in Lothringen, Jean-Bap-

---

57 Zit. n. Cölestin Wolfsgruber: Sigismund Anton Graf Hohenwart, Fürsterzbischof von Wien, Graz; Wien 1912, S. 38.

58 ÖStA/AVA, PHSt 1798/510, Aufnahme des französischen Augustinerpaters Patriz Müller in die Diözese St. Pölten. Hohenwart beherbergte u.a. den Bischof von Luçon, de Mercy, vgl. Mercy, Lettres d'émigration, S. 429-430.

59 DAW, Bischofsakten Hohenwart 1, Nr. 25, Zählung der fremden Priester in der Diözese Wien, 7. November 1803.

tiste Guillot, zu seinem persönlichen Sekretär und gewährte diesem nebst Kost und Logis auch eine jährliche Rente.[60] Das äußerst negative Bild, das Hohenwarts Biograf Cölestin Wolfsgruber dem Erzbischof in Hinsicht der französischen Emigrantenpriester unterstellt, muss angesichts dieser tätigen Hilfsbereitschaft deutlich relativiert werden.[61]

2.3 Ordenswesen und Frömmigkeitspraxis

Die Orden und Klöster unterlagen zwar schon seit den Reformen Maria Theresias staatlichen Eingriffen, insbesondere in ihre wirtschaftliche Selbstverwaltung, doch nahmen deren Stringenz und Zielgerichtetheit im josephinischen Herrschaftsjahrzehnt qualitativ neue Ausmaße an. Sie ließen die bestehende »Koalition mit jenen innerkirchlichen Reformkräften, die im Verein mit dem Staat, aber noch auf einer kirchlichen Basis ihre Reformvorhaben durchsetzen wollten«,[62] letztlich zerbrechen und bereiteten damit die Grundlage für die postjosephinische Kirche in der Habsburgermonarchie.

Ordenswesen

In einer konsequent territorialisierten, (nicht-römischen) katholischen Landes- oder »Staatskirche«, deren Schaffung als ultimatives Ziel der josephinischen Kirchenpolitik angesehen werden kann, mussten freilich auch die traditionell übernational verwobenen Orden von staatlicher Reglementierung betroffen sein. So wurden nicht nur monastische Konföderationen mit ausländischen Orden und Klöstern aufgelöst. Auch der Kontakt zu etwa in Rom oder Frankreich sitzenden Generalleitungen wurde unterbunden mit dem Ziel, die bisherigen Visitationen, die häufig von externen Geistlichen durchgeführt wurden, durch ortsbischöfliche Aufsichtszuständigkeit zu ersetzen. Dies entsprach ganz der josephinischen Konzeption, nach welcher den Diözesanbischöfen eine Scharnierfunktion bei der Vertretung und Durchsetzung staatlicher Steuerungsansprüche im Kirchenwesen zukam.[63]

Der schwerwiegendste Eingriff in das Ordenswesen stellte das Klosteraufhebungsdekret vom 12. Januar 1782 dar. Es bestimmte, dass die Klöster kontemplativer, d.h. in der josephinischen Diktion »unnützer« Orden aufgehoben oder fusioniert werden sollten. Selbst die sich dagegen formierende Opposition um

---

60 DAW, Priesterpersonalakten, Guillot, Notat des fürsterzbischöflichen Hofmeisteramtes, 22. Juli 1804. Guillot lebte nach dem Tod Hohenwarts von einem Benefizium der Familie Trautson und verstarb am 23. April 1835 in Wien.
61 Wolfsgruber, Graf Hohenwart, S. 160.
62 Pranzl, Das Verhältnis von Staat und Kirche, S. 32-33.
63 Ebd., S. 35-36.

Erzbischof Migazzi und die Wienreise Papst Pius' VI. 1782 konnten den Kaiser nicht von dieser Linie abbringen.[64]

Einer konsequenten Umsetzung der Auflösungspolitik standen letztlich die beschränkten Mittel des neugeschaffenen Religionsfonds im Wege, aus dem die Pensionen der Ex-Konventualen gezahlt werden mussten. Auch wegen zunehmender innerkirchlicher Widerstände wurde daher bis Ende der 1780er Jahre nur rund ein Drittel der Klöster in den Kernländern aufgehoben.[65]

Die strukturellen Erschütterungen der Klosterauflösungs- und Personalpolitik spiegeln sich in den Eingaben der Klosterleitungen an die Wiener Hofkanzlei in den 1790er Jahren wider. Gegenstand der Berichte waren die Überalterung oder Unterbesetzung der Konvente und die daraus resultierenden Schwierigkeiten, die liturgischen Verpflichtungen in den zu versorgenden Pfarreien zu erfüllen sowie das reguläre Konventsleben aufrechtzuerhalten, das durch die Nützlichkeitserwägungen folgenden Eingriffe in die Andachtsformen ausgeprägten Veränderungen unterworfen gewesen war.[66] Aufgrund der Abwesenheit jüngerer Mönche, die durch die auswärtigen Seelsorgeverpflichtungen gebunden waren, blieben in den noch bestehenden Abteien häufig nur die Alten und Kranken zurück. Da viele Klöster im Laufe der 1790er Jahre emigrierte französische Ordensangehörige aus standessolidarischen Gründen unterbrachten und versorgten, ergriffen vielerorts Klostervorsteher die Möglichkeit, angesichts der zunehmenden personellen Engpässe emigrierte Mönche formell in die Konvente aufzunehmen und so die Personaldecke zu verstärken.[67] Ähnliches lässt sich auch in Nonnenklöstern im Fall emigrierter Ordensschwestern beobachten.[68] Waren aus Sicht der Hofstellen die materielle Versorgung und die Übernahme der Bürgschaft durch das Kloster gewährleistet, wurde solchen Ansinnen in vielen Fällen stattgegeben, auch wenn hierdurch allenfalls kleine »Löcher« in der Personaldecke der Orden gestopft werden konnten.[69]

64 Ebd., S. 42.
65 Beales, Joseph II. Against the world, S. 293-295.
66 Ebd., S. 297.
67 NÖLA St. Pölten, Niederösterreichische Regierung, Dep. C – Kultus, Ktn. 458, Fasz. 14, Nr. 2545, Abt Ambros Rixner des Benediktinerstifts Seitenstetten an die niederösterreichische Landesregierung um Erlaubnis zwei französische Benediktiner in den Konvent aufnehmen zu dürfen, 1. Juni 1799.
68 Fux, Emigrierende Trappisten in Österreich, S. 321-322.
69 ÖStA/AVA, Kultus AK Katholisch 560, Prälat des Stiftes Theurenbach an die Hofkanzlei um Zuweisung von zwei bis drei Priestern aus Frankreich, 30. August 1795. Auch weltliche Amtsträger wandten sich in diesem Sinne an die staatliche Verwaltung, so der Bürgermeister des Marktes Imst in Tirol, Matheus Recheüs, der um die Aufnahme emigrierter Geistlicher in das von Unterbesetzung betroffene Kapuzinerkloster bat: TLA Innsbruck, Jüngeres Gubernium, Präsidiale 36b Emigranten 1798, Fasz. 3491, Bürgermeister Recheüs an das Gubernium in Innsbruck, 28. Oktober 1798.

Frömmigkeitspraxis

Neben den Auswirkungen der Kirchenreform auf das Ordenswesen betraf ein weiterer Zweig der staatlichen Reglementierung den Bereich der Liturgie und der Frömmigkeitspraxis. Nach der Gottesdienstreform in Wien und Niederösterreich,[70] die an den Leitlinien von Einfachheit und Einheitlichkeit orientiert war, war es insbesondere die im Volksbrauchtum wurzelnde Kult- und Glaubenspraxis, die dem »volkserzieherischen« Impuls des josephinischen Regiments folgend eingeschränkt und vereinheitlicht werden sollte.[71]

Ein prominentes Opfer dieser Reduzierung war eine Andachts- und Frömmigkeitspraxis, die sich seit 1700 schrittweise in der Habsburgermonarchie etabliert hatte – die Herz-Jesu-Verehrung. Bis in die spättheresianische Zeit hinein hatte sich um diesen spirituellen Fixpunkt eine Infrastruktur aus Bruderschaften, Wallfahrten und Andachtsformen entwickelt, die vor allem von den Jesuiten popularisiert worden waren. In jansenistisch und antijesuitisch inspirierten Zirkeln von Geistlichen – anfänglich auch um Erzbischof Migazzi[72] – und hohen Beamten, die die Herz-Jesu-Verehrung mit zunehmender Schärfe verunglimpften, galt diese Frömmigkeitspraxis geradezu als »Jesuitenkult« oder »Eigenandacht der Jesuiten« (Anna Coreth). Nach der Aufhebung der Societas Jesu waren gerade Ex-Jesuiten wie Maximilian Hell und andere als »Herzler« geschmähte Anhänger der Herz-Jesu-Andacht Ziel öffentlicher Invektiven, die in Form von Flugschriften und Zeitungsartikeln publiziert wurden und etwa in der »Wienerischen Kirchenzeitung« die Ausmaße einer regelrechten Kampagne annahmen.[73]

Die Zurückdrängung der Herz-Jesu-Verehrung fand ihren Höhepunkt in den 1780er Jahren. Peter Hersche argumentiert in seiner Jansenismusstudie, dass Josephs Maßnahmen gegen die Herz-Jesu-Andacht zwar nicht durch »persönliche jansenistische Überzeugungen« motiviert waren, sondern vielmehr in seiner aufklärerischen Gesinnung wurzelten.[74] Doch bestanden im Effekt fraglos Überschneidungen mit rigoristischen Motiven, sodass sie in den reformkatholischen Kreisen auf ungeteilte Zustimmung stießen. 1782 wandte sich der Kaiser mit einem Dekret explizit gegen die Herz-Jesu-Bruderschaften, die nach der Konfiszierung ihres

---

70 Hans Hollerweger: Tendenzen der liturgischen Reform unter Maria Theresia und Joseph II., in: Elisabeth Kovács (Hg.): Katholische Aufklärung und Josephinismus, München 1979, S. 295-306.
71 Pranzl, Das Verhältnis von Staat und Kirche, S. 45-46. Beales spricht in diesem Zusammenhang sogar von einem »new catholicism«; Beales, Joseph II. Against the world, S. 314-326.
72 Hersche, Der Spätjansenismus in Österreich, S. 64-70.
73 Anna Coreth: Liebe ohne Maß. Geschichte der Herz-Jesu-Verehrung in Österreich im 18. Jahrhundert (= Cor ad cor, Bd. 4), Maria Reggendorf 1994, S. 156-159.
74 Hersche, Der Spätjansenismus in Österreich, S. 160.

Vermögens sukzessive aufgelöst wurden.[75] Reformorientierte Bischöfe untersagten Herz-Jesu-Predigten und -Feste und ließen Bilder und Statuen mit Darstellungen des Herzens Jesu übermalen bzw. aus den Kirchen räumen.[76] Auch in der aufgeklärt-theologischen Lehre wurden die spirituellen Fundamente der Herz-Jesu-Verehrung, die Visionen Maria Margareta Alacoques (1647-1690), öffentlich angezweifelt und die Anbetung »nur eines Körperteils Christi« als »irriger« Ausfluss dieser fehlgeleiteten »Privatoffenbarungen« diffamiert.[77]

Große Rezeption in den reformnahen Kreisen fanden in dieser Phase die Beschlüsse der in der habsburgischen Sekundogenitur Toskana unter dem Vorsitz des Ortsbischofes Scipione de' Ricci abgehaltenen Synode von Pistoia 1786. Diese hatte unter der Schirmherrschaft Großherzog Leopolds (des späteren Kaiser Leopolds II.) eine Reihe ortskirchlich bindender Beschlüsse gefasst, darunter die Auflösung der meisten kontemplativen Orden, die Abhaltung des Gottesdienstes in der Landessprache sowie die rituelle »Abrüstung« der Frömmigkeitspraxis hinsichtlich der Heiligenverehrung und des Andachtswesens.[78]

Obwohl einzelne Elemente der Herz-Jesu-Frömmigkeit in teils »privatisierter« Form fortbestanden, etwa in Tirol, wo noch bis Mitte der 1780er Jahre im Rahmen der von Ex-Jesuiten organisierten Volksmissionen die Verehrung der Herzen Christi und Mariens gepflegt wurde, sorgte erst die Apostolische Konstitution »Auctorem fidei«[79] Papst Pius' VI. 1794 für eine dogmatische Klarstellung hinsichtlich der Frage, ob dem Herzen Jesu eine spezifische Verehrung zukäme. Die päpstliche Bulle wandte sich gegen 85 ausgewählte Lehrsätze der Synode von Pistoia, die sie teils als »häretisch«, teils als »schismatisch«, teils als »falsch« verurteilte.[80] Insbesondere mit Blick auf die Entschließung der Synode, die Andacht zum Herzen Jesu als »neu, irrig oder wenigstens gefährlich« zu verwerfen, fiel das päpstliche Urteil unmissverständlich aus: Eine solche Lehre sei »falsch, leichtfertig, verderblich, für fromme Ohren anstößig und gegenüber dem Heiligen Stuhl ungerecht«.[81]

In der Habsburgermonarchie fiel diese dogmatische Klarstellung, die im Endeffekt nichts anderes als eine höchstinstanzliche Rehabilitierung der Herz-Jesu-Verehrung gegenüber den staatlichen und innerkirchlichen Versuchen zur Riten-

---

75 Zusammenschluss in der Bruderschaft »Der thätigen Liebe des Nächsten«, vgl. Pranzl, Das Verhältnis von Staat und Kirche, S. 44.
76 Coreth, Liebe ohne Maß, S. 158-159.
77 Ebd., S. 161.
78 Atti e Decreti del Concilio Diocesano di Pistoja Dell'Anno MDCCLXXXVI, Florenz 1788.
79 In der Literatur meist ungenau als »Enzyklika« bezeichnet, etwa Coreth, Liebe ohne Maß, S. 160.
80 Die Beschlüsse der Synode von Pistoia sowie deren päpstliche Verurteilung bei Heinrich Denzinger, Peter Hünermann, Helmut Hoping (Hg.): Enchiridion symbolorum definitionum et declarationum de rebus fidei et morum, Freiburg i. Br. 2010, S. 662-699.
81 Ebd., S. 687.

reduktion war, in der nachjosephinischen Zeit auf fruchtbaren Boden. So wurde etwa nach dem Wechsel auf dem Brixener Bischofsstuhl 1794 die ursprüngliche Andachtspraxis im Bistum, das auch weite Teile Tirols umfasste, sofort wieder aufgenommen. Mehr noch, die Herz-Jesu-Verehrung erlangte seit Mitte der 1790er Jahre eine bedeutende symbolpolitische Komponente.[82] Bereits 1796 erfolgte vor dem Hintergrund der unmittelbaren Bedrohung durch die Truppen Bonapartes das Gelöbnis der in Bozen versammelten Tiroler Landstände an das Herz Jesu »zum Schutz und zur Rettung des Vaterlandes«.[83] Wie Anna Coreth ausgeführt hat, stellte dieses Gelöbnis, das *nota bene* auch staatlicherseits durch das Gubernium in Innsbruck und die Wiener Hofkanzlei sanktioniert wurde, »im Österreich des 18. Jahrhunderts eine absolute Einmaligkeit« dar, verflocht es doch religiöse Praktiken mit dem Widerstandswillen gegen eine Kriegspartei, die nicht nur als Aggressor wahrgenommen, sondern der ein dezidiert antichristlicher Charakter zugeschrieben wurde.[84]

Auch aus päpstlicher Sicht erkannte man die Bedeutung des Herzens Jesu als antirevolutionäres Emblem, das gewissermaßen als Gegenentwurf zum revolutionären »Baum der Anarchie«, d.h. dem Freiheitsbaum, angesehen wurde, wie Daniele Menozzi betont: »Roma approvava l'ufficiale introduzione della liturgia del s. Cuore intesa come difesa di una patria cristiana minacciata da una Rivoluzione antireligiosa.«[85]

Mit dieser Uminterpretation erhielt der ehemalige »Jesuitenkult« in den 1790er Jahren eine Bedeutung, die sich als »antirevolutionär« charakterisieren lässt: Die Herz-Jesu-Verehrung wandelte sich so zu einem »schema mentale – l'antitesi tra il s. Cuore e la Rivoluzione – che si era costruito nel periodo rivoluzionario«.[86] In diesem Verständnis war die spirituelle Verbindung mit dem Herzen Jesu die Gegenposition zu der die göttliche Ordnung der Welt in Frage stellenden Revolution, die sowohl in der innerfranzösischen Opposition als auch in dem zur europäischen Koalition gehörenden Österreich zu einer Identitätsressource, einem spirituellen Leitmotiv und Deutungsschlüssel für das Zeitgeschehen wurde – und eben auch in der geistlichen Revolutionsemigration theologisch entwickelt und in den Exilkontexten popularisiert wurde.

---

82 Dazu die detailreiche Fallstudie von Laurence Cole: Nation, Anti-Enlightenment, and Religious Revival in Austria: Tyrol in the 1790s, in: The Historical Journal 43 (2000) 2, S. 475-497. Cole arbeitet neben dem antirevolutionären auch den antiaufklärerischen Charakter der Herz-Jesu-Verehrung in Tirol heraus, der nach Cole auch eine politisch mobilisierende Tendenz für die Ausbildung eines Nationalbewusstseins eigen war.
83 Coreth, Liebe ohne Maß, S. 174-180.
84 Ebd., S. 178-179.
85 Daniele Menozzi: Sacro Cuore. Un culto tra devozione interiore e restaurazione cristiana della società (= Sacro/santo nuova ser., Bd. 5), Rom 2001, S. 81.
86 Ebd., S. 76.

Schon Anfang der 1790er Jahre hatte die Berufung auf das Herz Jesu bei dem Ex-Jesuiten und Schriftsteller Pierre-Joseph de Clorivière (1735-1820) in Frankreich eine eschatologische Zuspitzung erfahren, glaubte er doch in ihm das ultimative Heilmittel gegen das Böse in der Welt erkannt zu haben.[87] Er deutete die Revolution, die Maßnahmen gegen die Kirche und schließlich die Dechristianisierungspolitik als zwangsläufige Konsequenz der Behinderungen, die der Herz-Jesu-Frömmigkeit und ihrer Ausbreitung schon in der vorrevolutionären Phase in Frankreich vonseiten der französischen Jansenisten bereitet worden waren. Von Clorivière ging 1790 unter dem Eindruck der Revolution und des Verbotes der nicht-karitativen Orden daher die Gründung zweier geheimer geistlicher Gemeinschaften aus, die sich *expressis verbis* dem Herzen Jesu weihten, darunter die »Prêtres du Cœur de Jésus«.[88] Auch im Pariser Priesterseminar von Saint-Sulpice, das seit 1782 unter der Leitung des charismatischen Geistlichen Jacques-André Émery stand, wurde diese spirituelle Tradition wiederbelebt.[89] So überrascht es nicht, dass unter den Seminaristen, die nach 1790 in die Emigration gingen, die Herz-Jesu-Frömmigkeit nicht nur einen besonderen Stellenwert hatte, sondern dieser spirituelle Orientierungspunkt zu einer geistlichen Ressource im Exil wurde, aus der geistliche Gruppen und ein missionarischer Impuls erwuchsen – auch mit Auswirkungen in der Habsburgermonarchie.

Ebendort zeichnete sich mit der Thronbesteigung Franz' II. und dem Kriegsbeginn 1792 sowie dem Abebben des Spätjansenismus und der lehramtlichen Rehabilitation der Herz-Jesu-Verehrung ein Paradigmenwechsel in der katholischen Frömmigkeitspraxis ab, der, teleologisch gesprochen, einen »vorromantischen« und restaurativen sowie, historisch-politisch, einen antirevolutionären Charakter hatte. In diesem Wandlungsprozess firmierte »Herz Jesu« als sichtbares Emblem. Für die emigrierten Geistlichen, die in der Emigration die Herz-Jesu-Spiritualität zunehmend verinnerlicht und zum Leitmotiv ihrer Religiosität gemacht hatten, boten diese veränderten Bedingungen nach ihrer Ankunft in der Habsburgermonarchie, trotz des Fortbestehens josephinischer Haltungen unter den Hofbeamten, einen Resonanzboden. Das an vielen Stellen dokumentierte Interesse der Einheimischen an den Geistlichen und ihren spezifischen Frömmigkeitsformen bezeugt die Anschlussfähigkeit auf diesem Gebiet.

---

87 Ebd., S. 79-80.
88 »Clorivière, Pierre-Joseph Picot de«, in: BBKL 1 (1990), Sp. 1071-1072; André Rayez: Clorivière et les Pères de la Foi, in: Archivum Historicum Societatis Iesu 21 (1952), S. 300-328.
89 Norbert Hörberg: Eine Ordensgründung in Leitershofen. Léonor Francois de Tournely und seine Gesellschaft des heiligsten Herzens 1794, in: Jahrbuch des Vereins für Augsburger Bistumsgeschichte 28 (1994), S. 178-199; hier S. 179-181.

2.4 Erneuerungsbewegungen: *Amicizia Cristiana*, Volksmission und katholische »Vorromantik«

Vor dem Hintergrund der staatskirchlichen Verfasstheit der katholischen Kirche und der daraus resultierenden praktisch-pastoralen Auswirkungen, die, wie gesehen, Migazzi und andere Bischöfe zu Grundsatzkritik und Veränderungswillen veranlassten, brachen sich auch jenseits der kirchlichen Hierarchie Initiativen Bahn, die auf eine Wiederbelebung traditioneller Frömmigkeitspraxis und Volkskirchlichkeit drängten und somit auch für geistliche Emigranten anschlussfähig waren. Neben der päpstlichen Unterstützung für die Herz-Jesu-Verehrung via »Auctorem Fidei« (1794) kamen auch andere externe Impulse zur Erneuerung zum Tragen. Zu diesen zählten nicht nur die Gemeinschaften geistlicher Revolutionsemigranten verschiedener Couleur, die nach 1792 in die habsburgischen Kernländer gelangten, sondern auch bereits vorher etablierte Netzwerke, mit denen die Emigranten nach ihrer Ankunft in produktiven Austausch traten.

Ein Beispiel für eine Erneuerungsbewegung ist der transnational agierende geistliche Verbund der *Amicizia Cristiana*, dessen Wirken in Wien auf besondere Resonanz stieß. Weil er ab Mitte der 1790er Jahre auch weit in Emigrantenkreise hineinreichte, soll er hier in gebotener Kürze eingeführt werden. Grundlage ist die bis heute unübertroffene Überblicksstudie Candido Bonas.[90]

Die von dem Ex-Jesuiten Joseph von Diesbach in Turin gegründete Vereinigung *Amicizia Cristiana* (A.C.) hatte sich als geheime Gesellschaft Ende der 1770er Jahre konstituiert und die Bekämpfung des »irreligiösen Zeitgeistes«, des vermeintlich antireligiösen Schrifttums und des jansenistischen Rigorismus in Europa auf die Fahnen geschrieben.[91] Ihr Ziel bestand darin, der zunehmenden Verbreitung religionskritischer Publikationen, vor allem aus Frankreich, mit einer Alternativöffentlichkeit zu begegnen, die die »Prinzipien der katholischen Religion« in dezidiert konfrontativer Weise popularisieren sollte. Ein Mittel, dies zu erreichen, bestand nach Überzeugung des Gründers Diesbach in einer aktiven und systematischen Verbreitung »orthodoxer« Schriften und Bücher. Den missfälligen

---

90 Candido Bona: Le »Amicizie«. Società segrete e rinascita religiosa (1770-1830), Turin 1962. Ferner steuerte Karl Ernst Winter Miszellen zur Wiener Filiale der *Amicizia Cristiana* bei, die zwar durchaus tendenziös sind, aber mit einer soliden Faktografie aufwarten; Ernst Karl Winter: P. Nikolaus Joseph Albert von Diessbach S.J., in: Zeitschrift für Schweizerische Kirchengeschichte 18 (1924), S. 22-41, 282-304; ders.: Joseph von Beroldingen, in: Zeitschrift für Schweizerische Geschichte 5 (1925), S. 62-94; ders.: Romantik, in: Zeitschrift für Schweizerische Kirchengeschichte 21 (1927), S. 81-102. Zuletzt Rolf Decot: Jesuitische Seelsorge im Josephinischen Österreich und in Norditalien nach 1773. Nikolaus Joseph Albert von Diesbach und die Amicizie Cristiane, in: ders., Hans Josef Schmitz (Hg.): Luthers Reformation zwischen Theologie und Reichspolitik. Aufsätze, Frankfurt a.M. 2007, S. 457-482.
91 Winter, Diessbach, S. 31-34.

Publikationen sollte also nicht nur mittels Zensur, sondern mit einem möglichst breiten Angebot und einer beständigen Zirkulation von »libri buoni« begegnet werden. Charakteristisch für diesen Ansatz war ein transnationaler Fokus, weil Diesbachs Diagnose sich nicht nur auf einige Regionen, sondern prinzipiell auf alle Länder des katholischen Europas bezog.

Ausgehend von Turin wurden in den 1780er Jahren in Savoyen, der Schweiz, dem nördlichen Italien, zunächst in Mailand, später auch in Florenz, in einigen französischen Städten und schließlich auch in Wien Filialgruppen der A.C. gegründet, die sich der Verbreitung christlicher Literatur verschrieben. In vereinseigenen Druckereien plante man die Vervielfältigung von Schriften des Gründers Diesbach sowie klassischer Werke von Augustinus bis Fénelon, die in öffentlich zugänglichen Büchereien ausleihbar sein sollten.

Die Idee zu dieser Form der Auseinandersetzung mit dem »Zeitgeist« hatte Diesbach erstmals in seinem Hauptwerk, »Le chrétien catholique« (1771), formuliert und in den Folgejahren fortentwickelt.[92] Die Statuten der A.C., die als geistlicher Verband von Klerikern und Laien beiderlei Geschlechts organisiert war, legte Diesbach in den »Loix« der A.C. nieder: Jedem Mitglied wurde nach einer Probezeit eine spezifische Funktion in einer Ortsgruppe übertragen, beispielsweise die Stellung als verantwortlicher oder als nachgeordneter »Bibliothekar« oder als »Sekretär«. Nach dieser Bewährungszeit legten die Kandidaten ein feierliches Gelübde ab, sich dem Regelwerk der A.C. zu unterwerfen. Dieses bestimmte, dass ein Mitglied keine verbotenen Bücher lesen, sich einmal pro Woche einer geistlichen Lesung widmen und Gehorsam gegenüber dem Oberen der lokalen A.C. üben würde. Ihr intellektuell-elitärer Charakter wurde durch die zweimal wöchentlich stattfindenden Zusammenkünfte der Ortsgruppe zur gemeinsamen Lektüre und Diskussion zusätzlich akzentuiert.

Ideell zeichneten sich Diesbach und die A.C. durch eine Nähe zur Pastoraltheologie des italienischen Priesters Alfonso Maria de' Liguori (1696-1787) aus, deren volksmissionarischer Charakter auf einem stark antijansenistischen Impuls fußte. Dass bald nach der Etablierung der A.C. in Turin und Mailand eine Wiener Dependance gegründet wurde, rührte von der episodischen Präsenz Diesbachs in der kaiserlichen Residenzstadt her. Dort hatte er 1782 die Aufgabe übertragen bekommen, die Konversion der künftigen Gemahlin Erzherzog Franz' (des späteren Kaisers), Elisabeths von Württemberg, zum Katholizismus zu begleiten.[93] Nach deren vorzeitigem Tod im Kindbett 1790 blieb Diesbach in Wien. Im Präfekten der von Joseph II. als italienische Nationalkirche ausgewiesenen Minoritenkirche, Josef von Penkler, fand er einen engagierten Mitstreiter, der nicht nur die Leidenschaft für die Verbreitung »katholischer Bücher« teilte, sondern auch

---

92 Nikolaus Joseph Albert von Diesbach: Le Chrétien catholique inviolablement attache à sa religion, Turin 1771.
93 Er war zudem Beichtvater von Erzherzog Franz.

über die nötigen Mittel verfügte, den organisatorischen Rahmen für eine Wiener Ortsgruppe des im deutschen Sprachraum als »Christliche Freundschaft« bezeichneten Vereins zu stellen.

Unter den Wiener Mitgliedern der A.C. fand sich neben Persönlichkeiten wie Joseph von Beroldingen (1754-1831), der sich persönlich für viele geistliche Revolutionsemigranten einsetzte, ihnen Bürgschaften ausstellte und Empfehlungsschreiben verschaffte, auch der junge Klemens Maria Hofbauer (1751-1820) ein, der während seiner Wiener Studien 1782/83 mit Diesbach zusammentraf und womöglich über diesen erste Bekanntschaft mit der Theologie Liguoris machte, bevor er sich in Italien dessen Redemptoristenorden anschloss.[94] Unter den einflussreichen lokalen Sympathisanten der A.C. rangierten die Erzbischöfe Migazzi und Hohenwart und die päpstlichen Nuntien Caprara (1785-1793), Ruffo-Scilla (1793-1802) und Severoli (1802-1816). Gegen Ende der 1790er Jahre, als die A.C. bereits eng mit französischen Emigranten kollaborierte, eröffneten ihr vor allem die Protektion und tätige Unterstützung der Erzherzogin Maria Anna (1770-1809), einer Schwester Kaiser Franz' und Äbtissin des renommierten Theresianischen Damenstifts zu Prag, neue Entfaltungsmöglichkeiten.[95]

Nach dem Tod Josephs II. weitete die Wiener A.C. ihre Aktivitäten aus. Diesbach nutzte seine guten Beziehungen zum Hof und wandte sich zunächst mit einer großen Denkschrift an den neuen Kaiser Leopold II. Das Manuskript unter dem Titel »Mémoire d'un Jésuite à S.[a] M.[ajesté] pour rétablir les Jésuites et contre les Jansénistes« rief zu systematischen Volksmissionen auf, umriss dem Anliegen der A.C. gemäß einen Kanon empfehlenswerter Literatur und warb schließlich eindringlich für eine Wiederherstellung des Jesuitenordens in der Habsburgermonarchie, von dem sich Diesbach nichts weniger als die Rettung der Kirche versprach:[96]

---

94 Rolf Decot: Klemens Maria Hofbauer. Konservativer Erneuerer der Kirche Österreichs, in: ders., Hans Josef Schmitz (Hg.): Luthers Reformation zwischen Theologie und Reichspolitik. Aufsätze, Frankfurt a.M. 2007, S. 433-456; hier S. 436-439.
95 Zu Erzherzogin Maria Anna einführend Peter Wiesflecker: Vier Damen aus gutem Haus. Biographische Notizen zu den Schwestern Erzherzog Johanns, in: Alfred Ableitinger, Marlies Raffler (Hg.): »Johann und seine Brüder«. Neun Brüder und vier Schwestern – Habsburger zwischen Aufklärung und Romantik, Konservativismus, Liberalismus und Revolution (= Veröffentlichungen der historischen Landeskommission für Steiermark, Bd. 42), Graz 2012, S. 25-56; hier S. 39-42. Die Interaktionen der Erzherzogin mit den Emigranten sind dem Autor offenkundig unbekannt.
96 Bona, Le »Amicizie«, S. 133-138.

Ah! Rétâblissez, ô Monarque, un tel Institut dans vos états, fournissez un moïen de salut si puissant à vos Peuples, d'édification à toute l'Eglise. et de consolation à tant d'âmes vertueuses, qui le desirent ardemment. C'est une entreprise vraiment digne de votre Sâgesse, et qui fraïera le chemin à toutes celles, que j'ai osé vous proposer.[97]

Die Denkschrift zeitigte zwar hinsichtlich ihres plakativen Zieles, der Jesuitenrestauration, für die der Ex-Jesuit Diesbach zeitlebens arbeitete, keine greifbaren Effekte (sie wurde ironischerweise unter dem Rubrum »Projekte« archiviert[98]), doch gewährt sie Einblicke in die »öffentliche« bzw. »politische« Theologie der A.C., vor allem zur aktualisierten Bedeutung der Herz-Jesu-Frömmigkeit nach 1789.

Daniele Menozzi weist darauf hin, dass Diesbach im Jansenismus und dem »Illuminismus« die Triebkräfte der Revolution und die größte Gefahr für die Christenheit erkannte.[99] Diese Deutung verband ihn mit anderen publizistisch aktiven Ex-Jesuiten, die aber in noch weit stärkerem Maße verschwörungstheoretische Versatzstücke in ihre Erklärungsmuster einflochten und auf diese Weise den Kausalzusammenhang zwischen der Aufhebung des Ordens und dem Ausbruch der Revolution argumentativ festzurrten.[100] Gegen diese akute Bedrohung sollten Diesbach zufolge zwei Instrumente mobilisiert werden: auf institutioneller Ebene ein restaurierter Jesuitenorden und auf spiritueller Ebene die Herz-Jesu-Frömmigkeit. Letztere repräsentierte, ähnlich wie bei Clorivière, den aktiven Widerstand gegen die »mutamenti politici allora in corso« und markierte damit eine Gegenposition zur Revolution. Einer von Diesbachs Nachfolgern, Bruno Lanteri, bezeichnete die Herz-Jesu-Frömmigkeit später als »doctrine intégrale« der A.C., die gleichermaßen den inneren Fixpunkt des geistlichen Verbands und, liguorianisch gewendet, den Ausgangspunkt für die systematische Volksmission darstellte.[101]

Mit Billigung des Kaisers und Erzbischof Migazzis, der inzwischen als Protektor der Wiener A.C. fungierte, experimentierte Josef von Penkler erstmals im Advent 1793 mit Volksmissionen, die er in seiner Herrschaftspfarre Maria Enzersdorf von Servitenpatres durchführen ließ.[102] Aufgrund der positiven Resonanz entschloss man sich, in weiteren Pfarreien der Wiener Diözese Missionen und Exerzitien ähnlichen Musters einzuführen.

Während die Minoritenkirche und das Haus Penklers zum Dreh- und Angelpunkt der A.C. avancierte, öffnete man im Salesianerinnen-Zinshaus in der Do-

97 Der Text des Memorandum Diesbachs an Leopold II. bei Winter, Diessbach, S. 293-304; hier S. 303.
98 Ebd., S. 293, Anm. 1.
99 Menozzi, Sacro Cuore, S. 76-77.
100 Markus Friedrich: Die Jesuiten. Aufstieg, Niedergang, Neubeginn, München; Berlin; Zürich 2016, S. 553-554.
101 Menozzi, Sacro Cuore, S. 76.
102 Wolfsgruber, Kardinal Migazzi, S. 869.

rotheergasse nahe der Hofburg die obligatorische Leihbibliothek der A.C., in der die Schriften Diesbachs, Liguoris und anderer »rechtgläubiger« Autoren vertrieben wurden.[103] Sie blieb noch weit über den Wiener Kongress hinaus bestehen und diente auch dem katholisch-restaurativen Kreis um Hofbauer als »Pressestelle«.[104] In den Personen Hofbauers und Penklers sowie in der Institution der Leihbibliothek zeigt sich die Kontinuität von der Wiener A.C. zum sogenannten »Hofbauerkreis« und dessen missionarischem Wirken um 1815.

Verstärkt wurde die Wiener Ortsgruppe seit 1788 durch Mitglieder der Turiner A.C., die von Diesbach nach Wien beordert worden waren. Unter diesen gelang es Giuseppe Sineo della Torre (1761-1842) in kurzer Zeit das Vertrauen Migazzis zu erwerben. Der Erzbischof ernannte ihn zum Rektor der Minoritenkirche und theologischen Examinator des Wiener Klerus. In dieser Funktion kam er schnell mit französischen Geistlichen in Kontakt, die als Voraussetzung für die Approbation durch das Wiener Konsistorium und der Erteilung des Celebrets die vorgeschriebene theologische Prüfung ableisteten. Es ist davon auszugehen, dass Sineo della Torre als Mitglied der Prüfungskommission zu einem ersten Ansprechpartner für geistliche Emigranten wurde und somit deren Tätigkeiten, Einsatzorte und theologischen Profile überblickte. Aus dieser formalisierten Kontaktzone ergaben sich weiterführende Kooperationsoptionen, wie aus seinem weiteren Werdegang ersichtlich wird.

Als erster Bibliothekar der Wiener A.C. leitete Sineo della Torre zudem die turnusmäßigen Versammlungen und kümmerte sich nach 1792 mit Penkler, Beroldingen und La Fare um die Unterbringung der ersten französischen Emigranten in Wiener Klöstern.[105]

All dies zeigt, dass die multinationale und spätestens ab 1790 vielseitig protegierte Wiener A.C. im Gefüge des »katholischen Wien« sowohl über Mittel als auch zunehmenden Einfluss in kirchlichen Belangen verfügte. In ihrer Blütezeit bot sie für geistliche Emigranten einen ersten Anknüpfungspunkt und potenziellen Interaktionspartner. Während La Fare von Beginn seines Wien-Aufenthaltes mit Angehörigen der A.C. kooperierte, um die Interessen der geistlichen Emigranten in der Stadt zu befördern, erreichten die personellen Verflechtungen zwischen der Wiener A.C. und den in Wien ansässigen geistlichen Emigranten in der zweiten Hälfte der 1790er Jahre einen Höhepunkt, als es zu einer partiellen Verschmelzung der A.C. und der Société du Sacré-Cœur, einer geistlichen Gemeinschaft von Emigranten, kam.

Der Gründer und *spiritus rector* der A.C., Diesbach, erlebte diese Phase nicht mehr. Er verstarb Ende 1798 in Wien.[106] Nach seinem Tod übernahm mit Luigi

103 Decot, Jesuitische Seelsorge, S. 478.
104 Decot, Klemens Maria Hofbauer, S. 438-439. Dort wurden die Zeitschriften »Friedensblätter« (1814/15) und »Ölzweige« (nach 1819) redigiert.
105 Bona, Le »Amicizie«, S. 126. Sieben Nonnen aus Nancy und fünf aus Straßburg wurden zu diesem Zeitpunkt im Wiener Salesianerinnenkloster aufgenommen.
106 Winter, Diessbach, S. 285; Bona, Le »Amicizie«, S. 214-221.

Viginio ein weiterer ehemaliger Turiner und Diesbach-Vertrauter das Rektorat der Minoritenkirche und den Vorsitz der Wiener A.C. Der ehemalige Professor für Moraltheologie in Paris war eng mit Clorivière verbunden und wohl auch Gründungsmitglied in dessen geistlicher Gemeinschaft gewesen.[107] Er schärfte das liguorianische Profil des Vereins weiter, da er ebenso wie der Großteil der savoyisch-italienischen Mitglieder der A.C. ein Verfechter der Volksmission war.

Vor der Etablierung des Wiener Romantikerkreises um Friedrich Schlegel und des geistlichen Pendants um Hofbauer um 1810 gingen geistliche Initiativen für die Erneuerung der nachjosephinischen Kirche in Österreich von der *Amicizia Cristiana* aus. Die Aktivitäten ihrer Mitglieder sind zusammen mit den Reformbemühungen seitens der kirchlichen Hierarchie zur Stärkung des Personalstandes und dessen Ausbildung sowie den Rekursen auf zeitweise marginalisierte Frömmigkeitstraditionen Teil jenes geistlich-kirchlichen Rahmens, innerhalb dessen sich die Revolutionsemigranten seit ihrer Ankunft in der Habsburgermonarchie im Laufe der 1790er Jahre bewegten. Bevor ihren personellen und ideellen Interaktionen und Verflechtungen nachgegangen werden soll, rücken Tätigkeiten und Lebenswelten der geistlichen Emigranten in den Fokus der Untersuchung.

3. Geistliche Emigranten in der Habsburgermonarchie

Die geistlichen Emigranten sind im habsburgischen Rahmen vornehmlich anekdotenhaft oder in Form kurzer Biogramme behandelt worden, wobei insbesondere die Emigrationsschicksale einzelner hoher Würdenträger Berücksichtigung gefunden haben, die für einige Jahre in der Habsburgermonarchie Unterschlupf fanden.[108] Die Studie Bernard de Bryes über den Bischof von Nancy, Anne Louis Henri de la Fare, bildet eine Ausnahme von dieser Regel.[109] Ausgehend von dessen von Wien aus unterhaltenen europäischen Korrespondenznetzwerk untersucht Brye die in Zentraleuropa singuläre Stellung des Bischofs als Sachwalter der Interessen des emigrierten französischen Klerus. Tatsächlich ist allein die Zahl der Empfehlungsschreiben La Fares, die dieser während seines über 20-jährigen Exils verfasste, kaum zu ermessen. Seine Handschrift und die meist lateinischen Vermerke finden sich auch in den von Brye nicht untersuchten Akten im Österreichischen Staatsarchiv, die sich mit französischen Emigranten befassen.

So deutlich die Koordinationsbemühungen La Fares in der Studie hervortreten, verbleibt in diesem rein akteurszentrierten Ansatz, der fast ausschließlich aus den Korrespondenzen gearbeitet ist, die Welt des Exils im Skizzenhaften.

---

107 Rayez, Clorivière et les Pères de la Foi, S. 307.
108 Pitschmann, Bischof Mérinville von Dijon in Kremsmünster; Dittler, Emigrantentruppen in Ettenheim.
109 Brye, Consciences épiscopales en exil.

Die sozialen Räume, Beziehungen und Lebenswelten der geistlichen Emigranten werden in Bryes Untersuchung nur am Rande behandelt, sodass die Komplexität der Emigration im regionalen Kontext aus dieser partikularen Perspektive kaum zu ermessen ist.

Aller Einschränkungen zum Trotz lässt sich aus dem aktuellen Forschungsstand zumindest der Minimalbefund ableiten, dass offenbar eine ganze Reihe französischer Geistlicher einen Teil ihrer Emigrationszeit in der Habsburgermonarchie verbrachte – ein Ausdruck des facettenreichen und wechselhaften Migrationsregimes, das sich keineswegs so konsequent »emigrantenfeindlich« ausnahm, wie jüngere Forschungsüberblicke es betont haben.[110] Die Studien von Arnulf Moser und Martin Burkhardt zur geistlichen Emigrantenkolonie im vorderösterreichischen Konstanz lassen darüber hinaus erkennen, dass neben der kirchlichen »Oberschicht« Frankreichs, zu der neben La Fare auch Kardinal Rohan von Straßburg und weitere Bischöfe gehörten, eine Vielzahl französischer Kleriker aller Weihegrade in den habsburgischen Erbstaaten ein Exil fand.[111] Allein in der Bodenseestadt lebten zeitweise weit über eintausend emigrierte Geistliche, die angesichts akuter Not Kooperationsstrukturen ausbildeten und für eine lokale Selbstversorgung der bedürftigen Standesgenossen sorgten. Klöster in den vorderösterreichischen Enklaven Schwabens berichteten Mitte der 1790er Jahre von französischen Ordensangehörigen, die in Gruppen über das Land zogen, Almosen, Messstipendien und Unterschlupf erbaten und von denen einige sogar in die Konvente aufgenommen wurden.[112] Migrierende Gruppen französischer Geistlicher gehörten im Südwesten des Alten Reiches in den 1790er Jahren vielerorts zum Straßenbild.[113] Bevor im Folgenden die Lebenswelten und Handlungsfelder der geistlichen Emigranten im habsburgischen Exil untersucht werden, ist zunächst auf die dem Migrationsvorgang innewohnende räumliche Dynamik einzugehen, die von einer Reihe standesspezifischer Faktoren beeinflusst war.

---

110 Bahlcke, Zwischen offener Zurückweisung und praktischer Solidarität; Renate Zedinger: Das Boot ist voll. Vortrag des Polizeiministers Graf Pergen an Kaiser Franz II., in: Harald Heppner, Alois Kernbauer, Nikolaus Reisinger (Hg.): In der Vergangenheit viel Neues. Spuren aus dem 18. Jahrhundert ins Heute, Wien 2004, S. 265-267.

111 Moser, Die französische Emigrantenkolonie in Konstanz; Burkhardt, Die französischen Réfugiés in Konstanz; ders., Konstanz im 18. Jahrhundert, S. 72-74.

112 ÖStA/AVA, Kultus AK Katholisch 561, Klöster, Nonnen, An Hofkanzler Lažansky über die Situation der Kapuzinerklöster in Vorderösterreich, 14. Februar 1799. Zu den Formen praktischen Solidaritätshandelns der Aufnahmegesellschaft, insbesondere innerhalb kirchlicher Strukturen, vgl. Bahlcke, Zwischen offener Zurückweisung und praktischer Solidarität, S. 267-272.

113 Karl Wilhelm Ludwig Friedrich Drais von Sauerbronn: Betrachtungen eines Oberbeamten am Rhein über die französischen Emigranten in Deutschland: nebst einem eigenen Paragraphen über die Elsässer im schwäbischen Kreis, Basel 1798, S. V; Laukhard, F.C. Laukhards Leben und Schicksale, Bd. 4, 2, passim.

3.1 Wege, Orte, Richtungen

Eine Exilgeografie der geistlichen Revolutionsemigration in der Habsburgermonarchie zu entwerfen, bedeutet, Mobilitäts- und Verteilungsmuster der Emigranten über einen mehrjährigen Zeitraum nachzuvollziehen. Die Gruppe der Geistlichen bietet sich für eine solche verräumlichte Untersuchungsperspektive vor allem deswegen an, weil bei ihnen die Migrationsrouten, die genutzten Verkehrsmittel und Unterkünfte wie auch die gruppenspezifische Reisepraxis, -organisation und -logistik vergleichsweise umfangreich dokumentiert sind. Neben der chronologischen Binnendifferenzierung, die ein entscheidendes Analyseinstrument für die Revolutionsemigration ist, muss aus dieser Untersuchungsperspektive besonders die Permeabilität des Untersuchungsraumes berücksichtigt werden, der eben nicht als ein nach »außen« beziehungsloser »container space« zu konzeptualisieren ist, sondern als Teil eines offenen, länderübergreifenden Exilraums verstanden werden muss. Dementsprechend kann eine Exilgeografie der geistlichen Revolutionsemigranten in der Habsburgermonarchie nicht für sich allein stehen, sondern muss personelle und institutionelle Verflechtungen der Emigration auf europäisch-atlantischer Ebene aufnehmen und abbilden.

Alle Versuche, die Prozesshaftigkeit des Migrationsverlaufs, der sich beeinflusst von Krieg, Friedensschlüssen und Gesetzgebung, den zur Verfügung stehenden Ressourcen, persönlichen Kontakten oder einfach Zufall vollzog, in Form einer kartografischen Repräsentation des Raumverhaltens der Emigranten abzubilden, würden auf ein verwirrendes Geflecht von Pfeilen, Routen und Itineraren hinauslaufen, das durch die Berücksichtigung kurzzeitiger Raumbewegungen innerhalb einer Aufenthaltsregion zusätzlich verkompliziert und letztlich die Grenzen der visuellen Darstellbarkeit übersteigen würde. Stattdessen kann unter Berücksichtigung der im vorangegangenen Teil der Studie identifizierten Hauptmigrationsrouten untersucht werden, wie sich geistliche Emigranten in Kontinentaleuropa nach der Auflösung der frankreichnahen »Kolonien« verteilten und unter welchen Umständen die Kernländer der Habsburgermonarchie im Laufe der 1790er Jahre eine herausragende Bedeutung als Exilraum erlangten.

3.1.1 Migrationsrouten: Land- und Wasserwege

Die Routen der geistlichen Emigranten durchzogen in den 1790er Jahren ganz Kontinentaleuropa. Nach Auflösung der Sammlungsorte in den Österreichischen Niederlanden, in Lüttich, Kurtrier, der Schweiz, Savoyen und Spanien suchten Tausende Geistliche Wege in Regionen, die von militärischen Auseinandersetzungen unberührt waren.

Die Wegstrecken wurden meist zu Fuß bewältigt. Wer es sich leisten konnte, reiste per Kutsche oder Schiff. Die wenigen erhaltenen Fremdenlisten aus den habsburgischen Erbstaaten legen nahe, dass sich die Geistlichen häufig in Gruppen von mehreren Personen bewegten.[114] Unter Ordensangehörigen, die ihre Konvente gemeinsam verlassen hatten, erhielten sich wie bei den geistlichen Gemeinschaften, die sich im Exil bildeten, feste Bande, wenngleich dies mitunter die Reiselogistik verkomplizierte.[115] Bischöfe und andere hohe Würdenträger reisten üblicherweise inkognito und ließen sich von ortskundigen Führern gegen Honorar begleiten. Zunehmende Emigrationsdauer ging mit einer Tendenz zur »Vereinzelung« einher, denn bei begrenzten Aufnahme- und Unterbringungskapazitäten blieb Geistlichen oft nichts anderes üblich, als ihre »Reisegruppen« zu verlassen und sich auf eigene Faust durchzuschlagen.[116]

Die Wanderung selbst vollzog sich in Etappen mit unterschiedlichen Verweildauern, die von den jeweiligen Lebensbedingungen vor Ort abhingen. Da in den meisten Fällen kaum geografisches Wissen über die Exilregionen unterstellt werden kann, hingen Migrationsrichtung und Reisewege von beständiger Kommunikation mit anderen Emigranten und Einheimischen ab. Orientierung boten personale und institutionelle Fixpunkte: Viele Geistliche folgten den Bischöfen ihrer Heimatdiözesen ins Exil. Vor diesem Hintergrund ist auch die große Ansammlung in Konstanz zu sehen, hielten sich doch dort bis zu zehn französische Bischöfe gleichzeitig auf.[117] Der Regularklerus wiederum orientierte sich an seiner jeweiligen Ordensgeografie und zog von Kloster zu Kloster, wo die emigrierten Mönche und Nonnen allerdings nicht immer und überall wohlwollende Aufnahme fanden, wie zahlreiche Beschwerden über zuweilen wenig hilfsbereite schwäbische Abteien zeigen.[118]

114 Gruppenankünfte sind etwa für Prag und Triest dokumentiert, ÖStA/HHStA, StK, Notenwechsel mit der Polizeihofstelle 21, Verzeichnis der eingewanderten Franzosen in Prag, 16. September 1798, sowie AD Trieste / Direzione di Polizia Trieste, 13.F.4/II – Atti della Polizia secreta, Specifica Delli Sacerdoti Francesi esistenti in Trieste, 12. Januar 1799.
115 Düsterhaus, Auf der Flucht vor Revolution und Krieg, S. 211, 216. Zur Emigrationsroute und Reiselogistik der Trappisten siehe Marie Kervingant: A monastic odyssey (= Cistercian studies series, Bd. 171), Kalamazoo 1999, S. 119-224.
116 Dieser Aspekt ist am Beispiel der emigrierten Generalvikare, die »ihre« Diözesanbischöfe zunächst ins Exil begleitet hatten und im weiteren Emigrationsverlauf eigene Wege gehen mussten, gut nachzuvollziehen, etwa beim Generalvikar von Nîmes, Pernoz, der schließlich beim Fürsten von Salm-Reifferscheidt in Brünn Aufnahme fand: ÖStA/AVA, PHSt 1799/76, Polizeiminister Pergen an den mährischen Landeschef Ugarte, 7. Februar 1799.
117 Moser, Die französische Emigrantenkolonie in Konstanz, S. 21.
118 Zur Emigration französischer Prämonstratenser, die in den Klöstern ihres Ordens im Ausland Zuflucht fanden, etwa Xavier Lavagne d'Ortigue: Mort violente, exil, déportation ou: prémontrés français victimes de la Révolution, in: Analecta Praemonstratensia 68 (1992), S. 264-301; auch Norbert Backmund: Les Prémontrés français émigrés en Bavière 1793-1802, in: Analecta Praemonstratensia 47 (1971), S. 42-53. Zu den Beschwerden der Emigranten beispielsweise Moser, Die französische Emigrantenkolonie in Konstanz, S. 30.

Informationen über das Kriegsgeschehen, die unterschiedlichen Einreiseregime und die Durchlässigkeit der Territorien zirkulierten an stark frequentierten Knotenpunkten wie Regensburg, Passau, Salzburg und Venedig.[119] Geistliche, die die ersten Jahre der Emigration in den Österreichischen Niederlanden und Vorderösterreich verbracht hatten, waren mit den formalen Einreisebedingungen in die habsburgischen Länder inzwischen vertraut, wussten aber kaum etwas über die dazwischenliegenden Territorien Bayern, Württemberg und Salzburg, wo die Emigrantenregulative mehrfachen Änderungen unterzogen wurden.[120] Der Weg gen Osten musste folglich als Wagnis empfunden werden, doch ließen der Kriegsverlauf und die materiell prekäre Lage vieler Geistlicher es offenkundig als geraten erscheinen, dieses Risiko in Kauf zu nehmen.

Bis zu den militärischen Vorstößen der Franzosen 1795/96 war Konstanz die größte geistliche Emigrantenkolonie im Alten Reich. Hier fanden sich ab 1792 vor allem Geistliche ein, die ihr zwischenzeitliches Exil in den Mittel- und Niederrheingegenden sowie in der Schweiz hatten verlassen müssen.[121] Unter dem Eindruck der sich zuspitzenden Bedrohungslage flüchteten viele von ihnen nun entweder in den Norden des Alten Reiches, um in die Neutralitätszone zu gelangen, die mit dem Baseler Frieden 1795 entstanden war, oder quer durch das Voralpenland nach Osten ins Erzstift Salzburg und die österreichischen Erzherzogtümer.

Südlich der Alpen führte die Route durch die Po-Ebene in Richtung Venedig, österreichisches Küstenland, Kärnten und Steiermark. Der Hafen von Livorno an der italienischen Westküste war Ankunftsort für diejenigen, die aus Südwestfrankreich nach Spanien geflüchtet waren und sich von dort über das Mittelmeer nach Italien einschifften.[122] Von Livorno aus bot zwar der Kirchenstaat den geistlichen Emigranten eine zunächst zuverlässige Bleibe. Der emigrierte Bischof von Luçon, Mercy, der sich mehrere Jahre in Ravenna aufhielt, berichtet von rund 5.000 französischen Geistlichen, die Anfang 1795 im Kirchenstaat lebten.[123] Doch mit dem militärischen Vorstoß Bonapartes nach Mittel- und Süditalien ab 1796

---

119 Einen Eindruck von den kommunikativen Beziehungen in Regensburg zwischen Mitte 1794 und Mitte 1796 vermittelt Marc-Marie de Bombelles: Journal, Bd. 4: 1793-1795 (= Histoire des idées et critique littéraire, Bd. 372), Genf 1998, und dass., Journal, 5: 1795-1800.
120 Wühr, Die Emigranten der Französischen Revolution im bayerischen und fränkischen Kreis, S. 13-104; ders., Emigranten der französischen Revolution im Erzstift Salzburg.
121 Burkhardt, Die französischen Réfugiés in Konstanz, S. 60 (Bild 1).
122 Reisebericht des Bischofs von Tarbes François Gain-Montaignac: Epreuves d'un évêque français pendant la révolution: Lettres et mémoires de Mgr de Gain-Montaignac, évêque de Tarbes, publiés et annotés par l'abbé Ferdinand Duffau, Paris 1897, S. 124-125.
123 Mercy, Lettres d'émigration: Brief Mercys an La Fare vom 15. Januar 1795, S. 285-286.

war auch dort ihre Sicherheit nicht mehr gewährleistet.[124] Die Alpenpassagen über den Brenner und Tirol nach Süddeutschland oder über Udine nach Kärnten bzw. Krain boten Ausweichmöglichkeiten. In den Hochstiften Brixen und Trient fanden Geistliche Anlaufstellen vor dem Alpenübergang. Mit Beginn des Zweiten Koalitionskrieges 1799 kehrte sich diese Migrationsrichtung zeitweilig um.

Sur le Danube

Eine hochfrequentierte Migrationsroute führte donauabwärts. Der Fluss war fast über den ganzen Verlauf schiffbar und bot die notwendige Infrastruktur von Schiffern und Flößern. Sein Lauf führte zudem durch Regensburg. Wie im ersten Teil dieses Buches ausgeführt, war die Reichstagsstadt nicht nur als kommunikativer Knotenpunkt von besonderer Bedeutung. Vielmehr war die dortige kaiserliche Gesandtschaft gemäß dem Emigrantengesetz von 1793 berechtigt, Einreisepässe für die Erbstaaten auszustellen. Sorgten bis Mitte der 1790er Jahre das intransparente Ausstellungsprozedere und dessen restriktive Handhabung durch den kaiserlichen Gesandten Buol für Unmut bei Emigranten, die in Regensburg ungeduldig auf eine Reiseerlaubnis warteten, war es später möglich, im Vorfeld schriftlich um das notwendige Dokument anzusuchen.[125] Zahlreiche Vermerke in den Polizeiakten und eine Reihe überlieferter Pässe dokumentieren, dass die Gesandtschaft von ihrer Kompetenz vergleichsweise freigebig Gebrauch machte, nachdem deren Leitung 1795 von Buol an Fahnenberg übergegangen war – zum Leidwesen der Wiener Sicherheitsbehörden.[126]

Ein gut dokumentiertes Beispiel für die Donauroute ist der Reiseweg einer rund 200 Personen umfassenden Gruppe französischer Trappistenmönche und -nonnen um Dom Augustin Lestrange und Louise de Condé, die von ihrem ersten Exilort in Valsainte in der Schweiz über Konstanz, Augsburg, München, Isar und Donau schließlich nach Wien gelangte, um von dort nach Russland weiterzuziehen.[127] Mehrere Mitglieder dieses »monastère itinérant« hinterließen, frei-

---

124 Ein Überblick bei René Picheloup: Les Ecclésiastiques français émigrés ou déportés dans l'État pontifical, Toulouse 1972.
125 Vom Ärger der Emigranten mit Buol berichtet ausführlich Bombelles, Journal, 4: 1793-1795, S. 231, 242-243, 260.
126 ÖStA/AVA, PHSt 1800/531, Pass der k. k. Gesandtschaft in Regensburg für den Erzbischof von Straßburg Kardinal Rohan, 28. Juni 1800.
127 Augustin-Hervé Laffay: Dom Augustin de Lestrange et l'avenir du monachisme (1754-1827) (= Histoire religieuse de la France, Bd. 12), Paris 1998. Auch die offizielle Ordensgeschichtsschreibung thematisiert diese Phase, vgl. [Anon.]: Odyssée monastique. Dom A. de Lestrange et les trappistes pendant la révolution, o. O. 1898, S. 115-122; ferner Casimir Gaillardin: Les Trappistes ou l'ordre de citeaux au XIXe siècle. Histoire de la Trappe depuis sa fondation jusqu'à nos jours, 1140-1844, Bd. 2, Paris 1844, S. 192-200.

EMBARQUEMENT SUR LE DANUBE PRÈS PASSAU (P. 118)

Abb. 6: Girardet, Embarquement sur le Danube près Passau, in: Odyssée monastique. Dom A. de Lestrange et les trappistes pendant la révolution, o. O. 1898, S. 118.

lich mit jahrelangem zeitlichen Abstand, Berichte ihrer »Odyssee«.[128] Die Reisebedingungen auf der Donauroute entpuppten sich als äußerst beschwerlich und erforderten angesichts des großen Personenverbands allerlei praktische Improvisationen. Auf zwei Flößen, auf denen behelfsmäßige Verschläge gegen die Witterung installiert worden waren, und sorgsam getrennt nach Geschlechtern, ging es etappenweise stromabwärts.

> Lorsqu'on pouvait arriver le soir en quelque ville, on allait passer la nuit en quelque maison religieuse lorsqu'il y en avait, sinon à l'auberge. Malgré notre grand nombre, nous ne faisions pas grand embarras, car nous couchions à plate terre. Nous portions avec nous notre couverture et notre sac à ouvrage qui nous servait de chevet; nous mettions la moitié de notre couverture sous nos habits qui étaient blancs et nous dormions parfaitement bien. [...] lorsque nous arrivions dans quelque village, nous couchions dans des granges.[129]

128 Dazu die Studie von Kervingant, A monastic odyssey.
129 Zit. n. Kervingant: Des moniales face à la Révolution française. Aux origines des Cisterciennes-Trappistines (= Bibliothèque Beauchesne. Religions, société, politique, Bd. 14),

Für die Trappistengruppe war trotz dieser unwirtlichen Reisebedingungen die Aufrechterhaltung ihrer asketischen Lebensweise und Frömmigkeitspraxis von herausragender Bedeutung. Andachten und Stundengebete wurden zumeist auf den Flößen abgehalten, ebenso das regelmäßige Beichten. Habit, Gebaren und Gesang dieser merkwürdigen Reisegruppe blieben nicht lange unbemerkt und lockten zahlreiche Bewohner der Umgebung an, die an verschiedenen Stellen das Donauufer säumten.[130] Regelmäßige Landgänge dienten neben der Verproviantierung und der Übernachtung vor allem den liturgischen Verrichtungen, die die öffentliche Aufmerksamkeit weiter steigerten:

> Arrivés au lieu destiné, le RP. [Dom Augustin Lestrange] ou descendait luimeme et se transportait chez le cure ou y députait deux des prêtres pour demander la permission de célébrer, ce qui n'était jamais refusée [...]. Alors on sortait des radeaux selon son rang et le RP. à tête on s'avançait gravement deux à deux, d'abord les religieux, les convers et les enfants qui étaient suivis des religieuses dans le même ordre. A mesure que nous avancions la nouveauté du spectacle attirait une foule de monde incroyable. L'on nous devançait à l'église où souvent nous avions de la peine à entrer tant elle était remplie. Après avoir satisfait à notre devotion, nous sortions dans le même ordre et nous revenions à nos radeaux toujours reduits par une grande foule de peuple. [...] le plus grand nombre [de la populace] nous a toujours marqué beaucoup de sensibilité et les enfants rentraient toujours aux radeaux chargés de pains et d'argent.[131]

Dass die mehrwöchige Flussfahrt trotz dieser ermutigenden Erlebnisse und Begegnungen keine angenehme Bootstour, sondern ein lebensgefährliches Unterfangen war, verdeutlicht der krankheitsbedingte Tod des jungen Novizen Antoine Favre Sagnier, der im oberösterreichischen Engelhartszell »in Hectica« verstarb und noch dort gemäß dem Ordensbrauch bestattet wurde.[132] Da der sogenannte »Dritte Orden« der Trappisten, der von Lestrange im Schweizer Exil gegründet worden war, eine Art monastisches Erziehungsinstitut darstellte, in dessen Obhut

---

Paris 1989, S. 133. Zur Trappistengruppe in Österreich Fux, Emigrierende Trappisten in Österreich.

130 Nicolas-Claude Dargnies, Richard Moreau, Roger Teyssou: Mémoires en forme de lettres pour servir à l'histoire de la réforme de La Trappe établie par dom Augustin de Lestrange à La Valsainte, par un religieux qui y a vécu de 1793 à 1808, avec trois lettres inédites de dom Augustin de Lestrange à l'abbé Antoine-Sylvestre Receveur (= Religions et spiritualité), Paris; Budapest; Turin 2003, S. 147.

131 Ebd., S. 146-147.

132 Sterbebuch der Gemeinde Engelhartszell, 1767-1804, fol. 131, vgl. Matricula-Online: https://data.matricula-online.eu/de/oesterreich/oberoesterreich/engelhartszell/301%252F01/?pg=131 [14.10.2020]; dazu auch Fux, Emigrierende Trappisten in Österreich, S. 319.

viele Emigranten ihren Nachwuchs gegeben hatten, reisten auch mehrere Dutzend Kinder auf den Donauflößen mit.

Die erste Station in den österreichischen Erzherzogtümern war Linz. Gemäß den gesetzlichen Bestimmungen legten die Emigranten hier ihre Pässe oder Empfehlungsschreiben vor und nahmen den Lizenzzettel in Empfang. Wem polizeilicherseits die Weiterreise nach Wien verwehrt wurde, bemühte sich um Unterkünfte in der Umgebung oder schlug, wie ein Teil der Trappisten, den Weg nach Norden ein, um nach Böhmen zu gelangen.[133] Wer nach Wien weiterzureisen berechtigt war, erreichte auf der Donauroute wenige Tage später die kaiserliche Residenzstadt, wo auch ein Großteil der Trappistengruppe um Dom Lestrange und Louise de Condé Ende Mai 1798 anlandete – wir treffen sie dort wieder.

Viele Klöster und Stifte entlang des Flusslaufs oder in dessen näherer Umgebung, darunter Melk, Kremsmünster, Göttweig, Zwettl, Seitenstetten und Lilienfeld, nahmen französische Emigranten bei sich auf.[134] Auch die Gebäude aufgehobener Klöster wurden als Beherbergungsorte genutzt.[135] Durchreisende mit Pässen für das Königreich Ungarn konnten auf der Donau bis nach Preßburg und Ofen (hu. Buda) sowie ins ungarische Hinterland gelangen.

3.1.2 Transit

Die mehrjährige Emigrationserfahrung ließ aus Sicht vieler Geistlicher eine Rückkehr nach Frankreich als zunehmend unwahrscheinlich erscheinen. Ihre Bemühungen gingen in dieser Phase folglich dahin, sich stabile Existenzbedingungen im Exil zu schaffen. Dass sich das kriegsbedingt unsichere westliche Zentraleuropa hierfür nicht grundsätzlich empfahl, begünstigte eine räumliche Erweiterung des Planungshorizonts. Insbesondere in der zweiten Hälfte der 1790er Jahre zirkulierten innerhalb der geistlichen Emigration Ideen und Vorhaben für Ansiedlungen in entlegenen Regionen Europas und darüber hinaus, wo sie ihre geistliche Lebensweise weiterzuleben gedachten. Unter diesem Gesichtspunkt war die Habsburgermonarchie in der Wahrnehmung vieler Geistlicher in erster Linie Transitland, das es zu durchqueren galt. Diese Perspektive in die vorliegende Untersuchung einzubinden immunisiert gegen ein allzu lineares Verständnis der Emigration von A nach B, hier also aus Frankreich in die Habsburgermonarchie, die eben nicht für alle Geistlichen den provisorischen Endpunkt ihrer Emigration darstellte.

---

133 OÖLA Linz, Polizei-Praesidialprotokoll 1790-1802, Schachtel 192, Fasz. 1798, Verzeichnis derer im Landes Österreich ob der Enns befindlichen französischen Emigranten und anderer aus den von Franckreich besetzten Staaten immigrirten Persohnen, o.D.
134 Beispielsweise das Stift Göttweig, das eine weitere Trappistengruppe aufnahm; vgl. Fux, Emigrierende Trappisten in Österreich, S. 352.
135 Etwa das aufgehobene Stift Engelszell, vgl. ebd., S. 319.

Wer sein Glück im östlichen Europa suchte, hatte der politischen Geografie Rechnung zu tragen und zumeist mehrere habsburgische Erbstaaten zu durchreisen. Nachdem 1793 Zarin Katharina II. mehreren Tausend Angehörigen des *Corps Condé* ein Asyl auf der Krim in Aussicht gestellt, ihr Nachfolger Paul I. 1796 dann sogar dem Exilhof um Ludwig XVIII. einen Unterschlupf im kurländischen Mitau gewährt hatte, rückte die Möglichkeit einer Ansiedlung in Russland auch bei den Geistlichen ins Bewusstsein. Auf habsburgischer Seite findet dieser Trend mit einer Vielzahl von Genehmigungen zur Durchreise nach Russland in den Polizeiakten seinen archivalischen Niederschlag.

Aus mehreren Gründen stellte das Zarenreich für Emigranten eine favorisierte Option dar. Für jene Geistlichen, die sich der jesuitischen Tradition verbunden fühlten, war Russland, wo der Jesuitenorden nach der clementinischen Aufhebungsbulle weiterexistierte, von besonderer Attraktivität.[136] Die Jesuitenkollegien in Polozk (pl. Połock) und ab 1801 in Petersburg zogen Geistliche aus vielen Regionen Westeuropas an, die formell in den Orden eintreten wollten. Infolge der Bulle »Catholicae Fidei« (1801), mit der die Existenz der Societas Jesu in Russland auch kirchenrechtlich anerkannt wurde, war dieser Weg sogar päpstlicherseits sanktioniert.[137]

Vor dem Hintergrund des revolutionären Aufruhrs in West-, Süd- und Zentraleuropa projizierten geistliche Emigranten auf Russland die idealisierte Vorstellung eines christlichen Refugiums in Europa.[138] So hatte sich das Zarenreich gegenüber emigrierten Franzosen schon seit Beginn der Emigration vergleichsweise aufgeschlossen gezeigt, wiederholt Geldmittel bereitgestellt und ihnen Einreise- und Aufenthaltsmöglichkeiten verschafft. In Petersburg, Moskau und Odessa bildeten sich in der Folge größere französische Kolonien, die Orientierungspunkte für die ostwärts ziehenden Geistlichen boten.[139]

136 Zur Situation der Jesuiten in Russland während der Aufhebungsphase siehe Niccolò Guasti: The Age of Suppression. From the Expulsions to the Restoration of the Society of Jesus (1759-1820), in: Ines G. Županov (Hg.): The Oxford Handbook of the Jesuits, New York 2019, S. 918-949; hier S. 923-925; Marek Inglot: The Society of Jesus in the Russian Empire (1772-1820) and the Restoration of the Order, in: Robert Aleksander Maryks, Jonathan Wright (Hg.): Jesuit survival and restoration. A global history, 1773-1900 (= Studies in the history of Christian traditions, Bd. 178), Leiden; Boston 2015, S. 67-82.

137 Daniel L. Schlafly: General Suppression, Russian Survival, American Success: The »Russian« Society of Jesus and the Jesuits in the United States, in: Jeffrey D. Burson, Jonathan Wright (Hg.): The Jesuit suppression in global context. Causes, events, and consequences, Cambridge 2015, S. 201-215, bes. S. 202-203.

138 Etwa die Angehörigen der Société du Sacré-Cœur de Jésus, die zwischenzeitlich den Aufbau einer geistlichen Enklave auf der Krim planten; ÖStA/AVA, PHSt 1796/559, Vize-Polizeiminister Saurau an Kaiser Franz II., 20. September 1796.

139 Ludmila Pimenova: Die Emigranten der Französischen Revolution und ihr kultureller Einfluß auf die russische Gesellschaft, in: Thomas Höpel, Katharina Middell (Hg.):

Über die habsburgischen Kernländer gelangten französische Geistliche auch in die preußischen Teilungsgebiete Polens. An der deutschen Nationalkirche Sankt Benno in Warschau, die von den Redemptoristen um Hofbauer seelsorglich betreut wurde, wurden französischsprachige Predigten für die weit über hundert Köpfe zählende französische Emigrantenkolonie gehalten.[140] Mindestens vier französische Priester wirkten allein hier.[141]

Der räumliche Planungshorizont ging auch über Kontinentaleuropa hinaus. Geistliche Emigranten verfolgten überseeische Projekte, die Passagen nach Palästina, Großbritannien, die USA und Kanada vorsahen. Dass diese in den meisten Fällen an der komplizierten Logistik scheiterten, sollte nicht darüber hinwegtäuschen, dass auf der *mental map* der Emigranten spätestens ab Mitte der 1790er Jahre der Exilraum trotz räumlicher Distanzen von zuweilen mehreren Tausend Kilometern eine europäisch-atlantische Dimension angenommen hatte.

3.1.3 Konzentration und Dezentralisierung

Mithilfe der Zentrum-Peripherie-Dichotomie als raumstrukturierendes Analyseinstrument lassen sich die Verteilungsmuster der geistlichen Emigranten untersuchen. Fraglos impliziert dieses binäre Raster eine Statik, die nicht auf den angesprochenen Dynamisierungsaspekt zu passen scheint, unterstellt es doch eine Ortsgebundenheit, die in den meisten Fällen eher die Ausnahme als die Regel war. Doch kann ausgehend von diesem Modell gezeigt werden, dass die Zentrum-Peripherie-Relation der Habsburgermonarchie und jene der geistlichen Emigration nicht in dem Maß deckungsgleich waren, wie es die Emigrantengesetzgebung nahelegen würde, die bekanntlich eine Konzentration der Emigranten in Wien und den Landeshauptstädten vorsah.

Zunächst: Lokale Präsenzschwerpunkte der geistlichen Emigranten finden sich in den habsburgischen Erbstaaten viele. Bis 1793 sind dies vor allem Städte in den westlichen Provinzen, vor allem Brüssel, Freiburg und Konstanz, im weiteren Fortgang bis 1800 dann Wien, in beredtem Abstand davon Prag, Linz, Graz und Triest. Diese urbanen Agglomerationen sind die plausible Konsequenz mehrerer Faktoren. Zunächst boten Städte eine Infrastruktur aus verschiedenen Versorgungsmöglichkeiten für Geistliche: Die Verfügbarkeit von Messstipendien, Klöstern zur Unterkunft, vermögenden Haushalten sorgte für eine auskömmliche Anstellung. Die administrativen Rahmenbedingungen begünstigten ihrer-

---

Réfugiés und Emigrés. Migration zwischen Frankreich und Deutschland im 18. Jahrhundert (= Comparativ, Bd. 7, H. 5/6), Leipzig 1997, S. 144-157.
140 Dazu Höpel, Emigranten in Preußen, S. 188.
141 Adam Owczarski: Die seelsorgliche Tätigkeit der Redemptoristen in der Kirche von St. Benno in Warschau (1788-1808), in: Spicilegium Historicum 43 (1995), S. 87-136; hier S. 115.

seits die Ansammlung in den Städten, da Kontrolle und Aufsicht dort bedeutend leichter zu gewährleisten waren als auf dem Lande.

Tatsächlich lassen sich trotz bruchstückhafter Überlieferung der Emigrantenlisten gerade in den Landeshauptstädten viele Geistliche nachweisen. Folglich ist von einem polyzentrischen Verteilungsmuster auszugehen, das sich an dem »System der zentralen Orte« der Habsburgermonarchie orientierte. Das bekannte Zahlenmaterial vermittelt ein schlaglichtartiges Bild der urbanen Ansammlungen: So sind zwischen 1794 und 1798 244 französische Geistliche in Prag belegt, im gleichen Zeitraum in Krakau 55, in Triest 57.[142] Für Wien lassen sich aufgrund der genannten Quellenprobleme keine belastbaren Statistiken erheben. Gleiches gilt für die größeren Städte in den ungarischen Ländern, wobei hier jedoch Preßburg und Fiume als Sammelpunkte hervorragen.[143]

Lokale Konzentrationen emigrierter Geistlicher trafen auf durchaus disparate Meinungen unter den Einheimischen. So stiegen zwar infolge der Anwesenheit Hunderter Geistlicher in Konstanz die Mieten und Lebensmittelpreise innerhalb eines Jahrzehnts um den Faktor 15, doch sind anders als aus Prag und anderen Landeshauptstädten keine Beschwerden über die Emigranten überliefert.[144] Martin Burkhardt zeigt in seiner Untersuchung der Konstanzer Kolonie, dass die Anwesenheit der Geistlichen und anderer Emigranten aufgrund der Nachfragesteigerung sogar zu einem unerwarteten Wirtschaftsaufschwung in der Stadt beigetragen habe.[145] Vor diesem Hintergrund erklärt sich auch, dass mit der Verfügung Erzherzog Karls, im Zusammenhang mit den militärischen Operationen im Zweiten Koalitionskrieg die verbliebenen Emigranten aus Konstanz ausweisen zu lassen, die Bürgerschaft auf die Barrikaden ging.[146]

Mit einer Petition zugunsten der Emigranten nebst einer Unterschriftensammlung unter den Konstanzer Einwohnern versuchte Stadthauptmann Blanc, den aus seiner Sicht für die Stadt nachteiligen Ausweisungsbeschluss Erzherzogs Karls abzuwenden: Die ursächlich den Emigranten zuzuschreibende Überwindung der Armut in Konstanz machte neben ihrer aufrichtigen »Denkungsart« ihre weitere

---

142 Zu Prag: ÖStA/HHStA, StK, Notenwechsel mit der Polizeihofstelle 21, Verzeichnis der eingewanderten Franzosen in Prag, 16. September 1798. Zu Krakau: ebd.: Verzeichnis der französischen Emigranten in Krakau, 12. Juli 1799. Zu Triest: ÖStA/HHStA, StK, Provinzen Küstenland 2, Korrespondenz der Staatskanzlei mit Triestiner Behörden 1797-1821, fol. 240-245: Verzeichnis der französischen Emigranten in Triest, 16. April 1798, sowie AD Trieste / Fondo Incontrera, Tabellarische Aufstellung: Émigrés français à Trieste, S. 1-9.
143 Dazu Tóth, French Émigrés in Hungary.
144 Zur Teuerung in Konstanz Burkhardt, Die französischen Réfugiés in Konstanz, S. 82.
145 Burkhardt, Konstanz im 18. Jahrhundert, S. 361-364.
146 GLA Karlsruhe, Bestand 209, Konstanz, Stadt, Nr. 1152, Überwachung der Emigranten 1793-1804, fol. 199-201: Vorderösterreichischer Landeschef Sumerau an den Konstanzer Stadthauptmann Blanc über die Ausweisung der Emigranten, 7. Juni 1799.

Anwesenheit mehr als wünschenswert.¹⁴⁷ Tatsächlich ließ sich Erzherzog Karl durch diese Kampagne umstimmen und genehmigte den weiteren Aufenthalt. Infolge der militärischen Rückschläge verließen die meisten Emigranten die Bodenseestadt schließlich aus eigenem Antrieb. Enttäuscht zog Blanc 1801 in einem Bericht an den vorderösterreichischen Landeschef Sumerau Bilanz:

> Ew. Excellenz und die ganze V.[order] Oe.[sterreichische] Landesstelle sind überzeugt, daß der hiesigen Stadt, wo [...] in einigen Straßen, ja, selbst in der Hauptgasse, wo ich wohne, das Gras wieder in einem höchst bedeutenden Grade überhand genommen hat, nicht anders, als durch einen Zuwachs an verzehrenden Menschen geholfen werden könne [...]. An französischen Emigranten, deren man zwischen den Jahren 1793 bis 96, als der Feind das erste Mal in das Land kam, und sohin wieder von 1796. bis gegen Ende 1798. 600. – 1000.- und schon bis 1500. zählte, sind nur noch 98 vorhanden, deren meiste aber eigentlich blos als Durchreisende zu betrachten sind, weil sie auf Briefe und Pässe warten, um theils auf immer, theils auf eine Zeit nach Frankreich zurückkehren zu können [...].¹⁴⁸

In diachroner Perspektive verdeutlicht der Konstanzer Fall, dass selbst mit der Anwesenheit wirtschaftlich vermeintlich wenig »produktiver« geistlicher Emigranten zwar logistische Schwierigkeiten, aber auch positive Effekte verknüpft waren, die im Übrigen auch von den Zeitgenossen als solche erkannt wurden. Darauf lassen Äußerungen wie die von Blanc sowie die Petition der Bürgerschaft schließen. Das Beispiel zeigt, dass erst von den konkreten sozialen Situationen auf die Breite der Wahrnehmungen seitens der Aufnahmegesellschaft geschlossen werden kann, will man nicht in die Hermeneutik einseitiger Emigrantenkritik verfallen, die lange Zeit die Auseinandersetzung mit den Revolutionsemigranten geprägt hat.

Konstanz kann sicherlich als markantester Fall einer lokalen Konzentration geistlicher Emigranten gelten, der vom polizeilichen Zentralisierungskalkül auf Wien und die Landeshauptstädte abwich – auf die hier wirkenden Sondereffekte wurde bereits verwiesen. Aber auch darüber hinaus zeichnet sich im empirischen Befund ab Mitte der 1790er Jahre ein deutlich differenzierteres Verteilungsmuster der geistlichen Emigranten in der Habsburgermonarchie ab. Die Gründe für die graduell stärkere Dezentralisierung bestanden darin, dass sich nach anfänglichen Etablierungsversuchen in den Städten durch die zunehmende Interaktion

---

147 GLA Karlsruhe, Bestand 209, Konstanz, Stadt, Nr. 1152, Überwachung der Emigranten 1793-1804, fol. 207-210: Konstanzer Stadthauptmann Blanc an den vorderösterreichischen Landeschef Sumerau über die gesammelten 129 Unterschriften, 5. Juli 1799.

148 GLA Karlsruhe, Bestand 209, Konstanz, Stadt, Nr. 1152, Überwachung der Emigranten 1793-1804, fol. 234-243: Bericht des Konstanzer Stadthauptmanns Blanc an den vorderösterreichischen Landeschef Sumerau, 3. August 1801.

mit Einheimischen Möglichkeiten ergaben, auch auf dem Land dauerhafte Unterkunft, Versorgung und Anstellung zu finden. Obgleich die quantitative Dimension unbestimmbar bleibt, legt die fragmentarische Quellendokumentation nahe, dass Geistliche vermehrt auf dem Land sowie in peripheren Regionen, in Ostgalizien, dem Banat und Österreichisch-Schlesien, anzutreffen waren.[149] Sie wurden damit auch »im Hinterland« zu einem sichtbaren und für die einheimische Bevölkerung lebensweltlich relevanten Phänomen.

Die aus diesen vielgestaltigen (sozial-)räumlichen Konstellationen heraus entwickelten Beziehungen bilden nun den Ansatzpunkt für die Untersuchung der Handlungsfelder geistlicher Emigranten in der Habsburgermonarchie.

3.2 Ankünfte, Aufenthalte und Aktionsradien

Mit ihrer Ankunft in der Habsburgermonarchie setzten sich für die emigrierten Geistlichen die Herausforderungen des Exillebens fort. Diese bestanden zuallererst darin, materielle Existenzbedingungen zu schaffen, die ein provisorisches Auskommen erlaubten. Die heterogene Sozialstruktur der Geistlichen, die individuellen Beziehungen und Netzwerke sowie die unterschiedlichen ökonomischen Situationen des jeweiligen Emigranten brachten es mit sich, dass sich diese Herausforderungen für jeden Einzelnen in verschieden nuancierter Weise darstellten. Wer sich im Vorfeld etwa der Protektion bemittelter Fürsprecher im Aufnahmeland versichert hatte, gar eine schriftliche Zusage über eine Bürgschaft mit sich führte, im Gefolge eines französischen Bischofs oder als Bediensteter eines Adligen emigriert war, hatte unvergleichlich günstigere Startbedingungen als ein vereinzelter französischer Bettelmönch, der nach mehreren Exilstationen schließlich nach Prag, Linz oder Triest gelangte und damit zu rechnen hatte, wegen fehlender Kontakte und Einkünfte vor Ort ins Ungewisse weiterziehen zu müssen.[150]

Weil die Angabe eines einheimischen Bürgen und der Nachweis über die notwendigen Subsistenzmittel zu den gesetzlichen Voraussetzungen für die Einreise gehörten, ist davon auszugehen, dass viele geistliche Emigranten zumindest in der unmittelbaren Anfangsphase ihres Aufenthaltes eine Unterkunft hatten – entweder selbst finanziert oder von Gönnern bereitgestellt. Wer mit ausreichenden Geldmitteln ausgestattet war, mietete sich nach anfänglichem Aufenthalt in Gasthäusern beispielsweise in ein Zimmer in einer der Wiener Vorstädte ein oder klopfte an Klosterpforten und Pfarrhaustüren. Standessolidarisches Verhalten des einheimischen Klerus ist in allen Teilen der Habsburgermonarchie belegt und dürfte

---

149 Winkler, Das Exil als Aktions- und Erfahrungsraum; Pawlik, Emigranten in Österreich, S. 117-118.
150 Ein gut dokumentiertes Beispiel für ein koordiniertes Vorgehen bei der Beschaffung der notwendigen Genehmigungen in ÖStA/AVA, PHSt 1796/202, Fall des Abbé Luzines, für den sich der galizische Adlige Rzewuski und Bischof La Fare einsetzten.

insbesondere am Beginn des Aufenthalts häufig die Härten eines Emigrantenlebens abgefedert haben. Von diesem ersten Notbehelf aus begannen die Geistlichen, die Aktionsradien in ihrer neuen Exilumwelt zu sondieren.

3.2.1 Alltagspraxis im Exil

Charakteristisch für den Beginn ihres Aufenthaltes war das Bemühen der Emigranten um die Aufrechterhaltung ihrer geistlichen Routinen. Schon kurz nach der Ankunft suchten sie bei den zuständigen kirchlichen Behörden um die Erteilung der Zelebrationserlaubnis nach. Die Jurisdiktionsprotokolle der Diözese Wien, die als prosopografische Quelle wertvolle biografische Ergänzungen zu den stark dezimierten Beständen des Allgemeinen Verwaltungsarchivs beisteuern können, verzeichnen ab der zweiten Jahreshälfte 1792 einen deutlichen Anstieg dieser Anfragen.[151] Dort festgehalten sind die Namen der emigrierten Kleriker, ihr geistlicher Stand, die Heimatdiözesen und das Ausstellungsdatum des Celebrets, in einigen Fällen sogar die gegenwärtigen Wohnsitze in Wien und Umgebung.

Mit der Zelebrationserlaubnis, die außerhalb der Diözese Wiens meist nicht an das Bestehen einer theologischen Prüfung geknüpft war, verband sich für die Geistlichen nicht nur die Möglichkeit, dem Exilalltag ein wichtiges Element eines standesgemäßen Lebenswandels, der das regelmäßige Messelesen vorsah, hinzuzufügen. Sie erlaubte es den Geistlichen vor allem, eine von eigenen Geldmitteln unabhängige Einnahmequelle zu erschließen: die Messstipendien. Weil deren Verfügbarkeit infolge der zunehmenden Zahl geistlicher Emigranten in Wien und den Landeshauptstädten sank, stellten sie allerdings auf Dauer keine auskömmliche Erwerbsquelle dar. In dieser Verknappung ist ein wichtiger materieller Impuls für die Erschließung weiterer lebensweltstrukturierender Betätigungsfelder der Geistlichen an ihren Exilorten zu sehen.

Nicht weniger bedeutsam waren Tätigkeiten, die sich aus den kulturellen Profilen der emigrierten Kleriker und den Interaktionen mit den Einheimischen ergaben. Neben ihren priesterlichen Vollmachten, die sie grundsätzlich für den liturgischen Dienst qualifizierten, brachten die Emigranten eine Reihe kollektiver und individueller Fähigkeiten mit, die ihnen bei der Auffächerung ihres Tätigkeitsspektrums im Exil halfen. Zu den kollektiven Qualifikationen gehörten neben der Zugehörigkeit zum Priesterstand ihre Muttersprache Französisch sowie eine mindestens basale Vertrautheit mit der zeitgenössischen Kultur ihrer Heimat, die trotz Revolution und Kriegszustand in der sozialen Elite der Aufnahmegesellschaft weiterhin hohes Ansehen genoss.[152] Weitere immaterielle Ressourcen bestanden, freilich in individuell unterschiedlicher Ausprägung, in einem profun-

---

151 DAW, Jurisdiktionsprotokolle 1784-1801 sowie ab 1796.
152 Zur Haltung der Aufnahmegesellschaft Pawlik, Emigranten in Österreich, S. 78-100; Mansel, Prince of Europe, S. 166-169; Ganster, Die Beurteilung Frankreichs, S. 197-201.

den Allgemeinwissen, in der Kenntnis weiterer Fremdsprachen – auch der Alten Sprachen – sowie einer akademischen Bildung insbesondere in den Disziplinen Philosophie und Theologie.

Das Potenzial für ein kooperatives Miteinander lag in erster Linie in den jeweiligen Interessenlagen von Emigranten und Einheimischen begründet. Die materielle Bedürftigkeit der Geistlichen korrespondierte mit der Nachfrage vermögender Einheimischer adligen und bürgerlichen Standes nach französischsprachigen Haus- und Hofkaplänen, Beichtvätern, Hofmeistern, Sprachlehrern, Erziehern, Vorlesern, Übersetzern und intellektuell anregenden Gesellschaftern und Gesprächspartnern.[153] Aus der Untersuchungsperspektive können diese Betätigungsfelder als Sonden dienen, um die Alltagspraxis der geistlichen Emigranten im Exil auszuloten und die Chancen kultureller Transfers zu ermessen.

Hauskapläne und Hofmeister

Um als Haus- und Schlosskapläne in den Haushalten vermögender Einheimischer wirken zu können, benötigten die Geistlichen neben der Bürgschaft des künftigen Dienstherrn lediglich eine Approbation der örtlichen Konsistorien, mussten sich dafür aber keiner Sprachprüfung unterziehen, da sie keiner öffentlichen Seelsorgetätigkeit nachgingen. Sie erhielten Unterkunft in den Stadtpalais oder auf den Landsitzen ihrer meist adligen Gönner, begleiteten diese auf ihren Reisen und standen ihnen als Privatgeistliche und Konversationspartner zur Verfügung.[154] Oft bezogen sie von ihnen eine jährliche Rente, die ihnen zu einer gewissen finanziellen Souveränität verhalf.

Als Priester befriedigten sie die geistlichen Bedürfnisse ihrer Herrschaften, indem sie in den Hauskapellen Messe lasen, Beichte hörten, theologisches Wissen vermittelten und auch religiös unterfütterte Deutungen der Zeitumstände anboten. Als Revolutionsemigranten, die mit ihrem Flüchtlingsschicksal die gesellschaftlichen Umwälzungen jener Jahre personifizierten, erschienen sie ihren Gastgebern geradezu prädestiniert, Interpretationen zum Wesen und zu den Konsequenzen der Revolution zu liefern, teilten sie mit ihren Gönnern doch in vielen Fällen einen antirevolutionären Grundkonsens.[155]

Mitunter erlangten emigrierte Geistliche aufgrund des engen Verhältnisses mit der Herrschaft herausgehobene Stellungen im Haushalt und den Status einer Ver-

---

153 Und damit eben nicht nur nach »émigrés of high birth«, wie Kale behauptet; vgl. Kale, French Salons, S. 62.
154 Bspw. der Generalvikar von Nîmes, Pernoz, beim Fürsten von Salm-Reifferscheidt in Brünn, ÖStA/AVA, PHSt 1799/76, Polizeiminister Pergen an den mährischen Landeschef Ugarte, 7. Februar 1799.
155 Bspw. ÖStA/AVA, PHSt 1793/1200, Der Aufenthalt des französischen Priesters Monnot beim Grafen Schaffgotsch in Österreichisch-Schlesien, mit Autograph Monnots, fol. 51-52.

trauensperson. Man übertrug ihnen administrative Aufgaben, etwa bei der Verwaltung von Immobilien und landwirtschaftlichen Gütern. In mehreren Fällen waren gerade die agronomischen Kenntnisse der Geistlichen für die Anstellung ausschlaggebend. Wie Stéphane Gomis in seiner Untersuchung schriftlicher Hinterlassenschaften emigrierter französischer Geistlicher herausgearbeitet hat, kommt in vielen ihrer Emigrationsberichte das gesteigerte Interesse an landwirtschaftlichen Fragen in den Exilländern zum Ausdruck.[156] So überrascht es nicht, dass einige Geistliche auf den großflächigen Herrengütern in den Erbstaaten mit der Gutsverwaltung beauftragt wurden.[157] Um den Aufenthalt der Geistlichen auf dem Land trotz geltenden Aufenthaltsverbots zu ermöglichen, nahmen die Gutsbesitzer dafür teils langwierige Auseinandersetzungen mit den Behörden in Kauf.

Aufgrund ihres regelmäßigen Zugangs zum jeweiligen Hausvorstand gehörten die Geistlichen als Hofmeister zu den einflussreichsten Personen in den vielköpfigen Haushalten, nahmen an illustren Tischgesellschaften teil und erfüllten repräsentative Aufgaben.[158] Verfügten sie über ausreichende Kenntnisse der Landessprache, konnten sie auch die Aufsicht über das Gesinde führen. Als Privatsekretäre hofnaher Persönlichkeiten hatten sie einen privilegierten Zugang zu Informationen und Kontaktpersonen, mithin also Ressourcen, die individuelle Karrierewege im Exil entscheidend befördern konnten. So nimmt es nicht wunder, dass die zwei beim Vizepräsidenten des Hofkriegsrats, Feldmarschall Ferraris, als Sekretäre bestellten geistlichen Emigranten, Zaiguelius und Chamont, zu jenen Geistlichen gehörten, die sich dauerhaft in der Habsburgermonarchie niederließen.

Erziehung

Ein mit der Funktion als Hauskaplan oftmals verbundenes Tätigkeitsfeld, für das sich geistliche Emigranten in besonderem Maße empfahlen, war das Erziehungswesen. Weder taten gesetzliche Maßnahmen wie das Verbot französischer Gouverneure und Gouvernanten aus dem Jahr 1793 noch ein vorübergehendes antifranzösisches Klima der beständigen Nachfrage nach französischen Erziehern Abbruch. Rechtliche Grauzonen wie im oben erwähnten Fall des Reichshofrats von Werner, der einen französischen Emigrantenpriester mit vollem Einverständnis Pergens anstellen durfte, und zahlreiche Dispense von den Vorschriften als

---

156 Stéphane Gomis: Les écrits du »for privé« du clergé émigré, in: Annales historiques de la Révolution française 355 (2009), S. 183-204; hier S. 203.

157 ÖStA/AVA, PHSt 1798/1014, Der französische Geistliche Blondot wegen Aufenthalt auf den Landgütern des Grafen Miączyński, 16. November 1798; PHSt 1808/925a, Abbé Johann Terrasson, französischer Emigrant, Verwalter der Güter der Gräfin Dembinska.

158 Der Fall des emigrierten Geistlichen Holley bei Stoklásková, Fremdsein in Böhmen und Mähren, S. 701-708; weitere Beispiele aus Mähren und dem Küstenland in ÖStA/AVA, PHSt 1795/284 und PHSt 1799/712.

Ergebnis individueller Aushandlungsprozesse ermöglichten Geistlichen die Annahme von Diensten als Erzieher und Lehrer.[159]

Auch unterhalb der Wahrnehmungsschwelle der Polizei stellten Einheimische geistliche Emigranten als Privaterzieher an. Der archivalische Befund aus den Landeshauptstädten legt sogar nahe, dass im Zuge des zunehmend pragmatischen Umgangs mit den Emigranten ab Mitte der 1790er Jahre die Nachfrage noch einmal anstieg, die Geistlichen also zu einer ebenso knappen wie begehrten personellen Ressource wurden, um die man sich seitens einheimischer Interessenten mit Investitionsbereitschaft bemühte.[160] Fernab Wiens führte die Konkurrenz um die zahlenmäßig raren Geistlichen dazu, dass einem Emigranten, den man als Erzieher anzustellen gedachte, attraktive Konditionen geboten werden mussten. Dass diese Arbeits- und Entlohnungsbedingungen in vielen Fällen vertraglich festgehalten wurden, stärkte die ökonomische Position des Emigranten, da er hierdurch Planungssicherheit und materielle Absicherung für seine mittelfristige Zukunft gewann – zwei Ressourcen, die im Emigrationszusammenhang von herausragender Bedeutung waren.

In einem der wenigen erhaltenen Erziehungskontrakte verpflichtete sich der aus Metz stammende geistliche Emigrant Louis Finet, den Sohn des Grafen Wilczek über sechs Jahre zu erziehen, ihm Unterricht in der »Religion, Sittenlehre, Geschichte, Erdbeschreibung, Naturgeschichte, Rechenkunst, Französchen [sic!] Sprache« zu erteilen, ihn auf seinen Reisen zu begleiten und »[s]o wohl das Herz als den Geist Seynes Zöglings bestmöglichst zu bilden«.[161] Für diese Dienstleistung erhielt Finet ein jährliches Gehalt von 450 Gulden nebst freier Wohnung und nach Erfüllung seines pädagogischen Auftrags eine lebenslange Pension von 300 Gulden in Aussicht gestellt. Wenn auch der Vergleich mit anderen geistlichen Emigranten, die als Erzieher angestellt wurden, zeigt, dass eine Vergütung in dieser Höhe außergewöhnlich war, konnten in der Privatpädagogik doch Einkünfte von rund 300 Gulden pro Jahr erreicht werden, meist verbunden mit einer sich an ihre Tätigkeit anschließenden Rente in leicht verminderter Höhe.[162]

Jenseits rein privater Dienstverhältnisse finden sich geistliche Emigranten auch im Lehr- und Erziehungspersonal renommierter pädagogischer Institutionen wieder. In der 1797 restituierten Theresianischen Ritterakademie in Wien wirkten Geistliche nicht nur als sogenannte »Privaterzieher« junger Adelssprösslinge, sondern auch als ordentlich bestellte Präfekten.[163] Ihre Anstellungen wurde vermittelt

---

159 ÖStA/AVA, PHSt 1799/534, Polizeiminister Pergen an die Polizeioberdirektion, 7. August 1799.
160 Cerman, Habsburgischer Adel und Aufklärung, S. 206-207.
161 DAW, Priesterpersonalakten, Louis Finet, Erziehungskontrakt zwischen Finet und Graf Wilczek vom 28. Juni 1804.
162 DAW, Priesterpersonalakten, Jean-Joseph Descharrières, Zeugnis über Rentenvertrag (300 Gulden und freie Wohnung), 15. Juni 1804.
163 Max von Gemmell-Flischbach: Album der K.K. Theresianischen Akademie (1746-1913): Verzeichnis sämtlicher Angehörigen der K.K. Theresian. Akademie, Wien 1913:

durch hofnahe Personen wie Marschall Ferraris, Vize-Polizeiminister Saurau – dem ersten Kurator des Theresianums – und dem emigrantenfreundlichen Josef von Penkler, der 1801 selbst das Direktorat der Anstalt übernahm.[164] Eine herausgehobene Stellung erreichte auch der Geistliche Du Cros an der Wiener Akademie für Orientalische Sprachen, an der er als Präfekt und Professor für Französisch unter Vertrag genommen und mit jährlichen 300 Gulden besoldet wurde.[165]

Eine Anstellung in diesen Lehranstalten eröffnete den Geistlichen beste Möglichkeiten, über die dort unterrichteten Schüler mit vermögenden Adelsfamilien aus allen Teilen der Habsburgermonarchie in Kontakt zu treten und sich von diesen unter günstigen Umständen in Dienst nehmen zu lassen bzw. sich für eine Anschlussanstellung zu empfehlen.[166] Jene Emigranten, die sich als Erzieher ausgezeichnet hatten – Zeugnisse und Empfehlungsschreiben der Akademiedirektionen hatten hierbei ein besonderes Gewicht – und in gutem Ruf standen, wurden von einer adligen Familie zur nächsten weitervermittelt und konnten auf diese Weise die längsten Phasen ihrer Emigrationszeit in laufenden Dienstverhältnissen überstehen. So unterrichtete der Geistliche De la Croix aus der Normandie nach seiner Ankunft zunächst zwischen 1795 und 1798 die Kinder des in Westgalizien begüterten Grafen Buszet, bevor er bis 1800 als Privaterzieher des jungen Grafen Zaluski am Wiener Theresianum wirkte und von dort schließlich ins Haus der Fürstin Orsini-Rosenberg wechselte, bevor er nach Frankreich zurückkehrte.[167]

Ergaben sich derlei Kontakte nicht auf Eigeninitiative der Geistlichen, vermittelten besser vernetzte Instanzen, etwa Polignac oder La Fare, Kontakte in die örtlichen Adelshäuser. Davon profitierte beispielsweise der spanische Botschafter in Wien, José Agustín Llano, als er auf Empfehlung La Fares den Priester Jean Baptiste Mathiot als Erzieher seiner Söhne anstellte.[168] Dass dieser in seiner Heimatdiözese Dijon als Generalvikar ein hohes Kirchenamt bekleidet hatte, dürfte ihn für den Posten in einem so herausragenden Haus zusätzlich qualifiziert haben.

Ein bedeutendes Element in der pädagogischen Unterweisung stellte der Sprachunterricht dar. Wie überall im Alten Reich war die Nachfrage nach Französischlehrern auch in den habsburgischen Ländern beträchtlich.[169] Zum Portfolio eines

Zaiguelius, Nivoy, Finet, Margo, Descharrières [dort fälschlich Dessallieres]; ferner de la Croix, Giraudet und Tilmon.
164 Winter, Frühliberalismus in der Donaumonarchie, S. 22.
165 DAW, Priesterpersonalakten, du Cros, Zeugnis von Franz Höck, Propst zu Katsch und Direktor der morgenländischen Akademie, 18. Juni 1804.
166 So die Geistlichen De la Croix, Finet, Giraudet, Tilmon und Zaiguelius.
167 ÖStA/HHStA, StK, Notenwechsel Polizeihofstelle 21, Verzeichnis der französischen Emigranten in Krakau, Nr. 21 (15. April 1795); DAW, Priesterpersonalakten, De la Croix.
168 DAW, Priesterpersonalakten, Jean Baptiste Mathiot, Der Sekretär des spanischen Botschafters an das Wiener Konsistorium, 18. Dezember 1792, dazu ein beiliegendes Schreiben La Fares.
169 Pestel, Winkler, Provisorische Integration und Kulturtransfer, S. 155.

als Erzieher angestellten Emigrantenpriesters gehörte daher in den häufigsten Fällen auch die Sprachdidaktik für Kinder und Heranwachsende. Wer nicht als Erzieher oder *expressis verbis* als Sprachmeister unter Vertrag genommen wurde, bot seine Dienste als Französischlehrer auf Honorarbasis an. Dies betraf freilich nicht ausschließlich geistliche Emigranten, doch stellten diese unter den privaten Französischsprachlehrern wohl die größte Gruppe.

Wie oben gesehen, erkannten die Polizeibehörden die honorarbasierte Tätigkeit als freischaffender Sprachmeister allerdings nicht als ausreichende Subsistenzgrundlage an und verhängten für Personen, die sich ausschließlich über den Unterricht zu finanzieren gedachten, Aufenthaltsverbote und Ausweisungsbeschlüsse. In Fortsetzung des Misstrauensvorbehaltes gegenüber pädagogischen Tätigkeiten von Emigranten beargwöhnte die Polizei insbesondere den Sprachunterricht, da man der Ansicht war, dass die »Franzosen auf diese Art unbemerkt Einfluß auf die Bildung der erbländischen Jugend und in der Folge unter diesem Vorwand nach und nach selbst auf die wirkliche Erziehung [...] Gelegenheit finden«.[170] Angesichts der beschriebenen Kontrolldefizite und Ausnahmepolitik dürften französische Emigranten bei der Sprachvermittlung des Französischen in den 1790er und 1800er Jahren gleichwohl eine wichtige Rolle gespielt haben. Allein in Triest widmeten sich in diesem Zeitraum mehr als ein Dutzend Emigranten haupt- oder nebenberuflich dem Fremdsprachenunterricht.[171]

Die Bedeutung dieses Aspekts des Kulturtransfers zeigt sich auch darin, dass die in der Habsburgermonarchie erschienene fremdsprachendidaktische Literatur in Form französischer Sprachlehrwerke, Grammatiken und Wörterbücher französische Emigranten als Herausgeber und Autoren ausweist. Die »Nuova Grammatica francese ad uso degl'Italiani« des geistlichen Emigranten Maurice Reyre, die dieser im Triestiner Exil veröffentlichte, wurde in der »Allgemeinen Literatur-Zeitung« geradezu hymnisch besprochen und erlebte mehrere Auflagen.[172] Mit der Konzeption und Publikation solcher Lehrwerke leisteten die Emigranten einen Beitrag zur methodischen Verbesserung der Sprachvermittlung und erschlossen sich gleichzeitig eine weitere Einkommensquelle.

Ein Beispiel für über die Sprachdidaktik hinausgehende Fachliteratur ist das Opus Magnum des bereits aus der Auseinandersetzung um Sabatier de Castres bekannten geistlichen Emigranten Jean Claude Fontaine (1715-1807), der in Wien seinen neunbändigen »Cours encyclopédique et élémentaire de mathématiques et

---

170 ÖStA/AVA, PHSt 1798/446, Polizeiminister Pergen an den Gouverneur der Steiermark, 14. Mai 1798.
171 AD Trieste / Fondo Incontrera, Tabellarische Aufstellung: Émigrés français à Trieste, S. 1-9.
172 Maurice Reyre: Nuova Grammatica Francese ad uso degl'Italiani, e di tutti coloro che bramano di parlare e di scrivere corettamente la lingue francese, Triest 1798; Rezension in: Allgemeine Literatur-Zeitung (ALZ) 1802, Bd. 3, Sp. 663-664. Dazu Incontrera, Giuseppe Labrosse (parte II), S. 371.

de physique« veröffentlichte.[173] Dieses Werk fand nicht nur im gelehrten Wien anerkennende Aufnahme, sondern wurde von dem zur griechischen Diaspora in der Residenzstadt gehörigen Konstantinos Koumas (1777-1836) unter Hinzuziehung weiterer französischer Mathematiker ins Griechische übersetzt.[174] Um 1800 war Wien ein bedeutendes Zentrum der griechischsprachigen Wissenschaftsliteratur.[175] So verdeutlicht dieser Fall, dass der Kulturtransfer keineswegs als statische Konstellation von Mittler und Rezipient im sozialen Kontext der Aufnahmegesellschaft zu begreifen ist, sondern sich multiple Rezeptionsmuster in einem urban-kosmopolitischen Raum wie Wien überlagern konnten.

Während viele geistliche Emigranten ihre kollektiven und individuellen Fähigkeiten nutzten, um ihre Subsistenz im Exil zu sichern, sind vereinzelt auch Bemühungen um den Erwerb neuer Qualifikationen dokumentiert. Der Fall zweier französischer Geistlicher, die sich an der Universität Wien für ein Medizinstudium immatrikulieren wollten, gehört zwar zu den seltenen Ausnahmen.[176] Andere Formen von Weiterbildung konnten aber auch im Erreichen staatlich anerkannter »Abschlüsse« bestehen, etwa bei der Lehramtsqualifikation. Der anfangs bei Feldmarschall Ferraris als Sekretär angestellte Abbé Chamont beispielsweise nutzte einen längeren Aufenthalt in Wien dazu, um sich als Lehrer zu qualifizieren, legte »bey der k. k. Normal Schule bei St. Anna die Prüfung ab und erhielt auf seinen Antrag hin von der hiesigen hohen Landesstelle die Befugnis eingeräumt, eine Privaterziehungsanstalt zu halten«, die er wenig später in Lemberg tatsächlich eröffnete.[177]

Das Spektrum der Tätigkeiten zeigt, dass die geistlichen Emigranten nach ihrer Ankunft in der Habsburgermonarchie aktiv Wege aus ihrer anfänglich oft prekären Abhängigkeit suchten und hierfür gezielt Fähigkeiten in Anschlag brachten, die sie, etwa im Erziehungswesen, zu begehrten Angestellten machten.

---

173 Jean Claude Fontaine: Cours encyclopédique et élémentaire de mathématiques et de physique, Wien 1800.
174 Konstantin Michael Koumas: Synopsis physikes, Wien 1812. Zur griechischen Diaspora in Wien Vasiliki Seirinidou: Griechen in Wien im 18. und frühen 19. Jahrhundert. Soziale Identitäten im Alltag, in: Das achtzehnte Jahrhundert und Österreich. Jahrbuch der Gesellschaft zur Erforschung des achtzehnten Jahrhunderts 12 (1997), S. 7-28.
175 Christine Phili: Greek mathematical publications in Vienna in the 18th-19th centuries, in: Martina Bečvářová, Christa Binder (Hg.): Mathematics in the Austrian-Hungarian Empire, Prag 2010, S. 137-148; hier S. 140-141.
176 ÖStA/AVA, PHSt 1796/261, Die geistlichen Emigranten Destombes und Monnier bitten um die Erlaubnis, sich in Wien zum Medizinstudium immatrikulieren zu dürfen, 1. Mai 1796.
177 ÖStA/AVA, PHSt 1812/3334, Der ostgalizische Landeschef an die Polizeihofstelle betreffs des Emigranten Chaumont, 20. April 1813.

Begüterte geistliche Emigranten

Aktives »Improvisieren-Könnenmüssen« der Geistlichen im Exil bedeutete nicht nur, Gelegenheiten zu ergreifen und etwa in vermögenden Haushalten und Erziehungsinstituten Anstellung zu finden. Es konnte auch darin bestehen, sich mithilfe eigener finanzieller Mittel ein langfristiges Auskommen zu sichern. So gelang es einzelnen Geistlichen, größere Geldsummen in Form von Wechseln zumeist über Großbritannien oder Holland in die Habsburgermonarchie zu transferieren. Die Investitionsmöglichkeiten waren zwar durch die polizeilichen Beschränkungen begrenzt, doch ergaben sich nach der »pragmatischen Wende« ab Mitte der 1790er Jahre für finanziell potente Geistliche Chancen für renditefähige Investments, die ihnen ein Leben als Rentiers erlaubten.

Anders als bei den adligen Emigranten, deren immobilienbasierte Investitionstätigkeit bereits thematisiert wurde, sind Fälle von Grunderwerb bei geistlichen Emigranten nur selten dokumentiert, nicht zuletzt, weil die meisten ohnehin nur über bescheidene Mittel verfügten. So erhielt etwa der Domherr Antoine Hilaire Grandchamp aus Nancy nach seiner Abschiebung aus dem Hochstift Passau 1798 erst aus medizinischen Gründen eine Reiseerlaubnis nach Wien, wo er sich einer augenärztlichen Behandlung unterziehen wollte. Ausweislich eines Attests des Leibarztes des Passsauer Fürstbischofs lief er Gefahr, das Augenlicht zu verlieren.[178] Nachdem er auf Vermittlung La Fares und Beroldingens zunächst als Hauskaplan beim Grafen von Montecucoli auf dessen Schloss Mitterau bei St. Pölten fungiert hatte und anschließend zum Fürsten Lobkowitz nach Inzersdorf bei Wien gewechselt war,[179] erwarb Grandchamp wohl nach 1802 in dem Wiener Vorort ein Wirtschaftsgut im beträchtlichen Wert von 40.000 Gulden und lebte fortan von den dort erwirtschafteten Einkünften.[180]

Es überrascht nicht, dass der eng mit La Fare verbundene Geistliche sich mit dem Erwerb eines Guts auf den langfristigen Verbleib im Exil einstellte, war Grandchamp doch laut einer seiner wenigen überlieferten Aussagen jedem Kompromiss mit der neuen Ordnung in Frankreich abhold. Noch 1799 ereiferte er sich:

---

178 ÖStA/AVA, PHSt 1799/204, Anton Hilarius Grandchamp, Kanonikus von Nancy, Aufenthaltsgesuch, mit ärztlichen Attesten, 17. Februar 1799.
179 ÖStA/AVA, PHSt 1799/389, Anton Hilarius Grandchamp, Kanonikus von Nancy, Übersiedlung von Wien nach Mitterau sowie weitere medizinische Atteste.
180 Wühr, Die Emigranten der Französischen Revolution im bayerischen und fränkischen Kreis, S. 402, Nr. 2116; DAW, Priesterpersonalakten, Grandchamp, Grundbuchextrakt.

L'horrible et cruelle révolution qui nous a tout enlevé, laisse-t-elle en nos mains d'autre moyens que la prière pour témoigner notre reconnaissance aux gouvernements humains qui nous protègent et aux particuliers sensibles qui nous accueillent?[181]

Nachdem der Franzose die Rückkehroption nach Frankreich, die sich nach dem Konkordat für Geistliche bot, ausgeschlagen hatte, legt der Gütererwerb in Österreich nahe, dass er diese »menschenfreundliche Regierung« in der Herrschaft Kaiser Franz' erkannt zu haben glaubte. Handlungskonsequent machte er sich daher mit einer großen Summe Geldes, die den Hauptteil seines Vermögens dargestellt haben dürfte, in den Erbstaaten verbindlich.

Armut und Selbsthilfe

Es gelang nur einer kleinen, im Quellenbefund aber relativ gut dokumentierten Gruppe geistlicher Emigranten der Eintritt in reguläre Dienstverhältnisse, die *grosso modo* Stand und Qualifikation der Betreffenden entsprachen. Dagegen ist von einer viel größeren Gruppe auszugehen, die unter materiell prekären Bedingungen ihre Existenz fristete und nach erfolglosen Etablierungsversuchen die Habsburgermonarchie wieder verlassen musste und weiterzog.

Abgesehen von den bereits diskutierten Formen wirtschaftlicher Aktivität boten oft nur Bettelei und verschiedene Initiativen der Emigrantenselbsthilfe eine zeitweilige Linderung akuter Not.[182] Dass materielle Bedürftigkeit punktuell dramatische Ausmaße annehmen konnte, lässt ein Bericht im »Bregenzer Wochenblatt« vom 30. September 1798 erahnen, der die Situation in der Bodenseeregion schildert:

Wer das menschliche Elend in ganzer Grösse sehen will, muß jetzt hier seyn. Täglich kommen 50. bis 60. französische Emigrirte durch die Schweiz halb nackend hier an: sie sehen nicht Menschen, sondern Geistern ähnlich, mit halbzerfetzten Kleider, ohne Schuhe, ohne Brod und Geld. Vor einigen Tagen fand man seitwärts Frauenfeld einen solchen todt; wie man ihn secierte; zeigte sich, daß der Magen vor Hunger ganz zusammengeschrumpft war, und man fand im Magen kleine Stückchen Sohlenleder und Gras. Wenn man diesen Unglücklichen auch gerne helfen wollte, so sind es ihrer zu viele. Die Zahl der Emigranten [...] soll über 30000. betragen. Diese Leute wissen nicht wohin; aus der Schweitz werden sie ausgewiesen, nach Deutschland erhalten sie keine

---

181 ÖStA/AVA, PHSt 1799/389, Kanonikus Grandchamp an Vize-Polizeiminister Saurau, 26. Mai 1799.
182 Schon in den Österreichischen Niederlanden hatte es Hilfskomitees und Spendensammlungen für emigrierte Geistliche gegeben; vgl. Presle, Die Einstellung der Regierung, S. 161.

Pässe. Sie drängen sich also in unserer Gegend zusammen, und wenn keine Auskunft getroffen wird, so bleibt ihnen keine andere Zuflucht, als ein nasses Grab im Bodensee.[183]

Wenngleich akute Not Konjunkturen unterlag und insbesondere im Zuge der militärischen Auseinandersetzungen auf dem europäischen Kriegsschauplatz die beschriebenen Ausmaße annehmen konnte, stellte die Notwendigkeit, für die eigene Subsistenz zu sorgen, die geistlichen Emigranten überall und dauerhaft vor Herausforderungen. In Situationen von Mittellosigkeit war das Sammeln von Almosen eine praktikable Alternative zu normalerweise ständisch oder anderweitig privilegierter Lohn- und Erwerbstätigkeit. Obwohl sich »praktisches Solidaritätshandeln« (Joachim Bahlcke) der Aufnahmegesellschaft, etwa in Vorderösterreich, sehr wechselhaft gestaltete und somit alles andere als verlässlich war, und obendrein die Wiener Hofstellen Bettelei größeren Ausmaßes zu verhindern suchten, zählten viele Geistliche auf die individuelle Freigebigkeit der Einheimischen.

Organisierte Almosensammlungen kleineren Umfangs wurden von den lokalen Obrigkeiten in Vorderösterreich wiederholt erlaubt und in Einzelfällen sogar von den Wiener Hofstellen gebilligt.[184] Benefizkonzerte und -schauspiele, Zuwendungen und Solidaritätsbekundungen lokaler Prälaten und Klöster sowie die Organisation einer Mittagstafel (»table commune«) für bedürftige Geistliche stellten erste kollektive Hilfsmaßnahmen in Konstanz selbst dar.[185] Mit finanzieller Unterstützung seitens des Papstes konnten vor allem in Not geratene Bischöfe rechnen.

Mehr Erfolg versprachen Spendenaufrufe größeren Stils, die die nach Konstanz geflüchteten Bischöfe um den Pariser Erzbischof Juigné für die geistliche Emigrantenkolonie am Bodensee initiierten. Diesen Aufrufen vermochten die Bischöfe aufgrund ihrer Prominenz und Anzahl besonderes Gewicht zu verleihen. Zudem passten sie Form, Argumentation und Ton der Aufrufe den jeweils anvisierten Adressaten an. Begleitet von einem päpstlichen Sendschreiben wandten sich die Bischöfe 1792 zunächst an die katholischen Reichsstände, die sie zur Durchführung von Kollekten zugunsten der Konstanzer Kolonie drängten.[186] Die wenige Jahre später in Konstanz gedruckte und an viele Städte und Höfe gerichtete »Bitte an Christen« erweiterte den potenziellen Spenderkreis, indem in

---

183 Bregenzer Wochenblatt, 20. Oktober 1797 (Nr. 41), S. 4.
184 GLA Karlsruhe, Bestand 119, Landvogtei Ortenau 48, Sammlung von Beiträgen zur Unterstützung der ausgewanderten französischen Geistlichen, 1793-95; auch ÖStA/AVA, Kultus AK Katholisch 561, Klöster, Nonnen, Handschriftliche Billigung der Sammlungen in Vorderösterreich durch Kaiser Franz, o.D. (Februar 1799?).
185 Moser, Die französische Emigrantenkolonie in Konstanz, S. 26-28, 33-36.
186 Zur Kollekte Bahlcke, Zwischen offener Zurückweisung und praktischer Solidarität, S. 268. Auch eine Anleihe konnte erfolgreich ausgegeben werden, vgl. Moser, Die französische Emigrantenkolonie in Konstanz, S. 28-29.

bewusst konfessionsneutraler Sprache um milde Gaben für die »standhaften Bekenner Gottes« und die »unschuldigen Opfer einer noch nie erhörten Wuth des Lasters und Unglaubens« angesucht wurde.[187]

Trotz innerkirchlicher Unterstützungsnetzwerke, die vielerorts Not linderten, erschöpfte sich insbesondere im unmittelbaren Umkreis von Konstanz die Freigebigkeit zusehends. Der Bischof von Nîmes reagierte befremdet darüber, dass die schwäbischen Abteien kaum Spendenbereitschaft zeigten, wo doch in Konstanz emigrierte Geistliche sogar zu verhungern drohten.[188]

Auch in der Erzdiözese Wien stießen die Spendenaufrufe zugunsten der Konstanzer Kolonie auf keine Resonanz.[189] Dies lag weniger am Unwillen Erzbischof Migazzis, sondern ging auf eine ausdrückliche Order der Polizeihofstelle zurück, die die Durchführung von Kollekten schlicht untersagte.[190] Entschuldigend schrieb Migazzi an seinen Pariser Amtsbruder in Konstanz, dass er, Migazzi, immerhin die geistlichen Emigranten in seiner Diözese nach Kräften unterstütze.[191] Seine Argumentation ähnelte den Rechtfertigungen vieler Fürstbischöfe im Reich: Nach einmaligen Sammlungen für die Konstanzer Geistlichen wollten sie sich nun vorrangig um die in ihren Hoch- und Erzstiften lebenden Emigranten kümmern, indem sie diesen Reisegelder zahlten, ihnen mit Warengutscheinen materiell unter die Arme griffen, Unterkünfte einrichteten und andere Soforthilfen gewährten.[192]

Das merkliche Abebben der Gebefreudigkeit erforderte einen neuen »Fundraising«-Ansatz. Mit Unterstützung der lokalen Geistlichkeit etablierten die französischen Bischöfe in Konstanz, Solothurn und Fribourg ein ausgefeiltes Sammelsystem, in dessen Rahmen emigrierte Kleriker von Solothurn und Konstanz aus mit Beglaubigungsschreiben der Bischöfe in entlegene Gegenden des Reiches, die Zentralschweiz, nach Italien, Dänemark, Schweden, Polen, Ungarn und Russland geschickt wurden, um direkt vor Ort die benötigten Mittel einzuwerben.[193] Ins-

---

187 Zit. n. Bahlcke, Zwischen offener Zurückweisung und praktischer Solidarität, S. 270, Abb. 2.
188 Ebd., S. 262.
189 DAW, Bischofsakten, Migazzi 4, Nr. 899, Der Erzbischof von Paris und fünf weitere französische Bischöfe bitten um eine Almosensammlung in der Wiener Diözese, 17. Juni 1796.
190 DAW, Bischofsakten, Migazzi 4, Nr. 904, Mitteilung der Regierung, dass keine Sammlung für die Konstanzer Emigrantenkolonie bewilligt wird, 11. Februar 1797.
191 DAW, Bischofsakten, Migazzi 4, Nr. 908, Migazzi an den Erzbischof von Paris in Konstanz, 6. März 1797
192 Bahlcke, Zwischen offener Zurückweisung und praktischer Solidarität, S. 269-272. Diese Hilfstätigkeit blieb anderen Emigranten nicht verborgen, etwa im Fall des Fürstbischofs von Freising und Regensburg, Joseph Konrad von Schroffenberg; vgl. Bombelles, Journal, 4: 1793-1795, S. 266-267.
193 Moser, Die französische Emigrantenkolonie in Konstanz, S. 26-33; Ferdinand von Arx: Die französischen Emigranten in Solothurn 1789-1798, in: ders. (Hg.): Bilder aus der Solothurner Geschichte, Bd. 2, Solothurn 1939, S. 9-37. Zur europäischen Sammelaktion die Quellensammlung von Léon Jérôme (Hg.): Collectes à travers l'Europe pour

besondere in weit entfernten Regionen wurde diese Sammlung zum Erfolg. Zarin Katharina II. ließ 1794/95, ihr Nachfolger Paul I. von 1797 bis 1799 aufgrund der Konstanzer und Solothurner »Spendenbotschafter« Kollekten durchführen, deren Ertrag zu einem wesentlichen Teil zur Versorgung der emigrierten Geistlichen in der Bodenseeregion bestimmt war.[194] Der Konstanzer Stadthauptmann Blanc berichtete dem Kaiser über die Versorgungslage anno 1796:

> Hier in Konstanz befinden sich 232. vertriebene französische Priester, von welchen kaum noch die Hälfte aus ihren eigenen wenigen Mitteln leben kann, die übrigen aber aus den Zuflüssen christlicher Wohlthätigkeit an einer in den Stunden abwechselnden äußerst frugalen gemeinsamen Tafel genähret, zum Theile in anderen höchstnöthigen Bedürfnissen unterhalten werden. Diese Zuflüsse bestunden bisher aus den milden Beyträgen, die nach und nach theils aus der hiesigen Dioeces, theils von einigen deutschen Bischöfen eingiengen, und aus dem Antheile, den diese armen Priester an dem reichlichen Almosen hatten, welches sie und ihre in dem schweitzerischen Canton Freyburg und Solothurn in mehr, als fünffacher Anzahl befindlichen Standes- und Unglücksbrüder vor einem Jahr aus Russland erhalten haben. Dieses Almosen belief sich auf 26000. Rubel, wovon 16000. in den Städten Petersburg, Moskau und Riga für sie gesammelt, die übrigen 10000. Rubel aber von der russischen Monarchinn selbst beygeschossen wurden.[195]

Die von Konstanz, Solothurn und Fribourg aus orchestrierten Bemühungen der französischen Bischöfe stellten eine gezielte Europäisierung der Emigrantenkolonien am Bodensee und in der Schweiz sowie der geistlichen Emigration allgemein dar. Denn nicht nur das Solidaritätshandeln der umworbenen Höfe und Personen sollte auf diesem Weg herausgefordert werden. Diese sollten vielmehr dazu bewogen werden, für die geistlichen Emigranten aktiv Partei zu ergreifen. Ein konkretes Ziel bestand etwa darin, neue Unterbringungsmöglichkeiten für die vielen in Konstanz lebenden Emigranten zu erschließen.[196] So gelang es im

---

les prêtres français déportés en Suisse pendant la Révolution 1794-1797. Relation inédite publiée pour la société d'histoire contemporaine, Paris 1897.

194 Moser, Die französische Emigrantenkolonie in Konstanz, S. 32. Ausschlaggebend war offenbar, dass der ehemalige französische Botschafter in Russland, Jacques Gabriel Louis Le Clerc de Juigné, ein Bruder des Pariser Erzbischofs, in Konstanz anwesend war und das Bittgesuch mit einem eigenen Schreiben authentifizierte. Zu den Sammlungen in Russland Julie Olliver: Les dons en faveur du clergé français émigré, collectés dans l'Empire de Russie en 1794 et 1798, in: Histoire, Économie et Société 25 (2006) 4, S. 45-59.

195 GLA Karlsruhe, Bestand 209, Konstanz, Stadt, Nr. 1152, Überwachung der Emigranten 1793-1804, Der Konstanzer Stadthauptmann Blanc an Kaiser Franz, 14. März 1796, fol. 39-44.

196 Burkhardt, Konstanz im 18. Jahrhundert, S. 72-74.

Verlauf der Sammlungsaktion beispielsweise, rund 200 Geistliche in die Republik Venedig umzusiedeln.[197]

Ein intendierter Nebeneffekt des neuen Sammelsystems bestand zudem darin, Informationen über die Emigration sowie eigene Deutungen der Revolution europaweit zu verbreiten. Ein Netz von Kommunikationskanälen in Kontinentaleuropa zu etablieren, zeugt von einem strategischen Ansatz. Die dadurch ermöglichte Popularisierung gruppenspezifischer Sichtweisen diente nicht nur als Mittel zur Erhöhung der Spendenbereitschaft, sondern kann als propagandistische Bewerbung eigener Interessen im Dickicht eines kakophonen öffentlichen Diskurses rund um die Emigration in Europa begriffen werden. Der Zweck dieses Ansatzes bestand offenkundig darin, eigene Deutungsmacht gegenüber konkurrierenden und den standesspezifischen Interessen zuwiderlaufenden Narrativen, darunter auch die maßgeblich auf das »Koblenz-Syndrom« zurückgehende Emigrantenkritik, zu behaupten.

Argumentativ angereichert wurde dieses Bemühen von Aufrufen einheimischer Bischöfe in den Exilregionen, die jede Hilfe für diese »Glaubenshelden« als Beitrag zur »Rettung des Christentums« verklärten.[198] Tatsächlich begründeten die meisten Hilfeleistenden ihr Solidaritätshandeln mit religiösen Motiven wie christlicher Nächstenliebe, Barmherzigkeit und Mitleid, an die die geistlichen Emigranten selbst immer wieder appelliert hatten.

Ansätze einer zentralstaatlich gesteuerten Hilfspolitik sind im habsburgischen Rahmen dagegen nicht auszumachen. Der wohlfahrtsstaatliche Impetus der Verwaltung zielte in erster Linie auf die Aufrechterhaltung der inneren Ordnung und die Versorgung der »eigenen« Armen im Rahmen etablierter »policeylicher« Strukturen und Prozesse ab.[199] Wie im ersten Teil dieses Buches gezeigt, beschränkten sich die Steuerungsmaßnahmen der Polizei darauf, lokale Ansammlungen von Geistlichen wegen der damit verbundenen materiellen Engpässe zu verhindern.

Umso mehr waren die Geistlichen auf koordinierte Versuche zur Emigrantenselbsthilfe angewiesen. Neben dem persönlichen Aktionskreis La Fares, der für emigrierte Standesgenossen Zuwendungen einwarb oder sie in Beschäftigungsverhältnisse und Unterkünfte vermittelte, ist für das Gebiet der Habsburgermonarchie solches Selbsthilfeengagement bereits beispielhaft untersucht worden.[200] Die Ergebnisse zeigen, dass transregionale Netzwerke innerhalb der geistlichen Emigration auch noch Ende des 1790er Jahre, als die räumliche Verteilung bereits stark dezentralisierten Charakter hatte, tragfähig waren und in Phasen akuter Not Initiativen zur Regionen übergreifenden Selbsthilfe angestoßen wurden.

---

197 Moser, Die französische Emigrantenkolonie in Konstanz, S. 33.
198 Wühr, Die Emigranten der Französischen Revolution im bayerischen und fränkischen Kreis, S. 223-229; Pestel, Winkler, Provisorische Integration und Kulturtransfer, S. 155.
199 Bahlcke, Zwischen offener Zurückweisung und praktischer Solidarität, S. 272.
200 Hierzu Winkler, Das Exil als Aktions- und Erfahrungsraum, S. 65-67.

Die bisher betrachteten Handlungsfelder dokumentieren die Bemühungen der emigrierten Geistlichen zur lebensweltlichen und alltagspraktischen Strukturierung des Provisoriums Emigration. Bei den wiederkehrenden Fragen nach Subsistenz, Wohnraum und Aufenthaltsdauer zeigt sich, dass die Aufnahmegesellschaft ihrerseits ein aktives Interesse an den geistlichen Emigranten hatte, in diesen also keineswegs nur Objekte des Solidaritätshandelns erkannte. Improvisation und Experimentieren seitens der Emigranten, aber auch offensive Selbst-Bewerbung und Valorisierung eigener Qualifikationen machten Kooperationen mit Einheimischen möglich, die Transferprozesse zwischen Emigranten und Aufnahmegesellschaft in Gang setzten.

3.2.2 Seelsorge

Für geistliche Emigranten bestand eine besonders nahe liegende Option zur Sicherung der Subsistenz und eines standesgemäßen Lebenswandels darin, sich in den Seelsorgestrukturen der Exilländer zu verwenden. Wie oben ausgeführt, nahmen sich die gesetzlichen Regelungen, die ein generelles Verbot pastoraler Tätigkeit vorsahen, auf den ersten Blick zwar restriktiv aus, doch ließen Ausnahmen infolge individueller Aushandlungsprozesse sowie Kontrolldefizite genügend Handlungsraum auf dem Feld pastoralen Wirkens. Grundsätzlich zu unterscheiden sind hierbei die seelsorglichen Dienste für andere französische Revolutionsemigranten, für die französischen Kriegsgefangenen und für Einheimische.

Während in Regionen des Alten Reiches mit lokalen Konzentrationen von Emigranten regelrechte Exilgemeinden entstanden, die von eigens dafür bestellten Emigrantenpriestern betreut wurden, ist ein solch formalisiertes Engagement angesichts der relativen Dezentralisierung der Aufenthaltsorte in der Habsburgermonarchie mit Ausnahme von Konstanz nicht nachweisbar.[201] Gleichwohl ist davon auszugehen, dass an Orten, an denen sich viele Emigranten aufhielten, der geistliche Beistand eines Landsmannes gesucht wurde, wenn ein solcher verfügbar war.

In der Habsburgermonarchie konnten französische Emigranten vielerorts an Gottesdiensten teilnehmen, die Emigrantenpriester zelebrierten und sich auch von ihnen die Beichte abnehmen lassen. Anders als in den mehrheitlich protestantischen Territorien des Alten Reiches bestand für die geistlichen Emigranten keine Notwendigkeit, eigene Hauskapellen oder private Oratorien einzurichten, da die existierenden Sakralräume der eigenen katholischen Konfession genutzt werden konnten.[202] In der Wiener Innenstadt feierten sie etwa in der französischen Nationalkirche Sankt Anna und in der italienischen Nationalkirche, der Mino-

---

201 Pestel, Weimar als Exil, S. 94.
202 Peter Schmidt-Eppendorf: Priester-Emigranten in Hamburg und Schleswig-Holstein in der Zeit der Französischen Revolution, in: Verein für katholische Kirchengeschichte in Hamburg und Schleswig-Holstein 3 (1990), S. 31-101; hier S. 37-39.

ritenkirche, die von der *Amicizia Cristiana* betrieben wurde, regelmäßig Messen. Im Falle prominenter Emigranten, die im Exil starben, leiteten wie im Fall des französischen Ex-Marineministers La Luzerne emigrierte Bischöfe die Exequien.[203]

Kriegsgefangenenseelsorge

Ein nahezu exklusives Betätigungsfeld für emigrierte Geistliche bot die seelsorgliche Betreuung der französischen Kriegsgefangenen. Im Verlauf des Krieges hatten die preußische, die österreichische bzw. die Reichsarmee Zehntausende Angehörige der französischen Revolutionsarmee gefangen genommen und in eigens dafür eingerichteten Lagern interniert.[204] Zu den logistischen Herausforderungen, die die Administration und Kontrolle dieser Einrichtungen mit sich brachte, gehörte die Bereitstellung von Seelsorgern, die Sakramente spenden und in den Lagern katechetisch wirken konnten. Die durch prekäre Unterbringung und grassierende Krankheiten bedingte hohe Mortalität der Internierten stimulierte die Nachfrage nach geistlicher Begleitung zusätzlich.

Alle Reichsstände, die Kriegsgefangene in ihren Territorien unterbrachten, sahen sich mit der Schwierigkeit konfrontiert, geeignete Seelsorger für die französischen Soldaten zu finden. Das Anforderungsprofil ließ wenig Interpretationsspielraum: Die Geistlichen mussten einerseits der französischen Sprache mächtig sein und zudem bereit sein, sich gegen ein geringes Entgelt den lebensgefährlichen Bedingungen in den Lagern auszusetzen. Andererseits hatten sie so vertrauenswürdig im Sinne der jeweiligen Landesherrschaft zu sein, dass weder eine Solidarisierung zwischen Gefangenen und Seelsorgern noch der unkontrollierte Austausch von Informationen zu befürchten standen.

Für diese Gratwanderung stand in nahezu allen Territorien des Alten Reichs mit den geistlichen Emigranten eine personelle Ressource zur Verfügung, die diese Voraussetzungen zumindest potenziell erfüllte und die sich aus unterschiedlichen Motiven für diese Betätigungsnische interessierte. Ausschlaggebend für die Bewerbung um eine solche Dienstverpflichtung dürfte neben dem aus dem geistlichen Stand herrührenden pastoralen Impuls vor allem die Aussicht auf eine Verbesserung der eigenen ökonomischen Situation durch die mit dem Einsatz verbundene Aufwandsentschädigung gewesen sein. Mit zunehmender Prekarisierung von Teilen des emigrierten Klerus nahmen einzelne Geistliche das erhöhte Risiko für Leib und Leben in Kauf, in den wiederholt von Seuchen heimgesuchten Kriegsgefangenenlagern eingesetzt zu werden und dafür zumindest die notwendigsten Existenzmittel zu erhalten. Im Falle des Hochstifts Bamberg etwa, das einige Hundert französische Kriegsgefangene internierte und von französi-

---

203 Trathnigg, Französische Emigranten in Wels, S. 112.
204 Winkler, Emigranten in Bamberg, S. 134-135.

schen Emigrantenpriestern geistlich betreuen ließ, ist eine erhöhte Morbidität und Mortalität der Seelsorger nachgewiesen.[205]

Neben Krankheiten wie Typhus gehörte die endemische Gewalt in den Lagern zu den Hauptgefahren. Denn trotz der religiösen Grundbedürfnisse der Soldaten dürften nicht alle internierten Angehörigen der Revolutionsarmee über die Präsenz von Geistlichen erfreut gewesen sein, die ihre Intransigenz gegenüber Revolution und Verfassungseid mit ihrem Gang ins Exil unter Beweis gestellt hatten und die, aus dieser Perspektive betrachtet, emblematisch für Revolutionsgegnerschaft und Landesverrat standen.[206]

Trotz dieses Konflikt- und Gefahrenpotenzials, das der Einsatz bei den Kriegsgefangenen mit sich brachte, sind – soweit sich dies vor dem Hintergrund des defizienten Forschungsstandes zur Kriegsgefangenschaft in der Koalitionskriegsepoche überhaupt sagen lässt – keine Zwangsverpflichtungen von französischen Seelsorgern bekannt. Aufgrund der ökonomischen Notsituation ist im Gegenteil davon auszugehen, dass es unter den Emigranten eine regelrechte Konkurrenz um die wenigen Positionen gab und nach dem krankheitsbedingten Ausfall oder Tod eines Seelsorgers zügig Ersatz gefunden wurde.[207]

Obschon die Notwendigkeit einer »geistlichen Versorgung« der Kriegsgefangenen staatlicherseits grundsätzlich anerkannt war, wurde die pastorale Arbeit in den Lagern sehr engmaschig reguliert. Dienstinstruktionen verpflichteten die Priester, politische Gespräche über die Revolution und den Krieg zu unterlassen.[208] Empfehlungsschreiben oder gar Bürgschaften für die Unbescholtenheit der eingesetzten Priester waren ohnehin eine Mindestvoraussetzung für deren Anstellung. Kenntnisse der Landessprache waren zudem von Vorteil, da die Gefangenenseelsorger als Schnittstelle zwischen Lager und Administration Bedürfnisse und Anliegen der Insassen in Erfahrung bringen und an die zuständigen Verwaltungsstellen weiterleiten sollten. Abgesehen von der Berichtspflicht gegenüber den Behörden vor Ort blieben die Seelsorger als Emigranten weiterhin unter Beobachtung der Polizei. Diese grobe Skizze verdeutlicht, dass die Kriegsgefangenenseelsorge ein anspruchsvolles und unter politischen Gesichtspunkten hoch sensibles Aktionsfeld für die Geistlichen darstellte, das in der Emigrantenhistoriografie zu Unrecht bislang kaum gewürdigt worden ist.

Auch in der Habsburgermonarchie wurden bald nach dem Kriegsausbruch 1792 Gefangenenlager eingerichtet, zunächst im Königreich Ungarn, später auch

---

205 Ebd., S. 136.
206 Ebd., S. 135.
207 Im Kriegsgefangenenlager Kronach im Hochstift Bamberg beispielsweise besetzten binnen zweier Jahre von 1795 bis 1797 sechs französische Geistliche nacheinander die Position des Gefangenenseelsorgers, von denen drei Priester während ihres Einsatzes starben; vgl. ebd., S. 136.
208 Ebd., S. 135.

in der Steiermark, in Kärnten, Oberösterreich und Italien.²⁰⁹ Wie Bernard de Brye anhand der Korrespondenz La Fares zeigen kann, war dieser nach einem Sommeraufenthalt in der Residenz des Wiener Erzbischofs Migazzi im ungarischen Maroth 1793, wo er wohl zum ersten Mal größeren Ansammlungen französischer Kriegsgefangener begegnet war, ein entschiedener Befürworter des pastoralen Einsatzes von geistlichen Emigranten in den Lagern.²¹⁰ Von seiner Initiative, für die er sowohl von den in Konstanz versammelten Mitgliedern des französischen Episkopats als auch vom Wiener Hof Rückendeckung erhielt, versprach er sich zweierlei: Erstens konnte emigrierten Geistlichen eine standesgemäße Aufgabe verschafft werden, die ihnen staatlich garantierte Einkünfte und einen Unterschlupf in Aussicht stellte. Zweitens hatte La Fare für diese Aufgabe vornehmlich mittellose Kleriker aus seiner eigenen Diözese Nancy im Blick, die bisher von sporadischen Zuwendungen lebten, sah er es doch stets als eine seiner Hauptaufgaben an, auch im Exil seiner bischöflichen Fürsorgepflicht für die Geistlichen seines Sprengels nachzukommen – wohlwissend, dass diese sich mit der Arbeit in den Lagern in ernste Gefahr begaben.²¹¹

Brye arbeitet heraus, wie geschickt sich La Fare das Einverständnis der anderen französischen Bischöfe sicherte und gleichzeitig auch den Interessen des Wiener Hofes in Bezug auf die Gefangenen Rechnung trug.²¹² Letzterer war in erster Linie daran interessiert, angesichts des herrschenden Priestermangels keine einheimischen Kleriker für den Dienst abstellen zu müssen und vor dem Hintergrund des unvorhersehbaren Kriegsverlaufs Ruhe und Ordnung in den Lagern aufrecht zu erhalten. Um Stimmungen einzufangen und Informationen über die

209 Zur Kriegsgefangenschaft in der Habsburgermonarchie liegen keine systematischen Studien vor. Ein Überblick über die Lager in Ungarn, im Banat und in Siebenbürgen bei Ion Georgescu: Les Prisonniers Français dans les Camps du Sud-Est de l'Europe au Temps des Guerres de l'Autriche avec la France (1792-1815), in: Revue Roumaine d'Histoire 15 (1976) 3, S. 509-531. Speziell zu Ungarn auch Tóth, French Émigrés in Hungary, S. 73-74 (dort auch weitere Verweise auf ungarische Forschungsliteratur).
210 Brye, Consciences épiscopales en exil, S. 170-172. Einen eindrücklichen Zeitzeugenbericht über den Zustand der Kriegsgefangenenlager in Ungarn 1793/94 bietet der sächsische Botaniker Johann Centurius von Hoffmannsegg: Reise des Grafen von Hofmannsegg in einige Gegenden von Ungarn bis an die türkische Grenze. Ein Auszug aus einer Sammlung von Original-Briefen, Görlitz 1800, S. 164-165, 171.
211 Für das Kriegsgefangenenlager in Klagenfurt gibt es zumindest für einen späteren Zeitpunkt Indizien für eine hohe Morbidität unter den französischen Seelsorgern, für die Ersatz aus dem nahen Litorale angefordert wurde; vgl. ÖStA/AVA, PHSt 1800/27, Der Kärntner Landeschef an Polizeiminister Pergen, 24. Januar 1800. Ähnliches in Krain, siehe ÖStA/AVA, Kultus AK Katholisch 559, 1, Generalien B – Betr. aus dem Ausland kommende Geistliche und Ordensleute, Hofkanzlei an die Krainische Landesstelle über die Erlaubnis zwei französische Emigrantenpriester im Kriegsgefangenenlager in Neustädtl anzustellen, 2. Januar 1800.
212 Brye, Consciences épiscopales en exil, S. 170-172.

Situation vor Ort zu sammeln, konnten die unter den Gefangenen operierenden Seelsorger einen Beitrag zur regulären militärischen Lageraufsicht leisten.

La Fare koordinierte das Vorgehen mit dem Vizepräsidenten des Hofkriegsrats, Feldmarschall Ferraris, der innerhalb der hofnahen Militärelite zu den einflussreichsten Fürsprechern in Emigrantenbelangen gehörte und wahrscheinlich auch in diesem Fall seine Mittlerfunktion im Sinne des Anliegens La Fares nutzte. Der emigrierte Bischof berücksichtigte seinerseits die Interessenlage des Hofs insofern, als er in den »Instructions (secrètes) pour les ecclésiastiques français ... placés auprès des prisonniers de guerre«, mit denen die in die Lager geschickten Geistlichen ausgestattet wurden, ausdrücklich festhielt:

> Employés par S.[a] M.[ajesté], ils [les ecclésiastiques français, M.W.] auront pour son service l'attention et l'intérêt que dictent le devoir et la reconnaissance. Ils surveilleront les prisonniers et les observeront. Si par d'autres moyens que la voie du Tribunal [sc. la confession, M.W.], ils avaient connaissance de désordres, de complots et de manœuvres préjudiciables, soit à l'Empereur, soit à l'ordre public, ils avertiraient aussitôt les officiers commandant pour S.M. dans le lieu où ils se trouvent.[213]

La Fare verband in diesen Instruktionen das eigene Kalkül mit den Zielvorstellungen der staatlichen Verwaltung und erhöhte damit die Aussicht auf eine erfolgreiche Umsetzung seiner Pläne. Infolgedessen hatten die Geistlichen neben ihrer Aufgabe als Seelsorger künftig auch die Funktion als Informanten zu erfüllen. Inwieweit dies schriftliche oder mündliche Berichtspflicht mit sich brachte und wie systematisch dieses Informantennetz überhaupt in den einzelnen Lagern implementiert wurde, muss allerdings einer künftigen Studie zur Kriegsgefangenschaft in der Koalitionskriegszeit überlassen bleiben.

Im Unterschied zum erwähnten Bamberger Fall gab La Fare der Seelsorge in den Kriegsgefangenenlagern in der Habsburgermonarchie einen dezidiert politisch-erzieherischen Auftrag mit. So bestimmten die »Instructions« nicht nur, dass die Geistlichen als Voraussetzung für die Absolution im Rahmen des Bußsakraments von den Gefangenen verlangen sollten, dem mit der Zivilkonstitution für den Klerus eingetretenen Schisma zu entsagen und das Glaubensbekenntnis zu sprechen. Sie müssten zudem geloben, im etwaigen Fall der Rückkehr nach Frankreich »de ne point porter les armes en faveur des systèmes nouveaux adoptés par l'Assemblée [Nationale] [...] soit contre la Monarchie, soit contre la Religion«.[214] Von diesen Konditionen versprach sich La Fare, zu einem Sinneswandel bei den Soldaten beitragen zu können, deren revolutionären Enthusiasmus er aufgrund ihrer Gefangennahme und der Armseligkeit der Lebensbedingungen

---

213 Zit. n. ebd., S. 171.
214 Zit. n. ebd., S. 172.

in den Lagern als rückläufig erachtete. Unter diesem Aspekt kann in der Kriegsgefangenenseelsorge ein bisher nicht erkanntes Aktionsfeld für die antirevolutionäre Propaganda gesehen werden, deren Effekte ebenso wie die lebensweltlichen Beziehungen von Kriegsgefangenen und Seelsorgern allerdings nur schwer zu ermessen sind.[215] Nach Schaffung der Rahmenbedingungen übten geistliche Emigranten in der Kriegsgefangenenseelsorge gleichwohl eine Nischenfunktion aus, wie am folgenden Beispiel nachvollzogen werden kann.

Abbé Bajolet als Seelsorger für die französischen Kriegsgefangenen in der Steiermark

Über die konkrete Tätigkeit des Emigrantenpriesters Bajolet in den Kriegsgefangenenlagern ist nur wenig bekannt, doch lassen sich aus der schriftlichen Überlieferung zumindest die Bedingungen seines Einsatzes in der Steiermark, die damit verbundene materielle Absicherung sowie die gesundheitlichen Konsequenzen seines pastoralen Wirkens rekonstruieren, die letztlich zu seinem Tod in Graz beigetragen haben dürften. Sein Fall steht somit stellvertretend für das Engagement französischer Emigranten in der Kriegsgefangenenseelsorge in der Habsburgermonarchie.

Pierre Marie Bajolet, Priester aus der Diözese Toul in Lothringen, gelangte kurze Zeit nach La Fare Ende 1792 nach Wien. Mit sich führte er ein Empfehlungsschreiben des Baron de Breteuil, des Bevollmächtigten Ludwigs XVI. an den europäischen Höfen. Da zum Zeitpunkt seiner Ankunft die Regeln, wie mit französischen Emigranten wie ihm umzugehen war, noch nicht verbindlich festgelegt worden waren, bedurfte es einer fallspezifischen Abstimmung zwischen den Hofstellen, um über das Bleiberecht Bajolets zu befinden, der sich nach Aussage der Polizeihofstelle mit der »Erziehung eines jungen Kavaliers« in Wien beschäftigte.[216] Bezeichnend für die einflussreiche Rolle La Fares war es, dass man dessen Meinung zum Fall des Geistlichen Bajolet einholte. Als bis dato einziger Vertreter des hohen französischen Klerus in der Stadt war der Bischof von Beginn seines Wien-Aufenthaltes an in Angelegenheiten der geistlichen Emigranten primärer Ansprechpartner der Regierungsstellen.

Nachdem es La Fare im Sommer 1793 gelungen war, die Weichen für die Kriegsgefangenenseelsorge im Sinne der geistlichen Emigranten zu stellen, rückte die Frage der Besetzung von Seelsorgeposten in den neu errichteten Gefangenenlagern in Pettau (slv. Ptuj) in der Untersteiermark und in der steirischen Landeshaupt-

---

215 Zu Formen antirevolutionärer Erziehung in den Exilländern siehe Friedemann Pestel: Educating against Revolution: French Émigré Schools and the Challenge of the Next Generation, in: European History Quarterly 47 (2017) 2, S. 229-256.

216 ÖStA/HHStA, StK, Notenwechsel Polizeihofstelle 21, Polizeiminister Pergen an die Staatskanzlei betreffs des Emigranten Bajolet, 15. Januar 1793.

stadt Graz auf die Agenda. Als Ende Mai 1794 eine Anfrage der Regierung das Wiener Konsistorium erreichte, ob dieses »zwei der französischen Sprache kundige Geistliche« für die Seelsorge dieser Kriegsgefangenen benennen könne und zudem empfahl, sich bei der »Namhaftmachung« in Frage kommender Kleriker wiederum mit dem emigrierten Bischof von Nancy ins Benehmen zu setzen, tat sich für Bajolet eine Alternative zu seinen bisher instabilen Exilbedingungen in Wien auf.[217]

Zu Beginn seines Aufenthaltes hatte Bajolet im Haus des aus Graz stammenden Grafen Franz Joseph von Wurmbrand-Stuppach gelebt, wohnte inzwischen aber wie viele andere Emigranten in Wien zur Untermiete in der Leopoldstadt. Er teilte sich das Quartier mit einem emigrierten Standesgenossen, François Munier.[218] Im Wiener Krankenspital der französischen Kriegsgefangenen sammelten beide Geistlichen erste Erfahrungen mit der Seelsorge internierter Landsleute und dürften sich aufgrund dieses Engagements für eine weitere Verwendung in dem Bereich empfohlen haben. Dass diese Tätigkeit offenbar nicht zur Subsistenzsicherung ausreiche, dokumentiert die fast verzweifelte Bitte Bajolets um eine Audienz beim niederländischen Hofkanzler Trauttmansdorff, von dem er sich wie viele andere Emigranten Unterstützung erhoffte.[219]

Es steht zu vermuten, dass La Fare einen ungefähren Überblick über die Lebensumstände der zu diesem Zeitpunkt noch nicht sehr zahlreichen französischen Geistlichen in Wien hatte oder im Rahmen seiner Interaktion mit den Hofstellen vom Schicksal Bajolets erfuhr. Er nominierte auf die Anfrage des Konsistoriums hin Munier für die Seelsorgestelle in Pettau und dessen »Mitbewohner« Bajolet für jene in Graz, deren Konditionen laut Regierung jenen gleichen sollten, die unlängst für die Kriegsgefangenenseelsorge in Ungarn festgesetzt worden waren.[220] Diese umfassten eine Aufwandsentschädigung von monatlich zwanzig Gulden aus dem niederösterreichischen Religionsfonds, die Übernahme der Reisekosten sowie die freie Unterkunft der Geistlichen in einem Kloster.[221] Nach der Genehmigung dieses Personalvorschlags trat Bajolet im August 1794 seinen Dienst in Graz an.

Anders als zahlreiche emigrierte Mitbrüder überlebte Bajolet seine erste Einsatzzeit als Kriegsgefangenenseelsorger. Sein Gesundheitszustand hatte sich bin-

---

217 DAW, Bischofsakten, Migazzi 4, Nr. 775, Die niederösterreichische Regierung an das Wiener Konsistorium, 30. Mai 1794.
218 DAW, Jurisdiktionsprotokolle, 1784-1801, Bajolet.
219 ÖStA/AVA, FA Trauttmansdorff, 289.11, Bajolet, Korrespondenz, 5. März 1794. Zu den »belgischen« Emigranten Zedinger, Belgische Emigranten in Wien.
220 Tóth, French Émigrés in Hungary, S. 74. Zwölf französische Emigrantenpriester wirkten in den Kriegsgefangenenlagern des Königreichs Ungarn als Seelsorger, vgl. Ferenc Lenkefi: A lelkigondozás problémái a francia hadifoglyok körében Magyarországon, 1794-1795 [Die Probleme der Seelsorge unter den französischen Kriegsgefangenen in Ungarn, 1794-1795], in: Hadtörténelmi Közlemények 107 (1994) 3, S. 3-18.
221 DAW, Bischofsakten, Migazzi 4, Nr. 777, Regierung an Erzbischof Migazzi, 2. Juni 1794.

nen acht Monaten Dienstzeit allerdings derart verschlechtert, dass er gezwungen war, um eine Auszeit zu bitten. Die Polizeibehörde gestattete ihm nach Vorlage eines ärztlichen Attests, sich auf dem Schloss seines früheren Gönners, des Grafen Wurmbrand, im niederösterreichischen Schwarzau von den Strapazen zu erholen.[222] Eine Rückkehr in das Grazer Lager scheint nicht erfolgt zu sein, da Bajolet im Dezember 1795 aus gesundheitlichen Gründen förmlich aus dem Dienst entlassen wurde und sich im April 1796 ins böhmische Karlsbad zur Kur begab.[223]

Die französische Besetzung der Steiermark Anfang 1797, in deren Vorfeld die Kriegsgefangenen nach Ungarn evakuiert worden waren, sowie der Frieden von Campo Formio im April 1797, der einen Gefangenenaustausch binnen vierzig Tagen vorsah, entzogen der Kriegsgefangenenseelsorge die weitere Grundlage. Gesundheitlich offenbar wiederhergestellt bat Bajolet Anfang 1798 um Aufnahme in das steirische Benediktinerstift Admont, nach Auskunft des Grazer Gouverneurs »in der ganz löblichen Absicht, sich dort ganz allein auf die Erlernung der deutschen Sprache zu verwenden, um sich dadurch zur Dienstleistung bey der Seelsorge in Deutschland fähig zu machen«.[224] Angesichts der »Aufopferung seines Lebens« in der Kriegsgefangenenseelsorge sowie »durch seine Sitten und bescheidenes Betragen« habe er sich »ainige Achtung« erworben, die Polizeiminister Pergen dazu bewog, ihm den Aufenthalt im Kloster zu erlauben.[225] Um 1800 war das Stift Admont ein begehrtes Ziel französischer Geistlicher, das einige von ihnen aufnahm.[226]

Der Plan Bajolets, sich mit dem Erwerb der Landessprache für den regulären Pastoraldienst zu qualifizieren, fügt sich in die bei vielen Emigranten zu beobachtende Tendenz ein, als Folge von Campo Formio die Rückkehrpläne nach Frankreich aufzugeben und sich stattdessen auf einen langfristigen, in dieser Situation sogar offenkundig endgültigen Verbleib im Exil einzustellen. Weder der Kriegsverlauf noch die politische Lage in Frankreich nach dem Staatsstreich am 18. Fructidor V (4. September 1797) schienen länger dazu geeignet, die Hoffnungen auf eine absehbare Rückkehr am Leben zu erhalten. Auch wenn im Fall Bajolets keine Selbstzeugnisse diesen Bewusstseinswandel dokumentieren, legen seine Entscheidungen in dieser Phase nahe, dass die Rückkehrerwartung kein

---

222 ÖStA/AVA, PHSt 1795/213, Polizeiminister Pergen an den Gouverneur der Steiermark, 13. April 1795.
223 StmkLA Graz, Magistrat Graz, Verlässe, E-9/1800 Bajolet, Gubernial-Entlassungsdekret von seiner Seelsorge datiert am 16. Dezember 1795 und Gubernialpass nach Karlsbad in Böhmen, datiert am 12. April 1796.
224 ÖStA/AVA, PHSt 1798/297, Gouverneur der Steiermark an Polizeiminister Pergen, 14. März 1798.
225 StmkLA Graz, Gub. Präs. Indices 1786-1799, Nr. 440, Fasz. 6, Abbé Bajolet, Ansuchen um Aufenthaltsgenehmigung für das Stift Admont, o.D.
226 ÖStA/AVA, PHSt 1799/675, Fall des französischen Benediktiners Jean Casanova, 5. Oktober 1799. Auch Rudolf List: Stift Admont, 1074-1974, Ried i. Innkreis 1974, S. 363.

handlungsleitender Faktor mehr war. In der praktischen Konsequenz bedeutete dies für geistliche Emigranten wie ihn eine fundamentale Neuausrichtung ihrer Strategien zur Bewältigung der lebensweltlichen Herausforderungen im Exil. Aus dem Verhalten Bajolets spricht eine solche Anpassungsleistung: Er trug den neuen Notwendigkeiten durch eine Fortentwicklung seines Fähigkeitsprofils Rechnung, gehörte die Beherrschung der Landessprache doch zu den langfristig unabdingbaren Voraussetzungen für die Aufnahme in den lokalen Klerus.

Der Ausbruch des Zweiten Koalitionskrieges 1799 und die Internierung Hunderter französischer Kriegsgefangener in den zum Stift Admont gehörenden Schlössern Strechau und Röthelstein konterkarierten diesen neuen Ansatz grundlegend und stehen somit auch über den Fall Bajolets hinaus symptomatisch für die weitgehende Unplanbarkeit langfristiger Entwicklungsvorhaben.[227] Stattdessen war erneut der Kriegsgefangenenseelsorger Bajolet gefordert. Bei der Reaktivierung des Lagers in Graz entsann sich die steirische Landesregierung des einst bestellten Seelsorgers und nahm den Geistlichen erneut in Dienst.[228] Wie aus seiner Verlassenschaftsabhandlung hervorgeht, erlaubte das neuerliche Einkommen Bajolet, eine Mietwohnung im Stadtzentrum zu beziehen, in der der Emigrant jedoch noch während des laufenden Dienstverhältnisses nach kurzer Krankheit und ohne Testament am 17. Januar 1800 verstarb.[229]

Aus der in der Verlassenschaftsabhandlung enthaltenen Aufstellung seiner »Zimmerfahrnisse« geht hervor, dass zwar bescheidene, aber keinesfalls arme Lebensumstände angenommen werden können. Der Besitz von hochwertiger Kleidung, wertvoller, mitunter luxuriöser Gegenstände wie Silberbesteck, Taschenuhren aus Edelmetall, silberner Schuhschnallen, aber auch Gemälden und Musikinstrumenten, die Bajolet kaum aus Frankreich mitgebracht haben konnte, ist Beleg für eine über die bloße Subsistenzfähigkeit hinausgehende Lebenshaltung. Unbeschadet möglicher Zuwendungen von Unterstützern wie Graf Wurmbrand garantierte die Aufnahme in staatliche Dienste regelmäßige Bezüge jenseits akzidentieller Einkünfte in Form von Messstipendien und Spenden. Doch blieben die Kriegsgefangenenseelsorge und damit die Versorgung der Seelsorger an die politische und militärische Entwicklung gekoppelt, wie die »Kriegspause« zwischen 1797 und 1799 verdeutlicht. Mit seinen Bemühungen zur Profilschärfung stellte Bajolet in dieser Phase der drohenden Destabilisierung seiner materiellen Lebensbedingungen jene Improvisationsfähigkeit und Anpassungsbereitschaft unter Beweis, mit deren Hilfe es Emigranten gelang, auch nach dem Schwund der Rückkehrhoffnung nach 1797 Gestaltungsmacht über das eigene Leben aufrecht zu erhalten.

227 Ebd., S. 363-364.
228 StmkLA Graz, Gub. Präs. Indices 1786-1799, Nr. 135, Fasz. 9, Abbé Bajolet wird für die Seelsorge der französischen Kriegsgefangenen vorgeschlagen, ohne Datum.
229 StmkLA Graz, Magistrat Graz Verlässe E-9/1800 Bajolet.

Für geistliche Emigranten stellte die Kriegsgefangenenseelsorge sicherlich das kleinste, im engeren Sinne reguläre Betätigungsfeld einer standesgemäßen Verwendung im Exilland dar. Die Aufnahme in die ordentlichen Seelsorgestrukturen habsburgischer Diözesen, die auch Bajolet kurzzeitig anstrebte, ist zwar ungleich häufiger dokumentiert, war dafür aber mit lokal sehr uneinheitlichen und unberechenbaren Herausforderungen verbunden. Abhängig von der personellen Versorgungslage vor Ort, der Nachfrage seitens der Gemeinden, der Aushandlungsbereitschaft in Konfliktsituationen sowie der Flexibilität der staatlichen und geistlichen Behörden konnte sich aus dieser regulären Seelsorgetätigkeit im Laufe der Jahre gleichwohl eine Integrationsperspektive ergeben, deren Attraktivität selbst die Rückkehroption nach der napoleonischen Amnestie und dem Konkordat überwog.[230]

Reguläre Mess- und Pastoraldienste

Trotz Priestermangels und Bittgesuchen des einheimischen Episkopats um externe Unterstützung sind Formen pastoraler Aktivität der geistlichen Emigranten in den regulären Pfarrstrukturen erst in der zweiten Hälfte der 1790er Jahre in größerem Umfang belegt. Neben der vor allem in den Anfangsjahren hohen räumlichen Fluktuation von Emigranten sind als Hauptursache hierfür vor allem die zentralbehördlichen Vorbehalte gegen einen pastoralen Einsatz der Geistlichen zu identifizieren, die sich erst allmählich zugunsten eines pragmatischen Umgangs abschwächten – ein Trend, der auch in anderen Territorien des Alten Reiches zu beobachten ist.[231] Durch mehrjährige Präsenz wurden die Geistlichen Teil der Lebens- und Erfahrungswelt der Einheimischen. Dies ermöglichte eine qualitativ intensivere Interaktion, die schließlich auch die Polizeibehörden zu einer stärker am Einzelfall und lokalen Bedarf orientierten Kontrollpraxis veranlasste.

Grundsätzlich zu unterscheiden sind zum einen Formen gottesdienstlichen und pastoralen Wirkens, die durch kirchliche Behörden autorisiert waren und deren Spektrum von einer befristeten Duldung geistlicher Emigranten in einzelnen Kirchgemeinden bis zur formellen Aufnahme in den diözesanen Klerus reichte. Zum anderen gab es eine klandestine Tätigkeit der Emigranten, die durch die unmittelbare Nachfragesituation einzelner Gemeinden bestimmt war und die den zuständigen Ordinariaten bzw. Konsistorien teils gar nicht, teils erst mit jahre-

---

230 So bei Bajolets Kollegen Munier, der nach seinem Einsatz bei den französischen Kriegsgefangenen in Pettau nach Wien zurückging und dort von La Fare als persönlicher Sekretär verwendet wurde; DAW, Bischofsakten, Hohenwart 1, Zählung der fremden Priester in der Diözese Wien, 7. November 1803. Auch kirchlich höherrangige Emigranten bemühten sich um Stellen in der Kriegsgefangenenseelsorge, ÖStA/AVA, PHSt 1800/121, Beaudot de Chaumont, Generalvikar von Langres, Verwendung für die Seelsorge für Franzosen.
231 Pestel, Winkler, Provisorische Integration und Kulturtransfer, S. 144.

langer Verzögerung bekannt gemacht wurde. Aus offenkundigen Gründen lässt die Quellendokumentation keine belastbaren Schlüsse über das Ausmaß des letzteren Falles zu. Die zahlreichen Beschwerden der Polizei bei den Ordinariaten über Emigrantenpriester, deren Präsenz und Betätigung über längere Zeit nicht formell angezeigt wurden, lassen aber vermuten, dass es sich hierbei nicht um Einzelfälle handelte.[232]

Mit Blick auf die gesamte Habsburgermonarchie kennzeichnen starke regionale Disparitäten die Seelsorgetätigkeit von Emigranten in den Pfarrgemeinden. In den westlichen Provinzen, etwa in Vorderösterreich, Vorarlberg und Tirol, die unter der kanonischen Jurisdiktion außerhalb der Monarchie residierender Bischöfe (Konstanz, Augsburg, Freising, strenggenommen auch Trient und Brixen) standen, wurden durch die Polizeibehörden generalisierende Ausnahmeregelungen für geistliche Dienste geschaffen.[233] Aufgrund territorialer Zersplitterung, vor allem in Vorderösterreich, konkurrierender Aufsichtsinstanzen und des wechselhaften Kriegsverlaufs konnte deren Kontrolle ohnehin kaum sichergestellt werden. In den innerösterreichischen Erbstaaten bemühten sich Polizei und Ordinariate hingegen um eine den Direktivregeln und den kirchlichen Regularien entsprechende Zulassung geistlicher Emigranten in den Pfarr- und Seelsorgestrukturen.

Beim Zulassungsverfahren ist auf normativer Ebene die grundsätzliche Unterscheidung zwischen den beiden maßgeblichen Entscheidungsinstanzen, des »or-

232 Beispielsweise der Fall des geistlichen Emigranten Mathis in der Wiener Diözese: Die niederösterreichische Landesregierung beschwerte sich beim Konsistorium, dass Mathis mehr als anderthalb Jahre ohne ihre Genehmigung und Kenntnis in Oberleis als Kooperator wirke. Die mehrjährige Auseinandersetzung ist überliefert im DAW, Bischofsakten, Migazzi 4, Nr. 924, Konsistorium an niederösterreichische Landesregierung mit Ansuchen, dass der Emigrant Mathis Aushilfsseelsorger in Oberleis wird, 2. Januar 1799; Nr. 929, Regierung trägt Konsistorium auf, den Priester Mathis abzuberufen, 2. März 1799; Nr. 975, Bericht des Konsistoriums an Regierung, dass der Oberleiser Pfarrer bittet, Mathis als Kooperator zu erhalten, 18. Januar 1800, Nr. 977, Auftrag der Regierung, dass sich das Konsistorium rechtfertigen soll, dass Mathis bereits anderthalb Jahre in Oberleis angestellt ist, 31. Mai 1800; Nr. 979, Bericht des Konsistoriums über Mathis, 10. Juni 1800; Nr. 981, Regierung verbietet Aufenthalt für Mathis, Tadel wegen Anstellung, 21. Juni 1800; Nr. 984, Auftrag der Regierung, Mathis sofort zu entfernen, 19. Juli 1800; Nr. 985, Konsistorium teilt mit, dass Mathis abberufen sei und in Wien seiner Bestimmung harre, 10. September 1800; Nr. 986/987, Dem Konsistorium wird mitgeteilt, dass Mathis aufgrund eines Hofbescheides in der Seelsorge angestellt werden soll, 14. November 1800. In anderen Provinzen sind ähnliche Fälle dokumentiert: ÖStA/AVA, PHSt 1801/519, Der Aufenthalt des französischen Geistlichen François Filatre bei der Fürstin Elżbieta z Branickich Sapieżyna (Sapieha) in Westgalizien.
233 ÖStA/AVA, Kultus AK Katholisch 561, Klöster, Nonnen, An Hofkanzler Lažansky wegen Zulassung französischer Geistlicher zur Seelsorge in Vorderösterreich, 14. Februar 1799; ÖStA/AVA, PHSt 1799/205, Polizeiminister Pergen an das Tiroler Gubernium wegen der Zulassung französischer Geistlicher zur Seelsorge in Vorarlberg, 20. März 1799.

dinarius quo ad politica«, also des Landesherrn vertreten durch seine Verwaltung, und des »ordinarius quo ad spiritualia«, also des jeweils zuständigen Bischofs und dessen geistlicher Behörde, zu beachten. Ersterer oblagen, wie oben ausgeführt, alle fremdenpolizeilichen Kompetenzen sowie die Gewährung von Ausnahmen im Einzelfall. Von ihrer anhaltenden Aufenthaltsgenehmigung waren alle weiteren Erlaubnisse für die geistliche Tätigkeit, deren Bewilligung wiederum in die Kompetenz der diözesanen Stellen fiel, primär abhängig. Wurde einem französischen Emigrantenpriester die Abhaltung gottesdienstlicher, sakramentaler und katechetischer Verrichtungen von den geistlichen Behörden erlaubt, ohne dass sich diese zuvor der ordnungsgemäßen Erteilung einer Aufenthaltserlaubnis durch die Polizei versichert hatten, konnte dies die Untersagung aller geistlichen Betätigungen, mitunter sogar die Ausweisung des Betroffenen zur Folge haben. In dieser Entscheidungskaskade zeigt sich einmal mehr die Persistenz staatskirchlicher Prinzipien, die der katholischen Kirche lediglich die »Verwaltung« ihres geistlichen Propriums gestattete.

Auf normativer Ebene hielt die Polizeihofstelle auch im weiteren Verlauf der 1790er Jahre grundsätzlich am Aufenthaltsverbot für Emigranten auf dem Land fest, ungeachtet der Tatsache, dass rurale Gemeinden am stärksten unter dem Priestermangel litten und den geistlichen Behörden deswegen daran gelegen war, gerade dort geistliche Emigranten als Kooperatoren zuzulassen, wenn diese den formalen Anforderungen Genüge leisten konnten. Wie bereits erwähnt, bestanden diese etwa in der Wiener Erzdiözese in einer theologischen Prüfung und dem Nachweis ausreichender Sprachkenntnisse.

Es wäre dennoch zu kurz gegriffen, die pastorale Tätigkeit der emigrierten Geistlichen lediglich im Spannungsfeld von Interessenlagen zwischen weltlichen und geistlichen Behörden zu verorten. Im Gegensatz zur üblichen Fokussierung auf die Normensetzung und die Aushandlungsprozesse zwischen den Verwaltungsstellen sind komplementär die Interessen des lokalen Pfarrklerus und der Gemeinden vor Ort sowie der Emigranten selbst stärker ins Kalkül zu ziehen. Auch der latente Widerspruch zwischen der im Grundsatz fortbestehenden restriktiven Haltung der Polizei und ihrer in vielen Einzelfällen dokumentierten, erstaunlich nachgiebigen Haltung ist genau aus dieser multipolaren Konstellation zu erklären, wie im Folgenden deutlich werden wird.

Nicht nur die Bischöfe drangen wegen der unzureichenden pastoralen Versorgung auf eine Erhöhung der Zahl der Seelsorger. Nach ihren mehrjährigen Erfahrungen mit geistlichen Emigranten, die entweder in beschränktem Umfang Messe lasen oder Aushilfsdienste leisteten, fungierte insbesondere der einheimische Pfarrklerus als Nachfrageinstanz. Anlass war häufig die Anwesenheit eines französischen Priesters auf Gemeindegebiet. Der verantwortliche Pfarrer wandte sich dann mitunter initiativ an die zuständige Polizeidirektion, die in Absprache mit den geistlichen Behörden die Anstellung eines Hilfspriesters erlaubte. Dieses Vorgehen zog zwar aufseiten der Verwaltung neuerliche Einzelfallprüfungen nach sich, doch sind in mehreren Erbstaaten Ende der 1790er Jahre Emigrantenpriester aktenkundig, die mit dem Plazet der zuständigen Konsistorien in Landstädten und Dörfern, sogar in entlegenen Alpentälern, regulär geistliche Dienste verrichteten.[234]

Ein unterstützender Faktor bei der Anstellung von Emigrantenpriestern waren die Forderungen der Gemeinden selbst. Unter Verweis auf eine drohende oder schon bestehende Unterversorgung mit Gottesdiensten und Christenlehre verliehen sie gegenüber den Landes- bzw. Hofstellen ihrem akuten Bedarf Ausdruck und bezogen zugunsten einzelner Emigranten Stellung. Dieses robuste Parteiergreifen konnte in Einzelfällen sogar bereits ergangene Ausweisungsbeschlüsse der Polizei rückgängig machen. Aus dieser »bottom-up«-Perspektive ist daher ein bislang unterschätzter komplementärer Aspekt zum rein interbehördlichen Diskurs um die Handlungsfelder geistlicher Emigranten zu erkennen. Dass sich die Eingaben der Gemeinden argumentativ an die auch in den Hofstellen gebetsmühlenartig wiederholte Bedeutung der Religion für die Sicherheit des Staates (*vis-à-vis* die Revolution in Frankreich) anlehnten, dürfte Ausnahmeregelungen begünstigt haben.

Neben dem Interesse an der Vermeidung sozialer Konflikte gerade auf dem Land, wo es am Ende des josephinischen Jahrzehnts immer wieder zu Unruhen gekommen war,[235] kam hierbei vor allem das in naturrechtlicher Tradition stehende Selbstverständnis der staatlichen Stellen zum Tragen, wonach eine vornehmliche Aufgabe des Staates darin bestand, die Wohlfahrt der Untertanen zu befördern. Zu dieser gehörte ganz zentral die hinreichende Versorgung mit den »religiösen Heilsmitteln«.[236] Selbst auf der untersten Verwaltungsebene kommt im Kontext der Emigrantenproblematik dieses Bewusstsein zum Ausdruck, wie der Appell des Bürgermeisters von Imst in Tirol an das Innsbrucker Gubernium erkennen lässt:

---

234 Beispiele hierfür finden sich in vielen Provinzen: Allein zehn französische Priester in Oberösterreich sind aktenkundig in OÖLA Linz, Polizei-Praesidialprotokoll 1790-1802, Schachtel 192, Fasz. 1798, Verzeichnis derer im Landes Österreich ob der Enns befindlichen französischen Emigranten und anderer aus den von Franckreich besezten Staaten immigrirten Persohnen, o. D.; weitere Fälle in TLA Innsbruck, Jüngeres Gubernium, Präsidiale 36b, Emigranten 1798, Fasz. 3491; ÖStA/HHStA, StK, Notenwechsel mit der Ungarischen und Siebenbürgischen Hofkanzlei 37, Von der ungarischen Hofkanzlei 1799-1800, Alt Fasz. 10 (1799), Der Weltpriester Joseph Jagle wird in die Diözese Csanád aufgenommen, 1. März 1799.
235 Reinalter, Soziale Unruhen in Österreich.
236 Zur »Religionspolicey« Joseph Sonnenfels: Grundsätze der Polizey, hg. v. Werner Ogris (= Bibliothek des deutschen Staatsdenkens, Bd. 12), München 2003, S. 47-51.

Wie wichtig das Geschäft der Religion schon an sich selbsten ist, und wie große Wohlthaten sie so gar auf den Staat, und seiner Sicherheit verbreitte, ist eine Sache, die nie verkennet werden kann.[237]

Mit anderen Worten: Zur Sicherheit des Staates gehörte nicht nur die von Polizeiminister Pergen und seinen Mitstreitern forcierte Kontrolle französischer Emigranten, die womöglich »gefährliche« Ansichten in die Erbstaaten zu bringen verdächtigt wurden, sondern auch die Gewährleistung einer möglichst flächendeckenden »religiösen Versorgung« – zu der unter bestimmten Bedingungen auch geistliche Emigranten einen Beitrag leisten konnten und sollten.

Dieser Aspekt wiederum illustriert die elastische Textur des herrschenden Sicherheitsbegriffs, der keineswegs stur xenophob konturiert war und auf konsequente Abschottung abstellte, wie die statische Normenanalyse nahelegen würde, sondern im Wissen um die Unmöglichkeit einer solchen Abschottung und unter Einbeziehung weiterer sicherheitsbezogener Faktoren einen zunehmend pragmatischen Umgang mit den Emigranten zuließ.[238] Innerhalb des immer wieder neu adjustierten Sicherheitsdispositivs waren sie folglich ein polyvalenter Faktor und es blieb dem beschriebenen Abwägungsprozess überlassen, ob die Geistlichen an ihren jeweiligen Aufenthaltsorten geduldet wurden – wobei die Fürsprache der Untertanen vor Ort als zusätzliche Größe im Risikokalkül der Regierungsstellen erscheint. Anhand eines Beispiels aus einer ländlichen Region kann dies illustriert werden.

Im alpinen Sarntal nördlich von Bozen ergriffen die Untertanen zusammen mit dem einheimischen Deutschordenspfarrer Partei für den aus dem südostfranzösischen Faucon-de-Barcelonnette stammenden Emigranten Pierre Louis Proal. Proal, ein 40-jähriger Priester aus dem Erzbistum Embrun, war über Turin zunächst nach Pietracuta bei Rimini im Kirchenstaat geflohen, hatte diesen nach Ausrufung der Römischen Republik 1798 aber fluchtartig verlassen und war über Bozen ins Tiroler Sarntal gelangt, wo er nach seiner achtjährigen Flucht »mit thräumendem Auge und gefalteten Händen« seiner Hoffnung Ausdruck verlieh, auf Dauer die Priesterstelle versehen zu dürfen.[239] Obwohl er der deutschen Sprache nicht mächtig war und daher »auf der Kanzel und im Beichtstuhle keine Dienste leisten« konnte, damit also eine Grundvoraussetzung für einen vollwertigen Einsatz in der Pastoral ganz offenkundig nicht erfüllte, gelang es ihm, neben untadeligen Zeugnissen auch zwei Stellungnahmen vorzulegen, in denen sich Einheimische für seinen Verbleib aussprachen.

237 TLA Innsbruck, Jüngeres Gubernium, Präsidiale 36b, Emigranten 1798, Fasz. 3491, Der Imster Bürgermeister an das Tiroler Gubernium in Innsbruck, 28. Oktober 1798.
238 Pawlik, Emigranten in Österreich; Zedinger, Das Boot ist voll; Bahlcke, Zwischen offener Zurückweisung und praktischer Solidarität.
239 TLA Innsbruck, Jüngeres Gubernium, Präsidiale 36b Emigranten 1798, Fasz. 3491, Der geistliche Emigant Proal an das Tiroler Gubernium in Innsbruck, 1. November 1798.

Der zuständige Pfarradministrator stellte Proal ein hervorragendes geistliches Zeugnis aus:

> Belangend seine priesterliche Aufführung, solange er sich bei Unterzeichnetem befindet, ist solche ohnklagbar, und ganz und gar auferbaulich, so zwar, daß er demselben und der ganzen Gemeinde alles Vergnügen leistet, und beyderseytes wegen dermaligem Abgang des Priesters [...] ungern entlassen würde.[240]

»Im Namen der ganzen Pfarrgemeinde« bezeugte zudem der Sarntaler »Anwald« Bartholomä Größ in seiner Stellungnahme,

> daß es bey dem gegenwärtigen allgemeinen Mangel an Priestern für die Gemeinde Sarnthal eine wahre Wohlthat wäre, wenn dem französischen Priester Peter Proal der längere Aufenthalt hier gestattet würde, besonders, nachdem dieser sich so viel immer möglichst, den geistlichen Verrichtungen wiedmet, und die Zeit seines Hierseins eine auferbauliche [...] Aufführung gezeiget hat.[241]

Proal falle niemandem zur Last, erfreue sich allen Zutrauens und Lobs der Gemeinde und laufe, mittellos wie er sei, im Fall der »Abschickung« Gefahr, im bevorstehenden Winter ums Leben zu kommen. Auf diese Eingaben hin erhielt Proal tatsächlich die Erlaubnis, sich weiter in Sarntal aufhalten zu dürfen.

Ähnliche Fälle aus Tirol verdeutlichen den »sakramentalen Notstand« in vielen Gemeinden.[242] Besonderes Gewicht wurde offenbar dem in vielen Eingaben wiederholten Argument beigemessen, dass in einigen Gebirgsdörfern vor der Indienstnahme von Emigrantenpriestern Untertanen gestorben seien, ohne die Sakramente (i. e. Eucharistie und Salbung) zu empfangen.[243] Dieser aus Sicht der Verwaltungsstellen inakzeptable Zustand dürfte zu einer graduell duldsameren Handhabung der Aufenthalts- und Seelsorgetätigkeitserlaubnisse veranlasst haben.

Vergleichbare Einsätze von emigrierten Geistlichen als Kooperatoren sind auch in anderen untersuchten Erbstaaten, darunter in Vorderösterreich, Oberösterreich, Niederösterreich, Böhmen, Mähren, Westgalizien, Steiermark, im Küstenland und in Ungarn, belegt. In den meisten Fällen wurden Geistliche bevorzugt,

---

240 TLA Innsbruck, Jüngeres Gubernium, Präsidiale 36b Emigranten 1798, Fasz. 3491, Zeugnis des Sarntaler Pfarrers Sebastian Qua[...], 11. November 1798.

241 TLA Innsbruck, Jüngeres Gubernium, Präsidiale 36b Emigranten 1798, Fasz. 3491, Zeugnis des Sarntaler Anwalts Bartholomäus Größ, 1. November 1798.

242 Weitere Fälle aus der Region bei Josef Fontana: Das Südtiroler Unterland in der Franzosenzeit 1796 bis 1814: Voraussetzungen – Verlauf – Folgen (= Schlern-Schriften, Bd. 304), Innsbruck 1998, S. 276-277.

243 Etwa TLA Innsbruck, Jüngeres Gubernium, Präsidiale 36b Emigranten 1798, Fasz. 3491, Der Vizesekretär des Fleimser Tales an das Tiroler Gubernium in Innsbruck, 1. September 1798.

die zumindest über rudimentäre Kenntnisse der Landessprache verfügten, in den österreichischen, böhmischen und ungarischen Erbländern Deutsch, im Küstenland auch Italienisch. Ihre Einsatzorte waren häufig die Filialkirchen der zentralisierten Pfarreien, in denen nur noch selten Gottesdienst gefeiert wurde. Sie erhielten beim Pfarrer oder in den verlassenen Pfarrhäusern der Filialortschaften Unterkunft. Ihre Einkünfte gestalteten sich unterschiedlich: Mal erhielten Geistliche eine kaiserliche Leibrente, mal einen Tischtitel aus dem Religionsfonds, mal eine Bürgschaft der jeweiligen Gemeinde oder fortlaufende Messstipendien, in manchen Fällen ist auch eine »Mischfinanzierung« aus verschiedenen Elementen belegt.[244] Hinzu kamen Naturalspenden, Formen wechselnder Gastfreundschaft am Aufenthaltsort und Einmaldotationen seitens vermögender Adliger. Insbesondere dort, wo sich ganze Gemeinden verbindlich machten, die Versorgung des Hilfspriesters zu übernehmen, ist von breiter Akzeptanz des Betreffenden unter den Einheimischen auszugehen.

Der liturgische Einsatz der Emigrantenpriester lässt sich mithilfe der Tauf-, Trauungs- und Sterbebücher der Pfarrgemeinden punktuell erschließen. In der Diözese Wien zeigen sich für Gemeinden außerhalb der Stadtgrenze stichprobenartige Ergebnisse: In Brunn am Gebirge, Klein-Engersdorf, Langenzersdorf, Hollabrunn, Oberleis, Stockerau und Hütteldorf waren zwischen 1798 und 1802 französische Geistliche als Kooperatoren tätig, deren Mehrheit zuvor theologisch examiniert worden war.[245] Sie übernahmen im liturgischen Dienst einen Großteil der in Form und Ablauf stark formalisierten Verrichtungen wie Taufen, Eheschließungen und Exequien, was angesichts ihrer zumeist nicht muttersprachlichen Kenntnisse der Landessprache als probater Weg erschien, um einerseits die gewünschte Aushilfe leisten zu können, andererseits aber die Wahrscheinlichkeit von sprachbedingten Interaktionsschwierigkeiten zu minimieren. Obwohl Geistliche, die über mehrere Jahre in Gemeinden wirkten, mit zunehmender Sprachbeherrschung auch Katechese und Predigt halten und am sozialen Leben vor Ort aktiv teilnehmen konnten, gehörten gerade im Kontext pastoraler Interaktion auch Konflikt- und Alteritätserfahrungen zur gemeinsamen Lebenswelt geistlicher Emigranten und Einheimischer.[246]

244 DAW, Bischofsakten, Hohenwarth 1, Verzeichnis der seit dem Jahr 1790 in der Erzbischöfl. Wienerisch. Diözes eingetrettenen und zur Seelsorge angestellten Welt- oder Ordens Geistlichen denen entweder die Aufnahme oder Aufenthalt zugestanden ward, 9. August 1805.
245 Taufbücher der niederösterreichischen Gemeinden Brunn am Gebirge (Taufen von Nicolas Margo), Klein-Engersdorf (Taufen von Xavier de Tournely), Langenzersdorf (Taufen von Jean-Marie de Leissègues de Rozaven), Hollabrunn (Taufen von Xavier de Tournely), Oberleis (Taufen von Mathis), Hütteldorf (Taufen von Delangle) und Stockerau (Taufen von Bohn).
246 Zu Katechese und Christenlehre durch Emigranten vgl. Ferdinand Speil: P. Leonor Franz von Tournely und die Gesellschaften des Heiligen Herzens Jesu, Breslau 1874, S. 284-285.

Alteritätserfahrungen und Konflikte

Trotz der kooperativen und Interessen ausgleichenden Rolle der geistlichen Emigranten auf Gemeindeebene lassen sich in den sozialen Mikroumwelten auch kulturelle Differenzerfahrungen auf beiden Seiten beschreiben. Dieser Umstand verdeutlicht die wechselseitige Herausforderung, welche die Emigrationssituation für alle involvierten Parteien darstellte. Aus unterschiedlichen geistigen, kirchlichen, rituellen und theologischen Prägungen der Akteure resultierten Missverständnisse und mitunter handfeste Konflikte, die die Beziehung zwischen Emigranten und Einheimischen im Kontext pastoraler Betreuung zuweilen auf eine harte Probe stellten. Freilich wissen wir von derlei Spannungen nur, wenn sie als eskalierte Konflikte nicht innerhalb der Gemeinden, sondern mittels Interventionen auswärtiger Instanzen, gemeinhin also der Konsistorien, geschlichtet wurden.

Gleichzeitig ist in Rechnung zu stellen, dass die Auseinandersetzungen nicht unbedingt ursächlich mit dem jeweiligen geistlich-kulturellen Profil eines Emigranten und dessen Wirken zu tun gehabt haben mussten, sondern dessen Präsenz vor Ort auch gezielt instrumentalisiert werden konnte, um bereits schwelende Antagonismen, etwa zwischen dem angestammten Pfarrgeistlichen und der Gemeinde, auszutragen.[247] So muss in diesen vielschichtigen Konstellationen sorgsam nach Anlass und Ursache des Konflikts sowie den konkreten Ausprägungen kultureller Alteritätserfahrungen differenziert werden. Ansatzpunkte hierfür liefert die Überlieferung in einzelnen Pfarrarchiven, wie das folgende Beispiel zeigt.

Im Fall des aus Le Mans stammenden Priesters Xavier de Tournely, der bis 1799 erst in der Gemeinde Klein-Engersdorf nahe Wien wirkte, bevor er auf Einladung Pfarrer Joseph Seeböcks in die zur benachbarten Gemeinde Hollabrunn gehörende Filialortschaft Oberhollabrunn wechselte, sind diese innergemeindlichen Konflikte dokumentiert. Dass auf Tournelys Betreiben die alljährliche Faschingsfeier im Ort abgesagt und an deren Stelle ein vierzigstündiger Gebetsmarathon mit zwei Predigten eingeführt wurde, kann als markanter Akzent und praktischer Ausdruck seiner geistlichen Sozialisation gewertet werden, die er als Mitglied der streng asketischen Emigrantenkongregation Société du Sacré-Cœur de Jesus erfahren hatte und auf die im weiteren Verlauf noch einzugehen ist.[248] Die Maßnahme selbst stand durchaus im Einklang mit den Bemühungen zur Intensivierung der Volksmission, die im Wiener Bistum durch den Sympathisantenkreis der *Amicizia Cristiana* bereits seit einigen Jahren forciert wurden, durch Tournely im konkreten Fall aber zusätzlich eine prohibitive Stoßrichtung erhielten. Nach nur kurzem Aufenthalt in der Gemeinde griff der Priester damit sehr

---

247 Dazu Winkler, Emigranten in Bamberg, S. 155-163.
248 Speil, Tournely und die Gesellschaften des Heiligen Herzens Jesu, S. 284-285.

ungestüm in lokale Traditionen ein – und unterschätzte wohl die Brisanz seines Betreibens massiv.

Während dieses aus seiner Sicht zwar konsequente, aber wenig »kultursensible« Vorgehen zwar den Unmut der Einheimischen erregte, aber noch keinen offenen Bruch verursachte, veranlasste seine weitere »Aufführung« einen Teil der Dorfbewohner, sich mit einer Beschwerde an die niederösterreichische Landesregierung zu wenden. Diese bat den Wiener Erzbischof Hohenwart als zuständigen Ordinarius um eine Bewertung des sich zusammenbrauenden Konflikts in Oberhollabrunn. Nach Aussage der Dorfbewohner hatte sich der Emigrant unter anderem »eigenmächtiger Uebertretungen der allerhöchst eingeführten Gottesdienstordnung« schuldig gemacht.[249] Hohenwart nahm diese Vorwürfe zwar insofern ernst, als er die Geistlichen Seeböck und Tournely zu einer Stellungnahme aufforderte, hielt aber den Petenten vor, sie hätten in ihrer Beschwerdeschrift bewusst mit Weglassungen und Übertreibungen operiert und einer regelrechten »Anschwärzungssucht« gefrönt.[250] Er ließ seinen Offizial daher eine offizielle Zurechtweisung der Supplikanten seitens der Landesregierung empfehlen.

Dieses wenig differenzierte Krisenmanagement des Erzbischofs verfing nicht. Nach einer weiteren Runde schriftlicher Stellungnahmen, in der Seeböck und Tournely Punkt für Punkt die vorgebrachten Anschuldigungen widerlegten und etwa auf ihre liturgischen Ermessensspielräume und Bemühungen um eine Intensivierung der Frömmigkeitspraxis hinwiesen, war es wiederum an den Gemeindemitgliedern, ihre Beschwerden zu artikulieren.[251] Die Petenten spannten einen Bogen, der von der sinnenfälligsten Differenzwahrnehmung, d. h. den defizitären Sprachkenntnissen Tournelys, über die Qualität seiner Homilien bis zu den aus ihrer Sicht kritikwürdigen Umgangsformen und Tätigkeiten des Franzosen reichte:

> [...] von der Kanzel versteht man ihn kaum das zehnte Wort und was er hervorbringt sind entweder öffentliche und handgreifliche persöhnliche Beschimpfungen oder die größte Albernheiten und nicht selten bleibt er stecken und hat nichts weiter auswenndig gelernt.[252]

In der Liturgie habe er unverständliche Neuerungen eingeführt und zudem »eine heimliche Schwesternschaft unter mehrerentheils lauter ledigen Weibsperso-

---

249 DAW, Landpfarre Oberhollabrunn, Der Vizepräsident der niederösterreichischen Landesregierung Mittrowsky an Erzbischof Hohenwart, 3. März 1804.
250 DAW, Landpfarre Oberhollabrunn, Das Konsistorium an Erzbischof Hohenwart, 26. März 1804.
251 DAW, Landpfarre Oberhollabrunn, Stellungnahme Pfarrer Seeböcks und seines Kooperators Tournely, 12. Mai 1804.
252 DAW, Landpfarre Oberhollabrunn, Eingabe von Bewohnern Oberhollabrunns, 15. Juni 1804 (dort auch das Folgende).

nen in der Pfarr errichtet deren Bestimmung ist die Woche 2 auch 3mahl Beichten und Communicieren zu gehen wodurch verschiedene häußliche und Familien Unordnungen entstehen«. Tournely bevormunde den örtlichen Pfarrer und lege gegenüber einzelnen Bürgern »ein boshaftes Betragen« an den Tag. Man erbat eine förmliche Untersuchung des Wiener Konsistoriums und plädierte für die Entfernung des Kooperators aus Oberhollabrunn.

Ob die genannten Kritikpunkte Ursache oder Anlass für die Beschwerde waren, muss angesichts fehlender Detailinformationen unentschieden bleiben, doch gerieten die Parteien allmählich in eine Eskalationsspirale. So nahm man die angeblich anstößige Umgangsweise der Dorfgeistlichkeit mit der todkranken Gastwirtin Mayr zum Anlass, nun auch Pfarrer Seeböck, der seinen französischen Kooperator bisher nach Kräften in der Auseinandersetzung unterstützt hatte, frontal anzugreifen:

> Vor einiger Zeit verstarb dahier eine gewisse Mayrin gewesene Gastwirthin an einer so schmerzhaften Krankheit, welche nahe an die Verzweiflung kränzte, der hiesige Pfarrer Joseph Seeböck statt sie mit Liebe und Sanftmuth zu trösten sagte ihr alle nur erdenklichen Grobheiten und Beleidigungen ins Gesicht, wodurch die Kranke alle Liebe und Neigung zu ihrem Pfarrer verlohr, sie ließe sich deshalb zweymal in ihrer Krankheit von dem benachbahrten Pfarrer von Schöngrabern versehen, der Pfarrer von Oberhollabrunn versagte ihr aus Rache die letzte anverlangte und standesmässige Begräbniß-Feyer, ließe ihr nicht einmahl ein Lob-Amt halten, öffentlich saget, sie seye keines hl. Meßopfers würdig, sie seye verdamt, der Teufel habe sie abgeholt, der Franzoß hingegen ließ für sie auf offener Strasse von dem allda häufig versammelten Volk als eine verstockte Sünderin bethen, da sie doch nach dem Zeugniß des Pfarrers von Schöngrabern auf eine ganz Christlich Katholische Art sie sich zu ihrem letzten Ende vorbereitet und nur einigesmahl vor Heftigkeit der Schmerzen und ausser sich in unanständige Wörter solle ausgebrochen seyn, über dieses 300 fl zur Kirche auf einen neuen Altar, eben so viel zum Armen Institut 50 fl auf hl. Messen ihn ihrem Testament vermacht welches einen hinlänglichen Beweise ihrer gehabten Religion und Denkungs-Art an den Tage legt. Wie Schmerzlich nun das boshafte Betragen des hiesigen Pfarrers und jenes seines Cooperators Turnelly für die Hinterlassenen seye, und welch einen wiedrigen abneigenden Eindruck beyde auf die Gemüthe der Pfarrgemeinde machen, wird ein Hochwürdigstes Erzbischöfliches Consistorium überzeugt werden, wenn daß bisherige Benehmen dieser beyden Geistlichen unpartheiisch untersucht werden wird, und man bittet zu diesem Ende nicht nur das herrschaftliche Amts-Personale von Sonnberg, sondern auch die Glaubwürdigsten und ersten Bürger des Marcktes als Kaufman Hausspitz, Rath v Piller Obereinnehmer, Doktor Gaßner, Gründsteinl. Stenzl. Hornung Gastwirthe Postmeister v Auer über diese und mehreren Beschwerden Gnädigst zu vernehmen und ist keine Abän-

derung mit dem hiesigen Pfarrer möglich wenigstens den Französischen Emigranten Turnelly von Hollabrunn zu entfernen, seine Predigten zu untersuchen insonderheit Jene welcher er den Sontag vor Fronleichnams Tag gehalten.[253]

Obwohl zur Entstehung der Konfrontation jenseits der »Faschingsaffäre« nichts Genaueres bekannt ist und erneut taktische Übertreibungen in der Darstellung anklingen, scheint es, als sei das Verhältnis zwischen Pfarrgeistlichkeit und einem Teil der Gemeinde bereits seit längerer Zeit belastet gewesen. Offenkundig lag es in diesem fortgeschrittenen Konfliktstadium im Kalkül der Petenten, nicht nur Tournely loswerden zu wollen, sondern auch die Stellung von dessen Hauptunterstützer Seeböck zu unterminieren. Neben den eher formalen Beschwerden über unbekannte Liturgie- und Katecheseformen des Franzosen, die dieser souverän zu rechtfertigen verstand, zielte die zitierte Episode vor allem darauf ab, Tournely charakterlich zu disqualifizieren und somit als zur Seelsorge unfähig erscheinen zu lassen. Von der in anderen Gemeinden dokumentierten Begeisterung über die Anwesenheit eines Hilfspriesters kann spätestens in dieser Phase keine Rede mehr sein.[254]

Der weitere Fortgang der Beschwerde ist unbekannt. Belegt ist allerdings, dass Tournely bis zu seinem krankheitsbedingten Tod 1806 als Kooperator in Oberhollabrunn tätig blieb und auch nach dieser Streitphase an allen dokumentierten liturgischen Verrichtungen mitwirkte.[255] Der Wahrheitsgehalt der Beschuldigungen, die die Gemeindemitglieder gegen den Kooperator in der letzten Runde der Auseinandersetzung erhoben hatten, ist kaum zu beurteilen. Denkbar ist jedoch, dass Tournelys exaltierter »geistlicher Stil«, welcher von der Spiritualität der Société du Sacré-Cœur geprägt war, als radikale Andersheit zumindest bei einem Teil der Gemeinde auf eine Abwehrreaktion gestoßen war, die keine Mediation mehr möglich machte. Über die Differenzwahrnehmung und die Übertreibungen in der Darstellung hinaus wurde daher wohl auch mittels fabrizierter Vorwände versucht, den Priester versetzen zu lassen. Das Verhalten des Konsistoriums als Mediationsinstanz in der virulenten Konfliktphase zeugt zwar von Vermittlungsbereitschaft zwischen den Parteien, doch scheint es, als hätten insbesondere die engen Bande zwischen den beiden Priestern Seeböck und Tournely, die stets koordiniert und sachlich ihre Standpunkte vertraten, Fehlinterpretationen richtig-

---

253 Ebd.
254 Die Gemeinde Oberhollabrunn hatte in den vergangenen Jahrzehnten immer wieder um zusätzliche Geistliche angesucht, bspw. ÖStA/AVA, Kultus AK Katholisch 283, Pfarreien in Niederösterreich, Hollabrunn, Geistliche Hofkommission an Kaiser Joseph II., 27. April 1784.
255 Tod Xavier de Tournelys am 14. November 1806: Sterbebuch der Pfarre Hollabrunn 1797–1817, fol. 71v, vgl. Matricula-Online: https://data.matricula-online.eu/de/oesterreich/wien/hollabrunn/03-08a/?pg=73 [1.3.2020].

stellten und Unterstellungen ausräumten, zu einer Versachlichung des Konflikts und schließlich zu einer Deeskalation beigetragen.

Das Beispiel zeigt, dass es sich bei der pastoralen Tätigkeit geistlicher Emigranten keineswegs um ein passgenaues Einfügen in die vorgefundenen Strukturen handelte, sondern um einen schrittweisen Akkulturationsprozess, der sowohl von den Geistlichen als auch von den Einheimischen Anpassungsanstrengungen erforderte und Konfliktsituationen heraufbeschwören konnte, deren Tragweite das häufig im Grundsatz bestehende beiderseitige Interesse an Seelsorgeleistungen überlagern konnte.

Breite Anerkennung unter den Gemeindemitgliedern erlangte Tournely nach Auskunft Seeböcks schließlich dennoch: wegen seines furchtlosen pastoralen Einsatzes während der Typhus- und Pockenepidemien, die das Gemeindegebiet wiederholt heimsuchten und deren tödlichen Konsequenzen der Franzose am 14. November 1806 erlag. »Die Thränen, und der Jammer, einiger Thausend Menschen, sind Zeuge, daß die Ured [sc. das Pfarrhaus, M.W.], ja vielmehr die Kirche an ihm einen Verlust erlitten habe.«[256]

Militärseelsorge

Abschließend ist auf eine Sonderform pastoraler Aktivität geistlicher Emigranten abseits von Gemeindestrukturen hinzuweisen: die Seelsorge im k.k. Militär.[257] Auch diese kategoriale Seelsorgesparte litt seit der staatskirchlichen Reformphase unter Nachwuchsproblemen, derer man bis in die Franzosenkriegszeit hinein trotz intensiver Bemühungen nicht Herr zu werden vermochte.[258]

Ähnlich wie im Fall der Kriegsgefangenenseelsorge dürfte die Bereitschaft der Emigranten für die Militärseelsorge vor allem durch die langfristig garantierten Einkünfte stimuliert worden sein, die eine auskömmliche Lebenshaltung ermöglichten.[259] Gleichwohl handelte es sich bei der Anstellung französischer Geistlicher beim Apostolischen Feldvikariat um eine absolute Ausnahme, hing doch die Vermittlung eines Feldkaplanpostens von Patronage durch zwei exklusive

---

256 DAW, Landpfarre Oberhollabrunn, Pfarrer Seeböck an Erzbischof Hohenwart, 22. November 1806.

257 Hierzu einleitend Emerich Bielik: Geschichte der K.u.K. Militär-Seelsorge und des apostolischen Feld-Vicariates, Wien 1901.

258 Es wurden ein Belohnungssystem mit lebenslangen Rentenzahlungen eingeführt und ein neues Ehrenzeichen für Feldkapläne gestiftet, die Medaille »Piis meritis«; dazu ÖStA/AVA, Kultus AK Katholisch, Militärisches, Heeresgeistlichkeit 1776-1820, Kaiser Franz an Hofkriegsratspräsident Tige, 29. Dezember 1799. Vgl. Roman-Hans Gröger, Claudia Ham, Alfred Sammer: Militärseelsorge in Österreich. Zwischen Himmel und Erde, Graz 2001, S. 31.

259 Zu den regulären Einkünften der Feldkapläne siehe Bielik, Geschichte der Militär-Seelsorge, S. 174-178.

Instanzen ab, dem Apostolischen Feldvikariat (Militärbischof) und dem Hofkriegsrat. Zwischen 1794 und 1803 bekleidete Sigismund Anton von Hohenwart, damals noch Bischof von St. Pölten, das Militärordinariat.[260] Wie oben gesehen, bemühte dieser sich um die Belange französischer Emigranten in seiner Diözese und stand ihrer Einbeziehung in die diözesane Seelsorge bzw. ihrem Eintritt in die örtlichen Konvente offen gegenüber. Im Wissen um die Personalproblematik in der Militärseelsorge dürfte er den ausnahmsweisen Einsatz geeigneter Emigrantenpriester als Feldkapläne unterstützt haben.

Im Hofkriegsrat stieß diese Haltung auf Resonanz. Wie William D. Godsey gezeigt hat, kann unter allen Hofstellen der Hofkriegsrat als veritabler Aktivposten bei der Vermittlung von Emigranten in stabile Dienstverhältnisse im Exilland angesehen werden.[261] Dessen Vizepräsident Ferraris begünstigte wiederholt vor allem lothringische und elsässische Emigranten, die in die Habsburgermonarchie gelangt waren. Godsey führt dieses Verhaltensmuster auf den »Migrationshintergrund« zweier Mitglieder, Ferraris selbst und Maximilian Baillet de Latour, ab 1805 Hofkriegsratspräsident, zurück, die beide enge genealogische Bande nach Lothringen hatten, und unterstellt hiermit implizit solidarische Handlungsmotive der »prä«- mit den »postrevolutionären« Emigranten aus Frankreich.

Im Fall der Militärseelsorge ist freilich hervorzuheben, dass annähernd muttersprachliche Kenntnisse des Deutschen nichtverhandelbare Voraussetzung waren. Kulturelle Hybridität in Verbindung mit persönlicher Patronage durch Hohenwart und Ferraris stellte somit die Ermöglichungsbedingung eines lukrativen Dienstpostens in die Armee dar – eine durch diese Einschränkungen denkbar enge Betätigungsnische für Emigranten. Konsequenterweise waren im Fall des Geistlichen Jean Lustermont, der 1798 als Feldkaplan der k. k. Armee bestellt wurde, dessen Herkunft aus der Diözese Straßburg sowie seine muttersprachlichen Deutschkenntnisse für die Dienstverpflichtung entscheidend.[262] Nach abgeleistetem Dienst stand dem Emigranten eine Remuneration in Form einer lebenslangen Rente in Aussicht. Lustermont, der 1810 in Wien starb, erhielt seit seiner vorfristigen Pensionierung im Jahr 1800 eine Hofkriegsratspension von 300 Gulden.[263]

Wie im Fall der Kriegsgefangenenseelsorge müssen die Details der Verwendung geistlicher Emigranten in der Militärseelsorge einer künftigen Studie überlassen bleiben, die sich vor allem auf die Überlieferung im Wiener Kriegsarchiv

---

260 Ebd., S. 101-102.
261 Godsey, La société était au fond légitimiste, S. 82-83.
262 Der Fall Lustremont ist ausschnitthaft belegt in ÖStA/AVA, PHSt 1798/1118, 1799/130, 1800/14.
263 DAW, Priesterpersonalakten, Lustremont, Notiz Sauraus zur Pensionszahlung für Lustremont, 3. April 1810; Bielik, Geschichte der Militär-Seelsorge, S. 178-182. Zudem wurde ihm eine goldene Anhängmünze im Wert von 600 Gulden verliehen, ÖStA/AVA, PHSt 1800/14, Hofkriegsratspräsident Tige an Pergen, 5. Januar 1800.

stützt.[264] Für unsere Argumentation genügt einstweilen die Beobachtung, dass die in diesem Teil der Studie untersuchten Seelsorgestrukturen emigrierten Geistlichen mehrere Jahre nach ihrer Emigration standesgemäße Betätigungsoptionen boten, die zumeist das Resultat von Aushandlungsprozessen innerhalb komplexer Akteurskonstellationen waren.

3.3 Emigrierte Bischöfe und Prälaten

Die Bedeutung der Habsburgermonarchie als Exilraum für emigrierte Geistliche im europäischen Kontext erschließt sich nicht über die zahlenmäßige Präsenz hochrangiger Vertreter der französischen Kirche, wie zahlreiche Kleinstudien der Lokalforschung nahelegen, die häufig auf prominente Geistliche und ihre Aufenthaltsorte fokussiert sind. Denn mehr noch als bei den Emigranten des Zweiten und Dritten Standes sticht gerade die »Buntscheckigkeit« des emigrierten Klerus als sozialstrukturelles Charakteristikum hervor. So ist trotz der mit zunehmender geografischer Entfernung von Frankreich steigenden sozialen Exklusivität der Gesamtemigration, auf die in jüngeren Forschungsbeiträgen verwiesen wurde,[265] gerade im Segment der Geistlichen eine deutliche Überrepräsentation nichtadliger Kleriker ohne höhere Weihen oder kirchliche Ämter zu konstatieren.

Dieser empirische Befund kann und soll nicht darüber hinwegtäuschen, dass die Habsburgermonarchie nicht nur Durchgangsstation, sondern neben Großbritannien, der Schweiz, Spanien und dem Kirchenstaat auch ein wichtiges Exilland für Angehörige des französischen Episkopats war. Dies ist nicht nur auf die Anwesenheit der zeitweise mindestens zehn französischen Bischöfe in der Konstanzer Kolonie zurückzuführen, die ein kontinentaleuropäisches Zentrum der geistlichen Emigration war.[266] Zahlreiche Emigrationsitinerare französischer Bischöfe tangierten in den 1790er Jahren auch die habsburgischen Kernländer. Mehrjährige Aufenthalte waren keine Seltenheit. Abgesehen von Bischof La Fare von Nancy, der von 1792 bis 1815 unangefochten am längsten in den Erbstaaten blieb, entpuppen sich neben Wien insbesondere Triest[267] und das »Emigrantenschloss«

---

264 Hauptsächlich in ÖStA / KA, Mittelbehörden, Apostolisches Feldvikariat (AFV).
265 Pestel, Winkler, Provisorische Integration und Kulturtransfer, S. 145-146.
266 Nach Moser, Die französische Emigrantenkolonie in Konstanz, S. 21: die (Erz-)Bischöfe von Paris, Saint-Malo, Troyes, Nîmes, Avignon, Vannes und Cominges; zudem zeitweise die Bischöfe von Agen, Lisieux, Toul, Puy, Clermont, Chalons-sur-Saône, Rosy, Valence und Sisteron, vgl. ÖStA/HHStA, StAbt, Frankreich Varia 54, Die französischen Bischöfe aus Konstanz an Außenminister Thugut, 4. August 1798.
267 ÖStA/AVA, PHSt 1797/530, Einreise des Bischofs von Fréjus, Beausset de Hoquefort, mit seinem Generalvikar Jean André Hause, 17. September 1797.

Pernau[268] in Oberösterreich, das der ehemalige französische Marineminister La Luzerne 1794 erwarb, als Sammelpunkte französischer Bischöfe.[269]

Auch Klöster nahmen französische Bischöfe mit ihrem Gefolge bei sich auf. Neben La Fare, der die ersten Jahre seiner Wiener Zeit unter ärmlichen Bedingungen im Franziskanerkloster wohnte, residierte der Bischof von Dijon, Mérinville, zwischen 1795 und 1801 im niederösterreichischen Benediktinerstift Kremsmünster,[270] während der Bischof von Luçon, Mercy, zwischen 1797 und 1801 im Zisterzienserstift Lilienfeld Unterkunft fand.[271] Der Bischof von Meaux, Polignac, lebte bis 1802 mit einer Gemeinschaft emigrierter Priester im ungarischen Preßburg.[272] Der Bischof von Rennes, Bareau de Girac, erhielt Kost und Logis bei verschiedenen Adelsfamilien in Mähren, Böhmen, Galizien und schließlich in Wien, bevor er nach Petersburg weiterzog.[273]

Sieben französische Bischöfe verstarben im habsburgischen Exil: der Bischof von Perpignan 1801 in Udine, der Bischof von Grenoble 1802 in Graz, der Bischof von Fréjus 1802 in Fiume, der Bischof von Riez 1805 im vorderösterreichischen Altdorf, der Bischof von Toulon 1806 in Udine, der Bischof von Valence 1806 in Wien und der Bischof von Laon 1811 auf dem Schloss der Adelsfamilie Lubomirski im galizischen Łańcut.[274] Insgesamt sind dreißig Mitglieder des französischen Episkopats (Stand 1789) in der Habsburgermonarchie aktenkundig, mehr als ein Fünftel der 136 vor der Umgestaltung der Diözesen existenten französischen Ordinarien.

Das französische Episkopat im habsburgischen Exil blieb in seiner Haltung zum Konkordat 1801 und zur päpstlichen Bulle »Qui Christi Domini vices« (1801), die

---

268 ÖStA/AVA, PHSt 1800/511, Aufenthalt des Kardinal Rohan in Wels, 28. August 1800.
269 In der Suite der Mesdames de France reisten die Bischöfe von Moulins, Apt und Carcassonne nach Triest. Ferner residierten die Bischöfe von Langres, Perpignan, Tarbes, Toulon und Fréjus zumindest kurzzeitig in der Hafenstadt. In Pernau hielten sich in den späten 1790er Jahren die (Erz-)Bischöfe von Cambrai, Saint Malo, Agen und Commingues auf.
270 Pitschmann, Bischof Mérinville von Dijon in Kremsmünster.
271 ÖStA/AVA, PHSt 1796/837, Marie Charles Isidore Comte de Mercy, Bischof von Luçon, Aufnahme im Stift Lilienfeld, 10. Dezember 1796.
272 Tóth, French Émigrés in Hungary, S. 74.
273 MZA Brünn, B 95, Sign. 55, 243, Bischof Girac von Rennes in Brünn.
274 Zu den genannten Bischöfen Antoine-Félix de Leyris d'Esponchez (1750-1801), Henri-Charles du Lau d'Allemans (1747-1802), Emmanuel-François de Bausset-Roquefort (1731-1802), François de Clugny (1728-1805), Elléon de Castellane-Mazaugues (1746-1806), Gabriel-Melchior de Messey (1748-1806) und Louis Hector Honoré Maxime de Sabran (1739-1811) vgl. Armand Jean: Les évêques et les archevêques de France depuis 1682 jusqu'à 1801, Paris 1891. Dort ist wohl fälschlich Lausanne als Sterbeort des Bischofs von Riez, Clugny, angegeben. Zu dessen Tod in Altdorf ÖStA/HHStA, StK, Notenwechsel Polizeihofstelle 23, Polizeiminister Sumerau an Außenminister Cobenzl, 13. Juni 1805.

eine neue Diözesanstruktur in Frankreich kreierte, gespalten. Mehrere Bischöfe kehrten nach der Promulgation der »Articles Organiques« unter dem vorgesehenen Verzicht auf ihre Titel und Präbenden nach Frankreich zurück. Der Erzbischof von Paris, Juigné, wurde mit einem Domkapitulat in Saint-Denis abgefunden, während der Bischof von Dijon, Mérinville, als einer von 19 Bischöfen des *Ancien Régime* in den »épiscopat concordataire« integriert und zum Bischof des neuen Bistums Chambery-Genève ernannt wurde.[275] Auch der Bischof von Luçon, Mercy, entschloss sich zur Rückkehr und wurde 1802 mit dem Erzbistum Bourges betraut. Andere verblieben als Emeriti im Exil, darunter die Bischöfe von Fréjus, Bausset, und von Langres, La Luzerne, der 1802 von Pernau nach Venedig übersiedelte und sich dort der theologischen Schriftstellerei widmete.[276] Bedauernd hielt er in einem Brief an seinen Verleger in Langres fest: »J'ai toujours le plus grand désir de rentrer en France, mais les malheureuses obstacles qui me retiennent subsistent toujours.«[277] Trotz seiner Demissionierung war er auch weiterhin nicht bereit, die Legitimität Napoleons anzuerkennen.

Die Bischöfe von Nancy, Carcassonne und Agen verweigerten als Teil jener 39 Bischöfe umfassenden Phalanx der »anticoncordataires« ihre Demissionierung und kehrten erst nach der bourbonischen Restauration 1814/15 nach Frankreich zurück. Nach ihrer Remigration führten ihre kirchlichen Karrieren bis in höchste Ämter und Würden. La Fare brachte es zum Erzbischof von Sens und wurde 1823 zum Kardinal erhoben.

Neben den Spitzen des französischen Weltklerus fanden auch Klostervorsteher vor allem kontemplativer Orden, die sich durch die revolutionäre Kirchenpolitik und die dekretierte Auflassung der Konvente zur Emigration veranlasst gesehen hatten, in den Erbstaaten Asyl. Die Äbtissin des lothringischen Benediktinerstiftes Vergaville erhielt auf Fürsprache ihrer Schwägerin, Madame de Brionne, eine Aufnahmeerlaubnis in Wien, während die Äbtissin des Zisterzienserstifts Blendecques und der Abt der Benediktiner von Saint-Médard zumindest kurzzeitig in Wiener bzw. Prager Klöstern unterkamen.[278] Die bekannteste Emigrantin des französischen Regularklerus, deren Weg in die Habsburgermonarchie führte, war Louise Adélaïde de Bourbon-Condé, Äbtissin der Benediktinerinnen-Abtei Remiremont in den Vogesen und Tochter des Prince de Condé.

---

275 Dazu Jacques-Olivier Boudon: L'épiscopat français à l'époque concordataire (1802-1905): Origines, Formation, Nomination (= Histoire religieuse de la France, Bd. 9), Paris 1996, S. 295-298.
276 La Luzerne kehrte 1814 zurück und erlangte 1817 das Kardinalat.
277 Zit. n. Joseph Charonnot: Mgr de La Luzerne et les serments pendant la Révolution, Paris 1918, S. 361.
278 ÖStA/HHStA, StK, Notenwechsel Polizeihofstelle 21, Verzeichnis der eingewanderten Franzosen in Prag, 16. September 1798: Äbte/Äbtissinnen: Marie-Jeanne de Lamarche, Äbtissin von Vergaville; Louise Adelaide Bourbon-Condé, Äbtissin von Remiremont; Claire Handouart, Äbtissin von Blendecques; Prayes, Abt von St. Medard.

Dem kirchlichen Prälatenstand im umfassenden Sinne gehörten weitere geistliche Emigranten an: Generalvikare, Domkapitulare, Chor- und Domherren sowie Kanoniker vor allem aus nord- und ostfranzösischen Diözesen sind in fast allen Erbländern nachweisbar. Nur im Ausnahmefall bemühten sie sich wie der Generalvikar von Autun, Bouchet de Chassignolles, um den Erwerb von lokalen Titeln und Pfründen, setzte dies doch meist eine mehrjährige Residenz und langwierige Bewerbungsverfahren voraus.[279]

Korrespondenzen

Neben den lebenspraktischen Herausforderungen des Exillebens waren die französischen Bischöfe unmittelbar nach ihrer Emigration mit der Frage konfrontiert, wie sie ihre episkopalen Leitungsaufgaben über große räumliche Distanz hinweg weiter wahrzunehmen gedachten. In den ersten Jahren der Emigration hielten viele Bischöfe brieflich Verbindung zu den in Frankreich verbliebenen Vertrauenspersonen, um diese über ihre Reisewege und Aufenthaltsorte zu informieren, Anweisungen zu geben oder Hirtenbriefe zuzusenden, die in den Heimatdiözesen häufig informell zirkulierten.[280] Noch 1801 sandte Kardinal Rohan aus »einer weit- und leider allzulangen Entfernung« – aus dem niederösterreichischen St. Pölten – den jährlichen Fastenbrief in seine Straßburger Diözese.[281] Dass die bischöfliche Post von der Polizei sowohl im Exil- als auch im Heimatland systematisch »interzipirt« wurde, erschwerte die Aufrechterhaltung der Kommunikation, die in Kriegszeiten schließlich fast zum Erliegen kam.

Anders verhielt es sich mit den Kontaktnetzen innerhalb der Emigration. Über große Distanzen hinweg hielten die französischen Bischöfe untereinander, aber auch die Bischöfe mit ihren Generalvikaren Verbindung. Regelmäßige Briefwechsel dienten in erster Linie dem Informationsaustausch. Mit zunehmender Dauer der Emigration rückten Koordinations- und Entscheidungsfragen, auch theologische Reflexionen, später dann detaillierte Abstimmungen und Instruktionen für die Reorganisation der Diözesen im Vorfeld der Rückkehr nach Frankreich in den Fokus.

Von besonderem Interesse für die Bischöfe war der Verbleib der emigrierten Geistlichen ihrer Diözesen. Je aktueller und detaillierter ihr Überblick war, desto nachdrücklicher konnten die Bischöfe im Bedarfsfall bei den betreffenden Landesherrschaften, den lokalen Ordinariaten oder der römischen Kurie zugunsten einzelner Geistlicher ihrer Diözesen intervenieren, die akuter Hilfe bedürf-

---

279 ÖStA/AVA, PHSt 1800/328, Anton Bouchet de Chassignolles, Generalvikar von Autun, Bericht über die Erwerbung der Dekanatspfründe zu Oppatow in Galizien.
280 Sieger, Kardinal im Schatten der Revolution, S. 289-292.
281 Ebd., S. 312.

tig waren. Häufig hing von der aktiven Fürsprache des Bischofs die Gewährung von Aufenthaltstiteln und anderweitiger Unterstützung in den Exilländern ab.[282]

Während das Briefnetzwerk La Fares in der Studie Bryes bereits ausführlich untersucht ist, bietet die in der Forschung bislang wenig beachtete Briefedition des Bischofs von Luçon, Mercy, Einblicke in das Kommunikationsverhalten eines emigrierten Bischofs, der im Vergleich zu La Fare deutlich instabileren Exilbedingungen unterlag und über einen Zeitraum von fast zehn Jahren mit seinem im spanischen Exil befindlichen Generalvikar Gabriel Laurent Paillou korrespondierte.[283]

Aus dem Briefwechsel geht hervor, dass sich Mercy, dessen Emigrationsroute von der Schweiz über den Kirchenstaat in das niederösterreichische Zisterzienserstift Lilienfeld führte, kontinuierlich über die Situation seines emigrierten Diözesanklerus in Spanien auf dem Laufenden halten ließ. Als von den spanischen Behörden 1798 die Deportation französischer Geistlicher nach Mallorca oder auf die Kanaren erwogen wurde, bemühte sich Mercy bei La Fare um Unterstützung für eine Aufnahme der Betroffenen in Österreich, musste aber bald einsehen, dass die mit einer Umsiedlung verbundene Logistik nicht zu bewerkstelligen war.[284]

Schon seine eigene Übersiedlung nach Österreich hatte sich als komplizierte Unternehmung erwiesen. Wie andere französische Bischöfe, die sich mit päpstlicher Unterstützung im Kirchenstaat aufhielten, suchte Mercy während des Italienfeldzuges Napoleons dringend eine Alternative zu seinem Aufenthaltsort im Kloster San Vitale. Allein in Ravenna lebten nach seinen Angaben zu diesem Zeitpunkt 76 französische Geistliche, die sich nach Jahren prekärer Stabilität Anfang 1796 neuerlich zur Flucht veranlasst sahen.[285] Zwar gelang es Mercy schließlich, für sich und sein Gefolge brieflich eine Passage von Ravenna in die Habsburgermonarchie auszuhandeln. Entscheidend für die Einreise- und Aufenthaltserlaubnis war jedoch die Intervention bereits vor Ort ansässiger Familienmitglieder. So erwirkte sein Neffe Andreas Florimund de Mercy in Absprache mit La Fare die notwendigen Genehmigungen, nachdem der Abt von Lilienfeld zugesagt hatte, für den französischen Bischof zu sorgen.[286] Der Abt wiederum war von weiteren ebenfalls emigrierten Verwandten Mercys, die sich aus dem Schweizer Exil nach Triest geflüchtet hatten, über dessen Schicksal informiert worden.[287] Auch Erzbischof Migazzi, Bischof Hohenwart von St. Pölten und Madame de Brionne verwendeten sich persönlich für Mercy. Mithilfe dieses lokalen Unterstützernetzwerks glückte kurz vor dem Vorstoß der französischen Truppen in die Steiermark

---

282 Für Vorderösterreich vgl. ebd., S. 192.
283 Mercy, Lettres d'émigration.
284 Ebd.: Brief an Generalvikar Paillou vom 30. Juni 1798, S. 507-512.
285 Ebd.: Brief an La Fare vom 15. Januar 1795, S. 273-274.
286 Ebd.: Brief an Generalvikar Paillou vom 5. Januar 1797, S. 424-427.
287 Ebd.: Brief an Lorenzo Caleppi vom 6. Januar 1797, S. 428-429; der am 17. Februar 1798 in Wien ausgestellte Reisepass der Verwandten nach Triest liegt im AD Trieste / Direzione di Polizia Trieste, 13.F.4/II – Atti della Polizia secreta.

der Umzug nach Lilienfeld. Nach Mercys Interpretation war seine lothringische Abstammung ein wesentlicher Grund für das Erhalten der Aufenthaltserlaubnis. Seinem Generalvikar Paillou berichtete er:

> Nous sommes arrivés très heureusement à Vienne le 23 janvier, quinzième jour de notre marche en voiture. J'ai séjourné 17 jours à Vienne. Vous vous doutez de tout le plaisir que j'ai eu d'embrasser mon excellent neveu qui j'ai trouvé jouissant dans cette capitale d'une véritable considération et généralement aimé à la ville et à la cour, ayant inspiré de l'intérêt à tout le monde. Il est en effet très aimable et d'une rare prudence. Il parle l'allemand comme un naturel du pays. Il est logé chez Madame la princesse de Lorraine qui le traite comme son enfant. Nous avons parlé de vous ensemble et il m'a chargé de mille amities pour vous. Je suis on ne peut plus content du séjour qui j'ai fait à Vienne. J'y ai été parfaitement bien accueilli et à la cour et à la ville; j'ai eu l'honneur en particulier de faire ma cour à Sa Majesté l'empereur, à Mesdames les archiduchesses, ses sœurs, et à Madame royale de France. Tous m'ont comblé de bonté et m'ont pénétré d'admiration, de reconnaissance et de respect. Je dois cela en partie à mon nom et à mon origine de Lorraine. Nous ne sommes point regardés comme étrangers ici et, dans le fait, ma famille y a toujours tenu et mon père était sujet de l'empereur François Ier et avait eu l'honneur de le servir comme page et dans le regiment de ses Gardes en Lorraine.[288]

In der Abtei Lilienfeld angekommen, widmete sich Mercy neben dem Erlernen der deutschen Sprache vor allem seiner ausführlichen Korrespondenz.[289] Nach kurzzeitiger Evakuierung in die Benediktinerabtei Altenburg, die im Frühjahr 1797 aufgrund des französischen Einfalls als Vorsichtsmaßnahme angeordnet wurde, stattete Mercy dem nahegelegenen Wallfahrtsort Mariazell einen Besuch ab und ließ sich von Migazzi für mehrere Monate in dessen Sommerresidenz im ungarischen Maroth aushalten.[290] Nach mehrmonatigen Reflexionen über das Für und Wider einer Rückkehr nach Frankreich, die in den Briefen an Paillou überliefert sind, gelangte Mercy schließlich zu einer Entscheidung. Er informierte im Oktober 1800 La Fare über seine Bereitschaft, die Verfassung des Jahres VIII (1799) anzuerkennen und damit die Voraussetzungen für seine Rückkehr zu schaffen. Nach Abschluss des Konkordats 1801 stand sein Entschluss dann endgültig fest:

---

288 Ebd.: Brief an Generalvikar Paillou vom 20. Februar 1797, S. 431-438; hier S. 432.
289 Ebd.
290 Ebd.: Briefe an La Fare vom 22. April 1797, S. 445, sowie an Paillou vom 15. Juni 1797, S. 446-450, und 22. Juni 1797, S. 451-458.

Ce ne sera pas sans les plus vif regrets que j'abandonnerai la terre hospitalière sur laquelle j'ai vécu heureux et tranquille pendant cinq ans et, bien sûrement, je n'oublierai pas, mon très cher Seigneur, que je vous en suis en partie redevable.²⁹¹

Gastfreundschaft und praktische Solidarität

Kirchliche Würdenträger, die nicht in der Lage waren, ihre Subsistenz auf Dauer aus eigenen Mitteln zu bestreiten, konnten auf die praktische Solidarität ihrer Standesgenossen zählen. Sie erhielten entweder in den bischöflichen Residenzen Unterkunft und Versorgung oder wurden, die polizeiliche Approbation vorausgesetzt, von den örtlichen Bistumsleitungen an umliegende Klöster oder vermögende Adelshaushalte weitervermittelt. Anders als die niedere Geistlichkeit, die als Hofmeister, Erzieher und Sekretäre Anstellung fand, wurden emigrierte Prälaten dort nicht mit einem bestimmten Aufgabenportfolio betraut. Als Gesprächspartner und »Hausfreunde« trugen emigrierte Bischöfe, Generalvikare oder Domherren stattdessen zur Unterhaltung und dem sozialen Distinktionsbedürfnis ihrer Gastgeber bei.

Die polnisch-galizische Familie Lubomirski gewährte dem Bischof von Laon, Sabran, der wie La Fare zu den »anticoncordataires« gehörte, nach langjährigem Aufenthalt in Prag und Wien ab 1803 bis zu dessen Tode auf ihrem Schloss Łańcut in Westgalizien einen herrschaftlichen Wohnsitz.²⁹² Im entlegenen Teschen, Kreisstadt des Herzogtums Schlesien, bedurfte es nach Angaben des Oberstleutnants Baron von St. Genois zwar keines Erziehers in seinem Hause, als er die Polizeidirektion in Brünn um Erlaubnis bat, den Generalvikar von Soissons bei sich aufnehmen zu dürfen. Er beteuerte daher, den Prälaten lediglich als »Hausfreund« um sich haben und für ihn sorgen zu wollen. Ein Einsatz in der Seelsorge oder als Erzieher war seinen Angaben zufolge nicht geplant.²⁹³

Praktische Standessolidarität des habsburgischen Episkopats manifestierte sich in mitunter jahrelanger Gastfreundschaft. Wie erwähnt, diente der Sommersitz des Wiener Erzbischofs in Maroth den Bischöfen La Fare und Mercy zeitweise als Refugium. Unter Migazzis Nachfolger Hohenwart wurden im erzbischöflichen Palais in Wien Bischof Messey von Valence und Bischof Vintimille von Carcassonne beherbergt.²⁹⁴ Dass nach dem Tod Messeys 1806 die »Wohngemeinschaft« zweier Kirchenfürsten unterschiedlicher kultureller Hintergründe und offenbar

---

291 Ebd.: Brief an La Fare, 19. Dezember 1801, S. 843-844; hier S. 844.
292 Potocka, Mémoires, S. 55.
293 ÖStA/AVA, PHSt 1795/ 284, Gesuch des k. k. Oberstleutnants St. Genois bei Polizeiminister Pergen, 9. März 1795.
294 Messey starb am 17. März 1806 an »Nervenfieber«, vgl. Sterbebuch St. Stephan 1804-1808, fol. 185, in Matricula-Online: https://data.matricula-online.eu/de/oesterreich/wien/01-st-stephan/03-38/?pg=190 [1.3.2020].

sehr verschiedener Mentalitäten vor allem den Gastgeber vor Herausforderungen stellte, blieb auch Außenstehenden nicht verborgen. Nach einem abendlichen Besuch im Palais beklagte etwa Bombelles »un malhereux penchant à la causticité« bei Vintimille.²⁹⁵ Leicht ironisch kommentiert auch Du Montet:

> M. de Vintimille, évêque de Carcassonne, avait la plus belle et la plus noble figure. L'archevêque de Vienne, comte de Hohenwarth, lui avait donné asile dans son palais archiépiscopal; mais M. de Carcassonne ne pouvait s'accoutumer à la simplicité évangelique du bon archevêque ni à la cuisine allemande; il ne pouvait dissimuler ses impressions et son dégoût, que l'archevêque supporta avec la plus angélique patience.²⁹⁶

Zwar klingen in der retrospektiven Charakterisierung Montets topische Heterostereotype an, die sich in vielen Emigrationsberichten wiederfinden, etwa die Abneigung vieler Franzosen gegenüber den Produkten »deutscher« Kulinarik, doch sollte darüber nicht die Wechselseitigkeit der Interaktion aus dem Blick geraten. Denn trotz der notorisch asymmetrischen Fokussierung auf die Alteritätserfahrungen der Emigranten mussten letztlich beide Seiten Anpassungsfähigkeit unter Beweis stellen. Viel mehr als auf die klischeehaften »kulinarischen Irritationen« ist daher auf die fast 15-jährige Gastfreundschaft des Wiener Bischofs hinzuweisen, die dem Bischof von Carcassonne nicht nur einen sicheren Unterschlupf, sondern auch Zugang zur »Ersten Gesellschaft« verschaffte. Sie erlaubte es einem Emigranten wie Vintimille, als Stammgast an exklusiven Zirkeln und Salons teilzunehmen, standesgemäßen Umgang zu pflegen und nicht zuletzt auch seine Intransigenz gegenüber dem Konkordat auszuleben.²⁹⁷

Auch abseits der kaiserlichen Residenzstadt fanden emigrierte Prälaten gastfreundliche Häuser. Der Bischof von Brünn, Vinzenz Joseph von Schrattenbach, nahm den Generalvikar von Paris und nachmaligen Bischof von Le Mans, Claude-Madeleine de La Myre-Mory, in seiner Residenz auf, verlieh ihm *pro forma* den Titel eines persönlichen »Ceremoniars« und setzte sich beim Kaiser für dessen unbeschränktes Aufenthaltsrecht ein.²⁹⁸ Stellvertretend für viele hochrangige Geistliche lässt sich an La Myre-Morys Exilbiografie die Bedeutung individueller Kontakte mit Einheimischen an den einzelnen Exilstationen für den Emigrationsverlauf beleuchten. Nach seiner Auswanderung 1791 hatte sich La Myre-Mory mit vielen anderen Emigranten zunächst am Hof König Viktor Amadeus' III. in Turin aufgehalten, bevor er als Mitglied der *Suite* der Comtesse d'Artois über Padua nach

295 Bombelles, Journal, 6: 1801-1807, S. 261.
296 Du Montet, Souvenirs, S. 84, Anm. 1.
297 Ebd., S. 82-84.
298 MZA Brünn, B 95, Sign. 55, 246, Bischof Schrattenbach an Gouverneur Ugarte betreffs des Emigranten Myre-Mory, 27. Dezember 1800; in derselben Sache an Kaiser Franz, 28. Dezember 1800.

Klagenfurt weiterzog, wo er von einer monatlichen Pension der Comtesse lebte.²⁹⁹ Als diese nach Graz übersiedelte, plante La Myre-Mory, in ein österreichisches Kloster einzutreten.³⁰⁰ Durch den Klagenfurter Juristen Franz Josef von Enzenberg wurde er jedoch Bischof Schrattenbach empfohlen, der bis 1800 als Bischof von Lavant in St. Andrä residierte und nach seiner Ernennung zum Bischof von Brünn den Emigranten mit nach Mähren nahm. Dort lebte La Myre-Mory als dessen »Haus-Genossener«.³⁰¹ Als fester Bestandteil der bischöflichen Tafelrunde, an der auch andere Emigranten wie Bombelles regelmäßig teilnahmen, pflegte er Umgang mit den lokalen Honoratioren, darunter die Grafen Zierotin, Dietrichstein und Mitrowski.³⁰²

Die Beispiele zeigen, dass geistliche Emigranten, die zur Spitze des vorrevolutionären Klerus gehörten, in der Habsburgermonarchie auf duldsame Aufnahme und Unterbringung hoffen konnten.³⁰³ Ausweisungsbeschlüsse für Bischöfe und Prälaten sind nicht aktenkundig. Die Fürsprache einflussreicher Unterstützer aus Adel, Landesadministration und Kirche, häufig die persönliche Empfehlung La Fares, gewährleistete einen relativ großzügigen Aktionsrahmen. Meist ohne die Drangsale materieller Not etablierten die Geistlichen standesgemäße Soziabilitätsmuster am jeweiligen Exilort. Die Sphären sozialer Interaktion waren dabei abhängig von den lokalen Gegebenheiten und Geselligkeitsformen, deren Variationsbreite von der quirligen Wiener Innenstadt mit ihrer ausdifferenzierten sozialen Infrastruktur über die Provinzidylle einer kaum 4.000 Einwohner zählenden Kreisstadt wie Teschen bis hin zu Landsitzen und Schlössern fernab städtischen Trubels reichte. Für die Einheimischen boten die Begegnungen mit prominenten Geistlichen aus Frankreich Gelegenheit, nicht nur ihre kulturelle Frankophilie, sondern vor dem Hintergrund der revolutionären Religionspolitik auch ihre Solidarität und Rechtgläubigkeit unter Beweis zu stellen. Die vielgestaltigen Kontakte ermöglichten darüber hinaus Kooperationen und gemeinsame kirchenpolitische Initiativen, wie das folgende Beispiel zeigt.

---

299 ÖStA/AVA, PHSt 1799/57, Empfehlung der Gräfin von Artois für den Generalvikar von Paris, Myre-Mory.
300 ÖStA/AVA, PHSt 1799/298, Aufenthaltsbewilligung für Myre-Mory, samt ausführlichem Gutachten des Kärntner Landeschefs, 14. Februar 1799.
301 MZA Brünn, B 95, Sign. 55, 246, Bischof Schrattenbach an Kaiser Franz, 28. Dezember 1800.
302 Bombelles, Journal, 6: 1801-1807, S. 47-48.
303 Dies gilt umso mehr, wenn sie beträchtliches Vermögen mitführten wie der Bischof von Fréjus, dem zusammen mit seinem Generalvikar fast ohne Einschränkung die Einreise genehmigt wurde; ÖStA/AVA, PHSt 1797/530, Gouverneur Brigido von Triest an Vize-Polizeiminister Saurau, 17. September 1797. Er starb 1802 im ungarischen Fiume.

3.4 Kirchenpolitik I: Ein erster Versuch zur Restauration der Societas Jesu 1793

Ein erstes kirchenpolitisches Projekt, das sich als Kooperation von Revolutionsemigranten und Einheimischen qualifizieren lässt, war der von mehreren Personen in Wien orchestrierte Versuch im Jahr 1793, den Jesuitenorden in der Habsburgermonarchie wiederherstellen zu lassen. Während die Tätigkeit von Ex-Jesuiten wie Maximilian Hell in Österreich bekannt und auch die Abwanderung ehemaliger Angehöriger der Societas Jesu nach Russland, wo der Orden auch nach der Aufhebung durch Papst Clemens XIV. weiterexistierte, erforscht worden sind, wurden die Bemühungen, die auf die Schaffung günstiger Bedingungen für eine Jesuitenrestauration zielten, bislang wenig berücksichtigt.[304]

Nachdem der förmliche Appell Diesbachs an Leopold II. aus dem »Mémoire« von 1790 keinerlei Konsequenzen im Sinne eines konkreten Fahrplanes zur Wiederherstellung des Ordens gezeigt hatte, schöpften die Verfechter einer Jesuitenrestauration mit der Thronbesteigung Franz' II. neue Hoffnung. Und nicht nur der neue Landesherr war im Kalkül der prorestaurativen Kreise ein begünstigender Faktor. Auch hatte sich der bestehende Unterstützerkreis in Wien um einen einflussreichen Akteur erweitert, den emigrierten Bischof von Nancy, La Fare.

La Fare hatte aus seinen Präferenzen für den Orden nie einen Hehl gemacht und noch als Deputierter in der Pariser Nationalversammlung den Jesuitenorden und dessen Wirken im Erziehungswesen in den höchsten Tönen gelobt.[305] In ihm fand der Zirkel um Migazzi und die Wiener Filiale der *Amicizia Cristiana*, die an ihrem Restitutionsplan festhielten, einen gut vernetzten Verbündeten, dessen Wort bei den anderen französischen Bischöfen im Exil Gewicht hatte. Die Haltung des emigrierten Episkopats zur Wiederzulassungsfrage war deswegen von besonderer Bedeutung, als sie dem Ansinnen entweder einen beträchtlichen Schub verleihen oder bisherige Anstrengungen hemmen, unter Umständen sogar konterkarieren konnten.

Dass die Wiener A.C., allen voran der Ex-Jesuit Diesbach selbst, sich weiterhin dem Orden verpflichtet sah, überrascht nicht. Schon zu Turiner Zeiten hatte Diesbach immer wieder seine Loyalität zur Societas Jesu bekundet und seit seiner Ankunft in Wien das Umfeld nach potenziellen Unterstützern für das Restitutionsprojekt sondiert.[306] Persönlichkeiten wie Penkler und Saurau, ihres Zeichens Jesuitenadepten, standen diesem ohnehin offen gegenüber. Auch Migazzi

---

304 Eine jüngere Ausnahme bildet Friedrich, Die Jesuiten, S. 559-564. Zu den Restaurationsversuchen in der Habsburgermonarchie etwa Paul Bonenfant: La Suppression de la compagnie de Jésus dans les Pays-Bas autrichiens (1773), Brüssel 1925, S. 169-175, sowie Antonio Trampus: I gesuiti e l'Illuminismo: politica e religione in Austria e nell'Europa centrale (1773-1798), Florenz 2000, S. 271-296.
305 Brye, Consciences épiscopales en exil, S. 172-173.
306 Winter, Diessbach, S. 283-285.

hatte bereits im Jahr der päpstlichen Aufhebungsbulle »Dominus ac Redemptor« (1773) nachdrücklich, aber erfolglos gegenüber Maria Theresia, Joseph II. und Kaunitz für eine Beibehaltung der Societas Jesu in Österreich plädiert.[307]

Der Wiener Erzbischof war es dann auch, der 1793 die erneute Initiative ergriff und bei Kaiser Franz für die Restitution warb.[308] Ähnlich wie Diesbach und andere Jesuitenapologeten jener Jahre sah auch Migazzi einen Hauptgrund für die Revolution, als deren Urheber er »die böse Welt mit ihren weitausgebreiteten, ebenso schlauen wie mächtigen Verbindungen« ausmachte, im Fehlen des Ordens, der dem »Verfalle der Religion und der guten Sitten seit der Zeit seiner Aufhebung« hätte entgegenwirken können, und berief sich für dieses Argument auf eine französische Quelle:

> Selbst der letzte hier gewesene französische Botschafter [...] hatte, wie ich Ew. Majestät versichern kann, keinen Anstand zu behaupten, daß, wenn die Jesuiten nicht wären aufgehoben worden, Frankreich die in ihren Folgen so schädliche Revolution nicht würde erlebt haben, weil die jugendliche Erziehung keineswegs in einen so tiefen Grad des Verderbens würde hinabgesunken sein.[309]

Diese Skizze verdeutlicht, dass sich zu Beginn der 1790er Jahre in Wien eine Interessenkoalition unterschiedlicher Akteure gebildet hatte, die ein gemeinsames Ziel verfolgten. Sondierungen bei den emigrierten französischen Bischöfen sollten helfen, Chancen und Risiken eines aus Wien lancierten Restaurationsversuches auszuloten. In Absprache mit La Fare betraute Migazzi den Präses der Wiener A.C., Sineo della Torre, im November 1793 mit der Mission, bei den Exilbischöfen in Konstanz und der Schweiz in der Sache vorzufühlen. In Konstanz hielten sich zu diesem Zeitpunkt der Erzbischof von Paris, Juigné, und die Bischöfe La Luzerne von Langres, Cortois de Pressigny von Saint-Malo, Cortois de Balore von Nîmes, Osmond von Comminges und Barral von Troyes auf.[310] Insbesondere von Juigné versprach sich La Fare einen starken Impuls für die Restitution.

Dass die Sondierungen Sineo della Torres in Konstanz negativ ausfielen, lag allerdings in erster Linie an La Luzerne, dem ehemaligen Präsidenten der Nationalversammlung. Nach einer Unterredung mit Sineo della Torre informierte dieser La Fare darüber, wie er die Chancen für das Restitutionsprojekt aus dem Blickwinkel des französischen Episkopats beurteilte:

---

307 Wolfsgruber, Kardinal Migazzi, S. 168-180.
308 Brye, Consciences épiscopales en exil, S. 174.
309 Erzbischof Migazzi an Kaiser Franz, 11. Dezember 1793, zit. n. Anon., Migazzi, Maria Theresia und die Jesuiten, in: Stimmen aus Maria-Laach. Katholische Blätter 38 (1890), S. 487-492; hier S. 491.
310 Moser, Die französische Emigrantenkolonie in Konstanz, S. 21.

En France, un grand nombre de personnes ne partagent pas nos sentiments sur l'ordre de Jésuites. Et non seulement les ennemis de l'Église, qui l'ont toujours été de cette société célèbre, les deistes, les protestants, les jansénistes lui sont opposés, mais parmi les personnes les mieux pensantes il s'en trouve beaucoup qui ont contre elle de violents préjugés. Le projet de la rétablir y excitera certainement une vive commotion.[311]

Trotz der diplomatischen Sprache konnte man die Haltung La Luzernes nicht anders als dem Projekt gegenüber ablehnend verstehen. Zwar fiel der anschließende Empfang Sineo della Torres bei den in die Schweiz emigrierten französischen Bischöfen um Erzbischof Bovet von Sisteron immerhin so ermutigend aus, dass man sich der Unterstützung einer Mehrheit des in Kontinentaleuropa verstreuten französischen Episkopats sicher wähnte. Doch ließ es der Kriegsverlauf Mitte der 1790er Jahre nicht zu, den Restaurationsplan substanziell weiterzuentwickeln.

Kleine Zwischenerfolge gaben dennoch Anlass zur Zuversicht: Nachdem 1793 die »kleine Restauration« der Societas Jesu im Herzogtum Parma gelungen war, reiste Diesbach 1796 in die Schweiz, um mit den französischen Bischöfen darüber zu beraten, ob mittels einer direkten Supplikation an Papst Pius VI. eine Wiederherstellung des Ordens zumindest in den katholischen Kantonen der »Confoederatio Helvetica« erreicht werden könnte.[312] Dies zeigt, dass die Restaurationsfrage in den 1790er Jahren ständig akut blieb.

Die informelle Wiener Koalition um die A.C., Migazzi und La Fare blieb auch nach dieser ersten Sondierungsphase dem Ziel der Jesuitenrestauration verpflichtet. Mit der Niederlassung einer Gruppe geistlicher Emigranten 1796 in Wien, die sich den Namen Société de Sacré-Cœur de Jésus gegeben hatten und nach ignatianischem Vorbild lebten, ergab sich für den prorestaurativen Zirkel wenig später eine neue Chance, den Plan mit päpstlichem Segen umzusetzen.

4. Geistliche Gemeinschaften der Emigranten

4.1 Das Exil als Ort geistlicher Reorientierung

Wie die Auseinandersetzung mit Revolution und Exil das Bedürfnis nach einer spirituellen Erneuerung unter den geistlichen Emigranten wachsen ließ, lässt sich anhand dreier, zum Teil während der Revolutionsdekade gegründeter geistlicher Gemeinschaften französischer Kleriker illustrieren, die an der Schwelle zum

---

311 Zit. n. Brye, Consciences épiscopales en exil, S. 175.
312 Guasti, The Age of Suppression, S. 931-932; Winter, Diesbach, S. 283-284; Bona, Le »Amicizie«, S. 205.

19. Jahrhundert zu einer zeitweiligen Blüte gelangten. Obwohl sich ihr Wirken nicht auf die Habsburgermonarchie beschränkte, sondern sich auch auf das Alte Reich, Ost- und Südeuropa und schließlich auch Großbritannien und die USA erstreckte, setzten sie alle auf unterschiedliche Weise in den Erbstaaten Akzente, deren Bedeutung über die lokalen Aufenthaltsräume hinausreichte. Von Interesse sind hierbei die Bemühungen um eine Institutionalisierung der Gemeinschaften unter den Bedingungen der Emigration sowie ihre »geistliche Agenda« vor dem Hintergrund des Zeitgeschehens und dessen Deutungen. Mit Blick auf die Habsburgermonarchie stehen zudem ihre Vernetzung und Interaktion vor Ort im Fokus.

Die Revolution und Emigration als Bruch mit überkommenen Gewissheiten und Anfechtung der eigenen geistlichen Identität bewältigen zu müssen, stellte für die Geistlichen in den unterschiedlichen Exilländern eine anhaltende Herausforderung dar. Während etwa Kirsty Carpenter unter den emigrierten Klerikern in Großbritannien eine graduelle Verminderung religiöser Praktiken bis hin zu Säkularisierungstendenzen ausmacht, zeigt sich in anderen Aufenthaltsgebieten ein intensives Bemühen um die Aufrechterhaltung geistlicher Lebensformen und Routinen.[313] Kleine Kreise emigrierter Geistlicher begaben sich darüber hinaus auf eine Suche nach nutzbaren Quellen und wiederbelebbaren Formen christlicher Spiritualität, die Wege zu einer Bewältigung ebnen konnten. Ähnlich wie im Falle der Herz-Jesu-Frömmigkeit konnten im Rekurs auf zeitweilig verdrängte »spirituelle Bestände« Orientierung gebende Leitmotive identifiziert, im Erfahrungsraum des Exils und im Austausch mit der Exilumwelt kultiviert und im Verlauf des Exils auch fortentwickelt werden. Unter diesem Gesichtspunkt beschreibt Xavier Vicat die geistliche Emigration als »une période de fermentation, de maturation«.[314]

Die aus diesem Fundus gespeiste, neuinterpretierte geistliche Lebensweise zeichnete sich im Fall der drei hier betrachteten Gemeinschaften durch intensivierte Frömmigkeitspraktiken, verschieden nuancierte Formen von Askese und Koinobitentum, zuweilen auch durch volksmissionarische Tätigkeit, sowie auf subjektiver Ebene durch eine auf Innerlichkeit und Emotionalität ausgerichtete Spiritualität aus.[315] Diese Formensprache war wiederum Ausdruck einer standes-

---

313 Kirsty Carpenter: Secularization by Stealth? Émigrés in Britain During the French Revolution, in: Bryan A. Banks, Erica Johnson (Hg.): The French Revolution and Religion in Global Perspective. Freedom and Faith (= War, Culture and Society, 1750-1850), Cham 2017, S. 73-94; Schmidt-Eppendorf, Priester-Emigranten in Hamburg und Schleswig-Holstein; Düsterhaus, Auf der Flucht vor Revolution und Krieg.
314 Xavier Vicat: Johann Peter Silbert (1778-1844): littérature et religion à Vienne à l'époque du romantisme, Diss. Paris 1990, S. 359.
315 Zur religiösen Praxis im revolutionären Europa der Sammelband Paule Lerou, Raymond Dartevelle, Bernard Plongeron (Hg.): Pratiques religieuses, mentalités et spiritualités, dans l'Europe révolutionnaire, 1770-1820, Turnhout 1988.

spezifischen Deutung der Revolutions- und Exilerfahrung selbst. Aus Sicht dieser Geistlichen erfuhr die sich zeitgenössisch vollziehende Emigration, geprägt von Leid und Ungewissheit, eine sinnstiftende Umwertung als Prüfung, Katharsis und »Wüstenerfahrung«. Dies beinhaltete zwar das Ertragen der schwerwiegenden Konsequenzen der Emigration, doch diente das Opfer einem höheren Zweck. Das Exil wurde damit gleichzeitig als »Ort« und Instrument der Läuterung konstituiert, die durch erneuerte Spiritualität erreicht werden konnte.

In dieser spezifisch geistlichen »Aneignung« des Exils kommt ein Selbstverständnis zum Ausdruck, das einen Gegenpol zum Revolutionsgeschehen in Frankreich markiert, weil es sich von dessen politischer Öffentlichkeitskultur und seiner zeitweilig antichristlichen Stoßrichtung radikal abwandte. Das »Eintauchen« in die als Katharsis begriffene Emigration ließ sich vor diesem Hintergrund als dezidiert geistliche Antithese zur Revolution und als standesspezifische Strategie der Revolutionsbekämpfung deuten.[316] So verstanden, wurde die geistliche Emigration zum »Raum« und Experimentierfeld für die Suche nach Antworten auf das Erleben der revolutionären Krise, die, wie sich im Folgenden zeigt, jedoch keineswegs nur eine subjektive oder gruppenbezogene Dimension hatten, sondern auch eine erhebliche Öffentlichkeitswirkung entfalteten.

4.2 Die geistlichen Gemeinschaften

Grundsätzlich zeichneten sich die drei Gemeinschaften, im Einzelnen die »Société du Sacré-Cœur de Jésus« um den aus Laval in Westfrankreich stammenden Léonor François de Tournely (1767-1797), die »Société de la Sainte Rétraite« Antoine-Sylvestre Receveurs (1750-1804) und die Trappisten um Augustin de Lestrange (1754-1827) und Louise de Condé durch eine Reihe ähnlicher Merkmale aus. Gemein waren ihnen eine asketische Lebensweise, welche materielle Entbehrung als notwendige Bedingung einer auf Kontemplation angelegten geistlichen Praxis verstand, sowie der Rückgriff auf traditionelle Frömmigkeitsformen.

Während bei den Trappisten eine eigene Ordenstradition bestand und Änderungen ihrer Lebensform und ihres geistlichen Profils lediglich Adjustierungen einer etablierten Regel unter den Bedingungen der Emigration darstellten, waren die beiden »Sociétés« in ungleich stärkerem Maße gefordert, im Exil eine Struktur und Regel zu bestimmen und eine daran ausgerichtete geistliche Identität zu entwickeln. Während die Société de la Sainte Rétraite sich an einem zönobitischen und in seiner theologisch-intellektuellen Dimension eher diffusen (wenn nicht gar

---

316 Diese spezifisch geistliche Form der Revolutionsbekämpfung lässt sich in das Spektrum der »Konterrevolution« einordnen, die weniger ein eindeutig definiertes politisches Ziel vor Augen hatte oder eine Doktrin retrograder politischer Entwicklung propagierte, sondern in erster Linie die Gesamtheit höchst verschiedener »Antworten« auf die revolutionäre Krise umfasst; dazu Pestel, On Counterrevolution.

explizit anti-intellektuellen) »Ora et Labora« (ohne »Lege«!) orientierte, stand das theologische Profil der im Vergleich zahlenmäßig zunächst viel kleineren Société du Sacré-Cœur hingegen der jesuitischen Tradition nahe. Folglich nimmt es nicht wunder, dass ihre Angehörigen im Verlauf des Exils immer offener eine Wiederbelebung der Gesellschaft Jesu anstrebten und somit für den Personenkreis um die Wiener *Amicizia Cristiana* zu interessanten Partnern avancierten.

Neben den ideellen und geistlichen Parallelen der Gemeinschaften verdienen auch die sich zwischen den Gruppen entwickelnden personellen Überschneidungen und überlappenden Netzwerke einen genaueren Blick. Nach einer kurzen Übersicht über die drei Gemeinschaften richtet sich das Hauptaugenmerk schließlich auf die Société du Sacré-Cœur.

4.2.1 Die Trappisten

Die Geschichte der emigrierenden Trappisten und ihres Aufenthaltes in der Habsburgermonarchie ist in den Studien von Ildefons Fux und Augustin-Hervé Laffay detailliert dargestellt.[317] In unserem Zusammenhang interessieren drei weniger beachtete Aspekte, auf die in gebotener Kürze einzugehen ist: Erstens, das personale Netzwerk um Louise de Condé, das im Emigrationskontext eine maßgebliche Rolle spielte; zweitens, die Interaktionen mit der einheimischen Bevölkerung bzw. die Wahrnehmung der Trappisten und der trappistischen Frömmigkeitsformen durch diese; sowie drittens, das geistliche Profil der Trappisten in der Emigration.

Nach einer wochenlangen Reise stromabwärts landeten die Flöße des »monastère itinérant« am Vorabend des Pfingstfestes 1798 am Donaukai in Wien an.[318] Anders als für ihre Reisegefährten war es für Louise de Condé ein Wiedersehen nach rund zweijähriger Abwesenheit.[319] Für die ehemalige Äbtissin des Damenstiftes Remiremont hatte die Emigration aus Frankreich eine jahrelange Suche nach einer geistlichen Lebensweise mit sich gebracht, in deren Verlauf sie nach Phasen regelrechter Orientierungslosigkeit und rastlosen Umherreisens verschiedene Versuche unternahm, eine aus ihrer Sicht gottgefällige Lebensform für sich zu finden. Ihre Emigrationsbiografie der ersten Jahre steht in dieser Hinsicht symptomatisch für das Bemühen vieler Geistlicher, nach dem existenziellen Ein-

---

317 Fux, Emigrierende Trappisten in Österreich; Laffay, Dom Augustin de Lestrange.
318 Fux, Emigrierende Trappisten in Österreich, S. 320.
319 Der Emigrationsweg und die geistliche Biografie Louise de Condés hat historiografisches Interesse gefunden, bspw. Claude-Alain Sarre: Louise de Condé, Paris 2005. Anhand ihres Briefwechsels mit ihrem Seelenführer, Abbé Bouzonville, der im schweizerischen Fribourg im Exil lebte, ist der geistliche Reifeprozess Louises nachzuvollziehen: Louise de Bourbon-Condé: Correspondance de la princesse Louise de Condé, fondatrice du monastère du Temple: Lettres écrites pendant l'émigration à sa famille et à divers, publiées avec une introduction par le R.P.Dom J. Rabory, Paris; Solesmes 1889.

schnitt von Revolution und Emigration, das Exil zu einem Ort der geistlichen Neupositionierung und Erneuerung umzuwerten.

Aus praktischer Sicht erwies sich das personale Netzwerk Louises für die Trappistengruppe, die 1791 zunächst in die aufgelassene schweizerische Kartause Valsainte geflüchtet war, als sehr hilfreich. Nachdem Louise in den dortigen Emigrantenkreisen erste Bekanntschaft mit dem Trappistenabt Dom Augustin Lestrange gemacht hatte, führte ihr Weg 1795/96 erstmals nach Wien, wo sie zusammen mit einigen französischen Nonnen im Salesianerinnenkloster am Rennweg Unterkunft fand.[320] Auf Vermittlung ihres Seelenführers, des im Schweizer Exil lebenden Abbé de Bouzonville, stand Louise in dieser Phase in engem Kontakt mit der von Léonor François de Tournely im niederländischen Exil gegründeten Société du Sacré-Cœur, mit der sie nach Österreich gelangt war. Ihr berühmter Name öffnete ihr nicht nur die Tore des Kaiserhofes. Sie konferierte auch mit den »Häuptern« der französischen Revolutionsemigration in der Residenzstadt, La Fare, Madame de Brionne und Madame Royale, mied aber die Öffentlichkeit, so gut sie konnte, da sie ein Leben in Abgeschiedenheit zu führen gedachte.[321]

Eine »Schwester im Geiste« fand Louise indes in Erzherzogin Maria Anna, Äbtissin des Theresianischen Damenstiftes in Prag und umtriebig in allen Belangen der Förderung geistlichen Lebens. Mit ihr führte Louise eine langjährige Korrespondenz.[322] Die Erzherzogin ermunterte sie ganz im Sinne Tournelys, einen weiblichen Zweig der inzwischen von Kaiser und Erzbischof protegierten Société du Sacré-Cœur in Wien zu gründen.[323] Diese in sie gesetzte Hoffnung zerstob jedoch nach nur kurzer Zeit am Unwillen Louises, als Ordensgründerin in Erscheinung treten zu wollen.[324] Auch sonst bot sich für Louise in Wien keine Perspektive zur geistlichen »Weiterentwicklung«. Befremdet zeigte sie sich über die fortdauernden Auswirkungen der josephinischen Ordenspolitik und der fehlenden Achtung für ein kontemplatives Leben, wie sie es anstrebte.[325] Ihre Briefe dokumentieren, wie wenig Neigung sie aus diesem Grund verspürte, ihr Exil in Österreich zu verbringen.

320 Zum Wiener Salesianerinnenkloster als Unterkunft für Emigranten Fux, Emigrierende Trappisten in Österreich, S. 321-322.
321 Ebd., S. 311-312. Louise traf sich in Wien auch mit der Baronin Du Montet, Souvenirs, S. 10-12.
322 Bourbon-Condé, Correspondance: Brief an Erzherzogin Maria Anna, 30. September 1797, S. 158-159.
323 Ebd.: Brief an die Prinzessin von Piemont, Mai 1797, S. 102.
324 Ebd., S. 107. Nach Hillengass wurde eine kurzlebige, aus sechs Mitgliedern bestehende weibliche Kommunität im Salesianerinnenkloster gegründet, doch löste diese sich alsbald wieder auf; vgl. Alfred Hillengass: Die Gesellschaft vom heiligen Herzen Jesu (Société du Sacré-Cœur de Jésus). Eine kirchenrechtliche Untersuchung (= Kirchenrechtliche Abhandlungen, Bd. 89), Stuttgart 1917, S. 23-24.
325 Bourbon-Condé, Correspondance: Brief an die Prinzessin von Piemont, Mai 1797, S. 105-106.

Als im Frühjahr 1797 die Emigranten wegen der napoleonischen Bedrohung angewiesen wurden, Wien zu verlassen, entsann sich Louise ihrer Trappisten-Bekanntschaft in der Schweiz und erbat von Dom Lestrange die Erlaubnis, in deren Niederlassung Sembrancher im Wallis das Noviziat beginnen zu dürfen.[326] Nach nur kurzem Aufenthalt im dortigen Novizenhaus begann Anfang 1798 die oben beschriebene »Odyssée monastique«, die Louise eher *nolens* als *volens* zum wiederholten Mal in die Habsburgermonarchie führte – diesmal mit einer großen Zahl trappistischer Mönche, Nonnen, Novizen und Schülern im Gefolge.

Aus der Perspektive von 1798 gesehen erwiesen sich ihr vorheriger Aufenthalt in Wien und die vor Ort bestehenden Kontakte als entscheidend für das Gelingen des logistisch anspruchsvollen Unternehmens. Auf Louises Bitte hin trat Erzherzogin Maria Anna bei ihrem Bruder, Kaiser Franz, für die umstandslose Gewährung von Einreisepässen ein. Angesichts des schieren Umfanges der Reisegesellschaft von rund 200 Personen hätte ohne diese Fürsprache wohl kein Weg in die kaiserlichen Erbstaaten geführt. Die emigrantenfreundlichen Salesianerinnen vom Rennweg sagten ihrerseits zu, die Gruppe innerhalb ihrer Klostermauern zu beherbergen. Zudem erhielt die von der Hauptgruppe in Linz abgespaltene Abteilung der Trappisten im böhmischen Schloss Buštěhrad Unterkunft und wurde ebenfalls von Maria Anna versorgt:[327] »Notre illustre bienfaitrice avait donné des ordres si précis que rien ne nous manquât à Boucherat [sc. Buštěhrad, M.W.], jamais nous n'avions été l'objet d'une hospitalité plus généreuse […].«[328] Obwohl die Reiselogistik eine intensive Korrespondenz- und Koordinierungstätigkeit voraussetzte, die aufgrund der häufigen Ortswechsel zusätzlich verkompliziert wurde, gelang der Transfer aus der Schweiz in die Habsburgermonarchie.

Auch der für die weitere Zukunft der Trappistengruppe entscheidende Kontakt ging auf Louise zurück. Aufgrund ihrer persönlichen Bekanntschaft mit Zar Paul I., der Louise auf seiner Kavalierstour in Frankreich kennengelernt hatte, erwirkte sie vom Zaren eine Erlaubnis für zunächst dreißig Ordensmitglieder, in das ehemalige Trinitarierkloster im weißrussischen Orscha übersiedeln zu dürfen.[329] Diese Zusage war umso wichtiger, als zwischenzeitliche Verhandlungen über eine dauerhafte Niederlassung in den Erbstaaten trotz der Intervention Maria Annas, die sich von den Trappisten einen belebenden Impuls für das geistliche Leben und die geistliche Bildung in der Habsburgermonarchie erhoffte, schließlich an der ablehnenden Haltung der in der Logik josephinischer Ordenspolitik

---

326 Ebd.: Brief an Lestrange, 7. August 1797, S. 128-136.
327 Fux, Emigrierende Trappisten in Österreich, S. 338.
328 Ferdinand de Hédouville: Relation sur mon séjour en exil et l'exode des religieux jusqu'en Russie, par un novice de la Valsainte, de 1797 à 1800, Paris 2003, S. 132.
329 Der Zar hatte hierfür zwei Offiziere nach Wien geschickt, die die Trappisten an ihren Bestimmungsort führen sollten; Ernst R. Muck: Abt Rainer II. Sigl von Zwettl und die Trappisten, in: Cistercienser-Chronik 46 (1934) 549/550, S. 340-353, 378-394; hier S. 350.

verhafteten Hofbürokratie scheiterten.³³⁰ Auch Empfehlungsschreiben La Fares und positive Gutachten Migazzis und Sauraus konnten diese Entscheidung nicht abändern. Nach nur wenigen Monaten in Wien erging der Ausweisungsbeschluss für alle Trappisten.

Hilfe kam erneut vom Zaren. Als Vorhut der Trappisten war Lestrange bereits nach Russland aufgebrochen und hatte von Paul I. die Erlaubnis erhalten, dass nunmehr alle Angehörigen des »Wanderklosters« ins Zarenreich übersiedeln dürften.³³¹ Vom Wiener Hof mit Fuhrwerken und Geldmitteln versehen, sammelten sich die in den Erbstaaten verteilten Ordensangehörigen in Krakau, von wo aus sie, angeführt von zwei ortskundigen russischen Offizieren, die ihnen als Reiseführer entgegengeschickt wurden, über Warschau nach Russland weiterzogen.³³²

Trotz des kurzen Intermezzos und des wohl zensurbedingten Schweigens der Tagespresse war der Aufenthalt der Trappisten in Wien alles andere als unbemerkt geblieben. Mit dem Augenzeugenbericht des in Wien lebenden ehemaligen Abtes des Zisterzienserklosters Zwettl, Rainer II. Sigl, liegt ein unmittelbares Zeugnis ihrer Fremdwahrnehmung vor,³³³ mit der edierten Korrespondenz des Trappistenreligiosen Nicolas Dargnies ein komplementäres Zeugnis ihrer eigenen Wahrnehmung der Exilumstände.³³⁴

Öffentliches Aufsehen erregte nach der Ankunft in Wien bereits die Prozession der Trappisten von der Anlegestelle in der Rossau quer durch die Stadt zum Salesianerinnenkloster am Rennweg:

> Enfin l'on nous permit de descendre et escortés de gens-d'armes nous procédâmes selon l'ordre que nous avions coutume de garder, *ayant à notre suite toute la populace*. Nous laissâmes la ville à droite pour prendre par les boulevards qui nous conduisirent, après plus de trois-quart d'heure de marche dans un grand faubourg où est situé le monastère des Dames de la Visitation de Sainte-Marie. C'était là que [Dom Augustin Lestrange] nous avait obtenu un logement. Mais avant d'en prendre possession, nous fumes reçus à la porte de l'église par Mr l'évêque de Nanci [La Fare] [...].³³⁵

---

330 Fux, Emigrierende Trappisten in Österreich, S. 328-331.
331 Ebd., S. 346-347.
332 Wohl wegen Lestranges Doppelspiel, gleichzeitig in Österreich und in Russland Aufnahmebedingungen auszuhandeln, zeigte sich Kaiser Franz letztlich dem Anliegen der Trappisten gegenüber unwillig und warf Lestrange »Willkührlichkeit, Eigendünkel, Eigenmächtigkeit und in gewisser Art selbst Unaufrichtigkeit vor«; ÖStA/AVA, Kultus AK Katholisch 558, Generalien E, De la Trappe, Äußerung Kaiser Franz', 4. August 1798.
333 Der Text wurde ediert von Muck, Abt Rainer und die Trappisten, S. 347-352, 378-385.
334 Dargnies, Moreau, Teyssou, Mémoires.
335 Ebd., S. 151.

In der Klosterkirche der Salesianerinnen hielten die Trappisten fortan ihr regelmäßiges Chorgebet ab: »Nous avions l'église à notre disposition où nous pouvious aller chanter nos offices pendant le jour quand nous voulions. Tout notre tems se passait comme au monastére, partagé entre la prière, la lecture et le travail.«[336] Schnell sprach sich die Anwesenheit der »Trappenser« unter der Stadtbevölkerung herum. Viele Wiener, darunter auch Angehörige des Hofes, strömten zu den feierlichen Vespern und zeigten sich Abt Rainer zufolge ob deren Ausdrucksstärke und religiöser Inbrunst sehr ergriffen.[337] Auch die Kaiserin ließ es sich nicht nehmen, an einem der Gottesdienste teilzunehmen. Sie zeigte sich Louise de Condé und den Anliegen der Trappisten gegenüber aufgeschlossen und in höchstem Maße interessiert.[338] Als es immer mehr Wiener zu den Konventsmessen zog, ließ man schließlich die Kirche zumindest bei der Vesper schließen, »um ruhig beten zu können, und weil von dem häufigen Volke vieles in der Kirche schon ruiniert worden«.[339] Vor dem Kirchenportal wiesen nun Posten der Stadtmiliz neugierige Besucher ab.

Das beträchtliche öffentliche Interesse beeinflusste wiederum die Wahrnehmung der Zeitgenossen. Ähnlich wie Erzherzogin Maria Anna projizierte auch Abt Rainer auf die Trappisten Hoffnungen auf eine Revitalisierung des Glaubens- und Ordenslebens, zumal er sich als Zisterzienser durchaus mit der Lebensweise der Trappisten identifizieren konnte. Er lobte die »Auferbaulichkeit« ihrer Lebensart, die »unserer ausgearteten Geistlichkeit und allen Christen als Muster dienen könne, damit die Geistlichkeit in ihre Ordnung zurückkehre, die Weltlichen aber ein christliches Leben zu führen aufgemuntert werden«.[340]

Auch unter der Stadtbevölkerung lässt sich eine Resonanz konstatieren, die über eine bloße Teilnahme an den Gottesdiensten hinausging. Obwohl die starke Emotionalisierung der Andachtsformen und die asketische Strenge des Ordens insbesondere bei den josephinischen Beamten auf Ablehnung stießen (was wohl als wichtiger Faktor bei der dem Kaiser empfohlenen Ablehnung des Ansiedlungsbegehrs angesehen werden kann) und Abt Rainer auch auf böswillige Gerüchte verweist, die in der Stadt über die Trappisten zirkulierten, begehrten immerhin »etliche zwanzig« einheimische Personen, »meistens weiblichen Geschlechts«, in den Orden aufgenommen zu werden.[341] Hierin manifestiert sich beispielhaft ein bereits im Grundsatz beschriebener Kompensationstrend innerhalb der Aufnahmegesellschaft, der der fortwirkenden josephinischen Rationalisierungstradition diametral entgegenstand.[342]

336 Ebd., S. 152.
337 Muck, Abt Rainer und die Trappisten, S. 348.
338 Bourbon-Condé, Correspondance: Brief an den Prince de Condé, 6. Juni 1798, S. 190-194.
339 Muck, Abt Rainer und die Trappisten, S. 380.
340 Ebd., S. 351.
341 Ebd., S. 379; Fux, Emigrierende Trappisten in Österreich, S. 334-335.
342 Es gab allerdings auch Austritte zu verzeichnen, vgl. Fux, Emigrierende Trappisten in Österreich, S. 355-356.

Zentrales Element der trappistischen Spiritualität war wie in vielen geistlichen Kontexten der Emigration neben marianischen Elementen die Herz-Jesu-Frömmigkeit. Deren Bedeutung zeigte sich emblematisch in der Kleidung der Trappisten-Kinder, auf deren Ordensgewand, bestehend aus weißer Kutte und braunem Skapulier, ein großes rotes Herz mit der Aufschrift »la sainte volonté de dieu« aufgenäht war.[343]

Auch in den Ordensnamen drückte sich diese geistliche Orientierung aus, so bei der Novizin Anne Françoise aus Nancy, die den Namen »Marie du Sacré Cœur« angenommen hatte.[344] Zum Herz-Jesu-Fest, das die Trappisten am dritten Sonntag nach Pfingsten feierten, wurde ein von Lestrange eigens kompiliertes Offizium gehalten, das später auch im Druck erschien.[345] Herz-Jesu-Litaneien waren zudem Bestandteil jeder Konventsmesse. Trotz dieser offenkundig von Teilen des Volkes goutierten, von der jansenistisch geprägten Hofelite aber eher missgünstig betrachteten Frömmigkeitsform verwundert es nicht, dass trotz einzelner Gunstbezeugungen des Kaisers die Trappisten unter den maßgeblichen Instanzen der Verwaltung wenig Unterstützung fanden.

Austauschbeziehungen zwischen Trappisten und anderen geistlichen Emigranten sowie zur kirchlichen Sphäre Wiens entwickelten sich aufgrund des kurzen Aufenthalts und des klausurierten Lebens kaum. Es blieb bei eher impressionistischen Berührungspunkten im Rahmen der Gottesdienste in der Salesianerinnenkirche. Lediglich zu La Fare, den Lestrange aus gemeinsamen Studientagen in Saint-Sulpice kannte, zu den gastgebenden Salesianerinnen und zu Abt Rainer, der für die trappistische Frömmigkeit schwärmte und Lestrange regelmäßig aufsuchte, bestand eine engere Beziehung. Für Kontakte zum Umkreis der Wiener *Amicizia Cristiana*, die eher an dauerhaften Kooperationen und öffentlicher Volksmission interessiert war, gibt es ebenso wenig Hinweise wie zu der im Umland Wiens residierenden Société du Sacré-Cœur, deren Angehörige Louise von ihrem früheren Aufenthalt in Wien kannte. Die Präsenz der emigrierenden Trappisten blieb somit bloß Episode – sehr zum Leidwesen Abt Rainers, der nach ihrer »Abschickung« indigniert feststellte:

Welche Beschämung für uns katholische Christen! [...] diese[n] armen Mönche[n] und Nonnen, [...] denen katholische Länder keinen Unterstand gestatten wollten, wurde ihr Zufluchtsort das von Juden und Schismatikern meistens bewohnte [...] Orsha.[346]

---

343 Muck, Abt Rainer und die Trappisten, S. 349.
344 Ebd., S. 392.
345 Fux, Emigrierende Trappisten in Österreich, S. 324.
346 Muck, Abt Rainer und die Trappisten, S. 384.

4.2.2 Die Société de la Sainte Retraite

Die »Gesellschaft von der heiligen Einsamkeit«, in der Literatur meist als »Solitarier« bezeichnet, wurde kurze Zeit vor der Revolution 1787 in Les Fontanelles in der Franche-Comté von dem Geistlichen Antoine-Sylvestre Receveur gegründet und bestand, abgesehen von einigen Priestern und Brüdern, mehrheitlich aus weiblichen Laien.[347] Sie hatte sich einer aus Versatzstücken verschiedener monastischer Traditionen bestehenden Regel verschrieben, die neben schwerer Handarbeit und radikaler Armut vor allem Anbetung, Andacht und regelmäßige Exerzitien vorgab. Trotz der kontemplativen Elemente zeichneten sich die Solitarier auch durch einen volksmissionarischen Impuls aus. So wurde in zwei eigenen Schulen der Kongregation für Kinder und Jugendliche mittelloser Eltern unentgeltlich Unterricht und geistliche Erziehung angeboten. Noch im Jahr vor der Emigration, 1791, nahmen mehrere Hundert Personen an Exerzitien im Haupthaus des Instituts teil.[348]

Mit der ersten großen Emigrationswelle der Geistlichen verließen auch die Solitarier im Spätsommer 1792 Frankreich und fanden zunächst im Schweizer Kanton Fribourg eine provisorische Unterkunft. Dort trat Receveur mit Lestrange in Kontakt, der die Solitarier mit Empfehlungsschreiben ausstattete: »[...] dans ces temps malheureux, ils [die Solitarier] ont jetés en exil après avoir montré bien de la force et du courage à rejeter les nouveautés impies, et avoir soutenu de rudes persécutions.«[349] Lestrange versprach sich, dass die Solitarier mit ihrem Wirken »das Angesicht der Kirche erneuern könnten«, und empfahl, sie überall zuvorkommend aufzunehmen.[350]

Im Unterschied zu den Trappisten, die trotz vieler Härten und Unsicherheiten ihren Weg mithilfe eines einflussreichen Unterstützernetzwerks letztlich erfolgreich über die Habsburgermonarchie bis nach Russland (und darüber hinaus) gehen konnten, erwies sich die Emigration der Solitarier als von vielen Rückschlägen gekennzeichnet. Ihre Emigrationsgeschichte verdeutlicht die anhaltende Schwie-

---

347 Einen Überblick bietet, obgleich apologetisch-tendenziös, Myriam Guibert: A contre-courant. Antoine-Sylvestre Receveur, Paris 1986. Auch Charles Chauvin: Jeanne-Antide Thouret et la société des Solitaires, in: Paule Lerou, Raymond Dartevelle, Bernard Plongeron (Hg.): Pratiques religieuses, mentalités et spiritualités, dans l'Europe révolutionnaire, 1770-1820. Actes du colloque, Chantilly, 27-29 novembre 1986, Turnhout 1988, S. 587-594.
348 Antoine Sylvestre Receveur: Ganz einfache Erklärung einer neuerrichteten Andacht, welche im Jahre 1787 zu Fontenell in dem Bisanzer Bißthume ihren Anfang genommen hat. sammt vielen Zeugnissen. und einer kurz verfaßten Schrift zum Beßten der Gesellschaft von der heiligen Einsamkeit, Regensburg 1798, S. 6.
349 Lettres inédites de Dom Augustin Lestrange à l'abbé Receveur, in: Dargnies, Moreau, Teyssou, Mémoires, S. 440.
350 Ebd.

rigkeit, als zahlenmäßig große geistliche Gemeinschaft einen stabilen Ort im Exil zu finden, wo sie ihrer Regel gemäß leben konnten. Die schlechte materielle Versorgung führte zu Krankheiten und einer hohen Zahl von Todesfällen.[351] Andererseits prägte gerade diese prekäre Existenz die geistliche Identität der Solitarier zutiefst. Somit war für die Ausprägung ihres spirituellen Profils die Emigration gleichzeitig Ort und Bedingung.

Waren radikale Armut und »Weltflucht« (retraite) bereits vor der Revolution tragende Pfeiler der Solitarier-Regel, konzipierte Receveur aus dem Erfahrungsraum des Exils heraus ein um die Freude am Leiden (souffrance) erweitertes Selbstverständnis, das die Emigration seiner Gemeinschaft als »imitatio crucis« begriff. Erlittene Verfolgung, Krankheit, Tod, Hunger und Ablehnung transformierten sich in seiner Vorstellung gnadenhaft zu diesem »Kreuz«, das man um der Liebe zu Christus willen auf sich nahm und aus dessen bereitwilliger Akzeptanz tieferer Glaube und das eigene Heil entsprangen. Dieses »Kreuz«, d.h. die Unbilden der Emigration, war die Ermöglichung einer heilbringenden Christusnachfolge und somit nicht Anlass zu Verzweiflung, sondern Unterpfand spiritueller Erfüllung. Die Formel »mehr Leid gebiert mehr Glauben« fasste Receveurs selbst in den Worten zusammen: »[…] die Verfolgungen waren nöthig, um den Glauben mehr und mehr zu erwecken […].«[352]

Auf kleinere Gruppen aufgeteilt versuchten die Solitarier ab 1796 an sichere Rückzugsorte zu gelangen, wo sie ihre geistliche Lebensform aus Arbeit und Anbetung praktizieren konnten. Eine Gruppe gelangte von der Schweiz über Norditalien in die ungarische Hafenstadt Fiume. Im benachbarten Buccari (hr. Bakar) unterhielt sie mit der Erlaubnis der ungarischen Statthalterei und des Bischofs von Zengg (hr. Senj) eine Niederlassung. Eine andere Gruppe, der sich Dutzende Frauen aus der Schweiz und Süddeutschland anschlossen, gelangte über Konstanz ins Hochstift Augsburg und nach Pfalzbayern.[353] Dort verteilte sie sich auf Niederlassungen in Haidhausen bei München und in Barberg bei Dillingen.[354] Die Filiale in Wiesent bei Regensburg, wo mit dem 1798 erbauten Kloster Heilsberg eine provisorische Zentrale gegründet wurde, fristete unter dem argwöhnischen Blick des Regensburger Ordinariats allerdings eine prekäre Existenz.[355]

---

351 Chauvin, Jeanne-Antide Thouret, S. 589.
352 Receveur, Ganz einfache Erklärung, S. 85.
353 Wühr, Die Emigranten der Französischen Revolution im bayerischen und fränkischen Kreis, S. 574-581.
354 Receveur, Ganz einfache Erklärung, S. 79.
355 Wilhelm Wühr: Emigrantenkolonien französischer Einsiedler in Schwaben und Bayern, in: Verhandlungen des Historischen Vereins von Oberpfalz und Regensburg 86 (1936), S. 390-416. Die Kapelle des Klosters wurde unter das Patrozinium des Herzens Jesu gestellt.

Eindrücklich tritt in Bezug auf die Solitarier die Wahrnehmungsdiskrepanz zwischen staatlichen und kirchlichen Stellen hervor. Zahlreiche Zeugnisse kirchlicher Würdenträger hoben die geradezu mustergültige Beschaffenheit der Société hervor. So wollte sie der Bischof von Görz-Grandiska in Krain

> [...] in Anbetracht, daß sie dem Staat, und der Religion hoechst nuetzlich, und sonderbar dem Unterricht der Jugend zum christlichen Glauben, und Handarbeit, dann in der vollständigen Einflößung der zu Verbesserung der Sitten und Ausuebung der Tugenden dienlichsten Grundlage stetshin beschaeftiget sind, allen denen, zu welchen sie kommen werden, Gewogenheit, Gnade und Schutze innigst empfehlen.[356]

Die habsburgischen Behörden dagegen duldeten 1798 zwar eine Reise Receveurs zur Niederlassung nach Fiume,[357] doch spricht aus dem anlässlich eines weiteren Reisebegehrs 1799 erstellten Gutachten habsburgischer Landesstellen pronociertes Mistrauen gegen den Franzosen, dessen Gemeinschaft »weder von irgend einer Landesregierung noch von einem Kirchenvorsteher angenommen und bestättiget, dann wie es aus [den] Ordensregeln erhellet, so beschaffen, daß ein jedes bewohnte Dorf demselben gleichet«.[358] Obwohl die Solitarier von Papst Pius VI. zuvor provisorisch approbirt worden waren, gelang es Receveur nicht, die Landesstellen günstig zu stimmen, wobei insbesondere die als inkohärent wahrgenommene Ordensregel Zweifel erregte. Für die weitere Entwicklung erwies sich die ablehnende Haltung der Verwaltungsinstanzen letztlich als unüberwindliches Hindernis.

Auf die häufigen Interferenzen der Landesregierungen und die aufkeimenden Zweifel an der Rechtgläubigkeit seines Instituts reagierte Receveur mit einer Öffentlichkeitsoffensive. In Regensburg erschien mit finanzieller Unterstützung lokaler Fürsprecher 1798 ein Kompendium, das nicht nur den bisherigen Werdegang der Solitarier, ihre Regel und Ziele sowie den Emigrationsverlauf systematisch darstellte, sondern auch mit einer Sammlung von mehr als zwanzig Gutachten und Empfehlungsschreiben kirchlicher und weltlicher Verfasser aufwartete, darunter des Erzbischofs von Paris und des Grafen Fugger.[359] Das Buch erschien in deutscher, französischer und italienischer Sprache und zielte darauf ab, die Akzeptanz der Solitarier in möglichst unterschiedlichen Exilkontexten und gegenüber denkbar verschiedenen Instanzen zu erhöhen. Allein die Resonanz blieb zwiespältig. Mochte die Schrift zwar den Bekanntheitsgrad der Solitarier kurzfristig

---

356 Receveur, Ganz einfache Erklärung, S. 61.
357 Dokumentiert in TLA Innsbruck, Jüngeres Gubernium, Präsidiale, Polizeisachen 1798, Durchreise des Priesters Receveur nach Fiume, 26. Januar 1798.
358 MZA Brünn, B 95, Sign. 55, 245, Polizeidirektion Brünn an Gouverneur Ugarte, 1. Oktober 1799.
359 Receveur, Ganz einfache Erklärung.

gesteigert haben – über die Zahl der Neueintritte konnte sich Receveur nicht beklagen –, zeitigte sie hinsichtlich des Hauptzwecks keine greifbaren Resultate. Unter explizitem Verweis auf das Kompendium erachtete etwa das Regensburger Ordinariat die Lebensregel der Solitarier sogar für »tendenziell jansenistisch« und inhaltlich inkohärent.[360] Gleichwohl zeigt auch dieser Fall, dass sich geistliche Emigranten mit situationsabhängiger Improvisation um Wege bemühten, Widerständen im Exil offensiv entgegenzutreten, um so neue Handlungsspielräume zu gewinnen.

Nachdem im Zuge des Wechsels auf dem Münchener Thron 1799 eine antimonastische Kirchenpolitik Platz griff, war die Wiesenter Niederlassung der Solitarier von Schließung bedroht. Receveur bemühte sich durch intensive Reisetätigkeit, die verstreuten Gruppen seiner Gemeinschaft zusammenzuhalten und eine gemeinsame Perspektive zu erschließen. Dass er hierfür die Chancen in Zentraleuropa als gering ansah, zeigen zwei Unternehmungen, die allerdings kaum über das Versuchsstadium hinausgelangten.

Für den Versuch, für die rund einhundert Personen umfassende Gemeinschaft eine Passage nach Kanada zu organisieren, reiste Receveur nach London, wo er jedoch wegen fehlender Geldmittel die Aussichtslosigkeit dieses Plans bald einsehen musste.[361] Die nächste Idee, mit den acht Priestern, 16 Brüdern und 76 Schwestern quer durch die Habsburgermonarchie in Richtung Jerusalem zu ziehen, zeugt in einer Phase des scheinbar unaufhaltsamen Vordringens der französischen Revolutionstruppen – in Receveurs Verständnis eine antichristliche Streitmacht – von einem sich zuspitzenden eschatologischen Erwartungshorizont des Gründers. Als symptomatisch für das Exil der Solitarier stellten sich die für sie unüberwindlichen Einreisekontrollen an der österreichischen und salzburgischen Grenze heraus, wo die Solitariergemeinschaft wegen fehlender Pässe zurückgewiesen wurde.[362] Pläne für eine Übersiedlung nach Polen oder ins habsburgische Ostgalizien zerschlugen sich trotz vielversprechender Ansätze ebenfalls.[363] Nach der Auflösung des Klosters Heilsberg zog der Hauptteil der Solitarier 1800 über Buccari, wo sie zum ersten Mal seit ihrem Weggang aus der Schweiz das Osterfest gemeinsam feierten, und Venedig in den restituierten Kirchenstaat Pius' VII. Dort dürften sie sich nach einer kanonischen Überprüfung ihrer Regel niederlassen. 1802 kehrte der Großteil der Mitglieder jedoch nach Frankreich zurück.

Die Habsburgermonarchie erscheint für die Solitarier trotz der kleinen Niederlassung in Buccari als ein »verhindertes Exil«. Ungeachtet der Vielzahl kirch-

---

360 Norbert Backmund: Die kleineren Orden in Bayern und ihre Klöster bis zur Säkularisation, Windberg 1974, S. 95-96.
361 Guibert, A contre-courant, S. 106.
362 Wühr, Emigrantenkolonien in Schwaben und Bayern, S. 393.
363 Winkler, Das Exil als Aktions- und Erfahrungsraum, S. 65-67.

licher Protektoren machte es die fehlende Unterstützung von Bürgen und Fürsprechern innerhalb der Erbstaaten für die zahlenmäßig große Société letztlich unmöglich, sich in Österreich niederzulassen.

4.2.3 Die Société du Sacré-Cœur de Jésus

Von den drei hier betrachteten geistlichen Gesellschaften hat die Société du Sacré-Cœur de Jésus das größte historiografische Interesse gefunden.[364] Die Jesuitenforschung identifizierte die »Société« als Trägerin jesuitischer Traditionen in der Aufhebungsphase des Ordens und schrieb ihr eine wichtige Rolle bei den Versuchen zur Wiederbelebung der Societas Jesu zu.[365] Aus dieser Perspektive erschien sie als wichtige Mosaikform in der Revolutionszeit, die die ignatianische Spiritualität als Quelle religiöser Praxis revitalisierte und deren Mitglieder schließlich an unterschiedlichen Orten und Zeitpunkten in die (teil)restituierte Gesellschaft Jesu eintraten.[366] Ihre Missionstätigkeit im napoleonischen Empire wiederum gehört aus kultur- und religionswissenschaftlicher Sicht zur Vorgeschichte der Sacré-Cœur-Frömmigkeit im Frankreich des 19. Jahrhunderts.[367]

Überdies veranlassten die nachmalige Prominenz einzelner Mitglieder, etwa des späteren Jesuiten und Rektors des Georgetown College in Washington D.C., Anton Kohlmann, ferner die Protektion durch Papst und Kaiserhaus sowie die Vereinigung mit der »Compagnia della fede di Gesù« Niccolò Paccanaris eine vertiefte Auseinandersetzung mit der »Société«. Gleichwohl wurde sie stets eher als Teil der Jesuiten- bzw. Ordensgeschichte, weniger als Teil der französischen

---

364 Achille Guidée: Notices historiques sur quelques membres de la Société des Pères du Sacre-Cœur et de la Compagnie de Jésus pour faire suite à la vie du R.P. Varin, Paris 1860; ders.: Vie du R.P. Joseph Varin: religieux de la Compagnie de Jésus, ancien supérieur général des pères du Sacré-Cœur en Allemagne, et des pères de la foi en France, Paris 1860; Speil, Tournely und die Gesellschaften des Heiligen Herzens Jesu, S. 16-27; Bona, Le »Amicizie«, S. 206-214; Hörberg, Eine Ordensgründung in Leitershofen; Trampus, I gesuiti e l'Illuminismo, S. 282-289; Brye, Consciences épiscopales en exil, S. 176-180; Eva Fontana Castelli: La compagnia di Gesù sotto altro nome. Niccolò Paccanari e la compagnia della fede di Gesù (= Bibliotheca instituti historici S.I., Bd. 62), Rom 2007; dies.: The Society of Jesus under another name. The Paccanarists in the restored Society of Jesus, in: Robert Aleksander Maryks, Jonathan Wright (Hg.): Jesuit survival and restoration. A global history, 1773-1900 (= Studies in the history of Christian traditions, Bd. 178), Leiden; Boston 2015, S. 197-211.

365 Bspw. Guasti, The Age of Suppression, S. 929; Fontana Castelli, The Society of Jesus under another name.

366 Friedrich, Die Jesuiten, S. 562-563.

367 Raymond A. Jonas: France and the cult of the Sacred Heart. An epic tale for modern times (= Studies on the history of society and culture, Bd. 39), Berkeley 2000; Phil Kilroy: The Society of the Sacred Heart in nineteenth-century France, 1800-1865, Cork 2012.

Revolutionsemigration begriffen. Aus diesem Grund verwundert die Charakterisierung Eva Fontana Castellis nicht, die die »Société« und ihre Mitglieder pauschal als »products of the French counter-revolutionary milieu« bezeichnet.[368]

Als die in den Wiener Quellen lapidar als »Priestergesellschaft vom Heiligen Herzen«[369] bezeichnete Gemeinschaft französischer Geistlicher im September 1796 zusammen mit Louise de Condé in Wien eintraf, hatte sie bereits einen über fünfjährigen Emigrationsweg hinter sich, der sie von Paris über die Österreichischen Niederlande, Koblenz, Frankfurt, Augsburg und Passau geführt hatte. Im Unterschied zu den Trappisten und den Solitariern stand in ihrem Fall am Beginn der Emigration keine »fertige« geistliche Gemeinschaft mit festem Mitgliederkreis und klarer Regel, sondern lediglich die Bekanntschaft dreier junger Alumni des Pariser Priesterseminars Saint-Sulpice. Erst über einen mehrjährigen Zeitraum hinweg und unter dem Einfluss einer Vielzahl von Personen und ganzer Unterstützernetzwerke nahm die kleine Emigrantengruppe die Form und Struktur einer geistlichen Gemeinschaft an. Zu ihr stießen insbesondere zwischen 1794 und 1796 während ihres Aufenthaltes im Hochstift Augsburg schrittweise neue Mitglieder, bevor sie sich aufgrund der Kriegsbedrohung in Süddeutschland in die Habsburgermonarchie begab und dort zur Entfaltung ihrer geistlichen Lebensweise schritt.

Eine besondere Brisanz erhält die Geschichte dieser Kongregation durch die Vereinigung mit der fast zeitgleich in Mittelitalien gegründeten, aber theologisch wie spirituell anders ausgerichteten »Compagnia della fede di Gesù« Niccolò Paccanaris (1773-1811?), die im April 1799 an der Hauptniederlassung der »Société« in Hagenbrunn unweit Wiens vollzogen wurde. Nach einer zunehmend von inneren Konflikten begleiteten Blüte dieser neuen Gemeinschaft um die Jahrhundertwende, die mit der Gründung einer Reihe von Niederlassungen in Süd-, Zentral- und Westeuropa einherging, endete dieses »joint-venture« unrühmlich mit einem vom Heiligen Offizium gegen Paccanari angestrengten Inquisitionsprozess, in Folge dessen dieser unter ungeklärten Umständen ums Leben kam.

Während die katholisch-apologetische Literatur des 19. Jahrhunderts die Geschichte der »Société« als heroisierende Selbstbehauptungsgeschichte visionärer Geistlicher wider die antichristlichen Auswüchse der Revolution in teleologischer Perspektive darstellte,[370] fokussiert die jüngere Jesuitenforschung vornehmlich auf ihre zeitweilige Fusion mit den Paccanaristen sowie ihre Bemühungen zur Assoziierung mit der in Russland fortbestehenden Societas Jesu.[371] Ihr Interesse gilt

---

368 Fontana Castelli, The Society of Jesus under another name, S. 199.
369 Dazu der umfangreiche Akt ÖStA/AVA, PHSt 1799/853, Errichtung eines Ordens »Gesellschaft des Glaubens an Jesu« in Hagenbrunn.
370 Guidée, Notices historiques, und Speil, Tournely und die Gesellschaften des Heiligen Herzens Jesu.
371 Dazu Marek Inglot: La Compagnia di Gesù nell'Impero Russo (1772-1820) e la sua parte nella restaurazione generale della Compagnia (= Miscellanea historiae pontificiae, Bd. 63), Rom 1997; ders., The Society of Jesus in the Russian Empire.

vornehmlich den personellen und institutionellen Kontinuitäten zwischen dem »alten« Jesuitenorden und seinem »Neubeginn« nach 1800, den diesen Prozess begleitenden Bewegungen sowie, etwa im Falle Paccanaris, den Umwegen und »Entgleisungen« auf dem Weg zur vollen Restauration 1814. Eine entteleologisierte Historisierung der Société du Sacré-Cœur als eigenständige und nicht zwangsläufig auf die Verschmelzung mit den Jesuiten hingeordnete Größe ist ebenso wenig Gegenstand dieser Betrachtungsweise wie die Emigration als Ermöglichungs- und Rahmenbedingung ihrer Konstituierung oder die konkreten Lebenswelten und Interaktionen an den Exilorten.[372] Auch lokalhistorische Studien belassen es bei faktografischen Zusammenstellungen über die Präsenzphasen der »Société«, obwohl die Tatsache, dass etwa im Fall Hagenbrunns eine Gruppe von einigen Dutzend Emigranten in einer stadtnahen Gegend über mehrere Jahre lebte und wirkte, doch Fragen nach den kommunikativen Beziehungen aufwirft.[373]

Bevor im Folgenden das Interaktionsspektrum in der »Österreich-Phase« von 1796 bis Anfang der 1800er Jahre in den Fokus rückt, steht zunächst das Verhältnis zwischen der Emigration und der Bildung der geistlichen Gemeinschaft um Tournely im Blickpunkt. Es geht dabei nicht um eine erschöpfende Darstellung der Genese und Emigrationsgeschichte der »Société«, sondern um die Identifikation einiger maßgeblicher Faktoren, die deren Entstehung begünstigten, sowie komplementär dazu um die »geistliche Agenda« des Gründers Tournely, als deren institutioneller Ausdruck die Société du Sacré-Cœur anzusehen ist.

Der personelle Kern bestand neben Léonor François de Tournely[374] aus den zwei Brüdern Charles und Maurice de Broglie, zwei Söhne des französischen Generalmarschalls und späteren militärischen Anführers der Emigrantenarmee Victor François de Broglie, deren familienbedingte Prominenz ihnen viele Türen im Exil öffnete.[375] Ihre theologischen und philosophischen Studien hatten sie unter der Ägide Jacques-André Émerys im vornehmlich von Adligen besuchten Seminar von Saint-Sulpice bis 1791 komplettiert. Die für das Seminar charakteristische enge Gemeinschaft von priesterlichen Lehrern und Schülern dürfte denn auch für Tournely ein handlungsleitendes Motiv gewesen sein, nach der Emigration 1791 in den Österreichischen Niederlanden eine Kongregation emigrierter

---

372 Friedrich verweist immerhin explizit auf den Emigrationshintergrund und widersteht der Teleologisierungsversuchung, indem er auf die unterschiedlichen Hintergründe und konzeptionellen Divergenzen der einzelnen Wiederbelebungsinitiativen in der Revolutionszeit abstellt; Friedrich, Die Jesuiten, S. 562-563.

373 Hörberg, Eine Ordensgründung in Leitershofen; Weißensteiner, Die katholische Kirche, S. 229-230.

374 Nicht zu verwechseln mit seinem Bruder Xavier, von dem bereits im Zusammenhang mit den Konflikten in der Gemeinde Oberhollabrunn die Rede war.

375 Die Broglies waren zudem Titularreichsfürsten und daher ebenbürtige Gesprächspartner auf höchster Verwaltungs- und Hofebene.

Geistlicher gründen zu wollen.[376] Deren Konstituierung verlief schleichend: Der Einfluss der im sulpizianischen Seminar neu belebten Herz-Jesu-Frömmigkeit, die antigallikanische Haltung der dort Lehrenden und die intensive Beschäftigung mit jesuitischer Literatur und der Ordensregel Ignatius von Loyolas veranlassten Tourney, seiner Gemeinschaft von Beginn an eine jesuitische Grundierung zu geben. Ziel war jedoch explizit nicht, sich in die (fast) abgebrochene Ordenstradition einzureihen. Stattdessen ging es ihm um eine Rückkehr zu den Ursprüngen ignatianischer Spiritualität.[377] Dies zeigt sich etwa daran, dass Tourney nach dem Vorbild des frühen Ignatius das asketische, zönobitische und bußfertige Element des geistlichen Lebenswandels betonte, was der charakteristischen »Weltzugewandtheit« der späteren Jesuiten weniger entsprach. Weder wissenschaftliches Studium noch eine *vita activa*, öffentliche Katechese oder Mission, sollten im Mittelpunkt ihrer Lebensweise stehen.

In dieser Spiritualität manifestiert sich der Versuch einer Bewältigung der eigenen Revolutions- und Exilerfahrung, der den Weltflucht- und Läuterungsaspekt des Lebens in der Emigration geistlich fruchtbar zu machen suchte. Die ablehnende Haltung der Augsburger Ex-Jesuiten gegenüber der »Société« erklärt sich aus diesem geistlich-spirituellen Profil. So wird in dieser Konstituierungsphase der Vorrang von spiritueller Findung vor der institutionellen Ausgestaltung deutlich, den die Jesuitenforschung aufgrund ihrer teleologischen Perspektive stets unterschätzt hat.

In bewusster Nachahmung der geistlichen Vita Ignatius von Loyolas und der Entstehungsgeschichte der Societas Jesu, die ebenfalls in Paris ihren Ausgangspunkt genommen hatte, widmeten sich Tourney und seine Kommilitonen im niederländischen Exil zunächst der Einkehr, den »Exercitia spiritualia« und der Wallfahrt an den belgischen Marienort Halle (fr. Hal) (analog zur Wallfahrt Ignatius' nach Montserrat).[378] Der Einfluss emigrierter Ex-Jesuiten wie Jean Pey gab schließlich den Ausschlag, die kleine Gemeinschaft 1794 in Löwen ins Leben zu rufen, der Tourney den Namen Société du Sacré-Cœur de Jésus gab.[379] Deutete der Namensteil »Société« auf das jesuitische Vorbild hin (wobei der Verzicht auf die Selbstbezeichnung »Compagnie« eine gewisse Distanz zur jesuitischen Tradition signalisierte), nahm der Bezug auf »Sacré-Cœur« die zeitlich unmittelbar mit der Apostolischen Konstitution »Auctorem Fidei« verbundene Rehabilitation der Herz-Jesu-Andacht auf, die, wie bereits ausgeführt, den philojesuitischen Kreisen um Émery und Clorivière als zentrales religiöses Motiv galt. Die neue

---

376 Hörberg, Eine Ordensgründung in Leitershofen, S. 182-185.
377 Die Frage »jesuitischer« bzw. »ignatianischer Identität« in der Aufhebungsphase des Jesuitenordens problematisiert Anne-Sophie Gallo: Réflexions et jalons pour une histoire de l'»identité jésuite« pendant la suppression de la Compagnie de Jésus (1762-1814), in: Europa Moderna. Revue d'histoire et d'iconologie 3 (2012) 1, S. 114-142.
378 Zur Gründungsphase Speil, Tourney und die Gesellschaften des Heiligen Herzens Jesu, S. 63-117.
379 Hörberg, Eine Ordensgründung in Leitershofen, S. 184.

antirevolutionäre Bedeutung von Herz-Jesu mit dem »miles-Christi«-Verständnis der Jesuiten verflechtend, sahen sich die Geistlichen um Tournely nun buchstäblich als »Avantgarde« der Herz-Jesu-Andacht – allerdings weniger volksmissionarisch als vielmehr im Rahmen ihrer hermetischen Gemeinschaft.

Dagegen blieb in der Gründungsphase die institutionelle Gestalt der »Société« ausgesprochen vage. Weder auf personelles Wachstum angelegt noch mit einem klaren Entwicklungsplan versehen, muss sie in erster Linie als ein Versuch angesehen werden, in der Emigration einen provisorischen Rahmen für die geistliche Lebensweise ihrer anfangs wenigen Mitglieder zu schaffen. Trotz ihres jesuitischen Profils verwundert es daher nicht, dass in den ersten Exiljahren bis zur Niederlassung in Österreich unentschieden blieb, ob die »Société« die aufgelöste Societas Jesu kopieren, ersetzen, wiederherstellen oder sich ihren Reststrukturen in Russland anschließen sollte. Während des Aufenthaltes im Hochstift Augsburg spielten die Mitglieder zumindest mit dem Gedanken, sich den Jesuiten in Russland anzuschließen.[380] Unter dem Einfluss Émerys und Peys, die in der »Société« den Nukleus eines vollwertigen Ersatzes für die Societas Jesu sahen, entschied Tournely schließlich, zunächst um eine päpstliche Bestätigung seiner Gemeinschaft anzusuchen. Mit zwei Mitstreitern pilgerte er – dem Beispiel Ignatius von Loyolas folgend – 1796 gen Rom, musste aber angesichts der französischen Invasion Norditaliens bereits in der Schweiz umkehren.[381] Eine gewisse Kompensation ergab sich durch das Zusammentreffen mit Abbé de Bouzonville in Fribourg, der den Kontakt zu Louise de Condé vermittelte und die Idee Tournelys aufgriff, eine weibliche Parallelkongregation zu stiften, der wiederum Louise de Condé vorstehen sollte. Ohne päpstliche Anerkennung und damit ohne die Komplettierung des vorbildhaften Weges Ignatius von Loyolas ging die geistliche Gesellschaft von nun an einen eigenen Weg, zum Leidwesen der Jesuitenfreunde Émery und Pey.

Tournely und Broglie schlossen sich in diesen ersten Jahren weitere ehemalige Kommilitonen, darunter Tournelys Bruder Xavier – der spätere Kooperator in Oberhollabrunn –, Joseph Varin[382] sowie andere emigrierte Geistliche an, sodass die Gemeinschaft in Augsburg bereits 16 Mitglieder zählte, die Tournely zum Oberen wählten.[383] Die neuen Mitglieder weihten sich den Herzen Jesu und

---

380 Von der Kontaktaufnahme mit deren Generalvikar Lenkiewicz in Polozk vermittels eines Augsburger Ex-Jesuiten berichtet Speil, Tournely und die Gesellschaften des Heiligen Herzens Jesu, S. 160-161. Angeblich erhielt die »Société« unter Verweis auf mangelnde Sprachkenntnisse ihrer Mitglieder von Lenkiewicz eine ablehnende Antwort. Diese Begründung erscheint angesichts der Internationalität des Polozker Kollegs allerdings zweifelhaft; vgl. Schlafly, General Suppression, Russian Survival, American Success, S. 203.
381 Hörberg, Eine Ordensgründung in Leitershofen, S. 193.
382 Beide empfingen durch Kurfürst Clemens Wenzeslaus in Augsburg die Priesterweihe; ebd., S. 192.
383 Ebd., S. 190.

Mariens und legten am Grab des Heiligen Ulrich ihre Gelübde ab (darunter auch das Gehorsamsversprechen gegenüber dem Papst), eingedenk ihres Vorbildes Ignatius, der seinerseits mit seinen Gefährten auf dem Montmartre 1534 die ersten Gelübde abgelegt hatte.

Gerade in der Person Varin wird das Kontinuum antirevolutionärer Haltungen in der Emigration deutlich. Nach der Auswanderung hatte er sich zunächst den bewaffneten Emigranteneinheiten um Victor-François de Broglie angeschlossen und von 1792 bis 1793 in der *Armée des Princes* gekämpft. Während eines Besuches bei seinen ehemaligen Kommilitonen aus Saint-Sulpice erfuhr er nach eigener Aussage im Rahmen gemeinsamer geistlicher Übungen eine innere »transformation«, die Berufung, dem Militärdienst zu entsagen und sich der Kongregation anzuschließen.[384] Die Parallelisierung zur Berufung des ehemaligen Soldaten Ignatius ist hier sicherlich mitzudenken. Der fließende Übergang von militärisch-aktiver zu spirituell-kontemplativer »Konterrevolution« tritt in der Emigrationsvita Varins deutlich hervor.[385]

Bis zu ihrer Ankunft in Österreich blieb die »Société« eine Gemeinschaft ausschließlich französischer Geistlicher, die im Verlauf ihres Exils allmählich ein festes spirituelles und institutionelles Fundament entwickelt, ihre religiöse Lebensregel bestimmt, bei verschiedenen kirchlichen Würdenträgern Akzeptanz gefunden und die Emigration als Ort geistlicher »Innovation« fruchtbar gemacht hatte. Als jesuitisch inspirierte Gemeinschaft eiferte sie ihrem Vorbild Ignatius von Loyola nach, ließ aber die Frage nach ihren langfristigen Zielen offen. Aus praktischer Sicht bot die »Société« den jungen Geistlichen im Provisorium der Emigration nicht nur eine spirituelle Heimat und Identität, sondern auch eine vergleichsweise stabile Lebenswelt mit strukturierten Routinen. Von Beginn des Exils an erhielt die kleine Gemeinschaft potente Unterstützung. Der Nuntius in Köln, die französischen Bischöfe in Konstanz, Kurfürst Clemens Wenzeslaus von Sachsen, der Fürstbischof von Passau, um nur wenige zu nennen, statteten die Gemeinschaft mit Zeugnissen aus, die ihnen eine vergleichsweise störungsfreie Mobilität in Süddeutschland ermöglichten, vor allem aber die grundsätzliche Förderungswürdigkeit ihrer Unternehmung hervorhoben.[386]

Die Phase innerer Stabilisierung endete in Wien, wo die Société du Sacré-Cœur de Jesus unter der Protektion einer Reihe einflussreicher Akteure eine dauerhafte Niederlassungsperspektive erhielt und überdies in den Fokus eines Netzwerks von Einheimischen und Emigranten rückte, die sich der Erneuerung von Kirche und Glauben in der Habsburgermonarchie und der Wiederherstellung der Societas Jesu verschrieben hatten. Für die »Société« wurde ihre Wiener Zeit

---

384 Guidée, Vie du Joseph Varin, S. 22-27.
385 Zur semantischen Ambiguität des Begriffs nochmals Pestel, On Counterrevolution.
386 Hörberg, Eine Ordensgründung in Leitershofen, S. 185; Guidée, Vie du Joseph Varin, S. 39.

zu einer Peripetie, die nicht nur Fragen nach den Zielen ihrer Gemeinschaft neu aufwarf, sondern ihr in der Emigration entwickeltes geistliches Profil auf eine existenzielle Probe stellte.

5. Die Société du Sacré-Cœur de Jésus in Hagenbrunn

5.1 Ankunft und Niederlassung

Die unmittelbare Bedrohung durch die vorrückenden französischen Truppen zwang die Société du Sacré-Cœur, ihr Augsburger Exil im Sommer 1796 aufzugeben und sich nach Osten zu orientieren. Hing die Gemeinschaft um Tournely zunächst der vagen Vorstellung an, nach Neurussland zu ziehen, um auf der Krim ihrer geistlichen Lebensweise nachgehen zu können, führte sie ihr Weg zunächst donauabwärts.[387] Vorausgeschickte Briefe ihres Schutzherrn, des Grafen Fugger, kündigten ihre Ankunft in Wien an.[388] In Passau erhielten sie ein Empfehlungsschreiben des Fürstbischofs für dessen Neffen, Vize-Polizeiminister Saurau.[389] Die Prominenz der Namen Broglie und Condé tat ein Übriges, um eine vergleichsweise günstige Aufnahme zu finden.

Nach ihrer Ankunft in Wien vermittelte ihnen Saurau im Augustinerkloster an der Landstraße, das aufgrund seiner personellen Entwicklung freie Räume zur Verfügung hatte, eine Unterkunft und führte sie bei Hof ein.[390] Das Kontaktnetz wuchs schnell. Broglie suchte La Fare und Erzbischof Migazzi auf, bei denen er ob des jesuitischen Profils der »Société« auf besonderes Interesse stieß. Auch der Nuntius in Wien, Ruffo-Scilla, nahm die geistliche Ausrichtung Tournelys mit Wohlwollen zur Kenntnis, hatte er doch auf seinem vorhergehenden Posten als Nuntius in Florenz die Synode von Pistoia und ihre rigoristischen Beschlüsse hautnah miterlebt. Diese drei Bischöfe taten sich in der Folgezeit als Protektoren der Emigrantengruppe hervor. Die Wiener *Amicizia Cristiana* war unterdessen von einem von Augsburg über Wien nach Russland reisenden Ex-Jesuiten über die Ankunft der französischen Geistlichen informiert worden.[391] Ihr Bibliothe-

---

387 In der Jesuitenforschung wird dies als Beleg dafür angesehen, dass die »Gesellschaft« sich den russischen Jesuiten anzuschließen beabsichtigte; vgl. Fontana Castelli, La compagnia di Gesù sotto altro nome, S. 93. Allerdings existierten zu diesem Zeitpunkt keine jesuitischen Strukturen auf der Krim oder in Neurussland, sodass es Tournely wohl eher um ein sicheres Refugium für seine Gemeinschaft gegangen sein dürfte.
388 ÖStA/HHStA, RK, Reichskrieg gegen Frankreich 30-31-2, Anselm Maria Fugger von Babenhausen an Reichs-Vizekanzler Colloredo, 20. Juli 1796.
389 Speil, Tournely und die Gesellschaften des Heiligen Herzens Jesu, S. 204.
390 ÖStA/AVA, PHSt 1796/599, Vize-Polizeiminister Saurau an Kaiser Franz II., 20. September 1796.
391 Bona, Le »Amicizie«, S. 207.

kar Sineo della Torre suchte Tournely wiederholt im Augustinerkloster auf und dürfte diesem die pastoraltheologischen und ordenspolitischen Anliegen Diesbachs und der A.C. eröffnet haben. Schon nach kurzer Zeit bestanden somit Gesprächskanäle zu den maßgeblichen Akteuren der kirchlichen Kreise Wiens.

Die polizeiliche Emigrantenkontrolle stellte aufgrund der Protektion einflussreicher Personen kein Hindernis dar. Fürsprecherin am Hof war wiederum Erzherzogin Maria Anna, die über Louise de Condé von der neuen Gemeinschaft erfahren hatte und sich direkt an den Kaiser wandte, um für die Anliegen der »Société« zu werben. In diese Anfangszeit fällt auch der halbherzige Versuch Louise de Condés, mit einigen emigrierten Nonnen im Salesianerinnenkloster eine Frauenkongregation »zum Heiligen Herzen« zu konstituieren.[392] Angeblich verstärkte ein Brief ihres Vaters, des Prince de Condé, ihren Entschluss, von dieser Unternehmung Abstand zu nehmen. Dieser bezeichnete darin den »Abbé de Broglio« als einen Narren.[393]

Es begann nun eine ereignisreiche Phase, in der sich die »Société« zunächst lokal konsolidierte, dann zur Projektionsfläche kirchenpolitischer Interessenkoalitionen avancierte, schlagartig europaweit expandierte, dann aber in schweres Fahrwasser geriet und schließlich an den inneren Konflikten zerbrach. Hauptschauplatz dieses Geschehens war der kleine Ort Hagenbrunn, kaum sechs Wegstunden von der Wiener Hofburg entfernt, wo die »Priestergesellschaft zum Heiligen Herzen« ihre neue Niederlassung eröffnete.

5.2 Hagenbrunn 1797-1801

Die Übersiedlung in das zum Stift Klosterneuburg gehörende Dorf Hagenbrunn beendete nach wenigen Monaten den Aufenthalt der Gemeinschaft um Tournely im Wiener Augustinerkloster. Dem polizeilichen Evakuierungsbefehl vom Frühjahr 1797 mussten auch sie Folge leisten.[394] Anders als die meisten Fremden, die sich um neue Quartiere in Böhmen, Mähren, Galizien und Ungarn bemühten, profitierten sie unmittelbar von ihrem Unterstützerkreis vor Ort. Auf Anraten Sauraus und Penklers bat der Kaiser den Abt von Klosterneuburg darum, die »Société« einstweilen bei sich zu beherbergen. Dieser wies ihnen das stiftseigene und damals leerstehende Schloss im wenige Meilen entfernten Hagenbrunn als Unterkunft an. Zum geräumigen Gebäudekomplex gehörte auch eine Kapelle, deren Nutzung ihnen freistand. Der neue Sitz schien für eine geistliche Gemeinschaft, die die Zurückgezogenheit präferierte, bestens geeignet. Wie schon während des Aufenthaltes im Hochstift Augsburg hatte die Gemeinschaft somit auch in Öster-

---

392 Bourbon-Condé, Correspondance: Brief an die Prinzessin von Piemont, Mai 1797, S. 102.
393 Fux, Emigrierende Trappisten in Österreich, S. 313, Anm. 195.
394 ÖStA/AVA, PHSt 1797/187, Druckblatt der Wiener Oberpolizeidirektion, 8. April 1797.

reich einen Standort in ruralem, aber stadtnahen Gebiet bezogen, wo sie zwar in Abgeschiedenheit, aber nicht in völliger Unerreichbarkeit ihre geistliche Lebensweise praktizieren konnte. Die archivalische Überlieferung gewährt einen konturierten Einblick in die Aktivitäten der Emigrantengruppe im Wiener Umland, die im Folgenden über einen rund vierjährigen Zeitraum nachvollzogen werden.

5.2.1 Zwischen Klausur und vita activa

Die »Société« lebte in Hagenbrunn unter ärmlichen Bedingungen. Drei Bedienstete kümmerten sich um die Versorgung, darunter ein Laienbruder aus Toul und zwei aus der Umgebung stammende Männer, die als Gärtner und Koch angeworben wurden.[395] Aus Klosterneuburg und von benachbarten Pfarrern erhielt sie regelmäßig Geldgeschenke und Naturalien. Zusammen mit den Messstipendien umliegender Kirchen und aus dem Religionsfonds gewährleisteten diese Zuwendungen die Subsistenzfähigkeit der Gruppe.

Kaum hatte sich die »Société« im neuen Domizil eingerichtet, geriet die ganze Unternehmung durch die kurze, schwere Erkrankung ihres *spiritus rector* Tournely ins Wanken. Das Sterbebuch der Gemeinde Klein-Engersdorf, zu dessen Sprengel Hagenbrunn gehörte, vermerkt am 9. Juli 1797 als Todesursache »bösartige Bocken und Faulfieber«, die sich Tournely wohl bei einem Krankenbesuch in der Umgebung zugezogen hatte:[396]

> Reverendus (Leonardus Franciscus) Dominus de Turnely, sacerdos et p.[ro] t.[empore] Praepositus sacerdotum emigrantium ex Gallia tempore revolutionum (ex congregatione Sancti Sulpitii) […] Vere pius et exemplar Sacerdotum et vix non ipsa patientia jacet in coemeterio St. Viti inter crucem lapideam cancellatam, a me P. Leandro Mayr professo ad Scotus Viennae et p.[ro] t.[empore] parocho Loci sepulturae traditus anno 1797 die nona Julii hora septima vespertina.[397]

Der Gründer und Obere wurde auf dem örtlichen Friedhof in einer repräsentativen Grabstätte beigesetzt, die der Ortspfarrer zur Verfügung gestellt hatte. Dass der Ruheort des Stifters jahrzehntelang in lebendiger Erinnerung gehalten wurde,

---

395 Fontana Castelli, La compagnia di Gesù sotto altro nome, S. 302.
396 Girid Schlögl, Walter Schlögl: Das Priestergrab am Friedhof in Klein-Engersdorf. Erste Ruhestätte des Pater Leonor Franz de Tournely, in: Korneuburger Kulturnachrichten (1992) 2, S. 15-17. Wie schon bei der Tätigkeit Xavier de Tournelys in Hollabrunn erwähnt, wurde die Region um 1800 immer wieder von Pocken- und Typhusepidemien heimgesucht.
397 Sterbebuch Klein-Engersdorf, Sign. 03/07, 1771-1809, fol. 16, vgl. Matricula-online: https://data.matricula-online.eu/de/oesterreich/wien/klein-engersdorf/03-07/?pg=94 [1.3.2020].

zeigt die über siebzig Jahre später (1869) von den Wiener »Dames du Sacré-Cœur« in Auftrag gegebene Exhumierung und Translation seiner sterblichen Überreste in die Kirche ihrer Wiener Niederlassung am Rennweg (schräg gegenüber dem Salesianerinnenkloster), die erst im Jahr zuvor gegründet worden war.[398]

Der Tod Tournelys hatte einen paradigmatischen Wandel im Selbstverständnis und in der religiösen Praxis der »Société« zur Folge, die bis dato in ihrer kontemplativen und asketischen Lebensweise aufgegangen war. Rein organisatorisch verlief der Übergang mit der Wahl Joseph Varins zum neuen Oberen unproblematisch. Der Eintritt des Wiener A.C.-Sekretärs Sineo della Torre kurz darauf erwies sich dagegen als richtungsweisender Einschnitt. Als Examinator des Wiener Klerus hatte Sineo della Torre bereits zuvor mit Mitgliedern der »Société« in Kontakt gestanden und in ihr offenbar ein tragfähiges ideell-institutionelles Fundament erkannt, die ambitionierten Anliegen des Wiener Diesbachkreises praktisch umsetzen zu können. Mit den beiden Italienern Daverio und Rigoletti traten in der Folge zwei weitere Wiener A.C.-Mitglieder, die Diesbach einst nach Wien beordert hatte, der »Société« bei. Über diese personelle Brücke fanden nun Elemente der A.C.-Programmatik Eingang in die geistliche Praxis der Emigrantengemeinschaft.

Als hauptsächliche Zutat zum Selbstverständnis der »Société« fügte Sineo della Torre die Idee eines stärker pastoral und sakramental orientierten Wirkens bei, das er der liguorianischen Tradition der A.C. entlehnte. Konkret äußerte sich dies in einer graduellen Erweiterung des Aktionsradius nach außen, freilich ohne die bisher prägende asketisch-kontemplative Lebensweise gänzlich aufzugeben. In der Folge fügten sich die französischen Geistlichen in die Seelsorgestrukturen der Peripherie Wiens ein und halfen im liturgischen Dienst in benachbarten Pfarreien aus, auf deren akute Nachfragesituation bereits hingewiesen worden ist. Diejenigen, die wie der Elsässer Anton Kohlmann des Deutschen mächtig waren, hielten Katechesen und hörten Beichte. Trotz geringer Deutschkenntnisse unterstützte der Ex-Jesuit Jean-Marie de Leissègues de Rozaven, ehemals Deputierter des bretonischen Bistums Quimper bei den *États généraux* von 1789, den Pfarrer im zwei Kilometer von Hagenbrunn entfernten Langenzersdorf bei liturgischen Diensten.[399] Die anderen widmeten sich in der Phase verstärkten pastoralen Engagements dem Studium der Landessprache, wenngleich viele sich im Verlauf

---

398 Schlögl, Schlögl, Das Priestergrab in Klein-Engersdorf, S. 17. Der von Sophie Barat 1800 in Frankeich gestiftete Frauenorden führte sich auf die Tournely'sche Gründung zurück und verehrte ihn als einen ihrer geistigen Väter; vgl. Kilroy, The Society of the Sacred Heart, S. 11-12. In der linken Seitenkapelle in der Klosterkirche Herz Jesu befindet sich bis heute die Gruft Tournelys, vgl. Géza Hajós: Die Kunstdenkmäler Wiens: die Kirchen des III. Bezirks: mit einer Einleitung über die topographische Entwicklung des Bezirks (= Österreichische Kunsttopographie, Bd. 41), Wien 1974, S. 198-200.
399 ÖStA/AVA, PHSt 1799/532, Aufenthalt des Geistlichen Jean-Marie de Leissègues de Rosaven in Langenzersdorf und Hagenbrunn.

ihres mehrjährigen Aufenthalts in deutschsprachigen Landen inzwischen einen alltagstauglichen Wortschatz angeeignet haben dürften. Im offiziellen Schriftverkehr mit dem Wiener Konsistorium bedienten sie sich jedoch meist des Lateinischen oder Französischen.[400]

Der Priestermangel zeigte sich in Hagenbrunn ganz konkret. Dort war die vom Stift Klosterneuburg zu bestellende Kaplanei seit 1786 unbesetzt. Anfragen der nur 286 Seelen umfassenden Gemeinde um die Zuteilung eines neuen Geistlichen waren immer wieder abgewiesen worden.[401] An der nun mehrmals täglich von französischen Priestern gelesenen Messe in der Schlosskapelle nahmen zahlreiche Bewohner Hagenbrunns und der umliegenden Ortschaften teil. Diese plötzliche liturgische »Überversorgung« musste freilich Aufsehen erregen, zumal die Emigrantenpriester in der Liturgie eine Frömmigkeitskultur pflegten, die aufgrund ihrer emotionalen Expressivität die nachwirkende reduktionistische Formensprache josephinischer Katholizität wahrnehmbar kontrastierte.[402] Nach der systematischen Desavouierung der Herz-Jesu-Verehrung in den 1780er Jahren, die auf volkskirchlicher Ebene besonders mit der Aufhebung von Bruderschaften einhergegangen war, musste zudem das zentrale spirituelle Motiv der »Société« besonders auffallen, da anders als in Tirol, wo die Herz-Jesu-Frömmigkeit schon nach 1794 wieder aufgelebt war, in Wien und Niederösterreich bis dato noch nichts dergleichen Raum gegriffen hatte.

In dieser Hinsicht hob sich die religiöse Praxis der »Société« also auch äußerlich von den in der Region seit Jahren üblichen Gottesdienstformen ab. Dass sie gleichzeitig an marginalisierte Frömmigkeitstraditionen anknüpfte, erhöhte sicherlich die Resonanz und Akzeptanz unter der lokalen Bevölkerung. Regelmäßig hielten die Geistlichen in den umliegenden Pfarreien nun Herz-Jesu-Andachten ab. Unterstützung erhielten sie von Wiener Servitenpatres, die bereits zuvor in die Aktivitäten der A.C. eingebunden gewesen waren.

An diesem Punkt zeigt sich wiederum der deutliche Unterschied zu anderen geistlichen Emigranten, die eine Seelsorgeerlaubnis erst auf dem Weg teils langwieriger Aushandlungsprozesse mit den lokalen und regionalen Verwaltungen erhielten. Demgegenüber genoss die Gruppe in Hagenbrunn große Spielräume. Erzherzogin Maria Anna und Erzbischof Migazzi veranlassten Kaiser Franz, Ausnahmeerlaubnisse zu erteilen und gegen die ausdrückliche Empfehlung der Hofkanzlei unter Vorsitz des »Josephiners« Lažansky die Entscheidung ganz dem Wiener Bischof anheimzustellen, ob dieser die Franzosen mit pastoralen Aufgaben zu betrauen gedachte.[403] Zwar sind bis 1800 noch Einsprüche Lažanskys

400 Bspw. DAW, Priesterpersonalakten, Gloriot, Gury, Tournely.
401 Ambros Zitterhofer: Die Pfarre Klein-Engersdorf. Ein Beitrag zur Landeskunde, in: Blätter des Vereins für Landeskunde von Niederösterreich N.F. 21 (1887), S. 137-187; hier S. 178-181.
402 Ebd., S. 180.
403 ÖStA/AVA, PHSt 1799/853, Hofkanzlei an Kaiser Franz, 6. November 1799.

und sogar Sauraus gegen das Beichthören der Franzosen überliefert, doch zeitigten diese offenbar keine Wirkung.⁴⁰⁴

Die Mitglieder der »Société« zeichneten sich fortan durch den pastoralen Einsatz unter denkbar gefährlichen Umständen aus. Bei einer der wiederkehrenden Typhusepidemien im Norden Wiens übernahm Anton Kohlmann nach dem Tod des örtlichen Pfarrers die Krankenseelsorge und die Leitung der Exequien in der Gemeinde Leopoldau.⁴⁰⁵ Da auch er während dieses Dienstes erkrankte, erlangte er durch diese selbstlosen Bemühungen Anerkennung und Bekanntheit auch in den umliegenden Gemeinden.

Um die liturgische Einsetzbarkeit zu steigern, ließen sich vier Mitglieder der »Société« in Wien zu Priestern weihen.⁴⁰⁶ Hierfür legten sie bei Neumitglied Sineo della Torre die obligate theologische Prüfung ab. Die Subdiakonweihen vollzog der Wiener Weihbischof Artz in seiner Privatkapelle, die Priesterweihen dann Erzbischof Migazzi und Nuntius Ruffo-Scilla. Dass diese Weihen im Geheimen und ohne Kenntnis der Hofstellen geschahen, sorgte im Nachhinein zwar für Ärger mit der Polizei. Doch gehörten dadurch von den 28 Geistlichen in Hagenbrunn immerhin 19 dem Priesterstand an. Diese widmeten sich im Rahmen der pastoraltheologisch uminterpretierten *vita activa* nun der Seelsorge und Christenlehre im Wiener Umland.

Solcherart Tätigkeit blieb den lokalen Amtsstellen nicht lange verborgen. In einem Bericht an die niederösterreichische Landesregierung zeichnete der Kreishauptmann des Viertels unter dem Manhartsberg ein positives Bild der in Hagenbrunn und Umgebung wirkenden »Société«: Die Geistlichen übten »manche Pflichten der Menschenliebe« aus und seien überhaupt »auf mancherlei Art nützlich«.⁴⁰⁷ Auch diese Äußerung legt nahe, dass die französischen Geistlichen nach ihrer Übersiedlung nach Hagenbrunn und der Anpassung ihres Wirkungsfeldes an lokale Bedürfnisse in ihrer Exilumwelt schon nach kurzer Zeit auf Akzeptanz gestoßen waren.

---

404 NÖLA St. Pölten, Niederösterreichische Regierung, Dep. C – Kultus, Ktn. 458, Fasz. 14, Nr. 2918, Vize-Polizeiminister Saurau an den niederösterreichischen Regierungspräsidenten von Wöber, 6. August 1799. Nach einer weiteren kaiserlichen Klarstellung verstummte die Kritik. Auch im Tagebuch des Marquis de Bombelles ist die negative Haltung Lažanskys zur »Société« überliefert, vgl. Bombelles, Journal, 5: 1795-1800, S. 365.

405 Pfarre Leopoldau, Sterbebuch 1771-1813, fol. 64, vgl. Matricula-Online: https://data.matricula-online.eu/de/oesterreich/wien/21-leopoldau/03-02%252C3/?pg=84 [1.3.2020].

406 DAW, Priesterpersonalakten, Gombault de Rasac (1797), Gury und Rousseau (1798) sowie Le Blanc (1799).

407 NÖLA St. Pölten, Niederösterreichische Regierung, Department C – Kultus, Ktn. 458, Fasz. 14, Nr. 4172, Der Kreishauptmann des Viertels unter dem Manhartsberg an die Niederösterreichische Landesregierung, 1. Mai 1799.

5.2.2 Kirchenpolitik II: Ein zweiter Versuch zur Restauration der Societas Jesu 1797

Trotz Konsolidierung und namhafter Unterstützung hatte sich die Société du Sacré-Cœur zur Jesuitenfrage bis 1797 immer noch nicht eindeutig positioniert. Überhaupt bestand bis dato noch keine kirchenrechtliche Approbation der Gemeinschaft, geschweige denn eine päpstliche Bestätigung ihrer Regel. Um dieser kanonisch heiklen Situation zu entkommen und Klarheit über die weiteren Entwicklungschancen zu erhalten, sollte ein »Mémoire« an Papst Pius VI. übersandt werden, in dem die Geistlichen um die Anerkennung ihrer Gemeinschaft durch den Heiligen Stuhl nachsuchten. Sie schilderten den Zweck des von Tournely gegründeten Instituts, ihre geistliche Lebensweise und das jesuitengleiche Gehorsamsversprechen gegenüber dem Nachfolger Petri. Es blieb dem Papst überlassen zu bestimmen, was mit der »Société« geschehen und welchen kanonischen Status sie erhalten sollte.

Die Unterstützung Migazzis, La Fares und Ruffo-Scillas war ihnen sicher, da es sich bei ihnen um notorische Befürworter einer Wiederbelebung des Jesuitenordens handelte. Über die genaue Herbeiführung der Restauration bestand jedoch weiter Unklarheit.[408] Um dem Ansuchen an den Papst größeres Gewicht zu verleihen, rieten die drei Bischöfe dem neuen Oberen Varin, die emigrierten französischen Bischöfe um Stellungnahmen zugunsten der »Société« zu bitten. Der in derartigen Verhandlungen bereits erfahrene Sineo della Torre reiste im Sommer 1797 mit Broglie und zwei weiteren Mitgliedern der »Société« nach Konstanz. Dort stießen die vier Emissäre der »Société« auf das Wohlwollen der anwesenden Bischöfe um Juigné. Der restaurationskritische Bischof von Langres, La Luzerne, hatte sich bereits zuvor zu seinem Bruder ins oberösterreichische Pernau verabschiedet. Sineo della Torre sammelte weitere Unterstützung bei den im Schweizer Exil lebenden Bischöfen, während sich Broglie nach Norden wandte, um die Zustimmung der nach Münster, Paderborn, Pyrmont und Mitau emigrierten Mitglieder des französischen Episkopats einzuholen.[409] Ein Nebeneffekt dieser »Werbetour« durch Zentraleuropa war eine Erhöhung des Bekanntheitsgrades der jungen Gemeinschaft in Hagenbrunn, was sich konkret darin niederschlug, dass eine Reihe geistlicher Emigranten Aufnahme in die »Société« begehrte. Auch der Hauptzweck wurde erreicht: Bis zum Spätsommer 1797 konnten 25 positive Stellungnahmen französischer Bischöfe zusammengetragen werden, die an das »Mémoire« angeschlossen wurden.[410]

---

408 Brye, Consciences épiscopales en exil, S. 178.
409 Kröger, Der französische Exilklerus in Münster, S. 134; Veddeler, Französische Emigranten in Westfalen 1792-1802.
410 Bona, Le »Amicizie«, S. 209.

Trotz der personellen Schwächung, die die Wiener A.C. mit dem Übertritt mehrerer Mitglieder zur »Société« erlitten hatte, unterstützte auch Diesbach diese erneuten Sondierungen durch Sineo della Torre, da er sich nach seinen eigenen Erkundungen im Vorjahr davon Fortschritte auf dem Weg zu einer Restauration versprach. Ob er diese auf dem Fundament der »Société« geschehen sehen wollte, ist allerdings fraglich, da er auf dem Weg dahin die volle Absorption seines Lebenswerkes, der *Amicizia Cristiana*, in die Emigrantengemeinschaft befürchtete. Immerhin ermöglichte Diesbach es aber, über sein überregionales A.C.-Netzwerk das »Mémoire« an den bereits in französischer Gefangenschaft in Florenz einsitzenden Pius VI. gelangen zu lassen. Den Ausgang dieses Manövers erlebte Diesbach allerdings nicht mehr. Er starb Ende 1798 in Penklers Herrschaftspfarre Maria-Enzersdorf.[411]

Nach einigen Monaten bestätigte der Papst die Regel der »Société« und ernannte Migazzi zu deren Protektor.[412] Bezüglich der Jesuitenfrage hielt sich der Heilige Stuhl allerdings bedeckt. Das hinter dem formellen Bestätigungsansuchen verborgene Kalkül des Wiener »Restitutionskomitees«, vom Papst eine Perspektive aufgezeigt zu bekommen, ob und inwieweit dieser die Société du Sacré-Cœur als Jesuitenersatz bzw. Nukleus eines neuen Jesuitenordens anzusehen bereit sei, ging damit nicht auf.

Stattdessen wurde die »Société« 1798 zum Zielobjekt eines aus Italien lancierten ordenspolitischen Projekts, das die geistliche Gemeinschaft in Hagenbrunn substanziell verändern sollte. Vermittelt durch Pius VI. nahm die kürzlich in Rom konstituierte »Compagnia della fede di Gesù« Niccolò Paccanaris Kontakt mit den französischen Emigranten auf. Eva Fontana Castelli hat die Gründung dieser geistlichen Gesellschaft in Mittelitalien im Rahmen ihrer Dissertation eingehend untersucht. Obwohl auch ihre Studie als Teil der Jesuitengeschichtsschreibung anzusehen ist, gelingt es ihr, der Teleologierungsversuchung zu widerstehen und Paccanaris Wirken ohne die anachronistische Voraussetzung der Restauration von 1814 zu behandeln.

Paccanari stammte aus der Nähe von Trient, hatte als Unteroffizier der päpstlichen Garde in der Engelsburg gedient und sich nach erfolgloser Kaufmannstätigkeit einem geistlichen Leben verschrieben. Was ihm an höherer Bildung fehlte, machte er mit Charisma und Eloquenz wett. Seine temperamentvolle Unbeherrschtheit paarte sich mit Endzeiterwartungen und spirituellem Enthusiasmus, dessen »römische« Prägung mit prominenter Marienverehrung in starkem Kontrast zum eher kontemplativen Profil der »Société« und deren Herz-Jesu-Frömmigkeit stand.[413] Dieses Psychogramm Paccanaris findet sich in vergleichbarer Form in beinahe allen, meist jesuitenaffirmativen Darstellungen zur »Compag-

---

411 Winter, Diessbach, S. 285.
412 Fontana Castelli, La compagnia di Gesù sotto altro nome, S. 95.
413 Ebd., S. 51-60.

nia«. Dass es sich hierbei trotz naheliegender Tendenz zur Übertreibung dennoch nicht um ein Zerrbild des Gründers handeln dürfte, lässt sich aus seinem weiteren Werdegang ersehen.

Zunächst trat Paccanari in Rom dem von Ex-Jesuiten geleiteten Oratorium von Caravita bei, das unter der Protektion des Kardinalvikars Giulio Maria della Somaglia stand, der selber eine Jesuitenrestitution befürwortete. In dieser kirchlichen Sphäre fasste Paccanari 1797 mit einigen Gleichgesinnten den Plan, nicht auf eine eventuelle Wiederherstellung der aufgelösten Societas Jesu zu setzen oder sich dem fortbestehenden Orden in Russland anzuschließen, sondern einen neuen Jesuitenorden »sotto altro nome« zu gründen. Diese als »rifondazione« der Jesuiten gedachte Gemeinschaft orientierte sich ähnlich wie die französischen Geistlichen in Hagenbrunn an der ignatianischen Spiritualität, brach aber noch deutlicher als jene mit der jesuitischen Ordenstradition.[414] Ex-Jesuiten waren in die Gründung nicht involviert. Zudem sollte diese neue ignatianische Gemeinschaft radikal »verheutigt« sein, um den akuten religiösen Herausforderungen, die sich nach Meinung Paccanaris stellten, am effektivsten begegnen zu können.

Zu diesem Zweck verschmolz Paccanari den missionarischen Aktivismus der Jesuiten mit dem Kampf gegen den herrschenden »Unglauben«, wie er sich in seiner Sicht etwa im »Revolutionsexport« in Form der französischen Revolutionsarmeen, die nach Italien vorstießen, manifestierte: Prophetisches Predigen und missionarischer Proselytismus in der Öffentlichkeit, die Unterweisung des Volkes im Katechismus, unbedingte Papsttreue und die Propagierung einer Religiosität, die »gläubige Unwissenheit«, Armut und Heiligung des Lebens vereinte, waren die Elemente eines volksmissionarischen Aktionsfeldes, das Paccanari, der selbst dem Laienstand angehörte, in den Statuten seiner neuen geistlichen Gemeinschaft umriss. Im Urteil Markus Friedrichs »verkörperte [er] ein Interesse am Jesuitenorden, das vor allem und einseitig auf dessen antiaufklärerische und antirevolutionäre Dimension abzielte«.[415]

Obwohl die Konstituierung der »Compagnia« 1797/98 unproblematischer verlief als bei ihrem transalpinen Pendant in Hagenbrunn, bedurfte auch sie einer päpstlichen Bestätigung. Mithilfe seiner kurialen Unterstützer um Kardinal Somaglia gelang es Paccanari, die Approbation durch den zeitweilig in Siena exilierten Pius VI. zu erreichen, der der Gemeinschaft den Namen »Compagnia della fede di Gesù« verlieh.[416]

Eine Gemeinsamkeit mit der »Société« bestand in den externen Entwicklungshemmnissen, die mit der politisch-militärischen Situation in den jeweiligen Aufenthaltsorten zusammenhingen. So unterlag das Wirken Paccanaris in Mittelitalien nach Ausrufung der Römischen Republik erheblichen Einschränkungen.

---

414 Ebd., S. 66.
415 Friedrich, Die Jesuiten, S. 563.
416 Hierzu ausführlich Fontana Castelli, La compagnia di Gesù sotto altro nome, S. 67-83.

Auch die Jesuiten im Herzogtum Parma, die auf eine Restitution der Societas Jesu auf Basis des russischen Generalvikariats hofften, wussten wenig mit der neuen Gemeinschaft anzufangen, die sich so explizit von den »alten« Jesuiten absetzen wollte.[417] So bedurfte Paccanari Ende 1798 einer konkreten Perspektive für seine junge »Compagnia«. Über Jean Pey erfuhr er von der Existenz der Société du Sacré-Cœur in Hagenbrunn. Nach weiteren Audienzen bei Pius VI. in Florenz und Kardinal Somaglia in Venedig entschied er schließlich, nach Wien zu reisen und dort eine Fusion mit der »Société« anzustreben.[418]

Aus päpstlicher Sicht handelte es bei der »Compagnia« und der »Société« um zwei jesuitisch inspirierte Gemeinschaften mit ähnlichen Zielen. Vor dem Hintergrund der um 1799 äußerst prekären Situation des Heiligen Stuhls und der römischen Kirche überhaupt erschien die Bündelung bestehender Kräfte naheliegend und wünschenswert. Da beide »Gesellschaften« auch das Gehorsamsgelübde gegenüber dem Heiligen Stuhl teilten, sprach von päpstlichem Standpunkt aus nichts gegen eine Vereinigung der französischen mit der italienischen Gruppe auf österreichischem Boden.

5.2.3 Jesuiten unter anderem Namen? Die Vereinigung mit der Compagnia della Fede di Gesù Niccolò Paccanaris

Die Kontaktaufnahme Paccanaris mit der Société du Sacré-Cœur begann mit einem Missverständnis denkbar schlecht. Nachdem in ersten Briefwechseln eine persönliche Begegnung in Hagenbrunn vereinbart worden war, informierte Paccanari unter Verweis auf den päpstlichen Fusionswunsch die »Société« ganz unvermittelt über deren Aufnahme in seine »Compagnia«. Dies führte in Hagenbrunn zu Irritationen. Grund für diese eigenmächtige Verfügung war eine zeitweilige Inhaftierung Paccanaris in Rom, die von den dortigen Behörden aufgrund seiner öffentlichen Auftritte veranlasst worden war. Unsicher, ob die angestrebte Vereinigung beider Gemeinschaften angesichts dieser Umstände noch in einem geordneten Verfahren vollzogen werden konnte, hatte sich der Italiener zu dem unilateralen Schritt gezwungen gesehen, für den er sich wegen der päpstlichen Approbation legitimiert hielt. Nach seiner Freilassung stellte er seine vorübergehende Zwangslage in einem erklärenden Schreiben klar und kündigte seine Reise nach Hagenbrunn an, wo die Vereinigung im Frühjahr 1799 vollzogen werden sollte.[419] Zu diesem Zeitpunkt zählte die »Société« rund dreißig Mitglieder, Paccanaris Gruppe weniger als zwanzig.

---

417 Ebd., S. 82.
418 Ebd., S. 82–83.
419 Diese Episode entstammt Guidée, Vie du Joseph Varin, S. 78–80, und Speil, Tournely und die Gesellschaften des Heiligen Herzens Jesu, S. 270. Fontana Castelli erwähnt sie nicht. Die zurückhaltende Aufnahme Paccanaris bei den französischen Emigranten deu-

Mit zwei Vertrauten erreichte Paccanari Anfang April 1799 Wien. Sie erhielten bei der Minoritenkirche, dem Dreh- und Angelpunkt der Wiener A.C., Unterkünfte, die von Beroldingen und Penkler bereitgestellt wurden. Auf der organisatorischen Ebene funktionierte die Kooperation zwischen »Société«, A.C. und Paccanari zunächst reibungslos. Zwischen dem 9. und 18. April fanden in Hagenbrunn die Fusionsverhandlungen zwischen den Paccanaristen und der »Société« statt, die die päpstliche Empfehlung zur Vereinigung mit der italienischen Gemeinschaft offenkundig als Imperativ interpretierten. Da Paccanari weder des Französischen noch des Deutschen oder Lateinischen mächtig war, fungierte Sineo della Torre als Dolmetscher. Hauptgegenstand der Verhandlungen war der konkrete Fusionsweg.

Paccanaris Strategie legt nahe, dass er von Anfang an auf eine Eingliederung der »Société« in seine »Compagnia« abzielte. Zu diesem Zweck führte er eine Reihe kurialer Empfehlungs- und Beglaubigungsschreiben mit sich und verwies zudem auf seine persönliche Audienz bei Pius VI. in Siena. Da diesen schwerwiegenden Argumenten vonseiten der Franzosen wenig Vergleichbares entgegenzusetzen war, kam man überein, dass die mitgliederstärkere »Société« der kleineren, aber kirchenrechtlich besser abgesicherten »Compagnia« beitreten sollte, auch wenn dies die faktische Auflösung der von Tournely gegründeten Kongregation bedeutete.[420] Trotz seines Laienstatus und seiner geringen theologischen Bildung wurde Paccanari zum Oberen bestimmt.

Obwohl über den genauen Gang der Verhandlungen wenig bekannt ist, dürfte Paccanari unbeirrt auf seiner Leitungsrolle bestanden haben. Wie die weitere Entwicklung zeigt, leitete er daraus einen weitreichenden Gestaltungsanspruch für das innere Gefüge und das äußere Wirken der Gemeinschaft ab, den er mit der ihm eigenen Mischung aus Beredsamkeit und Eifertum vertrat. Er bestand zudem auf teils schmerzhaften Konzessionen, die hauptsächlich zulasten der »Société« gingen. Deren spirituelles Fundament, die Herz-Jesu-Frömmigkeit, lehnte er rundweg ab, da er diese als identifikatorischen Bestandteil des »alten« Jesuitenordens und damit als Hindernis für eine erfolgreiche Propagierung seiner »neuen« Jesuiten ansah.[421] Damit verlor die französische Mehrheit mehr als nur eine Andachtsroutine, war Herz-Jesu für sie doch zu einem Kernbestandteil ihrer Spiritualität, ja zu einem Interpretationsschlüssel für das Zeitgeschehen und zu ihrem persönlichen Erfahrungsraum im Exil geworden. Auch erschien Paccanari die monastische Komponente ihres bisherigen Lebenswandels zu introvertiert. Für das volksmissionarische Apostolat seiner »Compagnia« bedurfte es seiner Ansicht nach weniger Andacht und Innerlichkeit als vielmehr Außen-

---

tet aber darauf hin, dass es zuvor zu Irritationen über die Vorgehensweise Paccanaris gekommen war.
420 Hillengass, Die Gesellschaft vom heiligen Herzen Jesu, S. 20.
421 Fontana Castelli, La compagnia di Gesù sotto altro nome, S. 98.

wirkung, öffentliche Predigt und Missionseifer. Auch die offene Frage, ob die »Société« nun die Jesuiten ersetzen oder sich ihnen anschließen wollte, wurde faktisch durch die Konzeption Paccanaris entschieden, einen neuen Jesuitenorden »sotto altro nome« zu schaffen.[422]

Um die Verschmelzung zu besiegeln, leisteten alle Mitglieder in der Schlosskapelle von Hagenbrunn ihren Treueeid in die Hände des neuen Oberen. Auch personell stellte Paccanari die Gemeinschaft neu auf: Sineo della Torre wurde zum ersten Provinzial der neuen Gesellschaft in Deutschland, Varin zum Leiter der Niederlassung in Hagenbrunn bestellt. Über die Haltung Migazzis und La Fares zu diesen Vorgängen ist hingegen nichts bekannt. Nuntius Ruffo-Scilla schien der neuen Gesellschaft immerhin so zugetan gewesen zu sein, dass er noch 1799 Paccanari in Wien zum Diakon weihte.

Nachdem auf institutioneller Ebene die Fusion formal bewerkstelligt worden war, bedurfte diese einer kaiserlichen Bestätigung. Von Kaiser Franz erbat Paccanari die Erlaubnis für sein Institut, sich in den Erbstaaten niederlassen zu dürfen, und verwies auf das Begehren vieler, der neuen Kongregation beitreten zu wollen.[423] Zudem suchte er um die Zuweisung von Räumlichkeiten zur provisorischen Unterbringung an. Ganz in antirevolutionärem Duktus verfangen, wonach »der Staat so wenig ohne Gesetze, als die Gesetze ohne Sitten, und die Sitten ohne die Religion Jesu Christi bestehen« könnten, stellte er die Vorteile heraus, die der Staat von den Aktivitäten der »fideisti« zu erwarten hätte:

[...] der Zwek [ist] kein anderer als die Emporbringung der wahren Religion und christlichen Tugend, sowol überhaupt als besonders durch die Erziehung noch unverdorbener Jugend, und daß die Form [der Kongregation, M.W.] diejenige ist, welcher der Heilige Ignatius im sechzehnten Jahrhunderte, und eben auch bösen Revolutionszeiten, sich bedient hat, um (wie durch Gottes Gnade auch geschah) das Uebel aufzuhalten, und eine Vormauer der wahren Kirche zu werden.[424]

Die Analogie zur Reformationszeit zeigt einmal mehr, dass aus Sicht geistlicher Exponenten wie Paccanari die Französische Revolution, ihre Ermöglichung und Folgen im Kern als Bruch mit der religiösen Tradition begriffen wurden. Konsequenterweise identifizierte er auf dem Feld der religiösen Erziehung den größten Handlungsbedarf und bezog sich ausdrücklich auf Ignatius von Loyola als Vorbild.

Auch baten nun die in Italien verbliebenen Angehörigen der »Compagnia«, die inzwischen neue Mitglieder angeworben hatten, über die Wiener Nuntiatur, in

---

422 Ebd., S. 100-103.
423 ÖStA/HHStA, Kabinettsarchiv, Kaiser-Franz-Akten (KFA) 74, Paccanari an Kaiser Franz II., 12. Juli 1799.
424 Ebd.

die Erbstaaten übersiedeln und sich in Hagenbrunn niederlassen zu dürfen, wo die neue Ordenszentrale entstehen sollte.[425] Um dem Kaiser die Entscheidung leichter zu machen, boten sie an, neben den pädagogischen Tätigkeiten an Schulen, Kollegien und Universitäten auch für die Seelsorge der Kranken und Gefangenen Sorge tragen zu wollen.[426] Das ambitionierte Programm verdeutlicht, welch umfassenden Wirkungsradius die neue Kongregation in den Erbstaaten abzustecken gedachte.

5.2.4 Äußere Konsolidierung und innere Divergenz

Der Konsolidierungstrend der geistlichen Gemeinschaft in Hagenbrunn führte zu einem deutlichen Mitgliedergewinn. Bereits auf der »Sondierungsreise« 1797 quer durch Zentraleuropa hatte sich eine Reihe von Interessenten an Sineo della Torre und Broglie gewandt, die sich vom Profil der Gemeinschaft angesprochen fühlten und nach Österreich umzusiedeln wünschten. Dieser Interessentenkreis ging über die französische Emigration hinaus. Auch aus dem Reich stammende Geistliche und Theologiestudenten stellten Aufnahmebegehren. Um diesen Zuwachs kurzfristig unterbringen zu können, wurde eine zweite Niederlassung im Kapuzinerkloster auf dem Prager Hradschin gegründet. Broglie war hierzu in die böhmische Hauptstadt gereist, wo er Erzherzogin Maria Anna für die Protektion dieser Unternehmung gewinnen konnte. Noch 1798 kamen zehn neue Postulanten in der neuen Filiale der »Société« in Prag unter.[427]

Am Stammsitz in Hagenbrunn wurde Ende 1798 ein kleines theologisches Seminar eröffnet – viel bescheidener als das Emigrantenpriesterseminar Wolfsau im Fürstentum Hohenlohe[428] –, in dem die jüngeren und noch nicht ordinierten Mitglieder unterrichtet wurden. Sineo della Torre lehrte als Professor der Theologie, Leissègues de Rozaven als Professor der Philosophie, Gloriot fungierte als Studienpräfekt. Der Wiener Hof genehmigte den Lehrkursus, beschränkte allerdings den Teilnehmerkreis auf französische Emigranten, die sich dem Institut angeschlossen hatten, und übertrug Erzbischof Migazzi die Aufsicht.[429]

Dass das Interesse an der Lebensweise der »Société« auch nach der Fusion mit den Paccanaristen stieg, zeigen Berichte der Polizeihofstelle. Verwunderung löste

---

425 Trampus, I gesuiti e l'Illuminismo, S. 287.
426 ÖStA/HHStA, Kabinettsarchiv, Kaiser-Franz-Akten (KFA) 74, Vorstellung Paccanaris, 25. August 1799.
427 ÖStA/HHStA, StK, Notenwechsel Polizeihofstelle 21, Verzeichnis der eingewanderten Franzosen in Prag, 16. September 1798.
428 Dazu Wühr, Die Emigranten der Französischen Revolution im bayerischen und fränkischen Kreis, S. 212-215.
429 DAW, Bischofsakten Migazzi 4, Nr. 971, Der Kaiser erlaubt den Geistlichen in Hagenbrunn, Landsleute aufzunehmen, zu unterrichten und zu weihen, 26. Oktober 1799.

dort eine neue Mitgliederliste der in Hagenbrunn befindlichen Personen aus.[430] Neben den bereits bekannten Namen fand sich darauf nun auch eine Reihe junger Männer und Heranwachsender, die in Hagenbrunn in Theologie, Philosophie und den Alten Sprachen unterrichtet wurden. Der aus der Diözese Poitiers stammende Charles Senechault »vollende hier die Philosophie«, während Adolphe Rougé von seinen in Wien lebenden Eltern, mit denen er aus Frankreich emigriert war, zur Ergänzung seiner Studien nach Hagenbrunn geschickt wurde. Unter den Magistranden war auch der junge Elsässer Johann Peter Silbert, dessen späteres schriftstellerisches und pädagogisches Wirken im Umfeld der Wiener »Romantiker«-Kreise insbesondere durch die Arbeiten Xavier Vicats erforscht worden ist und dessen weiterer Lebensweg im Verlauf dieses Buches noch einmal aufgegriffen wird.[431]

Insgesamt studierten etwa zehn Emigranten im Institut. Über die Motive der Eltern, ihre Kinder in die Obhut der emigrierten Geistlichen zu geben, kann nur spekuliert werden. Die im Vergleich zu den französischen Privaterziehern deutlich geringeren Kosten, der theologisch-philosophische Unterricht fachlich versierter Kleriker sowie die räumliche Nähe zu Wien dürften ausschlaggebend gewesen sein. Gleichwohl handelte es sich bei dem Lehrinstitut keineswegs um eine reine »Emigrantenunternehmung«. Auch Einheimische, zumeist junge Leute aus Wien und aus anderen Erbstaaten, lebten bei den Geistlichen. Der jüngste von ihnen, der aus Böhmen stammende Anton Spirk, war gerade zwölf Jahre alt. Im Januar 1787 auf dem Gut Chodietitz (tsch. Chotětice) südlich von Prag geboren, hatte Spirk von der philanthropischen Ader Erzherzogin Maria Annas profitiert, die ihn 1797 erst in ihren Haushalt im Prager Schloss aufnahm und dann zu Ausbildungszwecken nach Hagenbrunn schickte. Dort wurde Spirk in den Alten Sprachen unterwiesen und unentgeltlich versorgt.[432]

Das unkontrollierte Wachstum der geistlichen Kolonie in Hagenbrunn blieb den Behörden nicht verborgen. Ende Juli 1799 begann die Polizei, Anhörungen von Mitgliedern durchzuführen, deren Protokolle teilweise überliefert sind. Neben den Leitern Varin und Paccanari wurde auch der aus Hütteldorf bei Wien stammende 21-jährige Anton Gruber vernommen, der sich der neuen Gemeinschaft angeschlossen hatte. Unklarheit bestand bei der Polizei vor allem darüber, weshalb die in ländlichem Gebiet lebende und weitgehend auf Kontemplation ausgerichtete Gruppe eine solche Magnetwirkung auf Heranwachsende ausübte. Der

---

430 ÖStA/AVA, PHSt 1799/853, Mitgliederliste der Gesellschaft, 23. April 1799.
431 Zu verweisen ist insbesondere auf die Dissertation Vicat, Johann Peter Silbert (1778-1844); Vicat, Johann Peter Silbert (1778-1844) und die katholische Romantik in Wien; Xavier Vicat: L'Autriche et la France à l'époque du Romantisme: Les nouvelles formes d'un rapprochement et ses limites, in: Etudes danubiennes 13 (1997) 1, S. 37-55; ferner die ältere Studie von Pierre Paulin: Johann Peter Silbert: ein elsässischer Schriftsteller und Dichter; Beitrag zur Wiener katholischen Romantik, Kevelaer 1930.
432 ÖStA/AVA, PHSt 1799/853, Mitgliederliste der Gesellschaft, 23. April 1799.

zuständige Kreishauptmann aus Korneuburg, der sich zuvor noch positiv über die Geistlichen geäußert hatte, wurde nach Hagenbrunn beordert und mit der Durchführung der Vernehmungen beauftragt.⁴³³

Varin beteuerte in seiner Aussage, sich stets an alle Vorgaben der staatlichen Stellen gehalten zu haben. Erst mit der Ankunft Paccanaris in Wien seien »junge Leute aus der Gegend« nach Hagenbrunn gekommen, um dort um Aufnahme in den »Orden« zu bitten. Er selbst könne sich nicht einmal der Namen dieser Einheimischen entsinnen.⁴³⁴ Der durch diese Aussage in Verantwortung genommene Paccanari dagegen verwies etwas voreilig auf die kaiserliche Approbation seiner »Compagnia«. Der Kaiser habe ihm »hoechstselbst« zugesichert, ein »Kloster« zugewiesen zu bekommen, in dem er »die zerstreuten Glieder« seines in Italien gegründeten Ordens sammeln könne.⁴³⁵ Nach der Vereinigung mit der »Société« sei er von vielen »weltlichen jungen Leuten« angesprochen worden, die Interesse bekundet hätten, in den Orden aufgenommen zu werden, darunter besagter Anton Gruber.⁴³⁶ Zwar habe er, Paccanari, diesem lediglich Hoffnungen auf eine baldige Aufnahme gemacht, ihm aber einstweilen erlaubt, bei der »Compagnia« in Hagenbrunn zu leben. Er selbst wisse nicht, woher jene »jungen Leute« Kenntnis davon erhalten hätten, dass in Hagenbrunn ein neuer »Orden« im Entstehen begriffen sei.

Die Aussage Anton Grubers gibt Aufschluss, auf welchen Wegen Einheimische von der »Société« erfahren hatten:

> Ich gieng vor einigen Wochen nach der sogenannten Klein-Maria-Taferl [sc. Groß-Jedlersdorf] über die Tabor Brücke. Bey dieser Gelegenheit sagte mir eine Köchin, daß in Hagenbrunn Geistliche im Schlosse lebten, die eine Art von Kloster ausmachten, welche einen frommen Lebenswandel führten. Weil ich die Religion sehr ehre, und immer eine Neigung zu dem geistlichen Stande fühle, so gieng ich vor 14. Tägen nach Hagenbrunn und bath allda Exercitia machen zu dürfen. Ich hielt mich da durch 8. Täge auf, und ein Priester Nahmens Lambert machte mit mir die geistlichen Übungen. Bei dieser Gelegenheit habe ich den Abbé Paccanari gebethen, mich in dem Orden aufzunehmen, allein einer hat mir bedeutet, daß es noch nicht seyn könne, weil sie hierzu noch keine Erlaubniß hätten; [...] Diesen Schritt habe ich mit der Genehmigung meiner Mutter gethan [...]. In der sichern Hofnung, daß ich in den Orden aufgenommen werde, habe ich mir indessen die Haare abschneiden lassen.⁴³⁷

---

433 ÖStA/AVA, PHSt 1799/853, Instruktion für den Kreishauptmann des Viertels unter dem Manhartsberg, 24. Juli 1799.
434 ÖStA/AVA, PHSt 1799/853, Polizei-Protokoll mit der Aussage Varins, 23. Juli 1799.
435 ÖStA/AVA, PHSt 1799/853, Polizei-Protokoll mit der Aussage Paccanaris, 23. Juli 1799.
436 Ebd.
437 ÖStA/AVA, PHSt 1799/853, Polizei-Protokoll mit der Aussage Grubers, 23. Juli 1799.

Auch in anderen Fällen ist diese Art von Mundpropaganda belegt, die junge Männer aus Wien und Umgebung dazu veranlasste, sich an die Gemeinschaft in Hagenbrunn zu wenden.

In seinem Abschlussbericht beklagte der Kreishauptmann die »Proselytenmacherei« der Gesellschaft und deren Unterrichtstätigkeit.[438] Unter den »Jünglingen« befänden sich zahlreiche Studenten der Wiener Universität und des Gymnasiums Annaeum in der Wiener Innenstadt. Viele hätten von der geistlichen Gemeinschaft in Hagenbrunn von der »kürzlich verstorbene[n] Jungfer Barbara« aus der Landstraße erfahren, die die französischen Geistlichen während deren Zwischenasyl im dortigen Augustinerkloster kennengelernt hatte. Wie im Fall der Trappisten hingen der Bekanntheitsgrad und die öffentliche Resonanz von mündlich weitergegebenen Informationen im urbanen Raum ab – der Presse jedenfalls waren keinerlei Hinweise zu entnehmen. Die charismatische Person Paccanari, der spirituelle Enthusiasmus der vielen, größtenteils jungen Geistlichen in Hagenbrunn und der Reiz des Fremden dürften ein Übriges zur Attraktivität der Gemeinschaft beigetragen haben.

Im Ganzen hielten sich mindestens ein Dutzend Personen unerlaubt in Hagenbrunn auf, Tagesbesuche aus dem nahen Wien nicht eingerechnet. Hinzuzuzählen sind die Anhänger Paccanaris aus Italien, die allmählich in Hagenbrunn eintrudelten, aber keineswegs nur aus Italienern, sondern auch aus Spaniern, Franzosen und Niederländern bestanden. Sie waren zunächst in Wien untergebracht, gingen aber regelmäßig nach Hagenbrunn und erneuerten dort ihre Gelübde.

Mit Blick auf das Unterrichten Einheimischer empfahl der Kreishauptmann das Abstellen »dieses Unfuges« und schärfte Varin ein, jede Veränderung in Hagenbrunn unverzüglich in der Polizeistelle im weniger als eine Stunde entfernten Korneuburg zu melden. Während sich die »Compagnia« also zunehmenden Zuspruchs junger Leute erfreute, verschob sich die zunächst positive Wahrnehmung durch die Verwaltungsstellen allmählich ins Negative, da die Gemeinschaft in Hagenbrunn die ihr eingeräumten Freiheiten immer großzügiger auslegte.

Eine Absetzbewegung vollzog auch die arg geschrumpfte Wiener A.C. Nach dem Tod Diesbachs und dem Übertritt mehrerer Mitglieder zur »Société/Compagnia« brachen der neue Leiter der A.C., Luigi Virginio, und Penkler mit den Paccanaristen. Grund hierfür waren wiederum die inkompatiblen Haltungen zur Restitutionsfrage, die um 1799/1800 auch am Wiener Hof intensiv diskutiert wurden.[439] Wie schon sein Lehrer Diesbach trat auch der Ex-Jesuit Viginio als Autor

438 ÖStA/AVA, PHSt 1799/853, Bericht des Kreishauptmanns des Viertels unter dem Manhartsberg an Polizeiminister Pergen, 11. August 1799.
439 Dazu beispielhaft die beiden Mémoires des Grafen von Merode (1799) und des kurtrierischen Staatsministers Duminique (1800), der im Auftrag von Kurfürst Clemens Wenzeslaus von Sachsen in Wien den Kaiser von der Notwendigkeit einer Restauration überzeugen sollte: ÖStA/HHStA, Kabinettsarchiv, Kaiser-Franz-Akten (KFA) 74, Nr. 3 (alt 75c/E); dazu Trampus, I gesuiti e l'Illuminismo, S. 290–296.

eines Manifests hervor (1799), in dem er für die Wiederherstellung des Jesuitenordens plädierte.[440] Zusammen mit Penkler hielt er nicht nur engen Kontakt mit den russischen Jesuiten, sondern teilte auch mit dem Ende 1801 zum Nuntius in Wien bestellten Antonio Gabriele Severoli den Wunsch, die Voraussetzungen für eine Wiederzulassung der Societas Jesu in Österreich zu schaffen – nach dem Breve »Catholicae Fidei« vom März 1801 ein wieder realistischer gewordenes Szenario. Das von Paccanari vertretene Konzept eines neuen Jesuitenordens lehnte Virginio konsequenterweise ab.

A.C.-Mitglied Beroldingen positionierte sich gegenüber den »fideisti« etwas moderater: Als Förderer Hofbauers und dessen Redemptoristen plädierte er für eine Verbindung dieser zwei jungen Bewegungen und sondierte Möglichkeiten, eine aus Redemptoristen und Paccanaristen gebildete geistliche Gemeinschaft auf einem seiner stadtnahen Güter unterzubringen.[441] Dennoch: Die seit Beginn der 1790er Jahre als Aktivposten geistlicher Erneuerung in Wien in Erscheinung getretene A.C. hatte durch den Übertritt Sineo della Torres und anderer zur »Société« einen schweren Verlust erlitten. Nach der Fusion und der schon von Diesbach befürchteten Absorption der A.C. in die neue »Compagnia« verlegte sich Viginio, ein entschiedener Anhänger der Theologie Liguoris, nun ganz darauf, Hofbauers Redemptoristen zu fördern und die Jesuitenfrage zunächst hintanzustellen.[442]

Neben diesen personalen Entflechtungen begannen unter dem Firnis der erfolgreich vollzogenen Vereinigung mit der »Société« innere Divergenzen die »Compagnia« zu destabilisieren. Paccanari nutzte seine Leitungsfunktion, um den geistlichen und lebensweltlichen Alltag der Kommunität seinen Vorstellungen anzupassen, und schüttelte damit die sulpizianische Tradition der ehemaligen »Société« allmählich ganz ab. Er reduzierte die kontemplativen Elemente, also Stundengebete und Schweigezeiten, sowie die strenge Askese auf ein Minimum. Stattdessen ließ er öffentliches Predigen in der Landessprache üben und erhöhte die tägliche Regenerationszeit. Nachdem die Mitglieder der »Société« bereits auf viele in der Emigrationszeit kultivierte Elemente ihres Selbstverständnisses hatten verzichten müssen, führten diese Änderungen zu wachsendem Unmut gegenüber Paccanari. Enttäuschung brach sich vollends Bahn, als sich der neue Obere nur vage zu seinen Absichten äußerte, wie er sich mit den Jesuiten in Russland ins Benehmen zu setzen gedachte. Spätestens jetzt musste den französischen Mitgliedern dämmern, dass Paccanari die von ihnen während der Emigrationszeit offen gelassene Frage über eine Assoziationsperspektive definitiv zugunsten seiner »neuen Jesuiten« entschieden hatte.[443] Nachdem das provisorische Konstrukt der

---

440 Fontana Castelli, La compagnia di Gesù sotto altro nome, S. 96.
441 Winter, Joseph von Beroldingen, S. 74-75.
442 Decot, Jesuitische Seelsorge, S. 471-473.
443 Gallo, Réflexions et jalons pour une histoire de l'»identité jésuite«, S. 124.

»Société« in der »Compagnia« aufgegangen war, überlagerte die Frage nach der Haltung zur Jesuitenproblematik nun alles.

Diesen zunehmenden Divergenzen zum Trotz unternahmen Varin und Paccanari noch 1799 eine gemeinsame Reise nach Prag zu Erzherzogin Maria Anna, um mit dieser über die Gründung einer weiblichen Parallelkongregation zu verhandeln.[444] Über die Notwendigkeit eines solchen Schrittes bestand zwischen Paccanari und den Franzosen Einigkeit. Maria Anna erklärte sich bereit, als Protektorin zu fungieren. Ihre Kammerdienerin Leopoldina Naudet sollte dem als »Dilette di Gesù« benannten Frauenorden als erste Oberin vorstehen.[445] Die Ordensfrauen unterwarfen sich den von Paccanari entwickelten Regeln, die den Tagesablauf, die geistlichen Übungen und die pastoralen Aktivitäten vorgaben.[446] Anders als von Tournely intendiert, spielte hierbei die Herz-Jesu-Frömmigkeit keine Rolle mehr.

Der schwelende Konflikt in Hagenbrunn wurde indes durch eine grundlegende Neujustierung des pastoralen Handlungsfeldes entspannt. Nach der Fusion und der Gründung der Frauenkongregation setzte Paccanari auf eine überregionale Expansion seiner Gemeinschaft, wendete also das ursprünglich lokal konzentrierte Refugium der geistlichen Revolutionsemigranten zum Ausgangspunkt einer europaweiten Missionsbewegung. Anlass bot der Beginn des Zweiten Koalitionskrieges, mit dem der Bedarf an Lazarettseelsorgern sprunghaft angestiegen war. Paccanari erkannte hierin ein ideales Wirkungsfeld für das volksmissionarische Apostolat seiner »Compagnia«. Er schickte die pastoral ambitionierten Geistlichen Kohlmann und Gury nach Norditalien, um in den Militärspitälern bei Pavía und Padua zu wirken.[447] Andere gingen in Militärlazarette nach Süddeutschland. Nach der Schließung der Emigrantenliste durch Napoleon Ende 1799 stand den französischen Revolutionsflüchtlingen zudem der Weg nach Frankreich wieder offen. Varin und mehrere Mitbrüder nutzten die nun bestehende Möglichkeit, um über Augsburg nach Frankreich zurückzukehren und in ihrem Heimatland ihr missionarisches Wirken fortzuführen.

Auch die Filiale in Prag wurde geschlossen. Die letzten dort ansässigen Geistlichen siedelten zunächst nach Hagenbrunn über, wo die Ordenszentrale allerdings

---

444   Die in der Aufhebungsphase des Jesuitenordens beginnende und sich im 19. Jahrhundert fortsetzende Konjunktur von Gründungen weiblicher Kongregationen mit ignatianischer Prägung thematisiert der Sammelband von Silvia Mostaccio, Marina Caffiero, Jan de Maeyer, Pierre-Antoine Fabre, Alessandro Serra (Hg.): Échelles de pouvoir, rapports de genre. Femmes, jésuites et modèle ignatien, Löwen 2014.

445   Eva Fontana Castelli: Dalle Dilette di Gesù di Niccolò Paccanari alle Sorelle della Sacra Famiglia, in: Archivum Historicum Societatis Iesu 81 (2012), S. 159-191.

446   Der Entwurf der Regeln in: ÖStA/HHStA, Kabinettsarchiv, Kaiser-Franz-Akten (KFA) 74, Copia Dell'Esposizione Dello Spirito e Regole Della Società Delle Dilette di Gesù, o.D.

447   Fontana Castelli, La compagnia di Gesù sotto altro nome, S. 103-106.

auch nicht viel länger fortbestand, weil die niederösterreichische Landesregierung beabsichtigte, im Schloss ein französisches Kriegsgefangenenlager einzurichten. Der verbliebene Rest der »Compagnia«, sechs Priester und zwölf Schüler, wurden in das 30 Kilometer entfernte Franziskanerkloster in Aspern an der Zaya verlegt, »wo ihnen die Mönche auf die Finger schauen« sollten.[448] Dies zeugt vom zunehmend argwöhnischen Blick der Verwaltung auf die bunt zusammengewürfelte Gemeinschaft. Die Niederlassung existierte dort bis 1803 fort, hatte bis dahin aber einen erheblichen sterbe- und austrittsbedingten Aderlass zu verzeichnen.

Zwischen Europäisierung und Rückkehr

Mit der einsetzenden Europäisierung der »Compagnia« und den Filialgründungen in mehreren Staaten Europas begann eine kurzlebige Expansionsphase, die dem offensiven Missionsanspruch Paccanaris zunächst gerecht zu werden schien.[449] Nachdem der Wiener Hof seine Bitte, der Kommunität auch formell die Niederlassung in Österreich zu erlauben, abgelehnt hatte, entschied der Obere, die Zentrale seiner Gemeinschaft nach Rom zu verlagern, und gewann hierfür, zum Leidwesen der kaiserlichen Familie und der in Wien verbliebenen Emigranten, Erzherzogin Maria Anna als finanzkräftige Begleiterin.[450]

Hinsichtlich der schwelenden Jesuitenfrage musste Paccanari missfallen, dass mit den von Pius VII. angestoßenen Restitutionsschritten »Catholicae Fidei« (1801) für Russland und »Per alias« (1804) für das Königreich Neapel die »alten« Jesuiten schließlich den Vorzug erhielten. In der Folge trug neben seinen problematischen Handlungen und seinem selbstherrlichen Gebaren auch der fortbestehende Unwille Paccanaris, sein eigenes Ordensprojekt in diesen Prozess einzubringen, dazu bei, dass die »Compagnia« nach nur wenigen Jahren zusammen mit ihrem Gründer unterging.[451]

Die meisten französischen Mitglieder der ehemaligen »Société« hatten sich in der Zwischenzeit dem Jesuitenorden in Russland und Neapel angeschlossen. Nach dem paccanaristischen Intermezzo bot diese Assoziierung eine Möglichkeit, sich der von kirchlicher Seite zunehmend kritisch beäugten »Compagnia« zu entziehen. So handelte der noch von Paccanari zum Provinzial von England erhobene Jean Louis de Rozaven, Neffe des 1801 im österreichischen Exil verstorbenen Jean-Marie de Leissègues de Rozaven, 1803 eigenmächtig mit dem Generalvikar der

---

448 ÖStA/AVA, PHSt 1800/549, Übersetzung der Geistlichen zu Hagenbrunn in das Minoritenkloster zu Aspern an der Zaya, o.D.
449 Etwa Hubert Chadwick: Paccanarists in England, in: Archivum Historicum Societatis Iesu 20 (1951), S. 143-166.
450 Du Montet, Souvenirs, S. 14. Montet nennt Paccanari unverblümt einen »aventurier«.
451 Zum letzten – dem römischen – Kapitel der Geschichte von Paccanaris Gemeinschaft siehe Fontana Castelli, La compagnia di Gesù sotto altro nome.

russischen Jesuiten, Gabriel Gruber, für sich und weitere zwanzig Mitbrüder, darunter Anton Kohlmann, die Aufnahme in die Societas Jesu in Petersburg aus.[452]

Doch auch die russische Hauptstadt diente den Emigranten nur als vorübergehendes Refugium. Von der Generalleitung wurde 1805 eine Gruppe ehemaliger *fideisti* unter der Leitung Kohlmanns von Petersburg nach Amerika geschickt. Dort unterstützten sie unter dem ersten katholischen Bischof der USA, John Carroll, selbst Ex-Jesuit, den Aufbau jesuitischer Strukturen in Washington D.C. und New York.[453] Der von Kohlmann veranlasste Bau von Old St. Patrick's in New York City von 1809 bis 1815, die Gründung zweier Schulen auf dem Landstück, auf dem später New St. Patrick's erbaut werden sollte, und seine pastorale Aktivität für die deutschsprachigen Katholiken in New York und Pennsylvania sind hiervon ebenso in Erinnerung geblieben wie sein dreijähriges Rektorat am Georgetown College, der ersten katholischen Universität der USA. Speziell für Kohlmann war aus seiner revolutionsbedingten Emigration aus Frankreich ein europäisch-atlantischer Missionsweg geworden, der nach seiner Berufung auf einen theologischen Lehrstuhl an der Gregoriana in Rom mit seinem Tod 1836 endete.

Andere Mitstreiter Tournelys waren aus dem habsburgischen Exil ins napoleonische Frankreich zurückgekehrt, darunter Joseph Varin, der in kurzer Zeit viele neue Mitglieder für die dort als »Pères de la Foi« bekannte Gemeinschaft gewinnen konnte. Er knüpfte auch bald wieder Kontakte zu Émery und zu Clorivière, dessen klandestine Herz-Jesu-Gesellschaft sich zwischenzeitlich aufgelöst hatte.[454] Ohne eine direkte Aufsicht durch Paccanari begann Varin umgehend, die ursprünglichen Frömmigkeitsformen der ehemaligen »Société« wiederzubeleben. Dies ist ein Beleg dafür, dass die französischen Mitglieder ihre in der Emigration gefundene geistliche Identität im Zuge der Fusion in Hagenbrunn zwar zurückgestellt, aber keineswegs aufgegeben hatten. In der Verbindung Varins mit der jungen Sophie Barat, deren im November 1800 gegründete »Société du Sacré-Cœur de Jésus« nicht nur dem Namen nach an die Gemeinschaft Tournelys anknüpfte und sich in ignatianischer Tradition dem Erziehungswesen widmete, zeichnete sich eine graduelle Emanzipation von den paccanaristischen Vorgaben ab.[455] Da-

---

452 Fontana Castelli, The Society of Jesus under another name, S. 206-207. Dort spielte Rozaven eine maßgebliche Rolle bei der Konversion der Madame de Gallitzin.

453 Zur Rolle Kohlmanns und anderer ehemaliger Paccanaristen in den USA Johanna Elisabeth Schmid: Amerikanisierung oder Gegenkultur? Jesuiten aus den deutschen Provinzen in Maryland und Pennsylvania 1740-1833 (= Studien zur Kirchengeschichte, Bd. 18), Hamburg 2013, S. 251-284. Ferner Schlafly, General Suppression, Russian Survival, American Success.

454 Dazu Rayez, Clorivière et les Pères de la Foi, S. 311-313, 320-328.

455 Dazu Alessandro Serra: Madeleine-Sophie Barat et la Société du Sacré-Cœur entre Compagnie de Jésus et modèle ignatien, in: Silvia Mostaccio, Marina Caffiero, Jan de Maeyer, Pierre-Antoine Fabre, Alessandro Serra (Hg.): Échelles de pouvoir, rapports de genre. Femmes, jésuites et modèle ignatien, Löwen 2014, S. 271-292.

mit war der Grundstein für eine formale Abspaltung der französischen Ordensprovinz von der »Compagnia« gelegt, die schließlich 1804 vollzogen wurde.[456] Die weitere Entwicklung der »Pères de la Foi« im Empire, der nicht unumstrittene Eintritt der männlichen Mitglieder in die 1814 wiederhergestellte Societas Jesu und die Verbreitung der Herz-Jesu-Frömmigkeit durch die »Dames du Sacré-Cœur« in Frankreich sind vielfach Gegenstand kirchen- und kulturhistorischer Untersuchungen gewesen und sollen hier nicht weiterverfolgt werden.[457] Doch gilt festzuhalten, dass eine Mehrheit der französischen Geistlichen die paccanaristische Spiritualität und Pastoral als nicht anverwandlungsfähig erlebt hatte und folglich auf geistliche Formen rekurrierte, die sie in der Emigrationsphase entwickelt hatten.

In der Habsburgermonarchie behielt die Polizeihofstelle ein wachsames Auge auf die ehemaligen Anhänger Paccanaris, die nach der faktischen Auflösung der »Compagnia« nicht dem Jesuitenorden beitraten. Um nach dem Tod Paccanaris auch den Geist seiner Bewegung gleichsam auszulöschen, wurde ihnen unter anderem verboten, in Priesterseminare der Erbstaaten einzutreten.[458] Die Jesuiten »sotto altro nome« blieben in der komplexen Geschichte der geistlichen Revolutionsemigration in der Habsburgermonarchie folglich nur Episode.

Resümee III: Wege aus dem Provisorium – die Perspektive Integration

Aus der Darstellung geht hervor, dass das revolutionsbedingte Exil der Geistlichen nicht nur als alltagspraktische Herausforderung, sondern auch als Ringen um die Aufrechterhaltung und Reinterpretation einer geistlichen Lebensweise vor dem Hintergrund individueller und gruppenspezifischer Emigrationserfahrungen zu begreifen ist. Die Suche nach einer von diesen Erfahrungen geprägten, erneuerten Spiritualität, die sich durch intensivierte Frömmigkeitspraktiken und institutionelle Neugründungen bzw. die Wiederbelebung älterer Gemein-

---

456 Mario Colpo: Una lettera del P. Varin al P. Paccanari del 1801, in: Archivum Historicum S. I. 57 (1988), S. 315-329.
457 Grundlegend hierzu Joseph Burnichon: La Compagnie de Jésus en France: Histoire d'un Siècle 1814-1914, Bd. 1: 1815-1830, Paris 1914; Teresa Clements: »Les Pères de la Foi« in France: 1800-1814. Spirituality, Foundations, Biographical Notes, in: Archivum Historicum Societatis Iesu 57 (1988), S. 233-262. Um einer »Kontamination« der restaurierten Jesuiten mit geistlichen Einflüssen vorzubeugen, die in der Emigration kultiviert worden waren, ordnete der neue Generalobere der Jesuiten Tadeusz Brzozowski als Vorbedingung für die Aufnahme für alle Angehörigen der »Pères« ein Noviziat an; vgl. Fontana Castelli, The Society of Jesus under another name, S. 207-209.
458 ÖStA/AVA, PHSt 1809/94, Beobachtung der Ex-Paccanaristen Adalbert Irrgut, Johann Koschak und Wenzel Wachter durch die Prager Polizei.

schaften und Lebensweisen auszeichnet, kann im »Aufnahmeland Österreich« an vielen Stellen nachvollzogen werden. Trotz des bestehenden Polizeireglements boten sich für diese Initiativen und geistlichen Bewegungen Spielräume und auch ein Resonanzboden in der Aufnahmegesellschaft, der von den anhaltenden strukturellen und kulturellen Auswirkungen der josephinischen Reformzeit gekennzeichnet war. Regionalspezifische Anknüpfungspunkte bildeten traditionelle Muster der habsburgischen Religionskultur, darunter die aus der *Pietas Austriaca* resultierende aktive Förderung geistlicher Bewegungen durch Angehörige des Herrscherhauses.

Aufgrund der engen Bindungen nach Italien, Frankreich und ins Alte Reich kamen nach der Akutphase der josephinischen Reformära und des Jansenismus neue (pastoral-)theologische Impulse in der Habsburgermonarchie miteinander in Berührung und amalgamierten sich um einzelne Gruppen geistlicher Emigranten. Dass sich damit auch Konflikte verbanden, wie etwa die Auseinandersetzung in Oberhollabrunn offenbart, überrascht angesichts vielfältiger kultureller Differenzen nicht. Derartige Kontroversen bieten freilich die Chance, den Aushandlungsprozessen, Mediationsversuchen und wechselseitigen Alteritätserfahrungen auf den Grund zu gehen und somit das Interaktionsspektrum von Emigranten und Aufnahmegesellschaft in seiner ganzen Breite zu reflektieren.

In diachroner Perspektive ist gleichwohl ein wesentlicher Aspekt der Exilerfahrung bislang weitgehend unberücksichtigt geblieben. Auch bei den emigrierten Geistlichen konnte sich trotz des grundsätzlichen Provisoriumscharakters der Emigration unter Umständen eine Integrationsperspektive eröffnen. Die teils kurzfristigen, teils länger andauernden pastoralen Tätigkeiten erreichten zweierlei: Aufseiten der Geistlichen bestand die Aussicht, im Exil standesgemäßen Betätigungen nachgehen zu können und in den meisten Fällen zudem noch materiell versorgt zu werden, wenngleich das Ausmaß der Anpassung an ungewohnte sprachliche, kulturelle und liturgische Umwelten und Traditionen nicht zu unterschätzen ist. Aus der Perspektive der Aufnahmegesellschaft wiederum füllten die Emigranten Lücken in der pastoralen Versorgung aus, was nicht nur den geistlichen Behörden gelegen kam, sondern selbst von der Polizei geduldet wurde. Komplementär hierzu kann die Anstellung Geistlicher als Hofmeister, Erzieher und Hauskapläne als zumindest standesnahe Tätigkeit verstanden werden, für die es auf der Seite der Aufnahmegesellschaft ein anhaltendes Interesse gab.

Auf der Makroebene lassen sich diese Interaktionssphären einmal mehr als Provisorium ausdeuten, das nach der Angebots- und Nachfrageregel funktionierte und im vorteilhaftesten Fall einen Interessenausgleich nach sich zog. Auf der Mikroebene offenbart sich hingegen deutlicher, wie sich geistliche Emigranten Handlungsspielräume zu erschließen vermochten, indem sie eigene Ressourcen und Fähigkeiten in Wert setzten und auf diese Weise ihrem Leben in der Emigration eine stabile Grundlage zu geben versuchten.

Folgt man der Argumentation für einen zeitlich prozessualisierten Begriff der Emigration, der eine chronologische Binnendifferenzierung des Gesamtphänomens erlaubt, kommt der Frage nach den Bedingungen und Chancen, Wege aus dem Provisorium zu finden, besondere Bedeutung zu. Handlungsmuster und Verhaltensweisen der Geistlichen unterlagen vor dem Hintergrund des aufgelaufenen Erfahrungswissens über die Revolution, den Kriegsverlauf, aber auch über das bisherige Exil und dessen Potenziale ständigen Veränderungen, die sich aus dem Spannungsverhältnis von Notwendigkeit und Möglichkeit ergaben. Infolgedessen konnte ihr ursprünglich ganz auf Frankreich fokussierter Erwartungshorizont im Aktionsraum des Exils eine fundamentale Neujustierung erfahren.[459] Begrifflich kann hier von einer Weiterentwicklung des »Provisoriums« zur »Perspektive« gesprochen werden. Aus Notbehelf wurde Chance. Nach fast einer Dekade in der Emigration, deren erste Jahre meist durch hohe räumliche Mobilität geprägt waren, boten sich trotz des in unterschiedlicher Intensität beibehaltenen Referenzpunktes Frankreich die Bedingungen der Möglichkeit von Integration in die Aufnahmegesellschaft.

Aufnahme in den Diözesanklerus und in die Konvente

Hatte ein geistlicher Emigrant bis Ende der 1790er Jahre einen Punkt der »provisorischen Integration«[460] überschritten, den man als kritische Schwelle begreifen kann, so stieg die Wahrscheinlichkeit, dass trotz der Rückkehrmöglichkeit nach Amnestiegesetz und Konkordat die Bleibeoption attraktiver erschien. Ob die Integrationsbemühungen bis zu diesem Zeitpunkt forciert betrieben wurden, blieb dem Engagement des Einzelnen überlassen; ob sie zu einer Etablierung im Exilland führten, war angesichts volatiler Rahmenbedingungen oft eine Verkettung glücklicher Umstände – ein Prozess, der sich selbst im vorteilhaftesten Fall über einige Jahre erstrecken konnte. Insofern erwies sich der zeitliche Korridor als sehr schmal und die Abwägung zugunsten einer Rückkehr letztlich zu eindeutig, als dass eine größere Zahl geistlicher Emigranten sich dauerhaft in der Habsburgermonarchie niedergelassen hätte.

Integrationswege öffneten sich für die Geistlichen beispielsweise durch die offizielle Aufnahme in den diözesanen Klerus oder durch den dauerhaften Eintritt in ein Kloster. Stichprobenhafte Überprüfungen legen nahe, dass diese Fälle zahlenmäßig als relativ gering zu erachten sind.[461] Ohne eine systematische Auswer-

---

459 Winkler, Das Exil als Aktions- und Erfahrungsraum, S. 71.
460 Pestel, Winkler, Provisorische Integration und Kulturtransfer.
461 NÖLA St. Pölten, Niederösterreichische Regierung, Dep. C – Kultus, Ktn. 458, Fasz. 14, Nr. 2545, Die niederösterreichische Landesregierung an die Hofkanzlei betreffs der Aufnahme zweier französischer Benediktiner im Kloster Seitenstetten, 8. Juni 1799; ihre liturgische Tätigkeit in der Gemeinde ist wiederum im Pfarrarchiv Seitenstetten belegt. ÖStA/AVA, PHSt 1798/510, Aufnahme des Augustinerpriesters Patriz Müller

tung, etwa der Personalakten der Konvente, ist das Ausmaß der Aufnahmepraxis jedoch nicht abschließend zu beurteilen.

Laut Verzeichnis der in der Wiener Erzdiözese lebenden fremden Geistlichen aus dem Jahr 1803 waren die meisten von ihnen in Privatanstellung als Hofmeister oder Erzieher beschäftigt.[462] Nur wenigen war die Aufnahme in den Diözesanklerus gelungen.[463] Nach langjähriger Erwerbsarbeit im Erziehungswesen entschlossen sich manche Geistliche, ihren Lebensabend in Klöstern zu verbringen. Der emigrierte Straßburger Priester Georg Arth etwa verstarb 1832 im Wiener Franziskanerkloster.[464] Hauptmotive für die Bleibeentscheidung und die graduelle Integration in die Exilumwelt dürften in über Jahre entwickelten, engen persönlichen Bindungen und der materiellen Absicherung gelegen haben, wie das letzte Fallbeispiel zeigt.

»Homme sans talent«? Nochmals zum Fall Zaiguelius

Die Integrationsstrategien emigrierter Geistlicher lassen sich am Fall des eingangs vorgestellten Abbé Zaiguelius exemplarisch nachvollziehen, da dieser nicht nur einige Jahre, sondern bis zu seinem Tod 1834 in der Habsburgermonarchie blieb, das Exilland also zu seinem neuen Lebensmittelpunkt machte. Die Quellendokumentation lässt nicht nur eine relativ lückenlose Rekonstruktion seiner Emigrationsvita zu, sondern erlaubt auch, die Bedingungen und Umstände seiner Integration zu differenzieren.

Zaiguelius fällt in die Kategorie jener Emigranten, die sich aufgrund ihrer Herkunft aus der französisch-schweizerisch-deutschen Grenzregion durch kulturelle Hybridität auszeichnete, in erster Linie durch Bilingualität und eine gewisse Vertrautheit mit der »rechtsrheinischen« Kultur. Sein kulturelles Profil operationalisierte er von Emigrationsbeginn an in kalkulierter Weise. Zusammen mit seinem wachsenden Netzwerk, das einflussreiche Personen in Adel und Verwaltung umfasste, verhalf ihm diese taktische Instrumentalisierung schließlich zu einer für den habsburgischen Raum exzeptionellen Karriere, als deren Kulminationspunkt seine prominente Rolle beim Wiener Requiem für Ludwig XVI. im Januar 1815 angesehen werden kann.

---

in die St. Pöltener Diözese. Für Eintritte in Kapuzinerklöster: TLA Innsbruck, Jüngeres Gubernium, Präsidiale 36b Emigranten 1798, Fasz. 3491, Verzeichnis der im Kreise Pusterthal, Eisak und Wippthal sich aufhaltenden Emigranten; TLA Innsbruck, Präsidiale, Polizei 1800, Verzeichnis der im Gericht Villanders befindlichen französischen Emigranten.

462 DAW, Bischofsakten Hohenwart 1, Nr. 25, Zählung der fremden Priester in der Diözese Wien, 7. November 1803.
463 Wolfsgruber, Graf Hohenwart, S. 159-160.
464 ÖStA/AVA, NÖLR, Allgemein A, 223, Geistliche Abhandlungen, Verlassenschaftsabhandlung Georg Arth.

Der 1748 geborene Geistliche – er betonte stets, in der »Reichsstadt« Colmar geboren zu sein, um sich als Untertan des Kaisers zu gerieren – war vor der Revolution Pfarrer in Lautenbach in den Vogesen gewesen, bevor er 1776 vom Straßburger Bischof Rohan erst als Kanonikus bei St. Peter dem Alten in Straßburg, 1789 dann als Präbendar in der Straßburger Kathedrale bestellt wurde.[465] Als Vertrauter Rohans bekleidete Zaiguelius in der Verwaltung des Bistums verschiedene Leitungsämter, bis er im Zuge der von der Konstituante beschlossenen Nationalisierung der Kirchengüter und der Verabschiedung der Zivilverfassung für den Klerus den Weg der Emigration wählte. Er verbrachte einige Zeit an der Seite Rohans in dessen rechtsrheinischer Residenz Ettenheim, wo sich neben vielen geistlichen Emigranten ab 1791 auch Teile der *Armée de Condé* sammelten.[466] Von dort aus entsandte ihn Rohan als Geschäftsträger zur vorderösterreichischen Regierung nach Freiburg.[467] Zu diesem Zeitpunkt war Zaiguelius bereits in das »Régiment Rohan« eingetreten, das von einem Neffen des Kardinals, Charles-Alain-Gabriel de Rohan, kommandiert wurde. Seit seiner Emigration führte Zaiguelius in allen Schriftstücken den Titel eines »Domherrn zu Offenburg«, der seine ambige Identität zusätzlich akzentuierte: Als geistlicher, deutschsprachiger Revolutionsemigrant aus dem Elsass mit einem kirchlichen Titel in der Reichsstadt Offenburg entzog sich Zaiguelius einer eindeutigen Klassifizierung als »französischem« Emigranten durch die Polizeibehörden.

Ein frühes Zeugnis seiner Emigrationszeit ist ein Brief Zaiguelius' an die Straßburger Munizipalität vom 18. Januar 1791, in welchem er die Gründe für seine Auswanderung darlegte.[468] Die offenbar von Beginn an als propagandistisches Instrument gedachte Schrift erschien im August 1791 in deutscher Übersetzung in der »Augsburger Kritik« und zudem in angeblich 20.000 Exemplaren, die als Teil einer antirevolutionären publizistischen Offensive von Fürstbischof Clemens Wenzeslaus von Sachsen finanziert wurden.[469] In dem Pamphlet unterzog Zaiguelius den Verfassungseid einer feurigen Kritik und begründete seine kompromisslose Ablehnung

---

465 »Zaiguelius, Georg Joseph Ulrich«, in: BLKÖ 59 (1890), S. 97. Der Lexikonartikel stützt sich auf den Eintrag zu Zaiguelius von Leopold Johann Scherschnik: Nachrichten von Schriftstellern und Künstlern aus dem Teschner Fürstenthum, Teschen 1810, S. 180-193.

466 Zur Emigration des elsässischen Klerus grundlegend Düsterhaus, Auf der Flucht vor Revolution und Krieg. Zur Emigration Kardinal Rohans nach Ettenheim und zu dessen »Exilhof« dortselbst liegt eine detaillierte Studie vor: Sieger, Kardinal im Schatten der Revolution. Zum Verhältnis Rohans zum Karlsruher Hof vgl. Jürgen Voss: Baden und die Französische Revolution, in: ders. (Hg.): Deutsch-französische Beziehungen im Spannungsfeld von Absolutismus, Aufklärung und Revolution. Ausgewählte Beiträge (= Pariser Historische Studien, Bd. 36), Bonn 1992, S. 271-296; hier S. 278-280.

467 Dazu die lokalhistorische Studie von Dittler, Emigrantentruppen in Ettenheim.

468 Der Brief ist überliefert bei Scherschnik, Nachrichten von Schriftstellern und Künstlern, S. 184-193.

469 DAW, Priesterpersonalakten, Zaiguelius, Bewerbungsschreiben um das hochfürstlichliechtensteinische Kanonikat bei St. Stephan in Wien, 4. Oktober 1827.

der Zivilkonstitution. In einer emotionalen Klimax stellte Zaiguelius den Kausalzusammenhang von Verfassungseid und Emigration(szwang) her und konstituierte damit einen für die Exilzeit tragfähigen Identitätsentwurf – den des um des rechten Glaubens willen emigrierten Bekenners:

> Es gebieten die Nationen und die Gesetze so sie wollen; Gott gebietet auch, und sein heiligster Name muß verkündiget, die Lehre Christi Jesu muß ausgelegt werden [...]. Auf den brennenden Scheiterhaufen werde ich mit der Gnade Gottes, und mit Beyhilfe des Gebetes meiner lieben Pfarrkinder, die wahren und unveränderlichen Grundsätze unserer heiligen Religion bis in den Tod bekennen, predigen, und mit meinem Blut versiegeln.[470]

Als sich die Sicherheitslage am Oberrhein in den Kriegsjahren 1795/96 durch die Ostoffensive der französischen Revolutionsarmee zu verschlechtern begann, gab Zaiguelius seinen diplomatischen Posten im Breisgau auf. Nach eigener Aussage führte er in seiner Funktion als Mitglied im »Régiment Rohan« im Juli 1796 eine Spitalabteilung der *Armée de Condé*, bestehend aus 400 Mann, von Freiburg nach Tittmoning im Erzstift Salzburg.[471] Dort übernahm er die Verwaltung des Feldspitals und administrierte es so ressourcenschonend, dass es Hunderte emigrierte Geistliche, die sich auf der Voralpenroute nach Osten flüchteten, aufnehmen und bis zur Auflösung des Spitals im November 1796 versorgen konnte, bevor er selbst nach Wien weiterzog.[472] Diese heroisierende Darstellung ist freilich mit Vorsicht zu genießen, stammt sie doch aus Zaiguelius' eigener Feder. Als Teil eines Rechtfertigungsschreibens aus späterer Zeit sollte sie seine Bewerbung um ein Domkanonikat bei Sankt Stephan in Wien argumentativ unterfüttern und entsprechend deutlich seine Leistungen hervorheben.

Noch im selben Jahr, 1796, nahm der in Emigrantenbelangen notorische Feldmarschall Ferraris den Geistlichen als persönlichen Sekretär in seine Dienste.[473] Vermittelt wurde diese Anstellung durch den vorderösterreichischen Regierungspräsidenten Sumerau, der noch aus seiner Wiener Zeit zwischen 1786 und 1790 mit Ferraris bekannt war. Sumerau hatte mit dem Elsässer Emigranten als Geschäftsträger Rohans in regelmäßigem Kontakt gestanden und diesen mit besten Zeugnissen ob seiner »Aufführung« in den Vorlanden ausgestattet: Zaiguelius habe sich »durch eifrigste geistliche Verrichtungen hervorgethan« und als Seelsorger in Zivil- und Militärspitälern in Freiburg »mit besonderer Bereitwilligkeit« ge-

---

470 Zit. n. Scherschnik, Nachrichten von Schriftstellern und Künstlern, S. 192-193.
471 DAW, Priesterpersonalakten, Zaiguelius, Bewerbungsschreiben, undatiert.
472 Zum Corps Condé in Tittmoning Wühr, Emigranten der französischen Revolution im Erzstift Salzburg, S. 41-43.
473 Auch auf den ungarischen Besitzungen Ferraris wurden geistliche Emigranten angestellt; vgl. ÖStA/AVA, PHSt 1812/3334, Schreiben des ostgalizischen Landeschefs an die Polizeihofstelle betreffs des Emigranten Chaumont, 20. April 1813.

wirkt.[474] Nach der obligatorischen Theologieprüfung des Wiener Konsistoriums wurde Zaiguelius schließlich als Hauskaplan bei Ferraris approbiert.[475]

Schon ein Jahr nach der Restitution der Theresianischen Ritterakademie findet sich der Name Zaiguelius in der Liste der Präfekten dieser prestigeträchtigen Erziehungsanstalt, die auch Kinder adliger Revolutionsemigranten aufnahm.[476] Kurator Saurau vermittelte die Einstellung des Geistlichen. Die zweijährige Dienstzeit bis 1799, die Zaiguelius zunächst als Präfekt der Philosophen, dann der Juristen verbrachte, beendete der Geistliche schließlich aus eigenem Entschluss, da ihm »der Stand der Dinge daselbst nicht convenirte«.[477]

Mit der Tätigkeit im Theresianum ergaben sich für Zaiguelius ideale Möglichkeiten, ein eigenes Kontaktnetz zu knüpfen und lukrative Folgeanstellungen zu sondieren. Unter den Zöglingen des 1797er-Jahrgangs befanden sich zwei Knaben aus dem Geschlecht Skrbensky, einer Familie aus schlesischem Uradel, die über Grundbesitz im äußersten Osten des Herzogtums Schlesien verfügte, über 200 Kilometer nordöstlich von Wien. Auf deren Gut Schönhof befanden sich zu diesem Zeitpunkt zwei weitere Kinder, zehn- bzw. achtjährig, als deren Erzieher Zaiguelius Ende 1799 angeheuert wurde.[478] Vor diesem Gang *ad limina* ließ sich Zaiguelius vom Direktor des Theresianums, Franz Felix Hofstätter, schriftlich zusichern, dass ihn dieser im Falle einer Beendigung des Dienstverhältnisses bei den Skrbenskys »mit Vergnügen« wieder im Theresianum anstellen würde.[479]

Mit diesem Vorgehen dokumentiert Zaiguelius eine vorausschauende Planung seiner Handlungsoptionen, die auf die Sicherung eines materiellen Mindeststatus abzielte und persönliche Kontakte strategisch nutzte. Dieser umsichtige Ansatz wurde dadurch komplettiert, dass sich Zaiguelius als ehemaliges Mitglied des Regiments Rohan mit Unterstützung seines Freiburger Bekannten Sumerau 1802 um eine den ehemaligen Regimentsangehörigen zustehende englische Pension bemühte.

Trotz erklärter Unzufriedenheit ob der Arbeitsbedingungen im Theresianum erscheint der Zeitpunkt für den Wechsel von der Wiener Akademie in eine Privatanstellung in einer peripheren Region alles andere als zufällig. Mit Beginn des

---

474 DAW, Priesterpersonalakten, Zaiguelius, Kopie eines Empfehlungsschreibens des vorderösterreichischen Regierungspräsidenten Sumaraw, 14. Dezember 1797.
475 DAW, Jurisdiktionsprotokolle, 1784-1801, Zaiguelius.
476 Zum Theresianum vgl. Eugen Guglia: Das Theresianum in Wien: Vergangenheit und Gegenwart, Wien 1912. Die Listen der Zöglinge bei Gemmell-Flischbach, Album der Theresianischen Akademie. Darunter sind die Kinder der Emigrantenfamilien d'André, Bussy und Chassignolles.
477 DAW, Priesterpersonalakten, Zaiguelius, Bewerbungsschreiben, undatiert.
478 MZA Brünn, B 95, Sign. 55, 245, Johann von Skrbensky an Gouverneur Ugarte, 26. September 1799.
479 MZA Brünn, B 95, Sign. 55, 245, Empfehlungsschreiben Hofstätters, 18. August 1799. Dort auch die Empfehlungsschreiben Sumeraus und Kardinal Rohans.

Zweiten Koalitionskriegs 1799 schien ein Friedensschluss mit Frankreich als Voraussetzung für eine Rückkehr der Emigranten in unbestimmte Ferne gerückt. Bestätigt konnte sich Zaiguelius durch die schnellen Erfolge der französischen Armeen sehen, die unter dem Kommando Moreaus bereits 1800 in Oberösterreich einrückten. So gesehen entpuppte sich der Rückzug auf das rurale Gut Schönhof als taktisch kluge Entscheidung, die es Zaiguelius erlaubte, bis zum Frieden von Lunéville 1801 von unmittelbaren kriegerischen Auseinandersetzungen unbedrängt auszuharren.

Anstelle einer Rückkehr ins Elsass, die nach dem Konkordat und der Amnestie möglich gewesen wäre, erhielt Zaiguelius in Österreichisch-Schlesien das Angebot einer Stellung im Hause des Landeshauptmanns des Fürstentums Teschen, Graf Johann Larisch von Mönnich, selbst Theresianum-Alumnus, das den Geistlichen zum Bleiben bewog. Im frisch umgebauten Schloss Freistadt bei Karwin verbrachte Zaiguelius eine über 13-jährige Dienstzeit als Hofmeister und Erzieher für die Kinder der gräflichen Familie. Auch hier dürfte die Kongruenz von standesnaher Betätigung und umfassendem Sicherheitsinteresse für die Annahme und Dauer der Dienststellung ausschlaggebend gewesen sein. So fielen in die Aufenthaltszeit in Teschen die Erfolge Napoleons auf dem zentraleuropäischen Kriegsschauplatz sowie die beiden Besetzungen Wiens 1805 und 1809. Aufseiten seiner Arbeitgeber, den Familien Skrbensky und Larisch-Mönnich, ist das anhaltende Interesse an französischen Emigranten, die sie als Gesellschafter und Erzieher auf ihren Landgütern und Wiener Dependancen beherbergten, dokumentiert: Larisch-Mönnich hatte bereits 1796 einen Geistlichen bei sich in Teschen aufgenommen,[480] die Skrbenskys fanden nach dem Weggang Zaiguelius' mit dem Emigrantenpriester Nicholas Nivoy einen neuen Hofmeister für ihre beiden jüngeren Söhne.[481] Die Bedeutung der Wiener Lehranstalt für die Anbahnung und Aushandlung von Dienstkontrakten für Geistliche tritt hier noch einmal deutlich hervor.

Die räumliche Abgeschiedenheit und die sichere Anstellung in Teschen nutzte Zaiguelius nicht nur für eine mathematische Abhandlung zur dauerhaft aktuellen Thematik der Quadratur des Kreises, die allerdings nie das Licht der Welt erblicken sollte, und die Mitarbeit an lokalen gelehrten Journalen, sondern vor allem für eine – nur in Auszügen bekannte – Biografie über Erzherzog Albert von Sachsen-Teschen, mit dem er regelmäßigen Umgang pflegte. Die »Allge-

---

480 Der Fall des Geistlichen Holley ist untersucht von Stokláskova, Fremdsein in Böhmen und Mähren, S. 701-708. Es ist zu ergänzen, dass sich Holley nach Auskunft Bombelles' bis mindestens 1801 in Teschen aufhielt, dann als Beichtvater der Gemahlin Ludwigs XVIII., Marie-Joséphine, wirkte und nach seiner Rückkehr nach Frankreich zum Generalvikar von Rouen ernannt wurde; vgl. Bombelles, Journal, 6: 1801-1807, S. 63-64.
481 DAW, Jurisdiktionsprotokolle, 1784-1801, Nivoy; DAW, Bischofsakten, Hohenwarth 1, Verzeichnis der seit dem Jahr 1790 in der Erzbischöfl. Wienerisch. Diözes eingetrettenen und zur Seelsorge angestellt. Welt- oder Ordens Geistlichen denen entweder die Aufnahme oder Aufenthalt zugestanden ward, 9. August 1805.

meine Literatur-Zeitung« würdigte die veröffentlichten Textproben in einer Rezension zwar inhaltlich, charakterisierte »die Feder des Herrn Zaiguelius« aber als »etwas unbehülflich«.[482] Der Wechsel von Wien in die Peripherie hatte sich für den französischen Geistlichen bis zu diesem Punkt gleichwohl ausgezahlt. Über viele Jahre hinweg hatte er eine auskömmliche Stellung inne, erlangte Ansehen, war mit ausgesuchten Persönlichkeiten der regionalen Elite bekannt und verfügte über Erzherzog Albert und dessen Adoptivsohn Erzherzog Karl über beste Kanäle nach Wien.

Die Person, die für sein weiteres Fortkommen von entscheidender Bedeutung werden sollte, war allerdings nicht Albert, sondern Erzherzog Rudolph, ein Bruder des Kaisers und seit 1805 Koadjutor des Erzbischofs von Olmütz, der während Zaiguelius' Engagement bei den Larischs deren Schloss mehrfach aufsuchte. Die enge Verbundenheit mit Rudolph, die Zaiguelius in den folgenden Jahrzehnten immer wieder hervorhob, lässt es als wahrscheinlich erscheinen, dass es der Erzherzog war, der Zaiguelius eine Pfarrstelle in Wien vermittelte.

Am 19. März 1814 wurde Zaiguelius zum Administrator, am 12. Mai 1814 zum Direktor der französischen Nationalkirche Sankt Anna in der südlichen Innenstadt Wiens bei 719 Gulden Jahresgehalt ernannt.[483] Angesichts der inzwischen erfolgten Abdankung Napoleons und der Restauration des Bourbonenthrons muss die Bereitschaft, diese Aufgabe zu übernehmen, wohl bedeuten, dass trotz der nun auch für die Ultras gegebenen Voraussetzungen bei Zaiguelius kein Interesse mehr an der Rückkehr nach Straßburg bestand. Obwohl zu den Gründen hierfür keine Äußerungen des Geistlichen überliefert sind, steht zu vermuten, dass ihm diese Option wegen der Unklarheit über die Restitution seiner während der Revolutionsdekade erledigten Präbenden und Benefizien vergleichsweise unattraktiv erschien. Tatsächlich wuchs sich die Frage über mögliche Entschädigungen der Emigranten zu einer unabsehbaren und politisch hochbrisanten Debatte aus, die in Frankreich noch bis ins dritte Jahrzehnt des 19. Jahrhunderts virulent bleiben sollte.[484] Hinzu kam, dass sein Freund und Förderer, Kardinal Rohan, bereits 1803 in Ettenheim verstorben war. Die Vakanz des Straßburger Bischofsstuhles endete erst 1819, als mit Gustave Maximilien de Croÿ ein ebenfalls nach Österreich emigrierter und 1797 in Wien zum Priester geweihter Straßburger Domherr den Bischofsstuhl in der elsässischen Metropole übernahm. Zwar dürfte Zaiguelius mit de Croÿ persönlich bekannt gewesen sein, doch veranlasste auch dessen Wahl Zaiguelius nicht, an den Oberrhein zurückzukehren. Sprachmächtig, materiell abgesichert und bis in höchste Kreise vernetzt, war dem in-

---

482 Allgemeine Literatur-Zeitung (ALZ), Nr. 124, 6. Mai 1811, Sp. 33-38.
483 DAW, Pfarren, Wien 1, St. Anna, Fasz. 1, 1611-1819, Zaiguelius an das Wiener Konsistorium, 18. Juli 1815.
484 Franke-Postberg, Le milliard des émigrés.

zwischen 71-Jährigen ein Verbleib in Wien offenkundig lieber als die unsichere Aussicht, sich wieder in Straßburg etablieren zu können.

In der französischen Nationalkirche Sankt Anna las Zaiguelius jeden Tag Messe, predigte sonntags im Wechsel Französisch und Deutsch, gab in der benachbarten Mädchenschule der Ursulinen Religionsunterricht und versorgte die französischsprachigen Kranken der Stadt. Französische Emigranten, die sich ebenfalls dauerhaft in Wien niedergelassen hatten, stifteten in Sankt Anna Messstipendien. Selbstbewusst beanstandete er beim Konsistorium sein angeblich zu geringes Gehalt und forderte zur Bewältigung seiner vielen Aufgaben die Bestellung eines Hilfspriesters.[485]

Neben den liturgischen Verpflichtungen widmete sich Zaiguelius dem Verfassen von Andachtsbüchern und geistlicher Erbauungsliteratur.[486] Sein Werk »La voie du salut« erschien 1821 in Wien und war seinem Förderer Erzherzog Rudolph, der inzwischen in Olmütz inthronisiert worden war, in Dankbarkeit gewidmet.[487] Für die deutsche Übersetzung, »Der Weg zum Heil«, zeichnete ein französischer Emigrant aus Zaiguelius' Heimatstadt Colmar verantwortlich, der gleichermaßen den Verbleib in der Habsburgermonarchie einer Rückkehr nach Frankreich vorgezogen hatte: Der »Société«-Schützling Johann Peter Silbert war nach der Auflösung der Kommunität in Hagenbrunn weder mit Paccanari nach Italien noch mit Varin nach Frankreich gegangen, sondern hatte wie Zaiguelius die Zeit der napoleonischen Hegemonie in einer peripheren Region der Habsburgermonarchie verbracht. Nach pädagogischen Tätigkeiten in Klausenburg (rum. Cluj) und in Kronstadt (rum. Brașov) in Siebenbürgen war Silbert 1811 nach Wien zurückgekehrt, wo er zunächst am Annaeum und dem daraus hervorgehenden Polytechnikum als Französischlehrer bestellt wurde, bald darauf enge Kontakte zum Hofbauer-Kreis knüpfte und bis zu seinem Tod 1844 in Wien als äußerst produktiver geistlicher Schriftsteller, Lieddichter und Übersetzer wirkte, der im ganzen süddeutschen Raum breit rezipiert wurde.[488]

Ein derartiger Erfolg war Zaiguelius mit seinen Werken zwar nicht beschieden. Dafür war es ihm auch im fortgeschrittenen Stadium seines Exils mit den steten Bemühungen zur Hebung seines Sozialprestiges in Kirche und Gesellschaft nicht minder ernst als zu Beginn der Emigration, als die materiellen Aspekte stärker im

---

485 DAW, Pfarren, Wien 1, St. Anna, Fasz. 1, 1611-1819, sowie Fasz. 2, 1820-1829.
486 Zaiguelius, Georg Joseph Ulrich: La voie du salut ou prières journalières, recueillies des pères de l'église et des meilleurs auteurs de nos temps, Wien 1821; ders.: Le devoir du chrétien de nos jours, ou livre deprières et de conduite : à l'usage des fidèles de tout rang et de tout âge, à fin de les préserver de la contagion de l'incrédulité, et pour ramener des erreurs l'homme de bonne foi aux vérités de son salut, Wien 1832.
487 Zaiguelius, Georg Joseph Ulrich: Der Weg zum Heil, Oder tägliche Gebethe: aus den Kirchenvätern gesammelt, Wien 1822, o. S.
488 Grundlegend Vicat, Johann Peter Silbert (1778-1844).

Vordergrund standen. Ein letztes Beispiel soll den Ehrgeiz und Durchsetzungswillen des Geistlichen auf diesem Gebiet dokumentieren.

Weil das Führen auswärtiger Titel in der Habsburgermonarchie vom kaiserlichen Plazet abhing, suchte Zaiguelius für seinen im Nachgang zur Predigt im Stephansdom durch Ludwig XVIII. verliehenen Adelstitel formell um die nötige Erlaubnis bei der niederösterreichischen Landesregierung an.[489] Die schließlich erteilte Genehmigung, »den Titel eines französischen Barons annehmen, und hierlands tragen zu dürfen«,[490] war nämlich die Voraussetzung für den nächsten Karriereschritt, den der Geistliche im Alter von 79 Jahren in den Blick nahm: die Bewerbung um eines der vakanten und prestigeträchtigen savoyisch-hochfürstlich-liechtensteinischen Kanonikate des Metropolitankapitels bei Sankt Stephan in Wien.[491] Hinter diesem Bemühen mag man ein kompensatorisches Motiv für die Erledigung seiner kirchlichen Titel in Straßburg vermuten. Dem standesbewussten Geistlichen dürfte diese aus der Emigration herrührende Verlusterfahrung bis ins hohe Alter nachgegangen sein, sodass er die sich bietende Chance ergriff und in den »Concours« einstieg. Auch die Dotierung des Kanonikats mit jährlich 3.000 Gulden und die zwischenzeitlich geänderten Eignungsvoraussetzungen, nach denen nun auch Mitglieder des altadligen Freiherren- und Ritterstandes der Erbländer für die Verleihung eines der vier Kanonikate in Frage kamen, dürften den Anreiz erhöht haben.[492]

In seiner Präsentationsschrift argumentierte Zaiguelius konsequent biografisch-chronologisch und mit explizitem Verweis auf sein Schicksal als Emigranten der Revolution. Gerade aus seinem Handeln in der Revolutionszeit leitete er seine persönliche Eignung für den Titel ab. So führte er unter anderem seine Standhaftigkeit bei Ausbruch der Revolution in Straßburg an, als er

> sich mit vielfältiger Gefahr seines Lebens und zu mehrerermahlen den Unordnungen und angewandten Gewaltthätigkeiten widersetzte. [...] Auch predigte er 18 Monate 3 mahl in der Woche öffentlich gegen die schlechten Grundsätze

---

489 ÖStA/HHStA, LA OLMA B 39 1/2, König Ludwig XVIII. von Frankreich erhebt den Abbé Joseph Ulrich Georg von Zaiguelius, Direktor der französischen Kirche in Wien in den Stand eines Barons, 11. Juni 1819; ÖStA/AVA, Adelsarchiv, Hofadelsakten AR 1106.23, Gesuch um Bewilligung zur Führung des französischen Baronatstitels, 26. April 1826.

490 ÖStA/HHStA, LA OLMA B 39 1/2, Die Niederösterreichische Landesregierung verständigt den Abbé Zaiguelius von der kaiserlichen Erlaubnis, den ihm am 11.VI.1819 verliehenen Titel eines Barons hierzulande zu führen, 1. Mai 1826.

491 Zu den Savoyisch-Liechtensteinischen Kanonikaten bei St. Stephan Hermann Zschokke: Geschichte des Metropolitan-Capitels zum heiligen Stephan in Wien, Wien 1895, S. 245-256.

492 Ebd., S. 251-253. Zuvor waren lediglich Angehörige des Herren- und Fürstenstandes zugelassen.

der Revolution und hilt dagegen öffentliche Gebethe mit seiner Gemeinde, wofür er auch angeklagt, jedoch durch die Elsasischen Deputirten zu Paris vertheidiget wurde.[493]

In diesem Zusammenhang durften auch die Verweise auf das »grosse Opfer« seiner Emigration, seine vorgeblich heldenhafte Rolle bei der Evakuierung der Spitalabteilung der *Armée de Condé* nach Tittmoning, seine langjährige Erziehertätigkeit und sein Wirken in Sankt Anna nicht fehlen.

Heikelster Punkt der Präsentation war die Anerkennung seines Adelstitels als Voraussetzung für die stiftsmäßige Verleihung des liechtensteinischen Kanonikats.[494] Zaiguelius pochte nachdrücklich auf seine über 200-jährige Abstammung aus dem Elsässer Adel sowie die Rechtmäßigkeit des französischen Titels, der jüngst vom Kaiser anerkannt worden war. Er fertigte gemäß der Malteser-Adelsprobe eine detaillierte Ahnentafel über vier väterliche und mütterliche Generationen aus und vertrat die Auffassung, dass sein elsässischer Titel aufgrund der Friedensverträge von Münster und Osnabrück (1648) bis Lunéville (1801) als immediater Reichsadel anzuerkennen sei, er folglich die Voraussetzungen für die Verleihung erfülle. Auch sparte er nicht an geradezu wadenbeißerischer Kritik an seinem Mitbewerber Franz von Welsersheim, Pfarrer von Nagy-Nyarad, dem er nicht nur das stiftsmäßige Geburtsrecht, sondern auch die persönliche Eignung für den kirchlichen Titel absprach.

Die Reaktion des Konsistoriums, das die Ahnentafel eingehend prüfte, endete für Zaiguelius »in tiefsten Schmerzen«:[495] Zum einen belehrte es ihn »über das Unstatthafte des von ihm erhobenen Anstands« gegen seinen Mitbewerber Welsersheim und lehnte anschließend seine eigene geburtsrechtliche Eignung für die Verleihung des Kanonikats ab.[496] Zaiguelius' kulturelle Hybridität, die sich im Emigrationsverlauf meist als Trumpf erwiesen hatte, verkehrte sich im Rahmen der Ahnenprobe zur Hypothek. Das Konsistorium konzedierte, dass er zwar unstrittig aus altem Adel stamme, aber geburtsmäßig eben kein »k. k. oest. Vasall« sei, wie es die Liechtensteinische Stiftung stipulierte.[497] Aller Einspruch

---

493 DAW, Priesterpersonalakten, Zaiguelius, Bewerbungsschreiben, undatiert.
494 Nach Ausweis der Stiftung kamen nur erbländische Fürsten und Grafen für das savoyisch-hochfürstlich-liechtensteinische Kanonikat in Betracht. Lediglich auf dem Weg des kaiserlichen Dispenses konnte hiervon eine Ausnahme gemacht werden und auch ein altadliges Mitglied des Freiherren- oder Ritterstandes ernannt werden; vgl. DAW, Priesterpersonalakten, Zaiguelius, Das Wiener Konsistorium an Zaiguelius, 13. Oktober 18[--].
495 DAW, Priesterpersonalakten, Zaiguelius, An Kaiser Franz, 13. April 1828.
496 DAW, Priesterpersonalakten, Zaiguelius, Das Wiener Konsistorium an Zaiguelius, 13. Oktober 18[--].
497 DAW, Priesterpersonalakten, Zaiguelius, An Kaiser Franz, 13. April 1828.

half nichts.⁴⁹⁸ Nach einem über zweijährigen Verfahren wurde Welsersheim im April 1829 als Domkapitular installiert.⁴⁹⁹ Zaiguelius blieb die Kür seiner Karriere im Exil verwehrt. 88-jährig starb er im August 1834 in Wien.⁵⁰⁰

Die beißende Kritik Du Montets und auch Rzewuskas, die den Geistlichen unter dem Eindruck seines Auftritts beim Requiem für Ludwig XVI. gar als einen »homme […] sans talent«⁵⁰¹ abkanzelte, steht in Kontrast zu der geschickten Art und Weise, mit der es Zaiguelius seit seinem Entschluss zu emigrieren gelang, das Exil mit seinen disparaten Lebenswelten zu meistern. Sicherlich entfalteten in seinem Fall besonders zu Beginn günstige personale Konstellationen eine positive Hebelwirkung für seinen weiteren Weg. Mit feinem Gespür für die sich verändernden Zeitumstände und einem hohen Maß mentaler Flexibilität stellte er jedoch immer wieder seine Fähigkeit zur Anpassung unter Beweis. Durch seine Bereitschaft, sich auf neue Aufgaben und Interaktionspartner einzulassen, vermied Zaiguelius nicht nur den sozialen Abstieg, den viele seiner emigrierten Standesgenossen zu gewärtigen hatten, sondern erschloss sich Aufstiegschancen, die zum Zeitpunkt seiner Emigration aus Frankreich für ihn wohl jenseits der Grenzen des Vorstellbaren gelegen haben dürften.

---

498 ÖStA/AVA, Kultus AK Katholisch, Bistum Wien – Domkapitel 1803-1835, Hofkanzleiprotokoll vom 11. Dezember 1828.
499 Zschokke, Geschichte des Metropolitan-Capitels in Wien, S. 408.
500 Allgemeines Intelligenzblatt zur Oesterreichisch-Kaiserlichen privilegirten Wiener Zeitung, 24. November 1834, S. 578. Die »Licitation« seiner persönlichen Bibliothek übernahm das niederösterreichische Landrecht.
501 Rzewuska, Mémoires, 1, S. 267.

Schlussbetrachtung

Rückblickend auf die politischen Umwälzungen des vergangenen Vierteljahrhunderts bilanzierte Ludwig Börne im Jahr 1818, Österreich sei »[i]n unserer sturmbewegten Zeit [...] der einzige Felsen« gewesen, »der den Schiffbrüchigen einen Zufluchtsort gewährt« habe.[1] Angesichts seiner sonst oft spöttisch-distanzierten Kommentierung des Kaiserstaates nimmt sich diese Bemerkung für den liberalen Publizisten Börne nicht nur erstaunlich mild aus. In metaphorisierender Sprache verleiht sie einem sogar in der kritischen Außenperspektive bestehenden Bewusstsein dafür Ausdruck, dass die Habsburgermonarchie in der zurückliegenden Revolutionsepoche zu einem Aufnahmeland für politische Emigranten unterschiedlicher Herkunft und Hintergründe geworden war – unbeschadet divergierender Bewertungen seitens Betroffener wie des Marquis de Bombelles, ob es sich bei diesem Zufluchtsort um die »Sackgasse Europas« handelte oder sich dieser als »terre hospitalière« erwies, wie der emigrierte Bischof von Luçon, Mercy, meinte.[2]

Bereits zu Hochzeiten der Revolutionsemigration hatte Gabriel Sénac de Meilhan die Emigranten im Vorwort seines teils im habsburgischen Exil verfassten Romans »L'Émigré« als »Schiffbrüchige« metaphorisiert, die sich nach der Havarie schwimmend auf verlassene Inseln gerettet hätten und dort, ihrer Besitztümer, Gewohnheiten, ja ihres hergebrachten Standes verlustig gegangen, im Wortsinn kreativ werden mussten, um Handlungssouveränität in ihrer neuen, unbekannten Umwelt zu erlangen:[3]

> Tout est vraisemblable, et tout est romanesque dans la révolution de la France; les hommes précipités du faîte de la grandeur et de la richesse, dispersés sur le globe entier, présentent l'image de gens naufragés qui se sauvent à la nage dans les îles désertes, là, chacun oubliant son ancien état est forcé de revenir à l'état de nature; il cherche en soi-même des ressources, et développe une industrie et une activité qui lui étaient souvent inconnues à lui-même. Les rencontres les plus extraordinaires, les plus étonnantes circonstances, les plus déplorables situations deviennent des événements communs, et surpassent ce que les auteurs de roman peuvent imaginer.[4]

---

1 Börne, Schüchterne Betrachtungen über Oesterreich und Preußen, S. 62.
2 Bombelles, Journal, 5: 1795-1800, S. 157; Mercy, Lettres d'émigration, S. 844.
3 Köthe, Vor der Revolution geflohen, S. 196.
4 Gabriel Sénac de Meilhan: L'Émigré, Bd. 1, Braunschweig 1797, S. VIII-IX.

In Sénacs Konzeption des »Schiffbruchs« waren die Kategorien des Romanhaften und des Historischen durch die Revolution vertauscht worden: Die »gens naufragés«, wie sie aus vielen literarischen Robinsonaden bekannt waren, wurden in Gestalt der Emigranten zu einer historischen Realität.[5] Die Begleit- und Folgeumstände des »Schiffbruchs« stellten sich Sénac zufolge nicht nur abenteuerlicher dar als jede Romanerzählung, sondern hatten als Teil gemeinsamer Alltagserfahrung der »Havarierten« auch ihren fantastischen Charakter eingebüßt. Im fiktiven Einzelschicksal des Marquis de Saint Alban, in welchem der Autor die kollektiven Erfahrungen der Emigration verdichtet, spiegeln sich die Konsequenzen dieses revolutionsbedingten »Schiffbruchs«, die Zeitgenossen in allen Ländern Europas aus eigener Anschauung bezeugen konnten, auch und gerade in der Habsburgermonarchie, dem »Felsen« in der Bezeichnung Börnes.

Die Einreihung der französischen Revolutionsemigranten in die metapherngeschichtliche Tradition des Schiffbruchs assoziiert zunächst Vorstellungen von Verlust und Scheitern.[6] Zweifellos verbanden sich mit den durch die Revolution ausgelösten Veränderungsprozessen fundamentale Verlusterfahrungen, die in unzähligen Fällen zeit des Exils identitätsprägend blieben. Doch zeigt die Geschichte der Emigranten gleichzeitig, dass die »Schiffskatastrophe« der Revolution und Emigration denjenigen, die das »Zerbrechen der Planken« überstanden, ebenso wie den »Zuschauern« auf dem »Felsen« neue Perspektiven und Einsichten, Möglichkeitshorizonte und Handlungsräume eröffnen konnte; zuweilen führte der Schiffbruch also tatsächlich in neue Häfen.[7]

Als Kehrseite der Revolution stellte die Emigration einen Erfahrungsbereich *sui generis* der europäischen Revolutionsrezeption dar.[8] Auch in der Habsburgermonarchie waren die Emigranten neben den französischen Revolutionsarmeen die sichtbarste Folge der Revolution und als solche ein konstitutiver Faktor in der Revolutionswahrnehmung. Waren sie in der ersten Hälfte der 1790er Jahre in Städten wie Brüssel, Freiburg und Konstanz Teil des Straßenbildes, standen in der zweiten Hälfte des Jahrzehnts auch in Wien, Prag und Triest, mitunter sogar in ländlichen Regionen, die Chancen nicht schlecht, mit Revolutionsemigranten in Berührung zu kommen. Die anhaltende Exilsituation verband sich für die Emigranten wie für die Aufnahmegesellschaft mit teils weitreichenden Handlungsanforderungen, die auf Emigrantenseite rasch eine existenzielle Dimension erreichten. Als Analytiker der Revolution und Diagnostiker der von ihr geprägten Zeitumstände, als Exponenten französischer Kultur, als Diplomaten und

---

5 Michel Delon: Le Rhin des émigrés: Sénac de Meilhan (1797) et Bilderbeck (1807), in: Dix-huitième siècle 45 (2013) 1, S. 495-510; hier S. 497-498.
6 Andreas Bähr, Peter Burschel: Untergang und neue Fahrt. Zur Einführung, in: Andreas Bähr, Peter Burschel, Jörg Trempler, Burkhardt Wolf (Hg.): Untergang und neue Fahrt. Schiffbruch in der Neuzeit, Göttingen 2020, S. 7-9.
7 Ebd., S. 8-9.
8 Pestel, Winkler, Provisorische Integration und Kulturtransfer, S. 157.

Politiker, Soldaten und Unternehmer, Künstler und Geistliche trafen sie im Exil auf ein Rezipientenspektrum, das nicht weniger heterogen war als die Emigration selbst. Durch ihre vielfältigen Austauschbeziehungen und Verflechtungen mit der Aufnahmegesellschaft und anderen synchronen Migrationsbewegungen, die sich zwischen Möglichkeit und Notwendigkeit über Jahre hinweg ausdifferenzierten, veränderten sich Wahrnehmungsmuster und Kommunikationspraktiken, aber auch politische Agenden, Gesetzgebung und Rechtspraxis, administrative Infrastrukturen und religiöse Lebensformen.

Diese »soziale Realität« der Revolutionsemigration bilden die tradierten Dichotomien und Pauschalisierungen älterer Historiografien nur unzureichend ab: Die Habsburgermonarchie erweist sich in der Nahbetrachtung ebenso wie aus dem Weitwinkel weder als besonders »gastfreundlich« noch als latent »fremdenfeindlich«, die Emigranten waren weder grundsätzlich »intrigant« noch dauerhaft »lästig«. Auf unterschiedliche Personen und Gruppen bezogen und auf verschiedene Präsenz- und Zeiträume skaliert, erweisen sich die meisten solcher Zuschreibungen als volatil und vorläufig.

Aus beziehungsgeschichtlicher Perspektive fungieren die Handlungsfelder und Interaktionsräume vielmehr als Prisma, das die Reziprozitäten und Ambiguitäten der Exilerfahrung für Emigranten und Aufnahmegesellschaft in ihrer Breite auffächert. Historiografische Stereotype, Bilder und Urteile werden durch diese Perspektivenpluralisierung auf die Probe gestellt und können dort, wo es geboten ist, behutsam und umsichtig korrigiert werden. Umgekehrt wird das Emigrationsphänomen dadurch selbst gleichsam zum Kontrastmittel, mit dem politisch-administrative, gesellschaftlich-kulturelle und kirchlich-religiöse Wandlungsprozesse in der Habsburgermonarchie um 1800 nuanciert sichtbar gemacht werden können, waren diese doch an vielen Stellen direkt oder indirekt mit den Wirkungsbereichen der Revolutionsemigration verknüpft. Schließlich trägt die Untersuchung der Revolutionsemigration in der Habsburgermonarchie auch dazu bei, eine lange bekannte Fehlstelle der Forschung zur Revolutionsemigration im euro-atlantischen Raum zu füllen. Die Ergebnisse berichtigen tradierte Asymmetrien in der Geschichtsschreibung und bekräftigen die Potenziale weiterer Forschungsbemühungen im Themenkreis der Revolutionsemigration.[9]

Das Themenfeld des politischen Exils spannt sich als integraler Bestandteil des »Age of Revolutions« weit über die Restauration 1814/15 hinaus.[10] Im »siècle des exilés« blieb das Kaisertum Österreich für politische Emigranten »Felsen« und Fluchtpunkt im doppelten Sinn, darunter auch für ehemalige Emigranten der Französischen Revolution.[11] Manch einer erlitt im Leben mehrfach Schiffbruch;

---

9 Ein Fragenkatalog für künftige Forschungen zur Revolutionsemigration wird umrissen in ebd., S. 157-160.
10 Armitage, Subrahmanyam, Age of Revolutions.
11 Bled, Les lys en exil; Godsey, La société était au fond légitimiste.

der Comte d'Artois einschließlich seiner Flucht während der »Cent-Jours« nach Gent sogar gleich dreimal.[12] Nachdem er 1824 als Karl X. seinem Bruder auf den französischen Thron gefolgt war, ging er nach der Julirevolution 1830 und einem kurzen Intermezzo in Schottland erneut ins österreichische Exil, zunächst in die böhmische Hauptstadt Prag, wo sich bald ein Kreis französischer Legitimisten um den Exilhof scharte, wenige Jahre später ins beschaulichere Görz, wo er am 6. November 1836 starb.[13] Die kleine Gruft im Kloster Kostanjevica, in der neben Karl X., seinem Sohn, dem Duc d'Angoulême, und dessen Gemahlin »Madame Royale« im Jahr 1883 mit seinem Enkel Henri d'Artois der letzte legitimistische Thronprätendent der französischen Bourbonen bestattet wurde, firmiert daher nicht zu Unrecht als »Saint-Denis de l'exil«.[14]

12 Clément, Charles X, S. 175-190.
13 Bled, Les lys en exil, S. 47-133.
14 Riotte, Der Monarch im Exil, S. 9; Clément, Charles X, S. 447.

Anhang

Abbildungsverzeichnis

Abb. 1: *Les voyageurs de nuit*. Französische Satire gegen die Emigranten, ca. Mitte 1791; Bibliothèque nationale de France, département Estampes et photographie, Collection De Vinck, Nr. 3697.

Abb. 2: *Staatskanzleipass für die Suite des Marquis de Bombelles von Regensburg nach Brünn*; Moravský Zemský archiv v Brně, fond B 95 Moravskoslezské gubernium – presidium Brno, karton č. 243, eigenes Foto.

Abb. 3: *Johann Hieronymus Löschenkohl, Marie Thérèse Charlotte (1778-1851), Prinzessin von Frankreich, 1796*. Wien Museum Inv.-Nr. 62161, CCo (https://sammlung.wienmuseum.at/objekt/431593/) [11.11.2019].

Abb. 4: *Ignace Duvivier, Allegorical Figure of Time Inscribing the Monument of the Duchesse de Polignac with Phrase: Je respecte son Souvenir, Engraved below: à la memoire de Madame la Duchesse de Polignac (nach 1794)*; Philadelphia Museum of Art: The Muriel and Philip Berman Gift, acquired from the John S. Phillips bequest of 1876 to the Pennsylvania Academy of the Fine Arts, with funds contributed by Muriel and Philip Berman, gifts (by exchange) of Lisa Norris Elkins, Bryant W. Langston, Samuel S. White 3rd and Vera White, with additional funds contributed by John Howard McFadden, Jr., Thomas Skelton Harrison, and the Philip H. and A.S.W. Rosenbach Foundation, 1985, 1985-52-42133.

Abb. 5: *Jean-François Thomas de Thomon, Pavilion in the English Park. The Facade and the Plan (1795)*; The State Hermitage Museum, St. Petersburg, Photograph © The State Hermitage Museum / Photo by Pavel Demidov, Inv.-Nr. OP-23463.

Abb. 6: *Girardet, Embarquement sur le Danube près Passau*; in: Odyssée monastique. Dom A. de Lestrange et les trappistes pendant la révolution, o.O. 1898, S. 118.

Landkarten

Die Landkarten basieren auf Karten des Servers für digitale historische Karten am Leibniz-Institut für europäische Geschichte – Mainz (IEG Maps), Herausgeber: Andreas Kunz, https://www.ieg-maps.uni-mainz.de/, und wurden für den Darstellungsbedarf dieses Buches grafisch und inhaltlich verändert und erweitert.

Zentraleuropa 1792 (S. 97) basiert auf Karte Nr. 720 (Deutschland 1792).

Habsburgermonarchie nach dem Frieden von Campo Formio 1797 (S. 126) basiert auf Karte Nr. 522 (Habsburger Monarchie 1797 nach dem Frieden von Campo Formio).

Zentraleuropa 1803 (S. 130) basiert auf Karte Nr. 721 (Deutschland 1803).

Siglen- und Abkürzungsverzeichnis

AABK	Archiv der Akademie der bildenden Künste Wien
AD	Archivio diplomatico di Trieste
ADB	Allgemeine Deutsche Biographie
AK	Alter Kultus
AST	Archivio di Stato di Trieste
AVA	Allgemeines Verwaltungsarchiv
BBKL	Biographisch-Bibliographisches Kirchenlexikon
BLKÖ	Biographisches Lexikon des Kaiserthums Oesterreich (»Wurzbach«)
DAW	Diözesanarchiv Wien
FA	Familienarchiv
FHKA	Finanz- und Hofkammerarchiv
HausA	Hausarchiv
HHStA	Haus-, Hof- und Staatsarchiv
GLA	Generallandesarchiv Karlsruhe
Gub.	Gubernium (Landesregierung)
KA	Kriegsarchiv
k.k.	kaiserlich-königlich
ksl.	kaiserlich
LA	Länderabteilungen
MZA	Moravský zemský archiv v Brně [Mährisches Landesarchiv Brünn]
NDB	Neue Deutsche Biographie
NÖLA	Niederösterreichisches Landesarchiv St. Pölten

NÖLR   Niederösterreichisches Landrecht
OÖLA   Oberösterreichisches Landesarchiv Linz
ÖAW   Österreichische Akademie der Wissenschaften
ÖNB   Österreichische Nationalbibliothek
ÖStA   Österreichisches Staatsarchiv
Pat   Patent
PHSt   Polizeihofstelle
POD   Polizeioberdirektion
RK   Reichskanzlei
Slg.   Sammlung
StAbt   Staatenabteilung
StK   Staatskanzlei
StR   Staatsrat
StmkLA   Steiermärkisches Landesarchiv Graz
TLA   Tiroler Landesarchiv Innsbruck
WStLA   Wiener Stadt- und Landesarchiv

Archivalische Quellen

Editorische Notiz: Die originale Schreibweise der Quellen wurde beibehalten. Meine Hervorhebungen erfolgen durch Kursivierung der betreffenden Passagen.

Brünn

Moravský zemský archiv v Brně (MZA)
  Moravskoslezské gubernium – presidium Brno: B 95, Sign. 55, 243-246

Graz

Steiermärkisches Landesarchiv (StmkLA)
  Gubernium – Präsidialindices
  FA Berg-Mandell 1, 3, 5
  Landschaftliches Archiv, Aufnahmeakten Gruppe III, 12
  Landrecht, Testamente
  Landrecht, Verlässe
  Magistrat Graz, Verlässe E-9/1800 Bajotet

Innsbruck

Tiroler Landesarchiv (TLA)
  Jüngeres Gubernium:
  Präsidiale, Polizeisachen 1797-1802
  Präsidiale 36 b Emigranten 1798

Karlsruhe

Generallandesarchiv (GLA)

Breisgau, Generalia 79, 2638, 2644, 2646, 2656
Freiburg, Stadt 200, 762, 962, 1412, 1525, 1332, Verlassenschaften
Konstanz, Stadt 209, 1151-1153, Verlassenschaften
Landvogtei Ortenau 119, 48, 570

Linz

Oberösterreichisches Landesarchiv (OÖLA)

Landesregierungsarchiv, Präsidium: Polizei-Abteilung 190-199
Neuerwerbungen – Urkunden 156
Nachlass Walter Neweklowsky

St. Pölten

Niederösterreichisches Landesarchiv (NÖLA)

Niederösterreichische Regierung, Präsidium: Indices; 4, 5
Department C, Kultus/Geistl. Sachen: Indices; 442, 448, 458
Department G, Polizei: Indices; Polizei-Oberdirektion 1-3; Ksl Pat StA; Herrenstandsarchiv, Aufnahmeakten; Ständische Registratur

Triest

Archivio di Stato di Trieste (AST)

C.R. Governo in Trieste:
346 Emigrazione e immigrazione (Aus- und Einwanderung, F.4), 12
399 Commercio interno e fabbriche (Inländisches Commercium und Fabriken, F.8 a)
546, 547, 548, 549 Polizeigegenstände F.24 238-239
Rubriche 1794-1799

Archivio Diplomatico Trieste (AD)

Direzione di Polizia Trieste:
1/1 F 16 1-3, 4-5, 6, 7
13 F 4/II 1798, /III, 1799-1800, /IV 1799-1800
Fondo Oscar de Incontrera AD 2 D 3/5

Wien

Archiv der Akademie der Bildenden Künste (AABK)

Duvivier, Ignace
Moreau, Charles de
Remy, Ludwig von

Diözesanarchiv Wien (DAW)

Bischofsakten Migazzi, 3, 4
Bischofsakten Hohenwart, 1, 2
Jurisdiktionsprotokolle
Priesterpersonalia
Pfarrarchive: St. Anna (Wien 1), Landpfarre Hollabrunn

Österreichische Nationalbibliothek, Handschriftensammlung (ÖNB, HAN)

Cod. Ser. n. 1656, Joseph von Sartori, Gallia, Bd. 5, Betrachtungen über das Verhältnis der französischen Emigrirten in Bezug auf die französische Revolution, fol. 122r-129r
Cod. Ser. n. 1658, Joseph von Sartori, Germania, Bd. 2, Beweise, daß größtentheils die Emigrirten das Unglück des französischen Revolutionskriegs dem deutschen Reich verursacht haben, fol. 79r-85r

Österreichisches Staatsarchiv, Allgemeines Verwaltungsarchiv (ÖStA, AVA)

Pergen-Akten
Polizeihofstelle
Niederösterreichisches Landrecht, Allgemeine Reihe
Niederösterreichisches Landrecht, Testamente; Alter Kultus, Katholisch, 77, 111, 283, 558-561, 731; Adelsarchiv, Hofadelsakten 1106.23; Landwirtschaftsgesellschaft 1; FA Trauttmansdorff 279, 289-293, 299, 305

Österreichisches Staatsarchiv, Finanz- und Hofkammerarchiv (ÖStA, FHKA)

Neue Hofkammer, Kommerz Litorale

Österreichisches Staatsarchiv, Haus-, Hof- und Staatsarchiv (ÖStA, HHStA)

Hausarchiv, Sammelbände 32, 36, 40
Länderabteilungen, Belgien DD-B rot 70a, 70b, 121, 122, 203b, 243
Länderabteilungen, Böhmen 9
Länderabteilungen, Niederösterreichisches Landmarschallamt B/39 1/2
Kabinetts-Archiv, Kaiser-Franz-Akten 74, 90
Kabinetts-Archiv, Kabinettskanzleiakten, Referate Baldaccis 1, 2
Ministerium des Äußeren, Informationsbüro Polizeiberichte, 1-4
Reichskanzlei, Kleinere Reichsstände 414
FA Folliot-Crenneville 195, 242
Staatskanzlei: Vorträge 156-159, 171-200, 230, 234, 249; Notenwechsel mit der Polizeihofstelle 1, 2, 21-23, 25, 29, 30; Notenwechsel mit der ung.-siebenbürg. Hofkanzlei 36, 37; Provinzen, Küstenland 1, 2; Provinzen, Niederösterreich 1; Staatenabteilung Frankreich, Varia 45-57; Staatenabteilung Großbritannien, Diplomat. Korrespondenz 131, 132

Wiener Stadt- und Landesarchiv (WStLA)

1.2.3.2.A10 Testamente, 1797-1850
1.2.3.2.A2 Verlassenschaftsabhandlungen, 1783-1840
3.4.A20 Annalen des Wiener Kriminal-Gerichts 1783-1840
1.2.3.3.B1 Kriminal-Gericht Wien, Geschäftsprotokolle

Periodika

Allgemeine Literatur-Zeitung (ALZ)
Bregenzer Wochenblatt
Gazeta Lwowska
Gentleman's Magazine
Hesperus. Ein Nationalblatt für gebildete Leser
Journal des débats politiques et littéraires
Journal Politique-National
Königlich-Baierische Staatszeitung
Magazin der Kunst und Litteratur
Mercure de France, Journal Historique, Littéraire et Politique
Minerva
Le Moniteur universel
Musen-Almanach für das Jahr 1797
Neue Allgemeine Deutsche Bibliothek
Oberdeutsche Allgemeine Litteraturzeitung
L'Osservatore Triestino
Österreichische Monatsschrift
Österreichischer Merkur
Paris pendant l'année 1798
Preßburger Zeitung
Sonntagsblätter
Spectateur du Nord
Staats- und Gelehrte Zeitung des Hamburgischen unpartheyischen Correspondenten
Vaterländische Blätter für den österreichischen Kaiserstaat
Wiener Zeitschrift
Wiener Zeitung

Gedruckte Quellen

Alaidon, Nicolas: Journal d'un prêtre lorrain pendant la Révolution (1791-1799), publié avec une introduction, une notice et des notes par H. Thédenat, Paris 1912.
Alxinger, Johann Baptist: Anti-Hoffmann, Wien 1792.
Andigné, Louis Marie Auguste Fortuné d': Mémoires du général d'Andigné (1765-1857), 2 Bde., Paris 1900.
[Anon.]: Adieux de Madame la duchesse de Polignac aux françois: suivis des adieux des françois à la même, o.O. 1789.
[Anon.]: Französische Mord- und Unglücksgeschichten, wie sich solche seit den Unruhen in Frankreich wirklich zugetragen haben, 8 Bde., Wien, Prag 1793-1794.

[Anon.]: Strophes sentimentales à l'arrivée de la princesse royale de France, fille de Louis XVI. à Vienne, Wien 1795.
[Anon.]: Geheime Polizei zu Wien. Aus einer französischen Handschrift übersetzt, o.O. 1799.
[Anon.]: Geschichte der Emigranten und ihrer Armee: von deren Entstehung bis zur Auflösung. Von einem Augenzeugen, mit Belegen. Ein Beytrag zur Geschichte des Revolutionskriegs und der Donkischottiaden, 2 Bde., Leipzig 1802.
[Anon.]: Entretiens familiers en forme de catechisme, d'un curé de campagne, avec la jeunesse, traduits de l'allemand, Lyon 1803.
[Anon.]: Odyssée monastique. Dom A. de Lestrange et les trappistes pendant la révolution, o.O. 1898.
Arndt, Ernst Moritz: Reisen durch einen Theil Teutschlands, Italiens und Frankreichs in den Jahren 1798 und 1799, Erster Theil: Bruchstücke aus einer Reise von Baireuth bis Wien im Sommer 1798, Leipzig 1801.
Arneth, Alfred von (Hg.): Marie Antoinette, Joseph II. und Leopold II.: ihr Briefwechsel, Leipzig 1866.
Atti e Decreti del Concilio Diocesano di Pistoja Dell'Anno MDCCLXXXVI, Florenz 1788.
Ayala, Sebastiano: De la liberté et de l'égalité des hommes et des citoyens avec des considérations sur quelques nouveaux dogmes politiques, Wien 1792.
Barth-Barthenheim, Johann Ludwig Ehrenreich von: Beyträge zur politischen Gesetzkunde im österreichischen Kaiserstaate. Zweyter Band. Enthält: I. Die österreichische Staatsbürgerschaft, deren Erlangung und Erlöschen. II. Politisch-bürgerliche und religiöse Verfassung der Akatholiken im österreichischen Kaiserstaat, Wien 1822.
Bäuerle, Adolf: Bäuerle's Memoiren, Wien 1858.
Becker, Johann Nikolaus: Fragmente aus dem Tagebuch eines reisenden Neu-Franken, Frankfurt; Leipzig 1798.
Belderbusch, Charles Léopold: Observations sur les affaires du temps, Köln 1794.
Berg, Günther Heinrich von: Handbuch des teutschen Policeyrechts, Hannover 1802.
Bernardy, Jean-François: Le journal de Jean-François Bernardy (1749-1842). Collecteur d'aumônes en Haute-Saxe en 1794-1795, par Jean-Louis van Belle (= Témoins d'histoire, Bd. 3), Brüssel 2015.
Bertuch, Karl: Carl Bertuchs Tagebuch vom Wiener Kongreß, Berlin 1916.
Blümml, Emil Karl; Gugitz, Gustav: Altwienerisches, Wien, Prag, Leipzig 1920.
Boisdeffre, Jean-François Le Mouton de: Des erreurs du temps. Première partie contenant les articles de la souveraineté du peuple, de l'égalité des droits, de la démocratie, Konstanz 1795.
Bombelles, Marc-Marie de: Journal, 8 Bde. (= Histoire des idées et critique littéraire), Genf 1977-2013.
Bonald, Louis Gabriel Ambroise de: Théorie du pouvoir politique et religieux dans la societé civile, 3 Bde., Konstanz 1796.
Ludwig Börne: Schüchterne Betrachtungen über Oesterreich und Preußen, in: Ludwig Börne's Gesammelte Schriften, Bd. 1, Rybnik 1884, S. 58-65.
Bouillé, François-Claude-Amour de: Mémoires sur la Révolution Française, London 1797.
Bourbon-Condé, Louise de: Correspondance de la princesse Louise de Condé, fondatrice du monastère du Temple: Lettres écrites pendant l'émigration à sa famille et à divers, publiées avec une introduction par le R.P.Dom J. Rabory, Paris; Solesmes 1889.
Breton de La Martinière, Jean-Baptiste Joseph: Le Retour des Bourbons, Paris 1814.
Burke, Edmund: Reflections on the Revolution in France, hg. v. Jonathan Charles Douglas Clarke, Stanford 2001.
Buschmann, Gotthard von: Ueber die österreichische Staatsbürgerschaft, Wien 1833.
Camus, C.F.: Lettres de M. l'Abbé Camus, vicaire général de Mgr. l'evêque de Nancy, a MM. les curés & autres ecclésiastiques déportés du même diocèse, Konstanz 1795.

Castelli, Ignaz Vinzenz Franz: Die Memoiren des I.F.Castelli: aus dem Leben eines Wiener Phäaken 1781-1862, Stuttgart 1912.
Cézac, François de: Souvenirs de François de Cézac, hussard de Berchény, volontaire à l'armée de Condé, publ. par le Baron André de Maricourt, Paris 1909.
Charonnot, Joseph: Mgr de La Luzerne et les serments pendant la Révolution, Paris 1918.
Chastellux, Henri-Georges-César de: Relation du voyage de Mesdames, tantes du roi: depuis leur départ de Caserte, le 23 décembre 1798, jusqu'à leur arrivée à Trieste, le 20 mai 1799: et de la mort de Madame Victoire, le 7 juin suivant, Paris 1816.
Chateaubriand, François-René de: Mémoires d'outre-tombe, Bd. 1, Paris 2007.
– Œuvres complètes / Itinéraire de Paris à Jérusalem et de Jérusalem à Paris (= Textes de littérature moderne et contemporaine, Bd. 130), Paris 2011.
Cléry, Jean-Baptiste: Journal de ce qui s'est passé à la tour du temple, pendant la captivité de Louis XVI, Roi de France, London 1798.
– Mémoires de M. Cléry, valet-de-chambre de Louis XVI, ou journal de ce qui s'est passé dans la tour du Temple, pendant la détention de Louis XVI; avec des détails sur sa mort, qui ont été ignorés jusqu'à ce jour, London 1800.
Cléry, Jean-Pierre-Louis Hanet: Memoires, 1776-1823, Bd. 1, Paris 1825.
Craufurd, Quintin: Essais sur la littérature française, à l'usage d'une dame étrangère, compatriote de l'auteur, Bd. 3, Paris 1815.
Damas, Roger de: Mémoires du Comte Roger de Damas, 2 Bde., Paris 1912-1914.
Dargnies, Nicolas-Claude; Moreau, Richard; Teyssou, Roger: Mémoires en forme de lettres pour servir à l'histoire de la réforme de La Trappe établie par dom Augustin de Lestrange à La Valsainte, par un religieux qui y a vécu de 1793 à 1808, avec trois lettres inédites de dom Augustin de Lestrange à l'abbé Antoine-Sylvestre Receveur (= Religions et spiritualité), Paris; Budapest; Turin 2003.
Denzinger, Heinrich; Hünermann, Peter; Hoping, Helmut (Hg.): Enchiridion symbolorum definitionum et declarationum de rebus fidei et morum, Freiburg i. Br. 2010.
Des Cars, Jean-François: Mémoires du duc Jean-François Des Cars, publiés par son neveu le duc Des Cars avec une introduction et des notes par le comte Henri de l'Épinois, Bd. 2, Paris 1890.
Diesbach, Nikolaus Joseph Albert von: Le Chrétien catholique inviolablement attache à sa religion, Turin 1771.
Disconzi, Filippo Antonio: Notizie intorno al celebre santuario di Maria Vergine posto sul Monte Berico, Vicenza 1800.
Drais von Sauerbronn, Karl Wilhelm Ludwig Friedrich: Betrachtungen eines Oberbeamten am Rhein über die französischen Emigranten in Deutschland: nebst einem eigenen Paragraphen über die Elsässer im schwäbischen Kreis, Basel 1798.
Du Hausset, Nicole: Mémoires de Madame du Hausset, femme de chambre de Madame de Pompadour, Paris 1824.
Du Montet, Alexandrine: Souvenirs de la baronne du Montet 1785-1866, Paris 1904.
– Die Erinnerungen der Baronin du Montet, Leipzig 1926.
Ecquevilly, Armand François Hennequin d': Campagnes du corps sous les ordres de son altesse sérénissime Mgr le Prince de Condé, Bd. 1, Paris 1818.
Engelmann, Ursmar (Hg.): Das Tagebuch von Ignaz Speckle, Abt von St. Peter im Schwarzwald, Bd. 1: 1795-1802 (= Veröffentlichungen der Kommission für Geschichtliche Landeskunde in Baden-Württemberg, Reihe A: Quellen, Bd. 12), Stuttgart 1965.
Espinchal, Hippolyte d': Souvenirs Militaires 1792-1814, 2 Bde., publiés par Frédéric Masson et François Boyer, Paris 1901.
Espinchal, Joseph-Thomas d': Journal d'émigration du Comte d'Espinchal, publié d'après les manuscrits originaux par Ernest d'Hauterive, Paris 1912.
Eynard, Jean-Gabriel: Au Congrés de Vienne. Journal de Jean-Gabriel Eynard, publié avec une introduction et des notes par Edouard Chapuisat, Paris 1914.

Fontaine, Jean Claude: Notes importantes sur l'ouvrage intitulé Pensées et Observations morales et politiques, par M. l'Abbé Sabatier De Castres, Wien 1795.
– Cours encyclopédique et élémentaire de mathématiques et de physique, Wien 1800.
Fortia Piles, Alphonse T. de: Voyage de deux Français en Allemagne, Danemarck, Suède, Russie et Pologne: fait en 1790-1792, Bd. 5: Pologne et Autriche, Paris 1796.
Fournier, August (Hg.): Die Geheimpolizei auf dem Wiener Kongress: eine Auswahl aus ihren Papieren, Wien; Leipzig 1913.
Franclieu, Aglaé de: Mémoires de la chanoinesse de Franclieu, publiés par Jean Marchand, Paris 1930.
Gaillardin, Casimir: Les Trappistes ou l'ordre de citeaux au XIXe siècle. Histoire de la Trappe depuis sa fondation jusqu'à nos jours, 1140-1844, Bd. 2, Paris 1844.
Gain-Montaignac, François: Epreuves d'un évêque français pendant la révolution: Lettres et mémoires de Mgr de Gain-Montaignac, évêque de Tarbes, publiés et annotés par l'abbé Ferdinand Duffau, Paris 1897.
Georgel, Jean-François: Voyage à Saint-Pétersbourg, en 1799-1800, Paris 1818.
Grab, Walter (Hg.): Die Französische Revolution (= Nymphenburger Texte zur Wissenschaft, Bd. 14), München 1973.
Hammer-Purgstall, Joseph von: Erinnerungen aus meinem Leben: 1774-1852 (= Fontes rerum Austriacarum, Abt. 2, Bd. 70), Wien 1940.
Hansen, Joseph (Hg.): Quellen zur Geschichte des Rheinlandes im Zeitalter der französischen Revolution 1780-1801, Bonn 1931.
Hédouville, Ferdinand de: Relation sur mon séjour en exil et l'exode des religieux jusqu'en Russie, par un novice de la Valsainte, de 1797 à 1800, Paris 2003.
Hochstuhl, Kurt: Am Oberrhein im Frühsommer 1791. Die Berichte des Rittmeisters von Miller an den württembergischen Herzog, in: Zeitschrift für die Geschichte des Oberrheins 135 (1987), S. 153-182.
Hoffmannsegg, Johann Centurius von: Reise des Grafen von Hofmannsegg in einige Gegenden von Ungarn bis an die türkische Gränze. Ein Auszug aus einer Sammlung von Original-Briefen, Görlitz 1800.
Huber, Franz Xaver: Beytrag zur Characteristik und Regierungs-Geschichte der Kaiser Josephs II. und Leopolds II. und Franz II.: zur Prüfung für die Zeitgenossen und zum Behufe für künftige Historio- und Biographen dieser Monarchen, Paris 1799/1800.
Hüe, François: Souvenirs du Baron Hüe, officier de la chambre du roi Louis XVI et du roi Louis XVIII (1787-1815), publiés par le Baron de Maricourt, Paris 1903.
Jérôme, Léon (Hg.): Collectes à travers l'Europe pour les prêtres français déportés en Suisse pendant la Révolution 1794-1797. Relation inédite publiée pour la société d'histoire contemporaine, Paris 1897.
Kleist, Franz Alexander von: Fantasien auf einer Reise nach Prag, Dresden; Leipzig 1792.
Koumas, Konstantin Michael: Synopsis physikes, Wien 1812.
Krieg gegen die Französische Revolution 1792-1797. Nach den Feldakten und anderen authentischen Quellen bearbeitet in der kriegsgeschichtlichen Abteilung des k.u.k. Kriegsarchivs, 2 Bde., Wien 1905.
Kropatschek, Joseph (Hg.): Handbuch aller unter der Regierung des Kaisers Joseph II für die k.k. Erbländer ergangenen Verordnungen und Gesetze, Wien 1789.
– Kaiserl. Königl. Theresianisches Gesetzbuch, enthaltend die Gesetze von den Jahren 1740 bis 1780, welche unter der Regierung des Kaisers Joseph des II. theils noch ganz bestehen, theils zum Theile abgeändert sind; in einer chronologischen Ordnung, Bd. 1: 1740 bis 1753, Wien 1786.
– Sammlung der Gesetze, welche unter der glorreichsten Regierung des Kaisers Leopold des II. in den sämmentlichen k.k. Erblanden erschienen sind, 5 Bde., Wien 1791-1792.
– Sammlung der Gesetze, welche unter der glorreichsten Regierung des Kaisers Franz des Zweyten in den sämmtlichen k.k. Erblanden erschienen sind, 25 Bde., Wien 1793-1808.

Kübeck von Kübau, Carl Friedrich: Tagebücher des Carl Friedrich Kübeck von Kübau, 2 Bde., Wien 1909.

Kurzböck, Joseph von: Nouveau guide par Vienne: pour les etrangers et les nationales de l'an 1792, ou courte description de toutes les particularites de la ville de Vienne, entierement refaite et enrichie avec beaucoup d'estampes, Wien 1792.

Küttner, Carl Gottlob: Reise durch Deutschland, Dänemark, Schweden, Norwegen und einen Theil von Italien in den Jahren 1797, 1798, 1799, Vierter Theil, Leipzig 1804.

La Bonnardière, E.: Souvenirs d'un émigré (Le Comte de Coëtlogon) (I), in: La Revue Hebdomadaire 31 (1922) 31, S. 57-72.

La Boutetière de Saint-Mars, Adélaïde-Paule-Françoise de: Mémoires de madame la comtesse de La Boutetière de Saint-Mars, rapportant les principaux événements de son émigration en 1791, Angers 1884.

La Ferronnays, Auguste de: En Émigration. Souvenirs tirés des papiers du Comte A. de La Ferronnays (1777-1814), Paris 1900.

La Garde, Auguste de: Gemälde des Wiener Kongresses 1814-1815: Erinnerungen, Feste, Sittenschilderungen, Anekdoten, 2 Bde., München 1912.

La Porte, Hippolyte de: Souvenirs d'un émigré de 1797 à 1800, Paris 1843.

Laborde, Alexandre de: Voyage pittoresque en Autriche, 3 Bde., Paris 1821.

Lally-Tollendal, Trophime Gérard de: Défense des émigrés français, adressée au peuple français, Hamburg 1797.

Lambert, Pierre Thomas: Mémoires de famille de l'abbé Lambert dernier confesseur du duc de Penthièvre, aumônier de la duchesse douairière d'Orléans sur la révolution et l'émigration 1791-1799, publiés par Gaston Beauséjour, Paris 1894.

Lassaulx, Franz von (Hg.): Annalen der Gesetzgebung Napoleons: eine Zeitschrift in zwanglosen Heften, Koblenz 1808-1813.

Laukhard, Friedrich Christian: F.C. Laukhards Leben und Schicksale, Band 4, 2, Leipzig 1797.

Ligne, Charles Joseph Prince de: Mémoires et mélanges historiques et littéraires, par le prince de Ligne, ornés de son portrait et d'un facsimile de son écriture, Paris 1827.

Limon, Geoffroy de: La vie et le martyre de Louis Seize, Roi de France et de Navarre, immolé le 21 Janv. 1793: avec un examen du decret regicide, Regensburg 1793.

Luca, Ignaz de: Topographie von Wien. Erster und einziger Band (Reprint von 1794), hg. v. Walter Obermaier, Wien 2003.

Maistre, Joseph Marie de: Betrachtungen über Frankreich, hg. und mit einem Nachw. und einer Bibliogr. vers. v. Günter Maschke (= Bibliothek der Reaktion), Wien 1991.

Mallet Du Pan, Jacques: Correspondance inédite de Mallet du Pan avec la cour de Vienne (1794 à 1798), publiée d'après les manuscrits conservés aux archives de Vienne par André Michel avec une préface de Hippolyte Taine, Paris 1884.

Martinant de Préneuf, Gilbert Jacques: Huit années d'émigration: Souvenirs de l'abbé G.-J. Martinant de Préneuf, Curé de Vaugirard, de Sceaux et de Saint-Leu, 1792-1801, publiés avec une introduction et des notes par G. Vanel, Paris 1908.

Mercy, Marie-Charles-Isidore de: Lettres d'émigration, 1790-1802, La Roche-sur-Yon 1993.

Montigny, Charles Claude de: Mémoires historiques de Mesdames Adélaïde et Victoire de France filles de Louis XV, 3 Bde., Paris 1802.

Montlosier, François-Dominique de Reynaud de: Souvenirs d'un émigré (1791-1798), publié par le Comte de Larouzière-Montlosier et par Ernest d'Hauterive, Paris 1951.

Montrol, François Mongin de: Histoire de l'emigration (1789-1825), Paris 1825.

Moré, Comte de: Mémoires du comte de Moré: 1758-1837, publiés par M. Geoffroy de Grandmaison et le Comte de Pontgibaud (= Société d'histoire contemporaine, Bd. 18), Paris 1898.

Moustier, François-Melchoir de: Relation du voyage de S.M. Louis XVI lors de son départ pour Montmédy et son arrestation à Varennes, Paris 1815.

Pezzl, Johann: Neue Skizze von Wien, Heft 1, Wien 1805.
Pföter, Anton J.: Betrachtungen über die Quellen und Folgen der merkwürdigsten Revolutionen unseres Jahrhunderts, über die Entstehung der Staaten, und die verschiedenen Verfassungen derselben. Nebst einer gelegentlichen Untersuchung, welchen Einfluß die Aufklärung auf das Wohl der bürgerlichen Gesellschaft habe, Wien 1794.
Pichler, Caroline: Denkwürdigkeiten aus meinem Leben 1769-1843, Bd. 1, München 1914.
Polignac, Diane de: Mémoires sur la vie et le caractere de Mme. la duchesse de Polignac. Avec des anecdotes intéressantes sur la Révolution Françoise, et sur la personne de Marie-Antoinette, Reine de France, London 1796.
– Über das Leben und den Charakter der Herzogin von Polignac: Nebst einigen interessanten Anekdoten betreffend die Französische Revolution und die Person der Königin Marie Antoinette, Berlin 1796.
Potocka, Anna: Mémoires de la Comtesse Potocka (1794-1820), publiés par Casimir Stryienski, Paris 1897.
Puymaigre, Alexandre de: Souvenirs sur l'émigration, l'empire et la restauration, Paris 1884.
Racine, Jean: Œuvres complètes, Bd. 1: Théâtre – Poésie (= Bibliothèque de la Pléiade), Paris 1999.
Raigecourt, Anne Bernard Antoine de Gournay de: Correspondance du Mis & de la Mise de Raigecourt avec le Mis (Marc Marie) et la Mise (Angélique) de Bombelles pendant l'émigration 1790-1800, publiée par Maxime de La Rocheterie, Paris 1892.
Rangger gen. Stubacher, Lorenz: Kriegserlebnisse des Bauersmannes und Patrioten Lorenz Rangger gen. Stubacher von Völs bei Innsbruck, in den Jahren 1796 bis 1814, Innsbruck 1902.
Rebmann, Andreas Georg Friedrich: Die französischen Emigranten in Deutschland und die deportierten Priester bei ihrer Wiederaufnahme in Frankreich, in: Hedwig Voegt, Werner Greiling, Wolfgang Ritschel (Hg.): Andreas Georg Friedrich Rebmann (Werke und Briefe, Bd. 3), Berlin 1990, S. 94-107.
Receveur, Antoine Sylvestre: Ganz einfache Erklärung einer neuerrichteten Andacht, welche im Jahre 1787 zu Fontenell in dem Bisanzer Bißthume ihren Anfang genommen hat. sammt vielen Zeugnissen. und einer kurz verfaßten Schrift zum Beßten der Gesellschaft von der heiligen Einsamkeit, Regensburg 1798.
Reyre, Maurice: Nuova Grammatica Francese ad uso degli Italiani, e di tutti coloro che bramano di parlare e di scrivere corettamente la lingue francese, Triest 1798.
Richter, Josef: Die Eipeldauer Briefe, 2 Bde. (= Denkwürdigkeiten aus Altösterreich, Bde. 17/18), München 1917/1918.
Rivière, Claude-Étienne: Entretiens familiers, en forme de catéchisme, d'un curé de campagne, avec la jeunesse, traduits de l'allemand, 4 Bde., Konstanz 1795.
Rohrer, Joseph: Bemerkungen auf einer Reise von der türkischen Gränze über die Bukowina durch Ost- und Westgalizien, Schlesien und Mähren nach Wien, Wien 1804.
Ryamperre, Louise de: Différentes anecdotes sur le martyre de Marie Antoinette d'Autriche, infortunée Reine de France et de Navarre, Wien 1794.
– Verschiedene Anekdoten von Marie Antonie von Österreich, der unglücklichen Königinn von Frankreich und Navarra, während ihrer Leiden, aus dem Französischen übersetzt von Carl Leberecht Bille, Wien 1794.
Rzewuska, Rosalie: Mémoires de la Comtesse Rosalie Rzewuska (1788-1865), 3 Bde., publiés par Giovannella Caetani Grenier, Rom 1939, 1950.
Sabatier de Castres, Antoine: Les trois siècles de notre littérature ou tableau de l'esprit de nos écrivains, 3 Bde., Amsterdam 1772.
– Prospectus, in: Journal Politique-National 1789, S. 4.
– Le tocsin des politiques, Neuwied 1791.
– Lettre de Monsieur de M**, à M. l'Abbé Sabatier de Castres sur la République Françoise, Wien 1792.

- Pensées et observations morales et politiques, pour servir à la connaissance des vrais principes du gouvernement, Wien 1794.
- Lettres critiques, morales et politiques sur l'esprit, les erreurs et les travers de notre tems, Erfurt 1802.
- Vie polemique de Voltaire, Paris 1802.
- Le véritable Esprit de J.J. Rousseau ou: choix d'observations, de maximes et de principes sur la morale, la religion, la politique et la litterature, Metz 1804.
- Apologie de Spinoza et du spinosisme, Altona 1805.
- De la souveraineté, ou connoissance des vrais principes du gouvernement des peuples, Altona 1806.

Saint-Gervais, Antoine de: Histoire des émigrés français, depuis 1789, jusqu'en 1828, 3 Bde., Paris 1828.

Saint-Priest, François-Emmanuel Guignard de: Mémoires, Paris 2006.

Saulx-Tavanes, Aglaé-Marie-Louise de: Sur les routes de l'emigration. Mémoires de la Duchesse de Saulx-Tavanes (1791-1806), publiés avec une introduction et des notes par le Mis de Valous, Paris 1934.

Saurau, Franz Joseph von: Getreue Darstellung des Auflaufes, welchen die französische Botschaft durch Aushängung einer dreyfärbigen Fahne den 13. Aprill 1798 in Wien veranlaßt hat, Wien 1798.

Scherschnik, Leopold Johann: Nachrichten von Schriftstellern und Künstlern aus dem Teschner Fürstenthum, Teschen 1810.

Schilling, Franz: Animadversiones in Revolutionem, novumque sic dictum systema democraticum in Gallia, Wien 1791.

Schlitter, Hanns (Hg.): Geheime Correspondenz Josefs II. mit seinem Minister in den österreichischen Niederlanden, Ferdinand Grafen Trauttmansdorff 1787-1789, Wien 1902.

Schöne, Albrecht (Hg.): Johann Wolfgang Goethe. Sämtliche Werke, Briefe, Tagebücher und Gespräche. Abt. 1: Sämtliche Werke, Bd. 7/2: Kommentare (= Bibliothek deutscher Klassiker, Bd. 114,1), Frankfurt a.M. 1994.

Ségur-Cabanac, Auguste François Marcel: Journal du Comte Auguste François Marcel de Ségur-Cabanac, Préfet de la chambre de S.M. l'Empereur Ferdinand I., Chambellan, Conseiller intime, Général-major 1771-1847, publié par son arrière-petit-fils le Comte Victor de Ségur-Cabanac, Wien; Leipzig 1910.

Sénac de Meilhan, Gabriel: Mémoires d'Anne de Gonzague, princesse palatine, Paris 1786.
- Des principes et des causes de la Révolution en France, London 1790.
- Des Herrn von Meilhan vormals Intendanten von Aunis, der Provence, Avignon und dem Hennegau, und der General-Kriegs-Intendanten des Königs von Frankreich vermischte Werke, 2 Bde., Hamburg 1795.
- Du gouvernement, des mœurs et des conditions en France avant la Révolution: avec le caractère des principaux personnages du règne de Louis XVI., Hamburg 1795.
- Frankreich vor der Revolution, in Beziehung auf Regierung, Sitten und Stände. Nebst einem Gemälde der vornehmsten Männer unter Ludwig XVI. Regierung, Braunschweig 1795.
- Œuvres philosophiques et litéraires de Mr. de Meilhan, ci-devant intendant du Pays d'Aunis, de Provence, Avignon, et du Haynault, Hamburg 1795.
- L'Émigré, 4 Bde., Braunschweig 1797.
-; Levis, M.: Portraits et caractères de personnages distingués de la fin du dix-huitième siècle: suivis de pièces sur l'histoire et la politique, Paris 1813.

Seume, Johann Gottfried: Spaziergang nach Syrakus im Jahre 1802, Braunschweig; Leipzig 1803.

Sonnenfels, Joseph von: Betrachtungen eines Österreichischen Staatsbürgers an seinen Freund. Veranlaßt durch des Hrn. v. M** an Hrn. Abbe Sabatier über die französische Republik, Wien 1793.

- Rede bey dem feyerlichen Antritte des Rektorats an der Universität in Wien im Jahre 1794, Wien 1794.
- Handbuch der inneren Staatsverwaltung mit Rücksicht auf die Umstände und Begriffe der Zeit, Wien 1798.
- Grundsätze der Polizey, hg. v. Werner Ogris (= Bibliothek des deutschen Staatsdenkens, Bd. 12), München 2003.
- Sr. k. k. Majestät Franz des Zweyten politische Gesetze und Verordnungen für die Oesterreichischen, Böhmischen und Galizischen Erbländer, 26 Bde., Wien 1793-1808.

Talleyrand-Périgord, Charles Maurice de: Correspondance inédite du prince de Talleyrand et du roi Louis XVIII pendant le congrès de Vienne, publiée avec une préface, éclaircissements et notes par M. G. Pallain, Paris 1881.

Thürheim, Andreas von: Von den Sevennen bis zur Newa (1740-1805). Ein Beitrag zur Geschichte des 18. Jahrhunderts, Wien 1879.

Thürheim, Ludovika von: Mein Leben. Erinnerungen aus Österreichs großer Welt, 2 Bde., München 1913.

Trench, Melesina: The remains of the late Mrs. Richard Trench, being Selections from her Journals, Letters & other Papers, London 1862.

Vaudreuil, Joseph de: Correspondance intime du Comte de Vaudreuil et du Comte d'Artois pendant l'émigration (1789-1815), 2 Bde., publiée avec introduction, notes et appendices par M. Léonce Pingaud, Paris 1889.

Vesque von Püttlingen, Johann: Die gesetzliche Behandlung der Ausländer in Oesterreich, nach den daselbst gültigen Civilrechts-, Straf-, Commerzial-, Militär- und Polizei-Normen, nebst einer einleitenden Abhandlung über die österreichische Staatsbürgerschaft, Wien 1842.

Vigée Le Brun, Élisabeth: Souvenirs: 1755-1842 (= Bibliothèque des correspondances, mémoires et journaux, Bd. 42), Paris 2008.

Vivenot, Alfred von; Zeissberg, Heinrich von (Hg.): Quellen zur Geschichte der Deutschen Kaiserpolitik Oesterreichs während der französischen Revolutionskriege 1790-1801, 5 Bde., Wien 1873-1890.

Voltaire (= François-Marie Arouet): Les Lois de Minos. Tragédie en cinq actes (1773), in: Œuvres complètes de Voltaire, Bd. 7: Théatre VI, Paris 1877, S. 163-236.

Waller, Hellmut (Hg.): In Vorderösterreichs Amt und Würden. Die Selbstbiographie des Johann Baptist Martin von Arand (1743-1821) (= Lebendige Vergangenheit, Bd. 19), Stuttgart 1996.

Weber, Joseph: Mémoires concernant Marie-Antoinette, archiduchesse d'Autriche, reine de France, 2 Bde., London 1804, 1806.

Wegeler, Franz Gerhard; Ries, Ferdinand: Biographische Notizen über Ludwig von Beethoven, Koblenz 1838.

Wojda, Karol Fryderyk: Briefe eines französischen Offiziers geschrieben im Jahre 1800 aus Steiermark, Kärnthen, Italien, der Schweiz, Baiern und Salzburg, Leipzig 1803.

Zaiguelius, Georg Joseph Ulrich: Brief des Herrn Zaiguelius, Pfarrherrn zum Alten St. Peter, an die Herren Maire und Munizipal-Beamten der Stadt Straßburg, o.O. 1791.

- La voie du salut ou prières journalières, recueillies des pères de l'église et des meilleurs auteurs de nos temps, Wien 1821.
- Der Weg zum Heil, Oder tägliche Gebethe: aus den Kirchenvätern gesammelt, Wien 1822.
- Le devoir du chrétien de nos jours, ou livre deprières et de conduite: à l'usage des fidèles de tout rang et de tout âge, à fin de les préserver de la contagion de l'incrédulité, et pour ramener des erreurs l'homme de bonne foi aux vérités de son salut, Wien 1832.

Literatur

Aaslestad, Katherine: Place and Politics: Local Identity, Civic Culture, and German Nationalism in North Germany During the Revolutionary Era, Leiden 2005.
Ableitinger, Alfred; Raffler, Marlies (Hg.): »Johann und seine Brüder« (= Veröffentlichungen der historischen Landeskommission für Steiermark, Bd. 42), Graz 2012.
Adelsgruber, Paulus; Cohen, Laurie; Kuzmany, Börries: Getrennt und doch verbunden. Grenzstädte zwischen Österreich und Russland 1772-1918, Wien; Köln; Weimar 2011.
Aerts, Erik; Baelde, Michel; Coppens, Herman; Moreau Gerbehaye, Claude de (Hg.): Les institutions du gouvernement central des Pays-Bas habsbourgeois (1482-1795), 2 Bde. (= Studia/Archives Générales du Royaume et Archives de l'État dans les Provinces, Bd. 56), Brüssel 1995.
Agay, Frédéric d': A European Destiny: the Armée de Condé, 1792-1801, in: Kirsty Carpenter, Philip Mansel (Hg.): The French Émigrés in Europe and the Struggle Against Revolution, 1789-1814, London 1999, S. 28-42.
– L'armée de Condé et la Russie: 1797-1799, in: Jean-Pierre Poussou, Anne Mézin, Yves Perret-Gentil (Hg.): L'influence française en Russie au XVIIIe siècle (= Collection du Centre Roland Mousnier, Bd. 13), Paris 2004, S. 429-436.
Albrecht, Wolfgang: Aufklärung, Reform, Revolution oder »Bewirkt Aufklärung Revolutionen?«. Über ein Zentralproblem der Aufklärungsdebatte in Deutschland, in: Lessing Yearbook 22 (1990), S. 1-75.
Albrecht-Weinberger, Karl (Hg.): Freiheit, Gleichheit, Brüderlichkeit auch in Österreich? Auswirkungen der Französischen Revolution auf Wien und Tirol, Wien 1989.
Ammerer, Gerhard; Godsey, William D.; Scheutz, Martin (Hg.): Bündnispartner und Konkurrenten der Landesfürsten?, Wien 2007.
Andress, David (Hg.): The Oxford Handbook of the French Revolution, Oxford 2015.
Andrey, Georges: Les émigrés français dans le canton de Fribourg (1789-1815): effectifs, activités, portraits, Neuchâtel 1972.
Angeli, Moriz von: Erzherzog Carl als Feldherr und Heeresorganisator, Bd. 5, Wien 1897.
Aprile, Sylvie: Le siècle des exilés. Bannis et proscrits de 1789 à la Commune, Paris 2010.
–; Dufoix, Stéphane: Les mots de l'immigration, Paris 2009.
Armitage, David; Subrahmanyam, Sanjay (Hg.): The Age of Revolutions in Global Context c. 1760-1840, Basingstoke 2010.
Arndt, Agnes; Häberlen, Joachim C.; Reinecke, Christiane: Europäische Geschichtsschreibung zwischen Theorie und Praxis, in: dies. (Hg.): Vergleichen, verflechten, verwirren? Europäische Geschichtsschreibung zwischen Theorie und Praxis, Göttingen 2011, S. 11-30.
–; Häberlen, Joachim C.; Reinecke, Christiane (Hg.): Vergleichen, verflechten, verwirren?, Göttingen 2011.
Arneth, Alfred von: Johann Freiherr von Wessenberg: ein österreichischer Staatsmann des 19. Jahrhunderts, Bd. 1, Wien 1898.
Arnold, Peri E. (Hg.): National approaches to the administration of international migration, Amsterdam 2010.
Arx, Ferdinand von: Die französischen Emigranten in Solothurn 1789-1798, in: ders. (Hg.): Bilder aus der Solothurner Geschichte, Bd. 2, Solothurn 1939, S. 9-37.
Asche, Matthias (Hg.): Krieg, Militär und Migration in der Frühen Neuzeit (= Herrschaft und soziale Systeme in der Frühen Neuzeit, Bd. 9), Berlin 2008.
Ascherl, Heinrich: Solitarier in der Oberpfalz. Ein französischer Orden in Neustadt an der Waldnaab, in: Oberpfälzer Heimat 25 (1981), S. 144-151.
Ashburn Miller, Mary: The Impossible Émigré: Moving People and Moving Borders in the Annexed Territories of Revolutionary France, in: Laure Philip, Juliette Reboul (Hg.):

French Emigrants in Revolutionised Europe. Connected Histories and Memoires (= War, Culture and Society, 1750-1850), Cham 2019, S. 29-44.
Astbury, Katherine: Narrative Responses to the Trauma of the French Revolution, London 2012.
Axtmann, Roland: ›Police‹ and the Formation of the Modern State. Legal and Ideological Assumptions on State Capacity in the Austrian Lands of the Habsburg Empire, 1500-1800, in: German History 10 (1992) 1, S. 39-61.
Bachleitner, Norbert: Die literarische Zensur in Österreich von 1751 bis 1848 (= Literaturgeschichte in Studien und Quellen, Bd. 28), Wien 2017.
–; Ivanovic, Christine (Hg.): Nach Wien! (= Wechselwirkungen, Bd. 17), Frankfurt a.M. 2015.
Backmund, Norbert: Les Prémontrés français émigrés en Bavière 1793-1802, in: Analecta Praemonstratensia 47 (1971), S. 42-53.
– Die kleineren Orden in Bayern und ihre Klöster bis zur Säkularisation, Windberg 1974.
Bade, Klaus J.; Emmer, Pieter C.; Lucassen, Leo; Oltmer, Jochen (Hg.): Enzyklopädie Migration in Europa, Paderborn; München; Wien; Zürich 2007.
Bahlcke, Joachim: Zwischen offener Zurückweisung und praktischer Solidarität. Vom Umgang mit französischen Revolutionsemigranten in Deutschland während des ausgehenden 18. Jahrhunderts, in: ders., Rainer Leng, Peter Scholz (Hg.): Migration als soziale Herausforderung. Historische Formen solidarischen Handelns von der Antike bis zum 20. Jahrhundert (= Stuttgarter Beiträge zur historischen Migrationsforschung, Bd. 8), Stuttgart 2011, S. 255-272.
–; Leng, Rainer; Scholz, Peter (Hg.): Migration als soziale Herausforderung. Historische Formen solidarischen Handelns von der Antike bis zum 20. Jahrhundert (= Stuttgarter Beiträge zur historischen Migrationsforschung, Bd. 8), Stuttgart 2011.
Bähr, Andreas; Burschel, Peter; Trempler, Jörg; Wolf, Burkhardt (Hg.): Untergang und neue Fahrt. Schiffbruch in der Neuzeit, Göttingen 2020.
Baillio, Joseph; Salmon, Xavier (Hg.): Élisabeth Louise Vigée Le Brun, Paris 2015.
Baldensperger, Fernand: Le mouvement des idées dans l'émigration française (1789-1815), 2 Bde., Paris 1924.
Banks, Bryan A.; Johnson, Erica (Hg.): The French Revolution and Religion in Global Perspective (= War, Culture and Society, 1750-1850), Cham 2017.
Baravalle, Robert: Die Freiherren von Mandell. Eine genealogische Studie, in: Zeitschrift des Historischen Vereines für Steiermark 58 (1967), S. 81-107.
Barker, Hannah; Burrows, Simon (Hg.): Press, politics and the public sphere in Europe and North America, 1760-1820, Cambridge 2002.
Beales, Derek: Joseph II. Against the world: 1780-1790, Cambridge 2009.
Beaupré, Nicolas; Rance, Karine (Hg.): Arrachés et déplacés. Réfugiés politiques, prisonniers de guerre, déportés: 1789-1918 (= Collection »Histoires croisées«), Clermont-Ferrand 2016.
Becker, Peter: Governance of Migration in the Habsburg Monarchy and the Republic of Austria, in: Peri E. Arnold (Hg.): National approaches to the administration of international migration, Amsterdam 2010, S. 32-52.
Becquet, Hélène: Politiques dynastiques au temps de la Révolution: autour du séjour de Madame Royale à Vienne (1796-1799), in: Wolfgang Schmale (Hg.): Multiple kulturelle Referenzen in der Habsburgermonarchie des 18. Jahrhunderts/Références culturelles multiples dans la monarchie des Habsbourg au dix-huitième siècle (= Das Achtzehnte Jahrhundert und Österreich. Jahrbuch der Österreichischen Gesellschaft zur Erforschung des 18. Jahrhunderts, Bd. 24), Bochum 2010, S. 159-182.
– Marie-Thérèse de France. L'orpheline du temple, Paris 2012.
Bečvářová, Martina; Binder, Christa (Hg.): Mathematics in the Austrian-Hungarian Empire, Prag 2010.

Beermann, Matthias: Zeitung zwischen Profit und Politik: der Courier du Bas-Rhin (1767-1810). Eine Fallstudie zur politischen Tagespublizistik im Europa des späten 18. Jahrhunderts (= Transfer. Deutsch-französische Kulturbibliothek, Bd. 4), Leipzig 1996.
Bellenger, Dominic A.: ›A standing miracle‹: La Trappe at Lulworth, 1794-1817, in: W.J. Sheils (Hg.): Monks, Hermits and the ascetic Tradition, Padstow 1985, S. 343-350.
– The French Exiled Clergy in the British Isles After 1789, Bath 1986.
Benna, Anna Hedwig: Organisierung und Personalstand der Polizeihofstelle (1793-1848), in: Mitteilungen des österreichischen Staatsarchivs 6 (1953), S. 197-239.
Berchet, Jean-Claude: Chateaubriand, Paris 2012.
Berding, Helmut (Hg.): Soziale Unruhen in Deutschland während der Französischen Revolution (= Geschichte und Gesellschaft. Sonderheft, Bd. 12), Göttingen 1988.
– Deutschland und Frankreich im Zeitalter der Französischen Revolution (= Edition Suhrkamp, Bd. 1521 = N.F., Bd. 521), Frankfurt a.M. 1989.
Berger, Günther: Franzosen in Wien, in: Peter Eppel (Hg.): Wir. Zur Geschichte und Gegenwart der Zuwanderung nach Wien. 217. Sonderausstellung des Historischen Museums der Stadt Wien, 19. September bis 29. Dezember 1996, Wien 1996, S. 28-38.
Bernard, Paul P.: From the Enlightenment to the Police State. The Public Life of Johann Anton Pergen, Urbana; Chicago 1991.
Bertaud, Jean-Paul: Les amis du roi. Journaux et journalistes royalistes en France de 1789 à 1792, Paris 1984.
– Les royalistes et Napoléon. 1799-1816, Paris 2009.
Bertaut, Jules: Les belles émigrées: La Comtesse de Polastron, Madame de Flahaut, la Comtesse de Balbi, la Marquise de la Tour du Pin, la Princesse Louise de Bourbon Condé, Paris 1948.
Berthoud, Dorette: L'émigration française dans le Pays de Neuchâtel, in: Musée Neuchâtelois (1959), S. 141-183.
Bethume, Kim: Auberges et chambres meublées: l'hébergement des émigrés français à Bruxelles au XVIIIe siècle, in: Kim Bethume, Jean-Philippe Huys (Hg.): Espaces et parcours dans la ville. Bruxelles au XVIIIe siècle (= Études sur le XVIIIe siècle, Bd. 35), Brüssel 2007, S. 159-180.
Bezard, Yvonne: Les émigrés français dans la principauté de Neuchâtel de 1789 à 1800, in: Bulletin of the International Committee of Historical Sciences 10 (1938), S. 315-321.
Biard, Michel; Bourdin, Philippe; Marzagalli, Silvia (Hg.): Révolution, Consulat, Empire: 1789-1815, Paris 2009.
Bibl, Viktor: Die Wiener Polizei. Eine kulturhistorische Studie, Wien 1927.
Bielik, Emerich: Geschichte der K.u.K. Militär-Seelsorge und des apostolischen Feld-Vicariates, Wien 1901.
Biskup, Thomas: German court and French Revolution: émigrés and the Brunswick court around 1800, in: Francia 34 (2007) 2, S. 61-89.
Bittard Des Portes, René: Histoire de l'armée de Condé pendant la révolution française (1791-1801), Paris 1896.
Blanning, Timothy Charles William: The French revolutionary wars. 1787-1802, London 1996.
Blazejewski, Jort: Trier, Luxemburg und die Émigrés der Französischen Revolution seit 1789. Tendenzen und Perspektiven der Forschung, in: Kurtrierisches Jahrbuch 56 (2014), S. 213-242.
– Grenzräume als Zufluchtsräume. Emigranten der Französischen Revolution in Luxemburg und Trier (1789-1795), in: Stephan Laux, Maike Schmidt (Hg.): Grenzraum und Repräsentation. Perspektiven auf Raumvorstellungen und Grenzkonzepte in der Vormoderne (= Trierer historische Forschungen, Bd. 74), Trier 2019, S. 145-155.
– Pays de refuge, pays de départ. Regards croisés sur les dynamiques migratoires aux Pays-

Bas autrichiens pendant la Révolution française (1789-1795), in: Revue du Nord 436 (2020) 3, S. 511-550
Bled, Jean-Paul: Les fondements du conservatisme autrichien: 1859-1879, Paris 1988.
– Les lys en exil, ou, La seconde mort de l'Ancien Régime, Paris 1992.
Bodi, Leslie: Tauwetter in Wien. Zur Prosa der österreichischen Aufklärung 1781-1795 (= Schriftenreihe der Österreichischen Gesellschaft zur Erforschung des 18. Jahrhunderts, Bd. 6), Wien 1995.
Boffa, Massimo: Die Emigranten, in: François Furet, Mona Ozouf (Hg.): Kritisches Wörterbuch der Französischen Revolution, Bd. 1, Frankfurt a.M. 1996, S. 546-564.
Bois, Pierre-André; Heitz, Raymond; Krebs, Roland (Hg.): Voix conservatrices et réactionnaires dans les périodiques allemands de la Révolution française à la restauration (= Convergences, Bd. 13), Bern; New York 1999.
Bona, Candido: Le »Amicizie«. Società segrete e rinascita religiosa (1770-1830), Turin 1962.
Bonenfant, Paul: La Suppression de la compagnie de Jésus dans les Pays-Bas autrichiens (1773), Brüssel 1925.
Böning, Holger (Hg.): Französische Revolution und deutsche Öffentlichkeit (= Deutsche Presseforschung, Bd. 28), München 1992.
Boppe-Vigne, Catherine: Émigrés français de Constantinople en Russie pendant la Révolution, in: Jean-Pierre Poussou, Anne Mézin, Yves Perret-Gentil (Hg.): L'influence française en Russie au XVIIIe siècle (= Collection du Centre Roland Mousnier, Bd. 13), Paris 2004, S. 411-427.
Boschung, Dietrich; Hölkeskamp, Karl-Joachim; Sode, Claudia (Hg.): Raum und Performanz, Stuttgart 2015.
Bosséno, Christian-Marc: La guerre des estampes – Circulation des images et des thèmes iconographiques dans l'Italie des années 1789-1799, in: Mélanges de l'Ecole française de Rome, Italie et Méditerrannée 102 (1990) 2, S. 367-400.
Boudon, Jacques-Olivier: L'épiscopat français à l'époque concordataire (1802-1905): Origines, Formation, Nomination (= Histoire religieuse de la France, Bd. 9), Paris 1996.
Bouloiseau, Marc; Lefebvre, Georges: L'émigration et les milieux populaires. Émigrations, paniques, embauchage (1791-1794), in: Annales historiques de la Révolution française 156 (1959), S. 110-126.
Bourdin, Philippe (Hg.): Les noblesses françaises dans l'Europe de la Révolution, Rennes 2010.
Bourguinat, Nicolas; Venayre, Sylvain (Hg.): Voyager en Europe, de Humboldt à Stendhal, Paris 2007.
Braubach, Max: Die Eudämonia (1795-1798). Ein Beitrag zur deutschen Publizistik im Zeitalter der Aufklärung und der Revolution, in: Historisches Jahrbuch der Görres-Gesellschaft 47 (1927), S. 309-339.
Brauer, Kinley J.; Wright, William E. (Hg.): Austria in the Age of the French Revolution, Minneapolis 1990.
Brenner, Gabriele: Wien in der ersten Hälte des 19. Jahrhundert aus der Sicht französischer Besucher, in: Österreich in Geschichte und Literatur 24 (1980) 1, S. 16-27.
Bringmann, Wilhelm: Louis XVIII. von Frankreich im Exil. Blankenburg 1796-1798 (= Europäische Hochschulschriften, Reihe 3: Geschichte und ihre Hilfswissenschaften, Bd. 651), Frankfurt a.M. 1995.
Bruckmüller, Ernst: Triest und Österreich im 18. Jahrhundert, in: Österreichische Osthefte 27 (1985) 3, S. 300-330.
Brye, Bernard de: La Révolution française et l'émigration de l'épiscopat gallican: historiographie d'une absence, in: Revue d'histoire moderne et contemporaine 40 (1993), S. 604-628.
– Consciences épiscopales en exil (1789-1814). À travers la correspondance de Mgr de La Fare, évêque de Nancy, Paris 2004.

Burckhardt, Felix: Die schweizerische Emigration 1798-1801, Basel 1908.
Burger, Hannelore: Passwesen und Staatsbürgerschaft, in: Waltraud Heindl-Langer, Edith Saurer (Hg.): Grenze und Staat. Paßwesen, Staatsbürgerschaft, Heimatrecht und Fremdengesetzgebung in der österreichischen Monarchie 1750-1867, Wien 2000, S. 3-172.
Burkhardt, Martin: Die französischen Réfugiés in Konstanz am Ende des 18. Jahrhunderts, in: Bernard Vogler (Hg.): Les migrations de l'antiquité à nos jours, Straßburg 1996, S. 59-71.
– Konstanz im 18. Jahrhundert. Materielle Lebensbedingungen einer landstädtischen Bevölkerung am Ende der vorindustriellen Gesellschaft (= Konstanzer Geschichts- und Rechtsquellen, Bd. 36), Sigmaringen 1997.
Burnichon, Joseph: La Compagnie de Jésus en France: Histoire d'un Siècle 1814-1914, Bd. 1: 1815-1830, Paris 1914.
Burrows, Simon: The cultural politics of exile: French emigre literary journalism in London, 1793-1814, in: Journal of European Studies 29 (1999) 2, S. 157-177.
– French Exile Journalism and European Politics, 1792-1814 (= The Royal Historical Society studies in history. N.S., Bd. 19), Woodbridge 2000.
– The cosmopolitan press, 1760-1815, in: Hannah Barker, Simon Burrows (Hg.): Press, politics and the public sphere in Europe and North America, 1760-1820, Cambridge 2002, S. 23-47.
Burson, Jeffrey D.; Wright, Jonathan (Hg.): The Jesuit suppression in global context, Cambridge 2015.
Buzan, Barry; Waever, Ole; Wilde, Jaap de: Security. A new framework for analysis, London 1998.
Candaux, Jean-Daniel: Pour une géographie des imprimeurs de l'émigration et de la Contre-Révolution, in: Annales Benjamin Constant 30 (2006), S. 227-251.
Carpenter, Kirsty: Refugees of the French Revolution: Emigres in London, 1789-1802, Basingstoke 1999.
– London: Capital of the Emigration, in: dies., Philip Mansel (Hg.): The French Émigrés in Europe and the Struggle Against Revolution, 1789-1814, London 1999, S. 43-67.
– Emigration in Politics and Imaginations, in: David Andress (Hg.): The Oxford Handbook of the French Revolution, Oxford 2015, S. 330-345.
– Secularization by Stealth? Émigrés in Britain During the French Revolution, in: Bryan A. Banks, Erica Johnson (Hg.): The French Revolution and Religion in Global Perspective. Freedom and Faith (= War, Culture and Society, 1750-1850), Cham 2017, S. 73-94.
–; Mansel, Philip (Hg.): The French Émigrés in Europe and the Struggle Against Revolution, 1789-1814, London 1999.
Cerman, Ivo: La noblesse de Bohême dans l'Europe française. L'Enigme du français nobiliaire, in: Olivier Chaline, Jarowslaw Dumanowski, Michel Figeac (Hg.): Le rayonnement français en Europe centrale du XVIIe siècle à nos jours, Pessac 2009, S. 365-385.
– Habsburgischer Adel und Aufklärung. Bildungsverhalten des Wiener Hofadels im 18. Jahrhundert (= Contubernium, Bd. 72), Stuttgart 2010.
Chadwick, Hubert: Paccanarists in England, in: Archivum Historicum Societatis Iesu 20 (1951), S. 143-166.
Chaline, Olivier; Dumanowski, Jarowslaw; Figeac, Michel (Hg.): Le rayonnement français en Europe centrale du XVIIe siècle à nos jours, Pessac 2009.
Chaussinand-Nogaret, Guy: Une élite insulaire au service de l'Europe: les Jacobites au XVIIIe siècle, in: Annales. Histoire, Sciences sociales 28 (1973) 5, S. 1097-1122.
Chauvin, Charles: Jeanne-Antide Thouret et la société des Solitaires, in: Paule Lerou, Raymond Dartevelle, Bernard Plongeron (Hg.): Pratiques religieuses, mentalités et spiritualités, dans l'Europe révolutionnaire, 1770-1820. Actes du colloque, Chantilly, 27-29 novembre 1986, Turnhout 1988, S. 587-594.
– Le clergé à l'épreuve de la Révolution. 1789-1799, Paris 1989.

Chopelin, Paul: »Des loups déguisés en agneaux«? L'accueil des prêtres constitutionnels émigrés dans l'État pontifical (1792-1799), in: Annales historiques de la Révolution française 341 (2005), S. 85-109.
Church-Duplessis, Véronique: Aristocrats into Modernity: French Émigrés and the Refashioning of Noble Identities, Diss. Toronto 2016. URL: http://hdl.handle.net/1807/72956 [1.9.2020].
Chvojka, Michal: Josef Graf Sedlnitzky als Präsident der Polizei- und Zensurhofstelle in Wien (1817-1848). Ein Beitrag zur Geschichte der Staatspolizei in der Habsburgermonarchie, Frankfurt a.M. 2010.
Cilleßen, Wolfgang; Reichardt, Rolf (Hg.): Revolution und Gegenrevolution in der europäischen Bildpublizistik 1789-1889, Hildesheim 2010.
Clarke de Dromantin, Patrick: Les réfugiés jacobites dans la France du XVIIIe siècle. L'exode de toute une noblesse »pour cause de religion«, Bordeaux 2005.
Clément, Jean-Paul: Charles X. Le dernier Bourbon, Paris 2015.
Clements, Teresa: »Les Pères de la Foi« in France: 1800-1814. Spirituality, Foundations, Biographical Notes, in: Archivum Historicum Societatis Iesu 57 (1988), S. 233-262.
Cole, Laurence: Nation, Anti-Enlightenment, and Religious Revival in Austria: Tyrol in the 1790s, in: The Historical Journal 43 (2000) 2, S. 475-497.
Colpo, Mario: Una lettera del P. Varin al P. Paccanari del 1801, in: Archivum Historicum S.I. 57 (1988), S. 315-329.
Conze, Eckart: Securitization. Gegenwartsdiagnose oder historischer Analyseansatz?, in: Geschichte und Gesellschaft 38 (2012) 3, S. 453-467.
– Geschichte der Sicherheit. Entwicklung – Themen – Perspektiven, Göttingen 2018.
Coreth, Anna: Pietas Austriaca: Österreichische Frömmigkeit im Barock (= Schriftenreihe des Instituts für Österreichkunde), Wien 1982.
– Liebe ohne Maß. Geschichte der Herz-Jesu-Verehrung in Österreich im 18. Jahrhundert (= Cor ad cor, Bd. 4), Maria Reggendorf 1994.
Courtoy, Ferdinand: Les émigrés français dans les Namurois, 1789-1792, in: Annales de la Société archéologique de Namur 35 (1922), S. 245-288.
Dahlmann, Dittmar (Hg.): Unfreiwilliger Aufbruch (= Migration in Geschichte und Gegenwart, Bd. 2), Essen 2007.
Daniek, Edmund: Die Bourbonen als Emigranten in Österreich, Wien 1965.
Dantin, Louis: François de Gain-Montaignac, Évêque de Tarbes, Tarbes 1908.
Darnton, Robert: The High Enlightenment and the Low-Life of Literature in Pre-Revolutionary France, in: Past and Present 51 (1971) 1, S. 81-115.
Dartevelle, Raymond: L'exil pendant la Révolution: Sources nouvelles et enjeux méthodologiques, in: Histoire et archives 2 (1997), S. 9-28.
Daudet, Ernest: Histoire de l'émigration pendant la révolution française, 3 Bde., Paris 1904-1907.
Dean, Martin C.: Austrian Policy during the French Revolutionary Wars 1796-1799, Wien 1993.
Decot, Rolf: Jesuitische Seelsorge im Josephinischen Österreich und in Norditalien nach 1773. Nikolaus Joseph Albert von Diesbach und die Amicizie Cristiane, in: Rolf Decot, Hans Josef Schmitz (Hg.): Luthers Reformation zwischen Theologie und Reichspolitik. Aufsätze, Frankfurt a.M. 2007, S. 457-482.
– Klemens Maria Hofbauer. Konservativer Erneuerer der Kirche Österreichs, in: Rolf Decot, Hans Josef Schmitz (Hg.): Luthers Reformation zwischen Theologie und Reichspolitik. Aufsätze, Frankfurt a.M. 2007, S. 433-456.
–; Schmitz, Hans Josef (Hg.): Luthers Reformation zwischen Theologie und Reichspolitik, Frankfurt a.M. 2007.
Deive, Carlos Esteban: Los refugiados franceses en Santo Domingo (1789-1801), Santo Domingo 1984.

Delon, Michel: Le Rhin des émigrés: Sénac de Meilhan (1797) et Bilderbeck (1807), in: Dix-huitième siècle 45 (2013) 1, S. 495-510.
Desan, Suzanne; Hunt, Lynn; Nelson, William Max (Hg.): The French Revolution in global perspective, Ithaca 2013.
Dickson, Peter: Joseph II's Re-Shaping of the Austrian Church, in: The Historical Journal 36 (1993) 1, S. 89-114.
Diedenhofen, Wilhelm; Maier, Thomas; Thissen, Bert; Ullrich-Scheyda, Helga (Hg.): Klevische Lebensbilder, Kleve 2013.
Diesbach, Ghislain de: Histoire de l'émigration 1789-1814, Paris 1975.
Diezinger, Sabine: Französische Emigranten und Flüchtlinge in der Markgrafschaft Baden 1789-1800 (= Europäische Hochschulschriften, Bd. 500), Frankfurt a.M. 1991.
Dittler, Erwin: Emigrantentruppen in der Herrschaft Ettenheim unter Louis René Edouard, Prinz von Rohan-Guémenée, Fürst und Bischof von Straßburg, im Jahre 1791, in: Die Ortenau. Veröffentlichungen des Historischen Vereins für Mittelbaden 55 (1975), S. 122-149.
Dollot, René: Chateaubriand à Venise et Trieste, in: Le Correspondant (1929), S. 399-424.
– Trieste et la France (1702-1958): histoire d'un consulat, Paris 1961.
Droszt, Olga: Les premiers imprimés en français de Vienne (1521-1538); avec un supplément à la bibliographie française de Vienne (= Études françaises publiées par l'Institut Français de l'Université de Szeged, Bd. 13), Szeged 1934.
Dunne, John: Quantifier l'émigration des nobles pendant la Révolution française: problèmes et perspectives, in: Jean-Clément Martin (Hg.): La contre-révolution en Europe. XVIIIe-XIXe siècles; réalités politiques et sociales résonances culturelles et idéologiques, Rennes 2001, S. 133-141.
Dürnberger, Silke: Entwicklung und Status quo französisch-österreichischer Kulturtransfers im literarhistorischen Kontext. Eine europäische Zweierbeziehung, Frankfurt a.M.; New York 2002.
Düsterhaus, Donatus: Auf der Flucht vor Revolution und Krieg. Katholische Geistliche aus dem Elsass im Exil (1789-1801), in: Matthias Asche (Hg.): Krieg, Militär und Migration in der Frühen Neuzeit (= Herrschaft und soziale Systeme in der Frühen Neuzeit, Bd. 9), Berlin 2008, S. 203-223.
Eibach, Joachim; Carl, Horst (Hg.): Europäische Wahrnehmungen 1650-1850: Interkulturelle Kommunikation und Medienereignisse (= The formation of Europe – Historische Formationen Europas, Bd. 3), Hannover 2008.
Engelbrecht, Helmut: Geschichte des österreichischen Bildungswesens. Erziehung und Unterricht auf dem Boden Österreichs, Bd. 3: Von der frühen Aufklärung bis zum Vormärz, Wien 1984.
Engelhardt, Ulrich; Sellin, Volker; Stuke, Horst (Hg.): Soziale Bewegung und politische Verfassung, Stuttgart 1976.
Eppel, Peter (Hg.): Wir. Zur Geschichte und Gegenwart der Zuwanderung nach Wien. 217. Sonderausstellung des Historischen Museums der Stadt Wien, 19. September bis 29. Dezember 1996, Wien 1996.
Epstein, Klaus: Die Ursprünge des Konservativismus in Deutschland, Frankfurt a.M.; Berlin; Wien 1973.
Escoube, Pierre: Sénac de Meilhan 1736-1803; de la France de Louis XV à l'Europe des émigrés, Paris 1984.
Espagne, Michel: Die Rolle der Mittler im Kulturtransfer, in: Hans-Jürgen Lüsebrink, Rolf Reichardt (Hg.): Kulturtransfer im Epochenumbruch. Frankreich–Deutschland 1770 bis 1815 (= Transfer. Deutsch-französische Kulturbibliothek, Bd. 9), Leipzig 1997, S. 309-329.
– Minderheiten und Migration im Kulturtransfer, in: Thomas Höpel, Katharina Middell (Hg.): Réfugiés und Emigrés. Migration zwischen Frankreich und Deutschland im 18. Jahrhundert (= Comparativ, Bd. 7, H. 5/6), Leipzig 1997, S. 247-258.

– Les transferts culturels franco-allemands (= Perspectives germaniques), Paris 1999.
–; Werner, Michael: Deutsch-Französischer Kulturtransfer im 18. und 19. Jh.: Zu einem neuen interdisziplinären Forschungsprogramm des CNRS, in: Francia 13 (1985), S. 502-510.
Estelmann, Frank (Hg.): Exildiskurse der Romantik in der europäischen und lateinamerikanischen Literatur (= Edition lendemains, Bd. 13), Tübingen 2011.
Evans, Chris: Debating the revolution: Britain in the 1790s (= International library of historical studies), London 2006.
Eybl, Franz M. (Hg.): Nebenschauplätze. Ränder und Übergänge in Geschichte und Kultur des Aufklärungsjahrhunderts (= Das Achtzehnte Jahrhundert und Österreich. Jahrbuch der Österreichischen Gesellschaft zur Erforschung des Achtzehnten Jahrhunderts, Bd. 28) Bochum 2014.
Faber, Eva: Litorale Austriaco. Das österreichische und kroatische Küstenland, 1700-1780 (= Veröffentlichungen des Steiermärkischen Landesarchives, Bd. 20), Trondheim; Graz 1995.
Fahnenbruck, Nele Maya; Meyer-Lenz, Johanna (Hg.): Fluchtpunkt Hamburg, Bielefeld 2018.
Fahrmeir, Andreas: Paßwesen und Staatsbildung im Deutschland des 19. Jahrhunderts, in: Historische Zeitschrift 271 (2000), S. 57-91.
– Citizenship: The Rise and Decline of a Modern Concept, New Haven 2007.
Fässler, Thomas: Aufbruch und Widerstand. Das Kloster Einsiedeln im Spannungsfeld von Barock, Aufklärung und Revolution (= ars historica), Egg 2019.
Fata, Márta: Migration im kameralistischen Staat Josephs II. Theorie und Praxis der Ansiedlungspolitik in Ungarn, Siebenbürgen, Galizien und der Bukowina von 1768 bis 1790, Münster 2014.
Fauchon, Amandine: Réseaux familiaux et construction identitaire d'une noblesse d'épée: l'exemple de l'émigré Albert-François de Moré, in: Philippe Bourdin (Hg.): Les noblesses françaises dans l'Europe de la Révolution, Rennes 2010, S. 397-412.
– L'émigré Joseph Labrosse, alias Albert-François de Moré, comte de Pontgibaud et ses réseaux nobiliaires, diplomatiques, financiers et marchands à Trieste. URL: https://luhcie.univ-grenoble-alpes.fr/wp-content/uploads/2016/05/Fauchon-Amandine.pdf [10.10.2020].
Fierro, Alfred: Bibliographie critique des mémoirs sur la Révolution écrits ou traduits en français, Paris 1988.
Fillafer, Franz Leander: Aufklärung habsburgisch. Staatsbildung, Wissenskultur und Geschichtspolitik in Zentraleuropa 1750-1850, Göttingen 2020.
Firges, Pascal: French revolutionaries in the Ottoman Empire: diplomacy, political culture, and the limiting of universal revolution, 1792-1798, Oxford 2017.
Fischer, Fritz: Französische Emigranten im Markgräflerland, in: Markgräflerland 39 (1977) 1/2, S. 47-79.
Florin, Benoît: La superbe comtesse de Brionne. (1734-1815), Versailles 2009.
Fontana, Josef: Das Südtiroler Unterland in der Franzosenzeit 1796 bis 1814: Voraussetzungen – Verlauf – Folgen (= Schlern-Schriften, Bd. 304), Innsbruck 1998.
Fontana Castelli, Eva: La compagnia di Gesù sotto altro nome. Niccolò Paccanari e la compagnia della fede di Gesù (= Bibliotheca instituti historici S. I., Bd. 62), Rom 2007.
– Dalle Dilette di Gesù di Niccolò Paccanari alle Sorelle della Sacra Famiglia, in: Archivum Historicum Societatis Iesu 81 (2012), S. 159-191.
– The Society of Jesus under another name. The Paccanarists in the restored Society of Jesus, in: Robert Aleksander Maryks, Jonathan Wright (Hg.): Jesuit survival and restoration. A global history, 1773-1900 (= Studies in the history of Christian traditions, Bd. 178), Leiden; Boston 2015, S. 197-211.
Fornara, Livio (Hg.): Révolutions genevoises, 1782-1798, Genf 1989.

Forneron, Henri: Histoire générale des émigrés pendant la Révolution française, 3 vols., Paris 1884-1890.
Forrest, Alan; Middell, Matthias (Hg.): The Routledge companion to the French Revolution in world history (= Routledge companions), London; New York 2016.
–; Rendall, Jane; Hagemann, Karen: Soldiers, citizens and civilians. Experiences and perceptions of the Revolutionary and Napoleonic Wars, 1790-1820 (= War, Culture and Society, 1750-1850), Basingstoke; New York 2009.
Foucault, Michel: Sicherheit, Territorium, Bevölkerung. Geschichte der Gouvernementalität / Vorlesung am Collège de France; 1977-1978, Frankfurt a.M. 2004.
Fournier, Marcel: Les Français émigrés au Canada pendant la Révolution Française et le Consulat, 1789-1804, Québec 2015.
Frank, Peter R.; Frimmel, Johannes: Buchwesen in Wien 1750-1850. Kommentiertes Verzeichnis der Buchdrucker, Buchhändler und Verleger, Wiesbaden 2008.
Frank-Döfering, Peter: Adelslexikon des österreichischen Kaisertums. 1804-1918, Wien; Freiburg i. Br. 1989.
Franke-Postberg, Almut: Le milliard des émigrés. Die Entschädigung der Emigranten im Frankreich der Restauration (1814-1830) (= Europa in der Geschichte, Bd. 3), Bochum 1999.
Friedrich, Markus: Die Jesuiten. Aufstieg, Niedergang, Neubeginn, München; Berlin; Zürich 2016.
Frimmel, Theodor von (Hg.): Studien und Skizzen zur Gemäldekunde, Bd. 1, Wien 1913.
Fuchs, Ingrid: Leopold Alois Hoffmann 1760-1806: Seine Ideen und seine Bedeutung als Konfident Leopolds II., Wien 1963.
Fuchs, Peter: »Pergen, Johann Anton Graf von«, in: Neue Deutsche Biographie, Bd. 20 (2001), S. 185-186.
Furet, François: Zivilverfassung des Klerus, in: ders., Mona Ozouf (Hg.): Kritisches Wörterbuch der Französischen Revolution, Bd. 2, Frankfurt a.M. 1996, S. 944-956.
–; Ozouf, Mona (Hg.): Kritisches Wörterbuch der Französischen, 2 Bde., Frankfurt a.M. 1996.
Fux, Ildefons: Emigrierende Trappisten in Österreich, in: Studien und Mitteilungen zur Geschichte des Benediktinerordens und seiner Zweige 98 (1987), S. 295-358.
Gallo, Anne-Sophie: Réflexions et jalons pour une histoire de l'»identité jésuite« pendant la suppression de la Compagnie de Jésus (1762-1814), in: Europa Moderna. Revue d'histoire et d'iconologie 3 (2012) 1, S. 114-142.
Ganster, Ingrid: Die Beurteilung Frankreichs und der Franzosen durch die Wiener Stadtbevölkerung zur Zeit des Wiener Kongresses, Diss. Wien 1983.
Garloff, Mona; Gruber, Doris; Mayer, Manuela; Romberg, Marion (Hg.): Querschnitt. Aktuelle Forschungen zur Habsburgermonarchie (= Das Achtzehnte Jahrhundert und Österreich. Jahrbuch der Österreichischen Gesellschaft zur Erforschung des Achtzehnten Jahrhunderts, Bd. 38), Wien 2023.
Garstenauer, Rita; Kuzmany, Börries: Nichts Neues in Österreich. Wandel und Konstanten in der Bewältigung von Flüchtlingskrisen in den letzten dreihundert Jahren, in: dies. (Hg.): Aufnahmeland Österreich. Über den Umgang mit Massenflucht seit dem 18. Jahrhundert, Wien; Berlin 2017, S. 7-41.
Gauthier, Henri: La compagnie de Saint-Sulpice au Canada, Montréal 1912.
Gebhardt, Helmut: Die Grazer Polizei. 1786-1850. Ein Beitrag zur Geschichte des österreichischen Sicherheitswesens im aufgeklärten Absolutismus und im Vormärz (= Grazer rechts- und staatswissenschaftliche Studien, Bd. 48), Graz 1992.
Gemmell-Flischbach, Max von: Album der K.K. Theresianischen Akademie (1746-1913): Verzeichnis sämtlicher Angehörigen der K.K. Theresian. Akademie, Wien 1913.
Georgescu, Ion: Les Prisonniers Français dans les Camps du Sud-Est de l'Europe au Temps des Guerres de l'Autriche avec la France (1792-1815), in: Revue Roumaine d'Histoire 15 (1976) 3, S. 509-531.

Gersmann, Gudrun: Ein König ohne Grab: Was geschah mit dem Leichnam Ludwigs XVI.? Versuch einer Rekonstruktion, in: Peter Hoeres, Armin Owzar, Christina Schröer (Hg.): Herrschaftsverlust und Machtverfall, München 2013, S. 181-192.
– Von toten Herrschern und Trauerzeremonien. Die Überführung der sterblichen Überreste Ludwigs XVI. nach Saint-Denis 1815, in: Dietrich Boschung, Karl-Joachim Hölkeskamp, Claudia Sode (Hg.): Raum und Performanz. Rituale in Residenzen von der Antike bis 1815, Stuttgart 2015, S. 333-354.
Gerstinger, Heinz: Altwiener literarische Salons. Wiener Salonkultur vom Rokoko bis zur Neoromantik (1777-1907), Salzburg 2002.
Göbl, Michael: Zur Geschichte des Allgemeinen Verwaltungsarchivs, in: Isabelle Ackerl (Hg.): »Schatzhäuser Österreichs«. Das österreichische Staatsarchiv, Wien 1996, S. 30-41.
Godechot, Jacques: La Contre-révolution, doctrine et action, Paris 1961.
– Le comte d'Antraigues. Un espion dans l'Europe des émigrés (= Les inconnus de l'histoire), Paris 1986.
Godsey, William D.: ›La société était au fond légitimiste‹: Émigrés, Aristocracy, and the Court at Vienna, 1789-1848, in: European History Quarterly 35 (2005) 1, S. 63-95.
– Nobles and nation in Central Europe. Free imperial knights in the Age of Revolution, 1750-1850, Cambridge 2009.
– The Sinews of Habsburg power. Lower Austria in a fiscal-military state 1650-1820, Oxford 2018.
Goebl, Renate: Architektur, in: Klassizismus in Wien: Architektur und Plastik. Sonderausstellung des Historischen Museums der Stadt Wien, 15. Juni bis 1. Oktober 1978, Wien 1978, S. 32-42.
Gomis, Stéphane: Les écrits du »for privé« du clergé émigré, in: Annales historiques de la Révolution française 355 (2009), S. 183-204.
Goodden, Angelica: The Sweetness of Life. A biography of Elisabeth Louise Vigée Le Brun, London 1997.
Grabner, Sabine: Vom »malenden« zum »wissenschaftlichen« Galeriedirektor. Die Leitung der kaiserlichen Gemäldegalerie und die Installation der »Modernen Schule« durch die Direktoren Friedrich Heinrich Füger, Josef Rebell und Johann Peter Krafft, in: Gudrun Swoboda (Hg.): Die kaiserliche Gemäldegalerie in Wien und die Anfänge des öffentlichen Kunstmuseums, Bd. 2: Europäische Museumskulturen um 1800, Wien; Köln; Weimar 2014, S. 358-383.
Grandjonc, Jacques (Hg.): Deutsche Emigranten in Frankreich – französische Emigranten in Deutschland, 1685-1945, München 1984.
Greer, Donald: A Guide to Source Material on the Émigrés of the French Revolution, in: The Journal of Modern History 15 (1943) 1, S. 39-46.
– The incidence of the emigration during the French Revolution (= Harvard Historical Monographs, Bd. 24), Cambridge 1951.
Gregory, Desmond: Malta, Britain, and the European powers, 1793-1815, Madison 1996.
Gröger, Roman-Hans; Ham, Claudia; Sammer, Alfred: Militärseelsorge in Österreich. Zwischen Himmel und Erde, Graz 2001.
Gröschel, Claudia (Hg.): Goldorangen, Lorbeer und Palmen – Orangeriekultur vom 16. bis 19. Jahrhundert (= Schriftenreihe des Arbeitskreises Orangerien in Deutschland e.V., Bd. 6), Petersberg 2010.
Grouvel, Robert: Les corps de troupe de l'émigration française, 1789-1815, 3 Bde., Paris 1957-1964.
Guasti, Niccolò: The Age of Suppression. From the Expulsions to the Restoration of the Society of Jesus (1759-1820), in: Ines G. Županov (Hg.): The Oxford Handbook of the Jesuits, New York 2019, S. 918-949.
Guenot, Hervé: Antoine Sabatier de Castres (1742-1817). URL: http://dictionnaire-journalistes.gazettes18e.fr/journaliste/723-antoine-sabatier-de-castres [10.5.2018].

Guglia, Eugen: Die ersten Emigranten in Wien 1789 bis 1795, in: Österreichisch-ungarische Revue N.F. 5 (1888), S. 177-192.
– Das Theresianum in Wien: Vergangenheit und Gegenwart, Wien 1912.
Guibert, Myriam: A contre-courant. Antoine-Sylvestre Receveur, Paris 1986.
Guidée, Achille: Notices historiques sur quelques membres de la Société des Pères du Sacre-Cœur et de la Compagnie de Jésus pour faire suite à la vie du R.P. Varin, Paris 1860.
– Vie du R.P. Joseph Varin: religieux de la Compagnie de Jésus, ancien supérieur général des pères du Sacré-Cœur en Allemagne, et des pères de la foi en France, Paris 1860.
Gürtler, Wolfgang; Krenn, Martin (Hg.): Die Familie Esterházy im 17. und 18. Jahrhundert (= Wissenschaftliche Arbeiten aus dem Burgenland, Bd. 128), Eisenstadt 2009.
Gutiérrez García-Brazales, Manuel: El exilio del clero francés en España durante la revolución (1791-1815), Saragossa 2005.
Habermas, Jürgen: Strukturwandel der Öffentlichkeit: Untersuchungen zu einer Kategorie der bürgerlichen Gesellschaft (= Politica: Abhandlungen und Texte zur politischen Wissenschaft, Bd. 4), Neuwied 1962.
Hahn, Sylvia: Historische Migrationsforschung (= Historische Einführungen, Bd. 11), Frankfurt a.M.; New York 2012.
Hajós, Géza: Die Kunstdenkmäler Wiens: die Kirchen des III. Bezirks: mit einer Einleitung über die topographische Entwicklung des Bezirks (= Österreichische Kunsttopographie, Bd. 41), Wien 1974.
Harmat, Ulrike; Rumpler, Helmut; Urbanitsch, Peter (Hg.): Die Habsburgermonarchie 1848-1918, Bd. 9: Soziale Strukturen, 1. Teilbd.: Von der feudal-agrarischen zur bürgerlich-industriellen Gesellschaft, Teilbd. 1/2: Von der Stände- zur Klassengesellschaft, Wien 2010.
Haroche-Bouzinac, Geneviève: Louise Élisabeth Vigée Le Brun: histoire d'un regard, Paris 2011.
Harrington, Joel F.: Historians without borders? »L'histoire croisée« and Early Modern Social History, in: Christopher Ocker (Hg.): Histories and Reformations (= Studies in medieval and Reformation traditions, Bd. 127), Leiden 2007, S. 79-90.
Harsanyi, Doina Pasca: Lessons from America. Liberal French nobles in exile, 1793-1798, University Park, PA 2010.
Härter, Karl: »Polizei«, in: Friedrich Jaeger (Hg.): Enzyklopädie der Neuzeit, Bd. 10, Stuttgart 2009, S. 170-180.
– Security and »Gute Policey« in Early Modern Europe: Concepts, Laws, and Instruments, in: Historical Social Research 35 (2010) 4, S. 41-65.
– Security and Cross-Border Political Crime: The Formation of Transnational Security Regimes in 18th and 19th Century Europe, in: Historical Social Research 38 (2013) 1, S. 96-106.
– Grenzen, Streifen, Pässe und Gesetze. Die Steuerung von Migration im frühneuzeitlichen Territorialstaat des Alten Reiches (1648-1806), in: Jochen Oltmer (Hg.): Handbuch Staat und Migration in Deutschland seit dem 17. Jahrhundert, Berlin; Boston 2015, S. 45-86.
Hartig, Irmgard A.: Französische Emigranten in Deutschland zur Zeit der Revolution und Napoleons., in: Jacques Grandjonc (Hg.): Deutsche Emigranten in Frankreich – französische Emigranten in Deutschland, 1685-1945, München 1984, S. 46-60.
Hartmann, Anja Victorine (Hg.): Eliten um 1800 (= Veröffentlichungen des Instituts für Europäische Geschichte Mainz, Bd. 183), Mainz 2000.
Häusler, Josef: Die Entwicklung der K.K. Landwirtschaftsgesellschaft in Wien während ihres hundertjährigen Bestandes. Aus Anlaß der hundertjährigen Jubelfeier der K.K. Landwirtschafts-Gesellschaft in Wien, Wien 1907.
Häusler, Wolfgang: Widerhall und Wirkung der Französischen Revolution in Wien, in: Karl Albrecht-Weinberger (Hg.): Freiheit, Gleichheit, Brüderlichkeit auch in Österreich? Auswirkungen der Französischen Revolution auf Wien und Tirol, Wien 1989, S. 196-209.

Hazard, Paul: Le Spectateur du Nord, in: Revue d'histoire littéraire de la France 13 (1906), S. 26-50.
Hefner, Otto-Titan von: Neues Wappenbuch des blühenden Adels im Königreiche Galizien, München 1863.
Heindl, Waltraud: Gehorsame Rebellen. Bürokratie und Beamte in Österreich 1780 bis 1848 (= Studien zu Politik und Verwaltung, Bd. 36), Wien 1991.
Heindl-Langer, Waltraud; Saurer, Edith (Hg.): Grenze und Staat. Paßwesen, Staatsbürgerschaft, Heimatrecht und Fremdengesetzgebung in der österreichischen Monarchie 1750-1867, Wien 2000.
Henke, Christian: Coblentz: Symbol für die Gegenrevolution. Die französische Emigration nach Koblenz und Kurtrier 1789-1792 und die politische Diskussion des revolutionären Frankreichs 1791-1794 (= Beihefte der Francia, Bd. 47), Stuttgart 2000.
– Das Zentrum der »Gegenrevolutions-Parthei« liegt am Rhein. Französische Emigranten im Kurfürstentum Trier 1789 bis 1794, in: Dittmar Dahlmann (Hg.): Unfreiwilliger Aufbruch. Migration und Revolution von der Französischen Revolution bis zum Prager Frühling (= Migration in Geschichte und Gegenwart, Bd. 2), Essen 2007, S. 9-29.
Heppner, Harald; Kernbauer, Alois; Reisinger, Nikolaus (Hg.): In der Vergangenheit viel Neues: Spuren aus dem 18. Jahrhundert ins Heute, Wien 2004.
Hersche, Peter: Der Aufgeklärte Reformkatholizismus in Österreich (= Quellen zur neueren Geschichte, Bd. 33), Bern; Frankfurt a. M. 1976.
– Der Spätjansenismus in Österreich (= Veröffentlichungen der Kommission für Geschichte Österreichs, Österreichische Akademie der Wissenschaften, Bd. 7), Wien 1977.
– »Migazzi, Christoph Graf«, in: Neue Deutsche Biographie 17 (1994), S. 486-488.
Higgs, David: Portugal and the Émigrés, in: Kirsty Carpenter, Philip Mansel (Hg.): The French Émigrés in Europe and the Struggle Against Revolution, 1789-1814, London 1999, S. 83-100.
Hillengass, Alfred: Die Gesellschaft vom heiligen Herzen Jesu (Société du Sacré-Cœur de Jésus). Eine kirchenrechtliche Untersuchung (= Kirchenrechtliche Abhandlungen, Bd. 89), Stuttgart 1917.
Hlavac, Christian: Prince Charles-Joseph de Ligne. Ein Kosmopolit des 18. Jahrhunderts und seine Wohnsitze in Wien und Umgebung, in: Franz M. Eybl (Hg.): Nebenschauplätze. Ränder und Übergänge in Geschichte und Kultur des Aufklärungsjahrhunderts (= Das Achtzehnte Jahrhundert und Österreich. Jahrbuch der Österreichischen Gesellschaft zur Erforschung des Achtzehnten Jahrhunderts, Bd. 28), Bochum 2014, S. 27-53.
Hochedlinger, Michael: Das Ende der Ära Kaunitz in der Staatskanzlei, in: Grete Klingenstein, Franz A.J. Szabo (Hg.): Staatskanzler Wenzel Anton von Kaunitz-Rietberg 1711-1794. Neue Perspektiven zu Politik und Kultur der europäischen Aufklärung, Graz; Esztergom; Paris; New York 1996, S. 117-130.
– » ... Dass Aufklärung das sicherste Mittel ist, die Ruhe und Anhänglichkeit der Unterthanen zu befestigen«. Staatskanzler Kaunitz und die ›franziszeische Reaktion‹ 1792-1794, in: Helmut Reinalter (Hg.): Aufklärung – Vormärz – Revolution (= Jahrbuch der Internationalen Forschungsstelle Demokratische Bewegungen in Mitteleuropa von 1770-1850 an der Universität Innsbruck, Bd. 16/17 [1996/97]), Frankfurt a.M. 1999, S. 62-79.
– Krise und Wiederherstellung. Österreichische Großmachtpolitik zwischen Türkenkrieg und »Zweiter Diplomatischer Revolution« 1787-1791 (= Historische Forschungen, Bd. 65), Berlin 2000.
–; Mat'a, Petr; Winkelbauer, Thomas (Hg.): Verwaltungsgeschichte der Habsburgermonarchie in der Frühen Neuzeit, Bd. 1: Hof und Dynastie, Kaiser und Reich, Zentralverwaltungen, Kriegswesen und landesfürstliches Finanzwesen (= Mitteilungen des Instituts für Österreichische Geschichtsforschung. Ergänzungsband 62, Teil 1), Wien 2019.
Hoeres, Peter; Owzar, Armin; Schröer, Christina (Hg.): Herrschaftsverlust und Machtverfall, München 2013.

Hollerweger, Hans: Tendenzen der liturgischen Reform unter Maria Theresia und Joseph II., in: Elisabeth Kovács (Hg.): Katholische Aufklärung und Josephinismus, München 1979, S. 295-306.
Hölzing, Philipp: Ein Laboratorium der Moderne. Politisches Denken in Deutschland 1789-1820, Wiesbaden 2015.
Höpel, Thomas: Emigranten der Französischen Revolution in Preußen 1789-1806. Eine Studie in vergleichender Perspektive (= Transfer. Deutsch-französische Kulturbibliothek, Bd. 17), Leipzig 2000.
–; Middell, Katharina (Hg.): Réfugiés und Emigrés. Migration zwischen Frankreich und Deutschland im 18. Jahrhundert (= Comparativ, Bd. 7, H. 5/6), Leipzig 1997.
Hörberg, Norbert: Eine Ordensgründung in Leitershofen. Léonor Francois de Tournely und seine Gesellschaft des heiligsten Herzens 1794, in: Jahrbuch des Vereins für Augsburger Bistumsgeschichte 28 (1994), S. 178-199.
Hörwarthner, Maria: Joseph Haydns Bibliothek – Versuch einer literarhistorischen Rekonstruktion, in: Jahrbuch für österreichische Kulturgeschichte 6 (1976), S. 157-207.
Huber, Kurt A.: Der Josephinismus als staatskirchliches Reformprogramm und die böhmischen Länder, in: Zeitschrift für Ostforschung. Länder und Völker im östlichen Mitteleuropa 31 (1982) 2, S. 223-230.
Huber-Frischeis, Thomas; Knieling, Nina; Valenta, Rainer: Die Privatbibliothek Kaiser Franz' I. von Österreich 1784-1835. Bibliotheks- und Kulturgeschichte einer fürstlichen Sammlung zwischen Aufklärung und Vormärz (= Veröffentlichungen der Kommission für neuere Geschichte Österreichs, Bd. 111,1), Wien; Köln; Weimar 2015.
Hutt, Maurice: Chouannerie and Counter-revolution: Puisaye, the Princes and the British Government in the 1790s, 2 Bde., Cambridge 1983.
Hyden-Hanscho, Veronika: Reisende, Migranten, Kulturmanager. Mittlerpersönlichkeiten zwischen Frankreich und dem Wiener Hof 1630-1730, Stuttgart 2013.
Ignatieff, Leonide: French Emigrés in Russia, 1789-1825: the interaction of cultures in time of stress, Ann Arbor 1963.
Incontrera, Oscar de: Giuseppe Labrosse e gli emigrati francesi a Trieste, in: Archeografo triestino 18/19 (1952/53), S. 81-132 [parte I], S. 361-423 [parte II]; 20 (1955/56), S. 77-153 [parte III]; 21 (1957/58), S. 71-141 [parte IV]; 22 (1959), S. 169-231 [parte V]; 23 (1960/61), S. 23-84 [parte VI]; 24 (1962), S. 83-156 [parte VII]; 25 (1963/64), S. 135-234 [parte VIII].
– Chateaubriand a Trieste, 24-31 luglio 1806. Con un appendice di documenti inediti sul console francese Séguier, in: Archeografo triestino 4 (1949/50) 16/17, S. 73-152.
– Chi fu l'accompagnatore di Chateaubriand a Trieste?, in: Archeografo triestino 20 (1955/56), S. 353-368.
Inglot, Marek: La Compagnia di Gesù nell'Impero Russo (1772-1820) e la sua parte nella restaurazione generale della Compagnia (= Miscellanea historiae pontificiae, Bd. 63), Rom 1997.
– The Society of Jesus in the Russian Empire (1772-1820) and the Restoration of the Order, in: Robert Aleksander Maryks, Jonathan Wright (Hg.): Jesuit survival and restoration. A global history, 1773-1900 (= Studies in the history of Christian traditions, Bd. 178), Leiden; Boston 2015, S. 67-82.
Israel, Jonathan I.: Democratic Enlightenment: Philosophy, Revolution, and Human Rights 1750-1790, Oxford 2011.
Jacob, François (Hg.): Mémorialistes de l'exil: émigrer, écrire, survivre, Paris 2003.
Janacek, Karl: Cléry in Wien, in: Wiener Geschichtsblätter 10 (1955) 1, S. 1-8.
Jansen, Jan C.: Flucht und Exil im Zeitalter der Revolutionen, in: Geschichte und Gesellschaft 44 (2018) 4, S. 495-525.
Jaquier, Claire; Lotterie, Florence; Seth, Catriona (Hg.): Destins romanesques de l'émigration (= L'esprit des lettres), Paris 2007.

Jarrett, Mark: The Congress of Vienna and its Legacy. War and Great Power Diplomacy after Napoleon (= International Library of Historical Studies), London 2013.
Jasanoff, Maya: Revolutionary Exiles: The American Loyalist and French Émigré Diasporas, in: David Armitage, Sanjay Subrahmanyam (Hg.): The Age of Revolutions in Global Context c. 1760-1840, Basingstoke 2010, S. 37-58.
– Liberty's exiles. American loyalists in the revolutionary world, New York 2012.
Jean, Armand: Les évêques et les archevêques de France depuis 1682 jusqu'à 1801, Paris 1891.
Jonas, Raymond A.: France and the cult of the Sacred Heart. An epic tale for modern times (= Studies on the history of society and culture, Bd. 39), Berkeley 2000.
Judson, Pieter M.: The Habsburg Empire. A new history, Cambridge; London 2016.
Juhl, Alfred: Augsburg und die französischen Emigranten der Revolutionszeit. Vom Beginn der Französischen Revolution bis zum Frieden von Campo Formio, in: Berichte des Holbein-Gymnasiums Augsburg, Schuljahr 1967/68 (1968), S. 48-107.
Julliard, Catherine: La ›Wiener Zeitschrift‹ de Leopold Alois Hoffmann: Une revue réactionaire à l'époque de la Révolution francaise, in: Pierre-André Bois, Raymond Heitz, Roland Krebs (Hg.): Voix conservatrices et réactionnaires dans les périodiques allemands de la Révolution française à la restauration. Études (= Convergences, Bd. 13), Bern; New York 1999, S. 299-325.
Kalamár, Stefan: Daten zu Leben und Werk des Pariser Architekten Charles de Moreau zwischen 1760 und 1803, in: Österreichische Zeitschrift für Kunst und Denkmalpflege 55 (2001) 4, S. 459-485.
– Die baulichen Aktivitäten von Nikolaus II. Fürst Esterházy im ersten Jahrzehnt seiner Regierung, in: Wolfgang Gürtler, Martin Krenn (Hg.): Die Familie Esterházy im 17. und 18. Jahrhundert. Tagungsband der 28. Schlaininger Gespräche, 29. September – 2. Oktober 2008 (= Wissenschaftliche Arbeiten aus dem Burgenland, Bd. 128), Eisenstadt 2009, S. 289-316.
Kale, Steven D.: French Salons. High Society and Political Sociability from the Old Regime to the Revolution of 1848, Baltimore 2004.
Karla, Anna: Revolution als Zeitgeschichte. Memoiren der Französischen Revolution in der Restaurationszeit (= Bürgertum: Neue Folge, Bd. 11), Göttingen 2014.
–; Pestel, Friedemann: Revolution on Trial: Writing Memoirs in Times of Revolution, Emigration, and Restoration (1789-1824), in: French Historical Studies 43 (2020) 3, S. 391-420.
Karstens, Simon: Lehrer, Schriftsteller, Staatsreformer. Die Karriere des Joseph von Sonnenfels (1733-1817) (= Veröffentlichungen der Kommission für neuere Geschichte Österreichs, Bd. 106), Wien; Köln; Weimar 2011.
Kastner, Richard H.: Der Architekt Karl (Charles) Moreau, in: Wiener Geschichtsblätter 69 (2014) 4, S. 277-304.
Keil, Robert: Die Porträtminiaturen des Hauses Habsburg. Die Sammlung von 584 Porträtminiaturen aus der ehemaligen von Kaiser Franz I. von Österreich gegründeten Primogenitur-Fideikommissbibliothek in der Hofburg zu Wien, Wien 1999.
Keran, Agata: François-Guillaume Ménageot a Monte Berico. Storia di un'amicizia ai tempi di guerra, in: Arte Documento. Rivista e Collezione di Storia e tutela dei Beni Culturali 33 (2017), S. 206-211.
Kervingant, Marie: Des moniales face à la Révolution française. Aux origines des Cisterciennes-Trappistines (= Bibliothèque Beauchesne. Religions, société, politique, Bd. 14), Paris 1989.
– A monastic odyssey (= Cistercian studies series, Bd. 171), Kalamazoo 1999.
Khuepach, Artur von: Geschichte der K.K. Kriegsmarine, Teil 2: Die k.k. Österreichische Kriegsmarine in dem Zeitraume von 1797-1848, Bd. 2: Geschichte der K.K. Kriegsmarine während der Jahre 1802 bis 1814, Wien 1942.
Kilroy, Phil: The Society of the Sacred Heart in nineteenth-century France, 1800-1865, Cork 2012.

King, David: Vienna, 1814. How the conquerors of Napoleon made love, war, and peace at the Congress of Vienna, New York 2008.
Kleinmann, Sarah; Peselmann, Arnika; Spieker, Ira (Hg.): Kontaktzonen und Grenzregionen (= Bausteine aus dem Institut für Sächsische Geschichte und Volkskunde, Bd. 38), Leipzig 2019.
Klinck, David: The French counterrevolutionary theorist Louis de Bonald (1754-1840) (= Studies in modern European history, Bd. 18), New York 1996.
Klingebiel, Thomas: Migrationen im frühneuzeitlichen Europa, Anmerkungen und Überlegungen zur Typologiediskussion, in: Thomas Höpel, Katharina Middell (Hg.): Réfugiés und Emigrés. Migration zwischen Frankreich und Deutschland im 18. Jahrhundert (= Comparativ, Bd. 7, H. 5/6), Leipzig 1997, S. 23-38.
Klingenstein, Grete; Szabo, Franz A.J. (Hg.): Staatskanzler Wenzel Anton von Kaunitz-Rietberg 1711-1794. Neue Perspektiven zu Politik und Kultur der europäischen Aufklärung, Graz; Esztergom; Paris; New York 1996.
Klueting, Harm: Staatskirchentum, in: Helmut Reinalter (Hg.): Lexikon zum Aufgeklärten Absolutismus in Europa: Herrscher – Denker – Sachbegriffe, Wien; Köln; Weimar 2005, S. 578-585.
Knoll, Eva Susanne: Der niederösterreichische Herrenstand von 1740-1848, Diss. Wien 1966.
Koch, Georg Friedrich (Hg.): Karl Friedrich Schinkel – Lebenswerk, Bd. 19: Die Reisen nach Italien 1803-1805 und 1824, München; Berlin 2006.
Koehler, Benedikt: Ästhetik der Politik. Adam Müller und die politische Romantik, Stuttgart 1980.
Koll, Johannes: »Die belgische Nation«. Patriotismus und Nationalbewußtsein in den Südlichen Niederlanden im späten 18. Jahrhundert (= Niederlande-Studien, Bd. 33), Münster 2003.
Komlosy, Andrea: Grenze und ungleiche regionale Entwicklung. Binnenmarkt und Migration in der Habsburgermonarchie, Wien 2003.
Kondylis, Panajotis: Konservativismus. Geschichtlicher Gehalt und Untergang, Stuttgart 1986.
Körner, Alfred: Die Wiener Jakobiner (= Deutsche revolutionäre Demokraten, Bd. 3), Stuttgart 1972.
Körner, Stefan: Nikolaus II. Esterházy (1765-1833) und die Kunst: Biografie eines manischen Sammlers, Wien; Köln; Weimar 2013.
Koselleck, Reinhart: »Erfahrungsraum« und »Erwartungshorizont« – zwei historische Kategorien, in: Ulrich Engelhardt, Volker Sellin, Horst Stuke (Hg.): Soziale Bewegung und politische Verfassung. Beiträge zur Geschichte der modernen Welt, Stuttgart 1976, S. 13-33.
Kostkiewiczowa, Teresa: Les émigrés français en Pologne dans les dernières années du XVIIIe siècle, in: François Jacob (Hg.): Mémorialistes de l'exil: émigrer, écrire, survivre, Paris 2003, S. 229-239.
Köthe, Regina: Vor der Revolution geflohen. Exil im literarischen Diskurs nach 1789, Wiesbaden 1997.
Kovács, Elisabeth (Hg.): Katholische Aufklärung und Josephinismus, München 1979.
– Beziehungen von Staat und Kirche im 18. Jahrhundert, in: Erich Zöllner (Hg.): Österreich im Zeitalter des aufgeklärten Absolutismus (= Schriften des Institutes für Österreichkunde, Bd. 42), Wien 1983, S. 29-53.
Kremers, Hildegard (Hg.): Joseph von Sonnenfels. Aufklärung als Sozialpolitik (= Klassische Studien zur sozialwissenschaftlichen Theorie, Weltanschauungslehre und Wissenschaftsforschung, Bd. 10), Wien; Köln; Weimar 1994.
Kröger, Bernward: Der französische Exilklerus im Fürstbistum Münster (1794-1802) (= Veröffentlichungen des Instituts für Europäische Geschichte Mainz, Abteilung für Abendländische Religionsgeschichte, Bd. 203), Mainz 2005.
Krumenacker, Yves (Hg.): Religieux et religieuses pendant la Révolution (1770-1820). Actes

du colloque de la Faculté de théologie de l'Université catholique de Lyon (15-17 sept. 1992), 2 Bde., Lyon 1995.

Kruse, Elisabeth: Die Emigranten der Französischen Revolution in Kurhannover, Hannover 1990.

Kuhn, Brigitte: Der Landschafts- und Schlachtenmaler Francesco Casanova, in: Wiener Jahrbuch für Kunstgeschichte 37 (1984) 1, S. 89-118.

Küntzel, Astrid: Fremde in Köln. Integration und Ausgrenzung zwischen 1750 und 1814, Köln 2008.

Kuzmany, Börries; Garstenauer, Rita (Hg.): Aufnahmeland Österreich. Über den Umgang mit Massenflucht seit dem 18. Jahrhundert, Wien; Berlin 2017.

La Croix Castries, René de: Les hommes de l'émigration 1789-1814 (les émigrés) (= Documents d'histoire), Paris 1979.

Lachenicht, Susanne: Hugenotten in Europa und Nordamerika. Migration und Integration in der Frühen Neuzeit, Frankfurt a.M. 2010.

Ladreit de Lacharrière, Jacques: Les Cahiers de Madame de Chateaubriand, Paris 1909.

Laffay, Augustin-Hervé: Dom Augustin de Lestrange et l'avenir du monachisme (1754-1827) (= Histoire religieuse de la France, Bd. 12), Paris 1998.

Lahner, Julian: Von der symbolischen Herrschaftsübernahme zur Emanzipation regionaler Eliten. Die Reise der Familie Leopolds II. durch Tirol anlässlich des Herrschaftswechsels im Jahr 1790, in: Stefan Seitschek, Elisabeth Lobenwein, Josef Löffler (Hg.): Herrschaftspraktiken und Lebensweisen im Wandel. Die Habsburgermonarchie im 18. Jahrhundert (= Das Achtzehnte Jahrhundert und Österreich. Jahrbuch der Österreichischen Gesellschaft zur Erforschung des Achtzehnten Jahrhunderts, Bd. 35), Wien 2020, S. 91-108.

–; Romberg, Marion; Wallnig, Thomas (Hg.): Kirche und Klöster zwischen Aufklärung und administrativen Reformen (= Das Achtzehnte Jahrhundert und Österreich. Jahrbuch der Österreichischen Gesellschaft zur Erforschung des Achtzehnten Jahrhunderts, Bd. 36), Göttingen 2021.

Langendorf, Jean-Jacques: Pamphletisten und Theoretiker der Gegenrevolution 1789-1799 (= Batterien, Bd. 36), München 1989.

Lanzac Laborie, Léon de: De l'Armée de Condé aux hussards de Napoléon. Un cavalier des temps épique, in: Le Correspondant (1901) 1, S. 142-156.

Lapauze, Henry: Histoire de l'Académie de France à Rome, 2 Bde., Paris 1924.

Laux, Stephan; Schmidt, Maike (Hg.): Grenzraum und Repräsentation (= Trierer historische Forschungen, Bd. 74), Trier 2019.

Lavagne d'Ortigue, Xavier: Mort violente, exil, déportation ou: prémontrés français victimes de la Révolution, in: Analecta Praemonstratensia 68 (1992), S. 264-301.

Lehnert, Joseph von: Geschichte der k. und k. Kriegs-Marine, 2. Theil: Die k.k. Österreichische Kriegs-Marine in dem Zeitraume von 1797 bis 1848, 1. Band: Die Geschichte der Österreichisch-Venezianischen Kriegs-Marine während der Jahre 1797 bis 1802, Wien 1891.

Leitner, Hermann: Der geheime Dienst der Polizei in seinen Anfängen zur Zeit des österreichischen Absolutismus, Diss. Wien 1995.

Lenkefi, Ferenc: A lelkigondozás problémái a francia hadifoglyok körében Magyarországon, 1794-1795 [Die Probleme der Seelsorge unter den französischen Kriegsgefangenen in Ungarn, 1794-1795], in: Hadtörténelmi Közlemények 107 (1994) 3, S. 3-18.

Lenotre, G.: La fille de Louis XVI, Marie-Thérèse-Charlotte de France, Paris 1946.

Lentz, Thierry: Le congrès de Vienne: une refondation de l'Europe; 1814-1815, Paris 2013.

Leonhard, Jörn; Lüsebrink, Hans-Jürgen; Reichardt, Rolf (Hg.): Handbuch politisch-sozialer Grundbegriffe in Frankreich 1680-1820, Heft 22 (= Ancien Régime, Aufklärung und Revolution, Bd. 10), Berlin; Boston 2021.

Lerou, Paule; Dartevelle, Raymond; Plongeron, Bernard (Hg.): Pratiques religieuses, mentalités et spiritualités, dans l'Europe révolutionnaire, 1770-1820, Turnhout 1988.

Lettner, Gerda: Das Rückzugsgefecht der Aufklärung in Wien 1790-1792 (= Campus-Forschung, Bd. 558), Frankfurt a.M.; New York 1988.
– Das Spannungsfeld zwischen Aufklärung und Absolutismus. Die Ära Kaunitz (1749-1794), Göttingen 2016.
Lilti, Antoine: Figures publiques: l'invention de la célébrité 1750-1850, Paris 2014.
List, Rudolf: Stift Admont, 1074-1974, Ried i. Innkreis 1974.
Lossky, Boris: Un architecte français en Russie à l'aube du XIXe siècle: J.P.Thomas, dit de Thomon, in: Revue des études slaves 57 (1985) 4, S. 591-604.
Lüsebrink, Hans-Jürgen; Reichardt, Rolf (Hg.): Kulturtransfer im Epochenumbruch. Frankreich–Deutschland 1770 bis 1815, 2 Bde. (= Transfer. Deutsch-Französische Kulturbibliothek, Bd. 9), Leipzig 1997.
–; Reichardt, Rolf; Nohr, René: Kulturtransfer im Epochenumbruch – Entwicklung und Inhalte der französisch-deutschen Übersetzungsbibliothek 1770-1815 im Überblick, in: Hans-Jürgen Lüsebrink, Rolf Reichardt (Hg.): Kulturtransfer im Epochenumbruch. Frankreich–Deutschland 1770 bis 1815 (= Transfer. Deutsch-französische Kulturbibliothek, Bd. 9), Leipzig 1997, S. 29-86.
Maaß, Ferdinand: Der Josephinismus. Quellen zu seiner Geschichte in Österreich 1760-1790, Bd. 4: Der Spätjosephinismus 1790-1820 (= Fontes rerum Austriacarum, Abt. 2, Bd. 74), Wien 1957.
Magnette, Félix: Les Émigrés français aux Pays-Bas (1789-1794), Brüssel 1907.
Maier, Hans; Schmitt, Eberhard (Hg.): Wie eine Revolution entsteht. Die Französische Revolution als Kommunikationsereignis (= Politik- und kommunikationswissenschaftliche Veröffentlichungen der Görres-Gesellschaft, Bd. 6), Paderborn; München 1988.
Maier, Thomas: Jean Manzon (1740-1798). Der Redakteur des Courier du Bas-Rhin, in: Wilhelm Diedenhofen, Thomas Maier, Bert Thissen, Helga Ullrich-Scheyda (Hg.): Klevische Lebensbilder, Kleve 2013, S. 87-94.
Malitz-Novotny, Maria: Die französische Revolution und ihre Rückwirkung auf Österreich 1789-1795, Diss. Wien 1951.
Mann, Michael (Hg.): Menschenhandel und Zwangsarbeit (= Comparativ, Bd. 13, H. 4), Leipzig 2003.
Mansel, Philip: Louis XVIII, London 1999.
– The Prince of Europe: The Life of Charles Joseph De Ligne (1735-1814), London 2005.
– From Exile to the Throne: The Europeanization of Louis XVIII, in: Philip Mansel, Torsten Riotte (Hg.): Monarchy and Exile: The Politics of Legitimacy from Marie de Médicis to Wilhelm II, London 2011, S. 188-213.
–; Riotte, Torsten (Hg.): Monarchy and Exile: The Politics of Legitimacy from Marie de Médicis to Wilhelm II, London 2011.
Manske, Maike: Möglichkeiten und Grenzen des Kulturtransfers. Emigranten der Französischen Revolution in Hamburg, Bremen und Lübeck, Saarbrücken 2008.
Martin, Jean-Clément: Contre-révolution, révolution et nation en France, 1789-1799 (= Points Histoire, Bd. 250), Paris 1998.
– (Hg.): La contre-révolution en Europe, XVIIIe-XIXe siècles; réalités politiques et sociales résonances culturelles et idéologiques, Rennes 2001.
Martz, Jochen: Ein »Wunder der Horticultur«: Das 1818-1820 errichtete, ehemalige Remy'sche Glashaus an der Wiener Hofburg, in: Claudia Gröschel (Hg.): Goldorangen, Lorbeer und Palmen – Orangeriekultur vom 16. bis 19. Jahrhundert (= Schriftenreihe des Arbeitskreises Orangerien in Deutschland e.V., Bd. 6), Petersberg 2010, S. 196-213.
Maryks, Robert Aleksander; Wright, Jonathan (Hg.): Jesuit survival and restoration (= Studies in the history of Christian traditions, Bd. 178), Leiden; Boston 2015.
Maspero-Clerc, Hélène: Un journaliste contre-révolutionnaire, Jean-Gabriel Peltier (1760-1825) (= Bibliothèque d'histoire révolutionnaire), Paris 1973.

Mathy, Helmut: Franz Georg von Metternich, der Vater des Staatskanzlers, Meisenheim a. Glan 1969.
Maurer, Helmut: Konstanz als österreichische Stadt, in: Hans Maier, Volker Press, Dieter Stievermann (Hg.): Vorderösterreich in der frühen Neuzeit, Sigmaringen 1989, S. 243-262.
May, Gita: Elisabeth Vigée Le Brun: The Odyssey of an Artist in an Age of Revolution, New Haven 2005.
Mayer, Ingeborg: Polizeiwesen in Wien und Niederösterreich im 18. Jahrhundert. Reform und Kompetenzverteilung, in: Unsere Heimat. Verein für Landeskunde von Niederösterreich 57 (1986), S. 75-91.
McMahon, Darrin M.: Enemies of the Enlightenment: The French Counter-Enlightenment and the Making of Modernity, Oxford 2001.
McPhee, Peter (Hg.): A companion to the French Revolution (= Blackwell Companions to European History), Chichester; Malden 2013.
Meadows, R. Darell: The Planters of Saint-Domingue, 1750-1804. Migration and Exile in the French Revolutionary Atlantic, Diss. Carnegie Mellon University 2004.
Menozzi, Daniele: Sacro Cuore. Un culto tra devozione interiore e restaurazione cristiana della società (= Sacro/santo nuova ser., Bd. 5), Rom 2001.
Middell, Matthias: Widerstände gegen neuzeitliche Revolutionen: Einige Überlegungen im Vergleich, in: ders. (Hg.): Widerstände gegen Revolutionen 1789-1989 (= Beiträge zur Universalgeschichte und vergleichenden Gesellschaftsforschung, Bd. 12), Leipzig 1994, S. 9-19.
– (Hg.): Widerstände gegen Revolutionen 1789-1989 (= Beiträge zur Universalgeschichte und vergleichenden Gesellschaftsforschung, Bd. 12), Leipzig 1994.
– Kulturtransfer, Transferts culturels. URL: http://docupedia.de/zg/middell_kulturtransfer_v1_de_2016 [3.12.2020].
–; Espagne, Michel (Hg.): Archiv und Gedächtnis (= Transfer. Deutsch-französische Kulturbibliothek, Bd. 13), Leipzig 2000.
Milella, Maria A.: Il gusto del Sabatier de Castres, Mailand 1983.
Mittenzwei, Ingrid: Zwischen Gestern und Morgen. Wiens frühe Bourgeoisie an der Wende vom 18. zum 19. Jahrhundert (= Bürgertum in der Habsburgermonarchie, Bd. 7), Wien 1998.
Monod, Paul Kléber; Pittock, Murray; Szechi, Daniel (Hg.): Loyalty and identity. Jacobites at home and abroad (= Studies in modern history), Basingstoke 2010.
Moser, Arnulf: Die französische Emigrantenkolonie in Konstanz während der Revolution (1792-1799) (= Konstanzer Geschichts- und Rechtsquellen, Bd. 21), Sigmaringen 1975.
– Konstanz am Ende des Alten Reiches. Modernisierungsversuche durch Genfer und französische Emigrantenkolonien (1785-1799), in: Dieter Schott, Werner Trapp (Hg.): Seegründe. Beiträge zur Geschichte des Bodenseeraumes (= Leben in der Region, Bd. 1), Weingarten 1984, S. 53-72.
– Die französische Revolution von 1789 und die Emigranten im Bodenseegebiet, in: Badische Heimat 3 (1989), S. 151-161.
Mostaccio, Silvia; Caffiero, Marina; Maeyer, Jan de; Fabre, Pierre-Antoine; Serra, Alessandro (Hg.): Échelles de pouvoir, rapports de genre. Femmes, jésuites et modèle ignatien, Löwen 2014.
Moustier, Philippe de: Souvenirs français à Vienne à travers les âges, Wien 1980.
Moutray, Tonya J.: Refugee Nuns, the French Revolution, and British Literature and Culture, New York 2016.
Muck, Ernst R.: Abt Rainer II. Sigl von Zwettl und die Trappisten, in: Cistercienser-Chronik 46 (1934) 549/550, S. 340-353, 378-394.
Müller, Hartmut: Emigrés bienvenues? Flüchtlinge zwischen Toleranz und Staatsraison 1795 in Bremen. Eine Fallstudie, in: Bremisches Jahrbuch 94 (2015), S. 70-106.

Neck, Rudolf: Zu den österreichisch-italienischen Archivverhandlungen nach dem Ersten Weltkrieg, in: Mitteilungen des österreichischen Staatsarchivs 31 (1978), S. 434-441.
Neugebauer, Hugo: Französische Flüchtlinge im Trientner Gebiet und im Hochetschlande (1790 bis 1804), in: Der Schlern 15 (1934), S. 326-332.
Neumann, Léopold (Hg.): Recueil des traités et conventions conclus par l'Autriche-Hongrie avec les puissances étrangères, 2 Bde., Wien 1877.
Nora, Pierre (Hg.): Les lieux de mémoire, Paris 1984-1992.
Nowak, Manfred (Hg.): Vom Umgang mit den »Anderen« (= Studienreihe des Ludwig-Boltzmann-Instituts für Menschenrechte, Bd. 25), Wien 2013.
Oberhummer, Hermann: Die Wiener Polizei. Neue Beiträge zur Geschichte des Sicherheitswesens in den Ländern der ehemaligen österrichisch-ungarischen Monarchie, Bd. 1, Wien 1937.
Ocker, Christopher (Hg.): Histories and Reformations (= Studies in medieval and Reformation traditions, Bd. 127), Leiden 2007.
Olliver, Julie: Les dons en faveur du clergé français émigré, collectés dans l'Empire de Russie en 1794 et 1798, in: Histoire, Économie et Société 25 (2006) 4, S. 45-59.
– Les mesures prises dans l'empire de Russie envers les Français soupçonnés de sympathies révolutionnaires (1792-1799), in: Annales historiques de la Révolution française 349 (2007), S. 105-127.
Oltmer, Jochen (Hg.): Handbuch Staat und Migration in Deutschland seit dem 17. Jahrhundert, Berlin; Boston 2015.
Osterloh, Karl-Heinz: Joseph von Sonnenfels und die österreichische Reformbewegung im Zeitalter des aufgeklärten Absolutismus: eine Studie zum Zusammenhang von Kameralwissenschaft und Verwaltungspraxis (= Historische Studien, Bd. 409), Lübeck; Hamburg 1970.
Owczarski, Adam: Die seelsorgliche Tätigkeit der Redemptoristen in der Kirche von St. Benno in Warschau (1788-1808), in: Spicilegium Historicum 43 (1995), S. 87-136.
Ozouf, Mona: Varennes. La mort de la royauté: 21 juin 1791 (= Les journées qui ont fait la France), Paris 2007.
Pape, Matthias: Sie bat um Gehör für eine Sondervorführung. Wer war die »alte Gräfin«, die im September 1804 in Wien Beethoven und den preußischen Prinzen Louis Ferdinand einlud?, in: Frankfurter Allgemeine Zeitung, Beilage Natur und Wissenschaft 2020 (29. Juli 2020) Nr. 174, S. N 3.
Pasetzky, Gilda: Die Trikolore in Wien. General Bernadotte und der Wiener Fahnentumult vom April 1798, in: Francia 25 (1998) 2, S. 163-175.
Paulin, Pierre: Johann Peter Silbert: ein elsässischer Schriftsteller und Dichter; Beitrag zur Wiener katholischen Romantik, Kevelaer 1930.
Pawlik, Maria: Emigranten der französischen Revolution in Österreich (1789-1814), Diss. Wien 1967.
– Emigranten der Französischen Revolution in Österreich (1789-1814), in: Mitteilungen des Instituts für Österreichische Geschichtsforschung 77 (1969), S. 78-127.
Pelzer, Erich: Die Wiederkehr des girondistischen Helden. Deutsche Intellektuelle als kulturelle Mittler zwischen Deutschland und Frankreich während der Französischen Revolution (= Pariser Historische Studien, Bd. 43), Bonn 1998.
Pernau, Margrit: Transnationale Geschichte, Göttingen 2011.
Pestel, Friedemann: Weimar als Exil. Erfahrungsräume französischer Revolutionsemigranten 1792-1803 (= Transfer. Deutsch-Französische Kulturbibliothek, Bd. 28), Leipzig 2009.
– Revolution im Deutungsstreit. Deutsch-französische Perspektiven auf die Emigranten am Beispiel der kurmainzischen Gebiete Thüringens 1794/1795, in: Zeitschrift für Thüringische Geschichte 64 (2010), S. 215-244.
– Emigration als Kommunikationsereignis. Die europäisch-amerikanische Rezeption der

monarchiens während der Französischen Revolution, in: Archiv für Kulturgeschichte 96 (2014) 2, S. 299-340.
- Kosmopoliten wider Willen. Die »monarchiens« als Revolutionsemigranten (= Pariser Historische Studien, Bd. 104), Berlin 2015.
- Educating against Revolution: French Émigré Schools and the Challenge of the Next Generation, in: European History Quarterly 47 (2017) 2, S. 229-256.
- On Counterrevolution: Semantic Investigations on a Counter-Concept during the French Revolution, in: Contributions to the History of Concepts 12 (2017) 2, S. 50-75.
- »Das Exil hat, wie alle Lagen des menschlichen Lebens, sein Gutes«: Französische Revolutionsemigranten in Hamburg und Altona, in: Nele Maya Fahnenbruck, Johanna Meyer-Lenz (Hg.): Fluchtpunkt Hamburg. Zur Geschichte von Flucht und Migration in Hamburg von der Frühen Neuzeit bis zur Gegenwart, Bielefeld 2018, S. 157-176.
- The Age of Emigrations: French Émigrés and Global Entanglements of Political Exile, in: Laure Philip, Juliette Reboul (Hg.): French Emigrants in Revolutionised Europe. Connected Histories and Memoires (= War, Culture and Society, 1750-1850), Cham 2019, S. 205-231.
- Contre-révolution, in: Jörn Leonhard, Hans-Jürgen Lüsebrink, Rolf Reichardt (Hg.): Handbuch politisch-sozialer Grundbegriffe in Frankreich 1680-1820, Heft 22 (= Ancien Régime, Aufklärung und Revolution, Bd. 10), Berlin; Boston 2021, S. 163-210.
- The Colors of Exile in the Age of Revolutions: New Perspectives for French Émigré Studies, in: Yearbook of Transnational History 4 (2021), S. 27-68.
- Französische Revolutionsmigration nach 1789. URL: http://www.ieg-ego.eu/pestelf-2017-de [11.11.2017].
-; Winkler, Matthias: Provisorische Integration und Kulturtransfer. Französische Revolutionsemigranten im Heiligen Römischen Reich deutscher Nation, in: Francia 43 (2016), S. 137-160.
Petiot, Alain: Les Lorrains et l'empire. Dictionnaire biographique des Lorrains et de leurs descendants au service des Habsbourg de la maison d'Autriche, Versailles 2005.
Pettenegg, Gaston von (Hg.): Ludwig und Karl Grafen und Herren von Zinzendorf, Minister unter Maria Theresia, Josef II., Leopold II. und Franz I., Wien 1879.
Phili, Christine: Greek mathematical publications in Vienna in the 18th-19th centuries, in: Martina Bečvářová, Christa Binder (Hg.): Mathematics in the Austrian-Hungarian Empire, Prag 2010, S. 137-148.
Philip, Laure; Reboul, Juliette (Hg.): French Emigrants in Revolutionised Europe. Connected Histories and Memoires (= War, Culture and Society, 1750-1850), Cham 2019.
Philipps, Carolin: Die Dunkelgräfin. Das Geheimnis um die Tochter Marie Antoinettes, München 2012.
Picheloup, René: Les Ecclésiastiques français émigrés ou déportés dans l'État pontifical, Toulouse 1972.
Pickl von Witkenberg, Wilhelm: Kämmerer-Almanach: Historischer Rückblick auf die Entwicklung der Kämmerer-Würde, Wien 1903.
Pimenova, Ludmila: Die Emigranten der Französischen Revolution und ihr kultureller Einfluß auf die russische Gesellschaft, in: Thomas Höpel, Katharina Middell (Hg.): Réfugiés und Emigrés. Migration zwischen Frankreich und Deutschland im 18. Jahrhundert (= Comparativ, Bd. 7, H. 5/6), Leipzig 1997, S. 144-157.
Pinasseau, Jean: L'émigration militaire: Campagne de 1792, 2 Bde., Paris 1957-1971.
Pitschmann, Benedikt: Bischof Mérinville von Dijon in Kremsmünster, in: Jahrbuch des Musealvereins Wels 16 (1969/70), S. 113-120.
Planert, Ute: Der Mythos vom Befreiungskrieg. Frankreichs Kriege und der deutsche Süden: Alltag – Wahrnehmung – Deutung 1792-1841 (= Krieg in der Geschichte, Bd. 33), Paderborn 2007.

Polasky, Janet L.: Revolution in Brussels, 1787-1793, Brüssel 1985.
Potofsky, Allan: The »Non-Aligned Status« of French Emigrés and Refugees in Philadelphia, 1793-1798, in: Transatlantica 2 (2006), S. 33-50.
Poussou, Jean-Pierre; Mézin, Anne; Perret-Gentil, Yves (Hg.): L'influence française en Russie au XVIIIe siècle (= Collection du Centre Roland Mousnier, Bd. 13), Paris 2004.
Pranzl, Rudolf: Das Verhältnis von Staat und Kirche – Religion im theresianisch-josephinischen Zeitalter, in: Helmut Reinalter (Hg.): Josephinismus als aufgeklärter Absolutismus, Wien 2008, S. 17-52.
Pratt, Mary Louise: Arts of the Contact Zone, in: Profession (1991), S. 33-40.
Presle, Benedikt: Die Einstellung der Regierung der österreichischen Niederlande zur französischen Emigration in den Jahren 1789-1794, Diss. Wien 1947.
Price, Munro: Road from Versailles: Louis XVI, Marie Antoinette, and the fall of the French monarchy, New York 2003.
Ragon, Marcel: La législation sur les émigrés 1789-1825, Paris 1904.
Rance, Karine: Die Emigration des französischen Adels in Deutschland: eine »vorübergehende« Emigration, in: Thomas Höpel, Katharina Middell (Hg.): Réfugiés und Emigrés. Migration zwischen Frankreich und Deutschland im 18. Jahrhundert (= Comparativ, Bd. 7, H. 5/6), Leipzig 1997, S. 158-178.
- L'identité collective des nobles français émigrés en Allemagne (1789-1815), in: Grenzgänge. Beiträge zu einer modernen Romanistik 9 (1998), S. 24-37.
- L'émigration nobiliaire française en Allemagne: une »migration de maintien« (1789-1815), in: Genèses 30 (1998), S. 5-29.
- Mémoires de nobles français émigrés en Allemagne pendant la Révolution Française: la vision rétrospective d'une expérience, in: Revue d'histoire moderne et contemporaine 46 (1999) 2, S. 245-262.
- Die Sozialisation junger französischer Adliger im deutschen Exil. Übertragung adliger Werte 1789-1815, in: Anja Victorine Hartmann (Hg.): Eliten um 1800. Erfahrungshorizonte, Verhaltensweisen, Handlungsmöglichkeiten (= Veröffentlichungen des Instituts für Europäische Geschichte Mainz, Bd. 183), Mainz 2000, S. 135-154.
- La »référence allemande« dans les mémoires des émigrés, in: Matthias Middell, Michel Espagne (Hg.): Archiv und Gedächtnis. Studien zur interkulturellen Überlieferung (= Transfer. Deutsch-französische Kulturbibliothek, Bd. 13), Leipzig 2000, S. 196-222.
- Les mémoires de nobles émigrés partis en Allemagne: Coblence, ou prédire un échec advenu, in: Daniel Schönpflug, Jürgen Voss (Hg.): Révolutionnaires et émigrés. Transfer und Migration zwischen Frankreich und Deutschland 1789-1806 (= Beihefte der Francia, Bd. 56), Stuttgart 2002, S. 221-234.
- Les nobles émigrés dans les pays germaniques pendant la Révolution Française, in: Bulletin d'information de la Mission historique française en Allemagne (2002), S. 225-234.
- Voyages en terres d'exil: les émigrés en Europe, in: Nicolas Bourguinat, Sylvain Venayre (Hg.): Voyager en Europe, de Humboldt à Stendhal. Contraintes nationales et tentations cosmopolites, 1790-1840, Paris 2007, S. 415-427.
- L'historiographie de l'émigration, in: Philippe Bourdin (Hg.): Les noblesses françaises dans l'Europe de la Révolution, Rennes 2010, S. 355-368.
Raviez, François: Sénac de Meilhan: L'Émigré ou l'art de survivre, in: François Jacob (Hg.): Mémorialistes de l'exil: émigrer, écrire, survivre, Paris 2003, S. 137-152.
Rayez, André: Clorivière et les Pères de la Foi, in: Archivum Historicum Societatis Iesu 21 (1952), S. 300-328.
Reboul, Juliette: French emigration to Great Britain in response to the French Revolution, Cham 2017.
Reichardt, Rolf: Probleme des kulturellen Transfers der Französischen Revolution in der deutschen Publizistik 1789-1799, in: Holger Böning (Hg.): Französische Revolution und

deutsche Öffentlichkeit. Wandlungen in Presse und Alltagskultur am Ende des achtzehnten Jahrhunderts (= Deutsche Presseforschung, Bd. 28), München 1992, S. 91-146.
- Das Blut der Freiheit. Französische Revolution und demokratische Kultur, Frankfurt a. M. ³2002.
- Die Französische Revolution als europäisches Medienereignis. URL: http://www.ieg-ego.eu/reichardtr-2010-de [11.11.2017].
Reinalter, Helmut: Aufgeklärter Absolutismus und Revolution. Zur Geschichte des Jakobinertums und der frühdemokratischen Bestrebungen in der Habsburgermonarchie (= Veröffentlichungen der Kommission für neuere Geschichte Österreichs, Bd. 68), Wien 1980.
- Österreich und die Französische Revolution, Wien 1988.
- Soziale Unruhen in Österreich im Einflußfeld der Französischen Revolution, in: Helmut Berding (Hg.): Soziale Unruhen in Deutschland während der Französischen Revolution (= Geschichte und Gesellschaft. Sonderheft, Bd. 12), Göttingen 1988, S. 189-201.
- Die Französische Revolution und Österreich. Ein Überblick, in: Karl Albrecht-Weinberger (Hg.): Freiheit, Gleichheit, Brüderlichkeit auch in Österreich? Auswirkungen der Französischen Revolution auf Wien und Tirol, Wien 1989, S. 180-195.
- Französische Revolution und Öffentlichkeit in Österreich, in: Holger Böning (Hg.): Französische Revolution und deutsche Öffentlichkeit. Wandlungen in Presse und Alltagskultur am Ende des achtzehnten Jahrhunderts (= Deutsche Presseforschung, Bd. 28), München 1992, S. 17-25.
- Gegen die »Tollwuth der Aufklärungsbarbarei«. Leopold Alois Hoffmann und der frühe Konservativismus in Österreich, in: Christoph Weiss (Hg.): Von »Obscuranten« und »Eudämonisten«. Gegenaufklärerische, konservative und antirevolutionäre Publizisten im späten 18. Jahrhundert (= Literatur im historischen Kontext, Bd. 1), St. Ingbert 1997, S. 221-244.
- (Hg.): Aufklärung – Vormärz – Revolution (= Jahrbuch der Internationalen Forschungsstelle Demokratische Bewegungen in Mitteleuropa von 1770-1850 an der Universität Innsbruck 16/17 (1996/97)), Frankfurt a. M. 1999.
- (Hg.): Lexikon zum Aufgeklärten Absolutismus in Europa: Herrscher – Denker – Sachbegriffe, Wien; Köln; Weimar 2005.
- (Hg.): Josephinismus als aufgeklärter Absolutismus, Wien 2008.
- Die Jakobiner von Wien. URL: http://www.zeit.de/2005/50/A_Jakobiner_i_Wien [11.11.2017].
Reiter, Ilse: Ausgewiesen, abgeschoben. Eine Geschichte des Ausweisungsrechts in Österreich vom ausgehenden 18. bis ins 20. Jahrhundert (= Wiener Studien zu Geschichte, Recht und Gesellschaft / Viennese studies in history, law, and society, Bd. 2), Frankfurt a. M.; New York 2000.
Revel, Jacques: Jeux d'échelles. La micro-analyse à l'expérience (= Hautes études), Paris 1996.
Řezník, Miloš: Der galizische Adel, in: Ulrike Harmat, Helmut Rumpler, Peter Urbanitsch (Hg.): Die Habsburgermonarchie 1848-1918, Bd. 9: Soziale Strukturen, 1. Teilbd.: Von der feudal-agrarischen zur bürgerlich-industriellen Gesellschaft, Teilbd. 1/2: Von der Ständezur Klassengesellschaft, Wien 2010, S. 1015-1042.
Riotte, Torsten: Der Monarch im Exil. Eine andere Geschichte von Staatswerdung und Legitimismus im 19. Jahrhundert (= Veröffentlichungen der Historischen Kommission für Niedersachsen und Bremen, Bd. 295), Göttingen 2018.
Robin-Harmel, Pierre: Le Prince Jules de Polignac, ministre de Charles X, Paris 1941.
Roider, Karl A.: Baron Thugut and Austria's Response to the French Revolution, Princeton 1987.
Romberg, Marion; Kaiser, Maximilian: The Viennese Court. A Prosopographical Portal. Eine Projektvorschau auf ein Referenz- und Nachschlageportal zum Wiener Hof von Leopold I. bis Franz II. (I.), in: Mitteilungen der Residenzen-Kommission der Akademie der Wissenschaften zu Göttingen, N.F.: Stadt und Hof 9 (2020), S. 43-52.

Rosental, Paul-André: Maintien/rupture: un nouveau couple pour l'analyse des migrations, in: Annales. Économies, Sociétés, Civilisations 45 (1990) 6, S. 1403-1431.
Rossi, Henri: Mémoires aristocratiques féminins 1789-1848 (= Les dix-huitièmes siècles: DHS), Paris 1998.
- La Cour de Vienne dans les Souvenirs de Madame Vigée-Lebrun, in: François Jacob (Hg.): Mémorialistes de l'exil: émigrer, écrire, survivre, Paris 2003, S. 153-172.
Rubinstein, Nina: Die Französische Emigration nach 1789. Ein Beitrag zur Soziologie der politischen Emigration (= Bibliothek sozialwissenschaftlicher Emigranten, Bd. 6), Graz 2000.
Sapori, Julien: L'exil et la mort de Joseph Fouché. Entre légende romanesque et vérité historique, Parçay-sur-Vienne 2007.
Sarre, Claude-Alain: Louise de Condé, Paris 2005.
Scheel, Günter: Die Emigranten der Französischen Revolution im Fürstentum Braunschweig-Wolfenbüttel, in: Braunschweigisches Jahrbuch für Landesgeschichte 83 (2002), S. 35-58.
Schembor, Friedrich Wilhelm: Franzosen in Wien: Einwanderer und Besatzer. Französische Revolution und napoleonische Besatzung in den österreichischen Polizeiakten, Bochum 2012.
- Meinungsbeeinflussung durch Zensur und Druckförderung in der Napoleonischen Zeit: Eine Dokumentation auf Grund der Akten der Obersten Polizei- und Zensurhofstelle. URL: https://fedora.phaidra.univie.ac.at/fedora/objects/o:62678/methods/bdef:Book/view [21.6.2017].
- März 1797: Flüchtlingsstrom wälzt sich nach Wien. Die »Bedrohung« der Stadt und ihre Abwendung, in: SIAK - Zeitschrift für Polizeiwissenschaft und polizeiliche Praxis (2017) 1, S. 76-83.
Schenk, Frithjof Benjamin: Mental Maps: Die kognitive Kartierung des Kontinents als Forschungsgegenstand der europäischen Geschichte. URL: http://www.ieg-ego.eu/schenkf-2013-de [1.12.2020].
Scherer, Wilhelm: Die französische Emigrantenkongregation zur heiligen Einsamkeit, in: Die Oberpfalz 13 (1919), S. 149.
Scheuner, Ulrich: Der Beitrag der deutschen Romantik zur politischen Theorie (= Vorträge / Rheinisch-Westfälische Akademie der Wissenschaften Geisteswissenschaften, Bd. 248), Opladen 1980.
Scheutz, Martin: »Hab ichs auch im würthshaus da und dort gehört [...]«. Gaststätten als multifunktionale Orte im 18. Jahrhundert, in: ders., Wolfgang Schmale, Dana Štefanová (Hg.): Orte des Wissens (= Das Achtzehnte Jahrhundert und Österreich. Jahrbuch der Österreichischen Gesellschaft zur Erforschung des Achtzehnten Jahrhunderts, Bd. 18/19), Bochum 2004, S. 167-201.
-; Schmale, Wolfgang; Štefanová, Dana (Hg.): Orte des Wissens (= Das Achtzehnte Jahrhundert und Österreich. Jahrbuch der Österreichischen Gesellschaft zur Erforschung des Achtzehnten Jahrhunderts, Bd. 18/19), Bochum 2004.
Schlafly, Daniel L.: General Suppression, Russian Survival, American Success: The »Russian« Society of Jesus and the Jesuits in the United States, in: Jeffrey D. Burson, Jonathan Wright (Hg.): The Jesuit suppression in global context. Causes, events, and consequences, Cambridge 2015, S. 201-215.
Schlögl, Girid; Schlögl, Walter: Das Priestergrab am Friedhof in Klein-Engersdorf. Erste Ruhestätte des Pater Leonor Franz de Tournely, in: Korneuburger Kulturnachrichten (1992) 2, S. 15-17.
Schmale, Wolfgang (Hg.): Kulturtransfer. Kulturelle Praxis im 16. Jahrhundert (= Wiener Schriften zur Geschichte der Neuzeit, Bd. 2), Innsbruck; München 2003.
- (Hg.): Multiple kulturelle Referenzen in der Habsburgermonarchie des 18. Jahrhun-

derts/Références culturelles multiples dans la monarchie des Habsbourg au dix-huitième siècle (= Das Achtzehnte Jahrhundert und Österreich. Jahrbuch der Österreichischen Gesellschaft zur Erforschung des 18. Jahrhunderts, Bd. 24), Bochum 2010.

Schmid, Johanna Elisabeth: Amerikanisierung oder Gegenkultur? Jesuiten aus den deutschen Provinzen in Maryland und Pennsylvania 1740-1833 (= Studien zur Kirchengeschichte, Bd. 18), Hamburg 2013.

Schmidt, Justus: Voltaire und Maria Theresia. Französische Kultur des Barock in ihren Beziehungen zu Österreich, in: Mitteilungen des Vereines für Geschichte der Stadt Wien 11 (1931), S. 73-115.

Schmidt-Brentano, Antonio: Die österreichischen Admirale, Bd. 1: 1808-1895, Osnabrück 1997.

– Kaiserliche und k. k. Generale (1618-1815). URL: http://www.historie.hranet.cz/heraldika/pdf/schmidt-brentano2006.pdf [1.4.2020].

Schmidt-Eppendorf, Peter: Priester-Emigranten in Hamburg und Schleswig-Holstein in der Zeit der Französischen Revolution, in: Verein für katholische Kirchengeschichte in Hamburg und Schleswig-Holstein 3 (1990), S. 31-101.

Schneider, Erich: Revolutionserlebnis und Frankreichbild zur Zeit des ersten Koalitionskriegs (1792-1795), in: Francia 8 (1980), S. 277-394.

Schönpflug, Daniel: Französische Revolutionsflüchtlinge in Europa nach 1789 (Beispiel Deutschland), in: Klaus J. Bade, Pieter C. Emmer, Leo Lucassen, Jochen Oltmer (Hg.): Enzyklopädie Migration in Europa. Vom 17. Jahrhundert bis zur Gegenwart, Paderborn; München; Wien; Zürich 2007, S. 587-591.

–; Voss, Jürgen (Hg.): Révolutionnaires et émigrés. Transfer und Migration zwischen Frankreich und Deutschland 1789-1806 (= Beihefte der Francia, Bd. 56), Stuttgart 2002.

Schott, Dieter; Trapp, Werner (Hg.): Seegründe. Beiträge zur Geschichte des Bodenseeraumes (= Leben in der Region, Bd. 1), Weingarten 1984.

Schubert, Marieluise: Die politische und gesellschaftliche Auseinandersetzung Wiens mit der französischen Revolution, Diss. Wien 1969.

– Wie reagierte Wien auf die französische Revolution?, in: Österreich in Geschichte und Literatur 14 (1970), S. 505-522.

Schulze, Swantje: Spiegel einer Gesellschaft im Umbruch. Zur französischen Erzählkunst im Jahrzehnt der Revolution (1789-1799). URL: http://d-nb.info/972733418 [10.8.2017].

Schulze, Winfried: Revolutionserinnerung und Revolutionsopfer: Die Debatte um die Entschädigung der Emigranten der Französischen Revolution 1824/25, in: Historische Zeitschrift 257 (1993) 1, S. 29-61.

Seirinidou, Vasiliki: Griechen in Wien im 18. und frühen 19. Jahrhundert. Soziale Identitäten im Alltag, in: Das achtzehnte Jahrhundert und Österreich. Jahrbuch der Gesellschaft zur Erforschung des achtzehnten Jahrhunderts 12 (1997), S. 7-28.

Seitschek, Stefan; Lobenwein, Elisabeth; Löffler, Josef (Hg.): Herrschaftspraktiken und Lebensweisen im Wandel. Die Habsburgermonarchie im 18. Jahrhundert (= Das Achtzehnte Jahrhundert und Österreich. Jahrbuch der Österreichischen Gesellschaft zur Erforschung des Achtzehnten Jahrhunderts, Bd. 35), Wien 2020.

Senigl, Johanna: Ignaz Alberti, privil. Buchdrucker, Buchhändler und akad. Kupferstecher, samt Bibliographie seines Lebenswerkes, in: Mitteilungen der Internationalen Stiftung Mozarteum 49 (2001) 3-4, S. 102-125.

Serra, Alessandro: Madeleine-Sophie Barat et la Société du Sacré-Cœur entre Compagnie de Jésus et modèle ignatien, in: Silvia Mostaccio, Marina Caffiero, Jan de Maeyer, Pierre-Antoine Fabre, Alessandro Serra (Hg.): Échelles de pouvoir, rapports de genre. Femmes, jésuites et modèle ignatien, Löwen 2014, S. 271-292.

Sieger, Jörg: Kardinal im Schatten der Revolution. Der letzte Fürstbischof von Straßburg in den Wirren der Französischen Revolution am Oberrhein, Kehl 1986.

Siemann, Wolfram: Metternich. Stratege und Visionär, München 2016.
Silagi, Denis: Jakobiner in der Habsburger-Monarchie. Ein Beitrag zur Geschichte des aufgeklärten Absolutismus in Österreich (= Wiener historische Studien, Bd. 6), Wien; München 1962.
Slabáková, Radmila: Le destin d'une famille noble émigrée d'origine française dans l'empire des Habsbourg et en Tchécoslovaquie de la fin du XVIIIe aux années trente du XXe siècle: les Mensdorff-Pouilly, Grenoble 1999.
- La question de l'enracinement dans un nouvel espace: le cas des Mensdorff-Pouilly, in: Revue des études slaves 78 (2007) 4, S. 407-415.
Sommer, Friedrich: Die Wiener Zeitschrift 1792-1793. Die Geschichte eines antirevolutionären Journals, Zeulenroda; Leipzig 1932.
Sommer, Monika: Hieronymus Löschenkohl. Sensationen aus dem alten Wien (= Sonderausstellung des Wien-Museums. Bd. 357), Wien 2009.
Sosnowski, Thomas: Revolutionary Émigrés and Exiles in the United States: Problems of Economic Survival in a New Republican Society, in: French History and Civilization 1 (2005), S. 45-52.
Spaemann, Robert: Der Ursprung der Soziologie aus dem Geist der Restauration. Studien über L. G. A. de Bonald, Stuttgart 1998.
Spalding, Paul: Lafayette. Prisoner of state, Columbia 2010.
Sparrow, Elizabeth: The Alien Office 1792-1806, in: The Historical Journal 33 (1990), S. 361-384.
- Secret Service under Pitt's Administrations, 1792-1806, in: History and Theory 83 (1998), S. 280-294.
Speil, Ferdinand: P. Leonor Franz von Tournely und die Gesellschaften des Heiligen Herzens Jesu, Breslau 1874.
Spiel, Hilde: Fanny von Arnstein oder die Emanzipation: ein Frauenleben an der Zeitenwende, 1758-1818, Frankfurt a. M. 1992.
Springer, Karl: Die österreichische Polizei. Eine theoretische Untersuchung, Hamburg 1961.
Sprunck, Alfons: Die französischen Emigranten im Kurfürstentum Trier, in: Kurtrierisches Jahrbuch 6 (1966), S. 133-142.
Steeb, Christian: Die Grafen von Fries. Eine Schweizer Familie und ihre wirtschaftspolitische und kulturhistorische Bedeutung für Österreich zwischen 1750 und 1830, Bad Vöslau 1999.
Steiner, Philip: Die Landstände in Steiermark, Kärnten und Krain und die josephinischen Reformen. Bedrohungskommunikation angesichts konkurrierender Ordnungsvorstellungen (1789-1792), Münster 2017.
- »... das müßen Sie sieben!« Adelskritik auf Geheiß des Kaisers. Die Zeitschrift Das Politische Sieb (1791-1792) im Kontext bedrohter josephinischer Ordnung, in: Mona Garloff, Doris Gruber, Manuela Mayer, Marion Romberg (Hg.): Querschnitt. Aktuelle Forschungen zur Habsburgermonarchie (= Das Achtzehnte Jahrhundert und Österreich. Jahrbuch der Österreichischen Gesellschaft zur Erforschung des Achtzehnten Jahrhunderts, Bd. Band 38), Wien 2023, S. 165-194.
Steiner, Stephan: Rückkehr unerwünscht. Deportationen in der Habsburgermonarchie der Frühen Neuzeit und ihr europäischer Kontext, Wien 2014.
Stekl, Hannes: Zwischen Machtverlust und Selbstbehauptung. Österreichs Hocharistokratie vom 18. bis ins 20. Jahrhudert, in: Hans-Ulrich Wehler (Hg.): Europäischer Adel 1750-1950 (= Geschichte und Gesellschaft. Sonderheft, Bd. 13), Göttingen 1990, S. 144-165.
Stoklásková, Zdeňka: Fremdsein in Böhmen und Mähren, in: Waltraud Heindl-Langer, Edith Saurer (Hg.): Grenze und Staat. Paßwesen, Staatsbürgerschaft, Heimatrecht und Fremdengesetzgebung in der österreichischen Monarchie 1750-1867, Wien 2000, S. 621-721.
- Cizincem na Moravě. Zákonodárství a praxe pro cizince na Moravě 1750-1867 [Fremd in Mähren: Ausländergesetzgebung und Ausländerbehandlung in Österreich 1750-1867] (= Knižnice Matice Moravské, Bd. 22), Brno 2007.

Strobl von Ravelsberg, Ferdinand: Geschichte des K. und K. 12. Dragoner-Regiments seit seiner Errichtung, bis zur Gegenwart 1798-1890, Wien 1890.

Stroev, Alexandre: Un »Voyage Sentimental en Russie« de Gabriel Sénac de Meilhan, in: Claire Jaquier, Florence Lotterie, Catriona Seth (Hg.): Destins romanesques de l'émigration (= L'esprit des lettres), Paris 2007, S. 107-126.

Struck, Bernhard; Gantet, Claire: Revolution, Krieg und Verflechtung 1789-1815 (= Deutsch-Französische Geschichte, Bd. 5), Darmstadt 2008.

Summers, Kelly: Healing the Republic's »Great Wound«: Emigration Reform and the Path to a General Amnesty, 1799-1802, in: Laure Philip, Juliette Reboul (Hg.): French Emigrants in Revolutionised Europe. Connected Histories and Memoires (= War, Culture and Society, 1750-1850), Cham 2019, S. 235-255.

Swoboda, Gudrun (Hg.): Die kaiserliche Gemäldegalerie in Wien und die Anfänge des öffentlichen Kunstmuseums, Bd. 2: Europäische Museumskulturen um 1800, Wien; Köln; Weimar 2014.

Tanzer, Gerhard: Spectacle müssen seyn. Die Freizeit der Wiener im 18. Jahrhundert (= Kulturstudien, Bd. 21), Wien 1992.

Terlinden, Vicomte de: Bruxelles, première étape de l'émigration, 1789-1792, in: Revue générale 9 (1971), S. 33-42.

Ther, Philipp: Deutsche Geschichte als transnationale Geschichte: Überlegungen zu einer Histoire Croisée Deutschlands und Mitteleuropas, in: Michael Mann (Hg.): Menschenhandel und Zwangsarbeit (= Comparativ, Bd. 13, H. 4), Leipzig 2003, S. 155-180.

– Die Außenseiter. Flucht, Flüchtlinge und Integration im modernen Europa, Berlin 2017.

Thieme, Ulrich; Vollmer, Hans; Becker, Felix (Hg.): Allgemeines Lexikon der bildenden Künstler von der Antike bis zur Gegenwart, Zehnter Band: Dubolon-Erlwein, Leipzig 1914.

Tinková, Daniela: »La grande révolution de l'Europe n'est pas encore achevée«. La Correspondance littéraire de deux »jacobins« francophones de province en Bohême, in: Olivier Chaline, Jaroswlaw Dumanowski, Michel Figeac (Hg.): Le rayonnement français en Europe centrale du XVIIe siècle à nos jours, Pessac 2009, S. 387-406.

Torpey, John: Revolutions and Freedom of Movement: An Analysis of Passport Controls in the French, Russian, and Chinese Revolutions, in: Theory and Society 26 (1997), S. 837-868.

Tóth, Ferenc: French Émigrés in Hungary, in: Kirsty Carpenter, Philip Mansel (Hg.): The French Émigrés in Europe and the Struggle Against Revolution, 1789-1814, London 1999, S. 68-82.

Trampus, Antonio: I gesuiti e l'Illuminismo: politica e religione in Austria e nell'Europa centrale (1773-1798), Florenz 2000.

Trathnigg, Gilbert: Französische Emigranten in Wels, in: Jahrbuch des Musealvereins Wels 1969/1970, S. 110-112.

Tschulk, Herbert (Hg.): Franzosen in Wien. Kleinausstellung des Wiener Stadt- und Landesarchivs, Wien 1984.

Valjavec, Fritz: Die Entstehung der politischen Strömungen in Deutschland 1770-1815, München 1951.

van Damme, Stéphane: Farewell Habermas ? Deux décennies d'études sur l'espace public, in: Les Dossiers du Grihl, Les dossiers de Stéphane Van Damme, Historiographie et méthodologie, 28.6.2007. URL: http://journals.openedition.org/dossiersgrihl/682 [18.11.2020].

van Melton, James Horn: The rise of the public in Enlightenment Europe (= New approaches to European history, Bd. 23), Cambridge 2001.

van Ruymbeke, Bertrand: Refugiés Or Émigrés ? Early Modern French Migrations to British North America and the United States (c. 1680 – c. 1820), in: Itinerario 30 (2006) 2, S. 12-32.

Veddeler, Peter: Französische Emigranten in Westfalen 1792-1802 (= Veröffentlichungen der Staatlichen Archive des Landes Nordrhein-Westfalen, C, Bd. 28), Münster 1989.

– Französische Revolutionsflüchtlinge in Westfalen während der Jahre 1792-1802, in: Daniel

Schönpflug, Jürgen Voss (Hg.): Révolutionnaires et émigrés. Transfer und Migration zwischen Frankreich und Deutschland 1789-1806 (= Beihefte der Francia, Bd. 56), Stuttgart 2002, S. 183-192.
Vicat, Xavier: Johann Peter Silbert (1778-1844): littérature et religion à Vienne à l'époque du romantisme, Diss. Paris 1990.
- Johann Peter Silbert (1778-1844) und die katholische Romantik in Wien, in: Jahrbuch des Wiener Goethe-Vereins 99 (1995), S. 119-158.
- L'Autriche et la France à l'époque du Romantisme: Les nouvelles formes d'un rapprochement et ses limites, in: Etudes danubiennes 13 (1997) 1, S. 37-55.
Vidalenc, Jean: Les Émigrés français, 1789-1825, Caen 1963.
Vielwahr, André: La vie et l'œuvre de Sénac de Meilhan, Paris 1970.
Vogler, Bernard (Hg.): Les migrations de l'antiquité à nos jours, Straßburg 1996.
Voss, Jürgen: Baden und die Französische Revolution, in: ders. (Hg.): Deutsch-französische Beziehungen im Spannungsfeld von Absolutismus, Aufklärung und Revolution. Ausgewählte Beiträge (= Pariser Historische Studien, Bd. 36), Bonn 1992, S. 271-296.
- Oberrheinische Impressionen aus Memoiren und Tagebüchern französischer Emigranten der Revolutionszeit, in: ders. (Hg.): Deutsch-französische Beziehungen im Spannungsfeld von Absolutismus, Aufklärung und Revolution. Ausgewählte Beiträge (= Pariser Historische Studien, Bd. 36), Bonn 1992, S. 330-345.
- (Hg.): Deutsch-französische Beziehungen im Spannungsfeld von Absolutismus, Aufklärung und Revolution (= Pariser Historische Studien, Bd. 36), Bonn 1992.
Vovelle, Michel: La Révolution contre l'Église. De la Raison à l'Être Suprême, Brüssel 1988.
Waché, Brigitte: Projets de vie réligieuse mûris dans l'émigration, in: Yves Krumenacker (Hg.): Religieux et religieuses pendant la Révolution (1770-1820). Actes du colloque de la Faculté de théologie de l'Université catholique de Lyon (15-17 sept. 1992), Bd. 2, Lyon 1995, S. 175-205.
Wadauer, Sigrid (Hg.): Historische Migrationsforschung (= Österreichische Zeitschrift für Geschichtswissenschaften 19, Heft 1), Innsbruck 2008.
Wagner, Hans: Charles-Joseph de Ligne und Österreich, in: Österreich in Geschichte und Literatur 6 (1962), S. 363-370.
- Wien von Maria Theresia bis zur Franzosenzeit. Aus den Tagebüchern des Grafen Karl von Zinzendorf, Wien 1972.
Wagner, Michael: England und die französische Gegenrevolution 1789-1802 (= Ancien Régime, Aufklärung und Revolution, Bd. 27), München 1994.
Wagner, Walter: Emigrantinnen der Französischen Revolution im Exil in Wien, in: Frank Estelmann (Hg.): Exildiskurse der Romantik in der europäischen und lateinamerikanischen Literatur (= Edition lendemains, Bd. 13), Tübingen 2011, S. 17-28.
- Wien um 1800 in der französischen Literatur, in: Norbert Bachleitner, Christine Ivanovic (Hg.): Nach Wien! (= Wechselwirkungen, Bd. 17), Frankfurt a.M. 2015, S. 31-54.
Walczak, Gerrit: Élisabeth Vigée-Lebrun. Eine Künstlerin in der Emigration 1789-1802 (= Passerelles, Bd. 5), München 2004.
- Artistische Wanderer. Die Künstler(e)migranten der Französischen Revolution, Berlin 2019.
Walter, Friedrich: Die österreichische Zentralverwaltung. Abt. 2: Von der Vereinigung der österreichischen und böhmischen Hofkanzlei bis zur Einrichtung der Ministerialverfassung, Bd. 1, Halbbd. 2: Die Zeit Franz II. (= Veröffentlichungen der Kommission für neuere Geschichte Österreichs, Bd. 42), Wien 1956.
Wandruszka, Adam: Leopold II. Erzherzog von Österreich, Großherzog von Toskana, König von Ungarn und Böhmen, Römischer Kaiser, Wien; München 1963.
Wangermann, Ernst: From Joseph II to the Jacobin trials. Government Policy and Public Opinion in the Habsburg Dominions in the Period of the French Revolution (= Oxford Historical Series, Second Series), London 1959.

- Von Joseph II. zu den Jakobinerprozessen, Wien; Frankfurt a. M.; Zürich 1966.
- Influences et activités françaises en Autriche 1789-1794, in: Austriaca. Cahiers universitaires d'information de l'Autriche 10 (1980), S. 129-135.
- The Austrian Enlightenment and the French Revolution, in: Kinley J. Brauer, William E. Wright (Hg.): Austria in the Age of the French Revolution, Minneapolis 1990, S. 1-10.
- Österreichische Aufklärung und Französische Revolution, in: ders., Birgit Wagner (Hg.): Die schwierige Geburt der Freiheit. Das Wiener Symposion zur Französischen Revolution, Wien 1991, S. 183-192.
- Kaunitz und der Krieg gegen das revolutionäre Frankreich, in: Grete Klingenstein, Franz A. J. Szabo (Hg.): Staatskanzler Wenzel Anton von Kaunitz-Rietberg 1711-1794. Neue Perspektiven zu Politik und Kultur der europäischen Aufklärung, Graz; Esztergom; Paris; New York 1996, S. 131-141.
- Die Waffen der Publizität. Zum Funktionswandel der politischen Literatur unter Joseph II. (= Schriftenreihe des Instituts für Österreichkunde), Wien 2004.
- (Hg.): Aufklärung und Josephinismus (= Das Achtzehnte Jahrhundert und Österreich: Internationale Beihefte, Bd. 7), Bochum 2016.
- Josephiner, Leopoldiner und Jakobiner, in: ders. (Hg.): Aufklärung und Josephinismus. Studien zu Ursprung und Nachwirkungen der Reformen Josephs II. (= Das Achtzehnte Jahrhundert und Österreich: Internationale Beihefte, Bd. 7), Bochum 2016, S. 61-76.
- Josef von Sonnenfels und die Vaterlandsliebe der Aufklärung, in: ders. (Hg.): Aufklärung und Josephinismus. Studien zu Ursprung und Nachwirkungen der Reformen Josephs II. (= Das Achtzehnte Jahrhundert und Österreich: Internationale Beihefte, Bd. 7), Bochum 2016, S. 129-141.
- Joseph II. und seine Reformen in der Arena der politischen Öffentlichkeit, in: ders. (Hg.): Aufklärung und Josephinismus. Studien zu Ursprung und Nachwirkungen der Reformen Josephs II. (= Das Achtzehnte Jahrhundert und Österreich: Internationale Beihefte, Bd. 7), Bochum 2016, S. 262-271.
- ; Wagner, Birgit (Hg.): Die schwierige Geburt der Freiheit. Das Wiener Symposion zur Französischen Revolution, Wien 1991.

Waresquiel, Emmanuel de: Le Duc de Richelieu, 1766-1822: un sentimental en politique, Paris 1990.
- Joseph Fouché et la question de l'amnistie des émigrés (1799-1802), in: Annales historiques de la Révolution française 372 (2013), S. 105-120.

Watts, Sydney: The Jersey Émigrés: Community Coherence amidst Diaspora, in: Laure Philip, Juliette Reboul (Hg.): French Emigrants in Revolutionised Europe. Connected Histories and Memoires (= War, Culture and Society, 1750-1850), Cham 2019, S. 67-87.

Wehler, Hans-Ulrich (Hg.): Europäischer Adel 1750-1950 (= Geschichte und Gesellschaft. Sonderheft, Bd. 13), Göttingen 1990.

Weiner, Margery: The French Exiles, 1789-1815, London 1975.

Weiss, Christoph (Hg.): Von »Obscuranten« und »Eudämonisten« (= Literatur im historischen Kontext, Bd. 1), St. Ingbert 1997.

Weissbrich Thomas; Carl, Horst: Präsenz und Information: Frühneuzeitliche Konzeptionen von Medienereignissen, in: Joachim Eibach, Horst Carl (Hg.): Europäische Wahrnehmungen 1650-1850: Interkulturelle Kommunikation und Medienereignisse (= The formation of Europe, Bd. 3), Hannover 2008, S. 75-98.

Weißensteiner, Johann: Die katholische Kirche zwischen Josephinischen Reformen, Französischer Revolution und Franzosenkriegen, in: Karl Albrecht-Weinberger (Hg.): Freiheit, Gleichheit, Brüderlichkeit auch in Österreich? Auswirkungen der Französischen Revolution auf Wien und Tirol, Wien 1989, S. 225-232.

Wendelin, Harald: Schub und Heimatrecht, in: Waltraud Heindl-Langer, Edith Saurer (Hg.): Grenze und Staat. Paßwesen, Staatsbürgerschaft, Heimatrecht und Fremdengesetzgebung in der österreichischen Monarchie 1750-1867, Wien 2000, S. 173-343.

– Fast überall fremd. Die Praxis der Abschiebungen im 19. Jahrhundert, in: Manfred Nowak (Hg.): Vom Umgang mit den »Anderen«. Historische und menschenrechtliche Perspektiven der Abschiebung (= Studienreihe des Ludwig-Boltzmann-Instituts für Menschenrechte, Bd. 25), Wien 2013, S. 45-59.
Werner, Michael: Dissymmetrien und symmetrische Modellbildungen in der Forschung zum Kulturtransfer, in: Hans-Jürgen Lüsebrink, Rolf Reichardt (Hg.): Kulturtransfer im Epochenumbruch. Frankreich–Deutschland 1770 bis 1815 (= Deutsch-französische Kulturbibliothek, Bd. 9), Leipzig 1997, S. 87-101.
–; Espagne, Michel: Deutsch-französischer Kulturtransfer im 18. und 19. Jahrhundert: Zu einem neuen interdisziplinären Forschungsprogramm des C.N.R.S., in: Francia 13 (1985), S. 502-510.
–; Zimmermann, Bénédicte: Vergleich, Transfer, Verflechtung. Der Ansatz der Histoire croisée und die Herausforderung des Transnationalen., in: Geschichte und Gesellschaft 28 (2002) 4, S. 607-636.
–; Zimmermann, Bénédicte: Penser l'histoire croisée entre empirie et réflexivité, in: Annales. Histoire, Sciences sociales 58 (2003), S. 7-36.
–, Zimmermann, Bénédicte: Beyond Comparison: Histoire croisée and the Challenge of Reflexivity, in: History and Theory 45 (2006) 1, S. 30-50.
Wiesflecker, Peter: Vier Damen aus gutem Haus. Biographische Notizen zu den Schwestern Erzherzog Johanns, in: Alfred Ableitinger, Marlies Raffler (Hg.): »Johann und seine Brüder«. Neun Brüder und vier Schwestern – Habsburger zwischen Aufklärung und Romantik, Konservativismus, Liberalismus und Revolution (= Veröffentlichungen der historischen Landeskommission für Steiermark, Bd. 42), Graz 2012, S. 25-56.
Willk-Brocard, Nicole: François-Guillaume Ménageot (1744-1816), peintre d'histoire, directeur de l'Academie de France á Rome, Paris 1978.
Winkler, Matthias: Die Emigranten der Französischen Revolution in Hochstift und Diözese Bamberg (= Bamberger historische Studien, Bd. 5), Bamberg 2010.
– Das Exil als Aktions- und Erfahrungsraum. Französische Revolutionsemigranten im östlichen Mitteleuropa nach 1789, in: Jahrbuch für Regionalgeschichte 33 (2015), S. 47-71.
– Exil als wechselseitige Herausforderung. Französische Revolutionsemigranten in der Habsburgermonarchie, in: Börries Kuzmany, Rita Garstenauer (Hg.): Aufnahmeland Österreich. Über den Umgang mit Massenflucht seit dem 18. Jahrhundert, Wien; Berlin 2017, S. 69-93.
– Interaction and Interrelation in Exile: French Émigrés, Legislation and Everyday Life in the Habsburg Monarchy, in: Laure Philip, Juliette Reboul (Hg.): French Emigrants in Revolutionised Europe. Connected Histories and Memoires (= War, Culture and Society, 1750-1850), Cham 2019, S. 45-65.
Winter, Eduard: Der Josefinismus: Die Geschichte des österreichischen Reformkatholizismus 1740-1848 (= Beiträge zur Geschichte des religiösen und wissenschaftlichen Denkens, Bd. 1), Berlin 1962.
– Frühliberalismus in der Donaumonarchie. Religiöse, nationale und wissenschaftliche Strömungen von 1790-1868 (= Beiträge zur Geschichte des religiösen und wissenschaftlichen Denkens, Bd. 7), Berlin 1968.
Winter, Ernst Karl: P. Nikolaus Joseph Albert von Diessbach S.J., in: Zeitschrift für Schweizerische Kirchengeschichte 18 (1924), S. 22-41, 282-304.
– Joseph von Beroldingen, in: Zeitschrift für Schweizerische Geschichte 5 (1925), S. 62-94.
– Romantik, in: Zeitschrift für Schweizerische Kirchengeschichte 21 (1927), S. 81-102.
Wolf, Adam: Fürstin Eleonore Liechtenstein, 1745-1812. Nach Briefen und Memoiren ihrer Zeit, Wien 1875.
Wolfsgruber, Cölestin: Christoph Anton Kardinal Migazzi, Fürstbischof von Wien, Salgau 1890.

- Sigismund Anton Graf Hohenwart, Fürsterzbischof von Wien, Graz; Wien 1912.
Wrede, Alfons von: Geschichte der K.u.K. Wehrmacht. Die Regimenter, Corps, Branchen und Anstalten von 1618 bis Ende des XIX. Jahrhunderts, Bd. 3, Teilbd. 2, Wien 1901.
Wühr, Wilhelm: Emigrantenkolonien französischer Einsiedler in Schwaben und Bayern, in: Verhandlungen des Historischen Vereins von Oberpfalz und Regensburg 86 (1936), S. 390-416.
- Die Emigranten der Französischen Revolution im bayerischen und fränkischen Kreis mit einem Verzeichnis aller im Gebiet des rechtsrheinischen Bayerns festgestellten Emigranten (= Schriftenreihe zur bayerischen Landesgeschichte, Bd. 27), München 1938.
- Emigranten der französischen Revolution im Erzstift Salzburg, in: Mitteilungen der Gesellschaft für Salzburger Landeskunde 79 (1939), S. 33-64.
- Französische Emigrantenpresse in Regensburg, in: Verhandlungen des Historischen Vereins von Oberpfalz und Regensburg 92 (1951), S. 195-204.
Zanone, Damien: Écrire son temps. Les mémoires en France de 1815, Lyon 2006.
Zedinger, Renate: Die »Niederländischen Pensionen«. Archivalien zur Geschichte der belgischen Emigration von 1794, in: Mitteilungen des österreichischen Staatsarchivs 46 (1998), S. 499-516.
- Belgische Emigranten in Wien. Zur Situation der habsburgischen Beamten aus den »Österreichischen Niederlanden« unter Kaiser Franz II./I. (1792-1836), in: Jahrbuch des Vereins für Geschichte der Stadt Wien 56 (2000), S. 251-266.
- Die Verwaltung der Österreichischen Niederlande in Wien (1714-1795), Wien; Köln; Weimar 2000.
- Das Boot ist voll. Vortrag des Polizeiministers Graf Pergen an Kaiser Franz II., in: Harald Heppner, Alois Kernbauer, Nikolaus Reisinger (Hg.): In der Vergangenheit viel Neues. Spuren aus dem 18. Jahrhundert ins Heute, Wien 2004, S. 265-267.
- Migration und Karriere. Habsburgische Beamte in Brüssel und Wien im 18. Jahrhundert (= Schriftenreihe der österreichischen Gesellschaft zur Erforschung des 18. Jahrhundert, Bd. 9), Wien; Köln; Weimar 2004.
Zimmermann, Harro: Die Emigranten der französischen Revolution in der deutschen Erzählliteratur und Publizistik um 1800, in: Francia 12 (1984), S. 305-354.
- (Hg.): Aufklärung und Erfahrungswandel. Studien zur deutschen Literaturgeschichte des späten 18. Jahrhunderts, Göttingen 1999.
Ziółkowska-Boehm, Aleksandra: The Polish Experience through World War II: A Better Day Has Not Come, Plymouth 2013.
Zitterhofer, Ambros: Die Pfarre Klein-Engersdorf. Ein Beitrag zur Landeskunde, in: Blätter des Vereins für Landeskunde von Niederösterreich N.F. 21 (1887), S. 137-187.
Zlabinger, Eleonore: Lodovico Antonio Muratori und Österreich (= Studien zur Rechts-, Wirtschafts- und Kulturgeschichte, Bd. 6), Innsbruck 1970.
Zöllner, Erich (Hg.): Österreich im Zeitalter des aufgeklärten Absolutismus (= Schriften des Institutes für Österreichkunde, Bd. 42), Wien 1983.
Zschokke, Hermann: Geschichte des Metropolitan-Capitels zum heiligen Stephan in Wien, Wien 1895.
Županov, Ines G. (Hg.): The Oxford Handbook of the Jesuits, New York 2019.
Zwierlein, Cornel: Sicherheitsgeschichte. Ein neues Feld der Geschichtswissenschaften, in: Geschichte und Gesellschaft 38 (2012) 3, S. 365-386.
-; Graaf, Beatrice de: Historicizing Security – Entering the Conspiracy Dispositive, in: dies. (Hg.): Security and Conspiracy in History, 16th to 21th century (= Historical Social Research, Bd. 38), Köln 2013, S. 46-64.
-; Graaf, Beatrice de (Hg.): Security and Conspiracy in History, 16th to 21th century (= Historical Social Research, Bd. 38), Köln 2013.

Register

Personenregister

A

Adélaïde de Bourbon 205, 207f.
Alacoque, Maria Margareta 357
Alberti, Ignaz 292f., 318
Albert von Sachsen-Teschen 471
Alxinger, Johann Baptist 274
André, Balthazar d' 247
Angoulême, Louis-Antoine de Bourbon, Duc d' 156, 212, 284, 480
Angran d'Alleray, Marie Adélaïde 199
Aprile, Sylvie 30
Arand, Johann Baptist Martin von 167
Archenholz, Johann Wilhelm von 209
Arndt, Ernst Moritz 180
Arneth, Alfred von 151
Artois, Charles Philippe de Bourbon, Comte d'. *Siehe* Karl X. von Frankreich
Artois, Henri d' 480
Artois, Marie-Thérèse, Comtesse d' 133, 191, 195, 421
Artz von und zu Vasegg, Edmund Maria Josef 352, 449
Atzelsberger, Mathias 197f.
Auersberg, August von 113
Augustinus von Hippo 361
Ayala, Sebastiano 293

B

Baboin, Benjamin 241
Bahlcke, Joachim 388
Baillet de Latour, Maximilian von 413
Bajolet, Pierre Marie 104, 397-401
Barat, Sophie 463
Bareau de Girac, François 415
Barral, Louis-Mathias-Joseph de 424
Barruel, Augustin 294
Bäuerle, Adolf 169
Bausset-Roquefort, Emmanuel-François de 416
Beaufort, Charles Louis Ferdinand Balthazar, Vicomte de 143f.
Becker, Johann Nikolaus 185

Becquet, Hélène 156, 282
Bellegarde, Heinrich von 140
Bernadotte, Jean Baptiste 170
Beroldingen, Joseph von 362, 364, 460
Berry, Charles Ferdinand d'Artois, Duc de 192
Béthisy de Mézières, Eugène-Eustache de 219
Bigot de Saint-Quentin, François-Louis 219
Blanc, Franz Anton von 135, 376f., 390
Boissy de Banne, Louis Régis 219
Bombelles, Charles de 229
Bombelles, Henri de 229
Bombelles, Louis de 224f., 229
Bombelles, Marc-Marie de 55, 114f., 125, 129, 139, 157, 174f., 184, 191f., 212, 217, 219, 224f., 229, 421, 477
Bona, Candido 360
Bonald, Louis de 290
Bonnay, Charles-François de 154
Börne, Ludwig 58, 477
Bouchet de Chassignolles, Antoine-Charles Florimond Langlois du 417
Bouillé, François-Claude-Amour de 172
Boullée, Étienne-Louis 258
Bouzonville, Louis Armand Le Juge, Marquis de 429, 442
Bovet, François de 425
Breteuil, Louis Charles Auguste le Tonnelier, Baron de 397
Brionne, Louise-Julie-Constance de Rohan-Rochefort, Comtesse de 117, 154, 191, 223, 416, 418, 429
Broglie, Charles de 440, 442, 444, 450, 456
Broglie, Victor François de 440, 443
Brye, Bernard de 365, 395
Buol von Schauenstein, Johann Rudolf von 370
Burger, Hannelore 141
Burke, Edmund 290
Burkhardt, Martin 35, 366, 376
Burrows, Simon 29

C

Canevale, Isidore 258
Caprara, Giovanni Battista, Kardinal 183, 362
Carpenter, Kirsty 426
Carroll, John 463
Casanova, Francesco 252, 254
Cavanac, Louise Beatrix de la Braze, Marquise Poulhariez de 227f.
Champagny, Jean-Baptiste Nompère de 137
Chastellux, Henri-Georges-César, Comte de 209
Chateaubriand, François-René de 11, 13, 19, 84, 93, 203-206, 209, 290
Clapiers, Joseph de 221
Clemens Wenzeslaus von Sachsen, Kurfürst 85, 89f., 443, 468
Clemens XIV., Papst 423
Cléry, Jean-Baptiste 125, 158, 281, 283f., 286f., 337
Clorivière, Pierre-Joseph de 359, 365, 441, 463
Cobenzl, Johann Ludwig Joseph von 188, 224f., 326
Cobenzl, Philipp von 104
Coëtlogon, Jean-Baptiste Félicité, Comte de 191f.
Colloredo-Waldsee, Anton Theodor von, Kardinal 174
Colloredo-Waldsee, Franz de Paula Karl von 224f., 229, 326
Condé, Louis V. Joseph de Bourbon, Prince de 17, 83, 127, 198, 216f., 416, 445
Conze, Eckart 60f.
Coreth, Anna 356, 358
Cortois de Balore, Pierre Marie-Magdeleine 424
Cortois de Pressigny, Gabriel 424
Craufurd, Quintin 328, 332
Crossard, Jean Baptiste Louis 219
Croÿ, Gustave-Maximilien-Juste de, Kardinal 472
Custine, Adam-Philippe de 95
Czartoryska, Izabela 189

D

Dallas, Robert Charles 276
Damas d'Antigny, Roger de 189f.
Damas, Louis 145
Danloux, Pierre-Henri 257
Dargnies, Nicolas 431

Des Cars, Jean-François de Pérusse, Duc 168, 178, 183, 189
Descharrières, Jean-Joseph 146
Dickson, Peter 347
Diesbach, Nikolaus Joseph Albert von 360-364, 423, 425, 447, 451
Disconzi, Filippo Antonio 256
Doschot, Joseph 242-244, 246-248
Doyen, Gabriel François 251
Dumas de Saint-Marcel, Guillaume Mathieu 219
Du Montet, Alexandrine 11-14, 153, 171, 189, 421, 476
Du Montet, Joseph 13, 219
Dumouriez, Charles-François 98, 111
Durget, Pierre Antoine 132
Du Vivier, Ignace 252f., 255

E

Élisabeth Philippe Marie Hélène de Bourbon, gen. Madame Élisabeth 202, 278
Elisabeth von Württemberg 361
Émery, Jacques-André 359, 440-442, 463
Enzenberg, Franz Josef von 422
Eschenburg, Johann Joachim 276, 321
Espinchal, Hippolyte d' 207, 210f.
Espinchal, Joseph Thomas Anne, Comte d' 162
Esterházy de Galantha, Maria Josepha Hermengilde 250
Esterházy de Galantha, Nikolaus II. 201f., 258f.

F

Fahnenberg, Egid Joseph Karl von 370
Fauche, Pierre-François 276, 280
Fénelon = François de Salignac de La Mothe-Fénelon 361
Ferdinand I., Kaiser 219
Ferraris, Joseph Johann von 118, 183, 188, 381, 383, 396, 413, 469
Finet, Louis 382
Folliot de Crenneville, Louis 220f., 229
Folliot de Crenneville, Victorine 224f., 229
Fontaine, Jean Claude 316, 384
Fontana Castelli, Eva 439, 451
Foucault, Michel 63
Franz II./I., Kaiser 32, 73, 99, 108, 117, 120, 140, 159, 247, 255, 331, 359, 448, 455
Franz I. Stephan, Kaiser 334

Friedrich, Markus 452
Friedrich Wilhelm II. von Preußen 83
Füger, Heinrich Friedrich 253 f.
Fux, Ildefons 428

G

Gabriel, Ange-Jacques 258
Gaisruck, Johann Jakob von 122, 245
Garampi, Giuseppe, Kardinal 350
Gentz, Friedrich von 224
Gloriot, Charles 456
Godsey, William D. 40, 228, 413
Goethe, Johann Wolfgang von 150
Gomis, Stéphane 381
Görger, Philipp von 219
Gottesheim, Friedrich Heinrich von 219
Graaf, Beatrice de 61
Grandchamp, Antoine Hilaire 386
Greer, Donald 23, 149
Gruber, Anton 457, 458
Gruber, Gabriel 463
Guglia, Eugen 32, 151
Guillot, Jean-Baptiste 354
Gustav IV. von Schweden 236

H

Hager von Allentsteig, Franz von 254
Hainrizi, Benedikt 263
Härter, Karl 63, 79
Haschka, Leopold Lorenz 274
Hatzfeldt, Karl Friedrich Anton von 327
Häusler, Wolfgang 169
Haydn, Joseph 329
Heinrich von Preußen 332
Hell, Maximilian 356
Helvétius, Claude-Adrien 296
Henke, Christian 29
Hermitte, Jean Louis 240 f.
Hersche, Peter 350, 356
Herzogenberg, August von. *Siehe* Picot de Peccaduc, Pierre-Auguste
Hochedlinger, Michael 327
Hoechle, Johann Nepomuk 253
Hofbauer, Klemens Maria 362, 364 f.
Hoffmann, Leopold Alois 273 f., 300, 303, 305 f., 328
Hofstätter, Felix Franz 274, 315
Hohenwart, Sigismund Anton von 353, 362, 409, 413, 418, 420
Hüe, François 285
Hyden-Hanscho, Veronika 43

I

Ignatius von Loyola 441-443, 455
Incontrera, Oscar de 237
Israel, Jonathan 308

J

Jasanoff, Maya 26
Jeuffroy, Romain-Vincent 145
Johann von Österreich 265
Joseph II., Kaiser 32, 65, 159, 216, 244, 258, 270, 347, 356, 424
Juigné, Antoine Éléonor Léon Leclerc de 388, 416, 424, 450

K

Kalamár, Stefan 259
Karl von Österreich-Teschen 127, 156, 221, 376 f., 472
Karl Wilhelm Ferdinand von Braunschweig-Wolfenbüttel 291, 321, 326
Karl X. von Frankreich 17, 59, 80, 83, 85, 96, 157, 159, 200, 212, 227, 284 f., 480
Karstens, Simon 72
Katharina II. von Russland 166, 203, 301, 320, 322, 324, 330, 332, 374, 390
Kauffmann, Angelika 250, 257
Kaunitz-Rietberg, Wenzel Anton von 82, 89, 102, 168, 171, 183, 249, 323 f., 326-331, 333, 424
Kinska von Wchinitz und Tettau, Maria Christine 183
Kleist, Franz Alexander von 172
Klopstock, Friedrich Gottlieb 320
Klueting, Harm 345
Kohlmann, Anton 447, 449, 461, 463
Kolowrat-Krakowsky, Leopold von 72, 75
Körner, Stefan 259
Kościuszko, Tadeusz 113
Koumas, Konstantinos 385
Kröger, Bernward 342
Küttner, Karl Gottlob 206

L

Labbé de Vouillers, François-Charles 219
La Boutetière de Saint-Mars, Adélaïde-Paule-Françoise, Comtesse de 91, 175
Labrosse, Joseph 213, 235 f.
La Fare, Anne-Louis-Henri de 37, 117, 158, 190, 202, 207, 282 f., 352, 364 f., 383, 386, 391, 395-398, 414, 416, 418, 423 f., 429, 431, 433, 444

La Fayette, Gilbert du Motier, Marquis de 94
La Ferronnays, Pierre-Louis-Auguste Ferron, Comte de 162f., 224
Laffay, Augustin-Hervé 428
La Luzerne, César-Guillaume de, Kardinal 198, 200, 416, 424f., 450
La Luzerne, César Henri de 113, 197-199, 415
Lambert, Pierre-Thomas 176
Lampi, Franz Xaver 253
La Myre-Mory, Claude-Madeleine de 421
Langeron, Alexandre Louis Andrault, Comte de 184
Lanteri, Bruno 363
Lardet, Philibert 288
Larisch von Mönnich, Johann 471
Las Casas, Simon de 201
Lažansky, Prokop von 107, 448
Ledoux, Claude-Nicolas 258, 260
Leopold II., Kaiser 32, 69, 71f., 83f., 89, 93, 159, 216, 271f., 299, 303, 310, 349, 357, 362, 423
Le Roy, Julien-David 260
L'Espine, Joseph 219-221
Lestrange, Augustin de 370, 372f., 427, 429-431, 433, 434
Le Terrier de Manetot, Jean Gabriel 264f.
Liechtenstein, Eleonore von 172
Ligne, Charles-Joseph, Prince de 118, 153f., 171, 332
Liguori, Alfonso Maria de' 361f., 364
Limon, Jérôme-Joseph Geoffroy de 291, 310f.
Llano, José Agustín 383
Lorraine-Lambesc, Charles-Eugène, Prince de 154, 216, 225
Lorraine-Vaudémont, Joseph-Marie, Prince de 154, 216
Löschenkohl, Hieronymus 158
Louise Adélaïde de Bourbon-Condé 370, 373, 416, 428-430, 432, 442, 445
Louis Ferdinand von Preußen 183
Łubieński, Feliks 242
Lubomirska, Izabela 184, 189, 262
Lubomirski, Henryk 250
Ludwig XVIII. von Frankreich 11, 13, 17, 20, 83, 85, 157, 159, 202, 209-211, 227, 281, 284, 374, 474
Ludwig (XVII.) von Frankreich 202
Ludwig XVI. von Frankreich 11f., 19, 83
Lustermont, Jean 413

M

Maaß, Ferdinand 348
Madame de Staël. *Siehe* Staël, Anne Germaine de
Madame Royale. *Siehe* Marie-Thérèse Charlotte de Bourbon
Maistre, Joseph de 290, 294
Mallet du Pan, Jacques 292, 294, 338
Mandell-Ficquelmont, Élisabeth de 173, 229
Mandell, Jean-Michael de 219
Mansel, Philip 154
Manske, Maike 164
Manzon, Jean 316
Marassé, Aurore de 230
Margelik, Johann Wenzel von 242
Maria Anna von Österreich 156, 362, 429f., 445, 448, 456f., 461
Maria Christine von Österreich 89, 156
Maria Theresia von Österreich, Kaiserin 66, 305, 346, 350, 424
Marie Antoinette von Frankreich 11, 251, 278, 292
Marie-Louise von Österreich 138, 225, 254
Marie-Thérèse Charlotte de Bourbon 37, 156-158, 198, 212, 281-284, 287, 429, 480
Mastrilli, Marzio, Marquis de Gallo 207
Mathiot, Jean Baptiste 383
Mayerhofer, Heinrich 238
Ménageot, François-Guillaume 255-257
Menne, Edilbert 289
Menozzi, Daniele 358
Mensdorff-Pouilly. *Siehe* Pouilly, Emanuel de
Mercy-Argenteau, Andreas Florimund de 223, 229, 418
Mercy-Argenteau, Florimond Claude de 81f., 95f.
Mercy, Marie-Charles-Isidore de 223, 369, 415f., 418f., 477
Mérinville, René des Monstiers de 198, 415f.
Mesdames de France. *Siehe* Adélaïde de Bourbon; Victoire de Bourbon
Messey, Gabriel-Melchior de 420
Metternich, Franz Georg von 85f., 88f., 94, 299
Metternich, Klemens Wenzel Lothar von 135, 137f., 224, 254
Miączyński, Ignacy 244, 246
Migazzi, Christoph Anton von, Kardinal 349-352, 355f., 362-364, 389, 418, 423f., 444, 448f., 451, 456
Mignot de Bussy, Antoine 218, 226f.
Millela, Marie Adelaide 297

von Miller, Offizier 87
Mirabeau, André Boniface Louis Riquetti, Vicomte de 87
Mogniat de Pouilly, Charles-Marie 222
Mongin, Pierre 242f., 246
Montlosier, François Dominique de Reynaud de 19
Moreau, Charles de 258
Moreau, Jean Victor 127
Moruzi, Alexandru 299
Moser, Arnulf 35, 366
Mounier, Jean Joseph 294
Moutel, Jean-Robert 288
Munier, François 398
Muratori, Ludovico Antonio 345

N

Nantet, Philibert 145
Napoleon I. von Frankreich 128, 135, 138, 141, 211, 254f., 291, 472
Naudet, Leopoldina 461
Necker, Jacques 319

O

O'Donnell von Tyrconell, Johann von 187
Oliva, Adam 282
Osmond, Antoine Eustache d' 424

P

Paccanari, Niccolò 439, 451-455, 457f., 460-462
Paillou, Gabriel Laurent 418
Pálffy von Erdőd, Karl Hieronymus 127
Paul I. von Russland 374, 390, 430f.
Pawlik, Maria 34, 111, 160
Pellenc, Jean-Joachim 292
Peltier, Jean-Gabriel 285
Penkler, Josef von 361, 363f., 383, 423, 445, 459
Pergen, Johann Anton von 38, 66-71, 73-75, 77, 106f., 109f., 115, 119, 121-125, 127f., 131, 146, 169, 245, 259, 291, 310f., 399, 405
Pestel, Friedemann 29, 160
Pey, Jean 441f., 453
Peyre, Marie-Joseph 258
Pezzl, Johann 179
Pichler, Caroline 193
Picot de Peccaduc, Pierre-Auguste 219, 231
Pius VI., Papst 343, 355, 357, 425, 436, 450-453

Pius VII., Papst 462
Planert, Ute 166
Polignac, Armand Jules, Duc de 107, 117, 200, 202f., 259, 311, 383
Polignac, Camille-Louis-Apollinaire de 415
Polignac, Diane de 202, 278-280, 337
Polignac, Yolande Martine Gabrielle de Polastron, Duchesse de 200f., 278, 280
Pongibaud, Albert-François de Moré, Comte de. Siehe Labrosse, Joseph
Poniatowski, Stanisław II. 145
Potemkin, Gregor Alexandrowitsch 321
Potocka, Anna 253
Pouilly, Emanuel de 229, 231
Pranzl, Rudolf 345
Presle, Benedikt 34
Princes. Siehe Ludwig XVIII. von Frankreich; Karl X. von Frankreich
Proal, Pierre Louis 405f.
Provence, Louis Stanislas Xavier de Bourbon, Comte de. Siehe Ludwig XVIII. von Frankreich
Puymaigre, Alexandre de 192

R

Racine, Jean 204
Rainer II. Sigl, Abt 431-433
Rance, Karine 28
Rasumowski, Andrei Kirillowitsch 118, 262
Receveur, Antoine-Sylvestre 427, 434-437
Reichardt, Rolf 266
Reischach, Franz von 166
Remy, Louis Gabriel 263
Revel, Jacques 45
Reyre, Maurice 384
Ricci, Scipione de' 357
Ringer, Joseph 263
Rivarol, Antoine de 297, 320
Rivière, Auguste Louis Jean-Baptiste 184
Rivière, Claude-Étienne 289
Rohan, Charles-Alain-Gabriel de 468
Rohan, Ferdinand Maximilien Mériadec de 198
Rohan, Henri-Louis-Marie de 230
Rohan, Louis Victor Mériadec de 137
Rohan-Guéméné, Louis René Édouard de, Kardinal 13, 87, 198, 216, 366, 417, 468, 472
Rohrer, Joseph 241
Rombeck (Rombeke), Maria Charlotta Josepha von 188

Rosenthal, Pierre-André 28
Roussel d'Hurbal, Nicolas-François 139
Rozaven, Jean Louis de 462
Rozaven, Jean-Marie de Leissègues de 447, 456
Rubinstein, Nina 162
Rudolph von Österreich, Kardinal 472f.
Ruffo-Scilla, Luigi, Kardinal 118, 362, 444, 449, 455
Rumjanzew, Nikolai Petrowitsch 330
Rzewuska, Alexandra Rosalia 174, 189, 194, 232, 255, 476

S

Sabatier de Castres, Antoine 292-318, 384
Sabran, Louis-Hector-Honoré-Maxime de 127, 420
Salm-Reifferscheidt, Franz II. Xaver von 191
Sartori, Joseph von 150, 341
Saulx-Tavanes, Aglaé-Marie-Louise de Choiseul-Gouffier, Duchesse de 157, 188
Saurau, Franz Josef von 74, 77, 106, 109, 112, 122, 383, 423, 444f., 449, 470
Schembor, Friedrich 36
Schinkel, Karl Friedrich 206
Schlegel, Friedrich 365
Schmidt, Daniel Gottfried 245
Schrattenbach, Vinzenz Joseph von 175, 421
Schreyvogel, Josef 274
Schubert, Marieluise 170
Séchelles, Marie-Jean Hérault de 110
Seeböck, Joseph 408-412
Segond de Sederon, Jacques-Marie-Blaise 139, 219
Ségur-Cabanac, Auguste-François Marcel, Comte de 84, 166, 193, 219
Sénac de Meilhan, Gabriel 39, 154, 301-303, 318-333, 337, 477f.
Seume, Johann Gottfried 206
Severoli, Antonio Gabriele, Kardinal 362, 460
Silbert, Johann Peter 457, 473
Sineo della Torre, Giuseppe 364, 424f., 445, 447, 449f., 454-456
Somaglia, Giulio Maria della, Kardinal 452f.
Sonnenfels, Joseph von 68, 71f., 274, 295, 306-315, 318
Spaemann, Robert 290
Speckle, Ignaz 341
Spielmann, Anton von 326
Spirk, Anton 457
Stadion, Johann Philipp von 103, 137

Staël, Anne Germaine de 153, 187, 194
Subrahmanyam, Sanjay 26
Sumerau, Joseph Thaddäus von 86-88, 119, 131f., 469
Swieten, Gottfried van 350

T

Talleyrand-Périgord, Charles-Maurice de 11-13
Taulignan, Henri de 222
Thomas de Thomon, Jean-François 259f., 262f.
Thugut, Johann Amadeus Franz de Paula von 122, 310
Thun-Hohenstein, Maria Elisabeth von 189
Thun-Hohenstein, Maria Wilhelmine von 189
Thürheim, Josef Wenzel von 173, 184
Thürheim, Ludovika Franziska Maria, gen. Lulu, von 173, 194
Tinková, Daniela 172
Tournely, Léonor François de 427, 429, 440-442, 444-447
Tournely, Xavier de 408-412, 442
Trauttmansdorff, Ferdinand von 81, 298, 310, 317, 323f.
Trench, Melesina 191

U

Ugarte, Alois von 109

V

Varin, Joseph 442f., 447, 450, 455, 457-459, 461, 463
Vaudreuil, Joseph-Hyacinthe-François de Paule de Rigaud, Comte de 185, 201f.
Vergennes, Charles Gravier, Comte de 296
Vicat, Xavier 426
Victoire de Bourbon 205, 207f.
Vigée-Lebrun, Élisabeth 154, 171, 174, 184, 187, 189, 201, 249f., 283
Viginio, Luigi 365, 460
Vignier, Pierre-François 144, 240
Viktor Amadeus III. von Sardinien 80, 133, 421
Vintimille, François Marie Fortuné de 420f.
Virginio, Luigi 459
Vivenot, Alfred von 32
Voltaire = François-Marie Arouet 296f.

W

Wagner-Rieger, Renate 258
Wagner, Walter 171
Walczak, Gerrit 249
Wangermann, Ernst 270f.
Watteroth, Heinrich Joseph 306
Welsersheim, Franz von 475
Werner, Michael 44
von Werner, Reichshofrat 146
Wessenberg, Johann von 151
Wilczek, Johann Josef von 86, 249
Winter, Eduard 348
Wolfsgruber, Cölestin 354
Wurmbrand-Stuppach, Franz Joseph von 398

Z

Zaiguelius, Georg Joseph Ulrich 12-14, 381, 467-476
Zedinger, Renate 35, 111
Zichy-Ferraris, Maria Wilhelmine, gen. Molly, von 188
Zimmermann, Bénédicte 44
Zinzendorf, Karl von 171, 260, 274
Zwierlein, Cornel 61

Ortsregister

A

Aachen 111
Admont (Stift) 399
Adria 178
Agram (hr. Zagreb) 207f.
Ägypten 131
Altdorf 167
Altes Reich. *Siehe* Heiliges Römisches Reich Deutscher Nation
Amsterdam 31, 276
Ansbach-Bayreuth 90
Antwerpen 81
Asparn an der Zaya 462
Ath 85
Augsburg 241, 435, 439, 442, 444
Austerlitz 133
Australien 16

B

Baden bei Wien 184
Baden (Markgrafschaft) 85
Bamberg 393
Banat 120, 378
Bayern 369, 435
Belluno 264
Berlin 225, 280
Bern 105
Bethlehem 203
Bodensee 168, 290, 387
Böhmen 35f., 99, 105, 113, 123f., 127, 172, 178, 230, 373
Bonn 83
Boston 284
Bozen 358, 405
Brabant 82
Braunschweig 276, 320
Breisgau 119, 168
Brixen 358, 370
Brünn 115, 121, 125, 132, 175, 184, 191f., 224, 230, 421
Brunn am Gebirge 407
Brüssel 35, 80-83, 85, 91, 93f., 110, 165, 277, 297, 375
Buccari (hr. Bakar) 435, 437
Buštěhrad (Schloss) 430

C

Capodistria 264
Caserta 209
Chaudfontaine 81
Condé 91

D

Dajla 265
Dänemark 389
Deutschland 28. *Siehe auch* Heiliges Römisches Reich Deutscher Nation
  Norddeutschland 369
  Süddeutschland 122, 125, 127, 166, 289, 370, 461
  Südwestdeutschland 87, 96, 131, 167, 180, 290, 366
  Westdeutschland 115
Donau 132, 177f., 180, 370-373, 444
Dresden 252

E

Eisenstadt 202, 263
Elsass 35, 89, 334
Engelhartszell 372
Ettenheim 87, 468, 472
Europa 14, 21, 26, 134, 142, 194, 268, 275f., 281, 302f., 317, 338, 361, 367, 391, 462, 478f.
  Nordeuropa 31
  Osteuropa 31, 339
  Westeuropa 374
  Zentraleuropa 21, 32, 177, 288, 339, 365, 373, 450, 456

F

Fiume 178, 376, 435
Flandern 95
Florenz 256, 361, 451
Frankfurt 31, 299
Frankreich 14-16, 18-21, 30, 42f., 69, 71, 73, 80, 92, 106, 111, 209, 256, 266, 272f., 305, 324f., 359, 416f., 472
  Regionen 16
Freiburg i. Br. 87, 112, 132, 239, 341, 375, 468
Freistadt (Schloss) 471f.
Fribourg 390, 434, 442

G

Galizien 120, 123, 132, 146, 178, 242, 244-246, 248, 334, 378
Genf 26
Gent 480
Görz 212, 480
Göttweig (Stift) 373
Graz 131, 133, 375, 398, 400, 422
  Mausoleum 133
Großbritannien 15, 25, 98, 103, 257, 285, 326, 339, 426
Günzburg 135

H

Habsburgermonarchie 13f., 21, 31-34, 37, 40f., 47-50, 52f., 56, 60, 65, 69, 71, 73, 76, 78f., 99, 102, 108, 111f., 117f., 121, 137f., 142, 144, 152, 159, 177, 220, 233, 236, 240, 265, 276f., 287, 305, 329, 334, 345, 349, 357, 367, 373, 376, 392, 394, 402, 414, 422, 477-479. *Siehe auch* Österreich
Hagenbrunn 439, 445f., 448f., 453-459, 461, 473
Halle (fr. Hal) 441
Hamburg 276f., 280, 320
Heidelberg 290
Heiliges Römisches Reich Deutscher Nation 26, 31, 152, 392f. *Siehe auch* Deutschland
Helvetische Republik. *Siehe* Schweiz
Hollabrunn 407
Hütteldorf 407

I

Indien 16
Irland 15
Istrien 265
Italien 26, 48, 137, 250, 369, 389, 395, 452, 455
  Mittelitalien 235, 369, 452
  Norditalien 128, 178, 235, 256, 361, 461
  Süditalien 207, 369

J

Jemappes 99
Judenburg 125

K

Kanada 25, 145, 284
Karibik 25
Karlsbad 323, 330
Kärnten 36, 178, 192, 218, 369, 370, 395
Kirchenstaat 24, 178, 339, 369, 418, 437
Kittsee (Schloss) 201f., 259, 278
Klagenfurt 121, 133, 145, 192, 195, 208, 422
Klausenburg (rum. Cluj) 473
Klein-Engersdorf 407f., 446
Kleve 90, 316
Klosterneuburg (Stift) 445
Koblenz 29, 85, 89, 152
Köln 105, 111
Konstanz 35, 99, 112, 116, 127, 131, 135, 142, 168, 234, 236, 238, 240, 288-291, 334, 336, 366, 368f., 375-377, 388-390, 414, 424, 450
Korfu 207
Königreich beider Sizilien 224
Kostanjevica (Kloster) 212, 480
Krain 36, 230, 370
Krakau 121, 143, 242f., 376
Kremsmünster (Stift) 198, 373, 415
Krim 374, 444
Kronstadt (rum. Brașov) 473

L

Łańcut 184, 263, 420
Langenzersdorf 407, 447
Leipzig 276
Lemberg 122, 241, 243f., 385
Les Fontanelles 434
Lilienfeld (Stift) 349, 373, 415, 418f.
Limburg 81
Linz 110, 112-114, 121f., 132, 178, 198, 200, 373, 375
Litorale Austriaco. *Siehe* Österreichisches Küstenland
Livorno 369
Lombardei 106
London 25, 29, 103, 105, 276f., 280f., 283, 286, 320
Lothringen 35, 119, 334, 413
Löwen 81, 441
Lüttich 26, 111, 298
Luxemburg 96

M

Mähren 36, 123, 127, 132
Mailand 36, 86, 334, 361
Main 177
Mainz 76, 85
Malta 145, 334
Mannheim 85
Mantua 83
Mariazell 156, 419
Maroth 395, 419, 420
Melk (Stift) 373
Militärgrenze 112
Mitau 156, 207, 374, 450
Mitterau (Schloss) 386
Modena-Breisgau 131
Modern (sk. Modra) 128
Mons 80
Moskau 374
München 105, 208, 210
Münster 342, 450

N

Namiest 238
Namur 80
Neapel 26, 224, 251, 462
Neerwinden 110
Neuchâtel 276
Neukirchen 233
New York 463
Niederlande 95, 98, 218
Niederösterreich 36, 123, 177, 227f., 347, 353, 356, 369, 448
Niedrzewica Duża 146

O

Oberhollabrunn 408-412
Oberleis 407
Oberösterreich 34, 36, 105, 112, 115, 122, 127, 131, 177f., 197, 200, 369, 395
Odessa 374
Ofen (hu. Buda) 373
Offenburg 468
Olmütz 167, 193
Orscha 430
Osmanisches Reich 16, 25
Österreich 34f., 58, 141, 152, 212, 465, 477, 479. *Siehe auch* Habsburgermonarchie
Österreichische Niederlande 26, 33f., 59, 69, 80-86, 88f., 93-95, 98, 101, 110f., 118, 137, 162, 165f., 179, 216, 297f., 334
Österreichisches Küstenland 36, 106, 123, 178, 205, 235, 369
Österreichische Vorlande. *Siehe* Vorderösterreich
Österreichisch-Schlesien 378, 420, 470f.

P

Paderborn 450
Palästina 16
Paris 11, 59, 138, 187, 209f., 284, 338
    Bastille 19
    Saint-Sulpice 359, 439f.
    Temple 37, 281, 283
    Tuilerien 95
Parma 425, 453
Passau 110, 177f., 369, 444
Pennsylvania 463
Perchtoldsdorf 240
Pernau (Schloss) 197-200, 415
Petersburg 224, 277, 283, 320, 374, 463
Pettau (slv. Ptuj) 397
Pillnitz 83
Pöckstein (Schloss) 192
Polen 26, 36, 118, 375, 389
Polozk (pl. Połock) 374
Prag 107, 114, 121-125, 169, 172, 230, 299, 375f., 429, 456, 461, 480
Preßburg 127, 373, 376, 415
Preußen 33
Pyrmont 450

Q

Quebec. *Siehe* Kanada
Quiberon 202

R

Ravenna 369, 418
Regensburg 105, 122, 179, 277, 369f., 436
Rhein 85, 98, 112, 218
    Oberrhein 87, 216, 469
Rheinsberg 332
Rom 105, 251, 451-453, 462f.
    Académie de France 255, 259
Ronchi 236
Röthelstein (Schloss) 400
Russland 25, 203, 251, 263, 374, 389, 431, 442, 462

S

Saint-Denis 11, 210, 480
Salzburg 131, 177, 369, 469
Sarntal 405 f.
Savoyen 361
Schlesien 178
Schönhof 470 f.
Schottland 285, 480
Schwandorf 165
Schweden 389
Schweiz 24, 26, 277, 334, 361, 369, 389, 425, 442, 450
Schwertberg (Schloss) 173, 175, 184
Seitenstetten (Stift) 373
Sembrancher 430
Siebenbürgen 473
Solothurn 389 f.
Spa 81, 162
Spanien 25, 369, 418
Speyer 85
Stanislau (ukr. Stanislaviv) 247 f.
Steiermark 13, 36, 131, 178, 218, 230, 369, 395, 397, 399
Steyr 112, 192
Stockerau 407
St. Pölten 223, 353, 417
Straßburg 281, 468, 474
Strechau (Schloss) 400
Suczawa (rum. Suceava) 242

T

Tarnowitz (pl. Tarnowiec) 243
Teinitz 323
Teplitz 185
Teschen 420, 471
Thionville 95
Tirol 36, 105, 357 f., 402, 406, 448
Toskana 256, 357
Toulon 210
Tournai 81
Trient 370
Trier 85 f., 88-90, 96, 111, 216
Triest 36, 113, 118, 121, 123, 142, 145, 178 f., 195, 205-211, 234-236, 239, 265, 334, 375 f., 384, 414
  Dogana Vecchia 235 f.
  San Giusto 205 f., 208, 212
  Spanisches Konsulat 207
Troppau 109, 224
Turin 31, 80, 105, 360

U

Udine 264
Umago 265
Ungarn 34, 36, 69, 76, 106, 110, 112, 127 f., 132 f., 201, 389, 394
USA. *Siehe* Vereinigte Staaten von Amerika

V

Valmy 95
Valsainte 370, 429
Varennes 13, 83
Venedig 31, 36, 105, 178, 200, 220, 235, 277, 369, 391
Vereinigte Staaten von Amerika 16, 25, 71, 339, 463
Verona 202
Vicenza 256
  Monte Berico 256 f.
Villingen 165, 167
Vorarlberg 402
Vorderösterreich 33, 35, 80, 85-88, 112, 119, 127, 131, 151, 165, 179, 216, 239, 334, 349, 366, 388, 402

W

Waldsee 167
Warschau 145, 375
Washington D.C. 438, 463
Wels 112, 197-199
Wien 11, 13, 32, 34, 36, 66, 73 f., 76, 107, 109, 113, 117, 123-125, 133, 151 f., 156 f., 168-170, 179, 183, 187-191, 241, 258, 282, 291-293, 303, 306, 316, 319, 328, 352, 361, 375 f., 385, 424, 428, 473
  Akademie der bildenden Künste 250, 252
  Akademie für Orientalische Sprachen 383
  Augustinerkloster 444 f.
  Belvedere 174, 254
  Diözese 351-354, 363, 379, 389, 407, 467
  Erzbischöfliches Palais 353, 420
  Franziskanerkloster 190, 467
  Französische Botschaft 170
  Gartenpalais Landstraße 260, 262 f.
  Justizpalast 53
  Kaiserhof 23, 34, 43, 156, 158 f., 207, 223, 324
  Kohlmarkt 158
  Minoritenkirche 361, 364 f., 393, 454
  Mölkerbastei 153 f., 171, 189, 191
  Narrenturm 181, 312

Palais Esterházy (Majoratshaus) 259f.
Palais Kaunitz 189, 250
Salesianerinnenkloster 13, 191, 429, 431, 445
St. Anna 12f., 392, 472f.
St. Stephan 11, 469, 474
Theresianum 150, 255, 382f., 470
Universität 350, 385
Vorstädte 200f., 239, 287, 311, 386, 398, 447, 449
Wiesent (Kloster Heilsberg) 435, 437
Wolfsau (Priesterseminar) 456

Wolhynien 125, 180
Worms 85, 216
Württemberg 369

Z

Zagość 242f.
Zalosce (ukr. Saliszi) 242, 244-246
Zürich 128
Zwettl (Stift) 373

Sachregister

A

Abschiebung 68, 74f., 105, 109, 256, 311, 386, 431
Adelsemigration 57, 149-161, 172-175, 186, 195-197, 206-208, 339f.
Age of Revolutions 26, 479
Allgemeines Bürgerliches Gesetzbuch (ABGB) 134, 140f.
Amicizia Cristiana (A.C.)
  in Italien 360f., 364f.
  in der Schweiz 361
  in Wien 360-365, 392f., 408, 423, 428, 433, 444f., 447f., 451, 454, 459f.
Anarchie 124, 358
Ancien Régime 46, 58, 155, 297, 319, 416
anticoncordataires 416, 420
Antike 250, 260, 302f., 308
Apostolische Konstitution »Auctorem fidei« (1794) 357, 360, 441
Architektur 39, 214, 257-265
Aristokratie 19, 40, 118, 151f., 155, 186, 188f., 228, 302, 339
(k.k.) Armee 20, 96, 127, 129, 133f., 137, 139f., 153f., 160, 166f., 190, 213-219, 221f., 226, 231, 393, 413
Armée des Émigrés. Siehe Emigrantenarmee
Armut 98, 100, 102, 117, 124, 212, 224, 237, 288, 295, 299, 340f., 351, 366, 376, 380, 387-392, 395, 406, 434f., 446, 452
Articles Organiques 129, 419
Askese 372, 408, 426f., 432, 441, 447, 460
Atheismus 289, 295, 358, 360
Aufklärung 269-275, 289, 293-316, 318, 327f., 345, 357

B

Bastillesturm 19
Bellizismus 85, 159f.
Begräbnis 11f., 199, 205f., 208-210, 212, 287, 372, 410, 446, 480
bicentenaire 27, 30
Brumaire-Staatsstreich (1799) 128
Bulle
  »Catholicae Fidei« (1801) 374, 460, 462
  »Dominus ac Redemptor« (1773) 424
  »Per alias« (1804) 462
  »Qui Christi Domini vices« (1801) 415f.
  »Unigenitus« (1781) 346f.

C

Cent-Jours 210, 480
Christentum 289, 391, 432f., 436, 443, 469
Code pénal (1791) 136
Compagnia della fede di Gesù (Paccanaristen)
  Gründung 451-453
  Dilette di Gesù 461
composite monarchy 33
Constitution civile du clergé. Siehe Zivilverfassung des Klerus
Copenhagen School of International Relations 61f., 64
Corps Condé. Siehe Emigrantenarmee

D

Dechristianisierungpolitik 343f., 359
Demokratie 245, 275, 302, 306
dérogeance 213
Despotie 302f.
Direktivregeln 105f., 109, 111f., 117, 121, 124f., 128, 144, 146, 199, 259, 402
Dritter Stand 17, 24, 132, 184, 212, 234

E

Eigentum 91, 141, 167
Eliten 17, 22, 24, 29, 149, 168, 182, 184f., 192, 231, 247, 330, 339, 344, 346, 379, 396, 433, 472
Emigranten
  Kategorisierung 46, 69, 94, 100-101, 115f., 143, 145, 150, 186, 467
  Petition für/gegen 107, 127, 376f.
  Selbstbild 161-164, 196
  Sprachkenntnisse 144, 223, 245, 300, 381, 394, 399f., 403, 407, 409, 447, 460
  Stimmung gegen 107, 169f.
  Verteilung 102f., 112, 121, 123, 127, 142, 146, 179, 375-377, 391
  wirtschaftliche Bedeutung 81, 120f., 146, 165, 228, 231-233, 239, 242
Emigrantenamnestie 15, 40, 129, 133f., 138f., 193, 195, 229, 247, 401, 466, 471
Emigrantenarmee 19, 83-86, 88, 93, 95f., 122, 125f., 131f., 134, 144, 159f., 165-167, 185, 200, 210, 213-220, 223, 235, 264, 290, 374, 440, 443, 468-470, 475

Emigrantenentschädigung 22, 472
Emigrantengesetze
    in Frankreich 20f., 90-92, 135-140, 163
    in der Habsburgermonarchie 78, 102-105, 119, 329, 370, 375. *Siehe auch* Direktivregeln
Emigrantenliste 20, 24, 247, 461
Epidemie. *Siehe* Krankheit
Erziehungswesen 39, 108, 146f., 176f., 264, 372, 381-385, 397, 434, 436, 456f., 459, 463, 467, 470-473
Evakuierung 123-125, 133, 179, 399, 409, 445, 475

F

Fabriken. *Siehe* Manufakturen
Fahnentumult (1798) 170
Febronianismus 345
Feudalismus 19, 81, 272
Flucht nach Varennes 13, 83, 172
France du dedans 19f., 209
France du dehors 19, 163, 209, 285
Frankophilie 168, 187-189, 191f., 333, 422
Frankreich
    Assemblée constituante 18, 81, 84, 91, 132, 198, 396, 423, 468
    Assemblée législative 20, 86, 91, 95
    Empire 23, 133-141, 211, 438, 464
    Direktorium 286
    Generalstände 319, 447
    Konsulat 128, 209, 419
    Nationalkonvent 101, 111, 255, 306, 309
    Verfassung von 1791 19, 84, 90f., 160, 326
    Wohlfahrtsausschuss 19, 110
Freiheit 101, 302f., 309, 336, 358
Freimaurer 59, 70f., 74, 272, 275
Fremdenfeindlichkeit 23, 47, 78, 101, 153, 175, 169f., 366, 405
Friedensverträge
    Friede von Amiens (1802) 134
    Friede von Basel (1795) 369
    Friede von Campo Formio (1797) 13, 125, 142, 167, 200, 218-220, 256, 282, 399
    Friede von Lunéville (1801) 128, 131, 133f., 224, 471, 475
    Friede von Paris (1814) 141
    Friede von Preßburg (1805) 133, 221, 225
    Friede von Schönbrunn (1809) 138, 140, 190, 221, 246, 287
Frömmigkeit 345, 354-361, 363, 365, 372, 409, 426-428, 433, 438, 441, 448, 451, 454, 461, 463f.
Fructidor-Staatsstreich (1797) 19, 399

G

Gallikanismus 18, 441
geheime Gesellschaften. *Siehe* Freimaurer
Gegenaufklärung 275, 293, 300, 305, 312, 331, 340, 452
Gegenrevolution 22, 46, 135, 149, 158f., 172, 273, 275, 318, 325, 336, 443
Geselligkeitsformen 152, 154f., 165, 167f., 176, 181-184, 186-189, 192-194, 218, 222, 249f., 334, 255, 421f.
Girondisten 18, 219
Gleichheit 192f., 302f., 312, 336
Gouvernementalität 63f.
Grablege. *Siehe* Begräbnis
Grenze 20f., 71, 77, 80f., 85, 89, 91, 93, 100f., 103-105, 110, 115f., 135, 162, 168, 178, 216, 437
Gute Policey 63, 65f.
Gütererwerb 120, 146, 195, 197, 199, 227f., 386f.
Großbritannien
    Aliens Act 103
    Royal Proclamation against Seditious Writings and Publications 326
    Westminster Police Act 103

H

Handel 81, 121, 233-236
Handwerk 121, 214, 234f., 238, 265
Heiliger Stuhl 357, 450f., 453
Heiliges Römisches Reich Deutscher Nation
    Reichshofrat 146f.
    Reichsstände 79, 87, 90, 118, 177f., 388, 393
    Reichstag 105, 122, 191
Herz-Jesu-Verehrung 356-360, 363, 426, 433, 441f., 448, 451, 454, 461, 464
Histoire croisée 44-46, 49
Hugenotten 14f., 24, 33, 232

I

Informant 67f., 72, 74f., 107, 110, 113, 131, 292, 311f., 396
Integration 40, 43, 164, 185, 188, 215, 217f., 221, 225-231, 335, 465-467

J

Jakobiner
  Jakobinerbewegung 38, 76f., 102, 170, 172, 275, 277, 294, 306f., 316
  Jakobinerprozesse 77, 114, 275, 318
  »Jakobinerverschwörung« 38, 76f., 113, 169, 287
Jakobiten 15, 187, 334
Jansenismus 344-346, 350, 356, 359-363, 425, 433, 437, 465
Jesuiten
  Ex-Jesuiten 356f., 359f., 363, 423, 441, 444, 447, 452, 459, 463
  Jesuiten in Russland 374, 423, 439, 442, 452, 460, 462
  Restaurationsversuche 362f., 423-425, 442f., 450-453, 460
Josephinismus
  theresianisch-josephinische Reformen 32, 38, 57, 68-71, 75, 208, 269-274, 277, 295, 298, 300, 306, 308, 313, 316, 404
  Kirchenreform 344-349, 350, 353-356, 359, 429f., 432, 448, 465
Journalismus 29, 38f., 158, 271, 291, 297f., 341
Julirevolution 212, 480

K

Kameralismus 120, 146, 239, 244
Klerus 16, 18, 186, 212, 339f., 346-349, 351, 352f., 364, 368, 378f., 393, 400, 403, 414, 416, 418, 466f.
Koalitionskriege 20, 26, 74, 95, 127, 129, 131, 138, 142, 153, 207, 214, 217, 219, 221, 246, 285, 370, 376, 400, 461, 471
Konkordat (1801) 15, 129, 175, 289, 387, 401, 415, 419, 421, 466, 471
konservativ 22f., 39, 273f., 277
konstitutionelle Monarchie 18, 255, 325
Koblenz-Syndrom 29, 56, 159, 341, 391
Kollekten. *Siehe* Spenden
Krankheit 135, 174, 201, 208, 210, 217, 255, 310-312, 332, 355, 372, 393f., 398, 400, 410-412, 435, 446, 449
Kriegsgefangene 94, 117, 156, 231, 392-401, 462
Kulinarik 153, 236f., 421
Kulturtransfer 27, 42-44, 214, 248f., 267, 288f., 335, 342, 384f.

L

Landstände
  Aufnahme 225-231
  Legitimität 11f., 19, 46, 62f., 163, 284, 290, 416
Liturgie 349, 355f., 358, 372, 407, 409-411, 447-449

M

Mainzer Republik 76
Malerei 158, 237, 249-257, 265
Malteserorden 145, 230, 334
Manifest des Herzogs von Braunschweig (1792) 291
Manufakturen 234, 238-248
Marine 134, 219-222
Martyrium, Märtyrer 12, 206, 237, 282, 291
Melancholie 155, 174, 201, 218
Mobilität
  Routen 105, 177f., 205, 232, 367-370, 418, 469
  Donauroute 132, 135, 177-180, 198, 370-373, 444
  Transit 98, 105, 179, 373-375
monarchiens 18, 29

N

Nationalgüter 20, 91
Naturalisierung 82, 136f., 140f.
Naturrecht 64, 290, 345, 404
Neutralität 90, 338, 369
Nobilitierung 247f. *Siehe auch* Landstände
Notabelnversammlung 319

O

Öffentlichkeit 17, 62, 72, 75f., 90, 107, 160, 269-279, 284f., 288f., 291, 299f., 305, 320f., 331, 333, 335f., 341, 360, 427
Opfer 12, 22f., 30, 149, 154, 173, 206, 342, 389, 399, 427, 475
Orden
  Kapuziner 145, 349, 456
  Redemptoristen 362, 375, 460,
  Salesianerinnen 364, 430, 433, 445
  Serviten 363, 448
  Societas Jesu. *Siehe* Jesuiten
  Trappisten 370-373, 427-433
  Zisterzienser 431f.

P

parlement 296
Patriotismus 227, 244, 303, 308
Peuplierung 120, 244f.
Philosophie 108, 280, 293-298, 302, 313-316, 319
philosophes 294, 296, 298f., 304, 308, 313
Pietas Austriaca 346, 465
Polen
   polnisch-galizischer Adel 118, 145, 173, 189, 214, 244f., 420
   Polnische Teilungen 36, 145, 242, 247
   Kościuszko-Aufstand (1794) 113
Polizei
   josephinische Polizei 65-71
   leopoldinische Polizei 71-73, 86
   franziszeische Polizei 38, 73-77, 102f., 132, 403-405
   Polizeihofstelle 104, 106f., 109f., 112, 114, 121-125, 127f., 131f., 352
   Kritik an, 68, 72, 75f.
   »Polizeistaat« 38, 57, 73, 76f.
Priestermangel 344, 349-351, 395, 401, 403, 406, 448
Propaganda 69, 76, 85, 102-104, 151, 157, 213, 279f., 284-286, 322, 326, 328f., 391, 397, 468

Q

Quiberon-Expedition 202f.

R

Radikalismus 18f., 92, 95, 101, 274, 293, 307
Reform. *Siehe* Josephinismus
Reformation 266, 349, 455
régicide 11-13, 20, 107, 169, 172, 201, 274, 281, 283f., 291f., 294, 306, 336
Reintegrationspolitik 128f., 133, 138f.
Religion 303, 308, 360, 404f., 424, 436, 465
Reisepass 99f., 102-106, 112, 116f., 122, 132, 143
Republikanismus 18f., 22, 238, 302f., 313f.
Restauration 15, 17, 209, 211, 416
Revolutionsarmee 13, 20, 74, 95, 98, 101, 111, 122, 124, 133, 167, 290, 316, 393f., 452, 469, 478
Revolutionsbekämpfung 160, 224, 289, 306, 326f., 329f., 333, 427
Revolutionskriege. *Siehe* Koalitionskriege

Royalisten 17, 22f., 84, 129, 139, 149-152, 157, 206, 211, 219, 237, 247, 255, 281, 284-286, 292, 472
Rückkehr nach Frankreich 13, 19-21, 51f., 92f., 121, 128-131, 136-141, 202, 278, 284, 401, 466

S

Salons. *Siehe* Geselligkeitsformen
Seelsorge 145, 351, 392, 401-412, 447-449
   für französische Kriegsgefangene 393-401
   Militärseelsorge 412-414
Selbstmord 174, 181
Septembermorde, Septembermassaker 19, 172, 303, 306, 336, 339
Sicherheit
   Securitization (Versicherheitlichung), 60-62, 68-70, 73f., 76f., 88, 93, 107f., 134
   Sicherheitsdispositiv 60, 63-65, 73, 78, 101, 121, 405
Siebenjähriger Krieg 154
Société de la Sainte Retraite (Solitarier)
   Gründung 434
   Niederlassungen 435-437
   Veröffentlichungen 436f.
Société du Sacré-Cœur de Jésus
   Gründung 440f.
   Spiritualität 411, 441f., 454
   Pères de la Foi 463f.
   Dames du Sacré-Cœur 447, 464
Solidarität 163, 173f., 191, 340f., 352, 355, 378, 388, 390-392, 420-422
Souveränität 290, 345
Spenden 117, 173, 288, 340, 342, 387-391, 400, 407
Spitzel. *Siehe* Informant
Sprachunterricht 382-384. *Siehe auch* Erziehungswesen
Staatsbürgerschaftsrecht 134, 136-138, 140f.
Synode von Pistoia (1786) 357, 444

T

Teuerung 73, 81f., 87, 179, 271, 376
Terror, *Terreur* 17, 19f., 76, 172, 174, 202, 279, 312, 339, 343
Theresianische Ritterakademie 255, 382, 470
Tuileriensturm 95, 329

SACHREGISTER

U

Ultramontanismus 346, 350
Ultraroyalismus. *Siehe* Royalisten
Utilitarismus 100, 123, 344, 355

V

Vendémiaire-Aufstand (1795) 19
Vereinigte Staaten von Amerika
   Unabhängigkeitskrieg 71, 221, 296
Verlage 276f., 279f., 288-290, 292f., 320
Verschwörung 70, 159, 274, 294, 300, 319, 363. *Siehe auch* »Jakobinerverschwörung«
Versöhnung. *Siehe* Reintegrationspolitik
Volksmission 357, 361-363, 408, 426, 433, 452, 454f., 461

W

Westgalizisches Gesetzbuch (WGB) 137
Wien (Diözese)
   Metropolitankapitel 230, 474
   Kanonikate 469, 474f.
   Konsistorium 352, 364, 398, 410f., 475

Wiener Hof
   Geistliche Hofkommission 347
   Hofkammer 75, 120, 195, 223, 240, 243, 245
   Hofkanzlei 67, 69, 71f., 75, 358, 448
   Hofkriegsrat 96, 112, 118, 140, 188, 220f., 412f.
   Oberste Justizstelle 75-77
   Polizeihofstelle. *Siehe* Polizei
   Staatskanzlei 99, 102, 104-106, 132, 326
   Ungarische Hofkanzlei 106, 127
Wiener Kongress 11-13

X

Xenophobie. *Siehe* Fremdenfeindlichkeit

Z

Zensur 75, 266, 270, 277, 279, 282, 287, 291, 306, 314f., 336
Zivilverfassung des Klerus 18f., 339, 396, 468f.

Danksagung

Das vorliegende Buch ist die geringfügig überarbeitete Fassung der Studie, die im Mai 2022 unter dem Titel »Vom ›Land der Anarchie‹ in die ›Sackgasse Europas‹? Handlungsfelder und Interaktionsräume französischer Revolutionsemigranten in der Habsburgermonarchie« von der Philosophischen Fakultät der Humboldt-Universität zu Berlin als Dissertation angenommen wurde.

Lang war die Wegstrecke von der ersten Projektskizze bis zu diesem Punkt, mitunter abenteuerlich. Zweifelsohne war sie gesäumt von prägenden Eindrücken, Erkenntnissen und Begegnungen, die diesen Parcours zu einem Bildungserlebnis ersten Ranges haben werden lassen. Flexible Planung, situative Improvisation und glückliche Fügung erwiesen sich dabei als Hauptkomponenten jenes Erfolgsrezepts, das nicht nur manchen französischen Emigranten wohlbehalten durch die »sturmbewegte Zeit« (Ludwig Börne) des Exils gelangen ließ. Sie waren auch Gelingensbedingungen für ein ambitioniertes Projekt, das sich auf den verschiedenen Etappen meines akademischen Weges von Bamberg über Budapest bis (zurück) nach Berlin zu einem Forschungsgegenstand entwickelt hatte, dem ich in meiner Dissertation unbedingt nachgehen wollte. Ihre Veröffentlichung gibt nun Anlass, mich bei vielen Personen zu bedanken, die dieses Vorhaben in seinen verschiedenen Phasen mit Rat und Tat unterstützt haben.

Mein Dank gilt zuvörderst meinen »Doktoreltern« Xenia von Tippelskirch und Peter Burschel für das Vertrauen, das sie mir in dieser Zeit entgegengebracht haben, für ihre Unterstützung und die gleichermaßen angenehme wie förderliche Kombination aus Gelassenheit, Gewogenheit und Geduld über all die Jahre. Ulrike Krampl danke ich für die Übernahme des dritten Gutachtens, Johannes Helmrath für die Übernahme des Kommissionsvorsitzes.

Den notwendigen Handlungsspielraum für die Forschungsarbeit und die Archivaufenthalte im In- und Ausland ermöglichte mir ein Promotionsstipendium der Studienstiftung des deutschen Volkes. Überaus erfreut bin ich, dass die Studie in der Reihe »Frühneuzeit-Forschungen« im Wallstein Verlag erscheint, wofür ich den Herausgebern Peter Burschel, Renate Dürr, André Holenstein und Achim Landwehr sehr verbunden bin. Beim Wallstein Verlag hat Carolin Brodehl den Publikationsprozess jederzeit umsichtig und mit großem Engagement begleitet. Christoph Roolf übernahm mit Akribie und Sorgfalt das Korrektorat. Den grafischen Feinschliff der Landkarten besorgte Henrik Hofmeister. Für die Gewährung großzügiger Beihilfen zu den Druckkosten gebührt der Geschwister Boehringer Ingelheim Stiftung für Geisteswissenschaften und der Oestreich-Stiftung mein besonderer Dank.

Im Entstehungsprozess dieses Buches waren die zahlreichen Kolloquien und Tagungen unverzichtbare Erprobungsorte und Resonanzräume. Von den Anregungen und Kommentaren der Fachkolleginnen und -kollegen, die ich dort und bei anderen Gelegenheiten erhalten habe, hat dieses Buch inhaltlich und methodisch ungemein profitiert. Besonders der Austausch mit Friedemann Pestel war Triebfeder vieler konzeptioneller Überlegungen und ein geschätzter Ort der Reflexion.

Denke ich an meine Forschungsreisen durch die »Habsburgermonarchie« zurück, kann ich mich an kaum eine Begegnung erinnern, bei der mir nicht lebhaftes Interesse an den französischen Emigranten und tätige Hilfsbereitschaft im Großen wie im Kleinen entgegengebracht worden wäre. Von den vielen Gesprächspartnern, denen ich wertvolle Hinweise verdanke, möchte ich Wolfgang Schmale, Michael Hochedlinger, Renate Zedinger, Anton Tantner, Börries Kuzmany, Eva Faber, Pierpaolo Dorsi, Antonio Trampus, Jort Blazejewski, Mark Häberlein, László Kontler, Jacques Revel und Antonella Romano erwähnen. In zuvorkommener Weise gewährte mir William D. Godsey Einsicht in seine umfangreiche Materialsammlung zur Emigration und gab überdies so manchen Fingerzeig für vielversprechende Tiefenbohrungen in der »habsburgischen« Archivlandschaft. Ohne die verlässlichen Navigationssignale der Archivarinnen und Archivare in Österreich, Tschechien, Italien und Deutschland hätte ich meine Netze womöglich dennoch an falscher Stelle ausgeworfen. Der reiche Fang spricht für sich.

Auf die moralische Unterstützung von Christopher Weikert, Vedran Duančić und Karsten Erdmann war ebenso Verlass wie auf die wohltuende Geselligkeit in der Staatsbibliothek Berlin, wo große Teile des Buches entstanden sind. Entscheidenden Anteil daran, dass ich die Arbeit an der Dissertation über manche Durststrecke hinweg zu einem glücklichen Abschluss führen konnte, tragen Annamaria und meine Familie, in erster Linie meine Eltern, auf deren Rückhalt und Zuspruch immer Verlass war.

Berlin, im Dezember 2023